Jana Čechurová
Tschechische Freimaurer im 20. Jahrhundert

D1671622

salier
VERLAG

Tschechische Frei- maurer

im 20. Jahrhundert

JANA ČECHUROVÁ

Salier Verlag

Tento překlad vznikl s podporou Filozofické fakulty Univerzity Karlovy, v rámci programu PROGRES Q 09, Historie - Klíč k pochopení globalizovaného světa.

Diese Übersetzung wurde mit Unterstützung der Philosophischen Fakultät der Karls Universität, im Programm PROGRES Q 09, Geschichte - der Schlüssel zum Verständnis der globalisierten Welt - erstellt.

ISBN 978-3-96285-034-0

1. Auflage 2020

Originalausgabe: Čeští svobodní zednáři ve XX. století
(Libri Verlag, Prag, 2002)
Copyright © Jana Čechurová
Mit freundlicher Genehmigung der Karls Universität (Philosophische
Fakultät), Prag
Dieses Buch wurde mit erheblicher Unterstützung der Großloge
der Tschechischen Republik und von Quatuor Coronati, Prag, heraus-
gegeben

Übersetzung aus dem Tschechischen:
Babel.cz GmbH - Dr. phil. Steffen Becker und Markéta Ederová, M.A.

Satz und Layout: Machart GmbH (Tschechische Republik)
Umschlaggestaltung: Kameel Machart

Herstellung: Salier Verlag, Bosestr. 5, 04109 Leipzig
Printed in the E.U.

www.salierverlag.de

Reflexion über Literatur und Quellen

Das Phänomen der Freimaurerei übt allgemein eine hohe Anziehungskraft aus, nicht nur in den Fachkreisen, sondern auch in der breiten Öffentlichkeit – deshalb kann die Unmenge an Literatur, die sich mit diesem Thema beschäftigt, nicht verwundern. Die Vielfalt der erscheinenden Publikationen regt zum Nachdenken an, vor allem zum Nachdenken darüber, wo in diesem Fall die Grenze zwischen „Literatur" und „Quelle" verläuft. Der Stoff selbst wird bei den meisten Autoren der sog. Freimaurer-Literatur nämlich nicht emotional neutral gehandhabt, obwohl sie fast immer gerade diesen Anschein wecken möchten. Erst im letzten Vierteljahrhundert ist dieses für die ersten 250 Jahre des Freimaurerschrifttums so typische Symptom allmählich auf dem Rückzug.[1]

Vereinfachend könnte man behaupten, dass das Bedürfnis, sich zum Thema Freimaurerei zu äußern oder etwas in der Diskussion beizutragen vor allem bei den Befürwortern und Verfechtern einerseits, bei den oft sehr verbissenen oder leidenschaftlichen Gegnern andererseits deutlich wird. Beim Durchlesen der Vorworte zu verschiedenen synthetisierenden Werken oder Monografien zur Freimaurerei, die vor dem Zweiten Weltkrieg von professionellen Historikern verfasst wurden, fällt auf, dass man fast überall darüber aufgeklärt wird, wann und unter welchen Umständen der Autor zum Mitglied der „Kette" der Freimaurer wurde. Auch die neueren Arbeiten bilden in dieser Hinsicht keine Ausnahme. Soll man das so verstehen, dass das Thema an sich für die anderen nicht genügend Attraktivität besaß? Oder handelt es sich hier um ein dermaßen heikles Thema, dass nur innerliches Engagement und Emotionen – gleich ob positive oder negative – zur schriftlichen Bearbeitung bewegen konnten?

Erst die Entwicklung der Gesellschaftsgeschichte bereichert den Blick auf das Phänomen der Freimaurerei um eine andere Dimension. Die Freimaurer stellen nämlich einen bestimmten Typus dar – den Typus einer Elitegesellschaft, deren äußere Form traditionsverbunden bleibt, während ihr innerer Inhalt – die „Berufung" – sowie die soziale Struktur mit der gesamtgesellschaftlichen Entwicklung korrespondieren, was

[1] Dieses Kapitel hält die zum Erscheinungszeitpunkt dieser Arbeit aktuelle Situation fest.

Dynamik auch in diese scheinbar unveränderliche Organisation hinein-
bringt. In den letzten Jahrzehnten entstanden zahlreiche Arbeiten, die
gerade die gesellschaftliche Verankerung der Freimaurerei bzw. deren
Teilaspekte reflektieren.

Bedeutet das, dass die gesamten älteren Schriften zu dieser Thematik als Quelle eingestuft werden müssen? Ich halte diesen Purismus für
nicht ganz sinnvoll. Wir müssen die Tatsache respektieren, dass noch
heutzutage fast die gesamte fachliche Bearbeitung des Stoffes direkt
aus dem Freimaurer-Milieu hervorgeht und versuchen, nur den sachlichen Inhalt der Schriften sowie ihre Bemühungen um Objektivität zu
bewerten. Diese Publikationen richteten sich in ihrer Mehrheit an die
breite Öffentlichkeit und ihr Ziel war es sicherlich, die Freimaurerei als
ein positives gesellschaftliches Phänomen darzustellen. Es handelte sich
jedoch nicht um propagandistische Werke. Insbesondere die Arbeiten,
die rückblickend die Entstehung, Entwicklung und Verbreitung der Freimaurerei seit der Aufklärung darstellen, verdienen auf jeden Fall die Bezeichnung Fachliteratur.

Inwieweit ist jedoch so eine distanzierte Einstellung den Freimau-
rer-Autoren gegenüber berechtigt? Jeder Autor geht doch an sein Thema
mit einer gewissen inneren Involviertheit heran. Ich versuche, sie aus
einem anderen als diesem „distanzierten" Blickwinkel heraus zu sehen,
jedoch wohl wissend, dass man ihn nicht ganz unterdrücken kann, unter
anderem auch deswegen, weil es sich bei den Autoren-Freimaurern nicht
lediglich um eine innere Involviertheit handelt. Die Freimaurerei stellt
zweifellos einen traditionellen Typus einer Elitegesellschaft dar. Gleichzeitig hat sie aber auch – aus der heutigen Perspektive auch schon „traditionell" – ziemlich viele Feinde, die sich nicht selten ziemlich rücksichts-
loser Mittel bedienen. Das Gefühl der eigenen gesellschaftlichen und oft
auch intelellektuellen Ausschließlichkeit, Zugehörigkeit zu einer Elite,
zuweilen auch elitäres Denken geht Hand in Hand mit dem Gefühl der
Bedrohung und dem Bedürfnis nach Verteidigung. Und der Zusammenschluss dieser beiden grundsätzlichen Einstellungen dem zu erforschenden Stoff gegenüber hat logischerweise eine etwas veränderte „Optik" zur
Folge.

Es gibt jedoch auch noch die umgekehrte Perspektive: Wer sollte
sonst genügend Qualifikation besitzen, um über die Freimaurerei schreiben zu können? Diese Meinung wird expressis verbis auch in der neuesten
„Freimaurer-Literatur" auf unserem Buchmarkt vertreten. Hier wird die
Frage folgendermaßen formuliert: „Was die Historiker-Nichtfreimaurer
betrifft: wie können sie überhaupt von einer Bewegung sprechen, deren

Stillleben mit Freimaurersymbolen

Mitglieder sie nicht sind?"[2] Soll man es so verstehen, dass die „Nicht-Mitgliedschaft" im Orden den Forschern zum Nachteil gereicht? Die Situation hinsichtlich der Quellen und Forschungsliteratur ist heutzutage sehr zufriedenstellend. Die Literatur ist jedem frei zugänglich, die gedruckten oder in staatlichen Archiven aufbewahrten Quellen ebenso, und sogar im Falle der in Privatarchiven[3] deponierten Quellen bin ich nur auf großes Entgegenkommen gestoßen. Die Aufgeschlossenheit der Freimaurerei ihrer Umgebung gegenüber ist nach dem Ende des Zweiten Weltkriegs mehr als offensichtlich, was auch eine Minimalisierung der Informationshindernisse mit sich bringt. Kann man also von einer Benachteiligung des außerhalb der „Kette" der Freimaurerei stehenden Forschers sprechen? Woher nimmt er das Recht, über Dinge zu sprechen, die er nicht aus eigener Erfahrung kennt? Und woher nimmt sich dieses Recht gar eine Frau?[4] Fragen dieser Art halte ich für bloße Rednerfragen, denn an-

---

2 Cesty svobodného zednářství (Die Wege der Freimaurerei), Praha 2001. Die Reflexion fährt dann in einem etwas versöhnlicheren Ton fort: "Odpovědí může být, že dějepiscům je všeobecně vlastní psát o událostech, které sami neprožili." (Man kann natürlich entgegnen, dass es das Schicksal aller Historiker ist, über Begebenheiten zu schreiben, die sie selbst nicht erlebten.) Ibd., S. 13.

3 Archiv der Großloge der Tschechischen Republik, Prag.

4 Es gibt auch in der mitteleuropäischen Region relativ viele Historikerinnen, die sich der Thematik der

sonsten müsste jede Arbeit eines jeden Wissenschaftlers in Zweifel gezogen werden, der nicht nur über „persönliche" Themen forscht.

Gleichzeitig muss jedoch eingeräumt werden, dass mit dem Studium der Freimaurer-Problematik gewisse Schwierigkeiten verbunden sind. „Die Aufgabe, die bei dem Zurückkleben der vergessenen Blätter in die Geschichtsbücher [Geschichte der Freimaurerei] auf den Historikern lastet, ist teils durch die häufige Abwesenheit des glaubwürdigen Quellenmaterials, teils durch die im Überfluss vorhandenen Mythen und Halbwahrheiten erschwert."[5] Ich teile die Ansicht des führenden Kenners dieser Problematik, zu finden im Vorwort seiner Monografie über die Freimaurerei, jedoch nicht: Ein Historiker sollte sich von Mythen und Halbwahrheiten seine Arbeit nicht erschweren lassen, sondern ihnen vielmehr Inspiration entnehmen. Sie können ihm im Gegenteil beim Hinterfragen und beim Fragenstellen behilflich sein, denn auch die Mythen und Halbwahrheiten haben ihre gesellschaftliche und historische Dimension.

Einleitend wurde festgestellt, dass es ein breites Angebot an Freimaurer-Literatur gibt. Die Reflexion über das Verhältnis dieser Materialfülle zu unserem Thema – der tschechischen Freimaurerei im 20. Jahrhundert – zieht weitere, verhältnismäßig komplexe Fragen nach sich. Ist das gesamte Spektrum der Freimaurer-Literatur für dieses Thema relevant? Was verbindet die einzelnen Werke untereinander: sind eher das Phänomen und die Entwicklung der Freimaurerei in der Geschichte das Hauptleitmotiv oder die Entwicklung der Gesellschaft und in deren Rahmen die Freimaurerei als ihr Bestandteil? Welche Rolle spielt bei diesem jahrhundertealten, laut idealen Vorstellungen unveränderlichen und die ganze Welt umspannenden Gebilde seine Verankerung in Zeit und Raum? Diese Fragen können nicht als Selbstzweck abgetan werden. Begibt man sich auf die Recherche in dieser großen Fülle der sog. Freimaurer-Literatur, drängen sie sich förmlich auf. Zunächst muss auch in Betracht gezogen werden, dass die Fachabhandlungen über die Freimaurerei sich in ihrer überwiegenden Mehrheit auf das 18. Jahrhundert beziehen. Das ist logisch, denn trotz der vielen Versuche, seine viel weiter zurückliegende Herkunft zu beweisen, ist die Freimaurerei unumstritten ein Kind der Aufklärung und gerade im 18. Jahrhundert kann sie am stärksten als ein geschichtsbildender Faktor wahrgenommen werden.

---

5   BERÁNEK, Jiří: Tajemství lóží. Svobodné zednářství bez legend a mýtů, Praha 1994 [Das Geheimnis der Logen. Die Freimaurerei ohne Legenden und Mythen], S. 11.

Das 19. und 20. Jahrhundert ist für die Freimaurer-Forschung viel weniger attraktiv. Was für Herangehensweise an die vor allem auf Aufklärung bezogene Literatur soll ein Forscher wählen, der sich mit der Freimaurerei im 20. Jahrhundert in der sich entwickelnden Demokratie beschäftigt? Was für Verbindungslinien kann es geben zwischen dem aristokratischen Freimaurer der josefinischen Ära mit dem Stadtbeamten im Prag der 20er Jahre? Sicher, ihre Zugehörigkeit zum Freimaurerorden – das Freimaurertum stellt jedoch nur eine der vielen Lebens-„Rollen" dar. Ihre Lebensbedingungen und ihre Umwelt sind jedoch maßgeblich unterschiedlich. Die sich mit der Freimaurerei im 18. Jahrhundert beschäftigende Literatur ist trotzdem in vielerlei Hinsicht inspirierend. Zum einen zeigt sie die historische Verankerung des hier zu untersuchenden Phänomens, zum anderen macht sie es möglich, die Vorstellungen der Freimaurer der ersten Hälfte des 20. Jahrhunderts über die Vergangenheit der eigenen Korporation mit den Ergebnissen der wissenschaftlichen Forschung zu vergleichen, und nicht zuletzt bietet sie viele Themen und Stoffe zur Bearbeitung, die für jede historische Epoche greifbar sind.

Betrachten wir das Spektrum der Freimaurer-Literatur im engen Fokus der unmittelbar zu erforschenden Thematik, müssen wir nicht nur die zeitlichen, sondern auch und vor allem die räumlichen Grenzen überschreiten. Das vorgegebene Thema erfordert ganz eindeutig die Miteinbeziehung des internationalen Kontextes. Denn die Freimaurerei ist ein grundsätzlich übernationales Phänomen, zugleich aber gekennzeichnet durch eine starke Empfindsamkeit gegenüber dem politischen, wirtschaftlichen und sozialen Klima im jeweiligen Land. Bei der Untersuchung unseres Themas muss vor allem der mitteleuropäische Kontext mitverfolgt werden. Der durch die zahlreiche Forschungsliteratur deutscher, österreichischer und polnischer Provenienz ermöglichte Vergleich ist sehr aufschlussreich.[6] Nicht weniger wichtig sind die Komparation der tschechischen Freimaurerei mit der deutschen und ungarischen in der Tschechoslowakei sowie der Vergleich mit ähnlichen verschlossenen Gesellschaften.

---

6 Die auf das angelsächsische oder französische Umfeld bezogene Literatur macht in mancherlei Hinsicht eher die Unvergleichlichkeit der Gebiete deutlich, auf denen sich die Freimaurerei ungehindert und ohne Unterbrechungen entwickeln und blühen konnte mit der Situation in dem mit dem habsburgischen Erbe belasteten Mitteleuropa.

Die mitteleuropäische Forschung

Wie soll man sich also das Angebot an Freimaurer-Literatur vorstellen? Zum geläufigsten Typus gehören die unzähligen, für den ganz unaufgeklärten Leser bestimmten Einführungen ins Thema, die das Phänomen der Freimaurerei erst mal umreißen. Seit der zweiten Hälfte des 19. Jahrhunderts bildete sich die standardisierte Gestalt eines solchen Publikationstypus heraus. Im Grunde setzen sich diese Arbeiten immer aus drei – natürlich nicht immer explizit so genannten – Teilen zusammen: einleitend jeweils grundlegende Belehrungen über den Sinn der Freimaurerei und über Symbole und Rituale, dann kommt eine Passage über die Entstehung und historische Peripetien der Freimaurerei, die jedoch selten bis ins 20. Jahrhundert verfolgt werden, und der abschließende Teil stellt wichtige Repräsentanten bzw. Freunde oder Feinde der Freimaurerei vor.[7] Eine weitere Sparte der Forschungsliteratur bilden Abhandlungen, die sich ausschließlich mit der institutionellen Geschichte der Freimaurerei beschäftigen, meistens im Rahmen von Westeuropa oder einem konkreten Land. Der Schwerpunkt dieser Publikationen liegt in der Schilderung der Schicksale und Wege, die die Freimaurerei im 18. Jahrhundert gegangen ist. Hierher gehören auch die häufig sehr repräsentativ ausgestatteten Querschnittpublikationen, die zum Anlass eines runden Jahrestages der jeweiligen Loge herausgegeben und oft von professionellen Historikern oder Kunsthistorikern verfasst wurden. Neben der Darstellung der Entwicklung der Organisation widmen sie sich manchmal auch der Entwicklung der sozialen Zusammensetzung der Mitglieder oder gewähren Einblicke in die materielle Kultur der Freimaurerloge sowie in ihren Alltag. Nicht selten entstanden diese Übersichtspublikationen als wissenschaftliche Kataloge zu Gedenkausstellungen.[8]

7   Nur stichprobenweise: BINDER, Dieter A.: Die diskrete Gesellschaft. Geschichte und Symbolik der Freimaurer, 2. Aufl., Graz-Wien-Köln 1995. Cesty svobodného zednářství, Praha 2001. KLOß, Georg: Die Freimaurerei in ihrer wahren Bedeutung aus den alten und ächten Urkunden der Steinmetzen, Maßonen und Freimaurer, Graz 1970. Eine Pionierarbeit von außerordentlicher Qualität, die diesem Schema folgt, es aber auf Grund ihrer Bedeutung weit überschreitet: LENNHOFF, Eugen: Die Freimaurer, Wien-München 1981 [1. Aufl. 1929]. NAUDON, Paul: Geschichte der Freimaurerei, Frankfurt a. M.-Berlin-Wien 1982. von den tschechischen Arbeiten dieses Typus z.B. GINTL, Zdeněk: Svobodné zednářství (Die Freimaurerei), Praha 1926. MUCHA, Alfons: Svobodné zednářství (Die Freimaurerei), Praha 1924. STREJČEK, Vladimír: Zednáři. Jejich historie, tajemství a duchovní cesta [Die Freimaurer. Ihre Geschichte, Geheimnisse und geistiger Weg], Praha 1996. VONKA, Rudolf Jordan: Co je zednářství? [Was ist Freimaurerei?], Praha 1935.

8   Zu diesem Publikationstypus gehören z.B. ABAFI, Ludwig: Geschichte der Freimaurerei in Oesterreich-Ungarn I-V, Budapest 1890-1899. BEGEMANN, Wilhelm: Vorgeschichte und Anfänge der Freimaurerei in England I-III, Berlin 1909-1911. BOOS, Heinrich: Geschichte der Freimaurerei. Ein Beitrag zur Kultur- und Literatur-Geschichte des 18. Jahrhunderts, 2. Aufl., Wiesbaden 1979. DAYNES, Gilbert W.: The Birth and Growth of the Grand Lodge of England 1717-1926, London 1926. FINDEL, J.G.: Geschichte der Freimaurerei von der Zeit ihres Entstehens bis auf die Gegenwart, 2. Aufl., Leipzig 1866. KALLWEIT, Adolf: Die Freimaurerei in Hessen-Kassel. Königliche Kunst durch zwei Jahrhunderte von 1743-1965, Baden-Baden 1966. KRIEWALD, Heike: Ferdinand zur Glückseligkeit

Zusammenfassend kann man feststellen, dass der am besten und vielfältigsten bearbeitete Zeitabschnitt der Geschichte der Freimaurerei die Anfangsphase ihrer Existenz ist – also etwa die ersten hundert Jahre. Die Forschungsliteratur mitteleuropäischer Provenienz bietet hier eine Reihe von sehr wertvollen Titeln, die sich entweder allgemein der Beziehung zwischen der Aufklärung und der Freimaurerei widmen oder sich mit manchen der Teilthemen beschäftigen (beispielsweise einzelnen Persönlichkeiten und ihren Lebensläufen, der Bildung, der Beziehung von Theater und Freimaurerei, der Journalistik und Freimaurerei, der Rolle der Freimaurer im Prozess der Modernisierung der Gesellschaft usw.)[9] Es gibt sogar ganze Editionsreihen, die sich auf die Arbeiten zur Aufklärung spezialisieren und in deren Programm die Freimaurer-Thematik ziemlich häufig figuriert.[10] Wenn man schon über Editionsreihen spricht, darf man nicht die Ergebnisse der eigenen freimaurerischen Forschungstätigkeit vergessen – die Arbeiten erscheinen hier gefördert von der Forschungsloge mit reger Publikationstätigkeit, der Quatuor Coronati. Die tschechische Thematik taucht ab und zu in manchen dieser Arbeiten (im Rahmen aller oben erwähnten Kategorien) auch auf, meistens im Kontext der Beschreibung von Schicksalen der Freimaurerei im Rahmen der habsburgischen Monarchie. Die Bearbeitung der Zeitabschnitte des 19.

Aus der Geschichte einer Magdeburger Freimaurerloge, Magdeburg 1992. KUÉSS- SCHEICHELBAUER: 200 Jahre Freimaurerei im Österreich, Wien 1959. LEWIS, L.: Geschichte der Freimaurerei in Österreich im Allgemeinen und der Wiener Loge zu St. Joseph, Wien 1861. MAUCH, Kurt: 220 Jahre Freimaurerei in Deutschland, Hamburg 1957. THIES, Wilhelm [Hrsg.]: 240 Jahre Freimaurerloge Friedrich zum Weißen Pferde Nr. 19 im Orient Hannover, Hannover 1986. WISWE, Mechthild-KELSCH, Wolfgang: Freimaurer in ihrer Zeit, Braunschweig 1994 usw.

9   Lediglich einige Titel zur Veranschaulichung: BARTON, Peter F.: Maurer, Mysten, Moralisten. Ein Beitrag zur Kultur- und Geistgeschichte Berlins und Deutschlands 1796-1802, Wien-Köln-Graz 1982. Beförderer der Aufklärung in Mittel- und Osteuropa. Freimaurer, Gesellschaften, Clubs. [Hrsg. Eva Balász-Ludwig Hammermayer-Hans Wagner-Jerzy Wojtowicz], Essen 1987 – hier finden sich einige Beiträge, die sich speziell mit dem tschechischen Umfeld auseinandersetzen. DOTZAUER, Winfried: Freimaurergesellschaften am Rhein. Aufgeklärte Soziatäten auf dem linken Rheinufer vom Ausgang des Ancien Regime bis zum Ende der Napoleonischen Herrschaft, Wiesbaden 1977. FISCHER, Michael W.: Die Aufklärung und ihr Gegenteil. Die Rolle der Geheimbünde in Wissenschaft und Politik, Berlin 1982. HAMMERMAYER, Ludwig: Der Wilhelmsbader Freimaurer-Konvent von 1782. Ein Höhe- und Wendepunkt in der Geschichte der deutschen und europäischen Geheimgesellschaften, Heidelberg 1980. MAURER, Thomas: Moderne Freimaurerei? Ursprunge der Freimaurerei und ihres Geheimnisses und deren Bedeutung für die Genese politischer Modernität, Dissertationarbeit, UNI Frankfurt am Main 1992. NEUGEBAUER-WÖLK, Monika: Esoterische Bünde und Bürgerliche Gesellschaft. Entwicklungslinien zur modernen Welt im Geheimbundwesen des 18. Jahrhunderts, Wolfenbüttel-Göttingen 1995. REINALTER, Helmut [Hrsg.]: Aufklärung und Geheimgesellschaften. Zur politischen Funktion und Sozialstruktur der Freimaurerlogen im 18. Jahrhundert, München 1989. REINALTER, Helmut [Hrsg.]: Freimaurer und Geheimbünde im 18. Jahrhundert in Mitteleuropa, Frankfurt am Main 1983. REINALTER, Helmut: Geheimbünde in Tirol. Von Aufklärung bis zur Französischen Revolution, Bozen 1982. ROSENSTRAUCH-KÖNIGSBERG, Edith: Freimaurer, Illuminat, Weltbürger Friedrich Münsters Reisen und Briefe in ihren europäischen Bezügen, Berlin 1984. ROSENSTRAUCH-KÖNIGSBERG, Edith: Freimaurerei im josephinischen Wien. Aloys Blumauers Weg vom Jesuiten zum Jakobiner, Wien 1975. REINALTER, Helmut [Hrsg.]: Joseph II. und die Freimaurerei im Lichte zeitgenössischer Broschüren, Wien-Köln-Graz 1987.

10   Beispielsweise Kleine Schriften zur Aufklärung - Lessing-Akademie Wolfenbüttel, oder Schriftenreihe der Internationalen Forschungsstelle „Demokratische Bewegungen in Mitteleuropa 1770-1850", Innsbruck.

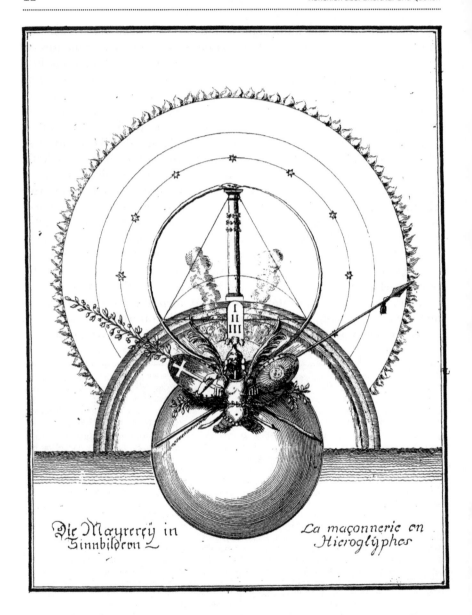

Stillleben mit Freimaurersymbolen

und 20. Jahrhunderts ist innerhalb der mitteleuropäischen Freimaurer-Forschung eher durch Spezialisierung auf einzelne konkrete Themen gekennzeichnet, die forschungsmäßig außerordentlich attraktiv erscheinen. Trotzdem gibt es auch hier einige wirklich übersichtlich und auf sehr hohem Niveau gestaltete Publikationen. An erster Stelle muss das Werk des Wiener Freimaurers Eugen Lennhoff erwähnt werden, eine wahre Pionierarbeit, die in den ausgehenden 20er Jahren des vergangenen Jahrhunderts veröffentlicht, seither mehrmals neu aufgelegt und in einige Sprachen übersetzt wurde. Auf Tschechisch erschien sie schon 1931, also nur zwei Jahre nach der Veröffentlichung des Originals, und dann erneut 1933. Wichtig für unser Thema ist Lennhoffs Entscheidung (für die damalige Zeit übrigens gar nicht so gängig), dass seine Abhandlung über die Entwicklung der Freimaurerei bis in die Gegenwart führen und detailliert auch Mittel- und Mittelosteuropa behandeln soll. Man kann sagen, dass seine Arbeit in den folgenden Jahrzehnten für zahlreiche Autoren zur Quelle der Erkenntnis der tschechoslowakischen Freimaurerei der Zwischenkriegszeit wurde.

Eine andere überaus wichtige Unternehmung hinsichtlich der Bearbeitung der Freimaurer-Thematik neuerer Zeit, die auch für die Beschäftigung mit dem tschechoslowakischen Aspekt sehr ertragreich ist, stellen die Arbeiten des polnischen Forschers Ludwik Haas dar. Sie widmen sich der Entwicklung und gleichzeitig dem Vergleich der unterschiedlichen Entwicklungen in ganz Mittel- und Mittelosteuropa.[11] Die Bedeutung dieser Werke beruht außerdem darin, dass auch andere Gemeinschaften in ihre Reflexionen mit einbezogen werden, die bestimmte Ähnlichkeiten mit den Freimaurern aufweisen, so z.B. die Rotarier, der Odd Fellow-Orden, gemischte Freimaurerei u.ä.

Die Forschung der neueren Zeit – also das 19. und 20. Jahrhundert – sucht sich innerhalb der Geschichte der Freimaurerei eher nur einzelne Momente und Aspekte heraus. Für das 19. Jahrhundert ist die meist untersuchte Frage der Zusammenhang zwischen der Entstehung und Entwicklung der bürgerlichen Gesellschaft auf der einen und der Freimaurerei auf der anderen Seite.[12] Für das 20. Jahrhundert können zwei Hauptthemen in der Forschung ausgemacht werden, die beide mit der oben erwähnten Feindseligkeit bestimmter Gesellschaftsgruppen den

---

11   HAAS, Ludwik: Ambicje, rachuby, rzeczywistosc. Wolnomuralstwo w Europie Srodkowo-Wschodniej 1905-1928, Warszawa 1984, HAAS Ludwik: Zasady v godzinie próby. Wolnomularstwo w Europie Srodkowo-Wschodniej 1929-1941, Warszawa 1987 und HAAS, Ludwik: Wolnomularstwo w Europie Srodkowo-Wschodniej w XVIII i XIX wieku, Wroclaw 1982.

12   Zuletzt HOFFMANN, Stefan-Ludwig: Die Politik der Geselligkeit. Freimaurerlogen in der deutschen Bürgergesellschaft 1840-1918, Göttingen 2000.

Freimaurern gegenüber zusammenhängen. Es handelt sich hierbei um leidenschaftliche Verfechter konservativer Werte, allen voran die Vertreter der katholischen Kirche, und um kämpferische Antidemokraten, an erster Stelle Nationalsozialisten. Beide Gruppen verfügen über ein sehr hohes Konfliktpotenzial, das für die literarische Verarbeitung besonders attraktiv zu sein scheint. Deswegen gehören die Beziehungen des Nationalsozialismus und der Freimaurerei, kombiniert mit dem Studium der Geschichte des Antisemitismus[13] sowie die Beziehungen zwischen der Freimaurerei und der katholischen Kirche[14] zu den am besten dokumentierten Ausschnitten der Geschichte der mitteleuropäischen Freimaurerei im 20. Jahrhundert. Noch ein Themenkreis ist mit dem Phänomen der Freimaurerei unzertrennlich verbunden, nämlich die Theorie der weltweiten Verschwörung, die – seitdem sie vom legendären Abbé Barruel zum ersten Mal formuliert wurde – immer wieder auftaucht. Um diesen Aspekt drehen sich sehr komplizierte Fragestellungen der Freimaurer-Forschung: wie diese Verschwörungstheorie von den Gegnern eingesetzt wurde, welches ihr ideologischer Hintergrund war und wie dieser mit dem gesellschaftlichen Fortschritt und der Modernisierung der Gesellschaft einschließlich der Judenemanzipation zusammenhing. Bis heute unübertroffen bleibt hier meines Erachtens der deutsche Historiker Johannes Rogalla von Biberstein mit seinen in den 70er Jahren veröffentlichten umfangreichen Darstellungen dieser Problematik.[15] Noch ein Bereich der Fachliteratur muss an dieser Stelle erwähnt werden, nämlich die Arbeiten zu den sog. Geheimgesellschaften. Diese für die meisten Leser sehr attraktiven Titel bieten nicht selten inspirierende Vergleiche und tragen auch maßgeblich zum präzisen Abriss des Phänomens der Freimaurerei bei, denn die Beurteilung der Zugehörigkeit der jeweiligen

---

13   Vgl. beispielsweise BRAUN, Otto Rudolf: Hinter den Kulissen des dritten Reiches. Geheime Gesellschaften machen Weltpolitik, Nürnberg 1987. LÜTHI, Urs: Antisemitismus und Freimaurerfeindlichkeit - Bedrohungsfaktoren in der Schweiz der 30er Jahre. Fallstudie anhand des Berner Prozesses um die „Protokolle der Weisen von Zion" und der Freimaurerverbotsinitiative, Lizentiatsarbeit, UNI Bern 1985. MELZER, Ralf: Konflikt und Anpassung. Freimaurerei in der Weimarer Republik und im Dritten Reich, Wien 1999. NEUBERGER, Helmut: Freimaurerei und Nationalsozialismus, Die Verfolgung der deutschen Freimaurerei durch völkische Bewegung und Nationalsozialismus 1918-1945, Hamburg 1980. Hier finden sich umfangreichere Passagen über die tschechische Problematik.

14   BARESCH, Kurt: Katolische Kirche und Freimaurerei. Ein brüdlicher Dialog 1968-1983, 2. Aufl., Wien 1984. SCHAEPER-WIMMER, Sylva: Augustin Barruel, S.J. (1741-1820). Studien zu Biographie und Werk, Frankfurt am Main-Bern-New York 1985. SCHNADEL, Inge: Die Freimaurerei in Österreich und ihre Auseinandersetzung mit der katholischen Kirche, Diplomarbeit, UNI Wien 1995.

15   VON BIBERSTEIN, Johannes Rogalla: Aufklärung, Freimaurerei, Menschenrechte und Judenemanzipation in der Sicht des Nationalsozialismus, in: Jahrbuch des Instituts für deutsche Geschichte 7, 1978, Universität Tel-Aviv, S. 339-354. VON BIBERSTEIN, Johannes Rogalla: Die These von der Verschwörung 1776-1945. Philosophen, Freimaurer, Juden, Liberale und Sozialisten als Verschwörer gegen die Sozialordnung, 2. Aufl., Frankfurt am Main 1978.

Organisationen zur Freimaurer-„Familie" unterscheidet sich naturgemäß je nach Blickwinkel des Autors. Deshalb sind die informativen Darstellungen der zahlreichen diskreten Organisationen, bei deren Entstehung die Inspiration durch die Freimaurer eine große Rolle gespielt hatte, mehr als notwendig.[16]

Abschließend zu dieser Zusammenfassung der grundsätzlichen Trends innerhalb der Forschungsliteratur zur Freimaurer-Thematik kann darauf hingewiesen werden, dass es auch zahlreiche wertvolle Handbücher bibliografischen und inventarisierenden Charakters gibt, die bei der Orientierung in der übergroßen Menge an Quellen und Literatur zu diesem Thema helfen.[17] Außerdem sind mehrere Nachschlagewerke erschienen, auch in tschechischer Sprache, die das Verständnis der Terminologie, Symbolik und Rituale der „königlichen Kunst" erleichtern.[18]

Tschechische Forschung zur Freimaurerei

Auch hier trifft vieles davon zu, was bis jetzt über die mitteleuropäische Forschung allgemein gesagt wurde. Man darf jedoch einen wesentlichen Unterschied nicht übersehen: gegenüber der deutschen, österreichischen, aber auch der polnischen oder ungarischen Produktion ist die Zahl der tschechischen seriösen Forschungsarbeiten über die Freimaurerei sehr bescheiden. Es gibt einfach nur wenige Historiker, die sich mit dem Thema beschäftigen – die Ursachen dafür können jedoch nicht darin gesucht werden, dass dieses Phänomen in dem tschechischen Milieu etwa ein

16   Neben den schon erwähnten Arbeiten von L. Haas und zahlreichen Abhandlungen über die Illuminaten denke ich hier z.B. an: LENNHOFF, Eugen: Politische Geheimbünde I., Zürich-Leipzig-Wien 1931. LUDZ, Peter Christian [Hrsg.]: Geheime Gesellschaften, Heidelberg 1979. SCHREIBER, Hermann-SCHREIBER, Georg: Geheimbünde von der Antike bis heute, Augsburg 1993. WENDLING, Peter: Die Unfehlbaren. Die Geheimnisse exklusiver Clubs, Logen und Zirkel, Zürich 1991. Weiter vgl. die oben genannten Arbeiten von H. Reinalter oder M. Neugebauer-Wölk.

17   Nur zur Veranschaulichung - ENDLER, Renate-SCHWARZE, Elisabeth: Die Freimaurerbestände im Geheimen Staatsarchiv Preußischer Kulturbesitz, Frankfurt am Main 1994. HÄNSEL-HOHENHAUSEN, Markus: Die deutschsprachigen Freimaurerzeitschriften des 18. und 19. Jahrhunderts. Bibliographie, Frankfurt am Main 1989. Von den örtlichen Verzeichnissen beispielsweise: Niedersächsische Landesbibliothek Verzeichnis der Freimaurerischen Buchbestände, Hannover 1992. SCHNEIDER, Herbert: Deutsche Freimaurer Bibliothek. Katalog. 1-2 Bd., Frankfurt am Main 1993. Als ein grundlegendes und bisher nicht überwundenes Werk gilt WOLFSTIEG, August: Bibliographie der freimaurerischen Literatur I.-III., Lepzig 1911-1913.

18   BOUCHER, Jules: Zednářská symbolika aneb objasnění Královského Umění podle pravidel tradiční esoterické symboliky, Praha 1998. Diese vor allem als fünfzig Jahren erschienene Publikation des französischen Autors wurde in zahlreiche Sprachen übersetzt und ist ein Standardwerk in Mitteleuropa, deshalb wird sie auch an dieser Stelle genannt. Von der tschechischen Produktion z.B. ČAPEK, Otakar: Encyklopedie okultismu, mystiky a všech tajných nauk, Praha 1940. [Enzyklopädie des Okkultismus, der Mystik und aller Geheimlehren, Prag 1940] Hier kann man jedoch von der Entstehungszeit des ansonsten sehr imposanten Nachschlagewerkes nicht absehen, die bei vielen der Stichwörter einschließlich der Freimaurerei mehr als deutlich hervortritt. Sehr wertvolles und immer wieder neu aufgelegtes Werk ist LENNHOFF, Eugen - POSNER, Oskar: Internationales Freimaurerlexikon, Graz 1965 [1. Aufl. 1932]

fremdes Element darstellen würde oder dass die Freimaurerei nach dem Zweiten Weltkrieg zum ideologisch belasteten und unerwünschten Thema avanciert wäre. Man muss einräumen, dass weder das 19. Jahrhundert noch die Vorkriegszeit über besonders viele Titel verfügten, die die Geschichte der Freimaurerei in Böhmen dokumentiert hätten. Die romantischen Phantasien des Literaten und Journalisten Josef Svátek, die im Bewusstsein vieler Leser einschließlich der Freimaurer selbst tiefe Wurzeln schlugen, können nicht wirklich ernst genommen werden. Im Gegenteil, die Historiker mussten und müssen zuweilen bis heute gegen seine hartnäckigen Behauptungen ankämpfen. Am schwierigsten zu widerlegen ist seine These, dass die Freimaurerei in Böhmen 1726 durch den Grafen František Antonín Špork gegründet worden und die Prager Loge die erste in ganz Mitteleuropa gewesen sein soll.[19]

Eine herausragende Persönlichkeit unter den Forschern, die sich mit der Geschichte der Freimaurerei in unserem Land beschäftigten, war in den ersten Jahrzehnten des 20. Jahrhunderts der Direktor der Bibliothek des Nationalmuseums Josef Volf. Er veröffentlichte seinen ersten Beitrag über die Freimaurerei 1909, also mehr als zehn Jahre bevor er selbst zum Freimaurer wurde. Seitdem richtete er sein Augenmerk kontinuierlich und dauerhaft auf die geschichtliche Entwicklung des Phänomens in Böhmen im 18. und 19. Jahrhundert. Man kann sagen, dass Volf unter seinen Zeitgenossen keine vergleichbare Konkurrenz hatte. Seine Beiträge stützen sich auf gründliches Studium von Quellenmaterial, das er nicht selten selbst entdeckte oder seine Provenienz nachwies, dokumentieren die Geschichte der Freimaurerlogen sowie der einzelnen Persönlichkeiten und gehören bis heute zu den Höhepunkten der tschechischen Geschichtsschreibung zu diesem Thema. Von Volf wurde allseits die Verfassung einer Monografie über die Freimaurerei in Böhmen erwartet, und auch er selbst hatte dies vor. Es kam jedoch nie dazu. Und so finden sich Volfs bahnbrechende Beiträge verstreut über zahlreiche historische Fachperiodika, Tagespresse oder die eigene Zeitschrift der Loge „Freimaurer".[20]

Es wäre jedoch nicht ganz richtig, Volf als den einzigen Historiker der Freimaurerei seiner Zeit zu präsentieren. Es gab zumindest vier weitere Persönlichkeiten, die mit ein bisschen Nachsicht für Freimaurer-For-

---

19   Die Thematik wurde zuletzt komplex dargestellt in: PREISS, Pavel: Boje s dvouhlavou saní. František Antonín Špork a barokní kultura v Čechách, Praha 1981 (Kämpfe mit dem zweiköpfigen Drachen. František Antonín Špork und die barocke Kultur in Böhmen, Prag 1981).

20   Volfs Freimaurer-Bibliographie vgl. HARTL, Antonín: Čtvrtstoletí vědecké práce br. J. Volfa o dějinách s.z., in: Svobodný zednář 8 (Der Freimaurer 8), 1934, s. 151–160.

scher gehalten werden können und die sich bemühten, die Vergangenheit dieser Organisation in Böhmen aufzudecken und gleichzeitig ihre angenommenen Beziehungen zu anderen älteren Geheimgesellschaften sowie der Persönlichkeit von J.A.Komenský aufzuspüren.

Der produktivste und im Rahmen des Möglichen auch der glaubwürdigste Autor war wohl der dekadente Dichter und gleichzeitig Archivar der Landesbank Emanuel Lešetický z Lešehradu, der seine Werke unter dem Namen Lešehrad veröffentlichte und der selbst Mitglied in verschiedensten diskreten Gesellschaften war, dem auch Mystizismus oder Okkultismus nicht fremd waren. Sein Interessensradius war erheblich, er reichte vom Mittelalter bis zum 20. Jahrhundert.[21] Lešehrads Produktion ist für unser Thema auch deshalb von immenser Bedeutung, weil er im Gegensatz zu Josef Volf mehrere Buchmonografien veröffentlichte, vor allem sich aber mit der Geschichte der böhmischen Freimaurerei im 20. Jahrhundert beschäftigte, die in Volfs Werken weitgehend ausgespart bleibt. Ein anderer Privatforscher auf dem Sachgebiet der Geschichte der Freimaurerei in Böhmen war der Absolvent der philosophischen Fakultät und Mittelschulprofessor František Mašlaň. Auch er war Mitglied der Freimaurerloge und auch er veröffentlichte seine Beiträge über die Geschichte der Freimaurerei lange Jahre vor dieser Mitgliedschaft.[22] Nicht zuletzt muss noch Rudolf Jordan Vonka erwähnt werden, ein Mitarbeiter des Auswärtigen Amtes, der sich insbesondere auf die Nachweise der direkten Zusammenhänge zwischen der böhmischen Freimaurerei und der Persönlichkeit von Comenius konzentrierte.[23] Vonkas persönliches Engagement, ja bisweilen Exaltiertheit bei der Behandlung des zu untersuchenden Themas war schon für seine Zeitgenossen-Freimaurer mehr

---

21 Von seinen zahlreichen Arbeiten seien hier beispielsweise genannt: Pokus o historii Bratrstva Růže a Kříže ve styku s Jednotou českých bratří, Praha 1921 (Versuch der Geschichte der Bruderschaft der Rose und des Kreuzes in ihrer Beziehung zu den Böhmischen Brüdern), Tajné společnosti v Čechách od nejstarších časů do dnešní doby (Geheimgesellschaften in Böhmen von ihren Ursprüngen bis zur heutigen Zeit), Praha 1922, O založení české zednářské lóže "U tří korunovaných sloupů v Or. Praha" r. 1905 (Von der Gründung der böhmischen Freimaurerloge „Zu den drei gekrönten Säulen in Prag" im Jahre 1905), Praha 1935, Čeští hudebníci - zednáři (Die tschechischen Musiker - Freimaurer), Praha 1935, Po stopách tajných společností (Auf den Spuren der Geheimgesellschaften), Praha 1935, Svobodné zednářství v Československu po převratu (Die Freimaurerei in der Tschechoslowakei nach der Wende), Praha 1935, Stručné dějiny svobodného zednářství v našich zemích (Geschichtsabriss der Freimaurerei in unseren Ländern), Praha 1937.

22 Es handelt sich vor allem um folgende Arbeiten: Komenský a svobodní zednáři (s přehledem svobodného zednářství v Čechách a s literaturou zednářskou), Praha 1921 (Comenius und die Freimaurer - mit dem Überblick der Freimaurerei in Böhmen und der Freimaurerliteratur, Prag 1921) und Dějiny svobodného zednářství v Čechách, Praha 1923 (Die Geschichte der Freimaurerei in Böhmen, Prag 1923).

23 Vonka publizierte die Ergebnisse seiner Forschung nicht nur in der tschechischen, sondern war präsent auch in der französischen und holländischen Freimaurerpresse.

als offensichtlich – nichtsdestotrotz wurde er für die Ergebnisse seiner
Forschung sogar mit ausländischen Preisen ausgezeichnet.[24]
Der letzte in diesem Kontext zu erwähnende Name ist der des Literaturhistorikers Antonín Hartl, der wie sein Kollege Vonka eine Stelle
beim Auswärtigen Amt hatte – er arbeitete dort als Bibliothekar. Sein
Interesse richtete sich insbesondere auf den kulturgeschichtlichen Aspekt der Freimaurerei-Forschung, er überschritt jedoch häufig die Grenzen dieses Sachgebiets. Er editierte zahlreiche Bände zur Freimaurerei,
schrieb kleinere Artikel zur Geschichte der modernen böhmischen und
tschechischen Freimaurerei, bei denen vor allem seine kritisch-histori-
sche Methode von großer Bedeutung ist.
    Die Forschung zur Freimaurerei beschränkte sich natürlich nicht
auf eine dermaßen enge Gruppe, aber es handelte sich im Wesentlichen
immer um Einzelveröffentlichungen, die oft auch an einen ganz speziellen Anlass gebunden sind – ich lasse sie im Rahmen dieser Arbeit also
beiseite[25], obwohl es sich hierbei oft um die einzigen Bearbeitungen des
jeweiligen Themas handelt. Die übrige Produktion zu der Geschichte der
Freimaurerei muss als „Quelle" bezeichnet werden – und das gilt auch
für die beiden „fundamentalen" Werke aus der Zeit vor dem Zweiten
Weltkrieg und der Zeit des Protektorats[26], die sich zwar auf authentisches Quellenmaterial stützen, es aber dermaßen zweckgebunden inter-
pretieren, dass sie wirklich „nur" als Quelle genutzt werden können. Die
geschichtswissenschaftliche Bearbeitung der Freimaurerei bekam nach
dem Zweiten Weltkrieg einen anderen Charakter. Sie avancierte von einem mehr oder weniger privaten Betätigungsfeld von Amateurforschern
zu einem Gebiet, auf dem Akademiker ihre Beiträge zur Geschichte der
Aufklärung publizierten. Eine höhere Zahl an Veröffentlichungen zum
Thema macht sich erst im Laufe der 80er Jahre bemerkbar. Bei der Deutung dieser Tatsache können die gesamtgesellschaftlichen Konsequenzen
nicht ausgeklammert werden. Es ist nicht zu leugnen, dass in anderen
Ländern des ehemaligen sozialistischen Blocks die Freimaurer-Thematik

---

24 Seine Arbeiten waren jedoch eher für die Comenius- als für die Freimaurerforschung ertragreich.

25 Hartl versuchte auch, die Entwicklung der böhmischen Freimaurerei seit 1848 in Zeitschnitte zu unterteilen und die einzelnen Etappen zu spezifizieren. Vgl. Archiv der Großloge der Tschechischen Republik, Buch der
Arbeiten der Loge Nation, Eintrag vom 1. Februar 1935. Auch die Musikologen Vladimír Helfert und Paul Nettl haben
sich kontinuierlich mit diesem Thema beschäftigt. Eine im Grunde wissenschaftliche Forschung zu der Geschichte
der Freimaurerei konnte sich in der Zwischenkriegszeit im Rahmen der freimaurerischen Forschungsloge Quatuor
Coronati entwickeln, die tschechische und deutsche Forscher vereinigte – hierzulande etwas sehr Ungewöhnliches.

26 Es handelt sich um die Werke JACOBI, Walter: Golem... Metla Čechů. Rozklad českého nacionalismu, 3. vyd.
(Golem... Die Geißel der Tschechen. Der Verfall des tschechischen Nationalismus, 3. Aufl.], Praha 1942 und RYS,
Jan: Židozednářství - metla světa (Judenmaurerei – die Geißel der Welt), Praha 1938.

intensiver studiert wurde.[27] Nicht einmal die sozialistische Geschichtsschreibung konnte den Freimaurern des 18. und teilweise 19. Jahrhunderts die Fortschrittlichkeit des Denkens über die Gesellschaft streitig machen; die Einstellung änderte sich jedoch radikal für das 20. Jahrhundert: „Für Fachleute ist es also nicht verwunderlich, dass die relativ fortschrittlich gesinnte Freimaurerbewegung des 18. Jahrhunderts im Laufe des Imperialismus zum Mitläufer und Reservegehilfen der Herrschers des reaktionärsten Systems unserer Zeit wurde und bereitwillig in die antikommunistische Front des Weltimperialismus mit den Vereinigten Staaten an der Spitze eintrat."[28]

Mitte der 80er Jahre tauchte die Freimaurer-Thematik mehrmals in den Studien des Brünner Historikers Bedřich Šindelář auf[29], die sich mit den aufklärerischen Ideen und ihrer Wirkung unter dem Gesichtspunkt der Entwicklung der europäischen, böhmischen und speziell der mährischen Freimaurerei beschäftigen. Gleichzeitig versuchen diese Studien immer, einleitend auf das Wesen, die Bedeutung und Zeitgemäßheit der Freimaurerei einzugehen. Wenn wir in Mähren und bei den historischen Entwicklung des Phänomens in dieser Region bleiben, stoßen wir auf die wohl gelungenste und in vielerlei Hinsicht absolut einzigartige Veröffentlichung über die Freimaurerei hierzulande. Die Rede ist von der Monografie von Jiří Kroupa mit dem poetischen Titel „Alchemie des Glücks"[30], in der der Autor außerordentlich sensibel die Freimaurerei in den Kontext der intelektuellen und ideologischen Suche in der aufgewühlten und brodelnden Zeit der Wende vom 18. zum 19. Jahrhundert stellt. Sehr aufschlussreich sind ebenfalls die von Kroupa aufgestellte Periodisierung der Entwicklung der mährischen Freimaurerei und seine Analyse ihrer sozialen Struktur.

Von den Prager Historikern, die die Freimaurer-Thematik im Rahmen ihrer Beschäftigung mit der Aufklärung behandelten, muss an erster Stelle Josef Haubelt erwähnt werden, insbesondere seine Studien

---

27   Eine Vorstellung der breiten Skala der Themen und der Fachbearbeitung vermittelt z.B. Beförderer der Aufklärung in Mittel- und Osteuropa. Freimaurer, Gesellschaften, Clubs. [Hrsg. Eva Balász-Ludwig Hammermayer-Hans Wagner-Jerzy Wojtowicz], Essen 1987.

28   Das hier angeführte illustrative Beispiel ist von der zweiten Studie in der Anmerkung 31 übernommen, S. 53. Weiter vgl. die Polemik von J. Haubelt in: KISCHKE, Horst-ANDICZ, Hellmut- HAUBELT, Josef: Svobodní zednáři. Mýty, výmysly, skutečnost a výhledy [Die Freimaurer. Fiktion, Realität und Perspektiven], Praha 1997, S. 81-82.

29   Vgl. beispielsweise ŠINDELÁŘ, Bedřich: Zednářství koncem 18. století na Moravě a osvícenství [Die Freimaurerei im ausgehenden 18. Jahrhundert in Mähren und die Aufklärung], in: Moravský historický sborník I., Brno 1986 und ŠINDELÁŘ, Bedřich: Zednářství v Čechách a na Moravě v 18. století a jeho vztah k osvícenství [Die Freimaurerei in Böhmen und Mähren im 18. Jahrhundert und ihr Verhältnis zur Aufklärung], in: Sborník historický 32, Praha 1985.

30   KROUPA, Jiří: Alchymie štěstí. Pozdní osvícenství a moravská společnost [Alchemie des Glücks. Die Spätaufklärung und die mährische Gesellschaft], Brno 1987.

über den Hauptvertreter der Prager und Wiener Freimaurerei, den non-konformistischen Denker Ignác Born sowie seine synthetisierende Arbeit über das Phänomen der Aufklärung in unseren Ländern.[31] Haubelts Ansatz prägte die Diskussion über die Freimaurer-Problematik auch in den 90er Jahren. Ein anderer Prager Historiker, der das Freimaurer-Thema auf eine sehr einfallsreiche Art und Weise in sein Werk integrierte, war Josef Petráň. In seinem unter dem Titel „Kalender" erschienenen Buch[32] findet sich ein Kapitel über die Freimaurerei, das er „Finale" nannte und das auch zahlreiche zeitgenössische Illustrationen enthielt. Nach 1989 erschienen auf unserem Buchmarkt einige Übersetzungen von Schriften, die sich dem Freimaurer-Thema widmen. Meistens handelt es sich um etwas ältere Arbeiten. Die wichtigste Veröffentlichung ist meines Erachtens die tschechische Neuauflage von Lennhoffs Hauptwerk mit dem fundierten Vorwort von Miroslav Martínek.[33] Daneben entstanden gleich mehrere Studien tschechischer Autoren, die das Phänomen der Freimaurerei nahe bringen, beispielsweise das Informationsheft von Vladimír Strejček[34] oder eine gleichsam mit heißer Nadel gestrickte Publikation, die sich die populären Arbeiten westlicher Autoren über sog. Geheimgesellschaften zum Vorbild nimmt. Die Rede ist von der Schrift von Josef Glückselig, die unter dem Titel „Geheimgesellschaften" erschien und die neben den Templern, Rosenkreuzern, Carbonari, Dekabristen, Repealisten, den Anhängern der Omladina-Bewegung, Ku-Klux-Klan, ETA oder dem Leuchtenden Pfad auch die Freimaurer behandelt. Die Publikation beschäftigt sich auch mit der Geschichte der Freimaurerei in der Tschechoslowakei, ihrem Autor unterlaufen jedoch zahlreiche, nicht ganz unbedeutende Irrtümer. 1994 erschien die im Grunde einzig relevante tschechische Arbeit über die Geschichte der Freimaurerei, „Das Geheimnis der Logen. Die Freimaurerei frei von Legenden und Mythen" von Jiří Beránek. Nach Josef Haubelt soll die Schrift schon vor 1989 entstanden sein, wurde jedoch nie veröffentlicht. Die Einzigartigkeit dieses Buches beruht darin, dass hier zum ersten Mal ein tschechischer Autor die einzelnen Stationen der Geschichte der Freimaurerei bis zu der heutigen Zeit bearbeitet. Er widmet sich allen wesentlichen Meilensteinen oder prägenden historischen Momenten, in denen die Freimaurer eine wichti-

31　HAUBELT, Josef: České osvícenství (Aufklärung in Böhmen), Praha 1986 a HAUBELT, Josef: Studie o Ignáci Bornovi (Studien über Ignác Born), Praha 1972. Haubelt vermittelt auch seinen Ansatz zu der Freimaurerforschung seit den 70er Jahren, vgl. KISCHKE, Horst; ANDICZ, Hellmut; HAUBELT, Josef, S. 81-83.

32　PETRÁŇ, Josef: Kalendář, Praha 1988.

33　LENNHOFF, Eugen: Svobodní zednáři (Die Freimaurer), Praha 1993 (1. tschechische Auflage 1931). Die meisten der übrigen Publikationen sind in der Bibliografie aufgelistet. Von den älteren tschechischen Studien erschien das Buch von František Mašláň, vgl. oben.

34　Vgl. Anm. 7.

ge Rolle spielten, sowohl im Rahmen der Entwicklung der europäischen als auch speziell der böhmischen/tschechischen Freimaurerei. Etwas irritierend schließt das Buch mit dem im letzten Kapitel behandelten Skandal der italienischen Loge Propaganda Due vom Anfang der 80er Jahre ab. Man kann sich an dieser Stelle die Bemerkung nicht verkneifen, dass man diese Art Autorenstrategie eher bei einem Sensationsjournalisten als einem seriösen Historiker erwarten würde. Beráneks Forschungsarbeiten sind mehrheitlich auf die Epoche der Aufklärung fokussiert, deshalb sind auch die das 18. Jahrhundert behandelnden Passagen in dem oben genannten Werk die aufschlussreichsten. Er selbst schätzt auch die ersten Generationen der Freimaurer am höchsten, ihre Nachfolger sowie die Inhalte und Tätigkeit der Freimaurerei allgemein kommentiert er oft in leicht ironischem Ton. Beránek legt auch die Forschungsziele in diesem Themenbereich fest: „Die Freimaurerei-Thematik ist nicht nur eine historische Thematik, sondern auch eine soziologische, kunsthistorische und philosophische. Nur ein dermaßen komplexes Bild, verbunden mit einem neuen kritischen Blick auf die Rolle dieser Gesellschaften in den einzelnen historischen Epochen, kann zu der so notwendigen Demythologisierung beitragen, wenn auch für den Preis, dass die auf den ersten Blick so bunten Farben verbleichen und die aufregenden Geheimnisse in einem viel nüchterneren Licht erscheinen."[35] Oben habe ich schon Beráneks Bewertung der für das Studium der Freimaurerei-Problematik hierzulande relevanten Quellen angesprochen, an dieser Stelle möchte ich auf diesen Punkt noch einmal eingehen. „Die mehr als ein halbes Jahrhundert umfassende Lücke, die uns von den letzten komplexeren Abhandlungen über diese Thematik in unserer Geschichtsschreibung trennt, deren Bearbeitung zudem politische Tendenzen nicht verbergen kann [...], erleichtert dem heutigen Historiker seine Aufgabe in keinerlei Weise. Auf Grund der dürftigen Quellenbasis und folglich auch der fraglichen Zuverlässigkeit dieser Arbeiten ist es trotz des Einsetzens der effektivsten historisch-kritischen Methoden nicht möglich, darin glaubwürdige Fakten zu finden."[36]

Dieser Wertung kann ich in keinster Weise zustimmen. Die böhmische Freimaurerei, zumindest im 18. Jahrhundert, ist kein unbearbeitetes Feld, und die Quellenbasis ist alles andere als eng, wenn man nur die Perspektive zulässt, dass die Freimaurer normale Menschen und Bürger waren. Beránek widmet sich in seiner Studie auch der tschechischen Freimaurerei im 20. Jahrhundert, leider nur auf einigen wenigen Seiten,

35   BERÁNEK, Jiří: Tajemství lóží. Svobodné zednářství bez legend a mýtů [Das Geheimnis der Logen. Die Freimaurerei frei von Legenden und Mythen], Praha 1994, S. 13.

36   Ibd., S. 12.

bei denen zudem eine gewisse Voreingenommenheit spürbar ist und ein paar Irrtümer zu finden sind. Trotz all dieser kritischen Bemerkungen muss Beráneks Arbeit als ein wertvoller Beitrag angesehen werden – auf Grund der Breite seiner Themen und seiner Bemühung um die historisch-kritische Herangehensweise an ein nicht ganz konventionelles Thema. Die letzte Arbeit, auf die ich hier eingehen möchte, hat auch eine etwas kompliziertere Geschichte. Sie entstand ursprünglich als Werk zweier Autoren (Horst Kischke und Hellmut Andicz) und war für die deutschen und österreichischen Leser bestimmt. Die tschechische Auflage wurde jedoch zu einem Drittel mit einem tschechischen Text ergänzt, der den Leser in die tschechischen Realien einführt (der Autor dieses Teils sowie der Übersetzung aus dem Deutschen ist Josef Haubelt). Deshalb kann diese Arbeit in keinster Weise als eine bloße Übersetzung des deutschen Textes gewertet werden. Es handelt sich um die in vielerlei Hinsicht einzigartige Publikation „Die Freimaurer. Mythen, Fiktion, Realität und Perspektiven". Die ursprüngliche Intention dieses Buches war die Offenheit der heutigen Freimaurerei zu demonstrieren und in einer sehr sympathischen Form zur besseren Erkenntnis der Geschichte und Entwicklung, besonders aber der modernen Freimaurerei selbstkritisch beizutragen. Durch die Eingliederung des tschechischen Teils bekam das Buch jedoch einen etwas anderen Charakter. Die ergänzenden Passagen schienen ihrem Autor Josef Haubelt ein geeigneter Raum zu sein, um mit seinen Ideengegnern, heutzutage insbesondere durch die Vertreter der katholischen Kirche repräsentiert, abzurechnen. Es ist ein sehr schwieriges Unterfangen, dem tschechischen Teil dieses Buches gerecht zu werden. Einerseits findet man hier zahlreiche relevante historische Informationen, auch zu der modernen tschechischen Geschichte, was recht einmalig ist, andererseits begegnet man vielen Ungenauigkeiten. Hier erscheint mir am markantesten die Unsicherheit und zuletzt auch Unrichtigkeit der Datierung in Bezug auf die Freimaurerei in der Tschechoslowakei nach dem Zweiten Weltkrieg, denn hier kann man weder vom Mangel an Quellen noch von Widersprüchlichkeit ihrer Informationen sprechen. Ein gewichtigeres Moment ist der schon oben angedeutete rein polemische Charakter von Haubelts Text. Auf der einen Seite glüht er vor programmatischer Bewunderung zu den Freimaurern, auf der anderen sickert ein fast schon höhnischer Hass zu ihren Kritikern aus den Reihen der katholischen Kirche durch. Der Autor akzentuiert sehr vehement gerade die ideelle Gegensätzlichkeit zwischen der in ihrem wahren Wesen deistischen, in Haubelts Auffassung fast schon freidenkerisch anmutenden Freimaurerei einerseits, die jedoch als ideeller Hintergrund nur für die Minderheit der tschechischen Freimaurer Gültigkeit beanspruchen darf, und dem traditionellen katholischen Denken andererseits. Gleichzeitig merkt man dem Text seine Intention an, die Beziehung des kommunistischen Regimes und seiner Wissenschaft zum Phänomen der Freimaurerei als gar nicht so negativ darzustellen, wie sie auf den ersten Blick erscheinen mag. Hier muss man dem Autor bis zu einem gewissen Grad Recht geben. Die kämpferische Ausdrucksweise dieser Publikation problematisiert natürlich in gewisser Weise ihre fachwissenschaftliche Bewertung. Noch prekärer erscheint die Diktion in Hinsicht auf die Ziele der ursprünglichen Arbeit: das Entgegenkommen, die Offenheit und vor allem die Toleranz der modernen Freimaurerei. Abschließend muss man jedoch festhalten, dass die Verarbeitung des Themas der neuzeitlichen tschechischen Freimaurerei als die umfangreichste unter den bisher veröffentlichten Publikationen hervorzuheben ist.

In den neunziger Jahren kam es auch zu dem Versuch, die freimaurerische Geschichte übersichtlich aufzubereiten – als ein Sammelband, sozusagen mit eigenen Kräften zur Welt gebracht.[37] Die Beiträge sollten sich schwerpunktmäßig auf den Widerstandskampf der einstigen Freimaurer konzentrieren, der Sammelband überschritt dieses Ziel jedoch in thematischer Hinsicht um Längen. Manche der Aufsätze sind wertvoll, im Allgemeinen ist der von Quatuor Coronati herausgegebenen Publikation jedoch ihre schon oben erwähnte Selbsthilfe-Produktion in beträchtlichem Maße anzumerken. Tragend sind hier die Beiträge der österreichischen Forscher, die sich der Methodologie der Freimaurer-Forschung widmen, im Kontext des Sammelbandes wirken sie jedoch ziemlich heterogen.

An dieser Stelle kann der Überblick über das Angebot der sog. Freimaurer-Literatur abgeschlossen werden. Folgen könnten noch zahlreiche von der Autorin der vorliegenden Monografie veröffentlichte Studien sowie mehrere historiographische Fachpublikationen, in denen die Freimaurer-Thematik häufiger erwähnt wird.[38]

Gedruckte Quellen

Das Angebot an Literatur über die Freimaurerei kann als sehr reichhaltig bezeichnet werden, das Spektrum der gedruckten Freimaurer-Quellen auch nur für das 20. Jahrhundert ist jedoch noch sehr viel breiter.

37   Tschechische Brüder kämpften gegen die Nazis. Beiträge zu einem Symposion 1993 in Prag - Čeští bratři bojovali proti nacistům, Wien 1995.

38   Die Geschichte der Loge Most wurde bearbeitet von: UHLÍŘ, Dušan: Historie lóže Most 1925-1951, in: Most-Brücke-Bridge, Praha 2000, S. 4-12. Manche der übrigen Arbeiten, in denen tschechische Freimaurer im 20. Jahrhundert Erwähnung finden, sind in der Bibliografie aufgelistet.

Auch diesmal können wir die Quellen in Typen unterteilen, wobei hier der ausländischen Produktion ein etwa genauso zahlreiches Angebot an Literatur tschechischer Provenienz entspricht und weiterhin die übersetzten Publikationen in Betracht gezogen werden müssen, die in Tschechien eine große Rolle spielten. Bei dem jeweiligen Quellentyp kann kein Unterschied zwischen den fremdsprachigen einerseits und den tschechischen Arbeiten andererseits gemacht werden, was sicherlich auf die einfache Tatsache zurückzuführen ist, dass die nach 1918 im Grunde ohne eine kontinuierliche Tradition gebliebenen tschechischen Freimaurer Inspiration in fremdsprachigen Publikationen, eventuell in der Produktion der deutschen und ungarischen Logen in der Tschechoslowakei suchten.

An erster Stelle müssen die grundlegenden Handbücher erwähnt werden, die allgemein bekannt sein und die sich jeder Freimaurer angeeignet haben sollte. Es handelt sich hierbei um die erste einleitende Belehrung über den Sinn und die Ziele, aber auch die praktischen Fragen der Freimaurerei, weiter um Rituale, Symbole, Kommunikationsmittel und Grundsätze sowie die Satzungen des Vereins. Die Freimaurerlogen können eigentlich als ein Verein angesehen werden, der sich zum einen nach der internen Hausordnung, zum anderen nach den allgemeinen Vereinsregeln richtete, die von den Organen des Außenministeriums genehmigt werden mussten. Diese Handbücher waren in manchen Fällen das Gemeinschaftswerk eines Teams von ausgesuchten Fachleuten oder eines mit einem solchen Auftrag ausgestatteten Autors, ein anderes Mal wiederum das Produkt der persönlichen Initiative eines Einzelnen.[39] Die Akzentuierung der großen Zahl an fremdsprachigen Arbeiten hat hier durchaus ihre Berechtigung, denn es handelt sich meistens um Publikationen, die im Nachlass der tschechischen Freimaurer gefunden wurden und die zu unserer Vorstellung über ihre Inspirationsquellen bei der Ausarbeitung von entsprechenden, auf tschechisch geschriebenen Handbüchern beitragen.

Eine weitere repräsentative Gruppe von Quellen stellen Sammelbände dar, die zu einem Jahrestag einer der Freimaurerlogen erschienen sind. Sie sind thematisch und gattungsmäßig sehr vielfältig und reichen von der standardisierten Verarbeitung der Logengeschichte (bei der tschechischen Loge ziemlich kurz), über die Bekenntnisse verschiedener

---

39   Zu den Grundlagenschriften, die in die Thematik einführen – salopp könnte man auch „Werbeschriften" sagen – zählen meines Erachtens die folgenden: BOEHM, Otto: Wege zur Freimaurerei, Berlin 1922. BONNE, Georg Heinrich: Warum ich Freimaurer wurde, und warum ich es heute noch bin, Hamburg 1932. Die Freimaurer greifen nach Dir, Hannover 1948. UHLMANN, Fritz: Was ist Freimaurerei? 2. Aufl., Basel 1932. WIRTH, Arnold: Die Freimaurerei, Basel 1931. Einen weiteren Radius umfasst z.B. die Schrift von SCHMIDT, Eugen W.: Vademecum für Freimaurer, Leipzig 1925.

Nr. 1.   **Reichenberg, Jänner 1929.**   **5. Jahrgang.**

DIE DREI RINGE

Monatsblätter für Freimaurerei und verwandte Gebiete.

Mit den amtlichen Nachrichten der Großloge „Lessing zu den drei Ringen" in der Tschechoslowakischen Republik.

Herausgegeben von der Freimaurer-Loge „Latomia" in Reichenberg in Böhmen.

Bezugsgebühren jährlich franko: Für die Tschechoslowakische Republik Kč 25·—, für Deutschland 5 Reichsmark, für Österreich 6 Schillinge ür Amerika 1½ Dollar, für alle übrigen Staaten 6 Schweizer Franken. : Postscheck - Konto Prag: Karl Borda, Reichenberg Nr. 73.145. — Adresse für Zuschriften: Karl Borda, Reichenberg, Herrengasse 11. —

Zum 200. Geburtstage Gotthold Ephraim Lessings.

Gotthold Ephraim Lessing.

Geboren am 22. Jänner 1729 zu Kamenz i. S.   Gestorben am 15. Feber 1781 in Braunschweig.

*Die drei Ringe – Zeitschrift der deutschsprachigen Freimaurer der
Tschechoslowakei*

Persönlichkeiten bis zur Freimaurer-Poesie oder die Analysen beispiels-
weise von bildnerischen Symbolen reichen.[40] Einen ähnlichen Charakter haben auch die periodisch erscheinenden Publikationen, meistens Jahrbücher. Hier muss angemerkt werden,
dass hinsichtlich der Quantität sowie der Qualität die tschechische Freimaurerei nie das Produktionsniveau der deutschen Freimaurerei in der
Tschechoslowakei zu erreichen vermochte, die mit regelmäßig erscheinenden Jahrbüchern aufwarten konnte. Zu weiteren periodischen Druckschriften zählen beispielsweise Arbeitskalender in den einzelnen Logen,
die einen unerlässlichen Bestandteil des Lebens eines jeden Freimaurers
bilden oder die Listen der Logenmitglieder, die ebenfalls viel ordentlicher
und mit mehr Offenheit auf der deutschen Seite geführt wurden.[41] Die
deutschen Quellen dieses Typs sind jedoch nicht nur zum Vergleich geeignet, wie es zunächst scheinen mag. Entweder man findet hier Informationen über Kontakte mit tschechischen Freimaurern oder solche Informationen fehlen – was letztlich auch eine gewisse Aussagekraft besitzt.

Bei der Auflistung von Freimaurer-Periodika muss an erster Stelle
die Zeischrift „Freimaurer" erwähnt werden, die mit einigen Unterbrechungen seit 1926 erschien. Ihr deutsches Pendant in der Tschechoslowakei war die Zeitschrift „Die drei Ringe". Beide Druckschriften kennzeich-
nete ein sehr hohes Niveau und für das Verständnis der Geschichte der
tschechischen Freimaurerei im 20. Jahrhundert stellen sie eine außerordentlich wichtige Quelle dar, denn sie vermitteln den freimaurerischen
Alltag und behandeln Themen, die sowohl für die Praxis wichtig als auch
auf der theoretischen Ebene für die Freimaurer attraktiv waren. Außerdem lassen sie mehr als andere Quellen die Ideenwelt der tschechischen
Freimaurerei, ihr Selbstverständnis, ihre Einstellungen der Umwelt
gegenüber und weitere Fragenkreise durchscheinen. Vergleichen wir
diese Periodika mit den entsprechenden Druckschriften, die als Einzelstücke wohl für jedes Land der Welt zur Verfügung stehen, wird klar,

---

40 Festschrift aus Anlaß des zehnjährigen Bestehens der Freimaurergroßloge „Lessing zu den drei Ringen"
in der Tschechoslowakischen Republik mit dem Sitze in Prag, Reichenberg 1930. Festschrift der Gerechten und
Vollkommenen Johannisloge Hiram zu den drei Sternen im Oriente Prag aus Anlass ihres 25jährigen Bestehens,
Praha 1934. Geschichte des Freimaurerbundes zur Aufgehenden Sonne in der Tschechoslovakischen Republik,
[Hrsg.] Br. Siegfried Neumann, Prag 1936. Geschichte der Gerechten und Vollkommen Johannisloge zur
Verschwiegenheit im Oriente Pressburg 1872-1932, Bratislava 1932. Geschichte der Loge Humanitas im Or.
Neudörfl a.d. Leitha und des nichtpolitischen Vereines gleichen Namens in Wien, Wien 1896. Hierher gehören auch
bspw. Ř.a Spr. L. Dokonalosti Vyšehrad v údolí vltavském. Zpráva o činnosti za léta 1925-1931, Praha 1932.

41 Nur zur Veranschaulichung: Almanach für Br. Freimaurer auf das Jahr 1928, Reichenberg 1927. Jahrbuch
der Freimaurergroßloge Lessing zu den drei Ringen in der Československ en Republik, 1921-1922. Jahrbuch
der Freimaurerloge "Pionier" in Pressburg, Pressburg 1900. II. Jahrbuch der Großloge Lessing zu den drei Ringen,
1922. Das Jahrbuch der Weltfreimaurerei 1935, Wien 1935. Zur Verfügung stehen einzelne Stücke von Freimaurer-
Jahrbüchern wohl aus der ganzen Welt. Sie weisen alle eine grundlegende Ähnlichkeit auf.

dass die tschechische Freimaurerei hier in keinster Weise zurückstand. Neben den Jahrestagen der Logen gab es auch andere Anlässe für die Veröffentlichung von Druckschriften, beispielsweise die Jahrestage der Geburt oder des Todes einer bedeutenden Freimaurer-Persönlichkeit. Es handelte sich hierbei um Gedenkschriften aus der Feder von anderen Freimaurern oder um eine Anthologie aus dem Werk des Jubilars. In diese Kategorie gehören auch individuelle Bekenntnisse von Freimaurern, die Einblick in ihre Gefühlswelt oder Motivierungen gewähren, oft in ausgesprochen künstlerischer Form, z.B. in Versen. Die künstlerischen Elemente – ob Verse, Musik oder bildnerischer Ausdruck – sind ein Bestandteil des freimaurerischen Rituals, deshalb können sie in das Quellenmaterial zur Erkenntnis der Freimaurerei mit einbezogen werden.[42]

Eine wichtige Quelle der Erkenntnis sind auch einzelne, über in- und ausländische, freimaurerische sowie „profane" Zeitungen und Zeitschriften verstreute Artikel. Sie erweisen dem Forscher einen wertvollen Dienst besonders dort, wo es keine andere schriftliche Verarbeitung des Themas gibt, was insbesondere für die Londoner Zeit der tschechischen Freimaurerei in den 40er Jahren gilt. Nicht weniger wichtig sind die Artikel, die in der Tagespresse die Freimaurer angreifen – denn an ihnen lässt sich die Argumentationsweise der Gegner gut verfolgen.[43]

Die letzte große Gruppe an gedruckten Quellen, die für die Erkenntnis des zu erforschenden Phänomens von Bedeutung sind, bilden die Publikationen der Gegner der Freimaurerei. Diese können grundsätz-

42   Gedenkschriften für die einzelnen Freimaurer-Persönlichkeiten erschienen bspw. in der Editionsreihe Ad Gloriam Summi Architectonis Universi Orbis Aeterni - Praha 1931 (Ladislav Syllaba), Praha 1932 (Adolf Girschick), Praha 1932 (Eduard Schwarzer), Praha 1933 (Jaroslav Kvapil), Praha 1936 (Zdeněk Gintl). Als Beispiel anderer Festschriften kann angeführt werden: 500. Kus historie, Vzpomínka na průkopníky, I. Národ, Praha 1937. Památce bratra Josefa Tůmy, zakladatele, čestného a prvního Mistra Ř. a D. I. Pravda vítězí v Or. Praha, Praha 1933. Sborník in memoriam Jana Vignatiho, Brno 1947. Stavba. Sborník zednářských prací k poctě a k potěšení ctih. M., drahému br. Bertholdu Theinovi v den jeho sedmdesátých narozenin, Praha 1931. Z deníku Ladislava Syllaby, Praha 1933. Za bratrem Janem Venturou. L. Dvacátý osmý říjen, Praha 1935.
Persönliche Bekenntnisse und Reden finden sich in: GINTL, Zdeněk: Dvě přednášky, které měl v Ř. L. 28. říjen br. Zd. Gintl, s.l., s.d. MUCHA, Alfons: O lásce, rozumu a moudrosti, Praha 1934. Poselství, které přinesl dne 18. června 1932 Nejj. Svrch. Kom. Br. Alfons Mucha Ř. a D. L. Josef Dobrovský v Or. Plzeň v den desátého výročí jejího založení, Praha s.d. WEIGNER, Karel: Cesta zednářství. Projevy 1930-1934, Praha 1934. WEIGNER, Karel: Kresba Nejj. Velikého Mistra Národní Veliké Lóže Československé br. Karla Weignera v Lóži „Union Royal" v Or. Haagu rýsovaná v den otevření mausolea J. A. Komenského ve valonské kapli naardenské 8. května 1937, Praha 1937.
Künstlerische Bekenntnisse an die Freimaurerei hinterließen z.B. GOETHE, Johann Wolfgang: Lóže. Cyklus zednářských veršů, Praha 1930 (Loge. Zyklus der Freimaurer-Gedichte), oder LESSING, Gotthold Ephraim: Ernst a Falk. Rozhovory pro zednáře, Praha 1913 (Ernst und Falk, Gespräche für Freimäurer), von den tschechischen Autoren KVAPIL, Jaroslav: Proslovy k řetězu, Praha 1933. LEŠEHRAD, Emanuel: Kultem a srdcem. Essay vyznání a modlitby duchovního člověka, Praha 1934. LEŠEHRAD, Emanuel: Přípitky při bílé tabuli, Praha 1934. LEŠEHRAD, Emanuel: Zednářské, Praha 1933 und weitere.

43   Die wertvollste Sammlung von Zeitungsartikeln zu dieser Thematik findet sich im Nationalarchiv der Tschechischen Republik, im Bestand Ausschnittarchiv des Auswärtigen Amtes; auch manche persönliche Bestände enthalten Ausschnittsammlungen zu dieser Thematik.

lich in drei Hauptgruppen unterteilt werden, zwischen denen jedoch oft Verbindungen bestehen. Die erste Untergruppe beschäftigt sich schwerpunktmäßig mit der weltweiten Verschwörung, die für die Katastrophe (insbesondere des deutschen Volkes) während des Ersten Weltkriegs verantwortlich gewesen sein soll. Die Alliierten – allen voran Frankreich und folglich auch die Vertreter des tschechoslowakischen Widerstandes – werden hier als Instrumente oder sogar direkte Mitglieder der internationalen, nach Weltherrschaft trachtenden Verschwörungskette der Freimaurerei interpretiert.[44] Die zweite Untergruppe legt einen besonderen Wert auf den antikatholischen und dabei insbesondere auf den verschwörerischen Charakter der Freimaurerei, der auf unchristliche Orgien hinausläuft und alle dauerhaften Werte in ihren Grundlagen erschüttert.[45]

Der Ausgangspunkt der beiden oben genannten Quellengruppen sind vor allem konservative und nationalistische Positionen, zu denen sich oft noch Antisemitismus mit seiner Konzeption der „Judenmaurerei" gesellt.[46]

Die dritte und umfangreichste Gruppe des Quellenmaterials, das auch für das tschechische Milieu brauchbar ist, umfasst die Schriftstücke nationalsozialistischer Provenienz, die sowohl die nach Vernichtung des Deutschen Reiches trachtende Weltverschwörungstheorie als auch gerade den Antisemitismus akzentuieren.[47] Relevant für das tschechische Umfeld sind einerseits die deutschen Publikationen, die seit Anfang der 20er Jahre erschienen und die Einstellung der Nazis den Freimaurern gegenüber sukzessiv formten und die nach 1933 eine neue Dimension

---

44 Bspw. BACHEM, Julius: Der Krieg und die Freimaurerei, Gladbach 1918. HAISER, Franz: Freimaurer und Gegenmaurer im Kampfe um die Weltherrschaft, München 1924. SIEBERITZ, Paul: Freimaurer im Kampf um die Macht, Hamburg 1938. WULF, Wulf: Die geheimen Führer der internationalen Freimaurerbruderschaft als Totengräber für Wissende und Unwissende in Stadt und Land, Berlin 1930. Ein modernes Bsp. dieser Konzeption s. STEINHAUSER, Karl: EG, Die Super-UdSSR von morgen. Tatsachenbericht über die totalitäre Machtergreifung der Geheimpartei der Freimaurerei in Europa, Wien 1992.

45 GRUBER, Hermann S. J.: Kundgebungen der ausländischen Freimaurerei zum Weltkrieg als „Kultur-Krieg", Freiburg im Breisgau 1915. HENNING, Wilhelm: Stellt die Freimaurer unter Kontrolle! Der Kampf der Freimaurerei gegen Vaterland und Kirche, Berlin 1928. Diese beiden Publikationen können gleichzeitig als Beispiele zur Anm. 48 dienen. Von den tschechischen Studien z.B. SEZIMA, Pavel F.: Zednářství a republika, Praha 1927.

46 HERGETH, Friedrich: Aus der Werkstatt der Freimaurer und Juden im Österreich der Nachkriegszeit, Graz 1927. Protokoly ze shromáždění sionských mudrců, Praha 1926. SCHWARZBURG, Erich: Der jüdische Bolschewismus und die Judäo-Freimaurerei als Urheber der spanischen Bürgerkrieges, Frankfurt a. Main 1944. TRENDE, Adolf: Im Schatten des Freimaurer und Judentums, Berlin 1938.

47 RIEGELMANN, Hans: Die europäischen Dynastien in ihrem Verhältnis zur Freimaurerei, Berlin 1943. ROSSBERG, Adolf: Freimaurerei und Politik im Zeitalter der französischen Revolution, 3. Aufl. [1. Aufl. 1942], Viöl Nordfriesland 1998. ROSENBERG, Alfred: Freimaurerische Weltpolitik im Lichte der kritischen Forschung, 3. Aufl., München 1931. Einer der produktivsten Autoren war SIX, Franz Alfred: Freimaurerei und Christertum, Hamburg 1940. SIX, Franz Alfred: Freimaurerei und Judenemanzipation, Hamburg 1938. SIX, Franz Alfred: Studien zur Geistgeschichte der Freimaurerei, Hamburg 1942. Es ist nur ein kleines Beispiel aus der Überfülle der Antifreimaurer-Literatur nazistischer Provenienz, deren Ursprung logischerweise auf die legendären Arbeiten des Ehepaares Ludendorff zurückzuführen ist.

gewannen, andererseits ihre tschechischen Pendants, die teils von der älteren hiesigen Tradition ausgingen, größtenteils aber die Trends des „Reichsschrifttums" kopierten. Die meisten Informationen über die Freimaurerei der Zwischenkriegszeit, um ein konkretes Beispiel zu nennen, brachten – vielleicht paradox – der tschechischen Öffentlichkeit gerade zwei solche Arbeiten, deren Autoren ihre Auskünfte aus den polizeilichen Quellen bezogen und deshalb in vielerlei Hinsicht richtig lagen, insbesondere was die Existenz der Logen und ihrer Mitglieder angeht. Diese Publikationen führen jedoch mindestens in einem Punkt natürlich gründlich in die Irre, nämlich in ihrer sehr zweckgebundenen und verzerrten Interpretation der breiteren Zusammenhänge der Freimaurerei in der Tschechoslowakei, die als die Ursache des Niedergangs des tschechischen Volkes dargestellt wird. Bemerkenswert sind in dieser Hinsicht auch die beiden nicht ganz alltäglichen Buchtitel, die schon an sich negative Gefühle im Zusammenhang mit der Freimaurerei wecken. Das erste Buch ist das eigenwillige Werk aus der Feder des tschechischen Faschisten Jan Rys-Rozsévač „Judenmaurerei – die Geißel der Welt", das während der Zweiten Republik erschien, aber dessen Entstehung wesentlich tiefer zurückgreift. Die andere, wiederholt aufgelegte „Geißel" wurde unter dem Namen des Befehlshabers des SD-Leitabschnitts Prag, Walter Jacobi, und dem Titel „Golem ... Die Geißel der Tschechen. Der Verfall des tschechischen Nationalismus" veröffentlicht. Auch hier ist mit der Erwähnung von Golem der Hinweis auf das mystische jüdische Element nicht zu übersehen, das den Verfall der tschechischen nationalen Identität verursacht. Zur Popularisierung dieser Publikation trug auch die groß angelegte Kampagne in der Tagespresse bei, wo lange Passagen aus diesem Buch abgedruckt wurden und die tschechische Öffentlichkeit sehr theatralisch und voller Pathos über die skandalösen Enthüllungen einiger ehemaliger Staatsvertreter und nationaler Autoritäten informiert wurde, die der weltweiten Freimaurerei gedient haben sollen.

In der Auflistung der gedruckten Quellen sollten natürlich die kritischen Editionen ausgewählter Dokumente nicht fehlen, die sich auf die untersuchte Thematik beziehen. Für das tschechische Umfeld steht uns jedoch dieser Typ des Quellenmaterials nicht zur Verfügung.[48]

---

48 Für das deutsche Umfeld stehen auch nicht besonders viele solcher kritischen Editionen zur Verfügung, vgl. bspw. DOTZAUER, Winfried: Quellen zur Geschichte der deutschen Freimaurerei im 18. Jahrhundert unter besonderer Berücksichtigung des Systems der Strikten Observanz, Frankfurt a.M.-Bern-New York-Paris 1991. GERLACH, Karl Heinz [Hrsg.]: Berliner Freimaurerreden 1743-1804, Schriftenreihe der Internationalen Forschungsstelle „Demokratische Bewegungen in Mitteleuropa 1770-1850", Frankfurt a. M. 1996, für das 20. Jahrhundert ist mir keine solche Arbeit bekannt.

Was bietet das Archivmaterial an?

In den vorangegangenen Ausführungen habe ich mehrmals der Behauptung widersprochen, dass es bei uns nicht genügend Quellenmaterial für das Studium der Freimaurerei gäbe. Diese Behauptung gründet sich wohl auf der Erwartung eines vollständigen, schon bearbeiteten Archivbestands mit der stolzen Überschrift „Freimaurer", der dem Forscher bereitwillig zur Verfügung steht. Bei dieser Einstellung kann der Blick in die Archivbegleiter eigentlich nur enttäuschend sein. Trotzdem bieten die tschechischen Archive eine ganze Menge an Freimaurer-Material aus dem 20. Jahrhundert, man muss jedoch an die einzelnen Bestände mit einem ganz feinen Sieb herangehen und die „Freimaurer-Körnchen" suchen.

Ich hatte großes Glück, dass es mir ermöglicht wurde, in dem aktuellen Archiv der Großloge der Tschechischen Republik zu recherchieren. Die ursprünglichen Archive der Freimaurerlogen wurden während des Protektorats versteckt, beschlagnahmt oder gingen verloren – vor allem die Mitgliederkarteien scheinen unauffindbar verschwunden zu sein – und die Nachforschungen nach dem Ende des Zweiten Weltkriegs waren nicht immer erfolgreich. Nur wenige Jahre später mussten die Logen ihre Tätigkeit wieder einstellen und die Archive bei einigen Mitgliedern zu Hause versteckt werden. Deshalb gelang es bei der Erneuerung dieser Institution nach 1990, nur eine geringe Anzahl an Archivalien aus den Privatquellen zu erwerben.

Der vollständigste Bestand in diesem Archiv gehört heute der Loge Národ (Nation), der dank des Mutes und der Pflege ihrer Mitglieder auch Materialien aus der Vorkriegszeit umfasst, einschließlich repräsentativer Proben aller Typen der von den Logen geführten Amtsakten (Matrikeln, Abgangsbücher, Korrespondenz und insbesondere dann die Protokollbücher der zeremoniellen Arbeit oder andere Tagungsniederschriften). Dieses Material ist sehr wertvoll und unersetzlich für die Erkenntnis des Freimaurer-Alltags sowie des formalen Rahmens der Tätigkeit der Freimaurerlogen. In Hinsicht auf die Vollständigkeit sind an zweiter Stelle die Materialien der Loge Jan Kollár zu nennen. Von den übrigen Logen sind nur Fragmente und Einzelheiten erhalten.

Ein anderes Archiv, in dem sich eine Fülle interner Freimaurer-Akten befindet, ist das Archiv der Hauptstadt Prag (Archiv hlavního města Prahy). Hier wird der überaus wertvolle Bestand mit dem Titel Nationale Großloge der Tschechoslowakei aufbewahrt, der aus den oben genannten Gründen fast ausnahmslos aus Materialien der Nachkriegszeit (bis 1951) besteht. Andererseits kann dieser Bestand für die Forschung der invisierten Zeit im Grunde als komplett gelten, denn es handelt sich in der Mehrheit nicht um das Material der einzelnen Logen, sondern schwerpunktmäßig um die Aufzeichnungen ihres Leitungsorgans, d.h. der Nationalen Großloge der Tschechoslowakei. In dem Prager Stadtarchiv kann man außerdem auch zahlreiche andere Archivalien zum Thema Freimaurerei finden. Sie gehören zum Bestand Polizeidirektorium – Vereinsgrundbuch (Policejní ředitelství - Spolkový katastr) und sind im Zusammenhang mit dem amtlichen Genehmigungsprozess der Tätigkeit der Logen als Vereine zu sehen.[49] Außerdem befinden sich hier auch zwei Nachlassfragmente von führenden Freimaurerpersönlichkeiten, nämlich von Josef Volf und Constant Pierre.

Die überwiegende Mehrheit der Freimaurer-Archivalien wird in Prag aufbewahrt. Der Grund dafür ist zum einen darin zu suchen, dass die meisten Logen schon immer in Prag beheimatet waren. Zum anderen hängt es mit dem Erneuerungsprozess der Logentätigkeit in der Nachkriegszeit zusammen: in Pressburg/Bratislava und Brünn/Brno wurden sie formal gar nicht erneuert und in Ostrau/Ostrava und Olmütz/Olomouc nur unter ganz komplizierten Bedingungen. Ein Großteil des mährischen Materials befindet sich ebenfalls in dem schon erwähnten Bestand Nationale Großloge der Tschechoslowakei. Zur Erneuerung der deutschen Logen kam es aus verständlichen Gründen nicht und es ist nicht nur darauf zurückzuführen, dass sie deutsch – also in der Tschechoslowakei ohne jegliche Zukunft – waren, sondern auch auf die Tatsache, dass ihre Mitglieder mehrheitlich Juden waren und den Krieg gar nicht überlebten.

In den Archiven außerhalb Prags haben sich trotzdem einige partielle Teile von Beständen der tschechischen sowie der deutschen Logen erhalten. Es handelt sich jedoch eher um Fragmente. Es wurde mir Einblick gewährt in die Materialien aus dem Archiv der Stadt Pilsen (Archiv města Plzně), wo sich der Bestand mit dem Titel Freimaurerloge Josef Dobrovský (Zednářská lóže Josef Dobrovský) befindet. Dieser stellt jedoch vorwiegend eine bloße Zusammenfassung der die Loge betreffenden amtlichen Dokumente dar. Gleiches gilt auch für den zweiten hier befindlichen Freimaurer-Bestand, genannt Freimaurerloge Ludwig Piette. Eine unterschiedliche Situation finden wir bei den Freimaurermaterialien in den Staatsbezirksarchiven in Laun/Louny und Teplitz/Teplice vor. Hierbei handelt es sich um die Teile der Registratur der dortigen Logen,

---

49   Es sind Materialien dieser Freimaurerlogen und ähnlicher Gesellschaften erhalten: Charitas, Harmonie, Národ 1932-39, Jan Amos Komenský, Bohemia, Dobrovský, Thelion, U pravdy a svornosti, Poznání a Gesselligkeitsverein Harmonie, 1948-51 - Národ, Pravda vítězí, Baruch Spinoza, J. A. Komenský ve vyhnanství, 28. říjen, Sibi et posteris, Bernard Bolzano, Dílo, J. A. Komenský, Dílna lidskosti, Jan Kollár, Most.

die hier (bzw. in Saaz/Žatec und Teplitz/Teplice) in der Zwischenkriegszeit tätig waren. Diese Materialien ermöglichen den Vergleich der tschechischen und der deutschen freimaurerischen „Amtsführung".
Sehr wertvolle Vergleichsmöglichkeiten bieten die in den Beständen des Nationalarchivs der Tschechischen Republik aufbewahrten Materialien. Hier befinden sich nämlich zwei relativ repräsentative Teile
der Akten von freimaurereiähnlichen Organisationen, die manchmal
zum Zweck der Vereinfachung der polizeilichen Akten als Freimaurer-
Organisationen bezeichnet werden – die Rede ist hier von der Großloge
für den Tschechoslowakischen Staat des X. unabhängigen Ordens B°nai
B°rith und Odd Fellow.[50] Daneben findet sich gleich in mehreren Abteilungen des Staatszentralarchivs Material, das für die Forschung zu diesem Thema überaus wertvoll ist. An erster Stelle stehen die Akten des
Innenministeriums und des Landesamtes, weiter das Ausschnittarchiv
und einige persönliche Bestände von Freimaurern, von denen ich für den
bedeutendsten den Nachlass von Josef Schieszl halte.[51]
Mindestens genauso wertvoll ist das direkt im Archiv des Innenministeriums aufbewahrte Polizeimaterial. Es handelt sich vorwiegend um
Materialien aus dem Protektorat und der Nachkriegszeit, die Zeugnisse
der absichtlichen Kriminalisierung der freimaurerischen Tätigkeit sind
und mit der Gestapo und der Staatssicherheit (StB) zusammenhängen.
Deshalb schließt dieses Material auch Verhörprotokolle, Agenten- und
Informantenberichte, beschlagnahmte Korrespondenz usw. mit ein. Von
diesen ausgehend kann man sich eine ziemlich genaue Vorstellung sowohl von der direkten Verfolgung einzelner Personen als auch von den
Bemühungen um Infiltration in diese geschlossene Gesellschaft machen,
und nicht zuletzt auch davon, was für ein Bild die die Ordnung im Staat
überwachenden Organe von der Freimaurerei hatten und worauf sich
diese Ansichten gründeten. Bemerkenswerte Archivalien, bei denen es
sich oft um polizeilich beschlagnahmtes Material handelt, befinden sich
auch in den sog. Materialien des ehemaligen Studieninstituts des Innenministeriums (38 – MNB), die heute im Archiv des Instituts Tomáš
Garrigue Masaryk der Akademie der Wissenschaften der Tschechischen
Republik aufbewahrt werden. Im Rahmen dieser Institution sind die
Freimaurermaterialien auch in den Nachlässen der Freimaurer Edvard
Beneš und Jan Masaryk vertreten sowie in dem überaus reichen Material

---

50   Im NA werden Archivalien des Odd Fellow-Ordens in einem nicht bearbeiteten Bestand mit dem Titel
Freimaurerlogen aufbewahrt. Daneben befindet sich z.b. ein Teil der Aufzeichnungen von Rotary im Archiv des
Nationalmuseums.

51   Josef Schieszl (1876-1970) war in der Zwischenkriegszeit Vorsteher des Ressorts Politik und Legislative der
Präsidentenkanzlei und führender Vertreter der politischen Gruppierung Hrad (Burg).

aus der Hinterlassenschaft von Präsident Masaryk. Institutionelle Quellen mit Bezug auf die freimaurerische Tätigkeit stehen dem Forscher auch im Archiv der Präsidentenkanzlei zur Verfügung. Es handelt sich vornehmlich um die von den freimaurerischen Organisationen erhaltene Korrenspondenz und die die Freimaurer betreffenden Einträge aus der Zwischenkriegszeit, dem Protektorat und der Nachkriegszeit. Freimaurerische Spuren finden wir auch in den Huldigungs- und Audienzprotokollen. Hinzu kommen auch noch einige Einzeldokumente, die im Archiv des Auswärtigen Amtes aufbewahrt werden.

Die letzte Kategorie der Informationsquellen über die tschechische Freimaurerei im 20. Jahrhundert stellen die persönlichen Nachlässe der einzelnen Freimaurer dar. Sie sind für die Forschung nicht als Ganzes brauchbar, aber zumindest in der Korrespondenz finden sich einzelne Stücke zur Thematik. Es bedeutet allerdings, Unmengen an Material durchzugehen, von dem dann oft nur ein Bruchteil verwendet werden kann. Man kann dabei jedoch einen intimeren Einblick in die Kommunikation zwischen den Freimaurern gewinnen, und mit Hilfe der Psychohistorie auf der Grundlage dieses wertvollen Materials die individuelle Basis des Wahrnehmens und Erlebens der eigenen freimaurerischen Zugehörigkeit bei der jeweiligen Persönlichkeit ein bisschen mehr entdecken – eine Möglichkeit, die keine andere Quelle bietet. Wir finden auch solche persönlichen Nachlässe, in denen sich beispielsweise Handschriften mit der freimaurerischen Problematik erhielten, daneben gibt es einige Bestände mit ganzen Komplexen, manchmal ganze Kartons freimaurerischer Schriften.

Unter den tschechischen Archiven stechen in dieser Hinsicht drei Institutionen hervor – zum einen das Archiv der Akademie der Wissenschaften, aber allen voran das Archiv des Nationalmuseums und das Literarische Archiv des Denkmals des nationalen Schrifttums. Sehen wir uns nun aber einige der persönlichen Nachlässe an, die ich für außerordentlich aufschlussreich und relevant halte.

Bei dem zuerst genannten Archiv handelt es sich um ein Konvolut der Korrespondenz des Professors der juristischen Fakultät Emil Svoboda, der auch eine Zeit lang an der Spitze der tschechischen Freimaurer-Organisation stand. Ein sehr aufschlussreiches Zeugnis über die freimaurerischen Erfahrungen legen ebenfalls die Schriften des Orientalisten Vincenc Lesný und des Historikers im Dienst des Auswärtigen Amtes Kamil Krofta ab. In den übrigen hier aufbewahrten Beständen kann man nur Einzelstücke finden.

Anders verhält es sich im Falle des Archivs des Nationalmuseums, das für die Forscher auf dem Gebiet der Freimaurerei überaus attraktiv ist. Der Magnet Nr. 1 ist der hier aufbewahrte umfassende Nachlass des Rechtshistorikers und führenden freimaurerischen Funktionärs der Zwischenkriegszeit Jan Kapras. In seinen Materialien findet sich eine imposante Menge an offizieller Freimaurer-Korrespondenz, die mit seinem hohen Amt im Höchsten Rat zu tun hatte, aber auch persönliche Korrespondenz, die er von anderen Freimaurern erhielt. Nicht zu übersehen ist hier seine distanzierte Haltung auch denjenigen gegenüber, die seine „Brüder" waren oder sein sollten. Außerdem befindet sich hier die unglaublich wertvolle und im Grunde komplette Gesamtausgabe der schwer zu erwerbenden Zeitschrift „Freimaurer" und zahlreiche andere Titel der Freimaurerliteratur. Hinsichtlich der Vielfalt und der Fülle steht dem Kapras-Bestand der nicht bearbeitete Nachlass des tschechoslowakischen Diplomaten Antonín Sum in nichts nach. Der Charakter der von Sum hinterlassenen Schriftstücke unterscheidet sich jedoch etwas von dem der Kapras-Dokumente. Erstens – Sum war kein Funktionär, zweitens – er verbrachte die Zwischenkriegszeit zum großen Teil dienstlich außer Landes, am längsten hielt er sich in Wien auf. Er war jedoch sehr aktiv und unterhielt Beziehungen zu Freimaurern wirklich auf der ganzen Welt, zudem sammelte er freimaurerische Drucksachen amerikanischer, englischer, deutscher, österreichischer, holländischer und natürlich tschechischer Provenienz. Daneben findet sich in seinem Nachlass ein umfangreiches Konvolut auch außerordentlich wertvoller rotarischer Materialien. Größere Komplexe freimaurerischer Korrespondenz und kleinerer Schriften bietet ebenfalls der Nachlass des Historikers Karel Stloukal oder des Journalisten František Sís. Im Archiv des Nationalmuseums befindet sich sogar ein reiner Freimaurer-Bestand, die bisher nicht bearbeiteten Latomica. Das zweckgebunden zusammengefasste Material verschiedenster Provenienz besteht aus Archivalien vom 18. bis zum 20. Jahrhundert, wobei der Schwerpunkt des Bestands in den eher älteren Archivalien zu sehen ist. Ich bin zu der Überzeugung gekommen, dass es sich bei den Archivalien aus dem 18. Jahrhundert im Grunde um das Material handelt, das dem Direktor der Bibliothek des Nationalmuseums, Josef Volf, als Grundlage für seine Forschungen diente. Bei den aus dem 19. und vom Anfang des 20. Jahrhunderts stammenden Dokumenten handelt es sich vorwiegend um Schriftsachen der deutschen Freimaurer in Böhmen, weniger um tschechische Materialien, die auch keinen besonderen Wert besitzen. Der letzte Bestandteil dieses Archivs, der hier erwähnt werden muss, ist die umfangreiche Sammlung von Abschriften der Amtsakten des Innenministeriums und des Landesamtes, die sich im Nachlass des Historikers Josef Matoušek fand. Der Name dieses jungen Mannes prägte sich tief in das kollektive Gedächtnis der Nation insbesondere deswegen ein, weil er zum Opfer der national-sozialistischen Repressalien an den Studenten und Studentenfunktionären am 17. November 1939 fiel. In diesem Fall ging es aber eher um ein geschichtliches Paradox. Matoušek gehörte zu aktiven, rechtsorientierten Politikern, die während der sog. Zweiten Republik (1938-1939, nach dem Münchner Abkommen) neue Impulse für ihre Tätigkeit ahnten und sich aktiv an der Beseitigung des Beneš-Einflusses, an der Ausmerzung und Verfolgung der Tätigkeit der übrig gebliebenen Burg-Elite aus der Vorkriegszeit, also der sog. Ersten Republik, beteiligten. Er war stellvertretender Vorsitzender des Böhmischen Bundes für die Zusammenarbeit mit den Deutschen und nach der Errichtung des Protektorats gehörte zu seinem Kompetenzbereich innerhalb der Nationalen Gemeinschaft (Národní souručenství – die einzig zugelassene politische Partei) auch die Überprüfung aller die Freimaurer betreffenden Angelegenheiten. Deshalb findet sich auch in seinem Nachlass eine so wertvolle Sammlung von Abschriften der Amtsakten, die sich vor allem auf die Auflösung der freimaurerischen und freimaurerähnlichen Logen in den Jahren 1938 und 1939 bezieht.

Das letzte an dieser Stelle erwähnte Archiv ist das Literarische Archiv des Denkmals des nationalen Schrifttums, das zahlreiche Freimaurer-Nachlässe beherbergt. Freimaurerische Korrespondenz finden wir im größeren Umfang beispielsweise in den Nachlässen der Bibliothekare Jan Emler oder Jan Thon. Überaus wertvolle Materialien stehen uns im Nachlass des führenden Organisators des freimaurerischen Lebens, des sehr aktiven Beamten des Auswärtigen Amtes, Rudolf Jordan Vonka, zur Verfügung, der einige Jahre auch die Zeitschrift „Freimaurer" redigierte. Die Akten dieser Zeitschrift befindet sich im Nachlass eines der ersten Herausgeber der Zeitschrift aus der Mitte der 20er Jahre, des Freidenkers Julius Myslík. Daneben stehen hier fast komplette handschriftliche Fassungen der ersten Nummern dieser Zeitschrift zur Verfügung, einschließlich der Begleitkorrespondenz.

Als echte Perlen unter diesen Kostbarkeiten nehmen sich jedoch die Materialien heraus, die uns die zwei prominentesten Freimaurer und gleichzeitig Historiker der Freimaurerei hinterlassen haben – Josef Volf und Emanuel Lešehrad. Der nur teilweise geordnete, über sechzig Kartons umfassende Nachlass von Volf ist ein wirklicher Schatz. Nach Volfs Tod blieb er logischerweise im Nationalmuseum, denn mit dieser Institution ist Volfs lebenslange Berufslaufbahn verknüpft, aber dann wurden die Sachen etwas weniger logisch in das Denkmal des nationalen Schrifttums überführt. Wir finden hier einige seiner Manuskripte, die mehrheitlich auch in gedruckter Form erschienen, aber auch Unmengen an

Notizen und Textauszügen des unglaublich systematischen Volf.[52] Aber das ist nicht alles. Mehr als die Hälfte dieses Nachlasses bildet die Korrespondenz. Hier wird man sich klar darüber, dass Josef Volf tatsächlich der prominenteste tschechische Freimaurer war, ein Funktionär der Freimaurer-Organisation, aber auch ein Historiker und Theoretiker der Freimaurerei. Er war ein Mann, der über einen immensen Einfluss unter den Freimaurern verfügte und ungeheure Ambitionen hegte. Das Studium dieser reichhaltigen und mannigfaltigen Korrespondenz ist wahrlich ein Genuss. Ich habe das Gefühl, dass mir keine anderen persönlichen Materialien mehr Einblick in die Psyche der Freimaurer in der Zwischenkriegszeit gewährten als gerade diejenigen, die der ehrgeizige und fleißige Josef Volf aufgehoben hatte.[53]

Nicht weniger interessant sind die Schriftsachen, die der unermüdliche Sammler von fast allem, was sich in irgendeiner Hinsicht auf bedeutende Persönlichkeiten bezog, zusammentrug – Emanuel Lešehrad. Lešehrads Hinterlassenschaft gehört zu zwei Beständen, die insgesamt an die dreihundert Kartons zählen. An erster Stelle ist es der persönliche Nachlass dieses in vielerlei Hinsicht bemerkenswerten Mannes, der unter anderem in seiner Villa im Prager Stadtteil Smíchov ein den Geheimgesellschaften gewidmetes Museum einrichtete.[54] In Lešehrads Nachlass finden sich neben den Einzelstücken der freimaurerischen Korrespondenz vorwiegend die Manuskripte seiner Arbeiten über die Geheimgesellschaften und die Geschichte der Freimaurerei hierzulande.

Viel wichtiger ist jedoch die gigantische, schon von seinem Schöpfer Lešehradeum genannte Sammlung. Sie umfasst neben Tausenden von Unterschriften bekannter Persönlichkeiten und zahlreichen Schriftstücksammlungen zu verschiedenen Themen auch einige Kartons, die ein Konvolut mit dem Titel Geheimgesellschaften bilden. Hierher gehören sowohl die von Lešehrad gesammelten Einzelstücke aus verschiedenen tschechischen, deutschen, aber auch ausländischen Logen als auch Lešehrads Freimaurer-Korrespondenz mit den Institutionsstrukturen sowie Einzelpersonen, einschließlich der Konzepte seiner eigenen Briefe. Bemerkenswert sind vornehmlich zwei Sammlungen von Materialien aus

---

52   Ich konnte herausfinden, dass sie sich auch an verschiedenen Orten außerhalb dieses Bestands befinden. Volfs typische Karteikarten mit den Notizen zu der Freimaurerthematik werden auch im Literaturarchiv des Denkmals des nationalen Schrifttums aufbewahrt, in dem Bestand Purkyňova společnost, und weiterhin im Archiv der Hauptstadt Prag, im fragmentarischen Nachlass von Josef Volf.

53   Josef Volf ist 1937 gestorben.

54   Lešehrad übergab schrittweise schon seit den 20er Jahren seine Bibliothek und seine Sammlungen dem Nationalmuseum zur Pflege. In seiner Villa öffnete das Nationalmuseum gemäß dem Wunsch von Lešehrad nach seinem Tod eine Exposition, die er aufgebaut und als Privatmuseum betrieben hatte.

Lešehrads „vorfreimaurerischer" Zeit[55], die seine Schriftstücke sowie diejenigen seines Freundes, ebenfalls eines Bankbeamten und Schriftstellers, der wohl mystischsten tschechischen Persönlichkeit in der Ära
der Monarchie, Emanuel Hauner umfassen.[56] Lešehrads und Hauners
Schriftstücke aus ihrer martinistischen oder okkultistischen Zeit, aus der
Zeit ihrer Mitgliedschaft im Silbernen Kreis, in der theosofischen oder
in anderen Geheimgesellschaften sind wirklich außerordentlich wertvoll.
Sie bieten die seltene Möglichkeit des Vergleichs dieser im Grunde esote-
rischen Bünde mit der doch ziemlich rationalistischen Freimaurerei, und
das auch für die Zeit, in der diese zwei Gruppen in Konkurrenz zueinander standen. Gleichzeitig tritt hier auch die Bewertung der Freimaurerei
seitens der Mitglieder der mystischen Gesellschaften[57] deutlich zu Tage
– und die war nicht besonders schmeichelhaft. Wir bekommen eine Ahnung von der Art und Weise der Kommunikation zwischen den Mitgliedern dieser Bünde, bei der deutliche Unterschiede ins Auge springen. Auf
der einen Seite die Freimaurer, die im Geiste aufgeklärter Brüderlichkeit
miteinander umgingen, auf der anderen dann Lešehrads Freunde aus
den ersten Jahrzehnten des 20. Jahrhunderts und ihre weit intimere und
suggestivere Kommunikation, deren Beispiele sich in der Korrespondenz
als Erwähnungen von Fernhypnose, geheimnisvollen wunderbaren Heil-
getränken oder Seelenwanderung finden. Das ist schon an sich bemerkenswert, aber im Vergleich mit Material ähnlicher Provenienz treten
gleichzeitig die wesentlichen Züge der Freimaurerei in der Tschechoslowakei allgemein deutlich hervor. Das Konvolut der von Emanuel Lešehrad zusammengetragenen Schriftstücke halte ich für die Forschung zum
Thema „Freimaurerei" in der Tat für eine der wertvollsten Quellen.

Abschließend muss jedoch auch angemerkt werden, dass die persönlichen Nachlässe allgemein für dieses Forschungsgebiet (im Grunde
genommen handelt es sich um Vereinsforschung) unentbehrlich sind
und ohne sie würden sich viele, vor allem aus der Perspektive der Gesellschaftsgeschichte tragende und fruchtbare Fragestellungen nicht ergeben.

---

55   Lešehrad wurde erst 1932 Mitglied der regulären Freimaurerei, vorher ging er jedoch als ein lebenslang
„Suchender" durch die unterschiedlichsten Geheimgesellschaften, in denen er meistens bedeutende Funktionen
bekleidete.

56   Der persönliche Nachlass von Emanuel Hauner im Rahmen des Lešehradeum besteht aus vier Kartons.

57   Nicht zu übersehen sind die immense Variationsbreite, die ständige innere Bewegung sowie die
Umgruppierungen dieser Bünde, was die Orientierung auch für ihre Mitglieder sehr schwierig machte.

Woran konnten die tschechischen Freimaurer anknüpfen?

Das Problem der Kontinuität

Die Geschichte der tschechischen Freimaurerei beginnt sowohl in der institutionellen als auch der personellen Hinsicht erst im 20. Jahrhundert, von den vereinzelten Ausnahmen mal abgesehen. Trotzdem muss die Frage nach der möglichen Kontinuität der Freimaurerei in Böhmen gestellt werden, deren Höhepunkt die Entstehung einer national-tschechischen Freimaurer-„Kette" wäre. Einerseits kann man sich auf die Tatsache stützen, dass das freimaurerische Element hierzulande schon seit der Mitte des 18. Jahrhunderts präsent war, vergleichbar etwa mit der Situation anderswo in Mitteleuropa. Andererseits müssen gleichzeitig viele andere Umstände berücksichtigt werden – allen voran die markante Zeitlücke, in der die Freimaurer an freier Existenz gehindert wurden. Kann man die Problemstellung mit einem solchen Ansatz angehen, der die Freimaurerei als einen die Geschichte durchziehenden und sich linear abwickelnden roten Fäden darstellt? So lautet eine der Schlüsselfragen. Bei den Freimaurern handelte sich doch um konkrete Menschen im konkreten Umfeld, und auch wenn sie durch die gleiche Institution und eine einheitliche Idee verbunden waren, müssen sie sich doch unterschiedlich reflektiert und wahrgenommen haben, abhängig von dem Raum und der Zeit, von dem sich ständig verändernden Umfeld. Ist es vor diesem Hintergrund also überhaupt berechtigt, einen direkten Zusammenhang zwischen den Freimaurern des 18. und des 20. Jahrhunderts zu suchen?

Bei der Beschäftigung mit der tschechischen Freimaurerei im 20. Jahrhundert kommt zu den skizzierten Reflexionen noch eine andere Frage hinzu, nämlich die, inwieweit es relevant ist, aus der Perspektive der Freimaurer des beginnenden 20. Jahrhunderts über die Vergangenheit nachzudenken, also wie stark sie sich überhaupt über die Vergangenheit der Institution, die sie aufbauten, bewusst waren, woher sie ihre Informationen bezogen und wie sich dieses Bewusstsein ggf. auf ihr Handeln auswirkte. Meines Erachtens hatten die tschechischen Freimaurer der Gründergeneration nur sehr vage Vorstellungen von der eigenen Vergangenheit. Die Ursache kann in mehreren Faktoren gesehen werden. Zunächst muss man bedenken, dass es hier keine kontinuierliche Freimaurer-Tradition gab, die im Rahmen der Selbstreflexion auch einiges Licht in die Vergangenheit gebracht hätte, so wie es dort der Fall ist, wo es in der Entwicklung keine Zäsur gab. Daneben muss man auch den anderen Grund sehen, nämlich dass es zu dem damaligen Zeitpunkt keine fachliche Bearbeitung der Thematik gab, auf die man sich hätte stützen können. Allgemein gehörte das 18. Jahrhundert sicher nicht zu den attraktivsten Zeitabschnitten und Betätigungsfeldern der tschechischen Historiographie, denn diese widmete sich vorwiegend immer noch den älteren historischen Epochen.

Auf welcher Grundlage bildete sich also das historische Bewusstsein heraus? Neben den durch die deutschen Freimaurer überlieferten Informationen muss insbesondere das bahnbrechende fünfbändige Werk des ungarischen Journalisten, Schriftstellers und Verlegers, des Freimaurers

Versammlung der Freimaurer der Prager Loge Wahrheit und Einigkeit –
Aufnahme von Lehrlingen

Ludwig Aigner[58] genannt werden, der unter dem Pseudonym Abafi publizierte. Diese Arbeit ist zweifellos imposant, enthält jedoch gleichzeitig zahlreiche nicht unerhebliche Irrtümer. Weitere – und wohl die wichtigste – Informationsquelle war das an Karel Sabina anknüpfende literarische und journalistische Werk des Schriftstellers Josef Svátek, das auf Grund seiner attraktiven Bearbeitung historischer Stoffe erfolgreich das Fundament zu einigen der freimaurerischen Mythen legte. Man kann davon ausgehen, dass die meisten neu in die Freimaurer-Organisation eingetretenen Männer nicht viel mehr über die Vergangenheit wussten, als dass die Freimaurer in Böhmen seit dem 18. Jahrhundert wirkten oder dass sie vielleicht ein paar Namen kannten. Zweifellos war ihnen jedoch die überlieferte Geschichte von František Antonín Graf Špork geläufig, der die Freimaurerei nach Böhmen gebracht haben soll.[59]

Die aufklärerischen Anfänge

Seitdem sind jedoch in der Forschung wesentliche Fortschritte zu verzeichnen, die wir zum größten Teil Josef Volf zu verdanken haben.[60] Wie kann also die Geschichte der Freimaurerei in Böhmen seit dem 18. Jahrhundert in Kürze skizziert werden? Von dem mit der Jahreszahl 1726 markierten Mythos von Šporks Primat im mitteleuropäischen Rahmen haben wir uns längst verabschiedet.[61] Man bedenke, wie schnell hätte die Freimaurerei gerade nach Böhmen kommen müssen, wenn das Jahr 1717 als Gründungsjahr der ersten Großloge in London gilt und in Deutschland dieses Phänomen erstmals 1737 in Hamburg auftaucht.

58   ABAFI, Ludwig: Geschichte der Freimaurerei in Oesterreich-Ungarn I-V, Budapešť 1890-1899. Die beste Kritik der Quellen und des ganzen Werkes von VOLF, JOSEF: Amici crucis - přátelé kříže (Amici crucis – Freunde des Kreuzes), in: Svobodný zednář (Zeitschrift Der Freimaurer) 5-6, VI, 1932, S. 69-71.

59   Dass Sváteks Informationen problematisch sind, war schon den Freimaurern der Zwischenkriegszeit bewusst. Josef Volf suchte viele von Sváteks Behauptungen zu widerlegen – VOLF, Josef: K věrohodnosti Svátkově (Zu der Glaubwürdigkeit von Josef Svátek), in: Svobodný zednář 1-2, XI, 1937, S. 10-11, Gesamtkritik siehe HARTL, Antonín: Josef Svátek jako historik českého zednářství (Josef Svátek als Historiker der tschechischen Freimaurerei), in: Svobodný zednář 1, X, 1936, S. 11-12, DERS., Josef Svátek a zednářství v Čechách. K 100. výročí jeho narození (Josef Svátek und die Freimaurerei in Böhmen. Zum 100. Jahrestag seiner Geburt), in: Svobodný zednář 3, IX, 1935, S. 56-60; SZ 4, IX, 1935, S. 77-80; SZ 6, IX, 1935, S. 110-112; SZ 9, IX, 1935, S. 196-199; SZ 10, IX, 1935, S. 206-212. Weiter dazu vgl. BERÁNEK, JIŘÍ: op.cit., S. 77ff.

60   Volf schrieb zahlreiche Artikel über die Geschichte der Freimaurerei auch in der Zeit vor der Entstehung der tschechischen Freimaurerei, bspw.: Zednářská Lóže U tří korunovaných hvězd a U poctivosti v Praze (Die Freimaurerloge Zu den drei gekrönten Sternen und der Redlichkeit in Prag), in: Zlatá Praha, XXVI, 1909, S. 321-323, Vyšetřování Jana Ev. Purkyně pro svobodné zednářství (Die Ermittlungen gegen Jan Ev. Purkyně wegen der Freimaurerei) (1854/6), in: Časopis Musea Království Českého, 86, 1912, S. 274-276 usw.

61   Dieser wurde schon in den 20er Jahren von Josef Volf widerlegt – vgl. z.B. VOLF, Josef: Z dějin pražského zednářství (Aus der Geschichte der Prager Freimaurerei), in: Svobodný zednář 9, V, 1931, S. 133ff. Volf trug nach und nach Fragmente zu der Geschichte des Freimaurerei-Phänomens in Böhmen zusammen, sowohl für das 18. und 19. Jahrhundert, als auch für die Zeit bis zu dem Revolutionsjahr 1918. Alle späteren Forscher schöpfen aus seinem umfangreichen Pionierwerk.

Volf datiert die erste Loge in Böhmen in das Jahr 1741, was Prag die Vorrangstellung sogar vor Wien sichert. Zu dieser Zeit befanden sich hier die französischen Truppen, die gegen die neue Herrscherin Maria Theresia und für ihren Rivalen, den bayerischen Kurfürsten Karl Albrecht Partei ergriffen hatten, und diesen in seinem Anspruch auf den böhmischen Thron unterstützten. Der führende Vertreter der Freimaurer, Graf Šebestián Kuenigl, empfing damals die französischen Truppen sehr freundlich auf seiner Herrschaft Schlüsselburg/Lnáře. Es waren also die französischen Offiziere, die diese Neuheit mitbrachten, was als ein etwas kompromittierender Umstand für die böhmische Freimaurerei angesehen werden kann.

Es ist ein Gedenkblatt von 1791 erhalten, datiert zum Tag des Schutzpatrons der Freimaurer, Johannes des Täufers,[62] das zum Anlass des fünfzigsten Jahrestages der Gründung der ersten Loge in Böhmen herausgegeben wurde und das die bisherige Geschichte der hiesigen Institution zusammenfasst. Hier ist also auch die Entstehung der ersten vollkommenen und gerechten Loge Zu den drei gekrönten Sternen und

Versammlung der Freimaurer der Prager Loge Wahrheit und Einigkeit – Erhebung in den Meistergrad

---

62 Also zum 24. Juni, an dem in den Freimaurerlogen auf der ganzen Welt das sog. Johannisfest gefeiert wird.

Redlichkeit im Orient Prag festgehalten. Auch diese erste Prager Loge entstand als ein Elitekreis höherer, insbesondere städtischer Schichten – des liberalen Adels, der nicht privilegierten Intelligenz und der bürgerlichen Unternehmer, um im Geiste der Aufklärung die Prinzipien der Humanität, Toleranz und Brüderlichkeit zu predigen, um das Ideal der edlen Menschlichkeit zu verkörpern und somit zur Kultivierung und Veredelung der Gesellschaft beizutragen. Die Loge erfüllte natürlich auch hier ihre gesellschaftliche Funktion, auch hier handelte es sich in gewissem Maße um eine Modeangelegenheit – mit einem geheimen symbolischen Ritual und dem erhebenden Gefühl der eigenen edlen Berufung. Obwohl die Kaiserin Maria Theresia der Freimaurerei überhaupt nicht wohlgesinnt war, konnte sich ihre Tätigkeit grundsätzlich ungestört weiter entwickeln, auch von der missbilligenden päpstlichen Bulle von 1738 unangetastet. Der Ehemann der Kaiserin, Kaiser Franz Stephan von Lothringen, war selbst Freimaurer, sogar schon seit den dreißiger Jahren, als er Logenmitglied im niederländischen Den Haag wurde. Joseph II. gehörte zwar nicht selbst zu den Freimaurern, aber seine Einstellung ihnen gegenüber war ohne Vorurteile, er suchte sie vielmehr praktisch in seine Pläne einzubinden. Es war eine Zeit, in der Standesgrenzen durchbrochen wurden und in der die freimaurerischen Ideale in die Gesellschaft durchsickern und öffentlich erläutert werden konnten. Die Freimaurer standen Kaiser Joseph zur Seite und unterstützten viele seiner Maßnahmen, die in der damaligen Gesellschaft kontrovers beurteilt wurden – z.B. die Auflösung von Klöstern, die Aufhebung der Leibeigenschaft, das Toleranzpatent usw. Das freimaurerische Ideal der Gleichheit aller Menschen entsprach vollends der kaiserlichen Politik des aufgeklärten Absolutismus.

Die josephinischen Reformen griffen auch ins Logenleben spürbar ein. In den 80er Jahren war die Freimaurerei in Österreich sowie in Böhmen zwar etabliert, aber geprägt von Uneinigkeit und Spannungen. Diese Situation nutzte der Kaiser aus, um auch diese geheime Gesellschaft in seinem Sinne zu regulieren. Im Dezember 1785 erließ er das ab Januar 1786 in Kraft tretende Freimaurerpatent, das zwar die Freimaurerei unter den kaiserlichen Schutz stellte, gleichzeitig aber die Logenzahl beschränkte und sie stärker zu kontrollieren begann, mit der Auflage, sie sollten wieder zu ihrer ursprünglichen Berufung zurückkehren. In den Hauptstädten der einzelnen Länder der Monarchie durften seitdem jeweils nur maximal drei Logen tätig sein, die zudem verpflichtet waren, jährlich den Behörden die Mitgliederlisten vorzulegen, die Namen der

Funktionäre bekannt zu geben und die Daten der Versammlungen anzukündigen.[63] Unter Leopold II. existierte die Freimaurerei weiterhin in einer reduzierten Form. Das allgemeine Misstrauen den Freimaurern gegenüber wurde noch durch die Französische Revolution forciert, die vor allem Stimmen aus den katholischen Kreisen als eine aus den freimaurerischen Logen hervorgegangene Verschwörung bezeichneten. Der konservative neoabsolutistische Kaiser Franz I., der in einer anhaltenden Angst vor geheimen Gesellschaften lebte, baute ein sehr effektives Polizeisystem auf, das die Logen derart unter Druck setzte, dass sie nach und nach ihre Tätigkeit lieber selbst einstellten. 1801 wurde zudem eine kaiserliche Verordnung herausgegeben, die den im Staatsdienst Tätigen die Mitgliedschaft in den Geheimgesellschaften verbot. Eigentlich war dies der entscheidende Schlag, der der Freimaurerei versetzt wurde. Dieses Datum kann als ein Meilenstein gelten, durch den die freimaurerische Tradition und Kontinuität in Österreich und Böhmen jahrzehntelang unterbrochen wurde.

Wir sind jetzt mit dem grundlegenden Rahmen der Existenz der Freimaurerei in der habsburgischen Monarchie in der zweiten Hälfte des 18. Jahrhunderts mehr oder weniger vertraut und können uns jetzt der Entwicklung in Böhmen zuwenden. Der Meilenstein ist hier bekannterweise das Jahr 1741 – sonst verfügen wir bis in die 70er Jahre des 18. Jahrhunderts jedoch nicht über viel Informationen. Bemerkenswert ist der Eingriff der staatlichen Macht gegen zahlreiche Freimaurer, dessen Heftigkeit zur über längere Zeit andauernden Einstellung der Tätigkeit der Prager Loge führte.[64]

Neue Impulse brachte der junge Naturwissenschaftler und Montanist Ignaz Born, der im Herbst 1770 nach Prag kam.[65] Born wurde zum engagiertesten Organisator des hiesigen intellektuellen und gesellschaftlichen Lebens, einschließlich des freimaurerischen. Obwohl er zu dem Zeitpunkt seiner Ankunft in Prag nur den niedrigsten Grad innehatte – er war nur Lehrling – hinderte es ihn nicht im Mindesten an seiner Aktivität und Selbständigkeit. Er nutzte sehr intensiv seine Kontakte zu den Wiener Logen. In Prag wurde er zum Mitglied der Loge Zu den drei gekrönten Sternen. Neben dieser Loge gab es in Prag noch weitere

---

63   Zum Thema vgl. eine beliebige moderne Arbeit über die tschechische, eventuell österreichische Freimaurerei von der Bibliographie im Anhang, insbesondere dann REINALTER, Helmut [Hrsg.]: Joseph II. und die Freimaurerei im Lichte zeitgenössischer Broschüren, Wien-Köln-Graz 1987. Zu der Herrschaftszeit von Leopold II. und der zeitgenössischen Atmosphäre für das tschechische Milieu siehe am besten PETRÁŇ, Josef: Kalendář, Prag 1988.

64   Zu dieser Frage detailliert BERÁNEK, Jiří: op.cit., S. 93ff.

65   Zum Thema vgl. HAUBELT, Josef: Studie o Ignáci Bornovi [Studien über Ignaz Born], Prag 1972

– Zu den drei gekrönten Säulen und Zu den neun Sternen,[66] in den 80er Jahren stieg ihre Zahl auf fünf, in Brünn/Brno gab es zwei[67], in Klattau/Klatovy und Troppau/Opava jeweils eine; weitere Spuren können in Leitmeritz/Litoměřice, Pilsen/Plzeň und Olmütz/Olomouc verfolgt werden. Ein Bestandteil des öffentlichen Lebens waren die Freimaurer auch in den Badeorten im böhmischen Grenzraum. In Böhmen und Mähren hat sich die freimaurerische Bewegung in den 80er Jahren also sehr expansiv entfaltet.

Borns Ankunft in Prag regte mit neuer Intensität die freimaurerische Aktivität auch auf dem Gebiet der Wohltätigkeit an. Philanthropische Beweggründe führten zur Gründung des Waisenheims St. Johannes d.T. in der Prager Neustadt, wo die Freimaurer die Erziehung von 25, später dann bis 70 Waisen finanzierten. Ein anderes karitatives Projekt war die mit modernen Methoden arbeitende Taubstummenanstalt, die von den Freimaurern zudem auch verwaltet wurde.

Ein freimaurerischer Hintergrund ist wohl hinter manchen der verlegerischen Unternehmungen zu vermuten, hinter der von Ignaz Born in Prag gegründeten Gelehrten Gesellschaft wiederum wohl eher weniger. Sobald Born wieder zurück nach Wien übersiedelte, geriet die böhmische Freimaurerei in eine Krisensituation, die durch die am 1. Februar 1778 zusammengerufene „schottische Konferenz in Prag" überwunden werden sollte – durch die Betonung der Gleichheit unter den Freimaurern sowie die Öffnung der Logen auch den weniger wohlhabenden Interessierten gegenüber durch die Senkung der Beitragshöhe. Die Prager Freimaurerei lebte wieder auf. Es entstand eine neue Loge, „Union", und am 30. November 1783 wurde endlich die fünfte Prager Loge gebildet, „Zur Wahrheit und Einheit", deren Logenmeister Filip Graf Clary-Aldringen wurde, der erste Aufseher Graf Giuseppe Malabaila-Canal, der zweite Aufseher dann der Prämonstratenser und Ordensdomherr, Direktor der Universitätsbibliothek Rafael Ungar. Zu weiteren Umgruppierungen zwischen den Logen kam es nach dem Erlass des Handbillets Josephs II., das die freimaurerische Tätigkeit beschränkte.

Zur zweiten freimaurerischen Metropole wurde Brünn/Brno, wo 1782 die erste Loge mit dem Namen Zur aufgehenden Sonne im Osten entstand, in der Karl Salm-Reifferscheid das entscheidende Wort führte

---

66 Die Namen der Freimaurerlogen wurden ursprünglich nach den Tavernen benannt, in denen sie sich zu versammeln pflegten – die ersten vier Londoner Logen, die sich 1717 zu der Großloge zusammenschlossen, hießen beispielsweise Zur Gans zund zum Bratrost, Zur Krone, Zum Apfelbaum und Zum Römer und zur Traube. Die Namen der Prager Logen entstanden entweder nach dem gleichen Prinzip oder analog zu dieser Bildung, jedoch mit einem anderen Inhalt: den freimaurerischen Symbolen.

67 Zum Thema detailliert KROUPA, Jiří: op.cit.

Wolfgang Amadeus Mozart in Freimaurerkleidung

und die Grafen Mitrovský zu den herausragenden Persönlichkeiten gehörten. Auch hier ist der Einfluss von Ignaz Born und seiner in Wien
gegründeten Loge Zur wahren Eintracht sichtbar. In der Brünner Loge
sind starke esoterische Tendenzen mit Orientierung an der Templer- und
Rittersymbolik zu verzeichnen. Das Innenleben der Loge ähnelte immer
mehr einem adeligen Salon. Schon ein Jahr später kam es jedoch zu Auseinandersetzungen, und unter der Leitung des Grafen Belcredi entstand
eine neue Loge namens Zu den wahren vereinten Freunden, die durch
radikales Illuminatentum kontaminiert war.[68] Mit den Freimaurerlogen
in Brünn ist eng auch die Geschichte zahlreicher gelehrter Vereine und
Gesellschaften verknüpft, insbesondere die der Mährischen Gesellschaft
für Natur- und Landeskunde.

In dieser Phase kann natürlich das Phänomen der Freimaurerei aus
naheliegenden Gründen nicht zusammen mit dem Attribut „tschechisch"
bedacht werden. Zu den freimaurerischen Ideen bekannte sich die Elite
der Gesellschaft, in der sich für die Vor- bzw. Anfangsphase der „Nationalen Wiedergeburt" das tschechischsprachige Element nur sehr schwer
finden würde.

Josef Volf gelang es, die Mitgliederzusammensetzung einiger Logen
in den 80er Jahren zu rekonstruieren. Es ist ganz offensichtlich, dass die
Adeligen (die verschiedene Verwaltungsämter bekleideten oder Militär-
funktionen innehatten) und Offiziere nichtadeliger Herkunft (insbesondere in den Garnisonstädten) dominierten, daneben dann hohe Beamte
und die Intelligenz.[69] „Die Freimaurerei war keine Volksbewegung, sie
war immer wählerisch und suchte sich ihre Mitglieder unter den besten
und vornehmsten Männern aus."[70] Volf fährt folgendermaßen fort: „In
den früheren Zeiten legten die Freimaurer großen Wert darauf, geschulte
Mitglieder zu haben. Als 1791 Bauern von Čáslav den Freimaurern bei-

---

68   Die Illuminaten waren ebenfalls ein Kind der Aufklärung, eine weitere Geheimgesellschaft, an deren
Wiege 1776 in Ingolstadt Professor Adam Weishaupt stand. Auch die Illuminaten setzten sich die allmähliche
Vervollkommnung der einzelnen Individuen sowie der ganzen Menschheit zum Ziel, gleichzeitig wurden sie je-
doch zum Nährboden für verschiedene radikale Ansichten über Veränderung des Staates und der Gesellschaft.
Im tschechischen Milieu konnte sich dieser Orden jedoch nicht genug entfalten. Ähnlich bspw. in: van DÜLMEN,
Richard: Der Geheimbund der Illuminaten. Darstellung-Analyse-Dokumentation, 2. Aufl., Stuttgart 1975 und wei-
ter AGETHEN, Manfred: Geheimbund und Utopie, Illuminaten, Freimaurer und deutsche Spätaufklärung, München
1984, oder ROSENSTRAUCH-KÖNIGSBERG, Edith: Freimauer, Illuminat, Weltbürger Friedrich Münsters Reisen und
Briefe in ihren europäischen Bezügen, Berlin 1984.

69   Vgl. beispielsweise VOLF, Josef: Můj pozdrav nové německé Lóži "Wahrheit und Einigkeit zu drei gekroenten Saeulen im Orient Praha" [Mein Gruß an die neue deutsche Loge „Wahrheit und Einigkeit zu drei gekroenten
Saeulen im Orient Praha"], in: Svobodný zednář 12, V, 1931, S. 175ff. Von den siebzehn Gründungsmitglieder dieser
Loge waren acht adeliger Herkunft (vorwiegend hohe Staatsbeamte oder Soldaten), unter den Nicht-Adeligen
überwogen diejenigen, die sich im Bildungsbereich bewegten – Universitätslehrer, Bibliothekare, Schulräte.

70   VOLF, Josef: Svobodné zednářství, Přednáška dr. Volfa [Die Freimaurerei, Ein Vortrag von Josef Volf], in:
Svobodný zednář 3-4, V, 1931, S. 56ff.

treten wollten, gab der Meister ihnen klar zu verstehen, dass sie nicht aufgenommen werden können, weil sie nicht gebildet genug seien." Was die mährischen Freimaurer betrifft, ist eine detaillierte Analyse der sozialen Struktur der Brünner Logen in der Arbeit von Jiří Kroupa zu finden. Sieht man sich die sozialen Schichten genauer an, stellt man fest, dass die meisten Mitglieder der Gruppe der höheren Offiziere zuzurechnen sind (36,7%), gefolgt von adeligen Militärs (18,4%) und der Intelligenz (14,3%). Etwa 34% der Mitglieder hatten keinen Adelstitel, von den Aristokraten hatten den größten Anteil Grafen und Marquis (30,6%).[71] Vergleichbar mit dem tschechischen Umfeld war auch hier die Schicht der hohen Aristokraten die bedeutungstragende.

Die die Mitgliederstruktur prägende Grunddeterminante war auch die notwendige Zahlungsfähigkeit und Unabhängigkeit. Und gerade die geforderte Solvenz war einer der Gründe der engeren Auswahlmöglichkeit. Auch wenn die Freimaurer im 18. Jahrhundert zu den ersten Gemeinschaften gehörten, die die Gleichheit aller Menschen ohne Rücksicht auf Stand, Nationalität oder Religion verkündeten, sah die Praxis der Aufnahme in den „Orden" oft etwas anders aus, was bis ins 20. Jahrhundert andauerte.[72]

Beim Betrachten der Grundzüge der Sozialstruktur von freimaurerischen Logen wird klar, wie fatal der Eingriff in Gestalt des schon erwähnten Hofdekrets von Franz I. aus dem Jahr 1801 war, das die Mitgliedschaft in den Freimaurerlogen mit dem Staatsdienst für inkompatibel erklärte. Auf der Grundlage dieses Dekrets konnte dann der Schwur abverlangt werden, weder im In- noch im Ausland einer Geheimgesellschaft anzugehören. Dadurch wurde ein grundlegender Bestandteil der anderswo üblichen sozialen Struktur der Freimaurer von vornherein ausgeschlossen.[73] Das war der Vorbote des allgemeinen Verfalls und Unter-

---

71 KROUPA, Jiří: op.cit., S. 64.

72 Im Dezember 1930 riefen beispielsweise die niederländischen Freimaurer eine Pressekonferenz zusammen, um einige grundsätzliche Fragen zu erläutern. Als sich einer der Journalisten erkundigen wollte, ob auch Arbeiter aufgenommen werden können, bekam er folgende Antwort: „Die Freimaurerei verlangt ein gewisses Maß an Intelligenz. Außerdem verpflichtet man sich als Freimaurer zu bestimmten Geldopfern, zu denen sich ein Arbeiter nicht verpflichten kann." Ein gewisser Bildungsgrad und materielle Sicherung des Mitglieds war ein wichtiges Moment im Laufe der ganzen Entwicklung der Freimaurerei. Vgl. Nachrichten aus dem Ausland, in: Svobodný zednář 3-4, V, 1931, S. 55.

73 In Deutschland wurden alljährlich Listen der Logenmitglieder veröffentlicht, anhand deren sich die Berufs- und Sozialstruktur sehr detailliert rekonstruieren läßt. Diese Gewohnheit wurde von den deutschen Freimaurern in der Tschechoslowakei übernommen (vgl. Jahrbuecher der Freimaurergrossloge Lessing zu den drei Ringen), von den tschechischen nicht. Die Mitgliederlisten werden von der Freimaurer-Literatur genutzt und zuweilen auch editiert. Vgl. bspw.Freimaurer in Deutschland. Freimaurerei in Braunschweig, Braunschweig 1978; KALLWEIT, Adolf: Die Freimaurerei in Hessen-Kassel. Koenigliche Kunst durch zwei Jahrhunderte von 1743-1965, Baden-Baden 1966; KRIEWALD, Heike: "Ferdinand zur Glueckseligkeit". Aus der Geschichte einer Magdeburger Freimaurerloge, Magdeburg 1992; MAUCH, Kurt: 220 Jahre Freimaurerei in Deutschland, Hamburg 1957 usw.

gangs der Freimaurerei in der Monarchie, wobei die Prager Logen schon einige Jahre vor diesem Wendepunkt ihre Tätigkeit einstellten. Die Gültigkeit und Vollziehbarkeit dieses Dekrets war davon abhängig, wie viel Macht dazu zur Verfügung stand. Immer wenn die staatliche Macht destabilisiert war, kamen Versuche auf, die Freimaurerei in Österreich zu erneuern. Zum ersten Mal entstand eine solche Situation während der napoleonischen Kriege, als in den Jahren 1809-1813 in Wien die Große Landesloge von Österreich wirkte, zu deren Kompetenzbereich auch die böhmischen Länder gehörten. Zu dieser Zeit versuchte Graf Auersperg die Prager Loge „Wahrheit und Einigkeit" zu erneuern, was ihm auch für kurze Zeit gelang. Napoleons Niederlage und die Vereinigung Europas unter der Heiligen Allianz bereiteten auch in den böhmischen Ländern jeglichen Versuchen um Erneuerung der freimaurerischen Organisation ein Ende.

Die halbherzige Einstellung von Franz Joseph I.

Es kann nicht behauptet werden, dass danach die Freimaurer aus Böhmen gänzlich verschwunden wären. Die Logen wurden zwar „für ruhend erklärt",[74] davon waren allerdings nur die Mitglieder eben dieser Logen betroffen. Zahlreiche Freimaurer in Böhmen gehörten zu diversen Logen außerhalb der Grenzen der Habsburgermonarchie – auf diese bezog sich die böhmische Ruhenderklärung also nicht und diese hätten auch Probleme mit dem Dekret von Franz I. bekommen können, falls sie im Staatsdienst gearbeitet hätten.

Der wohl bedeutendste, bekannteste und nachweislich tschechisch-national eingestellte Freimaurer im 19. Jahrhundert war Jan Evangelista Purkyně.[75] Er wurde, wohl auf die Fürsprache seines späteren Schwiegervaters, des Anatomie- und Physiologieprofessors Karel Asmund Rudolphi hin, in die Berliner Loge Der Pilger aufgenommen. Freimaurer wurde Purkyně nach der Erlangung der Professur für Physiologie an der Uni-

---

74 Dieser Begriff bezeichnet de Unterbrechung oder Einstellung der Tätigkeit, in der tschechischen Freimaurerei sind zwei solche Beispiele bekannt – das eine in der Zeit der sog. Zweiten Republik und das andere aus dem Jahr 1951. Die Freimaurer greifen nach einer solchen Lösung dann, wenn die politischen Umstände sie an der ungestörten Arbeit hindern.

75 Zu diesem Thema gibt es einige Publikationen von Josef Volf, vgl. seine Bibliographie. Die tschechische Freimaurer-Forschung zum Thema Purkyně hatte den großen Vorteil, dass Purkyně lange lebte und dass seine Nachkommen ebenfalls Freimaurer waren. Sein Nachlass wurde im Nationalmuseum aufbewahrt und stand Josef Volf zur Verfügung. Die Purkyně-Forschung wurde auch von der Purkyně-Gesellschaft vorangetrieben, deren Bestand heute im Literaturarchiv des Denkmals des Nationalen Schrifttums aufbewahrt wird. Weiter vgl. Tři generace rodu Purkyňů [Drei Generationen der Purkyně-Familie], in: Svobodný zednář 6-7, XI, 1937, S. 74-82, Purkyně jako zednář před soudem [Purkyně als Freimaurer vor dem Gericht], in: Svobodný zednář 8, XI, 1937, S. 102-105. Ein anderer tschechischer Patriot, der sich von den freimaurerischen Ideen angesprochen fühlte, war Vojta Náprstek – zu seiner Tätigkeit fand Volf jedoch offenbar keine Quellen, die er hätte bearbeiten können.

versität in Breslau. Auf der Mitgliederliste figurierte er noch 1850, als er seine Professur an die Prager Universität übertrug. In Prag wurde er in der Mitte der fünfziger Jahre wegen seiner Zugehörigkeit zu den Freimaurern von der Geheimpolizei verhört. Er stritt nichts ab, wies lediglich darauf hin, dass in Preußen die Freimaurerei vollkommen frei und legal existieren kann. Das Verhör hatte jedoch keine rechtlichen Konsequenzen für ihn, denn der Minister für Kultus und Unterricht selbst, Leopold Graf Thun-Hohenstein, hielt die beschützende Hand über ihn. Er war es auch, der Purkyněs Berufung aus Breslau nach Prag in die Bahnen leitete.[76] Abgesehen von dieser Geschichte hatte Purkyně keine Schwierigkeiten mit der Polizei mehr, woraus wir schließen können, dass auch das Dekret von Franz I. nicht immer ausnahmslos befolgt wurde.

Im Revolutionsjahr 1848 entspannte sich die politische Lage und es wurden rechtliche Grundlagen für die Entwicklung der bürgerlichen Gesellschaft gelegt, daneben brachte die Situation auch viele neue Chancen. Gehen wir von der Annahme aus, dass die Blütezeit der Freimaurerei sich direkt proportional zu der Demokratisierung der Gesellschaft verhält,[77] dann scheint es völlig logisch zu sein, dass gerade in diesem Jahr ein weiterer Versuch der Erneuerung der freimaurerischen Tätigkeit in der Habsburgermonarchie erfolgte.

Zunächst wurde in Wien die Loge Zum heiligen Johannes erneuert und in Budapest eine neue – Lajos Kossuth – gegründet, später kam auch in Prag eine Gruppe von Freimaurern zusammen und beschloss die Errichtung einer neuen „Bude" oder eines neuen „Zeltes", wie im zeitgenössischen Tschechisch eine Freimaurerloge bezeichnet wurde.[78] Im Herbst jenes Jahres hat der Buchhalter der Zuckerfabrik in Zbraslav Arnošt Rudolf Kaempf eine beratende Versammlung zu diesem Thema einberufen. Das Problem bestand darin, dass auf die in der Zeitung abgedruckte Aufforderung mehrheitlich nicht die Ordensmitglieder, sondern interessierte Laien reagierten. Das war jedoch nicht seine Absicht, denn unter normalen Umständen kann eine neue Loge nicht von einer Gruppe begeisterter

---

76 Thun war selbst kein Freimaurer, aber er wusste, dass es unter seinen Verwandten in Tetschen/Děčín im 18. Jahrhundert von Freimaurern nur so wimmelte, deshalb konnte er diesem Problem gegenüber viel Nachsicht aufbringen.

77 Diese Proportionalität ist meines Erachtens nachweisbar, und obwohl im 19. Jahrhundert zahlreiche radikale Bewegungen mit den heimlich arbeitenden Freimaurerlogen (klassischer Fall: Italien) verflochten waren, ist diese Situation nicht typisch. Die Freimaurerei kann sich eigentlich nur in der Demokratie frei entfalten, und wenn sie irgendwo im totalitären Staatssystem ums Überleben kämpfen muss, muss sie im Grunde dafür immer den Preis der Kollaboration bezahlen.

78 Zu der Geschichte der Freimaurerei in Böhmen im 19. Jahrhundert die Überblicksdarstellung von KISCHKE, Horst-ANDICZ, Hellmut-HAUBELT, Josef: op.cit., S. 60ff.

Laien[79], sondern nur von Freimaurern gegründet werden, die schon vorher in eine reguläre Loge aufgenommen worden waren. An einer weiteren Besprechung konnten also nur diejenigen teilnehmen, die ein Diplom von einer ausländischen Loge vorlegen konnten. Um die „Lichteinbringung"[80] wurde die Große Landesloge in Berlin gebeten, deren Zustimmung jedoch an die Bedingung gebunden war, dass die Tätigkeit der Prager Loge von den politischen Behörden bewilligt, also wie die erneuerte Wiener Loge auf legaler Basis erfolgen würde. Man machte sich also an die Ausarbeitung des Antrags und der Satzung, die dann nach der Billigung seitens des Gubernialpräsidenten Ende November 1848 nach Wien abgeschickt wurden, mit dem anvisierten Vosatz, dass die Freimaurer sich „laut der beiliegenden Satzung zum Ziel setzten, die wahre Humanität zu verbreiten und die Verständigung zwischen der deutschen und der tschechischen Bevölkerung in Böhmen zu erreichen." Die Angelegenheit war noch im Januar 1849 in Verhandlung, weil den Freimaurern die Bedingung auferlegt wurde, sich den durch das Bundesgesetz festgesetzten Regeln fügen zu müssen, was unter anderem auch die Anwesenheit eines Polizeibeamten bei jeder Sitzung bedeuten konnte – und das war für sie inakzeptabel.

Die tschechische Gesellschaft in Prag war den freimaurerischen Aktivitäten gegenüber nicht besonders positiv eingestellt, Karel Havlíček Borovský lachte sie sogar aus. In die patriotischen Bemühungen dieser Phase der „nationalen Wiedergeburt" passte das Konzept der Freimaurerei nicht.

Aus einigen Dokumenten ist die soziale Struktur der damaligen Freimaurerorganisation klar ersichtlich. Der Trend ist eindeutig und logisch: der Schwerpunkt der Mitgliederbasis verlagert sich auf die Männer mit einem praktischen Beruf wie Geschäftsleute, Industrielle oder Juristen, also Männer, die nicht abhängig vom Staat waren und die dank der vielen Geschäftsreisen Kontakte jenseits der Grenzen der Habsburgermonarchie hatten.[81]

Eine wesentliche Strukturveränderung besteht auch darin, dass die aristokratischen Schichten im Grunde vollends fehlen, die klein- und großbürgerlichen dagegen zahlreicher vertreten sind. Der Grund kann

---

79 Die spätere Gründung der Loge Nation beweist jedoch, dass unter gewissen Umständen die Regeln auch ihre Ausnahmen haben können.

80 Dieser Terminus bezeichnet die Aufnahme der Tätigkeit einer neuen Loge, an die von einer schon existierenden Großloge Licht übergeben (‚eingebracht") wird und die dadurch zu einem Glied der Kette werden kann.

81 Beispielsweise Papierfabrikant, Theaterdirektor, Buchhalter bei der Zuckerfabrik, Schauspieler, Fabrikbesitzer, Wirtschaftsdirektor der Herrschaft, Chemiker, Apotheker, Weinhändler, Hüttentechniker u.ä., also fast durchweg aus dem Privatbereich.

zum einen in der Angst der Adligen vor Sanktionierung, zum anderen im Positionswechsel in Richtung Konservativismus vermutet werden. Gleichzeitig muss man auch die Parallelität zu der Entwicklung in Deutschland bedenken, wo während der fünfzig Jahre andauernden ungestörten Entwicklung das Bürgertum ebenfalls die Oberhand gewann. Die Träger der freimaurerischen Gedanken konzentrierten sich also auch in dieser Epoche in der Schicht, die das größte Interesse an der sozialen und politischen Entwicklung und Entfaltung der bürgerlichen Gesellschaft hatte.

Bevor der Antrag der Prager Freimaurer in Wien genehmigt wurde, fuhr ihre Deputation dann doch nach Berlin, wo sie sich bemühte, für eine nicht geringe Summe die formale Anerkennung zu erlangen, was ihnen letztendlich dann in Dresden gelang. Die Zustimmung der Polizei blieb jedoch weiterhin aus. Zum letzten Mal wurde diese Angelegenheit im April 1849 verhandelt, dann war die kurze Zeit der politischen Entspannung vorbei und mit ihr auch die Hoffnung auf die Erneuerung der Freimaurerei.

In den fünfziger Jahren wurden die Freimaurer in der Monarchie oft für preußische Agenten[82] und Staatsfeinde gehalten. Trotzdem gab es auch in dieser Zeit Versuche der Erneuerung der Prager Loge. Als jedoch in der Tagespresse eine unbedachte Anzeige mit der Aufforderung erschien, die Freimaurer mochten sich in der Zeitungsredaktion melden, wurden die polizeilichen Ermittlungen wieder aufgenommen. Es ist auch die Frage, ob die ganze Aktion in Wirklichkeit nicht eine polizeiliche Provokation war. Es kam zu Verhaftungen, Verhören, auch Purkyně wurde erneut überprüft. Den Freimaurern konnten jedoch keine geheimen Machenschaften nachgewiesen werden und ein Jahr später wurden sie begnadigt.

In der Öffentlichkeit war das Bild der Freimaurer meistens negativ konnotiert, man sprach ihnen allerlei abwertende Attribute zu, deren Ursprung in der vulgarisierten Kritik zu suchen ist, die seit dem 18. Jahrhundert gegen die Freimaurer insbesondere seitens der katholischen Kirche erhoben wurde.[83] Ab und zu kamen aber auch Versuche auf, die Freimaurerei in einem anderen Licht darzustellen. Im Jahr 1852 wurde vom Leopold Hausmann im Kalender Koleda ein Artikel mit dem Titel „Die Geschichte der Freimaurerei" abgedruckt. Hier liest man unter an-

---

82   In Preußen konnte sich die Freimaurerei nämlich völlig frei entwickeln und die tschechischen Freimaurer wurden neben den sächsischen auch sehr oft in die preußischen Logen aufgenommen.

83   Die Vorstellungen der deutschen Öffentlichkeit sehr originell und inspirativ dargestellt in der ethnologischen Arbeit von OLBRICH, Karl: Die Freimaurer im deutschen Volksglauben. Die im Volke umlaufenden Vorstellungen und Erzählungen von den Freimaurern, Breslau 1930.

derem: „Die Altmütterchen im Dorf zeigten auf denjenigen, der die Got-
tesdienste nicht eifrig genug besuchte oder dem man nachsagte, er würde
sich mit Planeten auskennen, die Krankheiten mit Kräutern heilen oder
andere geheimen Künste praktizieren, mit dem Finger und nannten ihn
‚frymor'[84]. Viele hatten wohl lange nicht eine entfernte Ahnung, was das
Wort eigentlich bezeichnet und begnügten sich mit der Erklärung der
Dorfalten, ein ‚frymor' wäre ein Mensch, der nicht an Gott glaubt und mit
Teufel paktiert.“ Abschließend bemerkt der Autor jedoch optimistisch:
„Wir hegen aber immer noch die Hoffnung, dass der edle Zweck der Freimaurerei irgendwann einmal auf der ganzen Welt herrschen wird, so dass
die ganze Menschheit eine einzige brüderliche Einheit bilden wird.“[85]

Die tschechische Literatur kann für die zweite Hälfte des 19. Jahrhunderts mit zahlreichen Reflexionen der freimaurerischen Thematik
aufwarten. Erwähnenswert ist die Tatsache, dass sie fast durchweg positiv waren – die Freimaurer werden hier als geheimnisvolle Romantiker
dargestellt, die jedoch gleichzeitig als Träger des Fortschritts und Wohl-
täter zu sehen sind. Vor allem Josef Svátek schrieb den Freimaurern aber
auch die Vorbereitung verschiedener Verschwörungen zu. Diese Einstellung der tschechischen nationalen Schriftsteller verhalf der Freimaurerei
zu einer im Grunde positiven Bewertung, zumindest in den gebildeten
Schichten. Dazu trug auch der Dichter Jan Neruda bei, der bei seinem
Parisaufenthalt auch den französischen Großorient besuchte und nach-
her diese Erfahrung sehr vorteilhaft in der Zeitschrift Květy schilderte: „Jeder wahre Gebildete ist heutzutage Freimaurer und baut an dem
Dom der allgemeinen Humanität mit.“[86] Auch Bedřich Smetana machte
in Schweden eine positive Erfahrung mit dem Besuch einer Freimaurerloge, wo er Musikproduktionen dirigierte.

In den sechziger Jahren des 19. Jahrhunderts durfte die Freimaurerei wieder auf bessere Zeiten hoffen. Die in die neue fortschrittliche
Verfassung von 1867 gesetzten Hoffnungen erwiesen sich jedoch bald
als haltlos, denn das Versammlungsrecht wurde so formuliert, dass es
praktisch unmöglich war, legal eine Loge zu gründen, und auch spätere
Änderungsversuche nutzten nichts. Trotzdem bestand hier eine gewisse
Möglichkeit … Der transleithanische (ungarische) Teil der Habsburgermonarchie hatte seine eigene Verfassung und ein anderes Bundesgesetz. Dieses legte der Freimaurerei keine Hindernisse in den Weg, und

---

84   Hier natürlich ein klarer Bezug zum „Freimaurer", für das tschechische Ohr ist der deutsche Ursprung des
Wortes jedoch nicht mehr dechiffrierbar (Anm. d. Ü.)

85   KISCHKE, Horst-ANDICZ, Hellmut-HAUBELT, Josef: op.cit., S. 65.

86   NERUDA, Jan: Návštěvou u svobodných zedníků (Zu Besuch bei den Freimaurern), in: Květy 22. November
1866.

so konnte sie sich in Ungarn seit den ausgehenden 60er Jahren des 19. Jahrhunderts munter entfalten. Nach Ungarn richteten sich auch die Hoffnungen der Freimaurer aus Böhmen. Die rituelle Gründung der cisleithanischen Logen erfolgte dann auf ungarischem Boden, sie unterstanden der ungarischen Großloge und in Österreich waren sie als verschiedene Wohltätigkeitsorganisationen tätig. Ebenso konnte jeder Mann allerorts in Deutschland oder anderswo ohne drohende Sanktionierung Freimaurer werden.[87] Auch jetzt wäre jedoch der Begriff „tschechische Freimaurerei" noch für lange Jahrzehnte fehl am Platz, denn die Mitglieder der auf diese Art und Weise gegründeten Logen waren Deutsche.

Obwohl es sich bei der Freimaurerei um eine internationale Organisation handelt, behielt sie immer auch ihren nationalen Charakter bei, und das hieß für unsere Länder in dieser Zeitspanne einen ausschließlich deutschen Charakter. Falls in einer dieser Logen ein Tscheche zu finden ist, dann geht es um ein zweisprachiges Individuum, nicht um ein sich sprachlich abgrenzendes.[88] Die Tschechen wurden auch, obwohl eher vereinzelt, Mitglieder der Logen in Deutschland. Die Ursache dieser Situation liegt natürlich in der Teilung der Gesellschaft, oder noch zugespitzter formuliert – in der Existenz zweier Gesellschaften in Böhmen, die sich insbesondere in der Politik und noch mehr im Vereinsleben scharf gegeneinander abgrenzten.

Befremdlich ist diese Grenze gerade im Falle der Freimaurerei, denn sie baut unter anderem auf dem Grundstein der allumfassenden brüderlichen Liebe, die keine Unterschiede kennt … In diesem Kontext stellt sich die Frage, warum nicht parallel – was in ähnlichen Fällen üblich war – eine tschechische Loge entstand, da ja im letzten Vierteljahrhundert die tschechische Gesellschaft ihre eigenen, den deutschen gleichwertige Eliten herausbildete. Die Antwort könnte lauten, dass die Gründung einer eigenen Loge eine längerfristige Angelegenheit ist, die einer relativ großen Zahl von Gründern bedarf; diese können jedoch in den Orden nur über eine bereits bestehende Loge gelangen, für die sie eine Empfehlung brauchen; die Aufnahme muss von den anderen Mitgliedern gebilligt werden usw… Außerdem empfand die tschechische Elite die Herausbildung der Freimaurerei offenbar nicht als ihre dringendste Aufgabe, sondern wandte sich anderen Zielen zu.

87   Außerdem gab es auch anderswo - insbesondere in Nord- und Westböhmen – Logen, die Kontakte mit Sachsen pflegten. In Karlsbad oder Pilsen war die Situation von Prag unterschiedlich, das tschechische Element bildete in den dortigen Logen nicht eine solche Ausnahme.

88   Als Beispiel kann der zweisprachige Professor J. Hanel gelten, dem man gerade die nationale Unausgeprägtheit vorwarf.

In den letzten Jahrzehnten des 19. Jahrhunderts sind leichte Verschiebungen auch in der Mitgliederstruktur zu verzeichnen – der Schwerpunkt lag zwar immer noch in der Unternehmerschicht, aber die Zahl der freien Berufe, allen voran der Ärzte und Anwälte, stieg immens an.[89] Der Elitecharakter blieb bewahrt, im Vergleich mit der Situation vor hundert Jahren kam es jedoch zu grundsätzlichen Veränderungen – gänzlich fehlen vor allem die Aristokratie und die Universitätsgelehrten.

Aus der Initiative der Prager Freimaurer, die in Sachsen in den Orden aufgenommen wurden, entstand als erstes ein sog. Bruderkränzchen, die humanistische Vereinigung Harmonie. Weil jedoch die reguläre Kontaktaufnahme mit den sächsischen Freimaurern nicht zufriedenstellend war, ging man dann letztendlich doch den ungarischen Weg, sodass aus den „sächsischen" Freimaurern eine „ungarische" Loge gebildet wurde. Zu einer ordentlichen Loge wurde sie jedoch erst 1920 umgewandelt.[90] Die Bildung weiterer ähnlicher philanthropischer Vereine ließ nicht lange auf sich warten. Nur einige Jahre nach der Entstehung der Harmonie folgten der Verein Amicitia zur gegenseitigen Unterstützung in Prag, der Wohltätigkeitsverein Munificentia in Karlsbad, Freundschaft in Tetschen. In Pilsen wurde ein Verein gebildet, der gleichfalls Harmonie hieß und sich zu der Tradition der 1773 in Leitmeritz entstandenen und später eben in Pilsen und Klattau wirkenden Loge bekannte. Charakteristisch für die Tätigkeit der Pilsner Freimaurerei – nicht nur in diesem Zeitabschnitt, sondern auch in der Zwischenkriegszeit – war die Zusammenarbeit zwischen Tschechen und Deutschen. Zu den herausragendsten Persönlichkeiten der Pilsner Freimaurerei gehörten die Erfinder der bei der Pariser Weltausstellung mit der Goldmedaille ausgezeichneten Bogenlampe František Křižík und Ludwig Piette.[91] Dieser Pilsner Zirkel war die gemeinsame Grundlage der späteren deutschen – Loge Ludwig Piette – sowie der tschechischen – Loge Josef Dobrovský – Freimaurerei.

89   „Mezi zednáři byli kupci, obchodníci a řemeslníci, a jestliže se jim někdy stalo, že jejich obchod, jejich živnost upadla, ohlašovali v zednářských Lóžích, že vystupují..." [Unter den Freimaurern waren Händler, Geschäftsleute und Handwerker, und wenn es passierte, dass ihr Geschäft oder ihr Gewerbe Pleite gingen, meldeten sie alsbald in der Loge ihren Austritt an...], VOLF, Josef: Svobodné zednářství, Přednáška dr. Volfa (Die Freimaurerei, Ein Vortrag von Josef Volf), in: Svobodný zednář 3-4, V, 1931, S. 56ff.

90   Die markanteste Persönlichkeit dieses Zirkels war der bereits erwähnte Professor an der Juristischen Fakultät Jaromír Hanel. Vgl. HANEL, G.J.: Ze starších dějin pražského zednářství [Aus der älteren Geschichte der Prager Freimaurerei], in: Svobodný zednář 9, IV, 1930, S. 90-100. Ders.: Aus der Diaspora. Vorträge und Ansprachen gehalten im Prager Br. Kreiße Harmonie, Altenburg s.d. Die tschechischen Freimaurer selbst, die Hanels Erinnerungen veröffentlicht hatten, wiesen darauf hin, dass Hanel sie mit 83 Jahren geschrieben hatte und dass man sich vielmehr am Werk von Josef Volf orientieren sollte.

91   Nach Ludwig Piette wurde die deutsche Loge in Pilsen benannt, die erst Anfang der 20er Jahre gegründet wurde, und František Křižík, der wohl am längsten lebende tschechische Freimaurer (1847-1941), wurde Mitglied der tschechischer Prager Loge Sibi et posteris. Zu den Freimaurern gehörten auch sein Sohn, sein Schwiegersohn sowie sein Enkel.

Neben der regulären Freimaurerei der Johannislogen oder des schottischen Ritus entstanden – in Form von Zirkeln – auch die Logen verschiedener reformierter Freimaurergesellschaften oder freimaurerähnlicher Institutionen. Sie sind vorwiegend in den Städten des Grenzgebiets zu finden, wo die deutsche Ethnie überwog. Auch in Fällen von zweisprachigen Organisationen – beispielsweise der Orden Odd Fellow – sind die Mitglieder trotzdem überwiegend deutsch. Von den Orten, an denen im letzten Viertel des 19. und am Anfang des 20. Jahrhunderts diese verschiedensten Zirkel entstanden, können folgende genannt werden: Saaz/Žatec, Haid/Bor u Tachova, Teplitz/Teplice, Reichenberg/Liberec, Asch/Aš, Marienbad/Mariánské Lázně, Franzensbad/Františkovy Lázně, Braunau/Broumov.[92] Das Vereinsleben als ein Ausdruck der sich konstituierenden bürgerlichen Gesellschaft begann sich langsam auch auf dem Gebiet der Freimaurerei zu entfalten.

Die tschechische „Proto-Freimaurerei"

Im ersten Jahrzehnt des 20. Jahrhunderts gab es einige Versuche der Logengründung, die aus der tschechischen Initiative hervorgingen. Ihre Bedeutung war jedoch nicht so grundsätzlich, dass sie bleibende Spuren in der tschechischen Freimaurerei hinterlassen oder sie in irgendeiner Art und Weise beeinflusst hätte. Meines Erachtens kann sich darauf keine Kontinuität der tschechischen Freimaurerei gründen, denn es handelte sich um bloße Randphänomene, über die wir zudem ausschließlich von dem nicht immer ganz zuverlässigen Emanuel Lešehrad informiert sind.[93]

Bei dem ersten dieser Versuche handelte es sich um die Bemühungen des Anwalts Karel Dražďák, 1905 eine Martinistenloge in Prag zu gründen.[94] Eine ähnliche Gruppe war schon seit Mitte der 90er Jahre des

---

92 Beachtenswert sind neben dem schon erwähnten Orden Odd Fellow beispielsweise die jüdischen Logen B°nai B°rith oder der freidenkerische Freimaurerbund Zur aufgehenden Sonne (FZAS).

93 LEŠEHRAD, Emanuel: O založení české zednářské lóže „U tří korunovaných sloupů v Or. Praha" r. 1905 (Über die Gründung der tschechischen Freimaurerloge „Zu den drei gekrönten Säulen im Or. Prag" im Jahre 1905), Prag 1935, LEŠEHRAD, Emanuel: Po stopách tajných společností (Auf den Spuren der geheimen Gesellschaften), Prag 1935, LEŠEHRAD, Emanuel: Stručné dějiny svobodného zednářství v našich zemích (Kurzer Geschichtsabriss der Freimaurerei in unseren Ländern), Prag 1937, LEŠEHRAD, Emanuel: Tajné společnosti v Čechách od nejstarších časů do dnešní doby (Die Geheimgesellschaften in Böhmen von den Anfängen bis zur heutigen Zeit), Prag 1922. Die Quellen zu dieser Thematik befinden sich im Literaturarchiv des Denkmals des nationalen Schrifttums (LA PNP), Bestand Lešehradeum

94 Dražďák veröffentlichte zahlreiche Beiträge über die Freimaurerei vor dem Ersten Weltkrieg in der Zeitschrift Volná myšlenka (Freier Gedanke), und wohl deshalb hält Josef Haubelt sein Werk für freidenkerisch, was jedoch nicht der Realität entspricht. Vgl. KISCHKE, Horst-ANDICZ, Hellmut-HAUBELT, Josef: op.cit., S. 70. Martinismus, d.h. der Orden unbekannter Oberer, erneuerte seine Tätigkeit in Frankreich im Jahre 1884 in den Intentionen des Philosophen L.Claude Martin. In Frankreich pflegten Martinisten und Freimaurer gute Kontakte. Martinisten waren eigentlich Mystiker, wodurch sie sich von den aufgeklärten Freimaurern unterschieden.

19. Jahrhunderts in Budweis tätig. Zu ihren Mitgliedern gehörte unter anderem auch der Dichter Julius Zeyer. Dráždák pflegte mit großem Eifer die okkulten und spiritistischen Wissenschaften und repräsentierte hier zahlreiche internationale Orden – neben den Martinisten auch die Illuminaten oder die Neugnostiker, Rose Croix, Kabbala u.a. In diesem Kontext ist sein Versuch der Gründung einer tschechischen Freimaurerloge Zu den drei gekrönten Säulen im Or. Prag zu sehen. Und tatsächlich wurden Dráždák und seine Freunde[95] zu Ostern des Jahres 1905 unter der Bürgschaft des Dramaturgen František Zavřel in Berlin feierlich in die dortige Loge aufgenommen – und zwar in den Memphis-Misraim-Ritus.

In Prag wollten sie dann eine Loge dieses Ritus für die tschechischen Martinisten gründen. Die Polizei erlangte jedoch Kenntnis von ihrer Tätigkeit und nahm Ermittlungen auf. Nur dank dem Eingreifen von Prof. Hanel im Innenministerium, der sich dort für sie einsetzte, wurden die Ermittlungen wieder eingestellt. Trotz dieser Komplikationen wurde im September des selben Jahres tatsächlich die Dráždák-Loge konstituiert, deren hierarchische Bindung nach Deutschland gerichtet war.

Einige Jahre später gründete unter der Schirmherrschaft der Nationalen Großloge von Rumänien der Naturarzt Jan Křtitel Maštalíř[96] in Prag die tschechische Loge Bohemia, in die nach der Ruhenderklärung der Dráždák-Loge auch einige ihrer Mitglieder übergingen (Hauner, Maixner). Maštalíř wurde, und es war nicht unumstritten, 1909 zunächst zum Mitglied der Pegasus-Loge in Berlin, dann knüpfte er Kontakte nach Rumänien und wurde 1910 in die Bukarester Loge Propaganda aufgenommen. Unmittelbar darauf folgte die Gründung der tschechischen Loge in Prag. Zwei Jahre später versuchte er sogar, eine zweite Prager Loge ins Leben zu rufen – Sfinx Nr. 47, dazu kam es jedoch nie. Außerdem gehörte Maštalíř gleichzeitig auch dem Illuminaten- und dem Martinistenorden an (1911 gründete er sogar die Martinistenloge Slavia) und setzte sich für die gemischte Freimaurerei ein.

Schon diese Mesallianz der gleichzeitigen Zugehörigkeit zu unterschiedlichen Geheimgesellschaften kann die Glaubwürdigkeit von Maštalířs Persönlichkeit untergraben. Nach der Wende sickerten einige negative Informationen über diesen Pionier der tschechischen Frei-

---

95   Der Okkultist, Schriftsteller, Rat des Chemisch-landwirtschaftlichen Instituts J.A. Adamíra, Antonín Kern, Schriftsteller und Übersetzer Emanuel Hauner und Antonín Nevařil.

96   LEŠEHRAD, Emanuel: Lóže Bohemia v Or. Praha, založená r. 1910 (Die Loge Bohemia im Or. Prag, gegründet 1910), in: Svobodný zednář 3, XII, 1938, S. 50-54. Die Abschriften der polizeilichen Unterlagen, die sich auf Maštalířs Konfidententum beziehen, befinden sich im Literaturarchiv des Denkmals des nationalen Schrifttums (LA PNP, Bestand Lešehradeum, Geheimgesellschaften). Jan Křtitel Maštalíř starb in der Irrenanstalt im Jahre 1937.

maurerei durch. Noch während des Krieges wurde er der Kontakte zum Prager Polizeipräsidium verdächtigt, aber nach der Durchsuchung des Polizeiarchivs wurden Dokumente aufgefunden, die bewiesen, dass er ein Konfident war. Obwohl seine Logenbrüder von Maštalířs Aktivitäten nichts ahnten und er selbst sie als vorbeugende Maßnahmen erklärte, dank deren die Polizei nicht gegen die Bohemia-Loge einschritt, kann man sich in gewisser Weise nicht des Eindrucks erwehren, die Anfänge der tschechischen Geheimgesellschaften können eigentlich auch von der Polizei eingefädelt worden sein. Dass die ausländischen Großlogen diese tschechischen Versuche mit Anerkennung beobachteten, kann auch als mangelhafter Einblick in die Situation gewertet werden.

Neben den Logen Zu den drei gekrönten Säulen und Bohemia entstand in Prag vor dem Ersten Weltkrieg auch die erste tschechische Organisation der gemischten Freimaurerei – d.h. Männer und Frauen – der Orden Le droit humaine.[97] Abgesehen von dieser Unternehmung litten alle anderen Aktivitäten an Kurzatmigkeit und können vielmehr als Stationen der Entwicklung der tschechischen Freimaurerei denn als Illustration der breiten Skala der sog. geheimen Gesellschaften dienen, die den Interessenten zur Verfügung stand.

Die vorangehenden Zeilen sind ein Versuch, die Entwicklung des Phänomens der Freimaurerei in Böhmen zu skizzieren. Es sind mehr als 160 Jahre seit der Gründung der ersten Prager Loge vergangen, also dem Zeitpunkt, ab dem wir über „tschechische" Freimaurerei sprechen können. Die Reflexionen können jedoch nicht von der Entwicklung der Freimaurerei als einem selbständigen Phänomen ausgehen, sondern müssen vielmehr die innere Entwicklung der Habsburgermonarchie und insbesondere der sich schrittweise (national, politisch, sozial und ökonomisch) emanzipierenden tschechischen Gesellschaft in Betracht ziehen. Und ihre Einstellung gegenüber der Freimaurerei kann als einer der Indikatoren der Entwicklung dienen.

---

97 Detailliert über diese Organisation vgl. das belgische Handbuch für den tschechischen Leser „Cesty svobodného zednářství", Prag 2001.

Die erste Generation der tschechischen Freimaurer

Die Vorkriegszeit

Die Anfänge der regulären tschechischen Freimaurerei sind mit dem Prager Verein Charitas verknüpft – so lautete der „bürgerliche Name" der 1909 in Pressburg/Bratislava rituell gegründeten Loge Hiram zu den drei Sternen.[98] Gerade in dieser Loge liefen alle Fäden der Prager Freimaurerzirkel oder Bruderkränzchen zusammen und gerade diese Loge war die Wiege der deutschen sowie der tschechischen Freimaurerei in Prag. Die Geschichte der Hiram-Loge wurde von den Freimaurern beider Nationalitäten unterschiedlich wahrgenommen, weil sie jeweils andere Erinnerungen und Erfahrungen hatten. Als die Loge 1934 das Vierteljahrhundert ihres Bestehens feierte, schlossen sich auch die tschechischen Freimaurer an und bekamen „die Festschrift als ein süßes Geschenk mit bitteren Pillen drinnen."[99]

Die Prager Freimaurerzirkel zählten zu Anfang des 20. Jahrhunderts schon eine ganze Reihe tschechischer Mitglieder. Insbesondere Harmonia konnte eine hohe Anzahl vorweisen – bis zur Entstehung der Hiram-Loge vierzehn, manche von ihnen wurden dann Freimaurer in Pressburg, andere in Zittau, Altenburg, Wien und Hof.[100]

---

98   Vgl. Festschrift der Gerechten und Vollkommenen Johannisloge Hiram zu den drei Sternen im Oriente Prag aus Anlass ihres 25jährigen Bestehens, Prag 1934. Von den tschechischen Autoren speziell zu diesem Thema - HARTL, Antonín: K historii pražské lóže "Hiram" [Zur Geschichte der Prager Loge „Hiram"], in: Svobodný zednář [Zeitschrift Der Freimaurer] 7, IX, 1935, S. 130-132; SZ [Zeitschrift Der Freimaurer] 8, IX, 1935, S. 157-168. Die Hiram-Zeit der tschechischen Freimaurerei wird ansonsten in allen Überblicksdarstellungen der hiesigen freimaurerischen Geschichte reflektiert. Hartl stützt sich vorwiegend auf die Erinnerungen der Zeitgenossen, so dass mit der Zeit zahlreiche missbilligende oder korrigierende Stimmen sich zu Wort meldeten - vgl. Zprávy - K článku K historii lóže Hiram [Nachrichten – Zum Artikel Zur Geschichte der Loge Hiram], in: Svobodný zednář [Zeitschrift Der Freimaurer] 10, IX, 1935, S. 219-220.

99   HARTL, Antonín: Zur Geschichte, S. 130. Mit dem „süßen Geschenk" ist die Festschrift gemeint, vgl. Anm. 1. Hartl nennt sie ein Pamphlet, denn er hält die darin publizierten Texte für sehr befangen. Hartl machte aber oft darauf aufmerksam, dass es falsch wäre, die Ursprünge der modernen tschechischen Freimaurerei nur auf die durch die Hiram-Loge gebildete Basis zu reduzieren.

100   Ihre genaue Auflistung findet sich in vielen rekapitulierenden Publikationen, vgl. z.B. Historický archiv [Historisches Archiv], in: Svobodný zednář [Zeitschrift Der Freimaurer] 1, X, 1936, S. 18-19. Für den anderen Gründungszirkel Amicitia wurde die Mitgliederliste nicht veröffentlicht, der tschechische Anteil scheint dort bei weitem nicht so markant gewesen zu sein.

An dieser Stelle sollten wenigstens einige von den für die weitere Entwicklung der Freimaurerei bedeutenden Persönlichkeiten erwähnt werden. Eine von den richtungsweisendsten war zweifellos der Zahnarzt Alfréd Baštýř, der regelmäßig nach Pressburg reiste, um dort an den Tempelarbeiten teilzunehmen, der die Gründung der Hiram-Loge initiierte und das tschechische Element darin unterstützte. In seiner Wohnung ließ er sogar den Logentempel errichten – und trotzdem blieb er von den Veranstaltern der Feierlichkeiten im Jahre 1934 unbeachtet. Ein anderer Vertreter der freimaurerischen Prioritäten war der Hofrat und Professor Jaromír Hanel,[101] der auch nach der Entstehung der tschechischen Freimaurerei der ursprünglichen Loge treu blieb – diese Einstellung teilte er übrigens auch mit zahlreichen anderen Tschechen, insbesondere mit denen aus den Logen außerhalb Prags, die nicht in die neu entstandenen tschechischen Logen eintraten. Sie zogen wohl die ursprüngliche Idee der Freimaurerei, mit der sie Mitglieder des Ordens wurden, der nationalen „Befriedigung" vor. Zugegeben, eine solche Einstellung fand bei den anderen tschechischen Freimaurern nicht viel Verständnis. Die dritte bemerkenswerte Persönlichkeit, die aus dem Harmonia-Zirkel hervorgegangen war, war der Pardubitzer Anwalt Berthold Thein, der die tschechische Freimaurerei bis weit in die dreißiger Jahre wesentlich prägte.

Wenn wir uns mal die soziale und ökonomische Verankerung anderer tschechischen Brüder näher ansehen, stellen wir fest, dass die praktischen und freien Berufe zahlenmäßig am stärksten vertreten sind – Anwälte, Notar, Ärzte, Fabrikanten, Architekten, Geschäftsleute und ein Uhrmacher. Die tschechischen Freimaurer waren aber nicht nur Mitglieder des Harmonia-Zirkels oder der späteren Loge Hiram, sondern sind auch in manchen ausländischen Logen zu finden – und es scheint, als hätten ihre internationalen Kontakte bei der Entstehung der selbständigen tschechischen Freimaurerei stark mitgewirkt. An erster Stelle

---

101 Hanels Ruf unter den tschechischen Freimaurern, die kein Verständnis für sein aus ihrer Sicht unpatriotisches Verhalten aufbringen konnten, zu rehabilitieren – das war das Ziel der Bemühungen vor allem seitens derjenigen, die ihn als Pädagogen erlebt hatten, Prof. Jan Kapras und Prof. Václav Hora. Die meisten Einträge finden sich im Buch der Arbeiten der Loge Národ (Nation), in: Archiv der Großloge der Tschechischen Republik. Die Meinungen über diesen Mann gehen sogar bei denen auseinander, die ihn als Bruder in der gleichen Loge Hiram erlebten, was nicht der Fall der beiden vorhin erwähnten Professoren an der Juristischen Fakultät war. Während Vladimír Uhlíř ihn einen väterlichen Freund nennt, gerät Berthold Thein bei der Bewertung seiner Persönlichkeit in Verlegenheit: „Ich zögere, wenn ich Bruder Jaromír Hanel zu den tschechischen Brüdern zählen soll, denn ich hörte ihn noch nie ein tschechisches Wort sprechen, und der einzige Brief, den ich von ihm erhielt, ist auf deutsch geschrieben." Stavba. Sborník zednářských prací, Hledající v temnotách I.-II. [Der Bau. Sammelband freimaurerischer Arbeiten, Der Suchende in der Finsternis I.-II.], Hrsg. von A. Hartl/J. Sedmík/J. Thon, Praha 1932, S. 62. Ähnlich wie Hanel handelte nach der Wende 1918 beispielsweise auch V. A. Křídlo, den die deutsche freimaurerische Historiographie dann viel höher bewertet als sie es bei den übrigen tschechischen Freimaurern vermag – „als die tschechische Loge gegründet wurde, konnte er sich nicht entschließen, die Brüder der Loge Hiram und ihre Mitglieder zu verlassen". HARTL, Antonín: K historii lóže Hiram [Pokračování] [Zur Geschichte der Loge Hiram, Fortsetzung], in: Svobodný zednář [Zeitschrift Der Freimaurer] 8, IX, 1935, S. 158.

muss der Maler Alfons Mucha genannt werden, der Kontakte mit der Hiram-Loge pflegte, immer wenn er sich in Prag aufhielt. Was jedoch die Mitgliederbasis der Gründer der tschechischen Freimaurerei betrifft, muss unsere Aufmerksamkeit vor allem auf die Prager deutschen Logen gerichtet bleiben, die bis zum Ersten Weltkrieg streng apolitisch arbeiteten und bei denen die unterschiedlichen Nationalitäten wahrhaftig keine Rolle spielten. Der Erste Weltkrieg bedeutete jedoch einen tiefen Einschnitt, der die gesamte Entwicklung der Freimaurerei in der späteren Tschechoslowakei überhaupt vorzeichnete.

Bevor wir uns der Hiram-Loge zuwenden, sehen wir uns einige Persönlichkeiten näher an, die ihren Weg zu der Freimaurerei als wahrhaftig einsame Läufer gefunden hatten, jenseits ihrer nationalen Gesellschaft und vielmehr auf dem Prinzip des Weltbürgertums, was zu der Zeit gar nicht so üblich war. Seit der Gründung von Hiram war der Weg der an der Freimaurerei Interessierten zum Ziel relativ einfach, denn die tschechischen Mitglieder der Hiram-Loge warben ganz gezielt weitere Angehörige der eigenen Nation an, um damit das überwiegende deutsche Element auszugleichen. Trotz der bereits erwähnten nationalen Versöh-

Fotografie eines Stilllebens mit Freimaurersymbolen

nung darf die Rivalität, und sei sie nur eine unterbewusste, nicht übersehen werden. Seit 1909 kann man also von einer im Grunde genommen auch für die Tschechen übersichtlichen Organisationsstruktur sprechen, bei der zahlreiche persönliche Bindungen im Rahmen der gegebenen Hierarchie am Werk sind und das tschechische Element sich markant einschaltet. Aber bis zu dieser Zeit?

Einsame tschechische Läufer

1932 erschien im Rahmen der „Edition Stavba – Sborník zednářských prací" (Der Bau – Sammelband freimaurerischer Arbeiten) eine bemerkenswerte Publikation „Hledající v temnotách" (Suchende in der Finsternis).[102] Hier wurden von den Herausgebern Porträts und Erinnerungen der ersten Generation der tschechischen Freimaurer zusammengetragen, die vorwiegend in den 90er Jahren des 19. und zu Anfang des 20. Jahrhunderts eingeweiht wurden, es handelt sich also um eine aus der heutigen Sicht äußerst einzigartige Quelle. Insbesondere über die nicht in der Öffentlichkeit, sondern eher im unternehmerischen Bereich tätigen Männer würde man heute nur schwerlich Informationen ausfindig machen. Dank dieser Texte jedoch werden vor unseren Augen die Schicksale der „Suchenden" lebendig, die zwar tief in ihrer Entstehungszeit verankert und stilisiert sind, den Weg zur Freimaurerei dennoch sehr eindrucksvoll beschreiben. Im historischen Rückblick erscheint dieser Weg strapaziöser, dafür aber menschlich viel integrer im Vergleich mit der Zeit, als alles erlaubt war und die etablierte Freimaurerei bei der tschechischen Akademiker- und Beamtenelite, insbesondere in Prag, Mode wurde.

Ich will an dieser Stelle nicht unnötig viele Namen auflisten, manche der Schicksale müssen jedoch erwähnt und festgehalten werden, denn es handelt sich hierbei um die Gründungspersönlichkeiten der tschechischen Freimaurerei. Und in diesem Kontext kommt man um die Frage nicht umhin, was wohl passiert, was in diesen Menschen in die Brüche gegangen war, was sie dazu bewegt hatte, die ursprüngliche Freimaurerfamilie zu verlassen und eine eigene – tschechische – aufzubauen? Denn ein solches Handeln ist nicht gerade eine Musterprobe der freimaurerischen Weltanschauung, vielmehr ihr Gegenteil – ein Beispiel des tschechischen radikalen Nationalismus! Auch an diesem Zeitabschnitt der Entwicklung des Gesellschaftslebens in Böhmen lässt sich die resolute Trennung der beiden Ethnien anschaulich demonstrieren, durch das leidvolle Erlebnis des Ersten Weltkriegs potenziert, der die latenten Probleme auf brutale

---

102   „Der Suchende" ist die freimaurerische Bezeichnung für denjenigen, der Freimaurer werden will, ist es jedoch bisher nicht geworden. Für denjenigen, der einen Weg aus der Finsternis, einen Weg für sein Leben sucht.

Art und Weise entblößte. Und auch dieses auf ein gesellschaftlich dermaßen ephemeres Phänomen wie die Freimaurerei bezogene Fragment kann behilflich sein im Verstehensprozess der plötzlichen Turbulenz, die in den magischen 28. Oktober 1918 mündete.

Wer waren also jene „Alt-Freimaurer"? Zum Beispiel Jaroslav Eger, der Schatzmeister der ersten tschechischen Loge Jan Amos Komenský, war Beamter in der Fabrik seiner Verwandten – der Weißwasserer Papierfabrik Menzel K.C, in der er es bis zum Zentraldirektor brachte. Freimaurer wurde er im Januar 1891 in Zittau, gebürgt für ihn hat sein Onkel und Chef. Daraus lässt sich schließen, dass sein Weg zur Freimaurerei eng mit der Familientradition verknüpft war. Drei Jahre später ebenfalls in Zittau wurde er in den Meistergrad erhoben. Als die erste tschechische Loge entstand, ersuchte er um ehrenvolle Deckung[103] und wechselte zur Loge Jan Amos Komenský.

Eine regelrechte Familienangelegenheit war die Freimaurerei in der Familie des Fabrikanten Bondy aus Kleinskalitz/Malá Skalice und Jermer/Jaroměř. Der Vater von Heřman Bondy, eines der ersten Mitglieder der Komenský-Loge, war Freimaurer seit 1881, und zwar in der Loge Humanitas in Wien. Er stellte seinem Sohn die entsprechende Literatur zur Verfügung und 1908 wurde der junge Bondy rituell in Pressburg für diese Wiener Loge aufgenommen. Das ist eine der einfachsten Arten, wie man zur Freimaurerei kommen kann. Möglicherweise die überhaupt einfachste Art und Weise.

Neugierde und Familientradition waren die Hauptmotivationen für die Freimaurerlaufbahn eines weiteren wichtigen Vertreters dieser Korporation, Berthold Thein. Er wusste, dass sein Onkel Freimaurer war und wollte wissen, was sich dahinter verbirgt. Er sprach darauf den Anwalt in Karlsbad Oskar Winternitz an, und dieser half ihm mit der Antragstellung für die Loge in Hof an der Saale. Seinem Antrag wurde stattgegeben und seine Aufnahme erfolgte 1904. In Hof erfuhr er dann, dass es in Prag zwei Freimaurer-Zirkel gibt und in kurzer Zeit wurde er Mitglied in beiden.

Als Beispiel eines Freimaurers-Kosmopoliten kann Heřman Tausig dienen, ursprünglich Handelsgehilfe, der mit einundzwanzig in die Welt aufbrach, nach Mexiko, Amerika und später wohl um die ganze Welt reiste und dank seinem außerordentlichen Talent etwa zehn Sprachen erlernte. Er vertrat verschiedene Firmen – österreichische, deutsche, italienische. Freimaurer wurde er 1895 im exotischen Chile. Zehn Jahre

---

103   Unter diesem Begriff versteht man das freiwillige Verlassen einer Loge unter Einverständnis beider Seiten, nachdem alle Verpflichtungen beglichen sind.

später gründete er mit seiner Frau – einer Engländerin – eine eigene Exportfirma. Er kehrte nach Prag zurück und seit 1918 war er Direktor der Gesellschaft für den internationalen Handel, danach Konsul von Honduras in der Tschechoslowakei, später auch Konsul der Republik San Salvador. Seine Einstellung zur Freimaurerei und Umsetzung der freimaurerischen Ideen war recht unterschiedlich von denen der anderen, was wahrscheinlich seinen für tschechische Verhältnisse recht außergewöhnlichen Lebensschicksalen zuzurechnen ist.

Ein weniger dynamischer, in vielerlei Hinsicht jedoch ähnlicher Fall war auch Albert Schön, der 1905 in die Loge Goethe in Wien aufgenommen wurde.[104] Dank der vielen Reisen, die er unternahm, konnte er die freimaurerischen Gewohnheiten in verschiedenen Ländern vergleichen. In seinen Erinnerungen evoziert er die Atmosphäre der rumänischen Logen, wo man mit Ketten rasselte, der Johannisfestivitäten in Deutschland, der außergewöhnlichen Sprachkenntnisse der Konstantinopler Freimaurer und der Erkennungszeichen der norwegischen Brüder. Nach 1918 kehrte er nach Prag zurück und wurde Mitglied in der Loge Komenský.

Dem gleichen Umkreis ist eigentlich auch Alfons Mucha zuzuordnen. Dem Phänomen der Freimaurerei, oder besser gesagt dem negativen Blick auf diese begegnete er seit seiner Kindheit – seine Einstellung veränderte erst sein Mäzen, Graf Khuen. Aber erst nachdem er 1886 nach Paris kam, wo die Freimaurer eins der ganz geläufigen Themen in den Zeitungen bildeten, wurde sein Interesse für sie konstruktiver und er suchte auch den persönlichen Kontakt zu den Freimaurern, deren Ordenszugehörigkeit bei weitem nicht eine dermaßen diskrete Angelegenheit war wie in Böhmen. Mit einem Freund stellte er dann, nachdem er dazu aufgefordert worden war, den Aufnahmeantrag und wartete ab. „Ich war schon längst bereit. Meine Gefühle glichen denen bei einer Beerdigung – wegen der ernsten, ja traurigen Gedanken – oder denen bei einer Hochzeit – so viel Licht und so viel freudige Kraft fühlte ich in mir."[105] Die Aufnahme erfolgte 1898; bemerkenswert ist die Tatsache, dass er erst nach der Wende 1918 in der Loge Komenský in den Meistergrad erhoben wurde. Diese seine langjährige freimaurerische „Unreife" war offenbar kein Hindernis, um der höchste Vertreter der Freimaurerei in der Tschechoslowakei für

---

104   Albert Schön wurde von den Herausgebern des Sammelbandes „Suchende in der Finsternis" vergessen. Deshalb bat man ihn nachträglich um die Verfassung seiner Erinnerungen, die dann erschienen in: SCHÖN, Albert: Vzpomínky starého zednáře [Die Erinnerungen eines alten Freimaurers], in: Svobodný zednář [Zeitschrift Der Freimaurer] 9, VIII, 1934, S. 185-189.

105   So poetisch beschrieb Mucha nicht nur seine Gefühle, sondern auch den Aufnahmeakt selbst. Sein Erlebnisbericht zählt zu den farbenprächtigsten überhaupt, er war ja ein Künstler, und seine emotionsgeladene Erinnerung legt ein wirklich bemerkenswertes Zeugnis ab. Stavba. Sborník zednářských prací, Hledající v temnotách I.-II. [Der Bau. Sammelband freimaurerischer Arbeiten, Suchende in der Finsternis], S. 30-39.

die ganze Zwischenkriegszeit zu werden. Entscheidend waren wohl seine gesellschaftliche Autorität und seine ausländischen Kontakte. In Paris wurde auch ein anderer tschechischer Maler zum Freimaurer – Adolf Wiesner. Ähnlich wie Mucha wurde auch er während seines Paris-Aufenthaltes darauf angesprochen, ob er Interesse habe, in den Freimaurerorden einzutreten. Der Anlass war wohl Wiesners Tätigkeit im Verein Sokol, denn sein französischer Freund kam zu der Überzeugung, dass die Sokol-Ideen den freimaurerischen sehr nahe stehen. Diese Verbindung stellt übrigens in der Geschichte der tschechischen Freimaurerei keine Besonderheit dar. Die Erinnerung an die Aufnahme ist im Falle der beiden Maler sehr plastisch und farbenreich. Ihre Erfahrung war außerordentlicher Art – sie erlebten die Freimaurerei in der romanischen Welt, in einer Welt, wo sie zu der damaligen Zeit zu voller Blüte kam. Mucha hatte in Prag Kontakte mit dem freimaurerischen Leben, Wiesner wiederum „blieb in Prag mit seinem Geheimnis lange allein". Dann wurde er ebenfalls auf die Hiram-Loge verwiesen.

Während seiner ausländischen Aufenthalte konnte der spätere Direktor der Tschechoslowakischen Delegation der Produzenten von Chile-Salpeter, Zdeněk Helfert, für die Freimaurerei gewonnen und zu einer der führenden freimaurerischen Persönlichkeiten der Zwischenkriegszeit werden. Bekannt mit der Freimaurerei wurde er in Zürich während seines Studiums an der Technischen Hochschule. Nachdem er nach Böhmen zurückgekehrt war, suchte er die Kontakte zu den hiesigen Freimaurern, bis er schließlich zu den Pilsner Brüdern kam.

Andere Wege schlug in seinem Leben der nächste Alt-Freimaurer, dessen Schicksal hier in Kürze skizziert werden soll – der Bergbauingenieur im Brüxer Becken und Direktor der Florentina-Grube, Antonín Eduard Plzák. Er war sehr an der Freimaurerei interessiert und versuchte den Weg zu einer Loge zu finden, denn er schätzte die Botschaft der Humanität und den brüderlichen Umgang im Rahmen der Freimaurer-Kette, von der er gelesen hatte, sehr. Ein Freund, gebürtiger Belgier, wurde sein Vermittler und half ihm bei der Antragstellung, die bei der Brüx/Most am nächsten gelegenen Loge in Dresden (Asträa) erfolgte. Ihr Vertreter in Böhmen war der Saazer Hopfenhändler Adolf Girschick, später eine der wichtigsten Persönlichkeiten der tschechischen Freimaurerei. Im Jahre 1897 wurde er dann tatsächlich Mitglied der Dresdner Loge.[106] Da Plzák

---

106   Plzák beschrieb sehr detailliert auch seine Erinnerungen an die Zeremonie der Logenaufnahme. Seine Worte sind ein seltenes authentisches Zeugnis dessen, wie ein Tscheche in eine deutsche Bruderkette kam. Stavba. Sborník zednářských prací, Hledající v temnotách I.-II. (Der Bau. Sammelband freimaurerischer Arbeiten, Suchende in der Finsternis), S. 21-29.

in Nordböhmen lebte, begann er in dem Freimaurerzirkel Kette in Saaz zu arbeiten, dessen Mitglied er wurde. Hier engagierten sich auch zahlreiche seiner Freunde aus dem Bergbaumilieu. Der Saazer Zirkel war sehr aktiv und knüpfte und pflegte nicht nur Kontakte zu der Dresdner Mutterloge Asträa, sondern auch zu den Wiener, Pressburger, Karlsbader und nicht zuletzt Prager Freimaurern. Obwohl Kette unter die sächsische Obedienz gehörte, stellte dies kein Hindernis dar für die Kontakte mit der „ungarisch" orientierten Prager Freimaurerei, so dass Plzák sehr gut beispielsweise mit Křižík, Baštýř, Eger oder Thein bekannt war. Nach der Entstehung der Komenský-Loge ersuchte Plzák in Dresden um die ehrenvolle Deckung und wurde daraufhin Mitglied dieser ersten tschechischen Loge. Sein Lebensweg kann als Beispiel eines im deutschen Grenzgebiet lebenden Tschechen dienen, der nur durch sein Interesse an Humanität und Brüderlichkeit motiviert sich selbständig auf die Suche begibt.

Ähnlich verlief auch der Weg des Pilsner Fabrikanten und großen Sportlers Arna Juránek, der sich zu der Freimaurerei hingezogen fühlte und Eigeninitiative entwickelte. Sein ideeller Reifeprozess begann beim Katholizismus, ging weiter über den Protestantismus bis zum Verein Volná myšlenka (Freier Gedanke). An diesem Punkt mit seinen 28 Jahren angekommen, beschloss er weiter zu suchen. „Ich besuchte Herrn Ludwig Piette von Rivage, den Besitzer der Pilsner Papierfabrik und einen feinen Gentleman, dessen Zugehörigkeit zum Freimaurertum bekannt war, und fragte ihn ganz direkt, ob und wie ich Freimaurer werden könnte."[107] Piette versuchte ihm seinen Entschluss auszureden und ihm weiszumachen, dass er sicher enttäuscht werden und es nur Komplikationen mit sich bringen würde. Juránek ließ jedoch nicht von seinem Vorsatz ab, wurde kurz darauf in Ungarn in den Orden aufgenommen und arbeitete dann in Pilsen in dem Wohltätigkeitsverein Harmonie.[108]

Es muss an dieser Stelle angemerkt werden, dass die Erfahrung der Pilsner Freimaurer allgemein – wenn ich vergleichen darf – außerordentlich positiv war. Mir scheint, als hätte in Pilsen die deutsche Freimaurerei mit ihren tschechischen Mitgliedern tatsächlich ihre grundlegende Sendung erfüllt, nämlich die Erziehung zur Toleranz und sozialem Dienst

---

107　Stavba. Sborník zednářských prací, Hledající v temnotách I.-II. [Der Bau. Sammelband freimaurerischer Arbeiten, Suchende in der Finsternis], S. 54.

108　„Die Amtssprache war Deutsch, aber von mir verlangten sie, immer Tschechisch zu sprechen." Stavba. Sborník zednářských prací, Hledající v temnotách I.-II. [Der Bau. Sammelband freimaurerischer Arbeiten], S. 54-55. Im gleichen Sinne berichtet auch ein anderer, ursprünglich aus dem Pilsner Umfeld herkommender Freimaurer - Zdeněk Helfert: „... bin ich Mitglied des Pilsner Zirkels Harmonia geworden, dessen Zusammensetzung in nationaler, religiöser sowie politischer Hinsicht überaus vielfältig war, wo jedoch unter den Mitgliedern eine wundervolle Übereinstimmung herrschte, so dass der Name des Zirkels – Harmonie – nicht nur eine bloße differenzierende Benennung war, sondern vollends dem inneren gelebten Einklang entsprach." Ibd., S. 105.

bei gleichzeitiger Öffnung zur Gesellschaft hin. Deswegen war die Einstellung der aus der Pilsner Loge hervorgegangenen Freimaurer vielen Problemen gegenüber beträchtlich anders als die ihrer Prager Mitbrüder. Einen originellen Weg zur Freimaurerei schlug der Richter in Reichenberg/Liberec und später Notar in Weißwasser/Bělá pod Bezdězem und Prag ein, Vladimír Uhlíř. Sein Interesse für die Freimaurerei wurde bei der Ausübung seines Berufs geweckt, als er einige Personen wegen der geheimen Zusammenkünfte verurteilen sollte, weil sie auf Šporks Grab einen Kranz mit blauen Bändern als Symbol der Johannis-Freimaurerei mit der Aufschrift „Von den Freimaurern aus Böhmen" gelegt hatten. Uhlíř konnte sich mit dem Vorschlag der Staatsanwaltschaft nicht identifizieren und erreichte letztlich die Einstellung der Ermittlungen. Der Kranz kam von der Zittauer Loge Friedrich August und der Richter Uhlíř besorgte sich von dem sächsischen Innenministerium eine Bestätigung, dass es sich um einen regulären und bewilligten Verein handelte. Später in Weißwasser erzählte er von diesem Fall seinen Freunden, unter denen sich auch die Familie Menzel (siehe Eger) und Uhlířs einstiger Lehrer Jaromír Hanel befanden. Diese boten ihm dann an, Freimaurer zu werden, so dass er sich bald darauf zusammen mit Jaroslav Eger auf den Weg nach Zittau machte. Über die Mitgliedschaft in Hiram kam er dann zu der tschechischen Freimaurerei und wurde der erste Wirtschafter der Loge Komenský.

Die prägendste Persönlichkeit der Loge Hiram war, wie schon oben angedeutet, der engagierte Zahnarzt Alfréd Baštýř. Er wurde 1901 von seinem Freund direkt angesprochen und erhielt das Angebot, Freimaurer zu werden, denn seine – ziemlich linksorientierten – Ansichten schienen mit der Freimaurer-Idee zu korrespondieren. Die Aufnahme erfolgte in Pressburg. Er war so begeistert, dass er an wirklich jeder Tempelarbeit teilnahm, obwohl er deshalb eigens nach Pressburg kommen musste. Auf dem Weg machte er jedes Mal noch einen Zwischenstopp in Wien. „Ich dachte über die Gründung einer Loge in Prag nach, wenn es in Wien eine geben konnte."[109] Baštýř hatte wohl viel übrig für die rituellen Zusammenkünfte und fand es sehr schade, dass in Prag, weil es hier keine Logen gab, keine Zeremonien möglich waren. Aus seinen Erinnerungen erfahren wir weiterhin, dass zwischen den Zirkeln Harmonia und Amicitia keine guten Beziehungen herrschten, was unter anderem auch die Gründung einer gemeinsamen Loge unmöglich machte. Baštýř entschloss sich zu handeln – er lud die Vertreter beider Zirkel mit ihren Ehefrauen in seine Wohnung zu einer gemeinsamen Zusammenkunft ein und ver-

---

109   Stavba. Sborník zednářských prací, Hledající v temnotách I.-II. (Der Bau. Sammelband freimaurerischer Arbeiten, Suchende in der Finsternis), S. 45.

Adolf Girschick, führender Vertreter der deutschen Freimaurerei in der Tschechoslowakei

suchte, die Hindernisse in ihrer Kommunikation zu beseitigen. Zwischen diesem Treffen und der Gründung der Loge Hiram lagen jedoch vier Jahre, deshalb bin ich nicht sicher, ob man einen unmittelbaren Zusammenhang zwischen diesen zwei Ereignissen sehen kann, so wie es in der Freimaurer-Literatur geläufig ist. Baštýřs Fall stellt den linearsten Weg zu der tschechischen Freimaurerei dar – auf eine direkte Aufforderung hin wurde er Freimaurer und beteiligte sich persönlich an dem Aufbau des Prager Freimaurerlebens.

An Hand der oben angeführten Beispiele können wir versuchen, eine Typologie der Motive aufzustellen, die zum Eintritt in den Freimaurerorden führten. Zum einen ist es der Einfluss der Familientradition und des familiären Milieus, weiter das Angesprochenwerden während eines Auslandsaufenthaltes, wo die Freimaurerei „salonfähig" und ein etablierter Teil des gesellschaftlichen Lebens war, an dritter Stelle dann das starke persönliche Interesse und die Suche und schließlich dann das direkte Zugehen seitens der Freimaurer auf eine ausgesuchte Person hin. Ein sehr bedeutendes Moment, das vielleicht banal erscheinen mag, in diesem Kontext dennoch erneut erwähnt werden muss, ist die Tatsache, dass diese „Alt-Freimaurer" im Gegensatz zu den meisten anderen die Möglichkeit eines Vergleichs hatten und dank ihrer Erfahrungen únter den tschechischen Freimaurern eine natürliche Autorität genossen.

Was passierte in Hiram?

Hiram, Hiram, Hiram ... Wie oft schon dieser Name auf den vorherigen Seiten auftauchte! Und was bedeutet er überhaupt?[110] Hiram ist die Hauptfigur aus einer der Freimaurerlegenden, die motivisch aus dem Altertum schöpfen. König Salomo hatte die Absicht, einen Tempel für seinen Gott zu bauen, und wandte sich um Hilfe an einen erfahrenen Fachmann in diesen Angelegenheiten – König Hiram. Dieser wollte der Bitte des mächtigen Salomo nachkommen und versprach ihm, nicht nur seine gut geschulten Handwerker, sondern auch den hervorragenden Baumeister Adoniram oder Hiram Abiff zu schicken.[111] Salomo wurde jedoch eifersüchtig auf Hirams Fähigkeiten und vor allem die diesem erwiesene Gunst der Königin von Saba und beschloss ihn loszuwerden. In dieser Legende lässt also König Salomo Hiram Abiff von drei der eigenen Gesellen ermorden.

110   Vgl. LANTOINE, Albert: Hiram v zahradě olivetské (Hiram im Ölgarten), Praha 1930 und LENNHOFF, Eugen - POSNER, Oskar: Internationales Freimaurerlexikon, Graz 1965 (1. Aufl. 1932), S. 698-699.

111   Detaillierte Ausführung der Hiram-Legende vgl. in: SCHEUFLER, J.: Mysteria tajných společností a rosenkruciánské alchymie (Mysterien der Geheimgesellschaften und der rosenkreuzerischen Alchemie), Praha 1991, S. 67ff.

„Als er mittags in den Tempel eintrat, stellten sich die verräterischen Gesellen zu den Tempeltoren im Osten, Westen und Süden. Als Hiram durch das westliche Tor gehen wollte, durchschnitt ihm der dort stehende Geselle die Kehle mit einem vierundzwanzigzölligen Maßstab. Hiram wandte sich gen Süden, wo ihn der andere im Tor stehende Geselle angriff, und als er bei dem Westtor ankam, schlug ihm der dritte Geselle den Kopf mit einem Maurerhammer ein, was ihm den Tod brachte…"[112] Dieser weise Baumeister des salomonischen Tempels, der die Schlüssel zur menschlichen Erkenntnis besaß, wurde zu einer zentralen Figur der freimaurerischen Legende. Und nach ihm wurde die erste moderne rechtmäßige Freimaurerloge in Prag benannt.

Auseinandersetzungen und Uneinigkeit scheinen der Prager Hiram-Loge schon in die Wiege gelegt worden zu sein. Zumindest nach der Schilderung von Berthold Thein entstanden Konflikte schon bei der Gründung. Der geistige Führer der Prager Freimaurer war damals Leopold Pick, „ein Privatunternehmer und Hausbesitzer, dessen beträchtliches Vermögen – notorisch bekannt – sowie Überfluss an Zeit erlaubten ihm, sich allseits schönen Sachen zu widmen und weite Reisen zu unternehmen,"[113] Dieser Mann beschloss zu Anfang des Jahres 1909 in Prag eine reguläre Loge zu gründen, die erste in Böhmen mit dem Orient in Pressburg, und sie sollte unter der Schirmherrschaft der Symbolischen Großloge in Budapest arbeiten. Pick zog jedoch nicht alle Mitglieder der Zirkel Harmonia und Amicitia zu der Gründung der neuen Loge hinzu, was für erhebliche Missstimmung sorgte.

Von den tschechischen Freimaurern gehörten zu den Gründern der Loge Hiram Alfréd Baštýř, Václav Křídlo, Vladimír Uhlíř, Jaroslav Eger und Berthold Thein. Diese Rekonstruktion gründet sich auf der Behauptung von Thein, aber die Zuverlässigkeit der Quellen ist in diesem Fall fraglich – sie unterscheiden sich sowohl in der Anzahl der Gründungsbrüder insgesamt, als auch in der Anzahl der Tschechen unter ihnen, und dann natürlich auch in den angeführten Namen.[114] Sogar Theins eigene Erinnerungen widersprechen einander nicht selten. In seinem 1929 in der Loge Pravda vítězí (Wahrheit siegt) gehaltenen Vortrag behauptete er, dass bis zu der Gründung von Hiram sich in den Prager Zirkeln lediglich drei Tschechen befanden – Hanel, Křídlo und er selbst.[115]

112   Ibd., S. 69.

113   Stavba. Sborník zednářských prací, Hledající v temnotách I.-II. (Der Bau. Sammelband freimaurerischer Arbeiten, Suchende in der Finsternis), S. 63.

114   Die Einzelheiten aus den Aufzeichnungen der Loge Hiram sind im Archiv des Nationalmuseums im Bestand Antonín Sum zu finden.

115   Vgl. das Literaturarchiv des Denkmals des nationalen Schrifttums (LA PNP), Bestand Rudolf Jordan

Ein anderer an diesen Ereignissen unmittelbar beteiligter Zeitzeu-
ge – Alfréd Baštýř – den Thein zu erwähnen völlig vergisst, versucht in
seinen Erinnerungen wiederum die Bedeutung seiner eigenen Person so
stark wie möglich zu betonen. „Bei der Gründung der Prager Loge Hiram
zu den drei Sternen waren die Hauptakteure zwei Tschechen (Hanel und
ich) und ein Deutscher (Pick) – ich möchte jedoch nicht entscheiden, zu
welcher Nation sich Br. Hanel bekannte: wenn die Rede von F∴M∴[116] war,
sprach er immer nur deutsch. Sein F∴M∴ stellte in seinen Augen keinen
Versprechensbruch dar – als Staatsbeamter durfte er in keinem Geheimbund Mitglied sein[117], aber die F∴M∴ war für ihn kein Geheimbund. Die
Arbeit haben wir uns so geteilt, dass Hanel für die Rituale zuständig war,
Pick sich um die Korrespondenz kümmerte und die technischen Angele-
genheiten in meinem Kompetenzbereich lagen."[118] Wieder ein bisschen
anders wird die Entstehung der Loge Hiram in der Gedenkschrift dieser
Loge[119] beschrieben, die sich auf einige authentische Materialien stützt.
Hiram soll von 42 Freimaurern gegründet worden sein, darunter sieben
Tschechen, die also zahlenmäßig ein Sechstel bildeten. Es handelte sich
um: A. Baštýř (zugehörig zur Loge Zukunft, Or. Pressburg), B. Horský
(Brieg Fried z. A.S.), V. Pasovský (L. Humanitas, Or. Pressburg), B.
Thein (L. Morgenstern, Or. Hof), V. Uhlíř (Friedr. Aug. 3 Zirkel, Zittau)
und V.J. Vondráček (3 Schwestern, Or. Dresden). Prof. Hanel war dann
letztendlich kein Gründungsmitglied dieser Loge, aber er wurde zum
Ehrenmitglied ernannt. Die Ursprungslogen der tschechischen Brüder
vermitteln die chaotische Struktur der Gruppe, denn die Orientierung
an die jeweilige Loge war nur persönlich motiviert – dagegen ist bei den
deutschen Mitgliedern von Hiram die Kompaktheit und eine überwiegende Orientierung an die Pressburger Logen klar ersichtlich.
        Achtundzwanzig Brüder kamen vom Zirkel Amicitia, vierzehn von
Harmonia. Der Grund für dieses Zahlenmissverhältnis ist wohl leider
darin zu suchen, dass der Organisator Pick Mitglied in dem ersten der

Vonka, Handschrift. Wie die tschechische Freimaurerei entstand und sich weiter entwickelte, Was erzählte Dr. B.
Thein am 2.XII.1929 in der Loge Pravda vítězí [Wahrheit siegt]. Nach den Aufzeichnungen von Dr. Ant. Hartl. In
Wirklichkeit muss jedoch der Vortrag später gehalten oder der Text später ergänzt worden sein, denn er enthält
auch Informationen vom Anfang der 30er Jahre.

116   Eine richtig gebrauchte freimaurerische Abbreviatur [also eine standardisierte Abkürzung mittels
Auslassung bestimmter Buchstaben), die auch als ein Bestandteil der Rituale angesehen werden kann, sind drei
Punkte, die ein auf der Basis stehendes Dreieck bilden.

117   Erinnern wir uns an das Dekret von Franz I.!

118   Stavba. Sborník zednářských prací, Hledající v temnotách I.-II. [Der Bau. Sammelband freimaurerischer
Arbeiten, Suchende in der Finsternis I.-II.], S. 45-46. Bemerkenswert ist ebenfalls ein Detail, das Baštýř in seinen
Erinnerungen festhielt, nämlich dass die beim Schreiner bestellte Einrichtung der Loge in der Buchhaltung als
„Einrichtung eines jüdischen Gebetshauses" geführt wurde.

119   Vgl. Anm. 1., da S. 20-22.

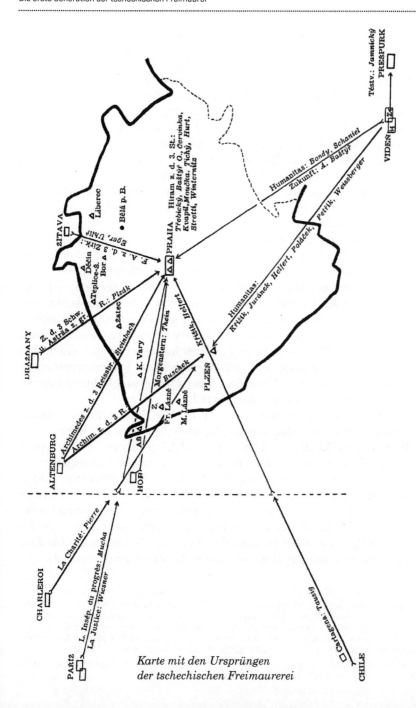

Karte mit den Ursprüngen der tschechischen Freimaurerei

beiden genannten Vereine war. In dem ersten Logenvorstand befanden
sich vier Tschechen, was eine sehr starke Vertretung ist angesichts der
Zahl der tschechischen Mitglieder in der Loge (7) sowie angesichts der
Zahl der Logenämter insgesamt (16). Die Tschechen bekleideten also ein
Viertel der Ämter, obwohl sie zahlenmäßig ein Sechstel bildeten.[120]
Als die Loge Hiram den fünfundzwanzigsten Jahrestag ihres Bestehens feierte, wurden ihre Entwicklung und vor allem ihr Entstehung-
prozess von Oskar Stern rekapituliert. Der moderne Forscher kann nicht
anders, als dem Reporter Recht geben, der über diesen Vortrag in der
Zeitschrift „Der Freimaurer" Bericht erstattete: „Die Rede von Br. Stern
ist außerordentlich gelungen, denn wir haben viel davon erfahren, ‚wie es
so eigentlich gewesen ist ...'"[121] Man spürt jedoch deutlich den ironischen
Stachel in diesen Zeilen.

Die Zeitzeugen beider Nationalitäten sind sich einig darüber, dass
zu der Zeit der Gründung von Hiram die Nationalitätenfrage keine Rolle
spielte, auch nicht bei der Ämterverteilung. Deshalb muss man die vorher skizzierte Aufzählung der nationalen „Positionen" als eine nachträgliche Projektion später auftauchender Probleme sehen, von denen auch
die Prager Freimaurerei nicht verschont blieb. Diese versuchte sich zu
der Zeit ihrer Entstehung streng an Hanels Grundsatz zu halten, dass
die Nationalitätenfragen nicht in die Loge hineingetragen werden dürfen, was wohl mit den allgemein gültigen Regeln der Freimaurerei korrespondierte – nämlich dass Gespräche über Politik und Religion in einer
freimaurerischen Loge unangebracht sind.

Trotzdem kann man nicht so tun, als ob die Nationalitätenfrage um
die Freimaurerei einen Bogen gemacht, dass die freimaurerische Identität die nationale Identität völlig überdeckt hätte. Dieses gesamtgesellschaftliche Problem wurde zunächst mit der beispielhaften gezielten Toleranz angegangen, durch die sich die Freimaurerei ja auszeichnen soll.

Die Frage nach dem tschechischen Element im Rahmen der Prager
Freimaurerei hat also sehr wohl ihre Berechtigung – denn schon bei der
Ausformulierung des ersten Programms der neuen Loge erklärte der Logenmeister Pick, eines der Hauptziele ist es, „die Tschechen für die Freimaurerei zu gewinnen und unter ihnen Männer auszusuchen, die ein-

120   Horský – zweiter Stellvertreter des Logenmeisters, Křídlo – zweiter Aufseher, Thein – Redner und Baštýř
– erster Wächter. Die Frage nach ihrer nationalen Identität lässt sich jedoch anscheinend nicht ganz eindeutig beantworten, bei Horský bemerkt Hartl: „Einige Brüder machen seine tschechische Nationalität strittig, andere wiederum – die Deutschen – bestätigen sie." Vgl. HARTL, Antonín: K historii lóže Hiram [Pokračování] [Zur Geschichte
der Loge Hiram, Fortsetzung], in: Svobodný zednář [Zeitschrift Der Freimaurer] 8, IX, 1935, S. 157f.

121   Zprávy - Čtvrtstoletí Lóže Hiram [Nachrichten – Das 25jährige Bestehen der Loge Hiram], in: Svobodný
zednář [Zeitschrift Der Freimaurer] 8, VIII, 1934, S. 168-171.

mal die tschechischen Werkstätten gründen werden."[122] So werden die Ereignisse von der deutschen Seite in einer nicht ganz unumstrittenen Gedenkschrift rückblickend interpretiert; die Missstimmung der tschechischen Freimaurer aus der Hiram-Loge rührte daher, dass hier die tschechische Initiative – von Baštýř – verschwiegen wurde.[123] Vergleichen wir die deutsche Version mit den Erinnerungen von Alfréd Baštýř, finden wir im Wesentlichen die gleichen Fakten, aber deren etwas andere Interpretation. Heute können wir natürlich nicht mehr entscheiden, inwieweit die Erinnerungen seine damalige Wahrnehmung widerspiegeln oder wie sich ihr Bild durch den Einfluss der Kriegs- und Nachkriegszeit veränderte. „Ich sagte mir: Sobald es überhaupt eine Loge in Prag geben wird, werde ich die Möglichkeit haben, Tschechen in solcher Zahl hinzuführen, dass wir irgendwann einmal eine tschechische Loge gründen können. Und so brachte ich Třebický, Červinka, Kvapil, Moučka, Hurt und Stretti und meinen Bruder Otakar ... unterdessen traten in die Hiram-Loge Brüder ein, die Mitglieder in anderen Logen waren, wie Thein, Wiesner, Uhlíř."[124]

So bietet sich uns eine doch schon ziemlich breite und repräsentative Palette von tschechischen Namen, die mit der Freimaurerei vor dem Ersten Weltkrieg verknüpft sind. Bei dieser Gruppe von Männern, die direkt in die Hiram-Loge kamen, handelt es sich um einen mittlerweile schon typischen Weg zur Freimaurerei, auf dem das individuelle Interesse oder eher Neugierde mit dem direkten Angesprochenwerden durch einen Freund einhergeht – meistens wirklich durch Alfréd Baštýř, aber manchmal auch durch einen anderen Freimaurer, einen vertrauten Freund – beispielsweise Červinka durch Třebický, Hurt durch Juránek, Stretti durch Kvapil. Wie kann diese Gruppe charakterisiert werden? Warum sind gerade diese Männer die ersten tschechischen Freimaurer geworden? Wie unterschieden sie sich von der restlichen männlichen Bevöl-

---

122   HARTL, Antonín: K historii lóže Hiram [Pokračování] [Zur Geschichte der Loge Hiram, Fortsetzung], in: Svobodný zednář [Zeitschrift Der Freimaurer] 8, IX, 1935, S. 157f.

123   Ibd. „...Br. Pick zum Gründer der tschechischen Freimaurerei zu stilisieren und die Ereignisse so zu schildern, als ob die tschechische Freimaurerei ihre Existenz nur ihm verdanken würde? Das wäre ja doch unerhört!"

124   Stavba. Sborník zednářských prací, Hledající v temnotách I.-II. [Der Bau. Sammelband freimaurerischer Arbeiten, Suchende in der Finsternis I.-II.], S. 46. Jan Třebický war öffentlich und journalistisch tätig schon seit seiner Jugend und seiner Mitgliedschaft in dem Omladina-Bund, er war ein erfolgreicher Unternehmer, hatte eine Hopfenfirma, organisierte den Hopfenexport, nach und nach erwarb er Anteile auch in anderen Unternehmen, er war Mitglied in zahlreichen Verwaltungsräten, in der Zeit der Ersten Republik war er Präsident der Handels- und Gewerbekammer. Vincenc Červinka war ein Journalist und stellvertretender Chefredakteur in der Zeitung Národní listy, der Dichter Jaroslav Kvapil war nacheinander Dramaturg, Oberregisseur und Chef des Schauspiels des Nationaltheaters, Ing. Ladislav Moučka war Direktor der Bergwerke, später leitete er ein selbständiges Büro als Bergbauingenieur, Jaroslav Hurt war ein Mitglied des Schauspiels des Nationaltheaters, später unterrichtete er am Konservatorium, seit den 20er Jahren arbeitete er im Radiojournal und Viktor Stretti war ein bedeutender Maler. Otakar Baštýř war als Anwalt tätig.

kerung ihrer Zeit? Auf diese sich aufdrängenden Fragen lassen sich nur schwerlich adäquate Antworten finden. Entscheidend war wohl gerade der Faktor, dass sie von jemandem als geeignet für die Freimaurerei eingeschätzt wurden. Sonst hätten auch ganz andere Persönlichkeiten ihren Platz einnehmen können. Im Hinblick auf die soziale Zusammensetzung kann man einen Trend ausmachen, der mit der bisherigen Struktur der Mitgliedschaft in den deutschen Zirkeln vollkommen korrespondiert.[125]

Das freimaurerische Leben in Prag schien bis zum Ersten Weltkrieg ruhig verlaufen zu sein, wobei die rituelle Aufnahme neuer Mitglieder immer noch in Ungarn erfolgte, oder genauer gesagt in Pressburg, wohin die Prager Freimaurer – gehörig in Frack und Zylinder – über Wien anreisten. Die sich unter den Brüdern in der Hiram-Loge entwickelnden Beziehungen verliefen weiterhin auf ganz individueller Basis, man kann hier keine generellen Urteile fällen. Verbitterung in das Logenleben brachte erst der Erste Weltkrieg.[126]

Die letzte Tempelarbeit der Loge Hiram fand am 17. Mai 1914 statt – als im Sommer der Krieg ausbrach, wurden die Arbeiten eingestellt und die Brüder kamen nur im Gasthaus U křížku in der Nekázanka-Straße zusammen. In das gedämpfte Logenleben schlug der Fall von Vincenc Červinka ein, an dem Hiram nationalitätenmäßig innerlich zerbrach. Trotzdem wurden 1917 die Tempelarbeiten wieder aufgenommen und nach Pick sogar Berthold Thein zum Logenmeister gewählt, was wohl als ein Zeugnis der verbesserten Beziehungen zwischen den beiden nationalen Gruppierungen in der Loge gewertet werden darf. Denn zu dieser Zeit ist die Existenz der beiden nationalen Lager auch innerhalb der Freimaurerloge nicht zu übersehen. Diese Verschiebung muss sehr eng im Kontext der allgemeinen historischen Entwicklung wahrgenommen werden, als nach den ersten Kriegsjahren unter der Militärdiktatur mit dem Antritt des neuen Kaisers 1917 eine gesamtgesellschaftliche Lockerung kam – sicherlich jedoch nur im Rahmen des Möglichen.

Zum neuralgischen Punkt in der Geschichte der Loge Hiram wurde der Fall eines der Brüder – der Fall von Vincenc Červenka, der im Prozess mit dem Politiker der Jungtschechischen Partei Karel Kramář

---

125 Die letzte Aufnahme neuer Mitglieder erfolgte im Mai 1914. „Von 1914 bis 1920 gab es keine Aufnahmen, zum einen wegen der Nervosität, die der Krieg mit sich brachte, zum anderen auch wegen der nationalistischen Formen derselben." Interview s jubilantem. B: Alfréd Baštýř - třicet let pěstitelem královského umění [Interview mit dem Jubilar B: Alfréd Baštýř – dreißig Jahre Pfleger der königlichen Kunst], in: Svobodný zednář [Zeitschrift Der Freimaurer] 2, VI, 1932, S. 21-24.

126 Beispielsweise im Jahr 1925 wandte sich Jaroslav Kvapil auf Grund der Intervenz von Leopold Pick, der sich in der Angelegenheit eines anderen Bruders an ihn als an einen alten Bekannten mit Kontakten zur Burg gewandt hatte, an einen anderen Freimaurer - Josef Schieszl. Solche Fälle scheinen jedoch eher eine Ausnahme gewesen zu sein. Staatszentralarchiv [SÚA], Bestand Josef Schieszl, k. 8.

sowie mit Alois Rašín des Hochverrats mitangeklagt und später auch zusammen mit ihnen zum Tod durch den Strang verurteilt wurde. Dieser Kausa widmet sich mit immensem Interesse sowohl die deutsche als auch die tschechische Historiografie, aber ihre Interpretationen unterscheiden sich grundsätzlich.[127] Als Červinka im September 1915 inhaftiert wurde, strich ihn die Loge aus ihrer Mitgliederliste wohl vor allem deshalb, um sich selbst zu schützen, nicht kompromittiert und von Červinkas Fall nicht in ihrer Existenz gefährdet zu werden. Die wichtige Entscheidung fiel bei dem Zusammentreffen in Baštýřs Wohnung am 1. Oktober 1915. Das Protokoll dieser Tagung wurde in den 30er Jahren veröffentlicht – der Hauptgrund dazu war wohl die Widerlegung der tschechischen Argumentation, die die Entstehung der selbständigen tschechischen Freimaurerei mit der Desillusionierung in Folge von Červinkas Fall in den Zusammenhang brachte. In der dreistündigen Diskussion über die Streichung aus der Mitgliederliste[128] sollen sich manche deutsche Freimaurer für Červinka ausgesprochen und die tschechischen in ihrer Mehrheit geschwiegen haben. Es war aber der Logenmeister Pick,[129] der den Vorschlag machte, Červinka zu streichen und dabei auf die freimaurerische Konstitution verwies, Thein wollte den Ausgang der Ermittlungen abwarten, Baštýř schloss sich dem Vorschlag der Streichung an. Es scheint gewisse Unterschiede zwischen der stenographischen Aufzeichnung und der späteren Abschrift zu geben. Grundsätzlich kann jedoch festgehalten werden, dass Červinkas Streichung problemlos beschlossen wurde, obwohl es auch Vorschläge auf die Ruhenderklärung der Loge gab, an Stelle dieser Lösung. Als weitaus komplizierter und über den Rahmen des freimaurerischen Lebens hinausgehend stellt sich wohl die Frage, wie die tschechische und die deutsche Gesellschaft die eigene Einstellung zum Krieg sowie die Beziehung zu Österreich und zum Krieg rückblickend bewertete und begründete.

Die tschechischen Brüder erinnerten sich an den Fall Červinka in einem ganz anderen Licht.[130] Berthold Thein führt an, dass der Logenmeister Pick ihnen mitteilte, dass er nach Budapest zum Großmeister berufen

---

127 Vgl. auch andere Artikel von Hartl in der Zeitschrift „Der Freimaurer" und der Festschrift der Hiram-Loge.

128 Die Streichung eines unbequem gewordenen Mitglieds war zu dieser Zeit bei vielen gesellschaftlichen Institutionen eine ziemlich übliche Vorgehensweise, am eigenen Leib erlebten dies auch Kramář und Rašín. Andere Quellen zu dieser Kausa veröffentlichte im Rahmen seines Medaillons auch Berthold Thein in: Stavba. Sborník zednářských prací, Hledající v temnotách I.-II. [Der Bau. Sammelband freimaurerischer Arbeiten, Suchende in der Finsternis I.-II.], S. 68ff.

129 Problematisch scheint insbesondere die Frage, ob die Großloge von Ungarn Pick damit beauftragte, wie er behauptete, oder ob die Initiative aus Prag kam und über Budapest nach Prag zurückkehrte.

130 Vgl. in: Stavba. Sborník zednářských prací, Hledající v temnotách I.-II. [Der Bau. Sammelband freimaurerischer Arbeiten, Suchende in der Finsternis I.-II.], die Erinnerungen von B. Thein, Ot. Baštýř, J. Kvapil und V. Stretti.

wurde. „Ich kann jedoch nicht verschweigen, dass wir bezweifelten, dass die Großloge Bruder Pick in dieser Angelegenheit berufen hätte … Wir nahmen vielmehr an, dass Bruder Pick aus seinem eigenen Willen nach Budapest reiste, um sich dort über die Sache beraten zu lassen … [danach] wurde uns mitgeteilt, dass die Großloge anordnet, Bruder Červinka aus dem Bund auszuschließen. Wir lehnten uns dagegen auf und wiesen auf die politische Verfolgung hin, deren Opfer Bruder Červinka ganz offensichtlich geworden war … Unsere Bemühungen blieben jedoch erfolglos." Pick entschloss sich, die Passage der freimaurerischen Konstitution hinzuziehen, die besagt, dass jeder Bruder, der dreimal aufgefordert wurde, sich in der Loge einzufinden und der dies nicht tut und keine Beiträge zahlt, von der Mitgliederliste gestrichen werden kann. Pick brachte diese Aufforderung persönlich in Červinkas Prager Wohnung, und weil formal alles ordentlich ablief – obwohl alle wussten, dass Červinka im Gefängnis sitzt und nichts machen kann – wurde er ausgeschlossen. Die tschechischen Freimaurer waren durch dieses Vorgehen konsterniert, aber im Interesse des Schutzes der Freimaurerei gaben sie letztendlich nach.

Otakar Baštýř fügte dem seine eigene Erinnerung hinzu, wie ihnen Pick nach seiner Ankunft aus Budapest mitteilte, dass die Gefahr der Auflösung aller freimaurerischen Korporationen droht, sofern Červinka nicht gestrichen wird, und wollte den Einwand nicht gelten lassen, dass im Falle einer Strafverfolgung nur eine Suspendierung erfolgen sollte und eine Streichung dann eventuell erst nach einer Verurteilung. Jaroslav Kvapil bemühte sich, unter Freimaurern Hilfe für Červinka zu suchen, aber er stieß auf harte Ablehnung mit der Begründung, dass Pest, also die dortige Großloge, die tschechischen Freimaurer sowieso für verdächtige Individuen hält. Aus dieser Erfahrung von Kvapil würde hervorgehen, dass Pick an der rasanten Lösung von Červinkas Fall wohl wirklich nicht den Löwenanteil hatte, was die tschechischen Freimaurer ansonsten immer versuchen zu suggerieren.

Červinka selbst bemerkt: „Alle hatten Angst, dass man bei mir freimaurerische Sachen findet. Eine soweit verständliche Angst, aber doch ein bisschen übertrieben, denn die Militärherren hatten ganz andere Interessen als eine unschuldige Freimaurerloge, politisch farblos, wie sie sein soll und eigentlich nicht anders sein konnte im Prag der Vorkriegszeit."[131] Diese Aussage fasst mehrere Aspekte zusammen: einerseits deutet sie die Grundmotivation an, die in der Angst vor der Gefährdung der Freimaurerei gesehen werden kann, andererseits vermittelt sie eine Charakteristik der Loge, die wirklich alles andere als ein Verschwörungsnest war.

---

131   HARTL, Antonín: K historii lóže Hiram [Pokračování] [Zur Geschichte der Loge Hiram, Fortsetzung], in: Svobodný zednář [Zeitschrift Der Freimaurer] 8, IX, 1935, S. 166.

Zwei Quellen der tschechischen Freimaurerei nach der Wende

Ein etwas bitterer Weg der Hoffnung

Im Jahr 1917 bekam das Prager Freimaurerleben neue Impulse und lebte erneut auf. Die erwachten Hoffnungen wurden jedoch relativ bald wieder enttäuscht – zumindest die tschechischen Freimaurer erlebten eine gewisse Ernüchterung, die mit den in der Großloge von Ungarn vorbereiteten Veränderungen zusammenhing. Hier wurde die Ausarbeitung einer neuen Satzung in Angriff genommen, und die Entwürfe, zu denen sich die einzelnen Logen äußern sollten, wiesen eine klare zentralistische Tendenz auf. An dieser Stelle muss auch angemerkt werden, dass sich die Großloge vollends mit der ungarischen Auffassung des Großen Kriegs, also des Ersten Weltkriegs, und den ungarischen bzw. österreichisch-ungarischen Zielen identifizierte, war deshalb ausgesprochen loyal zu der offiziellen Kriegspolitik und lehnte die Bemühungen der einzelnen Völker der Monarchie um Selbstbestimmung grundsätzlich ab.

Unter den anvisierten Veränderungen der neuen freimaurerischen Konstitution fand sich auch folgende Bestimmung: „Jegliche Zuwiderhandlung gegen die politische Einheit des ungarischen Staates sowie gegen die territoriale Integrität desselben wird als ein Vergehen gegen die Freimaurerei gewertet."[132] Es darf nicht vergessen werden, dass einer der freimaurerischen Grundsätze die Loyalität zum Heimatstaat ist, und kann sie aus moralischen oder anderen Gründen nicht aufrechterhalten werden, dann ist es besser, die Tätigkeit einzustellen.[133] Sich jedoch dermaßen direkt unter Druck setzen zu lassen, wie es in Folge der Neugestaltung der Satzung zu befürchten war, lehnten Thein und seine Freunde entschieden ab. Die einstige Idee der Gründung der tschechischen Freimaurerei kam wieder zum Tragen und ging davon aus, dass es eine gemeinsame Loge mit einer deutschen und einer tschechischen Sektion

---

132 Stavba. Sborník zednářských prací, Hledající v temnotách I.-II. [Der Bau. Sammelband freimaurerischer Arbeiten, Suchende in der Finsternis I.-II.], [Hrsg. A. Hartl-J. Sedmík-J. Thon], Praha 1932, S. 71.

133 Dieser Grundsatz wurde in der Tschechoslowakei im Herbst 1938 und nach langem Zögern auch im Frühling 1951 angewendet.

geben wird. Mit der Zeit verspürten die tschechischen Freimaurer ein immer stärker werdendes Bedürfnis, sich aus dem Einfluss der Großloge von Ungarn zu befreien, denn zum einen wurden ihre Ansichten und Einstellungen als Freimaurer von den allgemeineren, die sie als Bürger empfanden, geprägt und zum anderen wählte die tschechische Gesellschaft mehrheitlich einen Weg, der sich von der ungarischen Einstellung gegenüber den Veränderungen in Mitteleuropa grundsätzlich unterschied. Dieses Moment war wohl viel bedeutender als die unmittelbaren Beziehungen zwischen den tschechischen und den deutschen Brüdern im Rahmen der Hiram-Loge.

In dieser Zeit, als die alte Welt langsam verschwand und ein neues Mitteleuropa geboren wurde, entstand auch die selbständige tschechische Freimauerei. Ein wichtiger Diskussionspunkt in diesem Kontext ist die Tatsache, dass die Zugehörigkeit zu der einen oder anderen Nationalität gerade in dieser Organisation kein Kriterium sein sollte, denn die Freimaurerei soll ja verbinden, nicht trennen. Man muss dabei jedoch auch bedenken, dass die Schranken der Nationalitätszugehörigkeit den Freimaurern den Weg zueinander auch andernorts und in weniger turbulenten Zeiten versperrten, insbesondere dort, wo mehrere Ethnien auf einem Gebiet lebten – so dass der tschechische Fall wahrlich keine Seltenheit darstellte.

„Die Freimaurerei ist nicht weltfremd, sondern ist fest im Weltgeschehen verankert; deshalb gibt es heute die tschechische Freimaurerei ... Warum es zu ihrer Entstehung kam, muss man nicht lange ausführen, ähnlich wie es auf der Hand liegt, dass man die Gründung der nationaltschechoslowakischen Freimaurerei für keinen gegenfreimaurerischen Akt halten darf, sondern dass es sich um einen gesunden Realitätssinn handelt, der einem Freimaurer ganz gut steht. Und in der Atmosphäre der Wende war die Gründung der tschechischen Loge der einzige Ausweg."[134]

Zu der unmittelbaren Gründungsgeschichte der ersten tschechischen Loge müssen wir wieder mit einem einzigen Typ der Informationsquelle vorlieb nehmen – den Erinnerungen der Zeitzeugen, die zudem noch mit einem gehörigen zeitlichen Abstand verfasst worden waren. Das magische Datum der tschechischen Freimaurerei ist der 26. Oktober 1918, dessen Deutung gewisse Analogien zu der Stellung vom 28. Oktober im gesamtgesellschaftlichen Kontext aufweist. Die einen behaupten, dass die Freimaurer-Gemeinde den Wendepunkt schon lange im Voraus ge-

---

134   So die Wertung von HARTL, Antonín: K historii lóže Hiram (Pokračování) [Zur Geschichte der Loge Hiram, Fortsetzung], in: Svobodný zednář [Zeitschrift Der Freimaurer] 8, IX, 1935, S. 158.

plant und vorbereitet hatte, die anderen wiederum sind überzeugt, dass der Umbruch der Endpunkt einer historischen Entwicklung, ein mehr oder weniger zufälliges Zusammentreffen bestimmter Umstände war und seine Verbindung mit diesem Datum vielmehr beliebig ist. An jenem Tag, als noch niemand ahnte, dass die Staatsunabhängigkeit so nah ist, traf sich in der Wohnung von Alfréd Baštýř in der Králodvorská-Straße Nr. 23, in der unmittelbaren Nachbarschaft des Gemeindehauses, wo sich der Sitz des Nationalausschusses befand, eine Gruppe tschechischer Freimaurer. „In meinem Haus kamen die Brüder seit dem 26. Oktober 1918 zu der Arbeit zusammen. Zu diesem Tag erhielten die Eingeladenen eine mit roter Tinte geschriebene Einladung. Dadurch sollte unsere Zugehörigkeit zu der roten, also der Schottischen im Gegensatz zu der Johannisfreimaurerei symbolisiert werden. Der Einladungstext war sehr vorsichtig formuliert: Frau und Herr Dr. Baštýř erlauben sich, Sie zum Tee um fünf einzuladen ...“[135]

Die Sitzung wurde von Jaroslav Kvapil eröffnet, dann von Thein weitergeleitet. Kvapil berichtete über die Situation der Freimaurer in verschiedenen Ländern während des Krieges sowie über den Kontakt mit den deutschen Brüdern und fasste die Beziehung zu der Großloge von Ungarn zusammen. Ganz gezielt sprach er über das Bedürfnis, sich von dem bisherigen organisatorischen Einfluss von Ungarn zu befreien und eine selbständige Einheit zu bilden. Kvapil schlug noch vor, engere Kontakte mit den südslawischen und polnischen Freimaurern zu knüpfen. Dieser Vorschlag korrespondierte vollkommen mit der Tätigkeit der hiesigen Widerstandsbewegung, an der sich Kvapil ebenfalls beteiligte und

---

135   Interview s jubilantem. B: Alfred Baštýř - třicet let pěstitelem Královského umění (Interview mit dem Jubilar. B: Alfred Baštýř - dreißig Jahre Pfleger der königlichen Kunst), in: Svobodný zednář (Zeitschrift Der Freimaurer) 2, VI, 1932, S. 22. Diese Brüder waren: Jaroslav Hurt, Ladislav Moučka, Otakar Baštýř, Jaroslav Eger, Alfréd Baštýř, Vladimír Uhlíř, Ladislav Tichý, Egon Winternitz, Otto Heller (der blieb letztendlich in Hiram), Vincenc Červinka, Jaroslav Kvapil, Adolf Wiesner, Viktor Stretti, Berthold Thein und der Pilsner Freimaurer Antonín Petřík. So nach Berthold Thein, in: Stavba. Sborník zednářských prací, Hledající v temnotách I.-II. (Der Bau. Sammelband freimaurerischer Arbeiten, Suchende in der Finsternis), S. 72. Anderen Quellen zufolge waren auch Alfons Mucha und Emanuel S[chaniel] anwesend, dafür werden Petřík, Heller und Uhlíř nicht angeführt. Die Angaben unterscheiden sich auch in der Zahl der Anwesenden. Vgl. K desátému výročí vzniku českého zednářství (Die původních autentických pramenů) (Zum zehnten Jahrestag der Entstehung der tschechischen Freimaurerei – Laut den ursprünglichen authentischen Quellen), in: Svobodný zednář (Zeitschrift Der Freimaurer) 4-5, II, 1927-28, S. 50-52. Nach der Aussage von B. Thein waren auch Deutsche zugegen: „... es kamen ... die Freimaurer aus der deutschen Loge Hiram mit den tschechischen Brüdern zusammen. Bei dieser feierlichen Zusammenkunft unter freiem Himmel (das bedeutet im privaten Raum, nicht im Tempel) beschlossen die Tschechen, eine Loge für die tschechischen Freimaurer zu gründen und teilten diese Absicht sogleich den Brüdern deutscher Nationalität mit. Die deutschen Brüder stimmten dieser Entscheidung zu.“ Literarrarchiv des Denkmals des nationalen Schrifttums (LA PNP), Bestand Rudolf Jordan Vonka, Handschrift. Wie die tschechische Freimaurerei entstand und wie sie sich entwickelte, Was erzählte Dr. B. Thein am 2.XII.1929 in der Loge Pravda vítězí (Die Wahrheit siegt). Nach den Aufzeichnungen von Dr. Ant. Hartl.

die seit dem Frühling bemüht war, vor allem mit den südslawischen Vertretern zu kooperieren.[136] A. Wiesner vertritt die Meinung, dass für den 26. Oktober große Vorbereitungen abliefen, denn die tschechischen Freimaurer sollen gewusst haben, dass es sich hierbei um den großen Tag handeln würde,[137] B. Thein wiederum gibt sich in seinen Aufzeichnungen viel nüchterner. Der 26. Oktober erscheint in seiner Auffassung eigentlich nur als der Tag, an dem die tschechischen Freimaurer beschlossen, dass sie sich, wenn es einmal möglich wird, selbständig machen und bis dahin fleißig an dem gemeinschaftlichen Leben in Hiram teilnehmen. Trotz dieser divergierenden Deutungen wurde der 26. Oktober zum Ausgangsdatum für den Aufbau der tschechischen Freimaurerei, wobei man natürlich nicht zu betonen vergaß, dass dieses Datum dem der Staatsgründung vorangeht.

Bei diesem Treffen sollen die tschechischen Freimaurer auch übereingekommen sein, dass sie möglichst schnell den tschechischen Wortlaut des Rituals auszuarbeiten versuchen und laut Baštýř wurde auch schon dort beschlossen, dass die neu gegründete Loge „Jan Amos Komenský" genannt werden soll.[138] Trotz all dieser Vorbereitungen lag ihnen jedoch immer sehr daran, dass die Beziehungen zwischen den deutschen und den tschechischen Freimaurern nicht getrübt wurden. Wollte man an der tschechischen Seite nur die Ruhe vor dem Sturm bewahren oder dachten sie wirklich, dass der Weg, den sie sich entschlossen zu gehen, für ihre deutschen Brüder akzeptabel wäre?

Die tschechischen Freimaurer, die die Selbständigkeit gewählt hatten, standen vor der Wahl, wer das weitere Patronat übernimmt. Sowohl ihr Herz als auch ihr Verstand stimmten für die französischen Freimaurer. Wenn sie also ursprünglich vorhatten, nur eine Abzweigung im Rahmen von Hiram zu bilden, durch den Wechsel der Obödienz und der Großloge wurde dieser Plan vollends verworfen. Politisch und weltanschaulich gesehen handelte es sich um einen reinen Konfrontationsakt den deutschen Freimaurern gegenüber. Die Perspektive der tschechischen Freimaurer auf die Ereignisse war jedoch ganz unterschiedlich, sie

---

136   Jaroslav Kvapil war einer der führenden Vertreter der einheimischen Organisation, genannt Maffie, die die Kommunikation und Koordination der Tätigkeit zwischen dem in- und dem ausländischen Widerstand aufrechterhielt.

137   „Der für unsere Freimaurer so bedeutende Tag nahte: der 26. Oktober 1918. Bei dem Br: B. brummte es wie im Bienenstock; es wurde fieberhaft gearbeitet, übersetzt, gefeilt." Vgl. Stavba. Sborník zednářských prací, Hledající v temnotách I.-II. (Der Bau. Sammelband freimaurerischer Arbeiten, Suchende in der Finsternis), S. 114.

138   Es soll auch ein älteres tschechisches, von V. Křídlo ausgearbeitetes Ritual gegeben haben, das in Hiram geblieben war. „... der freimaurerische Rituale ins Tschechische übersetzte (nebenbei gefragt: sind sie erhalten geblieben?)..." So HARTL, Antonín: K historii lóže Hiram (Pokračování) (Zur Geschichte der Loge Hiram, Fortsetzung), in: Svobodný zednář 8 (Zeitschrift Der Freimaurer), IX, 1935, S. 158.

nahmen das Konfliktpotenzial nicht so sehr wahr. Die Tschechen standen einfach an der Seite der Sieger, Seite an Seite mit dem süßen Frankreich, an das sich so viele – und nicht nur freimaurerische – Hoffnungen knüpften, zudem mit Mucha und Wiesner, die ja französische Freimaurer waren. Gleichzeitig mit der „französischen Karte" wählten sie schon damals auch den Schottischen Ritus. „Wir machten uns also voller Begeisterung an die Arbeit. Wir ersuchten bei dem Grand Orient de France um die Übernahme des Patronats, das uns bereitwillig versprochen wurde, allein wir hatten keine Räumlichkeiten, keine Ausstattung für den Tempel und wir hatten – kein Geld. Die Konstitution des französischen Großorients

Adolf Wiesner – symbolisches Bekenntnis zur Freimaurerei

wurde für uns zwar in Kürze übersetzt, viel mehr Schwierigkeiten hatten wir dann doch mit der Übersetzung der französischen Rituale ... Jetzt ging es darum, geeignete Räumlichkeiten zu finden. Auch die bescheidenste Lösung dieser überlebenswichtigen Frage unseres Unternehmens stellte sich schon bei den ersten Versuchen als unmöglich heraus, denn in Prag – wo nach der Wende so viele neue Ämter und ausländische Botschaften eingerichtet wurden, wo sich nostrifizierte Industrieunternehmen niederließen usw. – herrschte ein geradezu katastrophaler Mangel an Wohnungen und wir hatten kein Geld,"[139] so Berthold Thein, der das Amt des Logenmeisters entschieden ablehnte, so dass die Wahl dann auf Jaroslav Kvapil fiel.

In dieser Übergangszeit eilte wieder einmal Alfréd Baštýř zu Hilfe, der seine Wohnung mit einem wunderschönen Esszimmer, Salon und einer Halle im ersten Stock zur Verfügung stellte. „Die Einrichtung des Tempels war – dank der außergewöhnlichen Dekorationsfähigkeiten und der ma-

---

139   Vgl. Stavba. Sborník zednářských prací, Hledající v temnotách I.-II. [Der Bau. Sammelband freimaurerischer Arbeiten, Suchende in der Finsternis], S. 73-74.

nuellen Geschicklichkeit von Bruder Baštýř – sozusagen im Handumdrehen fertig: transportable Vorhänge aus blauem – für den dritten Grad aus schwarzem – Stoff, zwei Reihen von diversen Stühlen und drei Tischlein, für die Kammer schwarze Vorhänge und andere notwendige Ausstattung. Dieser improvisierte Tempel, den Bruder Baštýř alle vierzehn Tage auf- und abbauen musste (was jedesmal einige Stunden in Anspruch nahm), war von 1918 bis 1923 die Werkstatt unserer Loge. Währenddessen, als all diese Vorbereitungen liefen, kamen wir regelmäßig in einem separaten Raum des einstigen Holländischen Cafés in der heutigen Pařížská-Straße zusammen, tagten, berieten uns und warteten, dass wir Formulare aus Paris zur Unterschrift bekommen, die nach den dortigen Vorschriften notwendig waren, damit die Loge bewilligt und unter Patronat genommen werden konnte. Wir warteten lange und vergeblich und erst nach mehrmaligem Anmahnen mittels diplomatischer Kuriere[140] erfuhren wir, dass die Formulare schon vor längerer Zeit der polnische Diplomat Patek[141] für uns in Empfang genommen hatte, der sich auch in Prag aufhielt, sie aber nicht an uns weiterleitete und auf keine Mahnung reagierte. Wir mussten also mittels des diplomatischen Kuriers neue Formulare anfordern und am 12. Mai 1919 waren wir endlich soweit, dass wir die letzten Formalitäten in Angriff nehmen konnten."[142]

An jenem Maitag kam in Baštýřs Wohnung eine Gruppe tschechischer Freimaurer zusammen, um sich als Loge zu konstituieren.[143] Jaroslav Kvapil wurde nach einer Geheimabstimmung der Meister dieser Loge, nachdem Berthold Thein vorher dieses ihm angebotene Amt abgelehnt hatte, ohne seine Gründe den anderen offiziell offenbart zu haben. Es war jedoch allseits kein Geheimnis, „denn du hast Einzelnen von uns

---

140   Dazu vgl. „Der gesamte Briefverkehr lag in meinem Kompetenzbereich, die Post funktionierte nach der Wende nur sehr unzureichend – der spätere Br. Jan M[asaryk] beschaffte mir damals, obwohl er noch nicht Freimaurer war, Kuriere, die meine Post nach Paris brachten." Interview s jubilantem. B: Alfred Baštýř – třicet let pěstitelem Královského umění (Interview mit dem Jubilar. B: Alfred Baštýř – dreißig Jahre Pfleger der Königlichen Kunst], in: Svobodný zednář 2 [Zeitschrift Der Freimaurer], VI, 1832, S. 21ff. Die Übersetzungen ins Französische besorgte jedoch, nach eigener Aussage, Adolf Wiesner. Vgl. Stavba. Sborník zednářských prací, Hledající v temnotách I.-II. (Der Bau. Sammelband freimaurerischer Arbeiten, Suchende in der Finsternis I.-II-], S. 114.

141   Stanislav Patek war unmittelbar nach dem Krieg Außenminister, Vertreter bei der Friedenskonferenz, danach designierter Vertreter in der Tschechoslowakei. Laut Thein hielt Patek die Urkunden absichtlich zurück, denn „die Polen befürchteten, dass die Freimaurer in der Konfliktfrage des Gebiets Teschener Schlesien die Partei von Tschechen und Slowaken, also der Tschechoslowakei ergreifen würden." Vgl. Literární archiv PNP [Literaturarchiv des Denkmals des nationalen Schrifttums], Bestand Rudolf Jordan Vonka, Handschrift. Jak povstalo a jak se vyvíjelo české svobodné zednářství. Co vykládal dr. B. Thein 2.XII.1929 v Lóži Pravda vítězí. [Wie die tschechische Freimaurerei entstand und sich entwickelte. Was Dr. B. Thein am 2.XII.1929 in der Loge Pravda vítězí erzählte.]

142   Stavba. Sborník zednářských prací, Hledající v temnotách I.-II. (Der Bau. Sammelband freimaurerischer Arbeiten, Suchende in der Finsternis], S. 74-75.

143   Meister: Alfréd Baštýř, Otakar Baštýř, Jaroslav Eger, Jaroslav Kvapil, Ladislav Moučka, Berthold Thein, Vladimír Uhlíř, Tovaryši: Jaroslav Hurt, Alfons Mucha, Emanuel Schaniel, Viktor Stretti, Ladislav Tichý, Adolf Wiesner, Egon Winternitz.

bei verschiedenen Gelegenheiten angedeutet, dass du das größte Hindernis für die Ausübung dieses Amtes in deinem Judentum siehst".[144] Die anderen Freimaurer wollten diesen Grund nicht anerkennen, weil Thein ein wirklich erfahrener Freimaurer und ein wahrlich wertvoller Mensch war, dennoch machte es nach außen wie nach innen zweifellos einen besseren Eindruck, wenn der erste Meister der tschechischen Loge ein tschechischer Dichter und nicht ein jüdischer Anwalt wurde.

Die Bijous für die tschechische Loge wurden von Alfons Mucha entworfen und von Alfréd Baštýř eigenhändig gegossen. Die neue Loge Jan Amos Komenský sollte dem Schutz des Grand Orient de France unterstellt werden, die Loge „wurde von der deutschen Freimaurerei getrennt, nahm auch einen anderen Ritus an und schloss sich der romanischen Freimaurerei in ihrer französischen Ausprägung an."[145] Die Loge war französisch nicht nur formal, sondern auch ideell. Und Frankreich scheint in der rasanten Durchsetzung seines Einflusses nicht gezögert zu haben, was die Missstimmung zwischen den tschechischen und deutschen Freimaurern noch vertiefte. Es kam schon bei dem Fest der Lichteinbringung in die neue Loge am 28. September 1919 deutlich zu Tage.[146]

Aus der Erinnerung von Alfréd Baštýř, die wirklich einen Seltenheitswert besitzt, geht hervor, dass dieser Festakt nicht ganz nach den Vorstellungen tschechischer Freimaurer verlief. Als Baštýř 1932 den dreißigsten Jahrestag seiner Freimaurertätigkeit feierte, stellte Rudolf J. Vonka folgende Frage: „Ich kann mich nicht erinnern, dass einer der Brüder etwas vom Fest der Lichteinbringung in die erste tschechische Werkstatt in Prag erzählt hätte. Kannst du dich vielleicht erinnern, teurer Bruder? Nicht die billige Neugier führt mich zu dieser Frage, sondern der Wunsch, für die nächsten Generationen von Historikern alles zu bewahren, was bewahrt werden kann." Und Baštýř begann zu erzählen, was passierte, als im September 1919, kaum ein Jahr nach dem Ende des Ersten Weltkriegs, der hohe Funktionär des Grand Orient, Bruder Besnard, nach Prag kam: „Er war nicht sehr erfreut, als er uns von den guten Beziehungen zu den Prager Deutschen berichten hörte, er konnte kein Verständnis aufbringen. Er erklärte resolut, dass er sofort abreist, wenn Deutsche zum Fest der Lichteinbringung eingeladen werden.

---

144   Stavba. Sborník zednářských prací, Hledající v temnotách I.-II. [Der Bau. Sammelband freimaurerischer Arbeiten, Suchende in der Finsternis], S. 77.

145   WEGER, Petr: Vznik a vývoj svobodného zednářství v ČSR do r. 1951 [Entstehung und Entwicklung der Freimaurerei in der Tschechoslowakei bis 1951], in: Svobodný zednář 1 [Zeitschrift Der Freimaurer], XIII, 1992, S. 4.

146   Durch die Einbringung des Lichtes aus einer anderen bereits existierenden Loge vollzieht sich die reguläre Einordnung der neuen Loge in die Freimaurerkette.

Wenn wir also im Licht arbeiten wollten, mussten wir nachgeben und die Deutschen wieder ausladen. Dies sorgte natürlich für erhebliche Missstimmung, die Deutschen nahmen es uns übel und wollten uns nicht glauben, dass wir nicht anders handeln konnten."[147] Baštýř neigte zuweilen zu Übertreibung, aber diesmal scheint es nicht der Fall gewesen zu sein. Die tschechischen Freimaurer erhielten ehrenvolle Deckung in Hiram und schlugen, nicht ganz den ursprünglichen Vorstellungen entsprechend, einen gänzlich selbständigen Weg ein. Mit ihrer bisherigen freimaurerischen Zugehörigkeit verband sie nichts mehr, außer einer persönlichen Bindung. Die dadurch verursachte „Missstimmung" legte sich erst nach mehreren Jahren und der bittere Nachgeschmack verschwand nie mehr.

Der revolutionäre Weg der Loge Národ

Vollkommen unabhängig von den bisherigen freimaurerischen Strukturen begann sich gerade in dieser Zeit die zweite, sog. „italienische" Richtung der tschechischen Freimaurerei zu entwickeln. Die Art und Weise ihrer Entstehung und die Anfänge ihrer Tätigkeit lieferten einige Gründe zur Infragestellung dieses Zweiges der tschechischen Freimaurerei – da jedoch deren Vertreter sehr repräsentative Positionen einnahmen und in einer für Symbole und Gesten sehr empfänglichen Zeit nationale Autoritäten darstellten, wurden die Bedenken bald zerstreut und schnell schwand auch die etwas despektierliche Einstellung, die die tschechischen Freimaurer der Existenz der Loge Národ entgegenbrachten.

Auch diese Richtung hatte ihre Entstehungsgeschichte, die einige Jahre zurück reichte. Es gibt ein einziges schriftliches Zeugnis, das dafür aber nie in Frage gestellt wurde, stammt aus den 30er Jahren und aus der Feder des Hauptorganisators dieser Richtung – des national-

---

147   Interview s jubilantem. B: Alfred Baštýř - třicet let pěstitelem Královského umění [Interview mit dem Jubilar. B: Alfred Baštýř – dreißig Jahre Pfleger der Königlichen Kunst], in: Svobodný zednář 3-4 [Zeitschrift Der Freimaurer], VI, 1832, S. 46ff. Am 28. September verlas Berthold Thein um ersten Mal sein freimaurerisches Credo, das später zum Bestandteil des Rituals wurde: „Wir glauben, dass die ethischen Gesetze ewig und unveränderlich sind, und dass sie für all diejenigen Gültigkeit besitzen, die in menschlichem Körper menschliche Seele tragen. Wir glauben, dass diese Gesetze nicht in Folge der Bedürfnisse zwischenmenschlichen Zusammenlebens geschaffen wurden, sondern dass sie der Menschheit von der gleichen unbekannten schöpferischen Kraft eingeprägt wurden, die der Welt das Gesetz der Ursache und Wirkung gegeben hatte. Wir glauben, dass wir, den durch die Gesetze abgesteckten Weg einschlagend und deren Erkenntnisse erweiternd dahin schreiten, wo der Menschheit Schönheit, Güte und ewiger Frieden gedeihen, und mag das Ziel auch so unerreichbar scheinen, Wir glauben, dass das Heil der Menschheit allein in dem Weg zu diesem Ziel beruht. Wir glauben, dass das Wohl der Menschheit aus dem Wohl all seiner Völker sich zusammensetzt; wir sind besorgt um das Wohl unseres Volkes und wir glauben, dass wir somit das Wohl der ganzen Menschheit anstreben. Wir glauben an die Solidarität aller gleichgesinnten Menschen auf Erden, und die Freude über diesen Glauben, durch die sämtlichen Atome unseres Herzens genährt, ist unsere Religion! Zitiert nach dem Druck, aufbewahrt in: Archiv Ústavu Tomáše Garrigue Masaryka AV ČR [Archiv des Masaryk-Instituts der Akademie der Wissenschaften der Tschechischen Republik], Bestand 38, K. 21, 38-68-20.

demokratischen Journalisten und Politikers František Sís.[148] Während bei den Wurzeln der Loge Jan Amos Komenský vor allem die institutionell-freimaurerische Linie sichtbar war und erst in der Abschlussphase die gesamtgesellschaftlichen Bewegungen und Faktoren markant in den Vordergrund traten, war es bei der Entstehung der Loge Národ genau anders herum. Ihre Verflechtung mit dem öffentlichen Geschehen, mit den politischen und gesellschaftlichen Umständen ist mehr als offensichtlich.

„In der fieberhaft zitternden Zeit des ausgehenden Jahres 1914, in der Zeit, wo das tschechische Volk am schwersten unterdrückt wurde und der militärische Absolutismus die oberste Herrschaft über Leben und Seele der Menschen an sich riss, wurde die Idee geboren, in Prag eine tschechische Freimaurerloge zu gründen."[149] Dieser Gedanke wurde im Kopf von František Sís geboren, der sich schon damals an der Tätigkeit der jungtschechischen Widerstandsgruppe unter der Führung von Karel Kramář und Alois Rašín mutig und intensiv beteiligte.[150] Und der aufkeimende freimaurerische Gedanke ließ bei ihm die Inspiration durch Garibaldi nicht verkennen.[151] Sís fasste die Freimaurerei einfach als eine geeignete Plattform für die konspirative Tätigkeit auf. „Die Befreiungsidee trieb uns in den Untergrund, wo wir im revolutionären Schmiedefeuer vertraulich und im Geheimen Pläne, Programme und Taten zur Befreiung unseres Volkes ersannen", erinnert er sich voller Pathos.

Es ist ganz offensichtlich, dass die allgemeine Grundmotivation, Freimaurer zu werden, meilenweit von derjenigen entfernt war, die in der Vorkriegszeit viele dazu bewegte, die Mitgliedschaft in der Bruderkette anzustreben. Diese grundsätzliche Differenz in der Motivation kann man mit einem gewissen Abstand auch bei konkreten einzelnen Persönlichkeiten nachvollziehen. Bei einigen dieser Männer kann es als ziemlich gesichert gelten, dass sie unter normalen Umständen nie Freimaurer geworden wären. Auch in diesem Fall ist jedoch unbedingt notwendig, den Zeitkontext immer mitzudenken – unter anderem dass die Freimaurerei in den Sog der gesamtgesellschaftlichen emotionalen Aufgewühltheit

---

148   SÍS, František: Vznik svobodného zednářství obřadu skotského starého a přijatého v Československu [Die Entstehung der Freimaurerei des Alten und Angenommenen Schottischen Ritus in der Tschechoslowakei], Praha 1936. Sís erlitt jedoch schon vor Jahren einen Schlaganfall und konnte nicht schreiben. Seinen Text diktierte er Emanuel Lešehrad. Vgl. Lešehrads Brief an die Loge Národ vom 3. Dezember 1948, in: Literární archiv PNP [Literaturarchiv des Denkmals des nationalen Schrifttums], Bestand Lešehradeum.

149   Ebd., S. 2.

150   Sís war zweifellos der drittwichtigste Mann dieser Gruppe, die ihre Tätigkeit insbesondere auf Kontakte mit den Vertretern Russlands ausrichtete, bezog aber die anderen Entente-Mächte auch mit ein. Sein in Bulgarien lebender Bruder Vladimír war in der Anfangsphase der wichtigste Verbindungsmann.

151   Die italienische Einigungsbewegung hatte ihre Anhänger auch in den Freimaurerlogen. Eine solche revolutionäre und radikale Stimmung ist für die Freimaurerei allgemein jedoch nicht typisch, denn die Logen sind zur Loyalität ihrem Heimatstaat gegenüber verpflichtet.

gezogen wurde und dass sie erneut eine der vielen Ebenen der gesellschaftlichen Kommunikation bildete, die die allgemeinen politischen Veränderungen widerspiegelte.

Sís selbst bekennt ganz offen, dass bei der Entstehung der tschechischen Freimaurerei für ihn die Freimaurerei als solche erst sekundär war, obwohl seine Weltanschauung mit der Idee der Freiheit, Gleichheit und Brüderlichkeit[152] korrespondierte, und dass die Hauptrolle dabei vielmehr ihre Form spielte – „die durch die Traditionen fast schon legendär garantierte Geheimhaltung der Verhandlungen und der Taten in der Freimaurerei … außerdem hoffte ich, dass die tschechische revolutionäre Loge die Möglichkeit haben wird, in Kontakt mit der internationalen Freimaurerei zu treten, die mit der Sache unserer Befreiung sympathisierte und die tschechische Frage an die Verhandlungsordnung des internationalen freimaurerischen Forums zu bringen."

Seine Idee, die einheimische Widerstandsbewegung in die Farben einer Freimaurerloge zu kleiden und ihr dadurch mehr Verbindlichkeit zu verleihen, vertraute Sís Alois Rašín an. Dieser soll sofort einverstanden gewesen sein – „er wusste gleich meine Gründe aus der praktischen Sicht zu schätzen, denn die Freimaurerloge hätte so eine Art legale Basis für die Versammlungen gebildet und die Untergrundtätigkeit hätte in Form der freimaurerischen Arbeiten erfolgen können … Im Untergrund wäre das philanthropische freimaurerische Programm für das revolutionäre Programm des Befreiungskampfes ausgetauscht worden und nach außen hätte man nur das philanthropische Gesicht zur Schau getragen, das in den Kriegszeiten vielerlei Formen hätte annehmen können." Diese pragmatische Auffassung, angesichts derer den konservativen Anhängern der Königlichen Kunst [153] die Haare zu Berge gestanden haben müssen, stieß bei der praktischen Umsetzung auf ein Problem, nämlich die festgelegten Standards und das übliche Vorgehen bei den freimaurerischen Organisationen. Denn es ist wirklich ein überaus mutiger Plan, wenn einige außerhalb der Freimaurerkette stehende Männer beschließen, eine neue Loge zu gründen. Dessen waren sich sogar die ideellen Väter dieses Plans bewusst.

Daraufhin fragte Rašín bei seinen persönlichen und vertrauten Freunden Jan Třebický und Vincenc Červinka an, was sie, erfahrene Freimaurer, ihm raten würden. Theoretisch sollte man jetzt überrascht sein, dass Rašín, obwohl selbst kein Freimaurer, genau wusste, wer in seinem Umfeld zu den Freimaurern gehört. Die beiden befragten tsche-

---

152   Diesen Leitspruch der Französischen Revolution betrachten auch die Freimaurer als ihr eigen.

153   So wird die Freimaurerei auch bezeichnet.

chischen Freimaurer aus der Loge Hiram rieten von einer Logengründung mittels der bestehenden regulären Freimaurerstrukturen entschieden ab und gaben auch keine Ratschläge, wo die sieben tschechischen Freimaurer zu finden wären, die eine neue Loge gründen könnten. Sie gaben sogar zu bedenken, dass nicht einmal alle Tschechen in Hiram für diese Aufgabe geeignet wären. Man darf auch nicht vergessen, dass diese Sondierung etwa ein halbes Jahr vor der Inhaftierung von Vincenc Červinka stattfand, die auf Grund des in Zusammenarbeit gerade mit Rašín und Kramář verübten Hochverrats erfolgte.

An dieser Stelle begegnen wir zum ersten Mal einem Namen, der einen Meilenstein in der Entstehung dieser Richtung der tschechischen Freimaurerei darstellt – Ugo Dadone. Dadone hielt sich langfristig in Böhmen auf und war, mit Sís eigenen Worten, „inoffiziell im Dienst des italienischen Konsulats in Prag tätig". Dieser italienische Spion, der den tschechischen Kreisen auch nach dem Kriegsende treu blieb, gab František Sís Italienischunterricht. Bei dieser Gelegenheit fragte ihn Sís einmal, da er ja von seiner Zugehörigkeit zu den Freimaurern wusste, ob es möglich wäre, in Prag eine neue Loge durch die Vermittlung der italienischen Freimaurer zu gründen. Mit Hilfe des Konsulats leitete Dadone diese Frage an die Nationale Großloge von Italien weiter und der Weg schien nach einer positiven Antwort offen zu stehen. Ausgewählte Einzelpersönlichkeiten werden Mitglieder der römischen Loge und dann gründen sie zu Hause eine neue Loge. Wie einfach ...

Dadone erhielt Anweisungen aus Rom und Sís begann, mit ihm Einzelheiten zu besprechen. Die Pläne wurden jedoch fürs erste von historisch weltbedeutenden Ereignissen durchkreuzt – Italien erklärte Österreich den Krieg und es war auf einmal nicht ratsam, Kontakte zu Agenten vom Konsulat zu pflegen; bald darauf wurden Kramář, Scheiner, Rašín und Červinka verhaftet. Sís, der damals Sekretär der Jungtschechischen Partei war, blieb nichts anderes übrig als die Fahne der einheimischen Widerstandsbewegung ohne die freimaurerische Verkleidung mittragen zu helfen. Und er tat dies mutig, mit einem beispiellosen organisatorischen Einsatz.

Wir müssen noch für eine Weile die rein freimaurerische Geschichte verlassen und an Sís' Tätigkeit als Herausgeber der Zeitschrift „Národ", die er seit Frühling 1917 ausübte, erinnern. Diese Zeitschrift bildete sich als Plattform für die öffentlichen Amtsträger und für die zur fortschrittlichen, aber nicht-sozialistischen stadtpolitischen Parteilichkeit neigenden Intellektuellen heraus, die mit der loyalen Einstellung der Jungtschechischen Partei zu Wien nicht einverstanden und längerfristig der nationalen Unabhängigkeit nicht abgeneigt waren. Und aus eben diesen Redaktionskreisen rekrutierten sich dann die Gründungsmitglieder einer der stärksten und profiliertesten tschechischen Freimaurerlogen – der Loge Národ. Erneut gewinnt der Name Ugo Dadone an Präsenz, der im Herbst 1918 zum Presseattaché der italienischen Botschaft in Prag ernannt wurde. Sein Engagement ließ ihn die einstigen, mit František Sís ersonnenen Pläne nicht vergessen und er besprach noch vor seiner Abfahrt nach Prag die tschechische Angelegenheit mit der italienischen Freimaurerei des Schottischen Ritus. [154] Die Zeit und die Umstände waren jedoch ganz verändert. Nun war es nicht mehr notwendig, diesen Weg für die Gründung einer tschechischen Loge zu wählen, und außerdem war nicht mehr sicher, ob die einst ausgesuchten Widerständler noch Interesse an der Mitgliedschaft hatten. Denn wenn sie so einen starken Wunsch nach der Zugehörigkeit zur Freimaurerei verspürt hätten, hätten sie es auch zu anderer Zeit und an einem anderen Ort tun können. Was steckte also dahinter? Die Absicht, den italienischen Einfluss in Mitteleuropa zu stärken? Aber in der Geschichte gibt es kein „Wenn" – Dadone brachte schlicht und einfach ein Angebot, oder vielleicht eine Aufforderung, mindestens sieben Männer sollen um die Aufnahme in die Loggia Nationale Or. di Roma ersuchen, er selbst sollte die Bürgschaft übernehmen und war gleichzeitig befugt, die Anträge zu unterschreiben. Gelinde gesagt, es war ein sehr verkürzter Weg zu der Gründung einer neuen Loge. Ein schmerzloser, siegessicherer und – man kann nicht umhin, ihn so zu nennen – wohl auch etwas oberflächlicher Weg.

Die Art und Weise, in der die Dadone eine Reihe von Persönlichkeiten des tschechischen öffentlichen Lebens an die Freimaurerei heranführte, rief bei vielen Freimaurern der Vorkriegszeit noch Jahre später Verachtung hervor. Für besonders problematisch hielten sie vor allem die Tatsache, dass alles praktisch nur auf dem Korrespondenzweg erfolgte und die ganze Prozedur einschließlich der Bürgschaft, Kandidantenüberprüfung und Ballotage so zwangsläufig nur eine reine Formalität war. Auch die Aufnahmezeremonie selbst erfüllte nicht alle Kriterien, obwohl es natürlich auch auf diese Weise möglich ist, zum regulären Freimaurer zu wer-

---

154   Ein bemerkenswertes Zeugnis ist uns von Karel Stloukal erhalten geblieben. In seinem im Archiv des Nationalmuseums aufbewahrten Nachlass befindet sich auch die Handschrift „Aus der Urgeschichte der tschechischen Freimaurerei", wo er sich an die Begegnung mit Dadone im Jahre 1928 erinnert. Weiterhin befindet sich hier auch die Abschrift des Dokumentes, mit dem Dadone 1913 von dem italienischen Obersten Rat beauftragt worden sein soll, „die geschickte und intelligente Tätigkeit auf das Studium der tatsächlichen Situation der in Böhmen und Mähren niedergelassenen Völker konzentrieren, wo sich bekannterweise viele mit dem Gedanken einer Unabhängigkeitsrevolution befassen. Unsere Sympathien für den Freiheitskampf der unterdrückten Völker soll Ihnen bei Ihrer Arbeit als Leitlinie helfen." Die Authentizität dieses Dokumentes scheint mir jedoch nicht ganz gesichert zu sein. Stloukal fügt in seinen Erinnerungen noch hinzu: „Dann erlebte ich in Rom, wie die Faschisten die Freimaurerlogen zerstörten – Dadone zog Faschismus der Freimaurerei vor." Alles im ANM [Archiv des Nationalmuseums], Bestand Karel Stloukal, K. 96, Inv.-Nr. 2013/1-3.

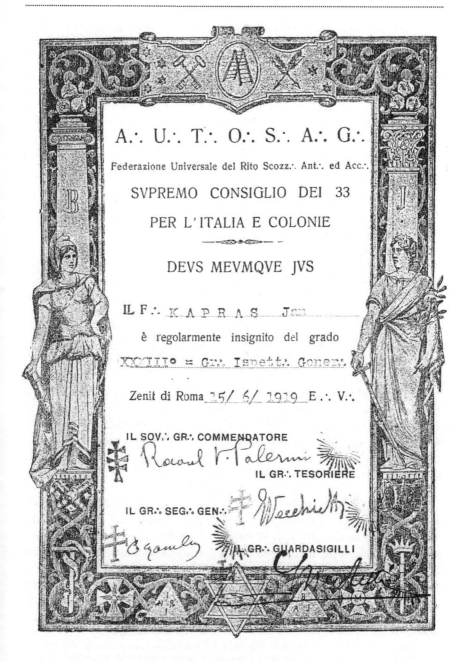

In Rom für Jan Kapras ausgestelltes Freimaurerdiplom

den. Für diese Form der Aufnahme ist die Bezeichnung „in historischer Form" gebräuchlich; die Freimaurer der Vorkriegszeit, die in Pressburg rituell eingeweiht wurden, absolvierten das ganze Ritual, einschließlich des Aufenthaltes und der Kontemplation in der Dunklen Kammer, was für die meisten von ihnen ein großes Erlebnis darstellte, von daher betrachteten sie alle anderen Formen als ungenügend.[155]

Eine schonungslos und ironisch skizzierte Sicht der Entstehung der italienischen Freimaurerei bei uns stammt aus der Feder von Alfréd Baštýř, der vor diesem Hintergrund seine systematische Tätigkeit bei der Aufnahme der tschechischen Mitglieder in die Hiram-Loge hervorzuheben versuchte. „Ansonsten wären die tschechischen Freimaurer in die Werkstatt und in die Kette nach der Manier des bekannten italienischen Journalisten Ugo Dadone eingetreten. Dieser führte neue Mitglieder an die Freimaurerei heran, ohne bei der Aufnahme die Dunkle Kammer zu nutzen. Zuweilen begegnete er jemandem, der ihm sympathisch war oder in dem er einen Mann der Zukunft ahnte, und fragte ihn sogleich: Hätten Sie Interesse, Freimaurer zu werden?"[156] Baštýř verspürte offenbar noch 1932 das Bedürfnis, diesen giftigen Pfeil abzuschießen, obwohl er wusste, dass es sich in der Realität doch etwas anders verhielt und dass auf ebendiesem Wege zahlreiche führende tschechische Persönlichkeiten Freimaurer wurden, die zweifellos zu vollwertigen Mitgliedern des Ordens zählten.

Dadone versicherte Sís, dass der italienische Oberste Rat nur die besten Absichten hegt und nur behilflich bei der Gründung der Freimaurerei des Schottischen Ritus in Böhmen sein will. Dies wurde später in Frage gestellt und die italienische Aktivität als ein Versuch interpretiert, zwischen die tschechischen, französischen und serbischen Freimaurer einen Keil zu schlagen. Auch das freimaurerische Leben widerspiegelte den Machtkampf um den Einfluss in Mitteleuropa nach dem Ersten Weltkrieg.

Zu Weihnachten 1918 sprach Sís also einige seiner Mitarbeiter erneut auf die Idee der Gründung einer Freimaurerloge an, die nun an die Tätigkeit der einheimischen Widerstandsgruppe während des Krieges, die sog. Maffie, und insbesondere an den Redaktionskreis der Zeitung „Národ" anknüpfen sollte. Es handelte sich also um keine Plattform für Konspirationen, sondern nunmehr um ein Memento und vielleicht auch

155   Vgl. beispielsweise die Erinnerung von Viktor Stretti in: Stavba. Sborník zednářských prací, Hledající v temnotách I.-II. (Der Bau. Sammelband freimaurerischer Arbeiten, Suchende in der Finsternis I.-II.), S. 167.

156   Interview s jubilantem. B: Alfred Baštýř - třicet let pěstitelem Královského umění (Interview mit dem Jubilar. B: Alfred Baštýř – dreißig Jahre Pfleger der Königlichen Kunst), in: Svobodný zednář 2 (Zeitschrift Der Freimaurer), VI, 1832, S. 21ff.

um den Versuch, eine diskrete einflussreiche Gruppe innerhalb der Gesellschaft zu bilden, die vor allem durch das gemeinsame Kriegserlebnis und durch die Verdienste um den Staat zusammengehalten wird. „... die Loge wäre die Fortsetzung unseres Kriegsverbands, würde von unserem Kriegsgeist getragen und programmatisch alles unter ihren Schutz stellen, was die nationale Revolution errang."[157] Auch diese Zielsetzung der Nachkriegsfreimaurerei italienischer Prägung scheint jedoch nicht ganz im Einklang mit der allgemein freimaurerischen Botschaft zu stehen.

Sís vertraute seine Absichten neben Rašín auch Přemysl Šámal, der zu der damaligen Zeit das Amt des Prager Bürgermeisters bekleidete, dem Vorsteher des Sokol-Vereins Josef Scheiner und schließlich dem Professor Bohumil Němec an. Rašín war einverstanden und „ähnlich waren auch die anderen meinen Plänen gegenüber positiv eingestellt. Alle erklärten sich bereit, Mitglieder des Freimaurerordens zu werden." Darauf warb Sís auch unter den anderen Mitarbeitern der Redaktion von Národ. Die meisten befanden sich ideell natürlich auf der gleichen Wellenlänge. Denn die tschechische Intelligenz, die zumindest journalistisch oder direkt konspirativ im Rahmen der Maffie-Gruppe an der Konstituierung der tschechischen Unabhängigkeit partizipierte, zeichnete sich durch eine eher laue Beziehung, wenn nicht direkt einen Widerwillen dem Katholizismus gegenüber aus, durch fortschrittliches Denken, Demokratismus sowie den Sinn für die sozialen Reformen und fand die Befriedigung ihrer Wünsche und Sehnsüchte in der demokratischen Republik, in der sich die böhmischen Länder im Herbst 1918 einfanden.

Die grundsätzlichen ideellen Kriterien für die Aufnahme bei den Freimaurern schienen also erfüllt gewesen zu sein. Wieso zögerten sie aber keinen Augenblick? All diese Grundvoraussetzungen ziehen doch nicht zwangsläufig die Mitgliedschaft in einer Organisation nach sich, die zudem in der tschechischen Gesellschaft bis jetzt noch nicht voll positiv etabliert war. Die Gründung der Loge Národ könnte man als eine gemeinschaftliche Aktion jenseits aller Standards bezeichnen, was jedoch die Bedeutung dieser Loge für die Zukunft nicht im Mindesten verringert. Die angesprochenen Männer scheinen die Freimaurerei als eine gewissermaßen „modische" Sache wahrgenommen zu haben, in ihren Augen war es eine aus der zivilisierten Welt kommende Angelegenheit, eine weitere der zahlreichen gesellschaftlichen Organisationen, deren Mitglieder sie waren, ein Beweis der Reife der tschechischen Gesellschaft, die im Rahmen ihrer Emanzipation auch den eigenen Freimaurerkreis schuf.

---

157   SÍS, František: Vznik svobodného zednářství obřadu skotského starého a přijatého v Československu [Die Entstehung der Freimaurerei des Alten und Angenommenen Schottischen Ritus in der Tschechoslowakei], S. 8–9.

Sís betont in seinen Erinnerungen immerzu das staatsbildende und verteidigungsrelevante Moment, das bei der Entstehung der Loge Národ eine entscheidende Rolle gespielt hatte. Bemerkenswert ist auch der Fakt, dass diese Loge ihre spezifischen Merkmale jahrelang beibehielt und oft mit anderen in Streitigkeiten geriet, denn es überwog hier der ideell-politische Geist über dem allgemeinen rein freimaurerischen. „Im Gespräch und in den Besprechungen, wo wir alle Probleme der Freimaurer in der Tschechoslowakei analysierten, wiesen alle Redner übereinstimmend darauf hin, dass es ihrer Meinung nach zwischen unserer Gruppe und den Freimaurern der alten Prager Johannisloge einen so verborgenen wie wesentlichen Unterschied gibt in der Sicht auf die Aufgabe der Freimaurerei in der Tschechoslowakei. Ebenfalls gehen unsere Meinungen über die künftige rituelle Verankerung der tschechoslowakischen Freimaurerei auseinander: im Schottischen Ritus kann die Freimaurerei wirklich tschechisch sein und sich unter tschechischer Leitung entwickeln, dagegen kann die hiesige Freimaurerei im Rahmen des Johannisritus ausschließlich utraquistisch oder triquistisch aufgebaut werden, zusammen mit den Deutschen und Ungarn unter einer gemeinsamen Leitung."[158] In der Redaktion von „Národní listy" und bei Sís zu Hause scheinen heftige Diskussionen geführt worden zu sein, aber gleichzeitig fehlten wohl genaue Informationen darüber, was bei der Bildung der neuen Loge Jan Amos Komenský vor sich geht, trotz der freundschaftlichen Nähe zu Kvapil oder Červinka.

Wer waren also jene Gründungsväter der Loge Národ? Neben den bereits erwähnten führenden Persönlichkeiten des einheimischen Widerstands gehörten zu ihnen noch der Arzt Ladislav Syllaba, die Juristen Jan Kapras und Emil Svoboda, der Dichter Viktor Dyk, der Bildhauer Jindřich Čapek, Ing. Jan Dvořáček, der Beamte und Redakteur Jan Ventura, der Mathematiker František Nušl, Bibliothekar Jan Thon und der Geograf Viktor Dvorský. Ihre späteren Schicksale sowie die Beziehung zur Freimaurerei schlugen ganz eigene Wege ein, aber in diesem Augenblick fühlten sie sich alle gemeinsam berufen, die erste freimaurerische Elite in der neuen Tschechoslowakei zu bilden.

Als Sís die Gründung der Loge Národ vorbereitete, entschied er sich für den Schottischen Ritus. Dies war auch die gewünschte Wahl der einstigen tschechischen Freimaurer aus der Hiram-Loge bei der Entstehung der Loge Jan Amos Komenský, die jedoch anfangs nach dem Johannisritus arbeiteten. Im Gegensatz zu Sís versuchten sie aber nicht öffentlich ihre Gründe für die Entscheidung zu benennen, obwohl es wohl die

---

158   Ebd., S. 9–10.

Alfons Mucha – ein Freimaurer, Portrait von Adolf Wiesner

gleichen waren. Der Johannisritus war vor allem mit der deutschen Freimaurerei verbunden, der Schottische schien weltoffener zu sein, sogar
bis nach Amerika zu reichen. Obwohl weder die Grundidee noch die Rituale groß voneinander abwichen, einen wesentlichen Unterschied gab
es wohl. Die Wahl des Johannisritus hätte nämlich die Notwendigkeit
bedeutet, eine gemeinsame Großloge mit den Deutschen zu haben, was
die tschechischen Freimaurer unbedingt vermeiden wollten. Der Weg
der Selbständigkeit zog insbesondere auf dem Gebiet der internationalen
Anerkennung gewisse Komplikationen nach sich, das schien jedoch kein
grundsätzliches Problem gewesen zu sein, das die Freimaurer-Pioniere
irgendwie belastet hätte.

Im Januar 1919 trat auf Sís' Veranlassung im Sitzungsraum der
Redaktion von „Národní listy" die erste Versammlung ausgewählter
Mitglieder zusammen. Die Gruppe wurde noch um weitere Redaktions-
mitarbeiter ergänzt, nicht minder beachtenswert: der Schriftsteller František Táborský, Josef und Karel Čapek, die Redakteure Karel Hoch und
Vilém Heinz, der Historiker Josef Borovička, der Arzt Eduard Babák, der
Bankier Vilém Pospíšil und andere. Insgesamt handelte es sich also um
einige Dutzend Männer, was angesichts des Charakters der Freimaurerei, die auf die Wahl jedes Einzelnen streng achtet, eine etwas heikle Angelegenheit ist. Andererseits hatten sich alle diese Männer einen Namen
gemacht und sich durch ihren persönlichen Mut und „Verdienste um den
Staat" ausgezeichnet.

Ugo Dadone hielt vor den versammelten Männern einen Vortrag
über die Freimaurerei des Schottischen Ritus, über die bei einer Logengründung zu erfüllenden Bedingungen, über die für den Suchenden anfallenden Pflichten. Jeder musste ein schriftliches Gesuch bei der Loggia
Nazionale Or. di Roma einreichen, das vorgeschriebene Antragsformular
ausfüllen, Fragen zu den Themen Vaterlandspflicht, Menschheitspflicht,
Pflicht gegen sich selbst beantworten, den Schwur und das Versprechen
des Gehorsams dem Obersten Rat vor dem Delegaten ablegen und beides eigenhändig unterschreiben. Sís fragte alle Anwesenden, ob sie Freimaurer werden wollen, und nach einer positiven Antwort bekamen alle
von Dadone die notwendigen Formulare. Dann begann auch für diese
„italienischen" Freimaurer die Wartezeit. Bemerkenswert ist die Tatsache, dass ihr Warten eigentlich vollkommen parallel verlief zu dem der
tschechischen Freimaurer aus der Loge Hiram, die zu der gleichen Zeit
die Stellungnahme aus Paris erhalten sollten. Ja, es waren die ersten
Monate des Jahres 1919.[159]

---

159   Für das Vorbereitungskomitee wurden neben Sís und Dadone noch Němec, Syllaba, Dvorský, Ventura und
Jindřich Čapek ausgesucht. Den Antrag nach Rom unterschrieben Rašín, Šámal und Scheiner.

Im März, also früher als bei der „Konkurrenz", kam endlich der ersehnte Augenblick. Eine Nachricht aus Rom teilte mit, dass alle in den Lehrlingsgrad aufgenommen wurden, außerdem wurden in diesem Fall die vorgeschriebenen Wartefristen für die Beförderung in die weiteren Grade verkürzt, sie erhielten Rituale und Statuten und wurden aufgefordert, in Prag eine reguläre Loge zu gründen. Am 21.März 1919 kamen alle im Nationalklub zusammen. Dadone legte einleitend die Gründe dar, die eine solche unübliche Art und Weise der Aufnahme in die Freimaurerkette ermöglichten. „Die Nationale Großloge ... erteilte durch die Rezeption per procuram eine Ausnahme in dem rituellen Ablauf der Aufnahmehandlung der Suchenden und dispensierte sie von den durch das Rezeptionsritual vorgeschriebenen symbolischen Prüfungen, denn ... sie hält es für erwiesen, dass die Suchenden durch ihre Lebensführung und durch die in der Zeit der Gefahr und des Kampfes um die Freiheit ihres Volkes geleisteten Taten den für die Aufnahme erforderlichen Charakter, Eigenschaften und Grundsätze zu Genüge gezeigt hatten ..."

Eine Woche später wurde eine Loge konstituiert und „Národ" (Nation) benannt. An ihrer Spitze stand František Sís – es hätte ja auch niemand anders werden können –, sein Stellvertreter wurde Bohumil Němec, andere Funktionen hatten Ladislav Syllaba, Emil Svoboda, Viktor Dvorský, Viktor Dyk, Jindřich Čapek, Jan Ventura und Jan Thon inne. Die Installationssitzung fand am 2. April im Nationalklub statt. Diese Zeremonien hätten einem detaillierten und kritischen Blick eines erfahrenen Freimaurers natürlich nicht standhalten können und die Unvollkommenheit in allen formalen Anforderungen, die die Entstehung dieser Loge begleitete, schwächte das Gefühls- sowie das ästhetische Erlebnis der neugebackenen Freimaurer beträchtlich, das zweifellos die Beziehung zur Freimaurerei immer entscheidend mitprägt. Dutzende von absoluten Neulingen hätten ja auch nie in einer so kurzen Zeit ein relativ kompliziertes Ritual beherrschen können, da sie ja auch keine geeignete Ausstattung oder notwendigen Hintergrund zur Verfügung hatten. Man muss sich wohl mit der Feststellung begnügen, dass der Beitritt zur Freimaurerei diesen Männern wohl ein starkes Gefühl der Zusammengehörigkeit vermittelte, das jedoch vielmehr dem zusammenschweißenden Kriegserlebnis zu verdanken war als der Anziehungskraft der Königlichen Kunst mit all ihren Ebenen.

Národ war also eine Loge mit der Zentrale in Rom, so wie die Loge Jan Amos Komenský in Paris ihre Zentrale hatte. Diese beiden Logen entwickelten sich parallel nebeneinander und es war nur die Frage der Zeit, wann sie Kontakte zu knüpfen beginnen und welcher Art diese sein werden, denn ihre Mitglieder gehörten eigentlich zu der gleichen Gruppe.

Es waren Vertreter der neuen tschechischen Gesellschaftselite und atmeten dieselbe junge tschechoslowakische Luft, verkehrten in den gleichen Kaffeehäusern, lasen die gleichen Zeitungen, waren Mitglieder in denselben politischen Parteien, und vor allem – meist kannten sie einander auch persönlich.

Schon 1919 wurden in Prag auch ausländische Freimaurer aktiv, vor allem Italiener und Franzosen, fast durchweg schottische Freimaurer höherer Grade.[160] Sie gründeten sogar eine Kammer der Geheimen Meister des IV. Grades, die offiziell konstituiert wurde und die Aufgabe übertragen bekam, der neu entstandenen tschechischen Freimaurerei mit Rat und Tat zur Seite zu stehen. Mit den Tschechen kamen sie in den Räumlichkeiten des Ausländerklubs in Prag-Žofín zusammen.

Unterdessen erhielt Sís eine Nachricht aus Rom, dass er zum Mitglied des italienischen Obersten Rates gewählt und ihm der Rang des General-Groß-Inspektors des 33. Grades verliehen wurde. Er war jetzt neben Dadone der zweite Delegat in Prag, die anderen wurden zu Meistern erhoben und Sís aufgefordert, geeignete Kandidaten für die höheren Grade, also vom 4. bis zum 33., zu finden und die Vorschläge nach Rom zu schicken. Für die obersten Funktionen sollten fünf Männer delegiert werden und Sís schlug die folgenden vor: Rašín, Šámal, Scheiner, Němec und den Dichter Josef Svatopluk Machar und begründete seine Wahl mit ihrer „Tätigkeit in den Gruppierungen ‚Maffie' und ‚Národ' während der Befreiungsrevolution". Es ist nicht zu übersehen, dass seine Wahl nicht nach den üblichen Kriterien erfolgte – er suchte nicht diejenigen aus, die Funktionen in der neuen Loge innehatten, obwohl man gerade bei denen hätte erwarten können, dass sie sich in den freimaurerischen Angelegenheiten mehr engagieren würden. Und es muss auch hinzugefügt werden, dass alle fünf Männer und eigentlich auch Sís selbst nicht dauerhaft freimaurerisch engagiert blieben.

Die Loge Jan Amos Komenský feierte das Fest der Lichteinbringung am Tag des Hl. Wenzels, die Loge Národ suchte sich für ihre Feierlichkeiten ein noch repräsentativeres Datum aus: den 28. Oktober! Dieses Vorhaben konnte jedoch nie umgesetzt werden. Zum einen hatten die führenden Persönlichkeiten des nationalen Lebens am ersten Jahrestag der Staatsgründung wahrlich andere Sorgen als die Freimaurerei. Die einstigen Maffie-Mitglieder mussten und wollten auch vor allem als Bürger feiern. Zudem kämpfte auch die Loge Národ mit räumlichen Schwierigkeiten und hatte immer noch keinen Tempel. Die Verhandlungen mit dem Maler F. Engelmüller über den Abkauf seines Hauses – eines alten

---

Klostergebäudes – auf Hradschin waren nicht erfolgreich. Schließlich blieb den Freimaurern nichts anderes übrig, als sich am 5. November wieder in dem zu einer Loge umfunktionierten Sitzungssaal des Nationalklubs einzufinden. „Dadone brachte einen auf Papier gemalten Logenteppich und den Meisterhammer. Es wurden Stuhl und Altar eingerichtet und die Sitze richtig platziert."[161] Und man konnte beginnen.[162]

161   SÍS, František: Vznik svobodného zednářství obřadu skotského starého a přijatého v Československu (Die Entstehung der Freimaurerei des Alten und Angenommenen Schottischen Ritus in der Tschechoslowakei), S. 19.

162   Am besten erhalten sind die Materialien zu diesem Zeitabschnitt im Archiv der Großloge der Tschechischen Republik (AVL ČR), wo sich auch die Urkunden zum Mitgliedsregister der Loge Národ befinden, einschließlich der wichtigsten biographischen Angaben. Die Mitgliederkarteien eigentlich aller tschechischen Logen wurden während des Protektorats zerstört. Das bekundet sowohl die freimaurerische Dokumentation als auch die offiziellen Materialien aus der Provenienz des Innenministeriums.
Die Mitgliederliste aus dem Archiv der Großloge der Tschechischen Republik gibt eine etwas andere Zusammensetzung der Gründungsmitglieder der Loge Národ wieder – ergänzt werden können beispielsweise noch diese Namen: Rudolf Germář, Hynek Puc, Cyril Purkyně, Jaroslav Brabec, Gustav Habrman, Kamil Krofta, Václav Hora, Karel Chotek usw. Daraus kann man auf einen noch massenhafteren Charakter der Veranstaltung schließen, als wie sie bei František Sís geschildert wird. Andererseits bestreitet Jan Kapras in seinen Erinnerungen die Beteiligung einiger dieser Männer an der Gründung der Loge Národ. Das Problem besteht darin, dass die Geschichte der ältesten tschechischen Logen, nicht nur der Loge Národ, erst später und auf der Grundlage der Erinnerungen von Zeitzeugen rekonstruiert wurde. Vgl. auch AVL ČR (Archiv der Großloge der Tschechischen Republik), Antonín Vojan - U kolébky I. Národ (An der Wiege der Loge Národ), oder die Erinnerungen von Jan Thon und Ladislav Syllaba im Protokollbuch dieser Loge.
Vojan fügt unter anderem noch hinzu: „An ... František Sís bleibt sein Profanberuf dermaßen haften, dass er unwillkürlich, aber auch ganz absichtlich die Loge in eine ganz andere Richtung führte und dass er mit der geistigen Freimaurerei ... von Anfang an einen stillen Kampf führte." Sís blieb ja immer ein Parteiorganisator und seine Zuneigung zu der Nationaldemokratie war für manche Mitglieder der Loge Národ nur in der ersten Nachkriegszeit akzeptabel. Sein Engagement bei der Organisierung der tschechoslowakischen Freimaurerei ließ ziemlich bald nach, ähnlich wie das Interesse Ugo Dadones. Nach dem Inhalt des Vortrags von Jan Thon: O počátcích lóže Národ (Über die Anfänge der Loge Národ), in: AVL ČR (Archiv der Großloge der Tschechischen Republik).
Syllaba erwähnt in seinen Erinnerungen an die Anfangszeit der Loge Národ gleichwohl, dass „das Logenleben sich zum großen Teil nach den Gewohnheiten der Vereine oder der politischen Parteien richtete." AVL ČR (Archiv der Großloge der Tschechischen Republik), Protokollbuch der Loge Národ, 17. Januar 1930.

Jahre der Konstituierung

Fortsetzung der beiden Linien

Mit der gleichen Geschwindigkeit, die schon ihre Entstehung prägte, wollte sich die Loge Národ vermehren, sollten weitere Logen gegründet werden, um die Bildung einer eigenen Großloge zu ermöglichen. Die Loge Jan Amos Komenský versuchte zwar auch, verstärkt neue Mitglieder anzuwerben, ging dabei jedoch viel konsequenter die freimaurerischen Standardwege.

Noch vor Ende des Jahres 1919 rief Sís die „italienischen" Freimaurer in den Nationalklub in der Celetná-Straße zusammen und erläuterte ihnen die nächste Aufgabe, nämlich die Bildung einer Großloge. Man muss sich natürlich fragen, für wen sie als Dachverband gedacht war, wenn es hier erst einige Dutzend frischgebackene Freimaurer gab, die ihre ersten unsicheren Schritte taten. Wie auch immer, die Großloge wurde ins Leben gerufen, und die führenden Persönlichkeiten des tschechischen öffentlichen Lebens erhielten ein paar Ämter mehr – diesmal im Großen Orient. Zum Großmeister wurde Machar gewählt, unter den anderen Amtsträgern finden sich sowohl uns schon bekannte Namen als auch andere bedeutende Persönlichkeiten, beispielsweise der Architekt Kotěra oder der Sprachwissenschaftler Vlček.[163] So kam es zu der Konstituierung der Großloge.

Die Großloge kam relativ selten zusammen, denn ihre Mitglieder waren voll durch ihren Beruf oder die öffentliche Tätigkeit ausgelastet. Die seltenen Zusammenkünfte fanden dann im Kabinett von Professor Němec im Botanischen Institut statt. Machar wurde insbesondere auf Grund seiner Überparteilichkeit, der persönlichen Beziehung zu Masaryk und des ausgesprochen freimaurerisch anmutenden Geistes einiger seiner Arbeiten gewählt. Machar unterhielt enge Kontakte mit der Bewegung Volná myšlenka (Freier Gedanke) und von hier aus war es zu der Freimaurerei nur ein kleiner Schritt. Es stellte sich jedoch heraus, dass diese Wahl alles andere als glücklich war. Machar wurde nie ein prakti-

---

163   Dieses Ereignis wurde gemäß der Schilderung von Rudolf Germář rekonstruiert: Vznik Národní V. L. Čsl. (Die Entstehung der Nationalen Großloge der Tschechoslowakei), in: Svobodný zednář 5 (Zeitschrift „Der Freimaurer" 5), IX, 1935, S. 100-103.

zierender Freimaurer, an den Tempelarbeiten beteiligte er sich nicht und schon zu Beginn der 20er Jahre lief seine Mitgliedschaft aus. Auch dieses Detail vermittelt uns eine Vorstellung davon, unter welchen Umständen und Kriterien die Freimaurerei nach dem Ersten Weltkrieg entstand. Unmittelbar davor kamen Sís und seine Freunde überein, dass weitere Logen gegründet werden müssen. In etwas ironischem Ton charakterisiert sie wiederum Alfréd Baštýř in seinen Erinnerungen: „Es entstanden mehrere Logen wie die Professorenloge, die sich ausschließlich aus den Universitätsprofessoren zusammensetzte ... Es gab auch eine Journalistenloge, in der sich fast nur Redakteure von Národní listy einfanden. Weiter dann die Loge der Industriellen-Ingenieure oder die Sokol-Loge. Dann die Loge, in der die Sozialisten die Mehrheit bildeten. Diese Logen wurden folgendermaßen benannt: Národ (Nation), Dílo (Werk), Týn (Tein), Dvacátý osmý říjen (Der achtundzwanzigste Oktober) ..."[164] Die Strukturierung der Logen nach Berufen oder Interessen ihrer Mitglieder war auch anderswo ziemlich geläufig, heutzutage vor allem in der angelsächsischen Welt. Aber in dem tschechischen Milieu, wo sowohl die Tradition als auch der notwendige Hintergrund fehlten, ist dieser Versuch gescheitert und war wohl von Anfang an zum Scheitern verurteilt.

Ursprünglich wurde die Gründung folgender Logen beschlossen: die Sokol-Loge Fügner, die künstlerische Loge Týn, Loge Dobrovský für die Wissenschaftler, Šafařík für den Austausch mit den slowakischen Brüdern, Loge Dílo für die Techniker und Industrielle, Loge 28. Oktober als eine überparteiliche Loge, und Purkyně, die die allgemeinen freimaurerischen Ziele verfolgen sollte. Bei näherer Betrachtung wird man sich darüber klar, dass sich die Ereignisse fast überschlagen haben müssen. Anfang November 1919 fand das Fest der Lichteinbringung in die Loge Národ statt, Ende Dezember wurde die Wahl in die Großloge durchgeführt – und irgendwo dazwischen müssen theoretisch alle anderen oben genannten Logen entstanden sein, damit die Großloge ihre Aufgabe als Vereinigung mehrerer Logen und Dachverband überhaupt erfüllen konnte.

Sís berichtet auch darüber, in welcher Weise die Loge Národ erweitert wurde, damit dann die planmäßige Differenzierung erfolgen konnte.

---

164 Interview s jubilantem. B: Alfred Baštýř - třicet let pěstitelem Královského umění [Interview mit dem Jubilar. B: Alfred Baštýř – dreißig Jahre Pfleger der königlichen Kunst, in: Svobodný zednář 2 [Zeitschrift Der Freimaurer], VI, 1932, S. 23. Baštýřs Angaben sind weder in der Auflistung noch in der Charakteristik besonders präzise. Die Rekonstruierung dieser Ereignisse, bei denen er persönlich nicht anwesend war, taucht in der Freimaurerliteratur vermehrt erst gegen Mitte der dreißiger Jahre auf. Er stützt sich ganz offensichtlich auf den Vortrag von Berthold Thein, übernimmt sogar wörtlich ganze Wendungen, in: LA PNP [Literaturarchiv des Denkmals des nationalen Schrifttums], B. Rudolf Jordan Vonka, Handschrift. Wie die tschechische Freimaurerei entstand und sich weiter entwickelte, Was erzählte Dr. B. Thein am 2.XII.1929 in der Loge Pravda vítězí [Wahrheit siegt]. Weiter vgl. ČECHUROVÁ, Jana: Sociální skladba českých zednářů [Die soziale Zusammensetzung der tschechischen Freimaurer], in: Studie k sociálním dějinám 6 [Studien zur Sozialgeschichte], Kutná Hora - Praha - Opava 2001, S. 73-80.

„Bei den Sitzungen der Loge ‚Národ' wiederholten die Brüder (insbesondere die Brüder Syllaba, Emil Svoboda und V. Dvorský) erneut, dass wir
besonders darauf achten sollen, dass niemand zu uns kommt, der sich
in dieser gefährlichen Zeit nicht schon vorher bewährt hätte. Es war ein
schwieriges und heikles Unterfangen, die einzelnen Personen zu beurteilen. Wir stellten eine Liste mit etwa dreihundert Namen zusammen,
letztendlich reduzierten wir diese ziemlich und beschränkten uns nur
noch auf die Mitglieder der Gruppe ‚Národ' und auf die Personen, mit
denen wir bei den Untergrundarbeiten noch vor der Wende in Kontakt
kamen. Bald zeigte sich auch in der Praxis, dass wir langsam und vorsichtig vorgehen müssen, dass man nicht hundert Personen auf einmal
aufnehmen kann, dass man hier nicht einen Verein, sondern eine Organisation besonderer Art konstituierte, deren Gründung mit großer Umsicht
angegangen werden muss."[165]

Irgendwann Mitte November kam es zu einer kollektiven Umver-
teilung der Freimaurer aus der Loge Národ in die neu entstandenen Subjekte. Laut den Aufzeichnungen von Sís wurden bis auf die Loge Purkyně
alle geplanten Logen gegründet. Bei den neuen Logen wurden gleich auch
die Amtsträger gewählt, zum Logenmeister der Loge Fügner wurde der
Bürgermeister der Sokolgemeinde Scheiner, die Forscherloge Dobrovský
wurde von Ladislav Syllaba geleitet, die Loge Šafařík von Jaroslav Vlček,
Týn von Kotěra, an der Spitze der Loge Dílo stand Hynek Puc und der
Loge 28. říjen Jan Ventura. Währenddessen wurden jedoch laufend neue
Mitglieder aufgenommen und weitere kontaktiert und angesprochen. Obgleich sich das Tempo etwas verlangsamte, der Zuwachs an Mitgliedern
war immens.[166]

Die damals herrschende hektische Atmosphäre, in der die tschechische Freimaurerei unter der Leitung von Sís entstand, wird auch in der
persönlichen Korrespondenz festgehalten. 1920 wollten einige der gewählten Funktionäre mit der ordentlichen Ausübung ihrer Ämter beginnen. Damals schickte der Großschriftführer Viktor Dvorský einen Brief
an den Großschatzmeister Jan Kapras, in dem die nachträgliche Suche
nach Unterlagen beschrieben wird, damit die kürzlich stattgefundenen
Ereignisse rekonstruiert und die Mitgliedschaft erfasst werden können.

165   SÍS, František: Vznik svobodného zednářství obřadu skotského starého a přijatého v Československu, II. část
[Die Entstehung der Freimaurerei des Alten und Angenommenen Schottischen Ritus in der Tschechoslowakei, II.
Teil], Praha 1936, S. 3.

166   Durch die Loge Národ gingen bis zum Herbst 1920 fast achtzig Persönlichkeiten. Vgl. ihre Auflistung in:
AVL ČR (Archiv der Großloge der Tschechischen Republik), Zakladatelé lóže Národ [Die Gründer der Loge Národ]
oder das Heft 500. Kus historie, Vzpomínka na průkopníky, I. Národ [500. Stück Geschichte, Erinnerung an die
Wegbereiter, I. Národ], Praha 1937. Auch die Gründung neuer Logen erfolgte in großer Eile, denn es musste alles
erledigt werden, bevor die sich in Prag aufhaltenden Italiener für die Weihnachtsfeiertage nach Hause abreisten.

ORDO AB CHAO

NEJVYŠŠÍ RADA

33ᵀᴱᴴᴼ A POSLEDNÍHO STUPNĚ ŘÁDU ŠKOTSKÉHO STARÉHO A PŘIJATÉHO PRO ČESKOSLOVENSKO.

Briefpapier des Obersten Rates nach einem Entwurf von Alfons Mucha

„Troppau, 20. IV. 1920. Lieber Freund, ich werde die Namen der Befugtesten (aus den ersten zwei Sitzungen ...) erst in Prag nachsehen können, je nachdem, welche unterschriebenen Anmeldungen ich in Prag habe. Aber ich habe sicherlich nicht alle, von denen, die nicht nach R[om] gingen. Habt ihr nicht welche bei S[ís] gefunden? Die italienischen Legitimationen verteilte S[ís] ohne Rücksicht darauf, was er schon nach Rom geschickt hatte. Denn die Legitimationen kamen in bianco. Entscheidend ist die seitlich angebrachte Nummer, die unveränderlich ist. Ob S[ís] nach Rom mitteilte, welche Nummern welchen Namen entsprechen, weiß ich nicht. Man konnte keine gescheite Antwort aus ihm herausbekommen. Wie Sie wissen, wurde zunächst kein Unterschied zwischen den Aufgenommenen gemacht. S[ís] teilte die it[alienischen] Leg[itimationen] so zu, dass in jeder Loge zumindest einige von den it[alienischen] sind ..."[167]

Immer wieder drängt sich jedoch die Frage auf, was wohl die fast schon überstürzte Entwicklung der Freimaurerei in Prag vorangetrieben haben mag. An der tschechischen Seite kann das Streben danach, eine Organisation von nicht bloß regionaler, sondern von Weltbedeutung zu werden, als Beweggrund eine Rolle gespielt haben, die Italiener wollten vielleicht ihren Einfluss stärken. Wo blieb jedoch die Idee der Freimaurerei? Mit einer ähnlichen Geschwindigkeit wurde der provisorische Obers-

---

167   D.h., immer jemand von den ursprünglichen Gründern der Loge Národ, die ihre Legitimationen aus Rom zum 15. Juni 1919 erhalten hatten. ANM [Archiv des Nationalmuseums], Bestand Jan Kapras, K. 108, Inv.-Nr. 5076.

te Rat gebildet. Den Instruktionen aus Rom folgend wurde er am 12. Januar 1920 in Rašíns Büro in der Redaktion von „Národní listy" von den Mitgliedern des 33. Grades konstituiert. Außer dem Kanzler des Präsidenten, Šámal, der sich entschuldigte, waren alle anwesend. Zum Vorsitzenden des Obersten Rates wurde František Sís gewählt und gleichzeitig beauftragt, mit den anderen nationalen freimaurerischen Organisationen über die Anerkennung zu verhandeln. Dadurch legte – zumindest theoretisch – die schottische Freimaurerei unter Sís' Leitung im Laufe des Jahres alle grundlegenden Strukturen der inneren Organisation fest.[168]

Erst jetzt kamen diese Freimaurer näher an den Inhalt und die Form der Freimaurerei heran, erst jetzt wurden Rituale übersetzt und dadurch die Orientierung im Dickicht der Symbolik und Terminologie erleichtert. Erst in diesem Augenblick rückten beispielsweise die standardisierten Freimaurerabkürzungen, Katechismen, die Farben- und Raumsymbolik oder die Bedeutung der einzelnen Grade in den Mittelpunkt des Interesses. Hier ist auch der Grund dafür zu suchen, warum sie immer noch lieber „unter freiem Himmel", nicht zeremoniell, in den Arbeitszimmern und Büros arbeiteten. Man stelle sich nur für einen Moment diese maximal ausgelasteten, gesellschaftlich hyperaktiven Männer vor, wie sie sich in ihren freien Minuten über tschechische Freimaurerterminologie den Kopf zerbrechen oder über die innere Struktur der Freimaurerkette diskutieren ...

Nicht alle harrten aus und nicht alle so eilig gegründeten Logen blieben bestehen. Neben der Loge Národ setzten die Logen 28. říjen und Dílo ihre Tätigkeit fort. Die Loge Dobrovský wurde nach kurzer Zeit wieder mit der Národ-Loge zusammengeschlossen, Šafařík, Fügner und Týn wurden nicht einmal richtig konstituiert. 1950 versuchte Bohumil Biebl für sich selbst und für seine Freunde die Schicksale der Loge Národ zu reflektieren und eine Erklärung dafür zu finden, warum einige der von Sís ausgesuchten, als für die Freimaurerei geeignet befundenen Adepten nicht beständig blieben: „Sie waren wohl von der in Stille verlaufenden Tätigkeit der L. enttäuscht. Wir dürfen nicht vergessen, dass sie vorher in der Widerstandsbewegung Maffie tätig oder politisch engagiert gewesen waren und dann zu der hierzulande immer noch recht wenig bekannten Freimaurerei gewechselt hatten. Als die einzige Gemeinsamkeit

---

168   1921 fand erneut die Wahl sowohl in die Großloge als auch in den Obersten Rat statt. An die Spitze der Großloge trat erneut Machar, sein Stellvertreter wurde Scheiner. Weitere Vorstandsfunktionen hatten Kapras, Habrman, Dvorský, Germář, Rott, Svoboda, Němec, Ventura und Kotěra inne sowie Rašín und Šámal als Vertreter des höchsten 33. Grades. Der Oberste Rat wurde von Ladislav Syllaba (als Großkommandeur) geleitet, sein Stellvertreter war Němec. Die anderen Amtsträger waren Dyk, Dvorský, Kapras, Ventura, Puc, Habrman und Nušl. Man kann also sagen, dass sich die Grundstrukturen der Führung bei den beiden Institutionen deckten. František Sís taucht unter den Namen der Amtsträger nicht auf, da er sich gerade für längere Zeit in Paris aufhielt.

kann wohl insbesondere die Geheimnistuerei gelten – die wohl zu Anfang auf viele eine gewisse Anziehungskraft ausübte. Deshalb ist verständlich, dass einige der Freimaurer hier nicht das fanden, was sie bei der Aufnahme erwartet hatten. Andere wiederum können sich an der rituellen Seite der Freimaurerei gestört haben. Und wieder für andere war die Freimaurerei wohl eine Mode wie jede andere, die kommt und geht."[169]

Im Laufe des Jahres 1920 verzweigte sich die tschechische Freimaurerei sowohl in ihrer italienischen als auch der französischen Richtung. Im Herbst dieses Jahres wurden endlich die Logen Dílo[170] und 28. říjen regulär gegründet. Ähnlich wie im Fall der Loge Národ wurde auch hier die Aufzeichnungen anfangs nicht besonders sorgfältig geführt, und erst 1922 begann man die „Ordnung in den Papieren" zu machen.

An der Wende der Jahre 1919 und 1920 wurde auch die Loge Jan Amos Komenský definitiv konstituiert und ihre Vertreter gewählt. Während die Loge Národ durch die Vermittlung von Sís und Dadone eifrig und ziemlich operativ mit Rom kommunizierte, verliefen die Kontakte der Loge Komenský mit Paris wohl nicht so dynamisch. Die Mitglieder von Komenský waren zweifellos auch innerlich ungleich mehr mit der freimaurerischen Tradition und Standards verbunden, vielleicht auch deshalb war ihr Start viel bedachter und auch langsamer. Noch einige Jahre später beschrieben manche der Mitglieder die damalige Situation so, dass es in der Zeit nur eine einzige Loge gab, nämlich die ihre, womit sie klar zu verstehen gaben, dass sie die Existenz der Loge Národ für diese Zeitperiode nicht einmal rückwirkend für regulär hielten.[171]

Wir können nur aus einigen Andeutungen darauf schließen, dass auch die Komenský-Loge von gewissen inneren Spannungen nicht frei war, wo die reine Freimaurerei mit den Bedürfnissen der Zeit und der

---

169 AVL ČR (Archiv der Großloge der Tschechischen Republik), Protokollbuch, dort die Zeichnung von Bohumil Biebl – Von den erhaltenen Niederschriften der L. Národ.

170 Näher dazu vgl. GERMÁŘ, Rudolf: Vznik a vývoj L. "Dílo" (do konce r. 1933) (Entstehung und Entwicklung der L. „Dílo", bis Ende 1933), in: Svobodný zednář 2 (Zeitschrift Der Freimaurer), X, 1936, S. 24-28. Weiter vgl. ANM (Archiv des Nationalmuseums), Bestand Jan Kapras, K. 35, Inv.-Nr. 1848, Briefwechsel Motyčka, wo sich ein Brief vom 19. November 1922 befindet: „Sehr geehrter Herr Professor! Im Namen der Br[üder] aus der L[oge] 28. říjen und Dílo bitte ich Sie ehrfürchtig, an der gemeinsamen Sitzung der Amtsträger dieser beiden L[ogen] teilzunehmen, die am Mittwoch, den 22. November um 20 Uhr in den Zeremonienräumen auf dem Wenzelsplatz stattfindet. Da es notwendig ist, die Schriftsachen der Freimaurerlogen in Ordnung zu bringen, bitte ich Sie, ggf. alle Urkunden und Briefe dieser Art mitzubringen."

171 Vgl. LA PNP (Literaturarchiv des Denkmals des Nationalen Schrifttums), Bestand Rudolf Jordan Vonka, Handschrift Jak povstalo a jak se vyvíjelo české svobodné zednářství. Co vykládal dr. B. Thein 2.XII.1929 v Lóži Pravda vítězí (Wie die tschechische Freimaurerei entstand und sich weiter entwickelte, Was erzählte Dr. B. Thein am 2.XII.1929 in der Loge Pravda vítězí). Die ersten neuen Mitglieder wurden in die L. Jan Amos Komenský am 29. Februar 1920 aufgenommen, am Tag der Verabschiedung der Tschechoslowakischen Verfassung. Unter den damals aufgenommenen befanden sich beispielsweise der Jurist und Freidenker Theodor Bartošek, der gleichnamige Sohn von František Křížík oder Gustav Schmaus.

Reflexion der gesamtgesellschaftlichen oder nationalen Problematik in Konflikt geriet. Man könnte diesen inneren Widerspruch vielleicht etwas vereinfacht mit der Reihenfolge der Prioritäten oder des Wertesystems in Zusammenhang bringen – ob es nämlich wichtiger ist, ein regulärer und vollkommener Freimaurer zu sein oder vielmehr ein bürgerlich engagierter tschechischer Patriot.

In der Erinnerung von Berthold Thein wird seine grundsätzliche Missbilligung der Tatsache deutlich, dass der Tag der Lichteinbringung in die Loge Komenský gerade der St. Wenzelstag war. Gleich wie bei der Pilsner Loge Dobrovský, die aus dem einstigen deutsch-tschechischen Bruderzirkel hervorgegangen war, wurde dieser Tag, zumindest laut Theins Zeugnis, für die Gründung ausgesucht.[172] Und an eben diesem Tag im Jahre 1920 fasste die Loge Komenský den feierlichen Beschluss, an der Einrichtung der Großloge für die Tschechoslowakische Republik zu arbeiten.[173]

In den Augen der meisten Tschechen, auch der tschechischen Freimaurer, war dieser Tag sicherlich bedeutsam – und seine Wichtigkeit wurde auch nicht gemindert durch die relative Unvereinbarkeit der katholischen Wenzelstradition mit der Tradition der Böhmischen Brüder, der Tradition von Jan Amos Komenský, in der sich die neue Loge verwurzelt sah. „War es den Brüdern bewusst? Oder haben sie aus Unverständnis Wasser mit Feuer zu vereinen versucht?"[174] Ein Tag also, der geeignet zum Feiern schien – jedoch nicht für alle.

172 Zuweilen ist es etwas schwierig, den Gründungstag zu bestimmen, denn die komlexe Prozedur bietet immer mehrere mögliche Meilensteine. Mir persönlich ist keiner untergekommen, den man auf dieses Datum beziehen könnte. Thein scheint mit der Angabe des Entstehungsdatums der Pilsner Dobrovský-Loge (27. September 1920) ganz falsch zu liegen. Aus dem ursprünglichen Pilsner Zirkel Harmonia ging auch die deutsche Loge Ludwig Piette hervor. Die Loge Dobrovský knüpfte direkt an den nach dem Krieg (1922) konstituierten tschechischen Zirkel Sinceritas, der der Loge Komenský eingegliedert und somit von der Mitarbeit mit der deutschen Freimaurerei entbunden wurde. Die einschlägigen Dokumenten dazu vgl. Archiv města Plzně (Archiv der Stadt Pilsen), Bestand Zednářská lóže Josef Dobrovský.

173 Die Freimaurer der Komenský-Loge haben damals nämlich erfahren, dass laut dem Schriftführer der Belgrader Großloge Alexijevič zur Gründung einer tschechoslowakischen Großloge mindestens fünf Logen erforderlich sind, was in absehbarer Zeit zu erreichen außerhalb ihrer Kräfte stand. Deshalb schlug Otakar Baštýř vor, Verhandlungen mit den italienischen aufzunehmen. Mit dieser Aufgabe wurden Třebický, Tichý und Schaniel offiziell betraut. Laut Protokollabschrift dieser Sitzung, in: AVL ČR (Archiv der Großloge der Tschechischen Republik).

174 LA PNP (Literaturarchiv des Denkmals des Nationalen Schrifttums), Bestand Rudolf Jordan Vonka, Handschrift Jak povstalo a jak se vyvíjelo české svobodné zednářství. Co vykládal dr. B. Thein 2.XII.1929 v Lóži Pravda vítězí (Wie die tschechische Freimaurerei entstand und sich weiter entwickelte, Was erzählte Dr. B. Thein am 2.XII.1929 in der Loge Pravda vítězí). Dort befindet sich auch eine bemerkenswerte Reflexion darüber, warum die erste Loge „Komenský" benannt wurde. „Die Brüder haben einen Namen gesucht, der europaweit bekannt wäre und einen ‚guten' Klang besäße. Jan Hus war ein ausgesprochener Ketzer, Komenský wurde als Pazifist angesehen." Im Folgenden weist Thein jedoch darauf hin, dass man in Europa Komenský allgemein nur für einen Mystiker und Schwärmer hielt und sein Name nicht gerade die erwünschtesten Assoziationen hervorrief. „Das erste französische Buch über Komenský wurde erst 1929 geschrieben, und zwar von der Tschechin Dr. Anna Heybergerová aus Jindřichův Hradec, jüdischer Herkunft, die zu den Böhmischen Brüdern konvertiert war."

Kleine pragmatische Schritte aufeinander zu

Die Mitglieder der Loge Národ hatten Kenntnis von der Existenz der tschechischen Freimaurer aus Hiram, die die Loge Jan Amos Komenský gründeten, und in der vorbereitenden Phase der Gründung beteiligten sie sich sogar an den Diskussionen zu der Problematik – bei den Brüdern aus der Komenský-Loge hingegen kann man die gleiche Informiertheit über die aktuellen Entwicklungen der Loge Národ unter Sís' Leitung und die Kommunikation mit den italienischen Strukturen der schottischen Freimaurerei nicht voraussetzen. Ein solcher Eindruck zumindest entsteht beim Lesen der betreffenden zeitgenössischen Zeugnisse. Bei den Überlegungen darüber, ob diese Behauptungen der Realität entsprechen, ist man jedoch nur auf Spekulationen angewiesen. Wir dürfen nämlich nicht vergessen, dass Třebický und Červinka sehr enge Kontakte zu Rašín pflegten, desgleichen Kvapil zu Šámal. Auch in der Komenský-Loge waren doch Männer, die in der Widerstandsgruppe Maffie mitarbeiteten und für die Zeitung Národ schrieben. Diese haben sich später zu der gegebenen Frage nicht geäußert, andererseits waren es sicherlich sie, die als Verbindungsbrücke zwischen den beiden Prager tschechischen freimaurerischen Kommunitäten fungierten.

Rein pragmatisch betrachtet konnte das Ziel, das sich für die beiden Gruppen identisch gestaltete – die Bildung einer vollständigen tschechischsprachigen Freimaurerstruktur in der Tschechoslowakei nämlich – am schnellsten durch eine funktionierende Kommunikation erreicht werden. Die Männer aus der Komenský-Loge hatten Erfahrungen und Kontakte, die Männer aus Národ verfügten wiederum über eine große Mitgliederzahl und andere Kontakte. Über gewisse kleine Schönheitsfehler auf beiden Seiten war es besser hinwegzusehen ...[175]

Laut der von den Redakteuren der Zeitschrift „Svobodný zednář" (Der Freimaurer) im Jahr 1928 aufgestellten Rekonstruktion gab es zwischen den beiden Gruppen anfangs gar keine Kontakte und „man braucht nicht zu verheimlichen, dass da auch gegenseitiges Misstrauen und Vorurteile herrschten. Aus diesem Grund bemühten sich einzelne Brüder aus den beiden Richtungen darum, einander besser kennenzulernen und sich anzunähern. Diese Bemühungen intensivierten sich nach und nach auf beiden Seiten und zum großen Glück der gemeinsamen Sache wurde diese

---

175 Einige Fundamentalisten aus der Loge Národ konnten sich nicht damit abfinden, dass die aus der Hiram-Loge gekommenen Freimaurer in einer gemeinsamen Organisation mit den Deutschen waren und dass ihre nationale Einstellung wohl als eher versöhnlich oder nicht ausgeprägt genug vorausgesetzt werden kann, was mit dem kämpferischen Nationalismus von Sís und seinem Kreis nicht kompatibel war.

Annäherung, ja sogar Verschmelzung zur Realität."[176] So kulant konnte der ganze Prozess erst mit einigem zeitlichen Abstand zusammengefasst werden, zu dem fraglichen Zeitpunkt war es keineswegs so einfach, wie es im Rückblick scheint.

Laut Thein wurden schon kurz nach der Gründung der Loge Komenský gemeinsame Gespräche aufgenommen. Einzelne Männer aus dieser Loge erfuhren nämlich nach und nach, dass in Prag die Loge Národ arbeitet und dass Ugo Dadone gleich fünf Logen gegründet hatte. „Die von ihm ernannten Brüder wurden jedoch nicht eingeweiht, absolvierten nicht den Durchgang durch die Dunkle Kammer, wurden nicht in einer geöffneten Loge zeremoniell aufgenommen."[177] Die Freimaurer aus der Komenský-Loge waren darüber nicht wenig erstaunt, genauso wie über die Tatsache, dass aus Italien die blanko unterschriebenen Legitimationen für neue Mitglieder geschickt wurden. „Nach einiger Zeit begannen einzelne ‚italienische' Brüder in der Loge Komenský zu verkehren, um das Wesen der Tempelarbeit kennenzulernen. Es waren die Professoren Bohumil Němec, Dvorský und Kapras."[178] Dieser Version der Ereignisse zufolge kamen also diese Meister aus der Národ-Loge hierher, um in der Praxis der Freimaurerei unterwiesen zu werden. Sie haben bis dahin keine einzige rituell eingerichtete Loge gesehen, nicht einmal eine solche wie das meisterhaft gestaltete Provisorium in Baštýřs Wohnung. In einem Gespräch verrieten sie dann, dass eine große Zahl an Freimaurern ernannt wurde, und zwar gleich in die höheren Grade, bis hin zu den höchsten.

Einige der Freimaurer aus der Komenský-Loge hielten solche Kontakte für zumindest bedenklich und empfanden wohl die italienischen Freimaurer als Konkurrenz, vielleicht war auch eine gewisse Verachtung mit im Spiel. Natürlich nur im Hinblick auf die freimaurerische Vollkommenheit, nicht auf ihren menschlichen Charakter. Denn für Persönlichkeiten von solchem Format und auch im Hinblick auf ihre bürgerliche Engagiertheit hätte man nie auch nur die geringste Verachtung empfinden können. Man befürchtete nur, Národ und die anderen italienischen Logen könnten im Ausland als zwielichtige Vereine angesehen werden. Diese Sorge erwies sich jedoch als unberechtigt und „die nationalen As-

176   K desátému výročí vzniku českého zednářství [Die původních autentických pramenů) [Zum zehnten Jahrestag der Entstehung der tschechischen Freimaurerei, Nach authentischen Quellen], in: Svobodný zednář 4-5 [Zeitschrift Der Freimaurer], II, 1927-28, S. 50-52.

177   LA PNP [Literaturarchiv des Denkmals des Nationalen Schrifttums], Bestand Rudolf Jordan Vonka, Handschrift Jak povstalo a jak se vyvíjelo české svobodné zednářství. Co vykládal dr. B. Thein 2.XII.1929 v Lóži Pravda vítězí [Wie die tschechische Freimaurerei entstand und sich weiter entwickelte, Was erzählte Dr. B. Thein am 2.XII.1929 in der Loge Pravda vítězí].

178   Ebd.

pekte waren entscheidend für die schnelle Übereinkunft beider Seiten."[179] Ursprünglich dachten die Brüder aus der Komenský-Loge, dass die Freimaurer aus Národ vielleicht nachträglich den Durchgang durch die Dunkle Kammer absolvieren und zu Freimaurern bei einer wirklichen Tempelarbeit werden könnten, wodurch viele formale Probleme entfielen. Diese Lösung wurde jedoch schließlich nicht realisiert.

Die ganze Annäherungsaktion wurde erst 1922 definitiv abgesegnet, als „es endlich gelang, die hartnäckigen Einwände eines der führenden Brüder gegen diese Annäherungsversuche zu überwinden, die aus der Angst um die rituelle Vollkommenheit der tschechoslowakischen Freimaurerei gehegt wurden". Erreicht wurde dies nach einer langen und spannenden Debatte, die sich bis lange in die Nacht hinzog.[180] Schon in dieser Zeit wurde jedoch deutlich, dass auch die Loge Jan Amos Komenský den Weg des Schottischen Ritus einschlagen und wohl auch ihren französischen Orient verlassen würde. Man kann erahnen, dass auch diese Veränderung nicht ganz reibungslos ablief, aber es sind keine Quellen erhalten, die eine eventuelle innere Diskussion belegten. Und wieder ist es Berthold Thein, der unter seinen Zeitgenossen zweifellos Autorität und Respekt genoss und der etliche Jahre später ein indirektes Zeugnis davon ablegt, dass er sich bei weitem nicht mit allen Veränderungen innerlich abgefunden oder identifiziert hat. Wenn sich Thein auf den Ritus-Wechsel bezieht, sagt er: „Paris wurde unter dem vollen Bewusstsein der Brüder in den hohen Ämtern verlassen. Die Gründungsbrüder sehnten sich nach der schottischen Freimaurerei, dem Schottischen Ritus [d.h. er, Thein, sehnte sich nicht]. Denn die schottische Freimaurerei hat die meisten Anhänger (es handelte sich also um einen Grund materialistischer Art). Sie wollten sich gleichzeitig von den deutschen Freimaurern in der Tschechoslowakei abgrenzen ... (es handelte sich also um einen Grund nationalistischer Art)." Die auf diese Weise gebrauchten Worte lassen auf eine gewisse Distanzierung Theins von diesen Stellungnah-

---

179 Ebd. Die offizielle Stellungnahme der Mitglieder der Loge Komenský ist im Tagungsprotokoll vom 1. und 9. Oktober 1921 festgehalten. „Die Loge erklärte ... ausdrücklich, ihre Stellungnahme in dieser Angelegenheit entspringe dem Herzen und Gewissen der Freimaurer-Tschechoslowaken, gründe auf dem Bewusstsein der uneingeschränkten Pflicht, bei der Bildung der tschechoslowakischen Freimaurerei die unverletzlichen Gesetze der Weltfreimaurerei zu respektieren, und arbeite auf das heißersehnte Ziel hin, die spezielle tschechoslowakische Freimaurerei tatkräftig zu fördern ... [Die Loge muss] die Sicherheit haben, dass die neu gegründeten Logen und die entstehende, oder vielleicht schon entstandene freimaurerische Großmacht [Großloge] in jeder Hinsicht richtig gegründet und gebildet wurden." Abschrift des Tagungsprotokolls in: AVL ČR [Archiv der Großloge der Tschechischen Republik].

180 K desátému výročí vzniku českého zednářství [Die původních autentických pramenů) [Zum zehnten Jahrestag der Entstehung der tschechischen Freimaurerei, Nach authentischen Quellen], in: Svobodný zednář 4-5 [Zeitschrift Der Freimaurer], II, 1927-28, S. 51. Es ist die Frage, wer dieser „verbissene" Bruder-Purist war. Vom Kontext her zu schließen, muss es meiner Ansicht nach Alfréd Baštýř oder Berthold Thein gewesen sein.

Alfons Mucha: Bijou der Loge Jan   *Alfons Mucha: Bijou der Loge*
Amos Komenský (Jan Amos Comenius)   *Josef Dobrovský*

men schließen, obgleich er sich selbst an diesem Prozess aktiv beteiligte, wie die Aufzeichnungen belegen.[181]

In dem Protokoll der Tagung zu diesem Thema steht jedoch Folgendes: „Die überwiegende Mehrheit der Freimaurer weltweit arbeitet im Schottischen Ritus, wodurch unseren Brüdern, die sich beispielsweise außer Landes aufhalten, die Möglichkeit gegeben ist, an dem freimaurerischen Werk auch im Ausland zu arbeiten. Es ist auch denjenigen dienlich, die von unserer Regierung mit der ehrenvollen Aufgabe betraut wurden, unsere teure Republik zu vertreten, denn die schottische Freimaurerei schließt sich mit der höheren Politik nicht aus."[182]

Auf dem Weg zum Schottischen Ritus zogen die Freimaurer aus der Komenský-Loge auch die italienische Richtung in Betracht, aber sie erschien ihnen nicht glaubwürdig genug. Aus einem Tagungsprotokoll vom Herbst 1921 geht hervor, dass ihr schriftliches Angebot, das sie mehr als ein Jahr zuvor der Loge Národ überreichten, scheinbar überhaupt nicht beantwortet wurde und dass sie nur auf Informationen vom Hörensagen

181   LA PNP, f. Rudolf Jordan Vonka, rkp. Jak povstalo a jak se vyvíjelo české svobodné zednářství. Co vykládal dr. B. Thein 2.XII.1929 v Lóži Pravda vítězí.

182   Zitiert nach der Protokollabschrift in: AVL ČR (Archiv der Großloge der Tschechischen Republik).

angewiesen waren.[183] Sie mussten auch sehr lange auf die Bestätigung warten, dass die sog. italienischen Logen ganz im Einklang mit den freimaurerischen Vorschriften gegründet worden waren. Einige Berichte lassen vermuten, dass, hätten die Brüder Sicherheit in dieser Angelegenheit gehabt, sie bereit gewesen wären, auch höhere Organisationsstrukturen zu akzeptieren, die sich unter Sís' Leitung herausgebildet hatten.[184]

Es ist jedoch mehr als ein Jahr vergangen und keine offizielle internationale Bestätigung traf in Prag ein, was die Mitglieder der Komenský-Loge in ihrer Überzeugung stärkte, dass „der Bau ... weder in seinen Fundamenten noch in seiner Krone die freimaurerische Vollkommenheit erreicht und daher weiteres Warten wohl vergeblich bleibt".[185] Die Vertreter der italienischen Freimaurerei versuchten, Schritte zu unternehmen oder an den Aktivitäten der Komenský-Loge zu partizipieren, die ihnen die internationale Anerkennung ihrer – insbesondere der höheren – Insitutionen einbringen würde. Davon scheint der Briefwechsel zwischen Jan Kapras und Jan Ventura vom Sommer 1920, also noch aus der Zeit vor dem offiziellen Beschluss der Loge Komenský, zu zeugen. „Lieber Freund", schreibt Ventura. „Am Freitag dieser Woche (20/8) um 1 Uhr nachmittag findet eine Sitzung mit dem Vertreter der serbisch-kroatisch-slowenischen Freimaurer statt, der uns heute mitteilte, dass er kommt, um uns zu helfen, unsere Angelegenheit spätestens bis zum 1. Januar 1921 zum Abschluss zu bringen. Anwesend waren die Vertreter der Loge Komenský und ich. Ich möchte Sie bitten, ganz sicher zu diesem Termin zu erscheinen ... Man sollte ein gewöhliches Mittagessen in dem repräs. Haus im I. Stock reservieren, wohl dort, wo wir das letzte Mal waren. Sicher also ..."[186] Auch diese gemeinsam unternommenen Bemühungen wurden scheinbar nicht vom Erfolg gekrönt, daher mussten sich die wartenden Freimaurern aus der Komenský-Loge, die sich mehr als ihre Kollegen aus der Loge Národ über die Wichtigkeit der aus der Bestätigung der Regularität resultierenden internationalen Anerkennung und des ihnen entgegengebrachten Respekts bewusst waren, wohl oder übel anders orientieren. Die Freimaurer aus der Loge Komenský konsultierten ihre Schritte an mehreren Stellen. Zum einen wandten sie sich an die Internationale Freimaurerische Geschäftsstelle im schweizerischen

---

183 Ebd. Weiterhin wird dort berichtet, dass „großehrwürdiger M: Berth. Thein die diesjährigen Ferien dazu nutzte, um sich erforderliche Informationen zu beschaffen und legt den BrBr∴ MM∴ das Ergebnis seiner Untersuchung vor." Die verdoppelte Abkürzung bedeutet auch in diesem Fall die Mehrzahl.

184 Vgl. ebd.

185 Ebd.

186 ANM (Archiv des Nationalmuseums), Bestand Jan Kapras, K. 45, Inv.-Nr. 2951. Mit dem repräs. Haus ist Obecní dům (Gemeindehaus) gemeint, dessen Räumlichkeiten sehr geeignet für Zusammenkünfte dieser Art waren und häufig auch genutzt wurden. Eine zweite solche „Zufluchtsstätte" war Lucerna.

Neuchatel, zum anderen an den Großen Orient Italiens in Rom, weiter dann an das Schweizerische Großkonzil in Lausanne und das Serbische Großkonzil in Belgrad. Hier haben sie erfahren, dass auch die gründende italienische Großloge von einigen nicht vorbehaltlos akzeptiert und für eine sog. Dissidentenloge gehalten wurde, da sie sich ja von der Grundlinie der italienischen Freimaurerei abgespalten hatte. Sie wurde zwar von den amerikanischen, nicht jedoch von den europäischen Freimaurerstrukturen anerkannt. Das hätte natürlich bedeutet, dass auch die weiteren von ihr gegründeten Logen, auch ohne Rücksicht auf den formalen Ablauf, nicht in Ordnung sein konnten.[187] Die Prager italienischen Freimaurer befanden sich jedoch nicht in einer so tristen Situation, wie es auf den ersten Blick scheinen mag.

Die erste Reise der tschechischen Freimaurer aus der Komenský-Loge nach Lausanne im Februar 1922 verlief nicht ganz ohne Komplikationen, denn in der Zwischenzeit informierte der Oberste Rat von Italien den dortigen Suprême conseil, dass in Prag schottische Freimaurerei regulär existiert. Die Delegation aus Prag, die aus einem Anwalt und zwei Malern bestand – Berthold Thein, Alfons Mucha und Viktor Stretti – sorgte jedoch für eine schnelle Aufklärung und bald darauf wurden diese Männer in die höheren Grade (den 4. und den 30.) erhoben, wodurch „die tschechischen Freimaurer einen Vorteil gegenüber den Freimaurern deutscher Nationalität in der Tschechoslowakei errangen".[188]

Die zweite Reise nach Lausanne, diesmal zum Weltkonvent der Obersten Räte, unternahmen schon die Vertreter beider Richtungen der tschechischen Freimaurerei, aus den Logen Komenský und Národ, gemeinsam. Trotz aller formalen Mängel begegneten die Freimaurer aus Národ auf dem internationalen Feld keinen Problemen, und auch ihre Angehörigkeit, gar auch die Anerkennung ihrer 33 Grade verlief völlig reibungslos. Anders verhielt es sich jedoch mit den von ihnen gegründeten Institutionen. Von den Logen überdauerten nur einige wenige und die Existenz ihrer Großloge oder des provisorischen Obersten Rates konnte man nicht besonders ernst nehmen.

In Lausanne wurde unter dem Patronat des Obersten Rates der Schweiz und des Obersten Rates von Italien im Mai 1922 ein neuer Oberster Rat des 33. Grades für die Tschechoslowakei gegründet, eine Institution, die im Rahmen der nationalen Freimaurerorganisation den Höhepunkt darstellt. Der Konstitutionsakt wurde von Alfons Mucha,

---

187 Zit. nach der Protokollabschrift in: AVL ČR (Archiv der Großloge der Tschechischen Republik).

188 Die deutsche Freimaurerei arbeitete traditionell nur in den ersten drei Graden. Ohne die Besetzung der höheren Grade konnte sie jedoch nicht den Obersten Rat gründen, und in jedem Land durfte es jeweils nur einen Obersten Rat geben. Hierin waren ihnen die Tschechen also zuvorgekommen.

Ladislav Syllaba und Viktor Dvorský unterzeichnet. In der Tschechoslowakei führte dieses Organ dann jahrelang einen Kompetenzkampf mit der kurz darauf gegründeten Großloge, die die Logentätigkeit in praktischen Dingen leitete und über die meisten Befugnisse verfügte. Die Lage stabilisierte sich und die gegenseitigen Beziehungen wurden erst 1934 geregelt, als ein Konkordatsabkommen zwischen dem Obersten Rat des Alten und Angenommenen Schottischen Ritus[189] und der Nationalen Großloge der Tschechoslowakei geschlossen wurde.

Davon abgesehen war die Entstehung des Obersten Rates momentan vor allem deshalb von so großer Bedeutung, weil er das erste für die beiden Richtungen der tschechischen Freimaurerei gemeinsame Organ wurde und gleichzeitig dadurch die Freimaurer-Struktur in der Tschechoslowakei zumindest formal abschloss. Die Einflussverteilung ist auch an der Vergabe der höchsten Ämter ablesbar, wie sie direkt bei den Verhandlungen in Lausanne beschlossen und schriftlich festgehalten wurde. Souveräner Großkommandeur wurde Alfons Mucha, der diese Funktion, die höchste im Rahmen der tschechischen Freimaurerei, bis zum letzten Jahr ihrer Existenz, also bis 1939 bekleidete. Zu seinem Vertreter wurde Ladislav Syllaba gewählt, weitere Amtsträger waren Berthold Thein, Jan Ventura, Viktor Dvorský, Viktor Stretti, Bohumil Němec, Hynek Puc und Jan Kapras.[190] Die Männer aus der Loge Národ waren in der Überzahl, denn sie konnten sich jetzt den durch die „italienische Bescherung" der hohen Grade geschaffenen Vorsprung zunutze machen. Der Oberste Rat

---

189   So lautet die vollständige Bezeichnung des Schottischen Ritus. Das Konkordatsabkommen, unterzeichnet von dem Souveränen Großkommandeur Alfons Mucha und dem Großkanzler Berthold Thein als Vertretern des Obersten Rates sowie dem damaligen Großmeister Prof. Karel Weigner und dem leitenden Mitarbeiter von Legiografie, Großschriftführer František Richter als Vertretern der Großloge, enthielt insgesamt acht Artikel, die im Wesentlichen Folgendes besagten: 1. Beide Institutionen sind voneinander unabhängig, die Großloge ist für die Logen des 1.-3. Grades bestimmt, der Oberste Rat für die des 4.-33. Grades. [Auf die Existenz der Logen für die höheren Grade werde ich später noch zu sprechen kommen.] 2. Der Oberste Rat verzichtet künftig auf das Recht, die Existenz der Logen zu regularisieren und zu genehmigen, dieses Recht steht nur noch der Großloge zu. 3. Mitglieder des Vorstands der Großloge müssen auch immer zwei Vertreter des Obersten Rates sein. 4. Die Großloge muss den Obersten Rat über alle grundsätzlichen Beschlüsse und alle Veränderungen in der Konstitution informieren. 5. Die Mitglieder des Obersten Rates, die Souveränen Generalinspektoren des 33. Grades und die Mitglieder der Logen höherer Grade tragen in den Logen des 1.-3. Grades ihre höheren Abzeichen nur dann, wenn sie die höheren Institutionen vertreten. 6. Die Großloge verpflichtet sich, einen Beitrag zur Erstattung der dem Obersten Rat anfallenden Kosten zu leisten. 7. Dem Obersten Rat und seinen Logen höherer Grade stehen die Räumlichkeiten der Logen des 1.-3. Grades zur Verfügung. 8. Diese Bestimmungen sind Ergänzung der Konstitution. Zit. nach Konkordatsabkommen zwischen dem Obersten Rat des Alten und Angenommenen Schottischen Ritus und der Nationalen Großloge der Tschechoslowakei, in: Svobodný zednář [Zeitschrift Der Freimaurer] 9, 1934, VIII, S. 173-175.

190   Zit. nach GERMÁŘ, Rudolf: Vznik Národní V. L. Čsl. [Die Entstehung der Nationalen Großloge der Tschechoslowakei], in: Svobodný zednář [Zeitschrift Der Freimaurer] 5, IX, 1935, S. 102. Der Oberste Rat verwendete einen sehr schönen Briefkopf nach einem Entwurf von Alfons Mucha. Es sind leider nur wenige Schriftstücke dieser Provenienz erhalten, was für die Institutionen des 4. und der höheren Grade allgemein gilt.

wurde für eine Übergangszeit mit Aufgaben betraut, die ansonsten in den Kompetenzbereich der Großloge gehören. Doch warum plötzlich eine solche Eile? Kaum erholte sich die Komenský-Loge ein bisschen, kaum kam die enge Kooperation mit der Pilsner Loge in Gang, kaum begannen sich die Männer aus den Logen Národ, Dílo und 28. říjen in der komplexen und verwinkelten Theorie und Praxis der Freimaurerei zu orientieren, schon machte man sich an die Bildung eines Obersten Rates. Die Erklärung ist relativ simpel, auch wenn nicht alle Freimaurer der Zwischenkriegszeit damit einverstanden und bereit waren, sie zu akzeptieren. Die Freimaurer-Konferenz in Lausanne legte nämlich fest, dass in jedem Land jeweils nur ein einziger Oberster Rat existieren kann, im Gegensatz zu Großlogen, von denen es mehrere geben kann. Deshalb war es den Tschechen ein so wichtiges Anliegen, schnell höhere Grade zu erreichen, die es bei den deutschen Freimaurern nicht gab und diese somit zeitlich gesehen im Nachteil waren. Bis bei ihnen genug Freimaurer für die Bildung eines Obersten Rates zusammen kamen, nahm der tschechische schon seine Tätigkeit auf. Da kamen natürlich Befürchtungen auf, dass schließlich auch die deutsche Freimaurerei in der Tschechoslowakei unter den tschechischen Einfluss geraten könnte.[191] Aus der historischen Perspektive mutet dies zwar etwas absurd an, aber die damalige Zeit war für eine solche Lösung recht günstig, denn die Kommunikation mit den Freimaurern deutscher Nationalität gestaltete sich nach dem Ersten Weltkrieg auch in Westeuropa nicht gerade lebhaft.

In diesem Punkt herrschte unter den tschechischen Freimaurern kein Einvernehmen. Viele von ihnen bekannten sich stolz zu dieser Deutung, manche wiederum hatten Bedenken, dass aus der „rein freimaurerischen" Sicht die Angelegenheit nicht ganz in Ordnung war. Ein solches ständiges Wetteifern und Überbieten-Wollen, ein unaufhörliches Trachten danach, den anderen zu besiegen, stehen nicht gerade im Einklang mit den allgemeinen Idealen der Freimaurerei. Aus der Loge Komenský war es Alfréd Baštýř, der sich zu einem solchen Siegesdrang stolz bekannte: „Ich machte die Brüder darauf aufmerksam, dass die Deutschen sich um die Bildung des Obersten Rates bemühen würden. Und wenn wir uns nicht beeilen, gelingt es ihnen früher als uns und für uns bleibt der Weg zu einer solchen Institution dann für immer versperrt."[192]

---

191   Vgl. Nachrichten, in: Svobodný zednář 8 [Zeitschrift Der Freimaurer], VIII, 1934, S. 168-171. Dort auch die Nachricht Deutsche Presse o zednářství v Československu [Deutsche Presse über die Freimaurerei in der Tschechoslowakei].

192   Interview s jubilantem. B: Alfred Baštýř - třicet let pěstitelem Královského umění [Interview mit dem Jubilar. B: Alfred Baštýř - dreißig Jahre Pfleger der Königlichen Kunst], in: Svobodný zednář 2, VI, 1932, S. 24.

Dieses zweifellos sehr aufrichtige Gespräch mit Baštýř, der bestrebt war, seine Verdienste um die tschechische Freimaurerei klar herauszustellen, wäre beinahe zu einem Skandal avanciert. Nur wenige Beiträge in der Zeitschrift „Svobodný zednář" (Der Freimaurer) riefen dermaßen heftige negative Reaktionen und Versuche einer Korrektur hervor wie dieses Interview. Diese Kritik betraf auch die Thematik der Entstehung der obersten freimaurerischen Institutionen. „Die Bildung des Obersten Rates für die Tschechoslowakei wurde ... völlig falsch dargestellt, worauf die zuständigen Stellen den Redakteur hingewiesen haben. Der Oberste Rat der Tschechoslowakei entstand nach langandauernden Verhandlungen und wichtigen Vorbereitungen ... Bei der Gründung des Obersten Rates der Tschechoslowakei wurden keine anderen als die freimaurerischen Ziele verfolgt."[193] Trotz dieser Versicherung kann ich mich des Eindrucks nicht erwehren, dass es eher Baštýř war, der den Kern der Sache traf, war der tschechisch-deutsche Wettstreit doch allgegenwärtig, und auch die Freimaurerei bildete hier keine Ausnahme.

Erst nach dem formalen Zusammenschluss der beiden freimaurerischen Richtungen wurden direkte Kontakte zwischen den Logen geknüpft, die sich nach den Verhandlungen von Lausanne plötzlich in einem Boot befanden. Obgleich sie also vor der internationalen freimaurerischen Öffentlichkeit Annerkennung und Erfolg erreichten und gegenüber den deutschen Logen im Lande hätten Genugtuung empfunden haben können, schienen sie den Weg zueinander erst suchen und finden zu müssen. Ich habe das Gefühl, dass diese beiden Richtungen während der ganzen Zwischenkriegszeit doch eine gewisse innere Distanz zueinander empfanden.[194]

Am 21. November 1922 beschloss die Loge Komenský, nach einem energischen Eingriff von Alfons Mucha, ihr Einverständnis zu geben, dass zwei ihrer Mitglieder, nämlich der Freidenker, Redakteur und Beamter der Krankenkasse Julius Myslík und der Bibliothekar und Historiker Josef Volf zusammen mit dem im Pilsner Raum tätigen belgischen Unternehmer Constant Pierre[195] aus der Loge Dobrovský die Tempelar-

---

193   VONKA, Rudolf Jordan: Redakční, in: Svobodný zednář [Zeitschrift Der Freimaurer] 5–6. VI, 1932, S. 94.

194   Man kann darauf aus der Zahl der Besuche und Kontakte zwischen den Logen schließen, aus den gemeinsamen Arbeiten oder der gemeinsam durchgeführten zeremoniellen Aufnahme neuer Mitglieder. Man muss jedoch auch einsehen, dass es logisch ist, wenn sich jeweils die Mutter- und Tochterlogen näher stehen, also hier beispielsweise die Logen Národ und 28. říjen bzw. die Logen Komenský und Dobrovský in Pilsen.

195   Pierre war Unternehmer auf dem Gebiet der Glasherstellung, seine Geschäfte führten ihn nach Böhmen, wo er sich dann schließlich niederließ. 1919 wurde er belgischer Konsul in der Tschechoslowakei mit dem Sitz in Pilsen. Dem Freimaurerorden trat er in Belgien bei, später war er in dem Pilsner Zirkel Harmonie tätig. Pierre wurde Mitglied in der Loge Komenský erst 1934. Im Rahmen der tschechoslowakischen Freimaurerei bekleidete er sehr hohe Ämter, war Stellvertreter des Großmeisters, Vorsitzender der Großen Freimaurerliga für das Jahr 1932 und im Jahr 1934 dann Vorsitzender der höchsten internationalen Freimaurerinstitution AMI. Fragmente seines

beiten der Loge 28. říjen besuchen. Dazu kam es gleich am nächsten Tag. Damals traten zum ersten Mal Vertreter der einstigen französischen Freimaurerei in eine einstige italienische Loge ein. Man muss hinzufügen, dass nur Pierre ein Freimaurer aus der Vorkriegszeit war und die Loge 28. říjen wahrlich nicht die Loge Národ war. Eine nicht unbedeutende Rolle mag hier auch die Tatsache gespielt haben, dass sich in dieser aus Národ hervorgegangenen Loge mehr links orientierte Männer konzentrierten. Man kann sich nicht einbilden, dass die politische Gesinnung, obgleich sie laut der freimaurerischen Konstitution in einer Loge nicht geäußert werden sollte, völlig unwichtig gewesen wäre. Es ist doch gar nicht möglich, seine Ansichten, Sympathien und Antipathien an der Schwelle des „Tempels" abzulegen. Man kann sie vielleicht nur etwas mäßigen und sich in Toleranz üben.

Als also diese drei Männer in den provisorischen Tempel auf dem Wenzelsplatz eintraten, waren sie ziemlich angenehm überrascht, wohl auch durch die Tatsache, wen sie dort vorfanden. Die Tempelarbeit wurde vom Stellvertreter des Prager Bürgermeisters Ludvík Vaněk geleitet, der sie außerordentlich herzlich begrüßte. Für die drei Besucher bedankte sich Julius Myslík, der seine Gefühle folgendermaßen zum Ausdruck brachte: „Vor diesem Besuch verzogen sich die Nebel, die bisher zwischen den beiden Richtungen der tschechoslowakischen Freimaurerei schwebten und jetzt bricht eine neue Zeit an... in der unsere Beziehung dauerhaft und wirklich brüderlich sein wird."[196] Als nächster sprach Josef Volf, der die Bedenken seitens der Inkompatibilität der bisher praktizierten Rituale zu zerstreuen bestrebt war, danach ergriffen das Wort auch noch Pierre und andere. Die Annäherungsbemühungen wurden somit gutgeheißen und bestätigt.

Ende 1922 und zu Beginn des folgenden Jahres begaben sich die Logen Komenský, Pilsner Dobrovský, Národ, 28. říjen und Dílo unter das Patronat des Obersten Rates. Zurr gleichen Zeit wurden die Logen Fügner, Týn und Prager Dobrovský formal aufgelöst. Jetzt musste nur noch eine Großloge regulär gebildet werden. Dies wurde von dem Obersten Rat formal angeordnet und diese Aufforderung wurde am 25. Februar 1923 erfüllt. Dieses Datum ist einer der markantesten Meilensteine in der Entwicklung der tschechoslowakischen Freimaurerei der Zwischenkriegszeit. Als erste Amtsträger wurden gewählt: Jaroslav Kvapil als

---

Nachlasses einschließlich der bemerkenswerten Freimaurerdiplome werden im Archiv der Hauptstadt Prag aufbewahrt.

196   K desátému výročí vzniku českého zednářství [Die původních autentických pramenů] [Zum zehnten Jahrestag der Entstehung der tschechischen Freimaurerei, Nach authentischen Quellen], in: Svobodný zednář [Zeitschrift Der Freimaurer] 4-5, II, 1927-28, S. 52.

Großmeister, der amtierende Großmeister wurde Ladislav Tichý,[197] der Schriftführer Cyril Purkyně,[198] die übrigen Funktionen wurden dann möglichst ausgewogen unter die Mitglieder aller fünf Logen verteilt.[199] Zur Konstituierung der Großloge kam es in den Räumlichkeiten des Tschechoslowakischen Metallverbands in der Tschechischen Bank in der Vodičkova-Straße.

Im Leben der Prager Freimaurer bedeutete dies einen markanten Einschnitt, denn sie beschlossen, einen gemeinsamen würdigen Tempel zu suchen. Das wurde nicht zuletzt auch durch die ökonomische Stärkung ermöglicht, die der Zusammenschluss der beiden Richtungen nach sich zog. Dieses Moment darf keinesfalls als sekundär abgetan werden, denn die materielle Absicherung und das Niveau der jeweiligen freimaurerischen Institution verhalten sich direkt proportional zu der Mitgliederzahl bzw. den Mitgliederbeiträgen. Nun kam die Zeit der Suche nach einer Bleibe, wobei die Räumlichkeiten für den Verein Jan Amos Komenský gemietet werden sollten. An ein eigenes Gebäude war vorerst nicht zu denken. Die Prager Freimaurer besichtigten eine Reihe von Räumlichkeiten – erneut das Engelmüller-Haus auf dem Loretoplatz, die Räume der Redaktion der Zeitschrift „Volná myšlenka", einen Teil des Lucerna-Palais, Palais Auersperg, das Tyrš-Haus und andere, bis sie schließich fanden, was sie suchten. Zumindest zeitweilig. Im Herbst 1923 verließ die Loge Komenský ihr „Asyl" in Baštýřs Wohnung, die Logen Národ und 28. říjen die Räumlichkeiten der Staatswissenschaftlichen Gesellschaft auf dem Wenzelsplatz und die Loge Dílo die des Metallverbands, und mit Hilfe von vermögenderen Freimaurer mieteten und richteten sie den ersten gemeinsamen Tempel ein – in der Husova-Straße Nr. 9.[200]

---

197   Seine freimaurerischen Schriften erschienen unter dem Namen Carol Warski.
Hier eine Übersichtsauflistung der Großmeister: 1923 Jaroslav Kvapil, 1924 Bohumil Němec, 1925 Emil Svoboda, 1926 Ladislav Syllaba, 1930 Ladislav Tichý, 1931 Karel Weigner, 1938 Václav Hora. Daraus ist ersichtlich, dass die Großloge die meiste Zeit von Männern aus der Loge Národ geleitet wurde. Die Auflistung zit. nach dem Begleittext von J. Tvrzský zur Ausstellung zum 10. Jahrestag der erneuerten Tätigkeit der tschechoslowakischen Freimaurerei, die im Jahre 2000 im Palast Clam-Gallas gezeigt wurde. Ich bedanke mich beim Autor sehr herzlich für die Zurverfügungsstellung dieses Textes.

198   Der Enkel von Jan Evangelista Purkyně, Direktor des Staalichen Geologischen Instituts, Professor an der Karlsuniversität sowie an der Tschechischen Technischen Hochschule (ČVUT), Mitglied der Loge Dílo.

199   Unter ihnen befanden sich beispielsweise der Journalist Karel Scheinpflug, der Mitarbeiter der Stadtbücherei, Schriftsteller und Übersetzer Zdeněk Gintl, Berthold Thein, der Direktor des Büros der Firma Ringhoffer in Smíchov Lev Schwarz, der stellvertretende Bürgermeister Ludvík Vaněk, der Direktor der Familienfirma Vladimír Rott, Ing. František Danko, der Bildhauer Jindřich Čapek oder der Bergbauingenieur Ladislav Moučka. Grundsätzlich haben sich bisher in der beruflichen Hinsicht drei Gruppen herausdifferenziert – 1. Künstler, insbesondere Schriftsteller, 2. Beamte und 3. Unternehmer.

200   Detailliert in: GERMÁŘ, Rudolf: Vznik a vývoj L. "Dílo" (do konce r. 1933) [Die Entstehung und Entwicklung der Loge „Dílo", bis Ende 1933], in: Svobodný zednář 2 [Zeitschrift Der Freimaurer], X, 1936, S. 24-28.

Diese eigentlich schon zweite Großloge in Folge trug die offizielle Bezeichnung Nationale Großloge der Tschechoslowakei (Velká Národní Lóže Československá).[201] Ihre Funktion im Rahmen der freimaurerischen Organisation ist mit derjenigen der Regierung vergleichbar, die teilweise auch über die rechtssprechende Gewalt verfügt und sie eventuell delegiert.[202] An der Führung der Loge beteiligt sich weiterhin die Vollversammlung, in der die höchsten Amtsträger gewählt werden und einige der grundsätzlichen Schritte im Rahmen der Freimaurerei beschlossen werden – beispielsweise die Regularisierung problematischer Logen, die Annahme der neuen Verfassung oder die Genehmigung von Veränderungen im Ritual. Der Oberste Rat äußerte sich in der Tschechoslowakei eher zu den grundlegenden ideellen Problemen und die Orientierung der Freimaurerei im Allgemeinen.

Die Lichteinbringung in den Tempel der Nationalen Großloge der Tschechoslowakei wurde am Vorabend des Feiertages, am 27. Oktober 1923, von der Belgrader Großloge Jugoslavia durchgeführt, die erste Vollversammlung fand im Mai 1924 statt. Bis zu diesem Zeitpunkt hatte die Tätigkeit dieser obersten Institution einen bloß provisorischen Charakter,[203] von diesem Moment an wurde die Freimaurer-Struktur in der Tschechoslowakei endlich auf ein solides Fundament gestellt.

---

201   Später wurde bei dem Logennamen die Reihenfolge der Wörter geändert, man bezeichnete sie von nun an Národní Velká (Veliká) Lóže Československá = NVLČ.

202   Jede Loge hat ihr alljährlich gewähltes Gremium, das dann ihre Tätigkeit steuert. Die Funktionen sind gleich wie bei der Nationalen Großloge der Tschechoslowakei.

203   „Vertreter der Großloge werden dieses Jahr nicht gewählt, wir warten ab, bis der Status der Großloge definitiv geregelt ist. Zu diesem Zeitpunkt ist er bloß provisorisch, was zugleich ihre Zusammensetzung erklärt, nämlich jeweils fünf Vertreter aus jeder Loge. Die Gründe für diese vorläufige Bestimmung wurden in der konstituierenden Versammlung der Großloge vorgetragen; als einer dieser Gründe wurde die bisherige kleine Zahl der Logen, in Folge dessen dann die Vollversammlung der Großloge so viele Mitglieder hätte wie der Große Orient [Gremium von Funktionären], was ja nicht möglich ist." So weit Berthold Thein an Josef Volf in einem Schreiben vom 8. September 1923, in: LA PNP [Literaturarchiv des Denkmals des nationalen Schrifttums], Bestand Josef Volf.

Zeit des Wachstums und der Ausbreitung

Ursachen des Wachstums

Die zweite Hälfte der zwanziger Jahre, der Goldenen Zwanziger, wie sie zuweilen genannt werden, war zweifellos die glücklichste Phase der Zwischenkriegszeit. Den durch Instabilität, Radikalismus und kriegsbedingten Wirtschaftsverfall gezeichneten Nachkriegsjahren folgte eine Periode der Prosperität und des Wachstums wohl in allen Indikatoren der gesellschaftlichen Entwicklung, von der Politik und Wirtschaft bis hin zu Wissenschaft und Kultur. Es blühte auch das Vereinsleben, das in vielerlei Hinsicht von der Wirtschaftslage und Entwicklungsstufe der Demokratie abhing.

Mit der Gründung der neuen Universitäten in Brünn und Pressburg entstanden nicht nur neue Zentren der tschechischen bzw. slowakischen Wissenschaft, sondern eine Plattform für den intellektuellen Austausch auch außerhalb von Prag. In dem unabhängigen Staat wuchs die Bedeutung einiger Städte mit neu entstandenen Behörden und den darin beschäftigten Beamten. Das wirtschaftliche Wachstum verhalf zahlreichen tschechischen Unternehmern, Geschäftsleuten und Bankiers zum Aufstieg. Die tschechische Elite wurde stärker und präsenter. Dies alles sind Momente, die sich auch in der Entwicklung der tschechischen Freimaurerei widerspiegeln.

Gleichzeitig darf man auch nicht übersehen, dass sich die Freimaurerei nach der Anfangsphase der Suche unter den anderen elitären Herrenvereinen in der Tschechoslowakei fest etablierte und auch in die internationalen Strukturen überzeugend fügte. Da sie ja ihren festen Platz in der Gesellschaft einnahm, wuchs die Mitgliederzahl, zwar nicht so rapide wie in der ersten Zeit des Bestehens der Loge Národ, aber der Anstieg war doch merklich. Schon an dieser Stelle muss jedoch betont werden, dass es den tschechischen bzw. slowakischen Logen nie gelang, den zahlenmäßigen Vorsprung der deutschen und ungarischen Logen in der Tschechoslowakei wettzumachen. Diese übertrafen sie an Mitgliederzahl, Ausstattung und Etabliertheit der Tempel und nicht zuletzt auch dank des Umstands, dass es Freimaurerlogen – überspitzt formuliert – in jeder größeren Grenzstadt gab.[204] Bemerkenswert ist gleichwohl die Tatsache, dass auch so ein Land wie die Slowakei, die ansonsten als ein eher rückständiges Gebiet bezeichnet werden durfte, freimaurerisch hochentwickelt war. Die ungarische Toleranz gegenüber der Freimaurerei hinterließ hier dauerhafte Spuren in Gestalt von zahlreichen Logen und reicher Tradition. Wichtig ist jedoch zu erwähnen, dass die ethnischen Slowaken gar nicht oder nur am Rande mit diesem Phänomen in Zusammenhang gebracht werden können, sondern dass es sich fast ausschließlich um Ungarn, Deutsche oder Juden handelte.

Nur zur Veranschaulichung möchte ich hier einige Zahlen von 1929 anführen, die einen sinnvollen Vergleich ermöglichen, in diesem Fall den mitteleuropäischen Rahmen der Freimaurerei:

Land	Einwohner	Logen	Zirkel	Mitglieder
Polen	28.170.000	11	?	?
Deutschland	59.600.000	825	134	80.185
Rumänien	16.260.000	22	300	*teilweise Angaben*
Königreich der Serben, Kroaten und Slowenen (Jugoslawisches Königreich)	14.260.000	17	900	
Tschechoslowakei	13.611.000	29	2	1.553
Ungarn	7.646.000	82	11	6.124
				Verband von der Regierung aufgelöst
Österreich	6.450.000	21		1.600

Dem Jahrbuch der Internationalen Freimaurerischen Vereinigung (Association Maçonnique Internationale, AMI) kann man entnehmen, dass die Freimaurerei in 22 europäischen Ländern existierte, von denen die Tschechoslowakei im Hinblick auf die Einwohnerzahl den zehnten Rang, im Hinblick auf die Logenzahl den zwölften und auf die Zahl der Mitglieder den siebzehnten Rang einnahm. Würde man diesen Vergleich streng als eine Prestigeangelegenheit betrachten, muss man einräumen, dass die Tschechoslowakei dabei nicht gerade gut abschnitt. Noch un-

---

204   Beispielsweise Neusohl, Brünn, Brüx, Gablonz an der Neiße, Karlsbad, Kaschau, Lizenz, Marienbad, Olmütz, Pilsen, Eperies, Reichenberg, Saaz, Teplitz, Pressburg (2), Prag (3) usw. Daran gemessen müsste es wirklich in jeder etwas größeren Stadt eine tschechische Loge geben. Die Mitgliederzahlen wurden sehr genau verfolgt, verglichen und auf die Einwohnerzahl umgerechnet. Glaubwürdige Zahlen bringt Ende der 20er Jahre LENNHOFF, Eugen: Die Freimaurer, Wien-München 1981 [1. Aufl. 1929]. In Svobodný zednář [Zeitschrift Der Freimaurer] 1-2, III, 1929, S. 9-10 wurde eine Freimaurerstatistik abgedruckt, übernommen aus dem Jahrbuch der Internationalen Freimaurerischen Vereinigung (Association Maçonnique Internationale, AMI). Davon nur einige Zahlen zur Veranschaulichung im Haupttext.

erfreulicher wird das Ergebnis dann, wenn man die Bevölkerung des Landes in einzelne Nationalitätengruppen unterteilt. Und zieht man nur Tschechen und Slowaken in Betracht, dann wird im Hinblick auf die Zahl der Logen im Jahr 1929 (10) aus dem zwölften gleich der zwanzigste Platz von zweiundzwanzig und im Hinblick auf die Mitgliederzahl (etwa 500) ist die Platzierung nur um ein Treppchen besser. Weiterhin ermittelte man, auf wie viele Einwohner ein Freimaurer kommt, und stellte zahlreiche andere Rechnungen an: „Nimmt man als Grundlage die Zahl der deutschen Logen [in der Tschechoslowakei] mit der prozentualen Auflistung einzelner Nationalitäten, dann sollten es 42 tschechische Logen

Sitz der Pressburger (Bratislaver) Loge Ján Kollár

und 2400 tschechische Freimaurer sein." Dem war jedoch nicht so. Auf die mehr als drei Millionen Personen zählende deutsche und ungarische Minderheit kamen von der Gesamtzahl der Freimaurer etwa 1000 und auf die zehn Millionen Tschechen und Slowaken die restlichen 500. Die Gründe für dieses Missverhältnis waren offensichtlich. Die Tschechen lagen im Rückstand, weil sie ja erst vor zehn Jahren die eigenen freimaurerischen Strukturen aufzubauen begannen, dagegen hatten die Deutschen und noch viel mehr die Ungarn einen zeitlichen, organisatorischen und personellen Vorsprung. Der zweite Grund war wohl die Tatsache, dass die Personen, die als Freimaurer in Frage kamen, die ersten zehn Jahre „von der Organisation des Staates absorbiert" waren, zumindest laut der Ansicht des Autors, der seinen Artikel wie folgt abschließt: „500 Personen sind wenig. Wir neigen zum Sektierertum, zur gewissen Exklusivität und Geheimnistuerei und befürchten, dass das Niveau sinken könnte ..."

Der Wunsch nach Erweiterung der Freimaurerkette war oft Gegenstand interner Diskussionen. Als besonders problematisch wurde der potentielle rasche Anstieg der Mitgliederzahl in der so massenhaft entstandenen Loge Národ empfunden. Diese Loge wurde in einem Guss gebildet, entstand nicht organisch auf der Grundlage der ineinander wachsenden und sich abwechselnden Generationen, der von einer Hand in die andere übergebenen Fackel der Kontinuität, aber die hohe Meinung ihrer Mitglieder von sich selbst schien das unangetastet gelassen zu haben. Es handelte sich ja um die tschechische intellektuelle Elite – der Literaten, Ärzte und Juristen. Darüber hinaus war die verschlossene Haltung der Loge Národ den anderen Logen gegenüber für die freimaurerischen Verhältnisse auch ziemlich untypisch. Man kann sich die Diskussion in groben Zügen an Hand der Protokolle der Sitzung vorstellen[205], die einberufen wurde, nachdem man den Hinweis bekommen hatte, dass die anderen Logen intensiv ihre Reihen erweiterten. Daraus hätte man wohl schlussfolgern sollen, dass auch die bei der eigenen Loge eingegangenen Anträge auf Mitgliedschaft schneller bearbeitet werden müssen. Dafür sprachen sich zwar alle Mitglieder aus, gleichzeitig bekräftigten sie sich jedoch gegenseitig in der Meinung, dass die Grundsätze unbedingt befolgt und einzelne Anträge gründlich überprüft werden müssen, weil die Loge Národ nicht ihre „herausragende Position" einbüßen dürfe, sprich ihren Elite-Charakter beibehalten müsse. Offenbar wurde wenig Lust verspürt, Neulinge aufzunehmen. Die Loge muss nicht um jeden Preis größer werden, so das Resultat der Sitzung.

---

205   Vgl. AVL ČR [Archiv der Großloge der Tschechischen Republik], Buch der Arbeiten der Loge Národ, Eintrag vom 8. Februar 1929.

Beim Anstieg der Mitgliederzahl handelte es sich nicht bloß um eine Prestigesache.[206] Von der Mitgliederzahl hing die wirtschaftliche Kraft der Organisation ab, die wiederum andere Tätigkeiten in verschiedenem Maße ermöglichte, von der optimalen Einrichtung der Loge bis hin zu den vielfältigsten philanthropischen Aktivitäten sowohl außerhalb als auch innerhalb des Ordens. Gleichzeitig berechtigte die Mitgliederstärke zur Kandidatur für diverse Ämter oder Vertretungen im Rahmen der internationalen Freimaurerorganisationen oder war dem zumindest sehr förderlich. Deshalb begannen die tschechischen Freimaurer schließlich doch, geeignete Personen gezielt zu suchen und Orte bzw. Städte auszuwählen, wo weitere Logen gebildet werden sollten. Trotz beträchtlicher Bemühungen ist es jedoch nie gelungen, den deutschen Vorsprung aufzuholen.

Wohin die Schößlinge der tschechoslowakischen Freimaurerei trieben

Über die Entstehung und Tätigkeit der Logen kann man sich an Hand der verschiedenen Quellentypen eine Vorstellung machen. Leider haben sich für die Zwischenkriegszeit nicht sehr viele authentische Dokumente erhalten, da sie entweder zerstört oder während des Krieges so gut versteckt worden waren, dass sie nach dem Kriegsende nie mehr gefunden werden konnten.[207] Am besten erhalten ist das Archiv der Loge Národ. Diese Arbeit setzt sich jedoch nicht zum Ziel, die Schicksale der einzelnen Logen eingehend zu schildern. Deshalb versuche ich an dieser Stelle lediglich die Gründe und die Richtung der „Expansion" der tschechischen Freimaurerei skizzenhaft anzudeuten und ihre Ursachen zu typologisieren.

Die Freimaurer-Kette kann im Prinzip auf zweierlei Art und Weise wachsen – 1. neue Mitglieder aufnehmen und bei deren ausreichender Anzahl neue Logen bilden, wobei der Grund oder unmittelbare Impuls der Entstehung auch eine rein subjektive Dimension besitzen kann, 2. schon bestehende Organisationen legalisieren, d.h. anerkennen und in die Kette eingliedern, die bis dato als nicht-regulär galten. In den dreißiger Jahren kamen diese beiden Varianten gleichermaßen verstärkt zum Tragen, in den Zwanzigern war der zweite Modus noch völlig undenkbar.

Auf Grund der Spärlichkeit von Archivquellen muss man sich bei der Informationssuche notgedrungen auf die gedruckten Materialien konzen-

---

206   Vgl. ebd., Eintrag vom 19. September 1930.

207   Die meisten Informationen über die Schicksale der Logenarchive finden sich in: AMP (Archiv der Hauptstadt Prag), Bestand Národní Veliká Lože Československá (Nationale Großloge der Tschechoslowakei), dort in einigen Fällen eine detaillierte Rekapitulation der Nachkriegszeit, darüber hinaus dann interessante Schilderungen der Schicksale nicht nur der Prager Freimaurerarchive und –sammlungen, sondern auch der mährischen Logen.

Der Belgier Constant Pierre, ein führender Vertreter der tschechoslowakischen Freimaurerei

trieren. Sehr hilfreich ist dabei das offizielle Organ der tschechoslowakischen Freimaurerei – die Zeitschrift „Der Freimaurer", die regelmäßig nicht nur über die Entstehung neuer Logen, sondern auch zunächst relativ detailliert, später in etwas typisierter Form, über die Tätigkeit der jeweiligen Logen informierte. Darüber hinaus veröffentlichten einige Logen entweder im Rahmen der Zeitschrift oder als eigenständige Publikationen die eigene Geschichte, die jeweils von einem ihrer Mitglieder meistens zum Anlass eines bestimmten Jahrestages verfasst wurde.

Die Grundlage der tschechischen und slowakischen Freimaurerei bildeten also zwei (Jan Amos Komenský und Národ), später vier Prager Logen (zu den zwei oben genannten kamen noch 28. říjen und Dílo), seit 1922 dann noch die Pilsner Loge Josef Dobrovský. Diese Institutionen waren der Ausgangspunkt für weitere Expansion sowohl direkt vor Ort als auch in entfernteren Regionen. Die Vorstufe zur Logenbildung war, insbesondere außerhalb Prags, die Gründung eines sog. Zirkels, dessen in einer Stadt lebende Mitglieder einer schon bestehenden Loge angehörten, die aber meistens zu wenige waren, um eine eigene Loge gründen zu können. Deshalb kamen sie in einem Zirkel zusammen, und weiterhin fuhren sie (obwohl vielleicht nicht so häufig) zur Tempelarbeit in die Mutterloge. Auf diesem Wege sind die meisten Logen außerhalb Prags entstanden.

Auch die Gruppe der Pilsner Freimaurer tschechischer Nationalität, die ihre ursprüngliche Vereinigung – auch Zirkel – Humanitas verlassen hatte, gründete zunächst den Zirkel Sinceritas und war gleichzeitig Mitglieder der Prager Loge Komenský. Das geschah jedoch noch vor der Entstehung der Großloge. Die weitere Differenzierung der tschechischen Freimaurerei verlief wie folgt:

Jahr	Loge	Orient
1925	Ján Kollár	Pressburg
1925-26	Pavel Josef Šafařík	Kaschau
1926	Bernard Bolzano	Prag
1926	Cestou světla	Brünn
1928	Pravda vítězí	Prag
1929-30	Sibi et posteris	Prag
1932	Lafayette na třech rovinách	Olmütz
1934-35	Lux in tenebris	Mährisch Ostrau
1934	Vatra	Neusohl
1935	Iskra	Pleissnitz
1935	Centrum securitatis	Ungwar
1936	Bratrství	Pilsen

Jahr	Zirkel	Orient
1933	Ján Milec	Sillein
1934	Kalich	Tabor
1935	Petr Chelčický	Budweis
1935	Oreb	Königgrätz

Daneben waren in dieser Zeit Logen entstanden, die damals außerhalb des Rahmens der Nationalen Großloge der Tschechoslowakei gestanden hatten, in den 30er Jahren jedoch in ihren Verband eingegliedert wurden.

Jahr	Loge	Orient
1925 (1935 eingegl.)	Most	Prag
1927 (1937)	Pravda a svornost u vycházejícího slunce	Prag
1927 (1935)	Harmonia u pravdy a vernosti	Pressburg
1930 (1935)	Most	Pressburg
1930 (1935)	Comenius	Kaschau
1931 (1936)	Dílna lidskosti	Prag
1933 (1935)	Baruch Spinoza	Prag[208]

208 Diese Auflistung orientiert sich an dem Einleitungstext von J. Tvrzský zur Ausstellung, die zum zehnten Jahrestag der Wiederaufnahme der Tätigkeit der tschechoslowakischen Freimaurerei (2000) im Palais Clam-Gallas gezeigt wurde. Ähnliche Überblicksaufstellungen finden sich ansonsten in rekapitulierenden Aufsätzen in der Zeitschrift „Svobodný zednář" (Der Freimaurer) oder im Werk von Emanuel Lešehrad, insbesondere in seinem Buch „Svobodné zednářství v Československu po převratu" (Die Freimaurerei in der Tschechoslowakei nach der Wende), Praha 1935.

Neben diesen Logen gab es noch drei für die Hochgrade – für den
4. Grad die Lóže Dokonalosti Vyšehrad, für den 18. das Souveräne Kapitel Tábor und für den 30. Grad den Erhabenen Areopag Mistr Jan Hus.
Diese Organisationsstruktur hängt also unmittelbar mit der tschechoslowakischen Freimaurerei des Schottischen Ritus zusammen. Die oben
angeführte Liste mag beeindruckend lang erscheinen, dabei darf man
jedoch nicht vergessen, dass es sich hierbei lediglich um einen Bruchteil
aller ähnlichen Institutionen handelt, die in der Tschechoslowakei in der
Zwischenkriegszeit tätig waren. Fühlte sich jemand zur Freimaurerei oder
einem anderen Typ der geheimen, romantisch angehauchten Zusammenkünfte hingezogen, die zumindest ein wenig mit philanthropischer Tätigkeit verbunden waren, konnte er auch die deutsche oder vielmehr deutsch-
ungarische Kette wählen, konnte Mitglied werden im Rotary Club, im
Orden vom hl. Gral, im Odd Fellow-Orden, konnte Druide werden oder
Martinist, konnte dem Silbernen Kreis beitreten oder, wenn er Jude war,
dem Orden B°nai B°rith, konnte die gemischte Freimaurerei wählen, die
auch für Frauen offen stand, kurz und gut, man hatte unerschöpfliche
Möglichkeiten zur Auswahl, von denen jedoch nur einige wenige mit der
Nationalen Großloge der Tschechoslowakei kompatibel waren. Die tschechische intellektuelle und zum Teil auch die wirtschaftliche Elite fühlte
sich am stärksten von der Freimaurerei angesprochen. Auch das kann
einer der Gründe für den rapiden Anstieg der Logenanzahl gewesen sein.

Um die Differenzierung der Freimaurerei präzise nachvollziehen zu
können, muss man sich klar darüber werden, welche die Mutterlogen
waren, denn jede neue Loge wird von einer bereits bestehenden „geboren". Von den slowakischen Logen zunächst mal abgesehen, deren Entstehungsgeschichte doch etwas anders verlief, kann man feststellen, dass
die Brünner Loge Cestou světla aus der Loge Národ hervorging, die Loge
Bernard Bolzano aus der L. 28. říjen, L. Pravda vítězí aus der L. Jan Amos
Komenský und aus der L. Dílo dann die L. Sibi et posteris, deren Mitglieder sich jedoch größtenteils auch aus der Loge Jan Amos Komenský rekrutierten. Die Olmützer und die Ostrauer Loge entwickelten sich auf der
Grundlage der Brünner Loge, die neueren slowakischen Logen gingen aus
den dortigen bereits bestehenden hervor. Die Zirkel waren wie folgt anei-
nander gebunden: Ján Milec an Ján Kollár, Oreb an Komenský, Chelčický
an Dobrovský und Kalich an die Loge Pravda vítězí.

Auch innerhalb dieser linearen Entwicklung kann man zwei grundsätzliche Trends nachvollziehen. Zum einen ist es der geplante Ausbau
in den Regionen, wo das klassische Expansionsschema insbesondere in
Mähren und teilweise auch in der Slowakei erfüllt wurde. Erstaunli-
cherweise hatte die Freimaurerei der Zwischenkriegszeit in dieser Hin-

sicht gerade im „säkularisierten" Böhmen mit den meisten Problemen zu kämpfen. Hier gelang es nicht, ein ausreichend breites Netz an Logen zu bilden, denn das Prager Zentrum zog alles an sich. Man bedenke, dass trotz intensiver Bemühungen nirgendwo außerhalb Prags – mit Ausnahme von Pilsen, wo es sich jedoch um eine ältere Angelegenheit handelte – weitere Logen entstanden. Die Mitte der 30er Jahre gegründeten Zirkel waren nur ein dürftiger Ersatz.

Die zweite Tendenz machte sich dort bemerkbar, wo weitere Logen am selben Ort entstanden: also in Prag und in Pilsen. Hinter dieser Multiplizierung ahnt man mehr als nur die „Überfüllung" der jeweiligen Logen, oft ging es vielmehr um Meinungsdifferenzen, den generationen- oder ideell bedingten Wunsch nach Verselbstständigung, um die Durchsetzung bestimmter eigener Vorstellungen. Es ist interessant zu beobachten, wer die Mutterloge verlässt und wer bleibt. Leider werden die Umstände in der offiziellen Freimaurerpresse nie erwähnt, sogar die Verhandlungen gewisser Probleme in den Logen werden in den Protokollen in dermaßen kulanten Formulierungen festgehalten, dass sie für den späteren Leser beinahe keinen Aussagewert besitzen. Nur in persönlichen Briefwechseln, oft erst in rückblickender Reflexion nach dem Zweiten Weltkrieg, findet man zuweilen Stellen, wo plötzlich blitzartig ein Konflikt aufleuchtet, der durch die diskrete freimaurerische Ausdrucksweise in der schriftlichen Kommunikation gänzlich verschleiert blieb.

Die Entstehung einer neuen Loge war eine formal relativ komplizierte und in den Regionen auch langfristige Angelegenheit. Neben dem amtlichen Vorgang begleitete den Entstehungsprozess auch ein gewisses Ritual, das aus der Teilnahme am Fest der Lichteinbringung, Höflichkeitsbesuchen sowie den an die neue Loge übergebenen Geschenken bestand. War ihre Gründung nicht umstritten, wie im Falle einiger mährischer und slowakischer Logen, vereinbarten die Prager Logen untereinander, was sie der neuen Schwester als Patengeschenk mit auf den Weg gaben. Meistens waren es Teile der Logeneinrichtung – Bijous, Attribute des Meisters oder anderer Amtsträger, ggf. Teile der rituellen Verzierung der Loge.

An Hand der Informationen aus der Zeitschrift „Der Freimaurer" können wir zumindest bei einigen Logen den Anstieg der Mitgliederzahl, die Vortragsthemen, den Umfang der Tätigkeit rekonstruieren. Die Tätigkeit der einzelnen Logen ist zudem in den von der Großloge herausgegebenen Kalendern der Logenarbeiten festgehalten. Weiterhin werden wir über die Kontakte informiert, die die Loge sowohl im Rahmen der Freimaurer-Kette als auch außerhalb dieser unterhielt, über die prominenten Gäste sowie über die von den Mitgliedern unternommenen Reisen, auch bei der Gelegenheit von Gründungen neuer Logen. Dass es sich nicht immer nur um angenehmen Zeitvertreib handelte, sondern vielmehr um eine ziemlich anstrengende Angelegenheit, verrät uns auch der private Briefwechsel. Die fehlenden Verkehrsverbindungen stellten nicht nur für die Freimaurer einen Begrenzungsfaktor dar, sondern für die Tätigkeit der verschiedensten Gesellschaften und Vereine im Allgemeinen. Dieses Moment muss man unbedingt in seine Überlegungen mit einbeziehen, insbesondere dann, wenn man bestimmte Organisationen als „pragozentrisch" einschätzt.[209] Vielmehr waren die Nicht-Prager selten bereit, zu den Tagungen anzureisen, was natürlich zur Folge hatte, dass man die Entscheidungen ohne sie traf. Darüber hinaus haben sich meistens alle am ehesten auf Prag als Ort des Zusammentreffens geeinigt.

Es mag vielleicht nicht ganz angebracht scheinen, den Abriss der Entstehung der Logen außerhalb Prags mit einem solch elementaren Hinweis einzuleiten, andererseits kann man die Alltagsabläufe in einer solchen weitverzweigten Organisation nicht vollends nachvollziehen, wenn man die simplen Einschränkungen durch Verkehrsbedingungen und geographische Lage außer Acht lässt. Sogar die höchsten Amtsträger des Ordens, wie Alfons Mucha und der Großmeister Karel Weigner, denen man ansonsten starken persönlichen Einsatz sowie Opferbereitschaft konzedieren kann und die der Freimaurerorganisation ihre Zeit, Energie und Finanzen widmeten, waren dankbar, wenn sie in den Logen außerhalb Prags, insbesondere der slowakischen und der in Ostrau von jemandem vertreten wurden.[210] Diese Komplikationen waren zweifellos

209   Ich denke, dass dieses Problem grundsätzlich unlösbar war. Außerhalb Prags waren die Verkehrsanbindungen noch katastrophaler, und oft richtete sich der Beginn bestimmter Veranstaltungen nach der Ankunftszeit des Brünner oder Pilsner Schnellzugs. Aber das war nicht nur bei den Freimaurern so, sondern galt auch für verschiedene Parteitagungen oder beispielsweise Sitzungen der Tschechischen Akademie der Wissenschaften und Künste. Dazu vgl. den Briefwechsel von Zdeněk Helfert und Jan Kapras, ANM [Archiv des Nationalmuseums], Bestand Jan Kapras, K. 108, Inv.-Nr. 5076, Korrespondenz mit einzelnen Freim., da z.B. in Helferts Brief vom 1. März 1933: „Wir müssen vor allem auf die von weitem her [aus Kaschau und Wien] anreisenden Brüder Rücksicht nehmen … Samstag scheint mir insbesondere deshalb der geeignetste Tag zu sein, weil da die Räumlichkeiten in der Dittrichova-Straße [seit 1929 stand hier ein neuer Tempel] frei sind und es an diesem Tag uns allen passt, nach der Tempelarbeit mit den Brüdern noch zusammen zu sitzen, was die erwähnten Brüder verdienen, wenn sie die Unannehmlichkeiten einer so langen Reise auf sich nehmen." Es gibt noch eine Fülle weiterer Beispiele.
Vgl. auch zur Teilnahme der Kaschauer Brüder an den Arbeiten der Nationalen Großloge der Tschechoslowakei: „Es ist sehr bedauerlich, dass die große Entfernung von Kaschau nach Prag und die damit verbundenen hohen Finanzkosten sowie immenser Zeitaufwand uns daran hindert, die Beziehungen zu intensivieren." Zprávy [Nachrichten], in: Svobodný zednář [Zeitschrift Der Freimaurer] 3–4, VI, 1932, S. 54–62.

210   Beispielsweise bei der Gründung der Kaschauer Loge schrieb der Großkommandeur Mucha an den Großmeister und Professor der Juristischen Fakultät, Emil Svoboda: „Ich war sehr verwundert, dass du beschlossen hattest, nach Kaschau zu fahren – schon der gute Wille würde als Verdienst ausreichen." AAV ČR [Archiv der Akademie der Wissenschaften der Tschechischen Republik], Bestand Emil Svoboda, K. 3, Inv.-Nr. 220, Briefwechsel A. Mucha. Zehn Jahre später schreibt im gleichen Sinne der Großmeister, Professor der Medizinischen Fakultät und zu der Zeit auch Rektor der Karlsuniversität, Karel Weigner, an den Indologen und Amtsträger des Großorients Vincenc Lesný: „Nimm bitte zumindest auf diesem Wege den Ausdruck meiner tiefsten Dankbarkeit entgegen, dass

auch der Grund für das Scheitern aller Vorschläge, die beispielsweise Kaschau als den Veranstaltungsort für die Vollversammlung vorsahen. Eine Lösung bot die Dezentralisierung einiger Kompetenzen, die der Großorient gemäß den Vorschlägen des sehr engagierten Sekretärs des Ministers Edvard Beneš, Jiří Sedmík, umsetzen wollte. Sedmík brachte 1934 einen älteren Vorschlag erneut an die Tagesordnung, der die Bildung von sog. Provinziellen Großlogen beabsichtigte, denn auf Grund der exzentrischen Lage Prags – von Kaschau oder Ungwar aus gesehen – konnten die dortigen Vertreter in dem Vorstand der Großloge nur schwerlich an den Sitzungen teilnehmen. Sedmíks Beitrag verrät, welch geringe Wichtigkeit man der Angelegenheit beimaß und wie man die ganze Sache anging: der Vorstand der Großloge wurde unter Berücksichtigung dieser Tatsache schon a priori so zusammengesetzt, dass die Amtsträger aus den entfernteren Regionen nur minimal darin vertreten waren. Dadurch konnte man zwar den häufigen Abwesenheiten vorbeugen, sah sich aber mit den Einwänden konfrontiert, Prag zentralisiere zu sehr. Deshalb empfand es Sedmík als sinvoll, vier gewisse Zwischenglieder einzurichten, die einen Teil der Akten der Großloge übernehmen würden – für Prag, für die ländlichen Regionen in Böhmen, für das mährisch-schlesische Gebiet sowie für die Slowakei und Karpatenrussland. Sein Vorschlag wurde jedoch nie realisiert.[211] Es gab dafür offenbar verschiedene Gründe, unter anderem wohl auch das prinzipielle Unbehagen der Prager Amtsträger an der Dezentralisierung als solcher. Auch dies ist jedoch als eine generelle Haltung und nicht als etwas spezifisch Freimaurerisches zu bewerten.

Ein weiteres spannendes Moment, das man bei den Logen außerhalb Prags nicht unerwähnt lassen sollte, ist ihre etwas andere Einstellung zu den Freimaurerlogen, die zugehörig waren zu der die deutschen und ungarischen Logen in der Tschechoslowakei vereinigenden Großloge. Diese bestand seit 1920 und trug den Namen Lessing zu den drei Ringen. Die

---

du mit einer solchen Opferbereitschaft meine schwere und verantwortungsvolle Aufgabe übernahmst ..." AAV ČR [Archiv der Akademie der Wissenschaften der Tschechischen Republik], Bestand Vincenc Lesný, K. 5, Inv.-Nr. 332, Briefwechsel Karel Weigner.

211   Vgl. SEDMÍK, Jiří: Provinciální Veliké Lóže [Provinzielle Großlogen], in: Svobodný zednář [Zeitschrift Der Freimaurer] 6, VIII, 1934, S. 117-119. Sedmík zählt hier relativ ausführlich die Vorteile einer solchen Lösung auf, z.B. die Unmöglichkeit, jeden Monat nach Prag zu fahren, die Erleichterung der Arbeit des Obersten Rates [des Führungsorgans der Großloge], die Dezentralisierung als die geeignetste Form einer demokratischen Leitung, die Möglichkeit, einem nicht-legalen Zusammenschluss mehrerer Logen, zu dem es via facti kommen könnte, vorzubeugen, weiterhin aus dem Obersten Rat eine Berufungsinstanz zu bilden, die Arbeit speziell nach den gegebenen Bedingungen vor Ort auszurichten, sie mit anderen Logen in der Nähe zu koordinieren, den raschen Anstieg der Logenzahl reflektieren zu können, denn dieser könnte dazu führen, dass nicht alle ihre Vertreter im Obersten Rat haben, einer höheren Zahl von Amtsträgern die Möglichkeit zu geben, sich zu engagieren und dadurch neue Talente zu entdecken usw.

größere Offenheit nach außen wurde durch gleich mehrere historische und praktische Faktoren beeinflusst, und man kann wohl sagen, dass die tschechischen Logen viel mehr von der Hilfsbereitschaft und dem Entgegenkommen der deutschen und ungarischen Logen profitierten als dies anders herum der Fall war. Die Ursachen sind wohl darin zu sehen: 1. Die deutschen oder ungarischen Logen waren älter, ihnen entstammten zahlreiche (insbesondere in Pilsen und in der Slowakei) tschechische bzw. slowakische Freimaurer. Für die Slowakei gilt dies nicht ausnahmslos, denn bei weitem nicht alle slowakischen Mitglieder der alten Logen haben diese verlassen, um den neuen beizutreten. 2. Weil zumindest außerhalb Prags die Freimaurer nicht in einem solchen Ausmaß untereinander wetteiferten und dies vor allem nicht als eine Prestigesache ansahen, war eine effektive Zusammenarbeit nicht ausgeschlossen. 3. Dort, wo es nur eine einzige tschechische bzw. slowakische Loge in der Stadt gab, wurde ihre Isolierung in der Kommunkation offenbar, deshalb knüpften sie häufiger Kontakte außerhalb des eigenen Ordens oder der eigenen Souverenität als außerhalb der Region. 4. Angesichts dieser Schwäche und der kurzen Tradition konnte sich diese Loge keinen repräsentativen Tempel leisten und nahm dankbar das Angebot der deutschen bzw. ungarischen Logen an, bei denen sie unterkommen konnte. Manchmal mieteten sie auch die Räumlichkeiten gemeinsam, weil sich die ökonomische Belastung auf diese Weise besser verteilen ließ (so in Olmütz, Ostrau, Pressburg, Kaschau oder Pilsen). Diese relativ enge Kooperation mit den deutschen oder ungarischen Freimaurern verlieh dem inneren Leben und der Tätigkeit dieser Logen einen etwas anderen Inhalt und Atmosphäre, was man beispielsweise an der im Vergleich zur Hauptstadt verstärkten philanthropischen Ausrichtung sehen konnte.

Diese Umstände erklären die Teilnahme der Vertreter deutscher und ungarischer Freimaurer an der Gründung neuer Logen außerhalb Prags, und zwar schon lange bevor die Kommunikationsgrenze zwischen den beiden in der Tschechoslowakei tätigen Großlogen offiziell überschritten wurde.[212] Etwas kurios ist auch der Fall der Loge Felicitas, die ihre Tempelarbeit auf slowakisch, aber im Rahmen der Großloge Lessing abhielt.[213] An dieser Stelle muss angemerkt werden, dass die Frage der

---

212   Nur zur Veranschaulichung – die Loge Ján Kollár ging aus dem Pressburger Zirkel hervor, der seinerseits bei den dortigen Logen (der deutschen Zur Verschwiegenheit und der ungarischen Testvériseg) gebildet wurde. Die Kaschauer Loge Pavel Josef Šafařík konnte nur deshalb ungestört und bequem arbeiten, weil ihr die ungarische Loge Resurrexit – aus der sich übrigens auch die meisten der Mitglieder dieser tschechoslowakischen Loge rekrutierten – ihre wunderschönen Räumlichkeiten zur Verfügung stellte. Zu den Verhältnissen in Kaschau ein bemerkenswerter Artikel von ULRICH, Josef: Košičtí zednáři [Poznámky k večeru Komenského] [Kaschauer Freimaurer, Anmerkungen zum Komenský-Abend], in: Svobodný zednář [Zeitschrift Der Freimaurer] 4, X, 1936, S. 60-64.

213   Vgl. beispielsweise Německé zednářstvo v Československu [Die deutschen Freimaurer in der Tschechoslowakei], in: Svobodný zednář [Zeitschrift Der Freimaurer] 3, I, 1926, S. 44-45.

„Gemeinschaftssprache", ein neuralgischer Punkt in den deutsch-tschechischen Beziehungen zumindest seit den 90er Jahren des 19. Jahrhunderts, nicht minder wichtig war, ja eine wesentliche Rolle auch im Rahmen der Freimaurerei spielte. Etwas gelockert hat sich die Einstellung der Nationalen Großloge der Tschechoslowakei zu dieser Frage erst Mitte der 30er Jahre.

Die bei der Gründung der Pressburger Loge Ján Kollár herrschende Atmosphäre vermittelt uns der Bericht des bedeutenden Prager Anwalts und Organisators der Zeitschrift und des Zirkels Demokratický střed (Demokratische Mitte) und unter anderem auch Schwagers von Alfons Mucha – Zdeněk Chytil. Laut seiner Schilderung nahmen an dem Fest insgesamt etwa 160 Personen teil, davon ungefähr 50 Deutsche und Ungarn sowie an die 40 Freimaurer aus Prag. Als besonders erwähnenswert empfand Chytil die von der deutschen und ungarischen Seite an der Weißen Tafel[214] vorgetragenen Reden, die zur Annährung an die Tschechen aufforderten. Darauf habe etwas skeptisch – natürlich erst privat, im engeren Freundeskreis – Berthold Thein mit der Anmerkung reagiert, dass diese Völker nie Verständnis für die gerechten Forderungen der Tschechen aufbrachten. Der Bildhauer Jindřich Čapek zeigte sich insbesondere über die Annäherung bei der gemeinsamen Zugfahrt erfreut. Danach schlugen beide Referenten vor, zur Installation der neuen Loge, Pavel Josef Šafařík genannt, in weit größerer Zahl nach Kaschau zu reisen.[215] Diese und ähnliche Aussagen lassen vermuten, dass weniger der Aufenthalt in der Loge oder das Beisein bei den Tempelarbeiten als vielmehr die gemeinsamen Ausflüge die Kontakte zwischen den Freimaurern aus den verschiedenen Logen stärken halfen.

In Brünn war die Situation doch etwas anders. Zum einen ist die enge Bindung an die Prager Mutterloge Národ nicht zu verleugnen. Auch die Zusammensetzung der Brünner Loge Cestou světla ist in vielerlei Hinsicht außergewöhnlich, denn die zur absoluten intellektuellen Elite gehörenden Gründungsmitglieder rekrutierten sich beinahe ausschließlich aus den Pädagogen der neu entstehenden tschechischen Hochschulen in Brünn, die zumeist aus Prag kamen oder wenigstens Absolventen der Prager Fakultäten waren. Dies gilt für die meisten Fächer und erklärt auch die sehr engen persönlichen Kontakte, die die Mitglieder der Brünner Loge zu Prag unterhielten. Gleichzeitig muss man auch bedenken, dass die meisten dieser Pädagogen ihren Wohnsitz in Prag beibehielten und nach Brünn nur

---

214   D.h. bei dem gemeinsamen Festessen, das der Tempelarbeit folgte. Meistens fand es in nobleren Restaurants statt und es wurde ein gemeinsames Menü serviert.

215   Vgl. AVL ČR (Archiv der Großloge der Tschechischen Republik), Kniha protokolů lóže Národ (Protokollbuch der Loge Národ), Eintrag vom 6. November 1925.

pendelten, was sich auch im Tempo der Konstituierung der dortigen Freimaurerei widerspiegelte. Erst als mehrere Freimaurer nach Brünn umge-
zogen waren, änderte sich die Situation.[216] Auch das ist ein Grund dafür, warum Brünn in den tschechoslowakischen freimaurerischen Aktivitäten hinter Pressburg und sogar Kaschau
zurückblieb. Der Hauptinitiator des freimaurerischen Lebens wurde
der Professor der Medizinischen Fakultät, der gleichzeitig auch an der
Tierärztlichen Hochschule unterrichtete, Syllabas persönlicher Freund
Eduard Babák.[217] Er veranlasste die Enstehung eines Freimaurerzir-
kels in Brünn, der später auch nach ihm benannt wurde. Babák starb
jedoch Ende Mai 1926[218] und das scheint auch der entscheidende Grund
für die Verzögerung der Konstituierung der Brünner Loge gewesen zu
sein. Im Herbst des selben Jahres kam endlich die vorgeschriebene Zahl
der Gründer zusammen, aber die Komplikationen hörten nicht auf. Die
Freimaurer hatten nämlich keinen Tempel. Solange sie in einem Zirkel
zusammenkamen, wurde es nicht als störend empfunden, aber jetzt, wo
rituell Licht eingebracht werden sollte, erschien die Lage in einem ganz
anderen Licht. Auch in diesem Fall wandte man sich an die deutschen
Johannis-Freimaurer, aber auch deren Räumlichkeiten waren nicht repräsentativ genug, so dass der Festakt letztendlich in Prag stattfand![219]
Der Fall der Brünner Loge ist ein Musterbeispiel für eine sehr hoch
gelegte Messlatte im Hinblick auf die Exklusivität der Mitglieder.[220] Diese

---

216   V.G.: Nová Dílna brněnská (Neue Werkstatt in Brünn), in: Svobodný zednář (Zeitschrift Der Freimaurer) 4, I,
1926-27, S. 55-57.

217   Auch Babák hatte jedoch lange seinen Dauerwohnsitz in Prag-Vokovice und nach Brünn pendelte er nur.
Vgl. einen umfangreichen Briefwechsel mit Syllaba in: LA PNP (Literaturarchiv des Denkmals des Nationalen
Schrifttums), Bestand Eduard Babák. Hier auch Syllabas Begründungen dafür, warum man in der Loge Národ die
Aufnahme neuer Brüder und die Erhebung anderer Brüder aus Brünn hinauszögert. Nach dem Aufschub, der unter
anderem durch die Fahrt der Freimaurer aus der Loge Národ zu der Konstituierung der Kaschauer Loge verursacht wurde, beschlossen sie schließlich am 15. Januar 1926 wie folgt: „Es wird zwei Rezeptionen geben. Beide
von großer Bedeutung, hintereinander. Die erste findet am 5. Februar statt, aufgenommen werden zwei oder drei
Suchende aus Prag – einer von ihnen General Syrový, und darin besteht die Bedeutung dieser Rezeption: ein tschechischer General wird zum tschechischen Freimaurer. Die zweite Rezeption wird für Brünn und nur für Brünn allein
stattfinden …"

218   Auch der Hauptinitiator der slowakischen Freimaurerei in Kaschau - Václav Dašek – durfte die Gründung der
Loge Šafařík am 9. Januar 1926 nicht mehr erleben.

219   Die Informationen über die Tätigkeit finden sich insbesondere in der Rubrik „Z domácích Dílen" (Aus den
heimischen Werkstätten) oder „Zprávy" (Nachrichten), in: Svobodný zednář (Zeitschrift „Der Freimaurer"). Die
Entwicklung als Ganzes in der Zusammenfassung von KUDELA, Josef: Pět let zed. pr. v zemi Moravskoslezské (Fünf
Jahre freimaurerische Praxis in Mährisch Schlesien), in: Svobodný zednář (Zeitschrift Der Freimaurer) 7, VII, 1933,
S. 101-104.

220   „Im Hinblick auf ihren profanen Beruf besteht die größte Gruppe aus Hochschulprofessoren (21+4
Dozenten, davon 8 von der Medizinischen Fakultät, 2 aus der Juristischen, 4 aus der Philosophischen, 2 aus
der Naturwissenschaftlichen, 3 Professoren aus der Technischen Hochschule und 2 aus der Tierärztlichen
Hochschule). Wir haben 18 Ärzte, 7 Lehrer (davon 2 Inspektoren), 8 öffentliche und 6 private Beamte." Soviel zur

Ansprüche mussten dort gesenkt werden, wo es darum ging, gezielt eine Loge zu gründen – beispielsweise aufgrund regionaler Symmetrie – wo es aber weder eine Universität noch Ministerien gab (Olmütz, Königgrätz). Das fortdauernde Oszillieren zwischen der Tendenz nach Erweiterung und dem gleichzeitigen Wunsch, elitär zu bleiben, kennzeichnet deutlich auch die Entwicklung in der zweiten Hälfte der zwanziger Jahre. In dieser Zeit wurde diese Frage auch breiter diskutiert.[221] Bemerkenswert ist die Reflexion des hohen Beamten aus dem Präsidium des Grundbuchamtes, Antonín Pavel, der in der Zeitschrift „Der Freimaurer" einen Artikel mit dem Titel „Die Aufgaben unserer Werkstätten" veröffentlichte.[222]

Pavel weist darauf hin, dass der Orden sich hierzulande vornehmlich an die Intelligenz wendet, wohingegen im Westen, wo die Freimaurerei auf eine lange Tradition und kontinuierliche Entwicklung zurückblicken kann, die Zusammensetzung der Logenmitgliedschaft sich bei Weitem vielfältiger gestaltete.[223] Bei uns gewinnt die studierte Intelligenz Oberhand, was jedoch nicht im Mindesten die Struktur des Volkes widerspiegelt.[224] Die bisherige Überlegenheit dieser Schicht birgt gleichzeitig Vor- und Nachteile. Pavel beruft sich auf eine unumstrittene Autorität: „Vor kurzem sprach der Präsident unserer Republik von der Seele der Intelligenz, die eine führende Funktion im Bereich der Kultur und bis zum gewissen Grad auch der Politik innehatte, was sich jedoch im Zusammenhang mit der Entwicklung der Volksbildung veränderte ... Der geerbte Liberalismus muss korrigiert, die unpraktische Veranlagung, Hang zum Utopismus und Individualismus der Intelligenz müssen überwunden werden. Diese Schicht hat im Rahmen der Republik und der Nation ihre legitime Berufung und dazu bedarf es einer tiefen Reflexion und Überwindung der Krise, in der sie sich befindet. Ja, die Funktion der Intelligenz innerhalb der Nation hat sich verändert ... dies alles hängt

---

Loge Cestou světla in: Z domácích dílen [Aus den heimischen Werkstätten], in: Svobodný zednář [Zeitschrift Der Freimaurer] 4, X, 1936, S. 65-67.

221   Es war jedoch keine tschechische Spezialität. Im Dezember 1930 riefen beispielsweise die niederländischen Freimaurer eine Pressekonferenz zusammen, um einige grundsätzliche Fragen zu erläutern. Als sich einer der Journalisten erkundigen wollte, ob auch Arbeiter aufgenommen werden können, bekam er folgende Antwort: „Die Freimaurerei verlangt ein gewisses Maß an Intelligenz. Außerdem verpflichtet man sich als Freimaurer zu bestimmten Geldopfern, zu denen sich ein Arbeiter nicht verpflichten kann." Das erklärt vieles. Vgl. Zprávy z ciziny [Nachrichten aus dem Ausland], in: Svobodný zednář [Zeitschrift Der Freimaurer] 3-4, V, 1931, S. 55.

222   Svobodný zednář [Zeitschrift Der Freimaurer] 1, II, 1927-28, S. 1-2.

223   Dieses Moment wurde übrigens auch von František Sís bemerkt und hervorgehoben, als er nach seiner Rückkehr aus Paris in der Loge Národ von seinem Aufenthalt berichtete. Er wies jedoch darauf hin, dass die Aufnahmen der Arbeiter in den Freimaurerorden sich nicht bewährt hatten. Vgl. AVL ČR [Archiv der Großloge der Tschechischen Republik], Buch der Arbeiten der Loge Národ, Eintrag vom 7. März 1924.

224   In Folge dessen würde die Freimaurerei jedoch den Charakter einer Elitegesellschaft einbüßen, wozu es auch im Westen nie gekommen war. Hier wurde aber die Mittelschicht viel stärker einbezogen.

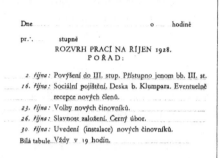

Dne _____ o ___ hodinĕ

pr.·,   stupnĕ
         ROZVRH PRACÍ NA RIJEN 1928.
              P O Ř A D :

   2. Řijna: Povýšení do III. stup. Přístupno jenom bb. III. st.
  16. Řijna: Sociální pojištĕní. Deska b. Klumpara. Eventuelnĕ
              recepce nových ĕlenŭ.
  23. Řijna: Volby nových ĕinovníkŭ. _____
  26. Řijna: Slavnost založení. Ĕerný úbor. _____
  30. Řijna: Uvedení (instalace) nových ĕinovníkŭ.
  Bílá tabule. Vždy v 19 hodin. _____

Einladung der Loge Komenský (Comenius)

mit dem Rückgang der Führungsfunktion der Intelligenz innerhalb der
Nation zusammen."

Nach Pavels Meinung kann gerade die Freimaurerei bei der Suche
nach einem Ausweg aus dieser Krise behilflich sein, denn in der Loge muss
die Intelligenz lernen, ihren falschen Individualismus in seiner überheb-
lichen, autokratischen und ästhetisierenden Ausprägung sowie die Isolierung von einer Gemeinschaft zu überwinden. Jegliche Bemühungen um
Veränderung in der sozialen Struktur der Logen, die sich von Zeit zu Zeit
regten, schlugen jedoch fehl, sogar in der Zeit nach dem Zweiten Weltkrieg.

Besser fielen die Versuche der Veränderung in der Alterszusammen-
setzung der Logen aus. Deshalb kann festgehalten werden, dass die historische Entwicklung und der Anstieg der Logen-, Mitglieder- und Regio-
nenzahlen, in denen es die tschechoslowakische Freimaurerei gab, keine
großen Veränderungen in der Sozialstruktur verursachte – so betrachtet
handelte sich also um einen kontinuierlichen Prozess.[225]

Ist man an den quantitativen Angaben über die Logen interessiert,
wird man insbesondere in der Zeitschrift „Der Freimaurer" fündig, die
zahlreiche Vergleiche anstellte und über Trends informierte. Wir nehmen als Beispiel das Jahr 1930 und die Bewegungen in der Mitgliederstruktur in diesem Zeitabschnitt:[226]

---

225   Ein breiter angelegter historischer Vergleich in: ČECHUROVÁ, Jana: Sociální skladba českých zednářů
[Die soziale Zusammensetzung der tschechischen Freimaurer], in: Studie k sociálním dějinám [Studien zur
Sozialgeschichte] 6, Kutná Hora - Praha - Opava 2001, S. 73-80.

226   Alle Angaben beziehen sich auf: Zprávy [Nachrichten], in: Svobodný zednář [Zeitschirft Der Freimaurer]
7-8, V, 1931, S. 112ff. Zum Vergleich die Angaben aus dem mehr oder weniger gleichen Zeitabschnitt für die in
der Großloge Lessing vereinten Logen [Loge / Mitgliederzahl 1929 / Anstieg / Rückgang 1930]: Hiram: 126 [+13],
Harmonie: 110 [+25], Freilicht: 80 [+3], Adoniram: 51 [+15], Kette-Žatec: 32 [-3], Latomia: 69 [+3], Munificentia:
83 [+2], Verschwiegenheit: 69 [-4], Testsveriség: 103 [+2], Resurrexit: 97 [+11], Felicitas: 43 [+4], Quelle des

Loge	Mitgliederzahl	Anstieg/Rückgang
Komenský	75	+11
Národ	63	+9
28. říjen	59	+5
Dobrovský	47	+4
Dílo	42	-3
Kollár	39	+3
Pravda vítězí	39	+9
Sibi et posteris	37	+13
Cestou světla	32	+3
Šafařík	28	+10
Bolzano	21	+2
Insgesamt	482	+66

Welchen Aussagewert besitzt diese Tabelle? Mit Ausnahme der Loge Dílo ist überall ein Anstieg der Mitgliederzahl zu verzeichnen. Die zahlenmäßig stärkste Loge blieb Jan Amos Komenský, ungeachtet der Tatsache, dass vor einem Jahr 16 ihrer Mitglieder diese Loge verließen und der neuen Loge Pravda vítězí beitraten. In diesem Zeitabschnitt zählen die stärksten Logen an die sechzig oder siebzig Männer, später erreichte die Mitgliederzahl nicht selten sogar hundert. Es ist naheliegend, dass der quantitative Zuwachs auch qualitative Veränderungen des Logenlebens nach sich zog, beispielsweise war es nicht mehr möglich, einander persönlich so zu kennen wie in der Anfangsphase der tschechischen Freimaurerei. Auch konnten bei hundert Mitgliedern die Vertrautheit und enge freundschaftliche Bindungen für die Atmosphäre in der Loge nicht dermaßen prägend sein wie es vorher im Zirkel der Fall war. Gleichzeitig muss man jedoch bedenken, dass an den meistens ein- bis zweimal im Monat stattfindenden Tempelarbeiten nur manche der Mitglieder teilnahmen.

Die erste Welle der Expansion außerhalb der Metropolen kann in der Entwicklung der tschechoslowakischen Freimaurerei etwa um die Mitte der 20er Jahre ausgemacht werden, die zweite kommt dann vor der Mitte der 30er. „Jede bloß auf Zentren beschränkte Bewegung ist blutleer, in der Expansion der tschechoslowakischen Freimaurerei aufs Land äußert sich ihre innere Kraft, Konsolidiertheit und Aktivität", stellte die Zeitschrift „Der Freimaurer" fest.[227] In diesem Augenblick konnten die

---

Heils: 52 (+4), Drei Lichter: 46 (+3), Ludwig Piette: 33 (+2), Vereinigte Freunden: 79 (+12), Caritas wurde für ruhend erklärt (beendete ihre Tätigkeit), Phönix ebenfalls, Goethe: 32 (+1), Humanitas: 38 (+7), Fides: 17 (-1), Brudertreue: 27 (+7), Zips: 34 (+6), Karpath: 16 neu gegründet. Insgesamt: 1237 (+112)
Vgl. Hlasy zvenčí (Stimmen von außen), in: Svobodný zednář (Zeitschrift Der Freimaurer) 7-8, V, 1931, S. 122.

227   Zprávy (Nachrichten), in: Svobodný zednář (Zeitschrift Der Freimaurer) 7, VII, 1933, S. 119-120.

Freimaurer mit Stolz auf eine neue Loge in Olmütz, einen neuen Zirkel in Ostrau und Sillein blicken und es schien auch die Hoffnung auf Gründung neuer Stätten in Königgrätz, Tabor, Tetschen-Bodenbach und Ungwar zu bestehen. Die Brünner Loge Cestou světla spielte zudem mit dem Gedanken, ein Sommerzentrum in Bad Luhatschowitz zu errichten, damit die zum Erholungsaufenthalt angereisten Freimaurer ihre Aktivitäten nicht einstellen müssen, ein ähnliches Zentrum sollte ebenfalls im Tatra-Gebirge aufgebaut werden. Als Vorbild dienten hier wohl die deutschen Logen in den tschechischen Kurorten, die schon traditionell zum Treffpunkt der Freimaurer aus der ganzen Welt avancierten.

Eine interessante Entstehungsgeschichte kann man bei dem Ostrauer Freimaurerzirkel Lux in tenebris verfolgen, der 1935, also nach drei Jahren des Bestehens, in eine Loge umgewandelt wurde. Er fußte nämlich auf zwei ideellen Grundsteinen – zum einen der deutschen Loge Fides, die seit 1929 in Ostrau arbeitete, und zum anderen der Brünner Loge Cestou světla. Durch ein Zusammentreffen der Umstände wurde der agile Redakteur der Zeitung „České Slovo", František Durďák, aus Kaschau nach Ostrau verlegt und setzte hier als Mitglied des Vorstands der Großloge die Vereinbarung über die Zusammenarbeit zwischen der Nationalen Großloge der Tschechoslowakei und der Loge Lessing durch. Es ging darum, dass die deutsche Loge in Brünn sich um die aus Ostrau zur Tempelarbeit kommenden Freimaurer (und insbesondere um ihre freimaurerische Erziehung) zu kümmern versprach. Der Zirkel kam dann auch in den Räumlichkeiten dieser Loge zusammen. Die Olmützer Loge Lafayette genoss wiederum die Gastfreundschaft der hiesigen jüdischen Loge Host ...[228] Zur selben Zeit enstehen neue Logen in Neusohl, Pleissnitz und Ungwar, jedesmal in Zusammenarbeit mit den zur Großloge Lessing gehörenden Logen. Aus den oben skizzierten Entwicklungen ist klar ersichtlich, dass die Kommunikation außerhalb der Metropolen weiterhin anders verlief, dass sie größtenteils auf anderen Fundamenten baute, weil sie sich unter divergenten Bedingungen abspielte. Die folgende Verzweigung freimaurerischer Organisationen setzt ebenfalls um die Mitte der dreißiger Jahre ein, aber sie entspringt einer anderen Quelle. Es beginnen sich unter den Fittichen der Nationalen Großloge der Tschechoslowakei verschiedene Logen zusammenzuschließen, die bis dahin als nicht-regulär galten.

---

228   Die jüdischen Logen schlossen sich im Orden B°nai B°rith zusammen. Es handelt sich jedoch um keine rein freimaurerische Organisation.

Der Charakter
der einzelnen Logen

Bei der Bewertung der Erweiterung der Freimaurerkette unter der Souveränität der Nationalen Großloge der Tschechoslowakei können nicht lediglich quantitative Kriterien herangezogen werden. Jede Werkstatt (eine im Tschechischen ebenfalls gebräuchliche Bezeichnung einer Loge) war einfach anders. Sie setzte sich aus unterschiedlichen Mitgliedern zusammen, die Prioritäten, die sie verbanden, waren jeweils unterschiedlich, natürlich im Rahmen des Möglichen. Die Freimaurer selbst bewerteten solche Differenzen als die Eigenart der jeweiligen Logen und sahen sie als etwas Positives an – die ideelle Abgrenzung der einzelnen Logen war ja die logische Folge der weltanschaulichen Übereinstimmung der Gründungsmitglieder innerhalb der eigenen Gruppe. Manche Logen legten großen Wert auf den rituellen Charakter der Tempelarbeit – beispielsweise die Loge Jan Amos Komenský arbeitete nahezu ausschließlich rituell –, widmeten sich der Erweiterung ihrer Kenntnisse der Symbolik, andere wiederum stellten die wahren brüderlichen Beziehungen in den Vordergrund, es gab „linke" oder „rechte" Logen, oder solche, die allgemeinmenschliche Werte im Mittelpunkt ihrer Bemühungen sahen. In zahlreichen dieser Logen kam es entweder gleich zu Anfang oder dann im Laufe der Zeit zur Profilierung auf Grund der Zugehörigkeit zu den verschiedenen Berufsgruppen.[229]

Diese Differenzierung erfolgte vorzugsweise dort, wo sich mehrere Logen am gleichen Ort befanden, d.h. in Prag. Anderswo gab es aus verständlichen Gründen weder genug Raum noch eine ausreichende Anzahl von Personen, die repräsentative Träger solcher Tendenzen und Initiatoren der Entstehung weiterer Logen hätten werden können. Bei der Reflexion über den Charakter der Prager Logen und dem Versuch ihrer Typologisierung muss man sich darüber bewusst sein, dass eine solche Vorgehensweise zu Vereinfachungen neigt, die man nach Möglichkeit vermeiden sollte. Grundsätzliche Unterscheidungen können aber wohl getroffen werden, beispielsweise im Hinblick auf die politische Ausrich-

---

229   Der Eigencharakter der Logen dargestellt nach „Z domácích dílen" [Aus den inländischen Werkstätten], in: Svobodný zednář [Zeitschrift Der Freimaurer] 10, VII, 1933, S. 183–185.

tung der jeweiligen Logen lässt sich die Loge Národ zweifellos rechts einordnen (unübersehbar sind auch gewisse konservative und ausgeprägt
nationalistische Züge), etwas mehr links befand sich die Loge 28. říjen
und ganz am linken Ende des ideellen Spektrums angesiedelt war die
Loge Jan Amos Komenský, deren politische Orientierung auch auf die
freimaurerischen Prioritäten abfärbte. Die allgemein menschlichen
Werte vertrat beispielsweise die Loge Jan Amos Komenský und von den
neueren Logen besonders Bernard Bolzano, die von welterfahrenen und
reformgesinnten Männern gegründet worden war und auch die tschechoslowakische Freimaurerei aus der Starre zu lösen und zu reformieren
versuchte. Von weiteren Prioritäten, die uns hier als Unterscheidungs-
kriterien dienen können, wäre beispielsweise die Präzision des Rituals
zu nennen, auf die Männer aus der Loge Sibi et Posteris besonderen Wert
legten, weiter dann die hauptsächlich von der Loge Národ präferierte
familiäre, brüderliche und menschliche Atmosphäre, auf Wohltätigkeit
konzentrierte sich wiederum die Loge Komenský. Die Differenzierung
nach Berufszugehörigkeit kam in der Loge Dílo schon seit ihrer Gründung zur Geltung, aber gewisse derart ausgerichtete Tendenzen lassen
sich auch z. B. bei der Loge Národ aufspüren, die im Laufe der Zeit zu
einer Loge mit einer dominierenden Anzahl von Ärzten wurde. Bei den
Logen außerhalb Prags – in Pilsen, in der Slowakei, aber auch in Mähren – war der Einfluss der Beziehungen zur deutschen bzw. ungarischen
Freimaurerei unverkennbar; hier wurden Toleranz, Kooperation und
Philanthropie als ein wichtiger Inhalt und die wesentliche Sendung der
freimaurerischen Tätigkeit angesehen.

Eine Abhandlung über alle Prager Logen würde den eigentlichen
Zweck dieser Arbeit verfehlen, denn sie würde zwangsläufig mehr oder
weniger deskriptiv geraten und die Analyse bestimmter Faktoren zu kurz
kommen lassen. Deshalb konzentriere ich mich hier auf die Gründung
von zwei neuen Prager Logen, nämlich Bernard Bolzano und Pravda
vítězí, und von zwei Vereinigungen außerhalb Prags – des Königgrätzer
Zirkels Oreb und der Pilsner Loge Bratrství. Mir ist jegliche Sensations-
sucht oder Gier nach pikanten Enthüllungen aus dem freimaurerischen
Leben wahrlich fremd, gleichzeitig muss ich jedoch einräumen, dass die
Prozesse und Momente der Auseinandersetzung oder ideellen Differenzierung viel interessanter erscheinen, denn die Quellen sind in diesen
Fällen viel ergiebiger und vermag viel mehr über die inneren Strukturen
der Freimaurer-Organisation aussagen als die elementaren und knappen
offiziellen Konstatierungen, dass alles in Ordnung sei und eigentlich gar
nichts Erwähnenswertes vor sich gehe.

Spannungen und Sehnsüchte als Triebkräfte der Entwicklung

Als Beispiel einer modernen und welterfahrenen Loge kann diejenige mit dem beredten Namen Bernard Bolzano dienen. Zu erreichbaren Quellen zählt eine das zehnjährige Bestehen dieser Loge zusammenfassende Publikation[230] sowie ein einzigartiges authentisches Zeugnis „profanen" Charakters, das im Druck erschien und sich direkt zum Thema Freimaurerei äußerte. Davon gibt es sehr wenige. Die Rede ist hier von den außerordentlich wertvollen Memoiren von V. M. Havel[231], die uns ein sehr lebhaftes und glaubwürdiges Bild des Prager Vereinslebens der ersten Hälfte des 20. Jahrhunderts vermitteln.

Es wird hier anschaulicher als anderswo, wie sich die Aktivitäten der gesellschaftlich engagierten Männer überschnitten und ergänzten. Zu den Voraussetzungen einer derart ausgerichteten Tätigkeit (Freimaurerei, Rotary, YMCA usw.) gehörten neben der persönlichen Präferenz einer fortschrittlichen, post-aufklärerischen Weltanschauung ein gewisser Abstand der Alltagspolitik gegenüber, ein Überblick über das Weltgeschehen (man darf nicht vergessen, dass diese Organisationen überwiegend der – uns wenig vertrauten – angelsächsischen Welt entstammten, deren Prägung unverkennbar war) sowie das Engagement für die sozialen Fragen. Der Organisationsgrad der nicht nur männlichen Population ist faszinierend. Möchte man den Lebensstil vergleichen, sollte dieser Faktor hervorgehoben werden, denn sein Einfluss auf den Alltag, insbesondere die Planung der Abende und die Form des Familienlebens einschließlich der Rollenverteilung war zweifellos immens. Die mehrfache Mitgliedschaft in verschiedenen Organisationen bedeutete gleichzeitig eine ähnliche personelle Zusammensetzung dieser Institutionen, so dass es sich nur noch schwerlich rekonstruieren lässt, welche Rolle in der Entstehung

230   Deset let Řádné a Dokonalé Lóže Bernard Bolzano, dcery Nejjasnější Veliké Národní Lóže Československé v Orientu Praha (Zehnjähriges Bestehen der gerechten und vollkommenen Loge Bernard Bolzano, der Tochter der Erlauchtesten Nationalen Großloge der Tschechoslowakei im Orient Prag), Praha 1937.

231   HAVEL, Václav M.: Mé vzpomínky (Meine Erinnerungen), Praha 1993. Manche Kapitel tragen sogar folgende explizite Titel: „Wie ich Freimaurer wurde" oder „Unter den Freimaurern und Rotariern". Diese Memoiren, obgleich sie bezüglich der Geschichte der tschechischen Freimaurerei zahlreiche sachliche Fehler enthalten, halte ich persönlich für außerordentlich wertvoll, unter anderem auch als Quelle zur Erforschung der verschiedenen Organisationen und gesellschaftlichen Gruppen in der Tschechoslowakei, beispielsweise Rotary, YMCA, des Reformflügels der Nationaldemokratie – der Demokratischen Mitte, der Barrandov-Gruppe und der verschiedenen studentischen Organisationen, allen voran Obrodné hnutí čsl. studentstva. Mehr als andernorts tritt die Vernetzung, ja fast schon ein synthetischer Charakter dieser Vereinigungen, die mehrheitlich um die Humanisierung des liberalen Milieus bemüht waren, deutlich zu Tage. Ein ähnliches Bild in einem etwas rohen Zustand vermittelt der persönliche Nachlass eines weiteren Mitglieds der Loge Bolzano, des Diplomaten Antonín Sum, der im Nationalmuseum aufbewahrt wird.

und Entwicklung der jeweiligen Bindungen und zwischenmenschlichen
Beziehungen gerade die Freimaurerei spielte. Dank der zahlenmäßigen
Beschränktheit der lokalen und sogar des Prager tschechischen Elitekrei-
ses kannten und beeinflussten sich die Männer gegenseitig und konnten
ihre Kontakte auch auf einer anderen Basis pflegen als nur auf der freimaurerischen. Ähnlich verhielt es sich auch bei einigen der Gründungsmitglieder der Loge Bernard Bolzano.

Es wurde schon oben erwähnt, dass ihre Mutterloge die L. 28. říjen
war. Bolzano entstand nicht aus einem inneren Konflikt innerhalb dieser Mutterloge heraus, sondern die zu große Mitgliederzahl machte die
Gründung einer neuen Loge notwendig. Zu den prägenden Persönlichkeiten gehörten aus der älteren Generation der Stadtbibliothekar Zdeněk
Gintl und der Rektor der Technischen Hochschule aus der Nachwende-
Zeit, Prof. František Kadeřávek, von den jüngeren agilen Männern ist
unbedingt Václav Havel, der Großvater des späteren gleichnamigen Präsidenten, zu erwähnen[232], in dessen Wohnung in der Straße Palackého
nábřeží auch die Vorbereitungssitzungen abgehalten wurden. Des Weiteren sind der Diplomat Antonín Sum, der Direktor der Familienfirma
Ing. Vladimír Rott, Havels Freund und Mitarbeiter in Barrandov und
Lucerna Antonín Hartvich, der Direktorialrat der Investitionsbank Rudolf Kadeřávek, der Architekt Max Bittermann, später der General Ing.
Jaroslav Hrbek oder der schon erwähnte Ing. Antonín Pavel zu nennen.

Während bis jetzt fast ausschließlich national bedeutende Persönlichkeiten als Namensgeber für neu entstandene Logen fungierten, wurde diesmal ein anderer Mann ausgesucht – Bernard Bolzano, dessen aufklärerische Gesinnung bei der Tempelarbeit der neuen Loge Pate stehen
sollte. Es handelte sich ja um einen Mann, der, „obgleich italienischer
Abstammung, deutsch erzogen und zudem ein katholischer Priester,“ –
ein einziger Mann und gleich drei Handicaps – „als wahrhaftiges Vorbild eines Freimaurers gelten konnte". Eine gewisse übernationale Dimension und der Verweis auf ein höheres allgemeinmenschliches Ziel,
die der Name implizierte, sowie die Abkehr von den kirchlich-reformier-
ten Attributen in der Logenbezeichnung gaben schon „im Schilde" einen
Prioritätenwechsel zu erkennen. Das kann man teilweise dadurch erklären, dass zahlreiche der Gründungspersönlichkeiten die Gelegenheit
hatten mitzuerleben, wie die Freimaurerei im internationalen Kontext
funktioniert und ihre Aufgaben erfüllt, sei es nur als Beobachter aus der

232   Havel zog noch als Mitglied der Loge 28. říjen durch seinen später auch veröffentlichten Vortrag die
Aufmerksamkeit auf sich: Hlas mladé generace [Die Stimme der jungen Generation], in: Svobodný zednář
[Zeitschrift Der Freimaurer] 4, I, 1926–1927, S. 54–55. Er versuchte hier die Diskussion zwischen den Generationen
im Rahmen der Freimaurerei zu entfachen.

Entfernung. Sie konnten also vergleichen, wollten die gesammelten Erfahrungen dann auch auf das tschechische Milieu anwenden und es aus der organisatorischen sowie inhaltlichen Selbstbezogenheit lösen. Diese Tendenz war auch bei vielen Freimaurern aus anderen Logen zu beobachten – sie steht in unmittelbarem Zusammenhang mit der Tiefe der Kenntnisse und der Informiertheit der jeweiligen Person über das Weltgeschehen und die Stellung der freimaurerischen Arbeit in der Welt.

Außerordentlich rege Kontakte pflegte aus dem Umkreis der Bolzano-Loge insbesondere Antonín Sum, der in diplomatischen Diensten in den USA und in Wien tätig war, von wo aus er ein für tschechische Verhältnisse ungewöhnlich weitreichendes freimaurerisches Netz spann. Auch Václav Havel lernte viel während seiner Amerika-Reise. Seine Äußerungen zu diesem Aspekt seines Aufenthaltes in Amerika sind jedoch auch bemerkenswert: „In den Vereinigten Staaten nahm ich in keiner der zahlreichen dortigen Logen an der Tempelarbeit teil, denn zum einen befürchtete ich, dass meine dürftigen freimaurerischen Erfahrungen zum Vorschein gekommen wären, zum anderen schien mir die nordamerikanische Freimaurerei zu unterschiedlich von der unseren zu sein. Ich sah dort mehrere großartig eingerichtete freimaurerische Gebäude und Tempel und machte dank des freimaurerischen Zeichens Bekanntschaft mit einigen Freimaurern. Manche der Tempel waren an bestimmten Tagen für die Besichtigungen öffentlich zugänglich ...“[233] Das war im tschechischen Milieu etwas Unerhörtes.

Die Loge Bernard Bolzano, die im Herbst 1927 ihre Tätigkeit aufnahm, kann als ein Versuch der Implantierung der modernen übernationalen, weltweiten Trends in die hiesige freimaurerische Arbeit gewertet werden. Bolzano war jedoch ein fester Bestandteil der Nationalen Großloge der Tschechoslowakei, und mit eben diesem Dachverband geriet sie in Konflikt – die unmittelbaren Gründe waren zwar andere, sie hingen aber doch wieder indirekt mit der Akzeptanz der Autorität der Großloge zusammen. Die Loge Bolzano hatte nämlich mit schwerwiegenden Problemen zu kämpfen, die auf die relativ niedrige Mitgliederzahl zurückgingen. Die Situation sah in den 20er und 30er Jahren wie folgt aus: 1929 - 20, 1930 - 22, 1931 - 24, 1932 - 25, 1933 - 28, 1934/35 - 39, 1936 - 44, 1937 - 47.[234]

Aus diesen Angaben wird klar ersichtlich, dass die Entwicklung dieser Loge in der Anfangsphase sehr stagnierte, insbesondere im Vergleich

---

233   HAVEL, Václav M.: Mé vzpomínky [Meine Erinnerungen], S. 189.

234   Zusammengestellt nach Angaben in „Deset let Řádné a Dokonalé Lóže Bernard Bolzano, dcery Nejjasnější Veliké Národní Lóže Československé v Orientu Praha" [Zehnjähriges Bestehen der gerechten und vollkommenen Loge Bernard Bolzano, der Tochter der Erlauchtesten Nationalen Großloge der Tschechoslowakei im Orient Prag].

mit der Situation in anderen Logen. Die Ursache dafür ist schwer zu benennen, da es sich um keinen geschlossenen Kreis handelte, sondern um eine Gruppe sehr kommunikativer und offener Personen. Der rasche Mitgliederanstieg in der Mitte der 30er Jahre fiel in die Zeit, zu der Václav Havel an der Spitze dieser Loge stand. Auf Grund der zunächst niedrigen Zahl an Mitgliedern geriet die Loge Bolzano während der Wirtschaftskrise in derart schwerwiegende finanzielle Not, dass man ernsthaft ihre Auflösung und die Rückführung ihrer Mitglieder in die Loge 28. říjen erwog.

Der finanzielle Faktor wird in diesen Ausführungen noch mehrmals Erwähnung finden, aber schon an dieser Stelle wird offensichtlich, in welchem Maße er die Abläufe nicht nur in einer Freimaurerloge, sondern einem jeden Verein bis hin zur politischen Partei beeinflussen kann und auch tatsächlich beeinflusst. Es kann also festgehalten werden, dass die Loge Bernard Bolzano auf Grund finanzieller Schwierigkeiten in eine böse Krise geriet. Die Ursache derselben ist also nicht auf der ideellen oder persönlichen Ebene zu suchen, war aber nicht minder gravierend und hatte weitreichende Folgen für die zwischenmenschlichen Beziehungen. An diesem Beispiel kann daher veranschaulicht werden, wie der Konflikt zwischen einer schon bestehenden Loge und den anderen aussehen kann. In der Literatur würde man freilich umsonst nach Erklärungen suchen, der persönliche Briefwechsel scheint hier mehr bieten zu können.[235] Und tatsächlich wird man fündig: „In Prag, den 4.1.1934. Teurer Bruder, die Dir zugesandte Einladung zur gestrigen Tempelarbeit eröffnete eine neue Ära in unserem Verein ... Unser Verein stand wegen der unerfüllbaren finanziellen Forderungen in einer gespannten Beziehung zu dem Schatzmeister des Hauptvereins und dadurch auch zu dem Hauptausschuss.[236] Laut dem Beschluss des Hauptvereins vor vier Jahren sollten alle untergeordneten Vereine unabhängig von ihrer Mitgliederzahl eine gleich hohe Summe zahlen. D.h. Vereine mit 70 Mitgliedern hatten den gleichen Betrag von 14.000 Kronen zu erstatten wie unser 26-köpfiger Verein. Die ersten zwei Jahre wurde dies durch die Freigiebigkeit von drei Mitgliedern ermöglicht (ich halte sie für überflüssig), als die freilich wegfiel, entstand ein Defizit von 5.000 Kronen für das Jahr 1932 und von 7.000 Kronen für 1933. Alle mündlichen sowie schriftlichen Darlegun-

---

235   Es handelt sich insbesondere um die Briefe von Rudolf Kadeřávek an Otakar Sommer, in: AAV ČR (Archiv der Akademie der Wissenschaften), Bestand Otakar Sommer, K. 10, und weiterhin die in dem ungeordneten Nachlass von Sum befindlichen Materialien, vor allem die Briefe von František Kadeřávek.

236   Hinter der hier verwendeten Kryptosprache verbirgt sich die Nationale Großloge der Tschechoslowakei (Hauptverein), der Großrat (Hauptausschuss) als ihr leitendes Organ und der Großschatzmeister (Hauptschatzmeister).

gen bei sämtlichen Instanzen sowie der vorjährigen Jahresversammlung blieben erfolglos. Wir mussten uns sogar von verschiedenen Seiten Bemerkungen über unsere Zahlungsfähigkeiten anhören. Ende des Jahres erreichte die Spannung ihren Höhepunkt, als während der Sitzung des Obersten Rates unsere Vertreter offen angefeindet wurden. Nach der nächsten gemeinsamen Tempelarbeit wurde dann bei der Besprechung in Lucerna beschlossen, dass, wenn die Existenz eines so idealen Vereins nur vom Geld abhängt, wir unsere Tätigkeit zeitweilig einstellen. [...] Br. Weigner kam und versicherte unmittelbar vor der Besprechung Br. Rott, dass er einen Vorschlag auf Frieden und Genugtuung bringe, woraufhin Br. Rott erwiderte, dass wir unter bestimmten Bedingungen bereit sind, unsere Tätigkeit unter dem alten Namen fortzusetzen, die Verärgerung jedoch so groß sei, dass er das Ergebnis der Sitzung nicht garantieren kann",[237] und er erinnerte an die Tatsache, dass er selbst vor sechs Jahren als Großschatzmeister die Schuld von Weigners Loge Národ in Höhe von 12.000 Kronen getilgt hatte.

Daraufhin ergriff der Großmeister Karel Weigner das Wort und erklärte, dass die Einstellung der Tätigkeit von Bolzano für die gesamte tschechische Freimaurerei sehr schmerzhaft wäre und darüber hinaus ein dauerhaftes „Echo auf der deutschen Seite" bringe. Das war offenbar sehr wichtig! Das Prestige und Ansehen zu wahren, den deutschen Freimaurern gegenüber! Weigner wollte von seinem Amt zurücktreten, falls die Vollversammlung seinen Vorschlag nicht einstimmig annehmen würde: die Loge Bolzano soll künftig nicht 14.000, sondern nur 7.000 zahlen, davon 5.000 als Jahresbeitrag und der Rest als Schuldentilgung. Gleichzeitig verpflichtete er sich zur gerechten Verteilung der zur Nutzung freigestellten Gesellschaftsräume sowie zu einem neuen Modus der Mitgliedsbeitragszahlung, weiterhin versprach er, ein neues Budget aufzustellen und das Wirtschaften des Vereins auf eine gerechte und allseits akzeptierbare Grundlage zu stellen. Nach dieser Versicherung hätten alle am liebsten sofort einstimmig erklärt, dass ihnen Weigners Wort reichen würde, „Br. Rott hat sich mit trockener Ruhe des alten Pragmatikers zwar bedankt ..., aber ausdrücklich klargestellt, wir müssen darauf bestehen, dass die Vollversammlung Weigners Vorschläge billigt (zwischen den Zeilen: unfrei Genugtuung gibt) und wir uns mit dem ‚Gnadenweg' nicht zufrieden geben."

Dasselbe Datum wie der Brief von Rudolf Kadeřávek an Otakar Sommer trägt auch ein anderes Schreiben, in dem František Kadeřávek nach Wien an Sum freudig Bericht erstattet und das auch die Unter-

---

237   AAV ČR [Archiv der Akademie der Wissenschaften der Tschechischen Republik], Bestand Otakar Sommer, K. 10.

schriften einiger weiterer Freimaurer zierten, die in der informellen, der Loge übergeordneten Gesellschaft mit dem fröhlichen Namen Lascivia zusammenkamen: „Die Loge BB ist gerettet. Anstatt der 14.000 müssen wir künftig entsprechend der Mitgliederzahl 5.000 zahlen und dazu 2.000 zur Schuldentilgung. Wir denken immerzu herzlichst an dich und stoßen auf dich an mit mächtigem Wasser, dem Sliwowitz. Du musst dich langer und mindestens 140%iger Gesundheit erfreuen ... Bernard Bolzano wieder lebendig und gesund!"[238]

Ein Glück, dass Rudolf Kadeřávek seinem Juralehrer und großem Vorbild die Ereignisse schilderte, sonst wüssten wir rein gar nichts von dieser sicherlich nicht ganz unbedeutenden Affäre, die bis zu den höchsten Freimaurerspitzen in der Tschechoslowakei reichte.[239] Auch andere Quellen deuten darauf hin, dass es unter den tschechoslowakischen Freimaurern bisweilen unterschwellig gärte, aber die wunden Punkte ermitteln, kann man nur bedingt. Es ist fraglich, ob die internen Materialien z.b. der Großloge mehr Einblick in diese Angelegenheiten gewähren würden, wenn sie erhalten geblieben wären. Sie stehen uns jedoch nicht zur Verfügung, deshalb bleibt nichts anderes übrig als Hypothesen zu bilden und dabei immer die Hauptsache im Auge zu behalten, nämlich dass die Freimaurer ganz normale Menschen waren ...

Die zweite Prager Loge, die stilles, aber umso intensiveres Aufsehen schon bei ihrer Gründung erregt hatte, war Pravda vítězí, die am zehnten Jahrestag des Bestehens der Tschechoslowakei als die zehnte Loge der Nationalen Großloge der Tschechoslowakei entstand. Leider ist auch dieses Ereignis weder in der Zeitschrift „Svobodný zednář" (Der Freimaurer) noch in der amtlichen freimaurerischen Akten dokumentiert. Wir können nur darüber rätseln, was damals passiert war, dass daraus ein derart starkes Konfliktpotential erwuchs, und es ist zuweilen auch unmöglich,

238   ANM [Archiv des Nationalmuseums], Bestand Antonín Sum.

239   Nur mit viel Phantasie kann man zumindest teilweise einen weiteren Brief deuten, geschrieben von einem anderen Mann aus der Loge Bolzano, Zdeněk Gintl, im Jahre 1931 an Jaroslav Kvapil: „Du hattest gestern in unserer Loge eine Tafel [hier sollte wohl eher das Wort Zeichnung stehen, womit die Freimaurer einen Vortrag bezeichneten, denn das Wort Tafel hat in der internen Freimaurersprache die Bedeutung „Brief"], an der ich zu meinem tiefsten Bedauern nicht teilnehmen konnte, obwohl mein Herz mich dahin zog. Ich bitte Dich sehr, es nicht als böse Absicht oder Respektlosigkeit Dir gegenüber aufzufassen. [...] Ich lobe diejenigen, die mir den Weg der königlichen Kunst gewiesen haben, vor allen Dingen deswegen, weil ich auf diesem Weg Menschen begegnet bin, auf deren brüderliche, männliche Freundschaft ich bis zum letzten Atemzug stolz sein werde. [...] Aber es gab auch Dinge, die mir weh getan haben und immer noch weh tun, gerade deshalb, weil ich die Freimaurerei so hoch gestellt habe, hoch über die Alltäglichkeit, bis unter die Sterne selbst. Ich bin kein so exaltierter Romantiker, dass ich von meinen Brüdern Engelstaten verlangen würde, aber Freimaurertaten verlangte ich von ihnen immer. Wenn schon nicht den profanen Menschen gegenüber, dann wenigstens gegenüber ihren Mitbrüdern. Und Du weißt selbst, was wir miterleben mussten und immer noch miterleben. Du siehst, auch Bruder Thein schmerzt es nicht mehr, nur ich trage es mit mir herum wie einen Sack voll Sprengstoff und muss ständig fürchten, dass es irgendwo explodiert ..." LA PNP [Literaturarchiv des Denkmals des nationalen Schrifttums], Bestand Jaroslav Kvapil, Briefwechsel Zdeněk Gintl.

die genauen Ursachen und Folgen voneinander zu trennen.

Zum Unruheherd wurde die schon zu dem damaligen Zeitpunkt stark überlaufene Loge Jan Amos Komenský, die zahlreiche interne Konflikte überstehen musste. Am gewichtigsten war wohl die Auseinandersetzung um die Zeitschrift „Volná Myšlenka", die sich in der wahrlich unbrüderlichen Beziehung von Theodor Bartošek und Julius Myslík verdichtete, gefolgt von der anderen großen „Causa" – dem Beitritt des Außenministers Edvard Beneš zu den Freimaurern. Diese beiden Fälle trugen zu einer deutlichen Destabilisierung dieser Loge und anscheinend auch zur Entstehung

Alfons Mucha: Kleinod der Loge Pravda vítězí (Die Wahrheit siegt)

einer neuen Tochterloge bei. Das Ganze vollzog sich jedoch unter etwas seltsamen Umständen: weder der Logenmeister, dessen Amt zu diesem Zeitpunkt der Historiker und Bibliothekar Josef Volf bekleidete, noch andere Amtsträger wurden von diesem Vorhaben ihrer Kollegen im Voraus informiert, es handelte sich also sicher um keine Konsenssache.

Den Stein ins Rollen brachte der Sekretär von Beneš, Jiří Sedmík, der den Minister auch – bei tatkräftiger Unterstützung von Josef Volf freilich – zur Freimaurerei hinführte. Über den entscheidenden Grund kann man nur Vermutungen anstellen. Es bieten sich mehrere Erklärungen an, deren Richtigkeit jedoch schon deshalb zweifelhaft scheint, weil auch zahlreiche Gründungsmitglieder der Loge Jan Amos Komenský – also die Männer aus der Hiram-Loge – in die neue Loge gewechselt hatten, unter ihnen beispielsweise Alfons Mucha, Berthold Thein oder Jaroslav Kvapil. Was mag also die Ursache gewesen sein? 1. die Überfüllung der Loge Komenský, in der die Atmosphäre schon seit Längerem nicht rein brüderlich war, 2. das Unbehagen an dem von Josef Volf praktizierten Führungsstil in der Loge, 3. die Bestrebungen, für den Anfang 1928 in den Meistergrad erhobenen Edvard Beneš ein familiäres Umfeld zu schaffen und gleichzeitig einen größeren Anteil an dem Geld zu gewinnen, das Beneš in die Freimaurerei brachte, 4. im Jubiläumsjahr durch die Gründung einer Jubiläumsloge mit einem außergewöhnlichen Namen auf sich aufmerksam zu machen, 5. einen unbelasteten Neuanfang zu versuchen. Es mag auch noch weitere Gründe geben, alle bleiben jedoch im Bereich der Hypothesen, denn explizit werden die Ursachen der Krise in der Komenský-Loge nirgendwo erwähnt, man beschränkte sich immer nur auf die Folgen.

Die nachträgliche Aufzeichnung von Josef Volf stellt Jiří Sedmík als den Initiator der ganzen Veranstaltung dar,[240] die Einladungen wurden per Expres verschickt, was entweder auf eine eher spontane Regung oder auf ein kalkuliertes Moment der Geheimhaltung und Überraschung hindeutet. Am 28. Februar 1928 fand im Büro des Händlers mit Chile-Salpeter, Zdeněk Helfert, „die Sitzung der Gründer der Loge Tomáš Garrigue Masaryk statt". So sollte der Name der neuen Loge lauten – die bisherigen Logen wurden nach großen tschechischen Persönlichkeiten benannt und diesmal sollte es die größte, noch lebende sein.

Warum das ursprüngliche Vorhaben geändert wurde, kann man an Hand der Aufzeichnung des Leiters der politischen Abteilung in der Präsidentenkanzlei und gleichzeitig Mitglieds der Loge 28. říjen Josef Schiesl rekonstruieren: „7./3. Sedmík hat mich angerufen und mir gesagt, dass Beneš schon am 14.2.[241] mit dem Präsidenten[242] über den Logennamen TGM gesprochen hätte und der Präs. einverstanden gewesen wäre. Ich teilte gestern Herrn Präs. mit, welche Stellung die Freimaurer dazu einnehmen und was ich von Sedmík erfahren hatte. Der Präs. eröffnete mir – Nein, darüber hat er mit mir nicht gesprochen, daran würde ich mich erinnern. Energischen Schrittes ging er zum Nachttisch, nahm sein Diarry, schlug die entsprechende Seite nach und sagte – Ja, er war bei mir am 12. Februar in Lány, aber über diese Sache haben wir nicht gesprochen. Das ist seine klassische Unkonzentriertheit bei den weniger wichtigen Sachen in Folge völliger Überarbeitung (Entschuldigung). ‚Ich wünsche es nicht (den Logennamen)' ‚Herr Präsident, soll ich es so an die zuständigen Amtsträger weiterleiten?' ‚Selbstverständlich, deshalb sage

---

240   Vgl. Volfs Notizen, die im LA PNP (Literaturarchiv des Denkmals des nationalen Schrifttums), Bestand Rudolf Jordan Vonka.

241   Das Datum wurde nachträglich hinzugefügt und ist sehr schlecht lesbar. Es ginge somit dem durch Sedmík initiierten Treffen zeitlich um Einiges voran, aber es ist möglich und Masaryks Bemerkung würde dies bestätigen. Wenn das stimmt, dann ist im Handeln zumindest einiger Gründer eine umso stärkere Abkehr von der reinen freimaurerischen Liebe und Ehrlichkeit zu vermerken. Ich würde ein derartiges Handeln ganz offen als Intrige bezeichnen.

242   Gemeint ist der Präsident Tomáš Garrigue Masaryk (Abkürzung TGM).

ich es Ihnen.' Ich bestellte sofort Sedmík zu mir, der am Boden zerstört war ..."[243]

Sedmík versuchte noch, die Entscheidung des Präsidenten zu beeinflussen und bestand darauf, dass er aus sicheren Quellen, d.h. von Beneš, weiß, dass der Präsident zunächst einverstanden gewesen war. Beneš soll ihn sogar am 14. Februar nach dem Mittagessen angerufen haben, um ihm die freudige Nachricht zu verkünden. Inzwischen hatte Sedmík den Gründern der neuen Loge mitgeteilt, dass sie sie nach dem Staatsoberhaupt benennen dürfen, und seiner Meinung nach wäre es für Beneš unerträglich, wenn es dazu nicht kommen könnte. Schieszl lehnte jedoch ab, bei Masaryk zu intervenieren, denn es würde sich dabei entweder herausstellen, dass Beneš nicht die Wahrheit sagte, oder dass Masaryk vergesslich war. Und beides wollte er nicht.[244]

Im Mai jenes Jahres beantragte die neue Loge die Zuweisung des Namens Pravda vítězí (Die Wahrheit siegt). Es war also letztendlich nicht der Name des Präsidenten, sondern das auf den König Georg von Podiebrad zurückgehende Motto seiner Präsidentenstandarte. Sedmík versuchte, sich in der Präsidentenkanzlei stark dafür einzusetzen, dass wenigstens dieser Name genehmigt wird, bzw. dass die Kanzlei oder der Präsident sich nicht widersetzten. Als das Landesamt dann später tatsächlich nachfragte, wurden keine Einwände erhoben, denn – laut Erklärung des Freimaurers – Kanzlers Šámal – gebe es keine rechtmäßigen Gründe für einen Widerspruch, da es sich um keine Schutzmarke handele.[245]

Das nächste Zusammentreffen der Gründer der neuen Loge fand, Volfs Aufzeichnungen zufolge, am 21. März 1928 in Sedmíks Wohnung in der Straße Na valech statt. In der Zwischenzeit überlegten es sich aber einige der Gründer anders und kehrte in die Loge Komenský zurück. Problematisch war die Situation deshalb, weil noch einige Monate lang niemand der Mutterloge offiziell mitteilte, wer sie verlässt. Zu den Rückkehrern vor dem Weggang gehörte beispielsweise eine Persönlichkeit aus Hiram, der Maler Viktor Stretti. Bei näherer Überlegung wird man sich darüber klar, dass zu diesem Zeitpunkt und in dieser Situation die Gruppe zerfällt, die sich in den letzten Jahren vor dem Ersten Weltkrieg

---

243   Nach SÚA (Staatliches Zentralarchiv), Bestand Josef Schieszl, K. 7, Svobodní zednáři (Die Freimaurer), Eintrag vom 15. März 1928.

244   Die Entscheidung über den Logennamen und darüber, was man dem Großorient=dem Großrat sagen soll, musste bis zu Benešs Rückkehr aus dem Ausland warten. Beneš hielt sich seit dem 8. März im Urlaub in Südfrankreich auf. Das Itinerar vgl. ČECHUROVÁ, Jana–ČECHURA, Jaroslav: Edvard Beneš /diplomat na cestách/ (E.B./Ein Diplomat unterwegs/), Praha 2000.

245   Vgl. AKPR (Archiv der Präsidentenkanzlei), Sign. T 12/24.

gebildet hatte und durch die Idee einer noch nicht in Hochkonjunktur befindlichen Freimaurerei verbunden war. Schon am 16. März 1928 schrieb Stretti an den Logenmeister Volf: „Nach einer reifen Überlegung beschloss ich ... zurück in die Loge Komenský einzutreten. Die Ursache meiner neulichen Deckung[246] ist Dir ausreichend bekannt. In den Vorbereitungssitzungen der neu entstehenden Loge, die zweifellos zu hastig aufeinander folgten, betonte ich, dass mein freimaurerisches Gewissen es schwer ertragen würde, wenn ich die Loge verließe, die ich seinerzeit mit großer Begeisterung ... mitgründete und auf deren Abzeichen ich so stolz bin. Meine Bedenken wurden jedoch jedesmal mit dem Argument zum Schweigen gebracht, dass wir sowieso alle Mitglieder in JAK [der Loge Jan Amos Komenský] bleiben. Leider hat der Beschluss der letzten Sitzung des Großorients meine Zweifel an der Richtigkeit der Lösung bestätigt. Ein tschechoslowakischer Freimaurer kann nicht gleichzeitig ein rechtmäßiges Mitglied in zwei Logen desselben Orients sein ... Ich beschloss also, meine Gründungsmitgliedschaft zurückzuziehen ..."[247]

Es sei dahingestellt, ob die Gründer der neuen Loge tatsächlich mit der Möglichkeit der doppelten Logenangehörigkeit kalkulierten. Denn sie alle hatten jahrelang die höchsten freimaurerischen Ämter inne und waren also erfahren genug, um diese Eventualität als nur schwer durchsetzbar, wenn nicht gleich völlig unrealistisch einschätzen zu können, obgleich der Großorient in dieser außergewöhnlichen Situation seine Entscheidung ad hoc gefällt zu haben scheint. Zweifellos umstritten war jedoch die Tatsache, dass zu dem amtierenden Logenmeister Volf die Informationen darüber, welche „Schäfchen" seine Herde nun also verlassen hatten, nur auf indirektem Wege und über Informanten gelangten. „Teurer Meister, ich durfte einen Blick in die Mitgliederliste der Loge Pravda vítězí werfen, und konnte da die Namen Mucha, Emil Svoboda, J. B. Kozák, F. V. Krejčí lesen. Dort habe ich erfahren, dass Eger geblieben ist.[248] ... Kozák erarbeitete ein interessantes Programm: Es steht dort unter anderem: Wir wollen uns mit allen Fragen beschäftigen, also auch mit der Religion. Den Ritus halten wir ein und schätzen wir, er ist uns ein Mittel, nicht das Wesen." Diese Formulierung ist wahrhaftig

---

246 D.h. das Auflösen des Bundes nach Erfüllen aller Verpflichtungen (insbesondere der finanziellen) und unter Ablegung des Verschwiegenheitsgelübdes.

247 LA PNP (Literaturarchiv des Denkmals des nationalen Schrifttums), Bestand Josef Volf, Briefwechsel mit Viktor Stretti.

248 Vergleicht man diese Angabe mit Volfs Aufzeichnungen, stellt man fest, dass Vonkas nicht datierter Brief erst vom 28. Mai 1928 stammt. Vgl. LA PNP (Literaturarchiv des Denkmals des nationalen Schrifttums), Bestand Josef Volf, Briefwechsel mit Rudolf J. Vonka und LA PNP, Bestand Rudolf Jordan Vonka, Volfs Eintrag.

verblüffend, denn sie steht im völligen Widerspruch zu den bisherigen Bemühungen und der Überzeugung gerade der Männer, die ursprünglich aus Hiram kamen, an erster Stelle Berthold Thein, und die gemeinhin die Grundsätze der Johannis-Freimaurerei achteten – sprich den Ausschluss der politischen und religiösen Gespräche aus den Logen[249] und die Achtung vor dem Ritual, nach dessen möglichst großer Vollkommenheit man trachtete.

Der Informant Vonka blieb jedoch in allen Lebenslagen optimistisch und praktisch und versuchte Volfs Enttäuschung über die Situation zu mildern und einen pragmatischen Weg einzuschlagen: „Wir müssen überlegen, ob wir der neuen Loge einen Hammer schenken wie üblich oder ob wir uns für unsere erste Tochter etwas anderes einfallen lassen." Auch nach einigen Monaten hat die Situation nichts von ihrer Dramatik eingebüßt, wie mehrere Briefe bezeugen, und es war wiederum der Schriftführer der Loge Vonka, der die Krise positiv zu überwinden suchte. Er schlug vor, ein Buch über die ersten zehn Jahre Selbständigkeit der Loge Jan Amos Komenský zu veröffentlichen und er forderte Volf auf, allen den Wind aus den Segeln zu nehmen, indem er „Die Geschichte der Freimaurerei" herausgibt, „die niemand besser zu schreiben vermag als Du ... Jetzt heißt es Ruhe zu bewahren. Und wie ich Dich kenne, wirst Du trotz Deines Temperament die Ruhe wieder bewahren können."[250]

Von der Krise in der Komenský-Loge erfuhren bald darauf auch der Großorient sowie die anderen Logen, die in der ersten oder zweiten Märzwoche in ihren Sitzungen eine diskrete Diskussion führten „über die Ereignisse, die in den letzten Tagen die tschechoslowakischen Freimaurer erschütterten und sie die Spaltung einer der Bruderlogen befürchten ließen. Es wurde jedoch die Vermutung geäußert, dass die alarmierenden Nachrichten übertrieben seien und die Ereignisse uns eine praktische Lehre für die Zukunft sein mögen."[251]

Der Weg, für den sich die prominenten Persönlichkeiten in der neuen Gruppe entschieden hatten, verstimmte auch den Großorient – wir besitzen zwar keine direkten Aussagen darüber, aber es geht aus Sedmíks Brief hervor, in dem er versuchte, dem Logenmeister Volf die ganze Situation nachträglich zu erklären: „Ehrwürdiger Meister, teurer Bruder: ich komme wieder auf das bekannte Thema zu sprechen: 1) ein Amtsträger sowohl in der Loge JAK [Jan Amos Komenský] als auch im Großorient

---

249   Diese geht aus der freimaurerischen Konstitution von Anderson aus dem Jahre 1723 hervor.

250   LA PNP [Literaturarchiv des Denkmals des nationalen Schrifttums], Bestand Josef Volf, Vonkas Brief vom 22. September 1928.

251   AVL ČR [Archiv der Großloge der Tschechischen Republik], Buch der Arbeiten der Loge Národ, Eintrag vom 16. März 1928.

... muss im Interesse völliger Objektivität nur die folgenden Tatsachen überprüfen: hatten wir das Recht, eine neue Loge zu gründen und waren unsere Schritte konstitutionell richtig? Diese beiden Fragen können nur mit einem Ja! beantwortet werden ... In diesem Falle kann man niemandem Vorwürfe machen oder Einwände erheben – und wer dies tut, läßt sich von seinen subjektiven Empfindungen leiten, was zwar nicht verboten ist, darf jedoch einem Amtsträger bei seinen Stellungnahmen nicht im Wege stehen ... 2) Ich vernahm auch den Einwand, woher hätten wir das Recht genommen, uns Loge TGM [Tomáš Garrigue Masaryk] zu nennen? Also, zunächst mal ... es ist das Vorrecht der Initiative, die jeder hätte ergreifen können. Dessen ungeachtet hatte Br. Kvapil, der im letzten Jahr den Vorschlag machte, der als nächstes gegründeten Loge diesen Namen zu geben, als Stifter dieser Idee auch das moralische Recht vor allen anderen ... Dass Br. Kvapil nur die besten Absichten hegte und weiterhin hegt, kann niemand bestreiten, der ihn kennt! 3) Ich will niemanden in Schutz nehmen, aber Br. Thein wurde von Br. Kvapil hinzugezogen, deshalb halte ich die ihm gemachten Vorwürfe für unberechtigt. 4) Alle anderen Einwände sind sekundär und ad hoc gemacht. Es sind alles nur Emotionen, die verschiedene Ursachen haben und die wir nur allzu gut aus unserem öffentlichen Leben kennen." Als den einzig berechtigten Vorwurf lässt Sedmík gelten, dass der Logenmeister Volf von ihnen nicht informiert wurde.[252]

Man könnte sich fragen warum. Wenn die Entstehung der neuen Loge unter der moralischen Schirmherrschaft des vollkommen unbescholtenen Jaroslav Kvapil stand[253], wenn der freimaurerisch rigide Berthold Thein dazu kam, wenn sich das Haupt der tschechoslowakischen Freimaurer, der Souveräne Großkommandeur Alfons Mucha, daran beteiligte und wenn dieses ganze Unternehmen die Unterstützung von Edvard Beneš und seinem Sekretär Sedmík genoss – dann lässt diese Verknüpfung zahlreiche Fragen aufkommen, die sich freilich nur schwer beantworten lassen. Warum wusste Volf, zweifelsohne die Fachautorität unter den tschechischen Freimaurern, von nichts? Allem Anschein nach ist die Kommunikation in der Loge Komenský ins Stocken geraten und auch brüderliche Offenheit würde man hier nur schwerlich finden. Das entspricht zwar nicht ganz dem Geist der Freimaurerei, aber man kann dabei auch eine andere Sache beobachten. Nämlich: dank der Toleranz, die zu vermitteln sich die Freimaurerei zum Ziel setzt, konnte es gelin-

---

252   LA PNP [Literaturarchiv des Denkmals des nationalen Schrifttums], Bestand Josef Volf, Sedmíks Brief vom 7. März 1928.

253   Dieser kommt in seinen Memoiren auf diese Ereignisse gar nicht zu sprechen. Vgl. KVAPIL, Jaroslav: O čem vím [Wovon ich weiß], Praha 1932.

ORIENT PRAŽSKÝ

V Or.˙. Pražském 19/3/28/5 o.˙.l.˙.

Řád.˙. a dok.˙. L.˙. "Harmonie"

Or.˙.Praha.

Ctih.˙. Mistře!

Drazí bři.˙.!

Obsah tamější desky ze dne 23.dubna o.˙.l.˙. vzat byl na vědomost s upřímným povděkem a prosíme, abyste přijali projev našich srdečných díků za laskavá slova soustrasti nad odchodem do Věčného Východu člena našeho br.˙.Jiří V. Daneše.

S upřímnými br.˙.pozdravy v č.˙.n.˙.p.˙.

Za řád.˙. a dok.˙. L.˙. "Dílo"

Tajemník:

D Barta

Mistr L.˙. :

J. Schwarz

Briefpapier der Loge Dílo (Das Werk)

gen, die Krise wenigstens teilweise zu überwinden, auch wenn sicher
manche Stachel stecken gebieben sind.

Für Volf, der auch außerhalb der Freimaurerei die Dinge sehr unter dem Prestigeaspekt wahrnahm, war es alles andere als einfach, die
Ereignisse zu verkraften. Die Loge zerfiel ja unter seinen Händen. Sein
selbstbewusstes Auftreten und unzureichende Demut lassen vermuten,
dass auch Volf eine Teilschuld an der Zuspitzung der ganzen Situation
trug. Im August 1928 reichte ihm Jiří Sedmík die Hand zur Versöhnung:
„Ich komme wieder auf den unheilvollen Augenblick zu sprechen, der einen Keil, zumindest zeitweise, zwischen uns geschlagen hatte. Es tut mir
leid, dass die Schaffung der neuen Loge eine gewisse Abkühlung unserer
Beziehungen bewirkte ... Jetzt, wo die neue Loge anerkannt wurde und
jeder Freimaurer mit Disziplin die Entscheidung der höheren Instanz respektieren muss,[254] komme ich zu Dir und bitte Dich, dass wir die ganze
Angelegenheit übergehen ... Du kannst meine zum Frieden ausgestreckte
Hand nicht zurückweisen [weil Sedmík bei der Beerdigung seiner Tochter Jana Volf aufrichtig weinen sah] ... Ich war auch in den Momenten des
schärfsten Konflikts niemandem böse, umso weniger Dir."[255]

Als letztes Beispiel einer aus dem Konflikt entstandenen Loge möchte ich hier die „Pilsner Teilung" anführen. Es sei vorausgeschickt, dass
auch in der Pilsner Loge Dobrovský, ähnlich wie in der Komenský in
Prag, der Geist der Vorkriegs-Freimaurerei, des gemeinsamen Zirkels
Harmonia weiter lebte und auch nach langjährigem Bestehen unter der
Nationalen Großloge der Tschechoslowakei nicht verschwand. Aber auch
hier brach ein Konflikt aus, für den – wiederum parallel zum Prager Fall
– der Überdruss vieler Angehöriger der Gründungsgeneration darüber,
was in der Loge vor sich geht, sowie die Wehmut über das Verschwinden
der ursprünglichen Ideale charakteristisch war.

Aus der offiziellen Schilderung der Entstehung der Pilsner Loge
Bratrství[256] würde kaum jemand herauslesen, wie schwerwiegende Kon-
troversen einige Jahre zuvor in der Loge Dobrovský ausgetragen wurden. Unter den Gründern der neuen Pilsner Loge befanden sich vier von
denen, die vor fünfzehn Jahren Dobrovský geschaffen hatten, und zwar
A. Juránek, A. Buschek, Š. Poláček und O. Weissberger, weiter drei ehe-

---

254   Das bedeutet, dass bei der Entstehung der Loge Pravda vítězí ihre Gründer jenseits der Standardwege gingen, da ja der Großorient erst danach das entsprechende verbindliche Verfahren in Kraft setzte. Bis dahin entstanden die Logen einfach durch „friedliche Teilung". Der gewählte Weg ist umso befremdlicher, wenn man bedenkt, wie
viele hohe Funktionäre daran beteiligt waren. Als Hauptproblem sind wohl also die persönlichen Gründe anzusehen.

255   LA PNP (Literaturarchiv des Denkmals des nationalen Schrifttums), Bestand Josef Volf, Sedmíks Brief vom
10. August 1928.

256   Vgl. 24. dílna NVLČs (24. Werkstatt der Nationalen Großloge der Tschechoslowakei), in: Svobodný zednář
(Zeitschrift Der Freimaurer) 6-7, XI, 1937, S. 66-70.

malige Logenmeister von Dobrovský – J. Kutvirt, der auch an die Spitze der neuen Loge trat, E. Glaser und M. Fiala. Für die hiesigen freimaurerischen Verhältnisse war es eine wahrlich repräsentative Gruppe. Die Loge Bratrství wurde von 19 Freimaurern aus der Loge Dobrovský gegründet – was für Pilsen eine wirklich hohe Zahl war, nahezu die Hälfte ihrer Mitglieder.

Spätestens seit 1932 hat man auch in Prag vernommen, dass unter den Pilsner Freimaurern etwas Unerfreuliches vor sich geht. Der Protagonist eines der ersten Konflikte war Celestýn Rypl, dänischer königlicher Konsul in Pilsen, Mitglied in der Dobrovský-Loge seit 1923. Er beantragte die Erhebung in den 18. Grad, weshalb er erneut überprüft wurde. Bei dieser Gelegenheit stellte sich heraus, dass er gar nicht aktiv an den Sitzungen teilnimmt und gleichzeitig Mitglied der Bruderschaft des heiligen Grals ist, was mit der Freimaurerei nicht kompatibel war.[257] Kurz und gut, nach der Überprüfung von Rypl kamen die Vertreter seiner Heimatloge, einschließlich des Logenmeisters – des hoch angesehenen Frauenarztes und Geburtshelfers Ervin Glaser – überein, dass sie die beantragte Beförderung nicht empfehlen. Außerdem waren sie sich auch einig, dass, wenn es sich um sein Eintrittsgesuch in die Loge handeln würde, sie ihn gar nicht aufnehmen. Aber damit hat das Entwirren der vertrackten Beziehungen in der Loge gerade erst begonnen.

Es waren nämlich persönliche Gründe, die Rypl dazu führten, nicht mehr am Logenleben teilzunehmen. Es sagte es geradeheraus – „laut seinen eigenen Worten erträgt er nicht, dass unsere Loge von einem Juden geführt wird".[258] Das glich natürlich einer Kampfansage. Weiterhin hieß es über ihn: „Er ist hauptsächlich ein stark zum Faschismus neigender Nationaldemokrat, der allen voran die Sozialdemokratie hasst und es auf den Einfluss von Br. Glaser schiebt ... Je mehr ich über seine Beförderung nachdenke, desto mehr sehe ich, dass nicht einmal der 18. Grad seine Neigungen zu verändern vermag."[259]

Das scheint jedoch nicht das einzige Problem gewesen zu sein, das die Pilsner Luft vergiftete. Ein zweiter Fall drehte sich um den einstigen Rechnungsrat der Pilsner Sparkasse, Jaroslav Kutvirt, der ebenfalls für die Erhebung in den 18. Grad vorgeschlagen wurde. Der Fabrikant, Ski-

257 Erst später wurde eine interne Diskussion über diese Angelegenheit geführt, die die grundsätzlichen Stellungnahmen etwas korrigierte. Laut Helferts Abschrift des Briefes von Ervin Glaser vom 7. November 1932. ANM (Archiv des Nationalmuseums), Bestand Jan Kapras, K. 108, Inv.-Nr. 5076. Eine explizite Zurückweisung findet sich jedoch schon in Glasers Brief vom 19. Oktober 1932, dessen Abschrift sich ebendort befindet.

258 Helferts Abschrift des Briefes von Arna Juránek vom 24. November 1932, die Kapras im Rahmen der Auseinandersetzungen über die hohen Amtsträger über Beförderungen übergeben wurde.

259 Ebd.

fahrer, Bergsteiger und aktives Mitglied im Sokol-Verein Arna Juránek, aus dessen Feder die folgenden Bemerkungen stammen, kann uns eine vorurteilsfreie und ausgewogene Perspektive garantieren – hier gibt es keinen Anlass, seine Urteile über seinen Mitbruder in Frage zu stellen. Juránek begnügt sich auch nicht mit einer bloßen Charakteristik von Kutvirt, er ist bestrebt, das Verhältnis eines Freidenkers, der den freimaurerischen Ideen sehr nahe stand, zur formalen Seite der Freimaurerei als ihrem untrennbaren Bestandteil aufzuzeigen. Deshalb ist sein offenes Zeugnis so außerordentlich wertvoll, denn es findet sich nicht einmal in dem Briefwechsel etwas Vergleichbares.

„Br. Geheimer Meister[260] Jaroslav Kutvirt nimmt nicht an der ordnungsgemäßen Logenarbeit des 4. Grades teil. Als Begründung gibt er an, dass er nicht genung Geld hat für die Reisen nach Prag, aber im gleichen Atemzug bemerkt er, dass im 4. Grad nicht viel mehr passiert als die Aufnahme neuer Mitglieder, und wegen der Vorträge der Brüder Geheimen Meister, die er sich auch bei der Logenarbeit des 1. Grades[261] anhören kann, muss er nicht extra nach Prag fahren." Ähnlich spöttische Bemerkungen konnte er sich angeblich auch bei der in der deutschen Loge Ludwig Piette geführten Diskussion über die mögliche Einführung der Hochgrade im Rahmen der deutschen Freimaurerei nicht verkneifen. „Die Brüder Geheimen Meister Kepák und Glaser wurden von ihm vor ihrer Reise zum Einweihungsritual nach Prag mit spitzer Ironie auf die ‚Schönheiten' des Aufnahmezeremoniells ‚vorbereitet'. Nach ihrer Einweihung beschwerten sich beide darüber. Wenn der Bruder tatsächlich ein so festes Rückgrat hat, wie er immer behauptet, kann er nicht anders als die Aufforderung zur Beantragung der Erhebung in den 18. Grad abzulehnen, und ich denke, dass er dies auch tun wird, jedoch aus einem anderen Grund, nämlich wegen der fehlenden finanziellen Mittel zur Bezahlung der Gebühren." Der sehr offene persönliche Bericht Juráneks, einer von den wenigen erhaltenen solchen Charakters, fährt hier noch fort: „Vor mehr als einem Jahr beleidigte er mich sehr grob in Anwesenheit eines profanen Menschen und bis heute war er nicht imstande, den Weg oder die Lust zu einer Entschuldigung für sein Verhalten zu finden. Ich beachte ihn nicht, und auf seine Darlegungen oder Ausführungen während der Logengespräche reagiere ich nicht, obgleich er gegenüber

---

260   Bruder Geheimer Meister ist die verbale Bezeichnung des 4. Grades. Die Sitzungen der Hochgrade, für die Brüder aus allen Logen gemeinsam, fanden nur in Prag statt.

261   Die Arbeit des ersten Grades wird in der Loge unter Teilnahme von allen, also der Lehrlinge, Gesellen und Meister, abgehalten. Manche Sitzungen, insbesondere diejenigen, bei denen über die Beförderungen in den 2. und 3. Grad oder irgendwelche Personalia verhandelt wurde, fanden unter Ausschluss der Lehrlinge bzw. Gesellen statt, je nachdem, um welchen Grad es sich handelte, denn jeder Freimaurer kann lediglich über seinen und die niedrigeren Grade entscheiden.

den Ritualen sowie der Konstitution nicht selten Unverschämtheiten verlauten lässt. Als B.M. war er neben mir, als ich den Hammer in der Loge führte,[262] unerträglich. Er wurde immer wieder ausfällig, und jedesmal während der Konferenzarbeit des 1. Grades, weil er wusste, dass ich, will ich nicht gegen die Konstitution verstoßen, ihm vor den Lehrlingen und Gesellen nicht antworten kann. Das Aufschlagen der Bibel beim Beginn der Tempelarbeit hat er nur einmal ausgeführt. Ihm passte nicht, dass er als Freidenker sich zu dieser Handlung ‚herablassen' sollte, deshalb hat er das Buch der Heiligen Gesetze an irgendeiner beliebigen Stelle ‚aufgerissen' und den Zirkel und Winkelmaß achtlos draufgeworfen." Juránek beschreibt sehr ausführlich, wie Kutvirt völlig respektlos und ohne jeden Sinn für Ritualerhaltung alle Teile des freimaurerischen Werkzeugs behandelte und dadurch das ganze Ritual eigentlich demonstrativ entweihte. „Wir vertrugen uns praktisch vom ersten Moment an nicht, seit seiner Aufnahme. Er ist ein intoleranter Freidenker, seine Polemiken voll giftiger Stacheln. Obwohl ich ihn einige Male im Interesse der Loge aufforderte, seine Ausfälle mir, dem Großorient sowie den Hochgraden gegenüber zu unterlassen, nützte es nichts. Ich hege jedoch keinen Groll gegen ihn und ich werde, sollte es zur Ballotage über ihn kommen, mit einer weißen Kugel stimmen."[263]

Man musste sich entscheiden, wie man mit einer solchen Situation, einer derartigen Atmosphäre in der Pilsner Loge zurechtkommen sollte. Ein anderer Pilsner Freimaurer, Karel Škába, löste das Dilemma für sich zeitweise so: „Kein Wunder, dass du mich das ganze Jahr über in Pilsen nicht gesehen hast, ich ging nicht mehr dorthin, ja ich trennte mich von dieser Gesellschaft fast endgültig. Hätte es da nicht ein paar sehr gute Freunde gegeben, wäre ich nicht mehr zurückgekehrt, denn die Mentalität dieser Gesellschaft mehr in psychopathologischer Hinsicht als einer anderen von Interesse sein kann ..."[264]

Allgemeinere Überlegungen zu dem oben skizzierten breiten Spektrum der Probleme lassen zwei scheinbar inkompatible Elemente erkennen, die der freimaurerische Rahmen jedoch zu fassen vermag, oder besser gesagt, jeder kann sich hier seine Rosine herauspicken. Der Spannungsbogen reicht von dem rechtsgerichteten und elitär gesinnten Antisemiten, dem wohl insbesondere die Exklusivität der Umgebung und die rituelle Seite der Freimaurerei lag, was auch seine Mitgliedschaft in der „Bruderschaft

---

262 Also als er das Amt des Logenmeisters innehatte.

263 D.h., für seine Aufnahme in den 18. Grad stimmen. Zitiert nach Helferts Abschrift des Briefs von Juránek vom 24. November 1932, an Kapras adressiert.

264 Brief an Josef Volf vom 6. Dezember 1934, LA PNP (Literaturarchiv des Denkmals des nationalen Schrifttums), Bestand Josef Volf.

Verschiedene Teile einer Ausstattung der Freimaurer

vom heiligen Gral" bezeugt (Rypl) bis hin zum linksgerichteten Freidenker, der das Ritual und die hierarchisierte Autorität wenig schätzte, die Werte der Brüderlichkeit und der offenen Gespräche bevorzugte und in der Freimaurerei vor allem einen Diskussionsklub sah (Kutvirt).

1936 beschloss die Pilsner Loge, dass sie im Wesentlichen keine neuen Mitglieder aufnehmen, sondern versuchen wird, die „brüderlichen Beziehungen und die Erziehung der Neophyten" zu vertiefen.[265] Nach der Aufassung des Logenmeisters Fiala war vor allem notwendig, die Ideologie und ihre Anwendung auf das private sowie öffentliche Leben im Detail auszuarbeiten. Gewisse Bemühungen um die Lösung der Krise gab es also offensichtlich, die brüderliche Liebe wurde dabei jedoch nicht tiefer.

Die Auseinandersetzungen in der Pilsner Loge führten schließlich zur Entstehung einer neuen Loge, die Bratrství (Brüderlichkeit) benannt wurde. Sie hatte nur positives Echo, denn es wurde somit eine neue tschechische Loge gegründet und gleichzeitig die Pilsner Trias vervollständigt. Das wäre doch zweifellos ein Grund zum Stolz und Feiern gewesen? Aber für die Betroffenen blieb der bittere Nachgeschmack, und an dieser Stelle muss die Frage nach dem Wesen des Erlebnisses gestellt werden ... Noch in der Nachkriegszeit, als die Freimaurerei erneuert wurde, hallte ein ziemlich starkes Echo der einstigen Streitigkeiten wieder, insbesondere die Erinnerung an den unmittelbaren Grund der Logenauflösung, nämlich die „völlig unangebrachte Bevorzugung bestimmter Kandidaten" seitens des Logenmeisters, oder noch anders, die Entstehung der neuen Loge wird hier als Reaktion auf die Ablehnung des favorisierten Kandidaten während der Ballotage gedeutet.[266]

Aus der heutigen Perspektive muss dieser Aspekt als der sprichwörtliche letzte Tropfen erscheinen, der das Fass zum Überlaufen brachte. Dass es sich um einen viel tiefgründigeren Streit handelte, legt die personelle Zusammensetzung der neuen Loge nahe, insbesondere die schon erwähnte zahlenmäßig hohe Vertretung der „alten" sowie der „linken" Freimaurer und wohl auch der jüdischen Freimaurer. Ich muss eingestehen, dass ich mich im Falle der letztangeführten Kategorie auf keine Quellen stützen kann, eine vielleicht indirekte Bestätigung mögen jedoch die Listen der Nachkriegsopfer und -verluste in den einzelnen Logen liefern.[267]

265 Neophyt ist ein neu in die Loge aufgenommenes Mitglied, nach Z domácích dílen [Aus den inländischen Werkstätten], in: Svobodný zednář [Zeitschrift Der Freimaurer] 4, X, 1936, S. 65-67.

266 Der Chronologie entsprechend würde es sich bei diesem Logenmeister wohl um Fiala handeln. Mehrere negative Hinweise stammen aus dem Briefwechsel des Mitglieds der Loge Dobrovský Stanislav Kepák mit dem Großschriftführer Otto Mizera aus dem Jahr 1947. Vgl. AMP [Archiv der Hauptstadt Prag], Bestand Národní Velká Lóže Československá, K. 6, Inv.-Nr. 55.

267 Hingerichtet und zu Tode gefoltert wurden die folgenden Mitglieder der Loge Bratrství: Ervin Glaser, Richard Hasterlík, Jindřich Kohn, Šalamoun Poláček, Artur Polák. Aus der Loge Dobrovský nur ein einziges Mitglied: Karel Chochola. Vgl. ebd., K. 2.

Zirkel Oreb

Als das letzte konkrete Beispiel der Entfaltung der tschechischen Freimaurerstrukturen möchte ich hier den Königgrätzer Zirkel Oreb vorstellen. Dieser ist nach langjährigen Bemühungen entstanden und die
Umwandlung zu einer Loge gelang nie, obgleich die Bedingungen für die
Gründung einer Loge in Ostböhmen in Hinsicht auf Mentalität, Tradition
sowie die Beziehung zu Prag als sehr günstig erschienen. Falls man in
den Prager Logen jemals überlegte, in welche Richtung die Expansion erfolgen sollte, nahm Königgrätz eine Spitzenposition ein. Trotzdem wurde
hier erst im April 1935 ein Zirkel gebildet.

Das Bestreben und die Erlebnisse der ostböhmischen Freimaurer
werden uns in ihrem Briefwechsel vermittelt, insbesondere in den Briefen an Josef Volf. Bemerkenswert ist beispielsweise die Tatsache, dass
schon 1926 Jan Kapras in der Loge Národ die Vorbereitung der Gründung eines Zirkels in Königgrätz vorschlug. Die anderen überzeugten ihn
jedoch, dass die dortigen Verhältnisse nicht gut genug sind.[268] Kapras
gab sein Vorhaben allerdings nicht auf und bald darauf verkündete er,
er habe mit dem Schriftsteller Josef Jahoda und dem Gymnasialprofessor Rudolf Schenk unverbindlich gesprochen. Erneut fand er kein großes
Verständnis bei den Mitbrüdern, man priorisierte Olmütz. Danach ergriff Volf aus der Loge Komenský die Initiative und handelte „alles Notwendige" über den Königgrätzer Zirkel aus.[269]

Ende 1927 begegnet man unter den Suchenden endlich auch den ostböhmischen Pionieren der modernen tschechischen Freimaurerei – dem
Schriftsteller Jahoda und Ing. Arch. Václav Rejchl. Ihre Schritte führten
sie in die Loge Jan Amos Komenský. In dieser Zeit kann man die Entstehung einer starken Gefühlsbindung zwischen Jahoda und Volf nachver-
folgen sowie Jahodas Dankbarkeit dafür, dass ihn Volf zu den Freimaurern brachte. Dankbarkeit für die Zugehörigkeit zu dieser Gruppe und
vielleicht auch dafür, dass Jahoda, Verleger von Büchern und Zeitschriften aus dem kleinen Dorf Třebechovice pod Orebem, zu einem ebenbür-
tigen Mitglied der hohen Gesellschaftskreise in Prag werden konnte.[270]
Meines Erachtens darf dieses Moment nicht unterschätzt werden.

---

268   In dem Eintrag bleibt dies ohne Erklärung. Vgl. AVL ČR [Archiv der Großloge der Tschechischen Republik],
Kniha prací lóže Národ [Buch der Arbeiten der Loge Národ], Eintrag vom 15. Januar 1926.

269   Ebd., der Eintrag vom 9. April 1926. Trotzdem hielten die Freimaurer aus der Loge Národ auch noch im
darauffolgenden Jahr nach geeigneten Personen aus Königgrätz Umschau, in Frage kam Karel Procházka, ein
hiesiger Rechtsanwalt.

270   Jahoda, ein relativ bekannter regionaler Schriftsteller, war auch Mitglied der Akademie.

Bei der Gruppe der Königgrätzer Freimaurer ist ein intensives und manchmal fast schon rührendes Verantwortungsgefühl spürbar, deutlich zu sehen an ihren Bestrebungen, allen vermeintlichen Pflichten nachzukommen. Sie reisten regelmäßig nach Prag, um bei der Tempelarbeit anwesend sein zu können und hielten Volf auf dem Laufenden über ihre freimaurerischen Fortschritte. Trotz ihrer Tüchtigkeit blieben sie jedoch zahlenmäßig deutlich im Rückstand. Das mag an der geringen freimaurerischen Tradition gelegen haben oder daran, dass in einer Kleinstadt sich die Menschen mehr zurückhielten und zögerten, sich einer solchen Organisation anzuschließen. Obwohl diese Gruppe also in jeder Hinsicht vorbildlich war, brachte sie es nach langjährigen Bemühungen nicht weiter als zur Gründung eines Zirkels.

„Teurer Bruder, gestern legtest Du uns ans Herz, bei uns einen Zirkel zu gründen. Heute ist Dein Wunsch schon Wirklichkeit. Wir sind in Polánky bei Jahoda und insgesamt zu viert", erstattete Václav Rejchl Bericht an Volf.[271] Die größte Ausdauer bewies Jahoda, der, wie man dem Briefwechsel entnehmen kann, in der Loge fortwährend Volfs Partei ergriff und darauf bestand, neben dem Verfassen und Halten von Vorträgen noch eine weitere Arbeit zugeteilt zu bekommen. Er blieb dann weiterhin bestrebt, freimaurerische Kontakte zwischen seiner Region und der Prager Zentrale zu knüpfen. Und er war sehr raffiniert darin. Er lud Volf zu sich nach Hause ein und meinte, es wäre sehr gut, wenn auch der Großmeister Weigner käme, den Volf diesbezüglich anrufen sollte. Weiterhin sollten auch Rejchl und Guth anwesend sein, „da kommt also ein freimaurerischer Zirkel zusammen – und wir werden wunderbar reden können!",[272] freute sich der Schriftsteller Jahoda. Und der Grund dieser geplanten Zusammenkunft war ... eine Hausschlachtung.

Trotz all dieser Bemühungen, großer Verantwortlichkeit und immenser Einsatzbereitschaft zur freimaurerischen Arbeit konnte ein Zirkel erst 1935 konstituiert werden. Und er bekam den symbolischen Namen Oreb.[273]

---

271   LA PNP (Literaturarchiv des Denkmals des nationalen Schrifttums), Bestand Josef Volf, Rejchls Brief vom 16. März 1932.

272   Ebd., Jahodas Brief vom 20. Januar 1933.

273   Oreb ist ein Hügel in Ostböhmen, nach dem sich im 15. Jahrhundert die dortigen Hussiten nannten.

Nomen est omen

An dieser Stelle wäre eine Reflexion über die Namensgebungen der tschechischen und slowakischen Logen angebracht. Die ursprünglichen englischen Logen wurden nach den Tavernen benannt, wo sie sich zu versammeln pflegten. Die erste Großloge der Welt wurde 1717 von diesen Logen gebildet: Zur Gans und zum Bratrost, Zur Krone, Zum Apfelbaum, Zum Römer und zur Traube.[274] Heutzutage gibt es in der angelsächsischen Welt unzählige Logen, das Hauptunterscheidungsmerkmal sind ihre Nummern. In Deutschland blieb man der traditionellen Namensgebung nach den Lokalen grundsätzlich treu, wobei man versuchte, den Logennamen jeweils mit Hilfe von Symbolen abzuwandeln – durch ein Attribut (z.B. „gekrönt"), eine mystische einstellige Zahl (drei) oder später dann durch Eigennamen hervorragender Persönlichkeiten, durch Namen von Tugenden oder freimaurerische Symbole.

Für das deutsche Milieu wurde eine Systematik bzw. Typologisierung der Logennamen ausgearbeitet.[275] Diese Arbeit, die eine umfassende sprachliche und semantische Analyse bietet, beruht auf Mitgliederregistern und Gedenkbücher verschiedener Logen von 1737 bis 1972. Die Grundgliederung sieht wie folgt aus:

1. Patronatslogen, also die nach einem Schutzherrn, einem symbolischen oder faktischen Patron benannten Logen

2. die nach einem Ort benannten Logen – nach einer Kirche oder Taverne bzw. alle Bezeichnungen, die irgendwie auf „Heimat" verweisen

3. Logen, die im Namen freimaurerische Begriffe tragen – verschiedene Schlüsselwörter und Werte

4. die nach Pflanzen und Tieren benannten Logen

Dieses Schema kann grundsätzlich auch auf die tschechischen Verhältnisse angewandt werden. Während die deutschen Logen in der Tschechoslowakei sich insbesondere Namen vom 2. und 3. Typ aussuchten, überwog auf der tschechischen Seite ganz klar der Typ 1. Bei einer näheren Betrachtung werden jedoch noch andere Unterscheide und jeweilige Prioritäten deutlich.

1. die nach einem Schutzherrn benannten Patronatslogen: Jan Amos Komenský, Josef Dobrovský, Ján Kollár, Pavel Josef Šafařík, Bernard Bolzano, Lafayette, Comenius, Baruch Spinoza, von den Zirkeln Ján Milec und Petr Chelčický, von den Hochgraden dann Areopag Jan Hus.

274   Nach Cesty svobodného zednářství [Die Wege der Freimaurerei], S. 18.

275   GEPPERT, Ernst-Günther: Die Herkunft die Gründer die Namen der Freimaurerlogen in Deutschland seit 1737, Hamburg 1976.

Die tschechischen Grenzen überschritt Lafayette, der aber vor allem auf Grund seiner Beziehung zu Olmütz ausgewählt wurde. Baruch Spinoza war ursprünglich keine der tschechischen Großloge zugehörige Loge, auch deshalb trägt sie wohl den Namen des niederländischen Philosophen jüdischer Herkunft, dessen Familie aus Spanien stammte, der jedoch nur wenig Bezug zum tschechischen Milieu hatte.

Grundsätzlich kann also festgehalten werden, dass die Logennamen klar und programmatisch auf die tschechische reformatorische Tradition[276] und die nationale Wiedergeburt[277] verwiesen, ganz im Sinne von Masaryks Auffassung der tschechischen Geschichte. Außerhalb dieses Rahmens befanden sich nur einige wenige.

2. Logen, die nach ihrem Entstehungsort oder anderen emotional exponierten Orten benannt wurden: Mit etwas gutem Willen kann man hierher Oreb einordnen, hier spielte bei der Namensgebung insbesondere dessen hussitische Tradition eine bedeutende Rolle. Ähnlich verhielt es sich bei dem Kapitel Tábor und der Lóže Dokonalosti Vyšehrad. Sie entfernen sich jedoch beträchtlich von der ursprünglichen Idee, die hinter den Logennamen aus dieser Kategorie stand. Es handelt sich zwar um Ortsnamen, aber sie beziehen ihre symbolische Bedeutung aus der nationalen Vergangenheit, nicht aus der freimaurerischen Gegenwart. Deshalb habe ich hier meine Bedenken, ob sich im tschechischen Milieu für diese Kategorie überhaupt Vertreter finden.

3. Freimaurerische Schlüsselbegriffe und Werte: Sicherlich gehört die Pilsner Loge Bratrství (Brüderlichkeit) hierher sowie wohl auch die Ungwarer Centrum securitatis, von den nachträglich angeschlossenen Logen sind es Pravda a svornost u vycházejícího slunce (Wahrheit und Eintracht zur aufgehenden Sonne), Harmonia u pravdy a svornosti (Harmonia zur Wahrheit und Eintracht), Dílna lidskosti (Werkstatt der Menschlichkeit) und wahrscheinlich auch Most (Brücke), die die Überbrückung der tschechisch-deutschen Antagonismen symbolisieren sollte. Es ist offensichtlich, dass diese klassische Kategorie bei der regulären tschechischen Freimaurerei im Wesentlichen bis zur Mitte der 30er Jahre völlig fehlt, entweder um sich von den deutschen Logen und Tradition abzugrenzen oder auf Grund des ganz unterschiedlichen Verständnisses der freimaurerischen Symbole.

4. Die nach Tieren oder Pflanzen benannten Logen: Für das tschechische Milieu ist keine solche Bezeichnung nachweisbar.

---

276   Jan Amos Komenský, Cestou světla, Pravda vítězí – hier der Bezug zu Georg von Podiebrad (obgleich dieser Kontext bei der Namenwahl keine große Rolle gespielt haben mag), Lux in tenebris, Ján Milec, Kalich, Petr Chelčický, Oreb, Comenius, Tábor, Jan Hus.

277   Josef Dobrovský, Ján Kollár, Pavel Josef Šafařík, vielleicht auch Bernard Bolzano.

Und wie soll dann der relativ große Rest definiert werden? Man kann wohl festhalten, dass in den Namen der tschechischen Logen die primären Akzente auf dem nationalen Charakter und den Symbolen liegen, dass in der hiesigen Freimaurerei sich in erster Reihe die Bindung an die Tradition und die kulturellen Werte des Landes widerspiegelt. Deshalb wurden für die Logen Namen ausgesucht, die eher für das Land als für die Freimaurerei selbst ein positives Symbol darstellen. Es bleibt uns noch, die letzten Logennamen zu dechiffrieren. Zwei von ihnen beziehen sich direkt auf Jan Amos Komenský, denn sie tragen die Namen seiner Werke: nämlich die Brünner Loge Cestou světla (Der Weg des Lichtes) und die Ostrauer Loge Lux in tenebris. Man könnte sie der dritten Kategorie zuordnen, also den Logen mit freimaurerischen Schlüsselbegriffen im Namen, denn die Suche und das Finden von Licht hängt in diesen beiden Fällen mit der Aufklärung zusammen, die jeder Freimaurer beim Eintritt in den Orden erhält. Mit etwas gutem Willen könnte man auch die Namen der slowakischen Logen Iskra (Funke) und Vatra (Feuer) zu diesem Typus zählen, denn auch sie strahlen Licht aus. Es handelt sich hier jedoch um allgemeine Bezeichnungen, bei denen der Begriff nicht die freimaurerisch übliche Form annimmt. Man kann auch konstatieren, dass die tschechischen Logennamen insgesamt überhaupt sehr lakonisch waren, aus einem oder zwei Wörtern bestehend, was den freimaurerischen Standards so gar nicht entspricht. Der Zusammenhang mit der Übergabe der freimaurerischen Sendung und Werte ist bei den Namen Dílo (Werk) und Sibi et posteris sichtbar, obwohl die Werte selbst nicht erwähnt werden.

Was soll man aber mit den Logennamen Národ (Nation), 28. říjen (28. Oktober), Pravda vítězí (Die Wahrheit siegt) – natürlich streng im Zeitkontext zu verstehen –, oder Kalich (Kelch) anfangen? Ja, auch hier handelt es sich natürlich um Werte, für manche sind es sogar die höchsten. Aber es sind dies keinesfalls allgemeinmenschliche, also freimaurerische Werte. Hier tritt der nationalistische Aspekt, das aus der nationalen Vergangenheit und Gegenwart bezogene Symbol, massiv in den Vordergrund. An dieser Stelle ist jedoch auch noch wichtig zu erwähnen, dass die tschechischen Freimaurerlogen im Großen und Ganzen die Namen anderer tschechischer Vereine kopierten. Meines Erachtens verrät uns dieses Detail viel über die Intensität der inneren Identifikation mit: a) dem tschechischen Vereinsleben, b) der weltweiten Freimaurerkette. Aus den bloßen Namen der Logen kann man zwar keine weitreichenden Schlüsse ziehen, aber das Symbol im Schilde nimmt ja eine herausragende Stellung ein, es verdichten sich darin oft die der Loge zugrundeliegenden programmatischen Ideen.

Wer wurde Freimaurer und warum?

Soziale Struktur – allgemeine Trends

Betrachten wir die Freimaurerei als Gegenstand der sozial-historischen Forschung, dann gehört die Untersuchung der sozialen und beruflichen Zusammensetzung ihrer Mitgliedschaft zweifellos zu den tragfähigsten Aspekten. Für das 18. Jahrhundert bemühte sich – wie schon erwähnt – Josef Volf um die Rekonstruktion und Sozialanalyse der Mitgliedschaft, von den modernen Historikern widmete sich Jiří Kroupa eingehend diesem Thema. Einen wertvollen Dienst erweist sicherlich auch die Grundlagenarbeit von Winfried Dotzauer[278], die die fundamentalen Fragen beantwortet. Die Logen können hier förmlich prosopographisch studiert werden, denn im deutschen Umfeld haben sich komplette Mitgliederlisten und Kartotheken erhalten.[279]

Stützt man sich beispielsweise auf die deutschen Quellen, können viele der grundsätzlichen Fragen zufriedenstellend beantwortet werden – für das tschechische Umfeld gilt dies leider nicht, denn die Quellen entbehren jeder Systematik und erlauben keine seriösen demographischen oder sozio-historischen Analysen. Die Mitgliederkarteien wurden wahrscheinlich während des Krieges zerstört, und die zur Verfügung stehenden gedruckten Adressverzeichnisse der Mitglieder[280] können le-

---

278 DOTZAUER, Winfried: Zur Sozialstruktur der Freimaurerei in Deutschland, in: (Hrsg.) Helmut Reinalter: Aufklärung und Geheimgesellschaften. Zur politischen Funktion und Sozialstruktur der Freimaurerlogen im 18. Jahrhundert, München 1989, S. 109-149. Im selben Sammelband vgl. auch bspw. der Beitrag von HARDTWIG, Wolfgang: Eliteanspruch und Geheimnis in den Geheimgesellschaften des 18. Jahrhunderts, S. 63-86.

279 Dotzauer beschäftigt sich beispielsweise mit folgenden Fragen: Wie war die Zusammensetzung der Mitgliedschaft hinsichtlich der Berufszugehörigkeit (an der Spitze Beamte, Offiziere, Juristen), wie die geographische Verteilung der Logen und ihre Begründung, die Altersstruktur (dominant ist die jüngere Generation 28-35 Jahre), die Dauer der einfachen Mitgliedschaft vor der Erhebung in einen höheren Grad, wie lange dauerte die aktive Mitgliedschaft in einer Loge, wie sah der familiäre Hintergrund aus, ihre wissenschaftlichen Fachqualitäten und Aktivitäten, wie stark war ihr Einfluss auf die Erhöhung der Bildung (Errichtung von Bibliotheken, Vorträge), wie war die soziale Zusammensetzung der Hochgrade, worauf zielten die Aktivitäten der Logen, gab es eine freimaurerische Familientradition, wie sahen die zivilen Beziehungen zwischen den Logenmitgliedern aus, die Konfessionszugehörigkeit der Mitglieder, wie stand man sich zur Aufnahme von Juden in die Logen, die Beziehungen von Adel und Bürgertum in den Logen, sollen die nationalen Minderheiten eigene Logen haben? usw.

280 Die meisten erhaltenen befinden sich im LA PNP (Literaturarchiv des Denkmals des Nationalen Schrifttums), Bestand Lešehradeum, Tajné společnosti (Geheimgesellschaften).

diglich mit Angaben wie Geburtsdatum, Adresse und Beruf aufwarten. Zudem finden sich hier nicht wenige Fehler. Eine gewisse Vorstellung kann man sich an Hand der Liste der Logenfunktionäre machen, die dem Landesamt bzw. den Organen des Innenministeriums vorgelegt werden musste[281], ab und an wurden Überblickslisten auch in der Zeitschrift „Der Freimaurer" veröffentlicht. Dennoch muss auch hier mit Komplikationen gerechnet werden: Mindestens bis zur zweiten Hälfte der zwanziger Jahre will man die Anonymität wahren, so dass die Namen entweder gar nicht oder nur als Kürzel oder Pseudonym angegeben wurden.

Man muss sich also grundsätzlich mit verschiedenen Gelegenheitslisten begnügen, die meistens zum Anlass irgendeines Jahrestages entstanden und deshalb hauptsächlich die Gründungsmitglieder der jeweiligen Loge aufzählen. Ein reiches Archiv hat sich nur für die Loge Národ erhalten, in dem man die Bewegungen eines jeden Mitglieds detailliert verfolgen kann – seine Aufnahme, Erhebung in die höheren Grade, Einführung in Ämter usw. Hilfreich sind oft auch Artikel, die zu den Lebensjubiläen einiger Freimaurer veröffentlicht wurden, bei denen es sich jedoch vorwiegend um bedeutendere Persönlichkeiten handelt.

Es herrscht sicherlich auch Konsens darüber, dass es sich bei der Freimaurerei um einen elitären, ja exklusiven Klub handelt[282], und dem entspricht auch die Zusammensetzung ihrer Mitgliedschaft. Man kann natürlich zunächst mal nach der Definition einer gesellschaftlichen Elite sowie nach der Einstellung der damaligen Freimaurer dieser Kategorie gegenüber fragen. Hinsichtlich der Struktur der Mitgliederbasis sind zwei zeitweise nebeneinander existierende Tendenzen zu erkennen, die in der Zwischenkriegszeit aufkamen. Einerseits ist es die offensichtliche Bestrebung, den hohen Standard halten zu können, andererseits das Anliegen, den ausgesprochen elitären Charakter des Vereins zu verändern, sich auch den niedrigeren sozialen Schichten und dem ländlichen Milieu zu öffnen. Diese zweite Tendenz hatte jedoch in ihrer Umsetzung mit zahlreichen Problemen zu kämpfen. Zunächst herrschte keine allgemeine Übereinstimmung über diesen Weg, das wäre jedoch nicht das größte Problem gewesen. Meines Erachtens stand einer breiteren Öffnung der Logen in Wirklichkeit viel mehr die beträchtliche finanzielle Belastung im Wege, die die Freimaurerei ihren Mitgliedern auferlegte und der auch manche der Gründer der Freimaurerei in der Tschechoslowakei kaum gerecht werden konnten. Die Konzentration auf die Stadt kann zum einen

---

281   Diese werden im Archiv hlavního města Prahy (Archiv der Hauptstadt Prag) aufbewahrt, Abt. Spolkový katastr (Vereinskataster), und weiter im Archiv města Plzně (Archiv der Stadt Pilsen, Bestand Zednářská lóže Josef Dobrovský (Freimaurerloge Josef Dobrovský).

282   WENDLING, Peter: Die Unfehlbaren. Die Geheimnisse exklusiver Clubs, Logen und Zirkel, Zürich 1991.

auf die mangelnde Kommunikation mit dem Land, zum anderen auf die Unterschiede in der Mentalität zurückgeführt werden.

Kurz gesagt, es fand sich ab und zu jemand vom Lande unter den Freimaurern, aber dieser musste schon ziemlich wohlhabend sein, um sich die Fahrten in die Loge und Beiträge für ihre Tätigkeit leisten zu können – bis zum Ende der vierziger Jahre kann kein einziges direkt in der Landwirtschaft tätiges Mitglied ausgemacht werden. Grundsätzlich können also aus der Struktur der Mitgliedschaft die Arbeiterschicht, das ganze Spektrum der landwirtschaftlichen Berufe, kleine Unternehmer und Geschäftsleute, Handwerker sowie die sozial und ökonomisch unterversorgte Intelligenz ausgeschlossen werden. Diese Sozialschichten und vor allem die aus ihnen stammenden Kinder konnten von der philanthropischen Tätigkeit der Logen profitieren, aber keine vollwertigen Mitglieder werden, und meinen Erkenntnissen zufolge hatten sie, von wenigen Ausnahmen einmal abgesehen, auch kein Interesse daran. Eine reale Chancengleichheit, Freimaurer zu werden, gab es nicht.

In einem der vorherigen Kapitel wurde auf den wegweisenden Artikel von Antonín Pavel aus dem Jahre 1928 hingewiesen, in dem der Autor über die notwendige Veränderung der bisherigen Strategie bei der Mitgliederauswahl und über die Rolle der Intelligenz in der Gesellschaft allgemein reflektiert. Die Ansichten desselben Verfassers über dieselben Probleme lasen sich jedoch drei Jahre zuvor noch ganz anders[283] – seinen Text in der ersten Nummer des ersten Jahrgangs der Zeitschrift „Der Freimaurer" kann man auch auf Grund einer derart exponierten Stellung als eine Art Programmabriss ansehen: „Unser Orden wendet sich vornehmlich an die Intelligenz – ich meine damit eine schöpferische Intelligenz, – denn er will allseitig auf die Entwicklung des Lebens in all seinen Facetten schöpferisch einwirken. Er will eine Friedens-Maffie[284] sein, die in eifersüchtiger Liebe zur Republik für ihre Blüte und wenn notwendig für ihre kompromisslose Reinigung arbeitet. Er will Führungskräfte, Führungshelfer und Mitarbeiter erziehen und vereinigen. Unsere Bruderschaft soll eine Bruderschaft der Führungskräfte und Führungshelfer werden, sei es im Bereich der Wissenschaft, Politik, Wirtschaft, Kunst oder Religion. Es geht um eine Ordens-, nicht eine Vereinsbruderschaft. Durch die im Voraus vorgenommene Auswahl werden schon von vornherein ungeeignete Personen ausgeschlossen, wodurch uns einige Ver-

---

283 Vgl. A.P.: Bratrství (Brüderlichkeit), in: Svobodný zednář (Zeitschrift Der Freimaurer)1, I, 1925, S. 2-4.

284 „Maffie" hieß das Hauptorgan des tschechoslowakischen Widerstands während des Ersten Weltkriegs, Anm. d. Übers.

legenheit erspart bleibt. Diese Auswahl lässt Persönlichkeiten, wahre
Individualitäten zusammenkommen, und es ist bekannt, dass starke
Individuen sich untereinander eher selten vertragen können. Genau in
diesem Punkt muss der Einfluss des Ordens zu Tage treten." Pavels Worte besitzen beinahe einen Definitionscharakter. Zugegeben, von solch einem radikalen Selbstverständnis als eine Art Vorhut
der Gesellschaft ließen die Freimaurer dann mit der Zeit ab, oder besser
gesagt, sie brachten es nicht mehr so offen zum Ausdruck. Die ursprüngliche Vorstellung von der Freimaurerei als einer Vereinigung von Menschen, die ihre Gesellschaft führen und die im Rahmen dieser Vereinigung zu Toleranz erzogen werden, erweiterte sich im Laufe von ein paar
Jahren zu einem vielfältigeren Aufgabenspektrum – auch hinsichtlich
der Soziabilität der Mitwirkenden.

Kommen wir aber noch kurz auf Pavels Artikel zu sprechen. Er vermittelt nämlich auch sehr gut die zeitgenössische Sicht auf die Gesell-
schaftsstruktur und ihre Durchlässigkeit. „Auch unsere Gesellschaftsor-
ganisation, der eigenen Aristokratie entledigt, ist nicht so differenziert,
um sich dauerhaft von den Angehörigen des Volkes zu entfernen. Unsere
Intelligenz und die bürgerlichen Schichten sowie die Schichten von Industriellen und Geschäftsleuten wuchsen meistens von unten auf, und
deshalb sind sie bisher nicht anfällig für die selbstgefällige und verderb-
liche Isolierung. Der tschechische Mensch ist geistig sowie soziologisch
in allen Schichten für die Brüderlichkeit bestens disponiert."[285] Mit dem
Hinweis auf den demokratischen Charakter des tschechischen Volkes
wird die breite Basis für die grundsätzlichen freimaurerischen Einstellungen betont, über die es verfügt – Freimaurer werden kann jedoch nur
derjenige, der aus dieser vielköpfigen Brutstätte emporzusteigen vermag.

Richten wir aber nun unsere Aufmerksamkeit auf die offensichtliche Schwachstelle der tschechoslowakischen Freimaurerei – die Provinz.
Man muss bei diesen Überlegungen natürlich auch die Tatsache in Betracht ziehen, dass auch anderswo, zumindest in Mitteleuropa, diese Art
von Zusammenkünften und Vereinigungen vor allem für die Stadtbevöl-
kerung typisch war.

Seit Anfang der dreißiger Jahre sind verstärkt Bemühungen zu verzeichnen, Wege aus der Stadt hinaus zu finden. Jan Jína beispielsweise,
ein leitender Beamter des Außenministeriums, brachte in seiner Loge
Národ die Idee vor, eine „Umfrage" unter den Logenmitgliedern von außerhalb Prags durchzuführen, wen aus ihrer Umgebung sie denn für die
Aufnahme vorschlagen würden. Ihm schien ein großer Fehler zu sein,

---

285 Ebd.

dass die Freimaurerlogen so gar keine Kontakte zur Provinz unterhalten[286], und auf Grund dieser Isolierung nur fragmentarische und verzerrte Informationen von der Realität haben. Diesem Trend sollte man unbedingt entgegensteuern.

Programmatisch aufgefasst und öffentlich präsentiert wurde die „Eroberung" der Provinz von dem Pädagogen und Psychologen Miloslav Skořepa, der einen umfangreichen Beitrag für die Zeitschrift „Der Freimaurer" verfasste.[287] Eingangs vergleicht er die Mitgliederzahlen der Freimaurerei in Tschechien in erster Linie mit der angelsächsischen Welt, und die Zahlen sind in keinster Weise zufriedenstellend. Er kommt zu dem Schluss, dass es, gemessen an der gesamten Einwohnerzahl, laut englischem Maßstab in der Tschechoslowakei etwa 120 Tausend Freimaurer geben sollte, laut dem amerikanischen sogar eine halbe Million. Praktisch bedeutet es die Notwendigkeit, neue Mitglieder anzuwerben, und gerade die Provinz könnte hier eine reiche Quelle bieten, wenn es gelänge, zu „all denjenigen den Weg zu finden, die von einer unklaren Sehnsucht getrieben auf der Suche nach einer höheren geistigen Gemeinde sind, aber nicht fündig werden".

Skořepa fährt mit der Aufzählung von Handicaps fort, die den Freimaurer vom Land charakterisieren: „Es stimmt, dass der Freimaurer vom Land durch seine Isoliertheit von der Werkstatt sehr viel verpasst und seine verminderte Aktivität in der Werkstatt der Bruderschaft nicht so nützlich sein kann wie die Brüder aus der unmittelbaren Umgebung der Werkstatt ..." Er hat jedoch andere Aufgaben zu erfüllen, nicht minder wichtig: „Er sollte das Licht, der Leuchtturm für die Landbevölkerung sein, er sollte die Ideen verbreiten, mit deren Hilfe die Bruderschaft die Vorherrschaft des Guten auf der Welt festigen will. Auf dem Lande ist das Leben eines Freimaurers viel transparenter als in der Großstadt. Hier kann man noch direktes Vorbild sein. Die über die ganze Republik verstreuten Brüder wären das Salz der Erde ... Sie wären die Fühler des Ordens, der seine Ideen nicht anders umsetzen kann als durch die sie umgebende Gesellschaft."

Diesen Ausführungen folgt eine für die Zeit typische Vorstellung über die Unterschiede zwischen Stadt und Land, die seit der Epoche der Nationalen Wiedergeburt auf diese Art tradiert wird und sich kaum verändert hat. „Das Land ist heute noch relativ sauberer als Prag, dafür aber natürlich einfacher, naiver, vielleicht weniger zivilisiert, aber moralisch

---

286 Buch der Arbeiten der Loge Národ, Eintrag vom 3. Juni 1932.

287 SKOŘEPA, M.: Zednář na venkově [Der Freimaurer auf dem Lande], in: Svobodný zednář [Zeitschrift Der Freimaurer] 7, VII, 1933, S. 104-107.

wohl besser als die Großstadt. Es kann auch extremistischen Richtungen und Strömungen erfolgreicher widerstehen als die Großstadt. Dennoch muss man dafür sorgen, dass diese Widerstandsfähigkeit aufrechterhalten bleibt und das Land eine Führung bekommt. Genau dies wäre eine Aufgabe für die Freimaurerei, die sich in den ländlichen Institutionen etablieren und das Leben darin nach unseren Grundsätzen gestalten würde. Auf die Art und Weise könnten wir wirklich das Volk führen, wir wären überall und sähen alles."[288]

Kurz gesagt, den Anwärtern vom Lande muss man entgegenkommend gegenübertreten, weil sie von ihrem Milieu, ihrer Umwelt allseits benachteiligt werden. Wer von den Provinzlern kommt also als geeigneter Kandidat in Frage? Wir wissen mittlerweile, dass insbesondere jüngere Leute als geeignet angesehen wurden sowie diejenigen, die „in irgendeiner Art und Weise an der Erziehung des Volkes partizipieren. Bei ihnen kann man am ehesten die nötige geistige Formbarkeit und ein höheres moralisches Bewusstsein finden. Also die Erzieher von Beruf (Lehrer und Professoren), Ärzte, Anwälte, Richter, regionale Redakteure, Beamte ..." Es handelt sich hierbei um gesellschaftliche Schichten, aus denen sich sowieso Freimaurer rekrutieren, nur sollten sie nun auf dem Lande wohnen. Und was waren die Aufgaben der außerstädtischen Freimaurer? Laut Skořepa sollten sie vor allem als Vorbild dienen, was die beste Werbung für die Freimaurerei sei.

Der potenzielle Freimaurer vom Land muss jedoch mit zahlreichen Hindernissen rechnen, die die städtischen Freimaurer nicht kennen. Zunächst mal sind die Anreisen vom Land in die Stadt, zur Tempelarbeit beispielsweise, finanziell sehr aufwändig, aber das ist bei weitem nicht alles. „In einem kleinen Ort auf dem Land achten die Leute viel mehr darauf, wer, wann und wohin regelmäßig Reisen unternimmt. Und fast immer vermuten sie eher schlechte als gute Motive dahinter, insbesondere, wenn es sich um Reisen nach Prag handelt. Man hat gleich mehrere Vermutungen bei der Hand, aus denen schnell Sicherheiten werden. Die

---

288   Skořepa entwickelt hier eine Theorie darüber, wie die Beziehung der Landbevölkerung zu den Freimaurern aussieht und kommt zu dem Schluss, dass auf dem Lande nur sehr durchschnittliche Kenntnisse über die Freimaurerei zu verzeichnen sind und dass die Leute völlig im Dunkeln tappen, wenn sie die Freimaurer einordnen sollen. Sie begnügen sich also mit oberflächlichen Informationen der Journalisten. „Angezogen von der altertümlichen Patina des Freimaurerordens, gereizt durch die Ausschließlichkeit der Gesellschaft." Die Zeremonien und Rituale sind in ländlichen Milieu von fantastischen Sagen umwoben, häufig begegnet man auch den Vorstellungen von dem „jüdisch-freimaurerischen Dirigieren der ganzen Welt" oder vom „bürgerlichen Charakter dieser Gesellschaft und ihrer Ausrichtung gegen das Volk" ... „Nur Einzelne aus dieser ländlichen Gesellschaft sind imstande, sich über diese flachen Anschauungen zu erheben. Sie würden sich gern einer geistigen Gemeinschaft anschließen, können jedoch nur schwer einen Weg finden. Meistens sind es jüngere Leute, die noch nicht ihren festen Platz gefunden haben. Die Älteren sind zu oft Skeptiker und Utilitaristen, denn man kann nur mit großer Mühe den negativen Einflüssen der vulgären Umgebung widerstehen." Hier springt die Widersprüchlichkeit seiner Charakterisierung des Landes und seiner Bewohner ins Auge.

Eine „weiße Tafel" der Prager Freimaurer

tratschenden Zungen treffen auch die Familien und können manchmal das Familienleben vergiften, ist die Ehefrau nicht vernünftig genug, ihnen kein Gehör zu schenken. Der Freimaurer vom Land muss also eine vollkommen harmonische und feste Ehe führen und seine Frau muss die freimaurerische Sendung richtig verstehen. Ist dem nicht so, lässt sich der langsame Einfluss der giftigen Verleumdungen und Tratschgeschichten nur schwerlich aufhalten.[289]

Der Freimaurer auf dem Lande muss also im Vergleich zu dem städtischen viel mehr Kriterien erfüllen, und so verwundert es wahrlich nicht, dass die Freimaurerei auf dem tschechischen Land gar nicht Fuß fassen konnte. Es kann an dieser Stelle festgehalten werden, dass jeder gezielte Versuch einer Veränderung der Sozialstruktur von Freimaurerlogen nicht nur misslang, sondern sogar gleich im ersten Anlauf endgültig verebbte. Es scheint in der Natur dieser Gemeinschaft zu liegen, dass

289 Zudem ist auf dem Lande das Kastendenken viel mehr verbreitet, gegen das sich die Vorstellung von der reinen Brüderlichkeit nur schwerlich durchsetzen kann. „Ich spreche aus eigener Erfahrung, wenn ich einräumen muss, dass ich weit weniger verlegen bin, wenn ich in Prag mit einem Minister spreche, als auf dem Lande mit einem Bezirkshauptmann oder einem Mittelschulprofessor."

sie für bestimmte Schichten ganz einfach „geeigneter" ist – obwohl sie
dann natürlich kein repräsentatives Bild der gesamten Gesellschaft abgeben kann. Des Öfteren wurden hier Versuche erwähnt, die Struktur des Freimaurerordens festzuhalten. Damit hingen ja die Bemühungen um deren
Veränderung einerseits sowie zahlreiche anderen praktische Angelegenheiten andererseits zusammen, einschließlich der wirtschaftlichen
Grundlage für das Funktionieren der Freimaurerei als Verein. Während
der Wirtschaftskrise trat die finanzielle Abhängigkeit der Freimaurer
von der Wirtschaftslage des Staates, in kleinerem Maße dann der Privat-
personen deutlich zu Tage. Trotzdem wirkte sich die Krise auf die Freimaurerei hierzulande nicht so verheerend aus wie in anderen Ländern.[290]
Im Gegenteil, sie befanden sich gerade in dieser Zeit im Aufstieg, und der
Prestigewert in ihrem Selbstverständnis sowie ihrer Selbstpräsentation
war enorm.[291]

In den dreißiger Jahren entstanden im Rahmen der Freimaurerei
drei Überbau-Zentren, die große Berufsgruppen von Freimaurern auf der
Grundlage eben dieses gemeinsamen Interesses vereinigen sollten. Das
erste von ihnen war im Jahre 1932 der Verband der Freimaurer-Ärzte.[292]
Fünf Jahre später folgten der Volkswirtschaftliche Verband[293] und der
Verband der Pädagogen.[294] Diese drei Interessenverbände verdeutlichen

---

290   Vgl. SEDMÍK, Jiří: Další krok vpřed (Ein weiterer Schritt vorwärts), in: Svobodný zednář (Zeitschrift Der
Freimaurer) 8, VIII, 1934, S. 162-163. „In den angelsächsischen Ländern, wo es traditionell viele Freimaurer gab,
geht ihre Anzahl wegen der Wirtschaftskrise nun stark zurück. Auch bei uns wurden Tendenzen spürbar, die anderswo das Ende der Freimaurerei brachten. Aber wir haben ausgeharrt und harren weiter aus. Die Zeiten sind politisch und wirtschaftlich schwer. Trotzdem ist unsere Zahl gestiegen. Der Verband sollte die Krise besonders schwer
empfinden, denn seine Mitglieder sind meistens Gagisten ..." Gagisten, d.h. Angestellte, die festes Gehalt beziehen.

291   Mit großem Stolz und Genugtuung verfolgte man beispielsweise die Wege in die Tschechische Akademie der
Wissenschaften und Künste, in der es von Freimaurern wahrlich nur so wimmelte. Sehr erfolgreich war aus dieser
Perspektive das Jahr 1932, als von den neun neuen Mitgliedern der I. Klasse fünf Freimaurer waren, von diesen
dann drei aus der Loge Národ (Hora, Kapras, Krofta). Vgl. AVL ČR, Kniha prací lóže Národ (Buch der Arbeiten der
Loge Národ), Eintrag vom 29. Januar 1932.

292   Ebd., Eintrag vom 4. März 1932.

293   Programm und Aufgaben des Volkswirtschaftlichen Verbands, in: Svobodný zednář (Zeitschrift Der
Freimaurer) 8, XI, 1937, S. 105-107. Aus dem Programm: „Wir können nicht die Rezepte einiger Ärzte der
Gesellschaft annehmen: denn der größte Versuch, die wirtschaftliche Ordnung umzubauen, der in Russland durchgeführt wurde, war zum Scheitern verurteilt, weil er mit erdichteten Personen operierte, nicht mit einem wirklichen Menschen. Wir können nicht die Gleichheit ungleicher Menschen verkünden. Wir, die wir unsere Hierarchie
als Garantie unserer Freiheit und Demokratie hoch schätzen, können am besten die Schwachen einer scheinbaren
Gleichheit beurteilen."

294   Z domácích dílen (Aus den heimischen Werkstätten), in: Svobodný zednář (Zeitschrift Der Freimaurer) 9,
XI, 1937, S. 135-136. Ihrem Programm zufolge sollte in der heutigen grausamen Zeit der Erzieher zusammen mit
dem Haushalter und dem Soziologen vorgehen. Das Ziel ist, einen idealen Lehrer, Erzieher, Direktor oder Professor
zu bilden. Die Mitglieder dieses Verbands (12 Gründungsmitglieder) arbeiteten Vorträge aus dem Bereich der
Pädagogik aus, die sie bei genügendem Interesse in jeder Loge bereit waren zu halten.

noch einmal die Tatsache, dass gerade ihre Mitglieder die tragenden Säulen der Freimaurerei bildeten.

Von Zeit zu Zeit erschien in der Zeitschrift „Der Freimaurer" eine Charakteristik der eigenen Loge – sowohl im Hinblick auf die Tätigkeit als auch die Stimmung sowie Zusammensetzung der Loge. Der erste Versuch war die schon in einer Nummer des ersten Jahrgangs dieser Zeitschrift, 1925, abgedruckte Schilderung der Loge Národ. „Die Loge zählt nun Mitglieder aus den Wissenschafts-, den Beamten- sowie Schriftsteller- und Künstlerkreisen."[295] Die Mitgliederliste der Loge Cestou světla wurde schon weiter oben angeführt, hier sehen wir die deutliche Überzahl der Pädagogen, denn von 56 Mitgliedern waren 25 Professoren und Dozenten der Brünner Hochschulen. Ein etwas anderes Bild bietet die Loge Jan Amos Komenský, sowohl im Hinblick auf die Wahrnehmung (Bildung) der jeweiligen Berufsgruppen und -kategorien als auch auf ihre zahlenmäßige Besetzung: „Von den 86 Mitgliedern waren 27 Privatbeamte, 17 öffentliche Beamte, 17 Künstler, Schriftsteller, Redakteure und Pädagogen, 8 Eigenunternehmer, 5 Ärzte, 3 Architekten, 3 Angehörige des Soldatenstandes, 2 Anwälte, 4 Selbständige."[296] Da sind natürlich deutliche Differenzen zu den Logen Národ oder Cestou světla sichtbar! In jenen ausgesprochen intellektuellen Logen käme niemand jemals auf die Idee, bei einer ähnlichen Aufstellung Journalisten, Künstler und Pädagogen in eine Gruppe zusammenzufassen! Daraus wird ersichtlich, dass man gewisse Tendenzen auch unter den einzelnen Logen verfolgen kann, ohne jedoch die ursprüngliche These außer Acht zu lassen, dass die Freimaurerlogen durch die tschechische gesellschaftliche Elite gefüllt wurden.

Informationen über die Mitgliederstruktur der tschechischen Logen konnte man von Zeit zu Zeit auch in der Presse finden, manchmal in einem ausgesprochen skandalheischenden Ton, denn die prestigeträchtige Besetzung der Logen diente als geeignetes Material für diverse Verschwörungstheorien und Theorien der freimaurerischen Manipulation des Staates. Ein andersmal erschienen derartige Informationen lediglich in knapper Form oder als nur leicht spekulativ angehauchte Reflexionen. Beispielsweise die deutsche Presse befasste sich von Zeit zu Zeit mit dieser Seite der tschechoslowakischen Freimaurerei, wobei sie sich nicht auf die üblichen Feststellungen beschränkte, wer alles nun Freimaurer sei und wer nicht (Tomáš Garrigue Masaryk nicht, aber Jan Masaryk ja, genauso wie Beneš oder Krofta). „In den national-tschechischen Logen

---

295 Z domácích dílen [Aus den hemischen Werkstätten], in: Svobodný zednář [Zeitschrift Der Freimaurer] 1, I, 1925, S. 15-16.

296 Z domácích dílen [Aus den heimischen Werkstätten], in: Svobodný zednář [Zeitschrift Der Freimaurer] 5, VIII, 1934, S. 100-107.

soll es zahlreiche hohe Beamte und Hochschulprofessoren geben ... Die Entwicklung verläuft angeblich langsam, aber deutlich in die Richtung, wo die deutsche Freimaurerei an Bedeutung verliert." Der Vergleich der tschechischen und deutschen Freimaurerei in der Tschechoslowakei war übrigens ein sehr beliebtes Thema nicht nur in diesem Blatt. „Was die deutschen Logen betrifft, sind sie in Prag bis zu 80% jüdisch liberal, in den Provinzstädten im gleichen Maße deutsch protestantisch."[297] Die selbe Zeitschrift fügt etwas später hinzu, dass in den Logen des deutschen Grenzraumes der nationalsozialistische Einfluss deutlich wird und insgesamt „die tschechischen Brüder fast ausnahmslos Arier sind, im Gegensatz zu den deutschen Brüdern".[298]

Diesen Aspekt und insbesondere seine Konsequenzen dann ab den ausgehenden dreißiger Jahren muss man schon an dieser Stelle erwähnen, denn die Sozialstruktur kann auch unter diesem Blickwinkel betrachtet werden. Es seien hier jedoch nur die generellen Feststellungen erwähnt. Die deutschen Logen hatten tatsächlich viele Mitglieder jüdischer Herkunft, deren Anzahl nicht nur die prozentuale Vertretung in der deutschsprachigen Bevölkerung weit überstieg, sondern dadurch auch manche Profession außerordentlich stark vertreten war: Anwälte, Ärzte, Unternehmer. Die Prozentzahl der jüdischen Mitglieder, insbesondere in den Prager Logen, war so hoch, dass nach dem Zweiten Weltkrieg über eine eventuelle „Abschiebung" verhandelt wurde. Es stellte sich jedoch heraus, dass – überspitzt gesagt – von einigen Logen nichts mehr übrigbleiben würde.[299]

Die hohe Prozentzahl der Juden in den Freimaurerlogen ist einerseits auf ihre große Vertretung in den gesellschaftlichen Kreisen, aus denen sich die Freimaurer in den meisten Fällen rekrutierten, zum anderen auf ihr Interesse an genau dieser Art von Zusammenkünften, zurückzuführen. Sie wurde zu einer bevorzugten Zielscheibe der nazistischen und zuvor noch der konservativ-katholischen sowie der nationalistischen Propaganda beiderseits der Grenze.[300] Bei den tschechischsprachigen Logen

---

297   Aufzeichnung vom 14. Juli 1934, zit. nach Zprávy (Nachrichten], in: Svobodný zednář [Zeitschrift Der Freimaurer] 8, VIII, 1934, S. 168-171. Einige Nummern später ergänzte dieses Blatt seine Informationen und wies darauf hin, wie viele Zeitungen in der Tschechoslowakei von Freimaurern geleitet werden (Prager Tagblatt, Brüner Tagesbote, Aussiger Tagblatt, Reichenberger Zeitung, Bohemia usw.] Zprávy (Nachrichten], in: Svobodný zednář (Zeitschrift Der Freimaurer] 10, VIII, 1934, S. 208-211.

298   Ebd., nach dem Bericht von Gregor Cardon, geschrieben ursprünglich für die Osnabrücker Volkszeitung.

299   Vgl. AKPR, T 71/45, Zednářské lóže něm. v ČSR (Die deutschen Freimaurerlogen in der ČSR].

300   Auf dem tschechischen Buchmarkt erschienen auch zahlreiche Übersetzungen, die „die Welt erobert" hatten. Einige wenige Beispiele für alle: BOUTMY N.L. a G.: Svobodné zednářství a velezráda [Die Freimaurerei und der Hochverrat], Praha 1907, BOUTMY N.L. a G.: Židé v zednářstvu a v revoluci (Die Juden in der Freimaurerei und in der Revolution], Praha 1907, oder die populären Protokoly ze shromáždění sionských mudrců (Protokolle der Weisen von Zion], Praha 1926.

gestalteten sich die Verhältnisse etwas anders. Generell kann festgestellt werden, dass die Anzahl jüdischer Mitglieder, einschließlich der assimilierten, weit niedriger war als bei den deutschsprachigen. Eine wesentliche Rolle mag hier der unverhohlene Nationalismus gespielt haben, der für einige der tschechischen Logen charakteristisch war.

Deshalb sind jüdische Mitglieder vornehmlich in den Logen zu suchen, die an die österreichische Tradition anknüpften und so gewissermaßen dem ursprünglichen Schema folgten, weiterhin bei den freidenkerischen Logen und denen, die die Toleranz explizit in ihrem Programm führten und der Nationalen Großloge erst in den dreißiger Jahren beigetreten waren – die Logen Most oder Dílna lidskosti, oder in anderen freimaurer-ähnlichen Organisationen, die keine programmatisch nationalen Schranken aufrichteten – beispielsweise Odd Fellow. Ein Sonderfall ist natürlich der jüdische Orden B°nai B°rith, bei dem ein signifikantes Moment auszumachen ist, das eine Trendwende vorzeichnet – nämlich der Übergang von der deutschen Umgangs-Sprache zur zweisprachigen Kommunikation, der sich seit der zweiten Hälfte der dreißiger Jahre vollzog.

Grundsätzlich kann also festgehalten werden, dass die tschechischen und slowakischen Logen ihre Mitglieder immer jeweils aus der heimischen insbesondere intellektuellen Elite bezogen, die neben der persönlichen Unbescholtenheit mindestens zwei Grundbedingungen erfüllen musste – die fortschrittliche Weltanschauung und ausreichende Zahlungsfähigkeit. Beides war, jedenfalls teilweise, von dem erreichten Bildungsniveau abhängig.

Konkretisierungsversuche

Fangen wir bei den Gründungsmitgliedern einiger Logen an. Man muss dabei jedoch bedenken, dass bei zahlreichen von diesen oft prominenten Persönlichkeiten, insbesondere Künstlern und vornehmlich aus der Loge Národ, ihre Freimaurertätigkeit von nicht besonders langer Dauer war. Deshalb ist diese Auswahl nicht als charakteristisch für die ganze Zwischenkriegszeit anzusehen. Dazu war es gerade in den ersten Jahren der Republik gang und gäbe, aus den Literaten-, Journalisten- und Künstlerkreisen mindestens zeitweise zu hohen Beamtenposten oder sogar Abgeordnetensitzen aufzusteigen, um die Rolle der höchsten Politiker- und Verwaltungseliten zu übernehmen oder sie zahlenmäßig zu ergänzen, wodurch sich natürlich das Sozialprofil der Mitwirkenden stark veränderte – in Anbetracht dieser Fakten gewinnen die oben angeführten Einwände an Gültigkeit.

Die erste exemplarische Probe, die wir uns hier vornehmen, ist die
Gründergruppe der Loge Jan Amos Komenský, die 14 Freimaurer zählte. Zu diesen stehen uns relativ vollständige Daten zur Verfügung, denn
diese Persönlichkeiten kommen häufig in dem Erinnerungs-Sammelband
„Hledající v temnotách" (Suchende in der Finsternis) vor, einem einzigartigen Zeugnis über die Zeit der ersten tschechischen Freimaurer. Im
Hinblick auf die vertretenen Berufe ergibt sich folgende Struktur: 1 Arzt,
5 Juristen (darunter 2 Anwälte, 1 Notar, 1 Ministerialbeamter, 1 Unternehmer), 3 Maler, 1 Bergbauingenieur, 1 Schauspieler, Pädagoge und
Rundfunksprecher in einer Person, 1 Dichter, Dramaturg und Ministerialbeamter in einer Person, 1 Beamter – Betriebsdirektor und 1 Großmüller. Also 4 Personen aus dem privaten Unternehmerbereich, zwei
hohe Staatsbeamte und die restlichen sind Freiberufler (davon eigentlich
5 Künstler), von denen einige noch eine andere Tätigkeit, beispielsweise
eine pädagogische, ausüben.

Für eine eingehendere Betrachtung des sozialen Milieus, aus dem
die tschechischen Freimaurer hervorgegangen sind, fehlen uns auch in
diesem Fall vollständige Angaben. Da, wo man den Beruf des Vaters
ermitteln kann, stellt man fest: Unter den Vätern der Freimaurer aus
der Komenský-Loge befanden sich vier Ärzte, ein Postvorsteher, ein bedeutender Pädagoge und ein Großmüller. An Hand dieser Informationen
kann man jedoch nicht gleich den Schluss ziehen, die Gründergeneration
der tschechischen Freimaurer hätte aus einem gebildeten und finanz-
starken Milieu gestammt, denn mindestens bei der Hälfte der Mitglieder
ist ihre Herkunft unbekannt oder aber man weiß aus anderen Quellen,
dass sie den oben genannten Kriterien nicht gerecht werden kann. Hinsichtlich der kurzen Tradition der modernen tschechischen Eliten bleiben
wir bei der einfachen Konstatierung, dass es sich meistens um die erste
oder zweite Elitegeneration handelte, die – und das ist für das tschechische Umfeld nicht nur zu Anfang des 20. Jahrhunderts typisch – ihre
Wurzeln außerhalb von Prag hatten. Denn aus Prag kamen alles in allem
drei Brüder. Die Einzugsgebiete sahen wie folgt aus: an erster Stelle Ostböhmen – 3[301], dann Westböhmen – 2, dann Mähren als Ganzes – 2, der
Rest ist gleichmäßig verteilt.

Die letzte relativ genau bestimmbare Kategorie ist der Altersdurchschnitt der Logenmitglieder.

Als Bezugspunkt nehmen wir das Jahr 1920, als die Loge Komenský
ihre Tätigkeit schon in vollem Umfang aufnahm, aber bisher immer noch

---

301   Davon zwei unumstritten tschechische Freimaurer jüdischer Herkunft, wohl erst in der ersten Generation
assimiliert.

nur von den ursprünglichen Mitgliedern gebildet wurde. Damals betrug der Durchschnitt 51 Jahre[302], am stärksten war die Gruppe der Fünfzigjährigen vertreten, die zwischen 1861 und 1870 geboren war. Sie machte die Hälfte der Mitgliedschaft aus. Keiner der damaligen Freimaurer war unter 40, was aber auf die Tatsache zurückgeführt werden kann, dass zu diesem Zeitpunkt schon sechs Jahre seit der letzten Aufnahme neuer Mitglieder vergangen waren.[303]

Als zweite Beispielprobe wird uns die Gründergruppe der Loge Národ dienen[304], die 27 Männer zählte.[305] Schon die Entstehungsgeschichte dieser Loge deutet darauf hin, dass es sich zumeist um gesellschaftlich und politisch engagierte Männer, um öffentlich bekannte Persönlichkeiten handelte. Schon allein diese Tatsache lässt erahnen, dass es Unterschiede zur Loge Komenský geben wird. Die Berufe sind hier wie folgt

302 Manche Angaben sind etwas schief, denn bei Jaroslav Eger fehlt sowohl das Geburtsjahr als auch der Geburtsort. Da er ja schon 1891 Freimaurer geworden war, gehe ich davon aus, dass er 1920 um die sechzig war. Ich will mich hier jedoch auf keine Spekulationen einlassen. Der Altersdurchschnitt ist in Wirklichkeit also wohl noch höher.

303 Vgl. komplett: Alfréd Baštýř (geb. 1865, Kardasch-Retschitz, Vater Arzt, er selbst Zahnarzt), Otakar Baštýř (geb. 1866, Aussig, Vater Arzt, er selbst Anwalt), Jaroslav Eger (Beamter, Direktor der Papierfabrik in Weißwasser), Jaroslav Kvapil (geb. 1868, Chudenitz, Vater Arzt, er selbst Dichter, Dramaturg am Nationaltheater, Beamter im Schulministerium), Ladislav Moučka (geb. 1862, Neustadt an der Mettau, Bergbauingenieur), Berthold Thein (geb. 1861, Gratzen bei Hohenmauth, Anwalt), Vladimír Uhlíř (geb. 1868, Prag, Vater Pädagoge, Professor, Direktor der Prager Mittelschulen, er selbst Notar), Jaroslav Hurt (geb. 1877, Prerau, Professor am Konservatorium, Rundfunksprecher beim Radiojournal, Schauspieler), Alfons Mucha (geb. 1860, Eibenschütz, Maler), Emanuel Schaniel (geb. 1880, Jungbunzlau, Vater Postvorsteher, er selbst Jurist, Ministerialbeamter), Viktor Stretti (geb. 1878, Plaß, Vater fürstlicher Arzt in Plaß, er selbst Maler), Ladislav Tichý (geb. 1868, Prag, Jurist, Industrieller), Adolf Wiesner (geb. 1871, Prag, Maler), Egon Winternitz (1871, Pardubitz, Vater Besitzer einer Mühle, er selbst einer Großmühle, Unternehmer in Pardubitz).

304 Mein Ausgangspunkt ist jeweils die Mitgliederliste, wie sie in dem ursprünglichen Text von J. Tvrzský zu der im Clam-Gallas-Palais zum zehnten Jahrestag der Wiederaufnahme der Tätigkeit der tschechoslowakischen Freimaurerei veranstalteten Ausstellung (2000) erschien. Es gibt nämlich zahlreiche Varianten dieser Liste.

305 Eduard Babák (geb. 1873, Smidar, Bez. Königgrätz, Arzt, Hochschulprofessor), Josef Borovička (geb. 1885, Deutschbrod, Historiker und Archivar, später Hochschulprofessor), Jindřich Čapek (geb. 1876, Prag, Bildhauer), Josef Čapek (geb. 1887, Hronow, Maler, Drehbuchautor und Schriftsteller), Karel Čapek (geb. 1890, Klein Schwadowitz, Schriftsteller, Dramatiker und Publizist), Viktor Dyk (geb. 1877, Schopka bei Melnik, Dichter, Schriftsteller und Journalist), Viktor Dvorský (geb. 1882, Prag, Geograph, Hochschulprofessor, später Direktor der Freien Schule der politischen Wissenschaften), Josef Folprecht (geb. 1879, Ministerialrat im Schulministerium), Vilém Heinz, Karel Hoch (geb. 1884, Groß Meseritsch, Journalist, Historiker und Publizist), Jan Kapras (geb. 1880, Brünn, Jurist, Hochschulprofessor), Josef Svatopluk Machar (geb. 1864, Kolin, Dichter, Journalist, Bankbeamter, Generalinspektor der Armee), Jan Matys (Dr.), Bohumil Němec (geb. 1873, Prasek, Bez. Königgrätz, Hochschulprofessor, Botaniker), František Nušl (geb. 1867, Neuhaus, Hochschulprofessor, Direktor der Sternwarte), Vilém Pospíšil (geb. 1873, Neureichenau, Bez. Pilgrams, Jurist, Sparkassendirektor, später Guverneur der Nationalbank), Alois Rašín (geb. 1867, Nechanitz, Bez. Königgrätz, Jurist, Politiker, Finanzminister), Josef Scheiner (geb. 1861, Beneschau, Jurist, Vorsteher des Turnvereins Sokol), František Sís (geb. 1878, Marschau, Bez. Brünn-Land, Journalist und Politiker), Vladimír Slavík (geb. 1884, Neuhaus, Jurist und Diplomat), Emil Svoboda (geb. 1878, Prag, Hochschulprofessor, Jurist und Philosoph), Ladislav Syllaba (geb. 1868, Bistritz bei Beneschau, Hochschulprofessor, Arzt), Jan Thon (geb. 1886, Goltsch-Jenikau, Literaturhistoriker und Bibliothekar), Čestmír Stašek, Přemysl Šámal (geb. 1867, Prag, Jurist und Politiker, Repräsentant des Schulvereins „Ústřední matice školská"), František Táborský (geb. 1858, Bistritz am Hostein, Dichter, Kulturhistoriker, Direktor der Höheren Mädchenschule), Jan Ventura (geb. ca. 1867, Neuhaus, Bankbeamter, Redakteur).

vertreten: 7 Universitätsprofessoren,[306] 4 Historiker bzw. Kulturhistoriker, die in einem Amt oder einer Redaktion arbeiten, 1 Bildhauer, 1 Maler, 1 Politiker, 1 Bankier, 2 Beamte, 1 Kanzler, 1 Diplomat, 3 Dichter oder Schriftsteller (die jedoch zu diesem Zeitpunkt eine öffentliche Funktion innehatten), die Anzahl an Journalisten lässt sich nur schwer festlegen, denn jeder der Brüder war zumindest teilweise Journalist. Gleichzeitig waren viele von ihnen ausgebildete Juristen oder zu diesem Zeitpunkt Abgeordnete in der Revolutionären Nationalversammlung: Viktor Dyk, Josef Svatopluk Machar, Bohumil Němec, Alois Rašín, Josef Scheiner, František Sís, Ladislav Syllaba und Přemysl Šámal. Das ist meines Erachtens durchaus eine repräsentative Probe. Der schon in der zweiten Hälfte der 20er Jahre sichtbare Trend ging dahin, dass die Zahl der Universitätsprofessoren und der hohen Staatsbeamten stieg und die der etwas extravaganten und oft sehr undisziplinierten Künstler sank. Die professionellen Politiker nahmen unter den tschechischen Freimaurern keine bedeutendere Rolle ein.

Für die Familienherkunft der Gründungsmitglieder der Loge Národ gilt Vergleichbares wie für die Loge Komenský bzw. prinzipiell jeden anderen Verein tschechischer Gebildeter, die in der zweiten Hälfte des 19. Jahrhunderts geboren wurden. Für die Generation ihrer Väter war die Bildung ein wertvolles Gut, das nicht nur den individuellen sozialen Aufstieg markierte, sondern auch mit dem für einen Großteil der tschechischen Gesellschaft bedeutungsvollen Emanzipationsprozess Hand in Hand ging.

Auch die geographische Herkunft dieser Freimaurer bestätigt lediglich die bereits getroffenen Feststellungen. Aus Prag stammten nur 4 Brüder (und das bei der gegenüber der Mitgliedschaft der Komenský-Loge doppelten Anzahl), ebenfalls 4 aus ganz Mähren, die Spitzenposition nimmt wiederum Ostböhmen ein – mindestens 7 Mitglieder, Süd- und Mittelböhmen jeweils 4[307], aus Nord- und Westböhmen stammte niemand. Diese Trends besitzen natürlich nicht nur im Rahmen der Freimaurerei ihre Gültigkeit, sondern beziehen sich generell auf alle, die aus der Provinz nach Prag kamen, um dort „die Welt zu erobern".

Die Altersstruktur dieser Loge war jünger und vielfältiger als bei Komenský. Obwohl es möglicherweise überraschen mag, kann man die Gründung dieser Loge keinesfalls als die Sache einer Generation sehen. Der Altersdurchschnitt betrug im Jahre 1920 knappe 45 Jahre, die

---

306   Ihre Zahl ist im Laufe der Jahre noch gestiegen, sowohl dank der neuen Mitglieder als auch auf Grund des Dienstfortkommens der älteren.

307   Es ist bemerkenswert, dass von den vier Südböhmen drei aus Neuhaus stammten.

Altersunterschiede in der Mitgliedschaft waren jedoch erheblich – von dem dreißigjährigen Karel Čapek bis hin zu dem zweiundsechzigjährigen František Táborský. Die Kategorien der Fünfzig-, Vierzig- und Dreißigjährigen waren zahlenmäßig ziemlich ausgeglichen, ein kleiner Vorsprung ist bei der Generation der Männer zwischen Vierzig und Fünfzig zu verzeichnen (7, 9, 7 Personen).

Die beiden hier vorgestellten Logen stellen gewissermaßen zwei Extreme vor: die eine symbolisiert die einstige deutsche Freimaurerei in Böhmen und ihre Strukturen, die andere die antretende tschechoslowakische gesellschaftliche Führungsschicht, bei der die gesellschaftliche Stellung momentan wichtiger war als die freimaurerischen „Voraussetzungen". An diesen Beispielen können schon die Grundkategorien aufgezeigt werden, aus denen die Freimaurer der Zwischenkriegszeit vorwiegend hervorgegangen sind, sowohl die Mitglieder der gewöhnlichen Logen als auch der Organisationsstrukturen, die darüber hinaus die Freimaurer der Hochgrade vereinigten. Sie widerspiegelten ziemlich getreu das übliche Logenleben und lassen keine komplizierten Strategien bei der Auswahl der beförderungswürdigen Personen erkennen. Ein überaus wichtiges Moment ist die Tatsache, dass schon seit Januar 1927, also knappe zwei Jahre nach den ersten Tschechen, von dem Obersten Rat unter Muchas Leitung auch die Freimaurer aus den deutschen Logen in der Tschechoslowakei in die Hochgrade erhoben wurden.[308]

Die kompletten Mitgliederlisten sind erst aus der Zeit nach dem Zweiten Weltkrieg erhalten.[309] Sie halten auch den Großteil der Logenmitglieder aus den dreißiger Jahren fest, stellen jedoch in dieser Hinsicht keine zuverlässige Quelle dar – viele der inhaftierten Mitglieder starben im Gefängnis oder wurden hingerichtet, auch viele Widerständler, Juden oder ältere Brüder überlebten den Krieg nicht. Dadurch verflacht sich die Alters- und Persönlichkeitsstruktur, die Berufsverteilung innerhalb der Loge gestaltete sich nun auch etwas anders, denn ansatzweise schon nach 1945 und dann in vollem Umfang nach 1948 war die Möglichkeit, im privaten Sektor oder freiberuflich zu arbeiten stark eingeschränkt. Dennoch kann prinzipiell festgehalten werden, dass die Grundlinien bei der

308   Dadurch erfüllte sich im Grunde der einstige Traum der hiesigen Freimaurer, die 1922 nach Lausanne fuhren, denn in diesem Bereich, auf den die deutschen Freimaurer ursprünglich resignierten, erlangten die Tschechen eine Vorrangstellung.
Einige der ersten Mitglieder, denen Ende 1925 diese Ehre zukam: Otakar Baštýř, Jaroslav Eger, Jaroslav Kvapil, Josef Volf, Adolf Wiesner, Frant. Danko, Zdeněk Helfert, Lev Schwarz, Jan Thon, Karel Weigner. Vgl. Ř. a Spr. L. Dokonalosti Vyšehrad v údolí vltavském. Zpráva o činnosti za léta 1925-1931 (Die Ordentliche, Gerechte und Vollkommene Loge Vyšehrad im Moldautal. Bericht über die Tätigkeit der Loge in den Jahren 1925-1931), Praha 1932.

309   Bspw. im Archiv der Großloge der Tschechischen Republik, aber auch im AHMP (Archiv der Hauptstadt Prag), Bestand Národní Veliká Lóže Československá, teilweise auch im Archiv des Innenministeriums.

Aufnahme neuer Mitglieder auch unter den veränderten Bedingungen auch nach dem Zweiten Weltkrieg erhalten blieben.

An dieser Stelle versuche ich auf der Grundlage des oben angeführten Materials die Rekonstruktion einer der Außerprager Logen, nämlich der Ostrauer Lux in tenebris. Nach den Angaben aus dem Jahr 1950 zählte sie 27 Mitglieder, allesamt Freimaurer aus der Vorkriegszeit, jedoch nicht nur aus dieser Loge. Ostrau wurde nach dem Zweiten Weltkrieg zum bevorzugten Migrationsziel, was auch an der hiesigen Freimaurerei ablesbar ist – 2 neue Mitglieder aus Centrum securitatis Ungwar, 2 aus der Werkstatt Dílna lidskosti Prag, 1 aus der deutschen Loge Fides im Tale der Arbeit Ostrau.

Ostrau war keine Metropole, es gab hier weder Hochschulen noch gesamtstaatliche Einrichtungen, deshalb ist es überaus spannend zu beobachten, welche Männer es hier zur Freimaurerei hinzog. Ihre Aufzählung gleicht dem kompletten Porträt der klassischen lokalen Elite. Die High Society der Stadt bildeten die Berufe, deren Träger zu den Ostrauer Freimaurern der Nachkriegszeit gehörten. Aus dem Bereich des Gesundheitswesens waren es insgesamt 9 Personen, ein ganzes Drittel also – darunter 3 Chefärzte, 1 Vorsteher des Bezirksinstituts der nationalen Gesundheit (OÚNZ) und gleichzeitig Professor an der neu eingerichteten Universität in Olmütz, 1 Revisionsarzt, 1 Allgemeinarzt, 1 Krankenhausdirektor und 2 Apotheker. Meiner Meinung nach gehört noch ein ähnlicher Beruf hierher, nämlich der oberste Veterinärrat. Aus dem Bereich des Schulwesens waren es 2 Gymnasialdirektoren, 1 Gymnasialprofessor und Schriftsteller,[310] 1 Gymnasialprofessor und 1 Mittelschuldirektor, insgesamt also 5 Personen. Aus dem Bereich des Rechts finden wir hier 1 Notar, 1 Vizepräsident des Kreisbezirks, 1 Rechtsanwalt, von den Verwaltungsbeamten 1 Fachvorsteher des Landesnationalausschusses und 1 oberster Rat des Zentralen Nationalausschusses, von den Bergbauprofessionen 1 Hütteninspektor und 1 Bergbaubeamter, aus dem Bereich der Finanzen 1 Finanzdirektor, 1 Oberster Kontrolleur der Nationalbank und 1 Bankdirektor, und als letzter dann 1 Verwalter des Grandhotels. Es muss in diesem Zusammenhang auch angemerkt werden, dass viele dieser Männer sich zu diesem Zeitpunkt schon im Ruhestand befanden und ihren Beruf nicht mehr aktiv ausübten. Dennoch handelt es sich um die gesellschaftliche Crème de la Crème par excellence, die die turbulen-

---

310   Es handelte sich um den landesweit bekannten Schriftsteller Vojtěch Martínek. In Mähren gab es unter den Freimaurern viel mehr Mittelschulprofessoren als in Prag, was zweifellos dem Bild der hiesigen Elite entsprach.

Meisterdiplom der Großloge Lessing zu den drei Ringen

ten Zeiten überstand und auch in dem neuen Staatssystem in modifizierter Form weiterlebte.[311]

Die obigen Zeilen sollten eine meiner Ausgangsthesen veranschaulichen, nämlich dass die Freimaurerei eine gesellschaftliche Angelegenheit ausschließlich von Eliteklassen war, deren konkrete Form mit der

---

311   Im Hinblick auf die oben genannten Tatsachen verzichte ich in diesem Fall auf die Spezifizierung der Altersstruktur.

Als obligater Bestandteil der sich mit der Freimaurerei befassenden Arbeiten haben sich die Übersichtslisten der bedeutenden Mitglieder des Ordens etabliert, die sogar für das tschechische Milieu ziemlich lang ausfallen würde. Zahlreiche der führenden Vertreter des öffentlichen und wissenschaftlichen Lebens wurden schon genannt, zur Veranschaulichung seien nur einige weitere Namen erwähnt: Politiker: Alois Neuman, Vladislav Klumpar, Antonín Klouda, Václav Klofáč, Jaromír Nečas, Gustav Habrman, Ladislav Feierabend, Vladimír Klecanda...

Wissenschaftler: Jan Blahoslav Kozák, Jiří Scheiner, Vojtěch Jarník, Jan Květ, Otto Seydl, Vladimír Groh, Jaroslav Kallab, Bohumil Navrátil, Vladimír Helfert, Jan Kabelík, Jan Uher, Antonín Trýb, Oldřich Blažíček, Václav Chaloupecký, Josef Charvát, Vincenc Lesný, Amadeo Molnár, Jan Bělehrádek, Václav Hora, Albert Pražák, Jiří Syllaba...

Künstler und Architekten: Jan Nušl, Jano Šrámek, Karel Štipl, Karel Josef Beneš, Jaromír Soukup, Ladislav Machoň, Jan Zázvorka, Josef Skupa, Josef Hais-Týnecký, Karel Ančerl, Zdeněk Štěpánek...

Beamte: Jaroslav Císař, Antonín Schenk, Karel Košťál, Otto Dvouletý, Karel Hudec, Gustav Janata, Bohumil Vančura, Viliam Pauliny, Miloš Úlehla...

Unternehmer und Finanzier: Vladimír Stieber, Ivan Petr, Vladimír J. Kavalier, Ivo Kruliš Randa, Jiří Beaufort, Eduard Grégr, Apollo Růžička, František Peroutka...

Andere und viele weitere mehr: Josef Kudela, Kamil Holý, Jan Emler, Alois Eliáš, Jan Syrový, Ferdinand Nebeský ...

modernen bürgerlichen Gesellschaft, Staatlichkeit sowie der Republik[312] eng verknüpft und lokal verankert war.

Familienbindungen

Die neuen Mitglieder rekrutierten sich nicht nur aus den profanen Freundschaftsbeziehungen, auf deren Grundlage dann später die Aufforderung zum Eintritt in den Freimaurerorden erfolgen konnte. Eine wichtige Quelle der Neulinge war auch immer die Familie. Unter den Freimaurern gehört es zum guten Ton, und darin gleicht die Freimaurerei zahlreichen anderen, in den verschiedensten sozialen Milieus tätigen Vereinen, ihre Söhne in den Orden zu bringen. Sie symbolisieren somit die Kontinuität, die gute Erziehung, das jüngere Bild von einem selbst, die Erfüllung des Lebenssinns, die Visitenkarte, einen natürlichen Ersatz – kurz gesagt, die Bedeutung der Söhne für die Väter und ihr Bild im Rahmen der jeweiligen Gemeinschaft ist ungeheuer wichtig.

Die Freimaurerei hat besondere Regeln für die Aufnahme der Söhne von Vätern Freimaurern, was ich für einen weiteren Beweis der programmatisch elitären Auswahl der Mitglieder halte, die in diesem Fall durch die Genetik und die Erziehung garantiert wurde. Hierin unterscheidet sich der Orden von anderen in der bürgerlichen Gesellschaft etablierten Vereinen und ähnelt vielmehr, auch wenn mit Einschränkungen, der auf vergleichbaren Prinzipien basierenden feudalen Gesellschaft. Erwähnt sei beispielsweise der komplizierte Mechanismus, der über die Aufnahme neuer Mitglieder entscheidet und jenseits aller demokratischen Offenheit läuft – nicht jeder, der die gegebenen Kriterien erfüllt, wird aufgenommen, sondern der Anwärter kann abgelehnt werden, wenn der Eindruck entsteht, dass er sich in der Zukunft nicht bewähren würde, wenn in seiner Vergangenheit irgendein Vergehen aufzufinden war oder er nicht ehrlich gehandelt hatte.[313] Andererseits kann sich bei dem Sohn eines Freimaurers, für den es sogar eine spezielle Bezeichnung gibt („Lufton"), der Aufnahmemechanismus etwas weniger strikt gestalten, da ja sein Vater eine ausreichende Qualitätsgarantie bietet. Begünstigt wurden sie auch in einer weiteren Hinsicht: Es gibt ein Kriterium bei der Aufnahme, das den Adepten auf seine Unabhängigkeit, sprich seine Zahlungsfähigkeit hin überprüft, was hierzulande u.a. bedeutete, dass keine Studenten aufgenommen wurden, denn als Student ist man faktisch wie finanziell

---

312   Dir traditionellen Eliten können wir getrost beiseite lassen. Übrigens, es finden sich nicht einmal in den cisleithanischen Logen vor dem Ersten Weltkrieg viele ihrer Repräsentanten. Vielmehr könnte man sagen, dass sie zu diesen Gesellschaften eine gewisse Abneigung verspürten – insbesondere auf Grund ihrer konservativen und katohlischen Weltanschauung.

313   Diese Kategorien entbehren natürlich jeder rechtlichen Grundlage, es sind rein moralische Bewertungen.

überaus abhängig. Die Freimaurer-Söhne allerdings traten nicht selten dem Orden noch als Studenten bei.

Die Aufnahme von Luftonen ist ein integraler Bestandteil der Freimaurerei weltweit. Hierzulande hatte sie allerdings noch eine weitere Funktion, zunächst wohl noch wichtiger als das Prestige des Vaters. Nach einigen Jahren freimaurerischer Tätigkeit in der Tschechoslowakei machte sich eine Art Generationslücke bemerkbar. Denn die meisten Logen bestanden mehr oder weniger aus Männern gleichen Alters, die wiederum mit ihren Altersgenossen befreundet waren, so dass die neuen Mitglieder einfach nicht jung waren. Im Hinblick auf die richtigen Maßverhältnisse und die natürliche Entwicklung der Logen war es allerdings notwendig, ein breiteres Altersspektrum zu umfassen, innerhalb dessen die Älteren Einfluss auf die Jüngeren ausüben konnten. Die Grundhierarchisierung Lehrling – Geselle – Meister ist in diesem Fall ungenügend, denn die meisten Mitglieder erreichten den dritten Grad (des Meisters) durchschnittlich innerhalb eines, höchstens zweier Jahre, und dann waren sich alle gleich. Manche von ihnen konnten zwar mit reicheren freimaurerischen Erfahrungen aufwarten, aber das ist für die natürliche Hierarchie und den Sinn der Logenarbeit etwas zu wenig. Nur – einen jungen Menschen aufzunehmen birgt immer ein Risiko, denn er hat noch nicht in ausreichendem Maße seine persönlichen Fähigkeiten und Qualitäten bewiesen, er hatte noch keine Gelegenheit dazu. Nur, wo soll das Neue dann herkommen? Natürlich, aus der eigenen Familie ...

In der zweiten Hälfte der zwanziger Jahre gab Václav M. Havel Denkanstöße zur Generationsdiskussion innerhalb der Logen, seine Bemühungen verliefen allerdings weitgehend im Sand. Ich glaube, im Rahmen der tschechischen Freimaurerei funktionierten der natürliche Generationenwechsel und die Fortentwicklung eigentlich niemals. Bestimmte Reformbemühungen, die man üblicherweise mit dem Antritt der jungen Generation zu verbinden pflegt, waren hier eher Initiative von Einzelnen unabhängig von ihrem Alter. Der Mangel an jungen Freimaurern nahm man in den Logen jedoch wahr, auch wenn manche diese „Verjüngung" der eigenen Reihen eher als ein notwendiges Übel empfanden, zu dem sie sich innerlich etwas zwingen mussten. Aber auch in diesem Fall handelt es sich nicht um ein freimaurerisches Spezifikum, sondern eher eine konkrete Manifestation genereller zwischenmenschlicher und gesellschaftlicher Einstellungen – es gibt solche, die erziehen und führen wollen und zufrieden sind, wenn sie von ihren Schülern übertroffen werden, und solche, die alle potenziellen Konkurrenten und Ruhestörer misstrauisch beäugen.

Leider können wir die Familienverbindungen nur innerhalb der Loge Národ eingehend verfolgen, bei den anderen sind wir lediglich auf Vermutungen angewiesen. Ich bin allerdings überzeugt, dass der Grundmechanismus der Aufnahme von Luftonen überall auf ähnlichen Prinzipien basierte. Das eindruckvollste Zeugnis davon legt Ladislav Syllaba in dem Brief an seinen Brünner Freund Eduard Babák im Mai 1926 ab: „Abschließend hätte ich noch eine kurze Bitte. [Mein Sohn] Jiří ist ‚Suchender' in die Loge Národ. Wir wollen jünger werden, deshalb sollen neben ihm noch Weigners Schwiegersohn Ing. Bartl, mein Schwiegersohn Jožka Filip und Kája Stretti aufgenommen werden.[314] Könntest Du bitte umgehend eine kurze vertrauliche Notiz über Jiří an Weigner schicken – etwa in dem Sinne, dass er Eigenschaften besitzt, die in ihm einen künftigen guten Freimaurer vermuten lassen ... Ich wäre sehr froh, wenn die Aufnahme dieser Jünglinge bis Herbst vonstatten ginge."[315] Syllaba sah sich aber auch andernorts nach Gutachten um, wie sein Schreiben an Emil Svoboda verrät: „Sei so lieb und schreibe einen vertraulichen Bericht über den ‚Suchenden' in die Loge Národ, meinen Schwiegersohn Jožka Filip ..."[316]

Ladislav Syllaba scheint die Vernetzung des Familiären mit der Freimaurerei überhaupt systematisch vorangetrieben zu haben. Sein Sohn Jiří heiratete 1930 die Tochter von Alfons Mucha, Jara[317], und der Ehemann seiner Tochter Milada war eben Karel Stretti, ein junger Jurist, in dessen Verwandtschaft es von Freimaurern nur so wimmelte. Was jedoch auf den ersten Blick als intendierte Lebensstrategie erscheinen mag, folgt jedoch in Wirklichkeit einer anderen Logik: sie kannten sich alle, samt Familien, und verkehrten seit Jahren miteinander, so war es

---

314   Syllaba bemühte sich, die Loge Národ systematisch zu verjüngen. In der zweiten Hälfte der 20er Jahre, als er gleichzeitig auch das Amt des Großmeisters bekleidete, d.h. der Nationalen Großloge vorstand, wird dieses Thema zum Leitmotiv seiner Tätigkeit. Vgl beispielsweise VOJAN, Antonín: Syllabova lóže Národ (Syllabas Loge Národ), in: Svobodný zednář (Zeitschrift Der Freimaurer) 2, V, 1931, S. 20-24.

315   LA PNP (Literaturarchiv des Denkmals des Nationalen Schrifttums), Bestand Eduard Babák, Syllabas Brief vom 19. Mai 1926.

316   AAV ČR (Archiv der Akademie der Wissenschaften der Tschechischen Republik), Bestand Emil Svoboda, K. 3, Inv.-Nr. 304, Syllabas Brief vom 18. Mai 1926. Übrigens war der junge Jurist J. Filip nicht zum ersten Mal ihr gemeinsames Thema. Syllaba bat Svoboda, seine Einstellung zu seinem Schwiegersohn diesem zu vermitteln: „Es ist notwendig - ihm unauffällig begreiflich zu machen, dass ich, als ich ihm zu einer Habilitation zugeraten habe, keinesfalls Druck auf ihn ausüben wollte. Ich hätte ihm Liduška auch ohne Dozentur gegeben, wenn er sie nur liebt. Ich möchte, dass er darüber im Klaren ist! Jedenfalls ist die Hauptsache: seine Liebe zu Lidka."
Zehn Jahre später, am 16. Oktober 1936, feierten diese einstigen jungen Männer bei einem festlichen Abendmahl den Jahrestag ihres Eintritts in die Loge. Einer von ihnen konnte leider nur noch in Erinnerungen anwesend sein - Karel Stretti, der 1934 gestorben war. Nur nebenbei bemerkt, zur Veranschaulichung der Geschlossenheit der in der Zeit der Nationalen Wiedergeburt verankerten tschechischen bürgerlichen Elite: Strettis Mutter stammte aus der Familie von Josef Jungmann.

317   Diese Ehe war jedoch von keiner langer Dauer. Die Heiratsanzeige vgl. beispielsweise in: ANM (Archiv des Nationalmuseums), Bestand Karel Stloukal, K. 17, Inv.-Nr. 922.

nicht verwunderlich, dass sie auch zusammen bei den Freimaurern waren. Mir ist kein einziger Fall untergekommen, dass Kinder aus Familien geheiratet hätten, die erst dank der gemeinsamen freimaurerischen Aktivitäten der Väter einander kennen lernten. Die andere Situation kommt viel häufiger vor und Syllabas Familie stellt da keinen Einzelfall dar. Anstatt dahinter allerlei Verschwörungsverbindungen oder Lobbyistenkontakte zu suchen, sollte man die Freimaurerei vielmehr als einen Bestandteil des Lebensstils einer bestimmten Gesellschaftsschicht betrachten, innerhalb derer es etliche Berührungspunkte gibt.

Muchas Einband der ersten Jahrgänge der Zeitschrift Svobodný zednář

Im Hinblick auf die Menge der „gelieferten" jungen Männer gab es auch in der eigenen Loge Národ für Syllaba starke, obgleich nur hypothetische, Konkurrenz. Er hatte ja nur einen Sohn. Kamil Krofta beispielsweise bot der Loge seine beiden Söhne an – Ing. Arch. Jiří Krofta und PhC. Jan Krofta – und zwar durch die Vermittlung eines weiteren Angestellten des Außenministerium, Jan Jína. Er hat sie allerdings, Jínas Aussage zufolge, selbst vorgeschlagen.[318] Ein anderer verdienter Vater unter den Freimaurern der Loge Národ war zweifellos der Professor der Juristischen Fakultät Václav Hora, der sowohl seine beiden Söhne als auch seinen Schwiegersohn Jaroslav Oehm zur Freimaurerei hinführte. Ihren Weg zur Königlichen Kunst fanden auch weitere Söhne – beispielsweise der gleichnamige Sohn von Jindřich Čapek sowie die Nachkommen von Jaroslav Kutvirt, František Nušl, Josef Scheiner, Bethold Thein und andere. Auch in der Familie Purkyně lebte die Freimaurerei wieder auf. Ein etwas kurioses

---

318   Vgl AVL ČR (Archiv der Großloge der Tschechischen Republik), Das Buch der Arbeiten der Loge Národ, Einträge vom 8. Juni 1934, vom 12. Oktober 1934, vom 4. Januar 1935 u.a.

Beispiel bietet uns die Familie des ältesten und engagiertesten tschechischen Freimaurers überhaupt – des Erfinders František Křižík. Er ist im Jahre 1847 geboren und Freimaurer seit 1881[319], womit er wirklich einen Rekord aufstellte, denn er überlebte einige Generationen. In die Loge Komenský und später in Sibi et posteris brachte er seinen Sohn, Schwiegersohn und Enkel, was im tschechischen Umfeld wohl ohnegleichen bleibt. Die direkte Familienlinie stellt jedoch nicht den einzigen Typ der Familienverbindungen innerhalb der Logen dar. Es seien hier die Brüder Baštýř oder die Čapeks angeführt. Erinnern wir uns an die Schwager Alfons Mucha und Zdeněk Chytil, die Schwager Jiří Mucha, Karel Stretti und Josef Filip.[320] Aber das ist noch bei weitem nicht alles. Bei einem Sohn verrät der Name die Verwandtschaft, bei einem Schwiegersohn nicht. Nur an Hand des privaten Briefwechsels erfahren wir, wie weit die familiären Netze gesponnen waren.[321] An dieser Stelle muss allerdings noch etwas hinzugefügt werden. Obwohl die Logik bestimmter gesellschaftlicher Mechanismen die Vorstellung von Familienklans, die ihre Interessen durchsetzen oder andere unter Druck setzen würden, suggerieren mag, fand ich keinen einzigen Beweis solcher Machenschaften, keine einzige Anspielung oder Andeutung von Unzufriedenheit.

Diese Feststellung halte ich für immens wichtig, denn sie offenbart einen markanten Zug der Freimaurerei der Zwischenkriegszeit. Es ging hier nicht um Macht oder Stärke. Nicht dass einige keine persönlichen Aspirationen oder Ambitionen in der Freimaurerei oder anderswo gehegt hätten, nicht, dass die Freimaurer keine repräsentative und Respekt hervorrufende Riege dargestellt hätten, nicht, dass die gewonnene Freundschaft im profanen Leben keinen Nutzen gebracht hätte. Aber die grundlegende Bedeutung und Sinn der Tätigkeit überschritt nicht den Rahmen der Freimaurerei, obwohl man oft genug bestrebt war, das Gegenteil zu beweisen.

---

319   Da er an der Gründung der tschechischen Freimaurerei nicht beteiligt war, oder möglicherweise auch aus anderen Gründen, fehlt sein Name oft in den Darstellungen der Geschichte der tschechischen Freimaurerei. Křižík war zunächst Freimaurer in Pilsen, erst dann in Prag. Der legendäre Erfinder der Bogenlampe František Křižík lebte bis 1941.

320   Vgl. auch: „Teurer Freund! Mein Schwager, Dr. Stanislav Hejda, Direktor des Sanatoriums in Prag-Podol, möchte in der Komenský-Loge aufgenommen werden. Da ich, selbst noch Mitglied der Loge Dobrovský, ihn nicht selbst in die Loge einführen kann, bitte ich dich herzlich, dich seiner anzunehmen, für ihn zu bürgen und alles Notwendige zu erledigen, damit er möglichst bald seinen Antrag stellen kann", schreibt Zdeněk Helfert an Josef Volf am 24. Dezember des Jahres 1926, LA PNP [Literaturarchiv des Denkmals des Nationalen Schrifttums], Bestand Josef Volf.

321   Ihre Schwiegersöhne unter den Freimaurern hatten im Laufe der Zeit beispielsweise auch: Přemysl Šámal, Ladislav Tůma, Jaroslav Kvapil oder Karel Weigner, wie oben schon erwähnt wurde. In manchen Fällen wurden die Schwiegerväter von den Schwiegersöhnen übertroffen – beispielsweise Hugo Vavrečka von Václav M. Havel.

Suchende in der Finsternis

Der Begriff „Suchende" bezeichnet diejenigen, die den Weg zur Freimaurerei erst suchen. Im Moment der Aufnahme werden sie zu „Neophyten". Der diese beiden Kategorien verbindende Weg gestaltete sich in
Wirklichkeit bei weitem nicht so geradlinig und steinlos wie im Falle der
Luftonen. Möchte man diesen Prozess generell zusammenfassen, könnte
man sagen, dass Freimaurer sich meistens aus denjenigen rekrutierten,
die von jemand aus dem Orden ausgesucht worden waren, oder deren
persönliches Interesse zur rechten Zeit auf eine Person traf, die diese
in die entsprechende Richtung lenken und weiterführen konnte und mit
Formalitäten half, denn je entwickelter die tschechische Freimaurerei
war, desto kodifizierter gestaltete sich der Prozess, den ein Suchender zu
durchlaufen hatte. Viele Beispiele der Aufnahme eines ausgesprochenen
„Amateurs", eines Interessierten „von der Straße" sozusagen, finden sich
in unserem Umfeld nicht.

Dennoch gab es solche Fälle, und obwohl sie meistens nicht von Erfolg gekrönt waren, kann an ihnen besser als an den erfolgreichen das
„reine" Interesse für die Freimaurerei veranschaulicht werden. Ein wun-
derbares Beispiel liefert die Sammlung Latomic von Bohuslav Röhlich
mitsamt seiner persönlichen Kommentare.[322] Hier wird der „Ansturm" an
die Antiquariate beschrieben, wenn dort etwas mit Freimaurer-Thematik
auftauchte. Dabei wird einem die Vernetzung bewusst, denn Josef Volf
kam immer als Erster an die Informationen, damit er, die Freimaurer
oder das Nationalmuseum die Sachen erwerben konnten.[323] Röhlich, als
ein interessierter Laie, verfolgte – im Gegensatz zu zahlreichen wirklichen Freimaurern – sehr eifrig die zu dem Thema erscheinende Literatur
und besuchte Vorträge. Diese sind glücklicherweise in seinen umfangreichen Notizen festgehalten, so dass wir über ein authentisches Zeugnis
der Gegenüberstellung von Kenntnissen eines äußerst kundigen Laien
und einer weniger kundigen, aber umso bekannteren Persönlichkeit, die
gerade sehr „in" war: Alfons Mucha. Er hielt im April 1922 einen von dem
Verein Komenský veranstalteten öffentlichen Vortrag über die Freimaurerei im Vereinshaus Malostranská beseda. Röhlich, ein Ingenieur aus
Kolín, notierte sich darüber Folgendes: „Vortrag sehr zahlreich besucht.

---

322   ANM [Archiv des Nationalmuseums], Bestand Latomica, nicht geordnet. Dieser Teil der Sammlung, wie
zumindest an Hand der Indizien [Anmerkungen, Briefumschläge] zu schließen ist, kam durch die Vermittlung des
Bibliothekars Josef Volf in das Nationalmuseum.

323   Nicht nur um etwas bisher Unbekanntes zu erwerben, aber viel mehr steckte in dem Bestreben dahinter, zu
verhindern, dass jeder beispielsweise die Zeitschrift „Der Freimaurer" hätte kaufen können. Die Zeitschrift konnten
nur Mitglieder abonnieren und die Auflage entsprach genau der Zahl der Mitglieder. Trotzdem tauchten ab und ab
ganze Jahrgänge dieser Zeitschrift in den Antiquariaten auf.

Meister Mucha sprach in einem sehr apologetischen Ton, sagt ‚wir', wenn er über Freimaurer spricht, ist demnach wohl Mitglied der Loge J. A. Komenský, will zum Wesen der Freimaurerei vordringen ohne sich dabei mit den historischen Fakten besonders befassen zu müssen."[324] Das nächste Beispiel verdanken wir ebenfalls Josef Volf, der Empfänger aller an die Freimaurer adressierten Briefe gewesen zu sein scheint, dessen Absender nicht wussten, an wen konkret sie sich wenden sollten. So stand meistens „Dr. Volf (machmal auch Wolf), Nationalmuseum, Prag" auf dem Briefumschlag. Da von Volf allgemein bekannt war, dass er die Freimaurer-Thematik erforscht und fachlich bearbeitet, hielten ihn viele für einen Freimaurer, noch bevor er wirklich einer wurde.[325] „Sehr geehrter Herr Doktor, ich wollte mich in den Ferien nicht dem Müßiggang hingeben", schreibt Antonín Nevečeřal aus Jilemnice, „und forschte überall nach Freimaurerliteratur ... Es braucht jedoch viel Fleiß und Scharfsinn, um hier eine Quelle zu finden, aus der wirklich eine esoterische Erfahrung des Lichtes sprudelt. Ein demütiger Arbeiter posaunt seine Arbeit nicht in die weite Welt hinaus. Deshalb ist die Suche so schwer. Viel eher als objektive Informationen findet man verleumderische Schriften über die Masonerie ... Ich besah vorerst die mir zugängliche Literatur. Daraus ziehe ich meine Schlussfolgerungen ... Ich bin ein profaner suchender Mensch, der an Ihrer Tür anklopfte ... Sie haben mir eine große Ehre erwiesen, indem Sie mir, einem Ihnen unbekannten Menschen, eine solche Aufmerksamkeit schenkten. Ich werde immer ihr treuer Schüler bleiben und soweit meine schwachen menschlichen Kräfte reichen, versuche ich das Ziel derjenigen zu erfüllen, die nicht umherirren, nämlich den Irrenden das Licht zu bringen!"[326] Ja, das ist eine Aufforderung zur Aufforderung.

Die meisten von denjenigen, die dann tatsächlich Freimaurer wurden, betrieben jedoch ihre Suche nicht so gründlich wie die beiden oben erwähnten Fälle. Es gibt wenige direkte Zeugnisse darüber, wie dieses Aussuchen eines geeigneten Kandidaten und das Angebot, Freimaurer zu werden, seitens des Betreffenden wahrgenommen wurden. Dennoch findet man ein paar davon. „Eines Tages im Frühling 1923 fanden sich in meinem Büro in Lucerna-Palais, dem einstigen Büro meines Vaters ... zwei Herren ein. Sie wünschten mich vertraulich zu sprechen. Die beiden

---

324   Mucha schrieb auch zahlreiche Studien über die Freimaurerei. Bei dem oben erwähnten Vortrag behauptete er, dass auch Čelakovský, Amerling, wohl ebenfalls Palacký, Šafařík, Vrchlický usw. Freimaurer waren.

325   In dieser Hinsicht kann auch noch der Rumpf seines Nachlasses von Interesse sein, das im Archiv der Hauptstadt Prag aufbewahrt wird.

326   LA PNP [Literaturarchiv des Denkmals des Nationalen Schrifttums], Bestand Josef Volf, Brief von Antonín Nevečeřal vom 16. August 1935.

Männer waren der Schriftsteller Karel Čapek und der Stadtbibliothekar Zdeněk Gintl. Sie bekamen von der Freimaurerloge 28. říjen den Auftrag, mich zu fragen, ob ich an dem Eintritt in ihre Loge interessiert wäre und mir die Bedingungen darzulegen ...[327] Sie teilten mir noch mit, dass nur derjenige aufgenommen wird, für den sich in einer geheimen Abstimmung die ganze Loge einstimmig ausspricht, und dass ich dort meinen Bürgen hätte. Ich fände unter den Freimaurern sicherlich zahlreiche bekannte Persönlichkeiten, die ich schätze. Nach der Aufnahme gewänne ich zudem die Freundschaft und Treue aller Freimaurer weltweit!"

Václav M. Havel gesteht ein, dass er damals über die Freimaurer nicht viel wusste, außer vielleicht über ihre Geschichte im 18. Jahrhundert. Trotzdem wies er das Angebot nicht zurück, und nach und nach, eigentlich schon als Mitglied, lernte er die Rolle der Freimaurerei im 20. Jahrhundert kennen. Das zweite Zeugnis verdanken wir dem Historiker und Dichter Zdeněk Kalista. In seinem Fall muss man jedoch mit der dichterischen Lizenz rechnen. Kalista bringt die eigene freimaurerische „Geschichte" in den Zusammenhang mit seiner Mitarbeit an der um Zdeněk Chytil gruppierten Zeitschrift „Demokratický střed" (Demokratische Mitte). Wohl 1927 machten Dr. Chytil und Dr. Fousek vor ihm gewisse Andeutungen, sie möchten ihn „in einen gewissen größeren Plan einweihen, den die Gespräche in engerem Kreise schon mehrmals streiften, der allerdings durch ein großes, unmitteilbares Geheimnis gebunden war ... Schließlich erklärte [Chytil] eines Tages, dass er mich – falls ich nichts dagegen habe – in eine Geheimgesellschaft einführen würde und dass diese Mitgliedschaft sehr bedeutungsvoll in meinem Leben werden könnte ... Meine Begleiter führten mich also unter strenger Verschwiegenheit in das Gebäude der Česká banka an der Ecke der Vodičkova-Straße und dem Wenzelsplatz. Da stiegen wir bis in den letzten Stock und klingelten dort an der Tür des Ateliers von Alfons Mucha." Kalistas Schilderung zufolge hingen dort überall Leinwände des „Slawischen Epos", und Mucha wartete dort schon mit einem kleineren Mann, der als „General" angesprochen wurde. Chytil teilte Mucha feierlich mit, dass Kalista Freimaurer zu werden wünscht und die entsprechenden Gelübde ablegen will. „Es folgte ein Ritual, durch das ich in die Geheimgesellschaft eingeführt werden sollte. Es gestaltete sich relativ einfach: um die Stirn wurde mir eine ziemlich breite violette Binde gebunden und Dr. Chytil las mir das Gelübde vor..."

---

327 „In einige Verlegenheit bringt mich die Tatsache, dass Karel Čapek Mitglied der Loge Národ, nicht der 28. říjen war." Havel schreibt weiter, Čapek in der Loge nicht gefunden zu haben, weil er um ehrenvolle Deckung ersucht hatte. Das ereignete sich jedoch erst einige Jahre später. HAVEL, Václav M.: Mé vzpomínky [Meine Erinnerungen], S. 153-154.

Kalista fährt jedoch noch fort: „Ich muss zugeben, dass ich sehr verwirrt war, als ich von Muchas Atelier wieder in den Trubel der Vodičkova-Straße hinunterging. Was sollte diese rituelle und zeremonielle Einweihung bedeuten? ... Wurde ich also unter die Freimaurer eingeführt? ... Vor mir tat sich ein weiter Raum auf, in dem mein Orientierungssinn völlig versagte ... Ich hatte nur verstanden, dass meine Aufnahme in Muchas Bruderschaft – sei es eine freimaurerische oder eine halbfreimaurerische ... Ich spürte, dass ich an der Schwelle irgendeiner Perspektive stehe, die ... meinen mächtig erwachten Ehrgeiz reizte."[328]

Bei aller Achtung vor dem bedeutenden Historiker und Dichter muss ich feststellen, dass das Maß an Selbststilisierung in diesem Fall die Grenze des Erträglichen überschritt. Ich halte es für völlig ausgeschlossen, dass jemand hätte Freimaurer werden können, ohne davon gewusst zu haben. Auch hätte die Aufnahme keinesfalls an einem lebhaften Tag nur so ohne Weiteres in Muchas Atelier erfolgen können. Kalista muss entweder derart durcheinander gewesen sein, dass er nicht darauf achtete, was vor sich ging, oder er konnte sich nach Jahren nicht mehr genau erinnern, oder seine angeregte Fantasie lief auf Hochtouren, oder er wollte stets im Mittelpunkt der Aufmerksamkeit stehen. Trotz all dieser „Aber" besitzt seine Aussage jedoch einen unschätzbaren Wert für uns, beispielsweise belegt sie sehr eindringlich, welchen Eindruck schon allein die Begegnung mit der Freimaurerei bei einem romantisch veranlagten Menschen hinterlassen konnte, obgleich sie durch die ihm aus seinem Alltag gut bekannten Personen vermittelt wurde.[329]

Die beiden angeführten Beispiele besitzen ihren außerordentlichen Wert darin, dass die Freimaurerei in edierten Memoiren erwähnt wird. Entgegen der deklarierten Priorität der Suche insbesondere nach jungen Suchenden[330] ist auch die Tatsache gewiss nicht geläufig und typisch, dass die beiden Männer in ziemlich frühem Alter in Kontakt zur Freimaurerei kamen.

Das Problem bestand darin, wie man den ausgesuchten Adepten eigentlich andeuten sollte, dass sie Freimaurer werden könnten und welche Informationen man ihnen zukommen lassen sollte. Diese Sache

---

328   KALISTA, Zdeněk: Po proudu života (2) (Mit dem Strom des Lebens), Brno 1996, S. 264ff.

329   Dass seine freimaurerische Laufbahn nicht geglückt war, bezieht Kalista wohl vor allem darauf, dass seine Kollegen aus Demokratický střed (Demokratische Mitte) ihn nicht für einen solchen Menschen befanden, wie er ihnen anfangs zu sein schien, und er wiederum sich abgestoßen fühlte, als er die Machenschaften der praktischen Politik durchschaute.

330   Die man zu Idealen erziehen könnte, und weiter solche, die dank der günstigen Wohnlage an den Arbeiten problemlos teilnehmen können, wie Jan Thon in der Loge Národ erklärte, vgl. AVL ČR (Archiv der Großloge der Tschechischen Republik), Kniha prací lóže Národ (Buch der Arbeiten der Loge Národ), Eintrag vom 27. November 1925.

wurde als außerordentlich diskret empfunden. Zunächst mal, man durfte sich zwar, den Freimaurer-Regeln zufolge, selbst als Freimaurer erkennen lassen, ohne Einwilligung hatte man allerdings kein Recht, ja es war sogar untersagt, Namen dritter Personen zu nennen. In den meisten Fällen schien aber gerade die Aussicht darauf, welchen Persönlichkeiten man in der Loge begegnen kann, überaus interessant gewesen zu sein. In den Verhandlungsprotokollen[331] finden sich wiederholt Aufforderungen, das Geheimnis zu wahren und nicht vorzeitig zu verraten, wie die Sache des jeweiligen Suchenden steht, d.h. wie weit die Formalitäten fortgeschritten sind und ob sie Aussichten auf Erfolg hat.

Die von jedem Anwärter auszufüllenden Fragebögen waren recht kompliziert und ermittelten allerlei Informationen, von den politischen Anschauungen über Konfession, den finanziellen Hintergrund bis hin zu den familiären Verhältnissen. War nicht alles zufriedenstellend beantwortet, folgte eine weitere ergänzende Fragerunde.[332] Ein richtiges Maß zu finden, wie einer, der schon Freimaurer ist, diesen Prozess der formellen „Suche" durchlaufen soll, war eine heikle Sache. Die überwiegende Mehrheit der Anträge wurde schon im Voraus verhandelt, so dass nur selten einer dann erst in der Abschlussrunde scheiterte.[333] Aber auch das passierte von Zeit zu Zeit, aber in diesem Fall musste derjenige, der ablehnend gestimmt hatte, dem Logenmeister seine Gründe darlegen.

Zunächst waren sich auch die Freimaurer nicht klar darüber, wie ein solches Anmeldeformular auszusehen hat, aber nach und nach stabilisierte sich seine Form.[334] Neben den Informationen, die der Anwärter auf diese Weise über sich selbst lieferte, mussten noch Referenzen über

---

331 Loge Národ, in: die im Archiv der Großloge der Tschechischen Republik (AVL ČR) aufbewahrten Materialien.

332 So definierte beispielsweise der Legationssekretär Celestýn Šimr im Jahre 1929 seine politische Orietierung nicht klar genug, oder der Beamte der Handels- und Gewerbekammer, Rudolf Buchtela, musste ein Jahr zuvor noch zusätzliche Informationen zu seiner Ehefrau nachliefern. Nach der Erfüllung dieser Bedingungen kam man erst zu der Ballotage, d.h. der Abstimmung. Ebd.

333 Einwände konnten im Laufe der internen Überprüfung auftauchen, also in der Zeit, in der sich jeder zu dem Adepten äußern sollte – das bezeugen zahlreiche Privatbriefe. Beispielsweise Karel Weigner schreibt am 10. März 1928, als er auf Aufforderung zwei Bewerber beurteilen soll, an Josef Volf: „Ich kenne sie beide seit vielen Jahren, sie sind ja meine Studenten. Ich kann keinen von beiden empfehlen. Ich bin zutiefst überzeugt, dass der erste nur persönlichen Profit und Konnexionen in unseren Reihen suchen würde ... Ich halte ihn für keinen seriösen Menschen, auch nicht in der wissenschaftlichen Arbeit ... Der zweite Adept musste seine Assistenstelle aufgeben ..." LA PNP (Literaturarchiv des Denkmals des Nationalen Schrifttums), Bestand Josef Volf. Die Gründe für eine Ablehnung konnten jedoch auch viel persönlicher sein, vgl. beispielsweise die Briefe von Josef Tůma an Karel Stloukal aus dem Jahr 1930, ANM (Archiv des Nationalmuseums), Bestand Karel Stloukal, K. 96, Inv.-Nr. 2013/1-3.

334 Vgl. „Auf die Aufforderung von Br. Thon hin schicke ich die Anmeldung, die ich nach unseren ältesten Musterformularen gestaltete. Ich konnte weder Br. Vojan noch Čermák noch einen anderen Sekretär finden – ich hoffe daher, dass diese Anmeldung als geeignet befunden wird. In der letzten Zeit werden angeblich informelle Anträge gestellt, gleichzeitig arbeitet man an einem einheitlichen Formular. Man sollte gleich auch zwei Fotos sowie einen kurzen Lebenslauf und ein Credo beilegen", schrieb der Direktor der Aussiger Zuckerraffinerie Rudolf Konrád an Jan Kapras. ANM (Archiv des Nationalmuseums), Bestand Jan Kapras, K. 32, Inv.-Nr. 1399.

ihn abgegeben werden, wobei es hier dem Betreffenden überlassen blieb, den Gutachter selbst auszusuchen. In den freimaurerischen Protokollen begegnet man wiederholt Aufforderungen, diese Gutachten nicht nur als Formalität anzusehen, sondern sich verantwortungsvoll und ernsthaft dieser Aufgabe zu stellen. Die Gefahr des Formalismus ließ offenbar auch die freimaurerischen Angelegenheiten nicht unberührt – ein weiterer Grund mehr, der Dämonisierung dieses Vereins zu widersprechen.

Die standardisierte Aufforderung zum Verfassen eines Gutachtens sah etwa so aus: „Teurer Bruder, ich bitte Dich, mir im Sinne des 94. Artikels der Allgemeinen Satzung Informationen über Herrn Dr. Karel Trapl mitzuteilen, der in unsere Loge eintreten will. Ich wäre Dir sehr dankbar, wenn ich die Referenz innerhalb von 3 Wochen erhalten könnte."[335] Manchmal wurde weniger formal um Informationen gebeten, wie wir beispielsweise in Syllabas Fall sahen. Für zahlreiche Freimaurer war es allerdings eine Ehrensache, weitere Männer in den Orden einzuführen. Man kann nur Havels Memoiren aufschlagen, um zu sehen, wie er sich an diejenigen erinnert, die er persönlich zur Freimaurerei hinführte. Und es gibt auch noch authentischere Belege, beispielsweise im Briefwechsel zwischen Zdeněk Helfert und Josef Volf.[336]

Erfüllte der Suchende, sei er schon zur Freimaurerei von allein oder auf Aufforderung eines anderen hin gekommen, alle vorgeschriebenen Formalitäten, wurde er auch sonst für geeignet befunden und zeigten sich alle unter der Nationalen Großloge der Tschechoslowakei vereinigten Freimaurer mit seiner Mitgliedschaft einverstanden[337], konnte seine rituelle Aufnahme unter die Freimaurer erfolgen.

---

335   SÚA [Staatliches Zentralarchiv], Bestand Josef Schieszl, K. 7, Brief von Jiří Sedmík an Josef Schieszl vom 25. Oktober 1932. Oder auch: „In den Freimaurerorden und den Verband unserer Loge meldet sich Herr Dr. Václav Fryček, Stadtbibliothekar in Náchod. Da ich davon ausgehe, dass Du diesen Suchenden kennst, bitte ich Dich inständig, mich gemäß Artikel 53 unserer Konstitution über ihn zu informieren." Ebd, Brief von Zdeněk Helfert an Josef Schieszl vom 8. Januar 1934. Und Schieszl antwortet: „Dr. Václav Fryček ... bin ich nur einmal in meinem Leben begegnet ... Ich kann Dir also nichts über ihn sagen." Ebd, 27. Januar 1934.

336   LA PNP [Literaturarchiv des Denkmals des Nationalen Schrifttums], Bestand Josef Volf.

337   Die Nationale Großloge der Tschechoslowakei schickte an alle Logen Informationsblätter mit den Namen und anderen Angaben zu den Suchenden, damit ihre Mitglieder ggf. Einwände erheben könnten. Seit Anfang der dreißiger Jahre tauschten auch die tschechischen und deutschen Freimaurer in der Tschechoslowakei untereinander Informationen aus.

Komplikationen, Probleme, Austritte

Mögliche Probleme

Obwohl die Freimaurerei nur die besten, unter den Begriffen Brüderlichkeit und Gleichheit subsumierten zwischenmenschlichen Beziehungen, aber auch Liebe gegenüber dem Nächsten proklamierte, und Mitglieder des Ordens nur die Besten der Besten werden sollen – Männer, die unumstößlich zu ihrem Wort und ihren Verpflichtungen stehen, so kommt es doch gelegentlich zu Konflikten. Bereits die Auswahl der Mitglieder und die Überprüfungen am Anfang des Prozesses erfolgen so gründlich auch aus dem Grunde, damit der Orden nachfolgend nicht durch Indiskretionen bedroht ist oder zweifelhafte Personen mit ihm in Verbindung gebracht werden können. Wenngleich es z.B. in Frankreich oder in Italien tatsächlich wahrlich skandalöse Fälle gab, in die Freimaurer involviert waren, so müssen wir feststellen, dass das tschechische Umfeld ähnliche Fälle kaum kennt. In den böhmischen Ländern kam es zwar ab und an zu Skandalisierungen der Freimaurer, nur sehr selten jedoch basierten diese auf tatsächlichen Verfehlungen eines Freimaurers.

Probleme mit einzelnen Mitgliedern standen eher mit der internen Disziplin oder mit einem Mangel daran bei Einzelpersonen im Zusammenhang – bezüglich Anwesenheitspflichten, bei der Erfüllung finanzieller Pflichten, beim brüderlichem Umgang oder weil sie keine Verschwiegenheit wahrten, wo es angebracht gewesen wäre. Bei einem groben oder einem latenten Fehlverhalten oder bei Nichteinhaltung von Verbandsatzung und Pflichten konnte eine Streichung aus dem Mitgliedsverzeichnis erfolgen. Dies bedeutet, dass der Betreffende das Ansehen aller Freimaurer mit Absolutheit verloren hatte, idealerweise weltweit. Zu solchen drastischen Schritten kam es jedoch meist nicht, eine gütliche Einigung war immer der bevorzugte Weg einer Konfliktbeilegung. Die meisten Abgänge aus den Reihen der Freimaurer erfolgten in Form einer ehrenvollen Deckung. Auf jeden Fall jedoch hinterließ ein solcher Fortgang zumindest immer eine Spur Bitternis.

Unannehmlichkeiten konnten leicht auch bei einem Wechsel von Freimaurern zwischen einzelnen Logen auftreten, manchmal auch bei Ungereimtheiten bereits im Prozess der Aufnahme in die Gemeinschaft der Freimaurer. Bürokratische Unvollkommenheiten in einer der Instanzen, nicht geklärte Zuständigkeiten, Unklarheiten bezüglich der erforderlichen Schritte – dies alles zog gelegentlich Komplikationen nach sich und kleine Verfehlungen konnten sich dergestalt zu erheblichen Problemen auswachsen. Die Mehrzahl dieser Unannehmlichkeiten konnte mit der Zeit beigelegt werden. Wenn etwa ein Anwärter oder auch ein Mitglied des Freimaurerordens von Prag nach Brünn/Brno oder Pressburg/ Bratislava oder aber gegebenenfalls von dort zurück nach Prag wechselte, kam es relativ häufig zu Komplikationen. In solchen Fällen erfolgte in der Regel eine sog. Affiliation, d.h. ein Übertritt in eine andere Loge, jedoch nur, wenn er allen seinen Verbindlichkeiten und Verpflichtungen ordnungsgemäß nachgekommen war. Nur in Ausnahmefällen kam es vor, dass jemand aus einem anderen Grund als der Entstehung einer neuen Loge direkt zwischen Prager Logen wechselte.

Als klassisches Beispiel sei jedoch der „ewig Suchende", der Dichter und Archivar der Prager Landesbank Emanuel Lešehrad (auch Emanuel z Lešehradu), genannt, der – nachdem er eine ganze Reihe an okkultistischen, spiritistischen, martinistischen und anderen Institutionen kennenlernte bzw. durchlief, seinen Weg zum Freimaurertum fand: Anfang der dreißiger Jahre trat er der Loge Dílo („Das Werk") bei; da ihm jedoch das dortige Umfeld bald wenig poetisch und inspirierend erschien, bat er um Aufnahme in die Loge Národ („Das Volk").[338]

Wenn wir von personenbezogenen Konflikten sprechen, die auch der freimaurerischen Gemeinschaft nicht fremd waren, kann Lešehrad als exemplarisches Beispiel für ein – angenommenes oder tatsächliches – Versagen bürgerlicher oder freimaurerischer Prinzipien mit praktischen Auswirkungen auf freimaurerische Aktivitäten herangezogen werden. Solche Fälle finden wir in der Geschichte der tschechischen Freimaurerei gleichwohl nur wenige. Lešehrad wurde im Jahr 1936 tatsächlich Mitglied der Loge Národ; als sich die Loge nach dem Zweiten Weltkrieg wiedergründete, gab es jedoch sehr starke Stimmen, die sich gegen seine Wiederaufnahme in die Reihen der Freimaurer aussprachen.

---

338 Vgl. Protokoll vom 27. März 1936, in: AVL ČR [Archiv der Großloge der Tschechischen Republik], Kniha prací lóže Národ [Buch der Arbeiten der Loge Národ]. „[Rudolf] Konrád begründete die ehrenvolle Deckung des Bruders Lešehrad in der L. Dílo damit, dass diesem das Umfeld dieser L. nicht zusage, die sich aus Personen zusammensetzt, die in gewerblichen und geschäftlichen Unternehmen praktisch tätig sind, während sich Bruder L[ešehrad] nach Gesellschaft von Intellektuellen sehnt ..."

Der Fall Lešehrad

Lešehrad wurde 1947 nicht zur Wiederbegründung der Loge Národ geladen. Er wandte sich daraufhin an Jan Thon, der ihm mitteilte, dass über jedes einzelne Mitglied abgestimmt und ihm ganz sicher kein Erfolg beschieden sein würde, da alle annehmen würden, dass er während der Zeit der deutschen Okkupation aus der Loge Národ ausgetreten sei.[339] Thon erinnerte Lešehrad ferner daran, dass Lešehrad ihn nach Ermittlungen der Gestapo gebeten habe, im Fall einer Vorladung die Mitgliedschaft in der Loge Národ zu verschweigen. Darüber hinaus verwies Thon darauf, dass man sich bemühe, eine Loge aus nahe stehenden und vertrauten Personen zu bilden, was Lešehrad nicht betreffen würde, da er nur kurz Mitglied der Národ war. Es wurde ihm empfohlen, sich bei seiner ursprünglichen Loge Dílo zu melden. Lešehrad erhielt nachfolgend die Zusage, dass ihn die Loge Dílo bei regulärer Wiederbelebung aufnehmen würde, und dass weder Dílo noch Národ etwas gegen seine Wiederaufnahme in die Reihen der Freimaurer einwenden würden.

Die Loge Národ wollte also Lešehrad nicht in ihren Reihen, gleichzeitig wurden ihm jedoch keine Steine in den Weg gelegt. Da er jedoch formal weiterhin Mitglied dieser Loge war, benötigte er von ihr die Erklärung über eine ehrenvolle Deckung, um eine Aufnahme in die Loge Dílo erbitten zu können. Um diese zu erlangen, musste er jedoch sein Verhalten in Zeiten des Weltkrieges erklären. Er schieb der Loge Národ daher einen Brief, in dem er seine Probleme mit der Freimaurerei während der deutschen Besatzung schilderte. Seine Zugehörigkeit zu den Freimaurern war nämlich kein Geheimnis gewesen, da sich in seiner Villa ein Privatmuseum mit zahlreichen freimaurerischen Artefakten befand. Bereits in der sog. Zweiten Republik (nach dem Münchner Abkommen 1938 bis März 1939) war sie für den Faschistenführer Rys-Rozsévač zur Zielscheibe geworden, zu Protektoratszeiten nahm der Druck der Nazi-Presse noch zu. Lešehrad wurde aus dem Schriftstellerverband ausgeschlossen, um als Freimaurer nicht dessen Existenz zu gefährden,[340] die Menschen wichen ihm aus, an seiner Villa tauchte eine Schmiererei: „Hier wohnt ein jüdischer Freimaurer!", auf. Lešehrad fühlte sich auch an Leib und Leben bedroht.

---

[339] Dies war selbstverständlich gar nicht möglich, da die Logen zu Kriegszeiten inaktiv waren [„für ruhend erklärt"]. Thon wollte so offenbar ausdrücken, dass Lešehrad seine Zugehörigkeit zur Freimaurerei aufgegeben habe. Lešehrads Interpretation vgl. in: LA PNP [Literaturarchiv des Denkmals des nationalen Schrifttums], Bestand Lešehradeum, Lešehrads Schreiben an die Loge Národ vom 3. Dezember 1948. Es handelt sich um ein Konzept, das Original im Archiv des Ministeriums des Innern, H-125, K. 1.

[340] Zeitgleich wurde Josef Hais-Týnecký aus der Loge Dílo ausgeschlossen.

Lešehrads Ausweis der Bruderschaft Silberner Kreis (Stříbrný kruh)

Im Dezember 1941 habe die Gestapo bei ihm geklingelt und nachdrücklich gefragt: „Wo haben sie Ihre Freimaurersachen?" Er antwortete,
dass er keine Freimaurersachen habe, da er diese vor der Auflösung der
Loge zurückgegeben und die Korrespondenz verbrannt habe. Tatsächlich habe er diese an verschiedenen Stellen außerhalb seiner Wohnung
verwahrt. Es folgte eine Durchsuchung und Verwüstung der Wohnung,
bei der Lešehrad zahlreiche wertvolle Sachen verlor, einschließlich einer
einzigartigen Sammlung an Freimaurermünzen und -medaillen. Darüber hinaus habe die Gestapo umgehend auch eine Untersuchung der Bestände Lešehrads im tschechischen Nationalmuseum vorgenommen. Da
das aus der Villa kommende Fahrzeug bereits voll von beschlagnahmten
Artefakten gewesen sei, habe Lešehrad selbst mit der Straßenbahn zum
Museum fahren müssen.

Es habe ein Verhör Lešehrads gefolgt – die Gestapo sei davon ausgegangen, dass er als Historiker des Freimaurertums alles über die Organisation wüsste, einschließlich Verbindungen in das Ausland und Aktivitäten des Untergrundes. Lešehrad habe sich zu verteidigen versucht,

indem er anführte, dass er nur kurze Zeit Mitglied des Ordens gewesen war, dass er nur Historiker des Freimaurertums sei und sich um nichts anderes gekümmert habe. Das Verhör habe vor allem auf die Mitgliedschaft Lešehrads in der Loge Národ als Nachfolgerin der sog. Maffie, einer konspirativen tschechischen Widerstandsorganisation aus dem Ersten Weltkrieg, gezielt. Hierher wehte also der Wind ... Die Gestapo interessierte sich demnach weniger für die Freimaurerei, als vielmehr für den Widerstand. Gerade aus diesem Grunde habe Lešehrad nachfolgend Thon gebeten – in seiner Auslegung – dessen Mitgliedschaft in der Loge Národ zu bestreiten.[341] Die gegenständlichen Erläuterungen Lešehrads umfassten gleichwohl nicht alle seine Schritte und Erlebnisse aus Kriegszeiten. Und die Logen schwiegen.

Im Jahr 1949 bat Lešehrad, zu diesem Zeitpunkt bereits Mitglied der Kommunistischen Partei, um Wiederaufnahme in die Gemeinschaft der Freimaurer. Beide Logen, Národ und Dílo, erklärten ihre Zustimmung zu seiner Aufnahme. Da jedoch der Mechanismus möglicher Einwendungen durch alle Glieder der Nationalen Großloge der Tschechoslowakei (NVLČs) gegeben war, nutze die Loge Kollár die Situation und erhob Einspruch: „Wir teilen des Weiteren mit, dass bei einer Sitzung am 16. III. 1949 einstimmig beschlossen wurde, die Nationale Großloge zu ihrem Schreiben vom 5. III. 1949 darauf hinzuweisen, dass laut eingegangener Mitteilung Hr. Emanuel Lešehrad einem Korrespondenten des Arijský boj während der Okkupation ein Interview gab, in dem er den Gedanken der Freimaurerei herabsetzte und er es daher nicht verdient, wieder in den Orden aufgenommen zu werden."[342] Auch aus anderen Logen waren vereinzelt Stimmen zu hören, wonach Lešehrad moralisch nicht tragbar sei.

Obwohl sich die Loge Národ per Ballotage klar für Lešehrad aussprach, gab es sehr starke Vorbehalte, sodass seine Angelegenheit noch 1950 erneut im Rahmen des Großen Rates verhandelt wurde. Letztlich wurde seine Mitgliedschaft in der Freimaurerloge Národ erst am 12. März 1951 erneuert, also einen knappen Monat vor Einstellung ihrer Tätigkeit („Ruhenderklärung"), zu einem Zeitpunkt, zu dem offenkundig

341 Nachfolgend kontaktierte Lešehrad noch František Richter, der ihm stoisch sagte: „Vielleicht bezahlst du dafür mit dem Leben. Aber heute droht dies dir, morgen vielleicht mir. Ich werde dir keine Ratschläge geben, du musst dir selbst helfen. Die Gestapo sucht bei den Freimaurern irrtümlicherweise nach einer Untergrund- und Widerstandsgruppe, die organisieren sich woanders. Es ist gut sie auf einer falschen Fährte zu halten." Richter, ein führender Widerstandskämpfer, beging bei seiner Verhaftung Selbstmord...

342 Bei dem Arijský boj, dem „Arischen Kampf", handelte es sich um ein tschechisches antisemitisches Wochenblatt in Kriegszeiten. Ein erheblicher Teil der Akten in: AMP [Archiv der Hauptstadt Prag], Bestand „Národní Veliká Lože Československá" (Nationale Großloge der Tschechoslowakei), K. 1.

194 Komplikationen, Probleme, Austritte

war, dass die Freimaurerei – zumindest für einen gewissen Zeitraum – nicht existieren würde.[343] Der Fall Lešehrads stellt tatsächlich die sprichwörtliche Ausnahme dar, die die Regel bestätigt. Dies hängt sicherlich mit dem zeitgenössischen Kontext zusammen, da die Ereignisse ab dem Jahr 1938 eine völlig andere Dynamik gewannen, als sie sich für die Freimaurerei bis zu diesem Zeitpunkt bot. Daher veränderten sich auch die Probleme. Nach der Machtübernahme durch die Kommunisten in der Tschechoslowakei im Februar 1948 wurden die personenbezogenen Probleme noch durch ganz andere Faktoren beeinflusst.

Brünn-Prag-Bratislava

Die aus einer unzureichenden Kommunikation geografisch entfernter Logen rührenden Komplikationen können am Beispiel von Antonín Trýb bzw. Josef Borovička illustriert werden. Der Historiker Josef Borovička wirkte ab 1925 an der Comenius-Universität in Pressburg/Bratislava. Es scheint, dass er dies jedoch niemandem aus seiner Mutterloge Národ mitgeteilt hatte – er besuchte keine Versammlungen mehr und zahlte keine Beiträge. Wegen einer dauerhaften Abwesenheit wurde sein Name nach einigen Jahren aus der Loge Národ gestrichen. Mit einem Mal, im Jahr 1931 kam aus Bratislava die Mitteilung, dass Borovička an den Aktivitäten der Loge Kollár teilhaben würde und er einen Beitritt zu dieser Loge wünsche.[344] Falls er innerlich mit der Freimaurerei abgeschlossen hätte, wäre er nicht der Kollár beigetreten. Eher scheint es, dass er nach einer gewissen Übergangszeit seiner freimaurerischen Identität wieder mehr Raum in seinem Leben gab.

Komplizierter gestaltete sich der Fall des Antonín Trýb. Unklarheiten bezüglich seiner Person gab es bereit zu einer Zeit, zu der er mit den Freimaurern in Kontakt trat. Trýb war Mediziner, Professor, leitender Arzt einer dermatologischen Klinik in Brünn/Brno und zugleich Dich-

---

343   Vgl. AVL ČR (Archiv der Großloge der Tschechischen Republik), Akten der Loge Národ: „Teurer Bruder Sekretär, ich teile dir mir, dass der Große Rat auf seiner Sitzung am 12. März 1951 einer Erneuerung der Mitgliedschaft des Bruders Emanuel Lešehrad, Sohn der L. Národ, Freimaurer-Meister, wohnhaft in Prag XVI - Smíchov, Na Doubkové 4, zustimmte.
Mit diesem Tage treten also alle seine Mitgliedsrechte und -pflichten in Kraft. Zur nächsten zeremoniellen Arbeit für den 1. Grad möge er den vorgegebenen Eid über die Loyalität unterzeichnen und den Eid erneuern. Logenrat mit brüderlichem Gruß - O.E.Mizera, Großsekretär"

344   Vgl., Protokoll vom 10. Dezember 1931 ff.

ter,[345] seine Anmeldung zur Loge Národ ging Anfang 1924 ein.[346] Schnell erlangte er die erforderlichen Empfehlungen und seine Aufnahme sollte am 13. Februar 1925 erfolgen. Trýb sagte jedoch aus zeitlichen Gründen ab, er sollte daher bei einer folgenden Sitzung aufgenommen werden. Trýb fand sich jedoch zum festgelegten Datum nicht ein und legte auch keinerlei Erklärung über den Grund seines Fehlens vor. Die Loge Národ beschloss daher, ihn erst nach einer ordnungsgemäßen Beantragung seinerseits und einer Begründung seines Verhaltens einzuführen. Dies bedeutete mit anderen Worten, dass sein Name von der Liste der Kandidaten gestrichen wurde. Dies erfolgte im Herbst desselben Jahres. Ein halbes Jahr später gab es zwar ein klärendes Gespräch zwischen Großmeister Syllaba und seinem Kollegen Trýb, jedoch bestand die Loge Národ auf einer schriftlichen Stellungnahme. Da eine solche erneut nicht vorgelegt wurde, schlug Jan Kapras im Herbst 1926 vor, den Fall Trýb ad acta zu legen.

Es vergingen einige Jahre, in Brünn gründete sich die Loge Cestou světla („Der Weg des Lichts") – und in dieser durfte eine hiesige Persönlichkeit wie Trýb nicht fehlen. Und so tauchte auf einem Rundschreiben mit den Namen von Suchenden nach einiger Zeit erneut Antonín Trýb auf. Die Loge Národ erhob gegen seine Aufnahme in den Kreis der Freimaurer grundsätzliche Einwände. Sein Fall wurde jedoch nicht vom Tisch gefegt – hierbei spielte sicherlich eine Rolle, dass Trýb in der Stadt Brünn zur wissenschaftlichen und intellektuellen Elite zählte und die Loge Cestou světla, wo er Freunde hatte, ein großes Interesse an seiner Aufnahme hatte. Von Belang war auch, dass er – als Professor der Medizin – Persönlichkeiten aus Prag gut kannte, die wiederum im Rahmen der Hierarchie der Freimaurer hohe Posten bekleideten – vor allem Syllaba und Weigner. Trýb konnte man daher auch trotz einer groben Verletzung der grundlegenden Anstandsregeln nicht einfach ablehnen.

Die Loge Národ jedoch fühlte sich durch sein Verhalten gekränkt und teilte Brünn ihre Vorbehalte gegen Trýb mit. Und so wurden Anfang des Jahres 1929 Verhandlungen aufgenommen. Es kam gar zu gemeinsamen Sitzungen der Freimaurer der Loge Národ und der Brünner Loge, die die Situation irgendwie zur Zufriedenheit beider Seiten regeln sollten.[347] Über den Fall entschied letztlich der Großorient, der wie folgt

---

345   Autor der Gedichtsammlung „Z listů erotických" [„Aus erotischen Blättern"], aber auch wissenschaftlicher Arbeiten über Krankheiten der Nägel etc. Ein Rumpf seines Nachlasses ist hinterlegt im Literaturarchiv des Denkmals des nationalen Schrifttums (PNP).

346   AVL ČR (Archiv der Großloge der Tschechischen Republik), Kniha prací lóže Národ (Buch der Arbeiten der Loge Národ), 8. Februar 1924 ff.

347   Ort der Zusammenkunft war das Arbeitszimmer Weigners im Anatomischen Institut.

P∴S∴V∴S∴V∴V∴

Ř∴ A DOK∴ LÓŽE OBŘADU SKOT∴ ST∴ A PŘIJATÉHO

»NÁROD«

V OR∴ PRAŽSKÉM

oznamuje truchlivou zvěst, že do Věčného vých∴ odešel její spoluzakladatel

BR∴

JUDr. JOSEF SCHEINER 33°,

advokát, starosta České obce sokolské a vůdce Sokolstva slovanského, věrný syn národa.

Mateřské lóži „Národ" a celému Svazu čsl. zednářstva byl upřímně oddán.

Pohřeb drahého bratra Scheinera je v pátek 15. ledna o 15. hodině z budovy Sokola pražského. (Sokolská tř.)

Lóže Národ vzpomene Mistrovy památky v obř∴ pr∴ I. st∴ dne 22. ledna 1932 o∴ l∴

Dáno v pražském Orientu 12. ledna 1932 o∴ l∴

V. HORA,
M∴L∴

A. VOJAN,
taj∴

Traueranzeige für den Freimaurer Josef Scheiner

urteilte: Die erfolgte Ballotage ist als erloschen zu betrachten, wenn sich der Gewählte nicht zu seiner Aufnahme einfindet, ohne dass er einen Grund angeben würde, und wenn er eine erneute Aufnahme beantragen möchte, müsse er eine neue Anmeldung bei derselben Loge vornehmen, in die er aufgenommen werden sollte.[348] Wenn dieser Grundsatz in aller Konsequenz umgesetzt worden wäre, besteht kein Zweifel, dass Antonín Trýb nie Freimaurer geworden wäre. Auch aus den sterilen Protokollen der Loge Národ geht hervor, dass der Widerstand gegenüber seiner unzuverlässigen Person hier erheblich war. Jedoch ... der Großorient empfahl auch Folgendes: In diesem konkreten Fall sei die Entschuldigung Trýbs anzunehmen, die er über den Großorient bereits vorgelegt habe, und sein Antrag sei mit Blick auf seinen Wohnsitz von der Národ an die Cestou světla abzutreten. Man sieht, es findet sich immer eine Lösung.

Brünn oder auch Bratislava konnten für die Freimaurer auch andere Probleme bedeuten. In diesen lokalen Metropolen konnte das Bekanntwerden einer Zugehörigkeit zum Freimaurerorden für den einen oder anderen unangenehme Folgen nach sich ziehen. Die beiden nachfolgend angeführten Fälle zeigen, wie eine Mitgliedschaft bei den Freimaurern nicht etwa eine Sicherheit für einen bestimmten Beruf bedeuten, sondern diesen bedrohen konnte – oder eher zu einer Bedrohung beitragen konnte, insbesondere wenn ein Mann wie der Mitherausgeber von Boulevard-Presseerzeugnissen und erheblich kompromittierte Politiker der 30er Jahre, Jiří Stříbrný, im Mittelpunkt der öffentlichen Aufmerksamkeit stand.[349] Die sog. Volkssozialisten, die Stříbrý aus der Partei drängten, versuchten ihn politisch mundtot zu machen, und dies auch mittels einer vorgeblichen Geschlechtskrankheit oder des Verdachtes auf Kontakte zu Faschisten und Putschisten. In einem Gerichtsprozess gegen Stříbrný engagierten sich auch der erste Präsident des Obersten Gerichtes der Tschechoslowakischen Republik in Brünn, Slovák, und der Freimaurer Vladimír Fajnor, über dessen juristische Qualitäten, wie Antonín Klimek schreibt, „in der Kanzlei des Staatspräsidenten Zweifel herrschten".[350] Und weil Jiří Stříbrný die Zuspitzung nicht scheute und sich seine Boulevardblätter mehr als einmal auf die Freimaurer einschossen, bekam Fajnor Angst vor einer weiteren Skandalisierung.

348 Vgl. ebd., Protokoll vom 15. März 1929.

349 Detailliert KLIMEK, ANTONÍN: Boj o Hrad [Der Kampf um die Prager Burg] (2.), Praha 1998, S. 33 ff. und 332 ff. An dieser Stelle sei nur angemerkt, dass der Mediziner, der das Protokoll über Stříbrnýs diskreditierende Geschlechtskrankheit (Syphilis) unterzeichnete – die dieser tatsächlich nicht hatte – der oben erwähnte Antonín Trýb war, der Stříbrný jedoch nie untersucht hatte.

350 Ebd., S. 333.

Stříbrnýs Presse kam im Jahr 1933 an die Kandidatenliste der Funktionäre des Großorients, auf der auch Fajnors Name zu finden war. Seinem Freund Josef Schieszl vertraute er sich an, dass „dies Folgen für seine Funktion bedeuten könnte. Es könnte dazu kommen, dass man ihn wegen seiner Zugehörigkeit zum Freimaurertum als befangenen Richter ablehnen könnte und darüber dann formal nach den Vorschriften der Gerichtsordnung vorhandelt werden müsste".[351] Fajnor nahm an, dass die Sache klargestellt werden müsse, was in zweierlei Weise denkbar wäre: entweder sei der Kanzlei des Staatspräsidenten, dem Vorsitzenden der Regierung und dem zuständigen Minister formal mitzuteilen, dass er Freimaurer ist, oder es müsste eine ehrenvolle Deckung erfolgen.

Großmeister Karel Weigner war der Auffassung, dass Richter Fajnor den ersten Weg wählen solle. Fajnor erstellte daher drei Schreiben, sprach jedoch in der Zwischenzeit im Ort Židlochovice mit Staatspräsident Masaryk, der ihm die zweite Variante empfahl, wobei er die erste angeblich nicht für eine Sekunde in Betracht zog. Es ist merkwürdig, dass Masaryk jemandem so schnell den Ratschlag erteilte, sich wegen eines solchen Vorwandes seiner Überzeugungen und seiner Zugehörigkeit zu entsagen, ausgeschlossen werden kann es jedoch nicht. Fajnor entschied sich, die Reihen der Freimaurer zu verlassen. Schieszl persönlich sah die Angriffe der Presse offenbar nicht so dramatisch wie Fajnor, der der Loge mitteilte, dass er seine Arbeit nur zeitweilig unterbrechen würde, woran der Großmeister nachfolgend zweifelte, und dass er den Ideen der Freimaurerei treu bliebe. Sein Amt würde ihn zur Zurückhaltung zwingen. Es stellt sich die Frage, in welchem Maße die anderen Freimaurer die Bedrohung ihres Bruders wahrnahmen, ob diese als objektiv erachtet oder als zu schnelle Kapitulation gesehen wurde. Auch viele andere Personen mussten mit einem solchen Risiko einer Skandalisierung ihrer Mitgliedschaft im Orden rechnen und meist waren die Schlagzeilen bald vergessen, um Platz zu machen für neue Boulevardnachrichten. Fajnor verließ die Freimaurer zu einer Zeit, als er für den Großorient kandidierte, sodass er mit einem solchen Risiko rechnen musste. Auch war seine Mitgliedschaft im Vorfeld keineswegs nur eine passive gewesen. Vielleicht kann er als Freimaurer „mit beschränkter Haftung" charakterisiert werden.

Der zweite Brünner Fall hängt mit der in gewisser Hinsicht streitbaren Persönlichkeit des tschechischen Freimaurertums, František Mašlaň, zusammen. Dessen Gerichtsverfahren, von dem noch die Rede

---

351   NA [Nationalarchiv], Bestand Josef Schieszl, K. 7. Dort das Protokoll Schieszls und die Korrespondenz von Fajnor und Schieszl.

sein wird, weckte bei den Brünner Freimaurern erneut Befürchtungen über Verrat und Diskreditierung. In diesem Zusammenhang wandte sich der Professor für antike Geschichte, Vladimír Groh, mit einer Bitte an Josef Volf.[352] Dank dessen ist uns heute ein wertvolles Zeugnis über die mögliche Angst erhalten geblieben, die zahlreiche Freimaurer trotz der demokratischen, republikanischen Verfassung des tschechoslowakischen Staates, der für ihre Tätigkeit im Grunde positiv war, begleitete.

„Ehrenwerter M., ich wende mich an Dich in einer sehr vertraulichen und heiklen Angelegenheit, die jedoch nicht nur die hiesige Loge und Deine, sondern auch den guten Ruf unseres gesamten Ordens betrifft. Dr. Fr. Mašlaň, ein sehr unwürdiges und heute bereits ausgeschlossenes Mitglied des O[ordens], missbraucht bislang seine einstmalige Zugehörigkeit zum Fr[eimaurertum]. Diese Person ist aktuell in Třebíč an einer Handelsschule für Mädchen aktiv, er hat dort eine schändliche Tat gegen die Schicklichkeit begangen, für die er gerichtlich und disziplinarisch verfolgt wurde. Das Gerichtsverfahren endete in der II. Instanz mit Aufhebung der Verurteilung ... Das Disziplinarverfahren erfolgte vor der hiesigen politischen Verwaltung unter Vorsitz von Regierungsrat Josef Wierer, eines etwas schreckhaften Herrn. Du kennst Mašl[aně] und weißt, was für ein Komödiant er ist. Er gab W[ierer] zu erkennen (etwa im Herbst des vergangenen Jahres), dass er Fr[eimaurer] ist und dass ihm nichts geschehen solle, da er sehr mächtige Freunde im Orden habe, bei der Verhandlung spielte er dann eine Komödie mit einem Selbstmordversuch. Regierungsrat Wierer kann nicht besonders gut schweigen, es ist daher anzunehmen, dass es mit der Zeit sehr unschöne Nachrichten über die Fr[eimaurerei] in Verbindung mit M[ašlan] geben wird. Wir haben zwar bei der pol[itischen] L[andes-] V[erwaltung] zwei Brüder, aber wir sind froh darüber, dass dies dort niemand über sie weiß, und dass sie ungestört arbeiten können. Es läge uns aber daran, dass Wierer darauf hingewiesen wird, dass M[ašlaň] nicht im Orden ist, da er ausgeschlossen wurde.“

Vladimír Groh gab seinem Wunsch Ausdruck, Volf möge Wierer kontaktieren, da „über Dich, Ehr[würdiger] M[eister], als Autor vieler herausragender, öffentlich herausgegebener Abhandlungen über das Fr[eimaurertum] jeder Profane mit Sicherheit annehmen wird, dass Du Mitglied des O[rdens] bist, und mit Deinem Schreiben an W[ierer] würde die Diskretion somit nicht verletzt.“

352   Schreiben Grohs vom 9. März 1927, in: LA PNP (Literaturarchiv des Denkmals des nationalen Schrifttums), Bestand Josef Volf.

Der Fall Mašlaň

Die Angelegenheit Mašlaňs ist eine von wenigen, bei der die Instanz des internen Freimaurergerichtes in Gänze zum Tragen kam und der Betreffende ausgeschlossen wurde. Wenn Groh schreibt, dass es sich um ein unwürdiges Mitglied handele, so ist dies eine rückwirkende Beurteilung. Es gab eine Zeit, in der sich Mašlaň als sehr hoffnungsvoller Freimaurer und ein noch hoffnungsvollerer Historiker der Freimaurerei präsentierte. Der 1893 geborene Mašlaň nahm nach Abschluss eines Studium an der Philosophischen Fakultät eine Stelle als Pädagoge und Bibliothekar im Welschen Waisenhaus auf der Prager Kleinseite an, wo er auch Material über Bolzano studierte, über den er zuerst publizierte – es folgten Comenius oder vor allem das Thema der Freimaurerei. 1917 erlangte er den Grad eines Doktors der Philosophie, er verfügte über eine Zulassung für Philosophie, Tschechisch, Deutsch und Polnisch. Er blieb Junggeselle, lebte mit seiner Mutter und unterrichtete an verschiedenen Mittelschulen, gleichwohl seine Ambitionen zweifellos darüber hinaus gingen.[353]

Seine Arbeiten über die Freimaurerei von Anfang der 20er Jahre, die populär waren und eine Lücke auf dem Buchmarkt schlossen, machten ihn relativ bekannt. Zugleich organisierte er verschiedene Bildungsveranstaltungen, die der Öffentlichkeit die Freimaurerei erklären und nahe bringen sollten. Die Qualität seiner Broschüren lässt sich zwar nicht mit den Werken Josef Volfs vergleichen, müssen aber als positiv in ihren Wirkungen gewertet werden – es sei angemerkt, dass Volf in Mašlaň auch eine gewisse Konkurrenz sah. In seinen Anmerkungen finden wir mehrere leicht ätzende Anmerkungen darüber, was gerade wieder von Mašlaň erschienen war etc. Auch eine für Volf zweifelsohne bedeutende Autorität wie der Pädagoge und Vorgesetzte Čeněk Zíbrt forderte ihn zu mehr Fleiß bei der Erforschung der Geschichte der Freimaurerei auf und verwies dabei ausgerechnet auf Mašlaňs Arbeiten.[354] Volf wusste, dass es sich eher um wenig arbeitsintensive Kompilationen handelte, er selbst aber brachte – auch mit Blick auf seine wissenschaftlichen Tugenden – keine Monografie zustande.[355]

---

353 Seinen Lebenslauf finden wir z.B. im LA PNP (Literaturarchiv des Denkmals des nationalen Schrifttums), Bestand Josef Volf. Von Mašlaňs Werken vgl. z.B.: MAŠLAŇ, František: O významu a úkolech svobodného zednářství [Über die Bedeutung und die Aufgaben des Freimaurertums], Praha 1923; derselbe: Dějiny svobodného zednářství v Čechách [Die Geschichte des Freimaurertums in Böhmen], Praha 1923; derselbe: Komenský a svobodní zednáři [s přehledem svobodného zednářství v Čechách a s literaturou zednářskou] [Comenius und die Freimaurer [mit einer Übersicht über das Freimaurertum in Böhmen und die freimaurerische Literatur]], Praha 1921.

354 Vgl. LA PNP (Literaturarchiv des Denkmals des nationalen Schrifttums), Purkyně-Kommission, K. 17, Volfs Protokoll vom 27. Oktober 1922: „Zíbrt teilte mir mit, dass Mašlaň in der Zeitung die Ausgabe einer Geschichte des tschechischen Freimaurertums angekündigt hat. Er forderte mich daher zu schnellerem Arbeiten auf."

355 Vgl. des Weiteren etwa Volfs Anmerkung vom 11. September 1923, LA PNP (Literaturarchiv des Denkmals

František Mašlaň wurde bereits im Frühjahr 1920 in die Loge Komenský („Comenius") aufgenommen, also noch in der ersten Nachkriegswelle. Von Anfang an war er sehr agil, er hatte Anteil an der Schaffung der Terminologie und der Übersetzung der Konstitution (Verfassung) der Freimaurer.[356] Er strebte eine Funktion auch in seiner Loge Komenský an, er „war überrascht, als er nicht in das Kollegium der Beamten vorgeschlagen wurde" und verglich dies mit dem Putsch der Prager Freimaurer im Jahr 1785.

Der führende Historiker zur Geschichte der Freimaurer, Josef Volf

Am 13. Januar und am 10. Februar 1925 wurde über František Mašlaň Gericht gehalten (ein sog. Logengericht).[357] Dem Gericht der Loge Komenský saß deren Vorsitzender Theodor Bartošek vor. Die Gründe für das Verfahren waren derweil rein interner Art, bald sollte Mašlaň aber auch vor einem richtigen Gericht stehen. Im Rahmen des Ordens wurde Mašlaň beschuldigt, Josef Volf ein eingebildetes und eitles Gebaren vorgeworfen zu haben, als Literat habe er sich ihm gegenüber „aristokratisch" verhalten und die anderen Freimaurer habe er gefragt, ob sie auch etwas gegen Volf, seinen Konkurrenten, hätten. Er habe Volf ferner in dem Sinne verleumdet, dass er immerzu Fehler suche und etwas in seinen Texten korrigieren würde, ihn jedoch vorab nicht darauf hinweisen würde, wenn etwas ungenau ist, und dass er denken würde,

des nationalen Schrifttums], Bestand Josef Volf, „Mašlaňs Br[oschüre] wird angeblich ins Englische übersetzt, wie er mir triumphierend mitteilte." Im Jahr 1924 verwahrte sich die Loge Národ dagegen, dass Mašlaň noch vor einer Aufnahme von Suchenden in den Orden eigene Schriftstücke über die Freimaurer an diese versendet und so deren Abnahme erzwingen würde. Der Großorient wurde gebeten einzuschreiten. AVL ČR [Archiv der Großloge der Tschechischen Republik], Kniha prací lóže Národ [Buch der Arbeiten der Loge Národ], Aufzeichnung vom 26. Mai 1924.

356   Vgl. Mašlaňs Schreiben vom 16. Dezember 1920 an Jan Kapras, in: ANM [Archiv des Nationalmuseums], Bestand Jan Kapras, K. 35, Inv.-Nr. 1749.

357   Das gesamte Archiv ist hinterlegt in: ANM [Archiv des Nationalmuseums], Bestand Jan Kapras, K. 108, Inv.-Nr. 5079, Text der schriftlichen Publizierung des Urteils und die entsprechende Akten. Die Aufzeichnungen befinden sich in Kapras' Nachlass, da er Vorsitzender des Gerichtshofes der Nationalen Großloge (NVLČs) war.

dass er das Schreiben über das Freimaurertum gepachtet hätte. Es kann
also festgestellt werden, dass Mašlaň Volf nicht wohlgesinnt war – und
umgekehrt. Das Problem bestand offenkundig auch darin, dass beide die
selbe Loge teilten, sodass ihre Kontakte als Historiker der Freimaurerei
umso intensiver waren. Auch habe er Vladimír Groh eines aristokratischen Benehmens bezichtigt, während er sich selbst eher als Demokraten
bezeichnete. Er scheint, Mašlaň litt unter gewissen Komplexen.
   Des Weiteren habe er sich ungebührlich verhalten, als er bei einer
feierlichen Weißen Tafel aus Anlass der Eröffnung eines neuen Tempels
in der Straße Husova erklärte, dass „dies ein Schwindel ist", was die Freimaurer verärgert habe; er habe ferner behauptet, dass die Freimaurerei
ein Mittel zur Karriere sei und er habe allen, einschließlich der jugoslawischen Brüder, vehement und aufdringlich seine Schriften zum Kauf
angeboten. Als Drittes wurde ihm vorgeworfen, dass er bei Aufnahme des
Verfahrens über seine Person versucht habe, Zeugen zu seinen Gunsten
zu beeinflussen, und er diese auch bedroht habe. Eine Reihe anderer Beschuldigungen wie das Fälschen von Dokumenten und eine Beleidigung
der Freimaurer als solcher konnte ihm nicht nachgewiesen werden. Des
Weiteren wurde nicht zuverlässig festgestellt, dass er Außenstehende zu
einem Beitritt zu den Freimaurern so unzulässig ermuntert habe, wie
ihm vorgeworfen wurde. Nicht bewiesen wurde auch, dass er die Erkennungszeichen der Freimaurer lächerlich gemacht habe.
   Mašlaň wurde mit einem Verbot des Zutritts zur Loge für ein Jahr
mit der Maßgabe bestraft, dass er ein ordentliches Leben führen müsse. Den Richtern zufolge handele es sich „um einen verwurzelten und
sicherlich nur sehr schwer zu behebenden Charaktermangel, sodass
sich die Frage stellt, ob Bruder Mašlaň wegen dieser seiner Eigenschaft
überhaupt bei den Freimaurern verbleiben kann. Da es sich jedoch nach
Überzeugung des L.[ogen]-Gerichtes um einen sehr wesentlichen Mangel
handelt, der gleichwohl nicht durch den Angeklagten verschuldet wurde,
wurde nicht … zu einem Ausschluss aus der Loge geschritten …"
   Darüber hinaus bekam er für den Zeitraum eines Jahres noch weitere Auflagen. Heraus stechen dabei das Verbot einer jedweden Presse- und
Vortragsarbeit bezüglich der Freimaurerei, die Wahrung absoluter Diskretion, die Übergabe der gesamten Freimaurerunterlagen, von Gerätschaften und Presseerzeugnissen, sowie ein Verbot der Kontaktierung
von Freimaurern. Mašlaň legte Berufung gegen das Urteil ein und argumentierte durchaus logisch, dass falls er grundsätzliche charakterliche
Mängel hätte, er niemals in die Reihen der Freimaurer aufgenommen

worden wäre.[358] Er verwies auch darauf, dass er es war, der Volf als Mitglied der Freimaurerloge vorgeschlagen hatte. Mašlaňs Gerichtsverfahren war überhaupt des erste, das derart in der neueren tschechischen Geschichte abgehalten wurde. Der Angeklagte war zu diesem Zeitpunkt Lehrer („Professor") einer Handelsakademie im mährischen Třebíč (deutsch Trebitsch), was signalisieren könnte, dass in seinem persönlichen Leben etwas geschehen war, in dessen Folge er seine Stelle in Prag nicht mehr halten konnte. Und gerade in Třebíč passierte ihm eine weitere unangenehme Sache, die bis zu einer behördlichen Untersuchung führte, wie der „aristokratische" Vladimír Groh suggestiv schrieb. Der Mittelschullehrer Mašlaň, ein Mann in den besten Jahren, wurde der sexuellen Belästigung einer Schülerin beschuldigt. Offenkundig brachte dies im Rahmen seines Wirkens bei den Freimaurern das Fass zum Überlaufen.

Er selbst interpretierte die ganze Angelegenheit als Intrige der „Trebitscher Klerikalen" und eines gewissen Schülers, der von ihm die Note Unzureichend in Tschechisch erhalten habe.[359] Nachweisen können habe man ihm nur das Zuhalten einer Tür und eine Drohung an eine Schülerin, dass sie aus der Schule ausgeschlossen werden würde, nicht jedoch den Versuch einer Verführung oder eine Verführung. Seinen Worten zufolge sei dies alles auf seine Unvorsichtigkeit und sein unüberlegtes Agieren zurückzuführen. „Ich bin kein schlechter Mensch, ich meine alles gut, bin dabei jedoch ungeschickt ... Ich bin allseitig erledigt", schreibt er an Kapras, als er ihn bittet, zu gewährleisten, dass ihm die Lehrerstelle für das folgende Schuljahr erhalten bleibt. „... und nur durch erneute ernste und intensive Arbeit möchte ich mich gern retten und alles wieder gutmachen ... Erkennen Sie meine Situation – helfen Sie mir, bitte sofort, weil es anderenfalls zu spät wäre ..."[360] Dieser letzte Satz korrespondiert mit Grohs Erwähnung eines vorgetäuschten Selbstmordes im Rahmen der Untersuchungen.

Mašlaňs Spur verliert sich Ende der 20er Jahre sowohl bei den Freimaurern, als auch im Rahmen der freimaurerischen Literatur. Ein vielversprechender junger Freimaurer und Historiker versagte offenbar als Mensch vollkommen. Es handelt sich um ein einzigartiges Lehrbuchbeispiel für menschliches und „brüderliches" Fehlverhalten, das zum Ausschluss aus den Reihen der Freimaurer führte.

---

358 1920 Lehrling, 1921 Geselle, 1923 Meister. Siehe Berufsschreiben, ebd.

359 ANM [Archiv des Nationalmuseums], Bestand Jan Kapras, K. 35, Inv.-Nr. 1749, Mašlaňs Schreiben s.d.

360 Ebd.

Der Streit um den Verband Volná Myšlenka

Mehrfach wurde erwähnt, dass sich in den zwanziger Jahren die Atmosphäre in der ersten Loge Jan Amos Komenský veränderte. Hiervon zeugen im Grunde auch der Streit zwischen Mašlaň und Volf, und einige Gründe, die zur Bildung der Loge Pravda vítězí („Die Wahrheit siegt") führten. Es sollte noch ein weiterer Streit über Personen und Ideen erwähnt werden, der zumindest einen Teil dieser Loge Mitte der 20er Jahre erfasste. Dieser hängt mit dem Engagement einiger Mitglieder der Loge Komenský im Verband Volná Myšlenka („Der freie Gedanke") zusammen.

Freidenker als programmatisch bekenntnislos organisierte Menschen stehen der Freimaurerei durchaus sehr nahe. Als klassisches Beispiel wäre hier Frankreich zu nennen, wo eine der Großlogen – die größte, der Grand Orient de France – das Symbol des „allmächtigen Baumeisters aller Welten" nicht verwendet und anstatt der Bibel ein symbolisches Weißes Buch nutzt. Auch einige tschechische Logen, die erst später der Nationalen Großloge der Tschechoslowakei angegliedert wurden, wählten diese Ausrichtung, analog zum deutschen Freimaurerbund zur aufgehenden Sonne (FzaS).[361] Aber auch in den traditionellen tschechischen Logen hallten freidenkerische Ideen wider, wobei deren Anhänger ihren Weg eher zu den Nachfolgern der deutschen Freimaurerei fanden, die sich ursprünglich an Frankreich orientierten, also Komenský und Dobrovský. Die Loge Národ („Das Volk") und deren Töchter waren in dieser Hinsicht konservativer, während Volná Myšlenka eher der Linken nahe stand.

In allen Logen gab es Einzelpersonen, die zwar formal der katholischen Kirche angehörten, die jedoch – wie die meisten tschechischen Intellektuellen seinerzeit – eine sehr kühle Beziehung zur Religion hatten. Gleiches gilt für Angehörige protestantischer Kirchen, bei denen sich Freimaurerei und aktiver Glaube gar nicht ausschlossen. Das tschechische Freimaurertum war sicherlich nicht militant antikatholisch, es gab in seinen Reihe zahlreiche eingetragene Katholiken. Wenn es zu Diskussionen über die katholische Kirche kam, so nur als Verteidigung gegen Angriffe von ebendort.[362] Die Freidenker jedoch können wir als relativ radikale Vertreter einer Befreiung vom Glauben sehen. Ihre einheimi-

---

361   Über deren Geschichte und die Nähe der Freidenkerbewegung detailliert vgl. UHLÍŘ, Dušan: Historie Lóže Most 1925-1951 [Die Geschichte der Loge Most 1925-1951], in: Most-Brücke-Bridge, Praha 2000, S. 4-12, und Geschichte des Freimaurerbundes zur aufgehenden Sonne in der Tschechoslovakischen Republik, [Hrsg.] Br. Siegfried Neumann, Prag 1936.

362   Aus den Artikeln der Zeitschrift „Svobodný zednář" ist abzulesen, dass zu den wichtigsten Fragen und Problemen der tschechischen Freimaurer ganz sicher keine Abgrenzung gegenüber der Kirche oder die religiöse Frage als solche gehörten.

sche, nationale Tradition, die älter war als die der tschechischen Freimaurer,[363] trug dazu bei, dass sie den Freimaurern in den Anfangsphasen ihrer Existenz vor allem ihre Druckkapazitäten zur Verfügung stellten: Das Blatt „Svobodný zednář" („Der Freimaurer") und andere einzelne Schriften wurden bis zur Mitte der 20er Jahre beim Verband Volná Myšlenka gedruckt; Redakteur der freimaurerischen Zeitschrift war der Freidenker Julius Myslík.

Jedoch kam es im Volná Myšlenka zu einem zugespitzten Streit, der sich auch auf die Atmosphäre in der Loge Komenský auswirkte, da dessen führende Akteure gerade Julius Myslík und Theodor Bartošek waren. Die erhebliche Spannung und die Unerträglichkeit der Situation führten dazu, dass Myslík sein Engagement bei den Freimaurern beenden wollte. Es scheint, dass treibende Kraft des Streites eher der begabte Rechtsanwalt und Abgeordnete Theodor Bartošek war, ursprünglich sog. Volkssozialist, Antimilitarist, Anarchist und letztlich Kommunist, der wie auch Myslík ein führender Vertreter des Verbandes Volná Myšlenka war. Dieser Verband musste sich in der jungen Tschechoslowakischen Republik eine neue Plattform suchen, da im demokratisch verfassten, dem Fortschritt huldigenden und an die reformatorischen Traditionen anknüpfenden jungen Staat Raum und Inhalt für gesellschaftliche Ideen anders zu suchen waren als noch in der alten Monarchie. Volná Myšlenka verlor einfach an Bedeutung, da das Bedürfnis einer demonstrativen Deklarierung von Positionen durch eine Mitgliedschaft im Verband geringer wurde.[364]

Soweit die Sache heute beurteilt werden kann, war Auslöser des Streites Bartošek, um den es in der Öffentlichkeit bereits im Jahr 1923 Wirbel gab, als er mit einer Reihe an Änderungsanträgen gegen das Gesetz zum Schutz der Republik ankämpfte, das seinerzeit im Parlament verhandelt wurde, unter anderem als Reaktion auf den gewaltsamen Tod eines anderen Politikers (und Freimaurers) – Alois Rašín. Für sein Verhalten wurde er im März 1923 mit einigen weiteren Personen aus der Tschechoslowakischen Sozialistischen Partei ausgeschlossen. Es sei angemerkt, dass er später auch in der Kommunistischen Partei bei der

---

363   Vgl. zahlreiche Passagen in: KISCHKE, Horst - ANDICZ, Hellmut - HAUBELT, Josef: Svobodní zednáři. Mýty, výmysly, skutečnost a výhledy [Die Freimaurer. Mythen, Erfindungen, Realität und Aussichten], Praha 1997. Josef Haubelt gehört zu den führenden Historikern des Verbandes Volná Myšlenka. Zum Streit um Ideen in Volná Myšlenka vgl. auch KUDLÁČ, Antonín K.K.: Zdeněk Kalista a Volná Myšlenka, in: Zdeněk Kalista a kulturní historie [Zdeněk Kalista und die Kulturgeschichte], Semily 2000, S. 43 ff. Im Bestand Volná Myšlenka im Archiv der Hauptstadt Prag konnte ich jedoch keine Schriftstücke über die Freimaurer finden. Anders im Nachlass von Julius Myslík im LA PNP [Literaturarchiv des Denkmals des nationalen Schrifttums].

364   Eine interessante Pressedokumentation in: NA [Nationalarchiv], Bestand Ministerstvo zahraničních věcí - výstřižkový archiv [Ministerium für auswärtige Angelegenheiten – Archiv für Ausschnitte], K. 2467, 1916–44, hier direkt neben den Freimaurern auch Volná Myšlenka.

Führung aneckte, da er Freimaurer und Freidenker war ...[365] Einen Monat nach seinem Parteiausschluss wurde sein Aufsehen erregender Fall auch in seiner Mutterloge Komenský verhandelt. Bartošek sollte sich hier gegen Beschuldigungen über unehrliches Gebaren verteidigen. „Im Stile eines Anwaltes schob er die Schuld auf andere Personen, schmähte und beschuldigte andere, über seine Beziehungen bzw. über sein Verhalten jedoch – kein Sterbenswörtchen. Seine Rede ging ohne Echo unter. Dagegen und wegen Unzufriedenheit sprach ... vor allem Bruder Myslík. Tichý wollte die Debatte beenden, aber die Loge stimmte dem nicht zu", schrieb Josef Volf.[366] Laut seinem Zeugnis verteidigte Myslík als Sozialist, der nach wie vor Mitglied der Sozialistischen Partei war, Bartošek und „verwies auf die Wurzel der heutigen Reaktion (keine Vorbilder, das Memento Russlands, das das Volk in die Arme des Katholizismus treibt, und die journalistischen Kampagnen). Allgemeiner Beifall."[367]

Bartošek verantwortete sich also, wie es scheint, für sein umstrittenes Verhalten. Aber immer neue Aufregungen und Initiativen, die dem Geist der Versöhnung zuwider liefen und die Konfrontation in der Loge beförderten, führten aufseiten der Loge Komenský zumindest inoffiziell zu dem Schluss, dass eine Mitgliedschaft im Verband Volná Myšlenka, wo sich mehrere Freimaurer auch an weniger exponierter Stelle engagierten, „als Störung der Ruhe in der Loge" zu werten sei.[368] Eine Doppelmitgliedschaft wurde jedoch nicht formal ausgeschlossen, wie dies für einige andere Verbände und Gesellschaften einschließlich der Kommunistischen Partei galt. Im Übrigen wurde die Mitgliedschaft Bartošeks in einer Freimaurerloge und zugleich in der Kommunistischen Partei der Tschechoslowakei (KSČ) mehr als einmal in der Presse ausgeschlachtet und diskreditierte die Freimaurerei erheblich.[369] „In den Freimaurerlogen sind Männer wohl aller politischen Ausrichtungen, wohl jeder politi-

---

365   Vgl. KLIMEK, Antonín: Boj o Hrad (Der Kampf um die Prager Burg) [1.] Hrad a Pětka (1918-1926), (Die Prager Burg und die Pětka (1918-1926)), Praha 1996, S. 286 ff.

366   LA PNP (Literaturarchiv des Denkmals des nationalen Schrifttums), Bestand Josef Volf, Protokoll vom 10. April 1923.

367   Ebd., am Abschluss des Protokolls vermerkte Volf: „Zum Ende verteilte Mašlaň seine Broschüre."

368   Volfs Protokoll offenbar vom März 1925.

369   Debatten über die Unvereinbarkeit von Kommunismus und Freimaurerei wurden auch in anderen Logen relativ häufig geführt, die dies nicht unmittelbar betraf. Vgl. AVL ČR (Archiv der Großloge der Tschechischen Republik), Kniha prací lóže Národ (Buch der Arbeiten der Loge Národ), Protokoll vom 23. Mai 1930. Eine gewisse Reflexion könnten wir auch im Svobodný zednář finden, gleichwohl sich z.B. Volf zu diesem Thema versöhnlich äußerte: Svobodné zednářství, Přednáška dr. Volfa (Das Freimaurertum. Eine Vorlesung von Dr. Volf), in: Svobodný zednář, 5, 1931, Nr. 3-4, S. 56 ff. Erst 1932 wurde Bartošeks Heimatloge durch einen Beschluss des Großorients verpflichtet, sich nach dem Beschluss der Vollversammlung von 1926 zu richten, „laut dem eine Zugehörigkeit zum Orden mit einer Zugehörigkeit zur III. Internationale nicht vereinbar ist". Zprávy (Nachrichten), in: Svobodný zednář 12, VI, 1932, S. 187-192

schen Überzeugung, die es bei uns gibt. Vielleicht sind dort auch Kommunisten. Und alle leben dort in Freundschaft ohne Streit", teilte Josef Volf der Öffentlichkeit wider besseren Wissens mit.

Die Streitigkeiten innerhalb des Volná Myšlenka eskalierten, in der Loge Komenský gab es reichlich Spannungen, die nicht beigelegt wurden. Letztlich hielt es Julius Myslík nicht mehr aus und versuchte, sich von der Freimaurerei entbinden zu lassen. Sein umfangreiches, an die Loge und Volf adressiertes Schreiben verrät viel über die Atmosphäre, die auch zwischen Freimaurern herrschen konnte:

„14. Januar 1926, Ehrwürdige gerechte und vollkommene Freimaurerloge Jan Amos Komenský im Orient Prag, Teure Brüder!

Ich wurde aufgefordert, die Gründe mitzuteilen, warum ich um eine ehrenvolle Deckung ersuche, ich bat davon befreit zu werden und tue dies nun, weil es mir auferlegt wurde, wobei ich jedoch annehme, dass mir nicht vorgeworfen werden wird, dass ich dies mit aller Offenheit vornehme.

Die Sache ist folgende:

Auch in den besten Familien gibt es Streitigkeiten zwischen Geschwistern, die den Eltern Schwierigkeiten und Kummer bereiten. Und zur Regel wird, dass wenn die Eltern in einen solchen Streit nicht eingreifen und diesen nicht gebührend regeln wollen, einem solchen Familienmitglied, das eine weniger widerstandsfähige Natur hat, nichts anderes bleibt als lieber auszuziehen, statt sich mit solchen Streitereien das Leben zu verbittern und dabei die Ehrfurcht vor der eigenen Familie zu verlieren.

In einer solchen Lage fand ich mich zusammen mit Bruder Weingärtner ohne meine Schuld in unserer Loge wieder, deren zwei Mitglieder (Aron und Bartošek) gegen mich, Bruder Weingärtner und einige Brüder der o[rdenlichen] und v[ollendeten] L[oge] 28. Oktober (Motyčka und ...) in einer Weise antraten, dass ich gezwungen war, zu ihnen sämtliche persönlichen und gesellschaftlichen Kontakte abzubrechen.

Der Grund hierfür waren die bekannten Streitigkeiten im Volná Myšlenka, die sowohl auf persönlicher als auch auf ideeller Ebene ausbrachen. Als ich sah, wohin dies Streitigkeiten führen und wie insbesondere die Brüder Aron und Bartošek sämtliche Rücksichtnahmen zwischen anständigen Menschen, wie sie üblich sind, vergessen, sie unsere br[üderlichen] frei[maurerischen] Beziehungen mit beiden Füßen treten und unter solchen Umständen der Konflikt so böse auswächst, dass er auch auf unser Zusammenleben in der Loge Einfluss haben wird, habe ich mich im Wunsche, die Situation im letzten Augenblick zu retten, sofern dies überhaupt möglich ist, und vor allem im Bemühen der Möglichkeit einer gegenseitigen gerichtlichen Klage vorzubauen, mit einer Bitte an den ehrwürdigen Bert. Thein gewandt, dass er kraft seiner Zuständigkeit als Großsekretär einschreite und beide Seiten zu einem Modus vivendi zwinge. Jedoch nahm sich ehrwürdige Bruder Thein unglücklicherweise meines Appells nur in rein formeller Hinsicht an, sich in dieser Hinsicht als nicht zuständig erklärend, es nicht für nötig befindend, auch nur den Versuch eines tolerierenden Vermittlers zu unternehmen, wodurch eventuell das Schlimmste doch hätte verhindert werden können. Und so kam es zu einem Zusammenstoß, der, wie bereits ausgeführt, zum Abbruch aller persönlichen und gesellschaftlichen Verbindungen zwischen mir und Bruder Weingärtner auf der einen und Bruder Aron und Bartošek auf der anderen Seite führte.

Während ich und Bruder W[eingärtner] auch bei dem allerheftigsten Zusammenstoß nicht die verpflichtende Rücksichtnahme auf die gemeinsame Mitgliedschaft in der L[oge] vergaßen, so haben sich Dr. Aron und Dr. Bartošek in dieser Hinsicht nicht im Geringsten Zurückhaltung auferlegt, ja gar direkt ostentativ die Bruderschaft verachtet. Auf einer Konferenz des Volná Myšlenka, abgehalten am 28. September 1925 in Prag-Smíchov, wobei ich zuvor in einem privaten Schreiben an Dr. Aron mein Bedauern über sein Vorgehen zum Ausdruck brachte, und ich dasselbe unter vier Augen gegenüber Dr. Bartošek auf dem Weg von der Loge vornahm, reagierte Dr. Aron öffentlich auf diesen meinen vertraulichen Hinweis, erklärend in der Debatte an meine Adresse:

,Myslík berief sich aus sehr seltsamen Gründen auf meine und Dr. Bartošeks Freundschaft, aber bei uns kann auch die größte Freundschaft nicht verhindern, dass wir anders vorgehen ...' Und ähnlich die Fortsetzung in der Presse. In der Korrespondenz der Vertrauensleute des VM vom 24. Oktober 1925 wird in der Einführung, welche an erster Stelle durch Dr. Aron und Dr. Bartošek unterzeichnet ist, geschrieben:

'Wenn Freund Bartošek seine Grundsätze einer alten Freundschaft und einer falsch verstandenen Brüderlichkeit geopfert hätte ...'

Beide genannten Brüder haben also nicht nur den Hinweis nicht beachtet, das Versprechen der Brüderlichkeit nicht zu vergessen, das uns bindet, sondern haben letztlich gar gegen diese möglichst vertraulich getätigte Aufforderung öffentlich und im profanen Leben polemisiert und diese herabgesetzt ...

Gipfel dieses unglaublichen, ärgerlichen und bösen Vorgehens der Angeführten war dann der Auftritt Dr. Arons nach Abschluss der Tagung des Volná Myšlenka in Pardubice am 22. November 1925.

Als die Tagung, bei der meine Kandidatur über die Bartošeks obsiegte, beendet war, stand ich auf, ging zum Tisch des Vorsitzenden, wo bis-

her die Mitglieder des alten Ausschusses waren und als neu gewählter Vorsitzender bat ich auf anständigste Weise den vormaligen Vorsitzenden Dr. Dlouhý laut und deutlich, dass sich der alte und der neue Ausschuss zu einer gemeinsamen Sitzung treffen mögen, um die Aufzeichnungen des Verbandes zu übergeben, die vor allem die beiden Waisenhäuser betrifft. Und da rief Dr. Aron, neben dem alten Vorsitzenden Dr. Dlouhý stehend, gegen mich, den neuen Vorsitzenden, laut und mit anmaßender Geste: Ich werde mit diesen Leuten nicht an einem Tische sitzen.

Weder ich, noch die anderen Mitglieder des neuen Ausschusses, von denen einschließlich mir, neun Freimaurer sind, antworteten auf diese beispiellose Unhöflichkeit …

Und Dr. Bartošek stand Dr. Aron in dieser Hinsicht in nichts nach, gleichwohl er seine Worte vorsichtiger wählte …

Im Dezember 1925 sandten wir einen Beamten der Verwaltung des Volná Myšlenka in einer indifferenten Angelegenheit zu Frau Bartošková in deren Wohnung. Und während Frau Bartošková die Sache mit dem Boten erledigte, sagte sie unter anderem zu ihm: WIR (?) wissen nur zu gut, wie Myslík und Motyčka gegen uns (?) in der Loge (!!) agitieren!

Jener Beamte, der diese Nachricht an die Gattin Dr. Bartošek ausrichtete, fragte uns, was sie damit eigentlich gemeint habe …

So verstehen Dr. Aron und Dr. Bartošek im normalen Leben die Freimaurerei und das Geheimnis …

Und dies alles genügt noch nicht.

Auf der Tagung des Volná Myšlenka in Pardubice bezichtigte Dr. Bartošek in einer einzigartigen Weise den Red[akteur] Motyčka, über den ihm bekannt ist, dass dieser Bruder ist, dass eine Schenkung von 30.000, die dem Volná Myšlenka zu kulturellen Zwecken durch eine gewisse hochgestellte Persönlichkeit der Republik übergeben wurde, seine persönlichen Überzeugungen beeinflusst hätte. Und als Bruder Motyčka gleich vor Ort die Ehrlichkeit des Zwecks dieser Gelder geltend machte, die er damals vertraulich mit Zustimmung des Dr. Aron und noch eines Ausschussmitgliedes angenommen hatte, da bestritt Dr. Aron ihm dieses Zeugnis!!! Und als Bruder Motyčka diesen Fall auf der Sitzung des Zentralausschusses des Volná Myšlenka vortrug und dieser beschloss, ein Ehrengericht einzuberufen, haben Dr. Aron und Dr. Bartošek auf die Aufforderung, ihre Vertrauensmänner für dieses Gericht zu benennen, überhaupt nicht geantwortet. Bezichtigungen vorbringen, das konnten sie, aber einen Nachweis zu erbringen, lehnten sie ab. Nun, sollen ich und Bruder Weingärtner, der mit mir in dieser Sache vollkommen übereinstimmt, mit solchen Personen in einer Loge sitzen?

Ich frage Sie, Brüder, wenn Sie irgendjemand als Schutzgelderpresser bezeichnen würde und er erklären würde, mit Ihnen nicht an einem Tisch sitzen zu wollen, würden Sie mit ihm in einem Bunde verbleiben, wenn man Ihnen keine Genugtuung geben würde und Sie diese auch in dem Bunde selbst nicht erreichen könnten?

Ich und Bruder Weingärtner haben gleich nach der ersten schrecklichen Beleidigung Genugtuung bei unserer Loge eingefordert und wir haben gar keine Antwort erhalten ...

Was also sollen wir tun?

Wenn wir auf unsere erste Klage keine Satisfaktion erhalten haben, sollten wir weitere Klagen erheben? Und bei diesen in so unerhörter Weise erfolgten Beleidigungen, sollten wir, als sei nichts gewesen, in einer Reihe sitzen mit solchen unbrüderlich handelnden Personen, hierbei gemeinsam erhebende Riten ausführen, auf denen die wahre, schöne, edle Bruderschaft gründet?

Wäre dies von uns nicht unaufrichtig und heuchlerisch? Und würde sich nicht alles in unserem Innern gegen eine solche Scheinheiligkeit auflehnen? Und so kann ich dergestalt nicht handeln, da das Freimaurertum mein ganzes Inneres erfüllt hat, und Schutz nicht finden könnend, entschloss ich mich, wie einleitend angeführt, lieber auszuziehen ...

Das Wort lieber sagt viel in diesem Falle aus. Wer lesen kann und fühlt und sieht, was alles die Loge Jan Amos Komenský für mich war, versteht, was es bedeutet, wenn ich sage, dass ich lieber gehe, als mich dort so zu profanisieren zu lassen ...

Und fortgehen wollt ich leise wie ein fortgejagtes Glied der Familie, dem die Mutter einen Schutz verwehrte...

Versteht ihr das, teure Brüder, mit denen ich immer so heiß gefühlt habe?

Nun, so ihr versteht, entsprecht meinem Wunsche. Gebt mich frei mit Ehr und in Frieden, damit ich der schrecklichen Enttäuschung entkomme, die ich dort erlebte, wohin es mich zog voll Sehnsucht nach einer Oase des Friedens, nach einem Paradies des Herzens und einem Labyrinth des Lichts, wie ich euch einst vom Platz des Redners aus gesagt ...

Soviel habe ich im Leben schon gelitten, obwohl ich immer nur das Gute wollte, und dies nicht nur für mich, für alle Menschen auf der Welt. Ihr könnt nicht wollen, dass ich dort bei uns, wo mir einst so gut war, dass ich traurig und herbeizitiert stehe. Lasst mich gehen und woanders in der Welt vergessen ... Weil hier ist kein Ausweg zu finden, als nur in Zeit und Vergessen.

Ich fordere keine Rekrimination, ich will Frieden für mich, worauf ich nicht nur ein Recht, sondern auch Anspruch habe: Wurde nichts auf meinen Hilferuf gegeben, lasst zu, dass ich selbst mir helfe.

Ich werde mich stets bemühen, aus aller Kraft für jene Mission zu arbeiten, die direkt in meinem Herzen wuchs, und die ich bei euch von der Pike auf gelernt habe.

Ich danke aus ganzem Herzen für alles, was mir jemals in unseren Reihen bewiesen wurde, ich verbleibe mit brüderlichem Gruße

Julius Myslík. "[370]

Das emotionale Schreiben Myslíks erfordert nicht allzu viele Kommentare. Die Situation konnte aber auch danach nicht gelöst werden und zog sich unter Volfs Führung der Loge Komenský weiter hin. Myslík erhielt keine ehrenvolle Deckung, es war hier das Bemühen erkennbar, ihm eine gewisse Zeit zu geben, um seine Entscheidung zu überdenken.[371] Noch Ende 1927 war die Atmosphäre in der Loge gereizt, es scheint, dass es hier eine Reihe nicht gelöster Probleme und erhebliche Antipathien zwischen den Mitgliedern gab. Ein Schreiben des Freidenkers Vladimír Vrba an Josef Volf zeigt klar, wo zumindest einige der Beteiligten den Ursprung der Probleme sahen, und klärt in Teilen auch auf, warum die Loge Pravda vítězí („Die Wahrheit siegt") entstand.[372]

Vrbas Schreiben skizziert uns auch die Sichtweise eines Freidenkers und seiner Erwartungen, die er in die Freimaurerei legte, die sich dann als weit konservativer entpuppte, als viele dachten. „Teurer Bruder ... Ich kam zur L[oge] als einer Werkstatt gegen alles Rückwärtsgewandte, also vor allem gegen den Klerikalismus, d.h. meinerseits gegen Frömmelei jedweder Ausrichtung. Ich muss gestehen, dass mir die ‚blaue' (französische) Freimaurerei eher zusagte als die ‚rote' (schottische), aber das war nicht der Grund. Einer der persönlichen Gründe war einst der, dass ich zu meiner Verwunderung feststellte, dass einige Brüder kein Verständnis für einen Austritt aus der Kirche hatten ... Hauptgründe für eine einstweilige Nichtteilnahme ... bestehen drei:

1. Ich kann nicht in einer Organisation mit einem Kommunisten sein, d.h. einem Angehörigen einer Geheimgesellschaft, die durch unbekannte Personen woanders her geleitet wird. Was man vom Kommunis-

---

370   LA PNP [Literaturarchiv des Denkmals des nationalen Schrifttums], Bestand Josef Volf.

371   Z.B. riet Rudolf Jordan Vonka Volf im Mai 1927: „Dann schlage ich vor, dass du bei der nächsten Arbeit Bruder Myslík eine Ansprache zur Kette halten lässt. Er scheint mir zu verbittert zu sein." Ebd., Vonkas Schreiben s.d.

372   Schreiben vom 30. Dezember 1927, in: LA PNP [Literaturarchiv des Denkmals des nationalen Schrifttums], Bestand Josef Volf.

mus nach außen sieht, ist nebensächlich. Es handelt sich also nicht um eine persönliche Feindschaft gegenüber Dr. B[artošek], sondern um eine grundlegende freimaurerische Position.

2. Sofern mir bekannt ist, feindeten zwei Brüder aus der L. Komenský zwei andere Brüder unfreimaurerisch, ungehörig in der Presse an (dies betrifft den Verband Volná Myšlenka). Sie wurden dafür nicht bestraft und haben bisher keine Abbitte geleistet.

3. Ich liebe die Republik und ihren Schöpfer, T. G. Masaryk, dessen Sohn auch Br[uder] der L[oge] Jan Amos Komenský ist. Es fanden sich Personen, die diesen unseren besten Manne in der Presse angriffen, oder zumindest diese Presse unterstützt haben; Und die L[oge]? Stellte sie sich dem entgegen? Sie sind nach wie vor Brüder!"

Alle angeführten Punkte drehen sich im Grunde um einen Radikalen, den Kommunisten Theodor Bartošek. Obwohl die Freimaurer mehrfach die Unvereinbarkeit einer Zugehörigkeit zur Freimaurerei und einer Anhängerschaft zur kommunistischen Bewegung deklarierten, blieb Theodor Bartošek Freimaurer. Das starke Anwachsen eines radikalen, programmatisch atheistischen Elementes in der Nachkriegszeit veränderte die Atmosphäre in der ersten tschechischen Loge Komenský in Gänze, und dies zweifelsohne zum schlechten. Zu einer Eskalation der Spannungen trug eine doppelte Mitgliedschaft in mehreren Organisationen bei, wobei sich Probleme der einen in der Tätigkeit der anderen niederschlugen.

Literaten ohne Disziplin

Das Wesen weiterer Ausschlüsse und Abgänge gründete auf einem ähnlichen Prinzip. Die Loge Národ verließ sukzessive eine große Anzahl an Persönlichkeiten aus Kunst, Wissenschaft und Journalistik, die zur „Gründergeneration" der Loge gehörten. Entscheidend für den Exodus waren im Grunde die Situation in der Nationaldemokratischen Partei und ihrem Presseorgan, den Národní listy, die personellen und ideologischen Streitigkeiten, die Beziehung zum tschechoslowakischen Präsidenten („der Burg") und ein sich zuspitzender Nationalismus. Und so zerfiel die sehr repräsentative Gruppe um die Zeitschrift „Národ" („Das Volk"), da der gemeinsame Feind verschwand, und die Wege der jeweiligen Protagonisten trennten sich.

Es sei vorausgeschickt, dass in der zweiten Hälfte der 20er Jahre mit einer neuen stabilen Führung der Nationalen Großloge, der Ladislav Syllaba vorstand, eine Zeit des „großen Reinemachens" eintrat. Die Übergangszeit mit formellen Unklarheiten war Geschichte und die Freimaurer begannen nach den Buchstaben der Satzung vorzugehen. Sie begannen die Anwesenheit und die Bezahlung der Mitgliedsbeiträge zu kontrollieren, und entdeckten viele registrierte, jedoch inaktive Mitglieder. Als wahrscheinlich der erste wurde im Mai 1927 aus dem Verzeichnis der Mitglieder der Loge Komenský der Vorsitzende der Volkssozialistischen Partei, Václav Klofáč, gestrichen.[373] Nachfolgend verabschiedeten sich die Freimaurer auch formal von dem Dichter und Armeeinspekteur Machar, der seit Jahren keine Versammlungen besucht und die Freimaurerei offenkundig nie ganz ernst genommen hatte.[374]

Zu den Abgängen bedeutender Persönlichkeiten aus der Loge Národ, die jedoch keineswegs aufsehenerregend verliefen, gehört zweifelsohne die Trennung vom Schriftsteller Karel Čapek und ihm nahestehenden Personen auf der einen, und vom Dichter Viktor Dyk auf der anderen Seite. Obgleich es sich bei ihren Auffassungen und Ansichten im Grunde um Gegenpole handelte, die sich Anfang der 20er Jahre in der liberalen Nationaldemokratischen Partei zusammenfanden, können wir sagen, dass keinem der beiden die Atmosphäre in der Freimaurerloge zusagte. Für den aufbrausenden und fatalistischen Dyk war sie mit ihrer programmatischen Duldsamkeit und Toleranz offenbar ein zu striktes Korsett, für den zivilen Čapek wiederum mit Blick auf ihre archaischen Rituale, aber auch hier verkehrende Persönlichkeiten unannehmbar. Weil wenn es irgendwo politisch und ideologisch brodelte, dann ganz sicher zwischen den präsidentennahen („Burgpolitik") und den präsidentenfernen Fraktionen in den bürgerlichen Parteien. Und die Emotionen brodelten auch zwischenmenschlich … Wenn die angeführten Personen sich in der Umbruchszeit und der Zeit der Staatsgründung gern in der Zeitschrift Národ engagierten, so war es einige Jahre später bereits ein Problem, miteinander nur an einem Tisch zu sitzen, von einer gemeinsamen Zugehörigkeit zu einer Bruderschaft ganz zu schweigen.

373 AVL ČR [Archiv der Großloge der Tschechischen Republik], Kniha prací lóže Národ [Buch der Arbeiten der Loge Národ], Aufzeichnung vom 3. Juni 1927. Eine weitere Runde an Streichungen folgte in den 30er Jahren, als die Großloge beschloss, dass die einzelnen Logen Beiträge in Abhängigkeit von der Mitgliederanzahl zahlen werden. Ebd., Aufzeichnung vom 6. November 1931.

374 Ebd., 15. Januar 1926, Aufzeichnung über Arbeiten des 3. Grades über die Verhandlung einer Beschwerde über Machar vom jugoslawischen Freimaurer und Großhändler A. Zdenkovič, der sich im tschechischen Milieu sehr gut auskannte. Die Beschwerde betraf offenbar, dass ihm „unser großer Dichter Machar die Frau ausspannte und er durch ihn dafür auf dem Platz Klárov mit ein paar Ohrfeigen belohnt wurde", wie František Kadeřávek nach Wien an Antonín Suma am 1. April 1934 schrieb.
1934 druckte die Zeitschrift „Svobodný zednář" einen Teil von Erinnerungen Machars aus dem Buch „Bei einem Glas Wein" darüber ab, wie ihn und Hanuš Schwaiger in Wien die Freimaurer zu gewinnen versuchten. Es handelt sich mehr um eine Karikierung der Geschichte, weshalb zurecht die Frage gestellt wurde, warum Machar den Freimaurern überhaupt beitrat, wenn er die Freimaurer dermaßen ironisch sah. Vgl. Zprávy [Nachrichten], in: Svobodný zednář 2, VIII, 1934, S. 43–46.

In der Loge Národ bestand der Wunsch festzustellen, wer sich eigentlich in ihren Reihen befindet, bereits Anfang der 20er Jahre, als die Arbeiten ordnungsgemäß anliefen. Damals zeigte sich erst, wer der durch Sís ausgesuchten Männer sich als Freimaurer eignete – und wer eben nicht. Bereits im Herbst 1923 beschwerte sich der eifrige Stadtbibliothekar Jan Thon, dass eine ungeheure Abwesenheit bei den Arbeiten herrsche. In diesem Jahr wurden aber noch Männer als Funktionäre gewählt, die bald nicht mehr in die Loge kamen, wie z.b. Jan Štursa oder Karel Scheinpflug. Später dann traten sie von ihren Ämtern zurück und die Loge akzeptierte dies.[375] Thon zufolge, der nach eigenen Worten nach einem „Geist einer innigen Freundschaft" strebte, sollte die Loge niemanden in ihren Reihen halten, der an einer Mitgliedschaft kein Interesse hat, und lieber neue Mitglieder suchen.[376]

Es scheint, dass innerhalb der Loge Národ tatsächlich Jan Thon die meiste Initiative bewies, und er seine Freimaurerei und die innerhalb der Gemeinschaft geknüpften Freundschaften sehr ernst nahm. Aus diesem Grunde war er über jene entzürnt, die die grundlegenden Regeln der Freimaurer verletzten. Auf seine Veranlassung hin begann bereits 1925 die Národ zu prüfen, wie es um ihre Mitgliedsstruktur bestellt ist. Und so wurde z.b. Antal Stašek ehrenvoll gedeckt, nachdem er zuvor alle seine Verpflichtungen erfüllte,[377] oder eine Untersuchung des Chefredakteurs des Blattes „Národní Listy", Karel Hoch, des Journalisten Hanuš Jelínek,[378] František Stašek und anderer aufgenommen. Über eine Streichung sollte erst nach einem Gespräch mit diesen „saumseligen Brüdern" entschieden werden.[379] Für diese wenig beneidenswerte Aufgabe wurden geeignete Personen ausgewählt.

Eine systematische Belangung von Mitgliedern, die die Veranstaltungen der Loge nicht besuchten und keine Beiträge bezahlten, setzte

---

375 AVL ČR (Archiv der Großloge der Tschechischen Republik), Kniha prací lóže Národ (Buch der Arbeiten der Loge Národ), Aufzeichnung vom 19. Oktober 1923. Bald darauf wurde Karel Čapek ein mehrmonatiger Urlaub gewährt.

376 Nach den Regeln des Ordens ist die Loge verpflichtet, jene Mitglieder zu mahnen und nachfolgend zu streichen, die sich drei Mal hintereinander weder eingefunden noch entschuldigt haben. Es scheint, dass in dieser Zeit Mitglieder sorgfältiger ausgesucht wurden. Zudem wurde in der Prager Husova Straße für nicht unerhebliche Mittel ein neuer Tempel angemietet.

377 Die Zahlung einer bestimmten Gebühr für eine nicht erfolgte Teilnahme ist kein Spezifikum nur der Freimaurer, ähnlich gehen z.B. auch die Rotarier vor. Es handelt sich um eine elegante und zugleich pragmatische Möglichkeit, säumige Mitglieder zu bestrafen und zugleich Mittel einzunehmen.

378 Jelínek, der Schwiegersohn des Schriftstellers Alois Jirásek, weilte lange Zeit in Paris, und nach seiner Rückkehr nach Böhmen bat er um Aufnahme in die Loge Národ; dem Antrag wurde entsprochen. An der Arbeit jedoch nahm er nicht teil.

379 AVL ČR (Archiv der Großloge der Tschechischen Republik), Kniha prací lóže Národ (Buch der Arbeiten der Loge Národ), Aufzeichnung vom 23. Januar 1925.

erst 1927 ein. Der erste Ausschluss betraf den sehr empfindsamen Poeten und Journalisten Viktor Dyk. Dyk kam schon seit langem nicht mehr zu den Freimaurern, die Regelung seines Falls war dennoch nicht einfach, etwa weil durch ihn geschriebene Verse durch die Freimaurer als fester Bestandteil ihrer Rituale verwendet wurden. Noch zwei Jahre später, als Dyk auch formell kein Freimaurer mehr war, finden sich in Aufzeichnungen Aufforderungen, dass auch jemand anderes „Ansprachen zur Kette" ausdenken und verwenden solle, als jene die einst Dyk verfasst hatte.[380]

Im Fall des Meisters Dyk, der durch die anderen Mitglieder als Künstler und Mensch geschätzt wurde, auch wenn sie mit ihm in bestimmten Dingen nicht einer Auffassung waren, wurde ein außerordentlich vorsichtiges und entgegenkommenden Vorgehen gewählt. Ihm schrieb Ladislav Syllaba, der ihm einen freundlichen Kompromiss anbot. „Teurer Bruder, ich übergab gestern den Hammer der Loge ‚Národ' in die Hände von Bruder Weigner. Meine Tätigkeit als Meister dieser Loge endete für diese Zeit. Im Zuge dieser Änderung sind ich und Bruder Weigner den Stand der Mitgliedschaften unserer Loge durchgegangen und kamen auch auf jene Brüder zu sprechen, die aufgehört haben in die Loge zu kommen. Ich schlage dich als ehrenvolles und nicht zahlendes Mitglied der Loge vor. Schreibe mir bitte, ob dir eine solche Regelung deines Verhältnisses gegenüber der Loge Národ genehm ist, oder ob du Vorrang gibst der Annahme, dich als ausgetreten zu betrachten. Ich wiederhole, dass dieser Brief als vertrauliches Schreiben Ergebnis einer Beratung von uns beiden, Bruder Weigner als neuem Meister der Loge, und meiner Wenigkeit als zurücktretendem Meister ist ..."[381]

Dyk reagierte offenbar nicht, da ihm die Loge am Ende desselben Jahres anbot, sich ehrenvoll decken zu lassen.[382] Sofern akzeptiert wurde, dass es nichtzahlende Ehrenmitglieder gibt, existierte also nicht allein die Kategorie der Beitragszahlenden, was einigen alten und kranken Freimaurern sicherlich entgegenkam. Ein Freimaurer musste einfach zur Arbeit in die Loge kommen oder aber um eine ehrenvolle Deckung ersuchen – sei es z.B. auch aus Gründen einer Krankheit, des Alters oder einer Mittellosigkeit. Nicht in allen Fällen wurde jedoch dermaßen strikt vorgegangen.

Verzwickter noch als der Fall Dyk war die Frage der Gebrüder Karel und Josef Čapek, landesweit bekannter Intellektueller, und ihres Freun-

---

380   Ebd., Aufzeichnung vom 20. Dezember 1929.

381   LA PNP [Literaturarchiv des Denkmals des nationalen Schrifttums], Bestand Viktor Dyk, Syllaba Schreiben vom 8. Januar 1927.

382   AVL ČR [Archiv der Großloge der Tschechischen Republik], Kniha prací lóže Národ [Buch der Arbeiten der Loge Národ], Aufzeichnung vom 4. November 1927.

des und des späteren Schwiegervaters Karel Čapeks, Karel Scheinpflug. Die Atmosphäre in der Loge Národ sprach die Čapeks, vor allem Karel, seit einiger Zeit nicht mehr an, Josef schloss sich seiner Auffassung bald an. Eine Rolle hierbei spielten sicherlich auch die Streitigkeiten um den skandalträchtigen Wechsel eines großen Teils der Redaktion der „Národní Listy" zur Zeitung Lidové noviny, wobei Karel Čapek einer der Protagonisten war. Auf der anderen Seite der Barriere standen die Freimaurer Rašín und Sís. Dies war Anfang der 20er Jahre, aber die Spuren des Konfliktes blieben präsent. Und gerade die Auseinandersetzung zwischen Karel Čapek und František Sís führte zur definitiven Trennung Čapeks von der Freimaurerei.

Die Gebrüder Čapek schrieben Anfang 1927 – jeder für sich, jedoch sehr detailliert – ihrer Loge Briefe, mit denen sie um eine Streichung baten, da „er [Josef Čapek] zu der Überzeugung gelangte, dass in der Loge die politischen Interessen stärker sind als die Gebote der brüderlichen Solidarität und Achtung". Karel Čapek begründete sein Austrittsgesuch mit der „Unritterlichkeit unserer Brüder".[383] Gegen diese Beschuldigung, die auf die Zugehörigkeit der Mehrheit der Mitglieder der Loge Národ zu Sís' Partei, den Nationaldemokraten, zielte, während Karel Čapek gerade ein Intermezzo bei der Partei der Arbeit einlegte, verwahrte sich die gesamte Loge. Viele Freimaurer erklärten, dass „Vorhaltungen bezüglich der politischen Erklärungen in der Loge nur derjenige führen kann, der an der Arbeit keinen Anteil hat".

Čapek ging keineswegs freimaurerisch vor, da er aus dem Orden gar nicht hätte austreten können, wenn er seinen Streit mit Sís hätte lösen wollen – er verlor sein Recht, eine Freimaurerklage gegen Sís zu erheben. Čapek wurde letztlich mit großen Bauchschmerzen und vereinzelt auch mit Wut eine ehrenvolle Deckung erteilt, wobei etwa Thon darauf hinwies, dass er sich so oder so schon seit langem nicht mehr als Freimaurer gefühlt habe. Jedoch gab es auch die keineswegs vereinzelten Stimmen, dass man ihn einfach wegen Beleidigung, d.h. mit Blick auf die Behauptung bezüglich der Unritterlichkeit der Freimaurer, ausschließen solle.

383   AVL ČR [Archiv der Großloge der Tschechischen Republik], Kniha prací lóže Národ [Buch der Arbeiten der Loge Národ], Aufzeichnung vom 4. Februar 1927. Čapek zog die Freimaurerei darüber hinaus in seinem utopischen Roman „Das Absolutum" oder „Die Gottesfabrik" [Továrna na absolutno] ins Lächerliche, also zu einer Zeit, als er selbst noch Freimaurer war [und Josef Čapek die Loge ausmalte], was viele so auslegten, dass sich mit der Freimaurerei innerlich nicht identifizierte, weil er schnell, schnell in einer Aktion Sís' aufgenommen worden war und die Dunkle Kammer nicht durchlaufen hatte. Zudem sagte ihm als Intellektuellen wohl das Ritual nicht zu, wie Antonín Hartl urteilte. Seine Beziehung zur Freimaurerei ließe sich wie folgt zusammenfassen: „Er sieht in der masonischen Gesellschaft ein organisiertes Augurentum, mit großen Worten und großen Parolen, das ratlos zwischen Traditionalismus und Fortschrittsglauben hin und her taumelt." Vgl. A.H.: Zednářství v české literatuře. Volné kapitoly. Karel Čapek čili mírná karikatura [Das Freimaurertum in der tschechischen Literatur. Freie Kapitel. Karel Čapek oder die leichte Karikatur], in: Svobodný zednář 12, IV, 1930, S. 146-147.

František Sís wurde nachfolgend vor die Logenführung geladen, um zu erklären, was genau in der Zeitschrift „Národ", wegen der der Konflikt eskalierte, geschah. Die Čapeks wollten jedoch ihre Schulden gegenüber der Loge nicht bezahlen – ohne dies war eine ehrenvolle Deckung nicht möglich. Auch auf weitere Bedingungen, die sie von der Loge auferlegt bekamen, gingen sie nicht ein. Letzten Endes wurden Josef und Karel Čapek aus der Loge Národ entlassen (gestrichen).[384]

Diesen Fall können wir, obgleich es sich um bekannte Persönlichkeiten handelte, als für die mentale Entwicklung einiger Freimaurer geradezu typisch erachten, vor allem jener Mitglieder, die Freimaurer wurden, ohne dies wirklich zu wollen und verantwortlich anzunehmen. Mit Blick auf die Eile, in der die Loge Národ entstand, ist dies jedoch nachzuvollziehen. Wenn diese Personen der Freimaurerei dann nichts Positives mehr abgewinnen konnten, wollten sie mit ihr auch keine Zeit mehr verlieren. Aus diesem Blickwinkel waren auch eine ehrenvolle Deckung, Freimaurergerichte oder eine Streichung des Betreffenden nur Teil des Spiels um eine Einhaltung der Regeln, zu denen sich jedes Mitglied verpflichtete. Und wer die Freimaurer verließ, ohne dass ihn dies innerlich berührte, konnte diese Regeln auch kaum mehr befolgen.

„Große" und „kleine" Gründe

Mitglieder konnten zahlreiche Gründe haben, warum sie nach Jahren das Interesse an der Freimaurerei verloren – persönliche, gesundheitliche, familiäre, aber auch politische Gründe. In der überpolitisierten tschechischen Gesellschaft jener Zeit sickerten politische Fragen auch bis in die Freimaurerlogen durch, und sei es nur mittelbar. Auch Streitigkeiten eher persönlicher Art konnten das Umfeld hier vergiften. Bei vielen Freimaurern stellte sich tatsächlich ein Gefühl der Enttäuschung darüber ein, dass die deklarierte Brüderlichkeit nur eine Formalität ist, Bestandteil des Spiels, nicht jedoch sein Wesen. Der Sinn einer Mitgliedschaft verlor sich. Die Wahrnehmung dieser Faktoren war in erheblichem Maße eine subjektive Angelegenheit, auch spielten hier sehr profane Einflüsse eine Rolle. Ein Freimaurer konnte begeistert sein ob seiner Zugehörigkeit zur Loge, ein anderer zur selben Zeit resigniert.

Sein Zeugnis einer Desillusionierung hinterließ uns ein führender Vertreter der „Burgpartei" (der Anhängerschaft des tschechoslowakischen Staatspräsidenten), Josef Schieszl. Schieszl war lange Jahre Freimaurer und entschied sich erst 1934, die Freimaurer formal zu verlassen. Seiner Korrespondenz mit den hier bereits mehrfach erwähnten Vertre-

384   Ebd., Aufzeichnungen vom 11. Februar, 25. März und 4. November 1927.

tern Antonín Pavel und Václav Parůžek ist zu entnehmen, mit welcher „inneren" Distanz das Erlebte verfolgt werden konnte.[385] Pavel als Beamter in Schieszls Heimatloge forderte diesen am 28. Oktober zu einer Teilnahme an den Arbeiten auf. Schieszl antwortete: „... bereits damals, als ich aufhörte zu Euch zu kommen, [bat ich] Dr. Lesný, meinen Rücktritt zur Kenntnis zu nehmen. Ich sagte ihm, dass ich nicht genug Mut habe, dies schriftlich vorzunehmen. Ich hoffe, dass Ihr mir einen freundschaftlichen Schlussstrich erleichtert. Im Übrigen weißt Du selbst, wie lange ich nicht mehr bei Euch verkehre." Schieszl setzte wie folgt fort: „Ich gestehe noch einen Mangel meinerseits. Ich war unter Euch in dieser Hinsicht immer sehr nachlässig: ich kannte die Vorschriften gar nicht. Ich weiß nicht, ob und welche Formalität ich versäumt habe. Ich bin nicht wegen Vorschriften zu Euch gestoßen, sondern aus völlig anderen Belangen heraus ... Im Übrigen habe ich nie etwas gegen das Zeremoniell und die Ordnung gehabt, ich habe diese gar für sinnvoll erachtet, aber da ich selbst in so vieler Hinsicht und so intensiv engagiert bin, hatte ich keine Möglichkeiten, mich auch dieser Seite meiner Mitgliedschaft zu widmen. Ich bitte, dass Ihr mir dies verzeiht. Ich habe mich von Euch nach schweren Kämpfen getrennt, aber wenn ich mich schon getrennt habe, dann vollständig ... Ich bitte Dich, mir diesen persönlichen Freundschaftsdienst zu erweisen und den anderen Brüdern den Fakt meines Austrittes mitzuteilen, da dies offenkundig bisher noch nicht geschehen ist."

Bereits ein Jahr vor diesem Briefwechsel vermerkte er für sich selbst – als er bei der Regelung des Falls Vladimír Fajnor half: „Ich selbst gehe seit einem dreiviertel Jahr nicht mehr in die Loge und werde nicht mehr hingehen, weil es den Sinn verloren hat ... In den Logen sitzen politische Feinde, die nicht den Mut haben sich brüderlich auseinanderzusetzen,

---

385 SÚA [Staatliches Zentralarchiv], Bestand Josef Schieszl, K. 8, Aufzeichnungen vom 17. April und 3. Juli 1934. Aus anderen Dokumenten folgt, dass Schieszl bereits 1933 gegenüber seiner Loge Verbindlichkeiten hatte. Aus Pavels Schreiben vom 18. März 1933 ist zu erkennen, dass sich Schieszl zuvor in der Loge offenbar durchaus stark engagierte. Pavel erklärte dies mit seiner mährischen Herkunft, die mehr gefühlsgebunden sei. „Wir, [Mährer], leiden oft unter etwas, was den Westler [Anm. des Autors: aus Böhmen, dem westlichen Landesteil der Tschechoslowakei] gleichgültig lässt. Aber unser Tschechischsein, unser soziales Denken und Fühlen, unsere Brüderlichkeit, unsere umfassende Menschlichkeit ist, möchte tiefer sein, menschlicher, näher zu den Quellen des Lebens, näher an der Irrationalität. Diese größere Dynamik des persönlichen Lebens und diese Anstrengungen belasten uns physisch und geistig mehr als die Westler ahnen. Ich sehe, wie tief Du bei grundsätzlichen Diskussionen in der Werkstatt, manchmal bei Debatten im [Gesellschaftlichen] Klub erregt bist ..." Schieszl schrieb an Pavel, dass er ihn um seinen Glauben an Ideen und den Menschen beneide, den er selbst jedoch nicht mehr habe. An die Auftritte Schieszls in der Loge erinnert sich Václav Maria Havel [Anm. des Autors: der Vater des späteren tschechoslowakischen/tschechischen Präsidenten], der behauptet, dass man sich in der Loge auf diese stets gefreut habe, da „sie uns das damalige politische und Weltgeschehen erklärten". HAVEL, Václav M.: Mé vzpomínky [Meine Erinnerungen], S. 155.

dort schweigen sie und greifen dann öffentlich und natürlich anonym an."[386] Schieszls Vorgehen entspricht nicht dem formalen Rahmen, wie der Akt eines Austrittes ablaufen sollte. Auch er erkannte die „Spielregeln" nicht mehr an, gleichwohl er dies noch vorgab. Ein Austritt aus einem Verein, nicht nur dem der Freimaurer, kann natürlich nicht erfolgen, indem man jemanden mitteilt, er möge es den anderen Mitgliedern ausrichten. Dessen musste sich auch Josef Schieszl bewusst sein, auch wenn er sich an das Ritual nicht erinnern wollte ...[387]

Ein Beispiel für Disziplinlosigkeit, gepaart mit einem Wechsel politischer Auffassungen, war auch der Fall des Bohumil Němec, von dem wir wissen, dass ihn Sís bereits 1919 mit einem hohen Grad auszeichnete. Aber auch Němec war in Sachen Freimaurerei sehr nachlässig und wurde Mitte der 20er Jahre zu einer Teilnahme ermahnt. Jedoch kam er ab und zu in die Loge und blieb bis in die 30er Jahre Freimaurer, den erforderlichen Formalitäten kam er jedoch nur unzureichend nach.

Im Jahr 1934 forderte die Loge Národ von Němec, er solle sich einfinden, seine Verbindlichkeiten begleichen und um eine ehrenvolle Deckung ersuchen.[388] Dieser Aufforderung kam er nicht nach. Über seine Angelegenheit musste gar der Großorient verhandeln: „Gestern haben wir getagt ... und sehr bedauert, dass Du nicht anwesend warst, um uns brüderlich aussprechen zu können", schreibt Berthold Thein an Němec.[389] Der Großorient musste sich mit dieser unangenehmen Angelegenheit befassen, da die Loge Národ Němec einfach gestrichen hatte, er also kein Freimaurer mehr war – wobei er aber auch Mitglied in einem der höchsten Grade war, und hier von einer Mitgliedschaft nicht entbunden wurde. Národ hatte in diesem Zusammenhang offenkundig ihre Kompetenzen überschritten. Thein forderte Němec jedoch auf, seine Verbindlichkeiten zu begleichen, um die Sache ohne Aufsehen aus der Welt zu schaffen, dies mit Blick auf unermessliche Hochachtung „gegenüber Deiner Person, Deiner öffentlichen Position und Deinem wissenschaftlichen Rufe".

Professor Němec jedoch legte Berufung gegen seinen Ausschluss ein. Er verwies darauf, dass er die Frist für eine Berufung gegen den Ausschluss aus der Loge Národ versäumte, da er angenommen habe, die

386   NA (Nationalarchiv), Bestand Josef Schieszl, K. 8, Schieszls Aufzeichnung vom 24. Juli 1934.

387   Im Jahr 1962, als Josef Schieszl seinen Nachlass regelte, schrieb er unter das Schreiben Parůžeks: „Freimaurerloge, der Name ist mir entfallen." Sofern dies der Wahrheit entspricht, handelt es sich um eine triste Feststellung.

388   AVL ČR (Archiv der Großloge der Tschechischen Republik), Kniha prací lóže Národ (Buch der Arbeiten der Loge Národ), Aufzeichnungen vom 14. und 21. September 1934.

389   Theins Schreiben vom 15. März 1935, AAV ČR (Archiv der Akademie der Wissenschaften der Tschechischen Republik), Bestand Bohumil Němec, K. 21, Inv.-Nr. 1018.

Entscheidung ohne Weiteres akzeptieren zu müssen. Thein riet ihm jedoch offenbar zu einem anderen Vorgehen. Němec reagierte daraufhin und erklärte: „... im Vertrauen darauf, dass die Frist ... wieder offen ist, wendet sich der Unterzeichnete an die Erleuchtetste Großloge mit der Bitte, dass ihm in brüderlicher Freundlichkeit ... die Folgen des bekannten Beschlusses der Loge Národ erlassen werden, damit er sich jederzeit in einer anderen dieser Logen anmelden kann".[390] Dies bedeutet faktisch, dass er ein Gesuch auf Abänderung des Ausschlusses in eine ehrenvolle Deckung stellte, was für seine Person freimauererische Aktivitäten für die Zukunft nicht ausschließen würde.[391] Warum sich Bohumil Němec die Möglichkeit wahren wollte, Freimaurer zu bleiben, ist jedoch unklar. Denkbar wären etwa Prestigefragen.

Manchmal offenbarte sich erst nach Jahren, warum jemand seine Besuche der Loge einstellte, und die Erklärung konnte eine ganz andere sein als alle Beteiligten angenommen hatten. Dies war der Fall eines Mannes, bei dem wir sicherlich kein gemindertes Interesse an freimauererischen Aktivitäten erwarten würden – Rudolf Jordan Vonka. In der zweiten Hälfte der 20er Jahre und Anfang der 30er Jahre war sein Engagement unübersehbar. Vonka war voller Energie, er übernahm die Führung der Zeitschrift „Svobodný zednář", er organisierte verschiedene Veranstaltungen außerhalb der Loge, seine Freimaurerkollegen überschüttete er geradezu mit seinen Überlegungen zu Comenius (Komenský) und die Freimaurerei in einer Weise, die dem einen oder anderen schon zur Last fiel. Er selbst brachte seine Hyperaktivität sehr schön in einem Schreiben an Volf auf den Punkt: „Mit mir ist es wie mit einem Vogel auf einem Baum. Der muss singen und weiß nicht warum ... und ich stürzte mich in Arbeit für die Freude an der Arbeit ..."[392]

Aber mit einen Mal verschwand Vonka. Er stellte seine Besuche der Loge Komenský ein, schrieb nicht mehr, stellte seine Veranstaltungen ein und bat am Ende um eine ehrenvolle Deckung. Da Vonka einem progressiven Verständnis von der Freimaurerei sehr offen gegenüberstand, welche sich der Gesellschaft öffnen sollte, sich nicht geheimniskrämerisch verhält und auch Familienangehörige in ihre Aktivitäten einbindet – was vielen nicht gefiel – nahmen seine Brüder damals an, dass er zu einer gemischten Freimaurerloge für Männer und Frauen übergetreten war. Vonka war mit dem führenden Vertreter dieser Ausrichtung in

---

390   Konzept einer Antwort Němec', Ebd.

391   Die Folgen einer ehrenvollen Deckung regelte der Große Rat am 11. Dezember 1934 neu, vgl. Z domácích dílen (Aus den heimischen Werkstätten), in: Svobodný zednář 1, IX, 1935, S. 16-18.

392   LA PNP (Literaturarchiv des Denkmals des nationalen Schrifttums), Bestand Josef Volf, Vonkas Schreiben an Volf vom 22. September 1928.

Böhmen befreundet, dem Anti-Alkohol-Aktivisten Alexander Sommer-Batěk.[393] Ein Übertritt wäre daher nichts Ungewöhnliches gewesen. Nur lag dem etwas anderes zugrunde und die Angelegenheit sollte sich erst zwölf Jahre später aufklären.

Als die Freimaurerlogen nach dem Zweiten Weltkrieg ihre Tätigkeit wieder aufnahmen, meldete sich Vonka, um wieder als Freimaurer aufgenommen zu werden. Da dies vielen seltsam vorkam, musste sich Vonka erklären. Er offenbarte sich zunächst Jaroslav Kvapil und nachfolgend der ganzen Loge Komenský.[394] Vonka verließ die Loge in seinem sechzigsten Lebensjahr, als er in Pension ging. Bis zu diesem Zeitpunkt arbeitete er beim Ministerium für auswärtige Angelegenheiten, musste jedoch in Pension finanziell kürzer treten. Hierfür zog er u.a. an den Prager Stadtrand, nach Spořilov. Jedoch hatte er dort keinen Straßenbahnanschluss.[395] Kurz und gut – Vonka hatte weniger Geld zur Verfügung und wollte nicht des nachts von der letzten Straßenbahnhaltestelle nach Hause laufen müssen, zudem litt er an einer Lungenkrankheit. Eventuell spielte auch eine Rolle, dass einige der Brüder – umgangssprachlich formuliert – von ihm die Nase voll hatten. Es stellt sich die Frage, ob seine andauernden, vehementen Vorträge über Komenský nicht auch einer der Gründe waren, die einigen älteren Freimaurern das Logenleben verleideten.

„Ich arbeitete gern in der Loge Komenský, ich hatte mir jedoch vorgestellt, dass es mehr zur Erkenntnis führende Arbeit geben würde. Als ich entdeckte, dass wir uns von Comenius ableiten, dachten einige der älteren Brüder, es handele sich um eine Manie meinerseits, und sie verwahrten sich sogar dagegen, damit ich keine religiösen Elemente in das Werk einbringe, insbesondere keine protestantischen, und ich dies außen vor lasse ... Bruder Volf stimme mir zu und meinte, dass er Comenius' Werk so oft in der Hand gehalten hatte, und ihm entgangen war, was ich gefunden hatte. Wir sind gut miteinander ausgekommen."

Vonka, obgleich er eine ehrenvolle Deckung erhalten hatte, engagierte sich in den 30er Jahren weiter freimaurerisch, jedoch nur im Ausland. Zu der Zeit, als er die Freimaurer verließ, erhielt er in Paris einen

---

393   Ihre sehr freundschaftliche Korrespondenz ist erhalten in: LA PNP (Literaturarchiv des Denkmals des nationalen Schrifttums), Bestand Rudolf Jordan Vonka.

394   LA PNP (Literaturarchiv des Denkmals des nationalen Schrifttums), Bestand Jaroslav Kvapil, dort Schreiben an Kvapil und die Loge Komenský, und zwar vom 30. Oktober und 25. November 1947, 17. Februar und 13. Oktober 1948.

395   „Meine Streite mit einigen Brüdern hatten keine Beziehung und keinen Einfluss auf meinen Antrag auf ein Deckungsschreiben. Damals hatte ich angegriffene Lungen und ich ging in Pension, und ich hatte es weit und habe es nach wie vor weit zur Nachtarbeit." Schreiben an Kvapil vom 17. Februar 1948. Im gleichen Brief beschwerte sich Vonka, dass „den Brüdern Komenský zu religiös ist".

222 Komplikationen, Probleme, Austritte

Literaturpreis der Freimaurer für eine Schrift über Comenius, worauf er bis in das Jahr 1937 auch Vorträge in Frankreich und den Niederlanden hielt. Ob die dortigen Freimaurer davon Kenntnis hatten, dass er kein aktiver Freimaurer mehr war, muss bezweifelt werden ... Trotz der angeführten Erklärungen scheint es nicht, dass Vonka seine Tätigkeit in der Loge nach dem Zweiten Weltkrieg wieder aufnahm. Die letzte Nachricht von ihm sind Verse, die er im Herbst 1948 an Jaroslav Kvapil sandte:

„Anstelle eines Glases hebe ich heute ein altes Buch
und hierzu – ich Armer – mühsam Reime such.
Aus diesem Buch sich meine Seele oft füllte,
an den Versen des Jaroslav Kvapil.
Ich Armer breche schwer Verse mit Reimen.
Seine ‚Ruinen des Tempels' halte ich mit schwacher Hand,
den Glanz leiser, sonniger, warmer Ebenen.
Anstelle seiner Hand drücke ich heute sein Buch.

R. J. Vonka"

Der Impuls zu einer Trennung von der Freimaurerei konnte auch einfachste menschliche Ursachen haben. Dies zeigt uns das Beispiel eines Mitgliedes der Loge Komenský, das Folgendes an Josef Volf schrieb: „Es muss einfach ein Weg gefunden werden, zu gehen ...", und als Volf ihm zwei Stunden in seinem Büro zuredete, „... sagte er mir, dass es nicht seine Schuld sei. Mir scheint, dass es seine Gattin ist, wegen der er gehen möchte ..."[396]
Es sei angemerkt, dass später dann eine Zeit eintrat, als es nicht mehr die Logen waren, die über den Fortgang einzelner Mitglieder entschieden, sondern staatliche Stellen einen enormen Druck ausübten, der nach sich zog, dass sich die Freimaurer von unbequemen Mitgliedern trennen mussten. Dies war sicherlich nach der kommunistischen Machtübernahme in der Tschechoslowakei 1948 der Fall. Diese Praxis soll in einem anderen Kapitel Erwähnung finden, da sie nichts mit den selbstregulierenden Mechanismen der Freimaurerlogen oder der Freimaurer an sich zu tun hat. Dies war ein Eingriff von außen, der in der Zwischenkriegszeit undenkbar gewesen wäre.

---

396 „Es wäre schade um ihn, denn er ist ein von Grund auf ehrlicher Mensch."
LA PNP (Literaturarchiv des Denkmals des nationalen Schrifttums), Bestand Josef Volf, Schreiben und Aufzeichnung vom 23. Januar 1932.

Freimaurer sein

Das emotionale Erleben der Freimaurerei

In den Einführungskapiteln wurde angedeutet, wie schwer die Freimaurerei definiert werden kann. Dieser Typ eines gesellschaftlichen Zusammenschlusses bietet eine ganze Skala an Gefühlen, Anregungen und auch Prioritäten, die der jeweilige Freimaurer aus seiner Mitgliedschaft zieht. Zusammen dann füllt diese Bandbreite an Merkmalen einen Begriff aus – ein Freimaurer zu sein. Im Grunde können wir konstatieren, dass die Freimaurerei in vielerlei Hinsicht – dem Mechanismus ihres Seins – einem religiösen Orden entspricht, wobei die Verhaltensweisen, das Handeln und die Arbeit an sich selbst durch lokal anwendbare, höhere Regeln vorgegeben sind. Hierbei ist ein allgemeines ideales Ziel vorgegeben, dem man sich verpflichtet fühlt. Bildlich gesprochen arbeitet der Freimaurer an sich selbst – mittels Maurerwerkzeug (Maurerei) an einem kubischen Stein mit polierten Seiten (vollendete Form und Bearbeitung).

Und jede Loge wurde durch Männer gebildet, die versuchten sich nach diesen Regeln zu verhalten und diese mit ihrem profanen Leben in Einklang zu bringen. Gelegentlich kam es vor, dass jemand Freimaurer nur in einer Loge wurde, eigentlich nur formal, er Freimaurer nicht mit dem Herzen wurde und er seine brüderlichen Ideale draußen, in der anderen Welt vergaß. Was bedeutete es, Freimaurer zu sein? Welche Sorgen und Freuden konnte ein Mensch in seiner Freimaurerdimension haben? Und wie spiegelten sich diese in seinem Leben wider? Welche Gefühle brachte dieses Leben mit sich? Wodurch bereicherte die Freimaurerei einen Menschen und worin unterschied sie sich von ähnlichen Verbänden, die eine Besserung des Menschen selbst und der ganzen Gesellschaft anstrebten? Wie erlebten die Mitglieder die ritualisierte Form der freimaurerischen Kommunikation? Was gab sie gebildeten Männern in der Ära des Jazz? Und welche Beziehung hatten diese zu ihrem Tempel? Wie ertrugen sie die erheblichen finanziellen Ansprüche, die eine Mitgliedschaft mit sich brachte? Und missbrauchten sie nicht tatsächlich ihre Kontakte aus den Logen, um Vorteile an ganz anderer Stelle zu erlangen? Die Antworten auf diese Fragen können nie eindeutig sein. Bei jeder beobachteten Erscheinung sollte der Historiker auf der Hut sein und sich nicht zu beschönigenden Vereinfachungen hinreißen

lassen. Für die Freimaurerei gilt dies umso mehr, da das über die Freimaurerei in der Regel verbreitete Bild gerade ein solches ist – vereinfacht, verzerrt, zuschreibend.

Das erste und vielleicht stärkste emotionale Erlebnis für einen Freimaurer war die rituelle Aufnahme in den Orden. Den zeitgenössischen
Quellen zufolge scheint es, dass die meisten kaum ahnten, was sie erwartete. Während die anderen Freimaurer die entsprechenden Rituale
oftmals geübt hatten, damit sie letztlich gut und überzeugend umgesetzt
werden konnten, konnte ein Suchender eher nur darüber belehrt werden,
wie er auf gestellte Fragen zu antworten hat, eventuell konnte er etwas
über das Ritual gelesen haben, aber die persönliche Erfahrung ersetz-
te dies nicht. Die geheimnisvolle Zeremonie, die die Mehrheit von ihnen
durchlief (einschließlich der sog. Dunklen Kammer, in der sie nachsinnen
sollten), war – obgleich amateurhaft umgesetzt – zumindest ab Mitte der
20er Jahre beeindruckend. Nur ein kalter Zyniker konnte bereits zum
Zeitpunkt der Aufnahme Peinlichkeit empfinden oder gar eine Absur-
dität in der Situation sehen. Meist bestand eine gespannte Erwartung,
dass er nach seiner Weihung als Freimaurer etwas Außerordentliches
erfahren würde, was zu seiner Erkenntnis beitragen würde. Da dies nicht
erfolgte, konnte eine gewisse Desillusionierung eintreten.

Erinnerungen an die Aufnahme sind uns zahlreich erhalten, meist
äußerten sich jedoch jene, die der Sache gegenüber positiv eingestellt
waren und in der Freimaurerei eine Bereicherung ihres Lebens sahen.
Mitglieder, die dies nicht so fühlten, bekannten sich hierzu in der Regel
nicht – anderen Freimaurer gegenüber wollten sie sich nicht, Nicht-Mit-
gliedern konnten oder durften sie sich nicht öffnen. An die erhabenen Gefühle beim Aufnahmeritual erinnerten sich vor allem ältere Freimauer.
Vor dem Ersten Weltkrieg war die Atmosphäre tatsächlich eine andere
und sie konnten absolut nicht wissen, auf wen sie in der Loge treffen
würden; für den eigentlichen Akt fuhren sie bis nach Pressburg, was das
Erlebnis noch verstärken konnte; zudem hatten sie Raum ihren Gefühlen
im Sammelband „Hledající v temnotách" (Suchende in der Dunkelheit)
Ausdruck zu verleihen. Auch sind von diesen älteren Freimaurern am
meisten Zeugnisse darüber erhalten, wie innig sie den Augenblick von
Aufnahmen erlebten, und wie leid es ihnen tat, wenn sie bei solchen Zeremonien (für andere Neumitglieder) nicht dabei sein konnten.

Zdeněk Helfert etwa bezeichnete seine Eindrücke von der Aufnahme
als großartig und jede weitere Aufnahmezeremonie weckte in ihm schöne
Erinnerungen an die eigene feierliche Aufnahme;[397] Arna Juránek war

---

397   Stavba. Sborník zednářských prací, Hledající v temnotách I.-II. [Der Bau. Sammelband freimaurerischer

bei seinen Schilderungen noch poetischer, wobei er sich nicht nur an die Aufnahme, sondern auch an die Rituale bei den Erhebungen erinnerte. Insbesondere die Erhebung zum Meister stellte für ihn ein weiteres, besonders starkes Erlebnis dar. Das Erreichen des zweiten Grades – eines Gesellen – war oft weniger imposant, ja beinahe zivil gehalten. Auf diese Etappe der Beförderung, die eigentlich nur eine Übergangsphase darstellt, wurde kein so großer Nachdruck gelegt.

Die Erzählungen von Arna Juránek gewähren besser als alle anderen einen Einblick in die Gefühle eines jungen Freimaurers, der sucht, aber oft nicht weiß, was er sucht. Schlüssel zur Freimaurerei sind ihm eher Gefühle denn der Verstand, Freundschaften und das Gefühl des brüderlichen Zusammenhaltes sind ihm wichtiger als der formale Rahmen. Dieses Erleben war sicherlich auch der speziellen Situation der Freimaurerei in Österreich-Ungarn vor dem Ersten Weltkrieg geschuldet. Für die Zeit nach der tschechoslowakischen Staatsgründung ist allgemein ein erheblich zivileres Verbandsleben kennzeichnend – dies gilt auch für die Freimaurer. Die individuellen Seiten einer Person spielten nach wie vor eine wichtige Rolle, Empfindsamkeit, geistige und sinnliche Erregung und manchmal auch Exaltiertheit finden wir auch hier. Selbstverständlich stellt sich die Frage, ob diese Schilderungen nicht auch nur Bestandteil einer ritualisierten Form der schriftlichen Kommunikation waren, die verschiedenen Schattierungen der verwendeten Ausdrucksmittel können uns jedoch als markante Signale dienen.

Kommen wir zurück zu den Erinnerungen von Arna Juránek:

„Ein schöner Maiensonntag, die Robinien blühen,[398] *die blaue Donau, die Kammer des stillen Nachdenkens mit abschreckendem Bruder, Wege mit Biegungen über Hindernisse und Gräben, die tschechische Hymne ‚Wo ist mein Heimatland' eines Kammerquartetts am dritten Weg, Schwerter zur Ansicht und eine Bruderkette bei Licht: bei jeder Weihung durchlebe ich erneut die Momente, die mich für mein ganzen Leben lang mit der Freimaurerei verbunden haben ... In Pilsen der zweite Empfang: ein festlicher Anzug, die Einführung in den Wohltätigkeitsverein Harmonie. Ein blau gedeckter Tisch, 3 Kerzen, 3 Hämmer. Ich fand Brüder und unter ihnen viele Freunde. Die Verhandlungssprache war Deutsch, aber von mir verlangten sie, dass ich immer Tschechisch spreche ... Ich lebte in Wahrheit im Kreise der Brüder, der sich durch seine Liebe vor allem bei meiner*

---

398   Robinien (eigtl. Akazien) sind Kultpflanzen der Freimaurer, vgl. LENNHOFF, Eugen-POSNER, Oskar: Internationales Freimaurerlexikon, Graz 1965 (1. Ausgabe 1932), S. 35.

Scheidung bewährte. Den Katechismus, den ich in Pressburg erhielt, las ich – und legte in beiseite. Ich verstand ihn nicht.
Nach 6 Jahren wurde mein Lohn erhöht. Meine Zweifel über die Sendung des Freimaurertums, über sein ‚Programm' und seine Ausführung wuchsen mit der Erhebung in den zweiten Grad. Ich kehrte zerschlagen und enttäuscht zurück, und es war nur die Freundschaft meiner Brüder, die mich unter ihnen hielt. So wie mir am Anfang alles gefiel, so gefiel mir jetzt nichts, und als ich nach einem Jahr die Aufforderung erhielt, nach Pressburg zur Erhebung zu fahren, wollte ich dem nicht folgen. Warum, und wozu? Denn zusammengenommen ist das Freimaurertum doch nichts. Die paar Menschen werden die Welt nicht retten, und das ganze Reden im Zirkel ist Zeitverschwendung. Aber etwas in meinem Inneren sagte mir: ‚Fahr!'
1. Mai nach der Erhebung zum Meister, ich war schrecklich demütig und klein, und als ich nach drei Jahren … den Freund Vilém Bobek … zum ersten Licht führte … da ahnte ich, dass nicht das ‚Programm' Zweck des Freimaurertum ist, sondern dass es etwas ganz anderes ist, was nicht ausgedrückt, erklärt, ausgelegt werden kann: dass es sich eigentlich um dieses ‚anbefohlene' Geheimnis handelt, das jeder Meister selbst finden muss.
Ich nahm erneut den Katechismus zur Hand und nun begriff ich, dass man ihn nicht „verstehen" kann, sondern dass er begriffen, geahnt werden kann, dass man nach ihm leben kann …[399]

Ich, Bruder Arna,
Den Meistern dieser Loge:
Meine Arbeit war hoffentlich nicht vergebens,
die Ernte brachte mir des Lebens Sommer.

An mir zerrten Zweifel und Streit,
als ich die Wahrheit und den Sinn des Lebens suchte.
Jedoch als Pilger, der auf den Gipfel der Berge stieg
und durch Nebel, deren Vorhang sich höher hob,

in der Ferne plötzlich sah ich eine offene Landschaft leuchten,
die Sonnenscheibe am blauen Himmelsband,
so sah ich in der Folge, im Kreise irrend, das Geheimnis beiseite schiebend:
Welt, Ewigkeit, Glück suche in dir: Erkenne dich selbst!"[400]

399   Stavba. Sborník zednářských prací, Hledající v temnotách I.-II. (Der Bau. Sammelband freimaurerischer Arbeiten, Suchende im der Dunkelheit I.-II.), S. 54-57.

400   Diese Verse von 1927 waren Juráneks Credo als Freimaurer. In seinen Erinnerungen führt er an, dass er auch bei den Freidenkern (im Verband Volná Myšlenka) engagiert war und er mithalf, den Verband nach dem Krieg in Pilsen wieder aufleben zu lassen, jedoch „gab er mir bereits nichts mehr, und ich konnte ihm auch nichts mehr geben". Ebd. S. 56.

Juráneks Selbstreflexion stellt den vielleicht besten Versuch eines modernen dynamischen Mannes dar, die Bedeutung des Erlebnisses Freimaurerei für eine Person auszudrücken, den wir in tschechischen Quellen finden. Juránek verfällt hierbei nämlich nicht in Klischees.

Auch in anderen Erinnerungen der ältesten Freimaurer finden wir Zeugnisse über das intensive Erleben der Aufnahme in den Kreis der Freimaurer, und vor alles des überraschenden Gefühls, nachdem dem Neophyten das Band von den Augen abgenommen wurde und er sehen konnte. Auch die Weiße Tafel war für viele ein einzigartiges Erlebnis, da hier die formalen Barrieren oftmals fielen und die Brüderlichkeit ihren Anfang nahm. Die Autoren des Sammelbandes „Hledající v temnotách" (Suchende in der Dunkelheit) waren offenkundig instruiert worden, auch diesen Teil ihrer Erinnerungen niederzuschreiben – im Interesse einer Dokumentierung und eines möglichen Vergleiches. Ihre Zeugnisse sind heute von ungeheurem Wert.

Mucha schrieb über die Aufnahme in die Freimaurer in Paris: „Es war dunkel und wir waren schon auf der Treppe und im Vorsaal. Ich gelangte in diesen Saal, ohne dass ich mir dessen klar bewusst gewesen wäre; dort nahmen sich zwei Personen in schwarzen Gewändern meiner an – das Gesicht verdeckt. Vorstellung, einige Fragen, ein auffälliger, sehr freundlicher Umgang. Sie waren fort. Ich blieb allein! Also hier! Endlich stehe ich an der Schwelle zum Freimaurertempel ... Mir war, als befände ich mich weit – hoch – tief. Als ich mir dessen bewusst wurde, kehrten die vermummten Gestalten zurück." Mucha wurde von ihnen in einen Raum geführt, in dem er sein philosophisches Testament schreiben sollte ... „Um mich herum Dunkelheit. Ich setze mich an den Tisch und wusste keinen Rat. Meine Augen begannen sich an die Dunkelheit zu gewöhnen und suchten den Raum ab. Langsam erkannte ich Wände, eine schwarz gestrichene Decke – und ach, in der Ecke schimmerten die Knochen eines Skelettes. Dieses wirkte auf mich keineswegs gespenstisch – ich kannte es nur zu gut, aber es schlug sich sehr auf meine Stimmung nieder. Ich war somit in einem Grab." Mucha verstand, dass etwas Altes in ihm abzusterben beginnt, damit er etwas Neues annehmen kann – die Freimaurerei.[401]

Je reicher und angesehener eine Loge war, desto optimaler war auch die Ausstattung des Tempels mit allen erforderlichen Räumen. Nicht, dass diese materielle Seite die dominante gewesen wäre, aber es ist offenkundig, dass eine Aufnahme umso glaubwürdiger und wirkungsvol-

---

401   Ebd., S. 36-37. Ein sehr schönes Bekenntnis Muchas zur Freimaurerei und eine Schilderung ihres Sinnes finden wir in LA PNP [Literaturarchiv des Denkmals des nationalen Schrifttums], Bestand Rudolf Jordan Vonka, dort Muchas Manuskript einer Rede bei Abschluss der Arbeiten für den Zeitraum 1929/1930 in der Loge Komenský.

N∴ V∴ L∴ Čsl∴

OTEVŘE SLAVNOSTNĚ NOVÝ CHRÁM

PRO ZEDNÁŘSKOU PRÁCI BRATŘÍ

V SOBOTU DNE 7. PROSINCE 1929 O∴ L∴ O 18. HODINĚ

V Or∴ PRAHA-II., V DOMĚ Č. 9,

NÁROŽÍ DITTRICHOVY A TROJANOVY UL.

(PALÁC PENSIJNÍHO ÚSTAVU

ZAMĚSTNANCŮ NEMOCENSKÝCH POKLADEN)

× × ×

SLAVNOSTNÍ ÚBOR

Einladung zur Eröffnung des Freimaurertempels

ler war, je authentischer die Einrichtung des Tempels war. Und umso mehr war sie geeignet, ihren Weg in die Herzen und die Erinnerungen der neuen Mitglieder zu finden. Die improvisiert aufgestellten Stühle aus dem Speiseraum Baštýřs oder ein papierner Teppich von Sís oder Dadon konnten mit solchen Ausstattungen freilich nicht mithalten und verdeutlichen die bescheidenen Anfänge der tschechischen Freimaurerei.

Auch für die Zwischenkriegszeit stehen uns einige Zeugnisse zur Verfügung. Gleichwohl ist die Erzählweise dieser Quellen im Vergleich zu den Schilderungen älterer Freimaurer weniger dynamisch. Ich denke, dass die Aufnahme an sich und die Rituale als solche etwas von ihrer Atmosphäre eingebüßt hatten. Uns stehen nur sehr wenige authentische und unmittelbare Reaktionen zur Verfügung, die das Erlebte im Rahmen einer Aufnahme in eine Loge schildern würden. Eine dieser Beschreibungen stammt von René Wiesner, einem Sohn eines Gründungsmitgliedes der Loge Komenský, der kaum eine Woche nach seiner Aufnahme seine Eindrücke an Josef Volf übermittelte.[402] Sein Schreiben drückt im Grunde seinen Dank aus „für die Leitung der Aufnahmearbeit am Samstag. Ich bin glücklich Dir mitteilen zu können, dass die Rezeption, aber vor allem die aufrichtige Menschlichkeit und nunmehr Liebe, die sich in den

---

402   Wiesners Schreiben vom 31. Mai 1929, in: LA PNP [Literaturarchiv des Denkmals des nationalen Schrifttums], Bestand Josef Volf.

Augen aller Brüder widerspiegelte, auf mich einen tiefen und unvergesslichen Eindruck machten, dass mir tatsächlich das Licht und der Glaube an die Menschheit gegeben wurden, die in der Lage ist, eine so edle und ideale Form zu schaffen. Ich verstehe jene Kraft und Stütze, aber auch Verpflichtung, die die feste Kette ausmacht, die wir bilden. Ich bin glücklich, Bruder, dass mich die Zugehörigkeit zu den Freimaurern um Gefühle bereicherte, die ich zuvor nicht kannte."

Auch Josef Volf protokollierte, wie es seine Gewohnheit war, seine Erhebung zum Meister. „Am Samstag, dem 24. II.[1923] wurde ich in hist[orischer] Weise in Muchas At[eliér] in der Česká banka als Meister aufgenommen ... Ein bewegender Akt. Ich war ergriffen."[403] Hiermit endet die Beschreibung der eigenen Erhebung, Volf setzt mit der üblichen Agenda fort, die nachfolgend verhandelt wurde.[404]

Sehr sachlich und offen beschrieb seine Aufnahme in den Kreis der Freimaurer in seinen Memoiren Václav M. Havel. Die formalen Schritte im Rahmen der Aufnahme waren sicherlich überall identisch, jedoch erachte ich das aus dem jeweiligen Umfeld resultierende emotionale Erlebnis als den grundlegenden Faktor. Der Unterschied in den Aussagen Muchas und Havels ist nicht darin zu suchen, dass der eine Künstler war und der andere Bauingenieur. „Am Stuhl auf dem Tisch brannte eine Kerze, und neben ihr lag ein menschlicher Totenkopf. Hier sollte ich warten, bis mich jemand abholen würde ... Ein Zeremonienmeister in schwarzem Gewand und mit weißen Handschuhen band mir ein Tuch vor die Augen und führte mich über einen verwinkelten Weg in den Raum (den Tempel), wo die Aufnahmezeremonie (Weihe) der Freimaurer begann... Nach einer Begrüßungsrede ... hob mir jemand die Augenbinde an und ich sah im Halbdunkel etwa dreißig ehrwürdige Herren in weißen, rot gesäumten Schurzen und roten Bändern mit Abzeichen am Hals. An den Händen trugen sie weiße Handschuhe und in der rechten Hand hielten sie gegen uns ausgestreckte Schwerter ... Danach fiel die Augenbinde und wir wurden in eine Garderobe geführt, wo uns das Tuch von den Augen genommen wurde und wir unsere Kleider richteten, da wir ohne Mantel waren und hochgekrempelte Hosenbeine hatten. Anschließend wurden

403   LA PNP [Literaturarchiv des Denkmals des nationalen Schrifttums], Bestand Josef Volf, Notiz auf der Rückseite eines Schreibens, das Ladislav Moučka am 17. Februar 1923 im Namen der Loge Komenský an Wolf sandte.

404   Volf fährt fort: „Danach wurde darüber gesprochen, dass in den Logen angeblich Debatten entbrannt seien und ich habe den Eindruck, dass er [Ladislav Tichý] auch mich anschaute. Vor allem waren sie bezüglich des Volná Myšlenka verärgert. Gegen Trauer[arbeiten] ... für Rašín sprach sich Thein aus, er wünscht nicht, dass die 1. Logenarbeit der neuen Großloge eine Trauerarbeit ist." Der tschechoslowakische Minister für Finanzen, Alois Rašín, Mitglied der Loge Dílo, erlag am 18. Februar 1923 den Folgen eines Attentates. Nachfolgend wurde die skandalöse Fremdgeherei eines der Brüder verhandelt.

wir bereits ohne Augenbinden erneut in den Tempel geführt. Der Meister der Loge leitete die nachfolgende Zeremonie. Ich erkannte in ihm sofort den stellvertretenden Bürgermeister Dr. Vaněk, dessen beide Söhne ich kannte."[405]

Zum einen hierließ eine Aufnahme in eine Loge einen außerordentlichen Eindruck und war Grund zum Nachdenken über sich selbst und globale Probleme, zum anderen stellte auch die nachfolgende Mitgliedschaft bei den Freimaurern ein oft tiefgreifendes Erlebnis dar. Es scheint, dass das Gefühl der Zusammengehörigkeit und eines wirklichen brüderlichen Verständnisses und die hieraus folgende Unterstützung am höchsten geschätzt wurden. Auch wenn dies im Kontext des vorherigen Kapitels als relativ erscheinen mag, so erlebte eine Reihe an Freimaurern ihre Mitgliedschaft in der Loge gerade in dieser Weise. Im tschechischen Umfeld gab es nur wenige Personen, die ein Erlebnis einer weltweiten Bruderschaft genießen konnten, das sich bei Besuchen und einem freundlichen Empfang in einer Loge im Ausland einstellte. Aber auch solche Fälle sind überliefert.

In Pariser Logen verkehrten František Sís[406] und selbstverständlich auch Alfons Mucha, aber auch andere tschechische Freimaurer lernten das Freimaurermilieu Frankreichs kennen. Mitglied der Londoner Loge Dante wurde etwa der tschechische Diplomat Zikmund Konečný; mit der Zagreber Freimaurerei machte sich Konsul Ondřej Pukl vertraut, in Genf wirkte Jarča Kose oder in Wien Antonín Sum. Vor allem für Diplomaten hatten diese Treffen eine enorme Bedeutung. Die kuriosesten Erlebnisse hatte jedoch offenbar der Orientalist Vincenc Lesný, der die Gastfreundschaft indischer Logen kennen lernen durfte.

Jaroslav Kose umriss in seinen Briefen aber auch noch einen weiteren Aspekt der tschechischen Freimaurerei – und zwar, dass sich diese im Grunde nur auf das heimische Milieu bezog; nur sehr wenige Personen nutzen die Möglichkeiten, die eine Mitgliedschaft in einer weltweiten Kette bot. Es ist ein sehr typisches Merkmal der tschechischen Freimaurerei, dass diese – obgleich einem internationalen Orden angehörend – sehr tschechozentristisch war. Ihre Legitimation als Freimaurer nahmen Tschechen im Ausland meist einfach nicht wahr. Der Grund ist offenbar in einer Schüchternheit und einer Bevorzugung der heimischen, internen Dimensionen der Freimaurerei, also des Bruderbundes, zu suchen.

Kose wurde als Freimaurer in die Loge 28. říjen (28. Oktober) aufgenommen, wofür er auch nach Jahren seine andauernde Dankbarkeit

405   HAVEL, Václav M.: Mé vzpomínky [Meine Erinnerungen], S. 154–155.
406   Material hierzu vgl. ANM [Archiv des Nationalmuseums], Sammlung Hn, K. 37, František Sís.

erklärte,[407] insbesondere, als er 1924 tschechoslowakischer Delegierter beim Internationalen Arbeitsamt in Genf wurde. Bereits im Folgejahr schreibt er an Emil Svoboda, seinen Lehrer, einem „Typus und Vorbild eines tschechischen, fortschrittlichen Freimaurers. Obwohl ich an Jahren und Arbeit jung bin und erst ganz am Anfang meines Weges hin zur Selbstvervollkommnung stehe, hatte ich zufälligerweise die Gelegenheit, das Fr[eimaurertum] in anderen Ländern bzw. anderer Völker kennen zu lernen. Und hier sehe ich einerseits immer klarer eine enorme Bedeutung der internationalen Freimaurerbewegung, eine Bedeutung insbesondere für uns, ein kleines Volk, einen jungen Staat ... Anderseits habe ich leider erkannt, dass die Weste des Freimaurertums nicht ohne Flecken ist und dass seine weltumspannende Brüderlichkeit vor allem im Kriege und nach ihr ernste Risse bekam."[408]

Kose monierte, dass er – obwohl bereits ein Vierteljahr in Genf – „bisher weder eine Legitimierung noch eine Empfehlung für die hiesige L[oge]" erhielt. Ohne diese könne er nicht versuchen irgendwo hinzugehen, da dies „seltsam aussähe". Kose wusste zu dieser Zeit zudem nicht, welche der in Genf lebenden oder hier oft verkehrenden Tschechen Freimaurer sind. Auch dieser Umstand zeigt klar, wo die Prioritäten der tschechischen Freimaurer lagen, in der internationalen Kommunikation sicherlich nicht ...

Die Korrespondenz Vincenc Lesnýs ist nicht nur ein bemerkenswertes Zeugnis darüber, wie die Freimaurerei in ihrer klassischen Form arbeitete, d.h. als eine tatsächlich kompakte internationale Kette. In der Einleitung eines Briefes aus Bengalen, den er an Emil Svoboda sandte, skizziert er meisterlich die Prioritäten und Vorzüge, die die Freimaurerei in sein Leben brachte. Er beginnt seinen Brief mit den Worten: „Lieber Freund und Bruder! Es ist nur natürlich, dass eines der ersten Schreiben, die ich aus Indien sende ... für Dich bestimmt ist. Es gibt so vieles, was mich an Dich bindet und mich anzieht, nicht zuletzt Deine liebe, wirklich brüderliche Natur. Es sind im Grunde zwei Sachen, die ich Dir schreiben möchte. Die eine gilt dem Freund und die andere dem Bruder. Der Freund war vor dem Bruder da, und so bleibe ich also bei diesem Vorgehen, obgleich ich wirklich nicht weiß, wer mir teuer war, der Freund Svoboda oder der Bruder Sv."[409] Diese Reihenfolge an Werten in den Beziehungen

---

407   Vgl. dessen Korrespondenz mit Emil Svoboda, in: AAV ČR [Archiv der Akademie der Wissenschaften der Tschechischen Republik], Bestand Emil Svoboda, K. 2, Inv.-Nr. 160.

408   Seine Reflexion der Freimaurerei in Genf ist sehr kritisch, die Informationen über die Freimaurer in Genf, die ihm zugetragen werden, liefen darauf hinaus, dass es sich um eine „Clique sich gegenseitig protegierender Karrieristen handelt. Bei den Treffen wird angeblich in erster Linie große Politik betrieben."

409   AAV ČR [Archiv der Akademie der Wissenschaften der Tschechischen Republik], Bestand Emil Svoboda, K. 3,

erachte ich als typisch. Wo eine Freundschaft bereits vor dem Beitritt zur Freimaurerbewegung bestand, z.b. aus Studienzeiten, konnte sie zwar vertieft werden, blieb jedoch grundsätzlich für immer die maßgebende Richtlinie, an der sich die Beziehung orientierte; die Freimaurerei hatte in diesem Fall weder die Kraft noch das Gewicht, dies zu überdecken. Die private Korrespondenz zeugt klar hiervon, da wir in Briefen alter Freunde (und seit einiger Zeit gemeinsamer Anhänger der Freimaurerei) fast nie die vorgeschriebenen freimaurerischen, brüderlichen Anreden finden und stattdessen klar die persönliche freundschaftliche Dimension bevorzugt wird.

Lesný vertraute sich Svoboda mit einem besonders starken freimaurerischen Erlebnis an, das ihn in Indien erwartete. „Wenn es denn möglich wäre, von der Bruderschaft noch schönere Vorstellungen zu bekommen, dann gäbe es gerade hier in Indien die größte dieser Möglichkeiten." Lesný entschloss sich, in Bombay eine örtliche Loge zu besuchen und erlebte dort „außerordentlich liebe Augenblicke". Er besuchte die Arbeit einer Parsen-Loge. „Aus allem war deutlich zu erkennen, dass das Wort Kette nicht nur ein bloßes Wort ist." Auch in Kalkutta überzeugte er sich davon, „wie tief das Bewusstsein der Bruderschaft hier empfunden wird, wie die Bruderschaft ein Stolz ist, wie der Bruder mit dem Bruder unmerklich wettstreitet, wie eine natürliche Sache, wenn nicht mit einem freundlichen Wort, einer netten Anmerkung oder Frage gezeigt werden kann, dass er sich der Bedeutung des Wortes einer weltumspannenden Kette bewusst ist, und wie glücklich er ist, dies mit seiner Tat unter Beweis zu stellen." Die indischen Freimaurer trugen ihm geradezu ihre Dienste an, und er war nicht gewohnt diese mit Selbstverständlichkeit anzunehmen. „Mir wurde etwa vorgeworfen, dass ich im Hotel wohne (zufällig einem sehr teuren) und nicht bei einem von ihnen, von einem anderen Bruder wurde mir ein Automobil zur Verfügung gestellt ..." Lesný versprach, beim nächsten Mal sicherlich die Dienste der dortigen Freimaurer in Anspruch zu nehmen, und es sei zu sehen gewesen, „dass ihm gleichgültig ist, wessen Dienste ich in Anspruch nehmen werde, seine oder eines anderen, am liebsten jedoch die seinigen, nur dass ich sie überhaupt in Anspruch nehme." Lesný war für sie ein exotischer Gast, sodass sie ihn zwangen, in der Loge zu sprechen: „Ich sprach zum Thema Lob der Brüderlichkeit, und da ich zu diesem Augenblicke voll von ihr erfüllt war, fühlte ich die Wärme, die Anhänglichkeit, die Zugehörigkeit zu ihnen ..."

Inv.-Nr. 190, Lesnýs Brief, s.d. Lesný unternahm zwei Reisen nach Indien, die erste 1922-1923, die zweite 1927-1928. Das Schreiben stammt offenbar von seiner ersten Reise.

Etwas ähnliches wiederholte sich dann in einer Hindi-Loge in Kalkutta und in einer englischen Loge. Er bekam weitere und weitere Einladungen in Logen und überall wurde er umsorgt. „Kann ich mich hier einsam fühlen? Kann ich mich wie im Ausland fühlen?", fragte ein führender tschechischer Wissenschaftler, der mit Lesňáček, der „kleine Lesný" unterschrieb. Eine solche Offenheit gegenüber Ausländern und eine solche Umsetzung des Freimaurergedankens war im tschechischen Umfeld sicherlich nicht üblich.

Kurz und gut – die tschechischen Freimaurer waren am liebsten unter sich und waren froh, wenn sie ihre Brüderlichkeit zwar weniger universal, aber vielleicht auch umso weniger formal umsetzen konnten. Die Loge gab zumindest einigen von ihnen das Gefühl von Heimat und freundlichem Verständnis. Das freimaurerische Bekenntnis kann vielerlei Gestalt annehmen, es scheint, dass wir dessen höchste Frequenz gerade dort finden, wo eine Aufnahme in die Freimaurerei zumindest idealerweise zu einer Steigerung des sozialen und intellektuellen Prestiges führte; in diesem Zusammenhang haben wir viele Bekenntnisse, die an außerordentliche Autoritäten der tschechischen Freimaurer, wie Jaroslav Kvapil oder Josef Volf adressiert sind.

Ungewöhnlich dankbar war z.B. Jan Emler, Sohn eines großen Vaters,[410] ein alter Junggeselle, der nach der Staatsgründung die Universitätsbibliothek in Pressburg/Bratislava aufbaute, und dem Josef Volf zu einem Doktorat und zu einer Rückkehr nach Prag an die Spitze der hiesigen Universitätsbibliothek verhalf. Diese Unterstützung gewährte er nicht, weil beide Freimaurer waren. Gleichwohl können wir eine gewisse Bibliotheken-Lobby nicht übersehen: Volf, Thon, Emler, Gintl – die zugleich auch in der Freimaurerei sehr engagiert waren. Es scheint, dass die Aufnahme unter die Freimaurer für Emler in gewissem Maße eine Zäsur im Leben bedeutete, die jedoch nicht überschätzt werden sollte, da er auch in einer Reihe ähnlicher Organisationen tätig war, so war er etwa aktiver Rotarier. Trotzdem wählte er, als er Volf für eine positive Rezension dankte, folgende Worte: „... die Ergebnisse weiß ich in erster Linie seit dem Augenblick zu schätzen, als ich Mitglied unserer inspirierenden Kette wurde ... Ich schöpfte neue Kraft bei dem andauernden Sich-Bewusstwerden von Verpflichtungen – wie ich wusste, dass ich nicht an das Beispiel jener heranreichen werde, die vor mir woanders waren,

---

410 Josef Emler (1836-1899), tschechischer Historiker, Editor und Archivar, Professor für historische Hilfswissenschaften an der Karls-Universität in Prag.

und auch nicht jener, an die ich in diesem Augenblick mit Dankbarkeit denke."[411]

Auch Volf bekannte sich zu seinen Gefühlen, und zwar in einem Brief an Jaroslav Kvapil. Wir können hier im Grunde eine Kette an Autoritäten der Freimaurerei verfolgen, das Problem besteht jedoch darin, dass – wenn ein Brief im Wissen geschrieben wurde, dass eine Autorität ihn lesen wird, dies dessen Stilisierung bzw. die Autostilisierung des Schreibers erheblich beeinflusste. Und wir sind wieder in der Verlegenheit entscheiden zu müssen, was Teil des Rituals des Schreibens ist und was unmittelbare Mitteilung. Volfs Bekenntnis ist grundsätzlich ein Schreiben zu Kvapils 60. Geburtstag, was vieles vorwegnimmt.[412]

Wenn wir diese imaginäre Kette fortsetzen, finden wir auch Kvapils Bekenntnis. Dieses ist ein sehr wertvolles Dokument, da es die Persönlichkeit Kvapils und seine Beziehung zur Freimaurerei beleuchtet. Jaroslav Kvapil war nämlich einer der wenigen – und es waren ihrer tatsächlich nur einige Personen – die auch zur Zeit der deutschen Besatzung (1939-1945) nicht nur die Anreden der Freimaurer verwendeten, sondern sich zur Freimaurerei auch trotz der hieraus resultierenden Gefahren bekannten. Jaroslav Kvapil schrieb im Herbst 1943 sein Bekenntnis und seine Vorstellungen zur Freimaurerei nieder – voller Optimismus und Mut. Das Schreiben ist das vielleicht schönste Beispiel für wahre Hingabe und den Glauben an den Sinn der Freimaurerei: „Wir durchleben

411   LA PNP (Literaturarchiv des Denkmals des nationalen Schrifttums), Bestand Josef Volf, Emlers Brief vom 24. Juni 1926. Seine Ausdrucksweise war sehr exaltiert, vgl. etwa seine Wünsche an Volf zur Bestellung zum Leiter der Bibliothek des tschechischen Nationalmuseums vom 19. Januar 1928, hinterlegt ebd.: „Ich sehe hierin unser großes Symbol – dass gerade Du an die Spitze des überteuren nationalen Institutes getreten bist, und dass die Sammlung, die durch Fleiß und Geist und Schaffen eines erhabenen, berufenen Bruders aufgebaut wurde – in den kommenden Tagen unter der Ägide Deines Lichtes, Deiner Weisheit, für die Wege der Wahrheit und zu den Idealen der Schönheit erblühen wird. Und dass sie unten in der Stadt zu Ehren des Baumeisters, unter der Führung eines seiner Anhänger, zur Veredelung wachse ... Wenn ich wüsste, dass hier irgendein, ach, ewiges Licht des Baumeisters schwingen würde, dann würde ich gern in der befriedigenden Erinnerung an ein schönes Ritual unter dem trockenen Laub einer Akazie und ihrer Botschaft meine Pflicht erfüllen – für mich, der hierdurch von der Trauer befreit wurde ...“

412   Volf erklärte deine Dankbarkeit, dass er dank Kvapil „den Orden wie er tatsächlich ist" kennenlernen konnte, „und mich diesem widmen konnte". Wie es gängig und offenbar eines der dominanten Charaktermerkmale war, vergaß er bei dieser Gelegenheit nicht auch seine eigenen Verdienste hervorzuheben; er selbst habe bereits 1908 über die Freimaurerei geschrieben und Kvapil während des Krieges im schlesischen Oderfurt (Bohumín) – obgleich er wusste, dass dieser Freimaurer war, was gefährlich war – „eine kleine Gefälligkeit erweisen können, und Du weder durch die österreichische noch durch die preußische Polizei durchsucht wurdest. Ein Freimaurer ohne Aufnahme wollte einem Freimaurer mit Schurz einen kleinen Dienst erweisen ... Und als alter Freimaurer gratuliere ich Dir und mir, dass ich die Gelegenheit hatte, Dich im Orden kennenzulernen." LA PNP (Literaturarchiv des Denkmals des nationalen Schrifttums), Bestand Jaroslav Kvapil, Volfs Schreiben vom 22. September 1928. In Kvapils Nachlass finden wir auch ein Freimaurerbekenntnis Ladislav Syllabas, der überglücklich darüber war, dass sein Sohn Jiří zur Freimaurerei tendierte. Vor allem war Syllaba selbst so von der Freimaurerei durchdrungen, dass er in seiner Wohnung auch eine sog. Purkyně-Ecke hatte, wo er freimaurerische Wertsachen aufbewahrte. LA PNP (Literaturarchiv des Denkmals des nationalen Schrifttums), Bestand Jaroslav Kvapil, Syllabas Schreiben vom 27. Dezember 1926.

böse Zeiten, und diese wirken sich auf jeden von uns nachteilig aus und werten uns ab – wenn es doch nur die äußere Schale wäre, die unser Wesen an sich nicht berührt – dieses werden wir brauchen, wenn wir uns erneut zum gemeinsamen Werk treffen, wir einander direkt in die Augen sehen und uns gegenseitig nicht verheimlichen, wie uns diese Zeit unrecht tat. In dieser Zeit fühle ich mächtiger als jemals zuvor, dass unser Orden nicht eine bloße Sammlung ähnlich denkender Menschen war, sondern dass er ein Verband von Männern war, aus deren Auswahl eine neue Ordnung entstehen kann, ja hervorgehen muss, nicht nur diese auf einen relativ kleinen Kreis Auserwählter beschränkte Ordnung, sondern eine neue, moralisch und sozial gerechtere Weltordnung als die bisherige. Möge uns der Allmächtige Baumeister aller Welten Gesundheit, Kraft und moralischen Mut gegeben, damit die Reinigung von der Vergangenheit das Fundament der kommenden Weltordnung werden kann!"[413]

In einer Zeit, in der sich eine ganze Reihe ehemaliger Freimaurer davor fürchtete, dass sich jemand an ihre Zugehörigkeit zum Orden erinnern könnte, wirken Kvapils Worte als demonstratives Beispiel für Mut, der jedoch auch den Empfänger in Gefahr bringen konnte. Ähnlich klingt ein Schreiben eines fachlichen Leiters des Ministeriums für Justiz, Emil Lány, der ebenfalls zu Protektoratszeiten, wenngleich in „abgeschwächter" Form Folgendes formulierte: „Es gibt Bünde, die einen Charakter indelebilis haben und ein ganzes Leben lang gelten. Unser Bund ist einer von ihnen. Das Wirken in ihm ist gegenseitig – einer erhält etwas vom anderen oder er lernt. Auch dies ist unser Fall, wobei die Dankbarkeit gegenseitig ist. Aber Du irrst, wenn Du meinst, es würde alles in die Vergangenheit gehören – es gibt eine Entwicklung und in dieser verpflichtet die Vergangenheit (bzw. sie gibt Verantwortung) für die Zukunft durch einen gemeinsamen Glauben, eine gemeinsame Kraft und eine gemeinsame Entschlossenheit. Hic Rhodes: es geht um den Glauben in den Menschen, in die Menschheit, in das Leben und in die Ewigkeit."[414]

Über die Loge hinausgehende Freundschaften

In krisenhaften Lebenslagen konnte der Glaube an die Wirksamkeit der Freimaurerei eine gute Stütze sein, jedoch nur unter der Voraussetzung, dass der Glaube ein tiefer, ehrlicher war. Hier erwies sich, wer wirklich den Worten des Rituals, der Ansprachen und der Konstitution vertraute

---

413   AAV ČR (Archiv der Akademie der Wissenschaften der Tschechischen Republik), Bestand Vincenc Lesný, K. 4, Inv.-Nr. 163, Kvapils Schreiben an Lesný vom 19. November 1943 ist eine Reaktion auf Glückwünsche zu seinem 75. Geburtstag.

414   Ebd., Inv.-Nr. 167, Lánys Brief vom 18. Juli 1939. Es handelt sich um eine Reaktion auf Glückwünsche zum 60. Geburtstag.

und sie nicht nur als durch Zeit und Umstände bedingte Deklamation erachtete. Einige Freimaurer schätzten nicht nur die Zugehörigkeit zu einer überpersönlichen Ordnung, sondern auch die durch die Freimaurerei geknüpften zwischenmenschlichen Beziehungen sehr. Für einige waren diese Beziehungen vielleicht der größte Wert, den sie aus der Freimaurerei zogen. Sicherlich konnte bereits allein das Gefühl nicht allein zu sein, sondern eine Stütze zu haben, von Vorteil sein. Noch wertvoller war jedoch, wenn sich diese Einstellung auch in der Realität des Lebens widerspiegelte.

In der Loge Národ war es Jan Thon, der sich sehr für freundschaftliche Treffen und Aktivitäten auch außerhalb der Loge einsetzte, bei denen die Beziehungen vertieft und menschlich weiter entwickelt werden sollten. Er propagierte diesen Wunsch offenbar in außerordentlich vehementer Art und Weise, die aus seinem aufrichtigen Bemühen resultierte, dass nur solche Personen Mitglied der Loge werden sollten, denen die Freimaurerei etwas sagte, die sie ernst nehmen, und dass es nicht allein bei einer formalen Freundschaft bliebe, sondern dass die Loge ein wirklich brüderlicher Bund würde. Auf Thons Initiative hin wurden in Wochen, in denen die Loge nicht tagte, oder während der Ferien Treffen organisiert, die dem näheren Kennenlernen und der Unterhaltung der Brüder dienen sollten. Diese Treffen fanden in verschiedenen Prager Restaurants statt, meist im Gemeindehaus (Obecní dům). Thon schlug auch gemeinsame Ausflüge vor.[415] Die Prager Freimaurer kehrten nicht nur sehr häufig im Prager Gemeindehaus, der modernen Bastion der tschechischen Identität, ein. Karel Weigner organisierte ein ähnliches Umfeld im Volkshaus (Národní dům) in Prag-Vinohrady, es gab Treffen auch in den Prager Vorstädten (etwa im Hotel Splendid in Prag-Bubeneč), ab 1927 dann bei U Choděrů in der Nationalstraße (Národní třída). In anderen Logen gab es eine ähnliche Praxis, beliebte Treffpunkte waren die Salons des Messepalastes (Veletržní palác), der Autoklub und vor allem die durch Václav M. Havel angebotenen Räumlichkeiten im Palast Lucerna und später die Barrandov-Terrassen. Hier fanden auch am häufigsten gemeinsame Feiern statt, etwa zum Ende des Arbeitszeitraumes, d.h. vor den Ferien oder vor Weihnachten.

Die Quellen scheinen davon zu zeugen, dass Aktivitäten außerhalb der Loge in der mährischen Metropole Brünn (Brno) bei weitem nicht so verbreitet waren. Vor allem im Sommer sahen sich die dortigen Freimaurer überhaupt nicht, was auch auf deren berufliche Zusammensetzung

---

415   AVL ČR (Archiv der Großloge der Tschechischen Republik), Kniha prací lóže Národ (Buch der Arbeiten der Loge Národ), Aufzeichnung vom 22. Mai 1925.

zurückzuführen ist: „In Brünn halte ich den Sommer über sporadisch mit einigen Brüdern Kontakt. Regelmäßige Sitzungen halten wir hier nicht ab, ich hatte dies bei der letzten Weißen Tafel nach Abschluss der Arbeiten der vorherigen Saison vorgeschlagen, aber mein Vorschlag fiel nicht auf fruchtbaren Boden mit Blick auf den Umstand, dass die meisten Brüder – Professoren – den Sommer über nicht in Brünn sind", beschwerte sich der Leiter der nach Brünn verlegten 6. Infanteriedivision, der General und Dramatiker Kamil Holý, der aus Prag andere Verhältnisse gewohnt war.[416] Dass man sich tatsächlich oft erst beim Bier näher kam, belegen auch zahlreiche Erinnerungen älterer Freimaurer. „Nach der Weißen Tafel begaben sich die Teilnehmer in den vorderen Gastraum, wo man Bier trinken konnte, welches bei der Weißen Tafel überhaupt nicht gereicht wurde, und wo man sich ungezwungen mit den anwesenden Brüdern unterhalten konnte ..."[417] Man sieht, dass die Freimaurerei tatsächlich viele mögliche Ebenen eines Erlebens und persönlicher Beziehungen bot. Das Problem bestand darin, dass die Tempel der tschechischen Freimaurer meist nicht über hinreichend Räume verfügten, damit alle Kommunikationsformen quasi unter einem Dach hätten stattfinden können.[418]

Von Thons aufrichtiger Einstellung, die er manchmal in beinahe inquisitorischer Weise vertrat, zeugt auch seine Ablehnung, Mitglied im Rotary-Club zu werden. „Du fragst mich auch, ob ich nicht den Rotariern beitrete? Ich werde nicht beitreten! Mein Auftritt war nur gästehalber. Ich bin an das Umfeld in der Loge gewöhnt – hier [im Rotary] war ich sehr enttäuscht. Zumindest der Geist, die gefühlvolle Atmosphäre in unserer Loge ist etwas so unglaublich herzliches, warmes, taktvolles, rücksichtsvolles, und ich denke, auch gedanklich erwachsenes, dass ich mich schwerlich mit dem Prager Rotary C[lub] ... zufrieden stellen könnte."[419] Es entspricht jedoch der Wahrheit, dass die Atmosphäre in der Loge Národ offenbar sehr einzigartig war, da wir – obwohl uns für diese Loge die interne Akte für die gesamte Zwischenkriegszeit zur Verfügung steht – hier im Grunde auf keinen Konflikt und keine Disharmonie stoßen.

416   LA PNP (Literaturarchiv des Denkmals des nationalen Schrifttums), Bestand Josef Volf, Holýs Schreiben vom 21. August 1928.

417   Plzákova vzpomínka (Plzáks Erinnerungen) in: Hledající v temnotách I.-II. (Suchende in der Dunkelheit I.-II.), S. 26.

418   Zur Illustrierung ist zu ergänzen, dass im Laufe der Zeit die Maßnahme getroffen wurde, dass bei den Arbeiten in der Loge nicht geraucht werden durfte, weil die Luft im Tempel kaum zu atmen war und dies wenig feierlich wirkte.

419   Thons Schreiben an Emler vom 27. Januar 1930, in: LA PNP (Literaturarchiv des Denkmals des nationalen Schrifttums), Bestand Jan Emler.

Die bemerkenswerteste Gruppierung, die wir tatsächlich als Symbol männlicher Freundschaft erachten können, die zumindest teilweise in den Prager Logen geboren wurde, war ein informeller Verein mit dem scherzhaften Namen „Lascivia zu den drei Stamperln". Dieser entwickelte sich aus kleineren Herrenkränzchen, die im Arbeitsraum von Professor František Kadeřávek an der Technischen Hochschule abgehalten wurden. Zunächst fanden sich ein „durch Klatsch und Tratsch Sirotek, Svoboda Emil, Kozák J. B., Pavel vom Grundbuchamt und Schránil. Wir saßen in meinem Kabinett im II. Geschoss der Technischen Hochschule am Karlsplatz ... [nachfolgend] musste die Lascivia in die Räume der Sammlungen hinter dem großen Zeichenraum neben der Schwarzen Brauerei umziehen, da Besucher in ungeahntem Ausmaße kamen. Es begannen sich einzufinden B. Thein und Tichý sen., Jaroušek Kvapilů, Červinka Vincenc und Constant Pierre ... – Loriš, dann kam Figulus, ein Enkel Komenskýs. Ich glaube, Bernášek brachte ihn mit. Ich glaube, damals beehrte uns auch Gintl, aber es kamen Chytil und Reinhart und mit ihnen die ganze Gruppe der Dem[okratischen] Mitte. Ich weiß nicht, ob auch Weigner dabei war. Ständiger Gast war Sum, die beiden Nušls, Motyčka, Danko, Andriál, Brož, Juda. Hilfsdienste leisteten Rudolf Kadeřávek, Holub, Havel, Hartvich, Hejman, Moravec, Svoboda Eman, Hofmeister, Lang, und Vilém Dvořák sorgte dafür, dass nicht eine Sekunde Ruhe herrschte. Auch Macek ließ sich mit der Zeit sehen. Von kleinem Wuchs, aber mit großer Liebe Mendl, Kabelka, Lesný, Stloukal, Arch. Kozák, Láska aus dem Ausland, und Dr. L. Světlík aus Los Angeles. Er kam hierher und studierte hier bei Syllaba, seinerzeit Großmeister. Der suchte ständig Freimaurer, im Telefonbuch war nur Beni Brith, so ging er dann zur Polizei und die sandten ihn zu mir an die Technische Hochschule, wo er mich mit einem stürmischen Hiram! fand. Sehr ergeben waren auch Hrbek, Holý und Škorpil, eine Gruppe Militärs, Švagr und Richter. Wenn jemand aus dem Ausland da war, dann brachte ihn irgendwer auf ein Gläschen und ein Tässchen Tee oder türkischen Kaffee mit. Katitič war auch bei uns, damals jugoslawischer Minister. Aus Liberec (Reichenberg) kamen Lux und Borda und Lux taufte unsere Werkstatt Lascivia. Wertheimer, der Inhaber von Hobé, lieferte die besten Brände, Thein brachte Zigaretten, Sum Tee und etwas zu Essen. Wertheimer brachte Lenhart Felix, damals uruguayischer Konsul, fleißig fanden sich immer ein Saša Hřebík, norwegischer Konsul, und Pierre, der war belgischer Konsul. Das Außenministerium war außer durch Sum vertreten durch Jína, Kabelka, Člupek und vom Büro des Staatspräsidenten Beneš kam Sedmík in Person. Ehrengäste waren auch Richter und Juránek aus Pilsen, ich denke auch Sloboda aus Pilsen. Vladěk Rott kümmerte sich sehr, und der

Mathematiker Machytka. Als die Feiern zu Ehren des Heiligen Wenzels entbrannten,[420] lud man in die Lascivia Kapras und Zubatý ein – der kein Bruder war! – und bei Sliwowitz, Kaffee und Tee und Tabakrauch wurde dann diskutiert. Viel gelang es damals zu retten. In der Lascivia entstand eigentlich auch die neue Loge Bernard Bolzano. Wenn ich mich nicht irre, kamen auch Helfert und Germář eine Weile.

Von den Auswärtigen besuchten uns fleißig Kadlický, Kostlivý, ein Linguist aus Pressburg und großer Kenner des Keltischen und des Englischen – er kam regelmäßig mit einem Hund, Baudiš. Kabelík, Groh Vladimír, Kladivo aus Brünn, Stuchlík aus Košice, ich denke, dass Dir noch eine Reihe einfallen werden, wenn Du nachdenkst. Berühmt waren die Rosenfeste. Machoň sandte Eis, Pierre persönlich machte Salate – das Dienstmädchen brachte Salat, gekochte Eier, Schüsseln, Rührlöffel, Öl, Paprika, Pfeffer und einen roten Spezialwein, und wir bekamen das auch in der Komposition: Salat und Eis satt. Pierre versorgte Svoboda Emil mit gutem Tabak, damit er ihm dort nicht unter der Nase sein stinkendes Kraut rauchte, aber der Gauner nahm ihn mit nach Hause – wie der Reisende Welzel – und rauchte weiter miesen Tabak. Ich glaube, dass auch Stretti ab und zu vorbeischaute, aber das weiß ich nicht genau!"[421]

Das bemerkenswerte Zeugnis des Gastgebers František Kadeřávek wurde mehr oder weniger in der Originalfassung belassen. Diese beleuchtet am besten die ungezwungene und herzliche Atmosphäre dieser Treffen, an denen – was außergewöhnlich ist – auch Männer aus anderen Prager Logen teilnahmen.[422] Die vor allem auf die eigene Loge konzentrierte Brüderlichkeit wurde hierdurch überwunden – und dies muss tatsächlich als Einzelfall gewertet werden. Lascivia können wir als ein außerordentliches Beispiel dessen erachten, wie die Freimaurerei Ver-

---

420   An diesen Feierlichkeiten im Jahr 1929, den vielleicht größten Feierlichkeiten unter katholischer Flagge, die in der Zwischenkriegszeit durch den tschechoslowakischen Staats organisiert wurden, hatte – obwohl er Freimaurer war – Jan Kapras einen erheblichen Anteil. In welchem Maße es durch diese Intervention gelang, die Ausrichtung der Feiern zu beeinflussen, sei dahingestellt. Auch in Kapras' Loge Národ wurden die Feiern diskutiert, jedoch in einem versöhnlicheren Geist als in der Lascivia. Kapras wurde gar wegen seiner Teilnahme an den Vorbereitungen gelobt. Die Feiern hatten ein positives Echo, die Tschechoslowakei verlor den Ruf eines antikatholischen Staates, die Reaktionen im Ausland waren wohlmeinend und das positive Gefühl der (böhmischen) Deutschen zur Wenzelstradition sei wichtig für den Staatsgedanken, wie Jan Jína betonte. Karel Stretti erklärte, dass „während die Intellektuellen Zweifel hatten, wie man sich den Feiern gegenüber verhalten solle, hat das einfache Volk die richtige Einstellung zur Wenzelstradition". Vgl. AVL ČR [Archiv der Großloge der Tschechischen Republik], Kniha prací lóže Národ [Buch der Arbeiten der Loge Národ], Aufzeichnung vom 4. Oktober 1929.

421   LA PNP [Literaturarchiv des Denkmals des nationalen Schrifttums], Bestand Jaroslav Kvapil, Kadeřáveks Brief, s.d., offenbar um 1946.

422   Wir können eher die Tendenz beobachten, sich auf die eigene Loge zu konzentrieren und vor allem in deren Rahmen zu kommunizieren. Häufigster Grund von Besuchen in anderen Logen waren Feierlichkeiten – Einbringung des Lichtes, Empfänge, Trauerarbeiten für einen Verstorbenen, Geburtstagsfeiern. Eine Teilnahme von Freimaurern anderer Logen wurde eifrig protokolliert und beobachtet.

treter der tschechischen Elite einander näher bringen konnte, auch wenn
wir hier die zuvor erwähnte Kausalität – zuerst Freunde, dann auch Freimaurer, durchbrochen sehen. Hier war das primäre Verbindungselement
die Freimaurerei, die Menschen einander näher brachte.

Die Suche nach dem Tempel

In der Geschichte der tschechoslowakischen Freimaurerei gibt es Fälle,
bei denen wir einen Vergleich zum physikalischen Grundsatz der kom-
munizierenden Röhren formulieren können: ist das eine Gefäß leer, bliebt
auch das andere leer. Einer dieser Fälle war die Frage eines Prager Tempels. Eine unreife, zahlenmäßig geringe und arme Freimaurergemeinde
verfügt einfach nicht über hinreichend Mittel, um ein eigenes Haus zu
bauen, das alle Kriterien erfüllen würde, die ein solches Gebäude erfüllen
müsste – rituelle und gesellschaftliche Räumlichkeiten, Restaurant, Bibliothek, Archiv etc. Von so etwas konnten die tschechischen Freimaurer
nur träumen. In Orten außerhalb Prags wurden zusammen mit unter die
Großloge Lessing fallenden Logen gemeinsame Räume angemietet oder
genutzt, meist handelte es sich um Salons in besseren Hotels, normale
Sitzungen fanden in der Regel in den Arbeitsstätten von Einzelpersonen
statt. In Prag bestanden aber mehrere tschechische Logen, zudem hatten
hier die Großloge und der Oberste Rat ihre Sitze, sodass man annehmen
sollte, dass zumindest hier ein repräsentativer Tempel existiert hätte.
Ein solches würdiges und bequemes Umfeld wäre geeignet gewesen, die
gesamte Form, Atmosphäre und das Erleben der Freimaureridentität zu
beeinflussen.[423]
    Der erste gemeinsame Tempel waren angemietete Räume in der Str.
Husova ulice Nr. 9, die jedoch alle Beteiligten als ungeeignet und provisorisch erachteten. In einigen gemeinsam gemieteten Räumen wechselten sich die Logen nach einem vorgegebenen Zeitplan sukzessive ab.
Das unzureichende Umfeld machte ihnen jedoch unmöglich Ansprüche
auf „eigene Räume" geltend zu machen, wie sich auch der Effekt eines
freundschaftlichen Beisammensitzens bei einem Glas Alkohol im Rahmen der Räumlichkeiten nicht entfalten konnte. Die Räume in der Husova ulice konnten einfach nicht zu einem Herrenklub werden, was ein
erhebliches Handicap darstellte, gleichwohl sich niemand traute, dies so
eindeutig zu benennen.

---

423   In dieser Hinsicht am besten aufgestellt war offenbar die jüdische Organisation B'nai B'rith, die zusammen mit anderen jüdischen Vereinen in der Str. Růžová ulice Nr. 5 ihren Sitz hatte. Die vier deutschen Prager
Freimaurerlogen hatten das sog. Lessingheim in einem Mietshaus in der Str. Trojanova ulice Nr. 7. Jedoch kann
auch das Lessingheim nicht mit westlichen Standards verglichen werden, wenngleich die Situation sicherlich besser war als bei den tschechischen Logen.

Uns sind zahlreiche Erinnerungen an die bescheidenen Anfänge der tschechischen Freimaurerei erhalten, ich möchte an dieser Stelle nur eine anführen, und zwar die des führenden Kenners von Zeremonien und Symbolen, des Direktors der Aussiger Zuckerraffinerie, Rudolf Konrád: „Damals war in unserer Freimaurerei alles sehr einfach gehalten. Es gab keine besonders ausgestatteten Werkstätten. In schulischen Räumen wurden die Fenster verhüllt, Vorhänge aufgehängt, und es gab jede Menge kleine Arbeiten und es wurde gesucht, was die damaligen eifrigen Funktionäre gern selbst besorgten. Es war nicht viel schöner als in der Husova, in niedrigen Räumen, in denen der Kerzenrauch das Atmen schwer machte und die Öfen Probleme bereiteten. Aber aus dieser damaligen Einfachheit entsprang dann doch immer ein fröhliches Umfeld, sobald wir uns der gemeinsamen Arbeit hingaben, wenngleich manchmal noch unbeholfen."[424]

Obwohl sie alle Beteiligten als ungeeignetes Provisorium erachteten, wuchsen den Prager Freimaurern die Räume an Herz, und als sie die Adresse nach sechs Jahren verließen, war in ihren Schilderungen Nostalgie zu spüren. Die Logen sammelten zielgerichtet Mittel, um sich ein besseres Umfeld schaffen zu können. Der Fonds, in dem die Mittel gesammelt wurden, hatte den Namen „Comenius-Denkmal" (Památník Komenského). Jede Loge führte regelmäßig eine bestimmte Menge Geld in diesen Fonds ab. So vergingen die Jahre und neue Räumlichkeiten waren nach wie vor nicht absehbar.

Es waren mehrere Varianten im Gespräch, wo und wie sich die Logen einrichten würden. Die ideale Lösung bestünde in der Errichtung eines Neubaus, der ganz den Belangen der Freimaurer angepasst werden könnte. An dieser großzügigen Lösung wurde in den Jahren 1928-1929 intensiv gearbeitet, eine Umsetzung des Vorhabens gelang jedoch nicht. Die zweite, weniger günstige Alternative bestand in der Anmietung größerer und besserer Flächen.

Erstmalig wurde die Frage eines neuen Tempels diskutiert, nachdem gleich in der zweiten Ausgabe der Zeitschrift „Svobodný zednář" ein Artikel zum Thema erschien.[425] Mit diesem Text wurden die Freimaurer darüber informiert, wie eine solche Einrichtung auszusehen habe, und wie die Räumlichkeiten in der Husova ulice angeschafft wurden. Der nur mit dem Kürzel R. unterzeichnete Artikel stammt offenbar aus der Feder von Vladimír Rott, dem die finanziellen Angelegenheiten der tsche-

---

424   KONRÁD, Rudolf: Vzpomínky (Erinnerungen), in: Svobodný zednář 4, VIII, 1934, S. 80-81.
425   Otázka definitivního chrámu v Praze (Die Frage des definitiven Tempels in Prag), in: Svobodný zednář 2, I, 1926, S. 18-19.

chischen Freimaurer oblagen. „Brüder, die die Gelegenheit hatten Freimaurertempel im Ausland zu besuchen, referieren uns über deren Pracht
und zweckmäßige Einrichtung. An die rituellen Räume schließen überall
vollendet ausgestattete Verwaltungsräume an, oft auch Vortragsräume,
Klubräume und manchmal auch eigene Restauranträume, ja sogar Gast-
zimmer. Wir konnten bisher kein ähnliches Zentrum aufbauen, obwohl
ein solches eine wesentliche Bedingung für die Entwicklung des freimaurerischen, rituellen und gesellschaftlichen Lebens ist." Der Autor stellt
ferner fest, dass den Prager Freimaurern für die nächsten Jahre nichts
anderes übrig bleiben würde, als sich mit einer provisorischen Werkstatt
zufrieden zu stellen, die zwar nicht gänzlich befriedigend sei, jedoch „mit
äußersten Kraftanstrengungen in einer Zeit angeschafft wurde, als wir,
wenn ich gut zähle, einhundert waren – mit Kosten von mehr als einer
viertel Million Kronen". Treibende Kraft und Kassenwart war damals
Jan Ventura, der für die Angelegenheit gleichsam lebte.[426]

Rott übernahm von ihm im Jahr 1920 die Verantwortung für die
Kasse, die zu diesem Zeitpunkt Bargeld von einigen Dutzend Kronen und
sonst Verbindlichkeiten aufwies – für Druckerzeugnisse oder für Requisiten. Ventura übergab ihm dann wöchentlich eine bestimmte Summe
mit den Worten: „Hier hast Du es – vermerke es als – als Schenkung eines Nichtgenannten. – Weißt Du, das hat mir jemand gegeben, der nicht
wünscht, dass über ihn gesprochen wird – das nächste Mal bringe ich
wieder etwas! Und vor allem, vor allem müssen wir bauen – bald bauen,
wir werden bald mehr sein – die werden gern etwas geben." Als sich beide freimaurerischen Strömungen zusammenschlossen, änderte sich die
Atmosphäre zum Besseren. Auf dem Konto des Baufonds waren gleichwohl immer noch nur wenige Tausend Kronen. Zu dieser Zeit zahlten die
Freimaurer der Loge Komenský 40.000 Kronen für die Erlangung eines
Raumes. Bauliche Änderungen, eine Anpassung der Räume wurden mit
Mitteln, die aus allen Kassen der Loge requiriert wurden, und einigen finanziellen Schenkungen bezahlt. Für die Einrichtung wurde in der Regel
herangezogen, was man schon besaß, doppelt vorhandene Sachen wurden
veräußert, was fehlte, wurde durch Schenkung erworben.

Was blieb waren Schulden in Höhe von 150.000 Kronen. Diese wurden mit einem Darlehen von einer Sparkasse (Karlínská záložna) getilgt,
für das Freimaurer der Prager Logen bürgten.[427] Damit Zins und Tilgung

---

426   Ventura warf jedoch zuerst eine Gefäßkrankheit, später dann eine psychische Krankheit aus der Bahn, einige Jahre verbrachte er in einer psychiatrischen Heilanstalt. Für Erinnerungen an diesen Freimaurer und seinen
Eifer um die Finanzen der Freimaurer vgl. „Za bratrem Janem Venturou" (Zu Bruder Jan Ventura), Praha 1935.

427   Zum Zeitplan der Tilgung vgl. Protokoll über eine Sitzung der Kassenwarte vom 13. November 1925, in:
LA PNP (Literaturarchiv des Denkmals des nationalen Schrifttums). Bestand Josef Volf, Anlage eines Briefes von
Vladimír Rott vom 12. Januar 1927.

Innenansicht des Tempels der Nationalen Großloge der Tschechoslowakei, Loge Most (Die Brücke)

nicht unmittelbar die Budgets der Logen belasteten, gründeten sie die Genossenschaft zur Errichtung und Aufrechterhaltung einer Freimaurer-Werkstatt in Prag (Družstvo pro postavení a udržování zednářské Dílny v Praze) und sammelten weiter Mittel für den Baufonds. So bestand etwa die Möglichkeit eines Kaufs von Anteilsscheinen im Wert von 250 Kronen, wobei die Prager Freimaurer im Grunde verpflichtet waren, der gegenständlichen Genossenschaft beizutreten. Bis Ende 1925 konnte die angeführte Verbindlichkeit auf 100.000 Kronen gemindert werden, bis 1930 sollte die Verbindlichkeit in Gänze getilgt sein. „Hiermit ist jedoch die Frage eines definitiven Tempels in Prag in keiner Weise gelöst, wobei diese Aufgabe zweifelsohne unsere Generation auf sich nehmen muss, wenn sie eine wiedergeborene Freimaurerbewegung übergeben will ... Mit der Lösung dieser Aufgabe wurde eine vierköpfige Kommission von Wirtschafts- und Baufachleuten beauftragt, die bereits einige Vorschläge untersuchte, die jedoch mit Blick auf die Kosten dem Großorient nicht empfohlen werden konnten. „Geeignete Objekte gibt es in Prag zuhauf, diese sind jedoch bislang nicht durchsetzbar und es scheint, dass diese Frage durch einen Neubau gelöst werden sollte, wobei abgewartet werden muss, bis wir in Zahl und finanziell so gestärkt sein werden, damit wir für uns und die kommenden Freimaurer tatsächlich einen Tempel der Stärke, der Weisheit und der Kraft werden errichten können. Bis zu dieser Zeit müssen wir uns bescheiden in unserer bisherigen, mehr als bescheidenen Werkstatt und es muss uns Trost zumindest sein, dass sich in einem solch beengten Umfeld unser Freimaurerleben ganz regelmäßig entwickelt."

Ein erhebliches finanzielles Plus für die Freimaurer war mit dem Beitritt von Eduard (Edvard) Beneš verbunden, dem Außenminister und späteren Staatspräsidenten der Tschechoslowakischen Republik.[428] „Die Frage von Subventionen: jene Gelder (1/4 Mio. jetzt und alljährlich eine Subvention) kämen aus unserem Ministerium, so wie wir auch andere Organisationen unterstützen. Natürlich würde in der Anmeldung davon keine Rede sein, und wir haben es so auch nicht angedacht, ich schlug in meinem letzten Schreiben vor, dass falls aus grundsätzlichen Beweggründen diese Subvention vom Ministerium nicht angenommen werden könnte, diese als freiwilliger Beitrag des Ministers als Logenmitglied behandelt werden könnte. Ich denke, dass auf dieser Grundlage bereits jetzt gehandelt werden kann, der Minister wird keine Bedingungen stellen, es liegt allein an uns, wie wir die Gelder nutzen werden (ob Bau oder Miete oder Kauf von irgendetwas)", schrieb Jiří Sedmík an Volf im Zuge der Beitrittsgespräche mit Beneš und fährt fort: „Vielleicht könntet ihr auf dieser Grundlage einige Alternativen bezüglich der Räumlichkeiten ausarbeiten, es geht nämlich darum, dass wir jene Subvention von 1/4 Mio. noch in das diesjährige Budget unterbringen, um im kommenden Jahr eine weitere Subvention (wahrscheinlich eine geringere) bekommen zu können."[429]

Zum Jahreswechsel 1928/1929 schien die Notwendigkeit eines Baus oder einer anderen Erlangung von Räumen sehr dringlich zu werden. In Prag bestanden bereits sechs tschechische Logen, für deren Aktivitäten

---

428   Sedmíks Brief an Volf vom 9. November 1926, in: AÚ – Archiv des Masaryk-Institutes der Akademie der Wissenschaften der Tschechischen Republik), Bestand 38, K. 20, Fotokopie von Berichten.

429   Auf einen Zusammenhang zwischen Beneš und dem Freimaurertempel wies einige Jahre später (am 24. Mai 1930) die katholische Zeitschrift „Čech" („Der Tscheche") hin, der jedoch in vielen Aspekten falsch lag. „Der Freimaurerpalst wurde an der Stelle einer Ruine errichtet, die bis vor Kurzem dem ehemaligen Minister Prášek gehörte ... Aus dem Bau ist ersichtlich, dass große Säle im Gebäude sein werden. An den erwähnten Orten sind der Palast und die Säle nun an den Zweig der Freimaurer mit dem Namen Freundschaft vermietet. Ansonsten ist zu hören, dass der Bau mit 2.500.000 Kronen durch Minister Beneš gefördert wird, aus welchen Fonds, wird nicht verraten ... Wenn er seinen Brüdern, mit deren Stimmen er Minister wurde, einige Häuser mit kleinen Wohnungen hätte bauen lassen, wäre dies eine verdienstvollere Tat gewesen ..." Die Freimaurer selbst bezogen diese Nachricht auf ihren neuen Sitz Ecke Trojanova ulice und Dittrichova ulice. Jedoch hatten sie unter dieser Adresse nur einen Teil des Gebäudes angemietet, der Zweig mit dem Namen Freundschaft deutet an, dass es sich um den Orden Odd Fellow handeln könnte. Zprávy (Nachrichten), in: Svobodný zednář 1-2, IV, 1930, S. 20-24.

die Räume in der Straße Husova ulice einfach nicht mehr ausreichten. Daher wurden eine Genossenschaft mit dem Namen „Comenius-Denkmal" (Památník Komenského) gegründet und weitere Zeichnungen aufgelegt.[430] Nachdem die Freimaurer eine neue, provisorische Unterkunft bezogen hatten, bestand der Baufonds nach wie vor fort, verbunden mit der Hoffnung auf den Bau eines eigenen Tempels.[431] Die Einstellung von Mitteln in den gegenständlichen Fonds und die Tilgung von Schulden belasteten die Haushalte der einzelnen Logen, wobei nicht wirklich klar war, welchen rechtlichen Status die Genossenschaft Památník Komenského eigentlich hatte.[432]

Es scheint, dass die Unklarheiten rund um diesen Posten die Atmosphäre in den Prager Freimaurerlogen negativ beeinflusst haben. Es handelte sich nämlich um ganz erhebliche Summen und es scheint, dass es bei den Freimaurern mit dem so stark proklamierten Vertrauen in dieser Angelegenheit nicht weit her war. Zudem gab es zwischen den einzelnen Logen durchaus gewisse Reibungen bezüglich der Höhe der zu zahlenden Beiträge. Den meisten Unannehmlichkeiten im Zusammenhang mit dem Comenius-Denkmal war der Großschatzmeister ausgesetzt – dieses Amt bekleidete viele Jahre der Praktiker Vladimír Rott, Mitglied der Loge 28. říjen. Die meisten Einwendungen kamen wohl aus der Loge Komenský, die offenbar das Gefühl hatte, dass sie bereits genug für die Errichtung eines Freimaurertempels in Prag geleistet habe.[433] Sie vergaß dabei, dass auch andere Logen Geld geliehen hatten, dass Národ und Dílo ihre gesamte vormalige Einrichtung aus dem Botanischen Garten und die Loge 28. říjen Requisiten und Schränke zur Verfügung gestellt hatten. „Wenn das alles beziffert würde, gäbe es zwischen den durch die einzelnen Prager Logen geleisteten Beiträgen keine wesentlichen Unterschiede, zumal finanzielle Beiträge mit der Zeit zurückgezahlt werden

---

430   Mitteilung hierüber „Z domácích dílen" [Aus heimischen Werkstätten], in: Svobodný zednář 1-2, III, 1929, S. 20-26. Vgl. des Weiteren AVL ČR [Archiv der Großloge der Tschechischen Republik], Kniha prací lóže Národ [Buch der Arbeiten der Loge Národ], Aufzeichnung vom 5. April 1929, dort eine Notiz über den Eingang eines Berichtes des Großschatzmeisters „zur Errichtung eines Freimaurerhauses und über die Gründung der Genossenschaft für den Bau und die Aufrechterhaltung des Comenius-Denkmals."

431   Vgl. z.B. AVL ČR [Archiv der Großloge der Tschechischen Republik], Kniha prací lóže Národ [Buch der Arbeiten der Loge Národ], Notiz vom 22. April 1932.

432   Ebd., Notiz vom 25. September 1931, dort wörtlich: „Bruder Weigner verweist auf erhebliche Überweisungen für das Comenius-Denkmal und die Großloge," wobei er zusagt, dass er sich als Großmeister für deren Minderung einsetzen würde. „Bruder Bartl betont, dass genau definiert werden sollte, was das Comenius-Denkmal ist und in welcher Beziehung es zu der Großloge und den Logen steht." Die durch die einzelnen Logen in diesen Fonds abgeführten Beträge bewegten sich bei einigen Tausend Kronen jährlich pro Loge. Ebd., Notiz vom 10. Januar 1930.

433   Rott zufolge gestaltete sich im Januar 1927 die Verschuldung wie folgt: gegenüber der Sparkasse Karlínská záložna 80.000 Kronen, der Loge Komenský 45.000, der Loge Dílo 25.000 und der Loge 28. říjen 15.500 Kronen. LA PNP [Literaturarchiv des Denkmals des nationalen Schrifttums], Fond Josef Volf, Rotts Schreiben vom 12. Januar 1927.

sollen", urteilte Rott. Einen erheblichen Posten machten darüber hinaus auch Schenkungen von Einzelpersonen aus.

„Es trifft mich daher persönlich", schreibt Rott an den Meister der Loge Komenský, Volf, „wenn ich seit Jahren Anspielungen und zuletzt von Bruder Tichý [sic] direkt als Antwort auf eine Mahnung zur Leistung von ausstehenden Zahlungen aus dem vergangenen Jahr hören muss, dass die Loge Komenský mehr als die anderen gegeben hätte und dass ich in meiner Funktion als Großschatzmeister die eine oder andere Gruppe zu Lasten der anderen bevorzugen würde. Ich bitte dich im Interesse der Sache, dass Du den Inhalt dieses Schreibens liebenswürdigerweise bei der nächsten Arbeit der Loge Komenský weitergibst, damit ähnliche Verdächtigungen und Misstrauensbekundungen demnächst nicht mehr vorkommen können und mir meine sowieso äußerst undankbare Funktion nicht verleidet wird." Die Loge Komenský war zu diesem Zeitpunkt die einzige, die ihren Mitgliedsbeitrag für das Jahr 1927 noch nicht bezahlt hatte, alle anderen Logen waren ihren Verpflichtungen nachgekommen.

Wendepunkt war dann das Frühjahr 1929, als sich ein Teil der Prager Freimaurer endlich entschloss, Nägel mit Köpfen zu machen. Im Mai wurde eine Gesellschaft mit beschränkter Haftung gegründet, die den Kauf einer außerordentlich günstig gelegenen Grundstücksparzelle am Platz Klárov auf der Prager Kleinseite (Malá Strana) erbat. An dieser Stelle sollte das neue Freimaurerzentrum, das Comenius-Denkmal (Památník Komenského) errichtet werden.[434] Den an den Rat der Stadt Prag adressierten Antrag unterzeichneten z.B. Jaroslav Kvapil, Václav M. Havel, František Kadeřávek, Ladislav Machoň, František Nušl, Rudolf Pilát, Vladimír Rott, Jiří Sedmík, Václav Stieber, Emil Svoboda, Josef Volf oder Rudolf J. Vonka, aber auch andere Vertreter aller Logen, hierunter auch Logen außerhalb Prags, da der Sitz der höchsten Freimaurerorgane auch sie betraf.[435]

Der Antrag wurde damit begründet, dass die Genannten aus Mitteln des Fonds ein Denkmal zu Ehren Comenius' errichten wollen, wobei sie ein Museum über den Lehrer des (tschechischen) Volkes einrichten würden, „mit entsprechenden Verbandsräumen und Vortragsälen". Ferner wollten sie kulturelle und gesellschaftliche Kontakte im Geiste und in den Intentionen Comenius' pflegen und das Gebäude verwalten und warten. Der Freimaurertempel wurde somit als Denkmal zu Ehren des

---

434 Schreiben an den Stadtrat Prags vom 22. Mai 1929, hinterlegt in: ANM [Archiv des Nationalmuseums], Sammlung Hn, K. 36, Josef Schieszl.

435 Einige Freimaurer wurden nachträglich in das vorbereitende Komitee berufen, wie z.B. Josef Volf. LA PNP [Literaturarchiv des Denkmals des nationalen Schrifttums], Bestand Josef Volf, Schreiben vom 13. Mai 1929. Aus dem Schreiben folgt, dass Entwürfe zum Bau die Architekten Ladislav Machoň und Václav Stieber erstellten.

mährischen Gelehrten interpretiert, woraus wir schließen können, dass die Atmosphäre im Prager Rathaus nicht so offen und die Presse nicht so liberal war, dass der Verkauf strategischer Grundstücke, auf denen damals wie heute eine Trafostation steht, ausgerechnet an die Freimaurer ohne Komplikationen erfolgt wäre.

Das geplante Gebäude sollte zuvorderst aus Versammlungsräumen bestehen, in denen „periodische Sitzungen zum Zwecke des Kennenlernens und der Anerziehung der Prinzipien des berühmtesten Pädagogen abgehalten werden". Das gesamte Unternehmen sollte selbstverständlich nicht gewinnorientiert sein. Die Freimaurer argumentierten, dass laut einer unlängst vorgenommenen Umfrage Prag über ein Denkmal zu Ehren Comenius' verfügen solle und dass die Stelle mit der Trafostation am Klárov sehr geeignet erscheine, was auch der Staatliche Flächennutzungsplan berücksichtigen würde. Die Freimaurer wollten insgesamt 1200 m² zu 400 Kronen pro Quadratmeter erwerben. Das Unternehmen basierte darauf, dass ein Freimaurertempel als Nebenprodukt eines tatsächlichen Comenius-Museums entstünde, das Prag so sehr fehlen würde, während die Freimaurerei keinerlei Erwähnung fand.

Das gegenständliche Projekt stieß jedoch bald auch in Freimaurerkreisen auf Widerspruch, da erneut der Verdacht aufkam, dass es sich um ein Vorhaben handele, an dem einige profitieren wollten. Die meisten Einwendungen kamen wiederum aus der Loge Komenský, obwohl eine Reihe ihrer Mitglieder den Antrag an den Prager Magistrat mitunterzeichnet hatte. Einen Monat nach Versendung des gegenständlichen Schreibens wuchsen die Probleme ganz erheblich aus, sodass Vladimír Rott Volf erneut bitten musste, seine unzufriedene Loge zu beruhigen. „Teurer Bruder, ich bitte Dich, gehe am Dienstag bitte unbedingt zur Arbeit der Loge Komenský und setzte dort die Auffassungen der Opposition gegen unsere Arbeit im Comenius-Denkmal ins rechte Maß. Myslík ist ein guter Br[uder], aber ein Idealist, die anderen sind offenbar durch ihren Ärger oder ihren enttäuschten Ehrgeiz wegen Verdiensten geleitet, anderenfalls könnten sie nicht ... öffentlich schwatzen, dass ich und Stieber etwas um des eigenen Vorteils willen unternehmen würden und andere dumme Sachen." Rott zufolge sei die Sache am Klárov auf dem richtigen Wege und es sei nicht möglich „vor einem solchen Auditorium" eine Debatte hierüber zuzulassen, „damit das nicht im letzten Augenblick verdorben wird. Ein neues Provisorium können wir finanziell nicht durchhalten, zumal wir vom Regen in die Traufe kämen und einen Verlust von zehntausenden Kronen hätten ... In der Husova-Straße droht uns nichts und wenn ich abschätzen kann, wie lange wir dort noch bleiben müssen, passe ich das mit geringen Kosten an und wir halten dort noch eine Weile aus. Das alles wird sich, so hoffe ich, bis zum Herbst erledigen, und dann werde ich mit unseren Defätisten offen und brüderlich ein Wort wechseln. Jetzt aber darf ich mich nicht äußern und es wäre am besten, wenn die Sache vertagt wird oder an irgendeine Kommission zur Erledigung weitergereicht wird ..."[436]

Das verlockende Projekt war jedoch nicht von Erfolg gekrönt und bereits im Herbst desselben Jahres mussten die Initiatoren erklären, warum „die Genossenschaft nicht mit dem Bau eines eigenen Hauses beginnt und warum sie nach Plänen von Bruder Myslík für den Pr[ager] Or[ient] Räume im Haus des Pensionsinstitutes für Arbeitnehmer der Krankenversicherungsgesellschaften in der Trojanova ulice anmietet."[437] Die Lösung bestand letztlich in einer weiteren, wenngleich vorteilhaften Anmietung und in einem weiteren Provisorium. Die Prager Freimaurer waren hierüber sicherlich nicht begeistert, auch wenn sich ihre Situation hierdurch verbesserte. Die feierliche Eröffnung des neuen Tempels fand denn auch am Samstag, dem 7. Dezember 1929, um 18 Uhr statt.[438]

Das moderne Gebäude, einen Steinwurf vom Karlsplatz im Prager Stadtzentrum entfernt, bot den Freimaurern sicher einen größeren Komfort. Rauchen war nur in den Versammlungsräumen gestattet, nicht jedoch auf den Gängen und in der Garderobe, aber zumindest drohten sie nicht mehr zu ersticken. Zudem gab es im Haus ein Restaurant, das sie für die Weiße Tafel nutzen konnten, sowie mehrere Salons.[439] Als sie dann nach sechs Jahren in ihr letztes Quartier in der Vorkriegszeit zogen, mochten einige Freimaurer eventuell gar nicht umziehen. Das angeführte letzte Quartier sollte ein Gebäude in der Straße Divišova ulice in Prag-Smíchov sein (ein Gebäude der sog. Křižík-Werke, einem Unternehmen für Elektrotechnik), um dessen „Schaffung und schöne Ausstattung sich insbesondere Bruder Riesinger, Generaldirektor der Firma Křižík-Chaudoir, und Bruder Architekt Machoň, beide aus der Loge Sibi et post-

436   LA PNP (Literaturarchiv des Denkmals des nationalen Schrifttums), Bestand Josef Volf, Rotts Schreiben vom 22. Juni 1929.

437   AVL ČR (Archiv der Großloge der Tschechischen Republik), Kniha prací lóže Národ (Buch der Arbeiten der Loge Národ), Notiz vom 20. September 1929. Der jährliche Mietzins für diese Räume betrug 32.000,- Tschechoslowakische Kronen. ANM (Archiv des Nationalmuseums), Bestand Jan Kapras, K. 108, Inv.-Nr. 5072, Korrespondenz mit dem Obersten Rat.

438   Vgl. die Einladung, hinterlegt in: ANM (Archiv des Nationalmuseums), Bestand Jan Kapras, K. 108, Inv.-Nr. 5073, Korrespondenz mit der Nationalen Großloge der Tschechoslowakei (NVLČs).

439   AVL ČR (Archiv der Großloge der Tschechischen Republik), Kniha prací lóže Národ (Buch der Arbeiten der Loge Národ), Aufzeichnung vom 20. Dezember 1929. Weiße Tafeln fanden zumeist im Hotel Ambassador im Bridge Room statt.

eris, verdient gemacht haben".[440] Die feierliche Aufnahme der Tätigkeit in den gegenständlichen Räumlichkeiten fand am Geburtstag des ehemaligen Staatspräsidenten Masaryk, am 7. März 1936, statt, die vollständige Eröffnung des Tempels erfolgte am 16. Mai 1936. Weiße Tafeln wurden danach aber in neu umgebauten Räumen im Palast Lucerna im Stadtzentrum abgehalten.[441] In ihrem Quartier in Prag-Smíchov löste sich später dann die tschechische Freimaurerei der Zwischenkriegszeit auf, um dorthin auch nie mehr zurückzukehren.[442]

Rituale

Die ritualisierte Form der Kommunikation der Freimaurer ist scheinbar das anziehendste. Vor allem die katholische Propaganda, einschließlich der tschechoslowakischen, beschuldigte die Freimaurer gern erheblicher Abscheulichkeiten, die diese bei ihren Ritualen ausführen würden. Tatsächlich können der Kerzenschein, schwarz gekleidete Gestalten, Särge, Skelette, auf die Brust gerichtete Schwerter, entblößte Körperteile zur Verdeutlichung der eigenen Winzigkeit und Verletzlichkeit, und überhaupt ein Kollektiv von Männern, die sich derart gemeinsam von Zeit zu Zeit solchen Tätigkeiten hingeben, etwas befremdlich wirken. Jedoch welcher Orden, welche Religion oder Vereinigung ist frei von Ritualen? Ein Ritual verbindet, es verstärkt Erlebnisse und das Zusammengehörigkeitsgefühl. Ein Ritual ist jedoch nur eine von vielen Dimensionen der Freimaurerei und es wäre ein fataler Fehler, in einem Ritual für das 20. Jahrhundert und die tschechoslowakische Realität das Wesen der Freimaurerei zu sehen. Zu umfassenden rituellen Arbeiten kam es nur gelegentlich, die wichtigsten Beispiele waren Aufnahmen und Erhebungen in höhere Grade, vor allem den Meistergrad. Aber auch bei normalen Sitzungen finden wir eine Reihe an Ritualen – von der Form der Anrede über die Bezeichnung von Funktionen, Grüße, die Sitzordnung, bis hin zu Briefen und Aufzeichnungen etc.

---

440   HAVEL, Václav M.: Mé vzpomínky (Meine Erinnerungen), S. 193. Im ANM (Archiv des Nationalmuseums), Bestand Jan Kapras, K. 108, Inv.-Nr. 5072, ist die Korrespondenz mit dem Obersten Rat erhalten, einschließlich Schreiben zum Haushalt und einer Auflistung der Ausstattung. Auf Grundlage dieser Unterlagen können wir uns die in gelber Farbe gehaltenen Räume vorstellen: gelbliche Mohair-Vorhänge, Teppiche, Sessel der Marke Thonet, ein Tisch der Firma Thonet in der Größe 90 x 145, Sitzmöbel mit goldgelber Polsterung etc.

441   AVL ČR (Archiv der Großloge der Tschechischen Republik), Kniha prací lóže Národ (Buch der Arbeiten der Loge Národ), Aufzeichnung vom 28. Februar und vom 6. März 1936, und Slavnost otevření nových chrámů (Feier zur Eröffnung neuer Tempel) in: Svobodný zednář 6, X, 1936, S. 81-83.

442   Nach dem Zweiten Weltkrieg fanden die Freimaurer Quartier in der Straße Valentinská ulice Nr. 1 in Räumen des Tschechischen Nationalrates.

Es wäre eine naive Vorstellung zu glauben, dass ein Freimaurer ab dem Zeitpunkt, zu dem er Freimaurer wird, alle diese Rituale kennt und er diesen so verfallen ist, dass er „dämonisiert" werden könnte. Ein Blick in die Quellen verrät uns, wie schwer sich viele an diese Bestimmungen gewöhnen konnten, wie schwer sie erlernbar waren, und wie manch einer sie voll zu akzeptieren nicht in der Lage oder nicht willens war. Ich meine an dieser Stelle nicht das bereits erwähnte skandalöse Verhalten des Pilsner Freidenkers Kutvirt bei der Handhabung der Bibel im Rahmen der Zeremonie. Genannt sei aber Schieszl, der Rituale nicht erlernen konnte. Aus diesem Grunde gab es Übungen und ab den dreißiger Jahren auch einen sog. Instruktionskurs als Vorbereitung für Lehrlinge (den 1. Grad), den alle absolvieren mussten, bevor sie aufsteigen konnten. Dies alles erforderte Zeit und guten Willen. Es existierten jedoch auch andere Probleme, manchmal sehr profane. Freimaurer sollten sich im Schriftverkehr brüderlich anreden und sich in der gegenseitigen freimaurerischen Kommunikation duzen. Diesen Graben konnten einzelne Personen nicht überwinden, er wurde zu einer unüberbrückbaren Barriere, woraus klar erkennbar war, dass ihre Freimaurerei andere personenbezogene und soziale Attribute nicht überdecken konnte. In erhaltener schriftlicher Korrespondenz stoßen wir daher oft auf putzige formale Pirouetten, die die praktische Seite dieses vorgeschriebenen Rituals beleuchten.

Wenn ein Ritual Bestandteil des Seins eines Freimaurers werden sollte, dann musste es existieren, oder besser formuliert: es musste als dessen tschechische Variante existieren. Wir müssen uns bewusst sein, wie schwierig, wie strukturiert und detailliert durchdacht alle Elemente des Vereinslebens der Freimaurer sind, weshalb klar ist, dass nicht einfach eine ausländische Vorgabe herangezogen und auf das tschechische Umfeld aufgepfropft werden konnte. Das wäre eine Lösung sicherlich für eine Übergangszeit gewesen, jedoch hatten die tschechischen Freimaurer definitiv höhere Ambitionen. Wir können uns das Problem zum einen aus Sicht jener anschauen, die versuchten dem tschechischen Publikum ihre Varianten anzubieten, und zum anderen aus Sicht jener, die diese annehmen und verinnerlichen sollten. Die Schaffung eines tschechischen Rituals, von Normativen und einer eigenen Terminologie war eine langwierige Angelegenheit, die mit einer Aufklärungskampagne Hand in Hand ging. In der Zeitschrift „Svobodný zednář" und auch in den Vorträgen einiger Brüder tauchten Themen auf, die bei der Erläuterung der Bedeutung von Symbolen halfen, mit denen üblicherweise gearbeitet wurde. Es entstand auch eine Reihe an Handbüchern, die den Lernenden unterstützen sollten. Es scheint jedoch, dass trotz aller verwurzelten Vorstellungen einer größeren Anzahl an Freimaurern die entsprechenden Symbole und Rituale kaum etwas sagten, und ich wage die These: sie diese oftmals auch nicht interessierten.[443] „Unsere Zeit ist Riten und Symbolen nicht zugeneigt", beschwerte sich Karol Warski alias Ladislav Tichý. „Der moderne, gebildete Mensch hat sich zu sehr daran gewöhnt, die Wahrheit mit der Vernunft zu suchen, und bekanntlich ist das Wissen das Grab der Phantasie, ohne die kein Durchdringen der Bedeutung des Hintersinns und diesen veranschaulichender Riten möglich ist ... Es ist interessant und auffällig, dass gerade jene Neophyten, die mit den ernstesten Absichten dem Bund beitreten, sich zu Beginn einer Skepsis gegenüber den Riten nicht erwehren können. Denn sie suchen in den Riten Inhalt und finden derweil nur Form." Eine nobel dargebotene Form schärfe dann mit der Zeit ihre Sinne. Es sei die Aufgabe der tschechischen Freimaurerei Zeremonien zu schaffen, „die rechtgläubig freimaurerisch sein würden, dabei aber der Mentalität des modernen Menschen angepasst sind".[444]

Während der Anfang der tschechischen Freimaurerei noch von Übersetzungen aus dem Französischen und Italienischen abhängig war, an denen mehrere Freimaurer der Gründergeneration intensiv arbeiteten, so erwuchs bei der Gründung der tschechoslowakischen Großloge 1923 die Notwendigkeit, ein neues gemeinsames Ritual und eine universelle Satzung zu schaffen, über deren Inhalt sehr lebhaft diskutiert wurde. Es scheint, dass auch der Übergang zum Schottischen Ritus gewisse Schwierigkeiten nach sich zog, was nach Jahren der Praktizierung der Johannisfreimaurerei für die älteren Freimaurer nicht einfach war.[445] „Keinerlei Heiligkeit der Sitzung ... Auch wurde fast immer gegen die neue Satzung gehandelt ... Ich denke, dass heute nach der Änderung alles im Chaos ist und die Brüder nicht wissen, wozu sie gut ist. Den alten und natürlich auch den neuen Ritus nicht vollendend kennend."[446]

---

443   Zu Publikationen in Buchform zählen etwa: KONRÁD, Rudolf: Léta učňovská. Kapitoly o symbolice [Lehrjahre. Kapitel über die Symbolik], Praha 1934, derselbe: Po točitém schodišti. Kapitoly o symbolice pro tovaryše [Auf der Wendeltreppe. Kapitel über die Symbolik für Gesellen], Praha 1936, Nastolení, Smuteční práce, Zasvěcení [Tafel, Trauerarbeit, Weihung], II., III., Praha 1932, PETR, Ivan: Myšlenkový předpoklad smyslu symboliky [Ideengrundlage zum Sinn der Symbolik], Praha 1936, Příručka pro I. st. [Handbuch für den I. Grad], Praha 1919. Rituál 33 a Posl. St. Obř. Skot. St. a Př. pro Československo [Ritual 33 und des letzten Grades des Alten und Angenommenen Schottischen Ritus für die Tschechoslowakei], Praha 1923, SEDMÍK, Jiří: Po cestách ke Královskému umění [Über Wege zur königlichen Kunst], Praha 1937, VONKA, Rudolf: Zednářská symbolika [Freimaurersymbolik], Praha 1928. Von Artikeln aus der Zeitschrift Svobodný zednář z.B. SEDMÍK, Jiří: Zednářské zástěry [Freimaurerschurze], in: Svobodný zednář 8, VII, 1933, S. 130-132, WARSKI, Karol: Obřady a symboly v zednářství v Československu [Zeremonien und Symbole der Freimaurerei in der Tschechoslowakei], in: Svobodný zednář 1, I, 1925, S. 5-6 etc.

444   Siehe voriges Zitat.

445   Zum Wirrwarr des Jahres 1923 vgl. eine Notiz von Josef Volf: „Die Wahlen wurden in einer erheblichen Unordnung und nicht in Einklang mit der vorgeschlagenen Urkunde der Funktionäre abgehalten." LA PNP [Literaturarchiv des Denkmals des nationalen Schrifttums], Bestand Josef Volf, Notiz vom 11. September 1923.

446   Zu den Umständen der Vorbereitung eines neuen Ritus vgl. die Notiz von Josef Volf auf der Rückseite ei-

Bei der Formung eines neuen Rituals brachte sich insbesondere die Loge 28. říjen intensiv ein, und in deren Namen vor allem Zdeněk Gintl. Es galt das Problem zu lösen, welche Herangehensweise gewählt werden sollte – eine möglichst historisierende, bei der das Ritual selbst der Dreh- und Angelpunkt, ja Selbstzweck der Freimaurerarbeit sein würde (Vertreter dieser Strömung war etwa Berthold Thein), oder eine moderne und nüchterne Variante, wie dies die Loge 28. říjen vorschlug. In der Begründung seiner Änderungen an Theins Entwurf schrieb Gintl: „Wir in der Loge 28. říjen hatten sehr verkürzte Aufnahmezeremonien, z.B. entfielen die drei symbolischen Wege, es entfielen das Entblößen der Brust und des Fußes und das Herausführen des Nichtgeweihten, damit er seine Kleider in Ordnung bringe, auch die Ansprachen des Ehrwürdigen waren oftmals sehr verkürzt. Aber dies traute ich mich nicht vorzuschlagen, da ich die Sache als ein heiliges Vermächtnis der Ahnen sehe und weil ich mich am wenigsten berufen fühle, daran etwas zu verbessern oder zu ändern. Dies wirst, sofern erforderlich, sicherlich Du, Bruder, als Autorität im Freimaurertum vornehmen, die beim Wort genommen wird."[447]

Ein halbes Jahr später jedoch sprach Gintl im Namen seiner Loge die anderen Logen bereits deutlich nachdrücklicher an.[448] Bemerkenswert ist der Verweis, warum ein Ritual eigentlich so wichtig ist – aus Gründen der Tradition und „bei der internationalen Natur des Freimaurertums und internationalen freimaurerischen Kontakten ..." Also keinerlei Erwähnung des Gefühls einer inneren Notwendigkeit ritueller Arbeit. Es wäre jedoch ein Fehler, wenn „sich die Freimaurerei in einen bloßen geistlosen Ritualismus werfen würde, in dem kulturelle und moralische Werte durch einen zeremoniellen Formalismus erdrückt werden. Im ausländischen Freimaurertum ist dem – leider – mancherorts so ... Wir würden es als Unglück erachten, wenn die freimaurerischen Zeremonien und Symbole der einzige Inhalt des tschechischen Freimaurertums werden würden und wenn gerade diese doch nur zweitrangige Seite der Sache die geistige Seite unterdrücken sollte ..." Mit anderen Worten: sicherlich sollte ein Freimaurer die grundlegenden Rituale kennen, aber viel mehr Schuld auf sich lädt jener, der sich nicht freimaurerisch verhält, als jener, der ein Ritual nicht kennt.

---

nes Schreibens vom 17. Februar 1923 von Ladislav Mouček, der im Namen der Loge Komenský schrieb, LA PNP (Literaturarchiv des Denkmals des nationalen Schrifttums), Bestand Josef Volf. Dort wird Theins Vorstellung erwähnt, dass jetzt Historiker und Philologen alles in die Hände nehmen und ein neues Ritual schaffen sollten.

447   Brief Zdenek Gintls an Josef Volf vom 1. Oktober 1923, LA PNP (Literaturarchiv des Denkmals des nationalen Schrifttums), Bestand Josef Volf.

448   ANM (Archiv des Nationalmuseums), Bestand Jan Kapras, K. 108, Inv.-Nr. 5074, Gintls Schreiben im Namen der Loge 28. října, adressiert an die Loge Národ, vom 12. März 1924.

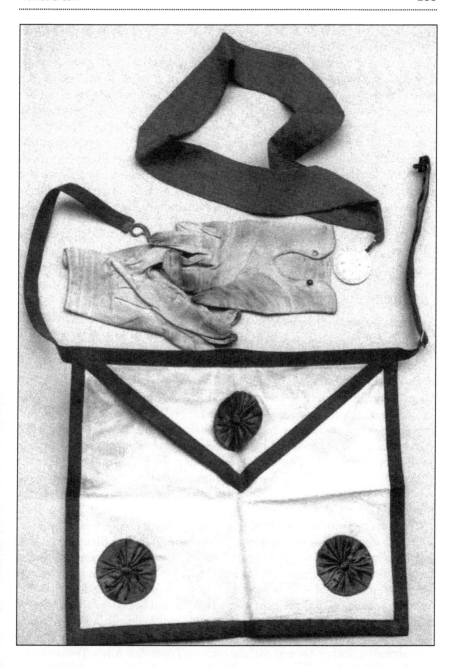

Freimaurerkleidung der Mitglieder der Loge Most (Die Brücke)

Die Loge 28. říjen nannte dieses Schreiben ein Memorandum. Impuls für dessen Aufsetzung soll gewesen sein, dass die neue Großloge in einen „übertriebenen rituellen Konservativismus" verfiele, der „für die Zukunft des tschechischen Freimaurertums zu Gefahr wird". Stein des Anstoßes war, dass im Ritual für die Erhebung in den Meistergrad der Kandidat neu – jedoch ganz in Einklang mit der Tradition – gezwungen werden sollte, sich in einen echten Sarg zu legen. In England würde der Sarg doch nur mit einem auf die Erde ausgelegten Stück Stoff angedeutet. „Diese Forderung rührt nicht aus einer Angst vor einem Sarg her, sondern aus der Angst vor dem Niedergang der großen und schönen Idee der Freimaurerei!" Die Idee der Freimaurerei verfällt durch das Befolgen alter Gebräuche? Steckt nicht doch etwas anderes hinter diesem Streit um einen Sarg?

Die Loge 28. říjen verfolgte den schottischen Ansatz, der zur Einfachheit neigt, und sofern die tschechischen Logen an die Tradition der böhmischen Brüder anknüpfen sollen, wären Nüchternheit und Einfachheit ebenfalls angebracht. Warum solle sich gerade bei modernen Tschechen „der Ritus zu romantischen Formen, ja gar orientalischer Schwere entwickeln? Tragik und Komik liegen eng beieinander." Aber nicht nur das, Gintl setzte fort: „Warum sollen wir Männer, die in der wissenschaftlichen, gewerblichen, politischen Arbeit reif geworden sind, der Gefahr der Lächerlichkeit preisgeben? Warum sollen wir nervöse und der Lebensarbeit müde Menschen Nervenerschütterungen aussetzen, die weder für sie noch für die anderen einen Sinn haben?" Die Loge verwahrte sich des Weiteren dagegen, dass in das neue Ritual ein Übermaß an alttestamentarischen Motiven Einzug hält. „Wir verstehen nicht, warum das Märchen über Hiram so unglaublich ausgebreitet werden soll, wenn es kurz in einigen Sätzen zusammengefasst werden kann, sofern es überhaupt noch notwendig ist mit Blick auf die allgemeine alte Tradition über diese Sache zu sprechen, die nur äußerlich und sehr entfernt die eigentliche moderne Freimaurerei betrifft!"

Das Memorandum der hochgeachteten Loge 28. říjen macht mit seinen scharfen Worten gegen den eigenen traditionellen Ritus einen fast ketzerischen Eindruck. Es blieb jedoch nicht nur bei diesen Proklamationen, die Vorstellungen und Forderungen der Loge gingen noch weiter: „Wir bitten dringend ... dass überhaupt eine Überarbeitung der Riten hin zu einer strengen, in ihrer Einfachheit tiefen und bei allem Symbolismus schlichten und ersten Form vorgenommen wird, dass alles überflüssig drastische und effektvolle herausgenommen wird, dass nicht mit einer Art abergläubischer Demut auf die naiven Texte des Alten Testamentes geschaut wird: Wir wissen, sie sind historisch berechtigte und internatio-

nal anerkannte Worte als Erkennungsmerkmal. Aber wir sollten mit ihnen nicht einen was auch immer für geheimen Sinn verbinden. Ein Wort
ist nichts als ein leerer Laut, in dem nicht mehr ist, nicht mehr war und
mehr sein wird, als wir selbst in es hineinlegen."

Ein derart grundsätzliches, hartes, und ich zögere nicht zu sagen:
in gewisser Hinsicht verachtendes Auftreten gegen die grundlegenden
Säulen der freimaurerischen Symbolik ist ungewöhnlich. Was würde
passieren, wenn eine solch sicherlich aufrichtig gemeinte Reform umgesetzt werden würde? Wäre die Freimaurerei noch Freimaurerei? Die angeführte Forderung führt jedoch noch zu weiteren Überlegungen: Während noch zu Beginn der 20er Jahre die alten Freimaurer aus der Loge
Komenský noch von der Unkenntnis der frischgebackenen Freimaurer
in der Loge Národ – und auch in deren Tochterloge 28. říjen – fasziniert
waren, so wandelte sich diese Unkenntnis einige Jahre später in eine pro-
grammatische Ablehnung, wobei die Rituale nur als überflüssiger, alter
Krimskrams galten, der der Sache bestenfalls Kolorit verleiht. Trug zu
dieser Stellung etwa bei, dass den Gründern der Loge 28. říjen ein ordentlich ausgeführtes Ritual innerlich nichts sagte, es sie nicht berührte?
Wo doch ein ordentlich und vollendet ausgeführtes Ritual tatsächlich das
symbolisieren soll, worauf die Freimaurer hinarbeiten sollen, und es das
emotionale Erleben der freimaurerischen Identität fördert.

Diese Einstellung korrespondiert klar mit der Säkularisierung der
tschechischen Gesellschaft, in deren Lichte auch der Freimaurerritus
überholt zu sein scheint. Wir können nicht übersehen, dass zumindest
auf einen Teil der Freimaurer das althergebrachte Ritual lächerlich wirkte. Und es waren nicht einmal die „Hitzköpfe" aus dem Freidenkerverein
Volná Myšlenka, die diese Forderung aufstellten. Welche Rolle also die
Rituale im Leben der Freimaurer allgemein spielten, lässt sich nur sehr
schwer abschätzen. Es wäre sicherlich interessant, in die Köpfe der einzelnen Männer mit Schurz in einem Moment hineinzuschauen, in dem
sie bei Kerzenschein und mit einem Schwert in der Hand einen neuen
Bruder begrüßten. Obwohl sie einen einheitlichen Kreis oder eine Kette
bildeten, ist eines klar – einig waren sie keinesfalls.[449]

---

449   Zur Schaffung eines neuen Rituals kam es Ende der 20er/Anfang der 30er Jahre. Bezüglich des Symbolismus
herrschte jedoch keine so deutliche Ablehnung, so veranstaltete etwa die Loge Národ im Jahr 1930 eigentlich bei
jeder ihrer Sitzungen eine kleine Lektion in Sachen Symbolik, damit die Bedeutung der einzelnen Symbole besser
verstanden wurde.
Zur Form des Rituals finden wir große Vorbehalte auch bei Rudolf J. Vonka, der anführt, dass es irrational sei,
wobei die Freimaurerei jedoch rationalistisch sein solle, LA PNP [Literaturarchiv des Denkmals des nationalen
Schrifttums], f. Rudolf J. Vonka, list, s.d.
Zu Bedeutung des gemeinsamen Erlebnisses und des Geheimnisses vgl. theoretische Erwägungen: HOHEISEL,
Karl: Die kulturgeschichtliche Bedeutung von Geheimbünden, in: LENSCH, Günther [Hrsg.]: Freimaurerische
Begegnung von Kunst und Kultur, Jahrbuch 1997, Bonn 1998, S. 157–173.

Eine etwas andere Situation bestand bei der Schaffung eines weiteren untrennbaren Bestandteils der ritualisierten Kommunikation – der Freimaurerterminologie. Über mehrere Jahre sehen wir terminologische Unklarheiten bzw. Ungenauigkeiten und müssen eine terminologische Unkenntnis oder Verwechselung von Begrifflichkeiten konstatieren. Noch 1930 hatten sich z.b. Begriffe wie Werkstatt, Loge oder Tempel noch nicht durchgesetzt.[450] Die Zeitschrift „Svobodný zednář" klärte in Artikeln auch über die korrekte Terminologie auf, 1931 etwa wurde eine verbindliche Anleitung abgedruckt, wie welche Wörter zu schreiben sind und welche Abkürzungen zu verwenden sind. So wurde explizit die (für die tschechische Sprache, die keine Großschreibung von Substantiven kennt) ungewöhnliche Forderung formuliert, alle Begriffe mit einer freimaurerischen Bedeutung mit großen Anfangsbuchstaben zu schreiben.[451] 1932 tauchte eine Rubrik mit der Bezeichnung „Legt die Hand ans Werk!" auf, die zu einer Kooperation bei der Schaffung einer neuen Terminologie aufforderte. „Die Nationale Großloge der Tschechoslowakei … ist das sprachlich korrekt? Geht das nicht gegen den Geist der Sprache? Im Tschechischen kommt das Attribut an die erste Stelle … Sollten wir nicht Tschechoslowakische Nationale Großloge sagen?" Ein weiterer Vorschlag gestaltete sich folgendermaßen: „Der Orient ist die Bezeichnung des Sitzes, in Frankreich ist es eine Bezeichnung einer großen Macht, bei uns wird die Bezeichnung Großorient für ein Gremium hoher Funktionäre verwendet, was bei Gewerkschaften zum Beispiel einem Zentralausschuss entspricht. Hieraus erwächst Unklarheit. Wir schlagen also vor, dass wir die Bezeichnung Großer Kreis wählen. Nihil obstat. Dieser Ausdruck wird ganz korrekt verwendet und mit nichts verwechselt. Aus Liebe zur Muttersprache … schlagen wir vor: Es wurde eine Bewilligung erteilt oder es gab keine Einwendungen. Obedienz bedeutet im Kirchenrecht ein Land, in dem der Papst kirchliche Ämter direkt ohne Eingriff der weltlichen Macht einsetzt … Das Wort Unterordnung zu verwenden, empfehlen wir nicht … Wir schlagen vor … fällt unter den Großorient oder die Großloge."[452]

---

450   Rudolf Konrád zufolge sollte der Versammlungsraum nicht Tempel genannt werden – „ein solcher ist eher ein imaginärer Ort, der den Mensch näher zu Gott bringt. Werkstatt (Komenskýs oficina) ist eine geeignetere Bezeichnung eines Arbeitszimmers der Freimaurer. Die Loge ist ein Begriff für ein Kollektivum, eine Kette von Brüdern gleichen Willens". AVL ČR [Archiv der Großloge der Tschechischen Republik], Kniha prací lóže Národ (Buch der Arbeiten der Loge Národ], Aufzeichnung vom 14. Februar 1930.

451   Nejdůležitější zednářská sdělení (Die wichtigsten freimaurerischen Mitteilungen], in: Svobodný zednář 3-5, IV, 1930, S. 55-60. Vgl. vor allem ŠEBL, F.: Naše názvosloví a orthografie (Unsere Nomenklatur und Orthografie], in: Svobodný zednář 7-8, V, 1931, S. 108-109.

452   Zprávy (Nachrichten], in: Svobodný zednář 7-8, 9-10, VI, 1932, S. 118-124 und 155-159.

Puristische Vorschläge wie diese hatten jedoch keinen Erfolg, offenbar war zu viel Zeit vergangen, um mit einem Mal etwas neues umzusetzen. Die tschechischen Freimaurer gewöhnten sich einfach an unvollendete, manchmal auch unlogische, aber bereits verbreitete Begriffe. Diese hielten sich auch in der Zeit nach dem Zweiten Weltkrieg. Den Prozess der Suche nach einer geeigneten Terminologie und nach Ritualen können wir erst kurz vor der Mitte der dreißiger Jahre als abgeschlossen betrachten. „Im ersten Jahrzehnt waren in den einzelnen Logen – vor allem bei der Ausführung der Rituale – die Spuren ihrer Entstehung unter verschiedenen Obedienzen erkennbar, was die Regeln zwar nicht beeinträchtigte, jedoch gleichwohl einen Eindruck einer Unfertigkeit vermittelte. [Dies gilt auch für Fälle, in denen Freimaurer aus verschiedenen Logen gemeinsame Arbeiten vornahmen.] Unser aktuelles neues Ritual hat all diese störenden verschiedenartigen Elemente getilgt und lässt uns auch in dieser Hinsicht als einen einheitlichen, konsolidierten Körper auftreten."[453]

Freimaurerische Ambitionen

Die Zugehörigkeit zu den Freimaurern bot den jeweiligen Mitgliedern eine ganze Reihe an Möglichkeiten zur Selbstverwirklichung. Nur eine bestimmte Schicht der Freimaurer jedoch können wir als tatsächlich aktiv erachten – eine Feststellung, die im Übrigen für alle gesellschaftlichen Gruppierungen gilt. Es kann nicht übersehen werden, dass die Ämter im Rahmen des Großorients und im Rahmen der jeweiligen Logen nur durch eine relativ beschränkte Gruppe an Personen bekleidet wurden. Diese Situation hatte mehrere Gründe: nicht jeder war bereit und fähig, der Freimaurerei in erhöhtem Maße Zeit und Energie zukommen zu lassen. Andererseits gab es auch jene – in der gesamtgesellschaftlichen Realität meist namenlose – Mitglieder, für die eine selbstlose Arbeit für den „Orden" einen wesentlichen Lebensinhalt darstellte. Es handelte sich vor allem um die Sekretäre der Logen, die meist die interne Akte und die Korrespondenz führten, und deren Namen uns heute nichts mehr sagen (klassische Beispiele wären der Vorstand der inneren Abteilung der Landesbank, Antonín Vojan, von der Loge Národ, der bereits erwähnte Jan Ventura, Zdeněk Helfert, in Teilen auch Rudolf Jordan Vonka, Adolf Wiesner oder Julius Myslík). Des Weiteren sehen wir eine stabile Schicht erfahrener Funktionäre, die lange in der Führung der Freimaurer wirkten, weil sie sich bewährt hatten (Ladislav Syllaba, Karel Weigner, Jan Kapras, Alfons Mucha, Berthold Thein, Vladimír Rott). Leider liegen uns

453   Z domácích dílen [Aus heimischen Werkstätten], in: Svobodný zednář 5, VIII, 1934, S. 100-107.

keine Informationen darüber vor, welche persönlichen Ambitionen sie mit der Freimaurerei verbanden.

Nur eine Ausnahme scheint die Regel zu bestätigen[454] – der Fall des „professionellen Freimaurers" Josef Volf. Volf hatte auch außerhalb der Gemeinschaft der Freimaurer ein sehr aktives wissenschaftliches, politisches und Vereinsleben.[455] Gleichwohl war sein Engagement bei den Freimaurern – für die er durch seine wissenschaftlichen Tätigkeiten im Grunde seine „Haut zu Markte trug", ein außerordentlich starkes. In gleicher Weise stark, ja verzehrend, war auch sein Bestreben in anderen Bereichen hervorzustechen. Seine Ambitionen, zu denen er sich auch offen bekannte, gehörten zu seinen dominanten Charakterzügen, und vielleicht waren diese auch Grund für die ein oder andere „Missstimmung" unter den Freimaurern. Volf war glücklicherweise ein so gründlicher Historiker, dass er auch seine Gefühle niederschrieb, sodass wir heute die einzigartige Möglichkeit haben, in die Gedanken eines Mannes zu schauen, der sich ganz offen nach formaler Anerkennung und nach Funktionen im Rahmen der Freimaurerei sehnte. Seine Aufzeichnungen zeigen zugleich, dass auch hier wie in jeder anderen Organisation ein üblicher Mechanismus einer strategischen Verteilung von Posten galt.

Volfs erste Enttäuschung datiert auf das Jahr 1923, als die ersten Wahlen für die Nationale Großloge der Tschechoslowakei abgehalten wurden. „Ich war mir sicher, dass mich jemand aus unseren Reihen vorschlagen wird, aber nichts dergleichen geschah, auch seitens Kapras' hatte ich dies erwartet, wiederum vergebens. Ich war darüber sehr wehmütig gestimmt, da es meines und Myslíks Verdienst ist, dass der heutige Tag überhaupt stattfindet, da wir immer eine Einigung präferierten. Und nun sind so viele frischgebackene Brüder ohne Verdienste dort, und ich alter Freimaurer nicht … Verärgert ging ich in Begleitung Gintls nach Hause. Auch Thein … fiel nicht ein mich vorzuschlagen." Volf war zu diesem Zeitpunkt erst einen Tag lang Meister, auch wenn er sich als alter Freimaurer fühlte. Auch Theins Worte einen Tag später, wonach nun die

---

454   Beispiel für Ambitionen sind auch mehrere Anträge auf Beförderung in einen höheren Grad, mit der Begründung, dass dies im Ausland in Freimaurerkreisen besser aussähe und sich bezahlt machen könne. Siehe das Beispiel Jan Jína, vgl. SÚA [Staatliches Zentralarchiv], Bestand Freimaurerlogen, Material Jína, oder Antonín Sum, ANM [Archiv des Nationalmuseums], Bestand Jan Kapras, K. 108, Inv.-Nr. 5076, Kadeřáveks Begleitschreiben und Kvapils Antrag vom 17. Mai 1932, mit der Empfehlung, dass Sum den 18. Grad erlangen möge: „Br. Sum nimmt intensiv an allen Arbeiten des 4. Grades in Wien teil und beim Kongress der AMI in Wien war er dem unterzeichneten Constant Pierre bei vielerlei Diensten zur Hilfe, jedoch störte ihn gerade, dass er nur den 4. Grad innehatte."

455   Josef Volf war politisch in der Agrarpartei organisiert, er leitete die Bibliothek des Nationalmuseums, war Vorsitzender des Bibliothekenrates, der die öffentlichen Büchereien der Tschechoslowakei beaufsichtigte, er lehrte an einer Bibliothekarsschule und an der Philosophischen Fakultät, er war Funktionär der tschechoslowakischen Bibliophilen etc. etc.

Historiker an dem Ritual arbeiten würden, traf ihn sehr, da „sie mich am
Sonntag nicht gewählt haben …"[456]
Volf musste offenkundig lange und verbittert auf seine Wahl in den Großorient warten. Als er dann in das Gremium gewählt wurde, war er erneut
unzufrieden, wie uns eine Beschwichtigung Jiří Sedmíks verrät: „Ich
freue mich, dass Du in den Großorient gewählt wurdest, welche Funktion
Du hast, ist doch nicht wichtig, der Großorient führt rituelle Arbeit nur
sehr selten aus und bei den monatlichen Sitzungen sind sich alle gleich,
egal welche Funktion man bekleidet."[457] Es scheint, dass die höchsten
Funktionäre Volf trotz all seiner unbestreitbaren Verdienste um die Verbreitung einer positiven und zugleich glaubwürdigen Aufklärung über
die Freimaurerei nicht in ihrem Kreis wissen wollten. Er stand zwar lange Jahre an der Spitze der Loge Komenský, die für diese Loge aber auch
durchaus krisenbehaftete Jahre waren. Zweifelsohne gelangte der größte
tschechische Historiker der Freimaurerei in diesem Zusammenhang an
seine Grenzen.

Es sind außerordentlich wertvolle Zeugnisse darüber erhalten, wie
Volf Meister seiner Loge wurde, wie konkret sich dies abspielte und wie
ein Generationenkonflikt bei reifen Männern aussehen kann. Der Nestor
der Loge, Berthold Thein, der Volf mit Blick auf seine fachlichen Fähigkeiten sehr schätzte, versuchte den neuen Meister zu instruieren und
ihm Ratschläge zu erteilen, gleichwohl er hierum nicht gebeten wurde.
Volf hatte daraufhin das Gefühl einen Schutzherren zu haben, woran er
jedoch keinerlei Interesse hatte, da ihn dies quasi unmündig gemacht
hätte. Die erste Schwalbe kam aus dem Heimatort Theins, Pardubice,
bereits Mitte November 1926, kurz nach Volfs Wahl in das leitende Amt:
„Mein teuer Bruder, wir nehmen eine Installierungsarbeit am 30 d.M.
vor. Und ich würde Dich als neuen Meister bitten, einen Vortrag vorzu-
bereiten: a) über die Bedeutung des Masonismus für unser Volk, b) über
die Notwendigkeit und die Pflicht einer Wahrung der Ritualien …" Diese
Instruktion schluckte Volf noch ohne eine energische Reaktion hinunter.

Drei Wochen später bekam er jedoch einen weiteren Brief, der offenbar eine Reaktion auf organisatorische Fehler war, die Volf bei der Leitung der Loge unterlaufen waren: „Teurer Meister, ich bitte Dich nicht zu
vergessen, immer rechtzeitig vor einer Arbeit dafür zu sorgen, dass eine
Zeichnung vorbereitet wird (also jemanden um eine Zeichnung zu bitten),
und vergiss nicht, rechtzeitig jemandem (schriftlich) eine Rede zur Ket-

---

456   LA PNP [Literaturarchiv des Denkmals des nationalen Schrifttums], Bestand Josef Volf, Anmerkung Josef
Volfs auf der Rückseite eines Briefes vom 17. Februar 1923 von Ladislav Moučka, der im Namen der Loge Komenský
schrieb.

457   Ebd., Sedmíks Schreiben vom 28. April 1931.

te zuzuteilen. Auch musst Du Dich immer rechtzeitig mit Bruder Seydl bezüglich der Einberufung einer Arbeit verabreden. Abschließend merke ich an, dass Deine gestrigen Skripte von unserem Ritual abwichen. Ich schicke Dir für den dauerhaften Gebrauch, was bei der Eröffnung und was bei der Beendigung der Arbeit zu sagen ist. Die Rituale werde ich dir beizeiten zur Verfügung stellen. Verzeih meine heutigen Anmerkungen: ich möchte nur, dass Du Ordnung hältst!" Volf notierte zu diesem Schreiben lakonisch und selbstbewusst: „Ich verdiene keine Vorwürfe." Mit Thein begann er nachfolgend demonstrativ in gezielt formaler Vollendung zu kommunizieren, die dem Verhältnis der beiden jede persönliche Note entzog. Thein wiederum konnte eine Reaktion nicht unterdrücken und tadelte den Abschluss eines Schreibens Volfs „mit pflichtgemäßiger brüderlicher Hingabe" durch einen eigenen Abschluss: „Nicht mit einer pflichtgemäßen, sondern einer selbstverständlichen brüderlichen Hingabe." Zur Illustrierung der ganzen Situation ist hinzuzufügen, dass einer der ersten, die um eine Zeichnung gebeten wurden, also um einen Vortrag, Theins Sohn Pavel war, der dadurch in erhebliche Verlegenheit gebracht wurde, da „ich Ärmster [Rechtsanwalt] Ihnen aus meinem Beruf nicht erzählen kann, spezielle Kenntnisse habe ich nicht, weshalb mich ein Vortrag sehr viel (Überwindung) kostet ..." Zu dem gegenständlichen Vortrag kam es somit nicht.

Berthold Thein schrieb jedoch weiter Briefe mit Instruktionen. Sein Vorgehen hätte mit der Zeit auch andere Naturen gestört, als Josef Volf es war. Auch nachdem Volf ein Jahr an der Spitze der Loge Komenský stand, teilte ihm Thein mit, wie er die Arbeit zeitlich organisieren solle, dass bei Aufnahmen Prüfungen in Sachen des Rituals vorgenommen werden sollen, wer welchen Trinkspruch ausbringen solle, dass rechtzeitig Requisiten vorbereitet werden müssten ... Und obwohl er in der Regel mit den Worten „Verzeih diesen Hinweis! Ich selbst habe erlebt, wie wichtig es ist", schloss, rief dies in Volf Reaktionen hervor, die einem heranwachsenden Kind nicht unähnlich waren. Wenngleich das Prinzip der Übergabe von Erfahrungen in der Loge eigentlich genau so funktionieren sollte, musste dies nicht immer gut ausgehen, vor allem, da sich Volf selbst als führenden Freimaurer und großen Kenner der gesamten Freimaurerei erachtete.[458]

Andere Beispiele eines gezielten Bestrebens, sich im Rahmen der freimaurerischen Struktur von anderen Personen abzuheben, stehen uns in den Quellen leider nicht zur Verfügung. Jedoch zweifele ich nicht da-

---

458   LA PNP [Literaturarchiv des Denkmals des nationalen Schrifttums], Bestand Josef Volf, Korrespondenz mit Berthold und Pavel Thein aus den Jahren 1926 und 1927, vor allem Schreiben vom 16. November und 8. Dezember 1926 sowie vom 22. Januar, 14. März und 23. Dezember 1927.

ran, dass Volf bei Weitem nicht der einzige war, der ob einer nicht erfolgten Wahl frustriert war und sich danach sehnte, Funktionär in einer Spitzenposition zu werden. Dieser Aspekt gehört zweifelsohne zu einem jeden in irgendeiner Weise hierarchisierten Verband – und die Freimaurerei ist außerordentlich und kompliziert strukturiert.

Dem Bruder ein Bruder

Für die Laienöffentlichkeit ist charakteristisches Merkmal der Freimaurerei deren rituelle Seite; Gleiches gilt – grob gesagt – auch für Konspiration, Zusammenhalt, Protektion, Lobbyismus, Interventionen, Geschacher, Eide schwören, d.h. für Tatsachen, die daraus folgen, dass sich Freimaurer einander näher sind als andere Menschen. Entspricht dieses Bild jedoch der Wahrheit? In hunderten zeitgenössischen Schreiben habe ich versucht Hinweise darauf zu finden, wie eine Zugehörigkeit zum Freimaurerorden die gegenseitigen Beziehungen und die Kommunikation der einzelnen Mitglieder beeinflusste. Obwohl ich zahlreiche Interventionen feststellen konnte, kann ich keineswegs sagen, dass diese Ergebnis von spezifisch freimaurerischen Beziehungen gewesen wären. Schon gar nicht sind diese immer zur Freude des Initiators ausgefallen. Ausnahme von dieser Regel waren Schreiben, mit denen ein Freimaurer gegenüber einem anderen Freimaurer, den er anders als Freimaurer nicht kannte, eine Bitte äußerte. Meist handelte es sich jedoch um verlegene Briefe, die fast rührend wirken. Eine gegenseitige Fürsprache und Protektion setzten untereinander jene Freimaurer ein, die sich bereits vor ihrem Beitritt zur Gemeinschaft kannten. Eine ganz typische Zielgruppe für Bitten um Protektion aller Art waren Hochschulpädagogen. Der Eindruck mag jedoch täuschen, da uns für andere Berufsbilder – vor allem von Vertretern praktischer Gewerbe – leider keine so aussagekräftigen Nachlasse zur Verfügung stehen.

Das vielleicht besterhaltene Studienmaterial in dieser Hinsicht ist der persönliche Fonds von Jan Kapras. Bei diesem Professor der Juristischen Fakultät und vielseitig engagierten Mann sprachen viele, viele Personen zu Gunsten von Studenten vor. Jedoch kann nicht behauptet werden, dass er sich für alle Schüler auch eingesetzt und engagiert hätte, auf die er hingewiesen oder für die Fürbitte erbeten wurde. Aus seinen Schreiben ist zudem eine außerordentliche Distanz zu spüren, die er gegenüber einigen Freimaurern oder aber gegenüber allen Personen einschließlich einigen Freimaurern einhalten musste. Der Status eines Universitätsprofessors und zweifelsohne auch seine Charaktereigenschaften ließen zwischen ihm und einer Reihe anderer Freimaurer eine undurchdringliche Barriere wachsen. Eine persönliche, freundschaftliche Note können wir im Grunde nur mit Menschen derselben gesellschaftlichen Ebene konstatieren, in der Regel anderen Hochschullehrern, bei Freimaurern nur mit einer geringen Anzahl hoher Funktionäre, sicherlich nicht einfachen Mitgliedern. Eine Offenheit gegenüber der Frage von Interventionen ist in diesem Fall auch eher gegeben, da es sich sicherlich um eine gängige, auf Gegenseitigkeit basierende Praxis handelte, bei der keine Verlegenheit angebracht gewesen wäre.

Ich weiß nicht, ob der Begriff einer Protektion tatsächlich angebracht ist. Meist handelte es sich um Bitten um eine freundliche Behandlung oder um Nachsicht. Kaum jemand war so direkt wie Josef Volf, der Kapras, den er länger und besser als aus dem Umfeld der Freimaurer aus diversen Redaktionskreisen und Kommissionen kannte, geradezu instruierte: „Mein Verwandter, K. Burian, hat die Kämpfe mit Herrn Prof. Kadlec aufgegeben. Morgen kommt er zur Prüfung. Seien Sie nachsichtig zu ihm. Er kann wohl, wenn ich mich korrekt erinnere, besonders das Beamtenrecht (oder so ähnlich), Wechselrecht, Eherecht etc."[459] Derart formulierte Anweisungen waren wirklich die absolute Ausnahme.[460]

Ähnlich direkt war auch ein weiterer Bibliothekar – Jan Thon, der Kapras lange vor dessen Zeit in der gemeinsamen „Bruderschaft" kannte. „Das Mitglied unserer Loge Bruder Roith wandte sich heute an mich mit der Bitte, mich bei Dir für Herrn JUC Oldřich Boháček, Kandidat des Rechtsanwaltsberufes, einzusetzen, der ... das letzte ... Rigorosum absolvieren wird. In der Kommission werden Du, Prof. Hobza, Stieber und Sommer sein (um Sommer geht es am meisten). Leider ist Prof. Hora außerhalb Prags und kann nicht helfen. Bruder Roith ist sehr an dieser Angelegenheit gelegen, da es sich um den Verlobten seines Töchterleins handelt."[461] Dieses Schreiben wirkt nur scheinbar banal. Es kann uns nämlich vieles verraten: Etwa dass Bruder Roith – obwohl Thon, Kapras und er Mitglieder der Loge Národ waren, für die Erledigung dieser Angelegenheit einen Mittelsmann wählt und sich nicht direkt an Kapras wendet. Ein weiteres bemerkenswertes Momentum war, dass Václav Hora als Professor betitelt wird, obwohl auch er Mitglied der Loge Národ und somit Bruder war. Nicht nur das – auch Otakar Sommer war Freimau-

---

459   ANM (Archiv des Nationalmuseums), Bestand Jan Kapras, K. 45, Inv.-Nr. 3019, Volfs Schreiben vom 15. Oktober 1920.

460   Ein klassischer Typ einer Fürsprache gestaltete sich wie folgt: „Ein Bekannter – ein guter Bekannter – JUC Karel Latzel aus Budweis, Rechtsanwaltsreferendar mit voller Anwaltspraxis macht ... bei Dir das erste Rigorosum. Sofern möglich, bitte ich auf ihn Rücksicht zu nehmen." Ebd., K. 108, Inv.-Nr. 5076, Schreiben von Zdeněk Helfert vom 13. Juni 1931.

461   Ebd., Thons Schreiben vom 29. Januar 1934.

rer, aber an diesen wollte oder konnte sich niemand wenden, und Kapras sollte, sofern er denn wollte, nur kollegial intervenieren. Dieses einfache Schreiben kann uns dabei helfen, die Art und Weise der freimaurerischen Kommunikation aufzudecken und in Gänze zu entmythologisieren; das wichtigste verbindende Element war mit Blick auf das oben Angeführten ganz sicherlich nicht die Freimaurerei.

Ähnliche Briefe finden wir nicht nur bei Kapras – es genügt ein Blick in die Nachlässe von Otakar Sommer[462] oder Emil Svoboda und wir finden dasselbe. Sehr häufig wurden derartige Interventionen mit Wendungen eingeleitet, die auf Gefühle zielten, oder an die Freimaurerpflicht erinnerten, Gutes zu tun. Diese Variante taucht in der Regel auf, wenn die Nähe in der Beziehung zwischen den betreffenden Freimaurern nur eine relative war. „Hochverehrter Herr Professor! Ehrwürdiger Bruder! Verzeihen Sie mir, wenn ich Sie mit dieser Bitte belästige, ich denke jedoch, dass es in den Intentionen unseres Ordens ist, gute Taten zu vollbringen und dem Nächsten zu helfen, wann immer sich die Gelegenheit bietet ...“[463] Der Inhalt des Schreibens dreht sich dann um einen Antrag auf Aufnahme eines Studenten in ein Studentenheim für sozial Benachteiligte, das mit Mitteln einer Stiftung gefördert wurde. Aus dem Schreiben geht hervor, dass sich Adressat und Absender im Grunde nicht kannten. Als Verbindung ist nur die gemeinsame Zugehörigkeit zu den Freimaurern abzuleiten, die gesellschaftliche Distanz ist jedoch auf den ersten Blick erkennbar.

Gelegentlich taucht eine bestimmte Intervention als Bestandteil einer Tilgung von imaginärer Schuld bzw. Verpflichtung auf – in der Regel aus Kriegszeiten, was für den Empfänger moralisch verpflichtend und für den Bittsteller zugleich entschuldbar ist. Klassisch und einfach z.B: „Lieber Bruder und guter Freund. Im Weltkrieg hat mich bei schweren Sorgen um die Ernährung meiner Familie der Vorsteher des Sokols aus Walachisch Meseritsch, Chrastina, erheblich unterstützt. Dies verpflichtet. Sein Sohn wird das Rigorosum machen – zum zweiten Mal ... Sofern es sich einrichten lässt, berücksichtige bitte freundlichst meine Fürbitte, sofern er nicht solche Kenntnisse hat, wie er haben sollte.“ Diesen Brief

---

462 Vgl z.B. „Am kommenden Mittwoch nehmen wir 3 neue Brüder auf, unter ihnen JUC Václav Hůlka von der Landesbank, einen sehr guten und edlen Menschen, der zur Vertiefung seiner fachlichen Bildung Recht studiert ... Beim Rigorosum wird er vor Deinem Richtertisch treten. Er wird gut vorbereitet sein, er hat nur etwas Lampenfieber.“ AAV ČR [Archiv der Akademie der Wissenschaften der Tschechischen Republik], Bestand Otakar Sommer, K. 10, Schreiben Rudolf Kadeřáveks vom 3. Juni 1936.

463 ANM [Archiv des Nationalmuseums], Bestand Jan Kapras, K. 40, Inv.-Nr. 2423, Brief von Lev Schwarz vom 28. Juni 1923.

schrieb kein geringerer als der Großmeister Karel Weigner, und nicht an einen Juristen, sondern an den Historiker Václav Chaloupecký.[464] Am berührendsten ist eine verlegene Bitte von Antonín Vojan, Sekretär in Kapras' Loge Národ. Auch diese verrät uns die Grenzen der Kommunikation unter den Freimaurern. „Ehrwürdiger Meister, teurer und geschätzter Bruder, in der zweiten Hälfte des Jahres 1917 fand ich mich – ein Büro- und Büchermensch, militärisch wenig ausgebildet – an der sowjetischen Front in den härtesten Kämpfen wieder. Aus dem Schlimmsten befreite mich die Aufopferung eines Kameraden, er verhalf mir ins Hinterland, und war daher selbst in nicht geringer Gefahr – ein Beispiel landsmännischen Zusammenhaltes, der heute schon selten ist ... Ich blieb ihm und seiner Familie dankbar ein ergebener Freund und wich keiner Hilfe aus, als die Ungunst der Zeit sie um einen erheblichen Teil ihres Vermögens brachte. Gestern besuchte ich in einer Prager Studentenpension seine Tochter, ein intelligentes, liebes Mädchen, zu dem das Schicksal jedoch auch unfreundlich war: sie wurde mit verstümmelten Fingern an beiden Händen geboren. Ich erfuhr, dass die Studentin vor einer juristischen Prüfung steht, dass sie über die Maßen arbeitet und ich mache mir Sorgen um ihre Gesundheit. Teurer Bruder, warum schreibe ich Dir dies? Nicht um Dich mit einer Bitte um Protektion zu belästigen. Ich lese überall von der Unsitte solcher Schritte und ich weiß, dass sie in pädagogischer Hinsicht verwerflich sind. Ich wäre jedoch undankbar, wenn ich für das, was der Vater mir Gutes tat, nicht versuchen würde, Dich über seine strebsame eifrige Tochter zu informieren, und ich wäre ein schlechter Angehöriger unserer Bruderschaft, wenn ich Dich nicht um diesen rein menschlichen Dienst bitten würde. Falls Du in einer Deiner universitären Funktionen auf dieses Mädchen treffen solltest und, wie ich hoffe, ihre Strebsamkeit, Gewissenhaftigkeit und erwünschtes Wissen feststellen solltest, trage – sofern Dir dies möglich ist – dazu bei, ihren Glauben an einen Erfolg im Studium zu stärken, ich denke, dass dies auch ihre Freude am Leben erhöhen wird und dies ihrer jungen Gesundheit zuträglich sein wird, die über Reichtum geht. Einzelheiten kenne ich nicht. Ich weiß nicht, um welche Prüfung es sich handelt. Ich wollte nicht den Anschein erwecken, selbsternannter Protektor zu sein und konnte nicht mehr feststellen, als das Datum der Prüfung an der Juristischen Fakultät. Den Namen der Studentin lege ich in einem gesonderten Brief bei, lege diesen ungeöffnet beiseite, wenn hierfür ein Grund gegeben ist ..."[465]

---

464   AAV ČR [Archiv der Akademie der Wissenschaften der Tschechischen Republik], Bestand Václav Chaloupecký, Brief von Karel Weigner vom 22. Mai 1933.

465   ANM [Archiv des Nationalmuseums], Bestand Jan Kapras, K. 45, Inv.-Nr. 3010, Vojans Brief vom 30. Januar 1935.

Aber auch die rührendste Fürsprache Vojans lief ins Leere. Wir dürfen nicht vergessen, dass Jan Kapras eine negative Einstellung zu einem Studium von Mädchen an der Juristischen Fakultät hatte. Aber das war wahrscheinlich nicht das Entscheidende. Kurz und gut – nach einer Woche schrieb ihm Vojan erneut: da ließe sich nichts machen, „ich bin dir dankbar und vielleicht wird dir auch die Studentin dankbar sein, wenn es mir gelingt ihre Eltern unauffällig davon zu überzeugen, ihre Zukunft nicht in der Jurisprudenz zu suchen".[466] Auch eine invalide Tochter eines Freundes Vojans konnte Kapras' Freimaurerseele nicht erweichen ...

Bitten bezüglich fremder Studenten, an denen im Grunde nichts auszusetzen war, sind als die zahlreichsten Eingaben dieser Art zu sehen. Nur selten liegen uns Gesuche anderen Typs vor, und wenn, dann betreffen diese Arbeitsverhältnisse. Sporadisch tauchen auch Fürbitten direkt zu Gunsten von Freimaurern auf, so überraschend das sein mag. Gleichwohl handelt es sich überwiegend um Gesuche zu Gunsten eines anderen Freimaurers[467] und nur ganz ausnahmsweise zu Gunsten des Schreibenden selbst.[468] Wer jedoch Gesuche zu Gunsten eines anderen Freimaurers tatsächlich initiierte, kann meist nicht beurteilt werden. Zumindest kann in diesem Zusammenhang der Schluss gezogen werden, dass es unter Freimaurern nicht zum guten Ton gehörte, für sich selbst um etwas zu bitten.

Ein Einzelfall ist ein Schreiben des Pilsner Fabrikanten Arna Juránek, der sich im Frühjahr 1935 an Jan Kapras wandte: „Ich habe im Juli vergangenen Jahres geheiratet und ich bin glücklich und zufrieden.

---

466   Ebd., Vojans Brief vom 7. Februar 1935.

467   Z.B. bat A. Bernášek Emil Svoboda um Folgendes: „Unser Bruder Machytka ist bereits seit längerem infolge Überarbeitung erkrankt ... und wird in der Klinik von Prof. Syllaba untersucht. [Die Krankheitsursache ist offenbar unklar] ... er steht vor einem Habilitierungs-Kolloquium an der Universität [er ist Mathematiker] und würde gern noch etwas machen ..." Und Freimaurer Bernášek bittet Freimaurer Svoboda, Freimaurer Syllaba zu bitten, sich Freimaurer Machytka persönlich anzuschauen. „Ich betone noch, dass ich diesen Schritt gegen den Willen von Machytka unternehme, der [hierin] einen Missbrauch der Freimaurerei sieht." AAV ČR [Archiv der Akademie der Wissenschaften der Tschechischen Republik], Bestand Emil Svoboda, K. 2, Inv.-Nr. 45, Bernášeks Brief vom 10. Oktober 1925.
In ähnlicher Weise bittet Vladimír Groh Josef Schieszl dazu beizutragen, dass Josef Kudela Mitglied des Vorstandes des Sozialinstitutes für Legionäre [Weltkriegsveteranen] wird, NA [Nationalarchiv], Bestand Josef Schieszl, K. 7, Grohs Brief vom 17. September 1930. Oder als weiteres Beispiel: Karel Škába bittet Josef Volf dazu beizutragen, dass Jaroslav Kutvirt noch nicht in Pension gehen muss [was nicht durchgesetzt werden konnte] etc. LA PNP [Literaturarchiv des Denkmals des nationalen Schrifttums], Bestand Josef Volf, Škábas Brief vom 18. September 1925.

468   Ein Einzelfall ist die Bitte Emil Šlechtas um Gewährung eines Stipendiums im Rahmen der Social Studies der Rockefeller-Stiftung. Er bat den Mitarbeiter der Kanzlei des Staatspräsidenten Josef Schieszl, direkt in der Zentrale irgendwie Einfluss geltend zu machen ... NA [Nationalarchiv], Bestand Josef Schieszl, K. 7, Šlechtas Brief vom 4. Mai 1933.

Meine Frau ist Lehrerin, vormals an einer Minderheitenschule ...[469] Ich selbst bin nun über 60 und würde gern kürzer treten ... Wir würden beide schrecklich gern aufs Land ziehen. [Die Gattin würde daher versuchen, eine Lehrerstelle im (deutschsprachigen) Grenzgebiet der Tschechoslowakei zu erlangen.] Gefallen würde uns Modrava (im Böhmerwald) ... Ich bitte Dich daher um einen Ratschlag und um Weisung, wie man dies schaffen könnte. Und wie wir das in Angriff nehmen müssen. Ich weiß, dass viele Minderheitenlehrer ihre Stelle gern gegen einen Ort nahe der großen Städte wechseln würden ... Meine Frau hat bereits Minderheitenarbeiten geleistet und ich würde mich dem ebenfalls widmen. Ich hätte nichts anderes an Arbeit, es würde sich um Arbeit eines Tschechen handeln ... Du weißt, ohne Protektion geht aktuell gar nichts. Ich mache dies ungern – aber was nützt es mir. Sei mir bitte nicht böse. Falls Du ohne Verletzung von Prinzipien und Gesetzen helfen kannst, bitte ich Dich darum."[470]

Der Sinn der oben angeführten Beispiele war nicht der Beweis dessen, dass Kontakte unter Freimaurern nicht auch zum persönlichen Vorteil oder zur Erreichung persönlicher Vorhaben genutzt wurden. Das wurden sie ganz sicher. Jedoch überschreitet ihr Umfang keineswegs gängige Maßstäbe, die etwa bei Zugehörigkeit zu Parteien, Weltkriegsveteranenverband, Sokol (Sportverband) und anderen Organisationen eine Rolle spielten, in denen die Mitglieder „zusammenhielten" und die Möglichkeit einer „weiteren Familie" bedeuteten. Zudem untersagte der Moralkodex der Freimaurer derartige Erscheinungen als verwerflich.[471] Auf Grundlage der erhaltenen Materialien kann festgestellt werden, dass dieser Lobbyismus als ein „sanfter" gewertet werden kann, unter dem Vorbehalt, dass uns für zahlreiche Berufsbilder leider keine Quellen erhalten geblieben sind. Die Vorstellung, dass die Gemeinschaft der Freimaurer aus ihren Mitgliedern eine feste, untereinander verbundene Gruppe geschaffen hätte, die auf gesellschaftlicher, politischer oder wissenschaftlicher Ebene geschlossen agiert hätte, entbehrt jeder Grundlage. An erster Stelle standen fast immer das Individuum und dessen Aktionsradius.

---

469   Lehrerin an einer sog. Minderheitenschule, d.h. in einer Region mit deutscher Mehrheitsbevölkerung und tschechischer Minderheit.

470   ANM [Archiv des Nationalmuseums], Bestand Jan Kapras, K. 30, Inv.-Nr. 1227, Juráneks Brief vom 18. April 1935.

471   Vgl. auch einen Hinweis, der verrät, dass „gewisse" Tendenzen bestanden haben, die jedoch kaum gehört wurden: „Wir weisen nochmals darauf hin, dass der Großmeister keine Gesuche um Interventionen in persönlichen Angelegenheiten annehmen kann." Z domácích dílen [Aus heimischen Werkstätten], in: Svobodný zednář 8-9, X, 1936, S. 59.

Soziale Beziehungen und Einstellungen

Soziale Fürsorge im Rahmen des Ordens

Die Freimaurerei zeichnet sich nicht allein durch ein Theoretisieren über eine Stratifikation der Gesellschaft und eine strenge Auswahl der Mitglieder auf Grundlage moralischer oder sozioökonomischer Parameter aus. Auch eine soziale Dimension sollte ihre gesamte Tätigkeit nach innen und nach außen durchziehen. In den etablierten Freimaurerstrukturen, vor allem in der angelsächsischen und der germanischen Welt ist die Philanthropie ein untrennbares und sehr herausragendes, ja dominantes Element der Tätigkeit der Freimaurer. Für ein Beispiel müssen wir nicht weit gehen, es genügt ein Blick in die Jahrbücher der Großloge Lessing, die die deutschen Freimaurer in der Tschechoslowakei unter einem Dach zusammenschloss, und wir sehen, welch ungeheure Summen für soziale Fürsorge, zur Linderung von Armut und Minderung sozialer Unterschiede ausgegeben wurden. Wir wissen auch, wie das entwickelte System von Beziehungen und gegenseitiger Hilfe auch für die Freimaurer selbst funktionierte.

Richten wir unsere Aufmerksamkeit auf die tschechischen Freimaurer, bietet sich uns ein anderes Bild. Philanthropie führte hier zumindest am Anfang ein Schattendasein, und es scheint nicht, dass deren Fehlen jemanden gestört hätte. Wenn anderenorts viele Personen den Freimaurern gerade aus dem Grunde beitraten, damit sie philanthropisch aktiv werden konnten, so gilt dies für das tschechische Umfeld entschiedenermaßen nicht. Aus dieser Sicht erscheint uns die tschechische Freimaurerei selbstbezogen, arm und sehr abgeschlossen. Zu lange Zeit musste sie sich mit sich selbst, mit dem Aufbau eigener Strukturen, eines Tempels und anderen Angelegenheiten befassen; der Blick über den Tellerrand der eigenen Aktivitäten gelang ihr nicht. Von ihrer Armut infolge einer geringen Mitgliedzahl war bereits die Rede. Bereits die Mittel für die Anschaffung eines Tempels absorbierten einen erheblichen Teil der Einnahmen, die die Logen von ihren Mitgliedern erhielten – zum einen aus

freiwilligen Beiträgen (z.b. Sack der Witwe, Beutel für die Gabensammlung),[472] zum anderen aus Pflichtbeiträgen (z.b. Mitgliedsbeitrag).

Wenn die tschechischen Freimaurer auch unter diesen Umständen
auf einer Exklusivität der Mitgliedschaft bestanden, ist offenbar, dass
ihre Priorität für die Freimaurerei auf gesellschaftlichem Zusammenschluss in einem abgeschlossenen elitären Kreis und nicht in einer hu-
manen Tätigkeit allgemein lag, obgleich diese eine der Triebkräfte der
Freimaurerarbeit ist, erweist sich doch an ihr die Vervollkommnung
der Welt am besten. Es ist wahr, dass die tschechischen Freimaurer ins
Leben gerufen wurden, als der Staat eine Reihe an sozialen Aufgaben
übernahm, weshalb die Notwendigkeit von Initiativen privater Subjekte
nicht mehr als so dringend empfunden wurde. Wenn ich von einer inneren Abgeschlossenheit spreche, stellte ich auf die Tatsache ab, dass
– falls eine sozialen Unterstützung im Raum stand – die Variante einer
individuellen Hilfe im Geheimen (z.b. ein Stipendium) vor größeren Aktionen (z.b. Essensausgaben an Bedürftige in größerem Stil) präferiert
wurde, bei denen die Freimaurer als eine normale Organisation aus dem
Hintergrund treten konnten, wie dies zum Beispiel die deutschen Logen
in der Tschechoslowakei taten, welche sich unbekümmert in öffentliche
Projekte einbinden ließen, die etwa durch die Magistrate der Städte oder
mehrere Organisationen zusammen (etwa mit dem Roten Kreuz) veran-
staltet wurden.

Diese Feststellung gilt für die ersten zehn – fünfzehn Jahre der
tschechischen Freimaurerei und bezieht sich vor allem auf die Prager
Logen. Bei den Logen außerhalb Prags erzwangen die Umstände und
die örtlichen Verhältnisse so oder so eine tiefere Zusammenarbeit, sofern diese einen Sinn ergeben sollte. Erst die Wirtschaftskrise in der ersten Hälfte der dreißiger Jahre veranlasste die tschechischen Logen zu
einer größeren Aktivität, auch weil ein Vergleich mit dem Engagement
der deutschen Logen, mit denen mittlerweile Kontakte geknüpft wurde,
wenig ruhmreich ausfiel. Ich denke jedoch, dass eine ganze Reihe an Freimaurern, insbesondere aus deren italienischem Zweig, nicht das innere
Bedürfnis spürte, sich in diese Aktivitäten einzubringen.

Betraf die soziale Agenda aber auch die Freimaurer an sich? Und
wieder bietet sich uns ein Vergleich mit den deutschen Logen an, oder

---

472   Ein freiwilliger Beitrag, der bei jeder Logensitzung erhoben wurde. Es handelte sich nicht um große Summen,
ich schätze, dass pro Person bei einer Sitzung maximal fünf Kronen gespendet wurden, meist aber noch weniger.
Wir dürfen jedoch die Preisrelationen nicht außer Acht lassen. Die Bezeichnung leitet sich von einer Legende ab,
die Teil des schottischen Ritus ist. Geld wird dann als „Steine" bezeichnet, die Umrechnung in Tschechoslowakische
Kronen erfolgte 1:1. Mitgliedsbeiträge bewegten sich im dreistelligen Kronenbereich, 100, 200, 300, 500 Kronen
wurden für eine Rezeption bezahlt, eine ähnliche Summe wurde bei Erhebung in einen höheren Grad erhoben.
Darüber hinaus existierten gelegentliche Zahlungen und Sammlungen.

besser noch mit den Orden Odd Fellow und B'nai B'rith, die im Rahmen ihrer Aktivitäten über ein wirksames, wenngleich nicht dominantes System sozialer Vorteile verfügten. Die tschechischen Logen versuchten sukzessive gerade bei diesen Inspirationen zu erlangen, wie die Seiten der Zeitschrift „Svobodný zednář" andeuten. Andererseits ist ein gewissen Abwägen zu spüren, ob ein Ausnutzen dieser Bindungen nicht eigentlich dem abgelehnten Protektionismus entspricht, der in Teilen der Gesellschaft eine negative Auffassung über die Freimaurerei mitverursachte.

Ist hier überhaupt der Gedanke darüber angebracht, ob sich eine etwaige soziale Fürsorge auch auf Freimaurer bezog, wenn es sich doch um eine solvente Elite handelte, die nicht „betteln" musste? Diese Frage ist jedoch nicht abwegig – zumindest bei jenen Freimaurern, die viele Jahre Mitglieder des Ordens waren, konnte sich die soziale Situation ändern bzw. konkreter formuliert: verschlechtern. Erinnern wir uns etwa an den Fall des Pilsner Freidenkers Kutvirt oder den des agilen Komeniologen Vonka, denen ein Wechsel in Pension ein Halten ihres bisherigen Lebensstandards unmöglich machte. Die Auswirkungen der Wirtschaftskrise fühlten auch zahlreiche tschechische Freimaurer, wenngleich sie sich zumeist in einer Position befanden, die ihre Lage in der Krise nicht existenzbedrohend werden ließ.[473] Der Verlust der Solvenz bedeutete das Ende eines Engagements bei den Freimaurern, da über einen längeren Zeitraum nicht abgeführte Beiträge unentschuldbar waren. Auf diese Freimaurer konnte sich keine finanzielle Hilfe beziehen, da es sich doch eben nicht um eine sich gegenseitig fördernde Gruppierung handelte.

Es existierte eine ganze Skala an Mitteln, wie zwischen Freimaurern ein anderes als ein direktes finanzielles soziales Programm hätte zur Anwendung kommen können. Im Umfeld der tschechischen Freimaurer entwickelte sich ein solches jedoch nicht. Es genügt ein Vergleich der Inserate in den Periodika der tschechischen und der deutschen Freimaurer, aber auch der Orden Odd Fellow, B'nai B'rith und an erster Stelle des Rotary. Vor allem bei den Letztgenannten sehen wir zahlreiche Beispiele für ein Empfehlen von Leistungen oder Erzeugnissen der Mitglieder untereinander, was letztlich zu einer Profitsteigerung führen konnte.

---

473   Es genügt ein Blick auf die Reflektion des stets ausgeglichenen und positiv gestimmten führenden Freimaurers Zdeněk Helfert (Natriumnitrat): „Hotels Savoy-Carlton, Bratislava, 6. Oktober 1931 ... Ich bin hier wie auf einem Begräbnis: ich begrabe unser hiesiges Büro – vergangene Woche tat ich nämlich dasselbe mit unserem Brünner Büro, davor schloss ich unsere Büros in Saatz [Žatec] und Košice. Und nicht nur das, auf Geheiß unserer Londoner Zentrale musste ich sämtlichem Personal bis auf zweien kündigen, deren Existenz und letztlich die meiner Person auf sehr tönernen Füßen steht. Warum schreibe ich dir dies? Damit Du mir in diesen peinlichen Zeiten voll trauriger Arbeit, begleitet von großen Sorgen, leichter verzeihst, dass ich mich nicht um das Kapitol [Tábor] kümmern konnte ... Es schlug ein wie ein Blitz und entwickelte sich zu einer Lawine." Archiv des Nationalmuseums, Bestand Jan Kapras, K. 108, Inv.-Nr. 5076.

Daher können wir uns bei den Mitgliedern nur auf eine Form der Unterstützung konzentrieren, und zwar eine medizinische Hilfe. Mit Blick auf die hohe Anzahl an Ärzten unter den Freimaurern lag natürlich die Idee nahe, dass kranke Freimaurer mit außerordentlicher Rücksichtnahme gerade durch andere Freimaurer / Mediziner untersucht wurden. Ein antifreimaurerisch eingestellter Skeptiker könnte a priori denken, dass dies quasi automatisch geschehen wäre; dem war jedoch nicht so. Nicht jedem kranken Freimaurer fiel ein, sich als erstes an eine medizinische Kapazität zu wenden, selbst wenn diese mit ihm etwa in einer Loge saß. Und nicht selten kam es dazu, dass Krankheitssymptome vernachlässigt wurden oder sich Krankheiten zum schlechten entwickelten, die durch eine erstklassige und rechtzeitige Behandlung hätten gelindert werden können. Es kam zu traurigen Fällen ernster Erkrankungen führender Freimaurer aus der Gründergeneration, die die anderen Brüder erschütterten.[474] Ein Kontakt zu Kranken und die gesamte soziale Agenda einer Loge oblag einem hierzu ernannten sog. Samariter. Jedoch bestand die moralische Pflicht eines jeden Freimaurers das unter Bewies zu stellen, was wir mit einer völlig anderen Terminologie, welche den Freimaurern offenkundig nicht gefallen hätte, als christliche Nächstenliebe bezeichnen würden. Bei langzeitig Erkrankten erging gelegentlich ein Beschluss der Loge, ihnen eine Fürsorge „ihrer" Ärzte angedeihen zu lassen. Es sei angemerkt, dass „ihre" Ärzte seinerzeit tatsächlich zu der absoluten Spitze in der Tschechoslowakei zählten.[475]

Eine soziale Unterstützung genossen daher nicht Freimaurer als solche, da sich die Kategorien von sozial Bedürftigen und von Freimaurern im Grunde ausschlossen. Gleichwohl gab es Situationen, in denen Hilfe auch an Freimaurerfamilien gewährt wurde. Bedingung war der Tod des Familienoberhauptes. Sofern die Familie eines verstorbenen Freimaurers in eine schwierige soziale Lage geriet und falls die Freimaurer hiervon Kenntnis hatten – wenn also ein Kontakt zwischen der Witwe und zumindest einem der Brüder bestand – versuchten die Logen einmalig oder dauerhaft zu helfen. Besonders stark entwickelte sich diese Form der Unterstützung während des Zweiten Weltkrieges, der unter den bisherigen gesellschaftlichen Eliten unwiederbringliche Schäden verursachte. Falls Freimaurer auch minderjährige Kinder hinterließen, bestand

---

474   Eine Geisteskrankheit Jan Venturas, eine Lähmung nach einem Schlaganfall Viktor Dvorskýs, der Tod des jungen Karel Stretti, aber auch der Tod von Kindern – z.B. der Tochter von Jiří Sedmík, oder eine lange Bettlägerigkeit von Richard Adamík etc.

475   Vgl. etwa den Fall des erkrankten Bruders Kuchynka, AVL ČR (Archiv der Großloge der Tschechischen Republik), Kniha prací lóže Národ [Buch der Arbeiten der Loge Národ], Aufzeichnung vom 11. Januar 1935. Grundsätzlich hierzu ein Referat in der Loge Národ von Zdeněk Chytil „Über die humane Freimaurerpraxis", vgl. ebd., Aufzeichnung vom 12. Dezember 1930.

Grab von Kamil Krofta mit Freimaurermotiv, Friedhof in Dýšina

die Möglichkeit eines eher ideellen Patronates durch einen anderen Frei-maurer.[476]

Der Tod eines Freimaurers war jedoch ein kollektiv durchlebtes Er-eignis, verlor man doch – symbolisch gesprochen – ein Glied in der Kette. Alljährlich wurden Verluste rekapituliert. Ein Kult um die Toten wurde sukzessive auch bei den Freimaurern aufgebaut. Wenn wir für die Zeit des Todes Rašíns noch Unwillen zu Trauerarbeit verzeichnen, so war ein Ableben eines Mitgliedes in den späteren Jahren, vor allem bei führen-den Freimaurern, von einem komplizierten Mechanismus von Gedenk-veranstaltungen begleitet.

Wir können konstatieren, dass in den ersten ca. zehn Jahren der Existenz der tschechoslowakischen Freimaurerei den eigenen Verstorbe-nen keine besondere Aufmerksamkeit zuteil wurde, weder im Hinblick auf einen etwaigen Kult, noch in sozialer Hinsicht. Eventuell können wir dies in Zusammenhang damit setzen, dass zu dieser Zeit noch keine füh-renden und profilierten Persönlichkeiten der Freimaurergemeinde ver-starben. Erst nach mehreren Jahren wurde ein zentral geführtes und veröffentlichtes Register von Verstorbenen angelegt und begonnen die Problematik zu diskutieren, wie sich die Freimaurer zu einem Begräb-nisakt verhalten sollten. Erst Ende 1928 – und Impuls war hier offenbar

---

476 Wahrscheinlich zum ersten Mal konnte dies nach dem Attentat auf Rašín 1923 beobachtet werden, der drei bereits ältere Kinder hinterließ.

der Tod des führenden Rechtshistorikers und Slawisten Karel Kadlec –
begannen die Freimaurer darüber nachzudenken, ob es nicht angezeigt
wäre, an dem Begräbnis teilzunehmen und kund zu tun, dass sie dort als
Freimaurer und nicht als Bürger, Kollegen oder Freunde sind.

Dieser Gedanke stieß jedoch auf einen erheblichen Widerstand und
wurde im Grunde mit der Begründung abgelehnt, dass dies vor allem
mit Blick auf die Familien der Verstorbenen nicht angezeigt wäre. Es
könnte nämlich zu einer Diskreditierung des Toten führen, wenn die Öffentlichkeit erführe, dass er Freimaurer gewesen war. Den Freimaurern
schien die tschechische Gesellschaft nicht so offen und tolerant zu sein,
um sich einen solchen Auftritt zu erlauben. Zudem wollten einige nicht
als Freimaurer erkannt werden, und sei es nur auf dem Begräbnis eines
„Bruders". Ein Problem bestand offenbar auch darin, dass die Hinterbliebenen vor allem Frauen waren, die von der Zugehörigkeit ihrer Männer zu den Freimaurern oft nicht angetan waren. Die Freimaurer kamen
daher überein, dass einziges offenes Zeichen bei der Verabschiedung des
Toten im Rahmen einer Beerdigung drei auf den Sarg gelegte Rosen sein
würden. Gleichwohl wurde das Problem erstmals als solches gesehen und
gar im Großorient verhandelt.[477]

Dieser identifizierte sich mit dem oben angeführten Vorschlag der
Loge Národ, wobei der Wunsch der Familie maßgeblich sein solle.[478]
Nicht alle Familien waren konservativ und kümmerten sich primär darum, „was die Umgebung dazu sagt", manche wünschten sich eine Anwesenheit von Freimaurern auf einem Begräbnis und dankten ihnen dafür.
Nach einem Jahr fand ein Treffen der Samariter der einzelnen Logen
statt, bei dem die Frage der Ehrung verstorbener Freimaurer an Jahrestagen behandelt wurde. Es wurde beschlossen, einen Akazienzweig
auf das Grab zu legen, die Witwe zu besuchen und ihr gegebenenfalls
einen finanziellen Zuschuss zu gewähren, sofern festgestellt würde, dass
die Verhältnisse der Familie dies erfordern.[479] Erst ab diesem Zeitpunkt
entfaltete sich die fürsorgende Tätigkeit der Logen. Zugleich gilt festzu-

---

477   AVL ČR (Archiv der Großloge der Tschechischen Republik), Kniha prací lóže Národ (Buch der Arbeiten der
Loge Národ), Aufzeichnung vom 14. Dezember 1928.

478   Ebd., Aufzeichnung vom 18. Januar 1929. Es muss festgehalten werden, dass im tschechischen Umfeld
Beerdigungen von Freimaurern nicht nur oder nicht primär durch eine Feuerbestattung erfolgten, bei denen
seinerzeit die Teilnahme eines katholischen Priesters seitens der Kirche ausgeschlossen war. Oft gab es auch
Erdbestattungen einschließlich katholischer Zeremonien. Auch in diesem Fall waren die familiären Konventionen
weitaus wichtiger als das, was aus freimaurerischer Sicht wünschenswert gewesen wäre, vom Blickwinkel der
Freidenker ganz angesehen. Männer, die Teil der fortschrittlichen Bewegung waren, gehörten relativ häufig zu den
Anhängern der Verbrennung, und dies bereits zu einer Zeit, als es in Prag noch nicht einmal ein Krematorium gab.
Manchmal liefen dies öffentliche, gemeinschaftliche und persönliche Interessen zuwider, etwa beim Begräbnis
Alois Rašíns im Februar 1923, als kirchliche Würdenträger am Staatsbegräbnis (Kremierung) nicht teilnahmen.

479   Ebd., Aufzeichnung vom 10. Januar 1930.

halten, dass sehr viel auch von der aktiven Einstellung des jeweiligen Verantwortlichen („Samariters") in seinem Amt abhing.[480] Finaler Impuls für die Gründung eines freimaurerischen Hilfsfonds für Todesfälle war offenbar des Ableben des Gründers der Loge Komenský und deren ersten Sekretärs, des Bergbauingenieurs und eifrigen Freimaurers Ladislav Moučka. Er war es, der die ersten Rituale, die Konstitution, die Terminologie vorlegte, der Aufzeichnungen über die Aktivitäten der Loge führte und der 1923 auf eigene Kosten eine Reise in die Schweiz unternahm, um dort die Konstituierung der tschechoslowakischen Freimaurerei zu befeuern.[481] Erst als dieser Mann 1931 starb, stellten seine Brüder fest, wie trist die Lage seiner Familie war.[482] Ende des Jahres schenkte das Kapitel Tábor dieser Familie eintausend Kronen in Form eines Sparbuches, und ab 1933 erhielt Moučkas Familie einen festen monatlichen Zuschuss von den Freimaurern in Höhe von 1000 Tschechoslowakischen Kronen, auf einen Freimaurer entfielen somit ca. 2 Kronen monatlich.[483]

Kurz nach Moučkas Tod schlug Zdeněk Helfert die Schaffung eines Hilfsfonds für Todesfälle zur internen Diskussion vor. Aus ihm sollten Hinterbliebene 5000 Kronen erhalten. „Dieser Hilfsfonds würde geschaf-

480 Der Aufbau des Fürsorgesystems zog sich bis 1931 hin. Bereits vor Weihnachten dieses Jahres sehen wir, dass der Samariter der Loge Národ, František Šmakal, ein führender Funktionär des Roten Kreuzes, die Adressen verstorbener Freimaurer anforderte und sich anschickte, den Familien Grüße auszurichten; bei einem Besuch der Witwe des Großmeisters Syllaba wurde ein repräsentativer Blumenstrauß übergeben; des Weiteren ging er zu den kranken Brüdern Vojtíšek und Dvorský. Der Witwe von Jindřich Čapek wurde ausgerichtet, dass „die Juristen, die Angehörige unserer brüderlichen Kette sind, der Familie in jedweden rechtlichen und Nachlassenfragen zu Diensten sind".

481 WIESNER, Adolf: Za br. Ladislavem Moučkou (Zu Bruder Ladislav Moučka), in: Svobodný zednář 7-8, V, 1931, S. 102-103.

482 Ein Jahr später schreibt Zdeněk Helfert an Jan Kapras: „Ich weiß nicht, ob Dir bekannt ist, dass die Familie unseres teuren Bruders Moučka in großer Sorge lebt. Es handelt sich um eine Witwe mit Sohn und Tochter. Der Sohn, ein sehr talentierter Schüler, studierte das Fach Mathematik an der hiesigen Universität. Da er erkannte, dass das Studium ein langes ist und er nach Beendigung der Studien schwerlich eine Stelle als Mittelschullehrer finden würde, wechselte er zu einem Studium der Versicherungsmathematik. In letzter Zeit zeigte sich bei ihm jedoch eine Geisteskrankheit, die nach einem Gutachten von Fachärzten sehr ernst ist. Das Töchterlein, körperlich erheblich unterentwickelt, lernt an der hiesigen Kunstgewerbeschule und ist mit einem außerordentlichen malerischen Talent gesegnet. Auch in materieller Hinsicht geht es der Familie des Bruders Moučka nicht gut. Einziges Vermögen ist eine Villa in Zbraslav, wo sie wohnen, da jedoch die Familie keine Einkommensquellen hat, bestreitet sie ihre bescheidenen Lebensbelange bestenfalls mit einem gelegentlichen Verkauf von Hausinventar. Damit wir der Familie helfen, haben die Logenvormunde Bruder Otakar Baštýř und Bruder Adolf Wiesner Folgendes organisiert: Das Fräulein Moučková hat ein solches Talent, dass ihre Bilder (sie ist eine ausgesprochene Landschaftsmalerin) bereits jetzt in eine Kunstausstellung könnten und eine Zierde einer jeden Wohnung wären (Urteil unserer Künstler Bruder Wiesner und Bruder Blažíček). Damit das Fräulein Moučková in ihrem Selbstvertrauen gestärkt werde, werden ihre Bilder derweil im Kreise der Brüder verkauft, und zwar zu 500 bis 600 Kronen, d.h. für einen Preis, der den künstlerischen Wert dieser Bilder bei Weitem nicht erreicht …" ANM (Archiv des Nationalmuseums), Bestand Jan Kapras, K. 108, Inv.-Nr. 5076, Helferts Schreiben vom 25. Mai 1932.

483 Jedes Mitglieds des Kapitels zahlte 30 Kronen ein, vgl. ebd., Inv.-Nr. 5075, Helferts Schreiben vom 21. Dezember 1931, und AVL ČR (Archiv der Großloge der Tschechischen Republik), Kniha prací lóže Národ (Buch der Arbeiten der Loge Národ), Aufzeichnung vom 19. Mai 1933.

fen werden, indem jeder Bruder 20 Kronen zu Beginn und bei einem eventuellen Tod eines Bruders weitere 10 Kronen bezahlt."[484] Die Logen nahmen diesen Vorschlag mit Begeisterung auf und tatsächlich kam es binnen eines halben Jahres zur Gründung eines „Brüderlichen Sterbefonds" (Bratrský úmrtní fond).[485] Darüber hinaus wurden in einigen Fällen auch finanzielle Schenkungen eingebracht.[486]

Die Idee eines Hilfsfonds war zweifelsohne ein ausgezeichneter Gedanke, das Problem bestand jedoch offenbar in der zu großzügigen Planung. Bald zeigte sich nämlich, dass der Fonds im angedachten Umfang, der zudem nicht modernen Versicherungsprinzipien entsprach, beim aktuellen Verhältnis der Freimaurer – zumeist älteren Herren – nicht finanzierbar war. Daher wurde 1936 vorgeschlagen, den Fonds aufzulösen.[487] Es scheint, dass ein so grundsätzlicher Schlussstrich nicht gezogen wurde, jedoch wurden die auszuschüttenden Beträge um die Hälfte gemindert.[488] Der sich entfaltende Kult um die Toten gebar ein Denkmal der Toten (Památník mrtvých) in den Räumen des Tempels in der Straße Dittrichova ulice,[489] das an die verstorbenen Freimaurer erinnern sollte; Logen und Einzelpersonen konnten gegen eine bestimmte Gebühr Fotografien der Verstorbenen beziehen.

Die Fürsorge für Hinterbliebene, die sich Anfang der 30er Jahre etablierte, wurde somit zum deutlichsten Ausdruck sozialer Solidarität, den die tschechischen Freimaurer einander erwiesen. Darüber hinaus entwickelte sich sukzessive eine beinahe ritualisierte Form eines Interesses an anderen und eines Dankes für dieses bewiesene Interesse: konkret etwa Glück-

484   AVL ČR (Archiv der Großloge der Tschechischen Republik), Kniha prací lóže Národ (Buch der Arbeiten der Loge Národ), Aufzeichnung vom 29. Mai 1931.

485   Ebd., Aufzeichnung vom 6. November 1931 und Zpráva Vel. Taj. za rok 1931 (Bericht des Großsekretärs für das Jahr 1931), in: Svobodný zednář 5-6, VI, 1932, S. 80-86

486   Z.B. Jan Ventura, bevor er in die Nervenheilanstalt Prag-Bohnice ging, aus der er nicht zurückkehrte, „schrieb seiner Ehefrau einige Zeilen, mit denen er sie darauf hinweist, dass ihr bei Problemen die Brüder Freimaurer eine treue Stütze sein werden". Die Loge Národ übersandte daher an Venturas Loge 28. říjen anstelle eines Kranzes 300 Kronen; die Loge wusste, an wen dieses Geld weitergeleitet werden musste. AVL ČR (Archiv der Großloge der Tschechischen Republik), Kniha prací lóže Národ (Buch der Arbeiten der Loge Národ), Aufzeichnung vom 22. Januar 1932.

487   Ebd., Aufzeichnung vom 17. April 1936.

488   Zumindest deutet dies ein Schreiben an, dass 1937 die Loge Dílo an ihre Mitglieder sandte: „... Für das Jahr 1937 wurde Dir ein Mitgliedsbeitrag in Höhe von 800,- Kronen bemessen, einschließlich eines Abonnements der Zeitschrift Sv. z. Des Weiteren bitte ich, dass Du eine Spende an den Sterbefonds für folgende von uns gegangene Brüder überweist: Emil Sirotek aus der L. 28. říjen, Br. Navrátil aus der L. Cestou světla, L. Schwarz aus der L. Dílo, K. Kačer aus der L. Pravda vítězí und Br. Messany aus der L. 28. říjen, und zwar zu je 5,- Kronen für jeden verschiedenen Bruder, also insgesamt 25,- Kronen." AVL ČR (Archiv der Großloge der Tschechischen Republik), Schreiben des Kassenwartes der Loge Dílo, Rychlík, vom 31. März 1937. Wenn wir uns diese Summe vorstellen, und hierzu noch Gaben in den „Beutel der Gabensammlung" und für verschiedene Veranstaltungen, sehen wir, dass die Freimaurerei ein finanziell aufwändiges Engagement bedeutete.

489   Zprávy (Nachrichten), in: Svobodný zednář 7-8, V, 1931, S. 112-123.

wünsche zu Lebensjubiläen, ein Kondolieren bei Todesfällen in Familien (Eltern, Kinder, Ehegattinnen, aber auch Schwestern oder Schwiegermütter), ferner Glückwünsche zu Arbeitserfolgen, zur Geburt von Kindern, Eheschließungen, Genesungen etc. Die Skala dieser höflichen Kontakte war gleichsam unerschöpflich. Dabei ist nur sehr schwer zu beurteilen, in welchem Maße aus diesen Aktivitäten ein Formalismus wurde.

Linderung von Armut

Wie bereits angeführt, zeichneten sich die deutschen Logen in der Tschechoslowakei und auch der Freimaurerei ähnliche Gesellschaften durch eine außerordentlich Aktivität auf dem Feld der Philanthropie aus. Es handelte sich jedoch meist nicht um Vereine oder Verbände des (tschechischen) Staatsvolkes. In diesem Zusammenhang bietet sich ein Vergleich mit der österreichischen Freimaurerei an, als einer Organisation eines kleinen Staatsvolkes unter Bedingungen, die denen der Tschechoslowakei bis Mitte der 30er Jahre ähnlich waren. Hier kann ein gezieltes und systematischen Bemühen beobachtet werden, die Sozial-, Schul- und Gesundheitsfürsorgegesetzgebung zu beeinflussen.[490] Im tschechischen Umfeld treffen wir jedoch nur auf Einzelpersonen, die sich in ähnlicher Weise engagiert haben, und dies ohne eine organisierte oder zumindest kollektiv diskutierte Vorstellung und deren Umsetzung. Unter den tschechischen Freimaurern gab es jedoch viele Personen, die mit Blick auf ihren Beruf oder gegebenenfalls eine wichtige öffentliche Tätigkeit an der Lösung sozialer Probleme mittels des Staates (Ministerien, städtische Verwaltung) oder öffentlicher Institutionen (YMCA, Rotes Kreuz) partizipierten.

Einige tschechische Freimaurer sahen, noch bevor die weltweite Wirtschaftskrise auch in der Tschechoslowakei zuschlug, dass sich ihre Organisation kaum philanthropischen Aktivitäten widmete. Zunächst versuchten diese Mitglieder ausländische Beispiele herauszustreichen und auf diesen wichtigen Inhalt der Freimaurerei zu verweisen.[491] Es dauerte jedoch sehr lange, bis die Phase der gezielten individuellen Spenden oder einmaligen kleineren Sammlungen überwunden wurde und größere Projekte in Angriff genommen wurden, mit denen die Kräfte der Freimaurer gebündelt wurden. Auch im Herangehen an diese Frage sehen wir Unterschiede zwischen den einst „französischen" und „italienischen"

---

490   Vgl.: SURA, Josef: Die Einflussnahme der Freimaurerei auf karitative und sozialpolitische Einrichtungen in Österreich in der Zwischenkriegszeit, Dissertationsarbeit, UNI Wien 1991.

491   Erst am Ende der organisierten Freimaurerei in der Tschechoslowakei wurde jedoch konstatiert, dass die praktische brüderliche Hilfe „wichtiger ist, als die Bearbeitung theoretischer Themen in der Loge". Literatura a umění (Literatur und Kunst), in: Svobodný zednář 3, XII, 1938, S. 45-46.

UNIVERSI TERRARUM ORBIS ARCHITECTONIS
GLORIAM AD INGENTIS.

SUPRÊME CONSEIL
DU 33e ET DERN.˙. DEG.˙.
POUR LA TCHÉCOSLOVAQUIE.

CONFÉDÉRATION
DES PUISSANCES MAÇONNIQUES
ECOSSAISSES.

Or.˙. de Prague, le 19 février E.˙. V.˙.
Val.˙. de la Vltava.

TT.˙. Ill.˙. F.˙.
Nous remplissons le pénible devoir de vous faire part du decès de notre T.˙. Ill.˙. F.˙.

Dᴿ ALOIS RAŠÍN, 33ᵉ

Membre Act.˙. du Sup.˙. Cons.˙. pour la Tchécoslovaquie ministre des finances de la République Tchécoslovaque.

Né à Nechanice en Bohême le 18 octobre 1867, il a consacré toute sa vie à la lutte pour l'indépendance de sa nation. Cette lutte lui a valu sous le régime autrichien quatre ans de prison et pendant la guerre mondiale la condamnation à mort. Mais il a vu la résurrection de sa nation libre pour laquelle il a dévoué toute son énergie indomptable comme ministre des finances.

Le 5 janvier 1923 il est tombé frappé d'une balle tirée par un communiste. Après des souffrances atroces il a expiré, martyr, le 18 février 1923.

Les obsèques ont lieu mercredi le 21 février à 14ʰ· à Prague, Panthéon du Musée National.

Recevez, TT.˙. Ill.˙. FF.˙., nos salutations frat.˙.

Au nom du Suprême Conseil pour la Tchécoslovaquie:

Le Gr.˙. Chanc.˙. Sec.˙. Gén.˙.

╪ VIKTOR DVORSKÝ 33ᵉ

Le Souv.˙. Gr.˙. Com.˙.

╪ ALFONS MUCHA 33ᵉ

Traueranzeige von Freimaurer Alois Rašín

Logen. Erstere, eventuell mit Blick auf ihren Ursprung in der österreichisch-deutschen Freimaurerei, waren in dieser Hinsicht aktiver, da sie begriffen hatten, dass es sich um einen integralen Bestandteil der Arbeit der Freimaurer handelt. Letztere jedoch engagierten sich nur nach und nach ein wenig. Daher fiel erst Ende 1928 in der Loge Národ die tatsächlich ernst gemeinte Frage, ob „die Arbeit unserer Logen, [die] bisher nur vorbereitend war, sich nicht ein höheres Ziel stecken sollte, z.B. ein humanes."[492]

Nicht dass in dieser Loge überhaupt kein karitatives Engagement bestanden hätte. So wurden z.B. 300 Kronen zu Weihnachten gespendet, und es gab verschiedene individuelle Hilfen. Schauen wir uns diese Aktivitäten aber einmal genauer an: Um was für Aktivitäten handelte es sich? Etwa um Weihnachtsgeschenke für Kinder in der Region Teschen (Těšín), die Organisation eines Ausfluges dieser Kinder nach Prag,[493] da-

---

492 AVL ČR (Archiv der Großloge der Tschechischen Republik), Aufzeichnung vom 14. Dezember 1928.

493 Die Kosten für den Ausflug von 25 Kindern nach Prag betrugen 1000-2000 Kronen. Ebd., Aufzeichnung vom 15. November 1935 und Jahresbericht 1935.

mit sie einmal die Hauptstadt sehen können, eine Förderung (eher auf verbaler Ebene) des Fremdenverkehrs in dieser eher vergessenen Region, die Vermittlung eines Platzes für ein Kind in einem Ferienlager, eine Hilfe für Personen ohne Staatsangehörigkeit,[494] eine persönliche Teilnahme an einer Veranstaltung für arbeitslose Absolventen der Philosophischen Fakultät,[495] eine einmalige Unterstützung Alter und Armer, den Kauf von Eintrittskarten für Wohltätigkeitskonzerte (z.b. den Chor Bakulovi zpěváčci),[496] einen Zuschuss für Blinden- und Taubenanstalten, einen Zuschuss zu den Weihnachtsfeiern des Prager Kinderheims Jedličkův ústav,[497] eine einmalige Unterstützung von kranken Kindern bzw. einen Zuschuss für ein Sanatorium[498] oder die Suche nach Arbeitsstellen für Einzelpersonen.[499] Meist folgte dies auf Grundlage von individuell erlangten Informationen über einen sozial Bedürftigen und um ad-hoc-Entscheidungen, dass jemand eine Hilfe bekommt.

Eine etwas andere Situation herrschte in den ursprünglich „französischen" Logen. Hier ist deutlicher eine Tendenz zu karitativen Tätigkeiten zu erkennen, und dies auch in institutionalisierter Form. Aus dem

---

494   Meist handelte es sich um tschechische oder slowakische Frauen, die mit ihren Männern nach Amerika gingen, dort verlassen wurden, oder aber der Mann war im Gefängnis etc., die Frauen kehrten zurück, hatten jedoch bereits die tschechoslowakische Staatsangehörigkeit nicht mehr und galten daher als Ausländerinnen.

495   Hiervon im Jahr 1933 ca. 100 Historiker, die Gesamtzahl betrug mehrere Hundert. Ihnen sollte eine bezahlte Beschäftigung besorgt werden, die aus Erlösen eines als Arbeitsdarlehen bezeichneten Fonds finanziert werden sollte. In dieser Weise käme es zur Umsetzung einer Reihe nützlicher wissenschaftlicher Projekte, für die die Fakultät sonst weder Geld noch wissenschaftliche Mitarbeiter hätte (ein großes Wörterbuch der tschechischen Sprache, ein Plan für eine Universitätsbibliothek, eine Katalogisierung eines Museumsarchivs etc.). Auf diesem Feld engagierten sich sehr Kamil Krofta und der Slawist Jiří Horák.

496   Aktiv war hier insbesondere ein Damenkomitee, von dem noch die Rede sein wird. AVL ČR (Archiv der Großloge der Tschechischen Republik), Kniha prací lóže Národ (Buch der Arbeiten der Loge Národ), Aufzeichnung vom 24. April 1931. Der Verkauf der Eintrittskarten verlief ohne Probleme, da Freimaurer direkt durch das Komitee in der Sache des Kaufs von Karten angesprochen wurden. Dies bedeutet, dass diesen Frauen ein Verzeichnis von Freimaurern zur Verfügung stand, was bedenklich wäre. Anlage, in: Svobodný zednář 9, V, 1931.

497   Einzelheiten vgl. auch: ANM (Archiv des Nationalmuseums), Bestand Jan Kapras, K. 46, Inv.-Nr. 3061, Schreiben von Karel Weigner vom 29. Dezember 1933. Laut diesem Schreiben scheint es, dass die Freimaurer diese Institution gezielt für eine längerfristige Unterstützung ausgewählt hatten, dann aber feststellten, dass sie für das Projekt nicht über hinreichend Finanzen verfügen.

498   Z.B. für die zehnjährige Eliška Vlastníková, Tochter eines arbeitslosen Glasmachers aus der Gegend des nordböhmischen Varnsdorf, die eine schwer deformierte Wirbelsäule hatte. Sie musste in einer orthopädischen Anstalt untergebracht werden, Kost und Logis kosteten 15 Kronen täglich. Die Loge bezahlte einen Betrag von 1000 Kronen. Den Rest schossen die Krankenkasse, der Vater des Kindes, das Büro des Staatspräsidenten, eine Jugendfürsorgeorganisation und das Rote Kreuz zu.

499   In den deutschen Logen gab es direkt Arbeitsvermittlungsstellen. Vgl. Staatliches Kreisarchiv Teplice (Teplitz), Bestand Freimaurer Loge Teplice, dort Rundschreiben mit Informationen zu bestimmten arbeitslosen Personen. Für die tschechische Gemeinschaft publizierte die Zeitschrift „Svobodný zednář" (6, V, 1931, Anlage) ein Formular, mit dem freie Stellen gemeldet werden sollten. Dieses System erscheint mir weniger effektiv gewesen zu sein als das der deutschen Freimaurer. Das gegenständliche Formblatt wies folgende Spalten auf: Meldung einer freien Stelle, Arbeitgeber (Adresse), Freier Platz (Fachbereich), Geforderte Qualifikation, Geforderte besondere Kenntnisse (fachliche, sprachliche etc.), Antrittsdatum und Vergütung (ungefähr), Art und Weise der Bewerbung, Besondere Hinweise für den Bewerber.

Jahr 1926 stammt ein Konzeptentwurf, der als erster seiner Art versuchte, die Freimaurer für eine organisierte Philanthropie zu interessieren. Laut dem gegenständlichen Konzept sollte in der Anfangsphase jedes Mitglied der Loge Komenský, in einer weiteren Phase jeder Freimaurer Mitglied einer der folgenden Institutionen werden und regelmäßig jährliche Beträge einzahlen (mindestens 50-100 Kronen): eine Blindenanstalt (Ústav nevidomých (Klárův)), ein Verband für Taubstumme, eine Anstalt für Krüppel (Jedličkův-Bakulův ústav mrzáčků), die Masaryk-Liga gegen Tuberkulose, das Tschechoslowakische Rote Kreuz, das „Tschechische Herz" (České srdce), die Tschechische Landeskommission für Jugendfürsorge, ein Verband für den Schutz von Müttern und Säuglingen.[500] In der Praxis bedeutet dies, dass die Loge selbst noch keine eigenen großzügigeren Aktionen in Betracht gezogen hatte, sodass die Freimaurer stattdessen individuell zu Wohltätigkeit verpflichtet werden sollten.

Darüber hinaus liegen uns Informationen darüber vor, dass in jener fröhlichen Parallelgesellschaft mit dem Namen Lascivia für Freimaurer verschiedener Logen – sicherlich mit Humor, aber durchaus ernst gemeint, ein sog. Sack der Witwe eingeführt wurde, in den die Teilnehmer jener Herrenabende freiwillige Spenden gaben, für welche einige Betten in einer Blindenanstalt finanziert wurden und ferner Gelder an zwei Blindenanstalten (Deylův ústav, Klárův ústav) und eine Anstalt für Taubstumme in Prag-Smíchov flossen. Mehr noch: „Zu Weihnachten schickte Pierre immer bis zu fünf Kleider (Anzüge) und zwei oder drei Mäntel. Er war ein Lebemann und trug die Kleider nicht lange, und die durch ihn gespendeten Stücke bekamen unsere Studenten mit 1000 Kronen obendrauf zum Umnähen – allesamt schöne Kleider aus besten englischen Stoffen."[501] Auch so informell konnte eine systematische freimaurerische Wohltätigkeit aussehen, die in erster Linie an eine im 18. Jahrhundert begründete Tradition anknüpfte, als Prager Freimaurer mehrere solche Anstalten verwalteten.

Wir können daher konstatieren, dass erst die Wirtschaftskrise in der ersten Hälfte der 30er Jahre tatsächlich alle Freimaurer dazu zwang, sich ernsthaft mit dem Sinn ihrer Tätigkeit auseinanderzusetzen. Seit

---

500   LA PNP [Literaturarchiv des Denkmals des nationalen Schrifttums], Bestand Josef Volf, Rundschreiben vom 23. November 1926 des Samariters der Loge Komenský, František Šebl.

501   LA PNP [Literaturarchiv des Denkmals des nationalen Schrifttums], Bestand Jaroslav Kvapil, Schreiben von František Kadeřávek, s.d. Zu Unterstützung für Studenten vgl. auch HAVEL, Václav M.: Mé vzpomínky [Meine Erinnerungen], S. 190. Dort u.a. über Hilfen, die gerade František Kadeřávek an Studenten anonym gewährte: „Er unterstützte diskret begabte Studenten, die ihre Eltern verloren oder im Gefängnis hatten. Dergestalt Vater war er zum Beispiel für Miloš Forman ..."
Die Loge Komenský finanzierte des Weiteren ein Bett im Allgemeinen Krankenhaus in Prag, und zwar als Erfüllung des Testamentes ihres verstorbenen Mitgliedes Heřman Taussig, aus dessen Mitteln das Bett bezahlt wurde. Vgl. Zprávy [Nachrichten], in: Svobodný zednář 1, V, 1931, S. 12-16.

1931 gab es häufigere Aktivitäten, die für die tschechischen Freimaurer im Bereich Wohltätigkeit wohl am typischsten waren – eine Hilfe für Arbeitslose.[502] Zuerst war auch hier eine gewisse Verlegenheit zu spüren, die wohl Zdeněk Chytil in seiner Vorlesung „Über die humane freimaurerische Praxis" treffend zusammenfasste. In seinem Referat denkt er darüber nach, ob sich die tschechischen Logen in irgendeiner Weise kollektiv für Arbeitslose einsetzen sollten, wie dies die deutschen Logen taten. Er kommt zu dem Schluss, dass in der tschechoslowakischen Freimaurerei hierfür wahrscheinlich die Voraussetzungen fehlen, da die Freimaurer „in der Gesellschaft andere Aufgaben" hätten.[503] Aber welche? Offenkundig bestand hier der Anspruch, ein festes staatstragendes Element zu sein, ein Wächter der Demokratie und „Kultivator" des öffentlichen Lebens. Wohltätigkeit wird aus dieser Perspektive als Tätigkeit mit geringerer Bedeutung gesehen. Noch Ende 1930 neigte Chytil und mit ihm die Loge Národ zu der Auffassung, dass Freimaurer in profanen Institutionen Wohltätigkeit betreiben sollten, wie dies vor Jahren die Loge Komenský initiieren wollte. Mit der wachsenden Kraft der Wirtschaftskrise war diese Auffassung jedoch nicht mehr haltbar.

Bereits nach einigen Wochen fand auch in der Loge Národ eine erste gemeinsame große Sammlung statt; 30 Freimaurer dieser Loge spendeten einen Betrag von 4120 Kronen; Zielsumme für die Loge und einen Arbeitslosenfonds waren 10 000 Kronen binnen einiger Monate. Anfang 1931 fand ein Treffen von Vertretern aller Logen über eine Hilfe für Arbeitslose statt, wofür ein großer gemeinsamer Fonds eingerichtet werden sollte, der zu 20 % aus Mitgliedsbeiträgen beglichen werden sollte.[504] Nach den ursprünglichen Vorstellungen sollten auch Sportvereine

---

502   Es zwingst sich ein Vergleich mit den deutschen Logen auf, ganz zu schweigen von Odd Fellow oder B'nai B'rith, die selbst „Gesundheitslager" betrieben und dauerhaft Kurplätze oder Schulplätze ermöglichten. In diesem Kontext fallen die Aktivitäten der tschechischen Freimaurer dann ein wenig ärmlich aus. Uns stehen Angaben über das Wohltätigkeitsengagement der Loge Hiram zur Verfügung (in Tschechoslowakischen Kronen): 1925 - 850, 1926 - 500, 1927 - 1.900, 1928 - 9.110, 1929 - 52.012, 1930 - 13.100, 1931 - 16.999, 1932 - 65.180, 1933 - 24.316, 1934 - 21.596. Die Schwankung korrespondiert eindeutig mit dem Verlauf der Wirtschaftskrise. Festschrift der Gerechten und Vollkommenen Johannisloge Hiram zu den drei Sternen im Oriente Prag aus Anlass ihres 25jährigen Bestehens, Praha 1934, S. 60.

503   AVL ČR (Archiv der Großloge der Tschechischen Republik), Kniha prací lóže Národ (Buch der Arbeiten der Loge Národ), Aufzeichnung vom 12. Dezember 1930. Bei dieser Loge war die Sorge um arbeitslose Akademiker am größten.

504   Der Vorstellung halber das Budget einer Loge für ein Jahr (in Tschechoslowakischen Kronen): Saldo 22.781,85 (Vorjahr 16.535,80) / Saldo geschuldeter Beiträge gemindert auf 9.930, die durch insgesamt 16 Mitglieder geschuldet werden, hiervon schulden 8 besonders säumige Personen 7.500. / An Mitgliedsbeiträgen wurden eingenommen 23.667 (Vorjahr 26.535) / An Beitrittsgebühren wurden eingenommen 5.600 (Vorjahr 3.350) Der Beutel für die Gabensammlung weist auf 7.200 (Vorjahr 5.716) / Miete von Räumlichkeiten 15.600 (Vorjahr 14.400) / An den Hilfsfonds für Todesfälle wurden abgeführt 5.640 (Vorjahr 1.350) / Für wohltätige Zwecke wurden gespendet 4.820 (Vorjahr 1.980) / Abonnements Zeitschriften, Postgebühren, Druckschriften 3.946 (Vorjahr 11.000) / Es handelt sich um einen Bilanzbericht der Loge Národ für das Jahr 1935. / Ebd.

(Sokol) an der Sammlung teilnehmen.[505] Nicht gewählt wurde also eine Variante, die sich angeboten hätte: eine Kooperation mit den erfahrenen und reicheren deutschen Freimaurerlogen. Eine solche Zusammenarbeit wurde gar eindeutig abgelehnt, und zwar „aus vielen Gründen. In erster Linie entschied der Umstand, dass die Aktion der deutschen Brüder eine Zusammenarbeit mit nichtfreimaurerischen Gesellschaften anstrebt, in zweiter Linie wollen wir unseren Grundsatz nicht aufweichen, dass wir Wohltätigkeit nicht öffentlich betreiben werden, und drittens haben einige unserer Werkstätten als zweckmäßig erkannt, ihre Arbeit außerhalb Prags zu leisten, das relativ gut versorgt ist".[506]

Am Anfang nahm sich der Organisation einer gezielten Hilfe für bedürftige Prager ein Damenkomitee an, was für viele Freimaurer ein weiterer Stein des Anstoßes war. Sicherlich war es weltweit gang und gäbe, dass Freimaurer bei karitativer Tätigkeit durch Frauen unterstützt wurden, aber unter den progressiven und gleichzeitig doch konservativen tschechischen Vertretern der Eliten stieß dieser Punkt auf erheblichen Unmut. Eine Einbindung von Frauen in die Aktivitäten der Freimaurer ging wiederum von der Loge Komenský aus (am meisten wohl von R. J. Vonka), was unsere primäre Überlegung über die zwei Strömungen der tschechischen Freimaurerei bestätigt. Im ersten Jahr – 1931 – erhielten 120 Prager Familien Gaben im Rahmen des Kampfes gegen „versteckte Armut".[507] Als das weibliche (Hilfs-) Komitee das erste Jahr seiner Tätigkeit bilanzierte, hatte es bereits mehr als fünfzig Mitglieder.

Um uns besser vorstellen zu können, wie sich diese erste organisierte Unterstützungsaktion gestaltete, schauen wir uns einige Details an: Insgesamt befasste man sich im Rahmen der „Fürsorge um verdeckte Armut", wie die Aktion genannt wurde, mit 192 Fällen, alle Fälle wurden untersucht, 19 wurden abgewiesen, 9 Kandidaten waren letztlich nicht auffindbar, 2 verstarben. Übrig blieben 162 Fälle. Deren Familien wurden finanziell und durch Lebensmittel (Mehl, Zucker, Fett, Kartoffeln) und Bekleidung unterstützt. Ausgegeben wurden insgesamt 48 Anzüge, Bekleidungsstücke für Männer 362, für Frauen 326, für Kinder 268, Unterwäsche 860 Stück, Schuhe 96 Paar, ferner auch 12 Möbelstücke

---

505   Ebd., Aufzeichnung vom 30. Januar 1931.

506   Zpráva Vel. Taj. za rok 1931 [Bericht des Großsekretärs für das Jahr 1931], in: Svobodný zednář 5–6, VI, 1932, S. 80–86. Z.B. engagierte sich die Loge Národ im Bezirk Pilsen. In welchem Maße es sich um ein Ausweichmanöver handelte, lässt sich schwer sagen: In der Region um Pilsen war die dortige Loge Dobrovský sehr aktiv, die eng mit dem Roten Kreuz kooperierte [unterstützt wurden Krippen, ein Studentenheim, die Gemeindeküche, die auch für Arbeitslose kochte. In deren Verwaltungsrat hatte die Loge Dobrovský einen ständigen Vertreter]. Zprávy [Nachrichten], in: Svobodný zednář 12, V, 1931, S. 182–187 und Z domácích dílen [Aus heimischen Werkstätten], in: Svobodný zednář 4, X, 1936, S. 65–67.

507   Zprávy [Nachrichten], in: Svobodný zednář 5, V, 1931, S. 82–83.

(Betten, Tische) und Kohle. Arbeit konnte in 71 Fällen vermittelt werden (dauerhafte und zeitweilige Arbeitsverhältnisse).[508] Allgemein kann festgestellt werden, dass diese durch Frauen bereits mitorganisierte und praktisch ausgeführte Aktion als erste einen großzügigeren und konzeptionellen Rahmen erhielt.

In der Zeitschrift „Svobodný zednář" tauchte eine grundlegende theoretische Studie zur Problematik der Arbeitslosigkeit erst 1933 auf.[509] In ihr ruft der Autor, der Rechtsprofessor der Masaryk-Universität in Brünn, Jaroslav Kallab, zu einem systematischen und durchdachten Handeln zur Linderung des aus der Arbeitslosigkeit resultierenden Übels auf. Es handele sich nicht, wie die Entwicklung zeige, um eine vorübergehende Erscheinung, die zufällig, ohne Plan geregelt werden könne. Arbeitslosigkeit bedrohe in ihrer Folge auch die moralische und körperliche Gesundheit der Jugend. Es müsse eine produktive Fürsorge für Arbeitslose eingeführt werden und die Freimaurer sollten zu einer Diskussion beitragen, die deren optimale Form finden könne.

Die größte Aktion zu Gunsten von Arbeitslosen wurden erst Mitte der 30er Jahre Essenausgaben in Prag, die all jenes erfüllten, was zuvor noch abgelehnt worden war. Diese erfolgten zusammen mit deutschen Freimaurern und dem Prager Magistrat. Jedoch hätte ein so großzügiges Unternehmen anders auch kaum umgesetzt werden können. Uns steht der Abschlussbericht zur Verfügung, der diese Aktion zusammenfasst: „Bericht über das Ergebnis der freimaurerischen ‚Kochaktion', die im Winterzeitraum 1936-37 durch Schwestern umgesetzt wurde, welche in der ‚Verdeckten Armut' am Karlov zusammengeschlossen sind ... Das Kochern wurde aufgenommen am 10. Dezember des vergangenen Jahres in Räumen, die die Prager Gemeinde zu diesem Zweck vermietete. Zu Beginn wurden 50 Mittagessen täglich gekocht, bald jedoch stieg deren Anzahl auf das 3- bis 4-Fache. Im Schnitt wurden 143 Mittagessen an 82 Tagen gekocht. Das Kochen wurde beendet am 19. März dieses Jahres. Zur näheren Informierung führen wir folgende Daten an: Im Monat Dezember wurde an 17 Tagen gekocht und es wurden 1594 Mittagessen ausgegeben. Im Monat Januar wurde an 24 Tagen gekocht und es wurden 3555 Mittagessen ausgegeben. Im Monat Februar wurde an 24 Tagen gekocht und es wurden 3865 Mittagessen ausgegeben. Im Monat März wurde an 17 Tagen gekocht und es wurden 2727 Mittagessen ausgegeben. Insgesamt wurde an 82 Tagen gekocht und ausgegeben wurden 11.741

---

508   Ebd.

509   KALLAB, Jaroslav: K sociální péči o nezaměstnané [Zur sozialen Fürsorge um Arbeitslose], in: Svobodný zednář 10, VII, 1933, S. 171-174.

Mittagessen. Die Mittagessen kochten Schwestern, die sich nach einem vereinbarten Plan abwechselten; 2 Aushilfskräfte wurden bezahlt. Aktiv nahmen am Kochen 32 Schwestern teil. Insgesamt widmeten die Schwestern diesen Arbeiten 341 halbe Tage. Einige, besonders eifrige Schwestern kochten in dieser Wintersaison bis zu 21 Mal und eine Schwester nahm an den Kontrollarbeiten gar 38 Mal teil.

Der wöchentliche Speiseplan sah mit kleineren Änderungen in etwa wie folgt aus:

Mo. Gulaschsuppe mit Kartoffeln, Brot.
Di. Lebersuppe, Fleisch mit Erbsen, Brot.
Mi. Rindersuppe mit Graupen, Schweinebraten, Kartoffeln, Brot.
Do. Lebersuppe, Reis mit Pflaumen, Brot.
Fr. Schweinebraten, Kraut, Knödel, Brot.
Sa. Rindersuppe, Rindfleisch, Bohnen auf saure Art, Brot.

Die Portionen waren reichlich und jedermann aß sich satt. In Geld kostete diese Aktion 32.290 Tschechoslowakische Kronen.

Wir müssen jedoch betonen, dass diese Aktion in diesem Umfang nur durch die reichen Spenden verwirklicht werden konnte, die uns durch 31 Anhänger zur Verfügung gestellt wurden, die auf unsere Arbeit hingewiesen und durch Hinzutun einiger unserer eifrigsten Brüder (Herrmann, Feierabend, Lustig, Stadler, Taussig, Zatloukal und andere) gewonnen wurden. In dieser Weise bekamen wir Spenden in Naturalien (und Geld) im Wert von 24.590,75 Tschechoslowakischen Kronen, sodass aus Mitteln der Logen nur 7.700.- verwendet wurden. Auch durch Verdienst des Bruders J. Herrmann bekamen wir von 9 Prager Großhändlern 1410 kg Fleisch und 175 kg Speck im Wert von mindestens 15.850.- Tschechoslowakischen Kronen. Neben diesen erheblichen Schenkungen erhielten wie die erforderliche Kohle, Mehl, Reis, Hülsenfrüchte, Kartoffeln usw. Allen diesen edlen Spendern gilt unser herzlicher Dank und unsere Anerkennung.

Zur Veranschaulichung führen wir noch einige Daten über den Verbrauch einiger der wichtigsten Lebensmittel an, wie:

Fleisch wurde verbraucht in Höhe von	1420 kg
Speck und Fette	195 kg
Mehl	250 kg
Brot	1087 Laibe
Kartoffeln	14 Ztr.

Hülsenfrüchte	600 kg
Reis	100 kg
und Kohle	80 Ztr.

An der Auswahl der Personen, die die Speisen bekommen sollten, arbeiteten die Schwestern der ‚versteckten Armut' unter Mitwirkung der Sozialabteilung der Stadt Prag und der soz[ialen] Abt[eilung] der israelitischen rel[igiösen] Gemeinde, sodass die sozialen Verhältnisse stets bei jeder Person entsprechend untersucht wurden und nur die Bedürftigsten berücksichtigt wurden.

Aus dem Angeführten folgt, dass man mit Erfolg viele Aktionen ausführen könnte, wenn man immer hinreichend Verständnis und auch eine gute Organisation und Zusammenarbeit finden könnte.

Alle an dieser sozialen Aktion Mitwirkenden wären glücklich, wenn es mit diesem kleinen Abschnitt ihrer geringen Arbeit gelungen ist, zur Linderung der grausamen Not ihrer Mitnächsten beizutragen, insbesondere jedoch zu einem breiteren Erwecken von Interesse aller Menschen guten Willens für Pflichten, die uns die heutige schwere Zeit im Namen der Humanität und der Demokratie auferlegt."[510]

Im darauf folgenden Winter wurde erneut gekocht und es wurden insgesamt 15.000 Mittagessen ausgegeben.[511] Diese Aktion war damit das größte karitative Unternehmen der tschechischen Freimaurer. Ich kann mich des Eindrucks nicht erwehren, dass es gleichwohl eine Aktivität war, mit der sich nur ein Teil der Freimaurergemeinschaft identifizieren konnte. Jedoch kann festgestellt werden, dass die Ausgaben für wohltätige Zwecke im Laufe der Zeit deutlich anstiegen und ein dauerhafter Bestandteil der Haushalte der Logen wurden.

Potenzieller Nachwuchs für die Freimaurergemeinde

Unter sozialen Beziehung dürfen wir nicht allein die Verhältnisse zwischen den Freimaurern an sich oder zu etwaigen Objekten einer Fürsorge verstehen. Einbezogen sind auch nahestehende Personen, bei denen sicher ist, dass sie noch lange Zeit keine Freimaurer sein werden – oder niemals werden. Wenn ein Freimaurer harmonisch leben möchte, sollte seine Umgebung zumindest grob über den Sinn seiner Tätigkeit infor-

---

510   Z domácích dílen [Aus heimischen Werkstätten], in: Svobodný zednář 3-5, XI, 1937, S. 46-48.

511   Ebd. 3, XII, 1938, S. 46. Die slowakischen Logen bezahlten [neben einer Beteiligung an ähnlichen Aktionen] auch eine Ausgabe von Milch und Backwaren [Hörnchen] in Schulen.

miert sein und sollte ihn im besten Fall im Rahmen der Möglichkeiten
unterstützen. Auch das Verhältnis eines Freimaurers zu seinen eigenen
Nachkommen – nicht nur Söhnen als potenziellen Freimaurern – sondern Kindern allgemein, sollte von einem Handeln begleitet sein, das die
Kinder ungezwungen mit dem Geist der freimaurerischen Humanität
vertraut macht.

Eine Arbeit mit der Jugend ist selbstverständlich eine Begleiterscheinung im Grunde einer jeden Gesellschaft, bei jenen mit einer wohltätigen
Ausrichtung im Besonderen. Kinder sind in dieser Hinsicht der dank-
barste Gegenstand eines Interesses, und Geld für Kinder kann am besten eingeworben werden. Eine sentimentale bis pathetische Beziehung
zu Kindern als der Zukunft der Gesellschaft ist eine Begleiterscheinung
fast jeder konventionellen gesellschaftlichen Organisation. Etwas unter-
schiedliches sind jedoch Kinder als Gegenstand sozialen Engagements
auf der einen und eigene Kinder, Nachkommen, potenzielle Träger der
Lebensauffassungen ihrer Eltern auf der anderen Seite.

Zur selben Zeit, als im Rahmen der tschechischen Freimaurerei die
Frage einer soziale Fürsorge für andere in den Fokus rückte, erscheint
eine weitere Aktivität auf der Bildfläche: eine den eigenen Kindern ge-
widmete organisierte Aufmerksamkeit. Freimaurer, die sich mit diesem
Gedanken identifizieren konnten, kopierten zum einen das westeuropäische Modell, bei dem ähnliche Aktionen selbstverständlich waren, und
ließen sich zum anderen sicherlich von verschiedenen anderen Institutionen inspirieren, bei denen meist Strukturen zumindest für Jugendliche existierten. Im Falle der Freimaurerei können wir diese Aktivitäten
jedoch nicht so eng mit der Voraussetzung einer künftigen Mitgliedschaft
verbinden, wie dies etwa bei Sportvereinen (Sokol), dem YMCA oder auch
politischen Parteien der Fall war.

Hand in Hand mit der Gründung und Belebung der „Fürsorge um
verdeckte Armut" ging auch eine „Fürsorge um die Freimaurerjugend"
– als weiterer konkreter Beweis der Aktivitäten des Damenkomitees.
Und auch an dieser Stelle müssen wir feststellen, dass diese Aktion nicht
überall mit Verständnis aufgenommen wurde. Das Verständnis war vielleicht noch geringer als im Fall der „verdeckten Armut". Den Freimaurern wurde zwar in ihrer Zeitschrift, dem „Svobodný zednář" permanent
erklärt, dass daran nichts Seltsames wäre, dass es sich um einen weltweiten Standard handele, aber es scheint, dass die Mehrheit ihre Familie
aus Prinzip nicht in die freimaurerischen Aktivitäten einbeziehen wollte.

Die Initiative würde ich wiederum bei der Loge Komenský und persönlich wahrscheinlich bei Rudolf J. Vonka sehen, der die für viele geradezu besessene Vorstellung hatte, dass die tschechische Freimaurerei

Freimaurerfest für Kinder

ausgeweitet, aktiver werden, geöffnet werden müsse, um einen Sinn zu haben und nicht nur Selbstzweck zu sein. In Kombination mit seiner vehementen Propagierung Comenius' konnten seine Aktivitäten als religiöse Besessenheit (Böhmische Brüder) erscheinen. Offenbar kam Vonka, eventuell mit Zdeněk Helfert, den Brüdern Baštýř, Jaroslav Hurt, Josef Volf und anderen – es handelte sich im Grunde um die selben Personen wie bei der Hilfe für Arbeitslose – Ende 1930 mit der Idee, gesellschaftliche Veranstaltungen für Kinder von Freimaurern zu initiieren, an denen auch Frauen teilnehmen würden.[512] Die Loge Sibi et posteris, Nachfolgerin der Loge Komenský, schlug vor, dass eine „Organisation der tschechoslowakischen Freimaurerjugend" gegründet würde.

Um das Thema entbrannte eine Diskussion, in der die Furcht vor Parallelen mit politischen Parteien artikuliert wurde, dass es sich um eine Erziehung unter politischen Vorzeichen handeln würde. Wenn ein Lufton in die Loge kommt, handelt es sich um einen freimaurerischen Traditionalismus. Aber Kinder organisieren? Zumal in einer Situation,

---

512   Häufigstes Beispiel war England, wo sog. Schwesternabende und -veranstaltungen für Kinder organisiert wurden, in Einklang mit der These, dass das Freimaurertum aus Männern bessere Ehegatten und Väter forme.

in der die tschechoslowakische Freimaurerei an sich noch nicht voll etabliert ist? Grundsätzlich waren sich diese Freimaurer dahingehend einig, dass auf Kinder besser in einer für sie bestimmten „profanen" Organisation gewirkt werden könne und die Freimaurer sich um die Jugend allgemein kümmern sollten. Der Trend der Zeit war jedoch ein anderer, und so entsandte auch die konservativere Loge Národ ihren Vertreter Zdeněk Chytil in das Vorbereitungskomitee. Unternehmungen für die Freimaurerjugend sagten auch Karel Weigner nicht zu, der bald darauf Großmeister werden sollte. Dieser behauptete, dass Kinder noch keinen eigenen Verstand hätten und sich nicht verteidigen könnten, und dass es sich um den falschen Weg handele, die Freimaurerei in das profane Leben zu übertragen.[513] Aber auch er änderte an der Sache nichts, seine Position war eher eine innere Abneigung. Ein striktes Ablehnen der Jugendarbeit hätte sich aber nicht mit den modernen freimaurerischen Trends gedeckt ...

Zu Beginn wurde die Angelegenheit nicht durch die gesamte Freimaurergemeinde angenommen bzw. positiv aufgenommen, gleichwohl wurde sie geduldet. Im Jahr 1931 gab es insgesamt drei Feste für Jugendliche, an denen 517 Personen teilnahmen (es gab Kakao und süßes Backwerk), 2 Feste für Kinder (98 Personen),[514] 1 Abendveranstaltung (92 Personen), 12 Spaziergänge (398 Personen), 1 öffentliches Konzert (mit dem Chor Bakulovi zpěváčci, 717 Personen), 1 öffentlichen Vortrag

513 AVL ČR [Archiv der Großloge der Tschechischen Republik], Kniha prací lóže Národ [Buch der Arbeiten der Loge Národ], Aufzeichnungen vom 19. September 1930 und 9. Oktober 1931. Letztlich „musste" die Loge einen Vertreter in einen Zirkel entsenden, der sich um heranwachsende Jugendliche kümmerte, ebd., Aufzeichnung vom 4. Januar 1935.

514 Uns steht das Programm des ersten Festes für Kinder vom 28. Februar 1931 in der Dittrichova ulice Nr. 9 zur Verfügung, d.h. direkt in den Räumen der Freimaurer in der Prager Neustadt.
Programm: 1. Begrüßung - Zdeněk Helfert, 2. Märchen mit Bildern: Über Zicklein - Anna Kubalová, 3. Kinderlieder - Vlasta Hurtová, 4. Film - Rudolf J. Vonka, des Weiteren fröhliches Rezitieren, Einteilung der Kinder in Gruppen nach Alter, Planen gemeinsamer Aktionen, für Heranwachsende im Besonderen. Aus dem Angeführten geht klar hervor, dass das gegenständliche Programm mit der Freimaurerei tatsächlich wenig gemein hatte.
LA PNP [Literaturarchiv des Denkmals des nationalen Schrifttums], Bestand Lešehradeum, Tajné společnosti [Geheimgesellschaften].
Von Berichten im Svobodný zednář 3-4 und 7-8, V, 1931, S. 54-67 und 112-123; zudem wissen wir, dass beim ersten Mal 160 Kinder kamen und beide Restaurantsäle in der Dittrichova ulice voll waren; ferner ist überliefert, dass das Vorführungsgerät kaputt ging und die Kinder lediglich Diapositive sahen, sie einen Imbiss und Schokolade bekamen, dass der Preis hierfür insgesamt 650 Kronen betrug und die Kinder zudem von Sponsoren Bleistifte, Radiergummi, Taschen mit Toilettenbedarf, Luftballons und Notizhefte bekamen. Der Reinerlös der Veranstaltung betrug 1287,40 Kronen, hiervon wurden an die „Verdeckte Armut" 560 Kronen ausbezahlt, der Rest kam auf ein Sparbuch.
Damit die Kinderfeste nicht im Restaurant stattfinden mussten - und weil Kinder und Frauen die eigentlichen Freimaurerräume nicht betreten durften, bot für diese Zwecke die deutsche Großloge ihre Gastfreundschaft an - man traf sich daher im Lessingheim. Beim ersten Mal wurden die Anwesenden hier mit folgenden Worten begrüßt: „Ihr seid unter uns herzlich willkommen, seid hier auch künftig wie zuhause." Dieser Umstand wurde von einigen tschechischen Freimaurer freudig gegrüßt, von anderen wiederum zurückgewiesen. Zprávy [Nachrichten], in: Svobodný zednář 12, V, 1931, S. 182-187.

von Josef Volf (360 Personen), 3 Vorträge von Jiří Guth-Jarkovský über die Erziehung von Kindern und Jugendlichen (72 Personen), 1 Referat von Rudolf Vonka zum selben Thema (43 Personen). Insgesamt gab es also 27 Veranstaltungen mit zusammen 2297 Teilnehmern. Bei allen Aktionen wurden zudem Spenden für wohltätige Zwecke gesammelt.[515]

Praktisch können wir uns den Inhalt so vorstellen, dass ältere Kinder und Jugendliche auf relativ interessante Exkursionen gingen, die ihnen durch jeweils vor Ort beschäftigte Freimaurer vermittelt wurden (Tschechisches Nationaltheater, Sternwarte, Nationaldenkmal am Prager Veitsberg, Náprstkovo-Museum, Museum Lešehradeum, Museum der Hauptstadt Prag, Karásek- und Novák-Galerie, Kunstgewerbehochschule UMPruM, Postmuseum, Gemäldegalerie, Filmstudios in Prag-Barrandovs, Wiesners Atelier, Bibliothek des Nationalmuseum, Druckerei Legiografie), oder sie Vorträge hörten. Das Programm für kleine Kinder war ihrem Alter entsprechend angepasst. Es handelte sich im Grunde um gelegentliche außerschulische Tätigkeiten, die meist Sonntagvormittag erfolgten. Leider haben wir keine Informationen darüber, wie die Kinder selbst die Aktivitäten beurteilten oder ob sie wussten, dass die Veranstaltungen mit der Freimaurerei verbunden waren.

Im zweiten Jahr begannen auch Kinder von Freimaurern anderer Logen teilzunehmen. Man plante die Einrichtung weiter differenzierter Zirkel für Sprachunterricht (Französisch, Deutsch und Englisch), an dem auch Erwachsene teilnehmen konnten. Es gab Angebote zum Tennisspielen für Kinder, Jugendliche und Erwachsene, und dies „auf einem eigenen Platz",[516] was offenkundig eine übertriebene Behauptung war. Diese Veranstaltungen entsprachen dem, was die deutschen Logen, der Rotary oder B'nai B'rith ihren Kindern boten.

Zur selben Zeit wurde es bei den Freimaurern – wie auch bei den anderen oben angeführten Gesellschaften – Gewohnheit, auf privater Basis Austausche von Kindern aus sprachlich anderen Regionen zu organisieren. Die deutschen Freimaurer der Tschechoslowakei waren in dieser Hinsicht sehr agil und vermittelten zahlreiche Kinder in tschechische Familien, aber auch ins Ausland. Eine weitere Variante bestand in dem Angebot einer Unterbringung oder in der Bitte um Unterbringung der eigenen Kinder nur in Freimaurerfamilien, als Garantie einer guten Fürsorge.[517] Hierbei sticht erneut das Engagement der Loge Komenský

515   Zprávy (Nachrichten), in: Svobodný zednář 2, VI, 1932, S. 27–32.

516   Zprávy (Nachrichten), in: Svobodný zednář 11, VI, 1932, S. 172–176.

517   Vgl. z.B. den Antrag des Reichenberger Freimaurers Lewitus, der eine Unterbringung für seinen Sohn in einer tschechischen Freimaurerfamilie im Austausch gegen eine Wohnung für einen tschechischen Schüler oder Studenten in Reichenberg (Liberec) suchte. AVL ČR (Archiv der Großloge der Tschechischen Republik), Kniha prací lóže Národ (Buch der Arbeiten der Loge Národ), Aufzeichnung vom 15. Mai 1931.

ins Auge, deren Samariter Šebl im Jahr 1932 vor den Ferien in der Zeitschrift „Svobodný zednář" Folgendes inserierte: „Unsere Kinder würden während der Ferien gern in deutsche Familien, um deutsche Konversation betreiben zu können. Es handelt sich um Mädel und Buben von 14-18 Jahren. Die Eltern bezahlen gern den gewünschten Betrag. Des Weiteren habe ich die 15-jährige Tochter eines deutschen Bruders auf der Liste, die dieser gern in eine tschechische Familie geben würde ..."[518]

Eine organisierte Jugendarbeit für Kinder von Freimaurern wurde Bestandteil der Aktivitäten der Prager Freimaurer, vor allem der Logen Komenský, Pravda vítězí und Sibi et posteris. Von ähnlichen Aktivitäten außerhalb Prags liegen uns keine Berichte vor. Es war jeweils immer nur der Wille des jeweiligen Freimaurers, ob er seine Kinder in die gegenständlichen Veranstaltungen einbezog. Trotz der Bandbreite der Aktivitäten, die nicht immer auf Verständnis bei den Mitgliedern des Ordens trafen, war die Verbindung zwischen der Welt der Kinder und der Welt der Freimaurer kein so neuralgischer Punkt, als wenn versucht worden wäre, Frauen der Freimaurerei näher zu bringen.

Männer, Frauen und die Freimaurerei

Vor unseren Augen tut sich ein interessantes Bild darüber auf, wie die Männer, manchmal sicherlich ungewollt, die fortschreitende Emanzipation der Frau wahrnahmen, und wie sie sich hiermit im Rahmen einer so männlich dominierten Institution wie der Freimaurerei auseinander setzten. Da wir bereits wissen, wie sehr die Freimaurerlogen persönliche Streitigkeiten und Auseinandersetzungen um die Ausrichtung der Freimaurerei erschüttern konnten, so muss auch die Frage der Partizipation des weiblichen Elementes im Rahmen der Freimaurerei zumindest einen Sturm ausgelöst haben.[519]

---

518   Zprávy [Mitteilung], in: Svobodný zednář 5-6, VI, 1932, S. 87-94. Bereits davor existierte die Möglichkeit von Fahrten nach Frankreich und Deutschland; dieser Agenda widmete sich die Ehefrau von Jiří Sedmík. Ebd., 5, V, 1931, S. 82-83.

519   Zu einer Übersicht über die grundlegenden Argumente und Positionen gegenüber Frauen in rein männlichen Klubs und Gesellschaften vgl.: KISCHKE, Horst - ANDICZ, Hellmut - HAUBELT, Josef: Svobodní zednáři. Mýty, výmysly, skutečnost a výhledy [Die Freimaurer. Mythen, Erfindungen, Realität und Aussichten], Praha 1997, S. 149 sq, Kapitel Svobodné zednářství a ženy [Freimaurerei und Frauen]. Für diese rein männlichen Organisationen [Herrenklubs weltweit, Schützenvereine, Traditionsverbände, Berufsverbände, Gremien von Führungspersönlichkeiten, Klubs etc.] galt, dass sie auf Grundlage einer uralten Zusammenarbeit bei der Jagd basierten, die für das Überleben wichtig war, und sich in ihnen bestimmte Verhaltensmuster bewahrten, die „den Zweck des Verbandes überlagerten und an denen die Männer festhalten [kleben], die sie pflegen und die sie unkritisch weiter entwickeln". Hierzu zählen z.B. der Sinn für Zusammenhalt, eine Identifizierung mit einem gemeinsamen Ziel, die immer wiederkehrende Versicherung der Wichtigkeit dieses Zwecks, die Verdrängung des „Persönlichen" in den Hintergrund, ein Wettbewerb zur Ermittlung des Besten, eine Rangordnung, Hierarchie, ein Bestreben zu herrschen, eine Tendenz zur Verteidigung und zu einer Aggressivität gegenüber Feinden und auch ein Ausschluss des weiblichen Elementes als etwas, was der Einheit der Männer im Wege steht.

Lassen wir an dieser Stelle die gemischte Freimaurerei außen vor, die durch Mitglieder beiderlei Geschlechts gebildet wird – also eine organisatorische Variante, die durch die Mehrzahl der Freimaurer nicht als reguläre Form der Freimaurerei angesehen wurde. Diese Form habe ich hier nicht im Sinn. Sicherlich besteht Einigkeit darüber, dass die Freimaurerlogen durch gebildete Männer organisiert wurden, die an den gesellschaftlichen Fortschritt glaubten, durch Männer, die ihre Töchter an Hochschulen studieren ließen, durch Männer, die in politische Parteien eingebunden waren, die als eine der ersten Erklärungen ihres gemeinsamen Willens noch vor der Mehrzahl der übrigen Staaten ein Frauenwahlrecht verabschiedeten, durch Männer, die sich als aufgeklärt verstanden. Und trotzdem verfiel ein erheblicher Teil dieser Personen in Panik und gar Hysterie, wenn aus ihrer Sicht im Grunde die Spielregeln geändert wurden, als in eine Welt, die sie als ausschließlich männlich erachteten, d.h. in die Welt der Freimaurerei, Frauen einzudringen begannen, egal aus welchen Gründen und in welcher Rolle. Es scheint, dass vor allem bei den einstigen italienischen Freimaurern die Vorstellung unerschütterlich verwurzelt war, dass die Freimaurerei eine reine Männersache sei und dass die Anwesenheit des weiblichen Elementes eine Art mystische Entweihung bedeute. Gleichwohl muss festgestellt werden, dass die selben Männer im normalen Leben keine grundsätzlichen antiemanzipatorischen Neigungen artikulierten.

Auf welcher Grundlage die „italienischen" Freimaurer diese ihre Position aufbauten, ist schwer zu sagen, da ihre Auffassungen als Fortsetzung weder der westeuropäischen Moderne, noch der einheimischen tschechischen Tradition zu werten sind. Es stellt sich die Frage, ob es sich nicht eher um ein bestimmtes kulturelles Stereotyp handelte, dass den Freimaurern durch die Laienöffentlichkeit zugeschrieben wurde. Auch dieser Gedanke ist einer Überlegung wert, da die Mitglieder einer bestimmten Organisation ja im Grunde nach einer romantischen Vorstellung handeln, wie Dinge in einer Institution funktionieren sollten, welche sie als Einzelpersonen vor ihrer Mitgliedschaft eingesogen haben.

Wie aber kam es zu einer längerfristigen Diskussion über die weibliche Hälfte der Welt und über die Wahrnehmung der Frau aus Sicht eines Freimaurers? Wenn wir die ersten Jahrgänge der Zeitschrift „Svobodný zednář" und die regelmäßigen Aufzeichnungen der Loge Národ als die beiden einzigen kontinuierlichen Quellen betrachten, so sehen wir, dass die Freimaurer dem Thema Frauen in den ersten Jahren ihrer Existenz ausgewichen sind oder sie die Frage überhaupt nicht wahrgenommen haben, kurz: es für sie kein Problem darstellte. Die wahrscheinlich erste

Erwähnung über Frauen, die im angeführten Periodikum der tschechischen Freimaurer auftaucht, ist die Feststellung Antonín Pavels, dass „die Freundschaft höher und geistiger ist als die erotische Beziehung zu einer Frau und sie eine der besten Stützen des Mannes darstellt".[520] Später dann tauchen zwischen kurzen Berichten Informationen darüber auf, dass Freimaurer in anderen Ländern Frauen anders „wahrnehmen" würden. Die vermutlich erste Äußerung dieses Typs ist eine Mitteilung, dass in England die Freimaurerlogen Erziehungsanstalten nicht nur für Jungen, sondern auch für Mädchen gründen und unterstützen würden und dass Frauen Betreuerinnen bei freimaurerischen Festmahlen sein dürften.[521]

Und dann ist da noch der Mann, der sich mit einem Vogel vergleicht, der singen muss und nicht weiß warum – Rudolf Jordan Vonka. Zuerst führt er die Übersetzung eines Referates „Die Frau in der Freimaurerei" eines französischen Freundes ins Feld, der auch Vonkas Prager Loge Komenský besuchte, A. Lantoine.[522] Die Abhandlung betraf die französische Geschichte des Wirkens von Frauen im Rahmen der Freimaurerei, wobei diese Variante als ungeeignet abgelehnt wurde, da es durch die Anwesenheit von Frauen zu einem Verfall der Diskretion käme. Und da es sich zumeist um Ehefrauen aktiver Freimaurer gehandelt habe, hätten diese nicht hinreichend gründlich geprüft und gegebenenfalls abgewiesen werden können. Mit dieser Auffassung identifizierte sich verständlicherweise die Mehrheit, wenn nicht gar alle tschechischen Freimaurer. Und falls einige tschechische Freimaurer Frauen gegenüber freundlich auftraten, so geschah dies sicherlich nicht wegen ihrer potenziellen Mitgliedschaft in einer Loge.

Vonka jedoch erklärte im Namen der Freimaurer der Loge Komenský etwas, was viele andere empörte. Zuerst machte er die anderen mit der Tatsache vertraut, dass auch in Prag eine gemischte Loge (Droit human) besteht, die den Namen Dobrovský trägt und deren Meister ihm gut bekannt sei.[523] Bei dieser Gelegenheit erklärte er seine Auffassung zu

---

520   Der Autor setzt den interessanten Gedanken fort, der ein Nachdenken auch über den tschechischen formalen Demokratismus darstellt, wenn er sagt: „In unserem tschechischen Leben gibt es wenig [Freundschaft] – trotz der gesamten gesellschaftlichen Jovialität und dem Duzen von Gleichaltrigen und Bekannten sind wir schrecklich allein." PAVEL, Antonín: Úkoly našich dílen [Aufgaben unserer Werkstätten], in: Svobodný zednář 1, II, 1927-28, S. 1-2.

521   Různé [Verschiedenes], in: Svobodný zednář 4-5, II, 1927-28, S. 77-80.

522   RJV: Žena v zednářství [Die Frau in der Freimaurerei], in: Svobodný zednář 1-2, III, 1929, S. 12-14.

523   Es handelte sich um den Mittelschullehrer und bekannten tschechischen „Popularisator" der Chemie, Alexander Sommer-Batěk, einen führenden Vertreter der Abstinenzlerbewegung, der Nichtraucherbewegung, der vegetarischen Bewegung und des Pazifismus, der mit Vonka befreundet war. Beide nahmen sich in der Korrespondenz gegenseitig als Brüder wahr, was bei den nichtkompatiblen Systemen, zu denen sie gehörten, sicherlich bemerkenswert war. Über Sommer-Batěk wurde auch in weniger toleranten Logen diskutiert, in der Loge

gemischten Logen und nicht nur zu diesen. „Wir sind gegen Arbeitslogen, in denen gleichzeitig Brüder und Schwestern sitzen. Wir sind nicht für einen Ausschluss von Schwestern von einer wohltätigen Arbeit. Wir würden Schwesterlogen zulassen, wenn in ihnen ein Delegierter der Großloge säße, den wir niemals als Aufpasser erachten wollen, sondern als Berater in Sachen, die beiden Ketten gemeinsam wären. Die Mitwirkung von Schwestern würden wir gern deshalb sehen, weil wir das Licht in einer Loge gesehen haben, die Comenius, Jan Amos Komenský, dient. Unsere Überzeugung mündet aus der Erkenntnis, dass sich die Menschheit aus zwei gleichberechtigten Ordnungen zusammensetzt."[524]

Die Vorstellung lief wohl darauf hinaus, dass Frauen keine Freimaurerinnen würden, dass jedoch bei der Loge ein beigeordneter Damenklub existieren würde, der sich vor allem der Wohltätigkeit widmen solle. Es ist bemerkenswert, wie hier – obwohl es sich um einen Gedanken im Rahmen der tschechischen progressiven Freimaurerbewegung handelte – ein Stereotyp aus längst vergangenen Zeiten zutage tritt, wonach sich der Mann der Arbeit und die Frau der Wohltätigkeit widme. Es stellt sich die Frage, warum hier Frauen in die Freimaurerei integriert werden sollten, wenn ihnen gleichzeitig ein Sektor zugeteilt wird, den wir als Ausdruck des Konservativismus verstehen können. Steht im Hintergrund nicht eventuell das Bemühen, den Freimaurer-Männern ihre Arbeit zu erleichtern, damit sich diese wichtigen Tätigkeiten hingeben können, während die Wohltätigkeit als ein notwendiger Bestandteil der Freimaurerei an jemand anderes ausgelagert wird? Es handelte sich offenkundig um eine gelungene Symbiose einer sehr modernen Weltsicht mit einem konservativen Stereotyp, von Pragmatismus und Großzügigkeit. Ergebnis dieser Überlegungen war ein Damenkomitee, das sich um verstecke Armut und um die Freimaurerjugend kümmerte.

Einige Logen betrachteten das Handeln dieser Aktivisten offen feindselig, im Jahr 1930 musste die Loge Komenský öffentlich schwören, dass sie keine „Schwesterarbeiten" ausgeführt habe, was bedeutet, dass keine Treffen mit Frauen stattgefunden haben, bei denen auch nur ein Bruchteil eines Rituals gezeigt wurde. Eine Aktivität zusammen mit Frauen sei also nur und nur weltlich, profan, eigentlich unfreimaurerisch.[525] Dieses

Národě empörte man sich über seinen Artikel, in dem er analysierte, warum er jene Variante der Freimaurerei wählte, die er wählte, und warum er nicht Mitglied einer reinen Männerloge wurde. Diskutiert wurde auch über das Buch Václav Cimrs, welches dieser Anfang der 30er Jahre schrieb: Muž a žena ve svobodném zednářství [Mann und Frau in der Freimaurerei). Vgl. AVL ČR [Archiv der Großloge der Tschechischen Republik], Kniha prací lóže Národ [Buch der Arbeiten der Loge Národ], Aufzeichnung vom 18. November 1932.

524   Zprávy [Nachrichten], in: Svobodný zednář 3-5, IV, 1930, S. 62-64.

525   Lóže Jan Amos Komenský [Die Comenius-Loge], in: Svobodný zednář 10, IV, 1930, S. 123-124.

Jahr können wir jedoch als Zäsur erachten, da gerade in dieser Zeit mittels freiwilliger Teilnehmerinnen Sozialprogramme der Freimaurer aufgelegt wurden, die sich dann später großzügig entwickelten.

Auch in anderen Logen als der Loge Komenský begann man über Frauen nachzudenken, jedoch waren die Herangehensweise, die Art und Weise der Überlegungen oder die gestellten Fragen hier andere. Zur selben Zeit, als Vonka und seine Freunde ihre Gattinnen in die freimaurerische Wohltätigkeit einbanden, überlegten die Brüder der Loge Národ, ob ihre Ehefrauen überhaupt erfahren sollten, dass sie Freimaurer sind. Die Ehe wurde als eine „Gemeinschaft von Herzen und Seelen" aufgefasst.[526] Im Übrigen sollten die Ehefrauen von der Mitgliedschaft der Gatten in der Freimaurerloge Kenntnis haben, da ihnen während der Empfänge ein Gruß gesendet wird und der Freimaurer ein Paar Handschuh erhält, das er jener Frau widmen soll, die ihm am nächsten steht. Und diese Frau sollte bei verheirateten Männern die Gattin sein, anderenfalls kommen Mutter oder Schwester, gegebenenfalls die Freundin in Betracht. Mit Blick auf die gestellten Fragen gewinnt man das Gefühl, dass nicht alle Handschuhe eine neue Besitzerin fanden und dass nicht alle Ehefrauen tatsächlich wussten, wohin ihr Mann abends ging. Wahr ist auch, dass nicht jeder Ehefrau diese Vorstellung gefallen hätte. Und die meisten Männer wählten ihre Frauen lange bevor sie sich zu einer Mitgliedschaft bei den Freimaurern entschlossen, und natürlich nach anderen Kriterien.

Anfang Februar 1931, als das soziale Engagement der Freimaurer Fahrt aufnahm, passierte etwas, was erhebliche Aufregung und stürmische Reaktionen nach sich zog. Frauen wurden in die heiligen Hallen gebracht! „Angeblich Schwestern, Angehörige der Familien von Brüdern", empörte man sich in der Loge Národ. Hierdurch sei ihnen zufolge jedoch das Geheimnis des Ordens bedroht worden. Im Widerstand gegen das weibliche Element sehr aktiv war Jan Jína, der vorschlug, dass die Großloge darauf hingewiesen werde, „dass sich die Loge Národ nicht wünscht, dass in das Komenský-Denkmal, und dies aus jedwedem Grund, Nichtmitgliedern ein Zutritt gewährt wird".[527] Jan Jína verteidigte seine sehr harte Position damit, dass für „eine Frau Grund für einen Zutritt in die Loge nicht sein kann, dass sie wissen will, wo ihr Mann an bestimmten Tagen hingeht. In der Ehe eines ordentlichen Freimaurers hat die Gattin so viel Vertrauen in ihren Gatten, dass sie ihn hieran nicht hindert".[528]

---

526   AVL ČR [Archiv der Großloge der Tschechischen Republik], Kniha prací lóže Národ [Buch der Arbeiten der Loge Národ], Aufzeichnung vom 10. Oktober 1930.

527   Ebd., 6. Februar 1931.

528   Ebd., 9. Oktober 1931. Nach diesen Kriterien lebten wohl nicht alle Freimaurer in einer „ordentlichen" Ehe.

Frauen betraten die Räume eines Tempels zuerst in Pilsen, etwas später mussten auch die Prager Freimaurer etwas ähnliches akzeptieren. Sie mussten herunterschlucken, dass die Frauen von Freimaurern die Adressen von anderen Brüdern erhielten, offenbar um diese im Rahmen ihrer Wohltätigkeitsveranstaltungen ansprechen zu können.[529] Es entspricht der Wahrheit, dass in diesem Fall die Diskretion verletzt wurde, da Informationen über die Mitglieder der Logen ausschließlich Freimaurern zur Verfügung stehen dürfen, sodass die für eine Zusammenarbeit mit Frauen eintretenden Aktiven ihr Mandat zweifelsohne überschritten hatten. Die Treffen mit den „Schwestern" tauchten zudem in einem Kalenderbuch der Freimaurerarbeiten auf,[530] was andeuten würde, dass Aktivitäten dieser Art zu den Tätigkeiten der Freimaurer gezählt wurden.

Weder die Pilsner noch die Prager Freimaurer, die für eine Kooperation mit dem weiblichen Geschlecht eintraten, wollten von ihren Aktivitäten ablassen. Im Namen der Pilsner Freimaurer verwahrte sich Arna Juránek gegen Beschwerden. Er unterstrich, dass die Loge Dobrovský die Kontakte mit Frauen fortzusetzen gedenke. Die Frauen betraten zudem keine anderen als die gesellschaftlichen Räume, die bar jeglicher Dekoration waren. Dies war eine alte Tradition noch aus österreichischen Zeiten, als die Logen der ungarischen Großloge unterstanden. Damals durften Frauen die Festtafel decken und zusammen mit den Freimaurern im westböhmischen Kurort Marienbad an der frischen Luft sein. Die Loge Dobrovský forderte daher, dass sie ihre Kontakte mit den Ehefrauen von Freimaurern würde fortsetzen dürfen. Diese Forderung war in der konfliktgeladenen Situation, die sich um den Fall entwickelte, durchaus mutig. Dem gegenständlichen Antrag schlossen sich auch die Logen Sibi et posteris und Jan Amos Komenský an.

Hierauf reagierte man in der Loge Národ mit der Feststellung, dass Frauen „in die Weltgeschichte treten und klar ist, dass sie auch in die Freimaurer eintreten wollen". Dem müsse jedoch ein rasantes Nein ent-

Ehefrauen waren verständlicherweise misstrauisch, es genügt etwa ein Blick in die Korrespondenz der Eheleute Hauner [LA PNP [Literaturarchiv des Denkmals des nationalen Schrifttums], Lešehradeum, Emanuel Hauner], oder auf einen bemerkenswerten Brief, den Josef Volf erhielt. Aus ihm geht nicht hervor, ob der Absender ein Alibi für ein Treffen der Freimaurerloge oder der Bibliophilen erbittet, in denen er jeweils Mitglied war. Für eine Illustrierung zeitloser Probleme ist dieser Brief jedoch wertvoll: „Ich habe eine Bitte an Dich. Sei bitte so lieb und rufe meine Gattin an, und bestätige ihr, dass unser gestriges Treffen über 11 Uhr hinausging ... wir warteten im Orbis lange auf die Straßenbahn, dann wartete ich auf den Nachtwagen Nummer 4, sodass ich nach Hause nach Podolí um Viertel vor eins gelangte. Sei mir nicht böse, dass ich Dich mit dieser Sache belästige, und vernichte diesen Brief lieber." Volf als ordentlicher Historiker vernichtete diesen Brief natürlich nicht ... LA PNP [Literaturarchiv des Denkmals des nationalen Schrifttums], Bestand Josef Volf, Brief von Jan Šnobr vom 23. November 1935.

529   AVL ČR [Archiv der Großloge der Tschechischen Republik], Kniha prací lóže Národ [Buch der Arbeiten der Loge Národ], Aufzeichnung vom 9. Oktober 1931.

530   Ebd.

gegengesetzt werden! „Das Ritual erweist der Gattin des Freimaurers Ehre und Gruß. Unbeantwortet soll jedoch bleiben, wenn sie nach dem Wer? und Wo? fragen würde. Nicht weil wir uns für etwas schämen müssten, sondern weil wir uns Verschwiegenheit bewahren wollen."[531]

Es scheint, dass es eine sehr stürmische Vollversammlung gegeben hat. Das im August 1931 publizierte Resultat[532] lief darauf hinaus, dass künftig niemandem, der nicht Mitglied des Ordens ist, ein Zutritt zu den Räumen der Logen für Versammlungen und Beratungen gewährt würde. Die Aktivitäten der Frauen mussten also an einem anderen Ort stattfinden. Interessant ist die Argumentation, mit der die Ablehnung des weiblichen Elementes gefordert wurde. Es handelt sich vor allem um eine Reaktion auf die Behauptung der oben erwähnten drei Logen, wonach es im Ausland völlig gängig sei, wenn Gäste durch den Tempel geführt werden und Frauen an bestimmten Tätigkeiten partizipieren. „Ich habe bezüglich dieser Gepflogenheiten weder Kenntnis noch Erfahrung. Ich gehe jedoch davon aus, dass wir von Anfang an nach den allgemeinen f[reimaurerischen] Grundsätzen unser tschechoslowakisches F[reimaurertum] errichten und dass wir alle von einem aufrichtigen Bemühen geleitet sind, damit dieses alle Merkmale unserer kulturellen und nationalen Besonderheit trägt ... Es wäre der Entwicklung des Freimaurerordens sicherlich nicht zuträglich, wenn wir jedwede Traditionen einfach übernehmen würden, ohne zu prüfen, ob uns diese tatsächlich zusagen und uns diese ins Blut übergehen können."

Noch ein weiteres Argument der Freimaurer aus den Logen Dobrovský, Komenský und Sibi et posteris wurde scharf angegriffen. Es handelte sich um die Behauptung, dass „sie es nicht nur als Recht erachten, den Schwestern mitzuteilen, wenn wir in den Tempel gehen, mit welchen Ideen wir uns befassen, wenn es sich um die Freimaurer handelt ..." Den Gegnern zufolge handele es sich nicht um irgendein Recht, sondern um eine flagrante Verletzung der freimaurerischen Diskretion, da es sich um Angelegenheiten handele, von denen niemand außer den Freimaurern Kenntnis haben dürfe.

Das letzte Argument, das von den Gegnern einer Einbindung von Frauen in ihre Aktivitäten ins Feld geführt wurde, war ein Verweis auf den seltsam verwendeten Begriff „Schwester", der die Ehegattinnen von Freimaurern bezeichnen sollte. Es handelte sich zweifelsohne um ein vorgeschobenes Problem, jedoch ist auf seiner Grundlage zu erkennen,

531   Ebd.

532   Der gesamte Text und die Texte der Berufungen der einzelnen Logen und auch die Ansprache des Großredners als gesonderte Anlage in: Svobodný zednář 9, V, 1931.

dass die Gegner jede Möglichkeit heranzogen, um Frauen einen Zutritt in die Nähe der Freimaurer, ihrer Räumlichkeiten und Tätigkeiten zu verwehren. Der Erste, der auf das Problem hinwies, war der wahrlich puristische Vertreter für die Reinheit der freimaurerischen Brüderlichkeit und der Logen als solcher, der Bibliothekar der Stadtbücherei Jan Thon. Dieser bemerkte, dass auf den Einladungen für das bereits angeführte erste Kinderfest im Februar 1931 die Bezeichnung Schwester für „teilnehmende Nichtmitglieder des Ordens" verwendet wurde. Er erhob daher die Forderung, die Großloge möge dies erklären.[533] Die Diskussionen zum Thema setzten sich fort, eines der Hauptargumente war, dass die tschechoslowakische Freimaurerei den Terminus der Schwester überhaupt nicht kenne.[534]

Die Gegenargumentation lief also darauf hinaus, dass als Schwester ein Mitglied des Ordens bezeichnet werden könnte, wenn ein männliches Mitglied ein Bruder ist, so wie dies auch bei einigen politischen Parteien oder Sportvereinen (Sokol) der Fall war, die familiäre Bezeichnung zähle nur für Familienangehörige, d.h. für Mitglieder einer Organisation, nicht jedoch für Lebenspartner. Bei regulären Freimaurern könnten jedoch keine Schwestern sein. Die Bezeichnung „Schwester" hat in diesem Kontext ihren Ursprung offenbar in der Vorkriegszeit, als die Ehefrauen von Freimaurern so bezeichnet wurden, während den Freimaurern der Nachkriegszeit die Verwendung dieses Begriffes komisch vorkam. Und in der Tat kannte die Satzung der tschechoslowakischen Freimaurer keine Schwestern, da das weibliche Element zum Zeitpunkt ihrer Gründung kaum eine Rolle spielte.

Thon und mehrere andere operierten mit dem Argument, dass die Gründer der Freimaurerei schließlich gewusst hätten, was sie tun, als sie Frauen von der Tätigkeit des Ordens ausschlossen. Damals war der Grund vor allem eine Abhängigkeit der Frau, also ihre Unfreiheit – in politischer, wirtschaftlicher und persönlicher Hinsicht. Dies sei überwunden, aber ein anderer Grund bestehe weiter, und zwar die Unterschiede vor allem psychischer Natur, wobei es sich gar um eine medizinische Angelegenheit handele, die Ärzte besser verstehen würden.[535] Die Position dieser Freimaurer ist nachvollziehbar: Wenn sie das Gefühl haben wollten, Mitglieder eines exklusiven Herrenklubs zu sein, würde die Anwesenheit von Frauen diese Vorstellung zerstören, was in der Folge als eine

---

533   AVL ČR [Archiv der Großloge der Tschechischen Republik], Kniha prací lóže Národ [Buch der Arbeiten der Loge Národ], Aufzeichnung vom 27. März 1931.

534   Ebd., 9. Oktober 1931.

535   Über die Gründe eines Ausschlusses von Frauen aus der Freimaurerei in der Vergangenheit vgl. als Übersicht Cesty svobodného zednářství [Die Wege der Freimaurerei], Praha 2001, S. 13 sq.

gewisse „Herabsetzung" der Freimaurer von einem „Orden" hin zu einem „Verein" bewirken könne.

„Ich erachte die Organisation der F[reimaurer] als etwas, was aus der Männlichkeit an sich quillt, und was sich in seinem ganzen Wesen nicht für Frauen eignet. Welches sind unsere Hauptaufgaben? Den Brüdern eine feste Stütze sein, das große Gesetz der menschlichen Gemeinschaft pflegen, das Leben dem Guten und dem Fortschritt des Vaterlandes und hierdurch dem Guten und dem Fortschritt der gesamten Menschheit weihen, gerecht jedermann gegenüber sein – das alles zeigt klar, dass sich des Mannes katabolisches Wesen nach außen zeigt, dass er in einen Lebenskampf geht, zu dem er Kraft, Mut, Erfindungsreichtum, Impulsivität benötigt. Die Frau als anabolisches Wesen widmet ihr Leben dazu, dass das Menschengeschlecht einfach und vor allem erhalten wird, daher konzentriert sich all ihr Denken, Bemühen, Handeln auf die Familie, daher wendet sich die Frau von der Außenwelt ab, sie kämpft nicht, sie ringt nicht, sie wendet ihre ganze Kraft dafür auf, ihre erhabene und heilige Aufgabe zu erfüllen: die Mutterschaft." Es muss betont werden, dass eine so zugespitzte Sichtweise zur Rolle der Geschlechter bei weitem nicht für alle Freimaurer typisch war, auch nicht für jene, die sich keine Existenz von „Schwestern" wünschten.[536] Es bleibt jedoch offen, in wie weit die Gleichberechtigung der Frau in die Gedankenwelt auch von (gebildeten) Einzelpersonen Eingang fand.

Vonka, zu dieser Zeit Chefredakteur der Zeitschrift „Svobodný zednář", führte auf deren Seiten eine permanenten Kampagne (vor allem mit kurzen Mitteilungen) nicht nur zu Comenius, sondern auch über Frauen in der Freimaurerei. Er hatte zweifelsohne die Absicht konservative Brüder zu überzeugen, dass anderswo auf der Welt Frauen an der Freimaurerei partizipieren können, und dass es sich daher um nichts seltsames oder mangelhaftes handele. Wie auch beim Thema Comenius übertrieb er hier ein wenig, sodass seine Bemühungen eventuell auch kontraproduktiv gewirkt haben könnten.

Seinen ersten eigenen Beitrag zum Thema Frauen veröffentlichte Vonka im Sommer 1931, es handelte sich um „Názory a otázky, Žena a zednářství" (Auffassungen und Fragen, Frau und Freimaurerei). Er wiederholte im Grunde, was bereits in der Übersetzung des Referates von Lantoine zusammengefasst worden war: dass sich Organisations-

536   Příloha [Anlage], in: Svobodný zednář 9, V, 1931.
        Von der (nicht ganz falschen) Vorstellung über die weibliche Mentalität zeugt auch, dass die Gegner der „Schwestern" behaupten, dass falls sich Frauen in einer oder zwei Logen in dieser Form organisieren würden, die anderen dies auch würden vornehmen wollen, nicht etwa weil sie dem eine Bedeutung zumessen würden, sondern weil sie nicht hintenan stehen wollten. Ebd.

formen, in denen Frauen direkt als Freimaurerinnen fungieren (reine Frauenlogen, gemischte oder Adoptionslogen)[537] nicht bewährt hätten.[538] Nichts dergleichen jedoch würde die Loge Komenský tun, verwahrte sich Vonka. Familienangehörige helfen hier nur im Rahmen der Wohltätigkeit, die anderenfalls die Brüder organisieren müssten. Es handele sich um eine Laienhilfe einzelner Frauen, die sich nach nichts dergleichen sehnen würden wie ihre Vorgängerinnen im 18. Jahrhundert. Dies entsprach nicht ganz der Wahrheit, da diese Schwestern eine Vorsitzende und Geschäftsführerin hatten, was bedeutet, dass sie sich formal auf dem Prinzip eines Verbandes organisiert hatten.

Im Frühjahr des darauf folgenden Jahres wiederholte Vonka im Grunde dasselbe. Es handelte sich erneut um eine reine Verteidigungsstellung, die zu einer Änderung der Einstellung der Großloge vom Vorjahr führen sollte. „Wenn wir diese Fragen lösen möchten, dürfen wir Frauen nicht aus altmodischen, doktrinären, scholastischen Gründen ablehnen. Über die Gleichberechtigung von Frauen werden wir doch nicht disputieren, auch nicht über die Exklusivität, Erhabenheit des Ordens." Auch die katholische Kirche habe Frauenorden zugelassen, merkt Vonka an, auch wenn dies im Widerspruch zu der Behauptung des Heiligen Paulus stehe, dass die Frau den Manne fürchten solle und dass es überflüssig sei, Frauen etwas darzulegen. „Über diese Dinge müssen wir ohne eine Kampfabstimmung entscheiden. Wir werden sicherlich eine Einigung finden, ob und unter welchen Bedingungen zu Beratungen mit Frauen ... Räumlichkeiten genutzt werden können, in denen gewöhnlich die Brüder konferieren." Man sieht, dass Vonka den Kampf offenkundig nicht aufgab. Auch belebte er die Idee von schwesterlichen Arbeiten neu, die in der Vorkriegszeit üblich waren und die sich einige Prager und Pilsner Freimaurer wünschten. „Es geht um ein Beispiel, es geht darum, dass wir ein Beispiel für eine brüderliche Lösung geben."[539] Über Aktivitäten von Frauen wurde nicht nur in Prag und Pilsen diskutiert, diese Frage war auch in der Slowakei aktuell. Wir dürfen nicht vergessen, dass die slowakische Freimaurerei mehr als andere die ungarische Tradition in sich trug, in der Frauen dazugehörten.[540] Trotz

---

537 Eine Adoptionsloge wird nur durch Frauen gebildet, jedoch von einem Mann geleitet, und diese Logen sind Männerlogen beigeordnet. Hier ist eine gewisse organisatorische Ähnlichkeit zu einigen Nonnenorden zu sehen (etwa Prämonstratenserinnen).

538 Nach Auffassung von R. J. Vonka, der der gemischten Freimaurerei nach Meinung einiger Zeitgenossen offen gegenüber stand, hätten sich diese Gesellschaften aber ebenfalls nicht bewährt, da hier die natürliche Vernunft- und Gefühlsebene gefehlt hätte. Die rein weibliche Freimaurerei oder eher eine Pseudofreimaurerei würde sich nur durch Getratsche, Intrigen, Flirts und Verwicklungen auszeichnen. VONKA, R. J.: Názory a otázky, Žena a zednářství (Auffassungen und Fragen, Frau und Freimaurerei), in: Svobodný zednář 7-8, V, 1931, S. 107-108.

539 VONKA, R.J.: Žena a zednářství (Frau und Freimaurerei), in: Svobodný zednář 1, VI, 1932, S. 2-5.

540 Zprávy (Nachrichten), in: Svobodný zednář 3-4, VI, 1932, S. 54-62.

dieser Bemühungen lehnte die Vollversammlung schwesterliche Arbeiten, d.h. leicht ritualisierte Treffen mit Frauen, erneut ab.[541]

Die Bemühungen der Gegner einer Einbindung des weiblichen Elementes waren letztlich umsonst. Personen weiblichen Geschlechtes fanden ihren Platz nahe der Freimaurerei und bei einem Blick zurück bleibt zu konstatieren, dass sie weder aggressiv waren noch störend wirkten und sie die freimaurerische Wohltätigkeit stattdessen reibungslos bewältigten. Es bietet sich geradezu der ketzerische Gedanke an, wie wohl die freimaurerischen Suppenaktionen für Arbeitslose ausgegangen wären, wenn sich nicht Frauen ihrer angenommen hätten. Die Vertreter der harten Linie kapitulierten bald. Gleichwohl kann dieses Ergebnis sicherlich nicht als Sieg der Frauen beurteilt werden. Es steht die Frage im Raum, ob Frauen tatsächlich daran interessiert waren, sich in die Aktivitäten ihrer Ehemänner einzubringen, oder ob ihre teilweise Integration eine Folge des emanzipatorischen Trotzes einiger Herren mit Rudolf J. Vonka an der Spitze gewesen ist.

Vergessen wir nicht, dass viele dachten, Vonka sei zu der gemischten Freimaurerei gewechselt, als er Mitte der 30er Jahre plötzlich von der Bildfläche verschwand. Vieles sprach tatsächlich dafür, es genügt ein Blick in die Kopie eines Briefes, den er an einen unbekannten Adressaten etwa zur selben Zeit verfasste. Er führt dort etwa an, dass die Regelhaftigkeit, auf die die Freimaurer so viel Wert legten, alter Krimskrams sei. Nicht nur das – nach seiner Auffassung seien „materialistische und sexuologische Auffassungen zu Frauen" zurückzuweisen. „Frauen abzulehnen, weil sie sexuell passiv, anabolisch seien ... Dies sind nur Auslegungen, die unter dem Blickwinkel des Geschlechtslebens getroffen wurden. Wie lange werden wir ein Denken und Handeln nur und nur auf der Geschlechtlichkeit gründen? Primitive tun dies."[542]

Es scheint, dass sich nur einige Männer unter den tschechischen Freimaurern – und es ist schwer zu sagen, was sie außerhalb der Mitgliedschaft in den Logen verband, die aus der österreichischen Tradition stammten – um soziale Interaktion und um Offenheit bemühten: gegenüber Frauen, Kindern, Bedürftigen und der ganzen Gesellschaft. Die übrigen scheint dies (und ich möchte ihnen kein Unrecht tun) nur wenig in-

---

541   Zprávy (Nachrichten), in: Svobodný zednář 5-6, VI, 1932, S. 87-94. Noch 1936 wurde die Abhaltung von gesellschaftlichen Abendveranstaltungen zusammen mit Schwestern diskutiert und verworfen, gemeinsame Treffen fanden jedoch in den Räumen der Freimaurer statt. AVL ČR (Archiv der Großloge der Tschechischen Republik), Kniha prací lóže Národ (Buch der Arbeiten der Loge Národ), Aufzeichnung vom 27. März 1936.

542   LA PNP (Literaturarchiv des Denkmals des nationalen Schrifttums), Bestand Rudolf Jordan Vonka, Vonkas Schreiben, s.d

teressiert zu haben; zur Zufriedenheit genügte ihnen, sich mit sich selbst und mit Themen zu befassen, die ihnen anziehender erschienen.

Noch verlegener bin ich, wenn ich eine Schlussfolgerung zur Einstellung der tschechischen Freimaurer gegenüber Frauen ziehen sollte. Waren sie in ihrer Mehrheit tatsächlich so konservativ, wie es auf Grundlage des Vorgenannten scheint? Dachten sie tatsächlich, dass jede Frau zu den Kindern und in den Haushalt gehört und dass der Mann eine höhere gesellschaftliche Sendung hat? Ich denke, dass dies nicht ganz der Realität entspricht. Ihre konservative Einstellung bezüglich Frauen folgte in diesem Fall offenbar eher daraus, dass sie ihre Freimaurerei im Grunde als eine Art Spielzeug betrachteten, das bestimmte grundlegende Attribute hatte, gleichwohl diese aus alten ungenauen Informationen und Vorstellungen stammten; und mit einem Mal hatten diese Männer das Gefühl, dass ihnen dieses jemand wegnimmt. In gleicher Weise bin ich mir nicht sicher, ob es als Zeichen von Emanzipation und Fortschrittlichkeit gewertet werden kann, den Frauen die Sorge um die Wohltätigkeit zu überlassen.

Auch trotz einer unbestreitbaren formalen Gleichheit der Geschlechter haben die Mitglieder eines Herrenklubs das Recht, sich bestimmte Regeln festzuschreiben, zu denen auch gehört, dass sie zumindest ein paar Stunden im Monat nur unter Männern sein wollen und sie die weibliche Welt vor den Toren ihres „Tempels" lassen möchten. Sicherlich entspricht dies nicht den Trends der modernen Zeit, jedoch muss nicht jede romantische Illusion aus der Vergangenheit verdammt werden.

Daher können die Auffassungen, die die Freimaurer der Zwischenkriegszeit bezüglich der Problematik von Frau und Mann vertraten, nicht als klarer Spiegel der Sichtweise auf die Geschlechterrollen der tschechischen Eliten gewertet werden. Dies wäre zwar durchaus effektvoll, gleichwohl jedoch sehr vereinfachend.

Aufklärung, Information, Selbsterkenntnis

Ein Blick in den Spiegel?
– die Zeitschrift „Svobodný zednář"

Eine Arbeit mit Informationen und deren gezielte Verbreitung waren in der tschechischen Gesellschaft ein wesentlicher Bestandteil der Tätigkeit eines breiten Spektrums an Organisationen. Die Bedeutung von Wissen, Bildung und Informationen waren für die tschechische Gesellschaft und für ihre Eliten im Besonderen ein unzweifelhafter Wert. Um diesen Zweck, der sowohl die eigenen Mitglieder als auch die Öffentlichkeit formen konnte, zu erreichen, waren einige grundlegende Instrumente erforderlich. In unserem Fall war das Hauptinstrument die Zeitschrift „Svobodný zednář" („Der Freimaurer").

In deren Form und Inhalt spiegelten sich das Leben und die Interessen der tschechischen Freimaurer wider. Jedoch sollten wir nicht zu optimistisch sein und annehmen, dass diese Zeitschrift die grundlegenden Probleme und Tendenzen, die die tschechische Freimaurerei bewegten, in Gänze abgebildet hätte. Eine Autozensur funktionierte hier noch mehr als anderswo, da die tschechischen Freimaurer immer auch die Angst haben mussten, dass ihre Zeitschrift in unbefugte Hände gelangen und medial missbraucht werden könnte. Eine wichtige Rolle spielte hier auch der Faktor des zeitlichen Verzuges, mit dem die Zeitschrift erschien. Es handelt sich daher nicht um einen aktuellen, zeitgenössischen Spiegel, jedoch finden wir hier besser als an anderer Stelle einen breitgefassten Überblick über die Themen, die mit der Freimaurerei in irgendeiner Weise verbunden waren – von der Kunst bis hin zu Fragen der Auslandspolitik.

Die Zeitschrift Svobodný zednář war mit ähnlichen, wichtigen freimaurerischen Publikationen vergleichbar und war von diesen zweifelsohne auch inspiriert. Zugleich können wir deren Struktur und inhaltliche Gestaltung auch mit Zeitschriften anderer Interessensverbände vergleichen (und Ähnlichkeiten entdecken), bei denen das Hauptmotiv in der Regel in einer Ich-Bezogenheit, einer Konzentrizität besteht, d.h. in dem

Bemühen einer Wiedergabe verschiedenster Verweise, Erwähnungen und Informationen über das Objekt in einem historischen und geografischen Kontext. In der Zeitschrift „Svobodný zednář" betreffen daher nur wenige Artikel nicht direkt die Freimaurerei.

Betrachten wir die tschechische Freimaurerzeitschrift aus komparativer Sicht, so stellen wir fest, dass es sich eher um eine Revue handelte. Ihr fehlen eine Reihe an Merkmalen, die wir bei vielen anderen freimaurerischen Periodika finden, welche eher mit Zeitungen vergleichbar sind. In gewisser Hinsicht war dies durch den Zeithorizont beeinflusst, der zwischen den einzelnen Ausgaben idealerweise mehr als einen Monat, praktisch jedoch mehrere Monate betrug. Da im „Svobodný zednář" wenig aktuelle Kurznachrichten auftauchten, und Inserate fast gar nicht gedruckt wurden, nahmen relativ lange Artikel einen breiten Raum ein. Diese Struktur war für die grafische Seite des Blattes vorteilhaft, die als professionell und gelungen bezeichnet werden kann. Die Zeitschrift „Svobodný zednář", aber auch andere tschechische freimaurerische Publikationen zeigten keine Merkmale, die für „in Heimarbeit" geschaffene Presseartikel typisch waren. An ihr war nicht zu erkennen, dass sie gleichwohl durch Amateure in Kleinauflage gedruckt wurde. Was wir für die äußere Aufmachung konstatieren können, ist, dass diese wie auch andere freimaurerische Druckerzeugnisse von der zeitgenössischen Mode beeinflusst wurde bzw. dieser unterlag. Sehr symbolisch in diesem Zusammenhang ist, als der „Svobodný zednář" Ende der 20er Jahre die ungemein gelungene Gestaltung im Jugendstil aus der Werkstatt von Alfons Mucha hinter sich ließ und funktionalistische rechte Winkel und gerade Linien wählte.[543]

Die Zeitschrift „Svobodný zednář" hatte nicht nur eine informierende Funktion, sie war zudem im Grunde auch die einzige direkte Verbindunglinie zwischen allen Freimaurern, deren Logen der Nationalen Großloge der Tschechoslowakei unterstanden. Unter diesem Blickwinkel war eine gewisse mangelnde Aktualität der Informationen im Blatt der Sache eher nicht zuträglich. Uns stehen keine Reflexionen darüber zur Verfügung, dass ausgerechnet der „Svobodný zednář" jemals eine breitere Debatte im Rahmen der Freimaurer angestoßen hätte – er befasste sich mit Themen eher mit Verzögerung und sehr vorsichtig und packte nur gelegentlich heiße Eisen an, die die Logen in Böhmen, in Mähren und in der Slowakei bewegten. Da sich mit Blick auf die dramatischen Umwälzungen der

---

543   Gleiches galt z.B. auch für Kalender, d.h. gedruckte Anleitungen, wann welche Loge im jeweiligen Monat welche Veranstaltung ansetzte. Auch hier verschwand in der ersten Hälfte der 30er Jahre Muchas Gestaltung. Im gleichen Zeitraum wurde auch das Zeichen der Nationalen Großloge der Tschechoslowakei geändert: die im Jugendstil stilisierte Linde, eine Robinie und Freimaurergerätschaften wurden durch einen nüchternen Zirkel ersetzt.

tschechischen bzw. tschechoslowakischen Geschichte im 20. Jahrhundert die Aufzeichnungen keiner der Dutzenden Logen der Tschechoslowakei erhalten hat – mit Ausnahme der Loge Národ – müssen wir die gegenständliche Zeitschrift tatsächlich als einzige kontinuierliche Quelle erachten, die uns zur Geschichte der modernen Freimaurerei in diesem Raum zur Verfügung steht.

Es vergingen mehrere Jahre ab der Gründung der Logen, bis die tschechischen Freimaurer ihr eigenes Periodikum herauszugeben begannen. Die erste Nummer erschien 1925, jedoch dauerte es im Grunde weitere fünf Jahre, bis ihr Erscheinen zur Selbstverständlichkeit wurde. Den ersten – sehr pathetischen – Leitartikel schrieb Alfons Mucha, der mit folgenden Wünschen endete: „Dir, der ersten Nummer des tschechoslowakischen Blattes unseres glücklich neu geborenen Freimaurertums, lege ich den heißen Wunsch in die Wiege, dass Du wachsen mögest, erwachsen wirst und ein langes Leben erleben wirst. Ehrlich Deine Sendung erfüllend: trage treu und fleißig den Schlag unserer Herzen hinaus und pflanze in alle Ecken der Welt die Funken unserer heiligen Lichter, im Schein der ewigen Weisheit, Kraft und Stärke!"[544]

Die Zeitschrift begann auf Grundlage eines Beschlusses der Nationalen Großloge der Tschechoslowakei (NVLČs) zu erscheinen, da ein solches Organ zu den praktischen und guten Konventionen im Grunde einer jeden Organisation gehörte. Hier galt dies gar doppelt, da sich Logen auch außerhalb Prags formierten und mit Blick auf die erforderliche Diskretion Nachrichten nicht mit den üblichen Mitteln, wie etwa periodischen Presseorganen kommuniziert werden konnten. An die Logen versandte Umlaufschreiben aus der Zentrale erhielten nur die Führungsebenen der Logen, aber eine demokratische Kommunikation mit jedem Mitglied fehlte bis zu diesem Zeitpunkt. Vor allem jedoch fehlte ein Instrument der Kultivierung und der Vereinigung der Freimaurer, deren Weg, Bewusstsein und Beziehung zur Freimaurerei sich von Fall zu Fall unterschieden. Die Großloge entschloss sich daher, dass eine Zeitschrift geschaffen werde. Es scheint jedoch, dass diese Entscheidung vorzeitig getroffen wurde, da die tschechische Freimaurerei nicht darauf vorbereitet war, die Existenz eines solchen Blattes tatsächlich zu „ertragen".

Mit der schwierigen Aufgabe der Herausgabe einer hochwertigen freimaurerischen Zeitschrift wurden Vertreter der Prager Logen Komenský, 28. říjen und Národ beauftragt. Den Verleger vertrat František Kaděrávek, die Redaktion bildeten Jan Kapras, Julius Myslík und Josef Volf, verantwortlicher Redakteur wurde der erfahrene Julius Myslík. Im

---

544   A.M.: Na cestu za světlem (Auf dem Weg zum Licht), in: Svobodný zednář 1, I, 1925, S. 1-2.

Übrigen hatten alle Beteiligten Erfahrungen bei redaktioneller Arbeit, die Redaktion hätte von diesem Gesichtspunkt aus wohl nicht besser ausgewählt werden können. Das erste Produkt aus ihrer Werkstatt erschien bereits vor Weihnachten 1925. Geplant war ein Erscheinen der Zeitschrift viermal jährlich. Es wurde ferner davon ausgegangen, dass sämtliche Brüder den Redaktionskreis unterstützen würden, dass niemand einen Kauf der Zeitschrift ablehnen würde und alle Logenmitglieder gewillt seien, Beiträge für das Blatt zu schreiben.[545]

Die Grundstruktur der Zeitschrift bildeten Artikel zur Geschichte und manchmal auch zur Gegenwart der Freimaurerei, Beiträge zur Erläuterung bestimmter Begriffe, Symbole und bestimmter freimaurerischer Werte. Des Weiteren veröffentlicht wurden gelegentlich Verse, Bilder, Nachrichten aus der Welt, nach und nach auch Informationen über die Tätigkeiten der inländischen Werkstätten, Erinnerungen an Lebensjubiläen und ritualisierte Reden. Der Nachlass von Julius Myslík, der diese primäre Akte umfasst, deutet an, wie schwer die Umsetzung der Freimaurerzeitschrift tatsächlich war.[546] Für die ersten Jahrgänge typisch waren eine peinlich genaue, übervorsichtige, ja an Sterilität grenzende Diskretion, die nur ein anonymes Bild von der brüderlichen Liebe der tschechoslowakischen Freimaurer zeichnete. Es wurde nicht ein Name zitiert, gearbeitet wurde lediglich mit Abkürzungen und Pseudonymen. Dieses Herangehen war offenkundig Folge der Vorstellung, dass die Freimaurerei von einer außerordentlichen Konspiration begleitet sein müsse. Diese Barriere durchbrachen erst mit der Zeit Pilsner Freimaurer, und danach dann Freimaurer der Prager Loge Komenský. Sie waren die ersten, die es wagten ihre Namen anzuführen und konkret zu ihrer Tätigkeit zu schreiben. Die Zeitschrift „Svobodný zednář" war nur für Mitglieder bestimmt, jedoch gab es ab und zu „Lecks" und Informationen gelangten nach außen – die Boulevardpresse ließ sich auf dieser Grundlage des Öfteren inspirieren. Obwohl also die Gründe für die Vorsicht und Konspiration nachvollziehbar waren, kann ich mich des Eindrucks nicht erwehren, dass sich die tschechischen Freimaurer für ihre – ansonsten oft hochgelobte – Mitgliedschaft im Orden doch ein wenig schämten.

Die Zeitschrift „Svobodný zednář" startete also Ende 1925, die letzte, vierte Nummer des 1. Jahrganges kam jedoch erst im Herbst 1927 heraus. Die Redaktion versprach damals, dass der „Svobodný zednář" künf-

---

545   Slovo redakce [Wort der Redaktion], in: Ebd., S. 16.

546   LA PNP [Literaturarchiv des Denkmals des nationalen Schrifttums], Bestand Julius Myslík. Hier sind auch einige wertvolle Handschriften erhalten, z.B. Kvapils Verse „Proslov k řetězu" [Ansprache an die Kette] oder Überlegungen von Václav M. Havel „Rozhovor o vlastní dílně" [Gespräch über die eigene Werkstatt]. Auch finden wir hier eine schöne Sammlung an freimaurerischen Partezetteln [Todesanzeigen].

tig regelmäßig aufgelegt würde, und zwar derweil fünf Mal jährlich. Ein Abonnement wurde auf 20 Kronen festgelegt, wobei die Verteilung mittels der jeweiligen Logen erfolgte, die eine bestimmte Anzahl an Blättern für ihre Mitglieder bestellten. „Es lebe die Republik!" – mit diesem Satz beendete Julius Myslík diese Mitteilung.[547]

Der zweite Jahrgang der Zeitschrift „Svobodný zednář" erschien jedoch so unregelmäßig wie der erste, der dritte Jahrgang fiel noch schlimmer aus. Wir können hier aber nachvollziehen, woher die Kurznachrichten in der Zeitschrift stammten. Wir sehen sukzessive das Bemühen, die Sekretäre der Logen dazu zu bringen, über die Tätigkeit der jeweiligen Organisationen zu schreiben. Größere Beiträge waren oft Abdrucke von Vorträgen, die bei Logensitzungen gehalten wurden. Und Rudolf Jordan Vonka, der ebenfalls Artikel für den „Svobodný zednář" schrieb und der ab 1929 auch Mitglied des Redaktionsrates war, bot Nachrichten aus aller Welt, die wiederum aus der deutschen Freimaurerzeitschrift „Die drei Ringe" stammten. Gleichwohl es sich um ein logisches Vorgehen handelte, war dies in einer Zeit, als noch keine offizielle Freundschaft zwischen beiden großen Logen geknüpft worden war, ein nonkonformer Schritt. Die Rubrik wurde zudem „Strauß aus der Zeitschrift der deutschen Brüder" („Klasobraní z časopisu německých bratří") genannt. Die Möglichkeit einer Einsichtnahme in westeuropäische freimaurerische Zeitschriften hatten die Redakteure des „Svobodný zednář" erst in späteren Jahren, und dies vor allem dank Freimaurern, die diese Zeitschriften nach Prag brachten – vor allem handelte es sich um Diplomaten.

Mit Blick auf die schwierige Situation der Freimaurerzeitschrift ordnete der Großorient an, dass jeder Freimaurer automatisch zur Abnahme der Zeitschrift verpflichtet sei. Das Abonnemententgelt wurde nachfolgend zusammen mit den Mitgliedsbeiträgen bezahlt.[548] Trotz aller Anstrengungen fiel der dritte Jahrgang katastrophal aus. Unter großen Mühen erschien nämlich nur eine Doppelnummer.

Anfang 1930 boten die bisherigen Redakteure und Herausgeber ihren Rücktritt an.[549] Der Großorient nahm das Gesuch jedoch nicht an und forderte sie auf, den dritten Jahrgang fertigzustellen und für die Ausgabe des Blattes gegebenenfalls Helfer hinzuzuziehen, die sie für geeignet erachten. Für den weiteren Jahrgang wurde ihnen empfohlen, dass

---

547   Slovo redakce [Wort der Redaktion], in: Svobodný zednář 4, I, 1926-27, S. 72.

548   Slovo redakce [Wort der Redaktion], in: Svobodný zednář 2-3, II, 1927-28, S. 48. Zur praktischen Umsetzung vgl. AVL ČR [Archiv der Großloge der Tschechischen Republik], Kniha prací lóže Národ [Buch der Arbeiten der Loge Národ], Aufzeichnungen vom 27. Januar 1927 und vom 16. März 1928.

549   LA PNP [Literaturarchiv des Denkmals des nationalen Schrifttums], Bestand Josef Volf, Schreiben an die Nationalen Großloge der Tschechoslowakei [NVLČs] vom 20. Januar 1930.

die Zeitschrift vor allem aktuelle Nachrichten bringen solle – über die Freimaurerei weltweit, über die heimischen Logen, eine Übersicht über Literatur – also Informationen, die gerade am schwierigsten zu gewährleisten waren. Insgesamt sollten 9 Nummern jährlich erscheinen.

Die Situation war jedoch offenkundig nicht weiter haltbar. Bekannt ist, dass sich zumindest Jan Kapras aus gesundheitlichen Gründen von der Arbeit in der Redaktion zurückzog.[550] Dann jedoch fand sich ein Mann, der hinreichend Energie hatte, um die gesamte Redaktion der Zeitschrift „Svobodný zednář" zu übernehmen – Rudolf J. Vonka. Den Druck der Zeitschrift und weiterer freimaurerischer Druckerzeugnisse übernahm die Druckerei Legiografie,[551] deren Leiter František Richter der Zeitschrift zweifelsohne vorteilhafte Bedingungen einräumte. Der freimaurerischen Öffentlichkeit wurde die Neuerung in einem Artikel „Krückstock auf den Weg" mitgeteilt: „Unser Blatt begibt sich in neuem Gewand auf den Weg. Jene, die sich um sein Leben sorgen sollen, schauen dankbar auf jene, die den ‚Freimaurer' bisher geführt haben, sie danken ihnen mit stillem Blick für die geleistete Arbeit und für das gute Beispiel. Sie schauen sich auch nach jenen um, von denen sie Hilfe erwarten, sie locken sie wiederum nur mit einem stillen Blick."[552]

Die Realität jedoch war um einiges härter. Vonka selbst machte sich sofort und mit voller Energie an die Ausgabe des IV. Jahrganges, wobei er sein Budget großzügig überschritt, und dies zu einem Zeitpunkt, als der III. Jahrgang durch die alte Redaktion laut Vereinbarung noch nicht beendet worden war. Im September 1930 wandte sich Vonka schriftlich an den Vertreter der ursprünglichen Redaktion, Volf: „Wenn Du die letzte Nummer des vorherigen Jahrganges voranbringen könntest, würdest du mich aus einer unangenehmen Lage befreien, da mir von Nichteingeweihten vorgehalten werden könnte, dass ich dich behindern möchte [sic], was mir fern liegt."[553] Da die Situation unhaltbar wurde, kam es Ende September 1930 zu einer Redaktionssitzung, bei der Vonka offiziell die Führung des Blattes von Julius Myslík übernahm und er sich ein Protokoll aufsetzen und bestätigen ließ.[554]

550   Vgl. ANM (Archiv des Nationalmuseums), Bestand Jan Kapras, K. 108, Inv.-Nr. 5073, Schreiben des Großorients vom 20. Januar 1930.

551   Darüber hinaus wurden einige Dinge auch im Verlag Grégrovo nakladatelství gedruckt. Es kommt zu einer spürbaren Abwendung vom Verlag der Freidenker, Volná Myšlenka, und auch die bisherige Kooperation mit der Druckerei in Prag-Vyšehrad, Reisova tiskárna, wird beendet.

552   Berla na cestu (Krückstock auf den Weg), in: Svobodný zednář 1-2, IV, 1930, S. 2-3.

553   LA PNP (Literaturarchiv des Denkmals des nationalen Schrifttums), Bestand Josef Volf, Vonkas Schreiben vom 11. September 1930.

554   An den Sitzungen nahmen neben dem alten und dem neuen Redakteur noch Antonín Pavel, Rudolf Konrád und der Prokurist Jara Jiránek teil. Das Protokoll ist erhalten in: LA PNP (Literaturarchiv des Denkmals des nationalen Schrifttums), Bestand Rudolf J. Vonka.

Ergebnis war eine Erklärung, dass gegenüber Myslík keine Vorbehalte bestehen und Vonkas Erklärung angenommen wurde, warum er nicht abgewartet hatte und die Zeitschrift Jahrgang 1930 herauszugeben begann, wobei „die Tätigkeit Vonkas nicht als Usurpation aufgefasst wird". Mit Myslík wurde eine Abrechnung der alten Jahrgänge vorgenommen und „den Abnehmern wird eine Änderung der Redaktion und eine Kontinuität des Herausgebers mitgeteilt, damit die Brüder keinen falschen Eindruck einer Umwälzung erhalten". Volf wurde aufgefordert, tatsächlich den Jahrgang 1929 fertig zu stellen. Das Programm des Blattes sollte folgendermaßen lauten: „Die Zeitschrift wird alte tschechische masonische Bohemika sammeln. Sie wird sich mit dem weltweiten Freimaurertum befassen, und zwar a/ seiner Historie, b/ seiner heutigen Probleme. Sie wird Pressestimmen a/ einheimische, b/ aus der Welt berücksichtigen (von außen und eigene). Sie wird Stimmen über freimaurerische Literatur und freimaurerisches Schaffen abdrucken. Sie bringt Nachrichten aus heimischen Werkstätten und aus der Welt. Sie wird eine Rubrik Fragen und Meinungen unterhalten. Sie wird sich an einer Spalte in Kursivschrift versuchen. Sie wird sich mit Bibliografie befassen ..."[555]

Vonka war zwar eine widersprüchliche Persönlichkeit, vor allem wegen seiner überbordenden Energie und seiner kämpferisch-protestantischen Auffassung, seine Verdienste um die Freimaurerzeitschrift können ihm jedoch keinesfalls streitig gemacht werden. Es war zweifelsohne er allein, der die Zeitschrift „Svobodný zednář" wirklich auf die Beine stellte. Mit dieser Tätigkeit musste er viel Zeit verbracht haben, und wenn er bestimmte Artikel und vor allem kleine Nachrichten und Informationen über Literatur nicht bekam, füllte er die entsprechenden Rubriken selbst mit eigenen Texten. Darüber hinaus widmete er sich der Herausgabe der freimaurerischen Buchreihe „Trojúhelník" (Das Dreieck) und teilweise auch der Edition „Stavba" (Der Bau), in der von Zeit zu Zeit Arbeiten über die Freimaurerei in größerem Umfang erschienen.[556]

Vonka gelang es ab September 1930 die Periodizität des „Svobodný zednář" zu takten, sodass die Zeitschrift ab diesem Zeitpunkt tatsächlich in zehn Nummern jährlich und nur mit kurzer zeitlicher Verzögerung erschien. Auch den anderen Verpflichtungen kam er nach und die Zeitschrift erhielt aktuelle Rubriken. Er bemühte sich diskursive Elemente in das freimaurerische Leben und eine Reihe an Initiativen einzubringen, die ungeheuer provozierten. Von seinen Tätigkeiten bei der Orga-

---

555   Ebd.

556   Zur Konzeption und zum Inhalt dieser Editionsreihen vgl. Naše publikace (Unsere Publikationen), in: Svobodný zednář 8-9, X, 1936, S. 154-156. Dort werden auch Publikationen der einzelnen Logen behandelt.

nisierung des wohltätigen Engagements der Freimaurer, der Fürsorge um Kinder und der Kommunikation mit Frauen war bereits die Rede. Ja, hinter all den genannten Aktivitäten stand der einstige Lehrer und nunmehrige Mitarbeiter der Abteilung für Öffentlichkeitsarbeit des Ministeriums für auswärtige Angelegenheiten der Tschechoslowakei, der auf die sechzig zugehende Rudolf Vonka.

Die Zeitschrift „Svobodný zednář" hatte nach wie vor mit finanziellen Problemen zu kämpfen, und offenbar auch aus diesem Grund wurde eine Änderung des Aussehens bzw. der Gestaltung des Blattes in Angriff genommen: die einzelnen Nummern erschienen mehrere Jahre ohne Titelblatt und Einband, die zusammen für den ganzen Jahrgang geliefert wurden.[557] Es muss eingeräumt werden, dass die Zeitschrift in dieser Form nicht unbedingt einladend aussah. Nach Überwindung der Krise wurde eine moderne einfache Gestaltung gewählt, die jedoch zumindest grundlegenden ästhetischen Ansprüchen gerecht wurde. In die Zeitschrift wurde auch, wenngleich sehr vorsichtig und züchtig, Werbung aufgenommen. Deren Anteil war jedoch minimal. Es gab deutlich mehr Inserate mit karitativen Zielen.

Vonka stellte die Zeitschrift auf die Beine, entschied jedoch gleichzeitig, dass es sich um eine geeignete Tribüne für seine Auffassungen handelte. Und diese waren nach Ansicht einiger Freimaurer so nonkonform, dass sie nach einer Weile bedauerten, wem sie die Zeitschrift anvertraut hatten. Ohne Vonka und seinen persönlichen Einsatz hätte es jedoch sehr wahrscheinlich gar keine Zeitschrift gegeben. Vonka war ein unglaublich kontaktfreudiger Mensch, der Diskussionen liebte, sodass er alle um sich herum permanent zu Aktivitäten aufforderte – man solle ihm schreiben, was nicht gefallen hatte, was man ändern könne, wie die Zeitschrift aussehen solle, nur um einen Diskussionsbeitrag abzugeben. „Sag nicht, Du hast keine Zeit, dass Du weder schreiben noch lesen kannst ... Schreib einfach. Der Bruder Redakteur wird mit Dir danach gern die Aufmachung des eingesandten Artikels besprechen."[558] Er war einfach mit Leib und Seele (ehemaliger) Lehrer. Jedoch wartete die Mehrheit der Freimaurer immer nur passiv ab, was Neues in ihrem Periodikum erscheinen würde. Nur wenige wollten Gestaltung und Inhalt des Blattes beeinflussen, gleichwohl Vonka Diskussionen hierüber wahrlich nicht abgeneigt

---

557 „Titelblatt und Inhalt dieses Jahrganges fügen wir der letzten Nummer bei. Das Titelblatt ersetzt auch den Umschlag. Die Redaktion bittet daher alle Brüder, das Titelblatt nicht zu reklamieren." Zprávy (Nachrichten), in: Svobodný zednář 6–8, IV, 1930, S. 88. Erst ab 1932 bot die Zeitschrift hellblaue Leineneinbände mit einer Zeichnung Muchas für den III. und IV. Jahrgang, und zwar für 5 Kronen. Zprávy (Nachrichten), in: Svobodný zednář 2, VI, 1932, S. 27–32.

558 Literatura (Literatur), in: Svobodný zednář 9, IV, 1930, S. 111.

war. Dass Vonka die Zeitschrift im Grunde allein in Beschlag genommen hatte, war im Wesentlichen Folge dessen, dass die anderen sich kaum bemühten und ihm so ein freies Betätigungsfeld überließen. Seine Aktivität war nicht zu übersehen, sodass der Freimaureröffentlichkeit versichert wurde, dass „dies nicht um einer Palastrevolution willen stattgefunden hat, sondern in Übereinstimmung und in Ruhe nach Zustimmung des Redaktionsrates. Es handelt sich auch nicht um eine neue Unternehmung, sondern die buchhalterische Seite des vierten Jahrganges schließt an die Buchführung des dritten Jahrganges an."[559] Dies war gleichwohl nicht die ganze Wahrheit, da für den Abschluss des dritten Jahrganges keine Mittel und offensichtlich auch keine Energie gegeben waren. Vonka jedoch verfügt über beides. Sukzessive gelang ihm eine deutliche Hebung des Niveaus des Blattes. Nur die Brüder Freimaurer waren nicht alle immer verantwortungsbewusst und nicht alle wollten die Zeitschrift auch obligatorisch abnehmen.

Vonka belebte die Zeitschrift in jeder Hinsicht. Er druckte gar Witze über Freimaurer ab – ob etwa ein freier Maurer mit einer freien Maurerin verheiratet sein könne. Manchmal war er selbst witzig und unterhaltsam. Als er z.B. über die deutsche antifreimaurerische Literatur referierte, merkte er Folgendes an: „Was kann einem der Referent leidtun, der sich durch diesen Galimathias durchbeißen muss, will er über die freimaurerische Literatur informieren."[560] Die Anzahl der gedruckten Zeitschriften des „Svobodný zednář" wuchs 1932 auf 600, wobei Vonka säumige Brüder mit der wahrlich korrekten Behauptung zu motivieren suchte, dass „nach einiger Zeit unsere Hefte Seltenheitswert haben werden".[561]

Rudolf Vonka können Verdienste um die freimaurerische Zeitschrift tatsächlich nicht abgestritten werden. Und wenn er sich in seinen Beiträgen als demütiger und fleißiger Schüler seiner Vorgänger präsentierte, so entsprach dies nur in Teilen der Wahrheit. Vonka war nämlich ein Kämpfer und hatte in der Vergangenheit Erfahrungen in anderen „geheimen" Gesellschaften gesammelt, etwa bei den Martinisten oder bei Lešehrad. Freimaurer war er damals nur relativ kurze Zeit, und zwar seit 1926. Aus der Zeitschrift „Svobodný zednář" machte er seine eigene Tribüne und ging dabei so vehement vor, dass seine Position unhaltbar wurde. Im Jahr 1933 übergab er die Redaktion einem weiteren Mann aus

559   Redakční a administrační oznámení [Redaktionelle und administrative Mitteilungen], in: Svobodný zednář 11, IV, 1930, S. 143-144.

560   Zprávy [Nachrichten], in: Svobodný zednář 3-4, VI, 1932, S. 54-62.

561   Zpráva Vel. Taj. za rok 1931 [Bericht des Großsekretärs für das Jahr 1931], in: Svobodný zednář 5-6, VI, 1932, S. 80-86.

dem Ministerium für auswärtige Angelegenheiten, an den Literaturhistoriker Antonín Hartl. Sein Abgang wurde von vielen begrüßt, die endlich Ruhe wünschten. Die neue Redaktion hob Vonkas Verdienste hervor und teilte mit, dass „wir keine abschließenden Urteile fällen können, wir jedoch sagen können, was wir wertschätzen".[562] Und was war das konkret? Dass er die Buchreihe „Trojúhelník" (Das Dreieck) begründete, er hier vier Bände herausgab, er die Zeitschrift „Svobodný zednář" rettete und er diese dreieinhalb Jahre, wenngleich sehr eigen, so doch gut führte. Er führte die Zeitschrift zu einer richtigen Periodizität. Die Redaktion hoffte nur, weiterhin mit ihm zusammenarbeiten zu können. Nur war es damals für Vonka bereits langsam an der Zeit, sich aus dem freimaurerischen Leben zurückzuziehen.

Rudolf J. Vonka ist zweifelsohne eine der interessantesten freimaurerischen Persönlichkeiten, gleichwohl sein Name heute vergessen ist. Faszinierend ist eine Beobachtung seiner beiden Kämpfe, die er im Rahmen der Freimaurerei führte – der Kampf um das Erbe des gelehrten Comenius (Komenský) und der Kampf um die Möglichkeit einer Kooperation mit Frauen. In seinen Auffassungen klingt eine sehr harte Kritik an den konservativen Einstellungen führender Vertreter der Freimaurer und ganzer Logen durch. Auch sind lächerlich machende Töne zu spüren, die auf die rigide Abtrennung der Freimaurer von der sie umgebenden Welt abzielen.

Zu der Zeit, als Vonka seine großen Kämpfe führte, schrieb er zu seiner Verteidigung und zur Erläuterung einen selbstbewussten Brief, in dem er die Probleme der tschechischen Freimaurer skizzierte.[563] Ich erachte diesen als eines der bemerkenswertesten Zeugnisse, die uns hierzu heute zur Verfügung stehen. Vonka stellt hier gar das Prinzip der Hierarchie infrage, das u.a. durch den Eid symbolisiert wird. „1. Dies ist ein Rest einer mit Zauber verbundenen religiösen Auffassung ... Der Eid ist eine Erfindung eines starken Feudalen... Ich erinnerte mich daran, dass ich im zivilen Leben einen Eid nachd rücklich verweigere, während in der Str. Dittrichova ulice ... Ich fasse mir an die Stirn und frage mich, wo ich die Vernunft hingetan habe. Ich sagte mir: Um der Ruhe zwischen den Brüdern wegen. Und ich hätte mich daran erinnern müssen, dass ein fortschrittlicher Mann Aufregung bringen muss und nicht modernden Mief. Werden wir denn unsere alten Auffassungen niemals los? Ein Eid – stattdessen Rebellionen, ja! Aus einer Rebellion ist unsere gesamte bessere Kultur ... 2. Regularität ist alter Krimskrams ... Ich bin Theist,

562   H.: Zednářské dílo br. R. J. Vonky (Das freimaurerische Werk des Bruders R. J. Vonka), in: Svobodný zednář 7, VII, 1933, S. 107-109.

563   LA PNP (Literaturarchiv des Denkmals des nationalen Schrifttums), Bestand Rudolf Jordan Vonka.

aber solchen Aberglauben kann ich nicht einhalten. Regularität ist die Schwester der Überheblichkeit, des Aristokratentums. Wo bleiben da die Brüderlichkeit und die Gleichheit aller Menschen? ... 3. Wenn wir an Havlíček glauben, meinen wir: Weil wir wenige sind, müssen wir Kräfte und Kräftchen sammeln. Wenn wir an Palacký glauben, meinen wir: Weil wir wenige sind, müssen wir dreimal mehr erreichen ... Weil wir an Comenius glauben, meinen wir, dass den Frauen die Gleichberechtigung zusteht, aber wir zählen sie nicht zu den guten Menschen ..., zum Auswurf. Lasst mich in Ruhe mit solchen Männern, die zuhause unter dem Pantoffel stehen, aber in der Loge als Misogyne auftreten ..."

Vonka verfasste diese Zuschrift zu einer Zeit, als über eine Vereinigung aller möglichen freimaurerischen Strömungen in der Tschechoslowakei verhandelt wurde. „Ich trete für eine Vereinfachung ein, da wir mit bösen Zeiten rechnen müssen. Wir sind keine gesellschaftlichen Robinsons, um uns darauf verlassen zu können, dass keine Wilden unter uns kommen. Demokratie bedeutet Freunde zu suchen. Ein Feudaler war selbständig, da er zu sich selbst stolz war. Aber ich weiß, wenn es hart auf hart käme, würden wir sofort ruhen. Aber es geht um jene, die nicht ruhen wollen." Seine Worte können heute als beinahe hellseherisch gewertet werden. Es waren jedoch seine Abschiedsworte.

Der „Svobodný zednář" als Zeitschrift existierte jedoch auch ohne Rudolf Vonka. Die tschechoslowakische Freimaurerei erweiterte zudem die Skala ihrer Druckerzeugnisse und begann viermal jährlich ein Bulletin herauszugeben, das im Grunde für andere Großlogen und für Freunde im Ausland bestimmt war. Dort finden wir englische, französische, spanische und manchmal auch deutsche Texte. Die tschechischen Freimaurer begannen so auch ihr Bild für die freimaurerische Welt jenseits der Landesgrenzen zu formen. Mit der Zeit erhielt der „Svobodný zednář" regelmäßige und unregelmäßige Sonderbeilagen. Erstmals erschienen dergestalt Gintls und Sís' Arbeiten über die Freimaurergeschichte, später kam eine regelmäßige Literaturbeilage „Královské umění" (Die königliche Kunst) hinzu. Nach einem Integrationsprozess in den 30er Jahren folgten auch eine deutsche und eine ungarische informative Beilage. Deren Existenz können wir als einen großen mentalen Durchbruch in die bisherige Wahrnehmung der freimaurerischen Kommunikation erachten.[564]

---

564   Die literarische Beilage leiteten K. J. Beneš, K. Novotný und J. Šnobr, publiziert wurden hier Ausschnitte aus literarischen Werken mit Bezug auf die Freimaurerei. Die deutsche Beilage trug den Namen „Der Freimaurer, Deutsche Beilage des Svobodný zednář", (1. Jahrgang 1936), die ungarische Beilage hieß „A Szabadkőműves" und stammte aus der selben Zeit. Slowakisch tauchte mit Ausnahme einiger von Slowaken geschriebener Artikel überhaupt nicht in der Zeitschrift auf. Dies kann als signifikant gewertet werden. Ich gehe davon aus, dass dies nicht nur eine Folge des großen Prozentsatzes an Tschechen in der Slowakei war, die zu tschechoslowakischen Freimaurern gehörten, sondern auch die kommunikative Inflexibilität, die objektiv war.

Ab Herbst 1933 nahm sich der Leitung der Zeitschrift „Svobodný zednář" also Antonín Hartl an, den wir als führenden Kultivator des freimaurerischen Bewusstseins erachten können, als eine Persönlichkeit, die ebenfalls eine moderne Auffassung der Freimaurerei vertrat, nicht jedoch so provokativ und um jeden Preis wie sein Vorgänger. Der Redaktionsrat bestand des Weiteren aus František Kadeřávek, Rudolf Konrád und Josef Volf.[565] Die deutlichste Änderung, die die Leser zu diesem Zeitpunkt bemerkten, war die Rückkehr zu einem farbigen Umschlag und eine etwas geänderte Struktur der hinteren Blätter der Zeitschrift. Die Existenz eines Umschlages wurde durch Werbung ermöglicht, die dessen wesentlichen Teil ausmachten. Auch diese Redaktion kämpfte jedoch mit zeitlichen Verzögerungen bei der Herausgabe ihres Druckerzeugnisses und mit dem geringen Interesse, das Logen und Einzelpersonen der Zeitschrift entgegenbrachten. Warum kümmerten sich die tschechischen bzw. tschechoslowakischen Freimaurer nur am Rande um ihre Zeitschrift? Es scheint, dass ihre Priorität auf einer unmittelbaren Kommunikation in der Loge lag und sie sich im Grunde nicht nach allzu viel Information und Aufklärung sehnten. Es ist mehr als symptomatisch, wenn einige Nummern der Zeitschrift „Svobodný zednář" in persönlichen Nachlässen erhalten sind, deren Seiten oftmals aber nicht einmal auseinandergeschnitten sind, also nicht gelesen wurden.[566]

Ist dies nicht ein bestimmter Widerspruch? Das Halten von Vorträgen war doch eine integrale und recht beliebte Tätigkeit der Logen, aber das Lesen einer Zeitschrift, also etwas Gängiges für einen tschechischen Intellektuellen, verfing nicht? Die Erklärung könnte darin bestehen, dass Zeichnungen (schriftliche Ausarbeitungen) in den Logen meist verschiedene aktuelle Themen betrafen, die an Brüder vermittelt wurden. Solche Mitteilungen und nachfolgenden Diskussionen hatten zweifelsohne ihren Reiz und für die Freimaurerei einen Sinn.[567] Aber eine thematisch so eng

---

565 Zprávy [Nachrichten], in: Svobodný zednář 9, VII, 1933, S. 166–167. Im Jahr 1935 kam noch Jiří Sedmík in den Redaktionsrat hinzu. Hartl führte die Zeitschrift bis zum Frühjahr 1938, als er auf diese Funktion verzichtete, da „ich so beschäftigt bin, dass ich die Verpflichtungen eines regelmäßigen Redigierens nicht auf mich nehmen konnte". Oznámení redakce SZ [Mitteilung der Redaktion des SZ], in: Svobodný zednář 2, XII, 1938, S. 31. Nachfolgend gab die Zeitschrift der „Herausgeber- und Verlagsbund Stavba" [„Bau"] heraus, verantwortlicher Redakteur und Verwalter wurde Karel Šváb, einen Redaktionsrat gab es nicht.

566 Dies gilt auch für eine Reihe an Nummern, die wir bei dem führenden Freimaurerfunktionär Jan Kapras finden. Auf der anderen Seite hätten viele „Laien" oder Mitglieder ähnlicher Gesellschaften Interesse an der Zeitschrift gehabt, jedoch war ihnen der Zugang zum Druckerzeugnis zumindest offiziell verwehrt. Ich habe den Eindruck, dass Vonka aus Sicht der Freimaurerei Indiskretionen zuließ, indem er seinen Bekannten aus anderen, der Freimaurerei ähnlichen Organisationen, die Zeitschrift zur Verfügung stellte.

567 In persönlichen Korrespondenzen finden wir am häufigsten Reaktionen darauf, was vor allem zum Schicksal einzelner Hochschulen, Fakultäten, Fächer, zu studentischen und sozialen Angelegenheiten gesagt wurde. Dies waren für Pädagogen wertvolle Informationen darüber, was im Ministerium geplant wurde ... Sehr beliebt waren auch Vorträge über die Außenpolitik und deren Zusammenhänge.

zugeschnittene und zudem wenig aktuelle Zeitschrift lesen, wollten viele
Freimaurer offenkundig nicht. Auch hieraus können wir auf die Intensität schließen, mit der sich eine Reihe von Freimaurern in der „königlichen Kunst" vervollkommnen wollte, und können deren freimaurerische
Prioritäten erahnen.

Streben nach Selbsterkenntnis

Freimaurer überall auf der Welt versuchen so weit wie möglich die eigene
Vergangenheit zu erforschen, was mit Blick auf die spezifischen Quellen
ein relativ schwieriges Unterfangen ist. Nichtsdestotrotz ist die freimaurerische Forschung ein untrennbarer Bestandteil des freimaurerischen
Lebens und die Seiten freimaurerischer Presseerzeugnisse sind voll von
Lobpreisungen oder zumindest Beschreibungen der eigenen Vergangenheit. Es wurde bereits angedeutet, dass die tschechischen Freimaurer
trotz dieser Gepflogenheiten und gar im Wissen darum, dass das tschechische Volk sich allgemein gern und ausgiebig historischen Themen
widmet, Geschichte eher wenig interessierte.

Prägnant drückte dies Berthold Thein aus, der dem verärgerten freimaurerischen Historiker Josef Volf im September 1923 nach einem Vortrag in der Loge schrieb: „Ich sagte bei der letzten Arbeit, dass einige
Brüder an historischen Vorträgen nur aus Freundlichkeit Interesse zeigen und ich meinte damit bestimmte anwesende und nicht anwesende
Brüder ..."[568] Tatsache war aber wohl eher, dass einige Brüder an historischen Vorträgen überhaupt kein Interesse hatten und dies auch deutlich zeigten. Diese Erkenntnis musste insbesondere für Volf sehr bitter
gewesen sein, da er seine Autorität als Freimaurer davon ableitete, der
professionellste und beste Historiker der Freimaurerei zu sein.

Es kann nicht übersehen werden, dass die Zeitschrift „Svobodný
zednář" und die anderen Publikationen eigentlich nur einige Persönlichkeiten mit Inhalt füllten. Es ist sicherlich nur natürlich, dass sich nicht
alle danach sehnten, in die freimaurerische Forschung zu gehen, jedoch
kann dieser Personenkreis als zu eng erachtet werden. Andererseits
muss sich bewusst gemacht werden, dass die Zeit von Amateurforschern
bereits in Teilen passé war,[569] sodass es logisch war, wenn die freimau-

568   LA PNP [Literaturarchiv des Denkmals des nationalen Schrifttums], Bestand Josef Volf, Theins Schreiben
vom 28. September 1923.

569   Sehr treffend äußerte sich zum Thema Karel Weigner, der von Lešehrad in die Forschungsloge Quatuor
Coronati gelockt wurde, als er darauf hinwies, dass jede moderne Wissenschaft ihre Methoden hat, und er, als alter
Arzt, keine Zeit und keine Kraft mehr habe, diese zu lernen. Er bat daher, aus dem Verzeichnis der Mitglieder der QC
gestrichen zu werden. LA PNP [Literaturarchiv des Denkmals des nationalen Schrifttums], Bestand Lešehradeum,
Geheimgesellschaften [Tajné společnosti], Lešehrads und Weigners Schreiben an die Forschungsloge QC im
November 1935.

rerische Forschung Historikern oder ähnlichen Disziplinen zufiel – Literatur-, Rechts- oder Musikhistorikern, Archivaren. Deren Anzahl war jedoch unter den Freimaurern gering, und bei weitem nicht alle wollten sich unbedingt auf diesem Feld Lorbeeren erarbeiten. Gleichwohl gab es zumindest gelegentliche Arbeiten aus ihren Federn.

Die Kenntnis der eigenen Vergangenheit ist eine der Hauptquellen der Selbsterkenntnis. Im Rahmen der Freimaurerei existiert eine weit verzweigte internationale Organisation, die sich der Forschung verschrieben hat, und zwar die Forschungsloge Quatuor Coronati (QC). Diese konzentriert sich auf Freimaurer, die einen Beitrag zur Klärung vor allem der Vergangenheit ihrer Organisation leisten möchten – sowohl auf dem Feld der Geschichte, als auch der Kunstwissenschaften. Die QC publiziert die Ergebnisse ihrer Tätigkeit und macht diese hierdurch nicht nur Freimaurern, sondern der Öffentlichkeit als solcher zugänglich.[570]

Kontakte zwischen freimaurerischen Forschern hatten in Prag eine spezifische Bedeutung, gleiches gilt für Entstehung ihrer Prager Organisation QC. Es handelte sich um die erste Institution, an der sowohl tschechische, als auch deutsche Freimaurer partizipierten. Und die ersten Kontakte überhaupt bestanden in wissenschaftlichen Vorträgen, die ungeachtet der Nationalität und der Zugehörigkeit des Referenten abgehalten wurden. Zu Beginn stießen diese beim tschechischen freimaurerischen Publikum gleichwohl auf wenig Verständnis. Und es war erneut der umtriebige R. Vonka, der sich für ein weiteres Vergehen rechtfertigen musste. Vonka referierte nämlich in der deutschen Loge Adoniram als geladener Redner über Comenius. „Er war der erste in einer deutschen Loge vortragende Tscheche." Vonka behauptete zu seiner Verteidigung, dass es sich nicht um eine private Veranstaltung gehandelt habe. Seinen von seinem Vorgehen wenig begeisterten Brüdern teilte er Folgendes mit: „Wenn ich etwas zu sagen habe und nicht wieder Hindernisse bestehen

----

570   Eine Reihe an Publikationen, die in der abschließenden Literaturübersicht angeführt werden, erschienen gerade im Zuge der Aktivitäten dieser Forschungsloge. Die vielleicht wichtigste für unsere Thematik ist eine durch die Wiener Niederlassung herausgegebene Arbeit: Tschechische Brüder kämpften gegen die Nazis. Beiträge zu einem Symposion 1993 in Prag - Čeští bratři bojovali proti nacistům, Wien 1995.
Der seltsame Name dieser Institution bedeutet „Die vier Gekrönten", und zwar vier Märtyrer für Maurer [Bildhauer], die zum Tode verurteilt wurden, weil sie es ablehnten, für Kaiser Diokletian einen Tempel auszugestalten. Diese vier Märtyrer wurden im Mittelalter die Patrone der Baumeisterzechen in Deutschland. Als in der zweiten Hälfte des 19. Jahrhunderts eine geeignete Bezeichnung für eine freimaurerische Forschungsgesellschaft für Literatur und Geschichte gesucht wurde, erinnerten sich die Freimaurer an eben jene. Die erste Loge QC entstand 1884 in London. Ihr „Ziel war eine Konzentrierung aller Mitarbeiter, die sich wissenschaftlich mit Fragen der Freimaurerei befassen, in Logenarbeiten beim Vortragen von Zeichnungen, die dann entweder gesondert oder in der Logenzeitschrift Ars Quatuor Coronatorum herausgegeben wurden". Laut Jiří Sedmík solle diese Loge dazu beitragen, dass „der Gedanke und die Geschichte der Freimaurerei aller unkritischer Auffassung und Annahmen entledigt werde". SEDMÍK, Jiří: Quatuor Coronati, in: Svobodný zednář 3, X, 1936, S. 34-35. Ferner auch SEDMÍK, Jiří: Zednářské školy historické [Historische freimaurerische Schulen], in: Svobodný zednář 1, IX, 1935, S. 3-7.

werden, werde ich erneut einen Vortrag halten, wohin immer ich eingeladen werde. Ich halte Vorträge bei den Evangelischen, in Bildungszirkeln, in politischen Vereinen, für Lehrer, bei Buchdruckern, in Sälen Nichtgeweihter und in gottesdienerischen Kathedralen, ich habe in Tschechisch, Deutsch, Niederländisch, Französisch und Englisch referiert ... Auch hatte ich keine unlauteren Absichten, als ich in Einklang mit den freimaurerischen Traditionen in der Loge sang."[571]

Vonka war seiner Zeit wieder einmal voraus. Nach kurzer Zeit waren wechselseitige Vorträge von Tschechen und Deutschen, die etwas zu sagen hatten, eine gängige Angelegenheit. Auf deutscher Seite wäre an erster Stelle eine über die Maßen herausstechende Persönlichkeit zu nennen, der Kopf der österreichischen Freimaurer, der Wiener Journalist und freimaurerische Historiker Eugen Lennhoff. Seine Vorträge in deutschen wie tschechischen Prager Logen bauten mehr als nur eine Barriere zwischen beiden nationalen freimaurerischen Organisationen ab.[572] Tschechischerseits waren die meistgebuchten Redner Volf und Lešehrad. 1928 entstand offiziell die Forschungsloge QC, deren Verhandlungssprache Deutsch war und in die individuell Freimaurer beider nationaler Lager eintraten. Auf Initiative des Karlsbader Arztes und Mitarbeiter Lennhoffs, Oskar Posner, wurde bereits Anfang 1929 Josef Volf mit der Bitte angesprochen, er möge Vorsitzender dieser Gesellschaft werden. „Sie sind in Sachen Literatur, vor allem in Sachen der freimaurerischen Literatur der einzige Spezialist der Republik, und als solcher von allen Brüdern beider Obedienzen am besten für das Amt des Vorsitzenden der Quatuor Coronati befähigt."[573] Diese Worte müssen Volf sicherlich ge-

---

571   Různé (Verschiedenes), in: Svobodný zednář 2-3, II, 1927-28, S. 44-48.

572   Vgl. AVL ČR (Archiv der Großloge der Tschechischen Republik), Kniha prací lóže Národ (Buch der Arbeiten der Loge Národ), Aufzeichnungen vom 8. März und 8. November 1929. Reflexionen einschließlich QC-Konsequenzen vgl. auch Z domácích dílen (Aus heimischen Werkstätten), in: Svobodný zednář 1-2, III, 1929, S. 20-26. Lennhoff war im östlichen Mitteleuropa zweifelsohne die größte Autorität unter den Freimaurern, weshalb es kaum zu glauben war, dass er 1934 aus Gründen einer existentiellen Bedrohung bei Änderung der politischen Verhältnisse in Österreich aus der Freimaurerei austrat. Eine Information hierüber in „Literatura a umění" (Literatur und Kunst), in: Svobodný zednář 3, VIII, 1934, S. 58-61. Und weiter: „Man mag es nicht glauben wollen, dass E.L., der Souveräne Großkommandeur des Obersten Rates des Schottischen Ordens in Österreich, Delegat des AMI, Propagator der Allgemeinen freim. Liga, Herausgeber der Wiener Freimaurer-Zeitung, Schriftsteller, Wörterbuchautor, aus der Loge Zukunft austrat." Er fühle sich nicht frei, als Journalist wurde er immer verdächtigt, unter dem Druck freimaurerischer Kräfte zu arbeiten. In Wien fürchteten Freimaurer damals bereits um ihren Lebensunterhalt. Zprávy (Nachrichten), in: Svobodný zednář 4, VIII, 1934, S. 85-86.

573   Briefe von Evžen Winterberg an Josef Volf und von Oskar Posner an Winterberg von Anfang März 1929, LA PNP (Literaturarchiv des Denkmals des nationalen Schrifttums), Bestand Josef Volf. Der Schöpfer des imposanten Freimaurerlexikons, der die QC führte, fragte wortwörtlich: „Warum will Dr. Volf nicht ganz die Leitung übernehmen?" Und er unterstrich, dass Volf diese Tätigkeit mit professionellem Wirken verbinden könnte, was er – Posner – nicht könne, und auch könne Posner nicht ewig von Karlsbad nach Prag reisen. In Vonkas Nachlass im LA PNP ist eine Einladung zur Gründungsversammlung der Prager Loge QC für den 17. Dezember 1927 erhalten. Unter den Organisatoren war kein Tscheche, es handelte sich daher um eine rein deutsche Initiative.

schmeichelt haben. Traurig an ihnen ist, dass sie wahr waren, dass es tatsächlich nur wenige professionelle Historiker zum Thema Freimaurerei gab.

Zur selben Zeit, als die Forschungsloge entstand, gelangte auch die Führung der tschechischen Freimaurer zu der Auffassung, dass man möglichen Angriffen und dem negativen Bild über die Freimaurer in der Gesellschaft eine positive Propaganda entgegensetzen müsse. „Das Freimaurertum hat einen einzigen Fehler gemacht, und zwar einen großen Fehler, dass es sich nämlich nicht bequemt hat, die restliche Menschheit in hinreichender Weise darüber zu belehren, was sie verfolgt und was Grundlage des Freimaurertums ist."[574] Im November 1929 wurden Josef Volf, Rudolf Vonka und Zdeněk Gintl angesprochen, eine für die tschechische Öffentlichkeit bestimmte propagierende Arbeit über die Freimaurerei zu verfassen. Jeder versuchte diese Aufgabe nach seinen Vorstellungen zu erfüllen, welchen Effekt ihre Arbeiten hatten, lässt sich kaum sagen.[575]

Es drängt sich nicht der Eindruck auf, dass die Forschung rund um die Geschichte der Freimaurerei dank der Loge Quatuor Coronati besonders aufgeblüht wäre. Im Grunde können wir feststellen, dass jene, die sich bereits zuvor mit dem Thema befasst hatten, dies auch an anderer Stelle fortsetzten. Einen großen Erfolg verzeichnete diese Loge jedoch mit Aktionen anderer Natur, die mittels der Kunst wesentlich zur Annäherung zwischen tschechischen und deutschen Freimaurern beitrugen. Es handelte sich um Feierlichkeiten im Prager Lustschlösschen Bertramka (Bertram-Villa), die mit künstlerischem Schaffen und wohltätigem Zweck verbunden waren, an denen Freimaurer beider Nationalitäten und deren Gattinnen teilnahmen – es handelte sich um eine Unternehmung, die einige gesellschaftlich offene Freimaurer begeisterte und anderen wiederum einen Schauer über den Rücken jagte oder bei ihnen zumindest Stirnrunzeln hervorrief.

Die erste Feier in der Bertramka fand im Juni 1932 statt und war Mozart gewidmet, der sich hier bei seinen Pragaufenthalten wohlgefühlt hatte. Auf tschechischer Seite machten sich Rudolf Jordan Vonka und auch Josef Volf als Organisatoren einen Namen, auf deutscher Seite vor allem der Musikhistoriker Paul Nettl. Mozart war den ganzen Tag über das große Thema: Verse, Musik, Ansprachen, Lieder... Mozart verband.

---

574 Literatura [Literatur], in: Svobodný zednář 1-2, IV, 1930, S. 17-20.

575 Vgl. Volfs zahlreiche Zeitungsartikel, Gintls Broschüre „Svobodní zednáři" (Die Freimaurer) oder Vonkas Arbeit „Co je zednářství"? [Was ist die Freimaurerei?] Vgl. des Weiteren ein Schreiben des Großorients vom 5. November 1929, LA PNP [Literaturarchiv des Denkmals des nationalen Schrifttums], Bestand Josef Volf.

Es war gelungen, eine Veranstaltung im Stile eines Gartenfestes zu reali-
sieren, wonach sich zahlreiche Freimaurer gesehnt hatten.[576] Zwei Jahre
später entschloss man sich zu einer Wiederholung, dieses Mal sollte die
Veranstaltung Bedřich (Friedrich) Smetana gewidmet sein, da nach einem Genius der deutschen Musik nun ein Genius der tschechischen Musik folgen musste, der zwar im Unterschied zu Mozart kein Freimaurer
war, der jedoch während seines Aufenthaltes in Schweden mehrmals vor
Freimaurern konzertierte.[577] Eine ähnlich erfolgreiche Musikveranstal-
tung war „Veselý Mozart" („Der fröhliche Mozart") – eine auch für Frauen
offene musikalische Unterhaltung, die die Loge QC im Lessingheim, also
im Sitz der Prager deutschen Freimaurer, und im Sitz der tschechischen
Freimaurer in der Straße Trojanova ulice in der Prager Neustadt organisierte.[578]

Sofern wir die Sache kritisch betrachten, kommen wir zu dem
Schluss, dass die Prager Loge QC trotz des unzweifelhaften persönlichen
Einsatzes einiger ihrer Mitglieder nicht allzu viele Aktivitäten entfaltete. Gelegentlich wurden etwa bibliophile freimaurerische Drucksachen
aufgelegt. Die Hauptaufgabe jedoch, die man sich vorgenommen hatte,
konkret die Ergänzung der monumentalen freimaurerischen Bibliografie
Wolfstiegs[579], hinkte deutlich hinterher. Da es sich um ein finanziell aufwändiges Unternehmen handelte, gab die Loge QC die Mitteilung aus,
dass sie ihre Tätigkeiten fortsetzen werde, sobald sich zumindest einige
Hundert Interessenten fänden, die das künftige, sehr teure Buch käuf-
lich erwerben würden. Diese Anzahl Käufer war jedoch nicht zu finden.
Es liegt auf der Hand, dass eine so teure Bibliografie zu den Arbeiten
über die Freimaurerei nur wirkliche Feinschmecker erwerben würden.
Nach sechs Jahren gab die QC der freimaurerischen Öffentlichkeit daher
bekannt, von den Arbeiten an der Bibliografie zum einen mangels finanzieller Mittel, zum anderen mit Blick auf die politischen Änderungen in
Deutschland, die sie um eine Reihe an Mitarbeitern gebracht hatten, absehen zu wollen.[580]

Darüber hinaus hatten sich die freimaurerischen Forscher vorgenommen eine Freimaurerbibliothek und ein Freimaurermuseum aufzu-

---

576   Es handelte sich um eine in jeder Hinsicht gelungene Veranstaltung, die jedoch auch der Aufmerksamkeit
der Medien nicht entgangen war. Vor allem die katholische Presse ritt schwere Angriffe gegen das Fest in der
Bertram-Villa.

577   Zprávy [Nachrichten], in: Svobodný zednář 6, VIII, 1934, S. 128-130.

578   Es handelte sich um die insgesamt vierte Veranstaltung. Nach Mozart und Smetana wurde in der Bertram-
Villa „Freimaurermusik" präsentiert, wie bereits kurz zuvor im Lessingheim. Literatura a umění [Literatur und
Kunst], in: Svobodný zednář 3, X, 1936, S. 40-41.

579   WOLFSTIEG, August: Bibliographie der freimaurerischen Literatur I.-III., Leipzig 1911-1913.

580   Z domácích dílen [Aus heimischen Werkstätten], in: Svobodný zednář 7, VIII, 1934, S. 145.

„QUATUOR CORONATI"

COETUS AMICORUM HISTORIAE
ET PHILOSOPHIAE ARTIS REGIAE
LIBERORUM MURATORUM
PRAGENSIS

Herrn

Lieber Br.!

Mit Bezug auf die in der No..II der Drei Ringe veröffentlichten Satzungs-
entwürfe einer Quatuor Coronati Vereinigung wird hiermit für
Samstag, den 17. Dezember 1927 abends sechs Uhr
die gründende Versammlung nach P R A G, Altstädter Ring, Logenlokal der Loge
Hiram zu den drei Sternen einberufen.
Hiezu ergeht an Sie die persönliche Einladung. Sollten Sie am Erscheinen ver-
hindert sein, dann wollen Sie freundl. schriftlich bekanntgeben, Ob Sie der
Vereinigung beitreten wollen.
Mit Genehmigung des Ehrw. Grossmeisters der Gr.L.
Lessing zu den drei Ringen erscheinen die Brüder dieser Grossloge in
SCHURZ OHNE LOGENABZEICHEN. Die Tagesordnung liegt bei.
Für die Einberufer:

Tagesordnung.
der gründenden Versammlung der Quatuor Coronati Vereinigung.
1.- Begrüssung der Erschienenen und Festlegung des Programms.
2.- Beratung und Beschlussfassung über die Satzungen.
3.- Im Falle eines Beschlusses: Wahl der Funktionäre.
4.- Festsetzung des Jahresbeitrages.
              a.- für die wirkenden Mitglieder.
              b.- für die beitragenden Mitglieder.
5.- Festsetzung des nächsten Arbeitsprigrammes.
              Antrag auf Herausgabe einer Zeitungsbibliografie.
              -Manuskript wird vorgelegt.-
6.- Ernennung von korrespondierenden Mitgliedern u.a.
       a.- Br. Dr. Bernhard Beyer, Bayreuth.
       b.- Br. Ossian Lang, New-York,
       c.- Br. Kretschmor, Gera,
       d.- Dr. Fredrick Crowe, Sussex.
7.- Ernennung von Ehrenmitgliedern.

Briefpapier der Forschungsloge Quatuor Coronati

bauen, wie diese im Ausland Standard waren. Einer von ihnen, Oskar Arend, gründete tatsächlich ein Museum, die Freimaurer bekamen für dieses eine Reihe an Schenkungen, aber auch Jahre später waren diese fachlich weder bearbeitet noch katalogisiert worden.[581] Nach einem Plan Posners wurde eine größere Bücherei konzipiert, die jedoch vor allem die deutschen Logen betraf und bald 2000 Bände umfasste.

Die wohl gelungenste Tätigkeit dieses Vereins bestand in seinen Vorträgen. Es wurde bereits angeführt, dass Vorträge im Rahmen der Aktivitäten der Logen einen breiten Raum einnahmen. Zu Beginn waren nur einige Mitglieder dieses Vereins gewillt, Logen beider Nationalitäten zu besuchen und hier zu einem ausgewählten Thema zu referieren. Nach einigen Jahren hatte sich jedoch ein relativ breites Angebot an Themen und Referenten herausgebildet, die zu Bildungs- und Aufklärungsveranstaltungen in Logen geladen werden konnten, wobei die Mehrzahl der Redner sowohl auf Tschechisch als auch auf Deutsch referierte. Koordinator dieser Tätigkeiten wurde Josef Volf.[582] Die organisierte Aufklärung knüpfte an individuelle Aktionen dieser Art an, die im Grunde Vonka aufgenommen hatte, dem sich Volf anschloss. Zur Blüte brachte diese dann Emanuel Lešehrad.[583]

---

581   Ebd. Im Museum waren ca. 300 Gegenstände, in der Bücherei 1600-2000 Bücher, sie wurde jedoch „sehr dürftig" genutzt, wie die Initiatoren selbst einräumten. Zprávy (Nachrichten), in: Svobodný zednář 8, IX, 1935, S. 174-176.

582   Volf bekleidete im Grunde über den gesamten Zeitraum die Funktion eines exekutiven Stellvertreters. Nur zur Illustrierung einige Namen und die angebotenen Themen: Oskar Arend - Josef Dobrovský, Die Wildensteiner Ritterschaft, Die Jesuiten, Geheimgesellschaften in Prag, František Kadeřávek – Quadratische Räume und deren Verhältnis zur Malerei, Bildhauerei, Architektur, Die Beziehung der Geometrie zu kirchlichen und masonischen Ritualen, Vincenc Lesný – Aus dem Bereich der indischen Religion, Philosophie und des kulturellen Lebens der Inder als solcher, Emanuel Lešehrad – Rainer Maria Rilke und Prag, Der Orden der höchsten Unbekannten (Martinisten), Gnosis und gnostische Kirche in der Gesellschaft, Theosophische Gesellschaften in Böhmen, Karel Škába – Das Generationsproblem heute, Josef Volf – Aus der Geschichte der Freimaurerei in Böhmen, Rudolf J. Vonka – Die Freimaurerphraseologie bei Comenius (Komenský), Egon Winterberg – Erkenne dich selbst! Kritische Studie zur jüdischen Frage etc. Z domácích dílen (Aus heimischen Werkstätten), in: Svobodný zednář 8, VII, 1933, S. 138-142.

583   Lešehrad war wie auch Vonka im Grunde bereit, für jedermann und überall aufzutreten. Bemerkenswert war, dass seine Themen auf verschiedene Geheimgesellschaften ausgerichtet waren, wobei er bei allen im Grunde aus eigenen Erfahrungen schöpfen konnte. Diese seine Anomalie stieß in der Welt der Freimaurer auf gewisse Vorbehalte. Zu den besonders attraktiven Themen zählte sein Referat über Otokar Březina, den er auch einer der Geheimgesellschaften zuordnete, und zwar dem Silbernen Kreis. LEŠEHRAD, Emanuel: Otokar Březina a svobodné zednářství (Otokar Březina und die Freimaurerei), in: Svobodný zednář 10, VII, 1933, S. 174-180. Im Jahr 1934 spitzte sich die Lage so zu, dass er sich gezwungen sah, „uns diesen Hinweis zu senden. Damit sich einige uninformierte Brüder meine Vortragstätigkeit nicht irrtümlich auslegen, erkläre ich ein für alle Mal: ich habe nie in anderen Logen gezeichnet als jenen, die der Nationalen Großloge der Tschechoslowakei oder der Großloge Lessing unterstehen ... Meine sonstigen Vorträge sind profaner Natur und immer nur öffentlich." Zprávy (Nachrichten), in: Svobodný zednář 10, VIII, 1934, S. 208-212. Lešehrad unternahm 1934 sogar eine Vortragsreise zu den mährischen Logen. Eine bemerkenswerte Dokumentation und die Reiseplanung sind erhalten in LA PNP (Literaturarchiv des Denkmals des nationalen Schrifttums), Lešehradeum, Tajné společnosti (Geheimgesellschaften).

Nach sechs Jahren Engagement hatte der Forschungsverein 50 aktive Mitglieder, 5 beitragende und 20 korrespondierende Mitglieder.[584] Tschechische Namen sind unter den Mitgliedern nur sehr wenige vertreten. Der Verein selbst verriet der freimaurerischen Öffentlichkeit, dass er einen schweren Existenzkampf führe, obgleich sein Wirtschaften einen leichten Gewinn abgeworfen habe.[585] Die Krise musste daher aus anderen Angelegenheiten als Geld rühren. Während anderswo in der Welt eine Domäne dieser Logen ihre Publikationstätigkeit war, würde es sich aus tschechoslowakischer Perspektive um eine zu mutige Annahme handeln. Anfang der dreißiger Jahre gab die Loge QC zumindest ein mimeographisch vervielfältigtes Bulletin heraus,[586] im Jahr 1935 erschien nach mehreren Jahren auch wieder ein internationales Jahrbuch. Es handelte sich um ein „Buch mit Beiträgen von Brüdern verschiedener Völker. Die Freimaurer werden sich kulturell und historisch belehren lassen" und die Öffentlichkeit würde ihre Sicht auf die Freimaurer ändern und nicht so sehr auf die allseitigen Angriffe hören, die auf die Köpfe der Freimaurer fast überall in Mitteleuropa niedergehen.[587] Die Loge Quatuor Coronati trat mit der gegenständlichen Arbeit sogar aus der Anonymität, die Autoren gaben ihre Namen an und auch der Redakteur der sehr gelungenen Publikation ist bekannt – Paul Nettl.

Für die zweite Hälfte der dreißiger Jahre können wir eine erhöhte Sammelaktivität konstatieren. Wahrscheinlich unter dem Eindruck der politischen Verschiebungen in den Nachbarländern begannen sich die tschechischen Freimaurer des Umstandes bewusst zu werden, dass ihre Reliquien bald einen historischen Wert haben könnten, und dass diese für die Zukunft gerettet werden müssten. In der Prager Loge QC begann man intensiv freimaurerische Fotografien zu sammeln und aus ihnen ein Archiv anzulegen. Es handelte sich um die Sammlung „Zednářská

---

584 Z domácích dílen [Aus heimischen Werkstätten], in: Svobodný zednář 7, VIII, 1934, S. 145. Von den tschechischen Freimaurern zählten zu ihnen: František Danko, Zdeněk Gintl, Antonín Hartl, Jaroslav Kutvirt, František Kadeřávek, Vincenc Lesný, Emanuel Lešehrad, Jiří Sedmík, Otto Seydl, Karel Škába, Josef Volf, Rudolf Vonka und Karel Weigner. Sie bildeten also ca. ein Viertel der Mitglieder. Vgl. Z domácích dílen [Aus heimischen Werkstätten], in: Svobodný zednář 2, VIII, 1934, S. 37-40.

585 Die Einnahmen und Ausgaben bewegten sich um 4000 Kronen jährlich.

586 Die erste Nummer erschien am 1. Mai 1934, Literatura a umění [Literatur und Kunst], in: Svobodný zednář 7, VIII, 1934, S. 143-145.

587 Das Jahrbuch der Weltfreimaurerei 1935. Im Auftrage und unter Mitwirkung des „Quatuor Coronati Coetus Pragensis" herausgegeben von Paul Nettl, Wien 1935. Als tschechische Autoren mit Beiträgen zum Jahrbuch wären zu nennen: Antonín Hartl mit Überlegungen zu den Prinzipien des freimaurerischen Internationalismus, seine Möglichkeiten und Grenzen, Karel Weigner mit Überlegungen zur Demokratie und zur Freimaurerei in der Tschechoslowakei, Jiří Sedmík mit einer Abhandlung über die Beziehung des Freimaurer zu öffentlichen Fragen und Josef Volf mit einer Zusammenfassung über die Führungsrolle der Freimaurerei in der Zeit der Aufklärung in Böhmen. Insgesamt handelte es sich um vier tschechische Autoren, neun deutsche Prager und zehn ausländische Autoren.

umělecká fotografie" (Freimaurerische künstlerische Fotografie), die in drei Kategorien unterteilt werden solle: die Jahre bis 1918, Gegenwart und irreguläre Freimaurerei. In wie weit es gelungen ist, Fotografien der Gebäude zu sammeln, in denen sich Freimaurer zusammenfanden, ihrer Tempel, Gerätschaften, Porträts, Abzeichen, Gläser, Porzellanerzeugnisse, Vorhänge oder alter Grafiken, kann nur schwer beantwortet werden.[588] Falls es zu dieser Akkumulation gekommen ist, war sie in ihrer Folge eventuell gar kontraproduktiv, da sie den Nationalsozialisten einige Jahre später deren Verfolgungswerk erleichterte.

Ein Freimaurermuseum in Prag hat im Grunde die Phase eines angedachten Depots nie überschritten. Eine ähnliche – und die offenkundig erfolgreichere – Institution bestand in Bratislava (Pressburg), und auch sie versuchte so viel wie möglich Dokumente zu retten, vor allem Exlibris. Die Pressburger Freimaurerei kooperierte eng mit der Freimaurerei im nahen Wien und war ein sehr aktives Element dieser Organisation innerhalb der Tschechoslowakei. Es muss jedoch festgestellt werden, dass sie keine besonderen Bindungen gegenüber Prag fühlte oder unterhielt.[589]

Die Loge Quatuor Coronati existierte bis 1938, es scheint jedoch, dass die nationalen Tendenzen in ihr nie ganz eingeschlafen waren. Die führenden tschechischen Vertreter (Volf, Kadeřávek und Lešehrad) bildeten eine Vereinigung unter der Bezeichnung Trojlist (Das Kleeblatt, bzw. das Trio), die „nicht als tschechische Sektion der Quatuor Coronati Coetus Pragensis, sondern als ähnliche fachliche Vereinigung gedacht ist."[590] Auch trotz dieser Zusicherung war offenkundig, dass etwas im Argen lag. Auf beiden Seiten erschienene Bücher zur Freimaurerei wurden angegriffen oder korrigiert, die deutsche Seite protestierte gar gegen eine bestimmte Art der Beurteilung der deutschen Freimaurerei, wie sie vor allem Lešehrad darbot. Diskrepanzen wurden dann mit einem Verweis auf unzureichende Sprachkenntnisse und aus dieser Unzulänglichkeit resultierende Missverständnisse geschoben.

Wenn wir die organisierten Forschungsanstrengungen der Zwischenkriegszeit bewerten sollen, müssen wir leider feststellen, dass sie sich bei weitem nicht mit Ergebnissen messen lassen können, die erwartet und anderenorts, z.B. in Österreich tatsächlich auch erreicht wurden. Auch sind keine Spuren einer längeren konzeptionellen Arbeit zu verzeichnen, die zu solchen Ergebnissen hätte führen können.

---

588   Zprávy [Nachrichten], in: Svobodný zednář 5, X, 1936, S. 79-80.

589   Ungemein interessant aus dieser Sicht ist der Sammelband „Geschichte der Gerechten und Vollkommenen Johannisloge zur Verschwiegenheit im Oriente Pressburg 1872-1932", Bratislava 1932.

590   Zprávy [Nachrichten], in: Svobodný zednář 3, XII, 1938, S. 46-48.

Mitgliedsdiplom der Forschungsloge Quatuor Coronati

Außerhalb der Organisation Quatuor Coronati begannen sich mit der Zeit auch die tschechischen Logen dessen bewusst zu werden, dass es angezeigt wäre, sorgfältige Aufzeichnungen zu führen und wichtige Dokumente zu archivieren. Im Übrigen ließe sich jede „ordentliche und vollkommene" Loge danach bemessen, ob sie eine Matrikel, ein Archiv und alle Bücher ordnungsgemäß geführt hat. „Eine Loge ohne Matrikel ist keine Loge, ein Archiv, in dem nichts gefunden werden kann, ist kein Archiv, eine Bibliothek, in der die Bücher ungeordnet verstreut rumliegen, ist keine Bibliothek."[591] Erst 1933, also fünfzehn Jahre nach Entstehung

---

591   Z.G.: Čeho je třeba, aby lóže byla řádnou a dokonalou (Was nötig ist, damit eine Loge ordentlich und vollkommen ist), in: Svobodný zednář 4, I, 1926-27, S. 53-54. Die Ausfertigung eines ordnungsgemäßen Protokolls war auch keine Selbstverständlichkeit. Vgl. das Schreiben Adolf Wiesners an Josef Volf vom 4. Dezember 1926, zu einer Zeit, als Volf lernte die Loge zu führen, LA PNP (Literaturarchiv des Denkmals des nationalen Schrifttums), Bestand Josef Volf. „... gestattet mir, dass ich Euch folgenden Vorschlag unterbreite. Er betrifft das Protokoll des Br. Sekretär ... Das Protokoll, wie es ausgeführt wird, erachte ich als unzureichend, es wirkt auf mich wie ein Rahmen – ohne Bild – ein guter Rahmen vielleicht, wenn Ihr so wollt, dem der entsprechende Inhalt fehlt. Ein Viertel des Protokolls sind vorgeschriebene symbol. Formeln, die sich immer wiederholen, und wie diese klingt auch der Rest stereotyp, die Anzahl der Anwesenden, der nicht Anwesenden, Name der Tafel, Name des Bruders, irgendein

der ersten tschechischen Loge traf der Große Rat die Entscheidung, dass sukzessive ein zentrales tschechisches Freimaurerarchiv aufgebaut werde. Die Sekretäre der einzelnen Logen wurden aufgefordert, diesem Archiv entweder dauerhaft oder als Leihgabe Schriftstücke zur Verfügung zu stellen (Aufzeichnungen, Mitgliederverzeichnisse, Satzungen, Korrespondenz, Arbeitsmeldungen, Protokolle, Zirkulare, kleinere freimaurerische Druckerzeugnisse, Gedenkblätter, Rituale, Exlibris, Ausschnitte, Fotografien, „gedruckte oder anderweitig vervielfältige Andenken, insbesondere aus älterer Zeit ... Das Archiv wird auch Gegenstände musealer Natur (Abzeichen etc.) und Bücher für ein künftiges zentrales freim. Museum und eine Bibliothek aufbewahren." Der Großarchivar forderte ferner jene Brüder, die ein fachliches Interesse an der Organisierung des Archives haben, auf, sich zu melden, da ein beratendes Gremium geschaffen werde.[592] Leider gehört es zu den Paradoxien der tschechischen Geschichte, dass die Wahrscheinlichkeit einer Vernichtung freimaurerischer Archivalien im Laufe der Zeit umso größer wurde, je mehr es gelang, entsprechendes Material zu sammeln.

Mit der Zeit wurde es für die tschechischen Freimaurer zur Gewohnheit, sich über neue Bücher zu informieren, und es war nicht einmal unbedingt erforderlich, dass diese die Freimaurerei betrafen. In den Logen wurde oft über Neuerscheinungen diskutiert, es wurden Empfehlungen ausgesprochen, Bücher tschechischer Freimaurer über die Freimaurerei wurden aktiv zum Kauf angeboten. Ähnlich funktionierte dieser Mechanismus auch in der Zeitschrift „Svobodný zednář", in der sich unter Vonkas und vor allem unter Hartl Leitung Literaturseiten fest etablierten. In der Zeitschrift erschienen auch ganz grundlegende Analysen erschienener Arbeiten, vor allem solcher, die Symbole und Rituale betrafen, und

Antrag und Gabenbeutel. Ein solches Protokoll trifft jedoch in keiner Weise die Tätigkeit einer Loge. Ich gehe davon aus, dass das Buch der Protokolle einmal ein historisches Dokument sein wird, ein Buch der Protokolle – das ich unser ‚goldenes Buch' nennen würde – soll in den Aufzeichnungen der Arbeiten der Logentätigkeit unserer Werkstatt so beinhalten, wie sie tatsächlich ist und war. Dies gebietet die bloße Gerechtigkeit gegenüber dem Bruder, der die Aufgabe übernahm, mit seiner Tafel unserem Familientreffen Glanz zu verleihen, dies gebietet auch die Gerechtigkeit gegenüber unseren Brüdern, die an einer etwaigen Debatte teilgenommen haben, wir alle wissen, dass wir Abende erlebt haben, an die wir eine unauslöschliche Erinnerung haben, beim Anblick des Aufgeklärtheit und die Mächtigkeit des Wortes den ganzen Abend über herrschten, und dies alles soll langsam dem Vergessen anheim gegeben werden? Wo finden dies jene Brüder, die nach uns kommen? Und Druckarbeiten? Wurden bereits viele Arbeiten gedruckt? Und das Archiv? ... Auch für jene Brüder, die den Verlauf der vergangenen Arbeit – da sie nicht anwesend waren – aus dem Protokoll kennen, wird es sicherlich eine Anregung zu einer fleißigen Teilnahme sein, und zugleich wird ihnen ermöglicht, sich gegebenenfalls an der Fortsetzung der Debatte zu beteiligen. Gegen meinen Vorschlag spricht gegebenenfalls nur die Konstitution [oder die Hausordnung] ... Vielleicht spricht gegen meinen Vorschlag auch das freim[aurerische] Geheimnis, wenn das Buch der Protokolle in unbef[ugte] profane Hände fiele. Dies darf einfach nicht geschehen, auch darf in ein Protokoll niemals eine Debatte über Suchende aufgenommen werden, dies versteht sich von selbst ..."

592   Zprávy [Nachrichten], in: Svobodný zednář 7, VII, 1933, S. 119-120.

manchmal auch Anzeichen von Polemiken zu Studien über die Geschichte der Freimaurerei.

Das Angebot an freimaurerischer und ähnlicher Literatur, das Bestandteil des Lebens der freimaurerischen Zentren wurde, verleitete jedoch gelegentlich zur Überschreitung der klar definierten thematischen Grenzen oder Ursprünge. So versuchten sich wiederholt Personen Zugang zu freimaurerischen Objekten zu verschaffen, um dort ihre Bücher feilzubieten; sie gaben sich dann z.b. als Mitglieder von Logen außerhalb Prags aus, die niemand persönlich kennen musste. „Haustürgeschäfte" mit Büchern wurden in der zweiten Hälfte der dreißiger Jahre offenbar unerträglich, weshalb der Großmeister die Weisung ausgab, dass „in unseren Räumlichkeiten nur unsere offiziellen Publikationen und jene kolportiert und zum Verkauf angeboten werden dürfen, die über ein ‚nihil obstat'[593] verfügen, anderenfalls ist eine ausdrücklich Erlaubnis des Großen Rates erforderlich."[594]

In welchem Maße ein Studium freimaurerischer Schriften unter dem Mitgliedern des Ordens populär war, kann nicht eingeschätzt werden. Es gab sicherlich Einzelpersonen, für die ein Sammeln von freimaurerischen Druckerzeugnissen ein Steckenpferd und eine Sache des Prestiges war, ich denke jedoch, dass ihre Zahl gering anzusetzen ist.

Auseinandersetzung mit der eigenen Vergangenheit

Es wurde bereits mehrfach angedeutet, dass die Männer, die sich zu den Freimaurern zählten, über den Orden und vor allem über seine Vergangenheit in Teilen nur nebulöse Vorstellungen hatten, die im Wesentlichen mit den Vorstellungen der breiten Öffentlichkeit über die Freimaurerei korrespondierten, wenngleich ohne die negativen Konnotationen, die für die allgemeine Wahrnehmung gängig waren.

Josef Volf versuchte Materialien zum Bild zu sammeln, das die breite Öffentlichkeit bezüglich der Freimaurer hatte.[595] Systematische Arbei-

---

593   d.h. es bestehen keine Einwendungen gegen solche Geschäfte.

594   Z domácích dílen [Aus heimischen Werkstätten], in: Svobodný zednář 8-9, X, 1936, S. 159. Es scheint, dass der Hinweis nicht strikt genug war, da die Großloge im Folgejahr eine weitere Weisung ausgab: „Adressenverzeichnisse der Großloge dürfen nicht zur Kolportage von Büchern privater Herausgeber oder für jedwede andere Zwecke verwendet werden, die nicht in direkter Verbindung mit Ordensinteressen stehen. Ferner ist nicht zulässig, dass solche Publikationen in Logenräumlichkeiten kolportiert werden." Z domácích dílen [Aus heimischen Werkstätten], in: Svobodný zednář 3-5, XI, 1937, S. 46-48.

595   Vgl. z.B. Vnikla idea K. u. i mezi lid? [Ist die Idee der Königlichen Kunst auch ins Volk eingedrungen?], in: Svobodný zednář 3-4, V, 1931, S. 50-53. Beobachtet wurden meist jedoch Erfindungen der Boulevardpresse, die mit dem Volksglauben kaum etwas gemein hatten, dafür aber einen politischen Kontext hatten. Vgl. z.B. Zprávy [Nachrichten], in: Svobodný zednář 7, VIII, 1934, S. 147-150.

ten hierüber sind jedoch nicht erschienen. Zwar steht uns eine ungeheuer inspirative ältere deutsche ethnografische Arbeit von Karl Olbrich zur Verfügung,[596] die sich mit dem Volksglauben und Erzählungen über die Freimaurerei befasst, wie er diese aus Schlesien kannte. Für das tschechische Umfeld bietet das Werk gewisse Inspirationen, jedoch kann leider nicht immer die gleiche Resonanz auf tschechischer Seite angenommen werden, da Glaube und Ethnizität gerade hier eine nicht zu vernachlässigende Rolle spielten.

Im Kampf gegen den Aberglauben bezüglich der Freimaurerei sticht aus historischer Perspektive der spätere Staatspräsident der Tschechoslowakei T. G. Masaryk ins Auge, der in der ersten Dekade des 20. Jahrhunderts mit dem Ziel einer Aufklärung Vorträge hielt und Artikel schrieb. Mir ist nicht bekannt, dass sich zur selben Zeit nur ein einziger Freimaurer um etwas Ähnliches bemüht hätte.[597] Masaryk befasst sich mit der Problematik in absolut der gleichen Weise, wie er einige Jahre zuvor antisemitische Gerüchte über einen Ritualmord widerlegen wollte. Dies kann nicht und darf nicht als freimaurerische Neigung oder als Sympathie den Freimaurern gegenüber ausgelegt werden, wenngleich sie diesen Umstand nach der Staatsgründung 1918 mit großer Freude eben so interpretierten. Masaryk wurde damals als „Freimaurer ohne Schurz" bezeichnet, also als jemand, der im Geiste der Freimaurer handelt, obgleich er nicht direkt Mitglied ist. Es gab das Bemühen Masaryk für die Freimaurer als Mitglied zu gewinnen, der Staatspräsident widerstand dem Werben jedoch verständlicherweise.[598] Jedoch können wir Masaryk einen Spitzenplatz in der Riege der freimaurerischen „Heiligen" zukommen lassen.

Seine Person wurde in der Tschechoslowakei seinerzeit gefeiert und bei jeder Gelegenheit erwähnt, und vergessen wir nicht, dass 1928 eine zehnte tschechische Loge zum zehnten Geburtstag der Tschechoslowakischen Republik gegründet werden und den Namen Masaryk tragen soll-

596   OLBRICH, Karl: Die Freimaurer im deutschen Volksglauben. Die im Volke umlaufenden Vorstellungen und Erzählungen von den Freimaurern, Breslau 1930. Die freimaurerische Volkskunde konzentrierte sich eher auf eine Wiedergabe folgender Art: Dvě pražské pověsti o zednářích [Zwei Prager Erzählungen über die Freimaurer], in: Svobodný zednář 4, XII, 1938, S. 55-58. Beliebt war auch eine Beschreibung der Reflexion des Volkglaubens, wie ihn die schöngeistige Literatur beschrieb.

597   Vgl. z.B. MASARYK, Tomáš G.: Katolické pověry o zednářství a satanismu [Katholischer Aberglaube über Freimaurerei und Satanismus], in: Svobodný zednář 6, 7, VIII, 1934, S. 113-117 und 139-140. Ein Jahr zuvor wurden an dieser Stelle auch Artikel Masaryks aus der Zeitschrift „Naše doba" etc. publiziert.

598   Freimaurer waren sein Sohn Jan, der „Thronanwärter" Edvard [Eduard] Beneš, Kanzler Přemysl Šámal, ferner Josef Schieszl und eine Reihe ihm sehr nahe stehender Personen. Masaryk nahm zu dieser Frage auch selbst Stellung, als er bei einem Empfang von Freimaurern kurz vor seinem achtzigsten Geburtstag erklärte: „In früheren Jahren wurde ich mehrmals aufgerufen, in den Freimaurerbund einzutreten. Ich tat dies nicht, da ich alles, was die Freimaurerei von ihren Mitgliedern verlangt, als selbstverständliche Pflicht erachtete." Zprávy [Nachrichten], in: Svobodný zednář 1-2, IV, 1930, S. 20-24.

te. Das Verhältnis zu Masaryk, und dies war bei Weitem nicht auf die Freimaurer beschränkt, ging emotiv weit über die Ehrerbietung hinaus, die einem Staatsoberhaupt erwiesen wurde. Wenn wir zumindest vergleichbare populäre Persönlichkeiten der damaligen Zeit nennen wollen, kommen allenfalls der Künstler Alfons Mucha[599] oder der Dichter Jaroslav Kvapil in Betracht.

Die Freimaurerei weltweit verfügt über einen Kanon historischer Autoritäten, die quasi als Schirmherren herangezogen werden und beweisen sollen, dass es sich um eine bedeutsame Gruppierung handelt, wenn ihr denn schon Persönlichkeiten nationalen oder gesamteuropäischen Ranges nahe stehen. Die tschechische Freimaurerei machte da keine Ausnahme und setzte auf die selbe Strategie, wobei diese „Heiligen" sowohl aus dem heimischen Umfeld und aus der Vergangenheit als auch vor allem aus dem deutschen Raum stammten – und sie idealerweise irgendeine Beziehung zu den böhmischen Ländern aufweisen konnten. Nur bestand hier das Problem, dass gerade in solchen Fällen die Vorstellungen über eine Verbindung bestimmter Persönlichkeiten mit der Freimaurerei die realen Tatsachen bei Weitem nicht widerspiegelten. Und vor der freimaurerischen Forschung stand eine schwierige und undankbare Aufgabe – wenn denn die historische Realität untersucht und aufgedeckt wird, fallen Legenden in sich zusammen. Den Mut zur Auseinandersetzung in dieser Hinsicht hatte wohl nur Josef Volf, der tatsächlich ein professioneller Historiker der Gollschen Schule (von Jaroslav Goll) war. Er konnte also nicht den Interessen von jedermann und auch nicht „seiner" Freimaurerei dienen.

Volf erwies den Freimaurern keinen Bärendienst, auch wenn es den Anschein haben konnte. Er wusste, dass sich die Freimaurerei auf widerlegbare Legenden stützte, die auf tönernen Füßen standen. Und wie sahen diese Legenden aus? Kurz zusammenfasst: Franz Anton Reichsgraf von Sporck (František Antonín hrabě Špork) brachte die Freimaurerei nach Böhmen, führende Freimaurer waren der Philologe und Historiker Josef Dobrovský und wahrscheinlich auch andere Vertreter des nationalen Erwachens, auf die die Namen der späteren slowakischen Logen verweisen, wobei die tschechische Freimaurerei ihre Ideen aus Comenius bezog. Als Volf begann, sich die einzelnen Namen genauer anzuschauen, stellte er fest, dass die gegenständlichen Vorstellungen ein falsches Bild vermittelten. Sukzessive korrigierte er dieses Bild. Bemerkenswert oder

---

599   Nicht alle waren von Mucha begeistert, große Vorbehalte hatte etwa Rudolf J. Vonka, der Folgendes behauptete: „Ich bewundere Muchas Kenntnisse, seine Handfertigkeit, ich bewundere die Scharfsinnigkeit seines Auges und die Sicherheit seiner Hand. Aber ich sehe auch Schwächen. Mucha hat viel vom Mystizismus in sich ..." LA PNP (Literaturarchiv des Denkmals des nationalen Schrifttums), Bestand Rudolf Jordan Vonka, Schreiben s.d.

symptomatisch ist, dass – obwohl Volf unter den tschechischen Freimaurern als anerkannter Historiker und Bruder galt – die freimaurerischen Legenden weiterlebten, selbst in den Logen.

Die oben erwähnten Legenden waren kein Spezifikum tschechischer Werkstätten. Meist handelte es sich um eine vor dem Ersten Weltkrieg aus den deutschen Logen geerbte Tradition. Viele von ihnen stammten tatsächlich aus dem Volksglauben. Eine der populärsten Persönlichkeiten in dieser Hinsicht war der Herr von Kuks und Lysá (Lissa an der Elbe), ein Feind der Jesuiten, der allseitig extravagante, als Person unerträgliche und in vielem progressive Franz Anton Reichsgraf von Sporck (František Antonín hrabě Špork).[600] Sporck war für die folgenden Generationen durch seine Vielseitigkeit, seine Vorliebe zu Symbolen und die Gründung zahlreicher Orden anziehend. Die österreichischen Freimaurer legten Kränze auf sein Grab in Kuks, was die tschechischen Freimaurer nachfolgend übernahmen. Die Einweihung eines Denkmals zu seinen Ehren 1901 in Kuks wurde zu einem großen Fest. Bemerkenswert ist, dass obgleich Volf klar bewies, wie die Legende um Sporck entstand, zur gleichen Zeit und oftmals sogar in der selben Ausgabe der Zeitschrift „Svobodný zednář" mit der immer gleichen Pietät Artikel über seine außerordentlichen Verdienste abgedruckt wurden.[601]

Volf machte die Entstehung der Sporckschen Legende ausfindig – ihr Ursprung ist zurückzuführen auf den Schriftsteller Josef Svátek, der in den 80er Jahren des 19. Jahrhunderts in der Zeitschrift „Zlatá Praha" (Das goldene Prag) Artikel über die Freimaurer publizierte. Sváteks Studien kannte ein tschechischer Freimaurer, der Hütteningenieur und Leiter eines Eisenwerkes in Rokycany, Alois Irmler, der Mitglied der selben Loge wie der Journalist Aigner-Abafi war und der diesem tschechische Realien vermittelte. Volf zufolge übersetzte Irmler für Abafi Sváteks Arbeiten und machte sie dadurch zugänglich. Volf räumt zwar ein, dass sich der Historiker Svátek von dem Romanschriftsteller Svátek unterscheidet, aber die Differenz muss nicht diametral gewesen sein. „Manche sagen, dass Svátek als leitender Redakteur Zugang zum Archiv des stell-

---

600   Nach Volf widerlegte die Freimaurerlegende über Sporck der führende Kenner PREISS, Pavel: Boje s dvouhlavou saní. František Antonín Špork a barokní kultura v Čechách [Kampf mit dem zweiköpfigen Drachen. Franz Anton von Sporck und die barocke Kultur in Böhmen], Praha 1981.

601   Die größten Zyklen von Artikeln über Sporck: BACK, Arnošt: O hraběti Sporckovi a jeho pamětních penízích [Über den Grafen von Sporck und seine Gedenkmünzen], in: Svobodný zednář 3-4, 5-6, VI, 1932, S. 49, 77-79 und BACK, Arnošt: Neznámé tisky Sporckovy [Unbekannte Druckerzeugnisse Sporcks], in: Svobodný zednář 3-4, 5, V, 1931, S. 43-44, 70-74 und DVOŘÁK, V.: O hraběti F.A. Sporckovi a jeho pamětních penízích [Über den Grafen F. A. von Sporck und seine Gedenkmünzen], in: Svobodný zednář 7-8, 10, 11, V, 1931, S. 110-111, 149-150, 161-163.

vertretenden Statthalters hatte, wo er Urkunden fand, aus denen er dann die Geschichte der Freimaurerei in Böhmen konstruierte", so Volf.[602]

Ein Problem bestand jedoch darin, dass sich im Archiv des Innenministeriums keine solche Urkunden befanden. Falls Svátek diese aus einer privaten Sammlung erhalten haben sollte – was eine zweite Möglichkeit gewesen wäre, wären sie in seinem persönlichen Nachlass im tschechischen Nationalmuseum gewesen, wo Volf sie aber ebenfalls nicht fand. Volf stellte zudem fest, dass „weder Svátek noch Irmler oder gar ein anderer bekannter Freimaurer in den Jahren 1884– 1910 im Archiv der Statthalterschaft studierte."[603] Volf kam also zu dem Schluss, dass Sporcks gesamte Verbindung zur Freimaurerei auf einem Artikel Sváteks in der Zeitschrift „Zlatá Praha" basierte, den andere übernahmen. Durch Abafis Werk[604] gelangte diese Legende auch in die Welt. Laut dieser Legende war also Sporck der Begründer der Freimaurerei in Böhmen, konkret geschah dies 1726, was als Premiere im östlichen Mitteleuropa gelten müsste.[605] Volf konnte nachweisen, dass die Anfänge der Freimaurerei in Böhmen erst auf das Jahr 1741 datiert werden können, als französische Soldaten in Prag stationiert waren.

Josef Volf verstarb 1937. Im Folgejahr schreib Emanuel Lešehrad, dass zwar bemerkenswert sei, was Volf festgestellt hatte, was aber noch nicht bedeuten würde, dass Sporck nicht in Kontakt mit Freimaurern gestanden habe, auch wenn er nicht Pionier der freimaurerischen Bewegung gewesen war. Lešehrad behauptete gar, dass Sporck der erste Vertreter der Freidenker gewesen sei.[606] Lešehrad „rehabilitierte" somit den Herren von Kuks und die Legende konnte weiterleben.

---

602   VOLF, Josef: Amici crucis - přátelé kříže (Amici crucis – Freunde des Kreuzes), in: Svobodný zednář 3-4, 5-6, 7-8, VI, 1932, S. 40-42, 69-71, 103-105.

603   Volf fährt fort: „Dies bezeugte mir schriftlich der Leiter dieses Archivs, Karel Köpl, ein sorgfältiger Beamter, der einen Latomiker ohne eine Sondergenehmigung höherer Behörden gar nicht hätte suchen lassen ... Es fällt somit auch die Legende von Studien Sváteks und Irmlers im Archiv der Statthalterschaft." Volf wurde bei seiner Auffassung durch Antonín Hartl gestützt, der sogar schrieb, dass „Svátek die Spuren völlig verwischte und keine Quellen zitierte. Die Fantasie lässt sich schwer von Archivfrüchten trennen." HARTL, Antonín: Josef Svátek jako historik českého zednářství (Josef Svátek als Historiker des tschechischen Freimaurertums), in: Svobodný zednář 1, X, 1936, S. 11-12. Reflexionen zur Änderung der Auffassungen zu Sporck gelangten auch in die Tagespresse, vgl. Bericht hierüber von ZACHYSTAL, František: Domnělé Sporckovo zednářství (Sporcks vorgebliches Freimaurertum), in: Svobodný zednář 7, VIII, 1934, S. 141-142, oder Zprávy (Nachrichten), in: Svobodný zednář 1, VI, 1932, S. 9-15.

604   ABAFI, Ludwig: Geschichte der Freimaurerei in Oesterreich-Ungarn I-V, Budapest 1890-1899.

605   Volf belegte, dass in Sporcks Bibliothek keinerlei freimaurerische Druckerzeugnisse waren, vgl. z.B. VOLF, Josef: Kůniglové a jejich knihovna (Die Künigls und deren Bücherei), in: Svobodný zednář 2-3, II, 1927-28, S. 32-37, des Weiteren K soupisu tisků Šporkových a Sporck-Komenský-Buditelé, in (Zur Auflistung der Drucke Sporcks und Sporck-Comenius-Erwecker): Svobodný zednář 3-5, IV, 1930, S. 31-34.

606   LEŠEHRAD, Emanuel: Hrabě František Antonín Špork a svobodné zednářství (Graf Franz Anton von Sporck und die Freimaurerei), in: Svobodný zednář 3, XII, 1938, S. 33-35.

Eine weitere, unter den tschechischen Freimaurern ungemein populäre Persönlichkeit war Josef Dobrovský. Um keinen anderen Namen, mit Ausnahme gegebenenfalls Comenius', bemühten sich so viele Logen wie um seinen. Dobrovský vereinte in seiner Person alle Tugenden eines aufgeklärten Wissenschaftlers, der sich zugleich auch um die tschechische Wiedergeburt verdient gemacht hatte – kurz: er passte in jeder Hinsicht in das Schema, dass er Freimaurer gewesen sein könnte. 1929 war ein Gedenkjahr aus Anlass des 100. Todestages Dobrovskýs. Und es war eine Gelegenheit zur Veranstaltung eines grandiosen freimaurerischen Festes. Die Feierlichkeiten eröffnete Großmeister Syllaba, der betonte, Dobrovský sei Ex-Jesuit und Freimaurer gewesen.[607] Nachfolgend trat Josef Volf auf und um seine Aufgabe war er nicht zu beneiden. Im Grunde zweifelte er den Sinn der gesamten Veranstaltung an, da er seinen Auftritt – und er wusste warum – mit der Überschrift versah: „War Josef Dobrovský Freimaurer?"[608] Und er teilte seinen Brüdern Folgendes mit: „Vielleicht gehörte er in unsere Reihen ... Unsere Freude wäre größer, wenn wir klar und bestimmt sagen könnten: er war unser Bruder ... Ich will sagen, dass kein formaler Belege darüber gegeben ist, dass er Freimaurer war." Volf führt des Weiteren an, dass in der Literatur niemand Dobrovskýs Zugehörigkeit zu den Freimaurern in Zweifel ziehen würde, mit Ausnahme vielleicht Miroslav Tyršs. Sogar Josef Pekař stimme dem zu, obwohl er z.B. von Sporcks Freimaurerei verneinte; dafür ist auch Arne Novák. Aber Volf zufolge lagen alle falsch, da sie aus einer einzigen Biografie Dobrovskýs schöpfen würden, und der Autor hätte Dobrovskýs Zugehörigkeit zu den Freimaurern von einem Dreieck anstatt einer Unterschrift abgeleitet. Und Volf setzte fort: nach seinem Urteil a) ist ein Dreieck nicht ein allein freimaurerisches Symbol, b) wurde ein solches in der Freimaurerei nie als Unterschrift verwendet, und c) handele es sich nicht um ein Dreieck, sondern um ein griechisches Delta, also eine Abkürzung des Namens Dobrovský. Wieder war ein Mythos gefallen.

Volf verstarb 1937, und erneut betritt Emanuel Lešehrad die Szene. Bereits 1938 entstand ein Manuskript mit der Bezeichnung „Aus der historischen Forschung", das auch editiert wurde. In ihm ist auch eine Studie mit dem Titel „Über das Freimaurertum Dobrovskýs". In ihr polemisiert Lešehrad mit Volf und behauptet: „Nach meinem Studium ist jedoch unbestritten, dass bezeugt ist, dass Dobrovský Freimaurer oder Rosenkreuzer war. Es gibt Umstände und Indizien, und es gibt ihrer so

607   1829-1929 Josef Dobrovský, in: Svobodný zednář 1-2, III,1929, S. 1.

608   Byl Josef Dobrovský svobodným zednářem? Deska br. Dr. J. Volfa na shromáždění pražských lóží v lednu 1929 (War Josef Dobrovský Freimaurer? Vortrag des Bruders Dr. J. Volf auf der Versammlung der Prager Logen im Januar 1929), in: Svobodný zednář 1-2, III, 1929, S. 2-4.

viele, dass bezüglich dieser nicht behauptet werden kann, dass sie nur zufällig und scheinbar seien."[609]

Nach Volfs Tod war Lešehrad für kurze Zeit zum führenden freimaurerischen Historiker aufgestiegen. Wenn wir sein Werk und die Arbeiten Volfs anschauen, erkennen wir eine ganze Reihe grundsätzlicher Unterschiede. Lešehrad war neben seiner Tätigkeit als Beamter und Archivar einer Bank in erster Linie Dichter der Dekadenz, der wie aus der Zeit gefallen war. Im Unterschied zu anderen Vertretern der Dekadenz musste er sich sein Adelsprädikat nicht erfinden, da sein Vater ein solches als Offizier zu österreichischen Zeiten tatsächlich erlangt hatte. Emanuel Lešetický z Lešehradu versuchte stattdessen sein Adelsprädikat abzulegen (Lešehrad). Sein Museum in einer Villa in Prag-Smíchov war etwas extravagant,[610] so wie Lešehrad im Grunde auch nicht verheimlichte, dass er Mitglied verschiedener Geheimorganisationen war bzw. ist. Wie andere auch, versuchte er so, Farbe in das Grau des Bankendienstes zu bringen. Nur eines ist strittig: ob ein solcher Lebensweg die beste Voraussetzung für die Stellung eines soliden freimaurerischen Historiografen war. Lešehrad ließ seiner Phantasie auf jeden Fall freien Lauf, und Volf kostete es zu seinen Lebzeiten viel Kraft, um den andererseits durchaus begabten Kollegen auf den Weg der seriösen Historiografie zu lenken. Und mehr noch – Lešehrad hatte Volf sogar überholt: waren seine Arbeiten über die Geschichte von Geheimgesellschaften und über die Freimaurer doch tatsächlich Bücher, also eine Form, zu der sich Volf in dieser Thematik nie durchringen konnte.[611]

Die Unterschiedlichkeit der Methoden in der Arbeit beider freimaurerischer Historiker entging zumindest einigen weiteren Freimaurern nicht. Diesen Umstand verbalisierte 1935 Antonín Hartl in einer „Zeich-

609 LA PNP (Literaturarchiv des Denkmals des nationalen Schrifttums), Bestand Lešehradeum, das Manuskript ist dort hinterlegt.

610 Das Museum war ab 1926 nach Vereinbarung der Öffentlichkeit zugänglich, einen Teil der Exponate übergab Lešehrad später dem Nationalmuseum, wie auch die Bibliothek, die der dortigen Ausleihordnung unterliegen sollte. Lešehrads Kooperation mit dem Nationalmuseum war, vor allem dank Volf, eine langfristige, weshalb nach dem Zweiten Weltkrieg sein Museum und seine Sammlungen (bzw. Reste nach Lešehrads Tod) ganz an das Nationalmuseum übergingen. Sein Archiv widmete Lešehrad dem Museum 1952, wobei er bis zu seinem Tod 1955 dessen Verwalter blieb. Noch 1959 diente Lešehrads Museum Forschungszwecken und war der Öffentlichkeit immer Dienstagvormittag zugänglich. Dass Lešehrads Materialien später dann an das sog. Denkmal des Nationalen Schrifttums übergeben wurden, zeigt, wie sein ursprünglicher Wunsch missachtet wurde. Vgl. Knihovna Národního muzea (Die Bibliothek des Nationalmuseums), Praha 1959, S. 106–109.

611 Volf lobt Lešehrad sogar, vor allem für die überarbeitete Fassung des Buches „Po stopách tajemných společností" (Auf den Spuren von Geheimgesellschaften) (ursprünglich „Tajné společnosti v Čechách" (Geheimgesellschaften in Böhmen), Praha 1922), das 1935 erschien, wobei er nicht vergaß, auch sich selbst zu präsentieren: „Ich schrieb irgendwann einmal, dass Bruder Lešehrad eine Geschichte jener Orden schreiben sollte, die er durchlaufen hat oder mit denen er sich im Einzelnen bekannt gemacht hat. Lešehrad setzte dies um." VOLF, Josef: Užitečná kniha (Ein nützliches Buch), in: Svobodný zednář 1, IX, 1935, S. 10–12.

nung" vor der Loge Pravda vítězí (Die Wahrheit siegt), in der er über die Geschichte der tschechischen Freimaurerei im Lichte der neuesten historischen Forschungen nachdachte. Hartl formulierte damals, dass Volf kritisch sei und Lešehrad Wege kenne, wie Zusammenhänge gefunden werden können, dass Volf rein wissenschaftlich vorgehe, Lešehrad jedoch inspirierend sei, dass Volf sage, er würde urteilen, nachdem er alles studiert habe, während Lešehrad bereits Schlüsse ziehe.[612] Ich denke, dass dieser Charakteristik nichts hinzuzufügen ist. Als Volf also verstarb, nutzte Lešehrad die Gelegenheit und versuchte sich hemdsärmelig durchzusetzen, und dies auch zu Lasten von Volfs unstrittigen Schlussfolgerungen.

Kehren wir zurück zu den „Heiligen" der Freimaurer. Einen Namen aus der tschechischen Geschichte dürfen wir selbstverständlich nicht außer Acht lassen, und zwar Johann Amos Comenius (Jan Amos Komenský), den „Lehrer des (tschechischen) Volkes". Hierbei darf jedoch nicht vergessen werden, dass es sich bei der Verehrung Comenius' nicht um einen tschechischen Einfall oder eine tschechische Besonderheit handelte. Comenius war für die Freimaurer international eine anerkannte Größe, vor allem dank seiner persönlichen Kontakte zu den Rosenkreuzern, konkret zu deren Führungspersönlichkeit Johann Valentin Andreae. Aus dieser Beziehung wurden dann weitreichende Schlussfolgerungen über das Verhältnis Comenius' zu den Freimaurern gezogen, zumindest bezüglich einer etwaigen Beeinflussung. Comenius wurde auch in der älteren deutschen Freimaurerliteratur viel gelesen, von seiner Popularität zeugt die Gründung der sog. Comenius-Gesellschaft 1892 in Deutschland, auch Freimaurerlogen wurden im deutschen Raum nach ihm benannt.[613] Die tschechische Freimaurerei knüpfte daher an diese ältere Tradition an und es ist offenkundig, dass der Name Comenius für sie einen großen Trumpf darstellte. Eine Ehrerbietung Comenius gegenüber und das Bemühen Berührungspunkte zwischen ihm und der Freimaurerei zu finden, wurden insbesondere durch Rudolf Vonka nachdrücklich propagiert.

Vonka versorgte die Leser der Zeitschrift „Svobodný zednář" mit verschiedensten Berichten darüber, wie die Persönlichkeit des Comenius in

612   AVL ČR [Archiv der Großloge der Tschechischen Republik], Kniha prací lóže Národ [Buch der Arbeiten der Loge Národ], Aufzeichnung vom 1. Februar 1935, wo der Inhalt der Vorlesung Hartls detailliert ausgeführt wurde.

613   Vgl. VOLF, Josef: Lóže Comenius zu den drei Säulen ve Vratislavi [Die Loge Comenius zu den drei Säulen in Breslau], in: Svobodný zednář 8, VII, 1933, S. 132-134. Die Comenius-Gesellschaft, zu der auch einige Tschechen gehörten, begann sogar zwei Zeitschriften herauszugeben, die „Monatsblätter" und die „Mitteilungen der Comenius-Gesellschaft". Führende Forscher auf dem Feld der Freimaurerei am Ende des 19. Jahrhunderts waren Mitglieder dieser Gesellschaft, einschließlich des legendären August Wolfstieg. Die von Volf beschriebene preußische Loge war eine von drei hier genehmigten. Ihre Existenz wurde von der Aufnahme von Juden in die Loge abhängig gemacht.

der Welt verehrt würde[614], und versuchte auf Grundlage von Analysen von Texten und Symbolen zu beweisen, dass von Comenius eine direkte Entwicklungslinie zur modernen Freimaurerei geführt habe. Es ist offenkundig, dass Comenius' Idee einer Harmonisierung der Welt mit den Freimaurern konvenieren musste. Strittig bleibt dabei, ob alle Träger dieser Idee auch als Vorgänger der Freimaurerei interpretiert werden können. Bereits im ersten Jahrgang der freimaurerischen Zeitschrift gab Vonka Fortsetzungsgeschichten heraus, die als „Brücken zu Comenius" (Můstky ke Komenskému) bezeichnet wurden.[615] Komeniologische Themen wurden auch danach permanent behandelt.[616] Wir können feststellen, dass Vonka komeniologisch agitierte und er den Freimaurern oftmals vorwarf, dass sie das Erbe Comenius' nicht hinreichend aktiv vertreten würden. Erst als er die Zeitschrift „Svobodný zednář" nicht mehr führte, kam es zu gewissen Korrekturen der Positionen Vonkas.[617]

„Was an der Arbeit des Bruders Vonka am meisten hervorzuheben ist, ist der Versuch einer Analyse der tschechischen Gesellschaft und ihrer weltanschaulichen Sortierung im Zusammenhang mit der fr[eimaurerischen] Ideologie, zugleich der Versuch einer Erklärung der geringen Anzahl an Mitgliedern der tschechoslowakischen Fr[eimaurerei]. Bruder Vonka zeigt sehr gut, in welchen Kreisen das Erbe Comenius' und die Ideologie der Bruderschaft leben, aus denen die Fr[eimaurerei] ihre Reihen auffüllen kann: die Lehrerschaft, der Sokol, der Sozialismus, die Legionärsbewegung, die Kirche der Böhmischen Brüder und die tschechoslowakische Kirche neben dem gegenüber der fr[eimaurerischen] Ideologie recht gleichgültigen Liberalismus." Aus dieser Definition ist erkennbar, dass Vonkas Verständnis der Freimaurerei, ihrer Quellen bzw. ihres Bildes in der Gesellschaft sehr eigenartig war, vor allem wenn wir uns bewusst machen, wievielen Liberale die Freimaurerlogen füllten ... Der Autor der Rezension, offenbar Antonín Hartl, fährt fort: „Wenn wir die bescheidenen Anfänge und die Gewinnungsmethoden der fr[eimaurerischen] Arbeit in Betracht ziehen, können wir mit dem gleichen Recht

---

614   Nur zur Illustration z.B. Zprávy (Nachrichten), in: Svobodný zednář 1, IX, 1935, S. 12-16.

615   R.J.V.: Můstky ke Komenskému a Můstky od Komenského k zednářům (Brücken zu Comenius und Brücken von Comenius zu den Freimaurern), in: Svobodný zednář 2, 3, 4, I, 1926, S. 27-28, 37-38, 51-53.

616   z.B. Sporck-Komenský-Buditelé (Sporck-Comenius-Erwecker), Svobodný zednář 3-5, IV, 1930, S. 31-32, wo wir die Behauptung finden, dass Sporck, der Begründer der Freimaurerei in Böhmen, ohne es zu wissen die Ideen des Comenius verbreitet habe, oder K 7. a 28. březnu (Zum 7. und zum 28. März). Der Humanismus Comenius' hatte sicher einen Einfluss auf die Entfaltung des Humanismus im 18. Jahrhundert und auch auf die Freimaurerei, in: Svobodný zednář 3, VII, 1933, S. 33. Hier wird Comenius im Zusammenhang mit Masaryk angeführt etc.

617   Es handelte sich um eine Rezension seiner Studie „Die čechische Freimaurerei", in: Das Blaubuch der Weltfreimaurerei, 1934, S. 55-65. Hier wird auch eine Reihe fataler faktografischer Irrtümer angeführt, die auf Vonka zurückzuführen sind. Dies deutet an, dass die Idee für ihn oftmals wichtiger war als die Realität.

In der Zeitschrift „Svobodný zednář" abgedruckte Freimaurersymbole

ganz optimistische Schlüsse ziehen und müssen nicht den Pessimismus des Bruders Vonka teilen, ja wir können aus seiner soziologischen Analyse zu Recht ableiten, dass die tschechoslowakische Gesellschaft mit Organisationen saturiert ist, die Trägerinnen des Erbes Comenius' und der Ideen der Bruderschaft sind, sodass die spezielle fr[eimaurerische] Bruderschaft eher eine Art Plus darstellt."[618]

Die Verehrung Comenius' schlug sich auch in dem Verhältnis zu dessen direktem Nachkommen Jiří Viktor Figulus nieder, der sich bei den Freimaurern eines außerordentlichen Interesses erfreute und ihnen auch als Freimaurer präsentiert wurde.[619] Tatsächlich jedoch war er Mitglied einer anderen Geheimgesellschaft, der Martinisten, und zwar der Bruderschaft Silberner Kreis (Stříbrný kruh), die oftmals zu den Freimaurern wechselten. Figulus unterhielt „brüderliche" Kontakte zu Vonka und vor allem zu Lešehrad, mit dem er Anfang der 20er Jahre zahlreiche Briefe austauschte. Es scheint gar, dass Lešehrad – als Angehöriger einer damals in gleicher Weise diskreten Organisation – Figulus' beim Einleben in die tschechische Gesellschaft unterstützte, der dann als Konsultant des tschechoslowakischen Handelsministeriums wirkte.[620]

Es ist überraschend, dass im Vergleich zu den vorherigen Persönlichkeiten eine deutlich geringere Aufmerksamkeit einem Mann zuteilwurde, der ganz sicher Freimaurer war, der Tscheche war, der erfolgreich und bedeutsam gewesen war, und dessen Familie lebte, deren Mitglieder zudem auch Freimaurer waren. Dieser aus Sicht des betriebenen Kultes etwas vernachlässigte Freimaurer war Jan Evangelista Purkyně. Vor allem freimaurerische Mediziner versuchten darauf hinzuweisen, dass ihm

618   Literatura a umění (Literatur und Kunst), in: Svobodný zednář 6, VI, 1934, S. 121-124. Tschechische Freimaurer hatten auch einen aktiven Anteil an der Instandsetzung des Grabes Comenius' und eines Denkmales in Naarden; es handelte sich um eine der größten Aktionen mit Auslandsbezug der Zwischenkriegszeit.

619   Eine Schwester Comenius' heiratete Petr Figulus, dessen Vater Priester der Böhmischen Brüder in Hlinsko war. Dieser Petr Figulus zog mit der Familie nach Memel, wo er starb. Die Enkel Comenius' lebten in Preußen, einer wurde später Mitbegründer der Berliner Akademie, ein anderer engagierte sich bei den Böhmischen Brüdern, wirkte in Preußisch-Schlesien und pflegte seine böhmische/tschechische Herkunft. Ein Nachfahr dieser Linie, J. V. Figulus (1858-1927) floh vor dem Militärdienst in Deutschland nach Südafrika und schloss sich am Kap den Buren an. Auf seine alten Tage kehrte er in die einstige Heimat seiner Familie zurück. Vgl. VONKA, R.J.: Figulovi u brány k Východu (Die Figulus' am Tor in die andere Welt), in: Svobodný zednář 2-3, II, 1927-28, S. 37-38.

620   Lešehrad hatte offenbar einen erheblichen Anteil daran, dass es Figulus, der mit ihm Deutsch und Englisch korrespondierte, gelang, seine Verwandte oder Adoptivkind Gertie nach Prag zu holen. Figulus brachte sie 1921 nach Böhmen. „Dies ist Ergebnis meiner mehrtägigen Verhandlungen: Gertie bleibt in Prag und wird erzogen werden, wie sie wünschen und in einem evangelischen Umfeld, wo sie die Möglichkeit haben wird, die Kenntnis des Englischen und des Deutschen aufrecht zu erhalten und die Musik zu pflegen. Wahrscheinlich kommt sie in die tschechische evangelische Diakonie nach Prag-Vinohrady in die Str. Komenského ulice 21. Was die Kosten anbelangt, so wird der Nationalrat einen Beitrag leisten, nach Entscheidung von Frau Tyršová jährlich mindestens 2000 Kronen, und Sie würden ca. den selben Betrag beisteuern." LA PNP (Literaturarchiv des Denkmals des nationalen Schrifttums), Bestand Lešehradeum, Tajné společnosti (Geheimgesellschaften), Lešehrads Schreiben vom 7. September 1921.

eine größere Achtung geschenkt werden müsse. Es entstand die bereits erwähnte Purkyně-Kommission und Josef Volf sammelte und publizierte Fakten zu Purkyněs Zugehörigkeit zu den Freimaurern. Gleichwohl verzeichnen wir bezüglich dieser Persönlichkeit deutlich weniger Lobgesänge und Verehrung als bei den oben Genannten.

In die Riege der verehrten tschechischen „Laien" können wir neben Masaryk eventuell noch den Journalisten und Schriftsteller Jan Neruda einordnen, und dies dank eines einzigen Feuilletons, das dieser in der Zeitschrift „Květy" Mitte der 60er Jahre des 19. Jahrhundert abdruckte. Es behandelte eine positive Reflexion eines Besuches einer Pariser Freimaurerloge, zusammen mit J. V. Frič und einer polnischen Delegation. Obwohl selbst kein Freimaurer, versuchte er somit als einer der ersten die üblichen negativen Klischees über die Freimaurer zu verurteilen.[621]

Die anderen verehrungswerten und gedenkwürdigen historischen freimaurerischen Größen wurden aus dem internationalen, vor allem aus dem deutschen Milieu übernommen, was nicht wegen einer geistigen Anhänglichkeit erfolgte, sondern wegen Berührungspunkten mit dem böhmischen Umfeld. An erster Stelle steht hier Wolfgang Amadeus Mozart, in dessen Fall wir in Böhmen allgemein eine Tendenz feststellen können, ihn als einen der „hiesigen" zu betrachten. Der Mozartkult war im tschechischen Milieu so oder so stark verwurzelt, und der Umstand, dass Mozart aktiver Freimaurer war und seine Werke zudem durch die Freimaurerei inspiriert waren, trug dazu bei, dass er sich unter den Freimaurern im Allgemeinen und unter den tschechischen im Besonderen einer großen Beliebtheit erfreute. Hiervon zeugt auch die erste größere gemeinsame Veranstaltung tschechischer und deutscher Freimaurer in der Bertram-Villa (Bertramka) in Prag, aber auch andere Aktivitäten. Mozart erfüllte daher von diesen „Heiligen" wohl am besten die ungeschriebenen Kriterien einer Anbetung und Verehrung.[622] Darüber hinaus wurde der große

621   Vgl. hierzu Různé (Verschiedenes), in: Svobodný zednář 4, I, 1926-27, S. 70-72, VOLF, Josef: Neruda v G.O. de France r. 1863 (Neruda im G.O. de France 1863), in: Svobodný zednář 6, V, 1931, S. 90-93 und NERUDA, Jan: Návštěvou u „svobodných zedníků" (Besuch bei den „Freimaurern"), Ebd., S. 93-95.
Aus dem böhmischen Umfeld stammten zwei weitere oft zitierte Persönlichkeiten, von denen der eine Freimaurer war, der andere nicht: Ignac Cornova und Bernard Bolzano. Diese erfreuten sich insbesondere bei deutschen Forschern einer erhöhten Aufmerksamkeit, stießen aber auch im tschechischen Milieu auf Interesse. Die Loge Jan Amos Komenský nahm sich gas der Instandsetzung und der Pflege von Cornovas Grab auf dem Kleinseiter Friedhof an. Vgl. Zprávy (Nachrichten), in: Svobodný zednář 7-8, VI, 1932, S. 118-124.

622   Vgl. z.B. SCHMAUS, Karel: „Kouzelná flétna", Schickanederovo libreto („Die Zauberflöte", Schickaneders Libretto), in: Svobodný zednář, V, 1931, S. 74-77, NETTL, Paul: Mozart v Praze (Mozart in Prag), in: Svobodný zednář 7-8, VI, 1932, S. 10-102, W. A. Mozart v Praze (W. A. Mozart in Prag), in: Svobodný zednář 1, VII, 1933, S. 10, Literatura a umění (Literatur und Kunst), in: Svobodný zednář 8, VII, 1933, S. 136-138, Zprávy (Nachrichten), in: Ebd., S. 143-144, BENEŠ, K.J.: Mozart a zednářská hudba (Mozart und Freimaurermusik), in: Svobodný zednář 9, IX, 1937, S. 118-119, HARTL, A.: Mozart v české literatuře (Mozart in der tschechischen Literatur), in: Ebd., S. 119-123 atd. 1937 wurde der 150. Jahrestag der Aufführung des Don Giovanni begangen.

Künstler zum Symbol der Möglichkeit einer deutsch-tschechischen Zusammenarbeit, was auch eine politische Dimension hatte.

Das durch herausragende Persönlichkeiten konstruierte Verhältnis zur freimaurerischen Vergangenheit findet überall auf der Welt und vor allem in Mitteleuropa einen weiteren Fixpunkt: Johann Wolfgang Goethe. Im Böhmischen schmückten seine Verse in Übersetzungen von Otokar Fischer, Pavel Eisner und Antonín Hartl zahlreiche freimaurerische Druckschriften, populär waren vor allem Goethes freimaurerische Gedichte. Goethes Beziehung zu den Freimaurern wurde in der Fachliteratur erst in den letzten Jahren erheblich problematisiert, gleiches gilt auch für die Persönlichkeit an sich und sein behördliches zensorisches Wirken.[623]

Bei den tschechischen Freimaurern etwas weniger populär als Goethe war Gotthold Ephraim Lessing, dessen Beliebtheit jedoch nach der Feststellung stieg, dass er eigentlich Lausitzer Sorbe sei.[624] Von den weiteren Größen der deutschen Aufklärung, wegen deren fast einhundertprozentiger Zugehörigkeit zu den Freimaurern die Ideologen des „Dritten Reiches" Kopfschmerzen bekamen, erlangte im tschechischen Umfeld fast keiner eine besondere Beliebtheit. Von internationalen Vertretern der Freimaurerei sprachen die tschechischen Freimaurer Künstler an – weit mehr als Politiker – ob amerikanische Präsidenten oder etwa Garibaldi. Zu den meistzitierten gehörte der Autor des Dschungelbuches und mehrerer freimaurerischer Verse, Rudyard Kipling.

Schwieriger gestaltete sich die Aneignung der kontinuierlichen Entwicklung der Freimaurerei in den böhmischen Ländern selbst. Wirklich professionell befasste sich mit dieser Frage im Grunde nur Josef Volf, der seine Brüder mit seinen Entdeckungen vertraut machte, die er im Rahmen freimaurerischer Forschung tätigte, und der so Stein um Stein in das Mosaik der Freimaurerei in Böhmen im 18. und 19. Jahrhundert hinzufügte.[625] Es wurde bereits angedeutet, dass eine Reihe an Freimaurern

---

623   WILSON W. Daniel, Geheimräte gegen Geheimbünde. Ein unbekanntes Kapitel der klassisch-romantischen Geschichte Weimars, Stuttgart 1991, S. 391. Dieser amerikanische Forscher zeigt glaubhaft, dass Goethe, eine Säule des deutschen Nationalbewusstseins und der deutschen Identifikation, Mitglied der Weimarer Freimaurerloge Amalia war und dass ihre ganze Dauer über unter Kontrolle derselben wurde. Noch bedenklicher scheint Goethes Mitgliedschaft bei den Illuminaten gewesen zu sein – in Korrespondenz distanziert er sich von der eigenen Tätigkeit, die er als Spiel erwachsener Männer und Maskerade bezeichnete [S. 63]. Diese Feststellung verändert die bisherige Sichtweise auf eine der Säulen der deutschen Aufklärung grundlegend und verdirbt einige freimaurerische „Sicherheiten".

624   Zprávy [Nachrichten], in: Svobodný zednář 5, X, 1936, S. 79-80. Lessing war einer der führenden freimaurerischen Theoretiker, seine Gespräche „Ernst und Falk" gehören zu den klassischen Werken der freimaurerischen Literatur.

625   Seine detaillierten und streng quellenbasierten Artikel erschienen nicht nur im „Svobodný zednář", sondern wurden zuerst oder parallel fast immer in historischen Fachperiodika publiziert. Volf untersuchte die Geschichte der Logen und der Freimaurer in den böhmischen Ländern, wich aber auch etymologischen Fragen der Forschung nicht aus. Er war es, der die Entstehung des seltsamen tschechischen Wortes „zednář" für „Freimaurer" erklärte.

an diesen soliden Untersuchungen und einer detaillierten Sichtweise auf die Vergangenheit der eigenen Institution kaum Interesse zeigte. Hieraus können wir ableiten, dass die historische Dimension für die tschechischen Freimaurer keine Priorität hatte. Ein Problem bestand auch darin, dass die Aufdeckung historischer Tatsachen selbstverständlich auch die eine oder andere Enttäuschung mit sich brachte.

Die Rolle der Kunst in der Königlichen Kunst

Die künstlerische Seite des freimaurerischen Seins würde sicherlich – wie auch die symbolische oder rituelle Seite – eine eigene Analyse verdienen, die die historische Dimension dieses Textes offenkundig sprengen würde. Denn die Königliche Kunst ist tatsächlich eine Kunst „für alle fünf Sinne". Neben einem rationalen aufklärerischen Element ist hier das romantische, emotionale Element nicht weniger wichtig, und vielleicht liegt auch hierin eines der Geheimnisse der Anziehungskraft der Freimaurerei begründet. Die Kunst war ein immanenter Bestandteil des freimaurerischen Lebens und sie bereicherte dieses.

Schauen wir uns an dieser Stelle an, welchen Beitrag die modernen tschechischen Freimaurer leisteten. Zumindest in der Anfangszeit gab es unter ihnen sehr, sehr viele Künstler. Wohl am schnellsten und am nachdrücklichsten schlug sich die Existenz der modernen tschechischen Freimaurerei in der Dichtkunst nieder. Verse waren Bestandteil des Rituals und wurden sukzessive notwendiger Bestandteil einer jeden Nummer der Zeitschrift „Svobodný zednář". Als primäre Inspirationsquellen dienten klassische Werke von Svatopluk Čech, Josef Václav Sládek, Antonín Sova; besonders beliebt war der mystische Symbolismus des Otokar Březina; populär waren auch Jaroslav Vrchlický, mit so prägnanten Zeilen, dass er manchmal einer Mitgliedschaft bei den Freimaurern „verdächtigt" wurde, oder Josef Svatopluk Machar und Viktor Dyk. Bei letzteren handelte es sich tatsächlich um Freimaurer, Dyk hinterließ auch freimaurerische Ansprachen an die Brüder der Kette. Als bewusste freimaurerische Poeten können wir jedoch erst Jaroslav Kvapil und Fran-

---

Er verwies darauf, dass das Wort anstelle der ursprünglichen Übersetzung aus dem Deutschen „svobodný zedník" [zu Deutsch: „freier Maurer"] Mitte des 19. Jahrhunderts in einem Entwurf eines Deutsch-Tschechischen Wörterbuches von Josef Franta Šumavský als Neologismus erschien, hier sogar in einer „weicheren" Form „zedňář", „zedňářství". Noch in den 60er Jahren ist die Verwendung der direkten Übersetzung des Berufsbildes „Maurer" gängig: „svobodný zedník" [„freier Maurer"], „svobodné zednictvo" [„freie Maurerei"]. Volfs Meinung nach führte das Wort „zedňář" Josef Svátek in die tschechische Terminologie ein, der es für sich annahm und es oft und ausdauernd verwendete. Es handelt sich daher um einen relativ neuen und künstlich geschaffenen Begriff. VOLF, Josef: K dějinám slova „Svobodný zednář" I-II (Zur Geschichte des Wortes „Freimaurer" I-II), in: Svobodný zednář 1, 2-3, II, 1927-28, S. 5-6, 18-19.

tišek Táborský erachten, deren Inspirationen aus einem intensiven Erleben der Freimaurerei folgten.[626]

> „Die Hände, die wir vor einem Augenblick zum Eid gehoben haben,
> verbinden wir nun zu einer festen Kette, Brüder!
> Aus der Mitternacht wird ein neuer, holder Tag geboren,
> das Gestern gehört dem Blute, das Morgen der Liebe!
>
> Nehmen wir uns Mensch zu Mensch an die Hand,
> von Volk zu Volk, damit hier niemand ist,
> dem ein Handdruck nah und fern,
> letztlich nicht durch die Liebe Erlösung brachte.
>
> Sei gegrüßt, Zukunft! Wir wissen nicht, wie du sein wirst,
> wir wollen dich aber besser, von Jahr zu Jahr,
> Mit Kollár werden wir dich künftig weissagend grüßen:
> Slawen rufst Du? Es meldet sich ein Mensch!"

Diese Verse Kvapils können wir als klassisches Beispiel freimaurerischer Poetik erachten. Ein weiterer Versdichter, der sich vor allem in den dreißiger Jahren sehr stark einbrachte, war der omnipotente Emanuel z Lešehradu, der sowohl eigene freimaurerische Verse reimte, als auch übersetzte. Die Poesie wurde in der Tat der deutlichste, meistfrequentierte Teil der tschechischen freimaurerischen Kunst, jedoch kann ich mich des Eindrucks nicht erwehren, dass sie eigentlich nur eine ornamentale Rolle erfüllte. Prosaische freimaurerische Werke würden wir nur schwer finden, deutlich besser stehen wir da, wenn wir Übersetzungen sowohl von Versen als auch von Prosa anschauen, vor allem nachdem führende tschechische Übersetzer Freimaurer wurden.

Neben der Dichtkunst schlug sich freimaurerische Kreativität vor allem in der Gebrauchskunst nieder. Zu den großen freimaurerischen malerischen Kompositionen können wir die Werke des genialen Alfons Mucha zählen, dessen symbolischer Ausdruck im Stile des späten Jugendstils jedoch fast allein steht.[627] Später kam das malerische Schaffen von Alfréd Justitz hinzu. Demgegenüber erforderte allein bereits der Umstand der Entstehung neuer Freimaurerlogen eine Einbindung der Gebrauchskunst. Die Bijous der tschechischen Freimaurerlogen müs-

---

626 Kvapils Verse erschienen in einem Buch mit dem Titel „Na sklonku října" (Ende Oktober], Praha 1928, und Táborskýs Reime folgten als Bibliophilie zwei Jahre später. Freimaurerische Verse schrieben auch Josef Vrba und Josef Bobek. Vgl. Zprávy [Nachrichten], in: Svobodný zednář 10, V, 1931, S. 154-155.

627 Hierzu eine detaillierte Analyse in: Alfons Mucha - Das Slawische Epos, Krems 1994. Mucha schuf nicht nur die Umschläge für die Zeitschrift „Svobodný zednář" und mehrere Bijous für verschiedene Logen, sondern auch Stempel, Briefköpfe und eine Wand an einer Treppe des Tempels.

sen tatsächlich als Meisterwerke erachtet werden. Neben Alfons Mucha und Jindřich Čapek sticht hier der Professor der Geometrie František Kadeřávek hervor.[628] Auch andere Artefakte verfügen über einen unbestreitbaren künstlerischen Wert.

Was die Musik anbelangt, so fällt die Bilanz am traurigsten aus. In der Loge Jan Amos Komenský entstand eine Hymne der Freimaurer, die zu feierlichen Anlässen gespielt wurde,[629] gelegentlich entstand in einer der Logen ein Freimaurermarsch oder eine andere kleine Komposition. Meist mussten jedoch ausländische freimaurerische Melodien oder Kompositionen herangezogen werden, die mit der Freimaurerei in keinem Verhältnis standen.[630] Manchmal war es problematisch allein die Anwesenheit eines Orgelspielers zu gewährleisten, also eines Freimaurers, der in der Lage gewesen wäre ein Harmonium zu bedienen und eine Begleitmelodie zu spielen. Es wurde sogar ein Verzeichnis fähiger Musiker erstellt, die zwischen den einzelnen Logen für Feierlichkeiten ausgeliehen wurden.

Es scheint, dass in der langen Konstituierungsphase der tschechischen Freimaurerei und in der nachfolgenden Suche nach einer weiteren Dimension ihres Engagements die Kunst tatsächlich nur als zusätzlicher Aufbau begriffen wurde. Anderseits kann die Kunst eine unmittelbare Reflexion von Gefühlen und Empfindungen sein. Eventuell galt auch für Künstler die innere Distanz, die bei der überwiegenden Zahl der Freimaurer das zivile Leben vom freimaurerischen Leben trennte.

Was aber nun folgt aus den vorherigen Seiten? Eventuell eine reservierte bzw. passive Einstellung der Mehrheit der Freimaurer zu den Möglichkeiten des freimaurerischen Ausdrucks, der freimaurerischen Bildung, der freimaurerischen Selbsterkenntnis. Nur eine relativ kleine Gruppe war bereit, sich wirklich in jeder Hinsicht einzubringen. Dies ist jedoch keine überraschende Feststellung, ein ähnliches Schema gilt im Grunde für alle Organisationen und Gesellschaften.

---

628   Zu dieser Tätigkeit vgl. LA PNP [Literaturarchiv des Denkmals des nationalen Schrifttums], Bestand Josef Volf, Kadeřávkes Schreiben vom 9. Oktober 1925, und des Weiteren K.: Poznámka k vyobrazeným klenotům [Anmerkung zu den abgebildeten Kleinodien], in: Svobodný zednář 2, I, 1926, S. 32.

629   Z domácích dílen [Aus heimischen Werkstätten], in: Svobodný zednář 5, VIII, 1934, S. 100-107.

630   Zur Schaffung freimaurerischer Lieder vgl. z.B. AVL ČR [Archiv der Großloge der Tschechischen Republik], Kniha prací lóže Národ [Buch der Arbeiten der Loge Národ], Aufzeichnung vom 6. November 1931. Sehr schöne freimaurerische Noten sind erhalten im: Státní okresní archiv Teplice [Staatliches Kreisarchiv Teplitz], Bestand Freimaurerloge Teplice.

Ein exklusiver Verband oder nur einer von vielen?

Teil einer weltweiten Kette

Ich bin der Überzeugung, dass auf die Frage, was unter der Freimaurerei zu verstehen ist, die Mehrheit der Befragten an zweiter Stelle – gleich nach dem Begriff der „Geheimgesellschaft" – ihre weltumspannende Dimension anführen würde. Ja, Freimaurer zu werden, bedeutet Brüder auf der ganzen Welt zu bekommen und ein kleines Rädchen im ideellen Räderwerk der Freimaurerei zu werden. Zumindest auf den ersten Blick scheint dem so zu sein. Diese Vorstellung wird in gewisser Weise durch die Existenz einer ganzen Reihe an parallel bestehenden freimaurerischen Ketten als auch durch die oftmals selbst im Rahmen eines Staates vorherrschende Zersplitterung relativiert. Die Tschechoslowakei war in diesem Kontext bei Weitem keine Ausnahme.

Wie aber nahmen die Freimaurer ihren Beitritt zum Orden aus Sicht einer Mitgliedschaft wahr, die aus ihnen potenziell Weltbürger machte, gleichwohl die Mehrzahl hiervon praktisch nie Gebrauch machte? Welches Verhältnis hatten sie zu den globalen Strukturen, die darüber entschieden, wer und was regulär und irregulär ist, wer „in" und wer „out" ist? Es wurde bereits mehrfach angedeutet, dass für die tschechoslowakischen Freimaurer eine internationale Dimension der Kommunikation oder eine Öffnung der Welt gegenüber sicherlich keine Priorität genoss. Jedoch kann die Internationalität von der Freimaurerei nicht abgetrennt werden, und wir müssen feststellen, dass es auch unter den tschechischen Freimaurern zahlreiche Personen gab, die einen Nachdruck auf grenzüberschreitende Kontakte legten. Andererseits ist anzumerken, dass die tschechoslowakischen Freimaurer zu keinem Zeitpunkt isoliert waren, im Unterschied etwa zu ihren deutschen Brüdern, die nach dem Ersten Weltkrieg eher eine Insel bildeten, auf der sie gezwungenermaßen unter sich bleiben mussten, weil kaum jemand mit ihnen kommunizieren wollte. Informationen (meist sehr konventioneller Natur) über die tschechoslowakische Freimaurerei – die tschechische und die deutsche – übernahmen ausländische freimaurerische Periodika jedoch aus der deutsch-

sprachigen Zeitschrift „Die Drei Ringe", was zweifelsohne sprachlichen
Aspekten geschuldet war.

Tschechische Freimaurer besaßen nur ganz ausnahmsweise ausländische freimaurerische Periodika, und es scheint, dass sie selbst in den
Bibliotheken der Logen keineswegs gängig waren. Wir können konstatieren, dass die tschechischen Freimaurer Informationen vor allem aus der
Zeitschrift „Svobodný zednář" beziehen konnten, auf deren Seiten eine
ganze Reihe an freimaurerischen Periodika zitiert wurde, aber auch aus
der Tagespresse, da sich politische Ereignisse gelegentlich auch auf Freimaurer der jeweiligen Länder niederschlugen, sodass diese keine interne Angelegenheit blieben. Das Interesse an internationaler Politik und
ihren Folgen war ungleich größer als das an historischen oder rituellen
Themen. Fast jeder gebildete Mann in der Tschechoslowakei verfolgte
das Weltgeschehen, und dieses Interesse wurde durch das zumindest
unterbewusste Gefühl verstärkt, dass auch die eigene Existenz in erheblichem Maße durch die Entwicklungen der Welt „dort draußen" mitbe-
stimmt wurde.

Ihre Internationalität fühlten die Gründerväter der tschechoslowakischen Freimaurerei bereits im Geburtsprozess derselben: man kommunizierte mit Paris, mit Rom, mit Lausanne und später dann mit Belgrad.
Welche Gefühle sie damit konkret verbanden, lässt sich nicht sagen, da
die Zentralen im Ausland oftmals nicht nach ihren idealen Vorstellungen
arbeiteten. Man erkannte sehr schnell, wie wichtig persönliche Kontakte
und manchmal auch Intrigen sind. Es dauerte eine geraume Zeit, bis sich
das System der Kommunikation mit dem Ausland und die Partizipation
der tschechoslowakischen Freimaurerei an internationalen Organisationen stabilisierte. Über mehrere Jahre hinweg handelte es sich nur um
Einzelpersonen, die länger im Ausland weilten und die gegebenenfalls
andere internationale Kontakte hatten, die an die tschechoslowakischen
Freimaurer Informationen weitergaben, oder die im Namen der tschechoslowakischen Freimaurerei Kontakte knüpften. Neben Alfons Mucha war
es František Sís, der versuchte mit der französischen Freimaurerei in
Verbindung zu treten, da er Anfang der 20er Jahre in Frankreich lebte.
Ferner handelte es sich um tschechoslowakische Diplomaten und Vertreter großer Firmen mit internationalen Kontakten – an erster Stelle
wären der in Böhmen aufgewachsene Belgier Constant Pierre und der
spätere langjährige Großsekretär für Kontakte mit dem Ausland, Lev
Schwarz, zu nennen.

Mit Blick auf die Auswahl der Informationen und ihre Stilisierung
im „Svobodný zednář" als auch unter Berücksichtigung der in den Logen
diskutierten „Auslandsthemen" kann geschlossen werden, dass Infor-

mationen darüber, welche Stellung Freimaurer in den jeweiligen Ländern hatten, d.h. welches politische Klima ihnen gegenüber herrschte, eine größere Aufmerksamkeit zuteil wurde, als etwa der Frage, welche Tätigkeiten diese dann in ihren Logen ausüben. Die Einstellung gegenüber den Freimaurern und die Bedingungen für ihre Tätigkeit können aus dieser Sicht als sicherer Lackmustest bei der Beurteilung des Maßes an Demokratie in dem jeweiligen Land dienen. In dieser Hinsicht hatten die tschechischen Freimaurer klare Prioritäten: Man interessierte sich zweifelsohne für Nachrichten aus Deutschland und Österreich als den nächsten Nachbarn, als auch aus Jugoslawien als den engsten Freunden. Während die Berichte aus den USA[631] oder aus England in der Regel sehr optimistisch gehalten waren und immer wieder neue großartige Freimaurertempel vorstellten oder unglaubliche, für karitative Zwecke aufgewendete Summen kolportierten – wobei die positive Grundstimmung Informationen etwa darüber nicht trüben konnten, dass Schwarze in den Logen nicht willkommen waren und dass die englische Freimaurerei die französische nicht anerkennen würde, während die Lage in Frankreich im Lichte dieser Nachrichten wiederum von ideologischen Reibereien und einem unüberschaubaren Netz an freimaurerischen Organisationen geprägt schien, was von einer gewissen Sorglosigkeit künden mochte – so stimmte der Blick auf das nahe Ausland keinesfalls so fröhlich.

Besonders in den 30er Jahren konnten auch die größten Optimisten die Änderung des Klimas auf dem alten Kontinent nicht mehr ignorieren. Jedoch gab es bereits in den 20er Jahren warnende Töne – vor allem aus Italien, wo Mussolini gegen die Freimaurer vorging und er auch vor brutalster Gewalt nicht zurückschreckte, er andererseits jedoch aus taktischen Gründen englische Logen in Italien unbehelligt ließ, aber auch aus Ungarn, der imaginären Wiege der tschechischen Freimaurer, wo die Regierung Ende der 20er Jahre das gesamte Vermögen der Logen konfiszieren ließ, oder aus Russland, wo die Freimaurerlogen zerschlagen und ihre Mitglieder beschuldigt wurden, sich mit der Bourgeoisie und mit dem Westen verbündet zu haben, oder später auch des Mystizismus und des Erotismus beschuldigt wurden. Die polnische Regierung wiederum verbot 1931 die Abhaltung eines Freimaurerkongresses, und auch die Be-

---

631   Andererseits können wir nur in den USA das gezielte Bestreben tschechoslowakischer Freimaurer beobachten, das eigene Bild im Ausland zu formen. Dies erfolgte zum einen mittels Tschecho-Amerikanern, die nach einer Rückkehr in die neue Welt positive Informationen über die tschechoslowakische Freimaurerei verbreiteten, und zum anderen dank des Grand Commander des Obersten Rates (33°) des Schottischen Ritus der Südlichen Jurisdiktion in den USA, John H. Cowles, der in der Zwischenkriegszeit mehrmals in die Tschechoslowakei reiste und der nachfolgend in der Freimaurerzeitschrift „New Age Magazin" referierte, wenngleich mit zahlreichen faktografischen Fehlern, so doch sehr positiv. Beispielhaft z.B.: Čsl. zednářství v americkém světle (Die tschechoslowakische Freimaurerei im amerikanischen Licht), in: Svobodný zednář 8, XI, 1937, S. 107-110.

dingungen im geliebten Jugoslawien waren alles andere als erfreulich.[632] In Europa änderten sich die Zeiten. Es stellt sich die Frage, inwieweit die tschechoslowakischen Freimaurer diese Rückschläge auch als ihre eigenen und ihrer Organisation empfanden.

Mit Angst wurde die Entwicklung vor allem in Deutschland verfolgt, Stimmen der Solidarität mit den deutschen Freimaurern waren jedoch kaum zu vernehmen. Das deutsche Freimaurertum war international immer noch sehr isoliert, teilweise auch durch eigene Schuld. Im Grunde konnte sich keine der dort wirkenden Großlogen zur Pflege internationaler Beziehungen durchringen.[633] Die in Preußen aktive Großloge Zur Freundschaft ging noch weiter, als sie 1931 für ihre Mitglieder zehn Gebote erstellte, die unter anderem die Forderungen enthielten, nicht im Ausland zu investieren, Kapital nach Deutschland zu überführen, keine fremden Erzeugnisse zu kaufen, die Hälfte des Weizenmehls durch Roggenmehl zu ersetzen, maximal einmal in drei Jahren ins Ausland zu fahren, wobei Österreich und deutschsprachige Gebiete nicht als Ausland galten, die korrekte Muttersprache zu pflegen ...[634] Unter dem Eindruck solcher Nachrichten konnte der tschechische Blick auf die deutsche Freimaurerei nicht allzu freundlich sein, zumal diese Berichte nur unzureichend die Unterschiede in den Ausrichtungen der einzelnen deutschen Großlogen beleuchteten.

Ein anderes Element in die Diskussion brachte Mitte Januar 1932 der Besuch des Großmeisters der Symbolischen Großloge von Deutschland, Leo Müffelmann, der bei einer gemeinsamen Feierlichkeit erklärte: „Wir F.M., Čechen und Deutsche, (sind) Brüder (...)," [sic!][635] und der andeutete, die letzten Reste der reichsdeutschen Freimaurerei retten zu wollen. Bereits zuvor wurde auf tschechischer Seite positiv aufgenommen, dass Gustav Stresemann, der Deutschland zurück nach Europa führte, ebenfalls Freimaurer war. Jedoch verschlechterte sich im Laufe des Jahres die Situation in Deutschland nachhaltig und in Böhmen wurde ein „Antrag der reichsdeutschen Brüder" verhandelt, „dass wir Maßnahmen für eine sichere Verwahrung von Sammlungen und des Museums treffen,

---

632   Vgl. die regelmäßige Rubrik „Zprávy z ciziny" (Nachrichten aus dem Ausland) im „Svobodný zednář".

633   Über die Geschichte und die Zersplitterung der deutschen Freimaurerei der Zwischenkriegszeit existiert eine erhebliche Menge an Literatur. Für tschechische Leser zugänglich etwa: KISCHKE, Horst - ANDICZ, Hellmut - HAUBELT, Josef: Svobodní zednáři. Mýty, výmysly, skutečnost a výhledy (Die Freimaurer. Mythen, Erfindungen, Realität und Aussichten), Praha 1997, ferner z.B. HOLTORF, Jürgen, Die Logen der Freimaurer. Einfluss, Macht, Verschwiegenheit, Hamburg 1991.

634   Zprávy (Nachrichten), in: Svobodný zednář 12, V, 1931, S. 182-187.

635   Návštěva V.M. z V.S.L. německé, b. Müffelmanna (Der Besuch des Großmeisters aus der Symb. Großloge von Deutschland, des Bruders Müffelmann), in: Svobodný zednář 2, VI, 1932, S. 19-20, und Zprávy (Nachrichten), in: Svobodný zednář 2, VI, 1932, S. 27-32.

Großmeister Karel Weigner

falls es in Deutschland zu Unruhen kommen sollte. Die erforderlichen Maßnahmen wurden getroffen."[636] Eineinhalb Jahre später wurde nicht mehr beraten, was mit musealen Stücken geschehen sollte, sondern wie man deutschen Emigranten gegenüber auftreten solle. Die Führung der Großloge nahm den Beschluss an, dass „wir nur bereit sind, emigrierte Freimaurer zu unterstützen".[637] Die deutsche Freimaurerei erlosch, noch bevor ein amtlicher Befehl zu ihrer Vernichtung erging. Die Behörden erzwangen von Funktionären der Logen zudem eine Erklärung, wonach sie sich nicht mehr zur Freimaurerei bekennen würden. Einige preußische Großlogen transformierten sich zu einem germanisch-christlichen Orden und verwarfen die Freimaurerei einschließlich Symbolik und Terminologie. Zur selben Zeit verstarb Großmeister Müffelmann, „mit ihm erlosch das letzte Fünkchen des deutschen Feuers der Freimaurerei".[638]

Die Machtübernahme durch Hitler wurde auch außerhalb Deutschlands heiß diskutiert, wobei die tschechischen Freimaurer Deutschland noch als einen sehr spezifischen Fall betrachten konnten. Als jedoch auch in der Schweiz antifreimaurerische Tendenzen zutage traten, war der Ernst der Lage unverkennbar.[639] Die Bemühungen nationalistischer, konservativer und faschistoider Kreise eines Verbotes der Freimaurerei in der Schweiz hatten zwar bei einer Volksabstimmung und vor Gericht keinen Erfolg, jedoch blieb eine erhebliche Unsicherheit bestehen. Wenn die Existenz der Freimaurerei schon in der Schweiz in Zweifel gezogen wurde, konnte sie in jedem anderen Land auch unter entsprechenden Druck geraten.[640]

Die erste schockierende Nachricht aus Österreich war die Fahnenflucht Lennhoffs weg von der Freimaurerei. In diesem Zusammenhang mag vielen das Sprichwort von den Ratten und dem sinkenden Schiff in den Sinn gekommen sein. Das Dollfuß-Regime grub der österreichischen Freimaurerei das Grab, der letzte Schlag kam dann mit dem Anschluss Österreichs an das Deutsche Reich. Und dieser Schlag war auch für die tschechischen Freimaurer zu spüren – wenn das Schicksal einer nationalen Freimaurergruppe dem der Tschechen ähnlich war, handelte es sich sicherlich um die österreichischen Freimaurer. „Ich erinnere mich ihrer,

---

636   Zprávy (Nachrichten), in: Svobodný zednář 3-4, VI, 1932, S. 54-62.

637   Z domácích dílen (Aus heimischen Werkstätten), in: Svobodný zednář 5, VIII, 1934, S. 100-107.

638   AVL ČR (Archiv der Großloge der Tschechischen Republik), Kniha prací lóže Národ (Buch der Arbeiten der Loge Národ), Aufzeichnung vom 5. Oktober 1934.

639   Hierzu eine herausragende Arbeit: LÜTHI, Urs: Antisemitismus und Freimaurerfeindlichkeit - Bedrohungsfaktoren in der Schweiz der 30er Jahre. Fallstudie Anhand des Berner Prozesses um die „Protokolle der Weisen von Zion" und der Freimaurerverbotsinitiative, Lizentiatsarbeit, UNI Bern 1985.

640   Die erste Information zu diesem Fall, der mit einem antisemitischen „Kreuzzug" im Zusammenhang mit den „Protokollen der Weisen von Zion" verbunden war, erschien im „Svobodný zednář" Nr. 10, VIII, 1934, S. 207-208.

da ihr Schicksal über lange Zeit mit dem Schicksal der tschecho-slowakischen Freimaurer identisch war. Das neue Leben der österreichischen Freimaurer begann im Jahr 1918 und die ganze Arbeit der österreichischen Brüder war darauf gerichtet, den Gedanken des Friedens und der Zusammenarbeit zu verbreiten."[641] Die österreichischen Freimaurer wurden zuhause zu Feinden des Volkes erklärt. Es war das Frühjahr 1938 und die tschechischen Freimaurern hielten den Atem an – als Freimaurer, als Bürger und als Menschen. Ihnen wurde bange.

So etwa könnte kurzgefasst die Wahrnehmung der freimaurerischen Welt im Kontext der politischen Ereignisse und Zäsuren ausgesehen haben. Wie jedoch gestaltete sich die interne Wahrnehmung der freimaurerischen Strukturen? Wir können sagen, dass das Bemühen erkennbar war, die tschechische bzw. tschechoslowakische Freimaurerei als das gleiche mustergültige Kind der westlichen Welt wie es auch die Tschechoslowakei sein sollte, zu präsentieren. Der größte Erfolg, der für alle Freimaurer weltweit von Wert gewesen wäre, war die formale Anerkennung durch die englische Großloge, die jedoch erst 1930 erfolgte und sowohl die Nationale Großloge der Tschechoslowakei als auch die Großloge Lessing betraf. Hierdurch wurde die tschechoslowakische Freimaurerei zu einem gleichberechtigten Partner in der weltweiten Kette, da der alte Grundsatz galt, dass eine Loge nur dann als vollwertig angesehen wurde, wenn sie durch die englische Großloge anerkannt wurde.[642]

Ein formal gleichberechtigtes Mitglied der Brüderkette zu sein ist jedoch etwas anderes als sich aktiv an derselben zu beteiligen. Und nach letzterem bestand keine große Sehnsucht. In einer Erinnerung an Großmeister Syllaba führt der Sekretär der Loge Národ Vojan an, dass diese profilierte Persönlichkeit der tschechoslowakischen Freimaurerei des 20. Jahrhunderts eine Beteiligung an internationalen Freimaurerorganisationen nicht als erforderlich oder zumindest als wenig bedeutsam erachtete.[643] Und der zweite Große, Großmeister Karel Weigner? Seine Zeitgenossen schätzten an ihm, dass er einen anderen Weg eingeschlagen habe: „Bisher haben wir bei jeder Gelegenheit darauf geachtet, was England oder Frankreich hierzu sagen. Heute gehen wir einen unseren eigenen Weg."[644]

641   Na rozloučenou [Zum Abschied], in: Svobodný zednář 4, XII, 1938, S. 49-50.

642   Die tschechoslowakische Freimaurerei wurde durch die Großloge von England im Juni 1930 anerkannt, in: Svobodný zednář 3-5, IV, 1930, S. 26-27.

643   VOJAN, Antonín: Syllabova lóže Národ [Syllabas Loge Národ], in: Svobodný zednář 2, V, 1931, S. 20-24.

644   RICHTER, František: Br. K. Weigner - Veliký Mistr [Bruder K. Weigner - Großmeister], in: Svobodný zednář 4, VIII, 1934, S. 72-74.

Trotzdem begaben sich die tschechischen Freimaurer nicht nur individuell, sondern auch kollektiv auf das manchmal dünne Eis der internationalen Beziehungen. Zudem muss festgestellt werden, dass die konservativere Loge Národ und ihre Töchter diesen Aktivitäten weniger offen
gegenüber standen als die Nachfahren der einst französischen Freimaurerei, die mutiger in die Welt hinausschauten. Die erste Veranstaltung in
diesem Zusammenhang war eine Manifestation der Freimaurer in Belgrad im Sommer 1926. Für die Tschechoslowakei waren dort führende
Vertreter des Obersten Rates, der Nationalen Großloge und der Großloge
Lessing zugegen. An der Spitze der Delegation stand Alfons Mucha. Die
tschechoslowakische Freimaurerei bezeichnete sich selbst als einen jungen Trieb am Baum der Freimaurerei, die hier dankbar brüderlichen Boden betritt und durch den mütterlichen Schoß der jugoslawischen Freimaurerei in die große Familie der Freimaurer aufgenommen würde. Ein
begeisterter Artikel im „Svobodný zednář" schilderte die herrliche Atmosphäre in Belgrad.[645] Soviel zur Freimaurerpoesie, aber auch etwas Prosa
ist erhalten: „Im Jahre 1926 fuhr ich nach Belgrad zu einer freim[aure-
rischen] Friedenskonferenz, auf der eine Vereinbarung zwischen Franzosen und Deutschen verhandelt werden sollte. Für Frankreich war dort
der bärtige Wirt und für die Deutschen Müffelmann von der L. Bluntsch-
li, aber nicht offiziell, sondern für seine Person. Wirt gab ihm im Tempel
einen Kuss und dachte, alles sei fertig. Von uns waren dort Mucha, Thein, Tichý, meine Wenigkeit und in Belgrad kümmerte sich Andriál um
uns. Die Jugoslawen hatten die höhere Politik im Auge, und so kümmerten sie sich nicht allzu sehr um uns. Andriál besorgte einen Kranz für den
Aval, und erst dann fiel den anderen ein, dass sie auch etwas tun könnten. Wir wohnten im Kod srbski kral und dort berief Bruder Mucha alle
Vertreter der Slawen zusammen und gründete feierlich den Verbund der
slawischen Freim[aurer]. Wir besuchten eine Blindenanstalt, geführt von
Bruder Gen. Ramadanovic, und dort gab es eine ganz eklige Szene, als
von deutschen und ungarischen Soldaten um ihr Augenlicht gebrachte
Kinder die Gäste begrüßten und unter ihnen auch Ungarn und Deutsche
waren, die in Serbien doch am schlimmsten wüteten, und sie sind nicht

---

645   Zprávy z ciziny [Nachrichten aus dem Ausland], in: Svobodný zednář 4, I, 1926-27, S. 63-65. Vgl. auch den
Brief Berthold Theins an Jan Kapras vom 16. August 1926, ANM [Archiv des Nationalmuseums], Bestand Jan
Kapras, K. 108, Inv.-Nr. 5076. „Vom 12. bis zum 15. September d.J. findet in Belgrad eine große internationale
Manifestation für den Frieden und die Verbrüderung der Völker statt ... Auch die Tschechoslowakei ist eingeladen
und soll ihre Delegierten benennen. Die Delegierten werden ab ihrem Zutritt auf das jugoslawische Gebiet bis zu
ihrer Abfahrt aus Belgrad Gäste der Jugoslawischen Loge sein, die ihnen eine freie Fahrt von den jugoslawischen
Grenzen bis nach Belgrad und zurück gibt und die sie in jeder Hinsicht betreuen wird. Auf der Tagesordnung stehen unter anderem Beratungen von Kommissionen, eine Stadtbesichtigung, ein Ausflug mit Automobilen in die
Umgebung von Belgrad und eine feierliche Vorstellung im dortigen Nationaltheater."

einmal rot geworden." Dies schrieb zwanzig Jahre später der Teilnehmer des Kongresses in Belgrad, František Kadeřávek, nieder.[646]

Dass gewisse internationale Organisationen bestehen, die das freimaurerische Leben koordinieren, erfuhren die tschechischen Freimaurer erst mit relativ erheblichem zeitlichem Abstand. Zu dem Zeitpunkt, zu dem sie sich von ihren ursprünglichen Großlogen lösten, schlug ihre Eigenständigkeit in eine deutliche Selbstbezogenheit um. Die internationale Organisation, die am meisten in ihr Bewusstsein Eingang fand, war die sog. Association Masonnique Internationale (AMI). Noch im Jahr 1925 wurden die tschechoslowakischen Freimaurer in diesem Verband jedoch noch durch jugoslawische Delegierte vertreten,[647] und in dieser Hinsicht bedeutete der Ausflug nach Belgrad tatsächlich einen Durchbruch.

Name und Bedeutung dieser internationalen Organisation wurden erst viel später erläutert, wie auch der Umstand, dass es sich um eine Vereinigung der nationalen Großlogen handelte, und zwar ausschließlich von Männerlogen, in die Vertreter der gemischten oder der weiblichen Freimaurerei keinen Zutritt hatten. Ziel der Institution mit Sitz in Genf war es, einen Beitrag zur Annäherung der Völker und hierdurch zum Weltfrieden zu leisten.[648] Es handelte sich nicht um die einzige Organisation dieses Typs und mit dieser Mission, aber sie war die größte ihrer Art. Jedoch umfasste sie weder Deutschland, noch die USA. Freimaurer aus der Tschechoslowakei, oder besser gesagt deren Vertreter, etablierten sich in der AMI, wovon auch der Umstand zeugt, dass im Jahr 1933 eine Sitzung des Ausschusses der AMI erstmals in Prag abgehalten wurde. Wir müssen uns jedoch auch bewusst werden, dass dieses Datum für viele Freimaurer auch den ersten Kontakt mit der gegenständlichen Organisation überhaupt bedeutete.[649] Und vielleicht wurden sich viele von ihnen durch diese Zäsur der Tatsache bewusst, dass die Freimaurerei eine wirklich weltumspannende Organisation ist.

---

646 LA PNP [Literaturarchiv des Denkmals des nationalen Schrifttums], Bestand Josef Volf, Kadeřáveks Schreiben, s.d.

647 Zprávy z ciziny [Nachrichten aus dem Ausland], in: Svobodný zednář 1, I, 1925, S. 14-15.

648 J.K.: S cizinou, AMI-IMA [Mit dem Ausland, AMI-IMA], in: Svobodný zednář 6-8, IV, 1930, S. 72-75. IMA ist die englische Bezeichnung dieser Organisation. Aber auch innerhalb der AMI ließen sich Streitigkeiten und Reibereien nicht vermeiden, insbesondere zwischen Vertretern Frankreichs und Englands.

649 Vgl. eine Erläuterung von Funktionen und Prinzipien der AMI, die im Spätsommer 1933 in der Loge Národ vorgetragen wurde, AVL ČR [Archiv der Großloge der Tschechischen Republik], Kniha prací lóže Národ [Buch der Arbeiten der Loge Národ], Aufzeichnung vom 6. Oktober 1933. Die AMI wurde als Organisation vorgestellt, die die Freimaurer verschiedener Nationen einander nahe bringen und sich dabei nicht in die internen Angelegenheiten der Mitglieder einmischen soll. Vgl. des Weiteren die vierte Nummer des „Svobodný zednář", Jahrgang 1933.

Die Prager Freimaurer bereiteten sich auf die Ausschusssitzung mit Eifer vor. Die Veranstaltung war offenbar auch ein Impuls dazu, dass das bereits erwähnte fremdsprachige Bulletin aufgelegt und eine ganze Ausgabe der Zeitschrift „Svobodný zednář" dem Kampf für den Frieden und gegen den Krieg gewidmet wurde, wobei Brüder weltweit angesprochen wurden. Andererseits scheint es, dass das eigentliche Leben der tschechischen Logen durch die gegenständliche Veranstaltung, die zwischen dem 8. und dem 11. September abgehalten wurde, nicht sehr beeinflusst wurde. Im Grunde hatten nur jene Anteil an den Vorbereitungen, die sich auch einbringen wollten, und ihre Hauptaufgabe bestand in der Gästebetreuung, d.h. dem Verbringen der freien Zeit mit den Gästen.[650] Eine Grußadresse der Nationalen Großloge der Tschechoslowakei (NVLČs) trug Karel Weigner vor, die Delegierten wurden auch im Rathaus offiziell empfangen. Es fehlten Vertreter aus Polen, Bulgarien und der Türkei, wo autoritative Regimes herrschten, und das meistdiskutierte Thema war verständlicherweise die Situation in Deutschland. Es wurde ferner die Idee formuliert, innerhalb der AMI eine slawische Gruppe zu gründen und die Zusammenarbeit der Freimaurer aus slawischen Ländern auszubauen.

Im Folgejahr trug die gelungene Prager Sitzung Früchte: Constant Pierre, Stellvertreter des Großmeisters der Nationalen Großloge der Tschechoslowakei wurde zum Präsidenten der AMI gewählt, was in der Tat ein Grund zum Feiern war. Pierre konzentrierte in seiner Person gleich mehrere Vorteile – er war Belgier und zugleich Repräsentant der jungen tschechoslowakischen freimaurerischen Welt, er war zudem zweifelsohne ein fähiger und aufopferungsvoller Organisator. Diese Wahl war eine Bestätigung der definitiven Eingliederung der tschechoslowakischen Freimaurerei in die internationale Gemeinschaft und wurde dementsprechend gefeiert.[651] Die Freude kannte dann keine Grenzen, als Prag als Veranstaltungsort der ordentlichen Vollversammlung der AMI für das Jahr 1936 ausgewählt wurde, für einen Konvent, der nur alle drei Jahre zusammentrat. Zwischen dem 28. und 31. August 1936 wurde also in Prag der Konvent der Association Masonnique Internationale abgehalten, der in den Räumlichkeiten der Nationalen Großloge der Tschechoslowakei in Prag-Smíchov tagte. Gesellschaftliche Veranstaltungen wurden im na-

---

650   Ebenda und des Weiteren Zasedání AMI v Praze [Die Sitzung der AMI in Prag], in: Svobodný zednář 8, VII, 1933, S. 130, und WEIGNER, Karel: Poselství účastníkům pražského zasedání Ami [Botschaft an die Teilnehmer der Prager Sitzung der AMI], in: ebenda, S. 129-130.

651   AVL ČR [Archiv der Großloge der Tschechischen Republik], Kniha prací lóže Národ [Buch der Arbeiten der Loge Národ], Aufzeichnung vom 12. Oktober 1934, und Československý president AMI [Der tschechoslowakische Präsident der AMI] in: Svobodný zednář 9, VIII, 1934, S. 178-179.

hen Prag-Barrandov begangen. Dass die internationale Freimaurerei im Tempel der tschechoslowakischen Freimaurer tagte, kann als Beweis gewertet werden, welchen langen Weg die hiesigen Freimaurerei trotz aller Peripetien und trotz aller denkbaren Vorbehalte in den zwanzig Jahren zuvor gegangen war.[652]

Obwohl sich die Großloge Lessing der AMI formal „aus schwer überbrückbaren Gefühlsmomenten" nicht anschloss, da es sich doch um eine deutsche Großloge, wenngleich in der Tschechoslowakei, handelte, veranstaltete sie an einem Abend für die Delegierten ein Programm in ihrem Tempel. Es gab zeremonielle Arbeiten des 1. Grades,[653] an der sowohl Mitglieder der Großloge Lessing, als auch Vertreter tschechischer Freimaurer und ausländische Delegierte teilnahmen. Es folgten ein Kulturprogramm, eine Grußadresse und ein Abendessen im Palast SIA. Eine bemerkenswerte Rede trug der Großmeister ehrenhalber der Loge Lessing, Julius Katz, vor, der das Treffen der Freimaurer in Prag mit den unlängst in Berlin abgehaltenen Olympischen Spielen verglich: „Wir waren Zeugen einer solchen Versammlung der Völker, die mit einem unerhörten Pomp inszeniert wurde und die gesamte Menschheit bewegte. Überall und vor allem in Deutschland war zu hören, dass der Sport ein wahres Bindeglied der Völker sei, dass die Olympiade für die Verbrüderung der Völker mehr als alle humanistischen Bemühungen getan habe. Man kann nicht bestreiten, dass der äußere Effekt hiervon zeugte – eine gewaltige Teilnahme aus allen Teilen der Welt, ein Wettbewerb von Sportlern aller Völker, unter denen scheinbar unversöhnliche Widersprüche verschwanden, Weiße und Neger, Japaner und Amerikaner einträchtig nebeneinander. Nicht uninteressant ist, dass ein erheblicher Teil des äußeren Erfolges der Olympiade jenen Mitteln und Methoden zuzuschreiben ist, für die gerade unserem Verbund heute aus der Zeit gefallene Spielereien vorgeworfen werden, d.h. die Verwendung symbolischer, gleichsam kultischer Akte. Die Verbindung einer Feier mit antiken Bräuchen, ein Fackellauf mit dem olympischen Feuer, Siegerehrungen mit Kränzen und Flaggen, die sich rituell wiederholen … Wie falsch ist es doch von Grund auf, ein gemeinsames Denken von gemeinsamen Leibesübungen ableiten zu wollen, Verbrüderung und Freundschaft aus erbitterten Wettkämpfen um Rekorde, bei denen die niedrigsten Triebe

---

652 Detailliert zum Programm und zu den Ergebnissen der Tagung vgl. Konvent AMI v Praze [Der Konvent der AMI in Prag], in: Svobodný zednář 7, X, 1936, S. 113-123. Die nachfolgenden Zitierungen stammen aus dem gegenständlichen Text.

653 Die Arbeit war somit allen zugänglich, einschließlich Personen des untersten Lehrlingsgrades. Zum Ärger vieler tschechoslowakischer Freimaurer wurde keine große gemeinsame Manifestation abgehalten. AVL ČR [Archiv der Großloge der Tschechischen Republik], Kniha prací lóže Národ [Buch der Arbeiten der Loge Národ], Aufzeichnung vom 2. Oktober 1936.

der Zuschauer angestachelt werden, die sich tatsächlich auch in hasserfüllten Demonstrationen niederschlugen ... Und so sind wir der Überzeugung, dass ein bloßes Treffen einer kleinen Anzahl an Männern verschiedenster Völker, die sich mit unvoreingenommener Liebe über die schwierigsten Probleme der Gegenwart, über die Bewahrung der Kultur, über die Aufgaben des Freimaurertums in der modernen Zeit beraten wollen, für eine bessere Zukunft der Menschheit wichtiger ist als eine Parade von Leichtathleten und Fußballern."

Der Konvent der AMI in Prag schien zumindest für einige wichtiger zu sein als die Olympischen Spiele, deren Abhaltung in Nazi-Deutschland selbstverständlich nicht unumstritten war. Auf die Zukunft der Menschheit hatte der gegenständliche Konvent aber sicherlich nicht den größeren Einfluss, eher im Gegenteil – gerade die Berliner Sporttage suggerierten, dass in Mitteleuropa eigentlich nichts Dramatisches passieren würde. Ein Trugschluss selbstverständlich angesichts der bald darauf geschehenden Ereignisse. Aus Katz' Worten lassen sich auch eine gewisse Selbstherrlichkeit und ein übertriebener Sinn für die Wichtigkeit „herausragender Männer" ablesen, die sich letztlich als genauso leer entpuppen sollten wie das Bemühen der von ihm ein wenig verachteten Sportler.

Neben der offiziellen AMI gab es im Leben der tschechischen Freimaurer noch eine andere, vorgeblich informelle, jedoch formell benannte Organisation. Es handelte sich um die Universelle Freimaurer-Liga, die im Unterschied zur AMI keine Logen verband, sondern Einzelpersonen, und die einen Beitrag zur individuellen Kommunikation zwischen den Freimaurern leisten wollte. In der Liga waren vor allem deutschsprechende Freimaurer sehr aktiv, ihr Sekretariat leitete in Wien Eugen Lennhoff.[654] In der zweiten Hälfte der 20er Jahre begann diese Institution ein erhöhtes Interesse an tschechischen Freimaurern zu zeigen. Im Herbst 1927 nahm die Großloge Stellung zu den Initiativen der Liga, die einzelne tschechische Freimaurer aufforderte, sich ihr anzuschließen. „Ihr Ziel sind angeblich die Verbesserung der gegenseitigen Beziehungen der Brüder auf der ganzen Welt und ein einheitliches Vorgehen zur Erreichung der Verbrüderung der Völker und der Ideale der Menschlichkeit,"[655] referierte in der Loge Národ Jan Thon. Die Großloge hielt nichts von dieser Art Agitation, „da sie davon ausgeht, dass es in den regulä-

---

654   Die Liga wurde ursprünglich 1913 in Bern als Vereinigung von freimaurerischen Esperantisten gegründet. In der Zwischenkriegszeit hatte sie jedoch einen ganz anderen Charakter und eine andere Bedeutung. Das deutsche Element dominierte in ihr, obwohl die deutsche Großloge ihren Mitgliedern eine Teilnahme untersagte, da sie in einer gleichen Organisation wie die Franzosen gewesen wären ...

655   AVL ČR [Archiv der Großloge der Tschechischen Republik], Kniha prací lóže Národ [Buch der Arbeiten der Loge Národ], Aufzeichnung vom 21. Oktober 1927.

ren Freimaurerlogen nicht gut wäre, wenn irgendwelche Räume hinter den Kulissen geschaffen würden, die von woanders aus geführt würden". Aber die Liga agitierte weiter und konnte einige tschechische Freimaurer in ihre Reihen gewinnen. Auf einem Kongress Ende August 1928 in Wien war etwa Josef Volf zugegen.[656]

Aus Volfs Feder ist uns eine ausgezeichnete Reflexion darüber erhalten, was in der freimaurerischen Kommunikation eine Rolle spielte und wie diese ablief. Sie gibt einen einzigartigen Einblick in die Mechanismen und die Geheimnisse der internationalen Kommunikation zwischen den Freimaurern: „Teurer Meister! Obgleich ich auf amtlichem Papier schreibe, schreibe ich ganz privat als einfaches Mitglied des Ordens, Dich um einen Rat bzw. um brüderliche Anweisungen bittend. Es geht um Folgendes: ich habe heute von Lennhoff einen Brief erhalten, in dem er mir Bericht erstattet über eine Versammlung Lessings in Bratislava, wobei er mich fragt, offenbar im Zusammenhang mit gewissen Beratungen ebendort, ob in diesem Jahr ein größerer Beitritt tschechischer Brüder in die Univ. Freimaurerliga zu erwarten sei und ob diese Brüder nicht mit den deutschen Brüdern ‚eine Landesgruppe' bilden könnten. Die Frage Lennhoffs ist privat, aber ich habe den Eindruck, wenn ich ihm Hoffnung zumindest für einen Teil der Brüder geben würde, dass etwas passieren würde bzw. Lennhoff etwas unternehmen würde. Ich kenne zwar die Stimmung vieler Brüder, die nicht gegen eine Bildung einer Landesgruppe wären, aber ich möchte den Brief Lennhoffs dann doch nicht ohne Dein Wissen und Deine Zustimmung beantworten. Ich kann auch nicht erwarten, dass eventuell der Großorient in dieser Sache etwas beschließen würde, sondern ich möchte von Dir nur privat Deine Meinung einholen. Ich erwarte von der Univ. Fr. Liga zwar keine Rettung der Freimaurerei, aber ich erachte diese doch als etwas Bemerkenswertes, über das die Zukunft erst noch entscheiden wird. Ich sehe, dass die Ausrichtung Lennhoffs immer konservativer wird – er entfernte Müffelmann aus der Führung der Univ. Fr. Liga ... wobei er jedoch ein Deutscher bleibt, wie wir Tschechen. Ich weiß nicht, wie viele tschechische Mitglieder die Liga hat, ich weiß nur, dass es viel mehr Deutsche sind. Und bei der längeren Tradition und der größeren, ich würde sagen Agilität der deutschen Brüder besteht die Befürchtung, dass sie in einem gemeinsamen Organ in der Überzahl wären. Auch die Sprachenfrage würde große Probleme bedeuten, wie wir bei Quatuor Coronati sehen, wo wir bei der Weißen

656   Vgl. hierzu die Korrespondenz zwischen Eugen Lennhoff und Josef Volf, LA PNP [Literaturarchiv des Denkmals des nationalen Schrifttums], Bestand Josef Volf.

352 Ein exklusiver Verband oder nur einer von vielen?

Tafel Deutsch sprechen müssen, da die deutschen Brüder kein Tschechisch können ..."[657] Gegen das Werben der Liga trat bald darauf die Loge Národ auf, die ihre Vertreter in der Freimaurerführung, einschließlich des Großmeisters Syllaba, instruierte, sich dagegen zu verwahren. Die Mitglieder der Loge Národ verwiesen darauf, dass die Zugehörigkeit zum Orden für einen Kontakt zu anderen Freimaurern ausreichen und diesen ermöglichen würde.[658] Die Liga war jedoch so offensiv, dass sie immer mehr tschechische Freimaurer ansprach, die fühlten, dass in einer Zusammenarbeit dieses Typs eine der Grundlagen der Freimaurerei liegen könnte. 1931 kapitulierte auch die dickköpfige Loge Národ und sandte einen Vertreter in die Liga, den Diplomaten Jan Jína.[659] In dieser Zeit begann die Liga ihre Sitzungen immer häufiger in Prag abzuhalten, auch ein tschechoslowakischer Zweig wurde ins Leben gerufen. Die durch Volf avisierte Disproportion trat in Gänze zutage: in ihm waren 75 Tschechen und 374 Deutsche.[660] Die Liga wollte in den 30er Jahren ihre Treffen in Prag abhalten. 1934 klappte es zwar nicht, jedoch traf sie sich hier zwei Jahre später, genau zu derselben Zeit, zu der der Konvent der AMI ebenfalls in Prag tagte.[661] Dies war sicherlich kein Zufall. Die Liga unterstrich bei ihrer Sitzung vor allem, dass sie nur einen Überbau für die freimaurerische Arbeit bilden würde, dass die Grundlage allein die Logen seien. Inwieweit die Liga ihre Sendung – Brüder zusammenzubringen – erfüllt hat und in welchem Maße sie bestehende Strukturen nur kopierte, ist schwer zu beurteilen. Ich denke, dass die Liga bei den tschechischen Freimaurern keine allzu tiefen Spuren hinterließ.

657 LA PNP [Literaturarchiv des Denkmals des nationalen Schrifttums], Bestand Josef Volf, Volfs Schreiben vom 17. April 1929; es handelt sich offenkundig um ein Konzept oder einen nicht abgesandten Brief, der Adressat ist unbekannt.

658 AVL ČR [Archiv der Großloge der Tschechischen Republik], Kniha prací lóže Národ [Buch der Arbeiten der Loge Národ], Aufzeichnung vom 8. November 1929.

659 Ebenda, Aufzeichnung vom 30. Januar 1931. Dieses Vorgehen deckte sich jedoch nicht mit dem Prinzip, dass Mitglieder der Liga Einzelpersonen sein sollten, nicht jedoch Vertreter von Logen. Hierauf reagierte der Großorient. Vgl. Aufzeichnung vom 27. März 1931. Jína behauptete, dass die Liga der Sache der Freimaurer behilflich sein könne und sie zudem auch in den Nachbarstaaten existiere, sodass man sich nicht gegen sie wehren müsse. Ebenda, Aufzeichnung vom 4. März 1932.

660 Zprávy [Nachrichten], in: Svobodný zednář 3-4, VI, S. 54-62. Tschechen wurden in verhältnismäßig großer Zahl in die Führung des tschechoslowakischen Zweiges gewählt, unter ihnen Constant Pierre [der als Tscheche galt], Jan Jína, Ervin Glaser, Jaroslav Kose, Jiří Sedmík, Ladislav Machoň, Josef Volf oder Rudolf Vonka. Wie aktiv diese Freimaurergruppierung tatsächlich auftrat, lässt sich nicht feststellen. Die Liga war durch die Ereignisse in Deutschland gelähmt und litt an Finanznot. Allein die tschechoslowakische Gruppe schuldete der Liga bereits 1933 1000 Schweizer Franken. Ze světového řetězu [Aus der weltweiten Kette], in: Svobodný zednář 8, VII, 1933, S. 42-143.

661 Vgl. Schůze Všeobecné zednářské Ligy v Praze [Tagung der Allgemeinen Freimaurer-Liga in Prag], in: Svobodný zednář 7, X, 1936, S. 122-123.

Wie jedoch gestalteten sich die individuellen internationalen Kontakte zwischen den Freimaurern? Die oben zitierten Schilderungen František Sís' oder die Schreiben Jarka Koses aus Genf haben in dieser Hinsicht bereits etwas angedeutet. „Wie viele unserer Brüder fahren ins Ausland und melden sich nicht bei den Logen, sie nehmen weder ihre Legitimationen noch ihre Preziosen mit", beschwert sich dieser agile junge Mann.[662] Erst Ende der 20er/Anfang der 30er Jahre erhalten die tschechoslowakischen Freimaurer Informationen darüber, wo im Ausland tschechische Brüder ausfindig gemacht werden können, eine problemlose Ausgabe von Freimaurerpässen können wir für dieselbe Zeit feststellen.[663] Es gibt auch aus späterer Zeit tschechische Zeugnisse von Besuchen ausländischer Logen. Bemerkenswert sind vor allem Erinnerungen von Besuchen skandinavischer Logen, die in der zweiten Hälfte der dreißiger Jahre gedruckt erschienen.[664]

Ein Zeugnis von einem Besuch Norwegens hinterließ der evangelische Theologe und Historiker, der Professor der evangelischen Fakultät František Bednář. Er gab uns Einblicke in die freimaurerische Kommunikation und Praxis. „Militärisch kurz und mit offenkundigem Misstrauen meldete sich eine unbekannte Stimme am Telefon, als ich im Büro der Frimurerlogen in Oslo anrief. Ich stellte mich vor, Name, Beruf: ein Bruder aus der Tschechoslowakei, ich bin in Oslo auf einem Kongress[665] von Sonntagsschulen und würde mir wünschen, in das Leben der Brüder Einblick zu nehmen. Die Antwort kurz: ‚Welche Loge?' ‚Pravda vítězí – Veritas vincit.' ‚Or.?' ‚Prag.' ‚Obedienz?' ‚Nationale Großloge der Tschechoslowakei.' Ich deute meine Stellung bei uns an ... Die Distanziertheit nahm ab." Er wurde in das Freimaurersekretariat eingeladen, überprüft und eine angeregte Diskussion folgte ...[666] Die Möglichkeit eines Vergleiches

---

662   Ein Beispiel einer solchen provisorischen Legitimation oder eines Passes in: ANM (Archiv des Nationalmuseums), Bestand Karel Stloukal, K. 2, Inv.-Nr. 42/12. Stloukal nahm den Ausweis mit zu einem Studienaufenthalt in Rom bzw. den Vatikan.

663   Kose schilderte detailliert seine Erlebnisse in Genf in einem Beitrag für den „Svobodný zednář", J. K.: Zednářská Ženeva (Das freimaurerische Genf), in: Svobodný zednář 3, I, 1926, S. 36-37.

664   BEDNÁŘ, F.: Pohled do života norských bratří (Ein Einblick in das Leben norwegischer Brüder), in: Svobodný zednář 10, X, 1936, S. 171-173, und CHOCHOLA, Karel: Návštěvou u finských bratří (Besuch bei finnischen Brüdern), in: Svobodný zednář 3, XII, 1938, S. 35-40.

665   Internationale Kongresse waren oft eine geeignete Gelegenheit für Freimaurer, Kontakte zu knüpfen. In der Tschechoslowakei sticht in diesem Zusammenhang ein Kriminalisten-Kongress 1930 hervor. Jedoch bestanden bestimmte Schwierigkeiten, wenn sich etwa Freimaurer auf dem Kongress nicht erkennen konnten.

666   Bednář erfuhr hier u.a., dass in Norwegen auch Kommunisten in Logen aufgenommen würden und dass in Oslo 2000 Freimaurer leben würden. „Ich bin erstaunt. Wie ist das möglich? Aber dann kennt ihr euch doch gar nicht und könnt nicht das pflegen, was eine der Grundbedingungen der Freimaurerei ist, also die gegenseitige Brüderschaft und die Festigung der persönlichen Beziehungen?" Die Antwort fiel klar aus. Eine Mitgliedschaft im Orden ist teuer und der Tempel kostete geschätzt fünfeinhalb Millionen Tschechoslowakische Kronen. Daher waren so viele Mitglieder vonnöten. Bednář aber stellte ferner überrascht fest, dass der Tempel in Oslo trotzdem kleiner

und des gegenseitigen Kennenlernens nahm nur ein Teil der tschechoslowakischen Freimaurer in Anspruch. Viele andere, die zwar ins Ausland reisten, bemühten sich um nichts dergleichen.

In der zweiten Hälfte der 30er Jahre (1937) entschlossen sich die tschechischen Freimaurer zu mehreren relativ großen gemeinsamen Ausflügen ins Ausland. Die erste Reise war eine Fahrt nach Marseille, die Folge einer im Zuge des Konventes der AMI in Prag geknüpften Freundschaft war, eine zweite Reise ging ins niederländische Naarden zum Grab des böhmischen Gelehrten Comenius (Komenský). Das freimaurerische Programm der Ausflüge wechselte sich mit profanen Dingen ab, da einige Freimaurer ihre Ehegattinnen mitnahmen, um die sich meist die dortigen Schwestern kümmerten. Wenn wir auf die Reise nach Frankreich schauen, sehen wir, dass von 14 tschechischen Teilnehmern 8 aus der Loge Jan Amos Komenský waren, 2 aus der Loge Pravda vítězí und jeweils ein Vertreter aus den Logen Národ, 28. října, Díla lidskosti und Lafayette. Die größte Mitgliederzahl hatten auch nach fast fünfzehn Jahren nach der Vereinigung der beiden Ausrichtungen der tschechischen Freimaurerei ganz eindeutig die vormals französischen Freimaurer.[667]

In die Niederlande reisten insgesamt 29 Freimaurer aus Prag, hiervon 27 Tschechen und zwei Männer aus der Loge Lessing. Es handelte sich um eine offizielle Angelegenheit, da der Umbau der Kapelle in Naarden mit dem Grab Comenius' durch den tschechoslowakischen Staat mitgetragen wurde und zahlreiche private Spender an der Aktion partizipierten. Ein tschechoslowakischer Minister (Franke) und der Botschafter Krno waren anwesend. Der Umbau der Kapelle an sich oblag im Grunde Freimaurern, den größten Verdienst hatten Architekt Ladislav Machoň und Bildhauer Karel Štipl. Die Gruppenfahrt nach Naarden war die größte und auch die letzte ihrer Art, bei der sich die tschechoslowakischen Freimaurer kollektiv nach Außen präsentierten.[668]

Wir wissen also bereits, wie tschechische Freimaurer Zugang zu ausländischen Freimaurerlogen und Aktivitäten derselben erhielten. Wie

war als der tschechische in Prag und er zudem nicht so reich eingerichtet war. Interessant fand er, dass das durch die Freimaurer betriebene Restaurant jährlich ca. 180.000 Tschechoslowakische Kronen einbringen würde.

Karel Chochola wies sich in Finnland direkt mit Empfehlungsschreiben aus, die er mit sich führte, und er hielt sich an Instruktionen, die er von Jiří Sedmík erhalten hatte. Mit Freimaurern in Helsinki traf er sich im Rotary Club, man kommunizierte Russisch untereinander. Er kam zu dem Schluss, dass das Ausland über die tschechoslowakische Freimaurerei sehr schlecht informiert sei.

667   A.H.: Marseille, in: Svobodný zednář 8, XI, 1937, S. 99-102.

668   SEYDL, Otto: Pouť do Nizozemí [8.V.1937] [Pilgerfahrt in die Niederlande [8.V.1937]], in: Svobodný zednář 6-7, XI, 1937, S. 53-61. Repräsentativ vertreten waren in der Delegation Vertreter von Universitäten: für die Karlsuniversität in Prag deren Rektor, Großmeister Karel Weigner, für die Masaryk-Universität Vladimír Groh, für die Comenius-Universität Rektor Vratislav Bušek und Vladimír Klecanda, für die Tschechische technische Hochschule (ČVUT) František Kadeřávek und für die evangelische Fakultät František Bednář.

aber war es umgekehrt? Wie gastfreundlich waren die tschechischen Freimaurer, wenn jemand aus dem Ausland nach Prag reiste und den Kontakt suchte? Es scheint, dass diese freimaurerische Selbstverständlichkeit in gewisser Hinsicht ein Stein des Anstoßes war, wie zahlreiche Berichte signalisieren. In den ersten Jahren der Existenz der tschechoslowakischen Freimaurerei empfingen die tschechischen Logen keine Gäste, mit Ausnahme einiger wirklich bekannter Personen, wie den Commander Cowles oder Vonkas Freund Lantoine. Aktueller schien eine andere Angelegenheit zu sein: Wie sollte man mit jenen umgehen, die bereits zuvor irgendwo Freimaurer gewesen waren, jetzt in Prag ein neues Zuhause gefunden hatten und erneut Freimaurer werden wollten? Konkret russische Emigranten ...[669] Es scheint, dass vor allem Paris darauf drängte, ihnen in jeder Hinsicht entgegen zu kommen, wovon die tschechischen Logen keineswegs begeistert waren. Offenbar vor allem wegen dieser russischen Emigranten entstand ein sog. Hilfskomitee, das ihnen bei der Erledigung verschiedener Angelegenheiten behilflich sein sollte.[670] Einige Vertreter der einstigen russischen Elite wurden nachfolgend tatsächlich Mitglieder tschechischer Logen, jedoch handelte es sich eher um eine Verschnaufpause auf deren Weg nach Westen.[671]

Es scheint, dass die tschechischen Logen nicht allzu viel Gastfreundschaft an den Tag legten, oder genauer formuliert: Logen ja, aber ein

---

669   Eine sehr umfangreiche Korrespondenz zu dieser Problematik befindet sich im ANM [Archiv des Nationalmuseums], Sammlung Hn, K. 37, Korrespondenz zwischen Alfons Mucha und František Sís, vor allem aus dem Jahr 1923, als Sís länger in Paris weilte. „Hierzu ist Folgendes erforderlich: Die hiesigen Logen (ob Komenský oder Národ oder 28. říjen oder jede andere) können sich nicht damit zufriedenstellen, dass sie von einer anderen Loge eine Information über Suchende erhalten, dass sie einen neuen Bruder weihen sollen. Es ist nötig, dass die Loge darüber hinaus selbst Informationen einholt, die klar die Richtigkeit der Aufnahme eines neuen Bruders in die betreffende Loge begründen würden." Muchas Schreiben vom 27. Juni 1923. Bemerkenswert ist, dass Mucha, obwohl ein Globetrotter, ab einem gewissen Zeitpunkt kein großes Interesse an einer internationalen Kooperation hatte.

670   AVL ČR [Archiv der Großloge der Tschechischen Republik], Kniha prací lóže Národ [Buch der Arbeiten der Loge Národ], Aufzeichnung vom 25. März 1927.

671   Zur Illustrierung vgl. die Umstände einer solchen Aufnahme: „Pilsner Orient, 28. November 1923. Ehrwürdiger Meister, teurer Bruder! Mit Freude habe ich von Bruder Thein erfahren, dass Du am 9. Dezember zu unserem Empfang kommen wirst und in russischer Sprache zum suchenden Russen, Herrn Ing. Nitschaj sprechen wirst. Sein voller Name ist: Alexei Nikolajewitsch Nitschaj, ein nahe Odessa geborener russischer Adliger. Er kämpfte gegen die Bolschwiken und wurde verletzt, fuhr zur Kur ins Heilbad Jáchymov und blieb dann bei uns. Es war mein Wunsch, dass gewöhnlich bei uns eine Ansprache von Neophyten, bei diesem Suchenden in seiner Muttersprache erfolgt, und ich bin Dir daher für Deine große Liebenswürdigkeit dankbar. Ich beabsichtige natürlich keineswegs, Dir, teuer Bruder, irgendwelche Direktiven für diese Ansprache zu geben, aber ich würde Dich bitten, dass Du liebenswürdigerweise den Umstand hervorhebst, dass Nitschaj der erste Russe ist, der auf unserem Boden und in einer tschechoslowakischen Loge das Licht erhält, und dass Du ihm andeutest, welche Hoffnungen die Freimaurerei hierin setzt: dass die russischen Brüder die Fackel des freimaurerischen Lichtes zu einem geeigneten Zeitpunkt in ihre Heimat bringen ..." LA PNP [Literaturarchiv des Denkmals des nationalen Schrifttums], Bestand Josef Volf, Bobeks Schreiben vom 28. November 1923. Für den Fall einer Aufnahme von Neophyten anderer Nationalitäten wurde der Grundsatz angenommen, wie von Syllaba vorgeschlagen, dass sie keine Feinde der Tschechoslowakischen Republik sein dürften und sie das tschechische (bzw. tschechoslowakische) nationale Bemühen respektieren und achten sollten. AVL ČR [Archiv der Großloge der Tschechischen Republik], Kniha prací lóže Národ [Buch der Arbeiten der Loge Národ], Aufzeichnung vom 5. November 1926.

ausländischer Freimaurer in Prag konnte nicht erwarten, dass sich ein tschechischer Bruder so um ihn kümmern wird, wie ein indischer um Vincenc Lesný. Die dauernden Aufrufe, dass sich die tschechischen Freimaurer doch an Begrüßungen beteiligen und sich um ausländische Gäste kümmern mögen, geben an sich schon Auskunft genug.[672] Es schien, dass sich die Situation nach dem Beitritt einiger tschechischer Freimaurer in die Freimaurer-Liga ändern würde, da nun mehr Gäste nach Prag kommen würden, mit denen individuelle Kontakte geknüpft würden und die sich dann an tschechische, und nicht immer nur an deutsche Freimaurer wenden könnten, wenn sie denn den Wunsch nach Gesellschaft hätten.[673] Zu einer Zäsur in dieser Angelegenheit kam es jedoch nicht, und es waren nach wie vor die deutschen Logen, die – obwohl weniger in die weltweite Kette eingebunden als die tschechischen Logen – Anlaufpunkt für die meisten ausländischen Freimaurer waren. Jedoch dürfen wir auch den Umstand nicht außer Acht lassen, dass der Grund hierfür auch in einer besseren sprachlichen Verständigung gelegen haben könnte.

Wenn wir über die Partizipation der tschechischen Freimaurer an ihrem weiteren Rahmen nachdenken, drängt sich ein in gewisser Hinsicht ambivalenter Eindruck auf. Formal war alles in bester Ordnung und vor allem in der AMI war die tschechoslowakische Beteiligung unübersehbar. Auf der anderen, der individuellen Seite jedoch scheint es, dass die Internationalität dieser Gemeinschaft nicht allen Freimaurern in Fleisch und Blut übergegangen war. Vielleicht glaubten sie auch, dass nationale Interessen auch durch die engste Zusammenarbeit nicht verschwinden würden und dass ein kleines Volk nicht dasselbe ist wie ein großes. Neben einem tschechischen Nationalismus spielten hier zweifelsohne auch eine gewisse Skepsis und ein Relativismus eine Rolle.

Ein paralleler Läufer – Lessing zu den drei Ringen

Über die deutsche Freimaurerei in der Tschechoslowakei, die sich bald nach dem Ersten Weltkrieg in der Großloge Lessing zu den drei Ringen zusammenschloss, wurde hier bereits viel gesagt. Ja, wenn denn die tschechischen Freimaurer auf ein fremdes freimaurerisches Element

672   Ein Problem bestand auch darin, dass hier keine gute Koordination gegeben war, niemand wusste genau, dass jemand kommen würde, und oftmals wurden – nur aus Anstand – Gesellschafter für den ausländischen Gast geladen. Vonkas Aufrufe zu einer größeren Aktivität vgl. Zprávy [Nachrichten], in: Svobodný zednář 11, IV, 1930, S. 140-143.

673   Vgl. hierzu das bemerkenswerte Schreiben von Jiří Sedmík an Josef Volf vom 9. Juli 1930: „Von der Liga habe ich seit der konstituierenden Sitzung nichts mehr gehört, ich hoffe jedoch, dass bevor der Strom ausländischer Besucher einsetzt, der Sekretär uns etwas mitteilt, damit wir Anteil an den Gästen haben können." LA PNP [Literaturarchiv des Denkmals des nationalen Schrifttums], Bestand Josef Volf.

trafen, so waren es am häufigsten, am intensivsten und unübersehbar diese deutschen Freimaurer. Der Weg hin zu einer gemeinsamen Kommunikation war keineswegs ein einfacher, aber auf diesem Weg ließen sich wohl am besten der gute Wille eines Freimaurers und die Sehnsucht nach Erfüllung der grundlegenden Ideale dieser Gesellschaft überprüfen. Diese Prüfung hat die tschechoslowakische Freimaurerei nach meiner Auffassung bestanden. Bei der Beurteilung des Annäherungsprozesses ist auch allgemein der historische Kontext genau zu beachten, da ohne diesen Kontext ein Verständnis der Situation versagt bleibt.

In welcher Konstellation wirkten also diese beiden nationalen Freimaurergruppierungen in den ersten Nachkriegsjahren? Zu Beginn war das gegenseitige Verhältnis sehr kühl. Mit dem Ende des Krieges veränderte sich die bisherige Welt, auch die Welt der Freimaurer. Die deutschen Logen in Böhmen fielen bis zu diesem Zeitpunkt unter die Zuständigkeit der Großloge von Ungarn, von Sachen oder von Bayern, sie bildeten keine einheitliche Struktur. Dieses Modell war im neuen selbständigen tschechoslowakischen Staat, der zudem im Unterschied zu den anderen freimaurerischen Zentren konsolidiert war, selbstverständlich kaum tragbar. Zudem waren die paar Tschechen nicht Teil dieser Struktur – die plötzlich, im Zeitgeist als Siegervolk geltend, von Freude und Energie beflügelt, selbst in die Welt zogen, und dies so schnell, dass sie den einheimischen Deutschen organisatorisch den Wind aus den Flügeln nahmen.

Heiß diskutiert wurde, ob der Fortgang der Gründerväter der Loge Komenský aus den bisherigen Strukturen, vor allem aus der Loge Hiram, ganz korrekt erfolgte. Sicherlich, die Freimaurerei verfügt über eigene strenge, formale Regeln und Vorgehensweisen. Andererseits dürfen wir den Auszehrung und die Hoffnung nicht übersehen, die das nahende Kriegsende bedeutete, für die einen ein verlorenes, für die anderen ein siegreiches. Dieser zeitliche Kontext muss aus Sicht der Motivationen zum Handeln als bestimmend erachtet werden. Zudem dürfen wir nicht vergessen, dass die deutsch-tschechische Brüderlichkeit in der Loge Hiram im Zuge des Krieges ernste Risse erlitten hatte. Nachdem die Tschechen Hiram verlassen hatten, waren die Kontakte zwischen der tschechischen und der deutschen Freimaurerei für mehrere Jahre – zumindest in Prag – unterbrochen. Die Gründer der Loge Národ, zumeist herausragende Persönlichkeiten des tschechischen nationalen Widerstandes zu Kriegszeiten, dachten aus nachvollziehbaren Gründen gar nicht daran, in irgendeinen Kontakt zu den heimischen Deutschen zu treten – gleichwohl es sich auch um Freimaurer handelte. Zwischen der tschechischen

und der weitaus erfahreneren, aber international und untereinander isolierten deutschen Freimaurerei erwuchs eine Barriere.

Jedoch konnten sich die Gruppen nicht endlos ignorieren. Die deutschen Freimaurer waren mit ihren Aktivitäten auf dem Feld der Bildung,
der Forschung, der sozialen Frage und der Organisation für die tschechischen Freimaurer eine große Inspiration, auch wenn sich das einige nicht
eingestehen wollten. Wir können sogar eine gewisse – im Grunde positive
und motivierende – Konkurrenz konstatieren. Bei diesen Wettkämpfen
schnitten die deutschen Freimaurer bei vielen Kennziffern besser ab, was
subjektive und objektive Gründe hatte. Auf ihrer Seite gab es eine ältere,
weitaus größere historische Tradition, und in deren Folge auch mehr Erfahrungen und eine zahlenmäßige Überlegenheit. Aber nicht nur dies.
Das hing offensichtlich damit zusammen, dass die Slawen in der Tschechoslowakei zum Staatsvolk wurden und die Deutschen nur eine Minderheit waren, und es ist bekannt, dass das Gefühl in der Minderheit zu sein
mit Blick auf Aktivitäten und die Notwendigkeit einer Selbstrealisierung
und Selbsthilfe weitaus motivierender wirken kann. Eine Rolle spielte
auch die soziale Zusammensetzung der Loge: tschechischerseits bildeten
vor allem Angehörige der universitären Intelligenz und höhere und hohe
Staatsbeamte Mitglieder der Freimaurerlogen, und ihre gesellschaftliche
Auslastung einerseits und ihre Einkommen andererseits unterschieden
sich deutlich von denen der deutschen Seite, wo die Logen zum einen
von freien Berufen wie Rechtsanwälten und Ärzten, aber auch einigen
Unternehmern oder Großbürgern bevölkert wurden. Zudem mochte hier
eine gewisse Rolle der Umstand gespielt haben – und ich hoffe, dass die
nachfolgend angeführte Behauptung nicht zu vereinfachend und tendenziös im Geiste Palackýs ist – dass der deutschen Mentalität mehr als der
tschechischen eine Beteiligung an geschlossenen und strikt hierarchisierten, ja „aristokratischen" Gesellschaften entspricht, wobei wir nicht
vergessen dürfen, dass der Aspekt der Selbsthilfe und der brüderlichen
Runde auch der jüdischen Mentalität nahe ist, die in den deutschen Logen eine wesentliche Rolle spielte.

Der nationale Aspekt resonierte jedoch nicht nur auf tschechischer
Seite stark, dies wäre eine völlig irreführende Behauptung. Auch auf
deutscher Seite wurde vor allem in den ersten Nachkriegsjahren alles
Deutsche herausgehoben und der Bedarf nach internationaler Kommunikation war minimal. Erhalten ist ein Gedicht, das in den 20er Jahren
in deutschen Logen rezitiert wurde, und das der tschechischen Selbstbezogenheit in Nichts nachsteht. Nach Vorstellung aller Genies des deutschen Volkes folgt dieser abschließende Ruf:

„Zur Kette glaubten wir den Kreis geschlossen -
Wir sahen uns nur selbst verschlungen steh'n.
Da drängten sich in unsern Kreis Genossen,
Die wir nur fühlen, ohne sich zu seh'n.
Dass wir sie fühlen, sei in diesen Stunden
Der Not und Trost, der Trost, er mach uns frei:
Wir sind nicht mehr allein – wir sind verbunden
Mit Herz und Hand der DEUTSCHEN MAUREREI!"[674]

Die gegenseitige Isolierung, die auf einer Seite durch Freude und auf der anderen Seite durch die Depression infolge der Ergebnisse des Krieges verursacht wurde, hielt einige Jahre an. Dann aber können wir erste entgegenkommende Signale und Schritte verzeichnen, die im Grunde über die gesamten zwanziger Jahre nicht auf volles Verständnis stießen. Eine der ersten Schwalben war der für viele überraschende Auftritt Jaroslav Kvapils, der sich bei der Gründung der tschechoslowakischen Großloge für eine Kooperation mit den Deutschen und vor allem mit der Großloge Lessing aussprach.[675]

Die tschechischen Freimaurer erhielten erste allgemeine Informationen über die Loge Lessing in der dritten Nummer ihrer neuen Zeitschrift, und zwar mit dem Artikel „Die deutsche Freimaurerei in der Tschechoslo-

---

674   Die grafische Gestaltung des Textes ist voll erhalten. Státní okresní archiv Louny (Staatliches Kreisarchiv Louny), Bestand Svobodní zednáři Žatec (Freimaurer Saatz), das Gedicht wurde in ein Buch mit dem Titel „Logenarbeit" eingeklebt, Inv.-Nr. 3.

675   LA PNP (Literaturarchiv des Denkmals des nationalen Schrifttums), Bestand Josef Volf, Volfs Anmerkung auf der Rückseite eines Schreibens der Loge Komenský vom 17. Februar 1923.
Die Großloge Lessing wurde am 23. Oktober 1920 durch ein Patent der Großloge Zur Sonne in Bayreuth gegründet. Sukzessive wurden ihre Mitglieder bzw. wurden neugegründet folgende Logen: Hiram zu den drei Sternen (Prag/Praha), Harmonie (Prag/Praha), Kette zum Freilicht (Saatz/Žatec), Latomia in den Bergen (Reichenberg/Liberec), Munificentia zur Verbrüderung am Sprudel (Karlsbad/Karlovy Vary), Zur Verschwiegenheit (Pressburg/Bratislava), Testvériség (Pressburg/Bratislava), Resurrexit (Kaschau/Košice), Felicitas (Neusohl/Bánská Bystrica), Zur Quelle des Heils (Teplitz/Teplice), Zu den drei Lichtern (Brüx/Most), Wahrheit (Gablonz/Jablonec), Freilicht zur Eintracht (Prag/Praha), Ludwig Piette zur Aufrichtigkeit und Treue (Pilsen/Plzeň), Zu den wahren vereinigten Freunden (Brünn/Brno), Caritas (Eperies/Prešov), Phönix (Lizenz/Lučenec), Goethe zum Tale des Friedens (Marienbad/Mariánské Lázně), Adoniram zur Weltkugel (Prag/Praha), Humanitas (Olmütz/Olomouc), Fides im Tale der Arbeit (Ostrau/Moravská Ostrava), Zur Brudertreu an der Elbe (Tetschen/Děčín), Zips unter der Tatra (Käsmark/Kežmarok), Kárpát (Ungvár/Užhorod), Wahrheit und Einigkeit zu drei gekrönten Säulen (Prag/Praha), Veritas (Pressburg/Bratislava), Bruderkette zur Freundschaft und Treue (Brünn/Brno), Heimat zu drey gekrönten Sternen (Aussig/Ústí n.L.), Pro Libertate (Berehovo), Pax et Fides (Leitmeritz/Litoměřice). Dies ist der Stand des Jahres 1933, fast zwanzig dieser Logen hatte ihren Ursprung bereits in der Zeit vor dem Ersten Weltkrieg, es handelte sich vor allem um Logen in der Slowakei. Das gegenständliche Verzeichnis wurde auf Grundlage von Dokumenten der Großloge Lessing rekonstruiert, die sich im ungeordneten Nachlass von Antonín Sum im ANM (Archiv des Nationalmuseums) befinden. Dort gibt es viel Material zu deutschen Logen und auch mehrere Ausgaben ihrer Zeitschrift „DDR - Die drei Ringe", die sich von der tschechischen Zeitschrift kaum unterscheidet. Diese Zeitschrift erschien nicht in Prag, obwohl es hier die meisten deutschen Logen gab, sondern im Zentrum der böhmischen Deutschen in Reichenberg/Liberec.

wakei".[676] Die Großloge Lessing vereinte 19 Logen und 3 Zirkel, deutsche und ungarische Freimaurer gab es insgesamt 900. Aber nicht nur das: auch die für wohltätige Zwecke aufgewandte Summe von 224.965 Tschechoslowakischen Kronen war bemerkenswert. Der Bericht verschwieg zudem nicht, dass es in der Slowakei enge Kontakte zwischen den tschechoslowakischen und den Lessing-Logen gab, die Frage der Annahme von Gastfreundschaft in ihren Räumen wurde noch nicht erwähnt. Die sehr freundliche und positive Beurteilung durch den Artikel fand nicht überall volles Verständnis. Das Jahr 1926 müssen wir allgemein als Zäsur erachten. Es war das Jahr, in dem deutsche Parteien in die tschechoslowakische Regierung eintraten und deren sog. aktivistische Politik ihren Anfang nahm. Und diese Änderung in Gestalt einer internationalen Herrenkoalition war nicht nach dem Geschmack aller Betrachter, vor allem nicht der Wähler der rechten Volksdemokratie, für die die nationale Karte in der Regel dann doch noch wichtiger war als eine Verdrängung der Sozialisten von der Macht. Und diese Wähler gab es auch unter den Freimaurern nicht wenige, vor allem in der Loge Národ und ihren Töchtern.

Ende 1925 begann man auch in der Loge Národ über die deutsche Freimaurerei in der Tschechoslowakei zu diskutieren. Impuls hierfür war ein Vortrag von Viktor Dvorský mit dem Titel „Der heutige Zustand der tschechoslowakischen Freimaurerei".[677] Professor Dvorský begann seine Ausführungen gerade mit der nichttschechischen Freimaurerei, die er als größer an Mitgliedern und reicher an finanziellen Mitteln und erbauten Tempeln bezeichnete. Dann zählte er die einzelnen Logen auf und erwähnte auch das korrekte Verhältnis zwischen beiden Großlogen. Als er „die Qualität der deutschen Brüder der niedrigeren Grade und deren Bedeutung im öffentlichen Leben und den Wert und die gesellschaftliche Bedeutung der tschechischen Brüder" zu vergleichen begann, kam er zu dem logischen Schluss, dass das Niveau und die allgemeine elitäre Stellung der tschechischen Brüder höher ausfalle. Es stellt sich die Frage, wie die Struktur beider Gruppen mit Blick auf die beiden nationalen Gemeinschaften in der Tschechoslowakei auch anders hätte aussehen können.

Das Frühjahr 1926 war von Diskussionen darüber geprägt, welchen Platz eigentlich die Deutschen in der tschechoslowakischen Gesellschaft im Allgemeinen und in der Freimaurerei im Besonderen einnehmen. In

---

676   Svobodný zednář 3, I, 1926, S. 44-45. In den gleichen Kontext fällt auch die Information, die Karel Weigner aus der Slowakei mitbrachte, wonach sich ungarische Freimaurer die Zeitschrift „Svobodný zednář" ins Ungarische übersetzen und sich lobend über die Zeitschrift äußern würden. AVL ČR [Archiv der Großloge der Tschechischen Republik], Kniha prací lóže Národ [Buch der Arbeiten der Loge Národ], Aufzeichnung vom 26. März 1926.

677   AVL ČR [Archiv der Großloge der Tschechischen Republik], Kniha prací lóže Národ [Buch der Arbeiten der Loge Národ], Aufzeichnung vom 18. Dezember 1925.

den Debatten, die nach dem Vortrag Dvorskýs und auch nach Auftritten von Kamil Krofta oder František Sís folgten, wurde die Auffassung vertreten, dass „unsere Deutschen keine großen Geister haben und sie mit der Zeit auf ein provinziellen Niveau fallen werden".[678] Breit diskutiert wurden die Frage des nationalen Staates, die Irredenta, aber auch Locarno, eine „Tschechisierung" der Bevölkerung, eine administrativ starke Hand. Am Ende war man sich einig, dass der Journalismus auf beiden Seiten für den schlechten Zustand der gegenseitigen Beziehungen verantwortlich sei. In die zeitgenössischen Diskussionen passen auch eine Zeichnung des künftigen Großmeisters, des Mediziners und Sokol-Funktionärs Weigner: „Wie sich Deutschland durch Leibesertüchtigung der Jugend auf Vergeltung vorbereitet", oder eine Anmerkung Josef Folprechts, der auf protektionistische Versuche der deutschen Freimaurerei in der Tschechoslowakei verwies.[679] Die Fragen wurden eine nach der anderen gestellt, bis eines der heißesten Eisen angepackt wurde: Ob es aus freimaurerischer Sicht nicht doch besser oder „sauberer" wäre, eine gemeinsame Großloge mit den Deutschen zu bilden. Auch auf tschechischer Seite gab es nun Stimmen, die meinten, man würde den deutschen Brüdern Unrecht tun, da sie faktisch ausgeschlossen, ostrakisiert seien. Diese Vorbehalte wurden mit dem relativ logischen Verweis vom Tisch gefegt, dass dies auf dem Weltforum niemand denken würde.[680]

Das gegenseitige Abklopfen und Kennenlernen setzte sich in der zweiten Hälfte der 20er Jahre fort. Nach individuellen Vorträgen von R. J. Vonka und auch Eduard (Edvard) Beneš, nach einer Zusammenarbeit in der Forschungsloge QC, nach freundschaftlichen Treffen in Logen außerhalb Prags, trat eine Ära der sich entfaltenden Kooperation auch im Prager Zentrum ein. Der Durchbruch erfolgte offenbar am Abend des 14. März 1929 bei einem Massenansturm auf die bereits erwähnte Vorlesung Lennhoffs in der Prager Loge Adoniram, da eine solche Autorität der Freimaurerwelt nicht ignoriert werden konnte.[681] Die tschechischen Freimaurer brachten sich dort in Diskussionen ein und sprachen sich für eine Annäherung an die deutschen Freimaurer aus. Berührungspunkte sollten die Wohltätigkeit und der Antiklerikalismus werden.[682]

---

678   Ebenda, Aufzeichnung vom 16. April 1926.

679   Ebenda, Aufzeichnung vom 7. Mai 1926.

680   Ebenda, Aufzeichnung vom 21. Mai 1926.

681   Z domácích dílen [Aus heimischen Werkstätten], in: Svobodný zednář 1-2, III, 1929, S. 20-26.

682   AVL ČR [Archiv der Großloge der Tschechischen Republik], Kniha prací lóže Národ [Buch der Arbeiten der Loge Národ], Aufzeichnung vom 15. März 1929. In die deutsche Loge traten damals ein z.B. Karel Lány, Antonín Pavel, Rudolf Konrád und andere.

Der zweite außerordentliche Abend war am 15. Mai 1930 eine Feierlichkeit zur Einbringung des Lichts in den neuen Tempel der deutschen Logen in Prag, in das Lessingheim in der Straße Trojanova ulice.[683] Diese Veranstaltung war verbunden mit einer Ansprache des Großmeisters Ladislav Tichý mit der Aufforderung zu einer Arbeit an der Annäherung der Völker. Er lobte jene tschechoslowakischen Freimaurer, die sich so verhalten. Begrüßt wurden „jedes Anknüpfen brüderlicher Beziehungen zu deutschen oder ungarischen Logen in unserer Republik, ein gegenseitiges Besuchen von Arbeiten, eine gleichberechtigte Einladung zu ihnen, Zeichnungen in anderen Logen."[684] Es handelte sich tatsächlich um ein einzigartiges Dokument. Ab diesem Zeitraum war eine „Annäherung" nicht mehr nur ein individuelles Handeln, sondern es war Programm. Und das war ein großer Unterschied. Die Seiten der Zeitschrift „Svobodný zednář" begannen sich mit Informationen über deutsche Freimaurer zu füllen, einschließlich persönlicher Nachrichten, und in die tschechischen Logen gelangten Informationen darüber, wer deutscherseits „Suchender" war, sodass die tschechische Seite im Grunde die Möglichkeit hatte, gegebenenfalls Einwände auch gegen Adepten zu erheben, die den unter der Lessing zusammengefassten Logen beitreten wollten. Auch die gemeinsamen Aktivitäten nahmen ungemein stark zu.

Es kommunizierten nicht nur Einzelpersonen, sondern ganze Logen, einschließlich der Loge Národ, die in der Karlsbader Loge Munificentia einen Partner fand, welcher einigen ihrer Mitglieder ein Heim bot, die in der Kurstadt praktizierten, einschließlich Jiří Syllabas.[685] Die tschechischen Freimaurer hatten, auch wenn einigen von ihnen eine solche freimaurerische Freundschaft nicht unbedingt gefiel, offenkundig das Gefühl, dass sie Akteure eines geschichtsbildenden Ereignisses waren und sie tatsächlich zur Annäherung zweier verfeindeter Völker beitrugen. Die Atmosphäre jener Zeit können wir auch aus diesem Zeugnis ableiten: „Vor zwei Jahren [d.h. 1931] knüpften wir brüderlichen Kontakt und ich habe mit meinen Befürchtungen nicht hinter dem Berg gehalten, wie es weiter gehen soll. Auch ein Händeschütteln war damals zwischen Brü-

---

683   Ein ähnliches Ereignis war auch die Eröffnung der fünften Prager deutschen Loge „Wahrheit und Einigkeit zu den drei gekrönten Säulen", die an eine 150 Jahre alte Tradition einer Loge mit demselben Namen anknüpfte. Die deutschen Freimaurer klärten über die Vergangenheit auf: VOLF, Josef: Můj pozdrav nové německé lóži Wahrheit und Einigkeit zu den drei gekrönten Säulen im Orient Praha [Meine Grußadresse an die neue deutsche Loge Wahrheit und Einigkeit zu den drei gekrönten Säulen im Orient Prag], in: Svobodný zednář 12, V, 1931, S. 175-176, der ihnen ihre Geschichte als Geschenk überließ.

684   Doma [Zuhause], in: Svobodný zednář 6-8, IV, 1930, S. 66-67.

685   Über gegenseitige Besuche und Vertraulichkeiten vgl. AVL ČR [Archiv der Großloge der Tschechischen Republik], Kniha prací lóže Národ [Buch der Arbeiten der Loge Národ], erste Aufzeichnung vom 24. Oktober 1931 und weitere.

dern der tschechischen und der deutschen Zunge ungewöhnlich. Heute spreche ich unter dem Eindruck der Ausübung einer gemeinsamen Arbeit. In zwei Jahren sind wir so weit fortgeschritten, dass wir diese große Arbeit in einem Staat ausüben konnten, der der einzige in Mitteleuropa ist, in dem es den Freimaurern gestattet ist zu sprechen und zu handeln. Wir zogen hieraus die Lehre und die Ermutigung, dass wir hinter diesem Staat stehen müssen. Wir haben eine große Verantwortung. Er ist Heimat nicht nur von Brüdern tschechischer Zunge. Es ist auch unser Heim, uns, der Freimaurer der deutschen Zunge ..."[686]

Auch die Tore der sog. höheren Grade öffneten sich und deutsche Freimaurer konnten, sofern sie hieran Interesse hatten, eine Erhebung in den 4.-33. Grad erlangen, wobei ihnen das Kapitel, der Areopag und die Loge Dokonalost offenstanden. Das Jahr 1933 bedeutete auch die Freigabe einer Veranstaltung gemeinsamer Arbeiten deutscher und tschechischer Logen, wobei der Schwerpunkt auf dem wirtschaftlichen und dem sozialen Feld bleiben sollte.[687] Höhepunkt der Kontakte war im Jahr 1934 der Abschluss eines Konkordats, eines Abkommen zwischen der Nationalen Großloge der Tschechoslowakei (NVLČs) und der Großloge Lessing zu den 3 Ringen.[688] Der Inhalt dieses Dokumentes bestand in der Erklärung einer Ausrichtung hin zu gemeinsamen Zielen, in der Achtung gemeinsamer Werte und zudem: 1. in einem gegenseitigen Anerkennen als ausschließliche souveräne freimaurerische Autoritäten, die in der Tschechoslowakischen Republik die drei Freimaurergrade verwalten, die Tschechen nach dem Schottischen Ritus, die Deutschen nach der Johannisfreimaurerei; 2. in der Verpflichtung zu gegenseitiger Unterstützung, zur Aufrechterhaltung brüderlicher Kontakte, zum Bemühen um eine Annäherung und Verständigung; 3. in einer gegenseitigen Mitteilung von Suchenden, in einem Hinweis an Suchende der anderen Sprache, dass es in der Tschechoslowakischen Republik die Möglichkeit gibt, tschechische bzw. deutsche Logen zu finden; 4. in der Wahrung des voll apolitischen Charakters, im Grundsatz, keine Männer in die eigenen Reihen aufzunehmen, die in Gruppierungen organisiert wären, „welche für das Zusammenleben der Menschen und Völker die demokratischen Grundsätze der Gleichheit, der Freiheit und der Brüderlichkeit nicht anerkennen,

---

686   Pro spolupráci s.z. Čechův s Němci v Československu [Für eine Zusammenarbeit freimaurerischer Tschechen mit den Deutschen in der Tschechoslowakei], in: Svobodný zednář 4, VII, 1933, S. 52.

687   Z domácích dílen [Aus heimischen Werkstätten], in: Svobodný zednář 9, VII, 1933, S. 163-165.

688   Zu den entsprechenden Dokumenten vgl. Konkordátní úmluva mezi NVLČs a VL Lessing zu den 3 Ringen [Konkordats-Abkommen zwischen den NVLČs und der Großloge Lessing zu den 3 Ringen], in: Svobodný zednář 7, VIII, 1934, S. 131-132.

sondern dieses mit Gewalt und durch Unterdrückung von Einzelnen, von Klassen, Rassen oder Völkern lenken wollen."

Danach entwickelten sich die gegenseitigen Beziehungen tatsächlich linear positiv.[689] Einige tschechische Freimaurer, und ganz sicherlich auch einige deutsche, konnten ihr Misstrauen nicht überwinden,[690] aber es wäre auch unnatürlich und nicht ehrlich gewesen, wenn sich alle Freimaurer plötzlich uneingeschränkt auf eine Zusammenarbeit gestürzt hätten. Wenn wir uns bewusst machen, wie unterschiedlich die Ausgangspositionen beider nationalen Zweige der Freimaurerei in der Tschechoslowakei gewesen waren, dann können wir das Verhältnis zwischen ihnen für die 30er Jahre tatsächlich in Superlativen beschreiben. Wenn in einem Staat mehrere Großlogen existieren, ist es weitaus gängiger, dass die Beziehungen zwischen ihnen angespannt sind, von einer musterhaften Kooperation konnte in der Regel keine Rede sein. Und wenn die deutschen Freimaurer Ende der 20er Jahre den tschechischen weiter entgegen gekommen waren bzw. mehr Initiative an den Tag legten, so glich sich dieses Verhältnis mit der Zeit an und die Disproportionen verschwanden. Im Rahmen der Annährung gab es sicherlich auch eine Reihe an Befürchtungen, die aus der Machtübernahme Hitlers in Deutschland und aus seinem antifreimaurerischen Kreuzzug rührten, von Antisemitismus und Hass auf die Tschechen ganz zu schweigen. Ja, die Zusammenarbeit zwischen tschechischen und deutschen Freimaurern in den 30er Jahren war wirklich beispielhaft. Schade, dass diese Kooperation so vergänglich war. Aber dafür konnten die Freimaurer weder auf der einen noch auf der anderen Seite etwas.

Exklusivität oder Integration?

Wenn die tschechischen Freimaurer nicht immer wussten, wie sie mit den deutschen Freimaurern umgehen sollen, so lag der Grund hierfür in einem nationalen Antagonismus oder in einer Voreingenommenheit, ganz sicher jedoch nicht in Zweifeln darüber, dass es sich gegebenenfalls

---

689   Vgl. z.B. Další krok [Ein weiterer Schritt], in: Svobodný zednář 10, X, 1936, S. 163-164. Dort Informationen über einen gemeinsamen Ausflug und Arbeiten in Aussig [Ústí nad Labem] durch Brüder der dortigen Loge, der Logen aus Gablonz [Jablonec] und Reichenberg [Liberec] und auf tschechischer Seite der Logen 28. říjen und Komenský. Eine weitere gemeinsame Arbeit fand nachfolgend am 10. Januar 1937 in Prag unter dem Vorsitz von František Richter statt. Národní součinnost v zednářství [Nationale Kooperation in der Freimaurerei], in: Svobodný zednář 1, XI, 1937, S. 11-12.

690   Misstrauische Stimmen waren selbstverständlich aus der Loge Národ zu hören, die noch 1935 den Großen Rat darauf hinwies, dass auf deutscher Seite unverantwortlich an Arbeiten mit Suchenden herangegangen würde (sie hätten auch Informationen über tschechische Adepten gehabt), dass es zu Indiskretionen und zu vorzeitigen Mitteilungen der Ergebnisse von Verhandlungen von Anträgen käme. AVL ČR [Archiv der Großloge der Tschechischen Republik], Kniha prací lóže Národ [Buch der Arbeiten der Loge Národ], Aufzeichnung einer Beratung von Funktionsträgern am 20. September 1935.

nicht um ordentliche Freimaurer handelte. In den dreißiger Jahren waren die tschechischen Freimaurer zudem in einer weiteren Zwickmühle. Es entstanden nämlich zumindest teilweise tschechische Logen, die jedoch außerhalb des Rahmens der Nationalen Großloge NVLČs existierten. Die tschechischen Freimaurer waren sich auch bereits zuvor dessen bewusst gewesen, dass sie nicht allein auf der Welt sind, dass es eine gemischte Freimaurerei gibt, dass es andere geheime oder halbgeheime Gesellschaften gab und gibt, die sich als Freimaurer gerierten – diese wurden jedoch ohne viel Federlesens als irreguläre Organisationen klassifiziert und ignoriert. Jetzt aber trat eine etwas andere Lage ein, da diese Neubildungen zumindest teilweise eine internationale Anerkennung erlangten und sie daher nicht übersehen oder verachtet werden konnten, wie es zuvor der Fall war.

Nicht etwa, dass diese „Eindringlinge" erst ab den 30er Jahren aufgetaucht wären. Ganz im Gegenteil. Es handelte sich um Freimaurer, deren Organisation existierte, lange bevor sich die ersten tschechischen Freimaurer begannen in der Loge Hiram zu formieren. Diese „seltsame" Gruppierung, die in den tschechoslowakischen Logen zu Beginn nicht einmal einen Namen hatte, war eine Fortsetzung des alten, aber umso fortschrittlicheren „Freimaurerbunds zur aufgehenden Sonne" (FzaS).[691] Dieser ursprünglich reichsdeutsche Bund entstand bereits 1905 als typisches Kind seiner Zeit – als Ergebnis des freidenkerischen Kampfes für die Freiheit des Geistes, für eine Konzentrierung der Aufmerksamkeit auf den Menschen und weg von Gott. In den Hafen der Freimaurerei fand der Bund offiziell 1907 in Nürnberg. Der Bund wuchs bald global, wobei ihm häufigster Partner der ähnlich gesinnte französische Grand Orient war. Sogar nach dem Ersten Weltkrieg, als Deutsche und Franzosen entschiedenermaßen keine Freunde waren, wurden die alten Bande nicht gekappt. Auch auf späterem tschechoslowakischem Gebiet schlug der Bund bereits vor dem Krieg Wurzeln, und zwar in Reichenberg (Liberec), Teplitz (Teplice) und Pressburg (Bratislava).[692] Nach dem Krieg entstanden unter dem Einfluss der Atmosphäre der Zeit weitere solche Logen, die bald darauf die unabhängige Großloge Bohemia bildeten. Diese hatte jedoch keinen Bestand und schloss sich binnen eines Jahres mit der Loge Lessing zu den drei Ringen zusammen. Der FzaS unterschied

---

691   Neueste Literatur hierzu vgl. UHLÍŘ, Dušan: Historie lóže Most 1925-1951 [Die Geschichte der Loge Brücke 1925-1951], in: Most-Brücke-Bridge, Praha 2000, S. 4-12, von älteren Arbeiten: Geschichte des Freimaurerbundes zur Aufgehenden Sonne in der Tschechoslowakischen Republik, [Hrsg.] Br. Siegfried Neumann, Prag 1936, Svobodozednářský Svaz U Vycházejícího Slunce [Der Freimaurerbund zur Aufgehenden Sonne], in: Svobodný zednář 4, IX, 1935, S. 72-73, und Most [Brücke], in: Svobodný zednář 3, IX, 1935, S. 54-56.

692   Zur Loge in Teplitz [Teplice] sind sogar Bestände erhalten, Státní okresní archiv Teplice [Staatliches Kreisarchiv Teplice], Bestand Freimaurer Loge [Teplice 1907-1936].

sich jedoch von allen anderen dadurch, dass seine Mitglieder das übernatürliche Symbol des Allmächtigen Baumeisters aller Welten und die
Bibel nicht anerkannten. Anstelle dessen nutzten sie das Weiße Buch
und demonstrierten so eine reine Säkularität.

Sieben Meister waren mit dieser Fusion nicht einverstanden. Aus
ihrer Unzufriedenheit erwuchs 1925 in Prag eine neue Loge, die den
Namen Brücke, tschechisch Most, erhielt. Einige Jahre wirkte sie unabhängig, dann kamen Schwestern im mährischen Brünn (Brno) und
im slowakischen Pressburg (Bratislava) hinzu, ein Kränzchen in Tábor,
und letztlich in Prag eine zweite Loge Brücke (Most) Baruch Spinoza. Im
Jahr 1932 bildeten sie den Bund der Freimaurer-Logen „Brücke" (Svaz
Mostů), unter dem Namen Tschechoslowakischer Großorient (Velký Orient Československý). Und plötzlich gab es hier eine weitere Großloge,
die die tschechoslowakischen Freimaurer registrieren mussten.[693] Neben
den oben angeführten Eigenschaften hatte sie noch eine weitere: sie war
gemischt tschechisch-deutsch. Mitte der 30er Jahre bildeten Tschechen
und Slowaken die Hälfte der Mitglieder, Deutsche 40% und Ungarn 10%.
Sich selbst erachteten sie als ordnungsgemäße und vollendete Freimaurer, aber eine formale Anerkennung war für sie nicht entscheidend.

Die tschechischen Freimaurer erachteten die Mitglieder der Brücke als irregulär und nahmen ihnen gegenüber zu Beginn eine verlegene bis ablehnende Haltung ein. Großmeister Karel Weigner verwahrte
sich bereits 1932 gegen die Existenz der Loge Brücke-Most und argumentierte, dass es in der ČSR zwei national getrennte Großlogen gäbe,
„auch wenn zu der Grundidee der Freimaurerei die Zugehörigkeit in
einem Staat zu einer Großloge gehört, nicht jedoch eine Zersplitterung
nach Nationalitäten".[694] Die Nationale Großloge der Tschechoslowakei
(NVLČs) entschied sich in dieser heiklen Angelegenheit in Übereinstimmung mit der Loge Lessing vorzugehen. Im „Svobodný zednář" erschien
ein Artikel über Gegenmaßnahmen, die nach der Gründung des Brücke-
Bundes unternommen wurden: „Der Großorient wurde vor die Tatsache
gestellt, dass sich in der Tschechoslowakei eine neue Großloge formierte,
die sich unter dem Namen Tschechoslowakischer Großorient um Aner-

---

693   Mitte der 30er Jahre hatten alle Ableger der Brücke 154 Mitglieder, hiervon mit 64 Männern in Pressburg
(Bratislava) am meisten. Nicht dass die Freimaurer über die Existenz des FzaS und seiner Nachfolger nicht
informiert gewesen wären. Z.B. befinden sich in Ausschnitten aus der Tagespresse Josef Volfs, die im LA PNP
(Literaturarchiv des Denkmals des nationalen Schrifttums) dem Bestand der Purkyně-Kommission zugeordnet
wurden, K. 17, Berichte aus dem Jahr 1920 über die Aktivitäten dieser reformistischen Freimaurer, wie sie bezeichnet wurden. Vor allem handelt es sich um Ausschnitte aus der Zeitung „Národní politika". Zumindest einige
Freimaurer scheinen also das Geschehen im FzaS verfolgt zu haben.

694   AVL ČR (Archiv der Großloge der Tschechischen Republik), Kniha prací lóže Národ (Buch der Arbeiten der
Loge Národ), Protokoll eines Vortrags „Über irreguläre Logen" vom 6. November 1931.

kennung durch die obersten freimaurerischen Instanzen bewarb. Der Großorient setzte unverzüglich alle Obedienzen davon in Kenntnis, dass es sich um die irreguläre Loge Brücke (Most) handelt, heute können wir Ihnen mitteilen, dass das rechtzeitige Einschreiten des Großorients vollen Erfolg hatte."[695]

Ein Jahr später jedoch erhalten auch die regulären Freimaurer relativ regelmäßig Informationen darüber, was in der Loge Brücke passiert, was deren gleichnamige Zeitschrift schreibt, was es für Neuigkeiten gibt, wer worüber referierte, einschließlich der Themen von Zeichnungen. Am meisten beeindruckte wahrscheinlich der Schriftsteller und Historiker M. V. Kratochvíl mit der Zeichnung „Der Historiker möchte Optimist sein". Sehr zum Unwillen zahlreicher tschechischer wie deutscher Freimaurer war die Brücke also sehr lebendig, gleichwohl sie nicht als regulär anerkannt war. Und zudem war sie nicht allein! Im Jahr 1931 kam es nämlich im Rahmen der Brücke zu einer weiteren Spaltung und eine Gruppe Unzufriedener gründete eine eigene unabhängige Loge „Anthony Sayer", und ein Jahr später dann eine weitere mit dem Namen „Jan Neruda". Obwohl nur zwei, bildeten sie nachfolgend gemeinsam erneut eine eigene zweisprachige Großloge, „Dílna lidskosti" – „Werkstatt der Menschlichkeit". Die Mindestzahl an Logen hätte korrekterweise drei betragen müssen. Die Reihe dieser Logen ergänzte dann „M. R. Štefánik U planoucí hvězdy" („M. R. Štefánik Zum flammenden Stern") in Pressburg (Bratislava) und das Kränzchen „Augustin Smetana U starých povinností" („Augustin Smetana Zu den alten Pflichen") in Pilsen. Wir sehen also, dass es eine relativ breite parallele freimaurerische Welt gab, die die Vorstellung über die eigene Exklusivität und Einzigartigkeit in Frage stellte. Auch über die Existenz der Dílna lidskosti und ihre gleichnamige, mimeografisch vervielfältige Zeitschrift erschienen mit der Zeit im „Svobodný zednář" Informationen. Recherchiert wurde in Druckerzeugnissen nicht nur der Brücke, sondern auch anderer Gruppierungen.[696]

Die Großloge Werkstatt der Menschlichkeit (Dílna lidskosti) wollte sich auf die junge Intelligenz konzentrieren, aber auch breitere Volks-

---

695 Zpráva Vel. Taj. za rok 1931 [Bericht des Großsekretärs für 1931], in: Svobodný zednář 5-6, VI, 1932, S. 80-86. Noch 1933 wurde zu diesen Verbänden eine prinzipiell ablehnende Haltung eingenommen: „In unsere Logen erlauben wir jenen keinen Zutritt, die aus Formationen kommen, die wir nicht als regelmäßige Sektionen erachten ... Wir können uns vor allem nicht Formationen annähern, die auf dem Boden unseres Staates nicht immer aus sachlichen Gründen, dafür oftmals nur aus persönlichen Gründen entstehen ... Wer sich abspaltet, weil er sich nicht den Regeln der weltweiten Bruderschaft unterwerfen will, muss sich mit seiner Einsamkeit abfinden." Zprávy [Nachrichten], in: Svobodný zednář 4, VII, 1933, S. 63.

696 Der übersichtlichste Artikel erschien erst zu einem Zeitpunkt, als gegenseitige Verhandlungen in vollem Gange waren, O vzniku a poslání Čsl. V.L. Dílna Lidskosti [Über die Entstehung und Sendung der Tschechoslowakischen Großloge Werkstatt der Menschlichkeit], in: Svobodný zednář 3, X, 1936, S. 35-37. Von der neuen Literatur vgl. den oben angeführten Artikel von Dušan Uhlíř.

massen ansprechen, um so der Vorstellung über die Freimaurerei gerecht zu werden, wie sie in Frankreich verbreitet war. Die Werkstatt der
Menschlichkeit (Dílna lidskosti) hatte eine deutlich romanische Ausrichtung, was sie jedoch nicht daran hinderte, dass ihre Prager Logen die
Gastfreundschaft der utraquistischen (tschechisch-deutschen) Loge „U
pravdy a svornosti" („Zur Wahrheit und Einigkeit") in Anspruch nahmen,
die zum FzaS gehörte, der seine Tätigkeit in der Tschechoslowakei wieder
aufnahm. Zuerst erfolgte dies in Räumen am Platz Jungmannovo náměstí
in Prag-Karlín, dann am Altstädter Ring (Staroměstské náměstí), und
1933 erhielten sie eigene Räume in der Str. Mostecká ulice Nr. 3.

Die Gründer der Großloge Werkstatt der Menschlichkeit (Dílna lidskosti) lehnten es noch weit mehr als ihre Kollegen der Brücke (Most) ab
– und dies war auch einer der Gründe für die Trennung – mit der Bibel zu
arbeiten. Die Brücke (Most) beließ die Bibel an einem nur symbolischen
Ort, ohne diese in irgendeiner Weise auszulegen. In diesem Punkt waren
sie noch radikaler als der Grand Orient de France, zu dem sie aufblick-
ten. Ganz nebenbei: es handelte sich um jene der drei wichtigsten französischen Großlogen, die einst der ersten tschechischen Loge, der Loge Komenský, Leben einhauchte. Die Bücke (Most) ließ sich somit dann doch ein
wenig eine Hintertür für Kontakte mit den anderen Freimaurern offen.
Den anderen Freimaurern schien es, dass „diese Prager [aus der Werkstatt der Menschlichkeit] ihre Gottlosigkeit herausstreichen. Alle diese
Gründer sind Mitglieder des [Freidenkerverbandes] Volná Myšlenka."[697]
Die Zeitschrift „Svobodný zednář", obwohl sie Informationen abdruckte,
distanzierte sich aber mit der Erklärung, dass sie dies nur aus chroni-
kalischer Pflicht heraus tue. „Diese Großloge ist nicht durch die NVLČs
anerkannt und hat sich auch nicht um eine Anerkennung beworben. Die
Söhne der NVLČs erachten diese Sektion als irregulär."

Obgleich die Mitglieder der Brücke und der Werkstatt der Menschlichkeit eine Anerkennung durch die anderen Freimaurer ostentativ als
nicht wichtig erachteten und die Auffassung vertraten, dass die Frage
der Regularität irrelevant sei und der gegenseitigen Annäherung schade,
„kann aus den Erwägungen zu diesem Thema, die das Bulletin abdruckte, indes geschlossen werden, dass die Frage der Regularität und der Anerkennung durch die anderen Großlogen in der Brücke ein neuralgischer
Punkt war, eine Art Achillesferse, ein Problem, das die Mitglieder mehr
beschäftigte, als es von außen schien", schrieb treffend Dušan Uhlíř.

Nach dem Machantritt Hitlers und der Liquidation der deutschen
Freimaurerei fanden sich die Logen mit dieser reformatorischen Ausrich-

697   Zprávy (Nachrichten), in: Svobodný zednář 5-6, VII, 1933, S. 86-95.

tung in einer erheblichen internationalen Isolation wieder. Um dieser zu entgehen, wurden zunächst Kontakte zwischen dem FzaS, dem Brücken-Bund, d.h. dem Tschechoslowakischen Großorient und der Werkstatt der Menschlichkeit geknüpft, die jedoch derweil zu keinem Ergebnis führten. Auch das Werben des wiedererstandenen FzaS um die Lessing war nicht von Erfolg gekrönt, da Lessing diesen als irregulär erachtete, wobei nicht einmal die Frage der Bibel maßgeblich war (der FzaS war bereit, in dieser Angelegenheit formal Kompromisse einzugehen), sondern dass die Logen des FzaS national gemischt waren. Somit blieb nur ein Partner übrig, und zwar eine bis zu diesem Zeitpunkt leicht konservative, abgeschlossene Festung, die Nationale Großloge der Tschechoslowakei, die ihre „Reinheit" aber sehr strikt verteidigte.

Gleichwohl erklangen auch in der Nationalen Großloge der Tschechoslowakei immer öfter reformerische Stimmen. Auch hier waren sich mehr Freimaurer des breiteren Kontextes und der Sendung der Freimaurerei bewusst. Das In-sich-gekehrt-Sein und das Gefühl der eigenen Exklusivität, das für die Gründergeneration kennzeichnend war, war nicht mehr für alle Mitglieder tragbar. Vor allem vor dem Hintergrund der internationalen Lage, des Machtantritts autoritärer Regime und der Weltwirtschaftskrise schien ein Bestehen auf Formalitäten, das eine Aufspaltung von Kräften nach sich zog, kleinlich zu sein. Zu den Trägern dieser Ideen können wir neben Rudolf J. Vonka, dessen Auftreten und Ansichten sehr von Individualität geprägt waren, vor allem Männer rechnen, die in diplomatischen Kreisen verkehrten – Jaroslav Kose, Vladimír Slavík und vor allem Jiří Sedmík. Der Letztgenannte kann als zentraler Reformator der tschechoslowakischen Freimaurerei betrachtet werden.

Als erster stellte der unruhige Geist Jaroslav Kose öffentlich die Frage, ob die Freimaurerei nicht eventuell in der Krise sei. Kose war auch mit der bei weitem nicht idealen Realität der Genfer Freimaurerei konfrontiert.[698] Koses Beitrag wurde mit einer Überlegung zu dem Thema eröffnet, dass zur nationalen Mentalität der Tschechen gehöre, Dinge zwar mit großem Elan anzugehen, diesen Elan jedoch bald zu verlieren und sich in destruktiven persönlichen Streitereien zu verlieren. Die Freimaurerei, die ihm zufolge die moralische Elite des Volkes vereine, sei von dieser Erscheinung bisher verschont geblieben, jedoch seien in ihren Reihen Unzufriedenheit und Dissonanzen zu spüren. „Dieses Überschwappen der nationalen Eigenschaften (und Untugenden) in die Freimaurerei kann bei uns umso stärker ausfallen, je schwächer (bisher) die Bande sind, die

---

698 J.K.: Je naše zednářství v krisi? (Ist unsere Freimaurerei in der Krise?) , in: Svobodný zednář 3–5, IV, 1930, S. 46–48.

uns mit der weltweiten Bewegung verbinden." Die tschechoslowakische
Freimaurerei verfüge ihm zufolge über eine Reihe an Besonderheiten,
z.B. ein hohes intellektuelles Niveau, das in seiner Folge einen Vorteil
und einen Nachteil bedeuten könne. Kose benennt die aus seiner Sicht
krisenhaften Punkte: Es fehle die Sehnsucht nach Selbstvervollkommnung, es gäbe eine geringe Kenntnis des erhabenen Ritus – es käme etwa
zu peinlichen Versprechern, einige Freimaurer würden hierüber während der zeremoniellen Arbeiten gar Späße treiben, nach Rezeptionen
eines neuen Mitgliedes ginge man ungeeigneterweise in eine Weinstube,
Absenzen seien hoch (manche Mitglieder kämen im ganzen Jahr nicht –
meist handele es sich um Männer in hohen staatlichen Ämtern, und Kose
zufolge habe es keinen Wert, wenn diese Personen Freimaurer blieben),
die Freimaurerei fände wenig Umsetzung im öffentlichen Leben, sie würde überhaupt nicht nach außen getragen, freimaurerische Beziehungen
würden nicht in das profane Leben übertragen, man duze sich nicht, zwischen Vorgesetzten und Untergebenen spiele die Freimaurerei mit ihrer Brüderschaft keine Rolle, die Freimaurerei erfülle auch ihre soziale
Funktion nicht, aus dem Sack der Witwe würden keine Witwen und im
Grunde eigentlich niemand unterstützt, die Freimaurerei versuche erst
gar nicht, mit Philanthropie die Sympathie der Öffentlichkeit für sich zu
gewinnen, unfertig seien die entsprechenden Formulare, der Ritus, die
Legitimation. Kose zufolge würde die Freimaurerei eigentlich keine ihrer
Rollen ausreichend ausfüllen. Es stellt sich die Frage, ob es sich um eine
Krise handelte oder um eine Unreife der Struktur, da ja gerade in den
30er Jahren viele der erwähnten Mängel angegangen und ausgeräumt
wurden. Kose kritisierte die Egozentrik der Freimaurerei aus gesamt-
gesellschaftlicher Sicht, für eine Regelung des Verhältnisses zu anderen
ähnlichen Gruppierungen war die Zeit noch nicht reif.

Der zweite strenge Kritiker war Vladimír Slavík, der im Jahr 1931
in der Loge eine Zeichnung mit dem Titel „Gründe für unsere Schwäche
und Quellen unserer Kraft" hielt, wobei er anführte, dass seine Zeichnung
Ergebnis schwerer Zweifel und des Zögerns sei, und dass er sich mit einer
Bitte um Rat und Hilfe an seine Brüder wende.[699] Er merkte an, dass „er,
obwohl er in sog. historischer Weise in die Freimaurerei aufgenommen
wurde, er die Bedeutung des Rituals nicht unterschätzt, dessen Inhalt
er in geistiger und gefühlsmäßiger Hinsicht wertschätzt. Er hegt jedoch
Zweifel bezüglich der Frage, ob wir als tschechoslowakische Freimaurer
tatsächlich den richtigen Weg gehen und ob wir überhaupt echte Frei-

---

699   AVL ČR (Archiv der Großloge der Tschechischen Republik), Kniha prací lóže Národ (Buch der Arbeiten der
Loge Národ), Aufzeichnung vom 23. Januar 1931.

Beleg über die Weihe von Emanuel Lešehrad im Orden der Höchsten Unbekannten

maurer sind. Freimaurer ist ihm erst jener, der in Verbindung mit Gleichgesinnten versucht außerhalb von sich selbst etwas zu schaffen, etwas Unpersönliches, also eine öffentliche Tat. Die Ereignisse der letzten Jahre haben ihn jedoch nicht von der richtigen Brüderschaft überzeugt, er sah persönliche Kämpfe, er hörte Anklagen freimaurerischer Natur gegen einen Bruder, oder er erfuhr, dass ein Bruder einer anderen Nationalität seinen Staat gegen den unsrigen aufhetzte, und in keinem dieser Fälle wurde aus unseren Reihen gegen die Missetäter eingeschritten. Die Welt leidet unter großen Problemen und wir sind verpflichtet alles für das Wohl und den Erfolg unseres Volkes und der gesamten Menschheit zu unternehmen, aber es ist wiederum nicht zu sehen, dass wir uns dieser freim[aurerischen] Aufgabe bewusst wären. Wir haben Sympathie für einander, aber das ist alles, außerhalb der Loge beobachtete Bruder Slavík keinen freundlicheren Ton, er sah nicht, dass die Bruderkette auch außerhalb der Werkstatt Bestand habe.

Im Ausland hat er dagegen beobachtet, dass die brüderliche Liebe der Freimaurerei über allem steht und das einem Bruder bereits auf die bloße Anzeige einer Zugehörigkeit zum Orden hin Hilfe zuteil wird. In erster Linie sollen wir uns nach Erfolg sehnen, zu dem uns gerade die Freimaurerei die Kraft geben kann. In uns ist eine ungeheure Kraft, aber wir können uns diese nicht zu Diensten machen. In Frankreich z.B. ist die Freimaurerei eine maßgebliche, politisierende Kraft, die tschechoslowakische Freimaurerei jedoch entfaltet keine politischen Aktivitäten. Bruder Slavík hört: Wir sind schwach, also führen wir zumindest das aus, was wir ausführen können. Er geht jedoch davon aus, dass sich hier die Frage stellt, ob wir nicht aus eigener Schuld schwach sind. Wir trauen uns nicht stark zu sein. Gerade heute, wo der Intellektuelle unterdrückt wird und in der öffentlichen Meinung nichts gilt, hat die Freimaurerei eine große Aufgabe. Der Intellekt ist dynamisch, die Masse ist statisch – was haben wir bei diesem Vorteil zur Organisierung von Kräften getan? Die Intellektuellen sollen einer vom anderen Kenntnis haben. Die Führung der Freimaurer muss Krisen vorhersehen, die sie bei ihrer unsichtbaren Arbeit leicht bewältigen könnte, es würde zeitig eingegriffen werden etc. Als im Volke eine Periode der Verhetzung war, war jemand vonnöten, der die Brüder zur Vernunft und zur Arbeit am Ganzen gerufen hätte. Dies ist nicht geschehen. Und was tut die Freimaurerei, um einige Krankheiten der Demokratie zu heilen? Bruder Slavík endet mit einer Bitte an die Brüder: Wenn ich mich irre, belehrt mich und befreit mich von meiner Beklemmung, wenn ich mich nicht irre, gebt mir die Hand zur Zusammenarbeit, die von Nutzen sein soll."

Slavíks Aufforderung wurde ein wenig durch den Hinweis relativiert, dass es sich um eine Arbeit für die Großloge handele und dass eine einzige Loge, die Národ, hier sowieso nichts bewirken könne. Der letzte der oben Genannten, Jiří Sedmík, ließ sich jedoch nicht kaltstellen.[700] Nicht nur dass er öffentlich alle Gebrechen der Freimaurerei wiederholte, nein – sein Programm ging noch weiter. Eine formal vollendete, sozial engagierte und international etablierte tschechoslowakische Freimaurerei sollte noch weiter aus ihrem Panzer schauen und versuchen alle zu vereinigen, bei denen dies in Betracht käme, oder zumindest mit diesen zusammenzuarbeiten. Und es war erneut Jiří Sedmík, der Informationen darüber weitergab, dass es etwa den Orden Odd Fellow gab, den Orden B'nai B'rith, und dass diese auch nützliche Dinge täten.[701]

---

700   SEDMÍK, J.: Krise v zednářství? [Eine Krise in der Freimaurerei?], in: Svobodný zednář 10, VIII, 1934, S. 195-198.

701   Sedmíks Bestreben genehmigte auch der Rat der ältesten Freimaurer, u.a. auch Josef Volf. Dieser formuliert in einer Rezension des Buches von Artur Tůma-Patry „Svobodné zednářství" [Die Freimaurerei] Folgendes:

Im Herbst 1934 sprach Sedmík bereits darüber, dass man auch Personen aus der Brücke (Most), dem Hl. Gral oder Odd Fellow aufnehmen könne, selbstverständlich auf Grundlage einer individuellen Prüfung und Auswahl. Der Große Rat erklärte seine Zustimmung zu diesem Antrag,[702] obwohl etwas Ähnliches noch vor Kurzem nicht in Betracht gekommen wäre. Denn wenn wir davon sprechen können, dass die tschechoslowakischen Freimaurerlogen von aufgeklärten Männern bevölkert wurden, die die Elite des Volkes darstellten, so müssen wir auch konstatieren, dass bezüglich ähnlicher, aber anderer diskreter Gesellschaften oftmals eine sehr unaufgeklärte Haltung vorherrschte, als wenn es sich um eine andere Art von Menschen handele. Sedmíks Bemühen wurde durch einen weiteren Mitarbeiter aus dem tschechoslowakischen Außenministerium, Vonka, gestützt, der nicht zögerte seine flinke Feder in die Dienste der Konzeption Sedmíks zu stellen, gleichwohl ihm nicht gefiel, dass selbst der allseitig offene Sedmík einer Kommunikation der Freimaurer gegenüber Frauen oder besser gesagt Freimaurerinnen nicht zugeneigt war.

Im Übrigen präsentierte Vonka selbst mehrere Reformideen, und wir können sagen, dass er mit seinem Kopf die Mauer in Teilen durchaus einriss. Er hatte auch eine Reihe anderer avantgardistischer Vorschläge, die er jedoch nur provokativ als Diskussionsthemen in den Ring warf. Mitte der 20er Jahre trug er beispielsweise einen Einfall vor, der aus seiner persönlichen Sicht offenbar auch nichts Neues war, und zwar ob es nicht besser wäre die Freimaurerei nach dem Schottischen Ritus zu verlassen und zur Johannisfreimaurerei zurückzukehren, oder genauer gesagt: Er referierte über die schottische Freimaurerei und deren Geschichte in einer Weise, die wenig anziehend wirkte. Am deutlichsten wurde dies in seinen beinahe skandalösen Überlegungen „Uvažujme!" („Denken wir nach!"), die er in der Rubrik Sonstiges publizierte. „Das Freimaurertum entstand im Jahre 1717 in London aus dem Widerstand gegen die schottische Politik heraus, gegen die Politik der Stuarts, gegen den Katholizismus und Absolutismus, die durch die Dynastie verfolgt wurden. Das schottische Freimaurertum gründete auf der Herkunft

„Er ist zwar immer noch in der traditionellen Erkenntnis gefangen, wie sie bei uns in der Freimaurerliteratur der Nachkriegszeit erscheint und die Bruder Sedmík durchbrechen will ... wie auch Posner ... zur englischen Sichtweise ..." VOLF, Josef: Podstata zednářství [Das Wesen der Freimaurerei], in: Svobodný zednář 6, X, 1936, S. 99-102.

702   AVL ČR [Archiv der Großloge der Tschechischen Republik], Kniha prací lóže Národ [Buch der Arbeiten der Loge Národ], Aufzeichnung vom 10. Dezember 1934. Jiří Sedmík (geb. 1893) bekleidete in der Freimaurerei bereits lange Zeit hohe Ämter, in den Jahren 1932-33 führte er gar die tschechoslowakischen Freimaurer zusammen mit Berthold Thein, und nach dem Tod des Großsekretärs für Auslandsbeziehungen, Lev Schwarz, (1936) übernahm er dessen Funktion. Darüber hinaus gab er auch zusammen mit seiner Ehefrau Růžena eigene und übersetzte freimaurerische Druckerzeugnisse heraus. Den größten Erfolg hatte die gelungene Arbeit „Po cestách ke Královskému umění" [Auf den Wegen zur Königlichen Kunst], Praha 1937.

SVOBODNÝ ZEDNÁŘ
ORGÁN ČESKOSLOVENSKÉHO ZEDNÁŘSTVA

R. VII. - 1933.   VOLNOST - ROVNOST - BRATRSTVÍ   SEŠIT I.

ROKU 1925 BYLA ZALOŽENA N∴ V∴ L∴ ČESKOSLOVENSKÁ. JSME V ROCE JUBILEJNÍM.

OTAKAR BŘEZINA:

VÍNO SILNÝCH.

Bratří, z ruky do ruky podávejme víno silných v své číši;
věky ho chránily na vinicích před mrazem, jak dýmy ohňů v čas noční.

———

Poslušni budeme čísti v tvé knize, ó Věčný, a k obrazům jejím určíme slova.

V čarovném kruhu, velkém jak obzor, se zavřeme úzkostem noci.

Příval tvůj uhasí stavení naše, hořící se čtyř stran plameny bolesti,

a kvasem tvým pokyne nám těsto nového chleba.

Lampy naše budou prameny oleje, jenž bude svítiti, nehnut, uprostřed větrů.

Hovořiti budeme mlčením a políbením bude neviditelné potkání touhy.

Odpovědí naší bude záření zraků při objetí myšlenek v dálce.

———

Bratří, z ruky do ruky podávejme víno silných v své číši:

hvězdy, které naň pršely v květu, ať nahází do našich zraků.

Trest slabých bude, že zapomenou své jméno při procitnutí

a odměna silných, že v zářící tmě vzpomenou na ostrovy zajetí svého.

(Z díla Ot. Březiny vyňal br∴ Lešehrad.)

Gestaltung der Zeitschrift „Svobodný zednář" in den dreißiger Jahren

der Mitglieder, es war das der Tories, des Blauen (des blauen Blutes), es war überheblich und in erster Linie politisch und kämpferisch eroberungssüchtig gestimmt. Verglichen mit den heutigen Verhältnissen war das schottische Freimaurertum katholisch, ultramontan, faschistisch."[703] Hiermit hatte Vonka wirklich deutlich übertrieben. Zweifel an der schottischen Freimaurerei zu säen war ihm nicht gelungen, und sein sich nach Veränderungen sehnender Geist konzentrierte sich nachfolgend auf die Vorstellung einer größeren korporativen Durchlässigkeit, was wiederum mit den Bemühungen Sedmíks korrespondierte.

„Verbote, wem ein Freimaurer schreiben darf und wem nicht. Mit wem er verhandeln darf und mit wem nicht ... Die Verhandlungen mit der Brücke wurden auch in Bratislava durchgehechelt. Die Brüder aus Bratislava akzeptierten von 48 Brücklern nur zwei als gut. Das soll also nach der Bibel sein? Wieviel sind es? Wieviel von ihnen haben es verdient, als Gerechte gezählt zu werden? Und was wenn die aus der Brücke über uns entscheiden sollten? Wenn sich der Stock umkehrt? ... So nicht! Das Wort gegen das Wort – ordentlich analysieren und seine Meinung begründen. Wenn jedermann seine Meinung schriftlich begründen müsste, dann gäbe es viele Schweigende. Gab es geschäftliche Streite? Legt diese bei. Ihr seid doch wissentlich in eine Organisation von sich gegenseitig Erhebenden und Belehrenden, Erziehenden eingetreten ... Jemand hat einem anderen eine Hypothek nicht bewilligt und ist unfähig, als Suchender anerkannt zu werden!" Aber Vonka blieb nicht bei seiner Kritik an der Überprüfung potenzieller Mitglieder: „Die Regularität ist altes Gerümpel. Die Regularität hat sich die römische Kirche ausgedacht und mit den Worten begründet: Mir wurde jede Macht gegeben im Himmel und auf der Erde. Alles was Ihr auf der Erde fesselt, wird auch im Himmel gefesselt sein ... Die Regularität ist die Schwester des Hochmutes, des Aristokratentums. Und wo bleiben die Brüderlichkeit und die Gleichheit aller Menschen?"[704]

Sedmík ging deutlich diplomatischer als Vonka an die Sache heran, er wollte nicht provozieren, er wollte erklären und überzeugen. Und er überzeugte (er war sicherlich nicht allein) auch die Führung der NVLČs einschließlich Karel Weigners, dass für die Zukunft der Freimaurerei in der Tschechoslowakei der Weg der Vereinbarung und der Zusammen-

---

703　Různé (Verschiedenes), in: Svobodný zednář 2-3, II, 1927-28, S. 44-48, des Weiteren auch u.a. RJV: Skotské zednářství ve Francii (Die schottische Freimaurerei in Frankreich), in: Svobodný zednář 12, IV, 1930, S. 147-154. Demgegenüber eine nüchterne Analyse vgl. V.D. (Viktor Dvorský): O stupních skotských (Über die schottischen Grade), in: Svobodný zednář 1, I, 1925, S. 6-7.

704　LA PNP (Literaturarchiv des Denkmals des nationalen Schrifttums), Bestand Rudolf Jordan Vonka, Schreiben s.d.

arbeit besser sein würde. „Mich selbst beschäftigte von Anfang an eine Sache: Wie ist es möglich, dass in einem Staat nebeneinander mehrere freimaurerische Organisationen bestehen, obgleich wir immerzu über uns sagen, dass wir der Kitt sind, dass wir die Menschheit in einer weltweiten Kette verbinden."[705] Und so geschah Mitte der 30er Jahre etwas, was nicht viel Parallelen hat, was sich noch vor kurzem eine Reihe an Freimaurern gar nicht vorstellen konnte und was im Ausland auf Lob, aber auch auf Unverständnis stieß.[706] Die tschechoslowakische Freimaurerei begann, sich zu integrieren.

Im Herbst 1935 war bereits sicher, dass Verhandlungen zwischen der Brücke (Most) und der Nationalen Großloge der Tschechoslowakei (NVLČs) über eine „Regularisierung", evtl. über eine Integration verlaufen. Die Logen bekamen Verzeichnisse der Mitglieder der Loge Brücke (Most) zur Verfügung und hatten die Möglichkeit ihre Einwände vorzubringen. Die Situation entwickelte sich jedoch anders als bei den Verhandlungen in Pressburg (Bratislava). In den Freimaurern der Brücke wurden offiziell glaubwürdige Männer gesehen.[707] Die Vollversammlung der NVLČs nahm am 27. Oktober 1935 den offiziellen Antrag des Tschechoslowakischen Großorientes, d.h. des Brücke-Bundes, auf eine Anerkennung an. Noch bei derselben Tagung wurde die vorab verhandelte Vereinigung beider Gruppierungen vollzogen, was zu Recht als ein großer Konstruktivismus beider Parteien interpretiert wurde. Die Teilnehmer der Vollversammlung konnten dabei frei abstimmen. Großmeister Weigner versuchte die Befürchtungen einiger Teilnehmer mit den folgenden Worten zu zerstreuen: „Ich verstehe jene Brüder, die die Idylle unseres reinen familiären und nationalen Zusammenlebens und Winkels peinlich schützen, die Scheu vor fremden F[reimaurern] haben, die ihnen auch ein wenig misstrauen, die sich vielleicht auch selbst nicht ganz trauen und Angst um den Orden haben, dass er seine feste Linie nicht halten wird, die dieser bisher verfolgt. Glaubt mir, teure Brüder, dass jene, die für die Eingliederung der Brücke aus der eigenen freien Überzeugung und Ent-

---

705 SEDMÍK, Jiří: Do nové práce [Auf zur neuen Arbeit], in: Svobodný zednář 1, X, 1936, S. 9–11.

706 Aus Amerika etwa kam folgende offizielle Reaktion: „Eine Angelegenheit, die einen sehr positiven Eindruck auf mich machte, war die Art und Weise, in welcher Eure Großloge das Problem der irregulären und Nebengruppierungen löste ... Anstelle ständige Streits mit ihnen zu führen und zuzulassen, dass diese steter Quell der Unruhe in Euren Organisationen sind, hab Ihr diese absorbiert, und dabei, daran zweifele ich nicht, deren Mitglieder einer sorgfältigen und allseitigen Prüfung unterzogen und sich dabei eine Garantie ihrer künftigen Regularität eingeholt." Historický archiv [Historisches Archiv], in: Svobodný zednář 7, X, 1936, S. 126. Demgegenüber traf nach den oben angeführten Erinnerungen František Bednářs dieser in Norwegen auf ein völliges Unverständnis für den Integrationsprozess, der innerhalb der tschechoslowakischen Freimaurerei verlief, oder eher auf Unverständnis dahingehend, dass auch ausgesprochene Atheisten in die Reihen der regulären Freimaurer aufgenommen werden.

707 Vgl. AVL ČR [Archiv der Großloge der Tschechischen Republik], Kniha prací lóže Národ [Buch der Arbeiten der Loge Národ], Aufzeichnung vom 11. Oktober 1935 ff.

scheidung heraus arbeiten, unseren Orden in gleicher Weise lieben, sich aber nicht fürchten." Das Abstimmungsergebnis betrug letztlich 68:10.[708] Zur Einbringung des „regulären" Lichtes in die Brücke kam es drei Wochen später. Sicherlich musste die Brücke als schwächere Partei die größeren Zugeständnisse machen und sich den Bedingungen und Regeln der NVLČs unterwerfen, andererseits müssen wir uns bewusst machen, dass die NVLČs die bis zu diesem Zeitpunkt problematischen Logen für ihr eigenes Leben eigentlich nicht benötigte. Und vergessen wir auch nicht, dass erstmals auch deutsche und ungarische Freimaurer Teil der tschechoslowakischen Freimaurerei wurden. Die nationale Exklusivität war gefallen.

Neben den Freimaurern der Brücke wurden am selben Tag auch weitere Freimaurer Mitglieder der NVLČs – und zwar Deutsche und Ungarn aus der Loge Comenius im ostslowakischen Košiče (Kaschau), die bis zu diesem Zeitpunkt zum FzaS gehörten. Diese waren überhaupt die ersten, die sich mit ihrem Antrag an die tschechoslowakische Großloge gewandt hatten. Die Nationale Großloge der Tschechoslowakei wurde so zu einem attraktiven Partner auch für andere Nationalitäten, da nur sie im Grunde in der Lage war, diesen Freimaurern bei der Aufrechterhaltung von Auslandskontakten zu helfen und das Fenster zur Welt weiter zu öffnen. Alles was mit der „Deutschen Maurerei" verbunden war, lief auf eine Stagnation oder sogar mehr hinaus. Das Jahr 1935 bedeutete für die Nationale Großloge der Tschechoslowakei eine qualitative und quantitative Zäsur – sie wuchs um acht Logen, von denen drei eigene Kinder waren: im slowakischen Neusohl (Bánská Bystrica), im mährischen Ostrau (Ostrava) und im russinischen Užhorod, während von den anderen Logen vier von der Brücke und eine vom FzaS hinzustießen. Zugleich war dieses Jahr auch eine Prüfung für die Toleranz der Freimaurer.[709]

Mit der Aufnahme der Brücke-Logen war die Erweiterung jedoch noch nicht abgeschlossen. Innerhalb eines halben Jahres fanden auch die Werkstatt der Menschlichkeit (Dílna lidskosti) mit ihren Logen und einige Logen des FzaS ihren Weg unter die schützenden Flügel der NVLČs.[710]

---

708 Für detaillierte Berichte siehe: Mimořádné Valné shromáždění NVLČs (Außerordentliche Vollversammlung der Nationalen Großloge der Tschechoslowakei), in: Svobodný zednář 9, IX, 1935, S. 177-182. Die feierliche Eingliederung erfolgte am Sonntag, dem 17. November 1935, um halb zehn morgens im Comenius-Denkmal, die feierliche Weiße Tafel im Prager Gemeindehaus. Die Einladung ist archiviert im ANM (Archiv des Nationalmuseums), Bestand Jan Kapras, K. 108, Inv.-Nr. 5072.

709 Vgl. hierzu: Bohatý rok K.U. (Ein reiches Jahr der Königlichen Kunst), in: Svobodný zednář 1, X, 1936, S. 2-9, ferner SEDMÍK, Jiří: Do nové práce (Auf zur neuen Arbeit), in: ebenda, S. 9-11. Sedmík konstatiert hier mit ein wenig Schadenfreude, dass man über die NVLČs nun nicht mehr sagen könne: „Klein, aber mein."

710 Vgl. Dnešní situace československého zednářství (Die heute Situation der tschechoslowakischen Freimaurerei), in: Svobodný zednář 4, X, 1936, S. 45-52 [hier eine ausgezeichnete Übersicht über Entwicklung und Organisation der tschechoslowakischen Freimaurerei], und SEDMÍK, Jiří: Zednářský konstruktivizm (Freimaurerischer Konstruktivismus), in: ebenda, S. 52-57.

Es scheint, dass sich die Nationale Großloge der Tschechoslowakei als zentrale und integrierende Größe im Staat profiliert hatte und die Großloge Lessing nur traurig und eventuell wütend zuschauen konnte. Auf den Seiten ihrer Zeitschriften brach dann ein Streit, eher ein Geplänkel zwischen der Lessing und der NVLČs darüber aus, wo die ungarischen Freimaurer der Tschechoslowakei hingehörten – ob sie den Deutschen in Böhmen oder den Slowaken näher stünden. Aber es ging natürlich nicht nur um die Ungarn, da das relativ neue Konkordat zwischen den beiden Großlogen eigentlich festlegte, dass man sich gegenseitig nicht die Mitglieder wegnehmen würde. Und zu diesem Zeitpunkt konnte es so aussehen, dass genau das passiert.

Im Sommer 1937 konnte so Jiří Sedmík mit dem Artikel „Eine gute Sache ist gelungen" Bilanz ziehen.[711] Die NVLČs umfasste 24 Logen, die Tschechen, Slowaken und einige Deutsche und Ungarn vereinte. Sie verband Freimaurer aus einem kämpferisch atheistischen Umfeld, Sozialisten und leicht konservative Liberale, von denen viele kein Geheimnis daraus machten, dass sie entschlossene Nationalisten waren. Die Änderung symbolisierte auch der neue Tempel in Prag-Smíchov, gleiches galt für die Zeitschrift „Svobodný zednář" mit einer deutschen und einer ungarischen Beilage. Die neuen Mitglieder des Ordens waren keine Aschenbrödel, sondern sehr engagierte Persönlichkeiten.[712] Die tschechoslowakische Freimaurerei war noch bunter als in der Zeit ihrer Entstehung. Vielleicht hatte sie bereits nicht mehr die ursprüngliche, unwiederbringliche Atmosphäre der Aufbauperiode, dafür hatte sie sich professionalisiert. Und zu diesem Zeitpunkt, als sie auf dem Gipfel ihrer Existenz war, als sie einen großen inneren Kampf und Diskussionen hinter sich gebracht hatte, als sie sich ihren idealen Standards annäherte – zu diesem Zeitpunkt blieb ihr nur wenig mehr als ein Jahr Leben. Eine gute Sache war gelungen – mit Jiří Sedmík gesprochen, aber sie wurde in einem Moment erstickt, als sie sich aufmachte, im praktischen Leben ihre Stärke unter Beweis zu stellen.

Und die anderen

Die Welt der tschechischen sog. Geheimgesellschaften wäre eine sehr vereinfachte, wenn wir annehmen würden, dass diese nach den Integrationsbemühungen auf nur zwei Freimaurer-Großlogen geschrumpft wäre. Es existierten hier zahlreiche andere ähnliche Vereine, von denen

711   Dobrá věc se podařila [Eine gute Sache ist gelungen], in: Svobodný zednář 6-7, XI, 1937, S. 61-65.

712   Man beachte etwa, dass einige Brücke-Logen zwei Mal pro Woche Sitzungen abhielten. Z domácích dílen [Aus heimischen Werkstätten], in: Svobodný zednář 2, X, 1936, S. 28-30.

einige direkt als freimaurerisch erachtet wurden, die zwar zu keinem Zeitpunkt Bestandteil der Nationalen Großloge der Tschechoslowakei (NVLČs) hätten werden können, deren Existenz jedoch auch rein sachlich nicht ignoriert werden konnte. Es war angezeigt, dass die tschechischen Freimaurer zu diesen eine Beziehung definierten oder Stellung bezogen. Es scheint, dass nur ein sehr kleiner Teil von ihnen überhaupt Kenntnis davon hatte, dass solche Gesellschaften existieren, jedoch wurden sie sukzessive mit ihnen konfrontiert. Mehr als einmal kam es nämlich zu Verwechslungen oder dass jemand z. B. in der Presse jemanden als Freimaurer bezeichnete, der kein regulärer Freimaurer war. Auch den Polizeibehörden war es vollkommen egal, um welche Gesellschaft es sich jeweils handelte, ob es um „echte" Freimaurer oder „andere" oder „ähnliche" Organisationen ging. Alle Gesellschaften dieses Typs wurden als Freimaurerlogen in einer Akte geführt; Gleiches galt etwa auch für die Akten der Kanzlei des Staatspräsidenten der Tschechoslowakei.

Direkte personelle Verbindungen in Gestalt von Einzelpersonen lassen sich zwischen der Freimaurerei und einigen spirituellen Gesellschaften finden. Die bekannteste und am meisten eingeweihte Figur ist in diesem Zusammenhang Emanuel Lešehrad.[713] Im Grunde finden wir fast nur bei ihm eine systematische Verarbeitung der doch sehr dynamischen Geschichte dieser Gesellschaften. Dies wurde zum einen durch seine persönlichen Interessen, als auch durch seine archivarischen Gewohnheiten ermöglicht, mit denen er sämtliche nur irgendwie zur Verfügung stehende Dokumentationen sammelte. Auf deren Grundlage war er in der Lage, die Geschichte der spirituellen Gesellschaften zu rekonstruieren. Wenn wir uns zunächst auf die Gnostik konzentrieren, so war Lešehrads Zeugnis zufolge deren modernes Wirken in Böhmen mit dem Namen des Rechtsanwaltes Karel Draždák verbunden, der Ende des 19./Anfang des 20. Jahrhunderts einen Kreis von Anhängern um sich scharte, die zu-

---

713   Am besten LEŠEHRAD, Emanuel: Po stopách tajemných společností (Auf den Spuren von Geheimgesellschaften), Praha 1935. Dargelegt werden hier sowohl gnostische Gesellschaften als auch der Orden der Geheimen Oberen sowie theosophische Gesellschaften. Ferner derselbe: Martinisté (Die Martinisten), in: Svobodný zednář 5-6, VII, 1933, S. 73, derselbe: Otokar Březina a svobodné zednářství (Otokar Březina und die Freimaurerei) in: Svobodný zednář 10, VII, 1933, S. 174-180, und eine Reihe weiterer seiner Studien und auch angekündigter Vorträge im Rahmen der Logen der NVLČs und des QC. Lešehrad war unübertroffen, was die Aufklärung über diese Gesellschaften anging. Auch seine Sammlung Lešehradeum mit einem „Geheimgesellschaften" genannten Teil ist eher mit Materialien über diese Vereine, denn rein freimaurerischen Verbindungen gefüllt.
Von Übersichtsarbeiten am besten: WENDLING, Peter: Die Unfehlbaren. Die Geheimnisse exklusiver Clubs, Logen und Zirkel, Zürich 1991.
In der Zeitschrift „Svobodný zednář" tauchte ab und zu eine Information über die Existenz völlig obskurer Gesellschaften auf, z.B. über die 1922 durch den Medizinstudenten Ferdinand Janoušek gegründete Loge XYZ, die sich mit Okkultismus befasste, oder über eine geheimnisvolle Gesellschaften, die im selben Jahr in Přerov entstand und die durch die städtische Polizei geprüft wurde. Derartige Berichte gab es jedoch nur wenige.

sammen mit ihm eine esoterische Philosophie pflegten.[714] Neben dem Namen des Hauptvertreters sollten wir zumindest noch den Bankbeamten und Vorstand der Versicherungsgesellschaft Praha, Emanuel Hauner[715], und den Landesrat Josef A. Adamír erwähnen.

Diese Gesellschaft bestand im Grunde mit Unterbrechungen bis 1910. Ihre Mitglieder nutzten Pseudonyme wie Apollonius oder Amis. Auf Grundlage ihrer gegenseitigen Korrespondenz kann geschlossen werden, dass das Maß an Irrationalität im Verhalten vieler Mitglieder sehr dominant war, manchmal leicht pathologisch. Nicht immer wollten sie in dieser Weise einfach nur ihr oft langweiliges Beamtenleben abreagieren. Nach dem Weltkrieg erneuerte sich dieser Verein in Form einer altgnostischen Gesellschaft.[716] Diese Gesellschaft traf sich im Café Opera in Prag-Smíchov und veranstaltete Vorlesungen. Dies dauerte in dieser Form einige Jahre, konkret bis 1928, als die Gesellschaft definitiv zerfiel.

Ein weiterer Verband war der Orden der Geheimen Oberen oder Martinisten.[717] Es war Baron Leonhardi ze Stráže, der diese mystische Ausrichtung in den 90er Jahren des 19. Jahrhunderts nach Prag brachte. Kurz darauf wurde in Budweis (České Budějovice) die erste martinistische Loge gegründet. Ihr führender Vertreter war ein Notar aus Lišov, Jan Řebík. Die Martinisten gewannen auch den Schriftsteller Julius Zeyer als Mitglied, der hier den 2. Grad erlangte.[718] Auch die Martinisten bemühten sich mittels übersinnlicher Wahrnehmungen das Wesen der menschlichen Erkenntnis zu ergründen. Im ersten Jahrzehnt des 20. Jahrhunderts vereinigten sich die Martinisten mit Dražďáks Gruppe. Nach dem Ersten Weltkrieg wurden die Martinisten aus ihrer Pariser Zentrale aufgefordert, Freimaurerlogen beizutreten.

Dagegen sprachen sich die tschechischen Martinisten auf ihrem Kongress im Jahre 1924 aus, dem Befehl leisteten sie keine Folge und

---

714   … und die einen Sammelband „Sborník pro filosofii, mystiku a okultism" (Sammelband für Philosophie, Mystik und Okkultismus) herausgaben.

715   Der aus mehreren Kartons bestehende Nachlass von Emanuel Hauner ist Bestandteil des Lešehradeum im LA PNP (Literaturarchiv des Denkmals des nationalen Schrifttums).

716   Diese hatte sich vorgenommen, dem Judaismus als der die moderne Welt zersetzenden Kraft die Stirn zu bieten. Man befasste sich mit alten christlichen Mysterien und Lehren, lehnte den modernen Katholizismus ab, der oberflächlich sei etc. Die Angehörigen der altgnostischen Gesellschaft wurden in drei Kreise unterteilt: Hyliker, Psychiker und Pneumatiker, es handelte sich im Grunde um eine Kopie der freimaurerischen Hierarchie. Programme und Legitimationen aus dem Vorlesungszyklus sind erhalten z.B. im ANM (Archiv des Nationalmuseums), Bestand Latomica.

717   Seine Tätigkeit war vom Werk Martines Pasquallys inspiriert, eines im 18. Jahrhundert in Frankreich lebenden Portugiesen.

718   Neben seinen Publikationen in Buchform wies Lešehrad auch im „Svobodný zednář" auf diese Tatsache hin, vgl. Zprávy (Nachrichten), 7, VIII, 1934, S. 147-150, oder Zprávy (Nachrichten), 2, VIII, 1934, S. 43-46. Hier wird auch angeführt, dass Zeyer aktiver Okkultist sei und an spiritistischen Séancen in České Budějovice teilgenommen habe.

schlossen sich somit im Grunde selbst aus der weltweiten martinistischen Gemeinde aus. Aus Protest gründeten sie im selben Jahr in Prag eine eigene Loge, Simeon v Ofiru (Simeon im Ophir), die sich nachfolgend aufspaltete, bis eine weitere Loge mit dem Namen Gedeon entstand. Hinter der Spaltung sollen nach Auffassung einiger von ihnen die Freimaurer gestanden haben, bzw. sollen einige Martinisten, die zuvor auch in Freimaurererlogen gastierten, nun zersetzerisch gewirkt haben.[719] Beide Logen bestanden bis in die 30er Jahre. Wie auch die Gnostiker verwendeten die Martinisten, unter ihnen zahlreiche Künstler wie der Dichter Jiří Karásek ze Lvovic, von Beruf fachlicher Leiter im Ministerium für Postwesen, aber auch Rudolf Vonka, durch die Antike und anderswo inspirierte Decknamen. Auch Namen wie Parsifal oder Lucifer waren keine Ausnahmen.

Die dritte Gesellschaft war eine theosophische, die sich nicht nur um Erkenntnis, sondern auch um die Verbrüderung der gesamten Menschheit bemühte, ungeachtet aller denkbaren Unterschiede und Widersprüche. Die Theosophen wollten verschiedene Religionen, Philosophien und Wissenschaften vergleichen und zugleich „die geistigen Gesetze und verdeckten Kräfte, die im Menschen und in der Natur schlummern", kennenlernen.[720] In dieser Gesellschaft engagierten sich sowohl Baron Leonhardi, als auch Julius Zeyer, Emanuel Hauner oder Karel Dražďák.[721] Verhandlungssprache war zu Beginn Deutsch. Die Gesellschaft begann ihre Zeitschrift „Lotus" herauszugeben und hatte Niederlassungen in mehreren böhmischen und mährischen Städten. Sie veranstaltete zahlreiche Vorträge im Rahmen des Vereins, aber auch öffentlich, und ihr

---

719 Lešehrads Schreiben an Řebík vom 10. Juni 1925, LA PNP [Literaturarchiv des Denkmals des nationalen Schrifttums], Bestand Lešehradeum, Tajné společnosti [Geheimgesellschaften]. Josef Volf beobachtete das Treiben bei den Martinisten intensiv und hinterließ uns zahlreiche Zeugnisse, die sich in seinen Aufzeichnungen im LA PNP [Literaturarchiv des Denkmals des nationalen Schrifttums], Bestand Purkyňova komise, K. 17, befinden. Von Hauner erfuhr er etwa am 6. Juni 1921 bei einem langen Gespräch, welche Vorstellungen dieser über die Freimaurerei und deren etwaige Reform habe. Ihm schien, dass die Loge Jan Amos Komenský die Zeremonien nicht schätzen würde, aber es gut wäre, wenn aus ihr eine Großloge nach dem Schottischen System werden würde etc. Darüber hinaus gibt es verstreute Materialien dieser Art auch von Josef Volf, die sich im Rumpf seines Nachlasses im Archiv der Hauptstadt Prag [Archiv hlavního města Prahy] befinden. Dort gibt es auch ein bemerkenswertes Konzept eines in Deutsch abgefassten Briefes mit tschechischer Übersetzung, dessen Autor höchstwahrscheinlich der später überführte Spitzel Jan Maštalíř war. Das Schreiben gibt Zeugnis von dem „Aufbau" verschiedener Geheimgesellschaften in Prag. „Ich habe in den letzten Monaten mit großem Erfolg die Arbeit der Loge ‚Bohemia' gemäß dem Hl. schottischen Freimaurerritus, der Loge ‚Slavia' der martinistischen S.I. und den Orden der Samariter wieder aufgenommen! Ich wollte auch die Loge Mixt erneuern, aber es kamen einige Brüder aus Holland und haben wir mitgeteilt, dass sie angeblich ihre Loge Mixt haben, obwohl mir als Delegierter darüber nichts mitgeteilt wurde!... Was ist überhaupt mit dem Orden Mixt? Ich habe einige Schwestern und weiß nun nicht, was ich tun soll ... Was ist mit dem Orden Memphis und Misraim? ... Weißt du etwas über den Gral-Orden? ..."

720 LEŠEHRAD, Emanuel: Po stopách tajemných společností [Auf den Spuren von Geheimgesellschaften], S. 196.

721 Sekretär dieser Gesellschaft war der Bankier Gustav Meyer, der das Pseudonym Gustav Meyrink trug.

Prager Sitz befand sich im bekannten Lucerna-Palast. Da den tschechischen Mitgliedern in den 20er Jahren Prophezeiungen über den jungen wundertätigen Inder Krishnamurti widerstrebten, die Bestandteil der internationalen Ideologie dieser Gesellschaft wurden, verselbständigten sich diese im Jahr 1925 organisatorisch und setzten ihre Aktivitäten unter dem Namen „Gesellschaft für mystische Studien" („Společnost pro mystická studia") fort, deren Geschäftsführer der uns bereits bekannte Lev Schwarz war.[722] Zu diesen Gesellschaften können wir noch den „Silbernen Kreis" („Stříbrný kruh") zählen, einen weiteren unabhängigen, leicht mystischen und programmatisch patriotischen Verband, der sich als geheime Bruderschaft bezeichnete.

Die bloße Auflistung dieser der Freimaurerei ähnlichen Organisationen, die auf Grundlage von Lešehrads Schriften erstellt wurde, kann uns jedoch kein plastisches Bild vermitteln. Dieses ist jedoch im eigentlichen Lešehradeum archiviert: Einer Sammlung der Korrespondenz der Mitglieder dieser Gesellschaften, die im Grunde identisch waren, zeigt uns ein Bild einer organisierten Pflege der Mystik in Böhmen zu Beginn des 20. Jahrhunderts und bietet uns zudem die Möglichkeit einer Komparation dieser Gesellschaften und ihrer Mitglieder mit den regulären Freimaurern.[723] Mehr noch – einige von ihnen waren zumindest zeitweise auch Freimaurer. In dieser Hinsicht ist neben Lešehrad vor allem Emanuel Hauner ungemein interessant, der uns als ein gewisser Prototyp eines Mitgliedes einer Geheimgesellschaft dienen kann, welcher mit irrationalen Instrumenten arbeitet, und nicht – wie die Freimaurer – nur mit Symbolen und genauen Ritualen.

Hauner durchlief wie auch Lešehrad alle oben angeführten Gesellschaften und wurde zudem bereits 1920, wie das martinistische Zentrum angewiesen hatte, auch Freimaurer.[724] Eingeführt wurde er am 4. Juli 1920 noch in Baštýřs Wohnung. Bei den Freimaurern gefiel es ihm jedoch nicht und er tauchte bald nicht mehr bei ihnen auf. In einem Brief an einen Freund, den Maler Rudolf Adámek, der von Spiritualismus,

---

722   Die Gesellschaft für mystische Studien nahm folgende Ideen an: einheitliches Wesen und Grundlage von Allem ist der göttliche Geist, der Mensch ist mit ihm durch sein Wesen verbunden, Selbsterkenntnis ist ihm latent angeboren, Ziel der mystisch-religiösen Entwicklung ist eine vollkommene Verwandlung des natürlichen Menschen in einen geistigen, der zu einer dauerhaften Verbindung mit Gott strebt.

723   Nicht dass sich nicht auch einige Freimaurer für Mystik und Okkultismus interessiert hätten. Dies belegt auch ein Protokoll der Sitzung der Loge Národ vom 6. Dezember 1927, AVL ČR [Archiv der Großloge der Tschechischen Republik], Kniha prací lóže Národ [Buch der Arbeiten der Loge Národ]. Dort wurde Großmeister Syllaba aufgefordert, zu den damals medial populären okkulten Versuchen mit Marie Silbertová Stellung zu nehmen, die in einer Kommunikation mit dem Jenseits bestanden. Es handelte sich jedoch eher um ein wissenschaftliches Interesse.

724   Bemerkenswert ist, dass Jaroslav Kvapil ihn bereits im Herbst 1918 als Bruder bezeichnete, vgl. Kvapils Freimaurerbrief vom 13. Oktober 1918, LA PNP [Literaturarchiv des Denkmals des nationalen Schrifttums], Bestand Lešehradeum, Emanuel Hauner.

Mystik, dem Messias etc. durchdrungen ist, erläuterte er seine Gefühle: „Was mich angeht, so versuche ich keine Wiederbelebung von Toten [des Martinismus]. Die anderen Geheimgesellschaften, wenn sie nicht gerade überlebt sind, tragen sicher die Saat der Zersetzung der Menschheit in sich. Vor allem der Freimaurerbund ist eine Brutstätte des geistigen und weltlichen Imperialismus. Ich habe erkannt, dass bei ihnen für mich kein Platz ist, da ich Slawe und Katholik bin. Ich denke, dass Du aus dem, was ich geschrieben habe, meinen Standpunkt und meine Entscheidung klar ablesen kannst."[725]

Sicher, in der Freimaurerei und vor allem in der Loge Jan Amos Komenský, die voll von Freidenkern war, konnte ihm das Umfeld kaum zusagen. Die Freimaurer waren aus Sicht dieser sensiblen Einzelgänger Personen ohne Phantasie, ohne Sinn für das Übersinnliche – kurzum: die Freimaurer waren zu säkular. In keiner Korrespondenz eines Freimaurers habe ich solche Elemente und Momente gefunden wie in der Korrespondenz Hauners und seiner Freunde. Diese dachten tatsächlich, dass sie echten Kontakt mit Übersinnlichem hätten, was etwas war, um das sich Freimaurer nicht einmal bemühten. Vor uns tut sich eine Welt auf, in der gleichsam real eine offene, das Mysterium des Heiligen Grals annehmende Seele existiert, eine eine höhere Gnade annehmende Seele, wir können in phantastische Träume und Erlebnisse Einblick nehmen, die einem höheren Ziel entgegen gehen, in denen die höheren Sphären gleichsam materialisiert sind, wir sehen einen inneren Kampf zwischen Gut und Böse und wundersame Amulette.

Aber nicht nur das ... Wir sehen, dass Hauner ernsthaft beschuldigt wird, seinen Mitbruder, den Offizial und Schriftsteller Bohuslav Knösl fernhypnotisiert zu haben, was bei jenem Krämpfe der Gedärme und eine allgemeine Übelkeit verursacht habe,[726] dass er mit wundersamen Kräutersuden heilen würde, wobei ihm gedroht wurde, dass sofern keine weitere Sendung eintreffen würde, „ich Ihnen ein in giftiger Säure eingelegtes Blatt oder gegebenenfalls eine Schatulle mit Dynamit schicken

---

725   LA PNP (Literaturarchiv des Denkmals des nationalen Schrifttums], Bestand Lešehradeum, Emanuel Hauner, Schreiben an Adámek von 1923. Hauner führt an, dass er Katholik sei, dabei trat er 1898 aus der Kirche aus und war in der Fortschrittspartei engagiert. Eine ähnliche ablehnende Haltung zu dem verpflichtenden Übertritt zu den Freimaurern finden wir auch in einem Schreiben Lešehrads an Řebík vom 31. Dezember 1923. Ein negatives Verhältnis zu den Freimaurern des Weiteren im Schreiben von Josef Adamír an Lešehrad vom 19. Januar 1924, etc.

726   Ebenda, Knösls Brief vom 7. Juli 1916: „Heute wurde ich auf dem Amt durch heftige Krämpfe der Gedärme und allgemeines Unwohlsein heimgesucht ... Da ich der Überzeugung bin, dass der ungünstige Zustand meiner Person im Zusammenhang mit dem sympatheischen Wirken Ihrer Person auf mich verbunden ist, bitte ich Sie, diese Kraft nicht gegen mich zu entfalten und Ihren Einfluss auf mich aufzugeben. Ich bin gezwungen Sie darum zu ersuchen, auch wenn ich wüsste, dass Ihre Absichten sehr gute sind. Sollte diese Bitte ignoriert werden, müsste ich alle Möglichkeiten gegen ein störendes Einwirken anwenden ..."

werde".[727] Beide versuchen mittels Okkultismus zu heilen und bedauern dann, dass sie dies in Angriff genommen haben.[728] Aber nicht nur Hauner sah sich als Heiler. Andererseits wurde ausgerechnet er 1919 beschuldigt, den Spiritualismus nicht zu verstehen, dass dieser für ihn nur Mittel zum Zweck sei, dass er den Menschen seine Meinung nicht sage, dass er die Spiritisten missbrauche, dass ihm der Spiritualismus eigentlich nur ein „verächtliches Lächeln" verursachen würde, wobei „materialistischer Bolschewismus ekelerregend ist, aber Bolschewismus im Spiritualismus widerwärtiger ist".[729] Wir können also nur schwer beurteilen, in welchem Maße diese Mitglieder von der Freimaurerei ähnlichen Geheimgesellschaften die Sache ernst nahmen, in welchem Maße ihr Glauben an übernatürliche Dinge ihre innere Integrität beeinflusste. Relativierend ist auch die Feststellung, dass diese Personen tatsächlich oft auch in mehreren dieser Gesellschaften aktiv waren, und dass z.B. der südböhmische Notar Jan Řebík aus der Kleinstadt Lišov bei Budweis gleich mehrere dieser Gesellschaften organisieren konnte.

Wir finden hier aber auch Momente, die wir bei den modernen tschechischen Freimaurern vergeblich suchen würden. Hierzu zählen etwa in gewisser Hinsicht dämonische Auftritte einiger Personen, zum anderen eine unglaubliche Sensibilität an der Grenze zu pathologischen Zuständen. Normale Freimaurer arbeiten tatsächlich nicht in solchen Kategorien. Als Beispiel dient uns hier erneut Emanuel Hauner bzw. besser gesagt die Korrespondenz seiner Gattin Terezie, einer Bildhauerin. Laut ihrem Zeugnis, das auch die Gefühle einer Reihe von Männern in Hauners Umgebung wiederspielt, trat Hauner als ein persönliches und sexuelles Monstrum auf.[730] Erst im Jahr 1921 hatte Terezie Haunerová das

---

727   Ebenda, Brief von 1903.

728   An welcher Krankheit Knösl litt, wissen wir nicht. Wir wissen nur, dass er in Anwesenheit von Frauen neurasthenisch zitterte, er sich jedoch nach Frauen sehnte, er hatte diverse Vorahnungen und spürte Kräfte, die sich zwischen ihn und die Frauen stellten.

729   LA PNP [Literaturarchiv des Denkmals des nationalen Schrifttums], Bestand Lešehradeum, Emanuel Hauner, Brief von Bedřich Pícha vom 1. August 1919.

730   „... .Ab jenem Augenblick unseres Kennenlernens, als ich Dich als Dâmon sah, als Teufel, als Faun, wurde ich immer durch eine besondere Kraft zu Dir hingezogen ..." Sie wollte ihm beweisen, dass Gott existiert und seine Dogmen widerlegen. Hierzu kam sie sich jedoch zu ungebildet vor. „Ich hatte Eingebungen von Gott ..." Dann erinnert sie sich an intime Freunde und sagt: „Ich habe [nie] vor Grauen und vor etwas Unbekanntem so gezittert, wie als ich Dich kennen lernte... Etwas Schicksalhaftes, etwas, bei dem ich wusste, dass ich leiden werde, viel leiden, viel, schrecklich, und am meisten durch Deine Untreue, dass Du mich verlachst ... Ich hatte Angst vor Dir, schreckliche Angst, und trotzdem hatte ich Dich gern, in einigen Momenten habe ich gedacht, Du hâttest mich hypnotisiert." Nachfolgend beschreibt sie die Erniedrigungen, auch in sexueller Hinsicht, denen sie ausgesetzt war, aber dennoch spüre sie nach fast zwanzig Jahren Ehe sexuelles Verlangen [und nicht nur das], wenn sie an ihn denke. Ebenda, Schreiben von Terezie Haunerová, aus einer Zeit, als Hauner für längere Zeit dienstlich nach Triest fuhrt, d.h. 1914. Aus Hauners Korrespondenz mit Rudolf Adámek schimmert demgegenüber durch, dass er sich selbst sehr durch seine Familie ungeheuer eingeschränkt fühlte, die ihn gleichsam vom Fliegen und von der Erkenntnis abhalte. Hauner hatte vier Kinder und war permanent verschuldet.

Gefühl, verstanden zu haben, mit was für einem Mann sie zusammenlebte. Damals las sie gerade ein neues Buch Lešehrads über die Rosenkreuzer. „Wenn es nicht das Ihre wäre, würde ich sagen, es ist Emanuels Arbeit." Mit einem Mal hatte sie das Gefühl, ihr Leben zu verstehen, wobei sie 25 Jahre mit einem Mann lebte, „den ich bisher nicht kannte, ... ich konnte bisher jene Saiten nicht finden, die erklungen wären und die eine Harmonie des gemeinsamen Zusammenlebens gebracht hätten".[731] Und sie gab ihrer Auffassung über Geheimgesellschaften und deren mögliche Auswirkungen kund: „Es ist vielleicht ein Fehler der Grundsteine der Freimaurerei und der Geheimgesellschaften, der so vielen die Hölle zuhause für sich und die Frau und die Kinder bereitete, dass der wahre Kern einer Sache auch dort verborgen ist, wo eine vernünftige Erklärung ... die Harmonie in der ganzen Umgebung zerstören würde. Ich weiß, dass es Dinge gibt, in die eine Frau wirklich nicht eindringen sollte, aber man kann eine Frau anpassen, umerziehen ..." Nachfolgend dankte sie, dass ihr Lešehrad mit seiner Arbeit die Augen geöffnet und ihr geholfen habe, eine Schlüssel zum eigenen Gatten zu finden.

Es steht die Frage im Raum, in welchem Maße einige Frauen von Freimaurern durch die Aktivitäten ihrer Gatten frustriert waren und in wie weit sie darüber eingeweiht waren, was die Freimaurerei bedeutet. Schwerlich jedoch würden wir hier so dämonisierende und irrationale Elemente wie bei den Gnostikern und Martinisten finden. Es ist also nicht verwunderlich, dass nur wenige von ihnen einen Weg zu den stabilen, relativ ruhigen und ausgeglichenen Freimaurern fanden. Lešehrads Wechsel zu den Freimaurern können wir erst auf das Jahr 1932 datieren und oft wurde in diesem Zusammenhang erwähnt, dass er eigentlich erst hier bei seiner ewigen Suche so etwas wie Seelenruhe fand. Offizielle Kontakte zwischen diesen Gruppierungen würden wir jedoch nicht finden. Aus Sicht der Freimaurer handelte es sich eher um einen kuriosen Teil des gesellschaftlichen Lebens,[732] zu dem ein größerer Abstand bestand als etwa zum Sportverein Sokol.

Eine weitere Gruppe, die im Blickwinkel der tschechischen Freimaurer auftauchte, waren die Anhänger einer gemischten Freimaurerei. Unter den tschechischen Freimaurern war offenbar niemand, der eine gemischte Freimaurerei ausgesprochen präferiert hätte, aber an der Person von Rudolf Vonka sehen wir, dass er sich bemühte, Frauen so

---

731   LA PNP [Literaturarchiv des Denkmals des nationalen Schrifttums], Bestand Lešehradeum, Emanuel Hauner, Brief von T. Haunerová an Lešehrad vom 18. Mai 1921.

732   Andere Gesellschaften dieser Ausrichtung, außer dem Hl. Gral, wurden jedoch kaum verfolgt. Gelegentlich fiel eine Bemerkung über Druiden, oder es gab eine Mitteilung, dass sich der Orden der Guttempler in der Tschechoslowakei im Jahr 1935 auflöste.

viel wie möglich für die Freimaurerei zu interessieren. Er wusste, dass die Freimaurerei mit einer gemischten Freimaurerei (mixte) nicht vereinbar wäre, weshalb er mit seinen Reformvorschlägen nie so weit ging, obwohl ihm auch diese Variante wahrscheinlich zugesagt hätte. Seine Korrespondenz mit dem tschechoslowakischen Kopf der gemischten Freimaurerei, Alexander Sommer-Batěk, ist so vertraulich, dass sie in uns sogar gewisse Zweifel wecken kann. Im Übrigen nannte Sommer-Batěk auch Frau Vonková eine Schwester, da sie, wie es scheint, tatsächlich Freimaurerin war. „Ich wurde durch das Beispiel meines Gemahl zu ihr herangeführt",[733] schrieb sie 1934. Mit Vonka führte er lange Disputationen über die Rolle der Erkenntnis und über den Mystizismus, aber auch darüber, dass die Freimaurer und ihr Orden den Jesuiten ähneln würden.

Vonka war somit entschiedenermaßen jene Person, die die tschechischen Freimaurer mit der Existenz einer gemischten Freimaurerei bekannt machen wollte. Während seiner Zeit als Chefredakteur der Zeitschrift „Svobodný zednář" finden wir überhaupt die meisten Berichte über den Orden Le Droit humain, d.h. gemischte Logen[734], als auch über deren Zeitschrift „Dvě hvězdy" (Zwei Sterne), die sich inhaltlich in ihrer Selbstbezogenheit nicht allzu sehr von gängigen freimaurerischen Periodika unterschied. Und nicht nur das: auch Vonka schrieb für eben jene Zeitschrift „Dvě hvězdy". Die Freimaurer hatten die Gelegenheit, sich auch mit der Geschichte der Loge Dobrovský Nr. 52 vertraut zu machen, die 1922 gegründet wurde und die als „Mutterschiff" der tschechischen Mixte-Freimaurerei gelten konnte. Ihre Anfänge hingen sehr eng mit der Entwicklung des Esperanto zusammen, auch ihr ursprüngliches Ritual verlief in Esperanto, wobei die Initiative zur Gründung einer solchen Loge in Prag von Holland ausging.[735]

---

733   Korrespondenz Vonkas und seiner Gattin mit Sommer-Batěk ist erhalten in Vonkas Nachlass im LA PNP [Literaturarchiv des Denkmals des nationalen Schrifttums].

734   Cesty svobodného zednářství [Die Wege der Freimaurerei], Praha 2001. Die Logen kannten 33 Grade. Ansonsten interessierten sich die tschechischen Freimaurer für diese Gesellschaft, die ebenfalls als irregulär galt, nicht besonders. Aufmerksamkeit erregte von Zeit zu Zeit auch die Zeitschrift „Dvě hvězdy", vor allem die Nummer, in der Sommer-Batěk schilderte, warum er nicht regulärer Freimaurer geworden war. Der Grund hierfür war, dass er – als Abstinenzler und Vegetarier – bei der Weißen Tafel keinen Alkohol trinken und Fleisch essen wollte. Als ihm Mucha persönlich ausrichten ließ, dass ihm dies gegebenenfalls erlassen würde, erregte dies seinen Zorn – niemand könne ihm etwas erlassen oder vergeben. Vgl. Dvě hvězdy, Juli 1932.

735   Jak vznikla L. Dobrovský č. 52 [Wie die Loge Dobrovský Nr. 52 entstand] in: Svobodný zednář 9-10, VI, 1932, S. 143-145. Darüber hinaus gab es in der Tschechoslowakei noch die Loge Giordano Bruno. Die gemischte Freimaurerei existierte in Böhmen bereits vor dem Ersten Weltkrieg, aber eine Kontinuität war diesbezüglich nicht gegeben. Dies stellte Josef Volf fest, der belegte, dass diese Loge ab 1913 existierte. Historický archiv [Historisches Archiv], in: Svobodný zednář 8-9, X, 1936, S. 157-158. Materialien im AMP [Archiv der Hauptstadt Prag], Bestand Policejní ředitelství [Polizeidirektion], Spolkový katastr [Vereinskataster], Spolek Dobrovský [Verein Dobrovský], deuten an, dass die Gründung nicht in Einklang mit dem

Wenn wir einen weiblichen Namen aus der gemischten Freimaurerei benennen sollten, würde es sich ganz sicher um die Schriftstellerin Pavla Moudrá handeln, die sich durch ein großes Engagement auszeichnete. Da kein Freimaurer eine gemischte Loge besuchte, stehen uns keine direkten Zeugnisse darüber zur Verfügung, welche Gefühle damit verbunden gewesen sein mochten. Einer von ihnen war hiervon jedoch nur einen Schritt weit entfernt. „In Wien konstituierte sich auch eine irreguläre Loge mixte. Selbstverständlich haben wir diese nicht anerkannt und niemand von uns hat sie besucht. Bis uns aus dieser Loge ein Schreiben gesandt wurde, mit dem sie uns zu einem Besuch der Arbeiten einluden, um uns davon zu überzeugen, wie ernst, eifrig und fachlich sie freimaurerisch arbeiten. Hier war uns nur ausnahmsweise und nur für einen kurzen Zeitraum erlaubt, uns diese Arbeiten anzuschauen. Einige Brüder waren dort. Ich war ein wenig streng und war nicht dort. Heute bedauere ich dies, ich hätte erzählen können, wie freimaurerisch bei Arbeiten in Logen vorgegangen wird, in denen nicht nur Freimaurer, sondern auch Freimaurerinnen sind."[736] Und so haben wir kein Zeugnis, wie ein regulärer Freimaurer mit einem solchen Erlebnis umging. Und falls Vonka irgendeine solche Arbeit besucht haben sollte, was nicht ausgeschlossen ist, so hat nie jemand davon erfahren.

Die Auflistung ähnlicher Vereine ist damit jedoch noch nicht erschöpft. Eine weitere Gesellschaft, bei der die tschechischen Freimaurer nicht wussten, wie sie sich dieser gegenüber verhalten sollten, war der Orden von Heiligen Gral (Řád Sv. Graalu). Diese Gesellschaft entstand in den 90er Jahren des 19. Jahrhunderts in Amerika und hatte sich zur Aufgabe gesetzt, nach dem Vorbild der legendären Ritter der Tafelrunde Menschlichkeit zu verbreiten und die Entwicklung der geistigen und körperlichen Kräfte eines jeden Menschen zu harmonisieren, völlig ohne Unterschiede. In Prag entstand ein Ableger 1923.[737] Die tschechischen Freimaurer bewegte weniger, dass sich die Mitglieder des Grals selbst als Freimaurer sahen, sondern mehr, dass auch eine Reihe an Freimaurern Mitglieder des Grals waren oder sein wollten. Es handelte sich vor allem um Brüder außerhalb Prags, auch im slowakischen Košice (Kaschau)

Gesetz erfolgte – noch 1925 wurde die Loge darauf hingewiesen, dass ihre Existenz eigentlich widerrechtlich sei und ihr ein Tätigkeitsverbot drohe, da weder ihre Satzung noch ihre Praxis dem Vereinsgesetz entsprachen.

736   SCHÖN, Albert: Čeští zednáři ve Vídni a jiné vzpomínky [Tschechische Freimaurer in Wien und andere Erinnerungen], in: Svobodný zednář 2, IX, 1935, S. 34-36.

737   Vgl. des Weiteren Materialien im AMP [Archiv der Hauptstadt Prag], Bestand Policejní ředitelství [Polizeidirektion], Spolkový katastr [Vereinskataster], Thelion, zednářská lóže ve Velikém Orientu Patmosu [Thelion, Freimaurerloge im Großorient Patmos], Ebdar. Patmos war eine Insel, auf der Johannes [Evangelist] in Verbannung lebte. Der Hl. Gral, ist, wie bekannt, ein legendäres wertvolles Gefäß, in das das Blut Christi unter dem Kreuz aufgefangen worden sein soll.

wurde das Problem intensiv empfunden. Die Mehrzahl der Freimaurer hatte im Übrigen über die Aktivitäten des Grals fast keine Kenntnis, sodass nur schwerlich eine konsistente Haltung auszumachen ist.[738]

Eine erste Information erhielten die Mitglieder der Freimaurerlogen auf den Seiten ihrer Zeitschrift, des „Svobodný zednář", im Jahr 1932.[739] Zu diesem Zeitpunkt war der Gral aber bereits ein vieldiskutiertes Thema in den Logen. Zur selben Zeit beschloss die Führung der Freimaurer, „ihren Mitgliedern eine Mitwirkung in der Bruderschaft des Hl. Grals" zu verbieten" – eine Mitgliedschaft in der Bruderschaft war also mit einer Mitgliedschaft im Freimaurerorden nicht kompatibel, was im Übrigen erstmals bereits 1924 deklariert worden war.[740] Gegen diesen Beschluss protestierte am deutlichsten die Loge Šafařík in Košice (Kaschau). Es scheint, dass deren Mitglieder im Gral doch sehr engagiert waren. Die Loge Šafařík schlug eine Aufhebung des oben angeführten Beschlusses vor[741] und der Großorient musste erneut beraten. Mit einer prinzipiellen Haltung würde er möglicherweise eine Reihe guter Mitglieder verlieren, die in Logen verschiedenen Typs und Ritus' organisiert sein wollten. Es stellt sich die Frage, wie in diesem Fall ihre „innere" Identifikation aussah, wie sie an einem Abend Freimaurer und am nächsten Abend „Ritter der Tafelrunde" sein konnten.

Im Übrigen beschwerten sich nicht allein Freimaurer aus Košice, auch Pilsen (Plzeň) lamentierte: „In Marienbad waren wir gezwungen einige ernste Interessenten nur deshalb abzulehnen, weil sie bereits Mitglieder einer durch uns nicht anerkannten Geheimgesellschaft sind."[742] Es dauerte nicht lange und die harte prinzipielle Haltung wurde aufgeweicht. Jiří Sedmík schlug zuerst vor, dass die Möglichkeit einer individuellen Beurteilung von Einzelpersonen geschaffen werde, damit diese nicht automatisch wegen einer Mitgliedschaft im Hl. Gral abgewiesen

---

738   Vgl. ANM [Archiv des Nationalmuseums], Bestand Jan Kapras, k. 108, Inv.-Nr. 5076, Schreiben von Zdeněk Helfert vom 27. November 1932.

739   Zprávy [Nachrichten], in: Svobodný zednář 2, VI, 1932, S. 27-32. Hier eine Information darüber, dass der Gral Männer aufnimmt, die an die geistige Erneuerung des Menschen glauben, die nicht an eine politische Partei, an eine Kirche oder ein Wirtschaftsunternehmen gebunden sind, die die Mysterien von Golgatha ehren; sie nahm Männer von über 24 Jahren auf, die in geordneten Verhältnissen lebten und unbescholten waren. Die Wartezeit betrug 7 Wochen. Eine bemerkenswerte Nachricht erschien in „Zprávy" [Nachrichten], in: Svobodný zednář 4, XII, 1938, S. 67-68. Hier eine Information über einen konkurrierenden naturphilosophischen Kreis von Anhängern des Grals, der in Brünn [Brno] entstand. Nach den Lehren dieser mystischen Gesellschaft waren die Deutschen ein auserwähltes Volk, „aus dem die Rettung der Menschheit hervorgehen wird". Die Gesellschaft wurde als zersetzende agitatorische Zelle der pangermanischen Idee im Körper des tschechischen Volkes bezeichnet.

740   AVL ČR [Archiv der Großloge der Tschechischen Republik], Kniha prací lóže Národ [Buch der Arbeiten der Loge Národ], Aufzeichnung vom 8. Januar 1932.

741   Zprávy [Nachrichten], in: Svobodný zednář 3-4, VI, 1932, S. 54-62.

742   Z domácích dílen [Aus heimischen Werkstätten], in: Svobodný zednář 8, VII, 1933, S. 138-142.

würden.[743] Ein halbes Jahr später wurde „jeder Loge eine einheitliche Praxis empfohlen, und zwar, dass jene Brüder, die dem Gral oder ähnlichen Gesellschaften beitreten wollen, hierzu eine Bewilligung ihrer Loge einholen".[744] Eine Mitgliedschaft im Gral war somit kein Hindernis für ein Leben als Freimaurer, obgleich viele mit dieser Entscheidung nicht einverstanden waren, etwa nur weil Gesellschaften dieses Typs in ihnen eine germanische Mythologie evozierten und dadurch Misstrauen hervorriefen.

Die Freimaurer waren jedoch auch noch mit weiteren Geheimgesellschaften konfrontiert und mussten einen Zugang zu ihnen finden. Zu den bekanntesten gehörten die Orden B'nai B'rith und Odd Fellow. Diese Gesellschaften kreuzten im Rahmen ihres humanitären Engagements häufig den Weg der Freimaurer und riefen Neugier hervor. Einige Mitglieder der Freimaurerlogen hatten hier erneut ein Interesse an einer Mitgliedschaft in mehreren Organisationen.[745] Der Orden B'nai B'rith (Bundes-Brüder) wurde im Jahr 1843 in New York als jüdischer Wohlfahrtsverein gegründet, der sich auf Einwanderer konzentrierte. Er verfügt über ein eigenes Ritual, Zeremonien, Logen und eine der Freimaurerei ähnliche Hierarchie. Im Böhmischen wurde diese Großloge bereits 1894 geschaffen und wuchs seitdem erfolgreich.[746] Dieser Orden entstand jedoch, wie der Odd Fellow, nicht durch eine Abspaltung von der Freimaurerei, sondern war in erster Linie auf Hilfe für Juden ausgerichtet. Von den USA aus breitete sich die Gesellschaft auch in wohlhabendere jüdische Kreise aus. Auch in der Tschechoslowakei war sie sehr im Sinne einer humanitären Hilfe zu Gunsten der jüdischen Bevölkerung aktiv – sie unterstützte Einzelpersonen, vor allem Witwen und Waisen, Institutionen, Schulen, Bü-

---

743 AVL ČR (Archiv der Großloge der Tschechischen Republik), Kniha prací lóže Národ (Buch der Arbeiten der Loge Národ), Aufzeichnung vom 10. Dezember 1934.

744 Zprávy (Nachrichten), in: Svobodný zednář 5, IX, 1935, S. 107-108.

745 Es war erneut vor allem Jiří Sedmík, der versuchte, diese den Freimaurern ausgewogen und ohne Vorurteile vorzustellen, nicht nur mittels einer internen Aufklärungskampagne in den Logen, aber auch durch Artikel im „Svobodný zednář": SEDMÍK, Jiří: O vyšších stupních a organizacích zednářství podobných (Über die höheren Grade und von der Freimaurerei ähnlichen Organisationen), in: Svobodný zednář 4, IX, 1935, S. 69-71, oder SEDMÍK, Jiří: I.O.O.F., in: Svobodný zednář 9, VII, 1933, S. 153-156.

746 Vgl. hierzu NA (Nationalarchiv), Bestand Ministerstvo vnitra – prezidium (Ministerium des Innern – Präsidium), PMV 1920-24, XZ 4/8, Bericht der Polizeidirektion an das Präsidium der politischen Landesverwaltung vom 18. Dezember 1923. Zu diesem Zeitpunkt bildeten die Großloge für den Tschechoslowakischen Staat X. I.O.O.B. (Velkolóže pro Československý stát X. I.O.O.B.) neun Logen, und zwar: Bohemia a Praga (Prag), Aliance (Budweis/České Budějovice), Union (Pilsen/Plzeň), Karlsbad (Karlsbad/Karlovy Vary), Freundschaft (Teplitz/Teplice), Philantropia (Reichenberg/Liberec), Moravia (Brünn/Brno) und Silesia (Troppau/Opava). Die Mitgliederzahl lag bei knapp zweitausend.
Darüber hinaus befindet sich im Nationalarchiv der Tschechischen Republik der gesamte Bestand des Ordens B'nai B'rith, der ein sehr plastisches Bild über die Aktivitäten dieser Gesellschaft gibt. Hier sind sowohl die amtlichen Aufzeichnungen als auch z.B. die gleichnamige Zeitschrift des Ordens erhalten.

chereien etc. Die rituelle Natur war judaistisch und Mitglieder konnten ausschließlich Juden ungeachtet der Staatsangehörigkeit werden.

Bei der Suche nach einem Verhältnis zu dieser jüdischen Wohlfahrtsorganisation wurde noch über eine weitere Gesellschaft mit einer ähnlichen Ausrichtung diskutiert, und zwar über den Orden Odd Fellow (I.O.O.F., Independent Order of Odd Fellows).[747] Der Legende nach sei ein solcher Orden ursprünglich im antiken Rom im Jahr 79 vor Christus entstanden, seine Mitglieder seien ausschließlich Juden gewesen und seine Hauptaufgabe habe in einer gegenseitigen Unterstützung bestanden. Seine Existenz ist jedoch erst für das 17.-18. Jahrhundert in England belegt. In einem gewissen Maße ist bei diesem Orden eine mit der Freimaurerei analoge Entwicklung zu konstatieren. Auch die Anhänger des Odd Fellow haben ihr Ritual, ihre Logen, und in der Neuzeit waren ihre Mitglieder nicht allein Juden. Im Unterschied zu den elitären Freimaurern konzentrierten sie sich vor allem auf die mittleren und unteren Mittelschichten und fungierten im Grunde beinahe wie eine gegenseitige Versicherungsagentur. Manchmal galten sie als „demokratische Parallele zu den eher aristokratischen Masonisten bzw. Freimaurern".[748] Mit der Zeit wurde aus ihnen ebenfalls eine eher elitäre Gesellschaft, da die Finanzstärke ihrer Mitglieder sehr wichtig war.

Beide Orden, sowohl der I.O.B.B., als auch der I.O.O.F., wiesen außerordentliche karitative Aktivitäten auf, beide hatten eine zumindest vergleichbar große Mitgliederzahl wie die Freimaurer, beide brachten weit höhere finanzielle Beiträge als die Freimaurer auf, da Wohltätigkeit auch finanziert werden musste, beide Orden vereinigten sowohl Tschechen als auch Deutsche, wobei wir vor allem für die Mitte der 30er Jahre eine Entwicklung hin zum Tschechischen beobachten können,[749] und beide Gesellschaften ließen eine Beteiligung von Frauen zu. Beide Orden waren den Freimaurern ähnlich, jedoch gab es in ihnen keine Abtrünnigen. Die tschechischen Freimaurer wussten nicht so recht, welche Haltung sie zu den beiden Gesellschaften einnehmen sollten. Wenn es

747   Dessen nicht aufgearbeiteter Bestand befindet sich ebenfalls im Nationalarchiv der Tschechischen Republik, ist Teil des Bestandes der Freimaurerlogen [Zednářské lóže], was an sich bereits von einem nur sehr allgemeinen Bewusstsein über die Unterschiede zwischen diesen Gesellschaften zeugt. Auch hier finden wir eine umfangreiche amtliche Akte, Korrespondenz und die Zeitschrift „Přátelství" [Freundschaft], die der Orden Odd Fellow ausgab.

748   SEDMÍK, Jiří: I.O.O.F., in: Svobodný zednář 9, VII, 1933, S. 153-156. Bereits vor dem Ersten Weltkrieg existierten in Böhmen drei Logen, damals ausschließlich deutschsprachige: Freundschaft [Prag], Eintracht [Teplitz/Teplice], Treubund [Pilsen/Plzeň]. Mitte der 30er Jahre bestanden bereits 16 Logen, darunter vier tschechische, und zwar Mír Nr. 5 [Prag], J. A. Komenský Nr. 11 [Brünn/Brno], Pravda Nr. 13 [Prag] und die Loge Nr. 16 [Jungbunzlau/Mladá Boleslav]. Die anderen Logen waren deutsch. Hinzu kam die Schwesternloge Rebekka.

749   Diese Tendenz ist sowohl in den amtlichen Aufzeichnungen als auch in den Zeitschriften zu erkennen. Dies hing sicherlich mit der fortschreitenden Assimilierung von Juden in die tschechische Gesellschaft, aber auch mit dem Gefühl der Bedrohung zusammen, das von Hitler-Deutschland ausging.

in der Welt gängig war, dass eine Mitgliedschaft von Freimaurern mit einer Mitgliedschaft in diesen Organisationen kompatibel war, so gilt das nicht für das tschechoslowakische Umfeld. Eine Abgeschlossenheit und Vorsicht auf Seiten der Freimaurer war hier beinahe genauso stark wie im Fall des Hl. Grals, obwohl diesen beiden Gesellschaften auf Grundlage rationaler Überlegungen kaum etwas vorgeworfen werden konnte. Grund konnten gegebenenfalls Befürchtungen sein, dass bei einer Freigabe die Intimität aus dem Leben der Freimaurer verschwinden könnte, die viele in der freimaurerischen Bruderkette sahen und pflegen wollten, wobei viele Freimaurer annahmen, dass die Freimaurerei nur durch die Exklusivität ihrer Organisation bewahrt werden könne.

In den 30er Jahren entfachte sich eine Diskussion, ob das Verhältnis zu diesen Gesellschaften nicht doch neu bewertet werden sollte. Es war nicht zu übersehen, welches große wohltätige Werk sie zur Linderung der Folgen der Weltwirtschaftskrise vollbrachten.[750] Auch zeigte die Zeit, dass sie kein Nährboden für störende Elemente waren. Trotzdem beschloss der Große Rat noch 1933, als eine Mitgliedschaft im Hl. Gral mehr oder minder erlaubt wurde, dass „eine Mitgliedschaft in unserem Orden nicht mit einer Mitgliedschaft in den Gesellschaften Odd Fellow und B'nai B'rith vereinbar ist".[751] Diese Position war jedoch zu diesem Zeitpunkt bereits nicht mehr haltbar, sodass diese Frage noch im selben Jahr durch eine spezielle Kommission geprüft wurde.[752] Im Jahr 1935 wurde in den Logen eine Umfrage gemacht, ob sie diese Gesellschaften für sich tatsächlich als unannehmbar erachten. Die Mehrheit der Logen äußerte sich positiv zu den gegenständlichen Gesellschaften, einige störten sich nur etwas daran, dass die Loge I.O.O.B. für sich eine besondere Exklusivität auf „rassischer Grundlage" beanspruche. Danach galt eine Mitgliedschaft in diesen Gesellschaften nicht mehr als Hindernis für ein Engagement bei den Freimaurern. Mit diesen Entscheidungen näherte sich die tschechoslowakische Freimaurerei den internationalen Standards an. „Wer sich heute, in dieser egoistischen und materialistischen Zeit mit Ethik oder Theosophie befasst und andere Menschen unterstützt, ist grundsätzlich

---

750   Besonders engagiert zeigte sich der I.O.O.F. zum Beispiel in Kurorten – hier reservierte er im Grunde dauerhaft Kurplätze für Bedürftige. Dokumentation hierzu im NA (Nationalarchiv), Bestand Zednářské lóže (Freimaurerlogen) und auch Zprávy z dílen (Nachrichten aus den Werkstätten), in: Svobodný zednář 3-5, IV, 1930, S. 64.

751   Zprávy (Nachrichten), in: Svobodný zednář 5-6, VII, 1933, S. 86-95.

752   Z domácích dílen (Aus heimischen Werkstätten), in: Svobodný zednář 9, VII, 1933, S. 163-165. Zu dieser Zeit wurden Recherchen in der Zeitschrift „Přátelství" des Ordens Odd Fellow vorgenommen, die für die Freimaurer in vielerlei Hinsicht inspirierend war. Das wohltätige Engagement dieses Ordens rief Verwunderung und bei manchen auch Bewunderung hervor.

sicherlich ein guter Mensch, warum sollten sich die Freimaurer diesen a priori entsagen und ihnen einen Zugang zu sich versperren?"[753] Die wahrscheinlich einzige geheime Gesellschaft, bei der eine Mitgliedschaft keinerlei Probleme nach sich zog, war der Rotary Club. Zahlreiche Freimaurer waren zugleich auch Rotarier und die jeweiligen Aktivitäten störte dies in keiner Weise. Vielsagend in dieser Hinsicht ist das Zeugnis Václav M. Havels, in gleicher Weise inspirierend sind aber auch die Erinnerungen von Ladislav Feierabend oder der Nachlass von Jan Emler und Antonín Sum.[754] Nicht zu vergessen sind die suggestiven Schilderungen der Unterschiede zwischen Freimaurern und Rotariern, die Jan Thon hinterließ.[755]

Die Organisation der 1905 gegründeten Rotarier bildete in der Tschechoslowakei Ableger erst Mitte der 20er Jahre, hatte nach ein paar Jahren jedoch bereits fast dreißig Clubs, die selbst in kleinen Städten entstanden. Für Rotarier, die sich einmal wöchentlich beim Mittagessen oder Abendessen trafen, galten wie bei den Freimaurern eine Reihe Prinzipien, die sich jedoch in vielerlei Hinsicht von denen der Freimaurer unterschieden. Die Rotarier können wir als eine weitaus offenere Gesellschaft erachten, bei der ein reger gesellschaftlicher Kontakt als Nebenprodukt Mittel generierte, die für verschiedene humanitäre Zwecke eingesetzt werden. Tragende Idee ist die Vorstellung, dass jede Erwerbstätigkeit vor allem als Dienst an der Gesellschaft verstanden werden sollte. Besonderheit der Rotarier ist die Beschränkung, wonach in jedem Club nur ein Vertreter und ein Ersatzmann derselben Berufsklasse Mitglied sein können, um Konkurrenzdenken zu vermeiden und direktiv die Tendenz zu überwinden, dass sich Angehörige derselben Berufe zusammenschließen. Durch diese Maßnahme würden stattdessen die Beziehungen zwischen Menschen gestärkt, die ansonsten eher nicht in Kontakt treten würden.[756] Eine weitere Besonderheit besteht darin, dass nur ein

---

753   SEDMÍK, Jiří: O vyšších stupních a organizacích zednářství podobných [Über die höheren Grade und von der Freimaurerei ähnlichen Organisationen], in: Svobodný zednář 4, IX, 1935, S. 69-71.

754   Hier sind Rundschreiben und andere Materialien des Rotary Clubs erhalten, die u.a. zeigen, wie sich die Aktivitäten der Freimaurer und der Rotarier manchmal glichen oder sogar deckten, und dies in einem Maße, dass die selbe Zeichnung, d.h. der selbe Vortrag durch dieselbe Person zum selben Thema sowohl in einer Freimaurerloge als auch im Rotary Club gehalten wurde.

755   Vgl. das Kapitel „Freimaurer sein".

756   Eine erste Information über den Rotary Club finden wir im „Svobodný zednář" unter dem Titel „Rotary a Komenský" [Rotary und Comenius], in: Svobodný zednář 9, IV, 1930, S. 106-108. Der Prager Rotary Club wurde 1925 gegründet, hatte die Nummer 2143, es handelte sich um den 66. Distrikt des Rotary International für die Tschechoslowakei. Initiator für seine Gründung war der damalige tschechoslowakische Botschafter in London, Jan Masaryk. Die Rotarier in Prag hatten ihren Sitz im Anglický klub auf der Prager Kleinseite [Malá Strana], und auch sie veranstalteten größere Events im Prager Gemeindehaus und im Sommer auf den damals bekannten Barrandov-Terrassen. Außerhalb Prags gab es Clubs z.B. in Mělník, Kuttenberg [Kutná Hora], Jungbunzlau [Mladá Boleslav], Poděbrady, Aussig [Ústí nad Labem], Braunau [Broumov], Budweis [České Budějovice], Pilsen, Pressburg

Klub in einer Stadt existieren kann. Die Rotarier sind international und jeder Rotarier hat das Recht einen Klub dort zu besuchen, wo er sich gerade aufhält. Ausgaben hat er jedoch selbst zu tragen.

„Da zu den ersten Mitgliedern des Rotary Clubs bei uns einige Freimaurer gehörten, wurde dieser manchmal als eine Art Ableger der Freimaurer betrachtet. Dem war nicht so. Dass sich jedoch aus den Reihen der Freimaurer einige Mitglieder des Clubs rekrutierten, ist einfach zu erklären. Die Freimaurer und die Mitglieder der Rotary Clubs wurden bei uns aus bedeutenden Persönlichkeiten jener Zeit ausgesucht, und von denen gab es natürlicherweise eine eingeschränkte Anzahl",[757] so das beinahe definitorische Zeugnis Václav M. Havels.

Die Rotarier verwendeten ebenfalls ein einfaches Ritual, das jedoch keineswegs geheim war, man grüßte sich „Mit rotarischem Gruß". Ansonsten jedoch handelte es sich um eine moderne, dynamische Gesellschaft, die etwa Kurse für modernen Tanz oder eigene Kindersommerlager veranstaltete, und deren Mitglieder sich nicht scheuten, mit Werbung für ihre Waren andere Rotarier zu kontaktieren.[758]

Rotarier und zugleich Freimaurer zu sein, war somit von Anfang an kein Problem. Wovon jedoch zeugt der Umstand, dass es ein Problem war, wenn ein Freimaurer Mitglied einer anderen Geheimgesellschaft war? Handelt es sich gegebenenfalls um einen weiteren Beweis für eine gewisse Angst der tschechischen Freimaurer? Vielleicht. Es kann jedoch auch Beleg für etwas anderes sein – und zwar, dass viele Freimaurer ihre Mitgliedschaft in der Loge als eine intime Angelegenheit betrachteten, nicht nur als eine Formalität. Und dann stellt sich die Frage, in welchem Maße ein Mensch innerlich offen sein und für die Bruderschaft „brennen" kann, wenn er dies gleichsam „an mehreren Fronten" tut. Das Bemühen, ein Eindringen anderer Gesellschaften in den Horizont der Freimaurer zu verhindern, war zweifelsohne durch die Angst motiviert, dass die Freimaurerei verwässert und nur zu einer von vielen Gesellschaften werden würde. Wahr ist, und das sahen auch zahlreiche tschechische Freimaurer, die ausländische Logen besucht hatten, dass in den weiterentwickelten Ländern der freimaurerischen Welt, wo die Freimaurerei zum Mas-

---

[Bratislava], Böhmisch Trübau [Česká Třebová], Brünn, Neusohl [Bánská Bystrica], Hodonín, Königgrätz [Hradec Králové], Chrudim, Karlsbad [Karlovy Vary], Kolín, Marienbad [Mariánské Lázně], Ostrava etc. 1938 gab es fast fünfzig Clubs, die sich nur durch ihre Nummer unterschieden. Bemerkenswert ist, dass die Rotarier in der Slowakei nur in den großen Städten präsent waren. Das Periodikum dieser Gesellschaft mit dem Titel „Československý rotarián" erschien ab 1929. Die Rotarier arbeiteten bilingual und nahmen auch Frauen auf.

757   HAVEL, Václav M.: Mé vzpomínky [Meine Erinnerungen], S. 194.

758   Hierzu am besten die Dokumentation im ungeordneten Nachlass des einstigen Governors Antonín Sum im ANM [Archiv des Nationalmuseums].

senphänomen geworden war, sich der besungene Geist der Freimaurerei im Grunde bereits verflüchtigt hatte.

Die tschechische Freimaurerei war jung, und weil sie jung war, wäre es nicht korrekt, ihre Positionen mit Gliedern der Freimaurerkette zu vergleichen, die sich Jahrzehnte oder gar Jahrhunderte ungestört entwickeln konnten. Das elitäre Verhalten der tschechischen Freimaurer rührte nicht nur aus deren Bemühen, einzigartig und exklusiv zu bleiben, sondern auch aus dem Wunsch, zumindest einen Teil dieser idealen Vorstellung über die Freimaurerei zu bewahren. Die historische Entwicklung mit ihren Wendungen und Turbulenzen erzwang jedoch ihre Angleichung an die internationalen Trends, und dies sowohl in der Beziehung zur weltweiten Bruderkette, als auch zu anderen Freimaurern und ähnlichen Institutionen. Die Ergebnisse dieser Öffnung können wir gleichwohl nicht kennenlernen, da der tschechischen Freimaurerei nur noch ein kurze Zeit ihres Seins verblieb ...

Die Freimaurer
und die Welt um sie herum

Loyalität als Daseinsbedingung

Betrachten wir die sich mit der Freimaurerei beschäftigende Literatur, so fällt in quantitativer Hinsicht zunächst die Unmenge an Titeln auf, die sich dem Verhältnis der Gesellschaft und ihrer jeweiligen Ebenen zu den Freimaurern und umgekehrt widmen. Es scheint, dass dieses Thema aus der ganzen Bandbreite an Themen rund um die Freimaurerei nach wie vor das attraktivste ist. Dies ist in Ländern nachvollziehbar, in denen die Freimaurer mit der Staatsmacht kollidierten, in denen sie unter gesellschaftlichem Druck standen, in denen sie permanent von der katholischen Kirche angegriffen wurden, in denen sie skandalisiert und aller denkbaren Vergehen beschuldigt wurden. Dies traf jedoch nicht auf die Tschechoslowakei der Zwischenkriegszeit zu. Nicht dass die Freimaurer nicht auch die Seiten der Boulevardpresse gefüllt hätten, aber der demokratische Rahmen und eine relativ tolerante und fortschrittlich gesinnte Bevölkerungsmehrheit bewirkten, dass keine dieser – in Europa ansonsten gängigen – Erscheinungen ein gewisses erträgliches Maß überschritt. Betrachten wir diese Problematik aus einer mitteleuropäischen Perspektive, so war die Tschechoslowakei vor allem der 30er Jahre, nicht nur für Freimaurer, ein beinahe ideales Land.

Andererseits wäre zu überlegen, inwieweit die Freimaurerei den gesellschaftlichen Fortschritt vorantreiben kann, wenn alle ihre grundlegenden Ziele doch bereits erreicht wurden, und wohin eine solche wenig motivierende Situation führen kann.[759] Die konfessionellen Barrieren und Standesgrenzen waren seit langem gefallen, und den Rest an bürgerlichen Rechten, den die Monarchie ihren Bürgern verweigerte, konnten diese zu Zeiten der Republik nun ohne Einschränkungen in Anspruch nehmen. Derweil übernahm der Staat eine Reihe an sozialen Aufgaben,

---

[759] Fundamental versuchen dieses Problem zu beschreiben VON BIBERSTEIN, Johannes Rogalla: Die These von der Verschwörung 1776-1945. Philosophen, Freimaurer, Juden, Liberale und Sozialisten als Verschwörer gegen die Sozialordnung, 2. Ausgabe, Frankfurt am Main 1978, und auch MAURER, Thomas: Moderne Freimaurerei? Ursprunge der Freimaurerei und ihres Geheimnisses und deren Bedeutung für die Genese politischer Modernität, Dissertationsarbeit, Universität Frankfurt am Main 1992.

die bis dahin verschiedenen Körperschaften oder Privatleuten oblagen. Zudem ist die gesellschaftliche und politische Modernität der industriellen Gesellschaft auch an anderen Schichten als nur einer Elite ablesbar. Welche Rollen spielen hierbei nun die Freimaurer? Wo können sie wirksam ihre Entschlossenheit demonstrieren, die Welt um sich herum zu vervollkommnen? Nein, die Freimaurer bilden nun keine gesellschaftliche Vorhut mehr, und es steht die Frage im Raum, wann und ob sie es überhaupt je gewesen sind. Pionier zu sein bedeutet in Teilen auch radikal aufzutreten, und Radikalismus ist in der freimaurerischen Organisation im Grunde ausgeschlossen. Die Freimaurerei trägt zwar eine aufklärerische, aber gleichzeitig auch eine harmonisierende Sendung in sich, sie erzieht zu Toleranz und Selbstvervollkommnung und fordert zudem von ihren Mitgliedern – im Geiste ihres soliden englischen Fundamentes[760] – Loyalität gegenüber dem Staat. Und diese Anforderung schränkt die Handlungsfähigkeit der Freimaurer unter ungünstigen Bedingungen in erheblichem Maße ein. Wenn sie nicht frei wirken können, sollten sie gar nicht wirken.

Wie also sind die Freimaurer von der Warte der Progressivität bzw. des Konservatismus aus zu begreifen? Sie selbst zögerten in ihrer Mehrzahl keinen Augenblick und sahen sich selbst als Boten der Modernität.[761] Dies jedoch war nicht nur ihnen vorbehalten. Im Grunde setzte das gesamte politische Spektrum der jungen Tschechoslowakei, mit Ausnahme der konservativen Volkspartei, auf ein fortschrittliches und zumindest sozialreformerisches Antlitz, ungeachtet dessen, ob es sich um die politische Rechte oder Linke handelte.[762] Wo also verorteten sich die tschechischen Freimaurer? „Die tschechoslowakischen Logen haben keine scharf ausgeprägte Ausrichtung und schwanken zwischen Konservatismus und Fortschrittlichkeit", erklärte im Rahmen einer öffentlichen Vorlesung in

---

760   Diese Forderung ist in Andersons Konstitution aus dem Jahr 1723 verankert, wie das Verbot in der Loge politische und religiöse Angelegenheiten zu erörtern, um Reibereien und Konflikten vorzubeugen.

761   Es genügt ein Blick etwa in die Schreiben eines Alfons Mucha, um zu sehen, dass jene Vorstellung von Modernität auch in den 20er Jahren in einem Zustand verharrte, der um 1900 aktuell gewesen war. Muchas Überlegungen betreffen die Kunst, die ihm am nächsten war, jedoch spiegelt sich in ihnen auch seine Lebensauffassung wieder. Bei einem Nachdenken über verschiedene Organisationen sagt Mucha z.B.: „Es ist einer der neuralgischen Punkte bei uns, diese ‚internationale Kunst', die sich zu Lasten unserer eigenen bei uns breit macht und das Volk vergiftet ..." Zudem würden die Klassiker parodiert, in allen Kunstformen und auch im Theater, und dem müsse man Einhalt gebieten. „Neben sehr schwachen Beispielen einiger guter alter Meister liegt der Schwerpunkt der ganzen Ausstellung im selben Internationalismus, in der bolschewistischen, der Klassenkunst ..." ANM [Archiv des Nationalmuseums], Sammlung Hn, K. 36, Muchas Schreiben an František Sís vom 27. Juni 1923.

762   Vgl. hierzu ČECHUROVÁ, Jana: Česká politická pravice. Mezi převratem a krizí [Die tschechische politische Rechte. Zwischen Umsturz und Krise], Praha 1999, oder dieselbe, Die Sozialprogramme der politischen Repräsentation des tschechischen Bürgertums nach der Entstehung der Tschechoslowakei, in: Mitteilungsblatt des Instituts für soziale Bewegungen 23, Sozialgeschichte und soziale Bewegungen in der Historiographie der Tschechischen und Slowakischen Republik, Bochum 2000, S. 91-99.

Brünn Rudolf Kopecký.[763] In der Debatte wurde er dann am häufigsten aufgefordert, die Beziehung der Freimaurer zur modernen Zeit und zu den aktuellen politischen und kulturellen Problemen zu spezifizieren. Kopecký täuschte sich beim Abschätzen des Maßes an Fortschrittlichkeit nicht. So wie die Logen politisch geprägt waren, oder besser gesagt: Angehörige welcher politischen Parteien ihre Mitglieder waren, so sehr unterschied sich auch ihr Verhältnis zu dem, was sie als fortschrittlich erachteten. Konservativ jedoch wollte niemand sein, auch wenn es viele tatsächlich waren.

Grundsätzlich können wir sagen, dass die Mitglieder der tschechischen Logen vor allem Wähler der fünf staatstragenden politischen Parteien waren, wobei Sozialisten und Sozialdemokraten leicht überwogen, dicht gefolgt von den konservativen Nationaldemokraten als der Partei der gebildeten Eliten und der Unternehmer. Unter den tschechischen Freimaurern waren aber auch Anhänger etwa der Agrarier (Agrarpartei). Fast ohne Zweifel ausgeschlossen werden können Anhänger der katholischen Volkspartei und Kommunisten, wobei letzteren ein Beitritt zu den Freimaurern seit 1926 ausdrücklich untersagt war.[764] Diese Regel galt nicht universell – es gab Staaten, in denen Kommunisten der Zugang zur Freimaurerei nicht verbaut war, zumindest nicht seitens der Freimaurerorganisationen selbst.[765] Wie die kommunistische streng bipolare Weltsicht wurde auch der Begriff des Klassenkampfes durch die Freimaurer als übertrieben abgelehnt. Die Gemeinsamkeiten sollten die Differenzen überwiegen.[766]

Die tschechoslowakischen Freimaurer hatten in der Tat kein Problem mit der Wahrung der Loyalität gegenüber ihrem Staat. Zum Kolorit einer ganzen Reihe an politischen Parteien und gesellschaftlichen Organisationen der Zwischenkriegszeit gehörte ein demonstratives Bekenntnis zur Staatsidee. Außerordentlich stark, und ich zweifele nicht daran, auch aufrichtig, wurden die eigene Staatlichkeit und ihre grundlegenden Attribute, Feiertage und Persönlichkeiten geachtet und gefei-

---

763 Er referierte hier am 24. November 1932 zum Thema Freimaurerei. Zprávy (Nachrichten), in: Svobodný zednář 2, VI, 1932, S. 27-32.

764 Zprávy (Nachrichten), in: Svobodný zednář 12, VI, 1932, S. 187-192. Bzw. bestand das Verbot einer Mitgliedschaft für Mitglieder der sog. III. Internationale.

765 Vgl. z.B. BEDNÁŘ, F.: Pohled do života norských bratří (Ein Einblick in das Leben norwegischer Brüder), in: Svobodný zednář 10, X, 1936, S. 171-173. Bednář stellte zu seiner Überraschung fest, dass in Norwegen auch Kommunisten in Logen aufgenommen wurden, die ohne Probleme die Reihen der Freimaurer ergänzten. Sämtliche Diskussionen über Politik waren in den norwegischen Logen untersagt. Die Einstellung zu den Kommunisten folgte aus deren Einstellung gegenüber dem Staat, die in der Tschechoslowakei den Freimaurern zufolge staatszersetzend war.

766 WOLF, Jaroslav: Humanitní myšlenka (Der humanitäre Gedanke), in: Svobodný zednář 3, VII, 1933, S. 34-36.

ert. Diese Positionierung mag uns heute, in einer Zeit eines allseitigen
Relativismus, beinahe kitschig erscheinen, jedoch gehörte sie seinerzeit
ganz wesentlich zum Erleben und Durchleben des Tschechisch-Seins, des
Tschechoslowakismus und des Demokratismus. Die Freimaurer bekannten sich demonstrativ zur Tschechoslowakischen Republik, ihre Druckerzeugnisse und Rituale beinhalteten im Grunde symbolische Treueeide
gegenüber dem Staat. Sie gerierten sich gar als Wächter der Republik
und sahen ihre Aufgabe darin, Wolken zu zerstreuen und Gefahren auf-
zuwiegen, die die junge Republik destabilisieren könnten. Bereits an dieser Stelle müssen wir jedoch konstatieren, dass sie nie die Kraft gefunden
oder den Willen gehabt haben, das öffentliche Leben tatsächlich im Geist
der Freimaurerei zu beeinflussen. Das Freimaurer-Sein wurde durch andere Positionierungen in den Hintergrund gedrängt – durch politische
und persönliche, und war daher keineswegs eine ausschließliche, alles be-
stimmende Angelegenheit. Daher wäre es auch mehr als unangebracht,
einige Personen zur Beschreibung bzw. Dechiffrierung ihrer Identität
nur mit dem Wort Freimaurer bezeichnen zu wollen, da sie neben einer
Zugehörigkeit zur Loge zweifelsohne noch andere Identitäten pflegten.[767]
    In diesen Kontext müssen wir ihr Verhältnis zu Staatspräsident Ma-
saryk einordnen, das heute als devote Unterwürfigkeit erscheinen mag.
Seinerzeit handelte es sich jedoch zweifelsohne um eine Identifizierung
mit einem Symbol des Staates, obwohl viele Menschen Masaryk persönlich überhaupt nicht verstehen mussten. Masaryk war hochgeachtet, und
konventionelle Audienzen, die Delegationen der Freimaurer wie anderen
Verbänden gelegentlich auch zuteil wurden, glichen hohen Feiertagen.[768]
Darüber hinaus hatten die Freimaurer noch einen Grund mehr Masaryk
zu verehren, da sie mit Blick auf dessen Presseartikel aus der Vorkriegszeit über die Freimaurer auf eine innere Verbindung zu ihm verweisen
konnten. Masaryks Lebensjubiläen waren daher auch Anlass zur Einberufung großer Freimaurerversammlungen.[769] Der Tod Masaryks im Jahr

---

767   Unter diesem Blickwinkel erachte ich auch einige Charakteristika als streitig, die Antonín Klimek in seinen
Arbeiten über das politische System der Tschechoslowakei zugrunde legt (z.B. II. Teil, S. 343), da das Verhältnis von
Emil Lány oder Karel Weigner z.B. zur katholischen Kirche nicht allein aus deren Mitgliedschaft bei den Freimaurern
rühren musste, sondern auch mit ihrer eigenen religiösen, parteipolitischen oder sonstigen Vereinszugehörigkeit
(Sokol) verbunden gewesen sein konnte. Alle diese Aspekte formten ihre Einstellung und die Freimaurerei war nur
einer von mehreren Aspekten. Die Vorstellung, dass ein Freimaurer mit dem Antichristen gleichzusetzen sei, ist
doch arg vereinfachend.

768   Audienzen können im entsprechenden Protokollbuch für Audienzen im AKPR (Archiv der Kanzlei des
Staatspräsidenten) nachvollzogen werden. Meist erfolgte die Kommunikation jedoch mittels Grußadressen oder
Telegrammen. Vgl. ebd.

769   Wir dürfen nicht vergessen, dass auch eine gewisse mentale Trägheit gesamtgesellschaftlich gewirkt haben mochte: auch Kaisergeburtstage wurden vor der Staatsgründung der Tschechoslowakei mit Pomp begangen. Diesem Stereotyp würde auch eine Formulierung entsprechen, die im Zusammenhang mit dem siebzigsten
Geburtstag des ersten Protokollchefs Masaryks, Jiří Guth-Jarkovský, verwendet wurde, welcher den Freimaurern

1937 traf die tschechischen Freimaurer daher nachhaltig.[770] Eine ähnliche Beziehung wie zu Masaryk hatten sie auch zum 28. Oktober 1918, dem Gründungstag der Tschechoslowakischen Republik.

Wenn von der Beziehung der Freimaurer zum Staat oder direkt von einer Loyalität zu diesem die Rede ist, ist ein weiterer Moment zu unterstreichen. Die Freimaurer, wie auch andere sog. Geheimgesellschaften, waren ein regulärer Verband, und als solcher unterlagen sie einer Genehmigung der sog. Landesbehörde bzw. einer Kontrolle durch diese.[771] Eine erste institutionelle Überprüfung durchliefen sie bis Mitte der 20er Jahre. Im Jahr 1932 wurden sie als Verband ein zweites Mal und mit einer neuen Satzung registriert, die den staatlichen Ansprüche Genüge tat. Dabei konnten die Grundsätze der Freimaurerei eingehalten werden und alle Logen wurden gesondert registriert, jedoch alle mit dem gleichen Wortlaut der Satzung.[772]

Auch die Polizeiakten deuten an, dass die Freimaurer sehr ordnungsliebend auftraten – es verwundert fast, welche minimale Aufmerksamkeit ihnen durch die Organe des Ministeriums des Innern zuteil wurde.[773] Wir sollten nicht annehmen, dass es sich hierbei etwa um eine angeordnete und gezielte Nichtbeachtung handelte – ich denke, dass das Geheimnis dieses Umstandes darin zu suchen ist, dass gegen die Freimaurer einfach nur wenige Eingaben oder Denunziationen erfolgten und dass die Polizei an sich keine Ambitionen und auch keinen Grund hatte, den Freimaurern a priori nicht zu vertrauen und sie zu kontrollieren. Für Anfang der 20er Jahre können wir sehen, wie sich die Polizei überhaupt

---

vorgestellt wurde als „Berater in jenen gesellschaftlich sehr wichtigen Dingen am Hofe [sic] des ersten Präsidenten des wiedererstandenen tschechoslowakischen Staates". RJV: Dr. Jiří Guth Jarkovský sedmdesátníkem [Dr. Jiří Guth Jarkovský begeht seinen siebzigsten Geburtstag], in: Svobodný zednář 1, V, 1931, S. 10–11.

770 Als außerordentliche Ehre erachteten die Freimaurer den Umstand, dass das Modell Karel Štipls, nach dem das für die Comenius-Kapelle im niederländischen Naarden bestimmte Staatswappen aus Holz geschnitzt wurde, welches im Sitzungssaal des Großen Rates im Freimaurertempel in Prag-Smíchov hing, zur Dekorierung von Plečniks Säulensaal ausgeliehen und über Masaryks Sarg aufgehängt wurde. Štipl, der durch die Kanzlei des Staatspräsidenten [„der Burg"] hierzu angesprochen wurde, hatte keinen Abguss des Wappens, sodass er dieses Modell verlieh. Zprávy [Nachrichten], in: Svobodný zednář 8, XI, 1937, S. 114–116.

771 Daher sind auch zahlreiche Materialien verschiedener freimaurerischer und pseudofreimaurerischer Institutionen erhalten in AMP [Archiv der Hauptstadt Prag], Bestand Polizeidirektion, Vereinskataster [Policejní ředitelství, Spolkový katastr].

772 AVL ČR [Archiv der Großloge der Tschechischen Republik], Kniha prací lóže Národ [Buch der Arbeiten der Loge Národ], Aufzeichnung vom 5. Februar 1932, und auch der Bericht des Großsekretärs für das Jahr 1931, in: Svobodný zednář 5–6, VI, 1932, S. 80–86. Hier wird ausdrücklich Folgendes angeführt: „Diese Satzung wird nicht nur eine formelle Satzung sein, sondern wird voll der Konstitution entsprechen." Streitig war die Existenz der Forschungsloge Quatuor Coronati, da diese – im Grunde als Aufbau oder außerhalb der Strukturen der tschechischen und deutschen Logen stehend – nirgends ordnungsgemäß registriert war. SÚA [Staatliches Zentralarchiv], Bestand Ministerium des Innern – Präsidium [Ministerstvo vnitra – prezidium] 1936-40, XZ 4/9.

773 Vgl. hierzu die Materialien im SÚA [Staatliches Zentralarchiv], Bestand Ministerium des Innern – Präsidium [Ministerstvo vnitra – prezidium] und AMV [Archiv des Ministeriums des Inneren], S-341 etc.

erst mit den Logen bekannt machte, welche damals zum ersten Mal aus ihrer amtlichen Illegalität traten, und sie Informationen sammelte, welche Loge wohin gehörte. Grundsätzlich kann festgehalten werden, dass die jeweiligen Logen als vertrauenswürdig und gesellschaftlich ungefährlich erachtet wurden, wenn sie unter dem Dach der Nationalen Großloge der Tschechoslowakei (NVLČs), der Lessing, des B'nai B'rith oder Odd Fellow existierten.[774]

Eine Anomalie – die Anzeige der Anna Nováková

Trotz aller oben angeführten Tatsachen ist in den Materialien des tschechoslowakischen Ministeriums des Innern eine außerordentlich umfangreiche Anzeige gegen die Freimaurer erhalten, die ein bemerkenswertes Zeugnis für den naiven Versuch einer Kriminalisierung der Freimaurer, aber auch für ein Abbild der in der Gesellschaft – oder Teilen derselben – gegen die Freimaurer bestehenden Vorurteile darstellt. Es muss jedoch erneut betont werden, dass es sich um eine absolute Ausnahme handelte. Es handelte sich wahrscheinlich um die größte „Denunziation" gegen die Freimaurer, die in den Archiven der zentralen Polizeibehörden erhalten ist.[775]

Am 26. September 1928 fand sich in Pressburg (Bratislava) die Apothekergattin Anna Nováková bei der Polizei ein und machte folgende Aussage: Vor zwei Jahren habe sie einen anonymen Brief erhalten, mit dem sie aufgefordert worden sei, sich in einem Haus unter der Pressburger Burg einzufinden. Den Brief habe sie verbrannt und nicht reagiert. Kurz darauf sei ein ihr unbekannter junger Mann zu ihr gekommen und habe ihr verschiedene Bücher zum Kauf angeboten. Er habe gefragt, ob sie nicht ein Dienstmädchen benötige. Die Bücher und das Angebot über ein Dienstmädchen habe sie abgelehnt. Offenbar sei jedoch dieses angebotene Mädchen danach ihn ihr Haus gekommen und sei offenbar aus dem YWCy vermittelt worden. Kurz nach ihrem Arbeitsantritt habe das Dienstmädchen Hedvika Fialová erzählt, dass sie mit ihrem Verlobten Karol Špetka, einem Elektromonteur der Firma „Dynamitka" in einem Restaurant gewesen sei, als sich dort zwei blasse junge Männer über die Freimaurer unterhalten hätten. Anna Nováková habe diesen Erzählungen nicht geglaubt und sei zu der Überzeugung gekommen, dass Špetka

---

774   Gelegentlich wurde, meist nach einer Anzeige, die Zuverlässigkeit eines Vereins geprüft, jedoch wurde in der Regel befunden, dass die Beschwerden unbegründet sind. Vgl. z.B. AMV (Archiv des Ministeriums des Inneren), Bestand S-341-3, dort die Untersuchung der Loge I.O.O.B. in Ostrava 1936 etc.

775   Vgl. NA (Nationalarchiv), Bestand Ministerium des Innern – Präsidium (Ministerstvo vnitra – prezidium), PMV 1925-30, XZ 4/6. Bemerkenswert am Text ist, dass (die Slowakin) Nováková nicht das slowakische Wort für Freimaurer, „murár", verwendete, sondern das tschechisch inspirierte „zednár". Die Anzeige nahm der Pressburger Polizeidirektor Slavíček auf, dem Namen nach offenbar ein Tscheche.

persönlich Freimaurer sei. Das Dienstmädchen habe sich letztlich dazu bekannt. „Sie hat mir zugleich mitgeteilt, dass der Betreffende bereits im vierzehnten Jahr Mitglied der Freimaurervereinigung ist ... Nach den bei den Freimaurern gültigen Regeln wurde Karol Špetka durch seinen sterbenden Onkel der Freimaurerloge übergeben [sic]."

Dieser junge Mann sei eine Art Kurier, der zwischen einzelnen „Organisationen der Freimaurer" vermittle und „deren eventuelle Befehle" ausführe. Nováková habe direkt von Špetka erfahren, dass in der Slowakei insgesamt 6 solche Organisationen aktiv seien und dass es sich im Grunde um Zweigstellen aus Wien und Ungarn handelte, die sich einmal monatlich zwischen Mitternacht und 2:00 Uhr in der Nacht träfen und 12 Mitglieder hätten. Sie würden geheime Parolen verwenden, bei den Treffen würden rote Lampen leuchten und ihre Gesichter seien mit schwarzen Masken verhüllt. Wenn sie ihrem Kurier Špetka einen Brief übergäben, müsste er immer auf ein Schwert schwören, dass er alles ordnungsgemäß erledigen und abgeben würde.

Anna Nováková teilte der Polizei des Weiteren mit, dass Špetka auf ihren Rat hin aus dieser Freimaurerorganisation ausgetreten sei, wobei ihm mitgeteilt worden sei, dass er dieser noch über drei Jahre ev. zu Diensten sein müsse. Zudem hätten ihm die Freimaurer bereits zuvor verboten, das Dienstmädchen der Nováková zur Frau zu nehmen. Kurz darauf hätten sie ihn als Kurier nach Serbien geschickt, wo er „etwas sehr Schreckliches vollbringen sollte. Es handelte sich offenbar um ein Attentat." Den Verdacht, dass Špetka ein gedungener Mörder sei, habe Nováková gehabt, nachdem ihr Dienstmädchen sehr erleichtert gewesen sei, als sie aus der Zeitung erfahren habe, dass Staatspräsident Masaryk persönlich nicht an Feierlichkeiten auf dem Berg Bradlo teilnehmen werde. „Bis zu diesem Zeitpunkt war sie zerstreut, als sie aber dieses dann erfuhr, war sie erleichtert und ist vor Freude aufgesprungen. Ihr Verlobter hat ihr angeblich gesagt, dass er innerhalb von drei Wochen jemanden umbringen soll, aber dass er sich lieber selbst erschießen würde, als einen anderen zu ermorden. Es handelte sich wahrscheinlich um die Ausführung eines Attentates auf Präsident Masaryk bei den Feiern auf dem Bradlo." Nováková zeigte Špetka umgehend bei der Polizei an und warnte mit einem Schreiben auch direkt Masaryk.

Špetka habe nach ihrer Aussage auch davon erzählt, wer alles auf Befehl der Freimaurer ermordet worden sei, häufig habe dies wie Selbstmord ausgesehen. Es sei nie etwas aufgedeckt worden, da bei den Freimaurern auch Detektive und ein „hoher Polizeikapitän aus Bratislava" seien.

Es folgte ein Verhör des Apothekers Novák, eines im südböhmischen Vodňany geborenen Tschechen. Dieser bestätigte, dass es Špetka abge-

lehnt habe Fialová zu heiraten, weil ihm dies die Freimaurerloge untersagt habe, die ihm eine andere Braut ausgesucht habe. Novák habe auch
gehört, wie Špetka die Verhältnisse in der Freimaurerei in der Slowakei
schilderte, und er bestätigte im Großen und Ganzen die Aussagen seiner
Gattin. Er fügte jedoch hinzu: „Ich habe dem ganzen Gespräch keine Bedeutung beigemessen, da mir die Existenz einer ganzen Reihe von Freimaurerlogen bekannt ist." Erst als ihm seine Gattin erzählt habe, dass
das Dienstmädchen weinen und weinen würde und wie es aufgelebt sei,
weil sich „Präsident Masaryk und Minister Beneš nicht zu dem Fest auf
dem Bradlo einfinden werden", habe er begonnen die Sache ernst zu nehmen. Den Apotheker habe verwundert, dass zur selben Zeit in deutschen
und später in tschechischen Zeitungen die Nachricht auftauchte, dass
Masaryk seine Teilnahme an den Feierlichkeiten wegen eines Attentates
abgesagt habe. Hier wurden offenbar Ursache und Wirkung verwechselt,
da andere Aussagen andeuten, dass sie über das geplante Attentat aus
der Zeitung erfahren hätten und die Apothekergattin erst danach einen
Verdacht gegen Špetka hegte.

Vernommen wurden auch zwei Dienstmädchen des Apothekerpaares
– die unglückliche Hedvika Fialová und Emilia Čermáková. Bemerkenswert ist, dass die durch die Freimaurer verbotene Braut Hedvika mit
ihren achtundzwanzig Jahren bereits Witwe war. Interessant ist ferner,
dass die Urkunde, die Špetkas Entlassung aus dem Freimaurerbund bestätigen sollte, auf Deutsch abgefasst gewesen sei und Fialová diese somit nicht verstehen konnte. Obwohl Špetka zu Beginn von keinen Komplikationen bei einer Heirat sprach, erklärte er mit einem Mal, dass er sie
für die nächsten drei Jahre nicht ehelichen könne. Die Apothekergattin
habe die Idee gehabt, dass dies wegen der Freimaurer der Fall sei, Fialová jedoch gab an, dass sie nicht sagen könne, ob dies der Grund sei, „oder
aus dem Grunde, dass er an der Lunge krank ist". Špetka arbeitete zu
jener Zeit bereits vier Monate nicht und bezog Krankengeld.

Hedvikas Aussage widersprach mehr und mehr der Aussage des
Apothekerpaares. Sie wusste nicht, dass Špetka nach Serbien fahren
würde, sie wusste nicht, dass er Kurier der Freimaurer gewesen sein soll,
sie wusste nicht, dass er ein Attentat am Berg Bradlo plane und andere Sachen. Dass Masaryk nicht zu den gegenständlichen Feierlichkeiten kommt, habe sie gefreut, weil ihr die Apothekergattin zuvor erzählt
habe, dass man ein Attentat auf ihn plane. „Natürlich wünschte ich mir
als Slowakin nicht, dass so etwas in der Slowakei passiert." Der Ruf der
Slowakei stand in ihrem Wertesystem offenbar höher als das Leben des
Staatspräsidenten.

Die zweite Dienstmagd sagte aus, dass sie über Špetka nur wüsste, dass er Freimaurer sei, weil er dies in der Küche der Apothekergattin gesagt habe. Sie wusste auch, dass er ein Dokument über seinen Austritt habe und drei Jahre lang nicht heiraten dürfe. „In diesem Zusammenhang sagte mir Frau Fialová, dass Špetka jetzt eine Bekanntschaft hat, ein deutsches Mädchen, und dass er sie deshalb nicht mehr so oft wie früher besuchen kommt." Es scheint somit, dass die ganze „Freimaurerverschwörung" nur ein Vorwand für Špetka war, eine Ehe mit Fialová zu vermeiden. Die Polizei nahm noch eine Hausdurchsuchung mit dem Ziel bei ihm vor, die Bescheinigung über den Austritt aus dem Freimaurerorden zu finden. Sie fand eine mit Gummistempeln für Kinder gedruckte Urkunde, die sehr wahrscheinlich von Špetka selbst angefertigt wurde. Die Polizei fand zudem ein handschriftliches Konzept.

Bei einem Verhör räumte der fünfundzwanzigjährige Špetka ein, dass er einfach alle mit der Aussage an der Nase herumgeführt hatte, dass er Freimaurer sei. Mit Fialová habe er nach eigener Aussage zudem nicht über die Freimaurer gesprochen, sondern über den Ku-Klux-Klan, „damit ich mal einen Vorwand habe, einen Besuch bei Hedvika Fialová zu vermeiden, die ich nach einer kurzen Zeit unserer Bekanntschaft nicht mehr leiden konnte. Das Vortäuschen einer Mitgliedschaft in dieser Organisation diente mir dazu, dass ich die abendlichen Besuche ausließ, und ich habe dies auch als Grund angeführt, warum ich sie nicht heiraten kann." Als Fialová aber auch so nicht locker ließ und von ihm forderte, aus den Freimaurern auszutreten, fertigte er auf einer Druckmaschine für Kinder jene Bestätigung, und sagte ihr zugleich, dass er sie nicht heiraten könne.

Špetka bekannte sich dazu, dass er Fialová Mitglieder des Ku-Klux-Klans gezeigt habe, die in der Zeitschrift „Die Woche" abgedruckt waren, und dass er Interesse an dieser Organisation habe. Verwunderlich ist, warum er angab, dass dort schwarze Masken getragen würden, obwohl die Farbe dieser Geheimgesellschaft weiß ist.

Nach den Ermittlungen, von der die Pressburger Polizei zweifelsohne nicht begeistert gewesen war, räumte Špetka auch gegenüber dem Apotheker Novák ein, sich alles ausgedacht zu haben, um Fialová loszuwerden, die ihn zu einer Heirat gedrängt habe, was er als kranker Mensch überhaupt nicht beabsichtige, und schon gar nicht mit ihr. Als der Apotheker nachhakte, warum er ihr nicht einfach gesagte habe, dass er sie nicht heiraten werde, antwortete Špetka, dass er hierzu nicht genug Kraft gehabt habe und sich daher die Geschichte mit der Freimaurerei ausdachte und hoffte, sie werde ihn von allein verlassen.

Anna Nováková ergänzte dann noch ihre Aussage in der Hinsicht, dass weder Fialová noch Špetka mit ihr ausdrücklich über ein Attentat gesprochen hätten, dass dies nur ihr Verdacht gewesen sei, als ihr das Dienstmädchen mitteilte, was Špetka gesagt habe: binnen drei Wochen würde etwas Schreckliches geschehen und binnen zwei Monaten würde sie wissen, „ob er lebendig oder tot sein wird und dass sie sich erst dann wiedersehen". Mit der Apothekergattin ging offenbar die Phantasie durch – sie reimte sich zusammen, dass die schreckliche Tat in einem Attentat auf Staatspräsident Masaryk und seine rechte Hand Beneš bei den besagten Feierlichkeiten bestehen müsse. Das Dienstmädchen widersprach ihr nicht.

Mit Blick auf die gegenständlichen Feststellungen sah die Polizei von weiteren Ermittlungen ab. Das Präsidium des Innenministeriums und die Polizeidirektion erhielten Kenntnis von dem Fall – jedwede Erwähnung eines Attentates auf das Staatsoberhaupt konnte selbstverständlich nicht unbeachtet bleiben. Aus dem gegenständlichen „Freimaurerfall", der sich als einer von wenigen in den Archiven der zentralen Institutionen erhalten hat, folgen interessante Schlüsse: Primär von Interesse ist, wie die Freimaurer wahrgenommen wurden, in welche „Schubladen" sie gesteckt wurden, welchen Ruf sie also im Volk genossen. Zum einen wäre hier die Vorstellung Špetkas, zum anderen die Fialovás und Novákovás. Bei allen bestand keinerlei Bewusstsein dafür, wie diese Organisationen tatsächlich arbeiten, welche Mission sie haben, wer Mitglied ist, in welchem Verhältnis sie zum Staat und zum Staatsoberhaupt stehen. Und so gibt diese harmlose Geschichte von einer misstrauischen Apothekergattin, einem enttäuschen Dienstmädchen und einem gehetzten Junggesellen ein durchaus plastisches Bild darüber ab, was Ende der 20er Jahre der Begriff des Freimaurers evoziert haben kann.

Das Verhältnis zur Politik

Wenn angeführt wurde, dass sich die Freimaurer aus fast dem gesamten Spektrum der politischen Parteien rekrutierten, und dass sowohl die Einzelpersonen als auch die gesamte Organisation in ihrer Programmatik staatstragend auftraten, so bedeutet dies nicht, dass sie mit allem zufrieden gewesen wären, was im öffentlichen Leben geschah. Ein Problem bestand jedoch darin, wie sich die Freimaurer diesen Fragen überhaupt stellen sollten – wenn sie auf Andersons Konstitution von 1723 hätten bauen wollen, hätten sie in den Logen über diese Angelegenheiten nicht diskutieren dürfen. Die Vorstellung jedoch, dass sich tschechische Männer im 20. Jahrhundert nicht über Politik unterhalten, wäre naiv. Die tschechischen Freimaurerlogen waren voll von Vertretern einer gesellschaftlichen Schicht, die als „homo politicus" gewertet werden kann.

Gleichwohl ist zu betonen, dass unter ihnen nur sehr wenige „professionelle" Politiker waren.

Gründe, warum Politiker nicht zur Freimaurerei inklinierten, konnte es zahlreiche gegeben haben: es gab Befürchtungen, in Skandale bzw. Skandalisierungen hineingezogen zu werden; die intime Bruderschaft mochte bei Politikern deren Gefühl einer Außergewöhnlichkeit gestört haben; wenn eine Person eine bestimmte Stufe im Machtgefüge erreicht, können Bruderschaften dieses Typs uninteressant werden; Politiker mochten wenig Zeit für solche Aktivitäten gehabt haben. Und auch wenn keiner von ihnen zu den profiliertesten oder besonders aktiven Vertretern der Freimaurergemeinde in der Tschechoslowakei zählte, so zogen und ziehen Politiker unter den Freimaurern jedoch die größte Aufmerksamkeit der Öffentlichkeit auf sich.[776] Sie standen nämlich den Machtstrukturen des Staates nahe und die Freimaurerei wird oft als geheimes Machtinstrument wahrgenommen, das seine Fühler in der Gesellschaft und weltweit ausbreitet und das mit einer bestimmten zentral formulierten Absicht geführt wird. In dieses Konzept passen die tschechischen Politiker jedoch kaum, mit Ausnahme von Eduard (Edvard) Beneš, der wegen seiner klaren außenpolitischen Orientierung von vielen Seiten, Freimaurer eingeschlossen, als Verräter gebrandmarkt wurde.

Die Freimaurer mussten sich nicht nur mit der politischen Gegenwart arrangieren, sondern auch mit der politischen Vergangenheit, oder besser gesagt mit Ausflügen von Freimaurern in die Politik in der Vergangenheit. Zu nennen wären hier etwa der nach wie vor skandalisierte Anteil der Freimaurer am Sieg der Entente im Ersten Weltkrieg und die Entstehung der Tschechoslowakei. In der Zwischenkriegszeit musste die tschechoslowakischen Freimaurer diese Frage nicht beunruhigen, da im heimischen Milieu diese Tatsachen kaum jemand negativ auslegte. Dass es eine ungeheure Menge deutschsprachiger spekulativer Materialien gab, aber auch klerikale Abhandlungen verschiedener nationaler Provenienz, die die Niederlage der Mittelmächte als Ergebnis einer weltweiten

---

776 Wer kann an dieser Stelle genannt werden? Aus der ersten Welle Alois Rašín, einer der Staatsgründer, der zu früh verstarb, um einen Fußabdruck als Freimaurer hinterlassen zu können. Sein Charakter war zudem mit einer ganzen Reihe an Prioritäten der Freimaurer im Grunde unvereinbar. Des Weiteren zu nennen wären der sehr umstrittene Theodor Bartošek, ferner Václav Klofáč, der wegen Nichtteilnahme als erster ausgeschlossen wurde, die Sozialdemokraten Gustav Habrman und Jaromír Nečas, der Agrarier Ladislav Feierabend und selbstverständlich Edvard Beneš. Es würden sich sicherlich auch weitere Persönlichkeiten finden, deren Anteil an der Mitgliederzahl aber minimal war. Einige Freimaurer waren während ihres aktiven Wirkens im öffentlichen Leben z.B. Abgeordnete, Senatoren oder Minister, ihre eigentliche berufliche Ausrichtung war jedoch eine andere (z.B. Eliáš, Syrový, Sís, Dyk, Machar, Kvapil, Syllaba, Brabec, Scheiner, Šámal, Kapras und andere). Aber nicht nur Spitzenpolitiker mussten Skandalisierungen über sich ergehen lassen, etwas derartiges konnte auch auf kommunaler Ebene passieren, wie etwa im Herbst 1929 dem Reichenberger Bürgermeister Kostka. Es reichte aus, dass Glückwünsche zu seiner Wahl von der Reichenberger Freimaurerloge in unbefugte Hände gerieten. Zprávy (Nachrichten), in: Svobodný zednář 1, VI, 1932, S. 9–15.

Verschwörung der Freimaurer zu beweisen versuchten, musste sie derweil nicht betreffen.[777] Sie konnten daher nur darüber lachen, wenn zu den „weltvernichtenden" und „deutschfeindlichen" Freimaurern immer und immer wieder Personen wie Karel Kramář, Tomáš G. Masaryk oder Edvard Beneš, der zu dieser Zeit beim besten Willen kein Freimaurer war, gezählt wurden.[778]

Die tschechischen Freimaurer waren stattdessen selbstverständlich stolz darauf, dass Freimaurer in Amerika und in Frankreich unter Vermittlung von Štefánik den Widerstand gegen die Habsburger Herrschaft im Ausland unterstützt hatten und dass eine Reihe von ihnen selbst aktiv in den Widerstand an der Heimatfront eingebunden war. An dieser Stelle muss jedoch nachdrücklich darauf hingewiesen werden, dass es sich hierbei nicht um eine freimaurerische Initiative handelte, sondern um ein Anknüpfen an parteipolitische und zivile Initiativen. Jedoch trafen sich diese Personen nachfolgend oftmals auch in Freimaurerlogen wieder, sodass sie wie die „Bezwinger Österreichs" ausgesehen haben mögen.

Der Aufmerksamkeit der tschechoslowakischen Freimaurer erfreuten sich insbesondere in den USA lebende tschechische Freimaurer, nicht nur wegen ihrer Verdienste um das Vaterland, sondern auch mit Blick auf den Umstand, dass sie quasi eine jahrelange Geschichte der Freimaurer innerhalb der tschechischen Bevölkerung belegten, die dergestalt bis mindestens in die 80er Jahre des 19. Jahrhundert zurückgeführt werden konnte.[779] Auch sind Zeugnisse des Dankes Masaryks erhalten, der den Freimaurern für ihre Unterstützung im Krieg dankte – wobei sich die Frage stellt, in welchem Maß diese Schilderungen stilisiert waren. Der

777   Nur zur Illustrierung einige Titel aus der Zeit der Weimarer Republik, nicht der Hitlerzeit: BACHEM, Julius: Der Krieg und die Freimaurerei, Gladbach 1918. HAISER, Franz: Freimaurer und Gegenmaurer im Kampfe um die Weltherrschaft, München 1924. HENNING, Wilhelm: Stellt die Freimaurer unter Kontrolle Der Kampf der Freimaurerei gegen Vaterland und Kirche, Berlin 1928. ROSENBERG, Alfred: Freimaurerische Weltpolitik im Lichte der kritischen Forschung, 3. Ausgabe, München 1931. SAEMANN-STETTIN, P.: Der Kampf der Weltanschauungen, Leipzig 1919. STRUENSEE, Gustav von: Freiheit, Gleichheit, Brüderlichkeit: der Sitzungsbericht des Pariser Kongresses der Freimaurer der alliierten und neutralen Nationen im Juni 1917, Leipzig 1933. WULF, Wulf: Die geheimen Führer der internationalen Freimaurerbruderschaft als Totengräber für Wissende und Unwissende in Stadt und Land, Berlin 1930. Vgl. eine modern aufgefasste Interpretation der Geschichte von FEJTÖ, Francois: Rekviem za mrtvou říši [Requiem für ein totes Reich], Praha 1998, S. 224 sq.

778   Jedoch war es auch keine Ausnahme, dass die einheimische ultrarechte Presse das genaue Gegenteil beweisen wollte, wonach das internationale Freimaurertum im Krieg gegen die slawischen Interessen aufgetreten sei.

779   Vgl. hierzu Čeští zednáři ve Spojených státech [Tschechische Freimaurer in den Vereinigten Staaten], in: Svobodný zednář 6-7, XI, 1937, S. 87-91. Nach den hier angeführten Angaben soll der tschechische Freimaurerklub Dobrovský in Chicago ursprünglich 1888 gegründet worden sei, obwohl er sich offiziell erst 1903 konstituierte. In den 30er Jahren hatte dieser ca. 500 Mitglieder. Im Übrigen war in fast jeder Freimaurerloge in Chicago, und ihrer gab es ca. einhundert, irgendein Tscheche. Vgl. auch VOLF, Josef: Svaz „Jan Hus" Slovanských Svobodných Zednářů [Der Bund „Jan Hus" der slawischen Freimaurer], in: Svobodný zednář 4-5, II, 1927-28, S. 60-63. Unterlagen zu diesem Artikel finden sich in Volfs Nachlass im LA PNP [Literaturarchiv des Denkmals des nationalen Schrifttums]. Volf referierte zu diesem Thema auch in den einzelnen Logen, vgl. AVL ČR [Archiv der Großloge der Tschechischen Republik], Kniha prací lóže Národ [Buch der Arbeiten der Loge Národ], Aufzeichnung vom 5. Oktober 1928.

offizielle Fotograf des Staatspräsidenten, Jano Šrámek, beschrieb Masaryks Aussage und die ganze Situation wie folgt: Alles spielte sich bei den Feiern zum 80. Geburtstag Masaryks ab, als dieser Gratulanten auf der Prager Burg empfing. Am 7. März 1930 um 9:00 Uhr morgens traf eine geheime Delegation ein, bestehend aus Alfons Mucha und Ladislav Syllaba. Sie wurden mit Masaryk fotografiert, und als sie weggingen, habe Masaryk gefragt: „Kennen Sie die Herren?" „Nur einen, Herrn Prof. Mucha", antwortete Šrámek. „Das waren Freimaurer, die haben mir bei meiner Arbeit im Krieg sehr geholfen." Nachfolgend habe Masaryk gefragt, ob nicht auch Šrámek bei ihnen Mitglied sei, der das verneinte, aber angab, gern Freimaurer sein zu wollen. In welchem Maße der Fotograf hier bei der Wahrheit blieb, kann nicht genau gesagt werden. Es ist jedoch unwahrscheinlich, dass Masaryk ihn fragte, ob auch er Mitglied ist, da er gesehen haben muss, dass dieser Großmeister Syllaba nicht kannte. Jedoch ist das durch Šrámek gezeichnete Bild sehr anziehend. Aus seiner Schilderung würde folgen, dass ihm die einheimischen Freimaurer oder gar Mucha und Syllaba selbst in Kriegszeiten sehr geholfen haben, wobei letzterer zu dieser Zeit noch gar kein Freimaurer war.[780]

Da in der Presse zahlreiche Spekulationen über die Freimaurer und deren Verhältnis zum tschechoslowakischen Widerstand im Weltkrieg erschienen und weil dies auch unter den Mitgliedern der Logen Unklarheiten hervorrief, wurde 1935 in der Zeitschrift „Svobodný zednář" eine Art Edition von Dokumenten und Berichten publiziert, die sich auf dieses Thema bezog.[781] Es handelte sich überwiegend um verschiedene Berichte aus der zeitgenössischen Presse, die wohl am ehesten Emanuel Lešehrad in seiner Sammlung erfasst hatte. Ein erster betraf die Hus-Loge in den USA, die während des Ersten Weltkrieges aktiv war und die versuchte, auch russische Politiker zu Gunsten der tschechischen Frage zu gewinnen, wie die Zeitschrift „Večer" im Jahr 1917 anführte, ein weiterer Artikel behandelte einen Kongress der Freimaurer der um Italien erweiterten Entente 1917 in Paris, der sich für eine Selbstständigkeit des Königreiches Böhmen (und Polens und für einen Anschluss Elsass-Lothringens an Frankreich) aussprach, und ein Bericht eines Petrograder Tschechoslowaken vom Herbst 1917 befasste sich mit dem Verhältnis der Freimaurer zur tschechischen Frage.

---

780   ŠRÁMEK, Jano: Jak jsem poznal bratry [Wie ich Brüder kennenlernte], in: Svobodný zednář 3, X, 1936, S. 33-34. Šrámek bekam nach seiner Aussage nach einigen Stunden die Anweisung, die Fotografie mit Mucha nicht an Journalisten weiterzugeben und sie lieber zu vernichten. Er tat dies nicht und bewahrte sie auf, später erschien sie als Abdruck im „Svobodný zednář".

781   Historický archiv [Das historische Archiv], in: Svobodný zednář 2, IX, 1935, S. 37-38.

Die Beziehung der Welt der Politik und der Welt der Freimaurerei betraf auch eine Publikation, die 1934 der Historiker Jaroslav Werstadt zusammenstellte und die den Titel „Zednáři-státníci a bojovníci za svobodu" (Freimaurer – Staatsmänner und Kämpfer für die Freiheit) trug.[782] Für diesen Sammelband schrieben zum einen Freimaurer bzw. Historiker (Borovička, Ripka, Stloukal, Werstadt), aber auch andere Personen Artikel. Aus dem heimischen Umfeld wurde nur Alois Rašín behandelt, das Werk widmete sich ansonsten George Washington, den Freimaurern der Französischen Revolution, Tadeusz Kosciuszko, Lafayette, den Helden des italienischen Risorgimento Mazzini, Cavour und Garibaldi, Lájos Kossuth und aus der modernen Geschichte des 20. Jahrhunderts neben Rašín nur Gustav Stresemann. Im Grunde handelte es sich um eine Lobeshymne, die beweisen sollte, dass Freimaurer führende Persönlichkeiten des gesellschaftlichen und politischen Fortschrittes gewesen sind.

Den einzelnen Medaillons wurden interessante Überlegungen Antonín Pavels unter dem Titel „Poměr řádu k bratřím na vedoucím místě ve veřejném životě" (Das Verhältnis des Ordens zu Brüdern an führender Stelle im öffentlichen Leben) beigefügt.[783] Es handelt sich um eine relativ umfangreiche und sehr ernste Abhandlung über die Beziehung zwischen freimaurerischen Aktivitäten und Aktivitäten im profanen Leben. Pavel konstatierte, dass die Freimaurer zwar über eine enorme Anzahl an herausragenden Persönlichkeiten verfügten, sie aber zumeist nicht wüssten, in welchem Maße (und ob überhaupt) deren öffentliches Wirken einen inneren Zusammenhang mit freimaurerischen Aktivitäten hat. Ein Problem sei ferner, wie bei öffentlich Aktiven bzw. Funktionären die durch die Freimaurer propagierte Toleranz im Alltag wirken kann. Bei jedem von ihnen drohten in diesem Zusammenhang Gewissenskonflikte. Pavel behauptete, dass eine Antwort auf diese brennenden Fragen ein Nachdenken darüber geben könne, was denn die Mission der Freimaurerei heute überhaupt darstellt. Zwei mögliche Antworten würden sich hier herauskristallisieren: entweder eine interne Aktivität in der Loge, Bildung, Erziehung, das Ritual, Symbolik, moralische Grundsätze und ein auf Erneuerung gerichtetes Wirken der Freimaurerei, oder aber eine aktivistische Mission, die nicht nur das Herz, Freundschaft und Toleranz in den Mittelpunkt stellt, sondern auch Verstand, Logik, Willen und Tat.

---

782   Es handelte sich um den fünften Band der Edition „Stavba" (Der Bau); eine Rezension zu dieser Arbeit bei SEDMÍK, Jiří: Zednáři státníci a bojovníci za svobodu [Freimaurer - Staatsmänner und Kämpfer für die Freiheit], in: Svobodný zednář 9, VIII, 1934, S. 179-180.

783   WERSTADT, Jaroslav [ed.]: Zednáři - státníci a bojovníci za svobodu [Freimaurer - Staatsmänner und Kämpfer für die Freiheit], Praha 1934, S. 86-100.

Ihm zufolge sei die erste Möglichkeit im Grunde ein gewisser Ersatz für den verloren gegangenen religiösen Glauben, eine Suche nach neuer Einheit und neuer Weihe des privaten Lebens und Erfüllung romantischer Vorstellungen. „Aus dieser Gruppe rekrutieren sich eifrige Funktionäre, die dem Ritual ergeben sind, die gegenüber Intellektuellen und ihren Versuchen um Ausgleich aller brennenden Fragen der Zeit ein wenig misstrauisch sind." Diese würden ein Politisieren in den Werkstätten völlig verwerfen, sie würden keine Diskussionen über Ideen mögen, sie würden ängstlich über die Einheit wachen, auch wenn sie nur eine mechanische ist. Es seien ideale edle Brüder. „Sie haben eine grundsätzliche Abneigung, ja einen Widerwillen gegen Versuche, den Orden mit einer modernen philosophischen, politischen oder sozialen Ausrichtung zu identifizieren, ihn für außerhalb des Ordens stehende Ziele dienstbar zu machen." Daher würden sie vor allem karitative Tätigkeiten, eine überparteiliche und generationsübergreifende Sendung präferieren und oftmals zu einem bequemen Traditionalismus und herzlicher Konvention neigen.

Die zweite Gruppe – Aktivisten – strebe eine Konkretisierung der zu allgemeinen Formen an, einen Zusammenschluss des Ordens für bestimmte Zwecke, eine Mobilisierung des Ganzen für einen konkreten Eingriff in das öffentliche Leben. „Sie fordern daher eine Bestimmung der Grenzen der freimaurerischen Toleranz, damit der sterilen Solidaritätsmeierei etwas entgegengesetzt wird", sie pflegten den Diskurs über alle Probleme und bemühten sich um eine Vereinfachung und Zivilisierung des Rituals. Sie lehnten die Mystik und das romantische Glimmen ab, sie schätzen das irrationale Element der Freimaurerei nicht allzu sehr. „Ein Aktionsprogramm, klar und ausführbar, geht ihnen über erhabene, aber unfruchtbare Devisen. Der Schlagkraft und einer taktischen Einheit des Ordens würden sie dessen Vielfältigkeit, seine volle Breite und die Freiheit der Persönlichkeit, seine Polyphonie opfern … Sie haben weniger persönlichen Zauber und Wärme, dafür sind sie jedoch ausgeprägter, aktiver und klarer."

Antonín Pavel zufolge seien beide Richtungen vonnöten. Wie aber gestaltet sich also das Verhältnis zwischen öffentlicher Aktivität und Freimaurerei? „Ist der Orden mehr als eine Korporation, ein Verband, eine politische Richtung, soll er in einer freien und disziplinierten Republik des Geistes verschiedenste Persönlichkeiten vereinen, die durch den Glauben an den Menschen, in der Suche nach der Wahrheit geeint sind, dann ist auch das Verhältnis des Ordens zu seinen einzelnen Mitgliedern vor allem durch den Wert ihrer Persönlichkeiten bestimmt, unabhängig von der sozialen Funktion, die sie im profanen Leben erfüllen." Es liege dann in der Überlegung des jeweiligen Freimaurers, ob er sich der Dis-

ziplin z.B. einer politischen Partei unterwirft, oder dem, was ihm sein
Gewissen als Freimaurer befiehlt. Eine wahre Persönlichkeit könne sich
im Grunde erst „außerhalb des Gewandes seiner Funktion" erweisen. Oft
komme es aber vor, dass politisch hochgestellte Freimaurer andere Freimaurer persönlich auch gar nicht kennen würden, von einem brüderlichen Band zu ihnen ganz zu schweigen. Es handelte sich also um eine nur
formale, eingetragene Mitgliedschaft.

Pavel stellt sich die Frage, ob „ein an leitender Stelle im öffentlichen
Leben exponierter Bruder Exponent des Ordens ist"? Viele Freimaurer
würden sich dies wünschen, sie sehnten sich nach Einheit so, wie es in
Kriegszeiten im Widerstand (im Rahmen der sog. Maffie-Organisation)
gewesen war, aber die Realität sei eine andere. Man könne nicht einmal
auf dem Boden der Freimaurerei Einigkeit vortäuschen, dies wäre im
Grunde ein Verrat von Gebildeten und es wäre peinlich. Die Freimaurerei
sei ein Bund freier Männer, und sie könne ihre Mitglieder nicht verpflichten und ihre Entscheidungen weder im zivilen noch im öffentlichen Leben
einschränken. Jeder müsse sich selbst entscheiden und die Freimaurerei
befehle nicht und ordne nicht an. Freimaurer auf hohen gesellschaftlichen
und staatlichen Posten seien daher keine Exponenten des Ordens, „sie
wurden dorthin nicht durch den Orden entsandt. Ihre Machtstellung und
ihr Mandat folgen aus dem Willen eines anderen Kollektivs." Die Freimaurer hätten keine Bevollmächtigten im öffentlichen Leben. Ich denke,
dass die Ideen des Antonín Pavel nicht von der Hand zu weisen sind, es
handelt sich nicht um eine platonische Distanz, sondern um eine relativ
treffende Analyse des Verhältnisses zwischen einer Identität als Freimaurer und einer Identität als Zivilperson oder politischer Mensch.

Pavel definierte auch die Hauptaufgabe der Freimaurerei in der modernen Gesellschaft: „Es ist eine schöne Aufgabe unseres Bundes und
somit eines jeden von uns, dass dieses Klima durch systematische Anstrengungen unserer Wesen geschaffen, gewahrt und in das profane Leben zur Überwindung seiner Vulgarität eingebracht wird. Das Chaos ist
systematisch im Kosmos zu formen." Der Autor dieser bemerkenswerten
Gedanken hatte zweifelsohne recht in seiner Analyse zu politisch sehr
exponierten Freimaurern. Wohl niemand von ihnen stach durch eine
außerordentlich bemerkenswerte freimaurerische Aktivität hervor, und
im Grunde können wir ohne Verlegenheit feststellen, dass es sich bei ihnen um eine Art Schmuckwerk des Freimaurerordens handelte. Welche
Position aber haben die anderen Freimaurer zu ihren politisch exponierten Brüdern eingenommen? Für die meisten Fälle können wir Ehrerbietung anstatt Brüderlichkeit konstatieren. Ein Problem dieser Art war
jedoch für viele von ihnen kein aktuelles, da es tatsächlich nur wenige

aktive Politiker unter den Freimaurern gab. Als die AMI im Jahr 1930 in Brüssel einen internationalen Kongress veranstaltete, wurde auch eine Versammlung von Parlamentsabgeordneten angesetzt, die zugleich auch Freimaurer waren. Wenn alle betreffenden tschechoslowakischen Abgeordneten dort hingefahren wären, hätte man sie an einer Hand abzählen können.[784] Als 1932 der sozialdemokratische Abgeordnete Gustav Habrman starb, wurde er als „einer der wenigen Abgeordneten, die den Weg zur Freimaurerei fanden", gewürdigt.[785]

Allein vielleicht Großmeister Ladislav Syllaba bemühte sich in seiner Heimatloge Národ, Freimaurerei und öffentliches Lebens auch aus Sicht eines geistigen Einflusses auf Entscheidungen zu verbinden. Inwieweit die durch ihn erdachte Methode in die Praxis übertragen werden konnte, lässt sich schwer sagen. Die Loge Národ ermöglichte solche Diskussionen offenbar, und zwar durch ihr „familiäres" Umfeld, das viele zwar als klaustrophobischen Konservativismus erachten mögen, bei dem jedoch auch einige positive Aspekte nicht übersehen werden können. Nach Thons Zeugnis führte Syllaba in der Loge Národ die Gewohnheit ein, dass im öffentlichen Leben arbeitende Freimaurer bei einer wichtigen Entscheidung im profanen Leben oder auch bei einer ideellen Positionierung, die sie zu verteidigen hatten, ihr Problem entweder auf der Versammlung der Logenfunktionäre, also der Meister, oder auch dem Plenum zur Diskussion stellten, „damit sie die Stimme der anderen Brüder hören konnten. So greift die Freimaurerei indirekt in öffentliche Dinge ein."[786]

Es scheint, dass die Freimaurer nicht genau wussten, wie im Rahmen ihrer Organisation die Politik zu behandeln ist. Die Konstitution verbot Gespräche über Politik, aber in der modernen Gesellschaft, deren Gestalt in erheblichem Maße von der Politik abhängig war, hätten Gespräche über beinahe alles verboten werden müssen. Und wenn Freimaurer unter sich waren, wollten sie sich über Dinge unterhalten, die sie interessierten, und Politik stand offenkundig mit an erster Stelle, wie die Themen der Vorträge in den Logen belegen.[787] Gleichwohl bestanden Unsicherheiten, wie dieses Feld „beackert" werden konnte, ob nur Fehler

784   Vgl. Zprávy (Nachrichten), in: Svobodný zednář 3–5, IV, 1930, S. 62–64.

785   Bratr Gustav Habrman (Bruder Gustav Habrman), in: Svobodný zednář 5–6, VI, 1932, S. 66.

786   THON, Jan: Ladislav Syllaba – vůdce (Ladislav Syllaba – ein Führer), in: Svobodný zednář 2, V, 1931, S. 25–26.

787   Die Diskussion um diese Problematik in der Konstitution ist angedeutet in: KONRÁD, Rudolf: Poznámky ke Konstituci (Anmerkungen zur Konstitution), in: Svobodný zednář 4, VII, 1933, S. 59–62. Konrád verwahrt sich hier gegen die Vorbehalte einiger Logen, denen die Einschränkung politischer Diskussionen nicht gefiel. Sie würden somit eine der Regeln der Freimaurer nicht akzeptieren wollen. Konrád sagt hierzu, dass eine solche Feststellung erforderlich sei. Die Großloge werde nie in die Politik eingreifen und „die Brüder Politiker sind doch in keiner Weise eingeschränkt". Politische Aspirationen sollten von der Tagesordnung gestrichen werden, es sei den Betreffenden jedoch freigestellt, eine freimaurerische Auffassung zu Problemen zu äußern.

beschrieben werden oder gegebenenfalls ein Beitrag zur Abhilfe geschaffen werden konnte. Eine gewisse Wankelmütigkeit können wir auch bei der Thematisierung politischer Probleme sehen – ob diese allgemein, z.B. auf kultureller Ebene verfolgt werden sollten, oder ob auch Fragen einer Parteilichkeit beachtet werden durften, die sehr konkret waren und die Streit in jedweder Organisation säen konnten.

Gleich in der ersten Ausgabe der Zeitschrift „Svobodný zednář" finden wir jedoch einen im Grunde programmatischen Artikel mit dem Titel „České zednářstvo a česká státní myšlenka" (Die tschechische Freimaurerei und der tschechische Staatsgedanke),[788] der versucht das Verhältnis der Freimaurer zu Staat und Politik bzw. deren Rolle im gesellschaftlichen Gärungsprozess zu definieren. Und zu diesem Zeitpunkt wurde die Rolle der Freimaurer sogar vor allem als Faktor im öffentlichen Leben definiert, wobei die Ziele der tschechischen Freimaurerei besondere und etwas andere sein sollten als üblich. Die tschechischen Freimaurer sollten wahrhaftige Wächter und Garanten einer ungestörten beispielhaften Entwicklung des jungen Staates werden. Später dann verschwand eine solche Direktheit völlig. Im gegenständlichen Beitrag wird aber noch klar gesagt: „Eines der Ziele der tschechischen Freimaurerei soll sein, gute und ehrliche Menschen verschiedener tschechischer fortschrittlicher Ausrichtungen zu vereinen, ihnen Möglichkeiten zu bieten, um sich kennen und schätzen zu lernen, und sich so anzunähern, damit ihnen nicht nur ein Meinungsaustausch erleichtert wird, sondern auch jenes gefunden wird, was sie verbindet und was die Grundlage ihrer gemeinsamen Arbeit bilden kann. So soll eine Art fester Kern entstehen, der in normalen Zeiten gut zur gesunden Entwicklung der Staatsidee in eine feste Richtung beitragen könnte, ohne ungesunde überflüssige Abweichungen weder nach rechts noch nach links zuzulassen, und der im Bedarfsfalle diese Entwicklungslinie gegen Umsturzversuche dieser beiden Extreme schützen würde. Mit anderen Worten ist nötig, dass die tschechische Freimaurerei ein klar staatstragendes Element bildet, dessen Grundgedanke die Wahrung unseres Staates und in ihm der vollen demokratischen Freiheit ist."

Die Freimaurer sollten also eine Art Untergrundbewegung in Friedenszeiten sein, die über gültige Werte wachen solle. Dies war eine zu großzügige Aufgabe, die sich aber nahtlos in die Konzeption einfügte, mit der die Loge Národ gegründet wurde. Ein Problem war u.a. erneut das Fehlen von Politikern unter den Freimaurern. Ohne eine Beteiligung von wirklich repräsentativen Vertretern der einzelnen Parteien ließ sich das

---

788   J.K.: České zednářstvo a česká státní myšlenka [Die tschechische Freimaurerei und der tschechische Staatsgedanke], in: Svobodný zednář 1, I, 1925, S. 4. Autor des Artikels ist offenbar Jan Kapras.

reale politische Leben schwerlich beeinflussen.[789] Die gesteckte Aufgabe ging offenkundig über ihre Kräfte hinaus, sodass sie sich auf nüchterne Ziele verlegten – im Grunde die Kultivierung des tschechoslowakischen politischen und kulturellen Lebens, die der beruflichen Zusammensetzung der Freimaurerlogen auch deutlich besser entsprach. Und hier stand immer und immer wieder die Frage im Raum, welche Rolle die gebildeten Schichten in der modernen Gesellschaft spielten und ob sie ihre Aufgabe wahrnahmen. Sehr oft wurde auch die Auffassung vertreten, dass die „Intelligenz" in der Krise sei und ihren gesellschaftlichen Aufgaben daher nicht hinreichend nachkomme.[790] Andererseits wurde konstatiert, dass die Intelligenz eigentlich keinen ausreichenden Einfluss auf das politische Geschehen habe.[791]

Ein Mittel, das den Freimaurern zur Erfüllung ihrer selbst gesetzten Aufgabe optimal erschien, war eine allseitige Unterstützung der Freien Schule der politischen Wissenschaften (Svobodná škola politických nauk), die 1928 gegründet wurde[792] und der Viktor Dvorský vorstand. Dieser versuchte das Projekt unter den Freimaurern populär zu machen und eine Reihe von Freimaurern gehörte letztlich zum (fluktuierenden) Lehrkörper der Schule. In den ersten fünf Jahren ihrer Existenz wechselten sich hier 20 Freimaurer als Pädagogen ab. Die Schule wurde als Möglichkeit einer politischen Unterweisung für breite Bevölkerungsschichten vorgestellt, was mit der freimaurerischen (im Grunde aufklärerischen)

---

789   AVL ČR (Archiv der Großloge der Tschechischen Republik), Kniha prací lóže Národ (Buch der Arbeiten der Loge Národ), Aufzeichnung vom 10. April 1931. Eine Diskussion zu diesem Thema riefen Überlegungen František Ježeks unter dem Titel „O krizi parlamentarismu" (Über die Krise des Parlamentarismus) hervor.

790   Die „Intelligenz" pflegte nach dieser Auffassung kein hinreichend positives Verhältnis zum Staat und hatte die Weltrevolution nicht voll durchdacht. Problematisch ist jedoch zu definieren, was genau sich die diskutierenden Freimaurer unter dem Begriff der Intelligenz vorstellten, wen genau sie hierzu zählten, ob es sich nicht gegebenenfalls nur um eine Generationsfrage handelte etc. Vgl AVL ČR (Archiv der Großloge der Tschechischen Republik), Kniha prací lóže Národ (Buch der Arbeiten der Loge Národ), Aufzeichnung vom 9. Mai 1930 und andere.

791   Zpráva Vel. Taj. za rok 1931 (Bericht des Großsekretärs für 1931), in: Svobodný zednář 5-6, VI, 1932, S. 80-86.

792   Diese Schule mit dem Charakter einer außeruniversitären Bildung (als Aufbaustudium) war vor allem für Journalisten und auch einige Beamte oder politische Sekretäre bestimmt, die modern und überparteilich ihre Bildung erweitern wollten. Die Schule bestand aus zwei Abteilungen: 1. einer allgemeinen, die sich der Soziologie, dem Verfassungsrecht und dem internationalen Recht widmete, und 2. einer juristischen Abteilung. 1929 waren in der Schule 21 Journalisten und 100 andere Personen eingeschrieben. Vgl. hierzu AVL ČR (Archiv der Großloge der Tschechischen Republik), Kniha prací lóže Národ (Buch der Arbeiten der Loge Národ), Aufzeichnungen vom 3. Februar 1928, 31. Mai 1929, 2. März 1934 etc. Wertvolle Materialien mit Bezug auf diese Schule sind erhalten im Nachlass von Karel Hoch im ANM (Archiv des Nationalmuseums). Parteilichkeit hielt auch in die Freie Schule der politischen Wissenschaften Einzug und die linke Presse begann die Schule zu ignorieren und betitelte diese als „Hodžas Schule der Rechten" (Milan Hodža war Minister in mehreren Regierungen und später Ministerpräsident). Viktor Dvorský erlitt zudem einen Schlaganfall und konnte die Schule praktisch nicht weiter führen. Im Zuge der Wirtschaftskrise waren zahlreiche Schulen von Subventionskürzungen betroffen, darunter auch die Freie Schule der politischen Wissenschaften. Die Mittelkürzung für die Schule betrug 70% und im Jahr 1933 schlug eine parlamentarische Sparkommission eine vollständige Einstellung der Subventionen vor. Hierzu kam es jedoch nicht und die Schule wurde unter erheblichen finanziellen Engpässen weitergeführt.

Idee voll in Einklang stand. Der Schwerpunkt ihres Wirkens sollte jedoch in der Weiterbildung von Journalisten bestehen, die ganz allgemein als wesentliche Mitverursacher des schlechten politischen Klimas erachtet wurden. Die gebildeten und kultivierten Journalisten sollten allseitig zur Einschränkung eines ungesunden nationalen, politischen, kulturellen, religiösen und sozialen Radikalismus beitragen. Und das sollte auch Aufgabe für die Freimaurer sein. Die Freie Schule der politischen Wissenschaften erfüllte ihre historische Aufgabe gleichwohl nicht.

Die Presse galt als mächtiges Instrument zur Beeinflussung und Schaffung der gesellschaftlichen Atmosphäre. Welche Beziehung aber hatten die Freimaurer zur Presse? Gab es eine offizielle Linie? Und wiederum stehen wir mit ihnen vor einem großen Dilemma – wie kann die Freimaurerei mit anderen Identitäten verbunden werden und wie konnten sie sich damit abfinden, dass es den Freimaurern – zumindest den tschechischen Freimaurern – untersagt war, öffentlich auf diesem Feld aktiv zu werden. Trotzdem gab es Überlegungen, ob nicht doch eventuell ein Presseerzeugnis herausgegeben werden könne, das mit einem versöhnenden Wirken die zerstrittene Gesellschaft harmonischer gestalten würde. Diese Idee stieß jedoch auf keinen fruchtbaren Boden. „Wir können keine neue Tageszeitung herausgeben ... Ein Monatsblatt könnten wir unter den gegebenen Verhältnissen nicht herausgeben. Zuvorderst wegen einer unklaren Linie in den eigenen Reihen, die kein genaues Programm haben, wie ein solches Blatt geführt werden sollte, und zweitens auch deshalb, da auch uns die Direktiven der Parteien teilen." Gleichwohl sollten sie nach dieser Auffassung zumindest versuchen, ein alle 14 Tage erscheinendes Blatt aufzulegen, das aktuelle Ereignisse aus Sicht der Freimaurer beurteilen würde. Und derweil sollten die Freimaurer zumindest fordern, dass „die Presse keine Unwahrheiten bringt. Wer Mitglied einer Partei ist, sollte sich auf deren Versammlungen beschweren, so er gesehen hat, dass das Blatt seiner Partei nicht anständig schreibt und die Wahrheit durch Unwahrheiten verbirgt."[793]

Unzählige Skandalisierungen der Boulevardpresse, dass diese oder jene Zeitung eine Freimaurerzeitung sei, müssen vor diesem Hintergrund amüsant erscheinen.[794] Meist wurden als solche Zeitungen bezeichnet, die indirekt durch „die Burg", also das Umfeld des Präsidenten

---

793   Poslání tisku z hlediska zednářského [Die Sendung der Presse aus freimaurerischer Sicht], in: Svobodný zednář 1-2, IX, 1929, S. 10-11.

794   Klassisch z.B. „Die Freimaurer ertrugen die Einstellung der Tribuna schwer und nach Untergang der Čas beschwerten sie sich, dass sie keine einzige Tageszeitung zur Verfügung hätten." Aus Noviny übernommener Bericht, 20. Oktober 1930. Der Artikel, aus dem der Text stammt, hieß „Nový český deník svobodných zednářů" [Neue tschechische Tageszeitung der Freimaurer], gemeint war das Blatt „Národní osvobození". Vgl. Zprávy [Nachrichten], in: Svobodný zednář 12, IV, 1930, S. 158-160.

und die ihn stützenden Parteien, gefördert wurden. Auch wenn führende Vertreter der Zeitungen Freimaurer waren, so kann doch ein realer freimaurerischer Hintergrund ausgeschlossen werden. Und hier sehen wir wieder das ewige, dieses Thema begleitende Motiv: Alles was Personen tun, die zu den Freimaurern gehören, wird als freimaurerisch bezeichnet, wenn es ins Konzept passt.

Wie also sollen sich Freimaurer in Sachen der profanen Presse verhalten? Wie sollen sie hier als Freimaurer wirken, ohne dabei anzudeuten, dass sie Freimaurer sind?[795] „Wenn wir keine Freimaurer wären, würden vielleicht auch wir rufen, dass sich die Freimaurerei nicht verstecken solle und an die Öffentlichkeit trete, wie dies verschiedene Vereine tun. Wer aber geweiht wurde, und sei es nur im ersten Grad, erkennt schnell, dass das Licht der Freimaurerlogen nichts für die Öffentlichkeit ist."

Ein weiterer Versuch einer Kultivierung des politischen Umfeldes, hinter dem stark ein freimaurerisches Engagement zu spüren ist, ist zweifelsohne die Herausgabe der Zeitschrift „Demokratický střed" („Die demokratische Mitte"). Treibende Kraft hinter dem Blatt war der Rechtsanwalt Zdeněk Chytil.[796] Die Zeitschrift „Demokratický střed" entstand in den 20er Jahren als Produkt einer Spaltung in Kramářs Nationaldemokratischer Partei, wobei sie versuchte etwas zu vereinen, was die Führung der gegenständlichen Partei nicht akzeptierte, und zwar einen Realismus in Masaryks Sinne und (einen sehr gemäßigten) Konservatismus, den gerade die Nationaldemokratische Partei repräsentierte. Diese Plattform, die auch aus der Notwendigkeit eines unabhängigen Diskurses und einer Konfrontierung der eigenen Auffassungen über politische, wirtschaftliche und soziale Fragen ohne parteiliche Einschränkungen und ohne Hass auf tatsächliche oder angenommene politische Gegner und Feinde entstand, war das wohl authentischste öffentliche Druckerzeugnis, das auch durch den Geist der Freimaurerei getragen wurde. Grundsätzlich abgelehnt wurde eine Politik der Konfrontation, man propagierte einen Humanismus und auch einen gewissen Kosmopolitismus. Im konservativen Milieu, für das der Nationalismus kennzeichnend war, handelte es sich um einen wahrlich einzigartigen verlegerischen Akt. In den 30er Jahren weitete sich der Aktionsradius dieses Periodikums noch aus, als es zu einer Verbindung mit der sog. Barrandov-Gruppe kam, also mit Männern, die sich zu Debatten über die Verbesserung menschlicher

---

795 F.D.: Profánní tisk a zednáři (Die profane Presse und die Freimaurer), in: Svobodný zednář 3-5, IV, 1930, S. 35-41.

796 Zur Zeitschrift „Demokratický střed" vgl. einige Äußerungen in Erinnerungen Václav M. Havels und Zdeněk Kalistas. Redakteur des „Demokratický střed" war Bohumil Biebl, nach dem Zweiten Weltkrieg eine führende Persönlichkeit der tschechoslowakischen Freimaurerei.

Angelegenheiten trafen, und dies in Räumen von Václav M. Havel. Die
Wirtschaftskrise nötigte zum Nachdenken über eine ganze Reihe an neu-
en brennenden gesellschaftlichen Problemen und zur Suche nach positi-
ven Auswegen. Ab 1933 wurde die „Demokratický střed" Plattform dieser
Gruppe, in der sie auch ihr Programm „Demokratie der Ordnung und der
Tat" veröffentlichte.[797]

Das Umfeld rund um die Zeitschrift „Demokratický střed" bildeten
meist erfolgreiche Männer mittleren Alters, von den Freimaurern wären
hier neben Chytil noch der Volkswirtschaftler Jan Dvořáček, der Historiker Karel Stloukal, der Diplomat und Historiker Kamil Krofta, der
Chefredakteur der „Národní listy" Karel Hoca, der Abgeordnete František Ježek und später Václav M. Havel zu nennen; einen Leitartikel für
die erste Ausgabe schrieb sogar František Sís.[798] Es handelte sich um eine
Zeitschrift, die konstruktiv sein wollte, die dringende Probleme der Zeit
angehen und zudem scharfe Konfrontationen abbauen wollte. Andererseits dürfen wir nicht übersehen, dass es sich im Grunde um eine private Initiative handelte, nicht um ein formal durch Freimaurer geleitetes
Blatt.

Eine der wenigen Arbeiten, die aus den Reihen der Freimaurer
stammten und die zugleich gezielt für die Öffentlichkeit bestimmt waren,
war eine Initiative der Pressburger Loge Ján Kollár, die wir „Čestný boj"
(„Der ehrenvolle Kampf") nennen können. Im Frühjahr 1931 legte diese
slowakische Loge einen Text zur internen Diskussion vor, der nachfolgend auch im „Svobodný zednář" abgedruckt wurde, in dem sie vorschlug,
dass die Freimaurer einen Aufruf an die Öffentlichkeit proklamieren sollten, in dem sie bestimmte Regeln eines ehrenvolles Kampfes präsentieren würden, die für politische oder aber auch für literarische Fälle etc.
anwendbar wären.[799] Die Freimaurer sollten derart in einen Kampf ge-

---

797   In seiner Loge Národ informierte Chytil über diese Verbindung detaillierter mit der Zeichnung „Ideové
předpoklady vytvoření jednotné demokratické vůle nastupující generace" („Ideelle Voraussetzungen der Schaffung
eines einheitlichen demokratischen Willens der kommenden Generation"], AVL ČR, Aufzeichnung vom 19. Mai
1933. Die Barrandov-Gruppe wird hier vorgestellt als eine „nicht organisierte Vereinigung, die durch Bruder Havel
ins Leben gerufen wurde". Ferner ebd. Aufzeichnung vom 13. Oktober 1933, hier referierte Chytil zum Thema „Über
das moderne öffentliche Leben und die Freimaurerei" [O současném veřejném životě a zednářství]. Er kommt zum
Schluss, dass man sich im Einklang mit den Ideen der Freimaurerei aktiv um eine Vervollkommnung des öffentlichen Lebens bemühen sollte.

798   Sís, der mit Kramář unversöhnlicher Politik identifiziert wird, wirkte in Wirklichkeit als ein Verbindungsglied
zwischen der „Burgfraktion" und der Nationaldemokratischen Partei. Seine Kontakte mit und die Weitergabe von
Informationen an seinen Freund aus Kriegszeiten [in der Widerstandsorganisation Maffie], Kanzler Šámal, waren
eine gängige Angelegenheit. Materialen hierzu in AKPR [Archiv der Kanzlei des Staatspräsidenten].

799   Vgl. hierzu V.F.: Veřejný život a čestný boj [Das öffentliche Leben und der ehrenvolle Kampf], in: Svobodný
zednář 3-4, V, 1931, S. 40-42, Čestný boj: Návrh k rozpravě [Der ehrenvolle Kampf: Vorschlag einer Erörterung],
in: ebd., S. 47-49 und AVL ČR [Archiv der Großloge der Tschechischen Republik], Kniha prací lóže Národ [Buch der
Arbeiten der Loge Národ], Aufzeichnung vom 31. März 1931. Zugleich wird hier klar formuliert, dass eine Reihe an

gen unehrliche Methoden ziehen, die im öffentlichen Leben angewandt würden, sie sollten mit gutem Beispiel vorangehen und auf „unzulässige Kniffe" verzichten. Insgesamt gab es fünf Regeln eines ehrlichen Kampfes, und zwar: 1. Aus öffentlichen Erklärungen, insbesondere in der Presse, seien alle ungerechten und hinterhältigen Angriffe, alle tendenziös gefärbten und verdrehten Behauptungen auszuschließen. 2. In der tschechoslowakischen Publizistik sei die Anonymität auszuschließen, auf dass jeder Schreiber eine volle Verantwortung für seinen Text trage. 3. In öffentlichen Polemiken und Streits ist eine Einbeziehung von Familienangehörigen grundsätzlich untersagt, sofern dies nicht unmittelbar mit der Sache zusammenhängt. 4. In Polemiken solle auf Anspielungen auf körperliche Mängel oder Krankheiten, verschuldete wie nicht verschuldete, verzichtet werden. 5. Wer eines unehrlichen Gebarens überführt wird, den solle die Gesellschaft mit moralischer Verachtung strafen.

Mit diesen Regeln konnte sich sicherlich jeder Freimaurer identifizieren, problematischer war jedoch die Suche nach einem Konsens darüber, dass es sich um eine öffentliche Verlautbarung oder gar ein Manifest der Freimaurer allgemein handeln solle. In den Logen wurde über den Vorschlag diskutiert, jedoch verlief die Initiative letztlich im Sande. Auch wenn dies nicht geschehen wäre, wäre es naiv gewesen anzunehmen, dass sich Personen tatsächlich nach diesen Regeln gerichtet hätten, wenn sie es bisher nicht taten.[800] Warum also für einen solch minimalen Effekt aus dem Schatten treten? Was Lösungsansätze für gesellschaftliche und politische Probleme anbelangte, können wir feststellen, dass die Freimaurer trotz ihrer kritischen Sicht auf die Welt auf einer vor allem platonischen Ebene verharrten.

Einem Problem konnten sie jedoch nicht ausweichen, da es fast jeden Freimaurer betraf. Und dies war die politische Parteinahme. Eine politische Organisiertheit erschwert bereits an sich eine tolerante überparteiliche Sichtweise, die für einen bewussten Freimaurer angezeigt gewesen wäre. Was die Überwindung dieses Ziels in der Praxis betraf, deuteten in Überlegungen Vladimír Slavík, Julius Myslík und auch Josef Schieszl

Aufgaben, die die Freimaurer in der Vergangenheit übernommen hatten, in der modernen Gesellschaft erfüllt sei: „Die neuzeitliche Gesellschaft, die auf den Prinzipien des edlen Liberalismus und Sozialismus gründet, und die aus ihnen hervorgegangene neuzeitliche staatliche Ordnung und modere Gesetzgebung haben in vielerlei Hinsicht bereits alte Freimaurerideale erfüllt und haben durch ihre rechtlichen und sozialen Institutionen Aufgaben übernommen, um die sich die Freimaurerei in der Vergangenheit bemühte und für die sie kämpfte. Hier ist ein initiatives Eingreifen der Freimaurerei also nicht mehr erforderlich."

800 Der Funktionärsausschuss der Loge Národ z.B. nahm folgenden Beschluss an: „Wir erkennen an, dass es Verpflichtung eines jeden Freimaurers ist, nach den in den gelesenen Artikeln ausgedrückten Grundsätzen zu handeln, jedoch versprechen wir uns von dem angeführten vorgeschlagenen Manifest nicht das gewünschte Ergebnis." AVL ČR (Archiv der Großloge der Tschechischen Republik), Kniha prací lóže Národ (Buch der Arbeiten der Loge Národ), Aufzeichnung vom 31. März 1931.

an, die klar sagten oder schrieben, dass sie – wie oben ausgeführt – nicht akzeptieren könnten, dass in der Loge eine nur formale Brüderlichkeit alles überdecken würde, und dass außerhalb der Logen zwischen denselben Personen weiterhin ein „brudermörderischer" Kampf vor sich gehe.

Es scheint, dass durch Ereignisse vor den Wahlen 1925 und durch die Entstehung der im Grunde intellektuellen Partei der Arbeit, deren Kader sich in hohem Maße aus einstigen Nationaldemokraten rekrutierten, eine Diskussion um die Parteilichkeit von Freimaurern voll entbrannte.[801] Selbstverständlich würden wir in dieser neu entstandenen „Burgpartei", also einer mit der politischen Elite der Tschechoslowakischen Republik verbundenen Partei, auch viele Freimaurer finden. In diesem Zusammenhang wurde eine im Grunde offizielle und breite Diskussion geführt, ob ein Freimaurer Mitglied einer politischen Partei sein kann bzw. ob sich dies in Gänze mit seiner Zugehörigkeit zum Freimaurerorden decken kann. Diese Diskussion um die Geeignetheit einer Parteimitgliedschaft für Freimaurer ist im Kontext weiterer Fragen zu betrachten, die Großmeister Syllaba öffentlich vortrug: 1. Sollte jeder zu einer politischen Partei gehören? 2. Ist zulässig, dass ein Kommunist Freimaurer ist? 3. Vertragen sich eine klerikale und eine freimaurerische Weltanschauung? 4. Ist ein Wähler gegen eine bestimmte Person auf einer geschlossenen Kandidatenliste – wie soll er wählen?[802]

Bei einer Rekonstruktion der Diskussion in der Loge Národ sehen wir eine ganze Bandbreite an Auffassungen. Thon etwa war der Überzeugung, dass ein Freimaurer nicht in einer Partei organisiert sein müsse, wenn er aber eine deutliche politische Meinung vertrete und er freimaurerisch in seinem Beruf arbeite, und wenn dies im Interesse der Nation sei, so sollte er einer politischen Verpflichtung nicht ausweichen. Mit einer bloßen passiven Mitgliedschaft in einer Partei sei er jedoch nicht einverstanden, dies erfülle keinen Zweck. Wenn nur zwei oder drei Parteien existieren würden, würde er eine Mitgliedschaft in diesen als Pflicht sehen. Chytil war der Auffassung, dass ein Freimaurer Mitglied einer politischen Partei sein müsse, weil ihn dies zu einem Charakter und zu nationalem Denken verhelfen würde. Wem es nicht gegeben sei, aktiv zu wirken, müsse zumindest Parteimitglied sein. Weigner verglich die Freimaurerei mit der Sokol-Bewegung, dem tschechischen Turnerbund,

801   Vgl. hierzu die Diskussion in der Loge Národ, die überwiegend durch Parteigänger der Nationaldemokratischen Partei gebildet wurde, AVL ČR (Archiv der Großloge der Tschechischen Republik), Kniha prací lóže Národ (Buch der Arbeiten der Loge Národ), Aufzeichnung vom 9. Oktober 1925.

802   Hierzu z.B. VOJAN, Antonín: Syllabova lóže Národ (Syllabas Loge Národ), in: Svobodný zednář 2, V, 1931, S. 20-24. Hier führt er jedoch fehlerhaft an, dass dies 1927 erfolgt sei, die Protokolle der Loge belegen jedoch, dass dies zwei Jahre zuvor formuliert wurde.

und merkte an, dass sich die Ideen der Freimaurerei in politischen Programmen niederschlagen müssten. Locher zufolge sei die Freimaurerei individualistisch, weshalb man Freimaurer nicht zwingen könne, Parteimitglied zu sein. Syllaba identifizierte sich mit Thons Auffassung und sagte, dass ein Freimaurer entschiedenermaßen zu Wahlen gehen müsse, dass ihm jedoch nicht verpflichtend auferlegt werden könne, einer Partei beizutreten.[803]

Die Unterschiede in den parteipolitischen Auffassungen schleifen sich jedoch in den Logen ab, und hierin ist die Leistung der Freimaurerei zu sehen. In der Loge 28. říjen verlief dieser Prozess wie folgt: „Es sei so zu verstehen, dass Brüder, die im profanen Leben Anhänger verschiedener politischer Parteien, verschiedener philosophischer Richtungen sind, und die Funktionäre diverser Organisationen und Bereiche sind, sich auf freimaurerischer Grundlage zusammenfinden und brüderlich über das aktuelle Geschehen sprechen. Durch den Austausch der Meinungen dieser Brüder und im Bemühen, die Wahrheit zu finden, so waren die Gründer der Überzeugung, wird die L. 28. říjen ihre Botschaft erfüllen. Freimaurerisch gesagt, dass die L. in ihrer Werkstatt den Stein behauen wird und ein festes Fundament zum Bau des Tempels errichtet – für eine gesunde Entwicklung unseres Staates und der gesamten Menschheit."[804]

Andererseits wurde zur selben Zeit klar gesagt, dass „in der Loge kein Parteigängertum blühen darf, auch wenn draußen in der profanen Welt (die noch nie profaner war als heute) der gehässigste, verbissenste, rohste Kampf der Parteien tobt. Ein eingefleischter, fanatischer Parteigänger ist kein Freimaurer, weil er ungerecht und unduldsam ist …"[805]

---

803   Zu weiteren Fragen:
Zu 2) Locher, Thon, Weigner und Syllaba stimmen darin überein, dass der blinde Gehorsam der Kommunisten gegenüber den Befehlen der Internationale, der die Individualität beeinträchtigt, mit der freimaurerischen Auffassung unvereinbar sei, gleiches gälte für die fehlende Liebe zum eigenen Staat. Unklar sei jedoch, ob die philosophische Auffassung unabhängiger Kommunisten vom politischen Kommunismus unterschieden werden solle.
Zu 3) Laut Weigner, Adamík und Chytil sind in selber Weise mit der Freimaurerei unvereinbar: Klerikalismus, Dogmatismus, mittelalterliche Lehren, Weisungen zu blindem Gehorsam, Missbrauch der Religion in weltlichen Angelegenheiten. Ein guter Tscheche, der seine Geschichte kennt, könne kein guter Katholik sein, und ein guter Freimaurer könne kein Mitglied der Katholischen Kirche sein. Syllaba und Thon zufolge könnten jedoch Einzelfälle auftreten, in denen ein formaler, „eingetragener Katholizismus" entschuldigt werden könne.
Zu 4) Soll ein Freimaurer, der einer politischen Partei angehört, nach deren Kandidatenliste wählen, auch wenn es dort Personen minderer moralischer Qualitäten gibt? Chytil meinte, dass dies möglich sei, dass ein Kompromiss erforderlich sei. Thon dachte ebenfalls, dass man eine Partei wählen müsse, wenn man Mitglied in derselben ist. Weigner und Locher sagten, dass der Wähler nicht für die Kandidatenliste verantwortlich sei und er nach dem tschechoslowakischen Wahlsystem vergewaltigt werde. AVL ČR (Archiv der Großloge der Tschechischen Republik), Kniha prací lóže Národ (Buch der Arbeiten der Loge Národ), Aufzeichnung vom 6. November 1925.

804   V.H. [Václav Havel]: Rozhovor o vlastní Dílně (Ein Gespräch über die eigene Werkstatt), in: Svobodný zednář 2, I, 1926, S. 26-27.

805   Z.G. [Zdeněk Gintl]: Čeho je třeba, aby lóže byla řádnou a dokonalou? (Was ist nötig, damit eine Loge ordentlich und vollendet ist?), in: Svobodný zednář 4, I, 1926-27, S. 53-54.

Die Frage der Politik war jedoch auch nach Jahren weder abgeschlossen noch gelöst: „Auch bei uns spricht man davon, ob die Politik in unsere Freimaurerei hereingelassen werden soll. Es handelt sich darum, was unter Politik zu verstehen ist. Entschiedenermaßen muss man sich gegen das Bemühen stemmen, dass unsere Freimaurerei in das Fahrwasser der einen oder der anderen Partei hineingezogen wird … Jedoch darf die Freimaurerei auch keiner der aktuellen Fragen ausweichen, wenn sie nicht etwas wie ein Verband von Kaktuszüchtern werden will."[806]

Was also folgt für uns aus diesen Überlegungen? Dass die Freimaurerei gegen die Politik nicht ankam, und nicht umgekehrt, wie manchmal lanciert wird. Die Politik war allgegenwärtig und der kategorische Imperativ der Freimaurer hatte eine sehr konditionale Gestalt. Zudem können wir nicht übersehen, dass auch zwischen Brüdern und sogar zwischen Parteifreunden ab und zu die Funken flogen.[807]

Der Fall Eduard Beneš

Sofern die tschechoslowakische Freimaurerei der Zwischenkriegszeit mit einer bestimmten politischen Persönlichkeit verbunden wird, so taucht an einer führenden, wenn nicht gar an erster Stelle der Name des Außenministers der Tschechoslowakischen Republik, Edvard (Eduard) Beneš, auf. Es handelt sich hierbei sicherlich um eine medial attraktive Angelegenheit und zudem verleiht das Ressort, welches Beneš lange Jahre führte, seiner Freimaurerei eine noch breitere Dimension.[808] Andererseits

---

806   J. Sk. [Jiří Sedmík]: Zednářství a politika [Das Freimaurertum und die Politik], in: Svobodný zednář 6-8, IV, 1930, S. 76-77. Der Autor stellte eine Reihe weiterer Fragen, einschließlich der, ob ein Kommunist Freimaurer sein kann. Er kommt zu dem Schluss, dass die Antwort nicht eindeutig sei, da kein formaler Fanatismus vertreten werden dürfe.

807   Ein bemerkenswertes Dokument, das zeigt, wie sehr sich die führenden Funktionäre der Freimaurerei und Mitglieder der Loge Národ [und zugleich Mitglieder der Nationaldemokraten in Prag-Vinohrady] – Weigner, Kapras und Sís tatsächlich stritten, ist ein Schreiben Weigners vom 4. Mai 1929, ANM [Archiv des Nationalmuseums], Bestand Jan Kapras, K. 46, Inv.-Nr. 3061. Es ging darum, dass Weigner nicht zum Kongressvorsitz der Partei delegiert wurde, und zwar wegen des Widerstandes der eigenen Parteiorganisation in Prag-Vinohrady, die zu der Zeit durch Kapras geführt wurde. Weigner lamentierte und merkte auch Folgendes an: „Ich sehe in diesem Widerstand eine unbrüderliche Tat. Ich frage mich: Warum? Ich bitte Sie, sehr geehrter Herr Vorsitzender, freundlichst um eine Antwort. Der Ernst der Angelegenheit zwingt mich dazu, in diesem Brief nicht die zwischen uns übliche Anrede zu verwenden." Und hier wird es interessant – zwischen diesen „Superfreimaurern" tobte ein innerparteilicher Konflikt, und die Brüderlichkeit war vergessen … Und mehr noch: Kapras leitete Weigners Schreiben an die Parteiorganisation Vinohrady weiter, die am 18. Mai eine Antwort verfasste, wonach sie die Spitze über die mangelnde Brüderlichkeit in dem Sinne auslegte, dass sich Weigner auf die Brüderlichkeit im Rahmen des Turnvereins Sokol berufen habe. In der Antwort erläutert sie u.a., dass Weigner nicht delegiert wurde, da er zuvor von seinen Posten selbst zurückgetreten sei, was die Partei schmerzlich getroffen habe. Daneben spielte wohl auch der Konflikt eine Rolle, den der nationaldemokratische „Barde" Viktor Dyk aus Prag-Vinohrady mit der Zeitschrift „Demokratický střed" führte, in deren Umkreis sich auch Weigner bewegte. Und hier bewegen wir uns immer noch im Rahmen einer Partei und sogar einer lokalen Unterorganisation!

808   Sehr detailliert beschrieben auf Grundlage von Materialien aus dem AÚ TGM AV ČR [Archiv des T. G. Masaryk-

können wir jedoch nicht übersehen, dass wir die Mitgliedschaft Benešs – aus Sicht der Bruderschaft der Freimaurer – keinesfalls überbewerten dürfen; es handelte sich um eine atypische Freimaurerei in jeder Hinsicht. Gerade aus diesem Grund wäre es falsch, Beneš als eine Art Muster oder Archetyp eines tschechoslowakischen Freimaurers heranzuziehen. Einleitend ist zu wiederholen, was bereits einmal gesagt wurde. Zahlreiche Mitarbeiter des Außenministeriums gehörten zu den Freimaurern, was logische Gründe hatte – denn welche andere Berufsgruppe konnte die Vorzüge der Freimaurerei besser in Anspruch nehmen oder höher schätzen?[809] Die Möglichkeit einer Anknüpfung informeller Bindungen zu Einzelpersonen im Ausland war sicherlich verlockend, wie Antonín Klimek schreibt – auch Beneš konnte zu einem späteren Zeitpunkt diese Vorzüge z.B. im politischen Umfeld Frankreichs nutzen. Es stellt sich die Frage, ob den gleichen Effekt nicht auch ein anderer hoher Beamter des Außenministeriums hätte erzielen können, ohne dass es sich gleich um den Minister persönlich hätte handeln müssen. Denkbar ist auch, dass die Zugehörigkeit zu den Freimaurern für Beneš einen Zugang zu seinem Partner auf deutscher Seite, Gustav Stresemann, oder einen Schlüssel für die Anbahnung von Kontakten zu den tschechoslowakischen Deutschen bedeutet haben konnte. Wenn wir nach der Motivation Benešs für einen Beitritt zu den Freimaurern suchen, müssen wir uns aber auch eines Umstandes bewusst sein, der hier bereits mehrfach angeklungen ist – dass nämlich die deutschen Freimaurer in der Welt der Freimaurerei im Grunde ostrakisiert, isoliert waren, sodass die Vorstellung, dass mit Stresemann auf der Ebene der Freimaurerei Kontakte angebahnt oder eine Annäherung gesucht wurde, sehr unwahrscheinlich ist. Diese beiden Seiten der Freimaurerei waren kaum kompatibel, obwohl sich die Freimaurerliga um eine Annäherung bemühte.

Institutes der Akademie der Wissenschaften der Tschechischen Republik), Bestand 38, Benešův vstup mezi svobodné zednáře (Beneš Beitritt zu den Freimaurern), KLIMEK, Antonín: Boj o Hrad (2.), S. 110sq.

809 Nur am Rande: Rudolf J. Vonka, Kamil Krofta, Jiří Sedmík, Antonín Hartl, Zikmund Konečný, Jan Jína, Jan Masaryk (Sohn des Staatspräsidenten T. G. Masaryk), Miroslav Plesingr-Božinov, Ondřej Pukl, unter Vorbehalt der zeitlichen Abfolge Hubert Ripka, Antonín Sum, die Gebrüder Körbel u.a. Eine gute Dokumentation über die Beziehung von Jan Masaryk zu den Freimaurern ist erhalten in AÚ TGM AV ČR (Archiv des T. G. Masaryk-Institutes der Akademie der Wissenschaften der Tschechischen Republik), Bestand Jan Masaryk, Ordner Nr. 14. Aus dieser folgt, dass Masaryk Freimaurer bereits im Januar 1921 in der Wohnung von Alfréd Baštýř wurde (Loge Jan Amos Komenský). Hier befindet sich auch eine handschriftliche Belehrung für Lehrlinge, die diese in der Gründungszeit erhielten. Es handelt sich hierbei offenkundig um ein Unikat. Meister wurde Jan Masaryk im Jahr 1925, bevor er dauerhaft zur tschechoslowakischen Botschaft nach Großbritannien wechselte. Bei dieser Gelegenheit hielt er für Prager Freimaurer einen Vortrag über seine Reise nach Indien. AVL ČR (Archiv der Großloge der Tschechischen Republik), Kniha prací lóže Národ (Buch der Arbeiten der Loge Národ), Aufzeichnung vom 24. April 1925. Warum ausgerechnet der impulsive und nonkonforme Jan Masaryk seinen Weg deutlich früher zu den Freimaurern fand als Beneš, lässt sich schwer sagen.

Wir müssen jedoch auch die Nachteile in Erwägung ziehen, die eine Beteiligung Benešs bei den Freimaurern bedeuten konnte. Und derer gab es nicht wenige, ich gehe davon aus, dass diese Nachteile die ideellen Vorteile zumindest wieder aufhoben. Beneš konnte dergestalt sehr leicht Ziel von Angriffen von verschiedener Seite sein, und seine Zugehörigkeit zu den Freimaurern konnte ihm auch bei bestimmten diplomatischen Verhandlungen geschadet haben, etwa bei dem nach wie vor nicht abgeschlossenen Streit mit dem Vatikan. Zudem konnte er auch seine vollkommen exklusive Stellung im Außenministerium verloren haben, falls seine Untergebenen die neue Bruderschaft wirklich ernst genommen haben sollten. Benešs Entscheidung, Freimaurer zu werden, kann daher nicht nur von dem Gesichtspunkt einer pragmatischen Motivation erklärt werden.

Es handelte sich offenbar um eine besondere Situation bzw. Kombination von Gründen im Leben des Edvard Beneš, die ihn Ende 1926 diese Entscheidung treffen ließ. Zum einen hatte er mit den Freimaurern im Ersten Weltkrieg gute Erfahrungen gemacht. Zum anderen erlebte Edvard Beneš, der physisch und psychisch völlig erschöpft war, im Herbst 1926 im Grunde einen Zusammenbruch. Auf Drängen seines Umfeldes trat er eine mehrmonatige Rekonvaleszenz an, die er in Südfrankreich verbrachte. Er war also in einer Lebenslage, die geradezu danach rief, über überpersönliche Dinge, über die Ordnung, die die Welt zusammenhält, über zeitlose Werte nachzudenken. Beneš, der auch zu anderen Zeiten diese Dimension des Menschseins sehr stark wahrnahm, hatte nun die Zeit zum Nachdenken. Und noch ein wesentlicher Faktor spielte in diesem Zusammenhang eine Rolle: Benešs Gesellschafter auf der isolierten Insel Port-Cros war sein persönlicher Sekretär Jiří Sedmík. Dieser war zu jener Zeit kein führender Freimaurer[810] – ganz im Gegenteil, er war erst unlängst, Anfang des Jahres, zu den Freimaurern gestoßen. Aber wir hatten bereits mehrfach die Gelegenheit, den Enthusiasmus, den beinahe eisernen Willen Sedmíks zu beobachten, mit dem er der Freimaurerei und ihrem Sinn, ihrer Arbeit begegnete. Ich denke, dass wenn Beneš von jemand anderem auf diese Reise begleitet worden wäre, er eventuell nie Mitglied des Freimaurerordens geworden wäre. Sedmíks Argumente waren offenbar sehr stark, war er es doch, der letztlich in den 30er Jahren ganz grundlegende Änderungen im Rahmen der gesamten tschechoslowakischen Freimaurerei durchsetzte – und ich wage zu behaupten, dass dies zumindest am Anfang im Grunde gegen den Willen der Führung der Nationalen Großloge der Tschechoslowakei (NVLČs) geschah. Ich denke, dass auch Beneš ihm nicht widerstand, vor allem, wenn wir uns bewusst werden, in welch schwerer persönlicher und politischer Situation er Halt suchte.

Eine erhaltene, relativ umfangreiche Korrespondenz zwischen Jiří Sedmík und dem neugebackenen Meister der Loge Komenský, Josef Volf, in dessen Loge Beneš unter dem Einfluss Sedmíks „geleitet" werden sollte, ermöglicht uns ein plastisches Bild über den Beitrittsprozess Benešs.[811] Ein erstes Schreiben stammt vom 26. Oktober 1926, keine drei Wochen nach dem Ferienantritt Benešs: „In freien Augenblicken, die wir hier relativ häufig haben, lese ich die Bücher, die du mir liebenswürdigerweise geborgt hast, und debattiere mit Min. Beneš über die Freimaurerei. Ich denke, dass auch er bald in unsere Reihen treten wird, was, so denke ich, viel Gutes hätte. Er sympathisiert sehr ... wovor ich mich ein wenig fürchte, ist das Ritual, über welches er unklare Vorstellungen hat und ich ihm viel in dieser Sache darlege ... Obwohl er andererseits hierüber selbst in verschiedenen Büchern mehr lesen könnte, als ich ihm im besten Willen sagen könnte."

Sedmík, der neun Jahre jünger als der Minister war, hatte, so scheint es, beinahe ideale Bedingungen, Beneš zu beeinflussen, dank eines Sturmes waren sie mehrere Tage ohne Verbindung nach außen völlig von der Welt abgeschnitten, in der Zwischenzeit gingen sie zusammen im Meer schwimmen, die Insel selbst hatte nur 21 Bewohner, und da kaum etwas zu tun war, unterhielt man sich. Sedmík bekannte Volf gegenüber, dass er erst hier, in der Isolation, zu begreifen beginne, was die Freimaurergemeinde für ihn bedeute. Ich bin zu der Auffassung gelangt, dass sich Jiří Sedmík persönlich, ohne Konsultierung anderer Freimaurer, und wie sich später erweisen sollte – auch gegen deren Willen entschloss, aus Beneš einen Freimaurer zu machen. Es drängt sich nämlich die Frage auf, warum Beneš nicht schon zu einem früheren Zeitpunkt Freimaurer wurde, wenn es sich in seinem Umfeld doch um eine im Grunde gängige Angelegenheit handelte.

Bald darauf wusste Sedmík bereits zu vermelden, dass die Freimaurer zugesagte Subventionen erhalten würden, dass sich Beneš sicherlich anmelden würde, und dass er persönlich dessen Referat nach Prag bringen werde, für welches dieser noch keine Zeit habe, da er an den Abschlussarbeiten seiner Memoiren schreibe, dass sich Beneš in der Loge Jan Amos Komenský anmelden würde, dass er nie daran gedacht hätte, „dass er irgendwie irregulär unter Auslassung der dunklen Kammer an-

811 AÚ TGM AV ČR (Archiv des T. G. Masaryk-Institutes der Akademie der Wissenschaften der Tschechischen Republik), Bestand 38, K. 20, 38-68-18 und LA PNP (Literaturarchiv des Denkmals des nationalen Schrifttums), Bestand Josef Volf.

genommen werden könnte",[812] dass Beneš in der zweiten Januarhälfte
nach Prag käme und dann seine Rezeption stattfinden könne; nachfolgend schildert er detailliert wie und welche finanziellen Mittel zusammen mit Beneš den Freimaurern zufließen würden. Aus dem Brief ist ein
wenig das Bemühen herauszulesen, die Freimaurer im Grunde mit den
finanziellen Vorteilen einer Mitgliedschaft Benešs zu locken und hiermit
deren Vorbehalte oder Widerstand zu brechen.

Einen Monat später teilt Sedmík, bereits in Prag, Volf mit, dass auch
er gehört habe, dass „einige Brüder gegen die Aufnahme von Minister
Dr. Beneš in unsere Reihen sind. Diese Nachricht hat mich schmerzlich überrascht: die Bruderschaft der Freimaurer bedeutet doch letztlich Demokratie und auch Toleranz gegenüber Meinungen anderer ... in
der Praxis ist hiermit untrennbar eine Zurückhaltung bei vorschnellen
Urteilen verbunden. Der Standpunkt dieser Brüder ist umso unverständ-
licher, als dass die Freimaurerei Nachdruck auf die ethische Seite des
Menschen legt, was wiederum in der Praxis zumindest bedeutet, dass wir
über eine andere Person, umso eher als wir sie nicht kennen, niemals a
priori schlecht urteilen." Und es folgt ein Bekenntnis Sedmíks an seinen
Glauben in die Person Beneš, von dessen Qualitäten und dessen Befä-
higung, Mitglied der Freimaurer zu werden, er zweifelsohne innerlich
überzeugt war: „Es geht ein Stück weit um ehrenvolles Auftreten und den
Glauben an den Menschen, wohin kämen wir, wenn wir keinen optimisti-
schen Glauben an die Menschen, die Menschheit hätten? Und ich bin der
Überzeugung, dass kaum jemand der Brüder, die schwarz zu ballotieren
gedenken, ihn überhaupt persönlich kennt."[813] Es scheint, dass Beneš für
seinen Beitritt zum Orden nicht das beste Jahr wählte. Der Konflikt der
Volkssozialisten mit ihrem Minister Jiří Stříbrný und auch die Gajda-
Affäre (um Radola Gajda, einen Offizier mit faschistischen Tendenzen
und politischen Ambitionen) hingen in der Luft.

„Es könnte kein größeres Unrecht geschehen, als dass Beneš nicht
aufgenommen würde, umso eher, da ich sehe, dass im Prager Orient ...
mehr als ein Bruder ist, der nach seinen Auffassungen und anderweitig

---

812   Dies bedeutet, dass unter den Freimaurern bereits damals kolportiert wurde, dass der Herr Minister eine
besondere Behandlung benötigen wird, dass er sich dem in gewisser Weise erniedrigenden Ritual nicht unterwerfen würde. Anderenfalls hätte Sedmík keine solche Erläuterung abgeben müssen. Sedmíks Schreiben vom
9. November 1926, AÚ TGM AV ČR (Archiv des T. G. Masaryk-Institutes der Akademie der Wissenschaften der
Tschechischen Republik), Bestand 38.

813   Sedmíks Schreiben vom 9. Dezember 1926, AÚ TGM AV ČR (Archiv des T. G. Masaryk-Institutes der Akademie
der Wissenschaften der Tschechischen Republik), Bestand 38. Aus der Erwähnung der Ballotage ist zu erken-
nen, dass es direkt in der Loge Komenský Widerstand gegen Beneš gab, nicht etwa in der weit konservativeren
Loge Národ, wo man dies hätte annehmen können. Národ und die anderen Logen erfuhren von Benešs Antrag auf
Aufnahme Anfang Januar 1927. AVL ČR (Archiv der Großloge der Tschechischen Republik), Kniha prací lóže Národ
(Buch der Arbeiten der Loge Národ), Aufzeichnung vom 7. Januar 1927.

von den sehr liberal ausgelegten Prinzipien der Freimaurerei weit entfernt steht. Ich weiß, dass Beneš sehr schlau ist, aber ich weiß ebenso, dass er in gleicher Weise ehrlich ist. Und ist Klugheit etwa eine schlechte Sache, wenn sie nicht mit einem charakterlichen Defekt verbunden ist? Er ist ehrlich, er steht hinter seiner Wahrheit ... er ist bescheiden in seinem heimischen und seinem öffentlichen Leben ... er kämpft für Freiheit, Demokratie, für die Verbrüderung der Völker ... und wenn Du ihn mit der Vorstellung über einen vollkommenen Freimaurer vergleichst – wie viele Eigenschaften hat er mit dieser Vorstellung gemein? Sowohl seine gedankliche Orientierung, als auch seine Mentalität stehen den freimaurerischen Tendenzen nahe." In dieser letzten Beurteilung muss ich Sedmík im Grunde recht geben, ich denke, dass Benešs Lebensauffassung, seine Positionen und sein Streben tatsächlich mit den idealen Vorstellungen der Freimaurerei über eine moderne Struktur der Welt und der Gesellschaft konvenierten.

Sedmík, selbst Sozialdemokrat,[814] bezeichnet den Kampf gegen Beneš, der scheinbar auf persönlicher Ebene geführt würde, als Kampf zweier großer kultureller, ideologischer und moralischer Ausrichtungen, als Kampf zweier Mentalitäten innerhalb des tschechischen Volkes. Es handele sich im Grunde um einen Kampf zwischen reformatorischer und katholischer Mentalität, um einen Kampf der Masse gegen den Geist, um einen Kampf von Gossenmoral gegen Prinzipien, um einen Kampf der Kulturlosigkeit gegen die Kultur. Sedmík vergleicht die einstigen Kämpfe Masaryks (etwa die erbittert ausgetragenen Auseinandersetzungen Ende des 19. Jahrhunderts um gefälschte tschechischsprachige Chroniken, die die historische Größe des tschechischen Volkes beweisen sollten) mit den aktuellen Kämpfen Benešs. Ihm zufolge würde das Schicksal des tschechischen Volkes über Jahrhunderte davon abhängen, welche Ausrichtung hierbei gewinne. „Und ich würde mir wünschen, dass alle Freimaurer, jeder für sich, sich selbst die Frage beantworten, zu welcher Orientierung die Freimaurerei tendiert, mit der sie steht und mit der sie fällt."

Der Druck auf störrische Freimaurer endete hiermit gleichwohl nicht und Sedmík argumentierte und diskutierte hartnäckig weiter. Es sei angemerkt, dass Adressat der Briefe, der mit diesen augenscheinlich weitere Freimaurer beeinflusste, Josef Volf war, ein aktives Mitglied der Agrarpartei. „Es steht außer Zweifel, dass Beneš in der Geschichte eine unserer größten Persönlichkeiten sein wird. Wie würden einige unserer

---

814   Im Jahr 1935 kandidierte Sedmík selbst für seine Partei für das Parlament. Zu seinem Lebensweg ist hinzuzufügen, dass er sich während des Zweiten Weltkrieges aktiv am Widerstand beteiligte, er 1940 verhaftet und 1942 hingerichtet wurde.

Brüder ihre Tat rechtfertigen, wenn die Geschichte einmal sagen sollte, dass Beneš nicht in die Loge aufgenommen wurde, obwohl er sich anständig angemeldet hatte? Wenn ich dies in die historische Perspektive transponiere, schreckt mich dieses Urteil." Und wir können aus heutiger Perspektive feststellen, welch schöne Erpressung dieses Argument im Grunde ist ...[815]

„Ich höre, dass die Befürchtung besteht, dass Benešs starke Individualität die gesamte Freimaurerei einseitig beeinflussen kann." Sedmík doziert, wie bunt die Freimaurerei sei, „der Einfluss einer Person, sofern sie in der Freimaurerei nicht eine hohe Funktion einnimmt, kann nicht gefährlich sein ... Beneš wird immer so viel Arbeit haben, dass er keinerlei Ämter reflektieren wird, und daran denkt er auch gar nicht. Ich habe mit ihm darüber sehr viel und sehr intim gesprochen und kann dies daher bestätigen." In diesem Zusammenhang ist noch ein bemerkenswerter Moment zu betrachten – wenn wir uns die Spitzenfunktionäre der tschechoslowakischen Freimaurer anschauen, so handelte es sich bis auf einige Ausnahmen meist um Personen, die zum gemäßigten Flügel der konservativen Nationaldemokraten gehörten,[816] was die üblichen Klischees über die Freimaurer wiederum widerlegt.

Sedmík setzte fort: „Es ist unverständlich: wir wollen so weit wie möglich vordringen, wir wollen einen gewissen Einfluss, wir sind stolz auf große Persönlichkeiten, die tatsächliche oder nur angenommene Freimaurer waren, und jetzt, wo sich einer dieser großen Männer meldet, soll er abgewiesen werden?" Benešs Sekretär rechnete damit, dass nicht nur Volf das Schreiben in die Hände bekommt, sondern dass es eine Waffe wird, die die Mitgliedschaft des Ministers bei den Freimaurern durchsetzen sollte. „Ich möchte konstatieren – mich leitet keine Sucht nach dem Ruhm, dass die Aufnahme Benešs eventuell mit meinem Namen in Ver-

---

815   In diesem Zusammenhang lohnt ein vergleichender Blick, und zwar eine Beurteilung des Ministers Beneš, verfasst durch einen anderen Freimaurer und weiteren Untergebenen desselben, Kamil Krofta. Es handelt sich um eine Meinung von 1920, als Krofta Botschafter im Vatikan war, und sicherlich hat auch er seine Schlussfolgerungen mit der Zeit neu gezogen, gleichwohl ist auch dieses Zeugnis bemerkenswert: „Es scheint mit ungerecht zu sein, wenn man der Nationaldemokratie ihren Kampf gegen die Regierung und insbesondere gegen Min. Beneš vorwirft, wenn über ihren Kampf gegen den Präsidenten gesprochen wird. Die Politik der Regierung und insbesondere Benešs verdient und braucht sicherlich Kritik, und wenn Beneš wahrhaft Staatsmann wäre, hätte der Widerspruch zwischen ihm und Kramář über die Außenpolitik nicht den Charakter eines persönlichen Kampfes angenommen ... Wenn von der (Prager) Burg aus die niederträchtigste Herabsetzung Kramářs zugelassen und vielleicht auch gefördert wird, welcher doch auch etwas für das Volk getan hat, der etwas bedeutet und der etwas erlitten hat, und der trotz aller seiner Fehler moralisch sicherlich über Beneš steht ..." AAV ČR (Archiv der Akademie der Wissenschaften der Tschechischen Republik), Bestand Emil Svoboda, K. 2, Inv.-Nr. 174, Kroftas Schreiben vom 5. September 1920.

816   Zu diesem Personenkreis können wir zählen sowohl Mucha, Kapras, Sís (der zudem oft wenig gemäßigt auftrat), Machar, Kvapil, als auch die Großmeister Svoboda, Syllaba, Weigner. In der Tat wurden die tschechischen Freimaurer fast permanent durch gemäßigte Liberale der Partei Kramářs geführt.

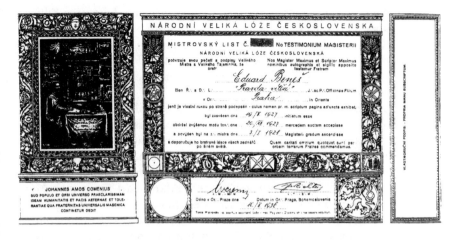

Freimaurerausweis von Edvard Beneš

bindung gebracht werden könnte, ich bin nicht von dem Motiv getrieben, dem einen oder dem anderen zu gefallen, ich bin materiell unabhängig, ich brauche daher nicht jemandes Gunst ... Ich möchte aber unserer Freimaurerei und dadurch unserem Volke helfen, und auch Beneš bei seiner Arbeit im Ausland – wiederum für den Staat. Ich liebe ihn als Menschen ... ich liebe ihn für seine Direktheit, seine Ehrlichkeit und seinen Mut und ich verstehe ihn und ich sage es direkt – auch seine Tragik gut."

Und wir können uns nur leicht wundern, wie viele Anstrengungen es kostete, damit der tschechoslowakische Außenminister Edvard Beneš Freimaurer werden konnte. Und auch nachdem die Loge Komenský Benešs Anmeldung entgegengenommen hatte, war noch nichts gewonnen. Und mit einem Mal sehen wir, wie viele Mythen in sich zusammenbrechen, wie die Freimaurer in der Praxis gar nicht danach dürsteten, derart exponierte Persönlichkeiten in ihre Reihen aufzunehmen; sie wussten ganz genau, dass sie keinen Einfluss auf solche Personen hätten, ja mehr noch – es stand Angst im Raum. Angst davor, in politische Kämpfe hineingezogen zu werden, Angst vor dem Unbekannten und immer auch die Befürchtung, dass eine Persönlichkeit solchen Typus auch immer wie ein exotischer Vogel wirken, nicht jedoch als Bruder gesehen wird.

Beneš fasste also eine ordnungsgemäße Anmeldung ab, die sich in Gänze erhalten hat (insgesamt acht maschinengeschriebene Seiten), was eine wirklich einmalige Quelle darstellt.[817] Bei dem Dokument handelt

817   Benešs Anmeldung, datiert auf Port-Cros, den 15.11.1926, und sein freimaurerisches symbolisches Testament sind archiviert im ANM [Archiv des Nationalmuseums], Bestand Edvard Beneš, K. 1, Inv.-Nr. 1.

es sich offenkundig um eines der bemerkenswertesten Zeugnisse Edvard Benešs über sich selbst. Im ersten Teil skizzierte er seinen Lebensweg, wobei er anführte, bereits zu Kriegszeiten mehrfach in französischen Logen über die tschechoslowakischen politischen Ziele referiert zu haben. Er gab ferner an, dass ihm Přemysl Šámal, Josef Schieszl[818] und Jan Syrový Referenzen geben könnten.

„Mein Ich – mein Volk – die Menschheit, dies bildet für mich philosophisch und moralisch eine Einheit. Gehe ich bei meinen Erwägungen von meinem Ich aus, vereine ich dieses letztlich mit Volk und Menschheit. Gehe ich aus von der Menschheit, dem Menschsein, der Menschlichkeit, gelange ich über mein Volk erneut zum Einzelnen, zu meinem Ich. In diesen drei Begriffen in deren breitesten Umfang darf für keinen Menschen etwas sein, was sich gegenseitig ausschlösse." Alles soll in Harmonie sein. Beneš gibt weiter an, dass er zu Gott eine positive Einstellung habe, er diese Frage aber nicht weiter ausführen wolle. Die Freimaurerei ist laut Beneš eine der besten Formen, um im Leben praktisch eine große moralische und menschliche Sendung zu erfüllen, wobei das Ideal der Humanität das höchste moralische Ideal sei, das ein Mensch haben kann, und dessen schärfster Gegenpol der Egoismus sei. Auch ein nationales Empfinden solle vor allem ein Ausdruck von Menschlichkeit sein. „Unser Volk hat einige kollektive psychologische Eigenschaften, die nicht den Idealen der Humanität entsprechen. Es hat einen Hang zum Fanatismus, der sich in Voreingenommenheit, in Egoismus, in Unduldsamkeit andere zu überzeugen und in Neid im öffentlichen Leben ihrer einzelnen Faktoren ausdrückt." Hier sprach aus Beneš eine noch frische persönliche Erfahrung, anderenfalls hätte er gesehen, dass diese Eigenschaften auch anderen Völkern zu eigen sind, oder etwa, dass das tschechische Volk eine Neigung zur unkritischen Vergötterung einiger Persönlichkeiten hat ...

„In diesem Umfeld kann sich jeder bewusst sein, dass alles, was er täglich tut, nicht etwa ein persönliches Ziel haben sollte, sondern durch eine seiner Seiten ein Ziel in sich: ein Schaffen eines harmonischen Ichs, ein Bauen an der nationalen Kultur, eine Hilfe bei der Umsetzung von Menschlichkeit. Daher wollen in jenem Umfeld jene, die ihre humanitäre Sendung verstanden haben, für ihre Arbeit nichts. Ich sehe in einer solchen Arbeit einen Ausdruck des tiefsten Gefühls der Menschlichkeit,

---

818   Eine Bitte um Referenzen für Beneš ist erhalten im NA (Nationalarchiv), Bestand Josef Schieszl, K. 7, Volfs Schreiben vom 10. Januar 1927. Die Formulierungen dieses Briefes deuten an, dass auch Volf innerlich nicht voll von einem Beitritt Benešs zur Loge, der in seiner Regie erfolgte, überzeugt war: „Wie Dir eventuell bekannt ist, meldet sich für die L. J. A. Komenský der Außenminister, Herr Dr. Ed. Beneš. Obwohl wir ihn alle kennen bzw. nicht kennen, müssen die Vorschriften formal eingehalten werden ... Da der Suchende Dich persönlich als Bruder bezeichnete, der Bericht über ihn erstatten könnte, wende ich mich an Dich..."

und diese ist Ziel an sich. Diese Überlegungen haben mich dazu gebracht, mich auch formal mit einer Gemeinschaft zu identifizieren, nach deren Intentionen ich seit vielen Jahren zu leben und zu arbeiten versuche."[819] Die Vorbereitungen für die Aufnahme Benešs in den Kreis der Freimaurer erfolgten tatsächlich auf allerhöchster diplomatischer Ebene. Das Kennenlernen mit den Brüdern, die bei dem Akt der Aufnahme anwesend sein würden, war beim Tee bei der Ehegattin, Frau Benešová, geplant, wohin Volf, Tichý, Helfert und Riesinger nebst Gattinnen geladen wurden.[820] Jedoch klappte es beim ersten Mal nicht und die Loge Komenský lehnte Schritte zur Aufnahme Benešs unter Verweis auf formale Prozessmängel ab. Es stellt sich die Frage, in welchem Maße Beneš in dieser Zeit persönlich darüber informiert war, wie es um seinen Antrag bestellt war, bzw. was ihm Sedmík alles gesagt – oder nicht gesagt hatte. Wegen Beneš kam es in der Loge offenkundig zu einem Streit.[821] Zur nächsten Sitzung wurde auch Großmeister Syllaba, Leibarzt mehrerer hoher politischer Würdenträger der Tschechoslowakei der Zwischenkriegszeit, Beneš eingeschlossen, geladen,[822] und dessen Teilnahme wurde als sehr notwendig erachtet. „Eventuell wäre es gut, seine Teilnahme frühestmöglich zu gewährleisten, damit er sich für diesen Abend nicht anderweitig verpflichtet,"[823] sorgte

819   Benešs Testament als Freimaurer bzw. eine Antwort auf Standardfragen, die ein jeder Freimaurer vor einem Beitritt niederschreiben muss, wurde bereits durch Antonín Klimek publiziert, daher hier nur als Fußnote: „TESTMANT VON EDVARD BENEŠ: 1. Durch was bin ich mir selbst verpflichtet? Darauf zu achten, dass nach mir ein Andenken an einen ehrlichen Menschen bleibt, der sein ganzes Leben seine Pflicht erfüllt hat, die ihm ein korrekt verstandenes Ideal der Menschlichkeit auferlegt. 2. Durch was bin ich dem Vaterland verpflichtet? Ihm während meines ganzen Lebens meine Kraft, meine Fähigkeiten und Arbeit zu geben. 3. Durch was bin ich der Menschheit verpflichtet? Ein solcher Mensch zu sein, damit am Ende des Lebens gesagt werden kann: Er war ein guter, ehrlicher Mann, er erfüllte seine menschlichen Verpflichtungen." Einige der Schlussfolgerungen Klimeks (S. 114-115) bezüglich Benešs Aufnahme in den Kreis der Freimaurer erachte ich als ungenau. Nach meiner Auffassung entstanden diese durch eine Verwechslung von Daten, da genau ein Jahr später über die Beförderung Benešs in den zweiten und dritten Grad verhandelt wurde, also zum Gesellen und zum Meister. Dies war jedoch bereits eine völlig andere Angelegenheit, als überhaupt in die Reihen der Freimaurer aufgenommen zu werden. Dies belegen im Übrigen klar Materialien, die im Nachlass Josef Volfs im LA PNP [Literaturarchiv des Denkmals des nationalen Schrifttums] erhalten sind. Volf hätte von Sinnen sein müssen, wenn er Benešs Erhöhung zum Meister zu einem Zeitpunkt geplant hätte, zu dem überhaupt noch nicht klar war, ob ihn die Freimaurer aufnehmen. Zum anderen handelte es sich für ihn bei der Aufnahme einer solch außerordentlichen Persönlichkeit in die Loge zweifelsohne auch um eine Prestigeangelegenheit.

820   AÚ TGM AV ČR (Archiv des T. G. Masaryk-Institutes der Akademie der Wissenschaften der Tschechischen Republik), Bestand 38, Sedmíks Schreiben vom 10. Januar 1927.

821   Sedmík mischte sich in den Streit „wegen seines Grades" nicht ein, was Antonín Klimek falsch interpretiert: „mit Blick auf seinen hohen Grad in der Freimaurerei" (S. 114), tatsächlich erfolgte dies jedoch mit Blick auf seinen niedrigen Grad. Da er kein Meister war, stand ihm nicht zu, sich allzu aktiv in die Diskussion einzubringen.

822   Es war ausgerechnet Syllaba, der einem Ärztekonsilium vorstand, das bei Beneš die Menér-Krankheit diagnostizierte, die ihm sein Leben so sehr verkomplizierte. Auch hier ist die Behauptung Antonín Klimeks zu korrigieren, dass Benešs Beitritt zu den Freimaurern beim ersten Mal abgelehnt worden sei (S. 114); ich gehe davon aus, dass die Ablehnung wegen formaler Mängel im Rahmen der Verhandlungen über seine Anmeldung erfolgte, was etwas völlig anderes ist, als wenn eine Ballotage vorgenommen worden wäre, die negativ (schwarz) ausgefallen wäre. Zu einer solchen Ballotage ist es damals nicht gekommen, wie aus einem Schreiben Sedmíks hervorgeht.

823   AÚ TGM AV ČR (Archiv des T. G. Masaryk-Institutes der Akademie der Wissenschaften der Tschechischen Republik), Bestand 38, Sedmíks Schreiben vom 20. Januar 1927.

sich Sedmík, wobei er bemerkte, dass bei der Entscheidungsfindung auch Angst mitspielte, dass im Anschluss in formeller Hinsicht etwas in Zweifel gezogen werden könnte, und ferner „die (vielleicht unbewusste) Tendenz unter Beweis zu stellen, dass Beneš nicht allmächtig ist und sie ihm auch Probleme bereiten können".

Daneben verweist Sedmík auf Parteipolitik und sogar auf die Klassenherkunft der Mitglieder des Ordens, wenn er behauptet, dass „die Brüder unserer Loge in ihrer Mehrheit zu den vermögenden Schichten zählen und ungewollt in ihm einen Exponenten des linken Blocks sehen, die Affären in der Volkssozialistischen Partei erleichtern die Situation ebenfalls nicht. Hiervor dürfen wir die Augen nicht verschließen." Ich weiß nicht, ob oder wo sich Sedmík irrte, da gerade in der Loge Komenský das linke Element sehr stark vertreten war. Zudem erhob keine andere Loge, auch die konservativste keine Einwendungen gegen Benešs Mitgliedschaft. Es blieb die Hoffnung, dass die Abstimmung zwar verzögert, jedoch gut ausgehen würde, da „sich sicherlich jedermann der Folgen bewusst wäre, die eine dunkle Ballotage mit sich bringen würde und diese Verantwortung will doch niemand auf sich nehmen".[824]

In einer zweiten Runde wurde Benešs Anmeldung genehmigt. Leider wissen wir nicht, was im ursprünglichen Antrag falsch stilisiert wurde – eventuell handelte es sich um einige allgemeine Formulierungen, z.B. zu seinem Verhältnis zu Gott oder über seine persönlichen Verhältnisse, da Beneš hier etwa nicht explizit angeführt hatte, dass er verheiratet war. Der Text seiner Anmeldung gleicht eher einem Essay denn einem Formular, und dies konnte offenbar genutzt werden. Bereits in den ersten Februartagen konnten Volf und Sedmík eine weitere Runde an Vorbereitungen aufnehmen. Am 3. Februar teilte Sedmík mit, dass Beneš bereits in einer Woche frei habe, und er fügt im selben Atemzug hinzu, dass für den 23. Februar (als Belohnung?) die „Helfer" Volf, Riesinger, Helfert, Thein, Seydl, Danko und Tůma zu einem Empfang in den Spanischen Saal auf der Prager Burg geladen würden.[825] Und bereits zwei Tage später war man sich einig, dass Benešs Beitritt zu den Freimaurern mit einer Ehr-

---

824   Sedmík äußerte sich nach dem ersten misslungenen Versuch sehr kritisch: „Ich habe überhaupt den Eindruck, dass wenn erst alles abgeschlossen sein wird, sich viele Dinge automatisch in unseren freimaurerischen Beziehungen klären werden. Ich habe mir bereits früher gesagt, dass die Auswahl am Anfang ein beliebiger Mischmasch war. Heute zeigen sich die Folgen. Viele meldeten sich an, da sie in der Freimaurerei eine andere Form des gesellschaftlichen Lebens (eine Art Herrenklub für Abende und Bankette) mit einem gewissen Romantismus sahen. Aber der Fall mit Beneš und die politisch-kulturellen Reaktionen, die auch uns berühren müssen, werden sicherlich bewirken, dass nur feste, mutige und Ideenmenschen bei der Freimaurerei bleiben."

825   LA PNP (Literaturarchiv des Denkmals des nationalen Schrifttums), Bestand Josef Volf, Sedmíks Schreiben vom 3. Februar 1927.

erbietung gegenüber dem Staatspräsidenten verbunden würde, wogegen niemand etwas einwenden könne.[826] Die Frage war, wer die Rede halten würde. Beneš kam nicht in Betracht, da dies sogar als Provokation hätte aufgefasst werden können, zudem wäre es doch sehr ungewöhnlich gewesen, wenn ein Neophyt bereits auf der ersten Versammlung geredet hätte. Dies wäre kaum mit den Deklarationen darüber vereinbar gewesen, dass Beneš für sich keine besondere Behandlung wünschte. Auch Syllaba konnte nicht sprechen, da er bei dem vorherigen Aufnahmeversuch Beneš vertreten hatte. Volf musste ebenfalls schweigen, weil „Du bist ebenfalls zu sehr exponiert und es wäre nicht taktisch, sich erneut zu exponieren. Am besten wäre, wenn es sich um jemanden handeln würde, der nicht Mitglied ‚linker' Parteien ist und vielleicht wäre es gut, wenn es jemand aus einer anderen Loge wäre."[827] Benešs Aufnahme in den Kreis der Freimaurer erfolgte letztlich am 19. Februar 1927.[828] Die Loge Komenský begrüßte ihn auch mit Versen von Ladislav Tichý:

„Sei willkommen in der Kette, Lehrling! Zum Werk.
Der Baumeister möge Dir Kraft geben,
damit Du an einem Felsblock arbeiten kannst.
Ich sehe einen munteren Gesellen
der zum Licht hoch und höher steigt
Ich sehe Deinen Kubus ausgeglichen.
Jedoch erst wenn Du mit Deinem schnellen Blick erkennst,
dass wir alle ein Menschenleben lang
immer doch nur Lehrlinge bleiben,
erst dann, Bruder, erst dann wird Du ein Meister sein!"[829]

---

826   AÚ TGM AV ČR [Archiv des T. G. Masaryk-Institutes der Akademie der Wissenschaften der Tschechischen Republik], Bestand 38, Sedmíks Schreiben vom 5. Februar 1927.

827   Ebd. Sedmík empfiehlt den Mathematiker, Astronomen und Universitätsprofessor František Nušel aus der Loge 28. říjen

828   Die durch Josef Volf verfasste Einladung klang wie folgt: „14.2.1927. Herr Minister! Ich gestatte mir Ihnen mitzuteilen, dass Ihre Aufnahme in den Orden am Samstag, dem 19./II. abends erfolgen wird. Wir bitten Sie sich um 6.15 Uhr abends in das Atelier des akademischen Malers Hr. Vikt. Stretti, Riegrovo nábř. Nr. 10 einzufinden, wo Sie erwartet werden." AÚ TGM AV ČR [Archiv des T. G. Masaryk-Institutes der Akademie der Wissenschaften der Tschechischen Republik], Bestand 38, 38-68-5. Hieraus kann jedoch nicht eindeutig abgeleitet werden, wie dies Antonín Klimek tut [S. 115], dass Beneš in Strettis Atelier aufgenommen wurde. Wenn gerade in diesem Fall so viel auf Formalitäten geachtet wurde, weiß ich nicht, warum er nicht im Tempel aufgenommen wurde, der sich seinerzeit in der Husova ulice befand. Eine Aufnahme außerhalb der Loge war gleichwohl technisch ausführbar. Andererseits wirkt die Vorstellung, dass die geplante Ehrerbietung gegenüber dem Staatspräsidenten im Atelier eines beliebten Malers erfolgt sein soll, etwas kurios. Möglich ist auch, dass eine Grußadresse erfolgte und alles tatsächlich sehr gesetzt ablief. Wenn aber die Loge Komenský Beneš auch nur ein bisschen „zu Demut zwingen" wollte, kann ich mir nicht erklären, warum sie eine Zustimmung zu dieser Lösung gegeben haben sollte.

829   Neofytovi [An einen Neophyten], in: Svobodný zednář 3-5, V, 1931, S. 68

Auch ein handgeschriebenes Konzept von Benešs Dankesrede, bestehend aus 18 Punkten, ist erhalten.[830] Der Minister dankte, dass man ihm „ermöglicht hat, mich zu Ihnen zu rechnen", wobei „viele in Betracht zogen", dass seine Person zu exponiert sei. Er wusste also von Sedmík von den Diskussionen um seine Person. Jeder solle jedoch nach seinen menschlichen Werten beurteilt werden und die Freimaurer sollten über den alltäglichen Kämpfen stehen, sich einander vertrauen und sich treu sein. „Ich verstehe eine Parteimitgliedschaft als Mittel – ich schätze sie relativ, nicht absolut. Eine Partei kommt und geht. Hierdurch wäre ich nicht exponiert – dies steht mir nicht im Weg." Er ist anders exponiert – jahrelang müsse er täglich Entscheidungen treffen, täglich regele er Konflikte, täglich müsse er Menschen beurteilen und werten. Beneš sagte u.a.: „Ich bin zu Euch gekommen um Luft zu holen. Einen Augenblick nur Mensch sein... Ich kam als einfacher Soldat unseres täglichen Dienstes, und als solcher möchte ich zwischen Euch sein, ich möchte arbeiten und einen Beitrag für ein großes Werk leisten, den sich der Verband auferlegte. Ich danke Euch noch einmal herzlichst, dass Ihr mir dies ermöglicht habt."

Benešs Vorstellung vom Umfeld der Freimaurer erfüllt sich jedoch nicht ganz, wie zumindest Antonín Klimek urteilt,[831] der behauptet, dass Beneš in Korrespondenz geseufzt habe, dass auch dieses Umfeld nicht ganz „ohne Vorurteile, ohne bösen Willen auskommt ... über der Trübe des Tages stehend ist".[832] So zumindest legt er ein wahrscheinlich an Syllaba gerichtetes Schreiben Benešs als Antwort auf die Begrüßung im Orden aus. Ich denke, dass seine Worte nicht so scharf verstanden werden können. Vor allem, wenn wir uns den gesamten Kontext dieses Briefes anschauen, sehen wir eine etwas andere Bewertung. Beneš stöhnt hier ein wenig ob der „Strapazen", die die Aufnahme in den Kreis der Freimaurer mit sich brachte, aber ansonsten sagt er Folgendes: „Der Mensch fühlt bei gelegentlichen Anfällen von Unzufriedenheit mit unserer nationalen Welt, dass sie dennoch ein Umfeld ist, das auch, wenn es nicht ganz bestünde, so jedoch zumindest ohne Vorurteile, ohne bösen Willen, mit reiner Seele, über der Trübe des Tages stehen sein will. Und dies ist ein schönes Gefühl, ein menschlich schönes."

830   AÚ TGM AV ČR [Archiv des T. G. Masaryk-Institutes der Akademie der Wissenschaften der Tschechischen Republik], Bestand 38, 38-68-5.

831   KLIMEK, Antonín: Boj o Hrad [Der Kampf um die Burg] [2.], S. 116

832   AÚ TGM [Archiv des T. G. Masaryk-Institutes der Akademie der Wissenschaften der Tschechischen Republik], Bestand 38, 38-68-5, Benešs Schreiben, s.d. Auch denke ich nicht, dass Beneš bald die Vorwürfe wahrnahm, dass er nicht regelmäßig in die Loge kommen würde, wie Antonín Klimek behauptet. Ich denke, dass das erhaltene Dokument dieses nicht bezeugt. Ein Entschuldigen einer Abwesenheit war Pflicht eines jeden Freimaurers. Vgl. die anderen Dokumente in diesem Faszikel.

Im April desselben Jahres trug er für die breitere Freimaurergemeinde seine Zeichnung mit dem Titel „Meine persönlichen Eindrücke aus Genf" vor.[833] Eine Mitgliedschaft in der Universellen Freimaurerliga lehnte er jedoch ab – allein war er hiermit übrigens nicht. Auch eine Ehrenmitgliedschaft in der französischen Ausländerloge Shakespeare nahm er nicht an. In diesem Kontext müssen wir auch die bereits erwähnte Gründung der Loge Pravda vítězí („Die Wahrheit siegt") sehen, vielleicht verstehen wir ihn so besser, und eventuell verstehen wir so auch Volfs beleidigtes Gefühl besser, der sich hintergangen fühlte.[834]

Kurz vor Ende des Jahres 1927 beschlossen die Funktionäre der Loge Komenský, dass Beneš in höhere Grade erhoben wird. Der zeitliche Rahmen der Beförderung zum Gesellen korrespondiert voll mit den gängigen Terminen. Etwas eilig erfolgte dann die Erlangung des dritten Grades, aber auch dies war nichts Ungewöhnliches oder Außerordentliches. Aus Volfs Aufzeichnungen wissen wir, dass am 11. Dezember der Vorschlag gemacht wurde, dass Beneš zum Gesellen befördert und nachfolgend zum Meister erhoben wird.[835] Die Führung der Loge hatte sich das Vorgehen so ausgedacht, dass er Geselle in „historischer Weise" werde, und Meister zusammen mit einigen anderen Freimaurern bereits ordentlich werden würde.[836] Am 18. Dezember gingen Volf und Sedmík zu einer Vorlesung Beneš in das Prager Gemeindehaus (Obecní dům) und vereinbarten dort als Termin den 20. Dezember. Volf sandte Beneš nachfolgend einen Brief, mit dem er ihm die freudige Nachricht mitteilte, dass am 17. Dezember die Gesellen und Meister der Loge Komenský beschlossen hätten, ihm den Gesellen-Grad in historischer Weise zu verleihen, und dass man zugleich entschieden habe, ihn im Januar zum Meister zu erheben. „Ich legte Deine Erhebung in den zweiten Grad für Dienstag, den 20./ XII. 27 um 6 h abends fest. Es werden nur einige Brüder anwesend sein und alles wird in relativ kurzer Zeit erfolgen,"[837] versprach Volf. Anfang

833   AVL ČR [Archiv der Großloge der Tschechischen Republik], Kniha prací lóže Národ [Buch der Arbeiten der Loge Národ], Aufzeichnung vom 22. April 1927.

834   Und wir müssen erneut anmerken, dass es sich um die zehnte ordentliche Loge handelte, die unter dem Dach des NVLČs bestand, nicht jedoch um eine Großloge, wie A. Klimek anführt [S. 116]. Die Vorstellung, dass wegen Beneš eine neue Großloge gegründet worden sei, erscheint doch ein wenig größenwahnsinnig. Zu der Zeit, als es wegen der entstehenden Loge Pravda vítězí brodelte, sandte Beneš an Volf eine Ansichtskarte aus dem Geburtsort Shakespeares und duzte ihn demütig und brüderlich ... LA PNP [Literaturarchiv des Denkmals des nationalen Schrifttums], f. Josef Volf, Beneš Schreiben vom 5. Mai 1928.

835   LA PNP [Literaturarchiv des Denkmals des nationalen Schrifttums], Bestand Josef Volf, Aufzeichnung vom 11. Dezember 1927.

836   Vgl. hierzu ebd., Brief von Josef Tůma vom 14. Dezember 1927, wo er zu einem solchen Vorgehen seine Zustimmung erklärt.

837   AÚ TGM AV ČR [Archiv des T. G. Masaryk-Institutes der Akademie der Wissenschaften der Tschechischen Republik], Bestand 38, 38-68-5, Volfs Schreiben vom 18. Dezember 1927.

Januar 1928 wurde Edvard Beneš ordentlich Meister in der Loge Jan Amos Komenský.[838]

Beneš als Freimaurer zog bald darauf die Aufmerksamkeit auf sich: am 2. Februar 1928, als er als Pionier und aus Sicht einiger tschechischer Freimaurer nicht unumstritten mit einer Zeichnung über die Außenpolitik in einer der Prager deutschen Logen, der Harmonie, auftrat.[839] Vor allem die katholische Presse ließ sich durch diesen Fall sehr inspirieren und startete Angriffe auf die Freimaurer im Allgemeinen und auf Beneš im Besonderen. Interessant schien vor allem das – durchaus signifikante – Detail, dass an der Wand hinter dem referierenden Beneš ein großes grünes Kreuz hing. Die Wahl dieser Loge galt im tschechischen Umfeld als wenig glücklich, da es sich um eine Loge mit einem starken deutschen nationalen Background handelte. Wir müssen uns jedoch bewusst machen, dass die national weniger exponierten deutschen Logen jüdische Logen waren. Beneš wusste sicher, was er tat. Seine Geste war nicht allein an die böhmischen Deutschen gerichtet, sondern auch an die Deutschen im Reich – die Loge Harmonie hatte ihren Sitz im Prager Zentrum in der Straße Nekázanka im reichsdeutschen Klub. An der Vorlesung nahmen ca. 400 Personen teil, Deutsche und Tschechen, und neben Beneš war als prominente Persönlichkeit auch General Syrový vertreten, ein Mitglied der Loge Národ.[840] Es handelte sich im Grunde um eine demonstrative Veranstaltung, die die Einbindung deutscher politischer Akteure in die tschechoslowakische Politik (in der tschechischen Geschichtswissenschaft in diesem Kontext als „Aktivismus" bezeichnet) und die tschechoslowakisch-deutschen Kontakte unterstützen sollte.

Der Meister der Loge Adoniram, Winterberg, lobte Benešs Bemühen aufrichtig. Es scheint also, dass die Veranstaltung ihre Wirkungen nicht verfehlte. Es handelte sich um eine entgegenkommende Geste außerordentlicher Bedeutung: „In der Annäherung der Freimaurer tschechischer und deutscher Sprache sehe ich den wichtigsten Programmpunkt unserer tschechoslowakischen Freimaurerei, und Ihnen, lieber Bruder, gehört

---

838   Ein Bericht hierüber wurde auch im „Svobodný zednář" publiziert. Z domácích dílen [Aus heimischen Werkstätten], in: Svobodný zednář 2-3, II, 1927-28, S. 40-44.

839   Vgl. hierzu ein Konvolut von Zeitungsausschnitten in: ANM [Archiv des Nationalmuseums], Bestand Josef Matoušek, K. 11, Inv.-Nr. 371.

840   Nach Mitteilung der Polizeidirektion in Prag, Abschrift, ebd. Vgl. hierzu des Weiteren das Schreiben der Loge Harmonie vom 12. Januar 1928, AÚ TGM AV ČR [Archiv des T. G. Masaryk-Institutes der Akademie der Wissenschaften der Tschechischen Republik], Bestand 38, 38-68-5. In gewisser Weise problematisch ist, dass Jan Syrový, der am 5. Februar 1926 Freimaurer wurde, nach Angriffen der katholischen Presse im Jahr 1927 um eine ehrenvolle Deckung ersuchte und sich erst Ende Februar 1928 wieder zur Arbeit als Freimaurer meldete. Zum Zeitpunkt der Vorlesung Benešs war er nach meiner Kenntnis kein aktiver Freimaurer. Vgl. hierzu AVL ČR [Archiv der Großloge der Tschechischen Republik], Kniha prací lóže Národ [Buch der Arbeiten der Loge Národ], Aufzeichnungen vom 5. Februar 1926, 4. März 1927 und 24. Februar 1928.

zweifelsohne der Verdienst, dass Sie eine Zeit aufrichtigster gegenseitiger brüderlicher Beziehungen zwischen den Freimaurern beider Völker eingeleitet haben."[841] Ich denke, dass die tschechischen Freimaurer trotz der zunächst gedämpften Begeisterung Beneš in ihren Reihen bald als unstrittiges Positivum begriffen. Die Feiern zu seinem fünfzigsten Geburtstag 1934 gerieten beinahe zu Jubelfeiern wie im Falle Masaryks[842]. Es ist offenkundig, dass Beneš nie der selbe Freimaurer wurde wie die anderen, er wurde anders wahrgenommen, und seine Position und seine Persönlichkeit erlaubten offenbar auch nichts anderes. Gleichwohl war er mit seiner Weltsicht bei den Freimaurern zuhause.[843]

Die offenbar tiefgreifendste Reflexion der Mitgliedschaft Benešs bei den Freimaurern – und seiner Persönlichkeit, ist eine Vorlesung von Antonín Pavel, die dieser 1933 in der Loge vortrug. Sie trägt den bezeichnenden Titel „Der Freimaurer an leitender Position im öffentlichen Leben".[844] Er versucht vor allem zu ergründen, warum Beneš von so vielen Seiten angegriffen, gehasst und lächerlich gemacht wird, und welche Position die Freimaurer hierzu beziehen sollten.[845] Wir finden hier viele treffende Beobachtungen, und erneut zeigt sich, dass Ing. Pavel von der Grundstücksbehörde zu den größten Geistern der tschechischen Freimaurer gehörte, die nachdachten, abwogen und ihre Freimaurerei ernst nahmen.

Pavel analysiert hier sowohl Benešs Beitritt zu den Freimaurern, als auch dessen weitere Tätigkeit in der Loge. Aus der Analyse folgt, dass sich Benešs meiste Aktivitäten als Freimaurer tatsächlich auf die ca. ersten zwei Jahre seiner Mitgliedschaft konzentrierten. Seine häufigen Auslandsaufenthalte und sein Arbeitspensum hinderten ihn an einem weitergehenden Engagement in der Loge. „Seine Absenz in der L[oge] zog jedoch verschiedene Kommentare nach sich, es wurde gesagt, dass B[enešs] F[reimaurerei] eingeschlafen sei, dass er enttäuscht habe, dass

841 AÚ TGM AV ČR [Archiv des T. G. Masaryk-Institutes der Akademie der Wissenschaften der Tschechischen Republik], Bestand 38, 38-68-5, Schreiben Eugen Winterbergs vom 15. November 1928.

842 Vgl. K padesátinám br. Ed. Beneše [Zum fünfzigsten Geburtstag von Bruder E. Beneš], in: Svobodný zednář 6, VIII, 1934, S. 112-113.

843 Vgl. hierzu eine Reflexion einer seiner Vorlesungen in Paris im Oktober 1932. „Unser Bruder E.B. hatte hier an der Akademie eine herrliche, sehr menschliche Rede, es war gleich zu sehen, dass er Fr.[eimaurer] ist." NA [Nationalarchiv], Bestand Josef Schieszl, K. 8.

844 Der gesamte Text in AÚ TGM AV ČR [Archiv des T. G. Masaryk-Institutes der Akademie der Wissenschaften der Tschechischen Republik], Benešs Archiv, K. 162/2.

845 „Hierin und in vielem anderen unterscheidet sich B. vom durchschnittlichen Typus unserer Politiker. Selbst einfach bis asketisch, mit hoher Bildung und Wissen, mit internationalen Erfolgen, die Neid erwecken, ist B. nicht für beeindruckende Reden am Lagerfeuern und bei Feierlichkeiten gemacht. Ineffektiv, trocken, ohne Pose und scheinbar ohne Begeisterung ermüdet er die Hörer durch stundenlange, sorgfältig durchdachte Exposees, die ein Fachmann mit Interesse studiert, der Laie jedoch gelangweilt anhört."

er bei uns nicht das fand, was er suchte etc. Ich denke, dass niemand das Recht hat, dieses zu behaupten, und ich kann mir auch nicht vorstellen, dass B[eneš] bei uns eine praktische Unterstützung für seine Politik, Informationen für seine Arbeit gesucht hätte – so naiv ist er sicherlich nicht. Andere wiederum entschuldigen B[enešs] Fehlen damit, dass die Mitgliedschaft im Orden für ihn eine Reihe unangenehmer Folgen hatte, sowohl in Gestalt von Angriffen von katholischer Seite, als auch in Form eines Mangels an Takt seitens einiger Brüder und einer Vermischung f[reimaurerischer] und profaner Dinge. Ich bin jedoch der Überzeugung, dass B[eneš] sich dieser Sachen vorab bewusst war und dass sie ihn nicht grundsätzlich verstimmen konnten."

Wir können also konstatieren, dass Beneš nach einiger Zeit zu einem eher nur formellen Mitglied des Freimaurerordens wurde. Nach seiner Wahl zum Staatspräsidenten der Tschechoslowakei entfaltete er bereits keine freimaurerischen Aktivitäten mehr, obgleich er formal Bruder blieb. Bemerkenswert an der Ende 1935 abgehaltenen Wahl war, dass sein Gegenkandidat Bohumil Němec ebenfalls Freimaurer war. Eine einheitliche freimaurerische Linie würden wir hier aber nur schwer finden.[846] Auch die Tschechoslowakei hatte, ähnlich wie in großen Demokratien, Freimaurer an der Spitze des Staates. Sein Fall jedoch ist in der Geschichte der tschechoslowakischen Freimaurerei von Anfang an außergewöhnlich.

Geifer

Die tschechoslowakischen Freimaurer konnten tatsächlich nicht über schwere Verfolgung klagen, wie ihre Brüder anderswo in Europa. Jedoch waren auch sie in der Tagespresse bösartigen und hasserfüllten Angriffen ausgesetzt. Diese konnten sie zwar nicht direkt schädigen, da es sich mehrheitlich um randständige Stimmen handelte, unangenehm waren sie jedoch allemal. Die medialen Attacken auf die Freimaurer können wir grundsätzlich in zwei Hauptgruppen unterteilen: in Angriffe aus 1. dem klerikalen Umfeld und in Attacken 2. aus faschisierenden oder konservativ-patriotischen Gruppierungen. Beide Lager fußten zum einen auf einer heimischen Tradition, zum anderen auf Stereotypen oder direkt Topoi, die international gängig waren.

Bereits vor dem Ersten Weltkrieg lagen in tschechischer Übersetzung zahlreiche Publikationen vor (herausgegeben vor allem durch den

---

846   Auch die in letzter Minute zurückgezogene Kandidatur von Němec hatte Sympathisanten aufseiten der Freimaurer. AAV ČR [Archiv der Akademie der Wissenschaften der Tschechischen Republik], Bestand Bohumil Němec, K. 14, Inv.-Nr. 313, Schreiben von Josef Folprecht.

Verlag Cyrillo-metodějské nakladatelství / knihtiskárna), die dem tschechischen Leser die Weltsicht konservativer militanter Katholiken auf die
Freimaurer nahebrachten. Nach der Staatsgründung folgte direkt aus in-
ländischer Produktion eine Unmenge an Broschüren, die ihren Ursprung
vor allem im zweiten der oben angeführten Kreise hatten.[847] Der Einfachheit halber können wir sagen, dass der ersten Gruppe an den Freimaurern deren Fortschrittlichkeit nicht gefiel, eine Hinterfragung traditio-
neller Werte, Antiklerikalismus (der tatsächlich eher als Folgereaktion
hervorgerufen wurde), und der zweiten Gruppe deren Internationalismus nicht passte, der zum Verlust der nationalen Identität führe, deren
„linke" Weltsicht, deren Verbindungen zum „Weltjudentum". Beide Strömungen akzentuierten die vorgebliche Sehnsucht der Freimaurer nach
Weltherrschaft, die sahen eine weltumspannende Kette, die die Welt
würge, egal ob in Diensten des Antichristen, des jüdischen Kapitals oder
des Marxismus. Beide Strömungen verwiesen auch auf die Verbindungen
der Freimaurer zu elitären Schichten, darauf, dass auch die tschechische
Gesellschaft durch diese beherrscht werde, was diese wiederum 1. moralisch zerstören würde, 2. dem Einfluss fremder (geheimer und böser)
Mächte aussetzen würde, also deren Unmündigkeit und Souveränitäts-
verlust bedeuten würde.

Ich erachte es als wenig zielführend, an dieser Stelle eingehend die
antifreimaurische Literatur zu analysieren. Im Kontext dieser Arbeit
sollte sich darauf konzentriert werden, wie diese durch die Freimaurer selbst wahrgenommen wurde bzw. welche Auswirkungen diese auf
deren Handeln und deren Denken hatte, wie sie durch diese Literatur
beeinflusst wurden.[848] Und wir dürfen hier einen sehr wichtigen Punkt

---

847　Nur zur Illustrierung BOUTMY N.L. und G.: Svobodné zednářství a velezráda [Freimaurertum und Hochverrat],
Praha 1907, BOUTMY N.L. und G.: Židé v zednářstvu a v revoluci [Die Juden im Freimaurertum und in der Revolution],
Praha 1907, SEZIMA, Pavel F.: Zednářství a republika [Freimaurertum und Republik], Praha 1927, Něco pravdy o
zednářích [Eine Wahrheit über die Freimaurer], s.l., s.d., etc. Der erste Personenkreis schöpfte vor allem aus dem
Erbe des Abbé Barruel [zu diesem vgl. modern SCHAEPER-WIMMER, Sylva: Augustin Barruel, S.J. (1741-1820).
Studien zu Biographie und Werk, Frankfurt am Main-Bern-New York 1985], Autor der Theorie darüber, dass die
Französische Revolution und das durch diese verursachte Grauen durch die Freimaurer initiiert worden wären, und
auch aus den Arbeiten des Jesuiten Hermann Gruber, der in den ersten Jahrzehnten des 20. Jahrhunderts als der
beste Theoretiker im Kampf gegen die Freimaurer galt [GRUBER, Hermann S. J.: Kundgebungen der ausländischen
Freimaurerei zum Weltkrieg als „Kultur-Krieg", Freiburg im Breisgau 1915.]

848　Zu einer Analyse klerikaler Literatur und Positionen vgl. eine Reihe ausländischer Titel in der Quellen- und
Literaturübersicht, zum tschechischen faschistischen und patriotischen Lager am neusten und sehr detailliert
NAKONEČNÝ, Milan: Vlajka. K historii a ideologii českého nacionalismu [Vlajka. Zur Geschichte und Ideologie des
tschechischen Nationalismus], Praha 2001. M. Nakonečný rekonstruiert hier auch die Geschichte der tschechoslowakischen Freimaurerei, jedoch mit einer untragbaren Menge an faktografischen Fehlern. Auch seine
Interpretation der Wahl Beneš zum Staatspräsidenten ist völlig irreführend, da aus dieser Auffassung, bei der wir
nur raten können, ob es sich um die Meinung des Autors, der Vlajka oder beider zugleich handelt, die Vorstellung
erwächst, dass Beneš Gegenkandidat Němec wegen irgendeiner Abmachung zwischen Freimaurern oder aus
Loyalität auf die Kandidatur verzichtet habe, und dass Kamil Krofta Beneš Nachfolger aus dem Grunde geworden
sei, dass er Freimaurer war.

nicht vergessen: während die antifreimaurerischen Broschüren in ihrer
Argumentation meist auf „bewährte" Schemata setzten, druckte die Tagespresse Berichte anderer Art – meist zeitbezogener und auch konkreter. Einige dieser Texte konnten nur dank Indiskretionen geschrieben
werden. Daher ist nachvollziehbar, dass die Freimaurer wiederholt Verschwiegenheit und die Notwendigkeit einer Wahrung von Geheimnissen
einforderten, allein bereits aus dem Grund, um ihre Ruhe zu haben. Wir
haben auch gesehen, dass ein solcher Geifer mehrere Freimaurer dazu
zwang, den Orden zu verlassen, um sich nicht ähnlichen Angriffen auszusetzen und dadurch z.B. auch die Institution zu diskreditieren, der sie
angehörten.

Bestandteil des Freimaurerrituals ist die Wahrung des Geheimnisses betreffend die Freimaurer. Aber die Natur des Menschen ist eine
andere – nicht alle waren offenkundig in der Lage ihre Zunge im Zaum
und ihre Korrespondenz in Ordnung zu halten. Daher sehen wir in Materialien über die Logen immer und immer wieder Appelle an die Notwendigkeit einer Einhaltung der Verschwiegenheit gegenüber profanen
Personen.[849] Eine Weitergabe vertraulicher Informationen, die eigentlich
so vertraulich nicht waren, kehrte nämlich wie ein Bumerang zurück –
aber es reichte, wenn der Angegriffene in der Boulevardpresse als Freimaurer betitelt wurde. Sofort stand der Verdacht im Raum, dass er nicht
dem Vaterland, sondern dunklen Mächten dient – etwa bei der Benzinaffäre, etwa bei der Verdächtigung Jan Syrovýs, etwa für die Verteidigung
von Jiří Stříbrný und der Beschädigung seiner Gegner. Gerade der Letztgenannte (und seine Presseerzeugnisse) konnte Freimaurern das Leben
vergällen.

Ende 1933 bekamen die Freimaurer sogar Instruktionen, wie Urkunden und Materialien der Logen gelagert werden sollen, sofern sie
solche bei sich haben. Diese sollten „getrennt sein, so, damit eine nicht
eingeweihte Person nicht auf den ersten Blick erkennt, um was es sich
handelt".[850] In der Tat hielten sich einige Freimaurer an diese Regeln und

---

849   Vgl. z.B. AVL ČR (Archiv der Großloge der Tschechischen Republik), Kniha prací lóže Národ (Buch der Arbeiten
der Loge Národ), Aufzeichnung vom 23. Mai 1924. Hier offenbar eine Ermahnung im Zusammenhang mit der gerade tobenden Benzinaffäre, in der „aufgedeckt" wurde, auf welch hohen Posten im Staat Freimaurer seien und
„welch lange Finger" diese hätten. Zur Reflexion der Benzinaffäre im Zusammenhang mit den Freimaurern vgl. auch
die Briefe von Jarči Kose an Emil Svoboda, AAV ČR (Archiv der Akademie der Wissenschaften der Tschechischen
Republik), Bestand Emil Svoboda, und auch z.B. Artikel in der Zeitung Lidové listy im Herbst 1924. Eine erneute
Erinnerung an die Verschwiegenheit z.B. nach Angriffen auf Syrový, AVL ČR (Archiv der Großloge der Tschechischen
Republik), Kniha prací lóže Národ (Buch der Arbeiten der Loge Národ), Aufzeichnungen vom 29. April 1927 oder
vom 24. Februar 1933 im Zusammenhang mit dem Prozess des Jiří Stříbrný.

850   Ebd., Aufzeichnung vom 24. November 1933. In der Zeitschrift „Svobodný zednář" erschien gar ein Appell des
Großen Rates: „MM LL [Die Meister der Logen] werden erneut gebeten, auf die Unzulässigkeit einer Mitteilung der
Namen von Ordensmitgliedern an das profane Volk hinzuweisen." Z domácích dílen (Aus heimischen Werkstätten),
in: Svobodný zednář 5, VIII, 1934, S. 100-107.

bewahrten entsprechende Post und andere Druckerzeugnisse separat auf. So sicherte sich z.b. Josef Volf auch für den Todesfall ab – in seinem Nachlass ist ein Ordner erhalten, auf dem ein Hinweis für die Familie geschrieben wurde: „Freimaurer. Nach meinem Tod ohne Einsichtnahme an die Loge Jan Amos Komenský abzugeben."[851] Der Ordner umfasste Briefe von Freimaurern und Volfs Artikel über die Freimaurerei. Es sei angemerkt, dass es sich hierbei nur um einen Bruchteil dessen handelt, was sich in Volfs Materialien rund um die Freimaurerei erhalten hat.

Wie also reflektierten die Freimaurer Angriffe auf ihre Gemeinschaft, die von Zeit zu Zeit in der Tagespresse auftauchten? Es ist eine Tendenz zu erkennen, diese Äußerungen zu registrieren und zu erfassen bzw. Erläuterungen zu geben. Auch im Handeln der Logen sehen wir, dass es sich um ein heißen Eisen handelte und dass Referate zu antifreimaurerischer Literatur und Hetze in der Presse sehr häufig waren. Ein beschränkter Aktionsradius bzw. die Einschränkungen bezüglich öffentlichen Auftritten, aber auch ein wenig Angst vor einer noch größeren Skandalisierung nahmen den Freimaurern Handlungsfähigkeit bzw. eine wirksame Verteidigung. Sie beteiligten sich einfach nicht an öffentlichen Polemiken und versuchten nicht, Beschuldigungen zu widerlegen, und vielleicht auch aus diesem Grund verliefen einige Angriffe genauso schnell im Sande wie sie gekommen waren. Ich denke jedoch nicht, dass das gewählte Vorgehen nur ein Ausdruck der Großzügigkeit der Freimaurer gewesen wäre, ich sehe hier eher eine innere Unsicherheit und ein Im-Dunkeln-Tappen bezüglich der Frage, wie die Grenze zwischen Erlaubtem und Unerlaubtem nicht überschritten wird. Der im Grunde Einzige, der sich – neben den bereits erwähnten popularisierenden und positiv propagierenden Arbeiten Mašlaňs, Muchas, Gintls oder Volf – entschied, das Feld der polemischen Verteidigung zu betreten, war 1935, gleichwohl anonym, Karol Lányi. Seine (slowakisch abgefasste Arbeit) „Námietky proti slobodnému murárstvu, napísal milovník pravdy" (Einwendungen gegen die Freimaurerei, geschrieben von einem Wahrheitsliebenden), wird irrtümlich manchmal als antifreimaurerische Broschüre bezeichnet – das Gegenteil ist wahr. Ihr Autor wollte zahlreiche Vorurteile und Lügen über die Freimaurer widerlegen.

Die Einstellung der Freimaurer zu den Angriffen auf die Gemeinschaft in der Tagespresse wurde erheblich dadurch beeinflusst, dass Periodika der staatstragenden Parteien, mit Ausnahme der der Volkspartei, die Freimaurer in Ruhe ließen und mitunter sogar positiv und aufklärend

---

851 LA PNP (Literaturarchiv des Denkmals des nationalen Schrifttums), Bestand Josef Volf.

The Most Worshipful Grand Lodge

of

Ancient, Free and Accepted Masons

of

Minnesota

By *J. L. Mitchell* *Most Worshipful Grand Master*

Whereas, *The Most Worshipful Grand Lodge of Ancient, Free and Accepted Masons of the State of* Czechoslovakia *and The Most Worshipful Grand Lodge of Ancient, Free and Accepted Masons of Minnesota,* **Have Agreed** *to cultivate with each other an intimate correspondence, and believing that the ties of Brotherly Affection may be strengthened, the Prosperity of the Masonic Family promoted, and the Unity, Integrity and Purity of our Ancient and Honorable Fraternity protected, and its Utility and Honor confirmed, by the appointment and reception of Representatives from each of the aforesaid Grand Lodges to the other,*

Therefore, be it Known, *That we, reposing especial trust and confidence in our well beloved Brother,* Constant Pierre *of the City of* Prague *in said State, have thought fit to appoint, and by these presents do constitute and appoint, the said Brother*

The Representative of the Grand Lodge of Minnesota,

near the said Grand Lodge of Czechoslovakia *for the purposes aforesaid.*

In Testimony Whereof, *We have signed our name, and caused the seal of the Grand Lodge to be hereto affixed, at the City of St. Paul, Minnesota, in the United States of America, this* 3" *day of* November *A.D. 19⟨⟩ A.L. 5931*

Attest:

John Fischel
Grand Secretary

J. L. Mitchell
Grand Master.

Diplom von Constant Pierre aus Minnesota

über sie referierten.[852] Vergessen wir nicht, dass vor allem Volfs Artikel manchmal in den „Národní listy" oder im „Venkov" publiziert wurden, oft bevor sie in einer Zeitschrift der Freimaurer abgedruckt wurden. Wenn wir in diesem Zusammenhang konkret werden und uns auf die repräsentativen Parteien konzentrieren, so mussten sich die Freimaurer um die sozialistischen Parteien, die Agrarier und die Nationaldemokraten bzw. deren Presse nicht allzu sehr sorgen. Und wenn doch einmal etwas das Maß der Erträglichkeit überschritt, folgte der Impuls, dass ein betreffendes Mitglied der betreffenden Partei – und Freimaurer waren in all diesen Parteien vertreten – etwas unternahm. Unter diesem Gesichtspunkt machte die Zeitschrift „Venkov" („Das Land") der Agrarpartei am meisten Probleme. Nicht dass dies oft passiert wäre, aber im Notfall haben offenbar Mittel existiert, wie die publizistische Tätigkeit des Presseorgans der Agrarpartei beeinflusst werden konnte – zumindest Jaroslav Kvapil war entschiedenermaßen der Überzeugung, dass dem so sei. Wenn ihm etwas nicht gefiel, sprach er entweder Josef Volf oder einen weiteren Agrarier, Vincenc Lesný, an: „Du hast sicherlich im heutigen Venkov den empörenden Artikel über die Freimaurerei bemerkt, ich denke, dass Du als Angehöriger der Partei, der Venkov dient, rechtzeitig eine Möglichkeit finden solltest, solchem Schreiben entgegenzutreten. Die Hetze gegen unseren Orden entfaltet sich in der letzten Zeit in der Winkelpresse allzu beängstigend, aber es ist traurig, dass sie auch in ein Blatt einzusickern beginnt, das trotz seiner parteilichen Voreingenommenheit als doch seriös gilt, und darüber hinaus das Organ der größten tschechischen Partei ist, zu der im Übrigen auch einige unserer Mitglieder gehören. Es ist also Eure Aufgabe, solchen stupiden Hetzattacken deutlich Einhalt zu gebieten und ich zweifele nicht, dass ich in dieser Sache Dein Einverständnis habe."[853]

Was die katholische Presse betrifft, so registrierten die Freimaurer Nachrichten vor allen in den Zeitungen „Čech" und „Lidové listy". Beide Periodika referierten über die Freimaurer oft Interessantes: die Berichte betrafen z.b. die Verbindung zwischen der Freimaurerei und einer sozialdemokratischen Olympiade und andere eher abseitige Kleinigkeiten, der

---

852   Theoretisch befasst sich mit der Beziehung zur Presse F.D.: Profánní tisk a zednáři [Die profane Presse und die Freimaurer], in: Svobodný zednář 3-5, IV. 1930, S. 35-41.

853   Dies war jedoch bereits das Jahr 1938 und die Agrarpartei begann sich zu verändern, jedoch waren solche Eingriffe, so sie denn überhaupt erfolgten, die Ausnahme. AAV ČR (Archiv der Akademie der Wissenschaften der Tschechischen Republik), Bestand Vincenc Lesný, K. 4, Inv.-Nr. 103, Kvapils Schreiben vom 14. Mai 1938. Interessante Sammlungen antifreimaurerischer Artikel finden wir zum einen im Nachlass von Josef Matoušek, jun., im ANM (Archiv des Nationalmuseums), zum anderen im Bestand Ministerstvo zahraničních věcí - výstřižkový archiv [Ministerium für auswärtige Angelegenheiten – Archiv für Ausschnitte] im NA [Nationalarchiv], und nicht zuletzt im LA PNP [Literaturarchiv des Denkmals des nationalen Schrifttums], Bestand Purkyňova komise, wo Volfs Abschriften von Zeitungsartikeln erhalten sind.

Schwerpunkt der Berichterstattung bestand jedoch in Warnungen vor einem negativen pädagogischen Wirken der Freimaurer, also einer Beeinflussung oder gar Schändung der Jugend. So sollten laut den „Lidové listy" vom 4. Januar 1927 zwei Drittel aller Hochschullehrer Freimaurer sein; als Werk der Freimaurer wurde auch ein Schulgesetz bezeichnet. Die zweite Priorität bestand in der pauschalen Behauptung, dass „die Freimaurer heute über das Schicksal unseres Staates entscheiden. Wir müssen sehr wachsam sein", etc. etc. Den Eindruck einer Verbindung zum Bolschewismus – als ob das sonst oft thematisierte jüdische bzw. jüdisch-freimaurerische Kapital mit dem Bolschewismus nicht unvereinbar gewesen wäre – sollten Informationen der „Lidové listy" darüber erwecken, dass Stalin die Tätigkeit von Freimaurerlogen in Russland genehmigt habe (September 1935). In diesem Kontext kann auch eine Nachricht der Zeitschrift „Slovák", dem Organ der Slowakischen Volkspartei, vom 16. Mai 1930 darüber gesehen werden, dass „das tschechoslowakische Parlament Gesetze nach den Wünschen der Freimaurer und auf deren Befehl ausgeben wird".

Auf diese Ausfälle, Lügen und Halbwahrheiten reagierten die Freimaurer in ihrer Weise. Solange die Zeitschrift „Svobodný zednář" durch Rudolf J. Vonka geführt wurde, konnte sich dieser bei Zitierungen rasante wertende Kommentare nicht verkneifen, später dann verschwand dieser in den Ring geworfene Fehdehandschuh fast vollständig. Vonka versuchte auch bestimmte Überlegungen zu Themen einzubringen, die ewiges Motiv klerikaler Einlassungen waren.[854] Ein relativ interessantes Thema für einige Freimaurer waren päpstliche Bullen und Enzykliken, nach denen sie im Grunde verflucht waren. Erstmals erfolgte dies 1738,[855] Interesse weckte auch eine päpstliche Enzyklika gegen die Freimaurer von 1917. In der Freimaurergemeinde sehen wir das Bemühen, diese historischen Zusammenhänge zu erklären. Wir sehen, dass bei weitem nicht allen Freimaurern klar war, was genau die Kirche an ihnen störte, waren unter ihnen doch zahlreiche zumindest offiziell als Katholiken geführte Personen.[856]

---

854   Klassisch seine eigene Abhandlung aus einer Zeit, als er noch nicht Chefredakteur war: VONKA, R.J.: Podnítilo zednářství francouzskou revoluci? (Hat die Freimaurerei die Französische Revolution entfacht?), in: Svobodný zednář 4, I, 1926-27, S. 60-61.

855   Hierzu eine übersichtliche Stellungnahme aus Freimaurerperspektive: HARTL, A.: Ke dni 28. dubna (200. výročí první papežské buly proti zednářům) (Zum 28. April (dem 200. Jahrestag der ersten päpstlichen Bulle gegen die Freimaurer)), in: Svobodný zednář 4, XII, 1938, S. 54.

856   Mit den protestantischen Kirchen war die Freimaurerei weltweit und in der Tschechoslowakei in Gänze kompatibel, daher schockte die Nachricht, dass auch die evangelische Zeitschrift „Naše vítězství" die Freimaurer übel angriff. Unter dem Titel „I ty, Brute?" (Auch du, Brutus?) nahm R. J. Vonka diese in seine Nachrichten auf. Zprávy (Nachrichten), in: Svobodný zednář 3, VII, 1933, S. 44-47.

Eine zweite politische Ausrichtung, die in den Freimaurern ein leichtes Ziel gefunden hatte, um so ihren Wählern und Lesern alles Böse in der tschechoslowakischen Gesellschaft zu erklären, bestand zum einen im journalistischen Umfeld von Jiří Stříbrný, dem es sogar gelang, vor den Wahlen zur NVLČs im Jahr 1933 eine Kandidatenliste zu erlangen (was sehr bedenklich war), und nicht nur das – vier Jahre später publizierte er Erkennungszeichen der Freimaurer mit Fotografien,[857] und zum anderen in ausgesprochen faschistischen, randständigen Blättern (Národní výzva, Stráž říše, Národní stát).[858] In diesen konnten die Freimaurer über sich wirklich alles Mögliche und Unmögliche lesen, und es muss eine schwere Entscheidung gewesen sein, sich gegen einige ungeheuerliche Attacken nicht zu wehren. Am deutlichsten profilierte sich in dieser Hinsicht der Journalist Jan Rys-Rozsévač, dessen „Sternstunde" allerdings erst in der sog. Zweiten Republik, dem Zeitraum zwischen Münchner Abkommen im September 1938 und der Errichtung des Protektorates Böhmen und Mähren durch die Nazis im März 1939, kam. Außerordentliches Aufsehen erlangte eine Arbeit von Rudolf Vrba mit dem Titel „Záhada světovlády" (Das Geheimnis der Weltherrschaft), in der die Freimaurer lesen konnten, dass „der Freimaurer Rašín [einer der Staatsgründer der Tschechoslowakei] ermordet wurde, weil die Loge das Todesurteil über ihn verhängte".[859] Anlass für polizeiliche Ermittlungen war jedoch erst eine Broschüre von 1936 mit dem Titel „Něco pravdy o zednářích" (Etwas Wahrheit über die Freimaurer).[860] Diese wurde zusammen mit dem provokativen Flugblatt „Tschechen, kauft nur bei Juden" verbreitet. Die Anzeige erstatteten letztlich die Liga gegen Antisemitismus[861] und offenbar auch einige Einzelpersonen.

Die Polizei stellte damals fest, dass sowohl die Broschüre als auch das Flugblatt offenbar aus dem Umkreis der Nationalen faschistischen

---

857   Zednářská znamení [Freimaurerkennzeichen], in: Polední list 27. Juli 1937. Hier neun Fotografien mit Kommentar, auf denen die Erkennungszeichen der Freimaurer getreu abgebildet sind. Bereits zuvor schrieb die Zeitschrift „Venkov" [24. November 1935] zum selben Thema.

858   Z. B. führte die Zeitschrift „Stráž říše" [„Die Wacht des Reiches"] am 17. September 1930 als Programm Folgendes an [Autor war wahrscheinlich Jan V. Řebík, Notar aus Lišov, ein ehemaliger Freund von Emanuel Lešehrad aus dessen martinistischer Zeit – so können Lebenswege von Menschen auseinander gehen ...]. Wir sind „gegen die jüdische Internationale, gegen die germanische Expansion, gegen Freimaurer-Räuber, gegen Beneš Allotrien, gegen die bolschewistische Schreckensherrschaft, gegen alle Feinde der Slawen ... Hinter der ganzen Kampagne gegen unseren Führer stehen die Freimaurer und die jüdische Internationale." Hlasy tisku [Pressestimmen], in: Svobodný zednář 9, IV, 1930, S. 109-110.

859   AVL ČR [Archiv der Großloge der Tschechischen Republik], Kniha prací lóže Národ [Buch der Arbeiten der Loge Národ], Aufzeichnung vom 20. Dezember 1929.

860   Das gesamte im Zuge der Ermittlungen angelegte Material befindet sich im NA [Nationalarchiv], Ministerstvo vnitra-dodatky [Ministerium des Innern-Nachträge].

861   Literatura a umění [Literatur und Kunst], in: Svobodný zednář 10, X, 1936, S. 173-174.

Gemeinde (Národní obec fašistická) stammten. Der Autor konnte nicht festgestellt werden. Die Diktion dieser Arbeit nimmt gleichsam als Vorzeichen der Zukunft vorweg, was in kaum zwei Jahren medial überwiegen wird. „Es muss eine vollständige Dezentralisierung dieser pseudohumanitären Einrichtungen vorgenommen werden. Diese sind auf die Grundlagen des gesunden Menschenverstandes und der wahren Humanität zu stellen ... auch ist die Umgebung vor Freundschaft mit Nicht-Ariern oder Freimaurern zu warnen. Wahre Freundschaft mit solchen Leuten ist unmöglich ...

Es bleibt nur eine kurze Zusammenfassung des Aufrufes an alle Leser:

Wir beschwören Euch bei allem, was Euch auf der Welt am teuersten ist, beim Angedenken an Eure Vorfahren, bei Eurer eigenen menschlichen Ehre:

Tretet nicht der Freimaurerei bei!

Informiert Eure Umgebung über ihre Tätigkeit!

Warnt Eure Umgebung vor der Freimaurerei!

Schließt keine Freundschaft mit Freimaurern und Nicht-Ariern! ..."[862]

Wir schreiben den Herbst 1936 und die tschechoslowakische Freimaurerei blühte, im Unterschied zu den Nachbarländern bedrohte sie weder eine Wirtschaftskrise noch die Zerstörung der Demokratie. Sie erlebte die besten Jahre ihrer Existenz. Bis zur Ruhenderklärung blieben ihr zwei Jahre.

---

862   Něco pravdy o zednářích [Etwas Wahrheit über die Freimaurer], s.l., s.d.

Geteiltes Schicksal

Schnelle Ruhenderklärung

Die Freimaurerlogen und ihnen ähnliche Gruppierungen haben gegenüber anderen Vereinen einen Nachteil, der durch das historische Gedächtnis verursacht und durch eine gewollte Geheimnistuerei genährt wird – in Krisenzeiten bilden sie eine außerordentlich gute Zielscheibe für ihre Gegner. Das Bild eines Feindes, das in solchen Zeiten gesellschaftsfähig ist, erfüllen die Freimaurer beinahe perfekt. Auf sie kann sehr leicht mit dem Finger gewiesen werden, wonach sie es seien, die (gegebenenfalls mit anderen negativen Elementen) für alles mögliche verantwortlich sind. Während sie in demokratischen Zeiten journalistische Angriffe auf ihr Wirken und Beschuldigungen aller Art kaum beunruhigen müssen, können solche Attacken in Zeiten der Krise und der Verschärfung der politischen Verhältnisse nicht auf die leichte Schulter genommen werden.

Das Europa der 1920er und vor allem der 1930er Jahre bot zahlreiche Beispiele zum Schicksal von Freimaurerlogen, als Gesellschaften faschisiert (oder bolschewisiert) wurden. Die tschechoslowakischen Freimaurer kannten diese Erscheinungen, sie konnten sie nicht übersehen und konnten nicht so tun, als ob sie dies nicht beträfe. In der Tschechoslowakei hatte man vor allem Kenntnis davon, wie Deutschland nach dem Machtantritt Hitlers mit den Freimaurern umging.[863] Tschechische Faschisten und die (sudetendeutsche) Henlein-Presse hielten sich ebenfalls nicht mit Drohungen zurück.[864] Im Jahr 1936 konnten sich die Frei-

---

[863] Neben klassischen Arbeiten Ludendorffs kannte man das grundlegende ideologische Werk ROSENBERGs, Alfred: Freimaurerische Weltpolitik im Lichte der kritischen Forschung, 3. Ausgabe, München 1931. Eine Reihe an Werken, manchmal mit dem Attribut einer wissenschaftlichen Arbeit, jedoch mit „entsprechendem" ideologischem Ansatz erschien Ende der 30er/Anfang der 40er Jahre. Hier zur Illustrierung: ROSSBERG, Adolf: Freimaurerei und Politik im Zeitalter der französischen Revolution, 3. Ausgabe (1. Ausgabe 1942), Viöl Nordfriesland 1938, SCHWARZBURG, Erich: Der jüdische Bolschewismus und die Judäo-Freimaurerei als Urheber des spanischen Bürgerkrieges, Frankfurt a. Main 1944, SIEBERITZ, Paul: Freimaurer im Kampf um die Macht, Hamburg 1938, SIX, Franz Alfred: Freimaurerei und Christentum, Hamburg 1940, SIX, Franz Alfred: Freimaurerei und Judenemanzipation, Hamburg 1938, SIX, Franz Alfred: Studien zur Geistesgeschichte der Freimaurerei, Hamburg 1942, TRENDE, Adolf: Im Schatten des Freimaurer- und Judentums, Berlin 1938.

[864] Vgl. NETTL, Pavel: Protizednářská kampaň Henleinova tisku (Die antifreimaurerische Kampagne der Henlein-Presse), in: Svobodný zednář 6, X, 1936, S. 97–98. Nettl, selbst Prager Deutscher, verweist hier darauf, dass die Art des Schreibens der Henlein-Presse voll mit der „antifreimaurerischen Tendenz …. der deutschen nationalsozialistischen Ideenwelt" korrespondiert.

Trauriger Neujahrsgruß 1938 der Loge Baruch Spinoza

maurer noch damit beruhigen, dass „die Zeitschrift Die Zeit und die sudetendeutsche Partei ... bei uns, in der Tschechoslowakischen Republik
keine Macht haben, um die Logen zu vernichten, wie dies die Herren
Hitler-Deutschlands getan haben. Sie versuchen es jedoch in einer für die
sudetendeutsche Partei charakteristischen Weise, dabei hinterhältige
Schäden verursachend und in dem Bemühen, sie in breiten Volksschich-
ten lächerlich zu machen." Paul Nettl, der Autor des zitierten Artikels,
der sich auch auf die Ludendorff-Legende darüber bezog, dass die Freimaurer den Gegenstand seines fachlichen Interesses, d.h. Mozart, haben
sterben lassen oder gar direkt ermordeten, und vielleicht auch Lessing,
beendet seinen Beitrag mit einem Appell an die anderen Freimaurer,
eine wissenschaftliche Arbeit zu erstellen, die ähnliche Legenden widerlegen würde, wobei hier bereits eine Linie zwischen dem Schicksal der
Freimaurer und dem Schicksal der Demokratie gegeben sei, der dadurch
geholfen werden sollte.

    Trotz aller beunruhigenden Signale konnte sich in der dramatischen
ersten Hälfte des Jahres 1938 und auch in den Folgemonaten niemand
vorstellen, wie drastisch sich die äußeren Bedingungen verändern würden. Noch im September 1938 wollte kaum jemand wahrhaben, dass das
Schicksal der Tschechoslowakei, wie man sie kannte, in Kürze besiegelt
sein würde. Nein, die tschechischen Logen arbeiteten normal, die Ka-

lender ihrer Arbeiten wiesen bis in den Sommer hinein einen völlig ordnungsgemäßen Verlauf auf, auch die Zeitschrift „Svobodný zednář" erschien weiterhin.[865] Auch scheint es, als wären die Logen nicht von einem Mitgliedschwund betroffen gewesen wären. Es folgte die regelmäßige Sommerpause und danach der traurige September 1938. Die demokratische sog. Erste Republik hörte auf zu bestehen. Nicht jedoch hörte die Tschechoslowakei auf zu bestehen, die kurz darauf in Tschecho-Slowakei umgetauft wurde. Ihre Eliten begannen sich nach und nach zu ändern. Dieser Prozess verlief jedoch bei weitem nicht so schnell, wie sich das gesellschaftliche Klima veränderte.[866]

Wenn bis zu diesem Zeitpunkt die Stimmen faschisierender oder direkt faschistischer Journalisten oder auch militanter Katholiken als randständige Erscheinung erachtet werden konnten, so war nun deren Zeit gekommen. Die Kraft ihrer Stimmen und die steigende gesellschaftliche Nachfrage nach ihren Worten müssen wir zweifelsohne zu einem größeren Teil der Frustration nach dem Münchener Abkommen zuschreiben, die das tschechische Volk befiel. Ohne irgendetwas entschuldigen zu wollen, gehe ich davon aus, dass in solchen Augenblicken die Suche nach einem Schuldigen und dessen Bezeichnung als Feind nachvollziehbar ist. Diese Erscheinung, wie immer sie uns auch nicht gefallen mag, gehört zu einer kollektiven „Psychohygiene". Die Freimaurer traf das Münchner Abkommen und seine Folgen ungemein schmerzhaft. Wenn wir uns bewusst werden, dass es sich um die Elite eines Staates handelte, der gerade in seiner bisherigen Form aufhörte zu existieren, dass es sich überwiegend um Persönlichkeiten handelte, die unmittelbar am staatlichen Organismus partizipierten, die sich mit dieser Tschechoslowakei innerlich identifizierten und die zu diesem Staat eine tiefe emotionale Bindung pflegten, so verstehen wir deren Verzweiflung und Angst.

Die Freimaurer gehörten sicherlich nicht alle zur „Burgpartei" und eine gründliche „Entbeneschisierung" („odbenešit" – so das politische Schlagwort der Zeit) wäre überflüssig gewesen, aber die Grundstimmung und das Gesicht dieser Gemeinschaft waren dem tschechoslowakischen Staat in seiner bisherigen Form und der Demokratie zugeneigt, trotz aller Kritik und aller Vorbehalte. Nur interessierte dies jene, die die Freimaurer skandalisierten, kaum, oder sie wussten es nicht einmal. Im Vor-

---

865   Am 20. Mai 1938 fand im Restaurant Kotva in Prag-Smíchov eine Vollversammlung der Nationalen Großloge NVLČs statt, Großmeister wurde der Juraprofessor Václav Hora, erster Stellvertreter der Orientalist Vincenc Lesný und zweiter Stellvertreter der Leiter des Unternehmens Legiografie, František Richter.

866   Hierzu am besten, insbesondere bezüglich der Veränderungen und Akzentuierungen im Journalismus: RATAJ, Jan: O autoritativní národní stát. Ideologické proměny české politiky v druhé republice 1938-1939 [Über den autoritativen nationalen Staat. Ideologische Veränderungen der tschechischen Politik in der Zweiten Republik], Praha 1997.

dergrund stand zunächst das Klischee darüber, wie und an wen sich die Freimaurer verkauft hätten und dass die Mitglieder dieser Organisation daher sicherlich nicht die nationalen Interessen würden schützen können. Ja, der Verrat der nationalen Interessen war das Thema der Stunde – hierbei handelte es sich um ein Momentum, das das nationale Unglück erklären könne. Die bisherige Tschechoslowakei wurde in dieser Logik als etwas Falsches interpretiert, als ein fremder Staat – als „Staat bolschewistischer Gottloser, Juden, Freimaurer und amerikanischer Kalvinisten".[867] wie Jaroslav Durych schrieb, der vorschlug mit diesen Schädlingen zu verfahren, wie es das Interesse der Nation erfordere. Zur selben Zeit gab die faschistische Organisation Vlajka ein Flugblatt heraus, welches versprach, dass „wenn die Zeit reif ist, unser erster Schlag folgen wird, der das verschimmelte judäo-freimaurerische Regime zerstören und zu Staub zermalmen wird".[868] Die Medien sagten den Freimaurern keine gute Zukunft voraus.[869] Logische Reaktion vieler war ein Rückzug ins Private, da sich auch die hingebungsvollsten Freimaurer innerlich nicht einfach erklären konnten, was aktuell passierte und wie dies geschehen konnte ...

Uns liegen aus dieser Zeit leider keinerlei interne Materialien der Freimaurer und keine persönliche Korrespondenz vor, die die Atmosphäre und die Umstände der Entscheidung beleuchten könnten, die die Freimaurer bzw. deren Repräsentanten sehr schnell nach dem Münchner Abkommen – im Grunde innerhalb weniger Tage, trafen. Noch bevor sich das neue Regime voll herausbilden konnte, sogar noch bevor Edvard Beneš die Republik verließ und ins Exil ging, und noch bevor ein weiterer Freimaurer, Jan Syrový, kein Premierminister mehr war, wurde die Variante einer „Ruhenderklärung" gewählt, d.h. einer freiwilligen Beendigung der Aktivitäten und ein formelles Erlöschen des Ordens. Da uns keine internen Zeugnisse zur Verfügung stehen, müssen wir mit be-

---

867   Zitiert gemäß RATAJ, Jan: O autoritativní národní stát [Über den autoritativen nationalen Staat], S. 134.

868   Zitiert gemäß NAKONEČNÝ, Milan: Vlajka. K historii a ideologii českého nacionalismu [Vlajka. Zur Geschichte und Ideologie des tschechischen Nationalismus], Praha 2001, S. 89.

869   Zur Atmosphäre, die in diesen Kreisen herrschte, vgl. z.B. die Korrespondenz zwischen Kamil Krofta und Emil Svoboda, AAV ČR [Archiv der Akademie der Wissenschaften der Tschechischen Republik], Bestand Kamil Krofta, K. 3, Inv.-Nr. 249. Hier finden wir auch eine Erwähnung darüber [Schreiben vom 4. Oktober 1938], dass u.a. auch Zdeněk Chytil eine Änderung der Verfassung zu Gunsten eines korporativen Staates plane. Zu der bereits erwähnten Demokratie der Ordnung und der Tat stand dies nicht im Widerspruch. Einige Schriftstücke von Zdeněk Chytil, der den Krieg in den Konzentrationslagern Buchenwald und Dachau erlebte und letztlich in Theresienstadt am 3. Mai 1945 starb, finden wir im Nachlass von Alfons Mucha im LA PNP [Literaturarchiv des Denkmals des nationalen Schrifttums]. Skandalisierende Berichte über die Freimaurer finden wir in jener Zeit regelmäßig im Organ der Agrarpartei „Venkov", vgl. z.B. „Zednářství – nebezpečí národa" [Die Freimaurerei – Gefahr für das Volk], Venkov 14. Oktober 1938 [es handelte sich jedoch um einen Artikel über die Gesellschaft Odd Fellow, die hier sogar falsch als Selow geschrieben wurde]. Vgl. NA [Nationalarchiv], Bestand Ministerstvo zahraničních věcí - výstřižkový archiv [Ministerium für auswärtige Angelegenheiten - Archiv für Ausschnitte], 1916-44, K. 2467.

hördlichem Material auskommen, das zumeist aus polizeilichen Quellen stammte. Aus diesen Quellen erfahren wir jedoch nicht, um eine wie dramatische und diskutierte oder andererseits eindeutige Entscheidung es sich gehandelt haben mochte. Wir kennen nur das Resultat. Vor Mitte Oktober 1938 gingen die Freimaurerlogen freiwillig auseinander. In den meisten Fällen fanden deren Versammlungen am 15. Oktober mit dem Ziel einer Beendigung ihrer Tätigkeit statt, die Nationale Großloge der Tschechoslowakei löste sich bereits am 10. Oktober 1938 freiwillig auf.[870] Ich kann mich des Eindrucks nicht erwehren, dass es sich um eine sehr schnelle Aktion handelte, da das neue Regime zu diesem Zeitpunkt noch nicht einmal in Umrissen zu erkennen war – die Regierung war die selbe, das Parlament blieb im Grunde erhalten, ein neuer Präsident war noch nicht gewählt, die staatsrechtliche Struktur bestand bisher unverändert fort, die politischen Parteien hatten ihre bisherige Form, selbst die Kommunistische Partei agitierte noch und ging erst später in die Illegalität. Aber die Freimaurer gingen gleichwohl sehr eilig auseinander. Aus Angst, aus Vorsehung, um Zeit zu gewinnen und um der Zeit voraus zu sein? Begründet wurde dieser Schritt damit, dass die Existenz der Freimaurerei die Bedingung einer Loyalität gegenüber dem Staat nicht weiter erfüllen könne.

Andererseits darf die Tatsache nicht vergessen werden, dass es sich nicht um eine tschechische Besonderheit handelte, da sich zur selben Zeit auch die deutschen Logen der Tschechoslowakei und den Freimaurern ähnliche Organisationen auflösten, wie der Orden Odd Fellow oder die Mixte-Loge.[871] Demgegenüber überlebte die rein jüdische Kette B'nai B'rith[872] bis zur Errichtung des Protektorates Böhmen und Mähren

870   ANM (Archiv des Nationalmuseums), Bestand Josef Matoušek, K. 11, Inv.-Nr. 371, Lóže nesdružené (Logen ohne Verband). Im Rahmen der NVLČs war nämlich jede Loge amtlich als selbständiger Verein registriert. Vgl. hierzu ferner im AMP (Archiv der Hauptstadt Prag), Bestand Národní Veliká Lóže Československá (Nationale Großloge der Tschechoslowakei), K. 1, Inv.-Nr. 2, wo ein Rundschreiben an alle Logen erhalten ist: „Die NVLČs beschloss im Rahmen einer Sitzung des engeren Großen Rates am 10. Oktober 1938 aus Gründen des Staates ihr Erlöschen und teilte dies dem Ministerium des Innern mit. Wir fordern alle Logen, die als Vereine gemäß dem Vereinsgesetz organisiert sind, auf, unverzüglich einen analogen Beschluss zu treffen und diesen den zuständigen Landesorganen bekannt zu geben. Diese werden durch das Ministerium des Innern angewiesen, mit Blick auf die Dringlichkeit der Angelegenheit und die außerordentlichen Verhältnisse das Erlöschen zur Kenntnis zu nehmen, ohne auf die Einhaltung der für einen solchen Beschluss notwendigen Vorschriften zu bestehen. Die Liquidation des Vermögens soll nachträglich ohne unnötige Verzögerungen vollzogen und der Landesbehörde ebenfalls nachgewiesen werden. Wir fordern alle Werkstätten nachdrücklich auf, schleunigst alle ihre finanziellen Verpflichtungen gegenüber dem Schatzmeister zu erfüllen, der erheblichen Verbindlichkeiten nachzukommen hat. Mögen die Prager Werkstätten schnellstmöglich Maßnahmen bezüglich ihrer Einrichtungen treffen, da die Räumlichkeiten in Smíchov in naher Zukunft geräumt werden ... Die Abendessen in den gesellschaftlichen Räumen entfallen, da diese Räume ebenfalls geräumt werden. Otto Mizera Großsekr."

871   Vgl. AMP (Archiv der Hauptstadt Prag), Bestand Polizeidirektion, Vereinskataster (Policejní ředitelství, Spolkový katastr), IX/596 hier zur Loge Dobrovský (mixte) - laut dem Amtsblatt der Tschechoslowakischen Republik habe sich die Loge am 19. Oktober 1938 „mangels Tätigkeiten" aufgelöst.

872   Der Innenminister löste mit Erlass vom 21. April 1939 die Großloge I.O.B.B. mit folgender Begründung auf:

durch die deutschen Besatzer. Welche Schlussfolgerungen können wir hieraus ziehen? Die Faschisten hassten Juden und deren Verbände mindestens in gleicher Weise wie sie die Freimaurer verachteten. Offenbar wählten die jeweiligen Organisationen jeweils eine andere Taktik und Strategie. Die Ruhenderklärung der Freimaurerlogen war ein Signal, dass die Freimaurer in der Tschechoslowakischen Republik bzw. ihrer neuen – sich erst herausbildenden – Gestalt keine Chance für ruhige Aktivitäten sahen. Der radikale Schritt ermöglichte ihnen zu retten, was zu retten war, also vor allem zu bestimmen, was mit ihren Vermögenswerten geschehen sollte. Andererseits können wir für den Zeitraum der sog. Zweiten Republik keinen besonderen Druck durch den Staat auf die Freimaurer feststellen. Es scheint jedoch, dass die Freimaurer die Vorahnung hatten, dass eine Zeit in der Illegalität droht. Gleichwohl denke ich, dass diese Vorahnung doch sehr vage gewesen sein muss, da zu diesem Zeitpunkt kaum jemand vorwegnehmen konnte, dass die Tschecho-Slowakei in Kürze ganz untergehen würde, oder wie dieses Ende aussehen wird. Jedoch war eine Epoche abgeschlossen und trotz aller Mängel und Vorbehalte, trotz manchmal auch Unbeholfenheit und mangelnder Flexibilität, muss diese Epoche als goldene Ära der tschechischen Freimaurer gewertet werden.

Falls sich Vereine in dieser Weise freiwillig auflösten, hatten sie nach Anordnung des Innenministers die Pflicht, ein Vermögensverzeichnis abzugeben, verbunden meist mit der Direktive, was mit den Vermögenswerten geschehen soll. Zudem musste eine Mitteilung über das Erlöschen im Amtsblatt der Tschechoslowakischen Republik veröffentlicht werden.[873] Die Pilsner deutsche Loge Ludwig Piette kann bezüglich der Verfügung über das Logenvermögen als klassisches Beispiel herangezogen werden. Deren Schreiben an die Polizeidirektion vom 15. November 1938 lautete wie folgt: „Wir teilen mit, dass wir das bereits mitgeteilte Vereinsvermögen wie folgt aufzuteilen gedenken:

„Der Verein bereitete durch seine Tätigkeit die Vereinigung des gesamten Judentums zum Zweck der Verteidigung jüdischer Rechte vor, wobei eine solche Tätigkeit die Interessen des Protektorat zu schädigen geeignet ist und sie dadurch Ruhe und Ordnung bedrohen kann." Die Schlüssel für die Verbandsräume und vom Safe erhielten deutsche Stellen (die Geheime Staatspolizei). Sämtliche Vermögenswerte wurden in amtliche Verwahrung übergeben, es handelte sich jedoch nicht um erhebliche Summen wie z.B. im Fall der Loge Odd Fellow, siehe unten. Am 6. März beantragte die I.O.B.B. eine Änderung der Satzung, in der die Akzentuierung der jüdischen Programmatik weniger stark ausformuliert war, sie beantragte eine Umbenennung in Freundschafts- und Unterstützungsbund Einigkeit (Přátelský a podpůrný spolek Svornost). Sie versprach dafür die Spende einer großen Summe an die Anstalt für Flüchtlingsfürsorge (Ústav pro péči o uprchlíky). Diese Änderungen und die Spende wurden jedoch bereits nicht mehr vollzogen. ANM (Archiv des Nationalmuseums), Bestand Josef Matoušek, K. 11, Inv.-Nr. 371.

873   Vgl. hierzu eine Reihe an Materialien im Archiv der Stadt Pilsen, Bestand Freimaurerloge Josef Dobrovský (Zednářská lóže Josef Dobrovský, Freimaurerloge Bruderschaft (zednářská lóže Bratrství) und Freimaurerloge Ludwig Piette (zednářská lóže Ludwig Piette).

A) Für öffentliche humanitäre Zwecke, und zwar:
1. für das Tschechische Herz in Pilsen, Abteilung für Flüchtlinge
2. für die Jüdische Religionsgemeinde in Pilsen, für Flüchtlinge
3. für die Gemeinde der Stadt Pilsen für Arme
4. für die Religionsgemeinde, jüdisch, in Pilsen für Arme
5. für das Fodermayer-Armenhaus in Pilsen
6. für den Verein KINDERKRIPPE in Pilsen
7. für den Verein ALLGEMEINE KÜCHE in Pilsen
8. für die Masaryk-Liga gegen Tuberkulose in Pilsen
9. für die Kreisjugendfürsorge in Pilsen
10. für den Verein des Masaryk-Studentenheims in Pilsen
11. für die Anstalt für Krüppel in Bory in Pilsen

B) Für Mitglieder des Vereins ohne Vermögen, deren Witwen und Waisen, gegebenenfalls für Angehörige von Mitgliedern ohne Vermögen.

Auf diese beiden Gruppen soll das Vermögen zu gleichen Teilen aufgeteilt werden, und in jeder Gruppe erneut zu gleichen Teilen im Verhältnis zu der Anzahl an Begünstigten. Dies erfolgt binnen 4 Wochen."[874]

Eine Vorstellung über die Höhe des Vermögens der einzelnen Logen können wir uns auf Grundlage polizeilicher Materialien machen, d.h. auf Grundlage der Meldungen des quasi „letzten Willens" dahingehend, was mit den Werten passieren soll. In diesem Zusammenhang sehen wir eine ungleiche Verteilung des Reichtums, wobei die deutschen Freimaurerlogen und vor allem der Orden Odd Fellow gegenüber den tschechischen Logen ein erhebliches Vermögen auswiesen.[875] Die tschechischen Logen

---

874 Wir können auch nachvollziehen, wie z.B. die Gesellschaften der I.O.O.F. über ihr Vermögen verfügten. Vgl. hierzu NA [Nationalarchiv], Bestand Ministerstvo vnitra – prezidium [Ministerium des Innern – Präsidium], PMV 1936-40. Hier die polizeilichen Ermittlungen als Reaktion auf einen denunziatorischen Artikel in der Zeitschrift „Národní noviny" vom 5. Januar 1939 – Z tajnosti tajné společnosti [Von den Heimlichkeiten einer geheimen Gesellschaft]. Aus den Untersuchungen folgte, dass das Haus unter der Anschrift Biskupský dvůr 9, wo der Orden Odd Fellow in Prag seinen Sitz hatte, nach Auflösung des Vereins verkauft wurde. Festgestellt wurde auch die „Rassenangehörigkeit" der Funktionäre etc. Zu dieser Untersuchung kam es erst ein halbes Jahr nach Abdruck des gegenständlichen Artikels, also im Juli 1939.

875 Hierzu z.B. Materialien im NA [Nationalarchiv], vor allem der Bestand Ministerstvo vnitra – dodatky [Ministerium des Innern – Nachträge] und ANM [Archiv des Nationalmuseums], Bestand Josef Matoušek, K. 11, Inv.-Nr. 371. In Matoušeks Nachlass finden wir Abschriften von Materialien der Polizeidirektion und der sog. Landesbehörde. Matoušek hatte an den parlamentarischen Aktivitäten seines Vaters Anteil, der im Oktober und im Dezember 1938 wiederholt Anträge zur Einrichtung einer besonderen Untersuchungskommission des sog. Ständigen Ausschusses der Nationalversammlung „zur Feststellung der Gründe, die zu der heutigen staatlichen und nationalen Katastrophe führten", stellte, was vor allem gegen Edvard Beneš und seine Mitarbeiter gerichtet war. Und nicht nur das: im Ausschuss der sog. Nationalen Gemeinschaft – einer neu geschaffenen und der einzigen im Protektorat zugelassenen Bewegung – saß er einer Kommission für Freimaurerei vor. Einige Dokumente finden wir auch im AMP [Archiv der Hauptstadt Prag], Bestand Polizeidirektion, Vereinskataster [Policejní ředitelství, Spolkový katastr].
Zu Illustrierung: die Prager Loge Míru des Ordens Odd Fellow, die beschloss, ihr einstiges Vermögen zum einen für Waisen und Witwen und bedürftige Vereinsmitglieder zu spenden, und zum anderen zum Teil einem sog. Tschechoslowakischen Nationalrat zu überlassen [dessen Vorsitzender Jan Kapras war], verfügte über Wertpapiere

beendeten ihre Tätigkeit oft mit einem Manko, was im Übrigen nicht verwunderlich ist, wenn wir die vielen Verbindlichkeiten aus der Vergangenheit in Betracht ziehen, die vor allem mit dem Tempel verbunden waren und über die Jahre getilgt werden mussten. Die Quellen geben explizit darüber Auskunft, dass etwa die Logen Dílna lidskosti (Werkstatt der Menschlichkeit) (in Höhe von 53,-) und 28. říjen ihre Tätigkeiten im Minus einstellten. Das Manko erwuchs wahrscheinlich aus vorsätzlichen schnellen Ausgaben für verschiedene wohltätige Zwecke und zur Verteidigung des Staates. Die Pilsner Loge Bratrství (Brüderlichkeit) verfügte über überhaupt kein Vermögen, übergab jedoch ihr Inventar – zwei Stöcke, zwei Schwerter, eine Bibel, einen Hammer, drei Säulen und Schränke dem Pilsner Museum; der Stand des Vermögens der Loge Komenský war Mitte 1939 noch nicht bekannt;[876] die Loge Dílo (Das Werk) spendete

[Kassenanweisungen, Pfandbriefe, ein staatliches Darlehen zur Verteidigung des Staates, und andere Darlehen] über einen Wert von 225.000 Kronen. Die Loge Pravda des gleichen Ordens verfügte über ein Vereinsvermögen in Höhe von 123.832,- Kronen; die Loge Moldavia widmete einem Konvent der barmherzigen Brüder Wertpapiere im Wert von 105.000,- Kronen, der Sozialanstalt der jüdischen rel[igiösen] Gemeinden 105.000 Kronen, und es blieben noch 184.000 Kronen (die nachfolgend an bedürftige Mitglieder gehen sollten) und Einlagen in Höhe von ca. 30.000 Kronen; die Loge Fides beschloss am 11. November 1938, dass sie Jedlička-Anstalt für Behinderte, der Deyl-Anstalt für Blinde, der Klár-Anstalt für Blinde, dem Konvent der barmherzigen Brüder und der Jüdischen Krankenfürsorge je 1000,- Kronen widmen wird, ferner dem Tschechoslowakischen Roten Kreuz, der Masaryk-Liga gegen Tuberkulose, der Landesfürsorgezentrale für Jugendliche in Böhmen, dem Heim für jüdische Handelslehrlinge, dem israel. Waisenhaus für Jungen in Prag-Vinohrady, dem Verein zur Aufrechterhaltung eines Heims für jüdische Lehrlinge in der Prager Str. Dlouhá 42 und der Sozialen Hilfe Prag jeweils 500,- Kronen, der Sozialen Anstalt der Hauptstadt Prag für Flüchtlinge und dem Ausschuss für Flüchtlingshilfe in Prag jeweils 1500,- Kronen und der Sozialen Anstalt der jüdischen Religionsgemeinden von Groß-Prag 38.000.- Kronen. Die Loge Přátelství (Freundschaft) des Ordens Odd Fellow verfügte in bar und als Einlagen über Werte in Höhe von 356.220,- Kronen, das Vereinsvermögen betrug 1.500.000 Kronen (hiervon gingen jeweils 140.000 Kronen an eine Organisation mit dem Namen Tschechisches Herz, an den Masaryk-Jubiläums-Unterstützungsfonds der Sicherheitswacht beim Innenministerium und an den Masaryk-Unterstützungs- und Bildungsfonds für Schutzmänner). Wir wissen auch, dass z.B. die Pilsner Loge Ludwig Piette, die zur Großloge Lessing gehörte, 235.727,- Kronen hinterließ und diese für humanitäre Zwecke spendete, oder dass die Loge Hiram nur in einem Fonds für arme Mitglieder, Witwen und Waisen über 214.293,- Kronen verfügte. Diese Aufzählung könnte fortgesetzt werden. Hierbei handelte es sich um Summen, von denen die tschechischen Freimaurer nur träumen konnten, vergessen wir nicht, wieviel Anstrengungen nur die Anmietung anständiger Räume für die Loge kostete.

876   Wir wissen jedoch, dass die Loge Komenský einen kuriosen Streit um das Erbe der verstorbenen Ehefrau eines ihrer Mitglieder führte – Růžena Trnožková. Freimaurer Vojtěch Trnožka [+1928] und seine Gattin [+1936] waren große Freunde verschiedener wohltätiger Institutionen, denen sie auch einen Großteil ihres Vermögens hinterließen, unter anderem auch Baugrundstücke in Prag-Bubeneč. Als 1938 die Ehefrau eines Bauunternehmers, Juliana Lipšová, versuchte, diese Grundstücke zu kaufen, gelang ihr dies nur teilweise. Sie erlangte die Anteile im Eigentum z.B. des Turnvereins Sokol, eines Krankenhauses, der Heime Jedlička-, Deyl und Klár-Anstalt, von Studentenwohnheimen, eines Schulvereins (Matice školská), eines Nationalen Böhmerwald- und nordböhmischen Vereins, des Journalistenbundes, eines Künstlersyndikates, eines Architektenbundes, der Gemeinde Hauptstadt Prag, der Gehörlosenanstalt in Prag-Radlice und einer Reihe weiterer Institutionen, nur ein Vertrag mit dem Verein Jan Amos Komenský (in dessen Eigentum 3/20 von 4 Parzellen in Bubeneč standen) konnte nicht mehr unterzeichnet werden, da dieser sich mittlerweile freiwillig aufgelöst hatte. Die Dame erhob Klage auf Unterzeichnung des Vertrages durch den bereits nicht mehr existierenden Verein Komenský. Aber die Behörden wussten nicht, ob eine im Grunde bereits nicht mehr existierende Institution ein Zeichnungsrecht hat. Die entsprechenden Untersuchungen wurden am 22. März 1939 aufgenommen. Ein Problem bestand darin, dass das Nachlassverfahren zum Erbe von Frau Trnožková noch nicht abgeschlossen war und die Loge Komenský ihren Anteil bis zu diesem Zeitpunkt überhaupt nicht bekommen hatte. Der Anteil war wahrlich beeindruckend – neben den bereits erwähnten Parzellen

insgesamt 46.036 Kronen an bedürftige Einzelpersonen und an den Ausschuss für Flüchtlingshilfe (Výbor pro pomoc uprchlíkům); die Nationale Großloge der Tschechoslowakei wie auch z.b. die Loge Pravda vítězí (Die Wahrheit siegt) übergaben ihr Vermögen dem Staat; während es die Großloge Lessing schaffte, ihr Vermögen auf Kinder, Waisen und Bedürftige aufzuteilen. So führen dies zumindest Polizeiakten an. Verschiedene Randbemerkungen deuten jedoch darauf hin, dass mit Blick auf die hektische Zeit nicht immer ganz klar war, was tatsächlich ausgeführt und was nur beabsichtigt war bzw. ob die jeweiligen Absichten auch immer umgesetzt wurden.

Die relativ wohlhabende Loge Sibi et posteris, welche am 13. Oktober 1938 erlosch, plante die folgende Verfügung über ihr Vermögen:

1. Für Zöglinge des Hlávka-Studentenwohnheims 20.000,- Kronen. Das Geld war bestimmt für die Schaffung von ein bis zwei Plätzen für männliche Studenten tschechischer Nationalität, und zwar an der Fakultät für Maschinenbau oder Elektrotechnik, verbunden mit dem Wunsch, dass der Platz zu Ehren des Nestors der tschechischen Techniker als „Dr.-František-Křižík-Platz" bezeichnet würde.

2. Für einen Zögling des Hlávka-Studentenwohnheims 20.000,- Kronen zur Schaffung eines Platzes für einen Architektur Studierenden mit der Bezeichnung „Václav-Machoň-Platz".

3. Für Frau Anna Justitzová, die mittellose Witwe des Malers und ehemaligen Vereinsmitgliedes Alfréd Justitz, 7.000,- Kronen,

4. Für den bisherigen Kustoden des Vereins, Leopold Ventseis, 3.000,- Kronen.

5. Für Miroslav Novotný, Lehramtsanwärter (mit Tuberkulose) 1.000,- Kronen.

6. Für František Procházka, Schneider aus Prag (unheilbar krank) 1.000,- Kronen.

7. Für den Verein Vincentinum in Prag-Břevnov 1.000,- Kronen.

8. Für den Jubiläumsfonds zur Verteidigung des Staates 38.074 Kronen.

Uns steht auch eine Übersicht über das Vermögen der Nationalen Großloge der Tschechoslowakei (NVLČs) zur Verfügung. Hierbei handelt es sich um einen der wenigen Belege über deren Wirtschaftsgebaren überhaupt. Der Liquidationsabschluss dieses Verbandes gestaltete sich folgendermaßen:

handelte es sich um Wertpapiere im Wert von mehreren Hunderttausend Kronen, Bilder etc. ANM [Archiv des Nationalmuseums], Bestand Josef Matoušek, K. 11, Inv.-Nr. 371. Erst im Jahr 1950 verkauften die Freimaurer ihre Grundstücke an den Turnverein Sokol. AMP [Archiv der Hauptstadt Prag], Bestand Polizeidirektion, Vereinskataster [Policejní ředitelství, Spolkový katastr], J. A. Komenský 1948-51.

Einnahmen (Angaben jeweils in Tschechoslowakischen Kronen):
1. Saldo zu Beginn der Liquidation am 27.X.38
a. auf einem Scheckkonto der Postsparkasse   11 283,00
b. auf einem Girokonto bei der A.P. banka   5 255,50
2. Mitgliedsvereine führten an geschuldeten Beiträgen ab
a. mittels Postsparkasse   35 274,50
b. auf Sparbüchern   37 300,50
c. in Wertpapieren   2 077,00
3. Für Möbel u.a. abgezogen   34 481,25
4. Zurückgezahlte Einlagen   6 107,00
5. Zinsen auf Einlagen und Anzahlungen   949,32

                                                                  132 728,07

Ausgaben:
6. Getilgte Schulden aus der Zeit vor der Liquidation:
a. laut vorläufiger Bilanz vom 27.X.38   16 799,25
b. nachträglich durch Gläubiger angemeldet   36 082,25
7. Betriebsausgaben für die Liquidation:
a. Kustode: Gehalt und Versicherung   11 788,75
b. Räumung von Räumlichkeiten und Verkauf von Inventar   3 465,80
c. Mietzins, Beleuchtung, Telefon   4 858,85
d. Gebühren für das Scheckkonto und das Girokonto   32,60
8. Restliches Vermögen   59 700,57

                                                                  132 728,07

Das oben ausgewiesene restliche Vermögen setzt sich aus folgenden Werten zusammen:
1. Sparbücher:
a. Kleinseiter Sparkasse in Prag mit Zinsen bis 31/XII. 38   31 144,48
b. Böhmische Industriebank in Prag XVI mit Zinsen bis 31/XII 24 729,65
c. Städtische Sparkasse in Prag mit Zinsen bis 31/XII. 38   1 749,44
2. Staatliche Baulose:
2 ganze, zum Erwerbspreis von 800,-   1 600,00
3 Fünfer 159,-   477,00

                                                           59 700,57[877]

Der Liquidationsabschluss wurde durch den einstigen Großmeister Václav Hora unterzeichnet und datierte auf den 17. März 1939. Dieses einzigartige Dokument ermöglicht uns rückwirkend zu verstehen, wie

---

[877]   ANM [Archiv des Nationalmuseums], Bestand Josef Matoušek, K. 11, Inv.-Nr. 371, Abschriften von Akten des Ministeriums des Innern.

die Vereinsgelder im Rahmen der Freimaurerlogen verwaltet bzw. wo sie verwahrt wurden. Darüber hinaus ergibt sich ein plastisches Bild, in welchen Relationen sich das Vermögen der tschechischen Freimaurer bewegte.

Die durch die einzelnen Logen an den Staat abgegebenen Unterlagen sind auch ein Beleg für die bürokratische Kultur der jeweiligen Logen. Es scheint, dass sich die Olmützer Loge Lafayette am sorgfältigsten verhielt. Aus ihren Büchern wissen wir jedoch, dass sie der Prager Zentrale 2500,- Kronen schuldete. Bei der Zentrale standen zahlreiche Logen in der Kreide – vor allem für Druckarbeiten; z.B. die Olmützer deutsche Loge Humanitas, die Brünner Most (Brücke) und Cestou světla (Weg des Lichts), die Ostrauer Lux in Tenebris. Die uns aus der Zwischenkriegszeit zur Verfügung stehenden authentischen Quellen direkt aus Freimaurerhand lassen einen solchen Einblick in den Alltag der Logen im Grunde leider nicht zu.

Mit einer Prise Zynismus können wir konstatieren, dass vom Erlöschen der Freimaurerei in der Tschechoslowakei am ehesten wohltätige Institutionen profitierten, da deren Konten in den gegenständlichen Wochen geradezu überquollen. Einen weiteren Kostenblock machen Hilfen für Übersiedler aus, also für Tschechen, die aus den von den Deutschen nach dem Münchner Abkommen besetzten Grenzgebieten vertrieben wurden. Ferner wurde für die Verteidigung des Staates gespendet. Es ist nicht zu übersehen, dass diese Zuwendungen von tschechischen und von deutschen Freimaurerlogen als auch vom Orden Odd Fellow ungeachtet der Verhandlungssprache der jeweiligen Loge stammten. In gleicher Weise ist – insbesondere bei den deutschen Logen, welche über einen erheblichen Anteil an jüdischen Mitgliedern verfügten, ein gewisses Bemühen um Ausgewogenheit zwischen den beschenkten jüdischen und christlichen Institutionen bzw. dem Staat zu beobachten.

Wir stellen fest, dass sich die Mehrzahl der Logen bereits im Herbst 1938 auflöste, formal entweder wegen Austritten der Mitglieder, wegen Rücktritten aller Amtsträger oder aber, weil sie ihre Tätigkeit einstellten. An dieser Stelle seien Worte des temperamentvollen Rudolf Vonka zitiert, der einige Jahre vor München schrieb: „Ich weiß, dass wenn es ernst werden sollte, wir sofort ruhen."[878] Ja, diese Lösung entsprach dem konservativen englischen Modell des Verhältnisses gegenüber dem Staat und der Gesellschaft und stand voll in Einklang mit den Grundsätzen der Freimaurer. Und so sehen wir, dass diese „geheime" Gesellschaft mit

---

878   LA PNP [Literaturarchiv des Denkmals des nationalen Schrifttums]. Bestand Rudolf Jordan Vonka, ein hier oft zitiertes Schreiben s.d.

der Heimlichkeit im Grunde nicht kompatibel war. Die Einstellung der Tätigkeit der Logen können wir als die Einstellung der freimaurerischen Aktivitäten als solcher begreifen. Und hier stellt sich für uns eine sehr komplizierte Frage: Wenn ein jeder Freimaurer formal an eine Loge gebunden ist bzw. er ohne Mitgliedschaft in einer Loge kein Freimaurer sein kann, so erlischt mit dem Erlöschen seiner Loge auch seine Freimaurerei und wir können nur von ehemaligen Freimaurern sprechen.[879] Wenn aber die Freimaurerei als eine bestimmte Lebenseinstellung präsentiert wird, so steht die Frage im Raum, ob diese mit dem Untergang des Bundes auch verschwindet. In rein formeller Hinsicht können wir somit konstatieren, dass ab Herbst 1938 in der Tschechoslowakei keine Freimaurer mehr existierten. Gleichwohl handelte es sich um ein gesellschaftlich breit diskutiertes Thema, weshalb wir uns diesem auch weiterhin widmen werden – jedoch in dem Bewusstsein, dass von Freimaurern zu sprechen für den Zeitraum nach dem Oktober 1938 streitig sein kann.

Kehren wir zu den polizeilichen Materialien zurück, kann uns nicht entgehen, wie sehr die tschechischen Polizisten bezüglich der Einteilung und Ausrichtung der jeweiligen Logen im Dunkeln tappten. Wir sehen zugleich, dass die deutschen Stellen nach der Errichtung des Protektorates deutlich energischer vorgingen, aber vergessen wir nicht, dass auch diese in gewissem Maße davon abhängig waren, welche Materialien die tschechische Seite erlangt hatte. Es hat den Anschein, dass für die tschechische Polizei alle Logen irgendwie „verschwammen" und die Polizisten in Sachen Herangehen und Erfassung kaum Unterschiede machten zwischen Odd Fellow, B'nai B'rith, zwischen der tschechischen, der deutschen oder der gemischten Freimaurerei. Die Exklusivität der Freimaurer geht hier völlig verloren. Uns steht z.b. eine Übersicht von „Freimaurerlogen" aus dem südböhmischen Budweis (České Budějovice) zur Verfügung: die polizeilichen Meldungen konstatierten, dass es insgesamt sechs Logen gäbe, und zwar den Chanukaverein, das St. Johannis Freimaurer Kränzchen Fiat Lux, den Rotary Club, den Geselligkeitsverein Schlaraffia, den Bruderbund (Bratrský svaz) Societé und die Loge Alliance I.O.B.B. Wir sehen klar, dass nicht eine der Vereine eine Freimaurerloge war. Andererseits wurde ein hier wirkender Freimaurer-Zirkel überhaupt nicht erfasst.[880]

879   Eine historische Parallele lässt sich z.B. zur Situation in Böhmen nach Ausgabe eines sog. Hofdekretes zur Freimaurerei im Jahr 1801 ziehen, mit dem ein Staatsdienst mit einer Mitgliedschaft in geheimen Organisationen als nicht kompatibel erklärt wurde. Da sich die Mehrzahl der Logen bereits vor diesem Datum aufgelöst hatte, waren deren Mitglieder in dieser Hinsicht von den Verpflichtungen entbunden und es drohten ihnen keine Probleme. In der selben Logik würde ein Freimaurer, dessen Loge erlosch, kein Freimaurer mehr sein.

880   Der Chanukaverein löste sich im Mai 1938 auf, sein Vermögen in Höhe von 21.896,- Kronen wurde der jüdischen Religionsgemeinde übergeben; das St.-Johannis-Freimaurer-Kränzchen Fiat Lux, welches erst 1936

Wir finden keine Spur von Gründlichkeit, und selbst in den Materialien aus der Protektoratszeit ist eine erhebliche Ahnungslosigkeit der Behörden und der Polizei zu dieser Thematik zu beobachten.[881]

Unter Beschuss

Für die sog. Zweiten Republik können wir kein erhöhtes Interesse der Polizei oder einen Druck auf diese Vereine konstatieren, die Zäsur trat erst später mit der Errichtung des Protektorates ein, als die Vereine bereits meist nicht mehr existierten. Es hat den Anschein, dass das Interesse an den Freimaurern und ihnen ähnlichen Organisationen fast ausschließlich von faschistischer Seite kam – zu diesem Zeitpunkt bereits faschisierender Organisationen, und erst als Reaktion auf deren Zeitungsartikel wurde den Freimaurern allgemein eine erhöhte Aufmerksamkeit zuteil. Die staatlichen Stellen konnten die Namen der Mitglieder, ev. weitere Informationen feststellen, aus denen jedoch keinerlei Anzeichen widerrechtlicher oder staatsschädigender Aktivitäten eruiert werden konnten. Der rechtliche Rahmen für das Auftreten gegenüber den Freimaurern wurde trotz des zugespitzten gesellschaftlichen Klimas gewahrt.[882] Eine Jagd auf die Freimaurer, sofern wir für diesen Zeitraum hiervon sprechen wollen, beschränkte sich auf private Initiativen von Einzelpersonen oder Organisationen bzw. deren Druckerzeugnisse, es handelte sich nicht um eine Angelegenheit des Staates.

Werfen wir einen gründlichen Blick auf die Tagespresse Mitte Oktober 1938. Es scheint, dass die Freimaurer mit ihrer frühzeitigen Auflösung ihren Gegnern gleichsam den Wind aus den Segeln genommen

---

überhaupt genehmigt wurde, erlosch am 15. Februar 1938 infolge eines Austritts aller Mitglieder, es hinterließ keinerlei Bargeld in der Kasse – noch im Vorjahr spendete man an arme Schüler deutscher Schulen in den Orten Kaplička, Suchdol und Theresienstadt (Terezín) insgesamt 1100,- Kronen, was allen Mitteln des Vereins entsprach; der Rotary Club vermeldete am 14. Juni 1939, künftig keine Tätigkeiten mehr ausüben zu wollen, seine Schriftstücke und sein Vermögen wurden durch die Gestapo bereits im März beschlagnahmt; demgegenüber erloschen die Glückssucher des Budweiser Geselligkeitsverein Schlaraffia zum 30. Juni 1939, das Vermögen wurde wie folgt aufgeteilt: ein Diener erhielt 1200,- Kronen, die Hitlerjugend 1000,- Kronen und der Bund Deutscher Mädel 1000,- Kronen. Der Brüderbund Société löste sich am 28. November 1938 auf, „da seine Funktionäre auf ihre Ämter verzichtet haben", der Barbestand wurde an die Prager Zentrale gesandt; die letzte Loge Alliance I.O.B.B. wurde am 9. Mai 1939 aufgelöst und ihr Vermögen wurde durch die Geheime Staatspolizei beschlagnahmt. Dokumente hierzu im Original in NA (Nationalarchiv), Bestand Ministerstvo vnitra – dodatky (Ministerium des Innern – Nachträge), K. 459, und in Abschrift im ANM (Archiv des Nationalmuseums), Bestand Josef Matoušek, K. 11, Inv.-Nr. 371.

881   Eine Übersicht über die aufgelösten Logen verschiedenster Provenienz gibt ein „Verzeichnis der sog. Freimaurerlogen, ihrer leitenden Funktionäre bzw. auch Mitglieder, ihrer Liquidierung" (Seznam t.zv. zednářských lóží, jejich vedoucích činitelů, příp. i členů, jejich zlikvidování), in: NA (Nationalarchiv), Bestand Ministerstvo vnitra – prezidium (Ministerium des Innern – Präsidium) 1936-40, X Z 4/9, Aktenzeichen 31.913 pr. vom 9. November 1938.

882   Vgl. hierzu eine Reihe an Schriftstücken im NA (Nationalarchiv), Bestand Ministerstvo vnitra – dodatky (Ministerium des Innern – Nachträge), Verbände (Spolky) 1938-59, vor allem K. 408, Zednářské spolky (Freimaurerverbände).

haben, da man über sie bereits nur in der Vergangenheit reden konnte.[883] So konstatierte das Blatt „Polední list" aus dem Presseimperium des Jiří Stříbrný am 13. Oktober 1938 ein wenig enttäuscht: „Das Ende der Freimaurer? Angeblich fliehen sie aus Angst vor der Verantwortung", berief sich dabei auf ein Blatt der Agrarpartei, und fuhr fort: „... in ihren vertraulichen Sitzungen beschlossen die Freimaurer in allen Logen bei uns, dass sie freiwillig auseinandergehen. Viele Mitglieder der Freimaurerlogen fühlten sich in letzter Zeit unwohl bei dem Gedanken, dass sie für eine Politik mitverantwortlich sein werden, an der ihre Organisationen einen so hervorragenden Anteil hatten. Daher lösen sie sich auf, bevor das Volk ihre Auflösung erzwingt. Mitgliederverzeichnisse sind jedoch bekannt." Auch in anderen Presseerzeugnissen – im „Večer", in den „Národní noviny" und dem „Pražský list" wurden in dieser Zeit zahlreiche Namen von Freimaurern abgedruckt, mit indirekten und manchmal auch direkten Anleitungen, dass sich wegen ihrer falschen Politik vor München der Zorn des Volkes über ihnen entladen möge.[884] Die „Národní noviny" stellten eindeutig fest, dass die Freimaurer auseinandergehen würden, da sie große Sorgen hätten – und zwar um ihr Vermögen und „Sorge um etwaige Dokumente, die in fremden Händen nicht nur so unschuldiges organisatorisches Material bilden müssen. Eine Organisation, die eine so seltsame Tätigkeit ausübt, eine Organisation, die das normale Licht fürchtet und Gauklerzeremonien und wild romantische Bezeichnungen verwendet, erweckt immer Verdacht."[885] Die Zeitung führte weiter aus: „Uns interessiert nur, wie breit das Netz dieser Organisation mit geheimen Zielen bei uns ausgeworfen war. Es reicht von kulturellen Bereichen über die volkswirtschaftlichen bis in die höchste Politik. Wir finden dort alle politischen Ausprägungen ... wir finden dort Namen, die Sie in Geheimbünden nie vermutet hätten. Und plötzlich wird Ihnen klar, dass alles nicht so einfach war, wie es Ihnen oft schien. Und plötzlich werden Ihnen auch viele Erscheinungen klar und Sie verstehen auch viele schwindelerregende Karrieren ... Wir verstehen nicht, warum man sich in unserer Demokratie in Verbänden mit einer geheimen Mission und

---

883   Eine ungeheure Menge an Material zum Thema bietet das NA [Nationalarchiv], Bestand Ministerstvo zahraničních věcí – výstřižkový archiv [Ministerium für auswärtige Angelegenheiten – Archiv für Ausschnitte], dort vor allem Karton 2467.

884   Die tschechoslowakischen Freimaurer erweckten auch das schadenfreudige Interesse der polnischen Presse, in der zahlreiche Artikel etwa darüber erschienen, dass ein Freimaurerarchiv nach Skandinavien verbracht worden sei und dass in einem Freimaurertempel in der Slowakei ein Andrej-Hlinka-Haus [zu Ehren des jüngst verstorbenen Führers der slowakischen Autonomiebewegung] eingerichtet wurde.

885   „Národní noviny" vom 15. Oktober 1938: Jaký cíl sledovali u nás zednáři? [Welches Ziel verfolgten die Freimaurer bei uns?], mit signifikanten Untertiteln: „Eine höchst seltsame Gesellschaft löst sich auf – um das Vereinsvermögen zu retten? – Alle Bereiche des internen Lebens der Republik waren von der Geheimorganisation der Freimaurerei durchdrungen. Dr. Ed. Beneš war ebenfalls Mitglied."

seltsamer Tagesordnung zusammenschließen musste. Warum mussten sich ausgerechnet diese Personen, die am direktesten und am offensten handeln sollten, hinter den romantischen Kulissen der Freimaurerorganisation verstecken?"[886]

Drei Tage später deckte das Blatt „Polední list" die skandalöse Tatsache auf, dass die Auflösung der Freimaurerei nur fingiert sei und dass die Zeitungsredaktion an ein Schreiben der Freimaurerzentrale an die einzelnen Mitglieder gelangt sei, das seine klare Sprache spräche: 1. würde angeordnet, alle Aufzeichnungen, Bulletins und Schriftstücke sofort zu verbrennen, 2. derweil seien keine Räumlichkeiten der Freimaurer zu besuchen, Treffen würden in Privatwohnungen abgehalten, 3. „die Auflösung ist nur vorgetäuscht, um Unannehmlichkeiten zu vermeiden", es würde Verbindung untereinander gehalten werden, 4. Vorsicht bei Telefongesprächen. „Höchste Vorsicht!" 5. „Dieser Absatz erwähnt den künftigen Präsidenten", 6. Falls erforderlich, solle man sich an einen Bruder, einen Inspektor wenden, der es einrichten würde, „dass Du geschützt bist. Fürchte nichts, bisher sind wir völlig sicher." Zuvorderst legt dieser Bericht Zeugnis darüber ab, dass es sich um einen amateurhaft aufgesetzten Artikel handelt, der auch die freimaurerische Terminologie nicht immer trifft. Es ist im Übrigen hochinteressant, dass auch die größten „Freimaurerfresser" sehr oft auch die grundlegenden Begriffe nicht kannten. Dies ist verwunderlich, da bei Interesse eine ungeheure Menge an Freimaurerliteratur zur Verfügung stand. Es hat jedoch den Anschein, dass diese negative Aufmerksamkeit an echter Erkenntnis auch gar nicht interessiert war und die Wiederholung bestimmter Stereotype und ein Operieren mit dem Element des Geheimnisvollen genügte. Was verriet das „Polední list" noch? Eine gewisse mangelnde Logik, bestehend in der Instruktion, Material zu verbrennen, bei gleichzeitiger Zusicherung einer Kontinuität. Ohne Dokumente wäre jeder Verein ohne Vergangenheit und Gedächtnis. Wenn der Orden seine Tätigkeit fortgesetzt hätte, wäre sicherlich die Anweisung ergangen, einige Materialien sicher zu verwahren und nicht zu verbrennen. Und ein weiterer Punkt: Die Nennung eines künftigen Präsidenten ohne Erwähnung des Namens suggeriert den Verdacht, dass die Freimaurer auch weiterhin über das gesellschaftliche und politische Leben entscheiden würden.

---

[886] Des Weiteren werden hier einige Namen aufgelistet, wobei unklar ist, woher die Angaben stammen. Unter den Freimaurern befanden sich entschiedenermaßen geeignetere Personen, die die Aufmerksamkeit der Öffentlichkeit hätten auf sich ziehen können als E. Lešehrad, J. Kvapil, J. Kopta, O. Fischer, J. Volf, J. Thon, J. Werstadt, J. B. Kozák, A. Mucha, V. Hora, K. Weigner oder Pavla Moudrá. Bei den Genannten handelt es sich um eine Auswahl von Namen aus dem kulturellen und wissenschaftlichen Leben.

Im Herbst 1938 erschien eine Unmenge an Artikeln über die Freimaurer, die einander inhaltlich wie ein Ei dem anderen glichen, wobei
einige Autoren aber eine außerordentliche Fantasie an den Tag legten.
Diese beriefen sich zumeist auf verschiedenste Quellen, was die Verantwortung der Redaktion minderte. Ein bemerkenswertes Beispiel für eine
solche Fantasie ist ein mit dem Namen Gavejdula Machmatov unter-
zeichneter, in der Zeitschrift „Pražský list" am 22. November 1938 pub-
lizierter Artikel, der mit einer großen Abbildung von Männern garniert
war, die eher an ein Treffen des Ku-Klux-Klan denn an eines der Freimaurer erinnerten. Der Artikel beschreibt eine Zeremonie in der Pressburger (Bratislaver) Loge Kollár vom September 1938. Wichtig ist, dass
im Raum der Loge eine Fotografie von Edvard Beneš hing, der in den 39.
Grad erhoben worden sei! Die Fortsetzung des gegenständlichen Artikels
am Folgetag legte dann auch die Quelle offen: die Hlinka-Garde, eine pa-
ramilitärische Organisation der nationalistischen slowakischen Partei,
der Ludaken, welche die Räume der Pressburger Loge besetzt und diese
der Öffentlichkeit gegen Entgelt zugänglich machte. In gleicher Weise
wurden auch Räume einer Loge im ostslowakischen Kaschau (Košice,
Kassa) okkupiert.

Es ist äußerst bemerkenswert, dass die Unkenntnis der Sachlage bei
den gegenständlichen Artikeln nichts zur Sache tat. Leider stehen uns
keine relevanten Zeugnisse darüber zur Verfügung, in welchem Maße Berichte dieses Typs die öffentliche Meinung beeinflusst haben. Und wir
wissen auch nicht, und das ist eventuell noch wichtiger, ob die Redakteure, die diese Artikel schrieben, oder deren Initiatoren glaubten, dass sie
die Wahrheit schrieben oder in welchem Maße dies die Wahrheit war. Ob
wirklich jemand der Überzeugung war, dass die Tschechoslowakei der
Zwischenkriegszeit durch eine Geheimgesellschaft gesteuert wurde, die
einem geheimen weltumspannenden Vorhaben nachgeordnet war, dass
Politik, Kultur und Wirtschaft durch ein geheimes Zentrum beherrscht
wurden, dass die Freimaurer hier ihre Leute einsetzten und nicht umgekehrt, dass ein Mann erst nach Erreichen eines bestimmten Postens
danach streben konnte, Freimaurer zu werden. Antworten auf diese Fragen lassen sich nur sehr schwierig finden. Für einen Menschen des 20.
Jahrhunderts ist es sicherlich sehr schwierig, sich voll mit der Vorstellung von einer „weltweiten Verschwörung" zu identifizieren, da er hiermit im Grunde seine Existenz auf dieser Erde relativiert. Aus der Sicht
eines kurzfristigen Abreagierens kann eine solche angebotene Problem-
lösung für einige Menschen einen Reiz haben, da negative Emotionen ihr
Ziel finden, und Zielscheibe wird eine öffentlich bekannte und verehrte
Person nicht für ihre offizielle Arbeit, sondern für ihr zweites, geheimes

Leben, was es dem Einzelnen leichter macht, jemanden negativ zu beurteilen, der ansonsten eine gesellschaftliche Achtung verdient hat.

Als die aktivsten antifreimaurerischen Journalisten müssen wir Mitglieder der faschistischen Vlajka („Die Fahne") bewerten, die auch über einen führenden „Theoretiker" zum Thema Freimaurerei verfügte, und zwar Jan Rys-Rozsévač.[887] Jan Rys (geb. 1901, eigentlich Josef Rozsévač) brach nach acht Jahren ein Medizinstudium ab und wandte sich der Politik zu. Über die Nationale faschistische Gemeinde (Národní obec fašistická) kam er zur Vlajka, wo er zügig in führende Funktionen aufstieg. Dieser eifrige Nationalist, Gegner des Liberalismus und der Parteipolitik im Rahmen einer demokratischen Gesellschaft suchte sich als eines seiner liebsten Ziele seiner fleißigen journalistischen Tätigkeit die Freimaurer aus. Nach publizistischen Gehversuchen gab er während der kurzen Dauer der Zweiten Republik sein bereits 1937 geschriebenes umfangreiches Buch heraus: „Židozednářství – metla světa" (Die Judäo-Freimaurerei – Geißel der Welt) (im tschechischen Original 356 Seiten + Anlage für den Preis von 40 Kronen), welches erschien „nach Konfiszierung als zweite, berichtigte Ausgabe" in der „II. Reihe der Vlajka-Bibliothek, Band II. der Auflage Freimaurerkorrespondenz". Rys' Werk müssen wir auch heute noch als eine der führenden Publikationen über die Freimaurerei erachten, für das wir trotz der abschreckenden faschistischen Desinterpretation des Themas stellenweise eine relativ feste faktografische Basis konstatieren können, die in zeitgenössischen Publikationen freimaurerischer Provenienz aus nachvollziehbaren Gründen nicht erscheinen konnte bzw. nicht dem Geist der Abgeschlossenheit der tschechoslowakischen Freimaurerei entsprochen hätte.

Rys' Auslegung stützt sich auf die grundlegende These, dass die Freimaurerei nicht vom Judentum zu trennen sei, die dessen Ideenfundament darstellen würde. Wenn ein Freimaurer kein Jude ist, so sei er ein Judenfreund, ein sog. weißer Jude oder ein talmudischer Arier. Deren Verbindung mit dem jüdischen Problem sei die Negation der Freimaurerei als einer beinahe geheiligten Sache, da der Jude zu einem scheinbar akzeptierten Gegenstand der gesellschaftlichen Verachtung würde, auch wenn er noch nicht völlig entrechtet ist. Und die Freimaurer würden sich bei dieser Thematik zumindest als Helfershelfer der Juden erweisen.

---

887   Zu seinem Profil eingehender NAKONEČNÝ, Milan, c.d. Der Autor führt hier an, dass Rys' Arbeit „Židozednářství - metla lidstva" (Die Judäo-Freimaurerei – Geißel der Menschheit) (korrekt: Geißel der Welt) 1939 erschienen sei, tatsächlich geschah dies bereits ein Jahr zuvor, und dies sogar in einer zweiten berichtigten Ausgabe. Die Vlajka erachtete die Unterdrückung der „jüdischen Freimaurerei" als eines ihrer Hauptziele. So bekam etwa der für die Vlajka aktive Pilsner Architekt Jan Wiesner für diese Tätigkeit ein „Gedenkabzeichen der Vlajka." Ebenda, S. 96 f.

Rys' Arbeit basierte in erheblichem Maße auf authentischen freimaurerischen Materialien, sowohl auf Zeitschriften, als auch auf einigen
Dokumenten, an die er gelangte. Er behandelte die Freimaurerei tatsächlich komplex, bzw. er beantwortete im Unterschied zu anderen Pamphle-
ten eine Reihe an Fragen, auf die sich bis dato in diesem Geiste noch niemand konzentriert hatte. Und so lesen wir hier über die Freimaurerei in
der tschechischen Literatur, wobei wir sehen, dass Hauptinformations-
quelle die Zeitschrift „Svobodný zednář" war, deren Berichte mit Bravour
so zusammengefügt wurden, dass sie das gewünschte Bild ergaben: das
Bild einer Verschwörung, von Fäden oder Linien, die die gesamte Gesellschaft durchziehen, das Verderbnis der Jugend und des Journalismus,
von der Politik ganz zu schweigen. In einem weiteren – allgemeinen –
Teil setzt Rys die Freimaurer in einen historischen Kontext der Genese
von Geheimgesellschaften, wobei ihm als Richtschnur neben Titeln zur
jüdischen Thematik – zumindest nach meiner Auffassung – vor allem
Lešehrads Arbeit über Geheimgesellschaften, ein Buch von Artur Tůma-
Patry und die Freimauerzeitschriften „Die drei Ringe" und „Svobodný
zednář" dienten. Grundsätzlich können wir sagen, dass auch diese Passage mehr die jüdische Thematik denn die Freimaurerei behandelt. Die
Freimaurer sind immer noch eher eine Art Anhängsel in Rys' Konstrukt
der jüdischen Weltherrschaft.

Rys mussten aber wahrscheinlich auch Dokumente polizeilicher oder
gerichtlicher Herkunft vorliegen, die sich offenkundig kaum von jenen
unterschieden, die Josef Matoušek zur Untersuchung der Freimaurer zur
Verfügung gestellt bekommen hatte. Als Beispiel für die Habgierigkeit
der Freimaurer musste die detailliert beschriebene Causa des Erbes der
Eheleute Trnožka dienen. Rys kritisiert auch die Satzungen der Freimaurerverbände, bzw. dass diese als Orden oder Sekten erachtet werden
müssten. Dies sei nach seiner Überzeugung Beweis für die Verlogenheit
der Freimaurer. Durch Betrug hätten sich die Freimaurer zudem einer
staatlichen Kontrolle entzogen.

Bezüglich der internen Verfassung wurde immer und immer wieder
das vorgeblich jüdische Wesen der Freimaurer akzentuiert, wobei Rys
zufolge ca. 80% der Freimaurer weltweit jüdischer Herkunft seien. Dass
diese Arithmetik für die tschechischen Verhältnisse (und nicht nur für
diese) nicht gelten konnte, wird nicht erwähnt.[888] Rys schilderte syste-

---

888   An dieser Stelle ist einzuräumen, dass mit dem Beitritt der reformorientierten oder progressiven Logen
Most, FZAS und Dílna lidskosti in der zweiten Hälfte der 30er Jahre das jüdische Element unter den tschechischen Freimaurern erheblich ausgebaut wurde. Wenn wir die Mitgliedverzeichnisse dieser neuen Logen im Rahmen
der Nationalen Großloge der Tschechoslowakei NVLČs betrachten, kann dieser Trend nicht übersehen werden. Im
Rahmen der Freimaurerei stehen uns keinerlei Reflexionen zu dieser Thematik zur Verfügung. Eine Reaktion, die
ein „Übermaß" „nichtarischer" Mitglieder im Rahmen elitärer gesellschaftlicher Organisationen hervorrief, bietet

matisch die interne Struktur der Freimaurerei mit ihren ausländischen
Organisationen, vor allem die Aktivitäten der AMI, deren Materialien
ihm in die Hände gelangt zu seien scheinen. In diesem Kontext verstehen
wir die Vorsicht und die Abgeschlossenheit der tschechischen Freimaurer
besser, die sich mit aller Macht bemühten, aus ihrer Mitte nichts nach
Außen dringen zu lassen. Denn in der Tat – interne Materialien konnten
zu einer furchtbaren Waffe werden, wenn sie an jemanden wie Jan Rys
gerieten. Eine Gegenwehr hätte in einer möglichst breiten gesellschaftlichen Offenheit bestehen können, die kategorische antifreimaurerische
Thesen hätte relativieren können. Für diese Art an Verteidigung aber
war die tschechoslowakische Freimaurerei der Zwischenkriegszeit offenkundig nicht reif. Ein umso größeres Problem war dann, dass Rys' „Geißel" streng geheime Informationen brutal offenlegte. Auch in der Zweiten
Republik erschien sein Werk nicht in der ursprünglichen Fassung. Beim
Satz des Buches wurde demonstrativ jede Stelle gekennzeichnet, in der
die Zensur Zeilen gestrichen hatte.

Rys beachtet im Grunde die Wahrnehmung ihrer eigenen Organisation durch die Freimaurer, da er die Gliederung in reguläre, irreguläre,
gemischte Logen, I.O.B.B., I.O.O.F. etc. in seinem Werk sorgfältig ein-
hält. Dieser Ansatz rührt eventuell daraus, dass er seine Informationen
vor allem aus Quellen der regulären Freimaurerei bezog, die ihm diese
Sichtweise erfolgreich vermittelten. In anderen Arbeiten faschistischer
Journalisten ist nämlich zu erkennen, dass diese Organisationen für
diese meist zu einer Masse verschwommen. Zugleich versucht der Autor
Elemente der Freimaurerei in die Weltgeschichte quasi einzusetzen und
so sein Konstrukt der jüdisch-freimaurerischen Weltherrschaft zu unter-
mauern, das er mit allerlei Informationen unterfüttert. Wenn wir Rys'
Arbeit mit ähnlichen Büchern deutscher Provenienz vergleichen, müssen
wir eine erhebliche Konsistenz seines Textes konstatieren. Ihm reichten
nicht ein paar einfache, eingängige Parolen, seine Argumentation ist
relativ durchdacht und komplex, ohne dabei jedoch das antisemitische
Fundament zu verlassen, getreu Ludendorffs These, die Freimaurer sei-

jedoch Josef Schieszl. Dieser gab in einem Schreiben an Edvard Beneš, mit dem er die Verhältnisse in einem sog.
Gesellschaftlichem Klub (Společenský klub) erläuterte (welcher sich u.a. um Ausländer in Prag bzw. um deren
Unterhaltung kümmerte) im März 1937 Folgendes an: „Neben Vorwürfen linker Parteinahme ist in der Öffentlichkeit
und in der Presse auch oft der Vorwurf zu vernehmen bzw. zu lesen, dass wir ein freimaurerischer und jüdischer
Klub sind. Der erste Vorwurf entspricht nicht der Wahrheit, über den zweiten kann man dies aber leider nicht sagen.
Im Klub sind tatsächlich 35% Juden. Diese sind dabei die fleißigsten Besucher des Klubs. Nach meiner Auffassung
ist dies zwar Beleg dafür, dass der Klub seinen Mitgliedern etwas Wertvolles gibt, aber es ist wahr, dass es im Klub
manchmal aussieht, als ob es sich tatsächlich um einen jüdischen Klub handelt. Dass der Klub damit aufhört
ein geeigneter Ort für eine Propagierung gegenüber Ausländern zu sein, steht außer Zweifel..." ANM (Archiv des
Nationalmuseums), Sammlung Hn, K. 36, Josef Schieszl, dessen Schreiben an Edvard Beneš vom 26. März 1937.

en „künstliche Juden".[889] Zugleich ist Rys am ehesten auch Beispiel für einen Journalisten, der seine ablehnende Haltung gegenüber den Freimaurern und seine Vorstellung von deren Schädlichkeit weltweit tatsächlich ernst meinte.

Seine Übersicht über die Freimaurerei weltweit entstammte zweifelsohne der Arbeit Eugen Lennhoffs und den Artikeln Josef Volfs, die er mit eigenen Sentenzen würzte, zu denen auch etwa Erwägungen darüber zählten, wie die Freimaurer Štefánik und Rašín zu Tode gekommen waren. Nachfolgend beschreibt er detailliert die einzelnen Logen in der Tschechoslowakei und analysiert deren Mitgliederstamm. Nicht dass ihm hierbei keine Fehler unterlaufen wären, aber viele Fehler waren es nicht. Es ist offenkundig, dass Rys auch Kalender zu den Tätigkeiten der Logen zur Verfügung standen, die er in seinem Buch in einer durchaus repräsentativen Menge abdruckte. Nicht nur das – offenbar aus dem Vereinskataster der Polizeidirektion stammten seine Verzeichnisse der Amtsträger der jeweiligen Logen, die er mit deren Privatadressen veröffentlichte. Der Schleier der Geheimhaltung der Freimaurer fiel schneller und härter, als sich viele denken konnten. Rys listete Dutzende, gar Hunderte Namen einschließlich Berufen und Adressen auf. Hierbei handelte es sich um wahre und glaubwürdige Angaben. Publiziert wurden ferner die Texte von Konkordatsvereinbarungen der NVLČs, ein Verzeichnis von Freimaurerorganisationen, mit denen Kontakte angebahnt und gepflegt wurden; auch deutschen Logen, der I.O.B.B, der I.O.O.F. wurde entsprechende Aufmerksamkeit zuteil, Gleiches galt für die Rotary Clubs u.a. Kurz gefasst: Das Buch skandalisierte eigentlich alle bisherigen Eliten, ihre Autorität wurde untergraben, um neuen Autoritäten Platz zu machen.

---

889   Die grundlegende Logik einiger klerikaler und nachfolgend auch nationalistischer und faschistischer Kritiker der Freimaurerei, die sich auch im deutschen Umfeld voll etablierte, bestand in der folgenden Konstruktion: Die Freimaurer hätten die Französische Revolution initiiert, diese wiederum habe die Juden befreit bzw. gleichgestellt, und die Juden und die Freimaurer zerstörten die bisherige Welt und deren Werte (z.B. das Christentum und den Nationalismus), Höhepunkt seien dann der Erste Weltkrieg bzw. dessen Folgen gewesen. Die deutsche Nazi-Propaganda wiederum musste sich mit der Tatsache auseinandersetzen, dass führende Persönlichkeiten der deutschen Kultur und Politik Freimaurer gewesen waren (preußische Könige, Dichter, Philosophen etc.). Ein weiteres Problem bestand darin, dass das oben angeführte, von Abbé Barruel abgeleitete Konstrukt einen sehr konservativen Geist atmete, während sich der deutsche Nationalsozialismus als durch und durch fortschrittliche Ideologie präsentierte. Die beste Analyse verschiedener Strömungen und Inspirationsquellen finden wir bei VON BIEBERSTEIN JOHANNES ROGALLA: Aufklärung, Freimaurerei, Menschenrechte und Judenemanzipation in der Sicht des Nationalsozialismus, in: Jahrbuch des Instituts für deutsche Geschichte 7, 1978, Universität Tel-Aviv, S. 339-354. Bieberstein analysiert die jeweiligen nazistischen Arbeiten zur Problematik der Freimaurer und des Antisemitismus ungeheuer erudiert und betont gerade das Bemühen, die Inspiration durch das konservative (antimodernistische) katholische Schrifttum zu maskieren, das mit dem Konzept des Nationalsozialismus kaum kompatibel war. Er kommt zu der Auffassung, dass der Nationalsozialismus keinen wirklichen Theoretiker auf diesem Feld hatte, der in der Lage gewesen wäre, die Problematik von Grund auf zu erfassen, so dass sich die Nazis mit Eklektizismus und völkischem Rassismus begnügten.

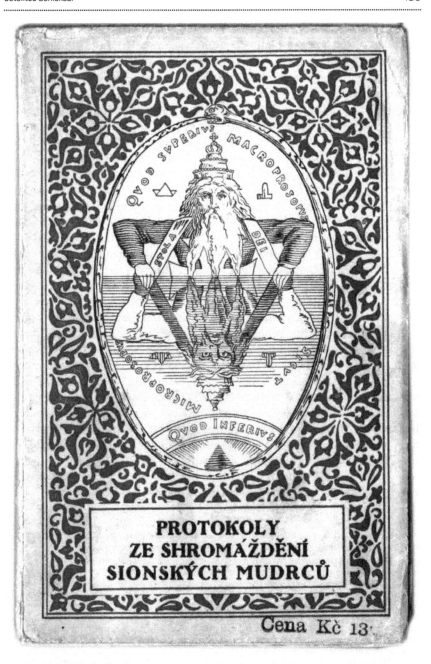

Umschlag eines „populären" Buches über die Weisen von Zion

Gleichwohl – Rys hatte sich in einer Sache verrechnet. Es war wenig weitsichtig, den „Mann der Zukunft", Emanuel Moravec, öffentlich als Freimaurer zu brandmarken[890] (Moravec kristallisierte sich in den Kriegsjahren als *der* tschechische Kollaborateur der deutschen Besatzungsmacht heraus). Bald hatte er auch weitere Probleme, als er bei einem Vortrag im April 1939 führende Bürger der Stadt Hradce Králové (Königgrätz), wo er sein Referat hielt, als Mitglieder von Freimaurerlogen bezeichnete, und zwar den Arzt Dr. Vladimír Ulrich, den Bürgermeister und Fabrikanten Josef V. B. Pilnáček, ferner Karel Sikáček und Dr. jur. Františeka Štěpán.[891] Diese Männer erhoben nachfolgend Klage gegen Rys. Seine Verteidigung bestätigte Rys' Informationsquellen bzw. die Palette, mit der er arbeitete. Rys-Rozsévač „bezeichnete zu seiner Behauptung, dass die Genannten Mitglieder der Königgrätzer Freimaurerloge waren, einen wahrheitsgemäßen Beweis bzw. einen Beweis entschuldbarer Irrtümer und er berief sich als Hauptbeweis auf die Akten des Ministeriums des Innern bzw. der Staatspolizei in Prag betreffend die Ermittlungen zu freimaurerischen Tätigkeiten, und insbesondere berief er sich auf ein Verzeichnis der Mitglieder des Freimaurertums, wobei sich die Liste nach Mitteilung des Angeklagten in den Händen der angeführten Behörden befinden soll, die auf amtlichem Wege angelegt wurde". Die Polizei wusste mit dem gegenständlichen Fall wenig anzufangen, was nicht verwundert, da in Hradec Králové keine tschechische Freimaurerloge bestanden hatte und ein solches Verzeichnis nicht existieren konnte. Es hat den Anschein, dass die Fantasie mit Rys durchgegangen war, was sich jedoch kaum mit seiner Gründlichkeit decken würde, mit der er das Thema Freimaurer behandelte. Bemerkenswert am ganzen Fall ist, dass im Jahr 1939 – und die Causa zog sich bis 1940 hin – jemand die Lust und den Mut hatte, sich mit einem führenden Vertreter der radikalen Vlajka, Rys-Rozsévač, über eine behauptete Mitgliedschaft bei den Freimaurern gerichtlich zu streiten, und dass sich der Staat hiermit ernsthaft befasste.[892]

---

890   RYS, Jan: Židozednářství – metla světa (Die Judäo-Freimaurerei – Geißel der Welt), Praha 1938, S. 304.

891   Vgl. hierzu NA (Nationalarchiv), Bestand Ministerstvo vnitra – dodatky (Ministerium des Innern – Nachträge), K. 459, D-3110/D15, 1939-54. Hier die gesamte Akte von 1939 zu den Ermittlungen im gegenständlichen Fall.

892   Die Deutschen dankten Rys-Rozsévač für sein „aufklärerisches" Werk nicht. Die faschistische Vlajka wurde im Protektorat nicht zur treibenden Kraft, ihre gegen die Protektoratsregierung und auch Moravec gerichtete Agilität wurde untragbar. Rys wurde letztlich auf Befehl von Machthaber K. H. Frank 1942 als privilegierter Häftling im Konzentrationslager Dachau interniert. Nach Rückkehr in die Heimat wurde er 1945 vor Gericht gestellt, zum Tode verurteilt und am 27. Juni 1946 hingerichtet. Milan Nakonečný stellte Folgendes fest: „Rys brachte die Nachkriegsatmosphäre an den Galgen, nicht jedoch eine gerechte Bewertung seiner Verbrechen" (S. 314). Diese Behauptung erachte ich als problematisch, da eventuell die Atmosphäre der Nachkriegszeit Rys auf den Hinrichtungsplatz brachte, aber die Verschuldenskriterien erfüllte er sicherlich ebenfalls gänzlich. Während der Zeit der sog. Zweiten Republik ärgerte die Zensur die Autoren des Artikels „Hic Rhodus, hic salta", der die Freimaurerei im Zusammenhang mit verschiedenen politischen Strömungen behandelte, vor allem aber mit der Agrarpartei bzw. der neu geschaffenen „Partei der Nationalen Einheit" in Beziehung setzte. Vgl. hierzu

War Rys' „Geißel" ein antifreimaurerischer Bestseller tschechischer Herkunft, so muss noch ein Werk eines deutschen Autors genannt werden, das Rys' Buch an Popularität übertraf. Dieses kam zu einer anderen Zeit, als dieser Impuls bereits obligatorisch geworden war. Es handelte sich um „Golem. Geißel der Tschechen. Die Zersetzung des tschechischen Nationalismus" von SS-Sturmbannführer Walter Jacobi, der dem Sicherheitsdienst (SD) in Prag vorstand.[893] Jacobis „Geißel" wurde im Vergleich zu Rys' früherem Werk zu einer ungeheuer populären Informationsquelle, die 1942 in bereits dritter Auflage aufgelegt wurde. Die Protektoratspresse erweckte beinahe den Eindruck, als habe Rys' Arbeit gar nicht existiert, als ob erst Jacobi alle Geheimnisse aufgedeckt und er entdeckt hätte, was der Grund für das Verderben des tschechischen Volkes war.

Tragende Idee des „Golem. Geißel der Tschechen" war der Beweis, dass der überwiegende Teil des tschechischen öffentlichen Lebens im Grunde durch Freimaurer beherrscht wurde und das Volk daher eine Entwicklung nahm, die zu den bekannten Ergebnissen führte. Seine Schilderungen beginnen mit der Genese des Widerstandes an der Heimatfront im Ersten Weltkrieg, vor allem mit der Geheimorganisation der sog. Maffie. Jacobi konstatiert, dass sich die Tschechen daran gewöhnt hätten, dass der einheimische Widerstand ein großartiges Kapitel ihrer Geschichte gewesen ist, sie aber wissen sollten, wer denn diese ihre Helden tatsächlich waren. Und hier defilieren bereits die Namen Kapras, Rašín und Sís, er führte an, dass die Maffie ihre Aktivitäten nicht als durch das Volk begründete nationale Revolution verklärt haben wollte, sondern als internationale Verschwörung und überstaatliche Geheimniskrämerei. In dieser Konzeption sei bereits vorab das weltweite Bekenntnis zu den Grundsätzen der Französischen Revolution enthalten gewesen, mit allen ihren scheinbar humanitären Folgen, die das tschechische Volk auf den Irrwegen seiner Staatspolitik in zwanzig Jahren Demokratie hinreichend ausgekostet habe.[894] Hierin läge laut Jacobi die Tragik

AMV [Archiv des Ministeriums des Innern], S-341-3. Hier werden jüdische Freunde aller möglichen führenden Agrarier namentlich aufgeführt, und es wird konstatiert: „In der Regierung sitzt bisher eine Reihe Freimaurer, wie Gen. Syrový, Dr. Feierabend, Dr. Kapras, Dr. Klumpar", über die Rudolf Beran, der amtierende Ministerpräsident, seine Hand halten würde. Im selben Ordner befinden sich auch andere handschriftliche Artikel, die Freimaurer denunzieren.

893   Zu dessen Aktivitäten vgl. BRANDES, Detlef: Češi pod německým protektorátem. Okupační politika, kolaborace a odboj 1939-1945, Praha 1999 [deutscher Originaltitel: Die Tschechen unter deutschem Protektorat. Teil I, Besatzungspolitik, Kollaboration und Widerstand im Protektorat Böhmen und Mähren bis Heydrichs Tod [1939-1942], und Die Tschechen unter deutschem Protektorat. Teil II, Besatzungspolitik, Kollaboration und Widerstand im Protektorat Böhmen und Mähren von Heydrichs Tod bis zum Prager Aufstand [1942-1945], München / Wien, R. Oldenburg Verlag, 1969], S. 110 f. der tschechischen Ausgabe.

894   JACOBI, Walter: Golem. Geißel der Tschechen. Die Zersetzung des tschechischen Nationalismus, Prag 1942. Es stellt sich die Frage, ob Jacobi tatsächlich Autor dieser Schrift ist. Mit seiner Schrift polemisiert z.B. Jan Opočenský mit der Abhandlung „Byl československý odboj za války židozednářským spiknutím?" [War der tsche-

der Tschechen, die tiefe Tragik ihre großen geschichtlichen Momente und Entwicklung. Auf Grundlage von polizeilichen Materialien (meist nur Dokumentationen), die ihm selbstverständlich zur Verfügung standen, schildert Jacobi die Entwicklung der tschechischen Freimaurerei, vor allem auf Grundlage der Arbeit von František Sís über die Geschichte der Freimaurer im Schottischen Ritus in Böhmen. Es folgt seine Interpretation des Einflusses der Freimaurer im tschechischen Turnerbund Sokol: „Während sich jenseits der tschechischen Volksgrenzen allerorts der Prozess einer Säuberung und völkischen Erneuerung der Leibeserziehung abzeichnete, ging trotz äußeren Glanzes der tschechische Sokol den Weg des inneren Zerfalls und ideeller Fäulnis. Und so landete er schließlich bei seiner unrettbaren Verstrickung in den Bütteldiensten für die Interessen des Weltjudentums und der Freimaurerei."[895] Ein weiterer Bereich, in dem die Freimaurer Schaden angerichtet hätten, sei die tschechische Jugend gewesen, zum einen mittels des Sokol, zum anderen mittels des Junák, der tschechischen Pfadfinder-Bewegung. Größte Inspiration war offenbar eine Schrift von Dr. med. Zdenko Štekla, dem Leiter des mährischen Junák mit dem etwas ungeschickten Titel „Ein Scout – ein kleiner Freimaurer".[896] Jacobi geht sehr geschickt vor, da er diese Organisationen nicht als solche verdammt, sondern deren Verderben durch den vorgeblichen negativen Einfluss der Freimaurer konstatiert.

Einen etwas anderen Geist verströmt ein Kapitel zu den „semitischen Tschechoslowaken". Und wir sind beim Golem: „Die Zersetzung der arischen Völker und die Eroberung wichtigster Positionen im europäischen Staats- und Volksleben durch das Judentum ist ohne die internationale Freimaurerei nicht denkbar." Die Logen seien „gleichsam die Wegbereiter der jüdischen Emanzipation" gewesen und stellten „die politische Plattform für das Weltjudentum dar".[897] Der alte Prager Golem sei von den Toten auferstanden, „in der neuen Gestalt logenmäßiger Durchsetzung des öffentlichen Lebens und brachte es mit Erfolg zuwege, das tschechische Volk in solchem Maße zu zersetzen, dass es schließlich unfähig war,

choslowakische Widerstand im Kriege eine jüdisch-freimaurerische Verschwörung?], handschriftliches Dokument, vgl. A AV ČR, Bestand Jan Opočenský, K. 11. Hier befasst er sich detailliert mit den jeweiligen Argumenten Jacobis.

895   JACOBI, Walter: Golem. Geißel der Tschechen. Die Zersetzung des tschechischen Nationalismus, Prag 1942, S. 73.

896   Die Arbeit wurde 1938 gedruckt (im Eigenverlag mit einer Auflage von 300 Stück).

897   JACOBI, Walter: Golem. Geißel der Tschechen. Die Zersetzung des tschechischen Nationalismus, Prag 1942, S. 88/89. Jacobi berief sich auf eine führende zeitgenössische Autorität, die sich mit der „jüdischen Freimaurerei" befasste, und zwar auf Dozent Franz Alfred Six von der Universität Königsberg. Als einer der wenigen verfügte er über die entsprechende Bildung für das Studium dieser Thematik. Der Frage der Aufnahme und des Wirkens von Juden in deutschen Logen widmete er sich seit langem, zum Thema wirkte er auch öffentlich, z.B. im Rahmen der Ausstellung „Der ewige Jude", die in München stattfand.

die Lösung der Judenfrage aus eigener Kraft in Angriff zu nehmen."[898] Hierzu war also Hilfe von Außen erforderlich ... Jacobi führte an, dass in den tschechischen Logen 40 % Juden gewesen seien, wobei „der Ausgangspunkt dieses Prozesses jüdischer Durchsetzung [...] in der Grundkonzeption der Loge Národ [begründet liegt]".[899] Kaum eine Behauptung kann als dermaßen absurd beurteilt werden. Gerade in der Loge Národ waren keine Juden vertreten, da auch der tschechische demokratische Nationalismus nicht frei von Antisemitismus war. Warum Jacobi ausgerechnet diese Loge erwähnte und sich nicht etwa auf die Loge Komenský konzentrierte, bei der seine Behauptung deutlich näher an der Wahrheit gewesen

Umschlag von Rys' Werk „Die Judäo-Freimaurerei – Geißel der Welt"

wäre? Ich denke, dies war eine Folge dessen, dass seine Hauptquelle für Informationen eine Broschüre von František Sís zur Geschichte der Loge Národ war.[900]

Jacobi lässt sich ferner darüber aus, wie sehr der Turnverein Sokol und die Prager Burg, also das Amt des Staatspräsidenten, von Juden und Freimaurern verseucht gewesen seien.[901] Erneut verweist er auf Namen wie Beneš, Krofta, Hartl, Vonka, Sedmík, Jan Masaryk und andere. Kurz und gut – die Außenpolitik, das parlamentarische Leben, die politischen Parteien, Alles sei von Freimaurern durchtränkt und manipuliert gewesen.[902] Und Walter Jacobi schließt seine Arbeit mit den Worten: „Im

---

898   Ebd., S 89.

899   Ebd. S 90.

900   Die Verweise auf Sís' Überlegungen zu den Juden zeigen klar, dass auch diesem großen tschechischen Nationalisten ein rassisch aufgeladenes Verständnis des Judentums fremd war und er eher sprachliche und kulturelle Unterschiede hervorhob.

901   Hier schöpft Jacobi eindeutig aus Rys' Arbeit.

902   Am ausführlichsten wird hier der Fall der „fingierten" Präsidentenwahlen zwischen den Kandidaten Beneš und Němec 1935 behandelt.

Staatsakt vom 18. Dezember 1935 mündete die Zersetzung des tschechischen Nationalismus. Maffie, die Loge ‚Národ', National-Großloge und Oberster Rat fanden nach jahrzehntelangem Wirken hier ihren Gipfelpunkt. Alle haben sie dabei mitgewirkt, den ‚Mond' der tschechischen Jugend in den Sattel zu heben: die Freimaurerei, das Judentum, der ‚Bruder ohne Habit' von Lana [Anm.: Lány, dem Amtssitz des Staatspräsidenten außerhalb Prags], die Regierung, das Parlament, die Parteien, der Nationalrat, die Professorenclique der Hochschulen, die Legionäre, der Sokol. Wie ein Spuk ist alles vergangen! Der alte Prager Golem ist wieder zerfallen zu einem Lehmhaufen. Nimmermehr wird er auferstehen."[903]

Die Schrift „Golem. Geißel der Tschechen" bietet Möglichkeiten zum Nachdenken. Der Gedanke, das Benešs Wahl zum Staatspräsidenten den tschechischen Nationalismus zersetzt hätte – eine bemerkenswerte Idee, vor allem wenn wir uns bewusst werden, dass für viele Landsleute Jacobis Beneš heute noch ein Symbol für militantesten tschechischen Nationalismus ist. Das gesamte Konstrukt ist ungeheuer interessant, impliziert es doch die Vorstellung, dass der tschechische Nationalismus ein positiver Wert sei, der nur „verschandelt" worden sei, wie auch die angeführten beliebten Organisationen im Grunde eine gute Basis gehabt hätten, jedoch verdorben und von einer negativen Kraft okkupiert worden seien. Diese Vorstellung sagt: Volk, deine Werte werden wir dir nicht nehmen, im Gegenteil – wir helfen dir, sie von negativen Einflüssen zu reinigen, du, Volk, kannst dafür nichts, dafür können andere, böse Kräfte, die dich in diese schwierige Lage gebracht haben. Möge sich deine Wut gegen diese richten, wir werden dich künftig schützen und dein „Ich" werden wir dir nicht nehmen. Dieser Ansatz ist weit differenzierter und sensibler, als die brutale Offenheit eines Rys-Rozsévač. Gleichwohl stellt sich die Frage, wer Jacobis Konstrukt Glauben schenkte.[904]

Ebenso jubilierte die Protektoratspresse ob der Aufdeckung der einzigen Wahrheit und schien gleichzeitig aufrichtig geschockt zu sein. Das Buch wurde in beinahe allen Zeitungen begrüßt und zitiert. Zugleich war es Impuls für ein neues Interesse an den Freimaurern, bei dem sich wiederum die Vlajka besonders hervortat. Die Zeitschrift „Vlajka" bot ihren Lesern unendlich lange Listen mit Namen von Freimaurern, oft auch

---

903   JACOBI, Walter: Golem. Geißel der Tschechen. Die Zersetzung des tschechischen Nationalismus, Prag 1942, S. 114.

904   Es stellt sich die Frage, warum er sich bei Zugänglichkeit zahlreicher Quellen beinahe sklavisch nur an Sís' Arbeit hielt - SÍS, František: Vznik svobodného zednářství obřadu skotského starého a přijatého v Československu [Die Entstehung der Freimaurerei nach dem Alten und Angenommenen schottischen Ritus in der Tschechoslowakei], Praha 1936. In diesen Kontext sind offenbar auch die Vernehmungen Emanuel Lešehrads einzuordnen, der 1941 festgenommen und nach dem Geist der Maffie in der Loge Národ befragt bzw. hart verhört wurde.

nach Berufen eingeteilt. Unter dem Titel „Kungelnde Brüder in Schulwesen und Bildung"[905] wurden (vorgebliche) Freimaurer denunziert, die dem Ministerium für Schulwesen unterstellt waren. Und eine weitere Tatsache fällt in diesem Zusammenhang ins Auge: Nach den zeitgenössischen Konventionen wird in einer Klammer angegeben, ob es sich bei der jeweiligen Personen um Juden handelte („Žid!"). Bei fast 110 hier angeführten Namen wurden nur acht Personen derart gebrandmarkt. Dieser Umstand verleitet geradezu zu der Überlegung, ob das gegenständliche Verzeichnis in dieser Hinsicht nicht sogar kontraproduktiv gewirkt haben könnte, zeigte es doch deutlich, dass unter den tschechischen Freimaurern nur eine minimale Anzahl von Juden gewesen war. Bei einem Blick auf die Schlagzeilen der Zeitungen ist wenig verwunderlich, dass einstigen Freimaurern beim Lesen unwohl gewesen sein musste: „Trügerisches Spiel der Freimaurer um das tschechische Volk" und „Wir wollen ehemalige Freimaurer hören", rief Národní politika, „Die Frist ist abgelaufen", so Pražský list, „Der Fisch stank vom Kopf" oder „Menschliche Raubtiere in jüdischen Diensten", „Freimaurer und Rotarier sind keine Tschechen und waren es nie", schrieb die „Vlajka". „Die Freimaurer sind die Zerstörer der tschechischen Jugend", verkündete unter Verweis auf Jacobis Golem das „List mladých". „Ein Mitglied von Freimaurerlogen war nie ein leistungsfähiger Landmann", konstatierte „Venkov". „Erledigt die Judenfreimaurer mit dem härtesten Schlag", forderte „Vlajka".[906]

---

905   Vlajka vom 15. März 1942.

906   NA [Nationalarchiv], Bestand Ministerstvo zahraničních věcí - výstřižkový archiv [Ministerium für auswärtige Angelegenheiten - Archiv für Ausschnitte], hier vor allem Karton 2467. Gelegentlich gab es auch individuelle Angriffe oder Skandalisierungen. Dankbares Thema war etwa der Fall des kinderlosen Vojtěch Trnožka, der sich im Laufe der Jahre so weit profiliert hatte, dass ihn die Freimaurer als leichtes Opfer ausgewählt hätten, um an dessen Reichtümer zu gelangen. Auch der Nestor der tschechischen Freimaurer, Alfréd Baštýř, blieb nicht verschont, vgl. Vlajka 22. September 1940, der Artikel „Velmistr zednářů kouzla zbavený. Z lékařské ordinace - do blázince" [Großmeister der Freimaurer seines Zaubers beraubt. Von der Arztpraxis - ins Irrenhaus]. Baštýř wurde hier sadistischer und unmoralischer Taten beschuldigt, die strafrechtliche Paragraphen betroffen hätten, wobei er nun im Hospital in Prag-Bohnice in der jüdischen Abteilung I. Klasse logieren würde. Baštýř wird hier geschildert als „Individuum, das auch zwischen Juden keinen großen Erfolg hatte". Dieser jüdische Millionär wurde als permanenter, verdorbener Frauenverführer dargestellt, er habe sich selbst an kaum der Schule entwachsenen Mädchen vergangen, „die ihm entweder durch jüdische Kupplerinnen vermittelt oder mit vielversprechenden Inseraten gelockt wurden". Der Artikel in der „Vlajka" schildert des Weiteren, wie Baštýř Mädchen in seiner Praxis verführt und mit ihnen den Beischlaf vollzogen habe; dem Blatt zufolge habe er seine Opfer auch in der Filmindustrie gesucht, wobei dieser „Lüstling", „Blutsauger", „Teufel" auch über die Besetzung weiblicher Rollen mitentschieden habe, da alles in jüdischen Händen gelegen habe; in Baštýřs Haus könnten Mädchen verschwunden sein, pro Jahr hätten sich hier 40-50 Dienstmädchen abgewechselt; Frau Jenny Baštýřová - eine Jüdin, war ein Dämon; angeführt wurde gar, dass Baštýř eventuell eine Otýlie Vranská auf dem Gewissen hätte. Obwohl sehr wahrscheinlich ist, dass Alfréd Baštýř ein großes Interesse an Frauen hatte, wie Beschwerden seiner Gattin belegen [siehe oben, Zeugnis von Josef Volf], so raubt die Abgebrühtheit der „Vlajka" den Atem.

Freimaurer oder nicht

Während es im kurzen Zeitraum der sog. Zweiten Republik vor allem die Aggressivität der Schmutzblätter und einiger politischer Gruppierungen war, die die Freimaurer zur Auflösung trieb, so wurden die Freimaurer bzw. die „Judäo-Freimaurer" im Protektorat Böhmen und Mähren, das Mitte März 1939 errichtet wurde, direkt zu Feinden des Staates, des Reiches und des Protektorates erklärt, und bereits eine Zugehörigkeit zu dieser Gruppe genügte für eine Strafverfolgung. Allerdings existierten keine Freimaurerlogen mehr und die einstigen Mitglieder der Logen übten im Grunde keinerlei freimaurerische Aktivitäten mehr aus, mit Ausnahme einer Wahrung gesellschaftlicher Kontakte.[907] Davon, dass sich über den Freimaurern bereits in der Zweiten Republik dunkle Wolken zusammenbrauten, zeugen im Archiv des Ministeriums des Innern erhaltene Materialien,[908] die klar belegen, dass bereits im Januar 1939 der Reichsführer SS und das tschechoslowakische Ministerium des Innern eine Vereinbarung über eine Zusammenarbeit bei der Feststellung unzuverlässiger Elemente abgeschlossen hatten, zu denen u.a. auch Freimaurer zählten. Beide Seiten verpflichteten sich zu einer Informierung der anderen Partei über Erfahrungen bei der Unterdrückung von „Kommunismus, Anarchismus, Emigration und anderen staatsgefährdenden Bewegungen". Dem Text der Vereinbarung ist ein in deutscher Sprache verfasstes Verzeichnis der Freimaurerlogen in Prag beigefügt, das für die tschechischen Behörden offenbar eine Art Anleitung darstellte. Der Inhalt der Liste verdeutlicht den Umfang der Kenntnisse deutscherseits noch vor der Errichtung des Protektorates. Das Interesse der deutschen Behörden galt vor allem den jüdischen Logen B'nai B'rith, Odd Fellow und der Großloge Lessing, zu der die deutsche Seite über ein namentliches Verzeichnis samt Adressen verfügte. An eine solche Liste zu gelangen war jedoch nicht allzu schwierig, da mit Ausnahme der NVLČs die Freimaurerlogen oder der Freimaurerei ähnlichen Gruppierungen ihre Adressbücher nie besonders rigide behandelten, sehr detaillierte Namenlisten einschließlich Adressen wurden alljährlich herausgegeben.[909] Tschechische Logen

---

907 Die Einstellung und das Vorgehen des nationalsozialistischen Staates gegenüber den Freimaurern detailliert in der neueren Literatur, z.B. MELZER, Ralf: Konflikt und Anpassung. Freimaurerei in der Weimarer Republik und im Dritten Reich, Wien 1999, und NEUBERGER, Helmut: Freimaurerei und Nationalsozialismus, Die Verfolgung der deutschen Freimaurerei durch völkische Bewegung und Nationalsozialismus 1918-1945, Hamburg 1980. Hier auch Informationen zum Vorgehen gegen Freimaurerei in besetzten Staaten [S. 215 f.] und zur Ausrichtung der Propaganda.

908 AMV [Archiv des Ministeriums des Innern], Bestand S-341-3. Fotokopie der Vereinbarung und Namensverzeichnisse.

909 Ohne Probleme zu finden im NA [Nationalarchiv], Bestand B'nai B'rith oder Zednářské lóže [Freimaurerlogen] [hier Odd Fellow]. Listen der Lessing, die in Jahrbüchern erschienen, sind zu finden z.B. im Archiv der Großloge der

finden sich daher in den Urkunden deutschen Herkunft nicht, mit Ausnahme jener, die ursprünglich zur Most-Brücke gehörten. Erkennbar ist, dass auch die deutschen Stellen sich nicht groß um eine strenge Unterscheidung der gegenständlichen Logen kümmerten.

Unter dem Druck der „öffentlichen Meinung" positionierte sich im Frühjahr 1939 die sog. Nationale Gemeinschaft (Národní souručenství – eine neue geschaffene und die einzige zugelassene Partei des Protektorates) gegen die Freimaurer und schuf eine spezielle Kommission für Freimaurerei, die „unter anderem erneut das Wirken der Freimaurer in der Ersten und in der Zweiten Republik auf das öffentliche Geschehen untersuchte, insbesondere soweit sich dieses schädigend direkt auf die Existenz der Republik oder den Vorteil des ganzen tschechischen Volkes ausgewirkt haben sollte".[910] Die Untersuchungen endeten im Oktober 1939 mit negativem Ergebnis. Das dauernde Interesse an den Freimaurern halfen die Faschisten durch Angriffe auf die Regierung aufrecht zu erhalten, in der mehrere ehemalige Freimaurer saßen. Für die Faschisten war dies letztlich kontraproduktiv. Dass die Deutschen zuließen, dass Personen für Ministerposten benannt wurden, deren Freimaurerei ein offenes Geheimnis war, scheint zu belegen, dass der nationalsozialistische Grundsatz einer Vernichtung der „jüdischen Freimaurerei" einem pragmatischen Bemühen um Aufrechterhaltung von Ruhe und Ordnung im neu eroberten Land gewichen war. Das faschistische Rufen lief ins Leere: „Was muss sich ein ehrlicher Bürger ansehen – eine alte Freimaurerregierung von Korrupten, geführt durch Freimaurer Havelka, die die Juden-Milliarden wegschaffen ließ und die bis heute dafür sorgt, dass

Tschechischen Republik.

910 PEŠKOVÁ, Jarmila: Josef Matoušek: zapomenutá oběť 17. listopadu [Josef Matoušek: ein vergessenes Opfer des 17. November], in: Dějiny a současnost 6, 1999, S. 41. Aus Materialien des Archivs der Kanzlei des Staatspräsidenten (Archiv Kanceláře prezidenta republiky - Národní souručenství, D 4187/39] folgt eine Unzufriedenheit einiger Mitglieder der Nationalen Gemeinschaft mit dem nach ihrer Meinung saumseligen Vorgehen des Ausschusses zur Untersuchung der freimaurerischen, jüdischen, kommunistischen u.a. Tätigkeit. Vgl. Schreiben von Ferdinand Macalík, einem Vertreter der faschistoiden Aktion für nationale Wiedergeburt [Akce národní obrody], vom 25. Mai 1939, übersandt an Adolf Hrubý. Am 17. Oktober 1939 erstatte Doz. Matoušek Bericht über die Ergebnisse der Kommission. Diese kam zu dem Schluss, dass bis 1923-24 das Freimaurertum im politischen Leben der Tschechoslowakei keinen wesentlichen Einfluss hatte. Erst ab 1925 „erlangte es mittelbar Bedeutung dadurch, dass bedeutende politische Mitglieder auch Mitglieder einzelner Logen waren". Nicht geprüft wurde derweil die zentrale strittige Frage, „ob bei uns die Freimaurerlogen neben wohltätigen und sozialen Zwecken auch andere Aufgaben verfolgten. [Doz. Matoušek] führte an, dass sich die Kommission bemühte, zur Erfüllung ihrer Aufgabe auch durch eigenständige Forschungen beizutragen ... Es wurde eine Aufforderung publiziert, dass jene, die gegen das Freimaurertum begründete Einwendungen haben, diese der Kommission mitteilen und Begleitmaterial vorlegen. Der Referent konstatierte hierzu, dass bisher keine solche Beschuldigung eingegangen ist." Die Kommission beschloss, an den Leiter der Nationalen Gemeinschaft einen zusammenfassenden Bericht weiterzuleiten, der „mit einer objektiven historischen Methode erstellt wurde, der nur Fakten beinhalten wird, ohne Folgen ableiten zu wollen." AKPR (Archiv der Kanzlei des Staatspräsidenten], T346/39, Bericht über ein Treffen des Exekutivausschusses der Nationalen Gemeinschaft vom 17. Oktober 1939.

Juden nichts passiert! Kommt hervor, ihr alten Übeltäter, und macht keine Reklame mit dem ekelhaften Terror, mit dem ihr die Nationale Gemeinschaft aufbaut ... Weg mit den Freimaurern aus der Nationalen Gemeinschaft. Weg mit der Regierung der Freimaurerpatrioten und Korrupten ... Ihr werdet einer Strafe nicht entgehen. Niemand wird euch davor schützen: Pankratz [Anm.: ein bekanntes Prager Untersuchungsgefängnis] und Konzentrationslager stehen für euch bereit."[911]

In der Regierung Eliáš waren mehrere ehemalige Freimaurer, was mit Blick auf die Zeit verwunderlich erscheinen mag. Aber ist nicht noch viel verwunderlicher, dass ein ehemaliger Angehöriger der tschechoslowakischen Auslandsarmee im Russland des Ersten Weltkrieges und späterer tschechoslowakischer General die erste Regierung des Protektorates führte? Die deutschen Besatzungsbehörden waren zwar sehr gründlich, aber aus ihren personellen Prioritäten und ihrer Strategie zumindest am Anfang der Besatzung sehen wir, dass die hasserfüllten Parolen über die Freimaurer in gewissem Maße nur rhetorische Übungen bzw. ein vorgeschobenes Problem waren. Unter diesem Blickwinkel müssen wir auch das ansonsten sehr wertvolle Zeugnis Ladislav Feierabends betrachten, eines ehemaligen Mitgliedes der Agrarpartei und Mitgliedes der Regierung Beran in der Zweiten Republik als auch der Protektoratsregierung unter Eliáš.[912] Als dieser für Eliášs Regierung gewonnen werden sollte, führte er Freunden gegenüber an, dass er „als Freimaurer und Rotarier für die Deutschen unannehmbar sein wird," und er soll die Antwort bekommen haben, dass „die Deutschen bisher nicht wissen, dass Eliáš, Kapras, Klumpar, Šádek und ich Freimaurer sind und sie dies auch nicht beweisen können, da die Registraturen der Freimaurerlogen vernichtet wurden".[913] Tatsächlich war von der zehnköpfigen Regierung genau die Hälfte Freimaurer. Die alte Elite sollten den Staat weiter führen.

Sofern die Freimaurer tatsächlich geglaubt haben sollen, dass ihre Mitgliedschaft in den Logen nur aus Kartotheken bewiesen werden konnte, waren sie sehr naiv. Ihre Namen waren in der Zeitschrift „Svobodný zednář" oder in anderen Presseerzeugnissen der Freimaurer aufgetaucht, und wenn sie Rys-Rozsévač nutzen und verarbeiten konnte, warum soll das die Gestapo nicht gekonnt haben? Gehen wir also von der Annahme aus, dass die Deutschen von ihrer Mitgliedschaft Kenntnis hatten oder

---

911   Zitiert gemäß PASÁK, Tomáš: Český fašismus 1922-1945 a kolaborace 1939-1945 [Der tschechische Faschismus 1922-1945 und die Kollaboration 1939-1945], Praha 1999, S. 269.

912   FEIERABEND, Ladislav: Politické vzpomínky I [Politische Memoiren I], S. 171sq.

913   Alois Eliáš war Ministerpräsident und zugleich Minister des Inneren, Jan Kapras Minister für Schulwesen, Vlastimil Šádek Minister für Industrie und Handel, Ladislav Feierabend Minister für Landwirtschaft und Vladislav Klumpar Minister für Soziales und Gesundheit.

mit der Zeit Kenntnis erlangten, und dass dieser Umstand für sie derweil nicht störend war, wobei diese Waffe zu gegebener Zeit hätte eingesetzt werden können.[914]

Nach Feierabends Aussage hätten auch einige Freimaurer nichts gegen sein Engagement in der Regierung gehabt, Jaroslav Kvapil habe ihn geradezu gedrängt, Eliášs Angebot anzunehmen. Eine Gruppe Freimaurer traf sich damals informell im Restaurant U Procházků auf dem Prager Letná-Hügel, wo sich Jaroslav Kvapil, František Richter, Emil Lány, Zdeněk Helfert und andere, aber gelegentlich auch Feierabend einfanden. Und vergessen wir nicht, dass der zu dieser Zeit Minister war. Solche Treffen dürfen nicht als konspirative Versammlungen gewertet werden, es handelte sich eher um freundschaftliche Kontakte, in deren Rahmen aktuelle Probleme der Zeit besprochen wurden.[915] Im Übrigen versuchte Jaroslav Kvapil als der beinahe sprichwörtliche letzte Mohikaner mit ungebrochenem Optimismus die Bruderschaft der Freimaurer über die gesamte Kriegsdauer wieder zu entfachen. Von seinen freimaurerbezogenen und, dies muss eingeräumt werden, unvernünftigen Schreibversuchen war hier bereits die Rede, aber Kvapil veranstaltete auch andere gesellschaftliche Treffen von Freimaurern.

Ich weiß nicht, wie seine Freunde auf die unverwüstliche Ansprache „Bruder" in Briefen reagierten. Sicherlich hätten sie nach einer Beschlagnahme durch die Polizei nur sehr schwer erläutern können, tatsächlich keine Freimaurer zu sein. Aber Kvapil ließ sich wirklich nicht beirren. Er lud seine ehemaligen Brüder mit großer Ausdauer zu sich ein, „denn wir sehen uns jetzt kaum ... ich wohne in der Str. Kouřimská ulice 24 und sonntagvormittags treffen sich bei uns immer einige Brüder".[916] Ansonsten trafen sich die Freimaurer nur selten, aus ihren Briefen ist Angst zu spüren, die Ansprache „Bruder" endete bis auf wenige Ausnahmen mit dem Fall der Ersten Republik im Herbst 1938, und oft endete das Gefühl der Zugehörigkeit zum Freimaurerorden als solches. Zahlreiche

---

914 Aus Lešehrads abenteuerlichen Kriegserlebnissen wissen wir, dass sich die Gestapo auch nach Jahren nicht besonders gut in der Problematik der tschechischen Freimaurer auskannte.

915 Ähnliche Treffen waren tatsächlich keine Ausnahme, vgl. z.B. LA PNP [Literaturarchiv des Denkmals des nationalen Schrifttums], Bestand Jaroslav Kvapil, Schreiben von Kamil Holý vom 16. September 1939, mit dem er zur Premiere seines neuen Theaterstücks „Kozina" lud: „Ich ergänze diesen Hinweis mit meiner ehrerbietigen Einladung, dass Du mich durch Deine Anwesenheit freundlichst beehrst. Du würdest mir tatsächlich eine Freude bereiten. Es werden dort viele Freunde aus unseren Kreisen zugegen sein." General Holý durchlebte, wie auch Kvapil, sein Freimaurer-Sein in den Zeiten des Protektorates sehr emotional. Ihre schriftlichen Äußerungen erwecken manchmal den Eindruck, als ob sie kein hinreichendes Feedback erhalten oder über keine ausreichende Selbstreflexion verfügt hätten.

916 AAV ČR [Archiv der Akademie der Wissenschaften der Tschechischen Republik], Bestand Vincenc Lesný, K. 4, Inv.-Nr. 163, Kvapils Schreiben vom 2. Januar 1941.

Verletzungen an der Seele, die während des Protektorates auch zwischen ehemaligen Freimaurern entstanden, verheilten später nur schwer.[917] Über die Bruderschaft und das Verhalten des Generals und Ministerpräsidenten Eliáš, aber nicht nur seiner Person, legte wiederum Ladislav Feierabend Zeugnis ab. Er erinnert sich, wie ihn Eliáš im Januar 1940 vor der Verhaftung gewarnt habe. „Noch gerührter war ich jedoch von Eliášs jungenhafter Freundschaft. Er trug wissentlich seine Haut zu Markte, um mir aus einer schweren Lage zu helfen. Er war wirklich ein Freimaurer und Bruder."[918] In gleicher Weise hätte Eliáš auch „Widerstandskämpfer und Bruder" oder nur ein anständiger und mutiger Mensch sein können. Jedoch rechnete Feierabend Eliášs Verhalten seiner Mitgliedschaft im Freimaurerorden zu, daher müssen wir diese seine Motivation zum Handeln in Betracht ziehen. Aus derselben Quelle wissen wir, dass in den Anfängen des Widerstandes, im Rahmen der sog. Politischen Zentrale (Politické ústředí), zwischen den vormaligen Freimaurern ein großes, gar gefährliches Vertrauen bezüglich der Weitergabe von Informationen aus dem Untergrund herrschte.[919]

Während wir die ersten Jahre des Protektorates als relativ weniger einschränkend erachten können, so schlug sich die Verschärfung der Verhältnisse ab 1941 auch in der Beziehung gegenüber den Freimaurern nieder. Gerade aus den Jahren 1941 und vor allem 1942 stammen verschiedene Listen von Mitarbeitern wichtiger Institutionen, die deren etwaige Zugehörigkeit zu den Freimaurern erfassten. Im Jahr 1942 erging eine amtliche Richtlinie für die „Bestallung (Einstellung), Beförderung und den Dienstgebrauch öffentlicher Mitarbeiter, die zu Freimaurerlogen, zu anderen Logen oder Logen ähnlichen Organisationen gehörten",[920] Diese vertrauliche Richtlinie instruiert im folgenden Sinne: immer vor der Bestallung eines neuen Beamten ist eine Erklärung über eine Zugehörigkeit zu Logen einzuholen, und bei Beförderungen von Personen, die zu den Freimaurern oder zu ähnlichen Gesellschaften gehörten, ist wie folgt vorzugehen: Personen, die in Logen keine leitenden Positionen be-

---

917   Vgl. hierzu z.B. AMP [Archiv der Hauptstadt Prag], Bestand Nationale Großloge der Tschechoslowakei [Národní Veliká Lóže Československá], Korrespondenz zur Olmützer Loge Laffayette.

918   FEIERABEND, Ladislav: Politické vzpomínky I [Politische Memoiren I], S. 259.

919   Ebd., S. 247. Feierabend erinnert sich, wie unvorsichtig mit diesen Informationen die Umgebung von Přemysl Šámal, sein Schwiegersohn Jaroslav Cebe und Feierabends Cousin Jaroslav Oehm agierten. Ähnlich äußerte sich auch ČERNÝ, Václav: Křik koruny české. Paměti 1938-1945 [Schrei der böhmischen Krone, Erinnerungen 1938-1945], Brno 1992, S. 155, der zu den Veränderungen im „Politické ústředí" 1940 infolge von Verhaftungen und Flucht ins Ausland anmerkte: „Ohne dass die Widerstandstätigkeit gestört wurde, traten die Jungen in die Führung der PÚ ein, zugleich entfreimaurerte sich die Führung."

920   Der Text der gegenständlichen Richtlinie, ausgegeben durch das Ministerium des Innern im März 1942, ist zu finden z.B. in: AKPR [Archiv der Kanzlei des Staatspräsidenten], 1942: T 90, oder im ANM [Archiv des Nationalmuseums], Bestand Rudolf Císař, unsortierter Bestand.

kleideten, die keinen höheren als den dritten Grad hatten und die vor dem 24. April 1938 aus der Loge ausgetreten sind, unterlagen keinen Beschränkungen. Sofern diese Personen erst nach diesem Datum ausgetreten sind, durften sie nicht werden: Vorsteher von Behörden und deren Stellvertreter, leitende Mitarbeiter (Sektionsleiter, Präsidiumsleiter, Abteilungsleiter, Leiter von Anstalten, Stiftungen, Unternehmen, Fonds und sonstigen Einrichtungen des Protektorates oder von durch das Protektorat verwalteten Einrichtungen). Des Weiteren durften sie nicht wirken als Personalreferenten, als Mitglieder von Disziplinarkommissionen, Senaten und Gerichten, wobei Ausnahmen mit Zustimmung des Reichsprotektors zulässig seien. Dies bedeutet, dass vor einer Bestallung, Einstellung oder Beförderung einer solchen Person zu diesem Zeitpunkt die Zustimmung von Reinhard Heydrich erforderlich gewesen wäre. Im Grunde jedoch waren auch einstige Freimaurer nicht völlig als leitende Mitarbeiter oder Anwärter auf Funktionen ausgeschlossen. Falls eine Zugehörigkeit zu Logen ungeklärt war, musste ebenfalls der Reichsprotektor entscheiden. Eine Kündigung wegen einer vormaligen Mitgliedschaft bei den Freimaurern konnten nur jene Mitarbeiter und Arbeiter im öffentlichen Dienst erhalten, die an Aufsichts- oder leitenden Stellen agierten, und dies nur unter bestimmten Bedingungen. Die Beschränkungen betrafen nicht Rotary Clubs. Mitarbeiter öffentlicher Stellen, die zu den Freimaurern gehörten, hatten die Pflicht, zwei Karteiblätter auszufüllen. „Der Mitarbeiter ist dabei darauf hinzuweisen, dass unwahre oder unvollständige Angaben eine disziplinarische Belangung zur Folge haben." Die ausgefüllten Karteiblätter sollten bis zum 1. April 1942 zurückgegeben werden.

Welche Schlüsse können wir aus dieser Richtlinie ziehen? Zuvörderst, dass auch zu Zeiten des Protektorates eine Zugehörigkeit zu den Freimaurern nicht a priori kriminalisiert und dämonisiert wurde, sie war im rechtlichen Rahmen. Anders sah dies aus Sicht der Propaganda aus. Und ferner stellen wir fest, dass eine vormalige Zugehörigkeit zu den Freimaurern ein Karrierehindernis im Staatsdienst oder im öffentlichen Dienst bedeutete, gleichwohl nicht absolut, da Ausnahmen bestanden. So gab es denn auch unter hohen Beamten mehrere Freimaurer, auch wenn die Benevolenz der ersten Protektoratsjahre, als auch Minister Freimaurer waren, vorbei war.

Listen von Freimauren wurden in öffentlichen Institutionen bereits ab Herbst (Ende November) 1941 angelegt.[921] Klassisches und absurdes

---

921 ANM (Archiv des Nationalmuseums), Bestand Jan Kapras, S. 108, Inv.-Nr. 5088, Konvolut an Material aus dem Ministerium für Schulwesen, das Kapras zu dieser Zeit führte.

Beispiel ist das Ministerium für Schulwesen, das zu dieser Zeit durch den exzellenten Freimaurer Jan Kapras geführt wurde. Listen für Deutsche und für sog. Protektoratsangehörige (Tschechen) wurden gesondert geführt. In dieses Verzeichnis wurden auch Mitglieder von Rotary Clubs aufgenommen. Es existierte ein spezielles zweisprachiges Formblatt, in das der Mitarbeiter mit dem entsprechenden „Stigma" den genauen Namen der Loge, seinen Grad, die Dauer der Mitgliedschaft etc. einfügen musste. In einer Anlage war ein Verzeichnis aller möglichen Großlogen und der Freimaurerei ähnlichen Gruppierungen beigefügt. Diese Auflistung hatte knapp 90 Einträge. Auf dieser Grundlage erkennen wir, wie sich die Behörden in der Problematik auskannten. Auf den ersten Blick fällt ins Auge, dass das Formblatt nach reichsdeutschem Muster erstellt worden war, da auch ausschließlich in Deutschland aktive Organisationen angegeben wurden, die in der Tschechoslowakei schwerlich über Anhängerschaft verfügen konnten. Von tschechischen Institutionen finden wir hier gesondert die Nationale Großloge der Tschechoslowakei (NVLČs), den Obersten Rat (Nejvyšší Rada) und die Freimaurer-Großloge Brücke (Veliká zednářská lóže Most). Die Gliederung nach Freimaurern und den Freimaurern ähnlichen Organisationen (einschließlich einer gemischten Freimaurerei, der Templer, anthroposophischer Gesellschaften, der Illuminaten, der Rosenkreuzer, des orientalischen Memphis-Ritus und zahlreicher anderer) wurde sehr genau erfasst und spezifiziert. Das gegenständliche Formular können wir, im Unterschied zu den tschechoslowakischen polizeilichen Verzeichnissen, als gründlich und kenntnisreich beschreiben.

Und so wurden unter Kapras' Führung am Ministerium für Schulwesen absurderweise Listen über tschechische und deutsche Freimaurer, Mitglieder von Odd Fellow, Rotarier, Anhänger des sog. Heiligen Grals etc. geführt. Auf deren Grundlage wurden Übersichten gefertigt, in welchen Institutionen die ehemaligen Freimaurer arbeiteten, einschließlich Namen, Position, Loge, Grad, und Art und Weise des Verlassens der Loge. Dieses Verzeichnis war nach „Verschulden" gegliedert, wobei zu den größten Makeln ein höherer als der 3. Grad, eine leitende Funktion in Logen und eine Fortsetzung der Aktivitäten als Freimaurer nach dem 24. April 1938 zählten. Im Verzeichnis der größten Delinquenten finden wir unter Nummer 5 folgende Eintragung:

„Hochschulprofessor. Dr. Jur. Jan Kapras, 17.1.1880, derzeit Minister für Schulwesen und Volkskultur, Oberster Rat für die Tschechoslowakei 1919-27.9.1938, 33. italienischer Grad und Vertreter des Meisters von

1935 bis 1938, 33 st., Auflösung der Loge."[922] Kapras' Tage als Minister waren zu dieser Zeit bereits gezählt, gleichwohl die vormalige Mitgliedschaft bei den Freimaurern offenbar nicht ausschlaggebend war. Im Hintergrund rieb sich bereits Emanuel Moravec die Hände ...

Kapras musste seine Freimaurerei begründen. Nicht jedoch der deutschen Obrigkeit – die hatte hiervon Kenntnis, der Umstand war nicht geheim. Noch bevor er seinen Ministersessel Mitte Januar 1942 verlor, als Eliáš Regierung, die bereits seit Monaten ohne Ministerpräsident fungierte, definitiv fiel (Eliáš sah im Gefängnis seinem Schicksal entgegen), schrieb er an den Präsidenten des Protektorates, Hácha, einem konservativen, nicht jedoch militanten Katholiken, einen Brief über die Freimaurerei. Kapras, dessen Fotografie in voller Montur in Jacobis „Golem – Geißel der Tschechen" erschienen war, wollte sich Hácha erklären. Sein Schreiben vom 6. Januar 1942[923] vermittelt gleich mehrere Bilder: Wir können den Brief tatsächlich als Kapras' Sichtweise auf die Freimaurerei der Zwischenkriegszeit sehen oder als Äußerung seines Relativismus, seiner Angst und geschickten Arbeit mit Informationen. Kapras schrieb damals an Hácha Folgendes: „Ich gehöre zu jenen Freimaurern, die ihre Zugehörigkeit und ihren Grad nie verheimlicht haben, seit der Zeit, als ich mit vollem Namen den Freimaurernekrolog für Rašín unterzeichnete... Die tschechische Freimaurerei des Schottischen Ritus war in allen ihren Anfängen vollständig national-demokratisch ... František Sís gründete diese damals als eine antibolschewistische Organisation zu einer Zeit, als der Bolschewismus bei uns stark um sich griff." Kapras verwies ferner darauf, dass es Ugo Dadone vor allem um die Minderung des französischen Einflusses zu Gunsten des italienischen gegangen sei. Wie sehr dies doch mit einem Mal von Interesse war! Dass Sís sich gerade in Paris sehr als Freimaurer engagierte, darüber schwieg Kapras aus nachvollziehbaren Gründen. Gleichwohl unterließ er es nicht, fälschlicherweise zu unterstreichen, dass die Freimaurerei ursprünglich gegen die „Burgpartei" gerichtet gewesen sei und erst später aus Hiram gewechselte Personen einen grundsätzlichen Stimmungsumschwung bewirkt hätten. Wie wir jedoch wissen, gehörten jene zu den Begründern der tschechoslowakischen Freimaurerei.

---

922   Ebd., Anlage D, Kopie. Aus der Art und Weise des Ausfüllens des Fragebogens sehen wir, dass auch hier eine bestimmte Taktik gewählt werden konnte: So schrieb z.B. Kapras nicht, dass er auch Mitglied der Loge Národ war, er vergaß nicht seinen „italienischen" 33. Grad herauszustreichen, obwohl es sich faktisch um einen schottischen handelte; das italienische Element an Kapras' Freimaurerei mochte als mildernder Umstand erscheinen. Auch verschwieg Kapras hohe Funktionen, die er im Obersten Rat seit dessen Entstehen bekleidet hatte.

923   Konzept des Schreibens in: ANM (Archiv des Nationalmuseums), K. 108, S. 5077.

„Die Anzahl der Juden in der tschechischen Freimaurerei war sehr gering. Von insgesamt 900-1000 tschechischen Freimaurern waren es ihrer nicht mehr als 30-40, in den höheren Graden niemand. Einige Logen hatten überhaupt keine Juden. Tschechische Freimaurer waren nur zu einem sehr kleinen Teil Staatsbeamte (am meisten noch im Außenministerium und Hochschulprofessoren), meist waren sie in freien Berufen, Künstler, Industrielle und Geschäftsleute." Er teilte Hácha des Weiteren mit, dass Politik nur durch die NVLČs betrieben worden sei (in der er kein Mitglied war), da der Oberste Rat (dessen Mitglied er war), obwohl er zu dieser Tätigkeit eigentlich bestimmt war, „trotz aller Anstrengungen in zwanzig Jahren nicht ordnungsgemäß nach den Vorschriften in allen hierzu erforderlichen Ebenen errichtet wurde, er mehr auf dem Papier bestand als im wahren Leben." Auch wenn die Bedeutung des Obersten Rates aus Sicht der Existenz der tschechischen Freimaurerei nicht maßgeblich war, hätte sich der Groß-Kommandeur Alfons Mucha, der glücklicherweise am 14. Juli 1939 verstarb, doch sehr über diese Aussage seines wichtigsten Mitarbeiters gewundert.

In einer weiteren Passage behauptet Kapras gegenüber Hácha, dass die schottische (eigentlich angelsächsische und erheblich religiöse) Freimaurerei durch die Nationaldemokraten bewusst zur Abgrenzung gegenüber der freidenkerischen französischen Freimaurerei gewählt worden sei. Und er rückt Jacobis Aussage zu Masaryks und Benešs Freimaurerei ins rechte Licht. „Was die Gegenkandidatur Němec' gegen Beneš für das Präsidentenamt betrifft, so hatte dies mit der Freimaurerei nichts gemein, die meisten Freimaurer waren damals unstreitig für Beneš, Němec stand seit Ewigkeiten, wie ich den Nationaldemokraten, dem rechten Flügel der Agrarier nahe ..." Kapras verweist ferner wahrheitsgemäß darauf, dass Němec wegen seiner Kandidatur bei den Freimaurern, aber auch im profanen Leben, „sehr erhebliche Unannehmlichkeiten" gehabt hatte. Kapras weist abschließend auf den minimalen Einfluss der Freimaurer auf das öffentliche und das politische Leben hin. Jan Kapras schrieb in diesem Brief sicherlich keine Unwahrheiten, neigte jedoch zu einer zweckgerichteten Interpretation einiger Tatsachen. Hierüber konnte sich wohl niemand wundern, aber auch kaum jemand hätte unter den gegebenen Umständen das Durchhaltevermögen gehabt und wäre Minister im Protektorat Böhmen und Mähren geblieben.

Die Behörden interessierten sich also für die Freimaurer, die Freimaurer wurden zu einer Gruppe mit Handicap. Nach dem Krieg gab es die Tendenz, dass sich die Freimaurer als eine sehr stark verfolgte Gruppe betrachteten. Die Freimaurer hatten in der Kriegszeit erhebliche Verluste zu beklagen, und zwar sowohl durch Hinrichtungen, als auch durch Inhaftierungen in Gefängnissen und Konzentrationslagern. Diese Feststellung impliziert jedoch auch ein „Aber": Die Mehrzahl (wenn nicht sogar alle) dieser schmerzhaften Verluste war nicht die Folge einer Strafe für freimaurerische Aktivitäten, sondern für etwas anderes. In gleicher Weise ist es strittig, von einem Widerstand der Freimaurer zu sprechen, obwohl es sich um einen Begriff handelt, mit dem sowohl die Nazis, als auch gelegentlich die Freimaurer operierten. „Widerstandskämpfer" unter den Freimaurern hatten untereinander auch andere als nur aus der Freimaurerei resultierende Bindungen und die Logen waren keine konspirativen Orte. Ich bin daher sehr vorsichtig bei der Verwendung des Begriffes eines freimaurerischen Widerstandes. Es handelte sich eher um einen individuellen Widerstand ehemaliger Freimaurer.

Ich habe versucht, mich auf die Häufigkeit von Fragen bezüglich der Freimaurerei zu konzentrieren, die in Verhören festgenommener Freimaurer gestellt wurden. Nur ein Minimum dieser Verhafteten wurde auch nach dieser Dimension ihres Lebens befragt. Die Gestapo wusste mit Sicherheit, dass ein Leben als Freimaurer nicht die Organisationsplattform bildete, aus der Widerstand erwuchs. Jedoch gab es Fälle, in denen die Sicherheitskräfte hellhörig wurden und auch aktuelle Kontakte mit Freimaurern prüften. Meist jedoch konnte die Behauptung des Verhörten, wonach es sich nur um gesellschaftliche Angelegenheiten bzw. Kontakte handelte, an denen oftmals ganze Familien Anteil hatten, keinesfalls jedoch um konspirative Aktivitäten unter Freimaurern, nicht widerlegt werden.[924]

---

[924]   Hierzu der beispielhafte Fall der Ermittlungen gegen Vladimír Reneš, einem vormaligen Sekretär einer Freien Schule für politische Wissenschaften, Mitglied der Loge Národ, dem die Frage gestellt wurde, mit welchen Freimaurern er sich in den letzten Jahren getroffen habe. Er führte an z.B. Josef Filip, Karel Štipl, Jindřich Čapek, Jiří Scheiner, Jiří Syllaba, Ladislav Bartl, Rudolf Konrád oder Bohumil Biebl, mit den er gesellschaftliche Kontakte gepflegt hatte. Daran war nichts Verdächtiges, da viele von ihnen miteinander in irgendeiner Weise verbunden waren. Jedoch sehen wir gerade in den Verhören von Vladimír Reneš das vielleicht markanteste Beispiel eines gezielten Interesses der Gestapo an den Freimaurern, das Jiří Syllaba bei seinen Ausführungen im Sinn hatte (siehe Anmerkung unten). Die Gestapo kam auf Grundlage von Verhören Ende 1944/Anfang 1945 zu dem Schluss, dass Reneš von der illegalen Gruppe Kvapil-Richter Kenntnis hatte und der Polizei dies nicht gemeldet hatte. An anderer Stelle sehen wir kein solches Interesse an Namen und Personen. AMV (Archiv des Ministeriums des Innern), Bestand Präsidium der Hauptstadt Prag - Personalabteilung. Ähnlich die Aussage von Vladimír Helfert, es wird lediglich konstatiert: „Mitglied einer Freimaurerloge gewesen ..." Weitere Angaben über Freimaurer gibt es hier keine, obwohl der Widerstandsgruppe, zu der Helfert gehörte (er starb nach seiner Rückkehr aus Theresienstadt am 18. Mai 1945), die Freimaurerei keineswegs fremd war. AMV (Archiv des Ministeriums des Innern), Bestand 141-350-3. Analog dazu Vladimír Groh (hingerichtet am 30. September 1941) aus derselben Widerstandsgruppe: „... gehörte ich einer Freimaurerloge an ... In der Brünner Loge war ich Meister vom Stuhl." AMV (Archiv des Ministeriums des Innern), Bestand 141-350-11. Zu einer anderen Bewertung kamen in der zweiten Hälfte der 40er Jahre die damaligen tschechoslowakischen Sicherheitsorgane, die im Rahmen der Analyse „Entwicklung der Befreiungsaktion" im Rahmen des Textes „Nationaler Widerstand und Revolution" im Zusammenhang mit Kamil Krofta und Vladimír Helfert zu dem Schluss kamen, dass „aus den späteren Verhören bei der Gestapo vor allem hervorging, dass es ... vor allem Freimaurer waren, die als Machtfaktor in den Vordergrund traten, und dies zumindest bis zur Flucht Klecandas im Dezember 1939". Des Weiteren findet sich hier ein Verweis auf das Freimaurertum von Jan Jína und anderen. AMV (Archiv des Ministeriums des Innern), Bestand 302-93-4.

Trotzdem gibt es auch ein Beispiel, bei dem offenbar eine Denunziation als Freimaurer eine Verfolgung nach sich zog: Den Fall von Jiří Syllaba,[925] der eine lange Zeit in der Kleinen Festung von Theresienstadt verbrachte, wo er als Gefängnisarzt arbeiten musste, er also z.b. erste Hilfe bei Unfällen leisteten musste, nicht jedoch als vollwertiger Arzt wirken konnte. Aus Verhören von Gestapo-Leuten aus der Nachkriegszeit folgte, dass Syllaba tatsächlich „wegen seiner Tätigkeit in einer Freimaurerloge denunziert" wurde.[926] Dies folgt aus der Aussage eines führenden Vertreters der faschistischen „Vlajka", Bohumil Siebert,[927] der in der Protektoratszeit als Agent und Vertrauensmann der Gestapo und als Agent Provocateur fungierte. Angehörigen von Verhafteten versprach er Interventionen und bezog dafür hohe Summen, angeblich zur Bestechung von Gestapo-Leuten. Hierfür kam er 1944 nach Theresienstadt, wo er auf Jiří Syllaba traf. Nach dem Krieg wurde Siebert zu lebenslanger Haft verurteilt, 1965 aber wegen seines schlechten Gesundheitszustandes entlassen. Bereits im Folgejahr wurde er jedoch erneut vernommen und diese Vernehmung betraf gerade Jiří Syllaba. Siebert sagte damals aus, dass er Syllaba in Theresienstadt offen gesagt habe, wer ihn „der Gestapo wegen seiner Tätigkeit in der Freimaurerloge" verraten habe. „Ich habe ihm offen mitgeteilt, dass Informationen über seine Person an die Gestapo der tschechoslowakische Bürger Dr. med. Šindelář Jaroslav weitergegeben hat ... Dozent Syllaba schüttelte zu dieser Zeit ob meiner Mitteilung den Kopf, wunderte sich und fragte mich direkt, ob ich auch Freimaurer gewesen war." Siebert setzte wie folgt fort: „Es war bekannt, dass Syllaba zum Burg-Flügel gehört, dass er Freimaurer in Gruppen mit der Bezeichnung ‚Werkstatt der Menschlichkeit' ist [großer Irrtum!, der Loge Národ, welche Informationen lagen damals vor?, Anm. J.Č.].

---

925   Syllaba befasst sich mit diesem Lebensabschnitt in dem Artikel SYLLABA, Jiří: II. epocha československého zednářství: Druhá světová válka a doba do komunistického puče 1939-1948 [II. Epoche der tschechoslowakischen Freimaurerei: der Zweite Weltkrieg und die Zeit bis zum kommunistischen Putsch 1939-1948] , in: Tschechische Brüder kämpften gegen die Nazis. Beiträge zu einem Symposium 1993 in Prag - Čeští bratří bojovali proti nacistům, Wien 1995, S. 15-16. Syllaba schrieb hier, dass man erfahren habe, dass „die Prager Gestapo einen großen Prozess gegen böhmische und mährische Freimaurer vorbereitete - und sich wünschte, diese total zu vernichten. Vielleicht lag es nur an der schnellen Abfolge der Kriegsereignisse, dass sie an diesen schrecklichen Plänen gehindert wurden." Ich erachte diese Aussage als strittig. Sofern ein Prozess gegen die Freimaurer geplant gewesen sein sollte - und gewisse Untersuchungen wurden geführt - dann geschah dies vor allem in dem Bemühen, aktuelle konspirative Aktivitäten aufzudecken, nicht jedoch gegen die Freimaurerei als solche.

926   Vgl. AMV (Archiv des Ministeriums des Innern), Bestand 325-10-6, Vernehmung von Bohumil Siebert in der Angelegenheit von Dr. med. [MUDr.] Jaroslav Šindelář, erfolgt am 21. Juni 1966.

927   Vgl. hierzu NAKONEČNÝ, Milan: Vlajka. K historii a ideologii českého nacionalismu [Die Vlajka. Zur Geschichte und Ideologie des tschechischen Nationalismus], S. 314-315. Hier wird angeführt, dass Siebert „als Agent der Gestapo für den gefährlichen Gestapomann Jan Šindelář" wirkte. Materialien des Ministeriums des Innern [siehe oben] geben MUDr. Jaroslav Šindelář an.

Den Fall der Freimaurer bearbeitete eine Gruppe von Observanten ... bearbeitete Dozent Syllaba und seine Leute; da die Observanten keine entsprechende gesellschaftliche Stellung[928] zum Ansetzen auf Dozent Syllaba hatten, entschied [der Gestapo-Sekretär] Gall, dass die Überprüfung Syllabas Dr. med. Šindelář vornimmt ... er stellte fest, dass Syllaba tatsächlich tschechischer Freimaurer ist."[929]

Die Mehrheit der betroffenen Freimaurer erlitt Verfolgung jedoch auf Grundlage einer anderen als ihrer Identität als Freimaurer und der damit verbundenen Aktivitäten. Zu nennen wäre hier z. B. der Brünner Landes-Nationalausschuss (Zemský národní výbor),[930] dessen führende Persönlichkeiten „nicht nur die eigentlichen nationalen Interessen verbanden, sondern vor allem eine Mitgliedschaft in der Tschechoslowakischen Sokol-Gemeinde (ČOS) und der Freimaurerloge Cestou světla. Eine maßgebliche Rolle spielten hier intellektuelle Größen aus den Reihen von Hochschulpädagogen der Masaryk-Universität." Es handelte sich z. B. um Vladimír Helfert, Vladimír Groh, Jan Uhr oder Josef Kudela. Ja, ihre aus einer Freimaurerloge rührende Bekanntschaft war eines der gemeinsamen Merkmale, aber wir müssen uns fragen, oder sie den Weg in die Loge Cestou světla nicht deshalb gefunden haben, weil sie sich von woandersher kannten ... Daher würde ich zurückhaltend bei der Bewertung sein, diese Widerstandsgruppe, gegen die mehrere Todesstrafen verhängt wurden, als freimaurerischen Widerstand zu bezeichnen. Wenn wir denn schon kategorisieren müssen, handelte es sich eher um eine Widerstandsgruppe des mährischen Sokol, der vor allem mit der Gruppe „Verteidigung der Nation" (Obrana národa) kooperierte.

In den selben Umkreis müssen wir auch eine Persönlichkeit einordnen, die zu einem Symbol des Widerstandes von Freimaurern wurde (aus der Loge Lafayette in Olmütz (Olomouc)), und zwar den Oberarzt aus dem Ort Uherské Hradiště, Dr. med. (MUDr.) Jan Vignati.[931] Dieser

---

928   Bohumil Siebert war ebenfalls „Observant", er verfügte nur über eine Grundschulbildung, ließ sich jedoch mit „Herr Doktor" titulieren.

929   MUDr. Jaroslav Šindelář, Neurologe und Psychiater, bezeichnete sich 1946 als Mitglied des „Verbandes der nationalen Revolution" und seine „Widerstandstätigkeit" im Krieg wurde danach untersucht.

930   Hierzu detailliert UHLÍŘ, Jan B.: Zemský národní výbor. Jeho místo v rámci první rezistenční garnitury [Der Landes-Nationalausschuss. Sein Platz im Rahmen der ersten Widerstandsgarnitur], in: Dějiny a současnost 1, 2000, S. 26-30.

931   Sammelband in memoriam Jan Vignati, Brno 1947. Vignati schrieb aus dem Gefängnis vor seiner Hinrichtung an seine Ehefrau, archiviert in: AÚ TGM AV ČR (Archiv des T. G. Masaryk-Institutes der Akademie der Wissenschaften der Tschechischen Republik), Bestand 38, K. 20, 38-68-12. Vignati wurde am 1. März 1940 verhaftet und nach einem Jahr Gefängnisaufenthalt in Brünn (in den zum Gefängnis umfunktionierten Studentenwohnheimen Sušilovy und Kounicovy koleje auf dem Brünner Spielberg [Špilberk]) in das Gefängnis Diez am Main verlegt und am 26. August 1942 in Berlin-Plötzensee hingerichtet, im Grunde im Zuge der Hinrichtungswelle nach dem Attentat auf den Stellvertretenden Reichsprotektor Reinhard Heydrich (im Tschechischen als „heydrichiáda" bezeichnet). In dieser Broschüre wurde im Grunde zum ersten Mal die Entstehung des Widerstandes im mährischen Landesteil und der Anteil der Freimaurer hieran geschildert.

schrieb vor seiner Hinrichtung in einem für seine Familie bestimmten Schreiben auch eine Mitteilung an die Freimaurer: „Allen meinen Freimaurerbrüdern ein Adieu mit Gott und ich sende einen brüderlichen Abschiedskuss. Mein Geist wird euch bei eurer Arbeit begleiten. Ich hatte alle aufrichtig gern und ich freue mich, dass wir uns alle wiedertreffen werden, wenn uns der große Baumeister aller Welten in seine Werkstatt lädt ... Heute ist der 25. August. Heute Abend werde ich zum Vollzug des Urteils angeführt werden ... Ich sterbe für Vaterland und Nation, für eine bessere Zukunft unserer Kinder. Ich wollte nicht, dass aus ihnen germanische Sklaven werden ... Ruhm der Republik, Ruhm dem tschechischen Volke! Möge es ewig leben und blühen!"

Ja, der Tod hat große Lücken in die Reihen der tschechoslowakischen Freimaurer gerissen. Der Grund hierfür war die humanistische Einstellung dieser Männer, die ihnen befahl, das Leben für das Vaterland zu riskieren. Ausgesprochen dezimiert wurden die einstigen deutschen Logen der Tschechoslowakei (Lessing) bzw. deren Mitgliederstamm. Der Grund jedoch lag ein wenig woanders, Ursache war vor allem die jüdische Herkunft eines erheblichen Teils von ihnen.[932] Wenn wir von einem Widerstand der Freimaurer sprechen, wird am häufigsten eine Initiative einer Gruppe von Männern um Jaroslav Kvapil genannt. Kvapil, Symbol des Widerstandes bereits im Ersten Weltkrieg, des mobilisierenden Manifestes der Schriftsteller von 1917 und der Untergrundorganisation Maffie, eignete sich jedoch für den neuen Widerstand genauso wenig wie sein Freund Přemysl Šámal. In dieser Hinsicht kann dem deutlichen Kritiker des freimaurerischen Teils des Widerstandes gegen die Deutschen, Václav Černý, zugestimmt werden. Ja, diese Namen zogen geradezu die Aufmerksamkeit der Gestapo auf sich, aber nicht wegen ihrer Freimaurerei, sondern weil sie den sog. Ersten Widerstand, also gegen die Habsburger im Ersten Weltkrieg, personifizierten und symbolisierten. Und der interessierte die Gestapo weit mehr als die Freimaurerei. Auch ein zu naives Vertrauen in das Wort eines Freimaurers und in die Brüderlichkeit bedrohte den Widerstand in nicht zu vernachlässigender Weise. Auch dies relativiert in gewisser Hinsicht das Verhältnis zwischen Freimaurerei und Widerstand. Es handelte sich stets um individuelle Entscheidungen

---

932   Vgl. AKPR (Archiv der Kanzlei des Staatspräsidenten), T 71/45, Betreff: Deutsche Freimaurerlogen in der ČSR, Verzeichnis deutscher Freimaurer, in Prag wohnend (Mai 1945). Dort ein Antrag des letzten Großmeisters der Großloge Lessing, A. Steinert, vom 18. Mai 1945, dass die dem tschechoslowakischen Staat stets loyal ergebenen deutschen Freimaurer, die den Krieg überlebt haben, mit ihrem gesamten Vermögen nach Österreich ausreisen können. Der Präsident entschied jedoch, dass in ihrem Fall analog wie bei anderen vorzugehen sei, und wenn in dieser Weise ein tschechischer Freimaurer Widerspruch einlegen sollte, solle dieser wie andere Fälle auch geprüft werden. Übersichten über Verluste der deutschen Logen vgl. AMP (Archiv der Hauptstadt Prag), Bestand Nationale Großloge der Tschechoslowakei (Národní Veliká Lóže Československá), K. 1, Inv.-Nr. 4.

von Einzelpersonen, ob sie sich in illegale Aktivitäten einbinden ließen, nicht jedoch um ein gezieltes Bemühen der einstigen Freimaurerverbände. In gleicher Weise signifikant ist der Umstand, dass keine Widerstandsgruppe nur aus Freimaurern bestanden hat. Oftmals machten sie einen bedeutenden Teil einer Gruppierung aus, nicht jedoch exklusiv. Wenn wird es sehr rigide formulieren, könnten wir sagen, dass nichtfreimaurerische Elemente in einem freimaurerischen Kontext ja auch nichts zu suchen haben.[933]

Unter diesem Blickwinkel können wir auch die Widerstandsgruppe Kvapil-Richter bzw. den Provisorischen revolutionären Nationalausschuss (Přípravný revoluční národní výbor, PRNV) betrachten, der sich anschickte, Dachorganisation des nichtkommunistischen Widerstandes im Protektorat zu werden. Neben Freimaurern – Jaroslav Kvapil, František Richter, Emil Lány und Kamil Krofta – beteiligten sich aber auch zahleiche Personen, die eben keine Freimaurer waren, einschließlich des bereits erwähnten Literaturhistorikers Václav Černý. Obwohl der PRNV durch die tschechoslowakische Exilregierung in London beauftragt wurde, obwohl er mit dem kommunistischen Widerstand Verbindung aufnahm und obwohl er ein breites Netz an Mitarbeitern schuf, wuchs er nie zu der Größe, die ursprünglich angedacht war.[934] Nach Aussage von Václav Černý sei an dem Verhalten der Freimaurer im Ausschuss zu erkennen gewesen, dass er oder der Schriftsteller Jaroslav Kratochvíl, der sogar Kommunist war, keine Freimaurer waren. Problematisch war offenbar auch, dass Černý viel, viel jünger war, was ebenfalls nicht zur Homogenität der Gruppe beitrug. Es scheint, dass Emil Lány eine in gewisser Hinsicht streitbare Figur gewesen war.[935] „Seine Hingabe an den Staat und den Widerstand war absolut, seine Genauigkeit, Tatkraft und Entschiedenheit mustergültig. Aber Patriotismus und Hingabe haben noch nie genügt, einen vollkommenen Widerstandskämpfer in der Illegalität zu schaffen, und tatkräftige Entschlusskraft kann Katastrophen nach sich ziehen, wenn die Tat in einem Irrtum oder einer Falschbewertung von Menschen und Lage besteht", konstatierte Václav Černý

933   Zum Widerstand von Freimaurern vgl. TOMÁŠ, Petr J.: Zednáři a II. odboj [Die Freimaurer und der II. Widerstand], in: Tschechische Brüder kämpften gegen die Nazis. Beiträge zu einem Symposion 1993 in Prag - Čeští bratři bojovali proti nacistům, S. 30-34. Über den deklarierten Gegenstand der Sache finden wir hier wenig Informationen, dafür jedoch mehrere faktografische Fehler.

934   Übersichtlich hierzu mit der Möglichkeit eines Vergleiches: „Český antifašismus a odboj" [Tschechischer Antifaschismus und Widerstand], Praha 1988.

935   Im Übrigen gab es mit ihm Probleme bereits in der sog. Ersten Republik, also der Tschechoslowakei bis 1938. Als grundsätzlich problematische Person bezeichnet ihn auch KLIMEK, Antonín: Boj o Hrad [Kampf um die Burg] (2.), z.B. im Zusammenhang mit dem Prozess von Jiří Stříbrný oder den Hus-Feiern.

treffend.[936] Eine unzureichende Vorsicht vernichtete 1944 auch diese Widerstandsgruppe, wobei als größter Held zweifelsohne der Leiter des Unternehmens Legiografie, František Richter, gelten kann, der sich der Verhaftung durch Selbstmord entzog.[937] Welchen Schluss können wir also aus dem oben Angeführten ziehen? Primär, dass Salonfreundschaften aus tschechoslowakischer Zeit bzw. eine Brüderlichkeit zwischen Freimaurern keine hinreichende Garantie im Kampf gegen einen Feind wie dem „Dritten Reich" boten. Die Ära der sog. Zweiten Republik 1938/39 und des Protektorates unterzog Freimaurer wie Nicht-Freimaurer schweren Prüfungen. Und sowohl unter Freimaurern als auch unter Nicht-Freimaurern gab es Personen in einer passiven Grauzone, andererseits gab es mutige, aktive und aufopferungsvolle Männer.

Jan Amos Komenský im Exil

Die Geschichte der tschechischen Freimaurerei im Zweiten Weltkrieg wäre nicht vollständig erzählt, wenn wir uns nicht auch jenen Freimaurern widmen würden, die in London oder in den Vereinigten Staaten wirkten. Ihr Schicksal gleicht dem Schicksal der tschechoslowakischen Eliten – ein Teil blieb im Protektorat und wirkte im Widerstand, eine weitere große Gruppe blieb passiv, und eine dritte Gruppe emigrierte ins Ausland.[938] So fand sich eine Reihe an tschechischen Freimaurern vor allem in Frankreich und nachfolgend in England, aber auch in den Vereinigten Staaten wieder, auch wenn sie im Grunde keine Freimaurer mehr waren, da ihre Heimatloge NVLČs für ruhend erklärt worden war. Die Weiterführung von Aktivitäten in der Emigration wird gelegentlich als Beweis für die Kontinuität der tschechoslowakischen Freimaurerei ausgelegt. Es handelt sich jedoch eher um eine moralische Kontinuität, denn um eine rechtliche. Die Tätigkeit der tschechoslowakischen Frei-

---

936 ČERNÝ, Václav: Křik koruny české. Paměti 1938-1945 (Schrei der böhmischen Krone, Erinnerungen 1938-1945), S. 343. Černý benennt u.a. auch einen Verräter aus den Reihen der Freimaurer, und zwar den Oberstleutnant des Generalsstabes Stanislav Jizera, S. 345 f. Dieser wurde bereits im Mai 1945 verhaftet und beging im Gefängnis Suizid.

937 Emil Lány starb am 5. Mai 1945 im Gefängnis Prag-Pankratz (Pankrác), wo er nach seiner Entlassung im Gefängnishof durch eine Kugel aus einem deutschen Flugzeug getötet wurde. Kamil Krofta verbrachte die Jahre 1944-45 in Theresienstadt in der Kleinen Festung, er starb wenige Monate nach seiner Entlassung. Jaroslav Kvapil war ebenfalls 1944-45 inhaftiert, eine Reflexion seines Gefängnisaufenthaltes vgl. z.B. in: ANM (Archiv des Nationalmuseums), Bestand Jan Kapras, K. 33, Inv.-Nr. 1584, Kvapils Schreiben vom 30. Juni 1945.

938 Materialien zu den Aktivitäten von Freimaurern im Ausland finden wir vor allem im AÚ TGM AV ČR (Archiv des T. G. Masaryk-Institutes der Akademie der Wissenschaften der Tschechischen Republik), Bestand 38, AMV (Archiv des Ministeriums des Innern), S-271-7 und im AVL ČR (Archiv der Großloge der Tschechischen Republik). Vgl. ferner Masonic Record und A Grand Lodge. Home Again after the War II., Praha 1947. Für sein persönliches Zeugnis danke ich Prof. MUDr. Otu Gregorovi.

maurer wurde offiziell erst mit der Wiederbegründung 1947 wieder aufgenommen.

Gleichwohl arbeiteten einstige tschechoslowakische Freimaurer in London etwa sehr aktiv. Insgesamt gelang es mehreren Hundert Freimaurern zu fliehen, die Fachliteratur gibt meist eine Zahl von 200 Personen für London und weitere für andere Regionen an. Die Anfänge der Freimaurerei im Ausland kennen wir vor allem aus Schilderungen von Pavel Körbel.[939] Nach seinen Äußerungen habe es Kontakte mit englischen und französischen Freimaurern bereits vor Kriegsausbruch gegeben, jedoch waren diese wenig intensiv. Eine solide Grundlage erlangte diese Kooperation in beiden Ländern erst Ende 1939, in Frankreich wurde eine „Independent Czechoslovak Masonic Association" ins Leben gerufen. Nach dem Fall Frankreichs flohen die Emigranten nach London. Am 17. November 1940 wurde hier zunächst der Emulation Club of the Nation Grand Lodge of Czechoslovakia eröffnet, dem Dr. med. (MUDr.) Max Wassermann vorstand. Unmittelbar darauf wurde Kontakt zur englischen Großloge aufgenommen. Zwischen dem 30. November 1940 und dem 16. Mai 1941 gab es insgesamt 15 Sitzungen. Bei dem letzten dieser Treffen, an dem 18 Freimaurer aus verschiedenen Logen teilnahmen, wurde Vladimír Klecanda, Professor für historische Hilfswissenschaften, der zwischen den Kriegen an der Universität im slowakischen Pressburg (Bratislava) lehrte, zum Großmeister der Nationalen Großloge der Tschechoslowakei (NVLČs) im Exil benannt. Es folgte die Gründung der Loge Jan Amos Komenský (Johann Amos Comenius) im Exil (Comenius in Exile Lodge).

Dies bedeutet, dass mit Zustimmung der englischen Großloge zuerst die Nationale Großloge der Tschechoslowakei (NVLČs) ihre Tätigkeit wieder aufnahm, und erst nachfolgend deren eigentliche „Materialisierung", d.h. die Loge Jan Amos Komenský im Exil.[940] An deren Aktivi-

---

939 Als Fortsetzungsreihe in der Zeitschrift „Masonic Record"; das Manuskript der Artikel in: AÚ TGM AV ČR [Archiv des T. G. Masaryk-Institutes der Akademie der Wissenschaften der Tschechischen Republik], Bestand 38, K. 21, 38-63-21.

940 Vgl. hierzu ein Rundschreiben von Vladimír Klecanda vom 16. Mai 1941, mit dem er bekannt gab, dass er einstimmig zum Großmeister gewählt wurde und er „die unten angeführten Brüder" bevollmächtigt, „im Orient London eine reguläre und vollkommenen Loge ... Jan Amos Komenský im Exil zu gründen ..." Die Londoner Loge gründeten Max Wassermann (Logenmeister), Ludvík C. Halla, Ladislav Feierabend, Jaroslav Císař, Jaroslav Kozelka, Dezidér Rozsnyai, Karel Benda, René Wiesner, Bohumil Vančura, Pavel Körbel, Vítězslav Neumann, Jan Masaryk, František Uhlíř, Evžen Wagner, Hubert Ripka, Walter Recht und Heřman Siodmak. Es galt die Konstitution der NVLČs. AVL ČR [Archiv der Großloge der Tschechoslowakei, Tschechische Republik], Kopie. Die Liste der ausländischen Freimaurer erweiterte sich mit der Zeit um einen amerikanischen Zirkel und um weitere Auswanderer in England. Weitere hier zu nennende Namen wären z.B.: František Černý, Otto Dvoulety, Josef Ehrlich, Václav Herian, Antonín Masařík, Jaromír Nečas, Hugo Stein u.a. Insgesamt gab es allein in London ca. fünfzig Freimaurer, einen hohen Prozentsatz bildeten Juden aus der ursprünglichen Großloge Lessing. Vgl. deren Auflistung im AÚ TGM AV ČR [Archiv des T. G. Masaryk-Institutes der Akademie der Wissenschaften der Tschechischen Republik], Bestand 38, K. 20, 38-68-1. Die Organe des tschechoslowakischen Ministeriums des Innern erstellten 1951 „Charakteristiken der einzelnen

täten beteiligten sich Freimaurer der einstigen Nationalen Großloge der Tschechoslowakei und der Großloge Lessing, was eine neue Entwicklung darstellte. Der erste Ort, an dem sich tschechoslowakische Freimaurer in England trafen, war die Moravian Chapel, eine Kapelle mährischer Exilanten aus dem 18. Jahrhundert – der evangelische Pfarrer Bohumil Vančura hatte die Zurverfügungstellung dieser Räume verhandelt. Die Kapelle wurde jedoch im Mai 1941 zerbombt. Dies geschah zu einem Zeitpunkt, zu dem hier die Tätigkeit der Loge Jan Amos Komenský im Exil aufgenommen werden sollte. Daher mussten neue Räume gesucht werden. Am 7. Juni 1941 fanden die ersten zeremoniellen Arbeiten der neuen Loge statt, und zwar im Freimaurertempel der englischen Großloge, in den Räumen des Café Royal. Dies kann als Anerkennung der Solidität der tschechoslowakischen Freimaurer gelten. Ab Juli fanden regelmäßig Treffen statt, meist in einem provisorischen Tempel, der im Haus von Bohumil Vančura eingerichtet wurde, später dann kehrte man in die Freemasons Hall zurück. Eine der größten Veranstaltungen war eine Feier zum dreihundertsten Jahrestag der Reise Comenius' nach England.

In den ersten Monaten des Bestehens der Loge gab es einige personelle Änderungen, von denen die wichtigste wohl darin bestand, dass Max Wassermann 1942 an der Spitze der Loge durch den Mitarbeiter des Außenministeriums Jaroslav Císař ersetzt wurde, später dann wurde Bohumil Vančura Logenmeister. Vladimír Klecanda blieb die gesamte Zeit über an der Spitze der Nationalen Großloge der Tschechoslowakei.

Mitglieder der Loge Jan Amos Komenský im Exil", wobei die hieraus folgenden Informationen jedoch sehr ungenau waren. Aus diesen Materialien erfahren wir z.B., dass Max Wassermann eine Arztpraxis in Franzensbad betrieben habe, dass Bohumil Vančura ehemaliger Pfarrer der Mährischen Brüder und nachfolgend Beamter des Informationsministeriums war, dass Otto Dvoulety im Ministerium für Auswärtige Angelegenheiten wirkte, dass die meisten anderen ebenfalls ministerielle Beamte gewesen seien, nach 1948 (der Machtübernahme der Kommunisten in der Tschechoslowakei) in Pension. Wir erfahren ferner, dass die Mehrzahl der deutschsprachigen jüdischen Freimaurer und einige tschechische Freimaurer im Ausland blieben. Bis zur Einstellung der Tätigkeit der tschechoslowakischen Freimaurer im Jahr 1951 blieben lediglich sieben der einstigen Londoner Brüder aktiv. Auch ein Anfang der 50er Jahre in der gegenständlichen Loge wirkender Agent, dessen Aufgabe in der Aufdeckung von Kontakten mit dem feindlichen Ausland, also vor allem in England, bestand, stellte nichts Verwertbares fest. Aus dem Protokoll ist zu erkennen, dass die Informiertheit der kommunistischen Geheimpolizei nicht überbewertet werden kann, wenn wir hier gängigerweise Einträge wie diesen finden: „Jaroslav Císař, ca. 58 Jahre, Rückkehr in die ČSR nach dem Kriege. 1949 erhielt er die Genehmigung zu einer Studienreise nach Schottland, wo er bislang an einer der schottischen Universitäten ist." Bemerkenswert ist auch das Verhör von Bohumil Vančura vom 5. Februar 1953. Auf die Frage, wie er Pavel Körbel beurteilen würde, antwortet er z.B.: „Er war jüdisch-bourgeoiser Herkunft. Der Genannte war politisch bourgeois-kapitalistischer Einstellung..." Bemerkenswert auch folgende Vančura gestellte Frage: „Welche tschechoslowakischen Freimaurer-Emigranten erwiesen sich in der Londoner Emigration als ausgesprochene Feinde-Faschisten?" Er antwortete: Otta Dvoulety. Auch in anderer Hinsicht musste der Großmeister der Nachkriegszeit Bohumil Vančura mit seinen Aussagen einigen einstigen Brüdern eher geschadet haben, es hat den Anschein, dass er in dieser Hinsicht kaum Unterschiede machte (wie dies pragmatisch oft geschah) zwischen jenen, die im Ausland und in Sicherheit waren, und jenen, die zuhause in Gefahr waren. Seine Aussagen schonten fast niemanden, auch Max Wassermann nicht (jüdisch-bourgeoiser Herkunft mit negativer Einstellung zur volksdemokratischen Ordnung, kapitalistischer Ausrichtung). Viele Freimaurer würden bei den Aussagen ihres Großmeisters noch heute traurig werden. Vgl. AMV (Archiv des Ministeriums des Innern), H-125/7.

Aus den erhaltenen Quellen und dem zur Verfügung stehenden Schriftverkehr und den Verhandlungsprotokollen[941] folgt klar, dass das freimaurerische Leben in London sehr ruhig verlief (die erste Aufnahme völlig
neuer Mitglieder erfolgte im Oktober 1942, ein Jahr darauf wurden auch
Freimaurer aus Amerika affiliiert)[942] und dass die Aufsicht über ihre Aktivitäten durch die Engländer sehr streng war. Im Fall einer persönlichen
Teilnahme von Engländern musste das Ritual zweisprachig abgehalten
werden. „Es gab dort viele schöne und erfolgreiche Treffen, bei denen die
tschechoslowakischen Freimaurer auf irische, schottische, neuseeländi-
sche, holländische und andere Repräsentanten trafen ... Die englische
und die amerikanische Freimaurerpresse widmete sich in ihren Spalten
lobend der tschechoslowakischen Freimaurerei und selbst in offiziellen
Kreisen wurde allgemein anerkannt, dass die Fortführung der tschechoslowakischen Freimaurerei im Gestalt der Nationalen Großloge im Exil
und der Loge Jan Amos Komenský im Exil ein einzigartiges Beispiel in
der Geschichte der Freimaurerei und auch ein einzigartiger Erfolg war,
den die Freimaurerei anderer Nationen nie hatte", lobte nach dem Krieg
ein Bericht, der allen Freimaurern zur Verfügung gestellt wurde.[943] Aus
den Aussagen Bohumil Vančuras von 1953 folgt, dass die finanziellen
Mittel für große repräsentative Veranstaltungen, an denen auch Engländer und gegebenenfalls andere Ausländer teilnahmen, Klecanda von
Staatspräsident Beneš und Minister Jan Masaryk erhalten habe.[944]

Eines der bemerkenswertesten Dokumente, die im Londoner Exil entstanden, sind Überlegungen als Impuls zur Diskussion unter dem Titel
„Debattenbeitrag über die Freimaurerei in einer neuen Gesellschaft".[945]

---

941 Ebd.

942 In den Vereinigten Staaten existierte ebenfalls eine Gruppe tschechoslowakischer Freimaurer, von den pro-
filierteren Persönlichkeiten nennen wir hier Karel Hudec und František Weisl. Für ihre Aktivitäten fand sie in London
Unterstützung, ihr wurde die Genehmigung zur Gründung des Freimaurerclubs New World erteilt, der sich während
des Aufenthaltes von Jan Masaryk in den Freimaurerzirkel J. A. Comenius in Exile wandelte. Eine Unterstützung für
die Bemühungen tschechoslowakischer Freimaurer in den USA gewährten vor allem Stanley Hlaváč und ein alter
Freund der tschechoslowakischen Freimaurer – John H. Cowles. Ein namentliches Verzeichnis finden wir z.B. in:
AÚ TGM AV ČR (Archiv des T. G. Masaryk-Institutes der Akademie der Wissenschaften der Tschechischen Republik),
Bestand 38, 38-68-1. Aus diesem folgt, dass den vormaligen Zirkel ursprünglich 9 Freimaurer von der NVLČs und
4 von der Großloge Lessing bildeten, wovon von tschechischen Stammlogen drei Personen stammten, alle anderen
waren entweder von der Lessing oder von neu angegliederten Logen.

943 AMV (Archiv des Ministeriums des Innern), S-271-7. Klassisches Beispiel für die Sehnsucht nach
Zusammenarbeit unter den Freimaurern, nach Absicherung und Brüderlichkeit ist der Fall des Karol Lónyay, vgl.
hierzu AÚ TGM AV ČR (Archiv des T. G. Masaryk-Institutes der Akademie der Wissenschaften der Tschechischen
Republik), Bestand 38, K. 21, 38-68-21. Dieser bat gar den Minister für Finanzen im Exil, Feierabend, als
„Freimaurer einen Freimaurer, ihm sein Geld zu verwalten, da seine Mitarbeiter (von der Organisation der Freien
Ungarn) ihm dieses stehlen würden". ČECHUROVÁ, Jana – KUKLÍK, Jan – ČECHURA, Jaroslav – NĚMEČEK, Jan:
Válečné deníky Jana Opočenského (Die Kriegstagebücher des Jan Opočenský), Praha 2001, S. 186.

944 AMV (Archiv des Ministeriums des Innern), H-125/7.

945 AÚ TGM AV ČR (Archiv des T. G. Masaryk-Institutes der Akademie der Wissenschaften der Tschechischen
Republik), Bestand 38, K. 20, 38-68-2.

Aus diesen folgt, dass die Freimaurer in England genau wussten, dass die Vorkriegszeit auch für die Freimaurerei nie zurückkehren würde. Die politische Repräsentation rechnete natürlich mit Veränderungen, die zu Beginn beinahe einem Urknall gleichkämen, und auch die Freimaurer waren sich klar darüber, dass die Gesellschaft, in die sie (hoffentlich) zurückkehren würden (und deren Teil sie waren), eine andere sein würde und an die Freimaurerei neue Ansprüche stellen würde; neben Überlegungen zum Sinn von Ritualen und zur Notwendigkeit einer Wahrung des Individualismus, da die Freimaurerei ein Programm für den Einzelnen biete, nicht jedoch für die „Logen als Kollektive". Diese Passage scheint die Notwendigkeit zu unterstreichen, auch in einer veränderten Zeit die traditionellen Werte der Freimaurerei zu wahren.

Und welches sind also die grundlegenden Mängel der Freimaurerei? a) des Rituals, b) in der Erziehung, c) mit Blick auf die aktuellen Veränderungen in der Gesellschaft. Zugleich waren sich die Londoner Freimaurer aber dessen bewusst, dass sie im Exil keine Einschnitte würden vornehmen können, dass alles erst in der freien Heimat genehmigt werden müsse. In London aber sollte an diesen Änderungen gearbeitet werden, damit bei der Rückkehr in die Tschechoslowakei Material zur Verfügung stünde, auf das man sich stützen könne. Eine Umsetzung von Änderungen würde zudem zum aktuellen Zeitpunkt die Anerkennung der Londoner Freimaurerinsel an sich bedrohen. Gleichwohl müsse das Thema diskutiert werden.

Der Entwurf beinhaltete eine weitere Vereinfachung der Rituale, erinnern wir uns nur an die Diskussionen Anfang der 20er Jahre! Von den freimaurerischen Aktivitäten seien imaginär jene auszuschließen, die keinen ausreichenden Willen haben, um ihren Verpflichtungen in der Loge gewissenhaft nachzukommen. „Bruderliebe kann sich nicht auf Laxheit und Halbherzigkeit beziehen." Nicht zu dulden sei in Zukunft eine „Verletzung von kardinalen Prinzipien der Freimaurerei ... Zuhause haben wir unter uns Brüder geduldet, die nicht nur Prinzipien des Faschismus in den Logen verbreitet haben, sondern auch an faschistische Parteien alles verraten haben, was sie über die Freimaurer und die Freimaurerei wussten." Man müsste daher entschiedener sein und eine Reinigung oder Selektion vollziehen. Wenn ein Bruder nicht voll den Anforderungen entspräche, solle er nicht weiter in einer Loge verbleiben. Der Orden solle ausschließen können und dahingehend auch nachdrücklich Mahnungen aussprechen!

Und welches waren die Mängel „mit Blick auf die aktuellen Änderungen in der Gesellschaft"? Hier sehen wir ein Im-Dunkeln-Tappen ob der Frage, wie denn diese künftige Gesellschaft aussehen würde. Auch

sehen wir eine gewisse Hoffnung, dass sie auch in der Zukunft eine Gesellschaft sein würde, in der die Freimaurer mit ihren Grundsätzen einen
Platz finden würden. Es sei erforderlich, die freimaurerischen Privilegien
nicht so herauszustreichen, auch wenn es nur Privilegien geistiger Natur
wären. „Wir sollten vermeiden, in dieser Hinsicht falsch verstanden zu
werden. Bestätigen wir diese falsche Vorstellung nicht durch ein aufwändiges Sicherheitssystem, das den Eindruck erweckt, dass wir ein Bund
von Verschwörern oder eine internationale Organisation der Herrschen-
den wären. Falls Ziel dieses Sicherheitssystems gewesen sein sollte, uns
vor Unbefugten zu schützen, so wurde dieses Ziel nicht erreicht." Wir
sehen an dieser Stelle eine weit größere Kritik gegenüber der Freimaurerei der Vorkriegszeit, als wir sie danach noch einmal sehen werden. Und
diese Tendenz korrespondiert erneut mit der allgemeinen kritischen, ja
flagellantischen Auffassung der Mehrheit der tschechischen Londoner
Freimaurer bezüglich der vergangenen Epoche, die ich als sehr typisch
erachte.

„Verkünden, ja propagieren wir offen unsere Ziele und unsere Mission, arbeiten wir im Licht, schieben wir den Schleier des Geheimen beiseite. Sofern wir die Prinzipien der Freimaurerei als moralisch erachten,
ist unsere Pflicht, sie zu verbreiten. Eine Selektion vornehmen müssen
und können wir, Abgeschiedenheit brauchen wir nicht und uns in den
Schleier des Geheimen hüllen, dürfen wir nicht." Mit diesen Worten endet die Botschaft für die neue Epoche. Wir können nur raten, was auf
ihren Schöpfer, offenbar der Sekretär der Loge, Pavel Körbel, mehr wirkte – ob das Vorbild des gelösten britischen Umfeldes der Freimaurerei,
oder die Angst vor dem, was kommen würde, oder eine freundliche Offenheit gegenüber der neuen Gesellschaft. Vielleicht von jedem etwas. Die
Freimaurer ahnten aber, dass sie in der neuen Tschechoslowakei – auch
als Vertreter der alten Eliten – keinen wirklich leichten Stand haben
werden.

Phönix mit gebrochenen Flügeln

Erste Schritte in der Nachkriegszeit

Im Mai 1945 endete für die tschechischen Freimaurer der Krieg. Die Mehrheit von ihnen hatte zu diesem Zeitpunkt brennendere Probleme, als sich um das Schicksal ihrer Bruderkette zu kümmern, die sich zu Protektoratszeiten wie die sprichwörtlichen Perlen einer aufgerissenen Perlenkette zerstreute, wie Korrespondenz aus den ersten Nachkriegsmonaten belegt.[946] In der Heimat waren es nur Einzelpersonen, die die freimaurerischen Aktivitäten schnell wieder aufnehmen wollten. Der ausdauerndste, Enthusiasmus versprühende und öffentlich die Ehre der Freimaurer verteidigende Repräsentant des Ordens war der fast achtzigjährige Jaroslav Kvapil. In einer etwas anderen Situation waren die aus London zurückgekehrten Freimaurer. Nicht nur, dass sie die freimaurerische Kontinuität in sich trugen – sie waren sich mehr als ihre Freunde, die den Krieg im Protektorat überlebt hatten, bewusst, dass die Zukunft – auch im befreiten und demokratischen Vaterland – für die Freimaurer kompliziert und das Ergebnis unsicher sein würden. Die nachfolgenden langwierigen Verhandlungen über die Wiederbelebung der Freimaurerlogen zeigten, dass ihr skeptischer Blick berechtigt war. Es dauerte mehr als zwei Jahre, bis die Freimaurerlogen ihre Aktivitäten offiziell wieder aufnahmen.

Im Herbst 1945, als in einem Palast im Prager Stadtzentrum, dem Slovanský dům, ein Treffen von Widerstandskämpfern des sog. Zweiten Widerstandes (also des Widerstandes gegen den Faschismus) abgehalten wurde, wurde die Tätigkeit der Freimaurer „bagatellisiert und geringgeschätzt".[947] Auf Veranlassung von Jaroslav Kvapil verließen die Freimaurer aus Protest den Saal. Einige Tage darauf wurde Kvapil eine Rundfunkansprache verwehrt, die – untypisch für die Freimaurer – den Schutzpatron der böhmischen Länder, den Heiligen Wenzel betreffen

---

946   Die umfassendste Korrespondenz von Freimaurern aus dieser Zeit finden wir in: AMV (Archiv des Ministeriums des Innern), vor allem S-271-8, AMP (Archiv der Hauptstadt Prag), Bestand Nationale Großloge der Tschechoslowakei (Národní Veliká Lóže Československá) und SÚA (Staatliches Zentralarchiv), Bestand Freimaurerlogen (Zednářské lóže).

947   TOMÁŠ, Petr J.: Zednáři a II. odboj (Die Freimaurer und der Zweite Widerstand), in: Tschechische Brüder kämpften gegen die Nazis. Beiträge zu einem Symposium 1993 in Prag - Čeští bratři bojovali proti nacistům, Wien 1995, S. 34.

sollte. Nach dem medialen Misserfolg sandte der dickköpfige Kvapil das Redekonzept zumindest an seine ehemaligen Freunde – eventuell als Mahnung und um sie aus ihrer Lethargie zu reißen.[948] Kvapil initiierte auch die ersten Treffen, das die Freimaurer zum Jahreswechsel 1945/46 informell abhielten. Zu diesem Zeitpunkt gab es noch keine Logen, aber in Einklang mit den zeitgenössischen Tendenzen, der Atmosphäre und auch den Notwendigkeiten entstanden bemerkenswerte Verzeichnisse – Verzeichnisse von Verlusten, die die einzelnen Logen im Krieg erlitten hatten. Diese Übersicht war dann ein wirkmächtiges Argumentationsmittel bei den Bemühungen, eine erforderliche amtliche Genehmigung für die Wiederaufnahme der Aktivitäten der Freimaurer zu erlangen.[949] Vertreter der einzelnen Logen legten Verlustlisten mit unterschiedlichem Verzug und unterschiedlicher Genauigkeit an. Wir finden hier Angaben aus dem Jahr 1945, aber auch 1947. Die Gesamtsituation gestaltete sich auf Grundlage der zur Verfügung stehenden Unterlagen wie folgt:[950]

---

948 Eine positive Reaktion erhielt er von Jan Kapras, der ihm Folgendes schrieb: „Lieber Freund [nicht Bruder!], vielen herzlichen Dank für die Übersendung einer Erinnerung an den HI. Wenzel, die Du in diesem Jahr nicht im Rundfunk vortragen durftest. Du hast uns, die wir keine persönlichen Interessen haben, aus der Seele gesprochen. Ich hoffe, dass mit der Zeit eine Zeit wiederkehren wird, in der eine Rede wie die Deine gehalten werden sollte, vielleicht nicht überall, so doch bei der Mehrheit Anklang finden wird." LA PNP [Literaturarchiv des Denkmals des nationalen Schrifttums], Bestand Jaroslav Kvapil, Kapras' Schreiben vom 10. November 1945. Eventuell noch vor Kvapil, der genug zu tun hatte, um überhaupt lebendig und gesund aus dem Gefängnis zu kommen, war der ähnlich unermüdliche General mit künstlerischen Neigungen, Kamil Holý, aktiv. Dieser teilte Kvapil bereits am 21. Mai 1945 Folgendes mit: „Teurer Meister! Ich grüße Dich herzlich, Dichter eines freien Volkes in einem freien Vaterland!... Ich war ebenfalls im Fadenkreuz der Gestapo. Sie nahmen eine Hausdurchsuchung bei mir vor, wobei sie mich gar sehr schmerzlich bestohlen haben." LA PNP [Literaturarchiv des Denkmals des nationalen Schrifttums]. Bestand Jaroslav Kvapil, Schreiben von Kamil Holý vom 21. Mai 1945.

949 Die beste komplette Übersicht über Verluste und auch Unterlagen der einzelnen Logen sind erhalten im AMP [Archiv der Hauptstadt Prag], Bestand Národní Veliká Lóže Československá [Nationale Großloge der Tschechoslowakei], K. 2., Übersichten ferner im AVL ČR [Archiv der Großloge der Tschechischen Republik] und Teilangaben auch im AMV [Archiv des Ministeriums des Innern], 305-206-6.

950 Jedoch sind hier nicht alle Logen aufgezählt, die vor dem Krieg die NVLČs bildeten, es fehlen z.B. Šafařík [einige ihrer Mitglieder traten zu den Logen Kollár oder Comenius über], Most Bratislava, Vatra, Comenius, Iskra und selbstverständlich die Loge Centrum securitatis in der [nun sowjetischen] Karpato-Ukraine [Karpato-Russland]. Hier ist anzumerken, dass es dem nationalistischen slowakischen Regime und auch den spezifischen Nachkriegsverhältnissen in der Slowakei gelang, die Freimaurerei fast völlig auszuradieren. Die einzige Loge mit slowakischen Wurzeln, die nach dem Krieg vollständig wiederbelebt wurde, war in Prag die einstige Pressburger Loge Ján Kollár [1947 waren 25 ihrer Mitglieder in Prag, in Pressburg [Bratislava] etwas mehr, die wichtigsten Verhandler lebten jedoch bereits in Prag]. Gleichwohl liegen uns Berichte über slowakische Logen vor, und zwar bereits von 1945, als die Loge Vatra aus Neusohl [Bánská Bystrica] eine Liste aufstellte, sowie über die Kaschauer [Košice] Logen Comenius und Resurrexit [Großloge Lessing]. Vor allem bei den beiden letztgenannten ist klar, dass kaum eines der Mitglieder überlebt hatte, da die überwiegende Mehrheit der Mitglieder Juden waren. Die meisten kamen in Konzentrationslagern um, es gab zudem sehr viele Suizide. Von der Loge Comenius überlebten den Krieg z.B. vier Freimaurer. Vgl. AMP [Archiv der Hauptstadt Prag], Bestand Národní Veliká Lóže Československá [Nationale Großloge der Tschechoslowakei], K. 2. In den abschließenden Verhandlungen lehnten die slowakischen Regierungsstellen eine Wiederbelebung der Freimaurerei in der Slowakei ab.

Loge	hingerichtet ermordet	inhaftiert	anders verfolgt	im Widerstand aktiv	verstorben	verblieben
1. Komenský	17	13	20	28	13	71
2. Národ	10	23	-	-	13	82
3. 28. říjen	7	16	-	4	22	45
4. Dílo	3	4	4	15	2	53
5. Bolzano	-	4	4	4	6	39
6. Pravda vítězí	7	25	17	30	11	58
7. Sibi et P.	5	-	10	2	10	42
8. Most,Pr.	12	-	-	-	5	23
9. Baruch Sp.	-	-	-	5	4	18
10. Dobrovs.	1	4	3	-	2	26
11. Bratrství	-	5	4	3	1	15
12. Cestou Světla	19	8	-	5	7	42
13. Most,Br.	9	-	-	1	1	8
14. Lafayette	9	10	-	4	1	37
15. Lux in t.	1	5	2	1	1	29
16. Kollár	2	-	-	1	4	19
17. Dílna l.	6	13	-	2	2	35
18. Pravda a svornost	20	-	-	4	2	10
Von 894 Mitgliedern	135	130	64	109	107	652

Auch wenn wir die Umstände und die Form in Betracht ziehen, wie diese Liste entstand, dass also eine Person einen Bekannten fragte, was mit diesem oder jenem Bruder geschehen ist, und wir offenkundige Ungenauigkeiten oder mangelnde Informationen mit in das Bild einbeziehen, können wir relevante Schlussfolgerungen ziehen. Primär etwa, dass am meisten Mitglieder jener Logen im Widerstand aktiv waren, die zur (regierungsnahen) sog. „Burgpartei" gezählt werden müssen, also Jan Amos Komenský und Pravda vítězí (Die Wahrheit siegt). Ein weiterer bemerkenswerter Umstand sind die gewaltsamen Todesfälle – hier sehen wir zum einen spürbare Verluste für die ursprünglichen bzw. traditionellen tschechischen Logen, was entweder einer Einbindung in den Widerstand oder einer Zugehörigkeit zu den bisherigen Eliten zugeschrieben werden kann, die für die Nazis Zielgruppe für Verfolgungen wurden.

Wenn wir die Einbindung in einen Widerstand und die Anzahl gewaltsamer Todesfälle vergleichen, kommen wir zu dem Schluss, dass die Verluste für die neu Mitte der 30er Jahre beigetretenen Logen vor allem aus einem hohen Anteil an Freimaurern jüdischer Herkunft rührten.

Erneut muss angemerkt werden, dass die Tabelle nicht alle Logen umfasst und es sich daher nur um Teilangaben handelt. Jedoch steht uns ein detailliertes Verzeichnis von Verlusten, von Widerstandskämpfern und auch „einwandfreien Charakteren" für die Loge Jan Amos Komenský zur Verfügung.[951] Von 17 Gefallenen oder zu Tode Gefolterten waren drei Männer dieser Loge im Widerstand (einschließlich František Richters), die anderen Verluste an Leben müssen wir mit Konzentrationslagern in Zusammenhang setzen. Mit Blick auf das Vorliegen einer Spalte zu „einwandfreien Charakteren" sehen wir, dass bei Weitem nicht alle Freimaurer den Anforderungen der Nachkriegszeit auf charakterliche Eignung entsprachen. Von insgesamt 109 Personen wurden nur 71 Freimaurer mit diesem Signum ihrer persönlichen Qualitäten bedacht.

In den Quellen zur Nationalen Großloge der Tschechoslowakei (Národní Veliká Lóže Československá) finden sich weitere Teilberichte zum Zustand des Mitgliederstammes der einstigen Logen. Die Kategorie der „charakterlich Einwandfreien" taucht hier jedoch meist nicht auf.[952]

---

951   AMV [Archiv des Ministeriums des Innern], 305-206-6. Das Verzeichnis ist einer Weisung von Juni 1952 beigefügt, mit der die Bezirksleitung der (kommunistischen) Staatssicherheit (StB) eine Überwachung der gegenständlichen Loge anordnete. Diese existierte zu diesem Zeitpunkt jedoch bereits seit mehr als einem Jahr nicht mehr. Die Begründung der Weisung spricht eine klare Sprache: „Da sich Ihre Abteilung bislang nicht mit der Aufdeckung der feindlichen Tätigkeit der Freimaurer befasst hat, nehmen Sie eine Bearbeitung der ehemaligen Loge Jan Amos Komenský in Prag vor ... Intern haben wir festgestellt, dass diese Freimaurerloge, obwohl offiziell liquidiert, weiterhin Aktivitäten betreibt und regelmäßige Treffen abhält. Stellen Sie fest: den Ort der Treffen, Namen der Freimaurer, die Treffen besuchen, Schulungsformen der Freimaurer etc. Konzentrieren Sie sich auf die Feststellung, ob diese Treffen nicht zu feindlichen Aktivitäten missbraucht werden. Informieren Sie uns regelmäßig über Ihr Vorgehen."

952   Solche Berichte z.B. aus den Logen Dílo, 28. říjen, Jan Kollár oder Lux in tenebris. AMP [Archiv der Hauptstadt Prag], Bestand Národní Veliká Lóže Československá [Nationale Großloge der Tschechoslowakei), K. 2. Bei der Loge Kollár ist offenkundig, dass die Mehrzahl der Mitglieder bereits vor dem Krieg von Pressburg (Bratislava) nach Prag umgezogen war. Ich würde diese Loge nicht als im Grunde tschechische Loge im slowakischen Pressburg bezeichnen wollen, jedoch war der Anteil tschechischer Freimaurer hier in der Tat unübersehbar. Eine imposante Auflistung von Verlusten bietet die Brünner Loge Cestou světla, bei der mehrere Mitglieder im Widerstand aktiv waren (in der Gruppe Obrana národa [„Verteidigung der Nation"), an der Universität und im Turnverein Sokol sowie in der sog. Dreierrat [Rada tří]). Die Loge verfügte des Weiteren über eine Liste der Mitglieder, die aus Konzentrationslagern zurückkamen, und schilderte detailliert widerständige Aktivitäten, wobei die jeweiligen Widerstandsgruppen streng getrennt waren und sich personell nicht überdecken. Einen bemerkenswerten Beweis für den Zusammenhalt der Brünner Loge können wir auch darin sehen, dass sich ihre Mitglieder bereits wieder ab Mai 1945 jeweils am ers-

Manchmal handelt es sich um belanglose Schreibereien, mitunter finden wir hier auch sorgfältig ausgearbeitete Übersichten von Mitgliedern einschließlich Anschriften. Gleichwohl ist zu erkennen, dass Todesfälle oft nicht genau qualifiziert werden konnten.

Nach Berechnung der tschechischen Freimaurer kurz nach 1990 gestalteten sich die Gesamtverluste der Freimaurer ungefähr wie folgt: „Die Okkupation dezimierte die Zahl der Logenmitglieder von 1500 auf 640 (wenn wir zurückgekehrte Exilanten mitzählen)."[953] Der Autor sagt jedoch nicht, ob die Dezimierung in diesem Fall eine physische Vernichtung bedeutete, oder ob hier auch der Rückgang des Interesses, Freimaurer zu sein, inbegriffen ist – bei der Wiederbelebung der Freimaurerei nach 1945 sehen wir häufig einen Unwillen ehemaliger Persönlichkeiten, sich in die neuen Aktivitäten einbinden zu lassen. Die Gründe hierfür konnten persönlicher, gesundheitlicher, arbeitsbezogener oder politischer Natur sein, aus Überzeugungen rühren – die Palette hierfür konnte vielfältig gewesen sein. Eine Ausnahme war z.b. nicht einmal der letzte Großmeister aus der Vorkriegszeit, eine Lehrkraft der Juristischen Fakultät, Václav Hora, der sich zwar zu Beginn einbrachte, seine Aktivitäten aber bald einstellte.[954]

Die ersten organisierten Treffen der Freimaurer nach dem Krieg begannen zum Jahreswechsel 1945/46, und zwar auf Initiative von

---

ten Freitag im Monat trafen. Laut dieser Notiz von Vladimír Zaplatel blieben von der Brünner Loge Most (Brücke) insgesamt nur acht Mitglieder übrig, sodass sie sich mit der Loge Cestou světla zusammenschlossen bzw. vereinigten. Eine nicht minder sorgfältig erstellte Übersicht ist auch von der Loge Dílo erhalten, hier gar in Form einer Tabelle im Format A3 mit detailliertem Kommentar. AMP (Archiv der Hauptstadt Prag), Bestand Národní Veliká Lóže Československá (Nationale Großloge der Tschechoslowakei), K. 1, Inv.-Nr. 3. Hier auch eine einzigartige Spalte: „Gestrichen wegen Kollaboration" ...
Die Art und Weise der Feststellung von kriegsbedingten Verlusten und überhaupt die Gewinnung eines Überblicks über die neuen Verhältnisse zeigt authentisch ein ganzes Konvolut an Schriftverkehr der Mitglieder der Loge Lafayette im AMV (Archiv des Ministeriums des Innern), S-271-5. Es handelt sich um Dutzende Briefe, die die Polizei in den 50er Jahren am ehesten bei Rudolf Pelíšek beschlagnahmt hatte (vor allem Briefe von Jan Babíček und Emil Kulpa). Des Weiteren eine Reihe an Briefen im AMP (Archiv der Hauptstadt Prag), Bestand Národní Veliká Lóže Československá (Nationale Großloge der Tschechoslowakei). Hier auch diese Worte: „Wir treffen uns zwei Mal im Monat im Gasthaus. Es kommen genug, aber es ist nicht das wahre, was den Geist erheben und freuen würde. Aber vielleicht kommt das ja noch. Ob wir eine echte Demokratie haben oder bekommen, wird die Zukunft zeigen. Ich sage, dass die Freimaurerei der Prüfstein der Demokratie ist!" Brief von Emil Kulpa vom 23. Mai 1946.

953   TOMÁŠ, Petr J.: Zednáři a II. odboj (Die Freimaurer und der Zweite Widerstand), in: Tschechische Brüder kämpften gegen die Nazis. Beiträge zu einem Symposium 1993 in Prag - Čeští bratři bojovali proti nacistům, S. 34. Vgl. hierzu die Zahlen, die Jaroslav Kvapil 1947 im Rahmen einer öffentlichen Vorlesung anführte, der behauptete, dass im Krieg von 600 tschechischen Freimaurern 147 gewaltsam zu Tode gekommen seien. SÚA (Staatliches Zentralarchiv), Bestand Ministerstvo zahraničních věcí - výstřižkový archiv (Ministerium für auswärtige Angelegenheiten – Archiv für Ausschnitte), K. 296, 1945-51. Diese Zahl kann jedoch nicht als genau erachtet werden, da 1938 unter dem Dach der NVLČs zweifelsohne mehr als 600 Freimaurer zusammengeschlossen waren. Verzeichnisse gibt es hierzu jedoch nicht.

954   Nach dem Krieg wurden er und die Art und Weise der schnellen Liquidierung der Freimaurerei in der Zweiten Republik kritisiert, vor allem aus der Loge Most heraus. Die anderen Freimaurer lehnten diese Kritik meist ab.

G. Závodský, J. Dvořák, J. Kozák und vor allem Jaroslav Kvapil.[955] Am 11. Mai 1946 fand in Prag die konstituierende Sitzung eines vorbereitenden Ausschusses statt, bei der zurückgekehrte Exilanten, die sich durch die ideelle Kontinuität im Grunde das Recht zur Repräsentation der Freimaurerei nach außen angeeignet hatten, und einheimische Freimaurer trafen, die den Krieg im Protektorat erlebt hatten. Zu den Namen, die hier auftauchten, gehören etwa Jan Jína, in dessen Wohnung das Treffen abgehalten wurde,[956] Otto Mizera, Albert Pražák, František Kadeřávek, Pavel Körbel, Viktor Stretti oder Bohumil Vančura. Ab diesem Zeitpunkt können wir davon sprechen, dass die Freimaurer offiziell die Vorbereitungen zu ihrer Erneuerung aufgenommen hatten. Der Weg zu diesem Treffen im Mai, das offenbar durch den unerwarteten Tod des bis dahin organisatorisch aktivsten Mannes, Vladimír Klecanda, erzwungen wurde, und der Weg zum gesetzten Ziel waren alles andere als einfach. Auch waren bei Weitem nicht alle Freimaurer darüber informiert, was in dieser Angelegenheit vor sich ging.[957]

Auf dem Treffen des vorbereitenden Ausschusses entstand ein Schreiben, das an die letzten Logenmeister von 1938 versandt wurde. Diese wurden gebeten, eine Liste jener Brüder aufzusetzen, die als charakterlich einwandfrei galten, vor allem während der deutschen Besatzung. Beigefügt werden sollte das bereits oben angeführte Verzeichnis verstorbener, ermordeter, inhaftierter und umgezogener Freimaurer. Des Weiteren sollten Verluste infolge von Beschlagnahmungen und Bombardierungen benannt werden. Diese Verzeichnisse sollten als Grundlage für Verhandlungen mit den Behörden über eine Wiederaufnahme Verwendung finden. „Was das vormalige Verhältnis des Ordens zum Kommunismus bei uns anbelangt, so ist die Situation heute eine vollkommen andere. Die Kommunistische Partei ist heute ein wichtiges auf-

----

955   TOMÁŠ, Petr J.: Zednáři a II. odboj (Die Freimaurer und der Zweite Widerstand), in: Tschechische Brüder kämpften gegen die Nazis. Beiträge zu einem Symposium 1993 in Prag - Čeští bratři bojovali proti nacistům, S. 34.

956   Ein Protokoll dieser Sitzung in: NA (Nationalarchiv), Bestand Zednářské lóže (Freimaurerlogen), Materialien von Jan Jína. Verwunderlich ist, dass mit Jínas Handschrift hier vermerkt ist: Treffen des vorbereitenden Ausschusses 15.3.1946. Der Inhalt des Protokolls zeugt jedoch davon, dass das Treffen im Mai stattfand. Hier auch Berichte über andere Treffen in diesem Zeitraum. Es hat den Anschein, dass sich die Vertreter der „emigrantischen" und der „einheimischen" Freimaurerei ein wenig „abklopften", also kennen lernten. Vladimír Klecanda verstarb bereits am 3. April 1946 im Alter von 57 Jahren. Bis zu seinem letzten Lebenstag war er freimaurerisch aktiv, wie seine Korrespondenz mit Pavel Körbel zeigt, AMP (Archiv der Hauptstadt Prag), Bestand Národní Veliká Lóže Československá (Nationale Großloge der Tschechoslowakei), K. 1. Noch am 1. April diskutierten sie, wie und wann sich die beiden bisherigen Pilsner Logen Bratrství (Brüderlichkeit) und Dobrovský zusammenschließen sollten... Auch Körbel war der Auffassung, dass sämtliche organisatorischen Angelegenheiten erst nach ordnungsgemäßer Wiederaufnahme der Tätigkeit geregelt werden sollten.

957   Vgl. z.B. das vielsagende Schreiben von Viktor Dvorský an Karel Stloukal vom 10. Juli 1946, ANM (Archiv des Nationalmuseums), Bestand Karel Stloukal, K. 7, Inv.-Nr. 242, in dem Dvorský klar fragt: „Sind die Freimaurerlogen noch ruhend?"

bauendes und konstruktives Element unseres Staates und nimmt daher zu unserer Regierung und zum Staat eine positive Stellung ein. Somit besteht unsere Verpflichtung, diese Partei zu respektieren, als eine schaffende Regierungspartei, was früher, als sie in Opposition zur Regierung stand, anders war ... Wir bitten, diverse Aufforderungen zu ignorieren, die in der Regel auf Irrtümern und schlechten Informationen oder sogar auf Böswilligkeit basieren."[958]

Wie bereits angedeutet hat es den Anschein, dass eine gewisse Zweigleisigkeit in der Sichtweise auf das neue freimaurerische Lebens bestanden hat. Einerseits war hier der Enthusiasmus Kvapils, der nicht einen Augenblick an den Werten der Freimaurerei zweifelte und sich stolz zu dieser bekannte, auf der anderen Seite die Position Klecandas bzw. seiner Nachfolger, eine etwas skeptische und vorsichtige Sichtweise, die aus den Erfahrungen der Hinterzimmerpolitik und aus Befürchtungen im Zuge der Nachkriegssituation rührte, wohlwissend, dass in der neuen Welt nichts unstrittig sein würde und die Freimaurer taktieren müssten, wenn sie ihre Ziele erreichen wollen. Diese beiden Herangehensweisen trafen am schärfsten aufeinander, als sich Jaroslav Kvapil entschloss, aus Anlass der Erlangung der Ehrendoktorwürde an der Karlsuniversität in Prag[959] in einer Rede die Freimaurer sehr positiv zu erwähnen. Da musste Klecanda bereits reagieren, obgleich ihm dies persönlich ungemein peinlich war, da Jaroslav Kvapil zweifelsohne und in jeder Hinsicht ein ehrenwerter Mann war. Klecanda sprach den alten Herrn mit einem Schreiben vom 27. Januar 1946 an und schilderte ihm seine Sichtweise auf die Freimaurerei in der Tschechoslowakei nach dem Zweiten Weltkrieg. Ich erachte diesen Brief als so grundsätzlich, dass ich an dieser Stelle seinen überwiegenden Teil zitieren möchte:[960]

---

958   Ebd. Hier wird angeführt, dass der vorbereitende Ausschuss einen Antrag auf Zulassung des Vereins NVLČs und Jan Amos Komenský gestellt habe, um das Vermögen dieser Körperschaften zu retten; dieser Antrag wurde jedoch nicht bearbeitet. Ein kompletter Durchschlag dieses Schreibens in AMV (Archiv des Ministeriums des Innern), S-271-8. Das Schreiben wurde am 20. Mai 1946 abgefasst und wurde unterzeichnet durch Jaromír Dvořák, Jan Jína, František Kadeřávek, Pavel Körbel, Jaroslav Kvapil, Otto Mizera, Albert Pražák, Viktor Stretti, Bohumil Vančura, František Weisl.

959   Davon, dass Kvapil für die einheimische Freimaurerei die wohl zentralste Verkörperung ihrer Kontinuität war, zeugt z. B. auch ein Brief von Karel Juda, den er aus Anlass der Verleihung des Doktortitels bekam: „Gestatte mir, dass ich noch einen Wunsch für viele und sicherlich auch für Dich hinzufüge, dass Du Dich erneut schnell an die Spitze der Brudergemeinschaft stellst, damit wir Dich auch in diesem Kreise der unverletzlichen Ideale im alten und angenommenen Ritual feiern dürfen und können." LA PNP (Literaturarchiv des Denkmals des nationalen Schrifttums), Bestand Jaroslav Kvapil, Schreiben von Karel Juda vom 1. Februar 1946.

960   Das Schreiben ist archiviert im LA PNP (Literaturarchiv des Denkmals des nationalen Schrifttums), Bestand Jaroslav Kvapil, Schreiben Vladimir Klecandas vom 27. Januar 1946.

„Teurer Bruder, ehrwürdiger Freund,
ich komme zurück auf unser Telefongespräch mit einigen Zeilen, da
ich die Pflicht fühle, Dich erneut in informieren – mündlich habe ich dies
bereits getan [und Kvapil wollte dies wohl nicht verstehen] – über den
Stand unserer Sache.

Aus Deinen Worten habe ich geschlossen, dass Du beabsichtigst, bei
Deiner Promotion am Mittwoch auch über die Freimaurerei und die Frei-
maurer zu sprechen. Im Übrigen hast Du selbst mir diese meine Annahme
bestätigt. Trag es mir nicht nach, teurer Bruder, wenn ich Deinem Ansin-
nen nicht zustimmen kann, auch wenn ich die gute Absicht voll verstehe
und anerkenne, die Dich zu Deiner Entscheidung bewegt hat.

Als Großmeister im Exil hatte ich die persönliche Verantwortung für
einen ungestörten Ablauf unseres Ordens, und in allen Jahren unseres
Exils habe ich mich ehrlich bemüht, meiner Verpflichtung nachzukom-
men. Erst nach einiger Zeit wird man erkennen und wird in der Lage
sein, sachlich zu beurteilen, wie ich meiner Sendung entsprochen habe.
Ich wurde bei all diesen Arbeiten und oft sehr schwierigen Handlungen
wirksam durch viele Brüder unterstützt, insbesondere durch Bruder Pa-
vel Körbel, der als durch mich bestellter Oberster Sekretär an Allem, was
wir im Ausland erreicht haben, einen Löwenanteil hat. Nur der Hingabe
und Kraft dieses bescheidenen Bruders und teuren Freundes ist es zu ver-
danken, dass es mir gelungen ist, den Orden durch die Dunkelheit dieser
sieben schrecklichen Jahre zu führen. Leider ist unsere Verbannung als
Frei[maurer] noch nicht beendet. Wir sind nach wie vor im Exil.[961] Daher
dauert auch mein Amt als Großmeister an, das ich bislang an niemanden
übergeben kann. Hieraus folgt, dass ich derweil darauf achten muss, den
Weg für die Wiederaufnahme der Arbeiten unserer Logen zu ebnen, und
nicht zuzulassen, dass durch irgendetwas irgendwelche Hindernisse in
diesen Weg gelegt werden, die den Erfolg unseres Bemühens bedrohen und
gegebenenfalls für immer verderben könnten.

Hier geraten wir, ich würde sagen, auf das politische Feld. Es ist also
Sache meiner politischen Erwägungen, unsere Sache so zu leiten, dass
man zu geeigneter Zeit zu einer feierlichen Aufnahme der Arbeiten in un-
seren Werkstätten übergehen kann. Nach diesem Augenblick haben wir
alle im Exil, vor allem aber Ihr zuhause und in den Konzentrationslagern
gesehnt. Dies ist also meine erste Pflicht.

---

961   Formal erhielt die Loge Jan Amos Komenský im Exil bzw. die dortige provisorische tschechoslowakische
Großloge von der Englischen Großloge eine Erlaubnis zu Aktivitäten bis 1948, d.h. dass bis zu diesem Zeitpunkt von
der tschechoslowakischen Freimaurerei alleine diese Loge in der Emigration existierte, und zwar im Orient London,
obwohl deren Mitglieder meist bereits zuhause in der Tschechoslowakei waren.

Ich muss nicht wiederholen, dass ich alle meine fr[eimaurerischen] Arbeiten in Großbritannien in Einklang mit den politischen Zielen unserer Staatsführung ausgeübt habe. Mit anderen Worten, über alles Wichtige habe ich den Herrn Präsidenten und Bruder Masaryk informiert,[962] ich erhielt deren Zustimmung und auch moralische wie finanzielle Unterstützung unserer fr[eimaurerischen] Aktivitäten in der angelsächsischen Welt. Daher erachtete ich es als meine Pflicht, Präsident Beneš als Staatsoberhaupt auch heute, nach der Rückkehr nach Hause, vertraulich über den Stand der freimaurerischen Sachen und über unser künftiges Programm zu informieren. Bereits in London war mir klar, dass die Erneuerung unseres Ordens im befreiten Vaterland keine so selbstverständlich einfache Sache sein wird, wie es viele Brüder erträumten. Und ich wusste, dass wir in unseren Reihen eine sehr strenge Reinigung werden vollziehen müssen, wenn wir nicht gleich nach dem ersten Schritt mit der profanen Welt, die eine tiefe Verwandlung durchläuft, in Konflikt geraten wollen.

Als ich nach Hause kam, bestärkte mich die ungestüme Entwicklung der öffentlichen Belange in meiner Überzeugung, dass es angezeigt sein wird, die Aufnahme unserer Arbeiten auf die Zeit nach den Wahlen zu verschieben. Ich habe über diese meine Absicht auch den Herrn Präsidenten informiert, der hierzu seine Zustimmung erklärte. Diese Zustimmung ist für mich maßgeblich, auch wenn ich mich auf diese nie werde berufen können, wenn ich die Person des Herrn Präsidenten nicht in unsere etwaigen strittigen Angelegenheiten hereinziehen möchte.

Als ich erneut nach London fliegen sollte und es erforderlich wurde, über den Zustand unseres Ordens auch führende Brüder der United Grand Lodge of England zu informieren, sprach ich mit Kollege Nosek, in dessen Zuständigkeit als Minister des Innern die Frage unseres Ordens fällt. Das Gespräch war sehr freundschaftlich und Resultat war meine Zusage und Verpflichtung, dass wir bis zu den Wahlen unsere fr[eimaurerischen] Tätigkeiten nicht aufnehmen werden. Nach den Wahlen werden wir über die Sache erneut beraten. Ansonsten hat Minister Nosek erklärt, dass er nicht gegen die Freimaurerei und die Freimaurer sei und dass wir uns zu privaten Treffen in kleinen Kreisen treffen können.

Ich informierte über die Angelegenheit die Brüder Meister der Prager Logen und in geeigneter Weise auch ausländische Großlogen, mit denen ich in Kontakt geblieben bin. Und ich bat alle Brüder, geduldig zu sein und diszipliniert den geeigneten Zeitpunkt abzuwarten, an dem wir unsere Werkstätten wieder werden eröffnen können. Ich muss sagen, dass

---

962   Ein bemerkenswertes Detail – hier wird nicht mehr erwähnt, dass auch Beneš Bruder war, er wird bereits „nur" als Herr Präsident betitelt.

alle Logenmeister, mit denen ich sprach, und Brüder überhaupt, wenn ich diese informiert habe, ihr volles Einverständnis hierzu erklären haben.

Daher war ich nicht mit der Aktion des Bruders Wassermann einverstanden,[963] der selbst ‚das erste allgemeine Treffen von Brüdern nach 6 Jahren‘ einberief. Nicht nur dass er zu einer solchen Einberufung überhaupt keine Legitimation hatte – dies war gegen alle Abmachungen, die ich als bisheriges Haupt unseres Ordens mit den Autoritäten unseres Staates getroffen hatte. Bruder Wassermann hat sich hinreichend entschuldigt und hat zugesagt, nichts dergleichen mehr zu unternehmen. Ich bat daher auch alle Brüder, sich über ihren Nachteil nicht an Behörden und politische Persönlichkeiten zu wenden, und die Angelegenheit jener Person zu überlassen, der dies nach unserer Konstitution zusteht – das heißt dem Großmeister.

Ich selbst andererseits bin entschlossen nichts ohne eine Vereinbarung mit den Meistern der Logen und führenden Brüdern unseres Ordens zu unternehmen. Ich verlasse mich dabei auch auf Deine teure Hilfe und Unterstützung.

Hiermit komme ich zur Sache.

Ich bitte Dich freundlichst von Deinem Ansinnen abzusehen, in Deiner Promotionsrede über die Freimaurerei und die Freimaurer zu sprechen. Wir wissen, dass unsere Bruderkette in Zeiten der Okkupation zahlreiche Opfer erlitten hat, aber ich zweifele nicht daran, dass diese zur rechten Zeit gerecht anerkannt oder öffentlich bewertet werden, wenn die Zeit reif ist und wir die beleuchteten Werkstätten werden betreten können.

Ich würde mich freuen, wenn meine Zeilen bei Dir, teurer Freund, Zustimmung finden würden.

Mit brüderlichen Grüßen, Dein ergebener

Vladimír Klecanda‘[964]

Klecandas Darlegung können wir als beinahe definitorisch erachten, jedoch können wir auch Jaroslav Kvapil und eine Reihe tschechischer Freimaurer verstehen, denen ein solches Taktieren und Sich-Unterord-

---

963   Es handelte sich selbstverständlich um Max Wassermann, der die Initiative ergriffen und bereits vor Jahren in London die tschechoslowakischen Freimaurer zusammengerufen hatte.

964   Klecandas Urteil zum greisen Kvapil können wir auch aus anderen Briefen herauslesen. In diesen mischte sich Achtung, Nachsicht und Pragmatismus mit Despekt. So schreibt er etwa im Fall eines Gutachtens bzw. Zeugnisses, das Kvapil für J. B. Kozák schrieb, der „ein wenig strauchelte" und offenbar eine Indiskretion gegenüber Präsident Beneš beging, an Jína: „Dieser Missbrauch Kvapils ist für mich an sich unzulässig. Der alte Herr hätte dies aber auch nicht schreiben dürfen. Dies mindert die Bedeutung und das Gewicht anderer seiner Zeugnisse, so solche ausgegeben werden. Es scheint, dass es mit Prof. Kozák noch alle möglichen Scherereien geben wird." Vgl. die nachfolgende Fußnote. Der Philosophieprofessor Jan Blahoslav Kozák verbrachte den Krieg in den USA, wirkte dort zunächst als Pädagoge, ab 1943 arbeitete er in einer Behörde für kriegswichtige Informationen in Washington und danach als Berater der tschechoslowakischen Regierung.

Einladung zu einem Empfang und zu einem „Rosenfest" der Loge Dobrovský

nen unter politische Interessen in der Heimat, die ja nun endlich wieder frei war, überhaupt nicht gefiel: Anstelle die Freimaurerei feierlich wiederzubeleben, traf der importierte Großmeister Klecanda eine Absprache mit dem kommunistischen Innenminister Nosek, wonach man bis nach den Wahlen abwarten würde, damit die Freimaurer keine negative Aufmerksamkeit auf Seiten der Öffentlichkeit auf sich zögen. Was war das denn für ein Sieg, wenn sie sich nur privat im kleinen Kreis treffen durften? Das konnten sie doch auch schon vorher tun ... Es stellt sich die Frage, wem es nutzte, dass die Wiederbelebung der Freimaurer aufgeschoben wurde.

Tatsache ist, dass Großmeister Klecanda und auch der Großsekretär Pavel Körbel intensiv arbeiteten und ihr freimaurerisches Arbeitspensum in dieser Zeit beachtlich war.[965] Zugleich jedoch zeigt sein Schreiben an Jan Jína, der offenbar auch Klecandas Türöffner zu Präsident Beneš war, dass sich die Sache mit den Informationen, mit denen er den alten Poeten beruhigen wollte, etwas schwieriger gestaltete. Zuvörderst bat Klecanda, dass auch Beneš mit seinem Schreiben an Kvapil bekannt gemacht wür-

---

965   Ein Bild über sie gibt z. B. die Korrespondenz mit Jan Jína und deren Anlagen, archiviert in: NA [Nationalarchiv], Bestand „Zednářské lóže" [Freimaurerlogen]. Hier ist zwischen Material vor allem zum Orden Odd Fellow ein ganzes Konvolut an Materialien der Freimaurer hinterlegt, einschließlich einer Kopie des Schreibens an Jaroslav Kvapil, die bei Jan Jína konfisziert wurden (er wurde 1950 verhaftet), der 1945–48 der Politischen Abteilung der Kanzlei des Staatspräsidenten vorstand, er also eine Funktion bekleidete, die vor dem Krieg Josef Schieszl ausübte.

de und fährt fort: „Ich sprach unlängst mit Minister Nosek [Klecanda war zu diesem Zeitpunkt Abgeordneter der (linken) Volkssozialistischen Partei], und auf dessen Bitte hin mit Ministerpräsident Fierlinger. Mir werden nämlich aus den USA bisher 20.000 für unseren Orden angeboten, die für eine Unterstützung von Witwen und Waisen von hingerichteten und gefallenen Freimaurern verwendet werden sollen. Ich kann jedoch das Geld nicht eher annehmen, bis ich nicht die Sicherheit habe, dass der Orden wieder erneuert werden wird. Wenn ich dies lange werde aufschieben müssen, vergeht den amerikanischen Brüdern mit der Zeit die Lust, uns zu unterstützen – und es wäre schade, diese brüderliche Hilfe nicht in Anspruch zu nehmen. Ich erhielt zwar Zustimmung und die Empfehlung, dieses Geld anzunehmen, jedoch habe ich keine grundsätzliche verbindliche Zustimmung bekommen, dass wir den Orden nach den Wahlen wiederbeleben können. Ich werde wieder mit ihnen verhandeln. Hieraus ist zu sehen, wie vorsichtig in diesen Dingen vorzugehen ist und dass meine Zurückhaltung angebracht ist. Ich informiere den Herrn Präsidenten und Dich darüber, damit Ihr die Möglichkeit habt, jenen Brüdern, die aus Ungeduld und oft auch aus anderen Gründen einige Mitglieder der Regierung und eventuell auch den Herrn Präsidenten mit Fragen und Gesuchen belästigen, in gleicher Weise zu antworten."[966]

Wenn wir eine ungestörte Existenz der Freimaurerei als Lackmustest für den Grad an Demokratie eines Landes zugrunde legen, so können wir hier die Warnsignale nicht übersehen. Warum haben sich die Freimaurer nach dem Krieg nicht einfach sofort neu gegründet? Da ihr Bestehen erneut vom Staat bzw. dem Innenministerium – seinerzeit mit Václav Nosek an der Spitze – genehmigt werden musste. In die sich langsam entfaltende Konzeption einer „Nationalen Front" passten die Freimaurer denn auch nicht unbedingt hinein, sie waren hierbei jedoch bei Weitem nicht allein. Andererseits: wenn selbst der Ausschuss der „Nationalen Gemeinschaft" zu Beginn der Protektoratszeit nichts Verwerfliches an den Freimaurern entdecken konnte – obwohl er sich hierum bemühte – was konnte in der Tschechoslowakei der Nachkriegszeit an den Freimaurern schlecht gewesen sein? Vielleicht, dass sie als Relikt der Vergangenheit galten. Geheimgesellschaften eigneten sich einfach nicht für den ersten sog. Zwei-Jahresplan, in Zeiten großer gesellschaftlicher Aufgaben hätten sie als Beispiel für die Nichtigkeit der alten Welt missbraucht werden können. Vielleicht hatte Klecanda auch hiervor Angst. Vor den entscheidenden Wahlen hätte alles als Wahlkampfmunition dienen können.[967] Geld aus Amerika war tatsächlich ein Geschenk, das man nicht ablehnen konnte. In die prekäre Situation schaltete sich die „Burg" bzw. Beneš persönlich ein, dem klar war, welche einflussreiche Gruppe die Freimaurer in Amerika bildeten, und welche Peinlichkeit dies für die Tschechoslowakei bedeutete – auch als Signal für die Welt, dass nicht alles in Ordnung ist. Das Geld wurde an die Gewerbebank (Živnostenská banka) Ende März 1946 überwiesen. Es handelte sich um 3750 Dollar für die Freimaurer in der ČSR von der Masonic Lodge in New York. Das Geld wurde direkt an Klecanda überwiesen.[968] Er hatte diese Regelung selbst in einem Schreiben an Jína bereits Anfang Februar 1946 vorgeschlagen. Aus diesem Brief folgt, dass Beneš tatsächlich jener Vermittler war, im Grunde eine Art Garantie, und Jína soll ihm auf Klecandas Wunsch hin vorgeschlagen haben, dass Beneš das Geld auf ein Girokonto bei der Živnostenská banka auf den Namen „Univ. Prof. Dr. Vladimír Klecanda" überweisen lässt, wobei „ich das Zeichnungsrecht mit ihnen selbst vereinbaren werde. Ich möchte ein zweites Zeichnungsrecht Bruder Pavel Körbel als dem Großsekretär, Bruder Lesný als dem ehemaligen Vertreter des Großmeisters und Bruder Mizera als ehemaligem Großsekretär geben, jeweils immer zwei gemeinsam."[969]

Es ist offenkundig, dass andere Gelder für die Freimaurer, die in Amerika gespendet wurden, direkt an Präsident Beneš gesandt wurden. Es handelte sich z.b. um eine Schenkung von 1500 Dollar von der Großloge von Louisiana bzw. deren Großmeister, „der sich wünschte, dass diese unverzüglich zur Einstellung in den europäischen Freimaurer-Hilfsfonds überwiesen wird".[970] Das Geld war bestimmt „zur Weitergabe an die Na-

---

967   Vergessen wir nicht, dass ein konsequenter Verriss oder eine Lächerlichmachung von Dingen, die vor dem Krieg Bestandteil des gesellschaftlichen Lebens waren, an der Tagesordnung waren. Das Aufeinandertreffen von zwei Sichtweisen auf die neue Tschechoslowakei erfasste, wenn auch für die Kriegszeit, treffend Václav Černý, der über Kvapil und andere Freimaurer im Widerstand schrieb: „Ideell und programmatisch blieben sie auf ihren Positionen: mit allen Wurzeln hingen sie in der Vergangenheit, die Vorstellung einer nationalen Erneuerung verschwamm bei ihnen mit dem Begriff einer politischen Rückkehr zu den öffentlich-rechtlichen Formen aus der Zeit vor München, der tiefe, ängstliche Wunsch des einfachen und unpolitischen tschechischen Menschen, einen erneuerten Staat auf einem erneuerten, reuigen und entpolitisierten Gewissen zu gründen, kam bei ihnen kaum an." ČERNÝ, Václav: Křik koruny české. Paměti 1938-1945 [Schrei der böhmischen Krone, Erinnerungen 1938-1945], Brno 1992, S. 320.

968   Vgl. hierzu ein Konvolut an Schriftstücken in: AKPR (Archiv der Kanzlei des Staatspräsidenten), Inv.-Nr. 1857, sign. 107264/50, F 967. Für die Kanzlei des Staatspräsidenten erledigte die Angelegenheit Kanzler Jaromír Smutný, der alles mit dem Leiter der Živnostenská banka, Dr. Konečný, besprach.

969   NA (Nationalarchiv), Bestand Freimaurerlogen (Zednářské lóže), Klecandas Schreiben an Jína vom 4. Februar 1946.

970   Vgl. die oben angeführten Materialien im AKPR (Archiv der Kanzlei des Staatspräsidenten), dort auch diese Mitteilung von Anfang Februar 1946. Die Angelegenheit erledigte Jan Jína.

tionale Großloge der Tschechoslowakei für die Zwecke der Rehabilitierung und Hilfe", und die Geber baten um Bestätigung des Einganges der Spende und merkten an, dass „für das Gelingen der Sammlungen für den europäischen Fonds angezeigt wäre, wenn der Herr Präsident ihm mitteilen würde, wie das Geld verwendet wurde". Auch diese Schenkung lief über die Živnostenská banka.[971]

Beim Angeführten handelte es sich jedoch bei Weitem nicht um alle amerikanischen Spenden. Neben diesen zwei genannten in Höhe von 261.580,- Tschechoslowakischen Kronen, die die Freimaurer im März 1946 erhielten, gab es noch eine große Schenkung des alten Freundes der tschechoslowakischen Freimaurer J. Cowles über den Betrag von 747.715,- Kronen, es folgten von Juli bis Dezember 1946 noch drei weitere Spenden der Masonic Service Association in Höhe von insgesamt 3.800 Dollar, d.h. 188.957,- Kronen. Hierdurch erhielt die bisher gar nicht existierende Nationale Großloge der Tschechoslowakei allein 1946 aus den USA über 1 Million 200 Tausend Kronen. An Unterstützungen zahlte sie im selben Zeitraum über 200 Tausend Kronen aus, sodass eine knappe Million Kronen übrigblieb.[972]

Die Amerikaner und die amerikanischen Tschechen interessierte aber auch, wie der Aufbau der tschechoslowakischen Freimaurerei voranschritt. Das Informationsministerium leitete im Oktober 1946 deren Anfrage vom August an das Innenministerium weiter. Diese war z. B. auch darauf gerichtet, ob bereits Freimaurerzeitschriften publiziert wurden.[973] Und gerade hier erfahren wir auch etwas, was die Freimaurer zweifelsohne nicht wussten, und wovon auch Klecanda offenbar keine Kenntnis hatte, dass nämlich „das Regierungspräsidium bei seiner 10. Tagung am 11. Januar 1946 beschloss,[974] dem Herrn Minister des

---

971 Die Bank schrieb an die Kanzlei des Staatspräsidenten, dass sie auszahlen solle „an den Herrn Präsidenten der Republik Dr. Edvard Beneš gegen Bestätigung einen Dollarwert von 1.500,- ... á 49.85 Kronen, also 74.775,- ... in Tschechoslowakischen Kronen." AKPR (Archiv der Kanzlei des Staatspräsidenten), Inv.-Nr. 1857, sign. 107264/50, F 977/36. Als Klecanda unerwartet verstarb, versprach der Leiter der Živnostenská banka, Ivan Petr, dass die Gelder auf dem Konto unberührt bleiben und nicht als Klecandas Nachlass gemeldet würden. Die Kanzlei des Staatspräsidenten sollte die Verpflichtung übernehmen, die Sache auszugleichen, sofern einer der Hinterbliebenen später von diesem Konto Kenntnis erlangen und den Betrag beitreiben sollte. Fast hätten die Freimaurer also das amerikanische Geld verloren. Kurz darauf lautete das Konto aber bereits auf den Namen „Otto Edvard Mizera". Vgl. hierzu AKPR (Archiv der Kanzlei des Staatspräsidenten), T 944/46.

972 Vgl. Finanzbericht des vorbereitenden Ausschusses, aufgesetzt zum 18. September 1947, in: AVL ČR (Archiv der Großloge der Tschechischen Republik).

973 Vgl. Akte in: AMV (Archiv des Ministeriums des Innern), S-289-4. Druckerzeugnisse der Freimaurer aus der Zwischenkriegszeit wurden jedoch nicht wieder aufgelegt, auch die Zeitschrift „Svobodný zednář" erschien nicht neu.

974 Im sog. Regierungspräsidium war kein einziger Freimaurer, jedoch hatten die nichtkommunistischen Mitglieder die Mehrheit. Allerdings waren diese, wie es scheint, nicht gegen ein Verbot der Wiederbelebung der Freimaurerlogen. In der Regierung an sich waren aber mehrere ehemalige Freimaurer – Jan Masaryk, Hubert Ripka, Vavro Šrobár, Ivan Pietor ...

Innern aufzuerlegen, bis auf Weiteres keine Genehmigung zur Wiederaufnahme der Tätigkeit der Freimaurerverbände zu erteilen. Dieser Beschluss ist vertraulich." Die sog. Landes-Nationalausschüsse wurden instruiert, Anträge auf Wiederbelebung von Freimaurerlogen an das Ministerium des Innern abzutreten. Zu diesem Zeitpunkt waren von der Freimaurerei ähnlichen Körperschaften bereits der Rotary Club wieder zugelassen, gleiches gilt für den Orden B'nai B'rith und später einige Logen des Odd Fellow.[975] Die einzigen tschechischen Freimaurer, die tatsächlich existierten, wenngleich nicht formal auf dem Territorium der Tschechoslowakei, waren die Mitglieder der Loge Komenský (Comenius) im Exil. Es hat den Anschein, dass deren Aktivitäten in London mittlerweile gering waren. Vladimír Klecanda versuchte im März 1946 die Arbeiten zumindest dieser Loge wiederaufzunehmen.[976]

Das amerikanische Interesse an den tschechischen Freimaurern endete damit aber nicht. Neben einer finanziellen Unterstützung erhielten die bisher nicht existenten Logen eine erhebliche materielle Hilfe, die ursprünglich aus den Beständen der amerikanischen Armee stammte, und die in Europa gelassen wurden. Amerikanische Freimaurer wiederum kauften Teile dieser Bestände und überließen sie den tschechoslowakischen Freimaurern (erneut tat sich hierbei die Masonic Service Association hervor, in der es mehrere Mitglieder tschechischer oder slowakischer Herkunft gab). Erste Päckchen kamen bereits 1946 nach Prag, und zwar mittels der amerikanischen Hilfsorganisation CARE, was Pavel Körbel ausgehandelt hatte, und wanderten sukzessive in das Lager der bekannten Prager Firma Rott. Vladimír Rott, derselbe Mann, der einst Geld für den Bau eines Freimaurertempels einwarb, verteilte nun in seinem Lager Päckchen, die für bedürftige Freimaurer bzw. deren Verwandte bestimmt waren.[977] Darüber hinaus waren einige Päckchen bei der Firma Čechoslovakie, bei Pavel Körbel und später im neuen Freimaurertempel in der Str. Valentinská ulice gelagert.

---

975   Vgl. hierzu AMV (Archiv des Ministeriums des Innern), H-125/1. Hier Verzeichnisse und Informationen zu neu genehmigten Logen. Nicht wiederbelebt wurden im Grunde nur deutsche Organisationen.

976   Vgl. hierzu die Antwort von Václav Herian auf das Angebot, Logenmeister zu werden: „11. März 1946. Höchster Groß. und Freund! ... Ich habe über Deine Bitte nachgedacht, einen führenden Platz einzunehmen. Gestatte mir, Dir zu sagen, dass seit der Zeit, als wir uns das letzte Mal gesehen haben, ich mehrere Ämter in unserem Fabrikantenverband angenommen habe ... (ich werde ein Amt in der Loge wahrnehmen, aber kein leitendes) ... Was die Fortsetzung der Sitzungen anbelangt, teile ich Deine Auffassung, dass es sehr wünschenswert ist, mit diesen nicht aufzuhören. Ich konnte mir seinerzeit nicht gut erklären, warum wir eigentlich davon abgerückt sind, wenn es hierzu doch Möglichkeiten gab und als SIE selbst unsere Arbeit nicht fortsetzen konnten .... Dein Václav." AMP (Archiv der Hauptstadt Prag), Bestand Národní Veliká Lóže Československá (Nationale Großloge der Tschechoslowakei), K. 1, Inv.-Nr. 4.

977   Material zu dieser Aktion vgl. in: AMP (Archiv der Hauptstadt Prag), Bestand Národní Veliká Lóže Československá (Nationale Großloge der Tschechoslowakei), K. 4, Inv.-Nr. 34 sq.

Die Paketaktion lief 1946 an, kulminierte im Folgejahr, aber auch in den weiteren Jahren standen amerikanische Vorräte für den Bedarfsfall zur Verfügung. Am schnellsten ausgegeben werden mussten jene Pakete, die Lebensmittel enthielten.[978] Hunderte solcher Lebensmittelpakete kamen in Prag an, jedes wog 10 Kilogramm und hatte einen Wert von 15 Dollar; jedoch gab es auch eine größere Variante mit 13 Kilogramm. Die Freimaurer erhielten darüber hinaus Dutzende Pakete mit Decken, Schuhsohlen, Zwirn – kurz: mit allem, was amerikanische Soldaten nicht mehr benötigten. Ein Problem bestand darin, dass auch die tschechoslowakischen Freimaurer diese Dinge nicht wirklich brauchten. Nachdem alle armen Freimaurer, sozial bedürftigen Witwen und Waisen von Freimaurern Zuteilungen erhalten hatten – sie kamen auf Empfehlung von jemandem aus den (nach wie vor nicht bestehenden) Logen zu Rott ins Lager, bekamen dort ihre Zuwendung; Personen außerhalb Prags einschließlich der Slowakei wurden die Pakte übersandt – blieben immer noch erhebliche Mengen an Vorräten auf Lager.[979] Trotz der dezenten Form der Korrespondenz zu diesem Thema kann abgeleitet werden, dass Hunderte Pakete mit Militärdecken einigen Freimaurern auch Schwierigkeiten bereiteten.

Am 2. Januar 1948 meldete Vladimír Rott an Sekretär Mizera, dass „auf dem Lager zum 1.1.1948 77 Lebensmittelpakte zu 13 kg, 78 Pakete mit Schuhsohlen und Garnen und 159 Decken verbleiben. Ich empfehle die Aktion nun zu beenden und das, was wir noch in Reserve haben, für Notfälle in der Zukunft zu belassen. Was die Schuhsohlen und Decken anbelangt, schlage ich vor, dass diese verkauft werden, und zwar ein Paket mit Schuhsohlen zu 30 Kronen, Decken zu 300 Kronen, da unter unseren Brüdern ein Interesse besteht, die diese gern erwerben würden. Hierdurch würden wir ca. 70.000 Kronen einnehmen, von denen ich emp-

---

978   Die Freimaurer wollten offenbar zu diesem Zweck einen wohltätigen Verband schaffen, der diese amerikanische Hilfe wirksam verteilt hätte, der zuständige sog. Landes-Nationalausschuss lehnte dies jedoch ab. Verhandelt wurde die Wiederaufnahme der Tätigkeiten der Wohltätigkeitsorganisation „Soziale Fürsorge, Comenius-Denkmal". AMP (Archiv der Hauptstadt Prag), Bestand Národní Veliká Lóže Československá (Nationale Großloge der Tschechoslowakei), K. 1, Dokument „Einige wichtige Daten, die gegebenenfalls im Bericht für die konstituierende Versammlung angeführt werden sollten".

979   Mitunter wurde die strikte Abgrenzung überschritten, vgl. hierzu nur zur Illustrierung den Fall von Dr. Alžběta Schenková, die durch Antonín Pavel empfohlen wurde: „Im Jahr 1940 wegen jüdischer Abstammung aus der Universitätsbücherei entlassen. Antrag auf Reaktivierung beim Min. für Schulwesen bisher nicht erledigt, in Kriegszeiten bekannte sie sich als Tschechin (siehe Lebensmittelkarten und Stammschein). Mutter in Auschwitz hingerichtet. Freundin von Dr. Moucha (Bruder), der Masaryks Bibliothek und Archiv rettete. In Einverständnis mit Bruder Jína und Bruder Krofta gab sie ein Verzeichnis der verbotenen Zeitschriften heraus. Antrag auf Belassung der Staatsangehörigkeit ... bisher nicht erledigt. Es droht die Abschiebung. Sie ist heute ohne jedwede Mittel. Sie bot ihr sämtliches Silber der NVLČs mittels der Brüder Pavel und Machoň. Das Angebot wurde jedoch ad acta gelegt. Auf eigene Kosten richtete sie das Begräbnis von Bruder Moucha aus ..." AMP (Archiv der Hauptstadt Prag), Bestand Národní Veliká Lóže Československá (Nationale Großloge der Tschechoslowakei), K. 1.

fehle 50.000 in den Baufonds einzustellen und den Rest für samaritanische Zwecke zu reservieren ..."[980] Zur selben Zeit wurden aus amerikanischen Mitteln auch finanzielle Hilfen ausbezahlt, jeweils immer einige tausend Kronen.[981] Die Verteilung wurde jedoch dadurch erschwert, dass die Logen noch nicht regulär existierten, sodass eine völlig offizielle Korrespondenz und eine feste Einbindung des bisher nur potenziellen Mitgliederstammes nicht wirklich in Betracht kam.

Ende 1946 entschloss sich der vorbereitende Ausschuss der Freimaurerei zu handeln. Im Zuge seiner Sitzungen erstellte er ein Memorandum über die Freimaurerei in der Tschechoslowakei, das bestimmt war zum einen für den Ministerpräsidenten – seinerzeit bereits der Kommunist Klement Gottwald, ferner für seine Stellvertreter und die Minister des Innern Nosek und für Schulwesen Stránský. Den Text des Memorandums unterzeichneten Jaroslav Kvapil, František Kadeřávek, Otto Eduard Mizera und Bohumil Vančura, Ansprechpartner war der ausdauernde alte Poet, PhDr. h.c. Kvapil.[982] Das Memorandum begann mit den Worten: „Die Freimaurerei in ihrer klassischen und unveränderten Form, welche auch die tschechoslowakische Freimaurerei bewahrt hat, besteht auf dem Grundsatz, dass sie weder offen noch verdeckt ihre Tätigkeit, die in der Zeit der Unfreiheit gewalttätig unterbrochen wurde, ohne Wissen und ohne Zustimmung der verantwortlichen Vertreter des Staates wieder aufnehmen kann." Daher wollten die Freimaurer eine Einwilligung der Regierung, um ihre Arbeit fortsetzen zu können, und um diese Zustimmung zu erreichen, formulierten sie „eine wahre Darlegung über das Wesen und die Ziele unseres Ordens".

Es folgte in sieben Punkten eine klassische Schilderung der Historie und der Mission der Freimaurerei, wobei immer und immer wieder und berechtigt die Bedingung einer Loyalität gegenüber dem Staat betont wurde. Eine große Aufmerksamkeit wurde der Darlegung dessen zuteil, warum die Freimaurerei als Geheimgesellschaft erachtet wird, und wie dieser Begriff zu verstehen wäre. Wir sehen das peinliche Bemühen, Befürchtungen zu zerstreuen, die die Freimaurerei bei den Sicherheitskräften gegebenenfalls wecken konnte. Ein tragendes Argument im gegenständlichen Memorandum war die Zahl der Widerstandskämpfer

---

980   AMP [Archiv der Hauptstadt Prag], Bestand Národní Veliká Lóže Československá [Nationale Großloge der Tschechoslowakei], K. 4, Inv.-Nr. 34.

981   Die Verzögerungen bei der Wiederbelebung des Ordens zogen nach sich, dass die Freimaurer sogar zu überlegen begannen, ob sie die amerikanischen Finanzhilfen nicht eventuell zurückgeben müssen [dies betraf ca. 3000 Dollar]. Ebd.

982   Das Memorandum ist archiviert in: NA [Nationalarchiv], Bestand Ministerium des Innern-Nachträge [Ministerstvo vnitra-dodatky], gleiches gilt auch für die nachfolgenden Analysen zur Informierung des Ministers.

und Kriegsopfer unter den Freimaurern, wobei Kvapil und seine Freunde gar anführen, dass 45 % der Freimaurer im Widerstand aktiv gewesen seien, 43 % ermordet und gefoltert und 32 % inhaftiert gewesen seien. Es folgte ein Verweis darauf, welch enge Kooperation die tschechoslowakischen Freimaurer in London mit den dortigen Brüdern angeknüpft hatten, und sie auch Kontakte mit amerikanischen Freimaurern hatten. Mit anderen Worten – es wäre eine international sichtbare Schande und eine schlechte Visitenkarte für die Tschechoslowakei, falls sich erweisen sollte, dass der Freimaurerei in der freien Heimat Steine in den Weg gelegt würden. „Es ist nämlich kein Geheimnis, dass die Wiederbelebung der Freimaurerlogen bei uns im Ausland beinahe als Prüfstein für die demokratischen Freiheiten angesehen wird, sodass alle leeren Zweifel, die sich im Ausland über die innere Unabhängigkeit unseres Staates und Lebens unrichtigerweise halten, zerstreut werden, sobald allgemein bekannt wird, dass sich die tschechoslowakische Freimaurerei nach den Verfolgungen, die sie in der Zeit der Unfreiheit erlitten hat, wieder neugründen konnte ...“

Der Innenminister ließ sich nachfolgend mehrere Unterlagen erstellen.[983] Nosek befasste sich tatsächlich mit dem Problem und die Angelegenheit der Freimaurer gelangte nach einem Jahr erneut auf die Tagesordnung des Regierungspräsidiums, das seine Entscheidung, die Freimaurerlogen derweil nicht wieder zuzulassen, entweder bestätigen oder aufheben konnte. Nosek forderte noch im Januar 1947 Jaroslav Kvapil zu einem Besuch bei ihm auf und teilte ihm in diesem Rahmen mit, dass bereits keine Einwände mehr dagegen bestünden, dass sich die Freimaurer in der Tschechoslowakei voll wiederbegründen können und dass ihnen keine formalen Hindernisse mehr in den Weg gelegt würden. Es zeigte sich, dass zu diesem Zeitpunkt ein Problem im Grunde darin bestand, dass die Logen in der sog. Zweiten Republik nach dem Münchner Abkommen freiwillig auseinandergegangen waren. Wenn sie nämlich bis zur Protektoratszeit ausgehalten hätten und erst durch die Regierungsverordnung Nr. 97/39 aufgelöst worden wären, hätte sich auf sie das Dekret von Präsident Beneš vom 25. September 1945 bezogen und sie

---

983   Aus diesen folgt, dass z.B. die Pilsner Logen das festgelegte Vorgehen verletzt hätten, da sie ungeachtet des Beschlusses der Prager Unterhändler einen Antrag auf Wiederaufnahme ihrer Tätigkeit gestellt hätten. Weitere informative Materialien für den Minister schildern die Geschichte der tschechoslowakischen Freimaurerei. Hierin sind zahlreiche Fehler und Ungenauigkeiten. Jedoch gibt es hier die relativ zutreffende Feststellung, dass zahlreiche Freimaurer im Widerstand waren, inhaftiert und hingerichtet wurden. „Der Grund für die Verfolgung war jedoch bereits nicht die Mitgliedschaft in den Freimaurerlogen, diese war meist nur ein Vorwand, da sich in der Freimaurerei ein Teil der führenden Politiker, Wirtschaftsführer und Persönlichkeiten des öffentlichen Lebens allgemein zusammenfand und viele von ihnen in den Widerstand gegen die Okkupanten eingebunden waren. Die Freimaurerlogen selbst haben jedoch keine Tätigkeit entfaltet und gingen auseinander, bevor im Grunde eine Gefahr bestand und bevor es zu irgendwelchen Schritten der Nazis gegen sie kommen konnte.“

hätten ihre Aktivitäten bereits seit langem wieder aufnehmen können. So aber mussten sich alle Vereine neu gründen.

Dass Faschisten und Kommunisten eine Mitgliedschaft in den Logen verwehrt war, wurde durch Noseks Leute als Beispiel eines „rein klein-bürgerlichen Verständnisses der Demokratie" interpretiert. Es hat den Anschein, dass einer der Gründe für ein größeres Entgegenkommen gegenüber der Freimaurerei als noch vor Jahresfrist in der Befürchtung bestand, dass diese Organisation bei Verweigerung einer Zulassung in die Illegalität getrieben würde, „zu einer geheimen politischen Tätigkeit, was Schwierigkeiten und den Verdacht von Verschwörung hervorrufen könnte".[984] Daher wurde dem Minister empfohlen, eine Zustimmung zur Neugründung zu erteilen, jedoch „nur bei bestimmten Garantien." Alle Logen müssten erneut ordnungsgemäß angemeldete und amtlich zugelassene Vereine sein, sie müssten ihre Vollversammlungen, ihren Sitz und ihre Funktionäre ordnungsgemäß melden. Dies wäre kein Problem gewesen, aber es folgte noch eine für die Freimaurer schockierende Forderung: garantiert werden solle „eine demokratische Aufnahme von Männern und Frauen und insbesondere, dass die Anonymität aufgehoben wird, d. h. dass den zuständigen Behörden das Ritual oder alle Kartotheken über die Mitglieder zur Verfügung stehen."

Diese Bedingung hatte Jaroslav Kvapil jedoch bei seiner Audienz bei Minister Nosek noch nicht erfahren, diese wurde erst nachfolgend formuliert. Am 10. Februar 1947 wurde daher ein Rundschreiben ausgegeben, dass freudig mitteilte, dass die Wiederaufnahme voll in Angriff genommen werden könne. Die Probleme ließen gleichwohl nicht lange auf sich warten. Der erstellte Entwurf der Satzung gefiel dem Ministerium des Innern nicht, bereits im April wurde die Forderung nach einer vollen demokratischen Struktur der Freimaurerei aufgestellt, bestehend in einer Beendigung der Diskriminierung von Frauen und auch darin, dass keine Ballotage mehr zu erfolgen habe, d.h. keine geheime Abstimmung mehr über einen Adepten, da diese ebenfalls undemokratisch sei. Die Freimaurer wären stattdessen verpflichtet, jeden aufzunehmen, der sich bei ihnen anmelde und bestimmte Bedingungen erfülle.[985] Nachfolgend ent-

---

984   Welche „Gefahren" einer geheimen Arbeit tatsächlich drohen konnten, zeigt ein Schreiben vom 3. Januar 1947, das die Stimmung in der Brünner Loge Cestou světla und auch in der Loge Kollár wiedergab: „Da sich die Verhandlungen jedoch sehr hinziehen, erwecken diese ein gewisses Misstrauen bezüglich eines positiven Verlaufs und eines positiven Ergebnisses, sie wecken Niedergeschlagenheit und Befürchtungen ob unserer Arbeit überhaupt. Es überwiegt der Eindruck, dass so lange Verhandlungen, wenn sie wirklich fleißig und wahrhaftig geführt werden, überhaupt keine Hoffnung auf ein gutes Ergebnis geben … [Die Brünner Brüder] denken … an eigenständige Verhandlungen und eine geheime Aufnahme der Arbeiten." AMP [Archiv der Hauptstadt Prag], Bestand Nationale Großloge der Tschechoslowakei [Národní Veliká Lóže Československého], K. 1.

985   Vgl. Protokoll des Treffens beim Innenminister vom 10. April 1947, bei den ihnen diese Bedingungen mitgeteilt wurden. AMP [Archiv der Hauptstadt Prag], Bestand Národní Veliká Lóže Československá [Nationale Großloge

brannte eine Diskussion unter führenden Vertretern der Freimaurerei, wie weit man diesen Forderungen des Staates entgegen kommen könne, damit die Satzung überhaupt noch mit der Konstitution und dem Wesen der Freimaurerei als solcher vereinbar wäre.

Einige Einwendungen wurden grundsätzlich abgelehnt, andere mussten akzeptiert werden. Zu den ersten zählte die Frage der Ballotage. „Es ist undemokratisch, wenn einer Minderheit von drei Personen die Möglichkeit eines Vetos gegeben wird. Ein Verweis auf eine Brüderschaft genügt nicht, da ich wahrer Bruder von jemandem sowieso erst werden kann, wenn ich ihn persönlich gut kennengelernt habe … Daher kann auch die allerstrengste Ballotage nicht garantieren, dass ich mit dem neu beigetretenen Mitglied in ein brüderliches Verhältnis treten kann",[986] sagten die freimaurerischen Reformer, derer es relativ viele gab. Der Streit zwischen ihnen und Vertretern der traditionellen Freimaurerei wurde auch über die Beziehung zur Politik geführt, wobei ins Feld geführt wurde, dass in den Logen trotz der deklarierten apolitischen Einstellung sehr wohl Politik gemacht wurde, was auch daran zu erkennen sei, dass keine Faschisten und Kommunisten aufgenommen werden dürften. „Im volksdemokratischen Staat kann es keine Tätigkeiten geben, die die Politik nicht berühren würden. Eine Organisation, die beabsichtigt bedeutende Personen zu vereinen, kann Tätigkeiten einer solchen politischen Ausrichtung nicht ausweichen. Es muss die Entschlossenheit erklärt werden, sich auf den Boden des volksdemokratischen Staates und der aufbauenden Anstrengungen seiner Regierung zu stellen."

Ein weiterer streitiger Punkt war die führende Stellung der Meister, die den demokratischen Grundsätzen nicht entsprochen habe. Da es sich jedoch im Grunde um einen Orden handelte, musste auf der Position der Meister bestanden werden. Falls dieser Grundsatz aufgegeben worden wäre, wäre die tschechoslowakische Freimaurerei international nie anerkannt worden. Zudem konnte in der Frage der Aufnahme von Frauen in die Freimaurerlogen nicht einen Zentimeter zurückgewichen werden. Diese Prinzipien konnten die Freimaurer gegenüber dem Ministerium des Innern denn auch durchsetzen. Die Rituale wurden den Behörden ohne Probleme offengelegt. „Den Freimaurern soll auferlegt werden, dass über alle Fragen betreffend die Freimaurerei umgehend eine öffentliche Diskussion geführt wird, sofern möglich in allen Blättern der Nationalen Front, damit die Öffentlichkeit die Möglichkeit hat, das Wesen der

---

der Tschechoslowakei], K. 2, Inv.-Nr. 12. Seitens der Freimaurer waren zugegen: Kvapil, Vančura, Mizera und Koschin.

986   Grundlegende Anforderungen, AMP [Archiv der Hauptstadt Prag], Bestand Národní Veliká Lóže Československá [Nationale Großloge der Tschechoslowakei], K. 1.

Freimaurerei zu beurteilen und damit der letzte Rest des durch die nazistische Propaganda gesäten Misstrauens weggewischt wird." Wenn diese Anforderung erfüllt worden wäre, wäre wahrscheinlich nicht nur der letzte Rest an Misstrauen, sondern auch der letzte Rest an romantischem Blütenstaub der Freimaurerei passé gewesen.

Korrespondenz von Mai 1947 zwischen freimaurerischen Parlamentariern und dem Ministerium des Innern sowie persönliche Verhandlungen führten letztlich dazu, dass in allen Fragen ein zufriedenstellender Kompromiss erzielt werden konnte. Die Ballotage erachtete das Innenministerium als ungewöhnlich, „jedoch wird diese Orden und Vereinigungen zuerkannt, die in ihrer Natur eine strenge Mitgliederauswahl fordern ..."[987]

Ergebnis der gegenständlichen Verhandlungen war die Satzung der Nationalen Großloge der Tschechoslowakei (Národní veliká Lóže Československá).[988] Aktivitäten der neu gebildeten NVLČs wurden im Juli 1947 offiziell genehmigt. Dies bedeutete, dass eine Großloge bestand, nicht jedoch deren Töchter, die einzelnen Logen im Land. Auf diese wartete noch ein langer Weg hin zur Wiederaufnahme ihrer Tätigkeit, manchmal solange, dass sie es vor der Machtübernahme der Kommunisten im Februar 1948 einfach nicht mehr schafften. Nicht minder kompliziert war auch die Aufnahme von Mitgliedern, da es keinen automatischen Übergang, sondern eine erneute Aufnahme gab, wenn auch in die Grade, in denen sie die Freimaurerei 1938 verlassen hatten. Viele waren auch mit der neuen Satzung unzufrieden. Von der Atmosphäre, die in einer der Logen herrschte, erzählt anschaulich ein Brief der Olmützer Freimau

---

987   Ebd., K. 1, Inv.-Nr. 6. Des Weiteren Inv.-Nr. 21, Schreiben der NVLČs an das Ministerium des Innern vom 27. Juni 1947, in der Sache der Satzung der Nationalen Großloge der Tschechoslowakei „... gestatten wir uns zu erklären, dass wir bereit sind, die Satzung der Nationalen Großloge der Tschechoslowakei, die seinerzeit dem Ministerium zur vorläufigen Einsichtnahme vorgelegt wurde und die durch die oben angeführte Eingabe ergänzt bzw. geändert wurde, zu ergänzen, was Änderungen noch in diesen Richtungen anbelangt: 1. In der einleitenden Präambel werden hinter die Worte ‚... entschlossen, an der Festigung der volks-demokratischen Grundlagen des tschechoslowakischen Staates ... zu arbeiten' folgende Worte eingefügt: ‚im Sinne des Košicer Regierungsprogramms', sodass die gesamte Präambel nun wie folgt lautet: ‚Die Freimaurer auf dem Gebiet der Tschechoslowakischen Republik, treu ihren Traditionen und geerbten Ordnungen, in dem Bemühen, ein Beispiel für bürgerliche Tugenden zu werden, erhöhte moralische Verpflichtungen im privaten wie im öffentlichen Lebens freiwillig auf sich nehmend, und entschlossen, an der Festigung der volks-demokratischen Grundlagen des tschechoslowakischen Staates im Sinne des Košicer Regierungsprogramms und im Sinne der Prinzipien zu arbeiten, für welche unter der Besatzung und in der nationalen Mairevolution Freimaurer zusammen mit anderen arbeitenden Gliedern des Volkes ihr Leben gaben, schließen sich erneut zusammen in einem Verein unter der Bezeichnung Nationale Großloge der Tschechoslowakei auf Grundlage der folgenden Satzung: 2. ... bisher lautend: ‚Jedwede politische Tätigkeit ist vollkommen ausgeschlossen', wird geändert und wird lauten: ‚Jedwede parteipolitische Tätigkeit ist vollkommen ausgeschlossen' 3. ausgelassen werden die Worte ‚in der Regel' und ‚bereits Meister der Loge waren', sodass diese Bestimmung neu wie folgt lautet: ‚Als Großmeister und auch als erster und zweiter Stellvertreter können nur Mitglieder gewählt werden, die bereits mindestens 3 Jahre Freimaurer und Meister sind.'..."

988   Ausgegeben 1947. Das Ministerium des Innern nahm die Bildung der NVLČs auf Grundlage dieser Satzung am 21. Juli 1947 zur Kenntnis.

rerpersönlichkeit Dr. med. Jan Babíček:[989] „Aus dem Entwurf wurde der frühere Artikel ausgelassen, dass Kommunisten keine Mitglieder des Ordens sein können, einige unserer Brüder sind nach unserer Befreiung der Kommunistischen Partei beigetreten. Gegen den Kommunismus kann es sicherlich keine Einwendungen geben, jedoch muss der Streit beigelegt werden, der zwischen dem Deismus und der Idee des Großen Baumeisters und dem philosophischen Materialismus der komm[unistischen] Partei entsteht, ferner zwischen der komm[unistischen] Parteidisziplin und der Anforderung der Freimaurer nach einer gewissen Überparteilichkeit. Werden wir von den Brüdern in dieser Hinsicht irgendeine Erklärung verlangen?

Durch einen unzureichenden Kontakt zwischen den Brüdern während der Okkupation und im Zuge der gesamten Nervosität bei der Okkupation entstanden zwischen den Brüdern hier und da eine Entfremdung, Widersprüche, persönliche Antipathien, ja sogar unbrüderliche Taten. Wie sind diese Dinge beizulegen? Durch einfaches Unterlassen einer Einladung einiger Brüder zu einer weiteren Tätigkeit im O[rden]? Durch ein Schlichtungsverfahren laut Satzung? Beides wird seine Schwierigkeiten haben. Ich bin zwar kein Jurist, aber ich habe das Gefühl, dass die Konzeption vom ununterbrochenen Fortbestehen der Nationalen Großloge nicht so ganz mit dem Vorgehen bei deren Wiederbelebung übereinstimmt, dass dadurch auch eine Art Richtschnur für die Gewinnung von Mitgliedern bei der Neugründung verloren geht."

Trotz aller Probleme und Komplikationen liefen die Vorbereitungen für eine Wiederaufnahme der freimaurerischen Aktivitäten auf Hochtouren. Der Tag, auf den alles hinauslief, war traditionell der 26. Oktober, zu dem eine Vollversammlung einberufen wurde.[990]

Es geht wieder los!

Die einzelnen Grüppchen an Freimaurern, die vor fast zehn Jahren Freimaurerlogen bildeten, nahmen den Impuls auf und begannen mit neuer

989 Schreiben von Jan Babíček an Otto Mizera vom 21. Mai 1947, AMP (Archiv der Hauptstadt Prag), Bestand Národní Veliká Lóže Československá (Nationale Großloge der Tschechoslowakei), K. 6, Inv.-Nr. 56. Ein Schreiben von Jan Babíček an Rudolf Pelíšek vom 15. Juni 1946 ist hier konkreter: „Ich rechne damit, dass wahrscheinlich 3 weitere wegen ungebührlichen Verhaltens in der Zeit der Unfreiheit nicht wieder aufgenommen werden können ..." AMV (Archiv des Ministeriums des Innern), S-271-5.

990 Die Wachsamkeit der Sicherheitsorgane gegenüber den Freimaurern ließ jedoch nicht nach. Vgl. hierzu Materialien vom Mai 1947 im AMV (Archiv des Ministeriums des Innern), H-125/3. Hier Aufzeichnungen über Verhandlungen bezüglich einer Infiltrierung von Freimaurerlogen und auch darüber, ob es für Kommunisten zulässig sei, Freimaurer zu werden. Wie man sieht, war diese Frage nicht nur aufseiten der Freimaurer aktuell. Tatsächlich war die Kompatibilität beider Weltsichten – die der Freimaurer und die der Kommunisten – gering. Jedoch gab es Zeiten, wie die unmittelbaren Nachkriegsjahre in der Tschechoslowakei, in denen dies kein so großes Hindernis wie zu anderen Zeiten darstellte.

Intensität zu wirken. Bisher handelte es sich immer noch nur um Gruppen von Männern, da bislang keine Logen aktiv werden konnten, da der formale Akt der Wiederbegründung noch nicht vollzogen wurde und sie auch als Vereine noch nicht zugelassen waren (die Verhandlungen mit den staatlichen Stellen zogen sich hin). Uns liegt heute ein einzigartiges Zeugnis darüber vor, was hinter den Kulissen der vorherigen Verhandlungen passierte, worüber andere Quellen schweigen. Als erstmals nach dem Krieg der vorbereitende Ausschuss der Loge Národ unter dem Vorsitz von Jan Thon am 8. März 1947 zusammentrat, trug das Logenmitglied Jan Jína ein sehr detailreiches Referat über das Vorgehen des vorbereitenden Ausschusses der NVLČs bis zu diesem Zeitpunkt vor. Und erst aus diesem Vortrag erfahren wir, was alles hinter den Kulissen geschah. Wir erfahren, dass führende Persönlichkeiten des öffentlichen und vor allem des politischen Lebens mit dem Verweis angesprochen wurden, dass ein Fehlen der Freimaurerei in der Tschechoslowakei einen großen Mangel darstellen würde. Wir erfahren ferner, dass sich freimaurerische Minister – Ripka und Pietor – engagierten, wie Verhandlungen mit Msgre Hála, einem führenden Politiker der konservativ-christlichen Volkspartei, verliefen,[991] der keine Einwendungen hatte, oder wie der Staatspräsident im Herbst 1946 mit Ministerpräsident Gottwald über die Freimaurer sprach. Und wir erfahren auch, dass Gottwald schwieg. Aber nicht nur das – es war das Verbot der Freimaurerei in Bulgarien, das als Präzedenz die Wiederbegründung der Freimaurerei in der Tschechoslowakei verzögerte.[992] Jína teilte auch mit, dass den größten Anteil an der Annahme des angeführten Memorandums die Brüder Koschin und Červíček aus dem sog. Regierungspräsidium gehabt hätten, dass Gottwald aber nach wie vor mauern würde. Am Ende habe Minister Pietor den Stellvertretenden Ministerpräsidenten Ján Ursiny, Bruder Jan Bělehrádek, den ersten Nachkriegsrektor der Karlsuniversität und Abgeordneten für die Sozialdemokraten, Zdeněk Fierlinger, und andere einflussreiche Parteigrößen für die Sache gewinnen können. Da Gottwald nicht zu erweichen war, wurde auch mit dem Generalsekretär der Kommunistischen Partei, Rudolf Slánský, verhandelt, der keine Einwendungen hatte. Dass die Angelegenheit dann erneut auf der Ebene der Regierung verhandelt wurde, war einem weiteren Stellvertretenden Ministerpräsidenten, dem Volks-

---

991   Wahrscheinlich, weil dieser am besten seinen Kollegen von der Volkspartei, den Stellvertretenden Ministerpräsidenten Jan Šrámek, beeinflussen konnte. Auch für diese katholischen Priester war es sicherlich keine leichte Entscheidung, ob sie einen streng antifreimaurerischen klerikalen Weg einschlagen sollten, den sie absurderweise zu diesem Zeitpunkt wählen konnten, oder ob sie einer Unterstützung der Freimaurer als einem Indikator für die Demokratie den Vorrang geben sollten.

992   In der tschechischen Presse hatte ein Angriff Georgi Dimitrows auf die Freimaurer eine gewisse Resonanz.

sozialisten Petr Zenkl zu verdanken. Die Regierung beschloss in diesem Zusammenhang, dass Minister Nosek ein Referat über die Wiederaufnahme der Aktivitäten der Freimaurerei vorlegen solle. Erst nachfolgend sollen die Diskussionen um die Satzung eingesetzt haben. Hinter diese Kulissen der Verhandlungen auf politischer Ebene hatte die Mehrheit der Freimaurer jedoch selbstredend keinen Einblick.[993] Es galt nach wie vor der Grundsatz, dass die Freimaurer eine einflussreiche Elite bildeten, wenngleich eher als Relikt der vormaligen Eliten, deren Position nunmehr unsicher zu sein schien.

Gegen die Existenz der Freimaurerei hatten nicht nur einige Kommunisten Einwendungen, sondern auch und wiederholt katholische Kreise.[994] „Geheime Treffen der Freimaurer im Hotel Alcron. Kirchliche katholische Kreise wurden darauf hingewiesen, dass im Hotel Alcron geheime Treffen von Freimaurern stattfinden", meldete ein Agent, „deren Aufgabe in der Erneuerung der vernichteten und auseinander gejagten Freimaurerlogen bestehen wird ... zu diesen Geheimtreffen kommen meist hohe Offiziere. Man hört, dass die Freimaurer vor allem ihren ehemaligen Mitgliedern, Angehörigen von Logen, zu ihrem Vermögen verhelfen wollen, das ihnen durch die ‚harte Hand der Straße' weggenommen wurde. Wie sie das erreichen wollen, ist unbekannt. Dass sie jedoch die Kommunisten und alle Maßnahmen wie ROH, ÚRO [die revolutionären Einheitsgewerkschaften] etc. nicht mögen, liegt auf der Hand." Sofern dieser Bericht aus kirchlichen Kreisen stammte, war er so verfasst, dass er den Wünschen vieler Klerikaler entsprach – eine Wiederbelebung der Freimaurerei nicht zu erlauben. Der Verweis auf Involvierung von Armeekreisen und ein Interesse an Eigentumsfragen wie auch eine Ablehnung der Errungenschaften der sog. volksdemokratischen Ordnung war etwas, was die (kommunistischen) Sicherheitskräfte Noseks hellhörig werden ließ. Gleiches gilt für Berichte, nach denen die Freimaurer Auge und Ohr Amerikas seien, wobei sie amerikanische Geheimdienste in der Tschechoslowakei ersetzen würden, und wonach sie mit dem englischen Dienst ebenfalls in engem Kontakt stünden.[995]

Aus der Zeit der Vorbereitung der Vollversammlung stammt von einem der führenden Funktionäre der Loge Národ ein Bericht zur Stimmung und zu den Positionen der Freimaurer. Aus dem Bericht erfahren

993   Vgl. Protokoll der Sitzung des vorbereitenden Ausschusses der Loge Národ vom 8. März 1947, in: AVL ČR [Archiv der Großloge der Tschechischen Republik].

994   Vgl. AMV [Archiv des Ministeriums des Innern], H 125/1, Bericht eines Agenten vom 15. April 1947.

995   Ebd., Bericht eines Agenten vom 26. Juni 1947. Hier wird angeführt, dass die Zentrale die Politik betreiben würde und die einzelnen Logen keinerlei Ahnung hätten, worum es im großen Kontext gehe. Ähnliche Dienste für die Amerikaner würden auch der Rotary Club oder die YMCA erbringen.

wir, dass die Freimaurer nicht mit ihrer Auffassung hinter dem Berg hielten, dass ihre Wiederauferstehung von Klement Gottwald, dem Führer der Kommunisten, veranlasst worden sei. „Die Freimaurer behaupten, dass die Aktion durch die Kommunistische Partei der ČSR geführt wird, die aus Angst, dass sich die Freimaurer illegal konstituieren würden, lieber deren Neugründung als Verein bestätigte, um sie unter Kontrolle zu haben." Aus dem gegenständlichen Bericht geht hervor, dass der Großorient noch vor seiner formalen Konstituierung davon ausging, dass hier Geheimdienstleute eingeschleust würden. „Unser Informant nimmt an, dass sich neben den off[iziell] gewählten Personen des Großorients eine illegale Freimaurerführung etablieren wird, und zwar aus Freimaurern der höchsten Grade, es wird mit Spannung erwartet, wer alles freim[aurerischer] Funktionär wird."[996]

Über die Kandidaten für die höchsten Posten wurde definitiv am 18. September 1947 entschieden. Die Ämter teilten im Grunde drei Prager Logen unter sich auf, von Logen außerhalb Prags gelangten in das höchste Gremium nur der Olmützer Emil Kulp und von der Loge Kollár der Historiker Václav Chaloupecký, der sowieso seit zehn Jahren in Prag lebte. Klecandas nun freien höchsten Posten übernahm der evangelische Pfarrer Bohumil Vančura, der als Leiter der angelsächsischen Abteilung im Informationsministerium arbeitete, ein Meister der Loge Komenský im Exil. Dies symbolisierte die Bedeutung der Kontinuität der Freimaurerei in Kriegszeiten. Vor dem Hintergrund der „heimischen" Freimaurertradition war Vančura jedoch ein unbeschriebenes Blatt, da er erst 1937 im Rahmen der Loge Pravda a svornost (Wahrheit und Einigkeit) zu den regulären tschechischen Freimaurern gestoßen war. Obwohl es sich um eine nachvollziehbare Wahl handelte – aber auch um eine taktische, da Vančura als wenig ausdrucksstarke Persönlichkeit den staatlichen Stellen nichts ausmachte – war es keine glückliche Wahl.[997]

996   Ebd., Aufzeichnung eines Berichtes vom 4. Oktober 1947. Hier zahlreiche Fotokopien, z. B. die gesamten Akten rund um die Geldüberweisungen aus Amerika an die tschechoslowakischen Freimaurer, deren Originale sich im AKPR [Archiv der Kanzlei des Staatspräsidenten] befinden. Aus Materialien des AKPR folgt, dass die Akten bezüglich der NVLČs dem Ministerium des Innern im April 1949 geliehen wurde. Die Dokumente kehrten nach drei Wochen zurück, offenbar wurden in diesem Zeitraum die entsprechenden Kopien angefertigt.

997   Die Sicherheitsorgane verhafteten Bohumil Vančura im Februar 1953, es folgten unendlich lange Verhöre, die vor allem Kontakte nach England, den Einfluss Edvard Benešs auf die Freimaurer und die Aktivitäten der Freimaurer in der Tschechoslowakei allgemein betrafen. Protokolle seiner Verhöre vom 5. Februar 1953 bis zum 19. Februar vgl. im AMV [Archiv des Ministeriums des Innern], H-125/7. Ich kann mich des Eindrucks nicht erwehren, dass aus Vančuras Aussagen – und es stehen eine ganze Reihe an vergleichbaren Materialien zur Verfügung, da er bei Weitem nicht der Einzige war, der einer solchen schweren Prüfung unterzogen wurde – nicht die Spur des Versuches zu erkennen ist, andere Personen zu decken bzw. Rücksicht auf jene zu nehmen, denen er mit seinen Aussagen hätte schaden können. Vančura geizte nicht mit eindeutigen Bewertungen von Personen, die bereits in Sicherheit in der Emigration waren oder auf dem Friedhof lagen, in gleicher Weise ging er jedoch auch bei anderen Personen vor. In Einklang mit der zeitgenössischen Diktion, für die Vančura selbstverständlich nichts konnte, be-

Großmeister ehrenhalber wurde selbstverständlich Jaroslav Kvapil,[998] auf zwei weitere hohe Posten wurden Jaromír Dvořák aus der Loge Komenský und Jiří Syllaba aus der Loge Národ berufen. Diese Bestallungen demonstrierten gleichsam symmetrisch das Fundament und den Ursprung der tschechoslowakischen Freimaurerei. In das Amt eines Zweiten Großsekretärs (für Auslandskontakte) wurde Pavel Körbel vorgeschlagen (auch er kam einst aus der nicht regulären Loge Baruch Spinoza), der erste Platz gebührte Otto E. Mizera (Loge Sibi et posteris), einem Saatguthändler, der einer der profiliertesten Persönlichkeiten der Freimaurerei der Nachkriegszeit wurde. Die meisten anderen Ämter wurden mit bewährten Personen besetzt: Otto Seydl, Vincenc Lesný, Rudolf Konrád, Vladimír Rott, František Kadeřávek etc., von den bekannten „Londonern" wurde Max Wassermann für das Amt eines „Großsamariters" vorgeschlagen. Aus dieser Sicht musste es scheinen, dass alles in seine normalen Bahnen zurückkehrte.[999]

Die Vorbereitungen zur Vollversammlung liefen auf Hochtouren, als Tagungsort wurde das Palais Colloredo-Mansfelds in der Str. Karlova ulice im Herzen der Hauptstadt ausgewählt; der Saal sollte durch den sehr aktiven und aufopferungsvollen Freimaurer, den Architekten Ladislav Machoň, dekoriert werden. Geplant waren Grußadressen und feierliche Reden. Angedacht war ein feierliches Mittagessen im feinen Restaurant

zeichnete er etwa Prof. Jan Kabelík als idealistischen Philosoph mit bourgeoiser und kleinbürgerlicher Einstellung, bei Pavel Körbel hob er dessen jüdisch-bourgeoise Herkunft hervor, wobei dieser politisch bourgeois-kapitalistisch eingestellt sei, Architekt René Wiesner sei jüdisch-bourgeoiser Herkunft, „Assimilant" und „Tschecho-Jude" gewesen. Wir erfahren, dass Klecanda politischen „Schacher" betrieben habe, er zum Erreichen seiner Ziele vor nichts zurückschrecken würde (über Klecanda und sein ambitioniertes Handeln finden wir in diesem Geiste auch andere Aussagen, etwa in den Kriegstagebüchern von Jan Opočenský – hier wird gar Klecandas vorgebliche Ambition auf das Präsidentenamt erwähnt, 17. August 1942, S. 229). Vančura schonte bei seinen Aussagen auch jene nicht, die er unmittelbar in Gefahr bringen konnte, und zwar seine bislang lebenden Brüder aus der einstigen Loge Komenský im Exil (Josef Ehrlich, Arnošt Hoffmann, Max Wassermann, Gustav Janata und andere). Der vormalige Großmeister Vančura erklärte im Zuge seines Verhörs ferner Folgendes: „Ich weiß nichts davon, dass der Freimaurer KVAPIL in der Zeit der Okkupation irgendeine illegale Widerstandtätigkeit ausgeübt hätte." Gut, dass Jaroslav Kvapil dies nicht mehr erfahren konnte ... Laut Vančura sei das Verhältnis der Freimaurer gegenüber der volksdemokratischen Ordnung feindlich gewesen und es hätte das klare Bestreben gegeben, umstürzlerisch hin zu einer Wiedererrichtung der kapitalistischen Ordnung zu wirken.

998   Vgl. die Reflexion von Antonín Sum, die uns die geistige Verfassung der alten Freimaurer in der neuen Welt nahebringt: „Angesehener nationaler Künstler, teurer Bruder ... am 26. Oktober war ich bei der Gedenkfeier zugegen, bei der ich aus Deinem Munde erfreuliche und aufmunternde Worte für die Arbeit hörte, die uns alle zusammen erwartet. Für diesen Vortrag, der die Herzen aller berührte, bin ich Dir aufrichtig dankbar. Ich freue mich aufrichtig auf aus Deiner Führung kommende Sachen und wünsche Dir auch lange Freude an dem, was Du für unser Volk bisher getan hast. Brüderlich drückt Dir Deine Hand, Dein A. Sum." LA PNP (Literaturarchiv des Denkmals des nationalen Schrifttums), Bestand Jaroslav Kvapil, Brief von Antonín Sum vom 3. Dezember 1947.

999   Die Kandidatenliste ist an mehreren Stellen einzusehen – im Archiv der Großloge, im Bestand der Nationalen Großloge der Tschechoslowakei (Národní Veliká Lóže Čs) im AMP (Archiv der Hauptstadt Prag) oder im AMV (Archiv des Ministeriums des Innern) und seinen reichen Beständen. Die Situation gefiel aber Vertretern der Loge Most nicht, für die kein Posten übrig blieb. Schriftstücke, die im Zeitraum der Vorbereitungen an Freimaurer verschickt wurden, finden wir repräsentativ vertreten im ANM (Archiv des Nationalmuseums), Bestand Antonín Sum.

Parnas, Essen und Getränke sollte ausnahmsweise die NVLČs tragen. Die Freimaurer sollten aber Essensmarken mitbringen. Der Ort des Essens wurde jedoch verschoben – man speiste wieder in Havels Palais Lucerna. „Was das Mittagsmahl anbelangt, kann ich hinzufügen, dass wir uns im Restaurant ‚Zum Schwarzen Pferd' in der Lucerna, Prag II., Vodičkova ulice, treffen. Jeder Teilnehmer soll in einem Umschlag mit seinem Namen und seiner Adresse Essensmarken für 30 g Fett und 150 g Mehl mitbringen. Es wird ein einziges Menü geben und der vorbereitende Ausschuss schlägt vor, dass ganz ausnahmsweise die Kasse der Großloge die mit dem Mittagessen verbundenen Kosten bezahlt, außer den Getränken, die jeder Teilnehmer selbst zahlen wird ...“[1000]

Es kam der 26. Oktober 1947, ein Sonntag, 9 Uhr morgens, und die Prager Altstadt war voll von feierlich gestimmten Freimaurern, die seit dem letzten offiziellen Treffen um neun Jahre gealtert waren. Dieses Mal waren Vertreter aller politischen Parteien zugegen, und während draußen ein politischer Kampf um Reichensteuer und Agrarprogramm der Kommunisten tobte, versprachen sich die Freimaurer eine Wiederauferstehung der alten Brüderlichkeit und Toleranz.

Die Einladung zur Vollversammlung erstellte und versandte Pavel Körbel,[1001] aus ihr erfahren wir das geplante dreistündige Programm, und dass die Delegierten „nach Möglichkeit einen dunklen Anzug" tragen mögen. Auf der Tagesordnung standen die Geschäftsordnung, der Bericht über die Tätigkeit der tschechoslowakischen Freimaurer und der Nationalen Großloge der Tschechoslowakei im Exil, der Bericht über die Tätigkeiten des vorbereitenden Ausschusses, eine Annahme der Satzung,[1002] der Bericht des vorbereitenden Finanzausschusses, der Vorschlag einer Kandidatenliste, der angepasste Wortlaut von Richtlinien zum Vorgehen bei der Wiedererlangung der Mitgliedschaft in der Nationalen Großloge der Tschechoslowakei und die Übersetzung einer Erklärung der Vereinigten Großloge von England über die Ziele und die Beziehungen der Freimaurerei. Alle diese Programmpunkte wurden – neben zahlreichen weiteren Tagesordnungspunkten – an jenem Oktobersonntag dann auch tatsächlich verhandelt.[1003]

1000   Schreiben von Pavel Körbel vom 14. Oktober 1947, AMP [Archiv der Hauptstadt Prag], Bestand Národní Veliká Lóže Československá [Nationale Großloge der Tschechoslowakei], K. 1, Inv.-Nr. 6.

1001   Eine solche Einladung finden wir ebd.

1002   Dieses Mal waren Logen keine eigenständigen Vereine mehr, sondern bildeten vereinsrechtlich Zweigstellen der NVLČs.

1003   Vgl. Protokoll über die konstituierende Vollversammlung der Nationalen Großloge der Tschechoslowakei, AMP [Archiv der Hauptstadt Prag], Bestand Národní Veliká Lóže Československá [Nationale Großloge der Tschechoslowakei], K. 5, Inv.-Nr. 44.

Die Sitzung eröffnete František Kadeřávek und es war zweifelsohne ein sehr ergreifender Moment. In welchem Maße welcher der Beteiligten an die Zukunft der Freimaurerei in der Tschechoslowakei glaubte, lässt sich schwer sagen; wenn sie in Sachen Geschichte jedoch Pessimisten gewesen wären, hätten sie sich zu diesem Zeitpunkt bereits nicht mehr zur Freimaurerei bekannt, wie viele ihrer Kollegen. Obwohl die Freimaurerei nur in den tschechischen Landesteil zurückkehrte, während sie in der Slowakei nicht zugelassen wurde, was ein weiteres Warnsignal gewesen sein musste, nahmen an der Sitzung auch einige slowakische Freimaurer teil: Es wurde die Hoffnung ausgedrückt, dass dieser Zustand nur vorübergehend sein würde. Dem sollte nicht so sein.

Die Kandidatenliste wurde einstimmig genehmigt. Großmeister Vančura übernahm die Führung der tschechoslowakischen Freimaurerei. Anschließend wurde der dienstälteste Freimaurer ausgezeichnet – Jaroslav Kvapil. Die anderen gewählten Funktionäre schworen sukzessive ihren Eid in die Hand des Großmeisters. Nachfolgend wurde das Freimaurergericht gewählt. Nach einer Diskussion über die Satzung meldete sich wahrscheinlich ein wenig wider die Erwartungen der Großmeister aus der Vorkriegszeit, Václav Hora, zu Wort, der an der Tagung teilnahm. Er merkte an, dass es vor dem Krieg zu Indiskretionen kam, dass vertrauliche Beschlüsse häufig nach außen getragen wurden und dass ihn etwas besonders bewegte: „Vor 9 Jahren wurde der Beschluss über die Liquidierung der Großloge nachmittags um 4 Uhr gefasst. Es waren nur wenige Brüder anwesend, aber noch am selben Abend stand ein Bericht über diesen Beschluss in der Abendzeitung ... Hieraus folgt die Lehre, dass bei Aufnahme neuer Mitglieder mit entsprechender Vorsicht vorgegangen werden muss."[1004] Hora wusste, worüber er sprach, aber die Freimaurer in dieser Hinsicht zu schützen, war nach dem Krieg noch weitaus schwieriger, als vor dem Krieg ...

Zu diesem Datum waren folgende Logen im Entstehen begriffen: in Prag – Baruch Spinoza, Bernard Bolzano, Dílna lidskosti („Werkstätte der Menschlichkeit"), Dílo („Das Werk"), Jan Amos Komenský („Jan Amos Comenius"), Most („Die Brücke"), Národ („Das Volk"), Pravda vítězí („Die Wahrheit siegt"), 28. říjen („Der 28. Oktober") und Sibi et posteris, des Weiteren bestand hier noch die Loge Jan Amos Komenský im Exil; in Brünn entstand von den zwei dortigen Logen nur die Cestou světla („Weg des Lichts"), in Olmütz (Olomouc) waren Lafayette und in Ostrava Lux in tenebris ebenfalls fast wiederbegründet worden. In Pilsen entstand von den zwei Logen der Vorkriegszeit nur die ursprüngliche Loge

---

1004 Ebd.

Dobrovský.[1005] Mangels Mitgliedern erlosch die Loge Pravda a svornost („Wahrheit und Einigkeit"). Das größte Problem bestand damals mit den slowakischen Logen, von denen lediglich die nach Prag verlegte Kollár eine Genehmigung erlangt hatte.[1006] Zum gegenständlichen Zeitpunkt bestand jedoch keine der Logen als eigenständige juristische Person.

Vor dem Abschluss der Versammlung wurden Grußadressen behandelt, die an Präsident Beneš und an Ministerpräsident Gottwald gerichtet wurden.[1007] Ferner wurden gegrüßt: der alte Freund der tschechoslowakischen Freimaurer, Cowles, die Vereinigte Großloge von England, die Großloge in New York und die Massonic Service Association in Washington. Aber auch die Öffentlichkeit sollte dieses Mal nicht zu kurz kommen: Als eine Offensive gegen die Nazi-Propaganda (zumindest wurde dies als der Hauptgrund angeführt, über den wir heute Zweifel haben können ...) wurde beschlossen, dass die Vollversammlung auch die Nachrichtenagentur ČTK informieren würde. Im Übrigen waren Fotografen der ČTK zu Beginn der Versammlung anwesend. Im Bericht wurde eine Reihe Informationen über die Freimaurer mitgeteilt, vor allem wurde informiert „über den wesentlichen Inhalt der Botschaft an den Vorsitzenden der Regierung, insbesondere bezüglich der Beteiligung tschechoslowakischer Freimaurer am Widerstand und über deren Opfer".[1008] Der an Beneš gerichtete Brief war in diesem Kontext unwichtig.

Die Freimaurer nahmen also ihre Aktivitäten offiziell wieder auf. Die Probleme wurden mit diesem Tag gleichwohl nicht weniger. Vergessen wir nicht, dass der Tempel, der vor dem Krieg unter Schwierigkeiten errichtet wurde, in ein paar Oktobertagen des Jahres 1938 verschwand, dass die Bibliotheken verloren waren, die Archive entweder vernichtet oder so gut versteckt, dass sie nicht wieder aufzufinden waren. Aus Sicht ihrer historischen Kontinuität standen die tschechoslowakischen Freimaurer mit leeren Händen da. Gerade im Herbst 1947 begannen sie in-

---

1005   Materialien zur Existenz dieser Loge in der Nachkriegszeit vgl. in: Archiv der Stadt Pilsen [Archiv města Plzně], Bestand Zednářská lóže Josef Dobrovský [Freimaurerloge Josef Dobrovský]. Die Aktivitäten dieser Loge wurden formal erst 1948 wieder aufgenommen. Die Loge Cestou světla nahm ihre Tätigkeit tatsächlich formal nie wieder ganz auf, zumindest folgt dies aus einem Verzeichnis aufgelöster Logen.

1006   Einige ihrer Archivalien liegen im AVL ČR [Archiv der Großloge der Tschechischen Republik]. Die Loge wirkte aktiv bis 1951, jedoch nur in Prag, und sie bestand vor allem aus Tschechen, die vor dem Krieg in der Slowakei gelebt hatten [zurückgekehrt war z. B. Jan Emler], aber auch aus in Prag lebenden Slowaken. Die Freimaurer machten sich Hoffnungen, dass zumindest die Loge Vatra wiederbelebt werden könnte, jedoch vergebens.

1007   Vgl. ihre Texte im AMP [Archiv der Hauptstadt Prag], Bestand Národní Veliká Lóže Československá [Nationale Großloge der Tschechoslowakei], K. 1, Inv.-Nr. 6.

1008   Protokoll über die konstituierende Vollversammlung der Nationalen Großloge der Tschechoslowakei, AMP [Archiv der Hauptstadt Prag], Bestand „Národní Veliká Lóže Československá" [Nationale Großloge der Tschechoslowakei], K. 5, Inv.-Nr. 44. ČTK nahm sich der Aufgabe an und wahrscheinlich alle Zeitungen vermeldeten die Wiederbegründung der Freimaurerei im Land. NA [Nationalarchiv], Bestand Ministerstvo zahraničních věcí-výstřižkový archiv [Ministerium für auswärtige Angelegenheiten – Archiv für Ausschnitte] 1945-51, K. 296.

tensiv, ihr historisches Gedächtnis zu suchen, gleiches galt auch für geeignete Räumlichkeiten für einen neuen Tempel – konnte man sich doch jetzt, nach der Wiedergeburt, nicht wie bisher in Gasthäusern treffen. Als geeignete Räumlichkeit für den neuen Tempel erschien das Palais des Großpriors des Malteserordens auf der Prager Kleinseite, das seinerzeit unter staatlicher Verwaltung stand.[1009] Eine weitere Möglichkeit war ein Saal im Smetana-Museum an der sog. Novotného lávka, direkt an der Karlsbrücke, für den Architekt Ladislav Machoň im Januar 1948 sogar einen Plan für einen möglichen Umbau anfertigte.[1010] Bei der Suche sollte der ehemalige Prager Bürgermeister Petr Zenkl helfen, der jedoch enttäuschte.[1011] Am 5. Februar verhandelten Vertreter der Freimaurer mit dem Orden B'nai B'rith, ob dieser nicht einen Teil seiner Räume (4. Geschoss) im historischen Sitz dieser Gesellschaft in der Str. Růžová ulice Nr. 5 vermieten würde.[1012] Am Ende erhielten sie jedoch Räume des sog. Tschechischen Nationalrates in der Valentinská ulice Nr. 1. Als der Rat seine Aktivitäten Mitte 1950 einstellte, erlangten die Freimaurer auch einen Teil seines Inventars.

Noch schwieriger gestaltete sich jedoch die Suche nach den Archiven und der Wiederaufbau der Bibliotheken. Von jenen, die vor dem Krieg Dokumente versteckt hatten, waren nur noch wenige am Leben, oder aber sie konnten nicht genau sagen, was mit den Archivalien oder gegebenenfalls dem Inventar passiert war.[1013] Einige Gegenstände wurden in Depositorien von Museen eingelagert, in denen Freimaurer arbeiteten, wie im Fall des Pilsner oder des Olmützer Museums – von letzterem wurden Materialien offenbar an das Museum in Prostějov weitergegeben.[1014]

1009   Zu den Verhandlungen vgl. ebd., K. 2 und 3.

1010   Ebd., K. 3, Inv.-Nr. 27.

1011   Vgl. Zenkls Schreiben an Vladimír Rott vom 4. Dezember 1947, AMP [Archiv der Hauptstadt Prag], K. 2, Inv.-Nr. 12. „Geehrter Bruder, ich wäre Dir sehr gern bei Deinen Anstrengungen behilflich, geeignete Räume für die Wiederaufnahme der Arbeiten der tsch. Freimaurer zu erlangen, aber leider habe ich hierzu keine Gelegenheit. Bei der Übererfüllung meines Tages mit Pflichten wäre es von mir leichtsinnig, wenn ich versprechen würde, mich darum kümmern zu können, Dir Deine Arbeit in irgendeiner Weise zu erleichtern. Wenn Du aber von irgendwelchen Räumlichkeiten wissen solltest, zu deren Erlangung ich Dir in irgendeiner Weise zur Seite stehen könnte, würde ich dies selbstverständlich gern tun." Zenkls Bruderschaft war in diesem Fall offenbar seine Partei, die Volkssozialisten. Zur selben Zeit wurde jedoch auch ein Vorschlag auf Einrichtung eines Baufonds gemacht, der den gleichen Zwecken wie vor dem Krieg hätte dienen sollen. Vgl. Schreiben von Vilém Götzl an Otto Mizera vom 5. Januar 1948. AMP [Archiv der Hauptstadt Prag], Bestand Národní Veliká Lóže Československá [Nationale Großloge der Tschechoslowakei], K. 7, Inv.-Nr. 59.

1012   AMV [Archiv des Ministeriums des Innern], S-271-7. Hier Aufzeichnung vom 7. Februar 1948.

1013   Klassisch Josef Svoboda aus Budweis [České Budějovice] am 9. Juli 1946: „Das Archiv haben wir im Garten von Karel Ch[ochol] vergraben, können es aber nicht finden. Ich werde es selbst in meinem Urlaub in etwa 14 Tagen angehen." Ebd., K. 1, Inv.-Nr. 3.

1014   Vgl. Schreiben von Jan Babíček an Otto Mizera: „Unser Inventar und die Logeneinrichtung ist fast vollständig verloren, wenn sich etwas im Archiv erhalten hat, dann Zeremonienbücher, Freimaurerliteratur. Und Bijous und Schurze habe ich teilweise bereits in meinen Händen konzentriert, einen Teil haben wir bei Bruder Khuendela im

Die Angst davor, dass die Deutschen die Kartotheken der Freimaurer fanden, war 1939 ein sehr starker Motor gewesen, gründlich zu arbeiten. Es genügt ein Blick auf das Vorkriegsarchiv der Nationalen Großloge NVLČs, von dem Materialien des Archivs der Hauptstadt Prag künden: Das Vorkriegsarchiv des NVLČs wurde nach der Liquidation 1939 dem Museum der Hauptstadt Prag übergeben. „Als 1943 ein deutscher Leiter im Museum eingesetzt wurde, wurde entschieden und angeordnet, das Archiv zu beseitigen, wobei sein überwiegender Teil in das Technische Museum verlegt wurde. Im Museum der Hauptstadt Prag blieb nur ein kleiner Teil…, der im Sommer 1944 in Kisten gelegt und in ein Lager nach Karlov verbracht wurde, wo er bis zum Kriegsende war. Jedoch wurde dieses Material nach der Befreiung nicht mehr an die erneuerte NVLČs zurückgegeben. (Ob es sich bis heute im Museum der Hauptstadt Prag oder im Nationalen Technischen Museum befindet, ist unbekannt.)"[1015] Unbekannt war dies auch nach 1989 und unbekannt ist es auch heute noch, da bislang niemand diese Archivalien entdecken konnte. Einige Logen jedoch hatten ihr Archiv gerettet, eine von ihnen war die Loge Sibi et posteris, eine aus Sicht der Geschichte der tschechoslowakischen Freimaurerei relativ junge, jedoch verdienstvolle Loge.

Aber den Logen gehörten ja einst nicht nur Schriftstücke, sondern auch dreidimensionale rituelle Hilfsmittel, oftmals von nicht geringem Wert. Bereits 1945 erfuhren Freimaurer von einem ehemaligen Häftling aus Theresienstadt, dass einige Sachen in ein Depot über den Werkstätten in der Kleinen Festung von Theresienstadt gelangt seien. Im Juni 1945 machten sich also einige Personen nach Theresienstadt auf und gelangten bis in das besagte Lager. Dort stellten sie fest, dass es sich tatsächlich um Einrichtungsgegenstände ihres Tempels in Prag-Smíchov handelte. Die meisten Dinge, die verwendet werden konnten, wie etwa Sessel, hatten die Deutschen gestohlen. Übrig aber waren bronzene Türklopfer von der Tempeltür, metallene Teile von Kronleuchtern, Fahnenhalter, Leuchter, Bilder und einige andere Sachen. Ohne Zustimmung des sog. Landes-Nationalausschusses hatten die Freimaurer jedoch keine

---

Museum Prostějov hinterlegt …" Ebd., K. 6, Inv.-Nr. 56. Ein Teil der Sachen wurde im Museum beschlagnahmt, wie Babíčeks Schreiben vom 1. Oktober 1945 andeutet. AMV (Archiv des Ministeriums des Innern), S-271-5.

1015   AMP (Archiv der Hauptstadt Prag), Bestand Nationale Großloge der Tschechoslowakei (Národní Veliká lože Československá) (1918) 1923 – 1951. Das Inventarverzeichnis erstellte 1990 Jan Škoda. Eine detaillierte Dokumentation zu dieser Verwahrung einschließlich eines genauen Verzeichnisses der übergebenen Sachen befindet sich im AMP (Archiv der Hauptstadt Prag), Bestand Národní Veliká Lóže Československá (Nationale Großloge der Tschechoslowakei), K. 3, Inv.-Nr. 29. Aus diesen Materialien folgt, dass hier auch ein Teil der Einrichtung aus dem deutschen Tempel in der Str. Trojanova ulice lag. Es ist offenkundig, dass Kisten mit dreidimensionalen Gegenständen und Büchern den Freimaurern aus dem Museum der Hauptstadt Prag nach dem Krieg zurückgegeben wurden.

Chance, die Gegenstände wiederzubekommen.[1016] Erst 1949 erlangten sie dennoch einige Dinge.[1017] Nach Etablierung der Nationalen Großloge NVLČs begannen die Freimaurer auch nach ihren Büchern zu suchen. In der Universitätsbücherei wurden damals Bücher konzentriert, die durch die gründlichen Deutschen meist hier gesammelt wurden. Aus der Bibliothek wurden sie einem sog. Fonds der nationalen Erneuerung übergeben. Vor allem die Brüder K. Hlavinka und K. Juda besuchten diverse Depots und wählte freimaurerische Bücher aus, insgesamt etwa 1000 Titel. Aus diesen wurde im neuen Tempel in der Valentinská ulice eine Bücherei eingerichtet, wie zumindest Bohumil Vančura behauptete.[1018] So einfach gestalteten sich die Dinge jedoch nicht. Anfang der 50er Jahre erwarb die NVLČs von Jiří Sedmík eine Bibliothek mit dessen Freimaurerliteratur, die mehrere Hundert Bände umfasste. Die Loge bekam auch einen Teil der durch die Nationale Kulturkommission auf Schloss Sychrov verwalteten Freimaurerliteratur (1949, 113 Bände), aber auch von anderenorts.[1019]

Probleme gab es jedoch bei der Übertragung der in der Universitätsbibliothek gelagerten konfiszierten Werke. Noch 1949 waren die durch die Freimaurer ausgesuchten Bücher der NVLČs nicht übergeben worden. Wieder und wieder drängten sie das Ministerium für Schulwesen, diese herauszugeben, aber vergeblich. Es halfen keine wissenschaftlichen oder Forschungsgründe, und auch nicht das Argument, dass die Werke „zur Belehrung und zur Freude der Vereinsmitglieder" bestimmt wären. Am 1. Juli 1949 fragte die NVLČs das Ministerium für Schulwesen, ob

1016 Vgl. hierzu AMP (Archiv der Hauptstadt Prag), Bestand Národní Veliká Lóže Československá (Nationale Großloge der Tschechoslowakei), K. 1, Schreiben von V. H. Cechner an Otto Seydl.

1017 AMP (Archiv der Hauptstadt Prag), Bestand Národní Veliká Lóže Československá (Nationale Großloge der Tschechoslowakei), K. 1, Inv.-Nr. 1.

1018 Nach Aussage von Bohumil Vančura, AMV (Archiv des Ministeriums des Innern), H-125/7. Zu anderen Schicksalen von Freimaurerbibliotheken vgl. ČERNÝ, Karel: Krátká zpráva o nově nalezené zednářské knihovně v Praze (Kurzbericht über eine neu gefundene Freimaurerbibliothek in Prag), in: Tschechische Brüder kämpften gegen die Nazis. Beiträge zu einem Symposium 1993 in Prag – Čeští bratří bojovali proti nacistům, S. 60-61.

1019 Schwieriger war die Gewinnung von Büchern des „Freimaurerfressers" Jiří Smichowsky: „In der Privatbibliothek von Dr. Jiří Smichowsky, bislang in seiner Wohnung in Prag III, Letenská 1, ist eine kleinere Sammlung Freimaurerliteratur, die Smichowsky wahrscheinlich aus durch die Gestapo beschlagnahmten Büchern aufgebaut hat. Das Ministerium für Schulwesen und Bildung ersuchte unter Nr. B-18.093/47-I/1 vom 11. März d.J. den sog. Fonds der Nationalen Erneuerung, die gesamte Bibliothek der Nationalen und Universitätsbibliothek in Prag zuzuteilen. Bücher mit politischem Inhalt solle die Abteilung VII. des Innenministeriums übernehmen. Laut Entscheidung des Stellvertretenden Referatsleiters, Sekretär Veselý, solle die Freimaurerliteratur Abteilung VII. übernehmen, sofern es sich nicht um historisch wertvolle Bücher handelt, die ihrer Natur nach in die Universitätsbibliothek gehörten. Auch wenn durch die übernehmenden Organe des Innenministeriums entschieden wurde, diese Literatur der Universitätsbibliothek zu überlassen, wäre es schade, diese mit anderen Büchern zu mischen und es würde empfohlen, dass die Universitätsbibliothek diese bereits bei der Übergabe abtrennt und an die ursprünglichen Eigentümer zurückgibt." Aus den Aufzeichnungen des Großen Bibliothekars, AMP (Archiv der Hauptstadt Prag), Bestand Národní Veliká Lóže Československá (Nationale Großloge der Tschechoslowakei), K. 3, Inv.-Nr. 20. Diese und andere Materialien betreffen Freimaurerbücher.

sie zumindest 1000 ausgewählte Bücher als Leihgabe für ihre Vereins-
räume haben könne. Es war ja nicht weit entfernt, vom altehrwürdigen
Klementinum zur Valentinská ulice sind es nur ein paar Schritte ... Die
Bibliotheksmitarbeiter hatten nichts dagegen einzuwenden und gaben
gar schon einige Bände heraus – vorzeitig, wie sich zeigen sollte. Das
Ministerium nahm drei Wochen darauf auch seinen Beschluss zurück,
dass Bücher bereits vorab ausgewählt werden können, da Konfiskate nur
staatliche Institutionen erlangen konnten. Die Freimaurer wurden darauf hingewiesen, dass sie sich beim Staatsunternehmen Sběrné suroviny
(„Sammelrohstoffe") um einen Kauf der Bücher bewerben könnten. Das
Unternehmen Sběrné suroviny sandte nachfolgend an die NVLČs eine
Rechnung für die bereits abgenommenen 182 Bücher über einen Betrag
von 8.690,- Kronen. Die Freimaurer weigerten sich, diese Rechnung zu
bezahlen und beriefen sich auf einen Beschluss der Nationalen Kulturkommission, wonach die Bücher im Grunde nur Leihgaben und zudem
staatliches Kulturgut seien. Die Situation nahm absurde Züge an. Das
Staatsunternehmen Sběrné suroviny zog seine Forderung mit dem Gruß
„Es lebe der Fünfjahrplan!" zurück. Bis die Angelegenheit endgültig erledigt werden konnte, war jedoch bereits nichts mehr zu regeln. Im Jahr
1951 übergab die NVLČs ihre Bücherei der Komenský-Fakultät der Karlsuniversität.[1020]

Nichtsdestotrotz hatten die Freimaurer eine Bibliothek und Reste
des Archivs sowie einige rituelle Gegenstände zurück, andere beschafften
sie sich neu. Nicht alle hatten ihre Freimaurerschurze gerettet. Jedoch
war es ihnen in der Nachkriegszeit nicht gegeben, sich so auszustatten,
wie sie es sich gewünscht hätten, also mit weißen Schurzen aus Lamm-
oder Hammelleder, sodass baumwollene Schurzen genügen mussten.
Auch deren Beschaffung war nicht einfach. Im Jahr 1948 gab es hierzu
eine Schenkung aus den USA, einige Schurze und Bijous waren ein Geschenk aus England.

Trotz all dieses Kummers und aller Komplikationen setzten die Aktivitäten der Freimaurer sukzessive wieder ein. Und wer auf Grundlage
des oben Angeführten angenommen hätte, dass das Interesse an einer
Teilnahme gering sein würde, sah sich getäuscht. So wuchs die Kette der
Freimaurer bald um neue Mitglieder an. Für diese entstand eine Belehrung,[1021] aber für die Neumitglieder waren auch die Summen wichtig, die

---

1020   AMV [Archiv des Ministeriums des Innern], 305-206-7, hier in der Akte Freimaurer [Zednáři].

1021   Ebd., K. 1. Bohumil Vančura behauptete zwar gegenüber der Polizei, dass ca. 95 % der Mitglieder aus
der Vorkriegszeit stammten, nach meinem Urteil betrugen die neuen Namen jedoch mehr als 5 %. „... gewahrt
wurde die Klassenzusammensetzung aus der Republik vor München ... es handelte sich samt und sonders um
Angehörige der bourgeois-kapitalistischen Klasse, d. h. ehemalige private Unternehmer, bourgeois-kleinbürger-

eine Mitgliedschaft kostete. Die Gebühren blieben im Grunde gleich hoch wie vor dem Krieg: Für eine Aufnahme wurden 500,- Kronen bezahlt, für einen Meistergrad 300,- Kronen, die Jahresmitgliedschaft wurde für 1948 auf die Höhe von 200,- Kronen festgelegt. Bezahlt werden mussten Bijous und Schurze – kurz und gut: auch in der volksdemokratischen Tschechoslowakei war die Freimaurerei keine preiswerte Angelegenheit.

Eine weitere Zäsur

Kaum dass sich die Freimaurer umgeschaut hatten und oftmals noch nicht einmal ihre Zeremonien hatten abhalten können, brach ein politischer Sturm über der Tschechoslowakei herein, der in seiner Folge alle durch sie vertretenen Werte hinwegfegte und in den Schmutz zog. Die Freimaurer reagierten in der neuen Situation völlig anders als noch im Herbst 1938. Während die Logik und das historische Vorbild befahlen, die Tätigkeiten sofort einzustellen, so sprachen andere Gründe offenbar dagegen. Vielleicht erschienen ihnen die Kommunisten nicht als in erster Linie gefährlich, im Übrigen gab es auch einige Mitglieder der Kommunistischen Partei in ihren Reihen, vielleicht wollten sie – im übertragenen Sinne – ihr unter schweren Umständen neugeborenes Kind nicht abgeben, vielleicht wollten auch die kommunistischen Freimaurer die Aktivitäten nicht einstellen, da dadurch in das Ausland das Signal gesandt wurde, dass im Grunde nichts Weltbewegendes vor sich ging. Kurz und gut: Die Freimaurer setzten auch nach dem kommunistischen Umsturz vom Februar 1948 ihre Aktivitäten fort. Und wenn bereits davor ein unverkennbarer Druck auf sie ausgeübt worden war und sie offenkundig unter staatlicher Kontrolle standen, so erlangte doch nun alles eine neue und deutlichere Intensität. Führen wir uns das absurde Drama vor Augen: die alten Eliten wurden gewaltsam beiseite geschoben, eine neue Garde übernahm die volle Macht, und die Vertreter der alten Eliten par excellence trafen sich in der Valentinská ulice 1 und sorgten sich brüderlich um den Bau des Tempels der Liebe, der Toleranz, des Verstandes und versuchten zugleich durch die westlichen Freimaurergrößen anerkannt zu werden.

Und es war erneut Jaroslav Kvapil, der unmittelbar nach den Februarereignissen, sicherlich naiv, versuchte zu erreichen, dass die Freimaurer zu Gunsten verfolgter, antisozialistischer „Elemente" intervenieren.[1022] Auch die Freimaurerlogen mussten sich den neuen Gegebenheiten

---

liches Beamtentum, Professoren, Ärzte und freie Berufe." AMV [Archiv des Ministeriums des Innern], H 125/7, Vančuras Verhör.

1022   Der Große Rat lehnte ein solches Handeln ab, gewährte aber in einigen Fällen Familien Betroffener finan-

QUATUOR ⚜ CORONATI

UPOZORŇUJE BRY VŠECH DÍLEN

ŽE SE KONAJÍ V ČERVNU

VÝSTAVY PRACÍ TĚCHTO BŘÍ.

BR. JANA ŠTURSY ve výst. síních MÁNESA

BR. ALFONSA MUCHY, v pav. PURKYNĚ

DÁLE UPOZORŇUJEME NA VÝSTAVU

O ŽIVOTĚ A DÍLE

JANA AMOSE KOMENSKÉHO

V NÁR. MUSEU.

Presseerzeugnis der Loge Quatuor Coronati aus der Nachkriegszeit

anpassen, sofern sie überleben wollten. Am 3. März 1948 wurde in der Nationalen Großloge NVLČs ein sog. Aktionsausschuss gegründet, der Unterschriften für eine Loyalitätserklärung sammelte, zu Ausschlüssen war es noch nicht gekommen.[1023] Mitglieder des sog. Aktionsausschusses waren die Mitglieder des Großen Rates K. J. Beneš, J. Kvapil,[1024] L. Machoň und B. Vančura, Vorsitzender wurde das Mitglied der Kommunistischen Partei, Architekt Ladislav Machoň. Der Aktionsausschuss schützte die NVLČs im Grunde vor Säuberungen, die von anderer Seite kommen konnten, bzw. sollte die Bestellung des Ausschusses solche Säuberungen verhindern. Noch zuvor, am 28. Februar 1948, übersandte Großmeister Vančura an Gottwald im Namen der NVLČs einen Gruß und eine Ergebenheitsbotschaft.[1025] Man muss sich fragen, oder dies notwendig war, ob er dies zum

zielle Hilfe. Ebd. Kvapil gab seine Empörung ob der Verhältnisse auch in der Korrespondenz deutlich kund. Vgl. Brief an Jan Jína vom 19. Juni 1948. NA (Nationalarchiv), Bestand Freimaurerlogen (Zednářské lóže).

1023   Vgl. hierzu eine im Grunde verbindliche Fassung einer solchen Erklärung: „Wir, die Mitglieder der Loge Lafayette-Na třech rovinách in Olomouc, eines Nebenvereins der Nationalen Großloge der Tschechoslowakei als dem Hauptverein, sich erinnernd an die Alten Pflichten der Freimaurer, wonach erste Anforderung der Freimaurerei eine bürgerliche Loyalität den Vertretern des Volkes und des Staates gegenüber ist, bezeugen hiermit, dass wir uns dieser Verpflichtung voll bewusst sind und wir bereit sind, insbesondere in dieser Zeit Loyalität und Hingabe gegenüber der Regierung der erneuerten Nationalen Front in Wort und Tat zu wahren." AMP (Archiv der Hauptstadt Prag), Bestand Národní Veliká Lóže Československá (Nationale Großloge der Tschechoslowakei), K. 3, Inv.-Nr. 26.

1024   Wie die Aktivitäten der sog. Aktionsausschüsse in diesen traditionellen Vereinen ausgesehen haben, können wir relativ genau auf Grundlage der personellen Besetzung nachvollziehen. Stellen wir uns nur vor, dass auch Jaroslav Kvapil Vorsitzender eines solchen Aktionsausschusses (Svatobor) und womöglich auch woanders war.

1025   Mitteilung über die Bestellung des Aktionsausschusses, ebd., K. 4, Inv.-Nr. 35. Hier wurde klar gesagt, dass jemand, der das Loyalitätsbekenntnis nicht unterzeichnen würde, kein Freimaurer mehr sein könne, da die Freimaurer zur Loyalität gegenüber dem Staat verpflichtet seien ... Die Verhandlungen über die Errichtung des freimaurerischen Aktionsausschusses sind dokumentiert im AMV (Archiv des Ministeriums des Innern), S-271-8, Protokoll über das Treffen des engeren Ausschusses des Großen Rates des Vereins der Nationalen Großloge der Tschechoslowakei, abgehalten am Mittwoch, dem 3. März 1948, um 18 Uhr in der Wohnung des Großmeisters B. Vančura in Prag II., Hálkova 5.

Schutz der Freimaurerei tat, und wie eine um diesen Preis gerettete Freimaurerei hätte aussehen können. Der Unvereinbarkeit beider Prinzipien waren sich auch zahlreiche Freimaurer bewusst. Am besten traf die schwere Entscheidung wohl Jan Jína auf den Punkt, der sich im Oktober 1948 entschloss, die Freimaurer zu verlassen. Vergessen wir nicht, wie sehr er sich für die Wiederbelebung der tschechoslowakischen Freimaurerei eingesetzt hatte. Nein, dies war keine leichte Wahl, aber in dieser Zeit mussten viele von ihnen weitaus schwierigere Entscheidungen treffen. Jína schrieb an Großmeister Vančura einen längeren Brief, in dem er um eine ehrenvolle Deckung bat. Er merkte an, dass er als Freimaurer die Pflicht habe, den Rückschritt zu bekämpfen, und dies könne er unter den gegenwärtigen Verhältnissen, in denen so viel Falsches über den verstorbenen E. Beneš erzählt werde, einfach nicht.[1026] Jan Jína trat somit aus der NVLČs aus. Es folgte eine Reihe weiterer Freimaurer, einschließlich des so ergebenen und das Freimaurerkollektiv ungeheuer achtenden Jan Thons. Es waren jedoch nicht nur jene, die den Orden aus eigenen Stücken verließen. Unter dem Druck staatlicher Organe begannen die Logen Mitglieder auszuschließen, die sich in den Turbulenzen verschiedenster politischer Prozesse in Gefängnissen wiederfanden oder emigrierten. Dieses Schicksal traf etwa Pavel Körbel, Hugo Skála, Karel Loriš (Schwiegersohn des verstorbenen Constant Pierre), Pavel Thein (Sohn des großen Freimaurers Thein), Jaroslav Císař oder Otto Dvoulety. In gleicher Weise betroffen war auch der aufopferungsvolle Vladimír Rott.[1027] Dies waren Tatsachen, die sich nur schwer mit der Einstellung der Freimaurer zum Leben vereinbaren ließen, aber wie man sieht, war auch dies gangbar. Die Freimaurer verdauten sogar, dass zu jeder ihrer Jahresversammlungen ein sog. Interventionsdienst kam, d. h. eine Aufsicht.[1028] Sie verdauten ferner, dass direkt unter ih-

---

1026 Ein Konzept von Jínas sehr langem Schreiben vom 22. Oktober 1948 befindet sich im NA (Nationalarchiv), Bestand Freimaurerlogen (Zednářské lóže). Als die Loge Národ drei Wochen darauf dem sog. Zentralen Nationalausschuss, der Direktion der Nationalen Sicherheit, das Datum und die Uhrzeit ihrer Jahresvollversammlung mitteilte, vergaßen die Vertreter nicht hinzuzufügen: „Bei dieser Gelegenheit gestatten wir uns darauf hinzuweisen, dass der Meister der Loge, Dr. Jan Jína, Fachvorstand a.D, wohnhaft Prag XVI.-Smíchov, Nábřeží čs. legií 7, aus dem Verein ausgetreten ist." AMP (Archiv der Hauptstadt Prag), Bestand Polizeidirektion (Policejní ředitelství), Vereinskataster (Spolkový katastr), Loge Národ, Schreiben vom 17. November 1948.

1027 Vgl. AMP (Archiv der Hauptstadt Prag), Bestand Národní Veliká Lóže Československá (Nationale Großloge der Tschechoslowakei), K. 1.

1028 Vgl. hierzu AMP (Archiv der Hauptstadt Prag), Bestand Polizeidirektion (Policejní ředitelství), Vereinskataster (Spolkový katastr), Akten der jeweiligen Logen. Hier Meldungen des sog. Interventionsdienstes in den jeweiligen Akten. Diese Meldungen unterscheiden sich im Grunde nicht von den Berichten, die die Freimaurer selbst von ihren Versammlungen anfertigten. Eine bemerkenswerte Notiz schrieb eine Sachbearbeiterin bezüglich der Loge Jan Amos Komenský im Exil im Jahr 1950: „Die Loge Komenský im Exil hat heute insgesamt 14 Mitglieder im Alter von ca. 53-70 Jahren, durchweg aus den Reihen der Intelligenz. Alle Mitglieder sind faktisch Funktionäre. Es handelt sich offenkundig um langjährige Mitglieder, neue kommen nicht hinzu und die Anzahl der Mitglieder sinkt

nen eingeschleuste Personen waren. Warum schlugen sie zu diesem Zeitpunkt nicht auf den Tisch und riskierten nicht eine große Geste, wie im
Herbst 1938? Diese Frage steht wieder und wieder im Raum. Und es tun
sich verschiedene Antworten auf: War der Grund nicht darin zu suchen,
dass die Freimaurer in der Zwischenzeit um zehn Jahre gealtert waren,
dass sie für solch männliche Gesten bereits weniger Kraft hatten? Und
lag es nicht auch daran, dass ihnen zumindest die Freimaurerei die Illusion jüngerer und besserer Jahre und Epochen gab, in denen sie die
Elite stellten? Ich denke nicht, dass die Mehrheit der Freimaurer a priori
eine negative Einstellung zu den Veränderungen nach 1945 gehabt hätte, aber innerlich konnten sie sich mit diesen Umbrüchen doch nicht voll
identifizieren, vor allem nicht mit denen nach dem Februar 1948. Auf
jeden Fall kann ich mich des Eindrucks nicht erwehren, dass es ihnen zu
diesem Zeitpunkt bereits mehr um sich selbst denn um die Idee der Freimaurerei ging, denn diese erlitt empfindliche Tiefschläge. Gleichwohl
wurde permanent argumentiert, dass es sich vor allem um das Gute und
um den Schutz der Freimaurerei handele ...

Die angedeutete erzwungene Säuberung traf verständlicherweise
nicht auf ungeteilte Zustimmung. Und es war erneut der in gewisser
Weise romantisch heldenhafte und wahrhaft freimaurerische Jaroslav
Kvapil, der versuchte, sich den Sitten der neuen Zeit zu widersetzen. Auf
einer Sitzung des Großen Rates am 15. März und bereits zuvor schon
am 3. März 1948 stellte er sich gegen eine neue Säuberung im Rahmen
der NVLČs, da erst kurz davor die Überprüfung der Mitglieder aus der
Vorkriegszeit abgeschlossen wurde und mehrere charakterlich unzuver-
lässige Freimaurer nicht wieder in den neuen alten Bund aufgenommen
wurden. Kvapil behauptete durchaus zu Recht, dass Freimaurer nicht
ausgeschlossen werden könnten, die in keiner Weise gegen die Grundsätze des Ordens verstoßen hatten. Kvapil schlug als Kompromisslösung
vor, dass ein solch problematischer Freimaurer zu einer ehrenvollen Deckung aufgefordert würde, wobei er anmerkte, dass auch die freimaurerische Pflicht gegeben sei, Brüdern in der Not zu helfen. Einen Ausschluss
erachtete er als untragbar. Ihm schlossen sich auch Jiří Syllaba und Otto
Seydl an. Jan Jína stimmte Kvapils Einschätzung jedoch nicht zu und
führte an, dass „es sich um eine neue Art der Reinigung handelt, die sich
nicht voll mit einer Reinigung deckt, die durch unseren Verband vorgenommen wird. Die aktuelle Säuberung wird vorgenommen aus Sicht der

---

beständig, wie einzelne ältere Mitglieder versterben." Aus diesen Berichten erfahren wir auch, dass die Freimaurer
auf ihren Sitzungen den Geburtstag des Staats- und Parteiführers Klement Gottwald feierten, wie dies zum zeitgenössischen Kolorit gehörte.

neuen Form unserer Demokratie, durch die sich unsere Republik nach den Ereignissen der vergangenen Tage auszeichnet."[1029] Einer der Fälle, zu dem die Freimaurer Stellung beziehen sollten, war die Emigration Ladislav Feierabends. An der Beschäftigung mit diesem Fall lässt sich die Schwierigkeit einer Definition bürgerlicher, freimaurerischer und menschlich-moralischer Standpunkte erkennen, die die neue Zeit von den Freimaurern einforderte. Feierabend floh, es wäre also angezeigt gewesen, ihn auf Druck des Staates, so dieser eintreten sollte, auszuschließen. Aus freimaurerischer Sicht hatte er jedoch keine Verfehlungen begangen. Wofür sollte er also ausgeschlossen werden? In der Diskussion um seine Person erfahren wir etwa aus dem Munde von Jan Jína, dass Feierabend nach seiner Rückkehr aus London offenbar aufgehört hatte, überzeugter Freimaurer zu sein. Hinter diesen Worten erahnen wir Feierabends menschliches Profil, da aus seinem Verhalten ein enges egoistisches und persönliches Interesse herausklang.[1030] Kurz und gut, Feierabend war erneut geflohen, weil seine persönliche Freiheit bedroht war, nicht jedoch aus erhabeneren Gründen. Sobald er im Ausland anfangen sollte, gegen den tschechoslowakischen Staat zu arbeiten, müssten ihn die tschechischen Freimaurer ausschließen, da Loyalität Pflicht ist. Ja, diese Zeit bot tatsächlich bemerkenswerte Dramen, wenn die Repräsentanten der „alten Welt"– nicht wegen der Politik, sondern wegen ihrer Regeln – jemanden ausschließen mussten, der sich um die Wiederkehr der alten Welt bemühte.

Kurz nach den Februarereignissen und nach dem tragischen Tod des tschechoslowakischen Außenministers Jan Masaryk, dem Sohn des vormaligen Staatspräsidenten, hatten die Freimaurer selbstverständlich Zweifel ob ihrer künftigen Existenz. Der zu diesem Zeitpunkt noch aktive Jan Jína drückte es mit den Worten aus: „... ob es möglich sein wird, dass die Nationale Großloge der Tschechoslowakei mit Zustimmung aller maßgeblichen Entscheidungsträger im Staat weiterhin auch unter den geänderten politischen Verhältnissen eine fruchtbare und positive Arbeit für die Republik ausübt".[1031] Sie waren sich nicht sicher, ob die Kommunisten sie weiter werden gewähren lassen. Alle erinnerten sich – mit ei-

1029   AMV [Archiv des Ministeriums des Innern], S-271-8, Protokoll über eine Sitzung des engeren Ausschusses des Großen Rates des Vereins Nationale Großloge der Tschechoslowakei von Mittwoch, dem 3. März 1948, um 18 Uhr in der Wohnung des Großmeisters B. Vančura in Prag II., Hálkova 5.

1030   AMP [Archiv der Hauptstadt Prag], Bestand „Národní Veliká Lóže Československá" [Nationale Großloge der Tschechoslowakei], K. 1, Protokoll über eine Sitzung des engeren Ausschusses des Großen Rates des Vereins Nationale Großloge der Tschechoslowakei von Montag, den 15. März 1948, in der Wohnung des Großmeisters V. M. in Prag II, Hálkova 5. Es ging vor allem um Feierabends egoistische Einstellung dazu, dass wegen seiner Flucht 1940 ein anderer Freimaurer, Vladimír Grégr, ums Leben kam.

1031   Ebd.

nem Mal – an die vorzeitige Kapitulation von 1938 und entschlossen sich abzuwarten, bis sich die Dinge klarer entwickeln würden. Und in dieser prekären Lage sollte Großmeister Vančura Rat bei Innenminister Nosek darüber einholen, wie er den Wortlaut der Satzungen für die einzelnen Logen, d. h. der „Nebenvereine" vorlegen solle. Diese waren nämlich vor dem Februar 1948 formell noch nicht wiederbelebt worden.[1032]

Wenn wir nach einem weiteren Mann suchen, der nicht für Kompromisse mit dem neuen Regime empfänglich war, so handelte es sich zweifelsohne um Jiří Syllaba. Der schlug als erster überhaupt bereits am 3. März 1948 vor, dass die Freimaurer ihre Aktivitäten einstellen sollten, sobald die Situation untragbar werden sollte. Er argumentierte, dass die tschechoslowakischen Freimaurer vom Ausland sowieso nicht anerkennt werden würden, wenn sie zu sehr von den allgemeinen Regeln der Freimaurerei abwichen, und dann würde ihr Orden so oder so nichts wert sein. Eine Art „neue Freimaurerei" zu schaffen, erschien im widersinnig zu sein.[1033]

Die Freimaurer überstanden also irgendwie die Februarereignisse, sie überlebten das Frühjahr 1948, gingen dann in die Ferien oder sollten ab Herbst wieder ihre Arbeiten aufnehmen. In der Zwischenzeit wurden Wahlen mit einer einheitlichen Kandidatenliste abgehalten, die Tschechoslowakei erhielt eine neue Verfassung und auch einen neuen Präsidenten. Edvard Beneš war tot und mit ihm starb politisch unwiederbringlich eine ganze Reihe an Persönlichkeiten, die bis zu diesem Zeitpunkt in gewisser Weise die schützende Hand über die Freimaurer gehalten hatten. Nicht wenige Freimaurer fragten sich erneut, ob die Fortsetzung ihres Wirkens irgendeinen Wert habe. Großmeister Vančura versuchte, deren Befürchtungen durch ein Rundschreiben zu zerstreuen: „Was kann ein Freimaurer im Dienst für das Vaterland in der heutigen Zeit tun? Einige von uns stellten sich diese Frage eventuell mit einem skeptischen Unterton: Hat die Freimaurerei heute noch einen Sinn? Unsere Antwort ist bejahend. Ich gehe davon aus, dass die Freimaurerei nicht nur ein Spielzeug für Kurzweil und Leere war und nicht sein darf, sondern eine sinnreiche Manifestation der uralten aufbauenden Anstrengungen des

---

1032   Eine Loge, die versuchte aktiv und selbständig zu agieren, und die die anderen zu Diskussionen aufforderte, war die Prager Loge Most, vor allem deren Mitglied Heřman Tausik. Zum gegenständlichen Zeitpunkt aber bedeuteten deren Memoranden offenbar mehr Schaden als Nutzen. Ebd., K. 3. Eine Reflexion zur Zerrissenheit der Freimaurergemeinde finden wir z. B. in Briefen des Olmützers Jan Babíček, AMV (Archiv des Ministeriums des Innern), S-271-5, in denen er direkt einige Freimaurer benennt, die im profanen Leben begeistert denunzieren, und andere, die denunziert werden.

1033   AMV (Archiv des Ministeriums des Innern), S-271-8, Protokoll über eine Sitzung des engeren Ausschusses des Großen Rates des Vereins Nationale Großloge der Tschechoslowakei von Mittwoch, dem 3. März 1948, um 18 Uhr in der Wohnung des Großmeisters B. Vančura in Prag II., Hálkova 5.

Menschen. Durch eine beredte Symbolik drückt sie das innere und häufig verdeckte Verhältnis zwischen Materie und Arbeiter und moralischen Grundsätzen der kollektiven Arbeit aus. Und unser Staat ist nach der letzten feindlichen Verwüstung tatsächlich eine Baustelle, auf der sich Scharen von Arbeitern versammeln, bereit zu höchster Kraftanstrengung und zu Opfern. Wie könnte ein Freimaurer abseits stehen ..." Ein Freimaurer leistete also seinen Beitrag zum Aufbau. Aber nicht nur das, ein Freimaurer, dessen Werkstätten sich erst mit der kommunistischen Machtübernahme offiziell begründeten, hatte noch weitere Verpflichtungen. „Aus den alltäglichen Erfahrungen wissen wir, wie eine soziale Umwälzung mit allen Änderungen und Folgen, Erfolgen und Fehlern vielerorts Widerstand und Feindschaft hervorruft, die sich in destruktiven Tendenzen, in der Annahme und Verbreitung von Gerüchten, in unwahren, überzogenen, naiven, bösartigen Urteilen äußert. So wir auf solche stoßen, besteht unsere Pflicht, ihnen durch ein nüchternes Urteil, durch Erklärung und Beruhigung Einhalt zu gebieten. Der Freimaurer setzt sich ein für Frieden und Ruhe."[1034] Es steht die Frage im Raum, in welchem Maße sich Vančura innerlich mit seinem Rundschreiben identifizierte und in welchem Maße er dies ernst meinte. Als er fünf Jahre darauf bei einem Polizeiverhör aussagte, dass 95 % der Freimaurer mit denen der Vorkriegszeit identisch gewesen seien, dass ihre Auffassungen bourgeois, kleinbürgerlich und der volksdemokratischen Ordnung gegenüber feindlich gesinnt gewesen seien, konnte er seinen Appell schwerlich als erfolgreich betrachtet haben.

Es kam das Jahr 1949 und – relativ gesehen – passierte noch nicht sehr viel. Der Staat hatte noch andere und dringendere Sorgen, als einen Freimaurerverein älterer Herren. Und so arbeiteten die Logen, selbst das Forschungszentrum Quatuor Coronati mit Zirkeln für Forschung, Musik und schöpferisches Gestalten wurde wiederbelebt, es wurde eine neue Führung gewählt, die jedoch bis auf Ausnahmen (für den emigrierten Körbel kam Machoň) die alte Führung kopierte;[1035] die Freimaurer verfügten über einen „Kulturplan" – mit Feierlichkeiten zu Stalins und zu Gottwalds Geburtstag, zur heroisierten Schlacht am Dukla-Pass, zum Slowakischen Nationalaufstand und zu Jan Hus. Es kamen zahlreiche neue Adepten, Anwärter, das Bemühen um eine Verjüngung der Logen schien Früchte zu tragen, die Kontinuität des Ordens sollte gewährleistet werden, indem Neumitglieder in einem verkürzten Verfahren in höhe-

1034   AMP [Archiv der Hauptstadt Prag], Bestand „Národní Veliká Lóže Československá" [Nationale Großloge der Tschechoslowakei], K. 7, Inv.-Nr. 65.

1035   Ebd., K. 4. Bemerkenswert ist, dass – zumindest scheint es so – niemandem auch nur einfiel, den Obersten Rat und die Freimaurerei der höchsten Grade wiederzubeleben.

re Grade geweiht wurden. Die ersehnten Arbeiter und Bauern konnten gleichwohl nicht für die Freimaurerei begeistert werden, obwohl es Bemühungen hierzu gab. Tschechische und nicht vertriebene Mitglieder der einstigen Großloge Lessing wurden sukzessive in die Logen der NVLČs eingegliedert. Es sah sogar danach aus, dass auch in der Slowakei Logen zugelassen werden könnten, „obwohl sich andererseits bewusst gemacht werden muss, dass eine Zulassung von Freimaurerlogen nicht mit dem sozialistischen Aufbau vereinbar ist ...“[1036] Ende 1949 gab es ein weiteres personelles Signal, das zeigte, dass die Ruhe nicht absolut war – Jiří Syllaba trat von seinen Ämtern zurück. Der Polizeirat, der auf der Vollversammlung anwesend war, konnte in seinem Bericht abschließend konstatieren: „Öffentliche Ruhe und Ordnung wurden in keiner Hinsicht verletzt.“[1037]

Die Unerträglichkeit des Freimaurerseins

Der 7. März 1950 war der 100. Geburtstag von Tomáš Masaryk. An diesem Tag rekapitulierte Václav Chaloupecký im Rahmen einer Feierstunde im Grunde die Verschiebung der Ideenwelt, die zumindest einige der Freimaurer in den zurückliegenden zwei Jahren durchgemacht hatten: „Wir sind nur eine kleine Gruppe in der modernen Gesellschaft, wir sind nur eine kleine Gemeinschaft jener, die sich zu jener seltsamen Religion bekennen, nach der die Menschen Menschen sein sollen. Der Große Baumeister aller Welten legte die Tage unseres Lebens in Zeiten schwerer Krisen, in Zeiten eines Umbaus der menschlichen Gesellschaft von den Grundfesten her. Es waren die großen und edlen Ideen des Nationalismus und der Demokratie im vergangenen Jahrhundert und es ist die Idee des Sozialismus vor allem in der Gegenwart ... Und Sozialismus – das ist Humanität in der Praxis. Einst haben wir wohl geglaubt, dass durch die Gewinnung jener, die die Regierungsmacht in ihren Händen haben, wir durch unsere eigenen Kräfte zum Umbau der Gesellschaft würden beitragen können. Heute sind wir nur eine kleine Gruppe, die den Geheimnissen der Königlichen Kunst in dem alten, edlen Glauben treu bleibt, dass die Menschen ein wenig mehr Menschen sein können. Es ist ein alter Glaube, der alle F[reimaurer] der Welt in einer Kette verbindet, alle F[reimaurer] der Welt und der Jahrhunderte, mit Schurz oder ohne Schurz. Aber umso mehr sind daher Zusammenhalt, Standhaftigkeit, Wahrhaftigkeit und Herzlichkeit in unserer Kette vonnöten. Damit wir

---

1036   Ebd., Inv.-Nr. 37, Schreiben des Vorsitzenden der slowakischen Innenbehörde, Sklenka, an Otto Mizera am 15. Oktober 1949.

1037   Ebd., Inv.-Nr. 35.

uns zumindest in unserem brüderlichen Kreise durch einen freimaurerischen Händedruck versichern können, dass die Menschlichkeit in der Welt noch nicht ausgestorben ist. Ich ende mit dem bekannten Worte Goethes: ‚Mehr Licht!' Und dem würde ich insbesondere an die Adresse unserer heutigen Zeit hinzufügen: Mehr Menschlichkeit!"[1038]

Ja, die misstrauische und reizbare Staatssicherheit klopfte nicht nur vehement an Wohnungs- und Bürotüren der einzelnen Freimaurer, sondern auch an die Tempeltür. Das Jahr 1950 kann bezüglich des Verhältnisses zwischen Staat und Freimaurern als Zäsur betrachtet werden. Mit einem Mal schienen die Freimaurer von Interesse gewesen zu sein. Warum ja auch nicht – einen besseren Hort der Konterrevolution, eine größere Konzentration reaktionärer Elemente, eine passendere Gesellschaft mit Kontakten ins Ausland, die zudem geheimnisumwittert war, ließ sich kaum finden und eignete sich vorzüglich als Zielscheibe. Und das Problem wird ernst, wenn sich dies jemand in den Kopf setzt, der alle Macht in seinen Händen hält. Das Jahr 1950 können wir in dieser Hinsicht aber nur als Vorlauf der kommenden Ereignisse erachten.

Die Freimaurer feilten derweil an ihrem Ritual, das neu gestaltet wurde. Den größten Verdienst hatte hier offenbar Rudolf Konrád, ein Kenner noch aus Zeiten der sog. Ersten Republik.[1039] Während sich die organisatorischen Angelegenheiten dann doch entwickelten, bestanden bezüglich der zeremoniellen Arbeiten gewisse Zweifel. Zuvörderst war es bereits nicht mehr die Zeit für eine demonstrativ zur Schau gestellte intime Bruderschaft. Auch hatten viele Freimaurer in den vergangenen zehn Jahren vergessen, wie eine solche Zeremonie ordnungsgemäß auszusehen hatte. Diese wurden zwar übungshalber abgehalten, aber das Ergebnis war wohl trist. Vor allem die Neophyten erwiesen sich in diesen Dingen als völlig unbeleckt. Kurz und gut: Rudolf Konrád ärgerte sich und schrieb am 27. Mai 1950 alle Mängel nieder und wollte diese ausräumen. Sicherlich, die Freimaurerei ist ein Spiel mit Symbolen und jede Bewegung trägt eine Bedeutung in sich. Sich aber einen Monat vor der Hinrichtung von Milada Horáková[1040] darüber zu ärgern, dass die Suchenden bei der Zeremonie eine falsche Fußstellung haben, erachte ich als töricht. Andererseits sind ordnungsgemäß ausgeführte Rituale ein wesentlicher Bestandteil der Freimaurerei und bilden deren Niveau

---

1038   AVL ČR (Archiv der Großloge der Tschechischen Republik), Rede von V. Chaloupecký.

1039   Vgl. seine umfangreichen Briefe in: AMP (Archiv der Hauptstadt Prag), Bestand „Národní Veliká Lóže Československá" (Nationale Großloge der Tschechoslowakei), K. 1.

1040   Milada Horáková war eine tschechische Widerstandskämpferin gegen den Faschismus und wurde 1950 durch die neuen Machthaber in einem inszenierten Schauprozess wegen Hochverrats und Spionage zum Tode verurteilt.

ab. Und wenn denn eine Zeremonie abgehalten wird, sollte sie auch mit allem Drum und Dran realisiert werden. Wie wir sehen, bot die Freimaurerei eine ganze Skala an Freuden, aber auch Sorgen. Und die Sorgen sollten noch zunehmen.[1041] Im März 1950 gab es in der Tschechoslowakei 527 Freimaurer.[1042] Das Ministerium des Innern legte zu dieser Zeit ein analytisches Verzeichnis der Freimaurer an, wobei unklar ist, auf Grundlage welchen Materials dieses erstellt wurde bzw. von wem und wo die entsprechenden Unterlagen erlangt wurden. Erfasst wurden die Altersstruktur, die berufliche und die politische Zusammensetzung der Logenmitglieder und die Häufigkeit der freimaurerischen Aktivitäten. Und erneut werden die Freimaurer hier mit den Logen der B'nai B'rith vermengt. Unstrittige Fehler einiger Angaben relativieren die gegenständliche Tabelle in gewissem Maße, jedoch ist sie ein gutes Material zum Nachdenken über die Freimaurer und die Zeit, bis zu der sie überlebten.[1043] Wir können kon-

---

1041   Die NVLČs musste dem Nationalausschuss der Stadt Prag, Referat für innere Angelegenheiten und Sicherheit, ihre Aktivitäten vor allem in aufklärerischerer Hinsicht mehrere Monate vorab und sehr detailliert melden. Daher wissen wir heute, womit sich die Freimaurer in ihren Zeichnungen auseinandersetzten: September 1950 – Tag der Bergarbeiter, Die Freimaurerei in der dialektisch-materialistischen Auffassung, Sozialistischer Materialismus in der Kunst, Geschichte der Narkose …, Oktober 1950 – Über die sozialistische Natur unserer beiden Völker, Widersprüche des Kapitalismus, Unser Vorgehen beim Aufbau des Sozialismus, Ein sowjetischer Historiker urteilt über Napoleon, František Křižík – der Schöpfer der tschechischen Elektrotechnik, Erinnerungen an eine Reise in die Sowjetunion, Das neue Strafgesetzbuch …, November 1950 – Die Oktoberrevolution, der Geburtstag des Präsidenten der Republik, Klement Gottwald, Die Befriedigung des Bürgers durch die Arbeit, Moralische Grundsätze der Freimaurerei und das heutige Bemühen um die Schaffung eines neuen Menschen …, Dezember 1950 – Geburtstag des Generalissimus Stalin, Das Strafrecht früher und heute, Ideologische Eingriffe des Außenhandels der Sowjetunion und der volksdemokratischen Staaten, Die Pharmazie im sozialistischen Aufbau, Der Freimaurer im sozialistischen Staat … Es handelte sich um das ängstliche Bemühen, das eigene Interesse mit dem Diktat der Zeit in Einklang zu bringen. AMP (Archiv der Hauptstadt Prag), Bestand „Národní Velká Lóže Československá" (Nationale Großloge der Tschechoslowakei), K. 4.

1042   Logen – Anzahl der Mitglieder: Bernard Bolzano - 33, Dílna lidskosti (Werkstatt der Menschlichkeit) - 38, Dílo (Das Werk) - 51, Josef Dobrovský (Plzeň/Pilsen) - 49, 28. říjen (28. Oktober) - 25, Jan Kollár - 35, J. A. Komenský (J. A. Comenius) - 59, Komenský ve vyhnanství (Comenius im Exil) - 12, Lafayette (Olomouc/Olmütz) - 40, Lux in tenebris - 30, Most (Die Brücke) - 19, Národ (Das Volk) - 42, Pravda vítězí (Die Wahrheit siegt) - 50, Sibi et posteris - 44. Im Laufe des Jahres 1949 betrugen der Zuwachs 56 Mitglieder und die Abgänge 47 Mitglieder (es verstarben 12 Freimaurer, eine ehrenvolle Deckung erhielten 13, ausgeschlossen wurden 3 und aus den Mitgliedverzeichnissen wurden gestrichen 19 Personen). AVL ČR (Archiv der Großloge der Tschechischen Republik), Bericht des I. Großsekretärs auf der II. ordentlichen Vollversammlung der N.V.L.Čs. am 26. März 1950.

1043   AMV (Archiv des Ministeriums des Innern), S-S71-1. Hier finden wir insgesamt 24 Logen: Lux in tenebris Ostrava, Moravia I.O.B.B. Brno (Brünn), Přátelství (Freundschaft) I.O.B.B. Olomouc (Olmütz), Menorah Trutnov (Trautenau), La Fayette [sic] Olomouc (Olmütz), Záštita (Der Schutz/die Obhut) Brno (Brünn), Jan Amos Komenský (Jan Amos Comenius) im Exil, die Nationale Großloge der Tschechoslowakei, Sibi et posteris, Dílna lidskosti (Werkstatt der Menschlichkeit), Dílo (Das Werk), Jan Amos Komenský (Jan Amos Comenius), Národ (Das Volk), Pravda vítězí (Die Wahrheit siegt), Unbekannte Loge [sic!], Jan Kollár, Josef Dobrovský Plzeň (Pilsen), Přátelství (Freundschaft) Plzeň (Pilsen), Řádná a dokonalá lóže 28. říjen (Ordentliche und vollkommene Loge 28. Oktober), Bratrský svaz (Bruderbund) Societe Plzeň (Pilsen), Bernard Bolzano, Adolf Kraus Olomouc (Olmütz), Most (Brücke), Prag. Wenn wir die Liste anschauen, sehen wir auf den ersten Blick, dass die Freimaurerei zu jener Zeit vor allem eine Angelegenheit älterer Leute war, von denen die meisten jedoch noch keine Rentner waren. Wir sehen ferner, dass in einigen Logen unter dem Dach der NVLČs auch ein Mitglied der Kommunistischen Partei der Tschechoslowakei (KSČ) war. Dies gilt nicht für die Logen Dílo, Dobrovský, Bernard Bolzano, Most und 28. říjen. Ob diese Information relevant ist, kann nicht beantwortet werden.

statieren, dass die kommunistische Staatssicherheit noch Mitte 1950 erhebliche Wissenslücken bezüglich der tschechischen Freimaurerei hatte bzw. ihr nicht einmal ein komplettes Verzeichnis ihrer Mitglieder vorlag. Aus der selben Zeit stammt ein in gleicher Weise fragwürdiges Verzeichnis der Ressorts und Arbeitsstellen, bei denen Freimaurer beschäftigt waren (es umfasst insgesamt 306 Freimaurer).[1044] Aus dieser Liste können wir gleichwohl bestimmte Trends ablesen. Die häufigsten Berufsbilder waren auch unter den geänderten gesellschaftlichen Bedingungen Universitätsprofessoren, Architekten, Ärzte, Juristen und ministeriale Beamte. Nur waren die Unternehmen, in denen sie jetzt gegebenenfalls wirkten, in der Zwischenzeit meist verstaatlicht worden. Des Weiteren liegen uns ein Verzeichnis der Unternehmen vor, in denen Freimaurer arbeiteten (Centrotex, Agrostroj, Kablo, Stavospol, Aero, Tableta, ČKD, Čedok, Kovoprojekt, Čs. hotely, Dehtochema und eine Reihe andere), ferner ein Verzeichnis der Ministerien mit verbeamteten Freimaurern (am häufigsten das Informationsministerium und das Außenministerium), ein Verzeichnis von Nationalausschüssen (regionalen Verwaltungsbehörden der neuen Tschechoslowakei) und Gerichten mit Freimaurern als Mitarbeitern.

Anfang 1951 wurde bereits systematisch eine Akte mit dem Titel „Freimaurerei-Erkenntnisse" geführt,[1045] aber auch aus dieser ist erkennbar, dass die Staatssicherheit (Státní bezpečnost – abgekürzt StB) Informationen meist aus zweiter Hand bzw. überall her sammelte. Einen Teil dieser Akte bildet aber auch die Aussage eines Agenten, der gewonnen werden konnte. Freimaurer war er seit 1937, hatte also nur kurz zum Orden gehört. Seine Informationen über Ugo Dadone, František Sís und Alois Rašín interessierten die Staatssicherheit wohl weniger. Wenn die Geheimpolizei gewollt und systematischer gearbeitet hätte, hätte sie dasselbe in Broschüren lesen können, die noch vor dem Krieg herausgegeben worden waren. Der bewusste Mitarbeiter war bei mehreren Auflösungen von Logen 1951 zugegen, hatte jedoch kaum relevante Informationen zu vermelden. Hieraus lässt sich ableiten, dass es sich um einen Funktionär der Nationalen Großloge NVLČs handelte.

Die StB ließ Stichworte zum Thema Freimaurerei erstellen, die sie interessierten – z. B. der Oberste Rat, Odd Fellows – „im Jahr 1937 irgendeine Freimaurerloge unbekannten Ritus, zu der keine näheren Angaben zur Verfügung stehen;"[1046] Jan Evangelista Purkyně – „eine 1920 in Prag gegründete Freimaurerloge zur Erreichung der allgemeinen Ziele der Frei-

1044   AMV (Archiv des Ministeriums des Innern), S-271-7.

1045   AMV (Archiv des Ministeriums des Innern), 305-206-7 (Umschlag 162).

1046   Ebd.

maurerei. Die Zusammensetzung kennen wir nicht" – diese Loge hat nie existiert; unter den Stichworten zur Freimaurerei sind auch der Turn- und Sportverein Sokol und die Pfadfinder des Junák gelistet, wobei die Begründung wie von einem Walter Jacobi geschrieben anmutet (ich kann mich des Eindrucks nicht erwehren, dass Jacobis Werk Hauptinspiration für die gegenständlichen Stichworte gewesen sein könnte); Pavel Josef Šafařík – „eine Ende 1919 in Prag als masonisches Tor zur Slowakei gegründete Freimaurerloge" – diese Loge entstand erst Jahre später im slowakischen Košice (Kaschau). Aus heutiger Sicht beinahe unglaublich klingt eine „Jüdische Loge", zu der Folgendes angeführt wurde: „unbekannten Namens, eventuell Lessing zu den drei Ringen. Sie hatte einen Tempel im Biskupský dvůr ... 1937 war diese vor allem durch die Besonderheit bekannt, dass nach beendeten Freimaurerzeremonien Frauen der Freimaurer und geladene Damen kamen und ein Abendessen für alle Freimaurer veranstalteten. Bei anderen Freimaurern sind Frauen überhaupt ausgeschlossen." Was ist einer solchen Definition hinzuzufügen? Die Unkenntnis grundlegender Informationsquellen, die nicht unzugänglich waren, ist offenkundig – man hätte nur an die Recherchen der Nazis anknüpfen müssen. Als Informationen wurden offenkundig irgendwelche Gerüchte niedergeschrieben, was überraschen mag. Aber auch diese Dimension von Anfang der 50er Jahre kann nicht außer Acht gelassen werden.

Dass die Staatssicherheit nach mehr Informationen strebte, zeigen das Abhören der Telefone einiger Freimaurer, die Kontrolle ihres Briefverkehrs und vor allem „Wanzen", also Abhörgeräte in den Räumen neben den Verhandlungssälen, in denen Freimaurer tagten (z. B. im Grand Hotel Šroubek, in dem sich die Mitglieder der Loge Sibi et posteris trafen).[1047] Aus polizeilichen Akten erfahren wir heute, was anderenorts nicht angeführt wurde, dass die Freimaurer nämlich in der Straße Valentinská ulice das gesamte erste Geschoss zur Verfügung hatten, 13 Räume, zwei Badezimmer und einen Flur, zusammen ca. 350 m². Wir erfahren ferner, dass die gegenständlichen Räume meist verlassen gewesen seien und hier nur gelegentlich Sitzungen der Freimaurer stattgefunden hätten. „Da es sich um völlig ungenutzten Wohnraum handelt, der derzeit zweifelhaften Zwecken dient, schlagen wir vor, dass den Freimaurern höchstens drei Räume belassen werden und in die anderen unsere Mitarbeiter einziehen", schlug im August 1950 eine Sachbearbeiterin vor, der die Angelegenheit der Freimaurer übertragen wurde. Die StB hatte nachfolgend aber einen besseren Einfall: Dank einer Frau, die vom

---

1047   AMV (Archiv des Ministeriums des Innern), H-125/1. Hier die ganze Akte bezüglich dieser Abhörmaßnahme, H-125/6 ferner Abschriften einiger anderer Abhörmaßnahmen.

Satire zum Thema Freimaurerei von Josef Váchal

1. Geschoss in der Valentinská 1 Schlüssel besaß, da sie hier beschäftigt war, gelangte man in die gegenständlichen Räumlichkeiten. Die anderen Räume „würden mit einem Dietrich geöffnet. Einer unserer Genossen-Organe ist gelernter Schlosser, dieser würde die Öffnung vornehmen." Derart erfolgte im Oktober 1950 eine Besichtigung der Freimaurerräume durch „zwei Organe". Die Genossin, die dies ermöglicht hatte, musste eine Verschwiegenheitserklärung unterzeichnen.[1048]

Die „Organe" stellten fest, dass sich in den Räumen drei Tresore befinden, zu denen sich auch der angeführte gelernte Schlosser keinen Zutritt verschaffen könne, was schade wäre, da dort sicherlich wichtige und geheime Sachen lägen ... Aber auch bei einer zweiten Durchsuchung drei Wochen später wurden keinerlei geheime Dinge gefunden. Auch Abhörmaßnahmen brachten nicht das gewünschte Ergebnis.[1049] Die Staatssicherheit begann auch anderweitig Informationen über die Freimaurer einzuholen, ohne aber strafrechtlich Relevantes festzustellen. Der Direktor der Tschechoslowakischen Nationalbank ČNB, Ivan Petr, wurde gar einige Tage lang beschattet – ergebnislos. Durch die erhaltenen Unterlagen wissen wir jedoch, was den Geheimdienst interessierte: dass etwa der Schriftsteller K. J. Beneš eine übergroße Wohnung und eine Villa im Ort Rožmitál habe, dass Ministerin Jankovcová ihre schützende Hand über ihn halten würde, dass Křižíks Sohn dem Alkohol verfallen sei und die Enkel nach dem Februar 1948 emigriert seien, dass der Sohn des berühmten Bildhauers Stanislav Sucharda eine riesige Villa in der Straße Suchardova ulice habe, und dass Václav Hora neuerdings Leute meiden würde... Die Person, die die Staatssicherheit bald am meisten interessierte, war aber kein alter Reaktionär, sondern der Kommunist und verkappte Reaktionär, der überaus erfolgreiche Architekt und aufopferungsvolle Mensch Ladislav Machoň. Es waren die ersten Anzeichen dafür, dass die Revolution so weit gereift war, dass sie begann ihre Kinder zu fressen.[1050]

1048   „Ich wurde zu einer Zusammenarbeit bei der Erfüllung besonderer Aufgaben aufgefordert. Ich bin mir dessen bewusst, dass mir mit dem Anvertrauen einer Aufgabe eine ungewöhnliche Ehre und Vertrauen zuteil wurde. Über die heutige Aktion werde ich mit niemandem sprechen, weder in der Behörde gegenüber meinen Vorgesetzten, noch in meiner Familie gegenüber meinem Ehemann oder sonst jemandem." Ebd.

1049   Kein Ergebnis wies auch die 1952 eingerichtete „Allgemeine Akte mit dem Ziel einer Verfolgung verbotener Vereine und vor allem seiner Personen, die sich vor allem aus den Reihen der vormaligen Bourgeoisie rekrutierten" aus. 1955 wurden die gegenständlichen Akten in das Archiv des Ministeriums des Innern gebracht, unter „Verweis darauf, dass über den gesamten Zeitraum der Beobachtung und Bearbeitung keine konkreten Straftaten festgestellt werden konnten". AMV [Archiv des Ministeriums des Innern], H-125/1.

1050   Ladislav Machoň war Mitglied der Loge Sibi et posteris. Er hinterließ deutliche Spuren in der Architektur und in der Freimaurerei der Zwischenkriegszeit. Er war ein sehr erfolgreicher, fortschrittlicher Mann. Da er im Nachkriegszeit auch Kommunist war, besuchte er den Generalsekretär der Kommunistischen Partei, Rudolf Slánský, bereits 1945/46 und fragte, ob die Partei nichts dagegen habe, dass Kommunisten Freimaurer werden. Da Slánský nichts dagegen einwandte, gab Machoň diese Mitteilung an die anderen Freimaurer weiter. Dies sollte ihm zum Verhängnis werden. Im bald darauf folgenden Schauprozess gegen Slánský, bei dem es von vorgeb-

Im Jahr 1951 schien die Lage unhaltbar geworden zu sein. Ein offizielles Verbot der Freimaurerei wurde zwar nicht verhängt, aber mit der ursprünglichen tatsächlich freien Freimaurerei hatte dieses erniedrigende Überleben nichts mehr gemein.[1051] Ende 1950 ging in den Freimaurerlogen das Gerücht um, dass die Logen geschlossen und keine neuen Mitglieder mehr aufgenommen werden würden. Die letzten Suchenden, deren Anträgen stattgegeben wurde, traten am 28. März 1951 dem Orden bei. Von Dezember bis März wurden auch höhere Grade beschleunigt vergeben. Der Grund lag auf der Hand: Wenn einmal bessere Bedingungen gegeben sein würden, wäre es erforderlich, dass so viele Freimaurer wie möglich den Orden würden erneuern können. Niemand aber ging davon aus, dass dies vierzig Jahre dauern würde.

Eine auflösende Vollversammlung wurde für den 1. April 1951 einberufen. Die einzelnen Logen hatten ihre Tätigkeiten bereits im Vorfeld eingestellt. Trotz der tristen Umstände war die erneute Ruhenderklärung der Freimaurerei für die meisten Mitglieder ein bewegender Augenblick. Als die Loge Národ letztmalig am 30. März 1951 zusammentraf, konnten ihre Mitglieder ihre Emotionen nicht zurückhalten. Aus dem langsamen Niedergang und der verlorenen Ehre mussten jedoch Konsequenzen gezogen werden. Und so hörten die Freimaurer ein letztes Mal: „Weisheit lenke unsere Schritte, Stärke möge sie begleiten, Schönheit sie schmücken!" („Moudrost řiď kroky naše, Síla je provázej, Krása je zdob!"), und sie gingen ...[1052]

---

lichen ausländischen Spionen und Verschwörungsnestern nur so wimmelte, erinnerte sich jemand an Machoňs Besuch und der Herr Architekt (geb. 1888) wanderte ins Gefängnis. AMV (Archiv des Ministeriums des Innern), H-125/6. Er wusste nicht, dass einer seiner alten Freunde, den er zu den Freimaurern gebracht hatte, ihn verraten hatte. Seine Gattin und Mitarbeiterin, Augusta Müllerová-Machoňová, deren Kaderprofil blütenrein war, versuchte zu helfen und schrieb einen persönlichen Brief an Gottwald. Ob dieser Brief geholfen hat, lässt sich schwer sagen, gleichwohl wurde Machoň nach einiger Zeit wieder auf freien Fuß gesetzt. Uns steht heute ein Text der Verhöre Machoňs zur Freimaurerei zur Verfügung. Auch hier defilieren vor unseren Augen „bourgeoise feindliche Elemente aus den Reihen der alten Freimaurer, die sich in die KSČ eingeschlichen haben, so wie ich auch". Den Schwerpunkt der Verhöre bildete jedoch Rudolf Slánský und seine Beziehungen zu den Freimaurern. Aus den Vernehmungen ließe sich beinahe ableiten, dass die Freimaurerei ein Instrument Rudolf Slánskýs gewesen sei, und er mittels der Freimaurerei seiner wühlerischen Tätigkeit nachgegangen sei, indem er mittels der internationalen Kontakte der Freimaurer Spionageinformationen an die Imperialisten weitergegeben habe. Beim Lesen dieser Zeilen stockt einem heute der Atem, wenn wir sehen, wie relativ, unwesentlich und biegsam die historische Wahrheit sein kann und wie weit die Selbsterniedrigung eines Menschen gehen kann, dem es um sein nacktes Leben geht. Zu den Freimaurern und zum Prozess gegen Slánský vgl. auch AMV (Archiv des Ministeriums des Innern), H-125/11 und H-125/1. Hier auch Informationen darüber, dass ein Freimaurerarchiv in einer metallbeschlagenen Kiste auf dem Dachboden auf dem Schloss von František Křižík versteckt gewesen sein soll. Es handelte sich wahrscheinlich tatsächlich um das Archiv der Loge Sibi et posteris. Der Freimaurerei in der Zwischenkriegszeit wurden viele Persönlichkeiten beschuldigt, einschließlich der in der Tschechoslowakei sehr populären Weltreisenden Hanzelka und Zikmund. AMV (Archiv des Ministeriums des Innern), H-125/11.

1051   Es hat den Anschein, dass die StB beinahe einer „Freimaurermanie" verfallen war. Im März 1951 zählte der Geheimdienst 900 Freimaurer, von denen 150-200 „nicht erfasst werden konnten. Neben dieser erfassten Struktur existiert noch eine Loge des sog. ‚33. Grad', streng konspirativ ..."

1052   AVL ČR (Archiv der Großloge der Tschechischen Republik), Ansprache offenbar des Logenmeisters Karel Štipl vom 30. März 1930.

Die Vollversammlung fand statt in der Valentinská ulice. Sie wurde – wie auch dreieinhalb Jahre zuvor – durch Großmeister Bohumil Vančura geleitet. Anwesend waren insgesamt 86 Freimaurer. Großsekretär Mizera skizzierte allen Anwesenden, wie befriedigend sich die Arbeiten der Logen in der letzten Zeit entwickelt hätten, wie die Anzahl der Mitglieder gewachsen sei, wie umfangreich die Bibliothek angewachsen sei, wie Kurse für Lehrlinge angelaufen seien. Allein auf Grundlage des Protokolls hätte man annehmen können, dass alles bestens gewesen sei. Durch die Logen eingenommene Gelder sollten für individuelle humanitäre Zwecke verwendet werden. Als wenn die Freimaurerei blühen würde. Nachfolgend aber trug Vančura das erwartete Memorandum vor, in dem er konstatierte, dass heute, nach drei Jahren, die Freimaurer „mit Bedauern zu dem Schluss kommen, dass die Stunde gekommen ist, in der sie auf ihre Existenz verzichten und ihre Logen nach den Gebräuchen der Freimaurer für ruhend erklären",[1053] und Mizera fügte einen Antrag des Großen Rates hinzu: „Der Große Rat der Nationalen Großloge der Tschechoslowakei kommt zu dem Beschluss, seine Werkstätten zu schließen, geleitet von Gründen, die aus der gegenwärtigen Zeit, aus der politischen und internationalen Entwicklung der Dinge rühren. Durch die revolutionäre Entfaltung des Sozialismus wurde unser ganzes Volk von einem solchen aufbauenden Enthusiasmus mitgerissen, vor allem seit dem Jahre 1948, dass sich sozusagen vor unseren Augen und Tag für Tag die Formen unseres wirtschaftlichen und kulturellen Lebens veränderten. Jeder Einzelne wurde sukzessive an Verpflichtungen und Aufgaben gefesselt, die einen Ausdruck und eine Bedeutung in der Masse erlangen. Ihnen gehört sämtliche Zeit und Energie. Die Freimaurerei konnte von ihrer Natur her keine Massenorganisation werden und kann sich auch nicht in eine andere Organisation eingliedern."[1054] Die Freimaurerei war mit der neuen Zeit einfach nicht kompatibel, was allen offenkundig war. Der Antrag auf eine weitere Ruhenderklärung wurde einstimmig angenommen.

Am 13. April 1951 veröffentlichte das Amtsblatt der Tschechoslowakischen Republik eine Mitteilung über die Auflösung der Freimaurerlogen.[1055] Die Logen wurden aus dem Vereinsregister gelöscht. Die Liquidationsbilanz verrät, dass die NVLČs zum Zeitpunkt ihres Erlöschens über 232.441,- Tschechoslowakische Kronen verfügte, relativ hohe Beträge hatten auch die einzelnen Logen. Der Restbetrag fiel nach Abzug aller

---

1053   Ebd., Memorandum der NVLVČs vom 1. April 1951.

1054   AMP [Archiv der Hauptstadt Prag], Bestand „Národní Veliká Lóže Československá" [Nationale Großloge der Tschechoslowakei], K. 4, Protokoll über die III. ordentliche Vollversammlung der Nationalen Großloge der Tschechoslowakei vom 1. April 1951 um 9 Uhr in Prag I, Valentinská ul. 1.

1055   Vgl. AVL ČR [Archiv der Großloge der Tschechischen Republik], mit deren Text.

Auslagen an Privatleute für wohltätige Zwecke und an einige humanitäre Institutionen. Die Geschichte schien sich zu wiederholen ...[1056]

„Es ist nicht alles vorbei, um was sich unsere Kette bemühte.
Nicht erloschen ist die ordentliche Stimme, die durch unsere
Werkstatt erschall.
Es besteht der Tempel der Menschheit fort, den die Zeche
errichtete,
jeder von uns hat ihn durch seine Arbeit unterstützt, wie er
vermochte.
Das Leben steht nicht still. Es endet und beginnt sofort neu.
Ein Bruder geht nicht fort. Er schweigt nur eine Zeit lang.
Wer würde glauben, dass durch Schweigen die Liebe erlöschen
würde?
Sie geht mit uns, auch wenn der Tempel verlassen ist.
Im Bereich des Geistes gilt das Gesetz der Veränderlichkeit nicht.
Freiheit! Gleichheit! Brüderlichkeit! – darin bin ich nach wie vor ein
Bruder.
Die Freimaurer befolgen bis ins Grab die Alten Pflichten.
Die ganze Welt wird ihnen eine Loge sein, die Menschheit die
Bruderschaft.

Písek, den 28.3.1951 Antonín [Vojan]"[1057]

1056 Liquidationsbilanz vgl. AMP [Archiv der Hauptstadt Prag], Bestand „Národní Veliká Lóže Československá" [Nationale Großloge der Tschechoslowakei], K. 4. Der Staat schien am Geld der Freimaurer kein Interesse zu haben. Die StB interessierte sich eher für die Freimaurerarchive. Zu diesem Thema gibt es im AMV [Archiv des Ministeriums des Innern] zahlreiche Akten, vor allem unter H-125/3 und 125/7. Diese Quellen legen ein trauriges Zeugnis über eine schwierige Zeit ab. Der Sekretär des Großen Rates, der dieses Amt übernahm, nachdem er seine Stelle in einem Ministerium im Zuge der kommunistischen Machtübernahme verlor, der vormalige Redakteur der Zeitschrift „Demokratický střed", Bohumil Biebl, dem die praktische Liquidation der Freimaurerangelegenheiten oblag, wurde gezwungen, Agent des Geheimdienstes zu werden. Zugleich versuchte er jedoch, den anderen Freimaurern dieses Kainsmal anzudeuten und ihn nichts zu sagen. Er tat dies auffällig, dass die „leitenden Organe" sehr wütend wurden – sie erlangten hiervon durch das Abhören von Biebls Wohnung Kenntnis. Biebl warnte auch Freimaurer, die Dokumente bei sich zu Hause hatten, vor allem Materialien von Pavel Körbel und Vladimír Klecanda, dass die StB Interesse an den Materialien habe. Einige Briefe Körbels und Klecandas befinden sich heute im AÚ TGM AV ČR [Archiv des T. G. Masaryk-Institutes der Akademie der Wissenschaften der Tschechischen Republik], Bestand 38, was bedeutet, dass die Staatssicherheit diese bei Hausdurchsuchungen bei Freimaurern tatsächlich gefunden hatte. Biebl warnte Freimaurer ferner, dass Bruder Otto Dvouletý, der nach schrecklichen Verhören aus dem Gefängnis Prag-Ruzyně entlassen worden war, wie auch er zu einer Kooperation gezwungen wurde, und dass sie Acht geben sollten. Bohumil Biebl wurde verhaftet, verurteilt und 1953 als sehr unzuverlässiger Agent gewonnen. Seine Archivalien endeten letztlich im Archiv der Hauptstadt Prag.

1057 AVL ČR [Archiv der Großloge der Tschechischen Republik]. Antonín Vojan war Sekretär der Loge Národ bereits seit deren Gründung und er führte seine Aufzeichnungen so sorgfältig, dass sie nach dem Zweiten Weltkrieg wie auch heute eine der wenigen übersichtlichen internen Quellen über die Freimaurerei darstellen. Dafür gebührt ihm mein nachträglicher Dank.

Ressourcen und Literatur

■ Archivquellen

Archiv der Akademie der Wissenschaften der Tschechischen Republik, Prag (AAV ČR)

- Jiří V. Daneš
- Viktor Dvorský
- Václav Chaloupecký
- Kamil Krofta
- Vincenc Lesný
- Bohumil Němec
- Jan Opočenský
- Josef Pelnář
- Otakar Sommer
- Emil Svoboda

Archiv der Hauptstadt Prag (AMP)

- Constant Pierre
- Josef Volf
- Národní Veliká Lóže Československá
- Policejní ředitelství - Spolkový katastr [Charitas, Harmonie, Národ 1932-39, Jan Amos Komenský, Bohemia, Dobrovský, Thelion, U pravdy a svornosti, Poznání, 1948-51 - Národ, Pravda vítězí, Baruch Spinoza, J. A. Komenský ve vyhnanství, 28. říjen, Sibi et posteris, Bernard Bolzano, Dílo, J. A. Komenský, Dílna lidskosti, Jan Kollár, Most a Geseligkeitsverein Harmonie]

Archiv des Amtes des Präsidenten der Republik, Prag (AKPR)

- T 944/46, T 63/47 [Národní Veliká Lóže Československá]
- T 71/45 [Zednářské lóže něm. v ČSR]
- T 90/42 [Směrnice o příslušnosti zaměst., kt. náleželi k ložím svobod. zednářů]
- T 978/35 [Audience]
- T 12/24
- Kniha audiencí 1936
- inv. č. 379 H 248/30 Holdy
- sign. 2794/45, D 4187/39
- sign. 107264/50, inv. č. 1857 [Národní Veliká Lóže Československá]
- sign. G 2365/37 [Zednářské lože, prof. Weigner]
- sign. H 2237/37 [Grossloge Lessing zu den drei Ringen]

Archive der Stadt Pilsen

- Freimaurerloge Ludwig Piette
- Zednářská lože Josef Dobrovský

Archiv des Innenministeriums, Prag (AMV)

- S-529, S-271, S-53, S-1, S-289, 301-41, S-341, 310-95, 305-206, 305-569, H/125

Archiv des Außenministeriums, Prag (AMZV)

- Protektorát
- III. sekce

Archiv des Nationalmuseums, Prag (ANM)

- Edvard Beneš
- Rudolf Císař
- František Ježek
- Jaroslav Jindra
- Jan Kapras
- Vlastimil Klíma
- Latomica
- Maffie - Milada Paulová
- Josef Matoušek ml.
- Alois Rašín
- Karel Stloukal
- Antonín Sum
- sbírka Hn, - Josef Schieszl, František Sís

Archiv des Tomas Garrigue Masaryk Instituts der Akademie der Wissenschaften der Tschechischen Republik, Prag (AÚ TGM AV ČR)

- Benešův archiv
- Jan G. Masaryk
- Tomáš G. Masaryk - Republika
- 38 - MNB [Materiály býv. Stud. ústavu MV]

Archiv der großen Loge der Tschechischen Republik, Prag (AVL ČR)

Literaturarchiv des Nationalen Literaturdenkmals, Prag - Staré Hrady (LA PNP)

- Eduard Babák
- Josef Borovička
- Karel Čapek
- Viktor Dyk
- Jan Emler
- Hanuš Jelínek

- Emanuel Lešehrad
- Lešehradeum
- Josef S. Machar
- Alfons Mucha
- Julius Myslík
- Cyril Purkyně
- Purkyňova komise
- Josef Svátek
- Jan Thon
- Antonín Trýb
- Josef Váchal
- Josef Volf
- Rudolf Jordan Vonka

Staatsbezirksarchiv, Stadt Louny

- Svobodní zednáři Žatec

Staatsbezirksarchiv, Stadt Teplice

- Freimaurer Loge [Teplice 1907-1936]

Staatszentralarchiv, Prag (SÚA)

- Josef Schieszl
- Ministerstvo vnitra - dodatky [Spolková agenda]
- Ministerstvo vnitra - prezidium
- Ministerstvo vnitra - stará registratura
- Velkoiože pro Československý stát X. nezávislého řádu B°nai B°rith
- Výstřižkový archiv Ministerstva zahraničních věcí
- Zednářské lóže
- Zemský úřad - spolkové oddělení

■ Persönliche Interviews mit Zeugen

■ Gedruckte Quellen, Periodendrucke

Abbildungen Freimaurerischer Denkmünzen und Medaillen, Hamburg 1903.

Abbildungen von Mitgliederzeichen der Freimaurerlogen, Hamburg 1902.

Abroad. Czechoslovakia. National Grand Lodge of Czechoslovakia constituted at Prague, in: The Freemasons Chronicle, London 24.1.1948.

Ad Gloriam Summi Architectonis Universi Orbis Aeterni, Praha 1931. [Ladislav Syllaba]

Ad Gloriam Summi Architectonis Universi Orbis Aeterni, Praha 1932. [Adolf Girschick]

Ad Gloriam Summi Architectonis Universi Orbis Aeterni, Praha 1932. [Eduard Schwarzer]

Ad Gloriam Summi Architectonis Universi Orbis Aeterni, Praha 1933. [Jaroslav Kvapil]

Ad Gloriam Summi Architectonis Universi Orbis Aeterni, Praha 1936. [Zdeněk Gintl]

ALBERTI, Chr.: Ist die Freimaurerei eine Gefahr? Ein offenes Wort, 2. vyd., Bern 1929.

ARNDT, Wilhelm: Festliche Stunden im Leben des Maurers, Berlin N1906.

ATWOOD, Harry F.: Masonry and the Constitution, Iowa 1925.

BACHEM, Julius: Der Krieg und die Freimaurerei, Gladbach 1918.

BISCHOFF, Dietrich: Vom Vaterlandischen Beruf der Deutschen Freimaurer. Ein Wort zum Kampf um Deutschlands Einigkeit, Berlin 1917.

BOEHM, Otto: Wege zur Freimaurerei, Berlin 1922.

BONNE, Georg Heinrich: Warum ich Freimaurer wurde, und warum ich es heute noch bin, Hamburg 1932.

BOUTMY N.L. a G.: Svobodné zednářství a velezráda, Praha 1907.

BOUTMY N.L. a G.: Židé v zednářstvu a v revoluci, Praha 1907.

CARDON, Gregor: Sind Jesuiten Freimaurer?, Kevelaer 1934.

The Ceremony of the Rose Croix of Heredom, London 1926.

Comenius in Exile Lodge, in: Masonic Record 11/1943, 7/1944, 11/1944.

Constituzioni della Ser. Gr. Loggia Nazionale Italiana del Rito Scozzese Antico ed Accettato, Roma 1918.

CORNOVA, Ignác: O výchově sirotků zednářských, Praha 1923.

Credo de le Loge Masonnique Tchécoslovaque Jan Amos Komenský Or. de Praha, Praha 1937.

Czechoslovak Freemasonry in England in 1942, in: Maconic Record 8/1943.

ČECHUROVÁ, Jana-KUKLÍK, Jan-ČECHURA, Jaroslav-NĚMEČEK, Jan: Válečné deníky Jana Opočenského, Praha 2001.

ČERNÝ, Václav: Křik koruny české. Paměti 1938-1945, Brno 1992.

Domácí řád Svrchovaného kapitolu Tábor v Údolí Vltavském, Praha 1932.

DOTZAUER, Winfried: Quellen zur Geschichte der deutschen Freimaurerei im 18. Jahrhundert unter besonderer Berücksichtigung des Systems der Strikten Observanz, Frankfurt a.M.-Bern-New York-Paris 1991.

ERSTLING, Oskar: Freimaurerische Aphorismen und Gedankenspäne, Wien-Leipzig 1911.

Exiled Czechoslovak Freemasonry, in: Masonic Record 1/1945.

FEIERABEND, Ladislav: Politické vzpomínky I, Brno 1994.

Festschrift aus Anlaß des Zehnjährigen Bestandes der Freimaurergrossloge „Lessing zu den drei Ringen" in der Tschechoslowakischen Republik mit dem Sitze in Prag, Reichenberg 1930.

Festschrift der Gerechten und Vollkommenen Johannisloge Hiram zu den drei Sternen im Oriente Prag aus Anlass ihres 25jährigen Bestehens, Praha 1934.

FISCHER, Robert: Erläuterung der Katechismen der Johannis- Freimaurerei, Leipzig 1926.

FISCHER, Robert: Erläuterung des Meister-Katechismus, Leipzig 1902.

FRANK, B.: Arbeit. Eine Sammlung Freimaurerischer auf Sätze und Vorträge, Lennep 1928.

Die Freimaurer greifen nach Dir, Hannover 1948.

Die Freimaurerei Österreich-Ungarns. Zwölf Vorträge am 30. und 31. März und 1. April 1897 zu Wien gehalten, Wien 1897.

Freimaurerische Vorträge, Ansprachen, Geschichte und Tafelreden, Frankfurt a. M. 1880.

GEIDEL, F. H.: Allgemeine Symbole der Freimaurer, Komotau 1878.

GERLACH, Karl Heinz [Hrsg.]: Berliner Freimaurerreden 1743-1804, Schriftenreihe der Internationalen Forschungsstelle Demokratische Bewegungen in Mitteleuropa 1770-1850, Frankfurt a. M. 1996.

Geschichte des Freimaurerbundes zur Aufgehenden Sonne in der Tschechoslovakischen Republik, [Hrsg.] Br. Siegfried Neumann, Prag 1936.

Geschichte der Gerechten und Vollkommenen Johannisloge zur Verschwiegenheit im Oriente Pressburg 1872-1932, Bratislava 1932.

Geschichte der Loge Humanitas im Or. Neudörfl a.d. Leitha und des nichtpolitischen Vereines gleichen Namens in Wien, Wien 1896.

GINTL, Zdeněk: Bernard Bolzano, Praha 1927.

GINTL, Zdeněk: Dvě přednášky, které měl v Ř. L. 28. říjen br. Zd. Gintl, s.l., s.d.

GOETHE, Johann Wolfgang: Lóže. Cyklus zednářských veršů, Praha 1930.

GOLDENBERG, Julius: Mit dem Winkelmasse, Wien 1883.

A Grand Lodge. Home Again after the War II., Praha 1947.

GREEN, Thomas Edward: The Mason as a Citizen, Iowa 1926.

GRUBER, Hermann S. J.: Kundgebungen der ausländischen Freimaurerei zum Weltkrieg als „Kultur Krieg", Freiburg im Breisgau 1915.

GRYGAR, Zdeněk: Zápas dvou Lvů, Praha 1922.

H. G. J.: Aus der Diaspora. Vorträge und Ansprachen gehalten im Prager Br. Kreiße Harmonie, Altenburg s.d.

HAISER, Franz: Freimaurer und Gegenmaurer im Kampfe die Weltherrschaft, München 1924.

HAVEL, Václav M.: Mé vzpomínky, Praha 1993.

HAZLITT, P. M.: Unwritten Laws in Freemasonry, London 1925.

HENKE, Oskar: Freimaurerei und Dogma. Ein Beitrag zur Entscheidung der Frage: Ob christliche oder ob humanitäre Freimaurerei?, Leipzig 1906.

HENNE am Rhyn: Kurzgefaßte Symbolik der Freimaurerei, Berlin 1906.

HENNING, Wilhelm: Stellt die Freimaurer unter Kontrolle! Der Kampf der Freimaurerei gegen Vaterland und Kirche, Berlin 1928.

HERGETH, Friedrich: Aus der Werkstatt der Freimaurer und Juden im Österreich der Nachkriegszeit, Graz 1927.

HERZ, Max: Die Freimaurer, Wien-Leipzig 1924.

HERZDORF, Dr.: Zwischen Zirkel und Winkel, Erfurt s.d.

HIEBER, Otto: Der Johannis-Meistergrad in Vorträgen, Berlin 1906.

HIEBER, Otto: Sammlung Freimaurerischer Vorträge, Berlin 1905.

HOBBS, J. Walter: Masonic Ritual. Described, compared and explained, London 1923.

Chronik der Loge Goethe Anläßlich ihres 40-jährigen Bestandes, Wien 1932.

JACOBI, Walter: Golem... Metla Čechů. Rozklad českého nacionalismu, 3. vyd., Praha 1942.

JOUVET, Pierre: La Franc-Maconnerie, Lausanne 1933.

JUDA, Karel: Zednářství a náboženství, Praha 1934.

KABELÍK, Jan-GAHURA, F. L.: O entropii, čase a příčinnosti, Hranice na Moravě 1936-7.

KABELÍK, Jan: Lékař - biolog a sociálně hospodářské problémy doby, Praha 1936.

KALISTA, Zdeněk: Po proudu života (2), Brno 1996.

KAPRAS, Jan: Rašín-zednář, in: Rašínův památník, Praha 1927, s. 120-121.

KELLER, Ludwig: Die Comenius-Gesellschaft. Ein Rückblick auf ihre zehnjährige Wirksamkeit, Berlin 1902.

KELLER, Ludwig: Die Freimaurerei, 2. vyd., Leipzig-Berlin 1918.

KELLER, Ludwig: Die Geistigen Grundlagen der Freimaurerei und das öffentliche Leben, Jena 1911.

KONRÁD, Rudolf: Léta učňovská. Kapitoly o symbolice, Praha 1934.

KONRÁD, Rudolf: Po točitém schodišti. Kapitoly o symbolice pro tovaryše, Praha 1936.

Konstituce Národní Veliké Lóže Československé, Praha 1993.

Konstitution der Grossloge von Wien, Wien 1921.

Konstitution der Grossloge von Wien, Wien 1929.

Konstitution der Grossloge von Wien, Wien 1933.

KÖRBEL, Paul: Czechoslovak Freemasonry in France and England, in: Masonic Record 4/1943, s. 52.

KRÁLÍK, K.-HRDLIČKA, Jos.: O z. poznání, Praha 1934.

500. Kus historie, Vzpomínka na průkopníky, I. Národ, Praha 1937.

KVAPIL, Jaroslav: O čem vím, Praha 1932.

KVAPIL, Jaroslav: Proslovy k řetězu, Praha 1933.

LANTOINE, Albert: Hiram v zahradě olivetské, Praha 1930.

LENNHOFF, Eugen: Merkblatt für ins Ausland reisende Brüder, Wien 1928.

LESSING, Gotthold Ephraim: Ernst a Falk. Rozhovory pro zednáře, Praha 1913.

LEŠEHRAD, Emanuel: Kultem a srdcem. Essay vyznání a modlitby duchovního člověka, Praha 1934.

LEŠEHRAD, Emanuel: Návštěvou u jugoslávských bratří, Praha 1935.

LEŠEHRAD, Emanuel: Přípitky při bílé tabuli, Praha 1934.

LEŠEHRAD, Emanuel: Zednářské, Praha 1933.

Manuale del Fr. Maestro Libero Muratore, Roma 1919.

MARBACH, Oswald: Agenda J., Ritual und Material für Aufnahme - Unterricht - Tafel - Trauer - und Festlogen im Lehringsgrade, 4. vyd., Leipzig 1877.

Masonic Peace Memorial, s.d., s.l.

MAŠLAŇ, František: O významu a úkolech svobodného zednářství, Praha 1923.

MELLOR, Alec: Unsere getrennten Brüder die Freimaurer, Graz-Wien-Köln 1964.

Modlitby svobodného zednáře vydané 1784, Praha 1914.

MUCHA, Alfons: O lásce, rozumu a moudrosti, Praha 1934.

Namietky proti slobodnému murárstvu napísal milovník pravdy, Praha 1935.

Nastolení, Smuteční práce, Zasvěcení, II., III., Praha 1932.

National Grand Lodge of Czechoslovakia in exile, Lodge Comenius in Exile Celebrates 25th anniversary of national independence, in: The Freemasons Chronicle, 30.10.1943, s. 330-331.

Něco pravdy o zednářích, s.l., s.d.

NERUDA, Jan: Balleden und Romanzen, Bratislava 1937.

NEUMANN, Otto: Was uns not tut. Ein offenes Wort an alle Br. Freimaurer, Leipzig 1906.

NICKEL-PERLEBERG: Die heiligen vier Gekrönten, s.d., s.l.

Památce bratra Josefa Tůmy, zakladatele, čestného a prvního Mistra Ř. a D. I. Pravda vítězí v Or. Praha, Praha 1933.

PETR, Ivan: Myšlenkový předpoklad smyslu symboliky, Praha 1936.

Poselství, které přinesl dne 18. června 1932 Nejj. Svrch. Kom. Br. Alfons Mucha Ř. a D. L. Josef

Dobrovský v Or. Plzeň v den desátého výročí jejího
založení, Praha s.d.

POSNER, Oskar: Am Rauhen Stein. Ein Leitfaden für
Freimaurerlehrlinge, Reichenberg 1925.

Protokoly ze shromáždění sionských mudrců, Praha
1926.

Prozatímní stanovy Veliké Lože, Praha 1923.

Příručka pro I. st., Praha 1919.

RAUHSTEIN, Fritz: Freimaurer - Fibel für Brüder und
Profane, Hamburg 1931.

RENEŠ, Vladimír: 500 prací Národa, Praha 1937.

RIEGELMANN, Hans: Die europäischen Dynastien in
ihrem Verhältnis zur Freimaurerei, Berlin 1943.

RITTERSHAUS, Emil: In Bruderliebe und Brudertreue,
Leipzig 1893.

RITTERSHAUS, Emil: Freimaurereische Dichtungen, 2.
vyd., Leipzig 1878.

Rituál 33 a Posl. St. Obř. Skot. St. a Př. pro
Československo, Praha 1923.

ROSENBERG, Ludwig: Nihil obstat. Vergangenheit
und Zukunft der Freimaurerei. Culturhistorische
Beleuchtet Fest Rede, Budapest 1874.

ROSSBERG, Adolf: Freimaurerei und Politik im Zeitalter
der französischen Revolution, 3. vyd. [1. vyd. 1942],
Viöl Nordfriesland 1998.

ROSSENBERG, Alfred: Freimaureriesche Weltpolitik im
Lichte der kritischen Forschung, 3. vyd., München
1931.

RUPPRERT, Paul Otto: Sie wollen Freimaurer werden?
Ein Gespräch über Freimaurerei, ihr Wesen im
allgemeinen und das des F.Z.A.S. insbesondere,
s.l., s.d.

RYS, Jan: Židozednářství - metla světa, Praha 1938.

Ř. a Spr. L. Dokonalosti Vyšehrad v údolí vltavském.
Zpráva o činnosti za léta 1925-1931, Praha 1932.

Ř. D. L. Lafayettova na třech rovinách. Ke dni 17.
června 1933, v němž bylo vneseno světlo do ř. a d.
l. Lafayettovy na třech rovinách v Or. Olomouc,
Olomouc 1933.

SAEMANN-STETTIN, P.: Der Kampf der
Weltanschauungen, Leipzig 1919.

Sborník in memoriam Jana Vignatiho, Brno 1947.

SEDMÍK, Jiří: Po cestách ke Královskému umění, Praha
1937.

SEZIMA, Pavel F.: Zednářství a republika, Praha 1927.

SCHMIDT, Eugen W.: Vademecum für Freimaurer,
Leipzig 1925.

SCHNEIDER, Herbert [Ed.]: Die
Freimaurerkorrespondenz, Friedrich Ludwig
Schröder - Friedrich Ludwig Wilhelm Meyer 1802-
1816, Hamburg 1979.

Schody ducha z knižnice Ř. a D. L. Jan Amos
Komenský, Praha 1932.

SCHWARZBURG, Erich: Der jüdische Bolschewismus
und die Judäo- Freimaurerei als Urheber der
spanischen Bürgerkrieges, Frankfurt a. Main 1944.

SIEBERITZ, Paul: Freimaurer im Kampf um die Macht,
Hamburg 1938.

SIX, Franz Alfred: Freimaurerei und Christertum,
Hamburg 1940.

SIX, Franz Alfred: Freimaurerei und
Judenemanzipation, Hamburg 1938.

SIX, Franz Alfred: Studien zur Geistgeschichte der
Freimaurerei, Hamburg 1942.

Stanovy Národní Veliké Lóže Československé, s.l., s.d.

Staré povinnosti svobodných zednářův 1723-1926,
Praha 1931.

Stavba. Sborník zednářských prací k poctě
a k potěšení ctih. M., drahému br. Bertholdu
Theinovi v den jeho sedmdesátých narozenin,
Praha 1931.

Stavba. Sborník zednářských prací, Hledající
v temnotách I.-II., Praha 1932.

STEINHAUSER, Karl: EG, Die Super - UdSSR von
morgen. Tatsachenbericht über die totalitäre
Machtergreifung der Geheimpartei der
Freimaurerei in Europe, Wien 1992.

STOLZ, Alban: Akazien - Zweig für die Freimaurer,
Freiburg um Breisgau 1863.

STRANSKÝ, Max: Thomas G. Masaryk, Wien 1930.

STRUENSEE, Gustav von: Freiheit, Gleichheit,
Brüderlichkeit: der Sitzungsbericht des Pariser
Kongresses der Freimaurer der alliierten und
neutralen Nationen im Juni 1917, Leipzig 1933.

SURYA, G.W.: Moderne Rosenkreuzer oder die
Renaissance der Geheimwissenschaften. Ein
okkult-wissenschaftlicher Roman, Leipzig 1907.

Svobodní zednáři, Mlčenlivá záhada, in: Květy 6, 2000,
s. 28-29.

ŠEVELA, Vladimír: Zednáři mají jen jedno tajemství, in:
Magazín MF Dnes, č. 38, 22.9.1994, s. 12-13.

ŠVÁB, Karel: Pochybujícím bratřím, s.l., s.d.

Tempelschatz der Grossen Loge Kaiser Friedrich zur
Bundestreue, Berlin 1894.

THEIN, Berthold: Úvodní slovo k diskusi o úkolech lože
J.A.K. v Or. Praha, Praha 1922.

TRENDE, Adolf: Im Schatten des Freimaurer und
Judentums, Berlin 1938.

TUMA-PATRY, Artur: Stavba chrámu, Praha 1933.

UHLMANN, Fritz: Die große Werklehre der
Freimaurerei. Nach den Ritualen und Katechismen
der verschiedenen Lehrerten, Stuttgart 1931.

UHLMANN, Fritz: Leitfaden der Freimaurerei, Basel
1933.

UHLMANN, Fritz; Was ist Freimaurerei? 2. vyd., Basel
1932.

VOJAN, Antonín: Syllabova lóže Národ, Praha 1931.

VONKA, Rudolf: Zednářská symbolika, Praha 1928.

VRBA, Josef: Modrý chrám, Praha 1933.

Všeobecné stanovy společnosti svobodných zednářů
obřadu skotského starého a přijatého pro první tři
stupně, Praha 1919.

WAITE, Arthur Edward: The secret Tradition in
Freemasonry [and Analysis of the Inter-Relation
Between the Craft and the High Grades I.-II.,
London 1911.

WEIGNER, Karel: Cesta zednářství. Projevy 1930-1934, Praha 1934.

WEIGNER, Karel: Kresba Nejj. Velikého Mistra Národní Veliké Lóže Československé br. Karla Weignera v Lóži „Union Royal" v Or. Haagu rýsovaná v den otevření mausolea J. A. Komenského ve valonské kapli naardenské 8. května 1937, Praha 1937.

Weisheit-Schönheit-Stärke. Materialien zu freimaurerischen Vorträge, Berlin 1907.

WEITZ, Karl: Freimaurerei. Ein Wort der Auklärung, St. Gallen 1930.

WERSTADT, Jaroslav [ed.]: Zednáři - státníci a bojovníci za svobodu, Praha 1934.

WIENER, Oskar: Hand in Hand. Kettensprüche, Praha 1926.

WINTERBERG, Eugen: Proslovy, Praha 1932.

WIRTH, Arnold: Die Freimaurerei, Basel 1931.

WULF Wulf: Die geheimen Führer der internationalen Freimaurerbruderschaft als Totengräber für Wissende und Unwissende in Stadt und Land, Berlin 1930.

Z deníku Ladislava Syllaby, Praha 1933.

Za bratrem Janem Venturou. L. Dvacátý osmý říjen, Praha 1935.

Zum 14. Juni 1932. Gewidmet von der L. Goethe zur Silberhochzeit ihres Meisters, Wien 1932.

Zur Einführung den Neophyten der Loge Schiller, Wien 1931.

■ Freimaurerzeitschriften

Almanach für Br. Freimaurer auf das Jahr 1928, Reichenberg 1927.

Alpina. Organ der Schweizer Logen, 1926-1927.

Annuaire, Kalendar - Annual de la Maconnerie Universelle, Bern 1928, 1932.

Anuario de la Gran Logia de Ecuador, 1932-1933.

Asträa, Taschenbuch für Freimaurer, 1855-1856.

Die Bauhütte. Organ für die Gesamtinteressen der Freimaurerei, 15.6.1911.

Boletim do Grande Oriente do Brasil Journal Official da Maconaria Brasileira, 1920.

Boletin del Grande Oriente Espanol, 1929-1930.

Boletin Oficial del Supremo Consejo, [Kuba], 1932.

Bulletin de l°Association Maconnique Internationale. Organe Officiel, 1928-1933.

Bulletin československých zednářů, 2-4, Praha s.d.

Bulletin de la Franc-Macon Mixte „Le Droit Humain", 1931.

Bulletin de la Grande Loge de France, 1939.

Die Drei Ringe. Monatsblätter für Freimaurerei und verwandte Gebiete, 1929-1935.

Federazione Universale del Rito Scozzese Antico ed Accettato, Annuario 1918-19, Roma 1919.

Bausteine. Schriftenreihe des Freimaurerbundes Zur Aufgehenden Sonne, FZAS, Hamburg-Bremen, s.d.

Grand Lodge Bulletin, Grand Lodge of Iowa, 1927, 1928.

Grosse Freimaurerloge „Zur Eintracht" im Or. Darmstadt, 1929-1931.

Guide des Officiers en Loge et de leur Installation, Paris s.d.

Jahrbuch der Freimaurergrossloge Lessing zu den drei Ringen in der Čechoslovakischen Republik, 1921-1922.

Jahrbuch der Freimaurerloge „Pionier" in Pressburg, Pressburg 1900.

II. Jahrbuch der Grossloge Lessing zu den drei Ringen, 1922.

Jahrbuch der Freimaureregrossloge Lessing zu der drei Ringen in der Tschechoslowakischen Republik auf das Jahr 1926, Prag 1926.

Jahrbuch - Die Freimaurergrossloge Lessing zu den drei Ringen in der Tschechoslowakischen Republik und die ihr unterstehenden Bundeslogen und Kränzchen Jahrbuch 1928, Prag 1928.

Jahrbuch - Die Freimaurergrossloge Lessing zu den drei Ringen in der Tschechoslowakischen Republik und die ihr unterstehenden Bundeslogen und Kränzchen Jahrbuch 1932, Prag 1932.

Jahrbuch - Die Freimaurergrossloge Lessing zu den drei Ringen in der Tschechoslowakischen Republik und die ihr unterstehenden Bundeslogen und Kränzchen Jahrbuch 1934, Prag 1934.

Das Jahrbuch der Weltfreimaurerei 1935, Wien 1935.

Latomia, Neue Zeitschrift für Freimaurerei, Leipzig 1919-1920.

List of Regular Lodges Masonic, Bloomington, Illinois 1924.

Mitteilungen aus dem Verein Deutscher Freimaurer, Jahrbuch 1918/1919, Leipzig 1918.

Proceedings of the Annual Communication of the National Grand Lodge of Czechoslovakia, Národní Velká Lóže Československá, Praha 1931.

Proceedings of the Grand Lodge A.F. & A.M. of Alabama at the one Hundert and Second Annual Communication, Montgomery 1923.

Pythagoras, Atheny 1923-1940.

The Scottish Rite News, Fall Reunion of the Ancient and Acepted Scottish Rite, Valley of Richmont 11/1931.

Svobodný zednář, Praha 1926-1938.

Transactions of the Supreme Council [Mother council of the World], Charleston 1935, 1937.

Wiener Freimaurer-Zeitung, Wien 1928-1933.

Zwanglose Mitteilungen aus dem Verein deutscher Freimaurer, 1917-1919.

■ Auswahl aus der Literatur

ABAFI, Ludwig: Geschichte der Freimaurerei in Oesterreich- Ungarn I-V, Budapest 1890-1899.

AGETHEN, Manfred: Geheimbund und Utopie, Illuminaten, Freimaurer und deutsche Spåtaufklårung, München 1984.

BAIGNET, Michael-LEIGH, Richard: Der Tempel und die Loge. Das geheime Erbe der Tempel in der Freimaurerei, Gladbach 1990.

BARESCH, Kurt: Katolische Kirche und Freimaurerei. Ein brüdlicher Dialog 1968-1983, 2. vyd., Wien 1984.

BARTON, Peter F.: Maurer, Mysten, Moralisten. Ein Beitrag zur Kultur- und Geistgeschichte Berlins und Deutschlands 1796-1802, Wien-Köln-Graz 1982.

BAYNARD, Samuel Harrison: History of the Supreme Council, 330. Ancient Accepted Scottisch Rite of Freemasonry, Boston 1937.

Beförderer der Aufklärung in Mittel- und Osteuropa. Freimaurer, Gesellschaften, Clubs. [Hrsg. Eva Balász-Ludwig Hammermayer- Hans Wagner-Jerzy Wojtowicz], Essen 1987.

BEGEMANN, Wilhelm: Vorgeschichte und Anfänge der Freimaurerei in England I-III, Berlin 1909-1911.

BERÁNEK, Jiří: Tajemství lóží. Svobodné zednářství bez legend a mýtů, Praha 1994.

VON BIBERSTEIN, Johannes Rogalla: Aufklårung, Freimaurerei, Menschenrechte und Judenemancipation in der Sicht des Nationalsocialismus, in: Jahrbuch des Instituts für deutsche Geschichte 7, 1978, Universität Tel-Aviv, s. 339-354.

VON BIBERSTEIN, Johannes Rogalla: Die These von der Verschwörung 1776-1945. Philosophen, Freimaurer, Juden, Liberale und Sozialisten als Verschwörer gegen die Sozialordnung, 2. vyd., Frankfurt am Main 1978.

BINDER, Dieter A.: Die diskrete Gesellschaft. Geschichte und Symbolik der Freimaurer, 2. vyd., Graz-Wien-Köln 1995.

BOOS, Heinrich: Geschichte der Freimaurerei. Ein Beitrag zur Kultur- und Literatur-Geschichte des 18. Jahrhunderts, 2. vyd., Wiesbaden 1979.

BOUCHER, Jules: Zednářská symbolika aneb objasnění Královského Umění podle pravidel tradiční esoterické symboliky, Praha 1998.

BRANDES, Detlef: Češi pod německým protektorátem. Okupační politika, kolaborace a odboj 1939-1945, Praha 1999.

BRAUN, Otto Rudolf: Hinter den Kulissen des dritten Reiches. Geheime Gesellschaften machen Weltpolitik, Nürnberg 1987.

CEFARIN, Rudolf: Kårnten und die Freimaurerei, Wien 1932.

Cesty svobodného zednářství, Praha 2001.

ČAPEK, Otakar: Encyklopedie okultismu, mystiky a všech tajných nauk, Praha 1940.

ČECHUROVÁ, JANA: Sociální skladba českých zednářů, in: Studie k sociálním dějinám 6, Konference Sociální dějiny českých zemí v 18., 19. a 20. století, Praha 10. a 11. října 2000, Kutná Hora - Praha - Opava 2001, s. 73-80.

DAFER: Poznámky ke knize Fr. Kadeřávka geometrie a umění v dobách minulých, Praha 1935.

DAYNES, Gilbert W.: The Birth and Growth of the Grand Lodge of England 1717-1926, London 1926.

DIBERNARDO GIULIANO: Die neue Utopie der Freimaurerei, Wien 1997.

DOTZAUER, Winfried: Freimaurergesellschaften am Rhein. Aufklårte Sozietåten auf dem linken Rheinufer vom Ausgang des Ancien Regime bis zum Ende der Napoleonischen Herrschaft, Wiesbaden 1977.

van DÜLMEN, Richard: Der Geheimbund der Illuminaten. Darstellung-Analyse-Dokumentation, 2. vyd., Stuttgart 1975.

ENDLER, Renate-SCHWARZE, Elisabeth: Die Freimaurerbestände im Geheimen Staatsarchiv Preußischer Kulturbesitz, Frankfurt am Main 1994.

FEJTÔ, Francois: Rekviem za mrtvou říši, Praha 1998.

FINDEL, J.G.: Geschichte der Freimaurerei von der Zeit ihres Entstehens bis auf die Gegenwart, 2. vyd., Leipzig 1866.

FISCHER, Michael W.: Die Aufklårung und ihr Gegenteil. Die Rolle der Geheimbünde in Wissenschaft und Politik, Berlin 1982.

FRANZ, Georg: Kulturkampf. Staat und katolische Kirche im Mitteleuropa von der Såkularisation bis zum Abschluss des preussischen Kulturkampfes, München 1954.

Freimaurer in Deutschland. Freimaurerei in Braunschweig, Braunschweig 1978.

Freimaurer: Solange die Welt Bestehet, Wien 1992.

FRIEDRICHS, Ernst: Geschichte der Einstigen Maurerei in Russland nach dem Quellenmaterial der Grossen Landesloge zu Berlin sowie der Petersburger und Moskauer Bibliotheken, Berlin 1904.

GEPPERT, Ernst-Günther: Die Herkunft die Gründer die Namen der Freimaurerlogen in Deutschland seit 1737, Hamburg-Bayreuth 1976.

GINTL, Zdeněk: Svobodné zednářství, Praha 1926.

GLÜCKSELIG, Josef: Tajné společnosti, Praha 1993.

GOLDENBERG, Julius: Staat, Kirche und Freimaurerei, Wien 1878.

GRÖGLER, Susanne: Die Freimaurerei in deskriptiver Reflexion ihrer Geschichte. Österreichische Freimaurer im Spiegel ihrer journalistischen Tåtigkeit von den Anfången bis zur Gegenwart, Dipl. A., Wien 1997.

GROßEGGER, Elisabeth: Freimaurerei und Theater 1770-1800. Freimaurerdramen an den k. k. privilegierten Theatern in Wien, Wien-Köln-Graz 1981.

HAARHAUS, Julius: Deutsche Freimaurer zur Zeit der Befreiungskriege, Jena 1913.

HAAS, Ludwik: Ambicje, rachuby, rzeczywistosc. Wolnomuralstwo w Europie Srodkowo-Wschodniej 1905-1928, Warszawa 1984.

HAAS, Ludwik: Wolnomuralstwo w Europie Srodkowo-Wschodniej w XVIII i XIX wieku, Wroclaw 1982.

HÄNSEL-HOHENHAUSEN, Markus: Die deutschsprachigen Freimaurerzeitschriften des 18. und 19. Jahrhunderts. Bibliographie, Frankfurt am Main 1989.

HAMMERMAYER, Ludwig: Der Wilhelmsbader Freimaurer-Konvent von 1782. Ein Höhe- und Wendepunkt in der Geschichte der deutschen und europäischen Geheimgesellschaften, Heidelberg 1980.

HAUBELT, Josef: České osvícenství, Praha 1986.

HAUBELT, Josef: Studie o Ignáci Bornovi, Praha 1972.

HAUSMANNOVÁ, Klára: Jaroslav Kvapil, Disertační práce FF UK, Praha 2000.

HOFFMANN, Stefan-Ludwig: Die Politik der Geselligkeit. Freimaurerlogen in der deutschen Bürgergesellschaft 1840-1918, Göttingen 2000.

HOLTORF, Jürgen: Die Logen der Freimaurer. Einfluss, Macht, Verschwiegenheit, Hamburg 1991.

HORNEFFER, August: Die Freimaurerei, Leipzig s.d.

HUNT, Charles Clyde: Some Thoughts on Masonic Symbolism, Iowa 1930.

CHYSKÝ, Václav: Antijudaismus, antisemitismus, in: Seminář Veliké Lóže československé na zámku Kozel u Plzně, 25.-28. června 1992, s. 13-29.

CHYSKÝ, Václav: Člověk z pohledu zednářské filozofie, rkp.

CHYSKÝ, Václav: Die Loge als soziale Zelle. Von den Bauhütten der gotischen Kathedralen bis zu den Logen der Postmoderne, rkp.

IGGERS, Georg G.: Geschichtswissenschaft im 20. Jahrhundert, Göttingen 1993.

Inventar archivalischer Quellen des NS-Staates. Die Überlieferung von Behörden und Einrichtungen des Reichs, der Länder und der NSDAP, I-II, München 1991-95.

JACOB, C. Margaret: Living the Enlightenment. Freemasonry and Politics in Eighteenth-Century Europe, New York-Oxford 1991.

JACOB, C. Margaret: The Radical Enlightenment: Pantheists, Freemasons and Republicans, London 1981.

KADEŘÁVEK, František: M. Daniel Schwenter. K třiapadesátým narozeninám autora některých rosekruciánských spisů, Zvl. otisk z Věst. Král. Čes. Spol. Nauk, Praha 1934.

KALLWEIT, Adolf: Die Freimaurerei in Hessen-Kassel. Königliche Kunst durch zwei Jahrhunderte von 1743-1965, Baden-Baden 1966.

KATZ, Jacob: Vom Vorurteil bis zur Vernichtung. Der Antisemitismus 1700-1933, München 1989.

KISCHKE, Horst - ANDICZ, Hellmut - HAUBELT, Josef: Svobodní zednáři. Mýty, výmysly, skutečnost a výhledy, Praha 1997.

KLIMEK, Antonín: Boj o Hrad (1.) Hrad a Pětka (1918-1926), Praha 1996.

KLIMEK, Antonín: Boj o Hrad (2.) Kdo po Masarykovi? (1926-1935), Praha 1998.

KLIMEK, Antonín: Papežský komoří Jan Jiří Rückl jako politik, in: Traditio et cultus, Praha 1993, s. 219-228.

KLOß, Georg: Die Freimaurerei in ihrer wahren Bedeutung aus den alten und ächten Urkunden der Steinmetzen, Maßonen und Freimaurer, Graz 1970.

KNIGHT, Christopher-LOMAS, Robert: Klíč k Chírámovi. Faraoni, templáři, svobodní zednáři a objevení Ježíšových tajných svitků, Praha 1998.

KOPECKÁ, Jana: Československá strana lidová v letech 1935-1938, Diplomová práce FF UK, Praha 2000.

KOSELLECK, Reinhart: Kritik und Krise. Ein Beitrag zur Pathogenese der Bürgerlichen Welt, Freiburg-München 1959.

KRIEWALD, Heike: Ferdinand zur Glückseligkeit. Aus der Geschichte einer Magdeburger Freimaurerloge, Magdeburg 1992.

KROUPA, Jiří: Alchymie štěstí. Pozdní osvícenství a moravská společnost, Brno 1987.

KUÉSS-SCHEICHELBAUER: 200 Jahre Freimaurerei im Österreich, Wien 1959.

LÁNYI, Karol: Slobodné murárstvo, Bratislava 1930.

LENNHOFF, Eugen: Die Freimaurer, Wien-München 1981 (1. vyd. 1929).

LENNHOFF, Eugen: Politische Geheimbünde I., Zürich-Leipzig-Wien 1931.

LENNHOFF, Eugen: Svobodní zednáři, Praha 1993 (1. čes. vyd. 1931).

LENNHOFF, Eugen - POSNER, Oskar: Internationales Freimaurerlexikon, Graz 1965 (1. vyd. 1932).

LENSCH, Günther (Hrsg.): Freimaurerische Begegnung von Kunst und Kultur, Jahrbuch 1997, Bonn 1998.

LEŠEHRAD, Emanuel: Čeští hudebníci - zednáři, Praha 1935.

LEŠEHRAD, Emanuel: O založení české zednářské lóže „U tří korunovaných sloupů v Or. Praha" r. 1905, Praha 1935.

LEŠEHRAD, Emanuel: Po stopách tajných společností, Praha 1935.

LEŠEHRAD, Emanuel: Pokus o historii Bratrstva Růže a Kříže ve styku s Jednotou českých bratří, Praha 1921.

LEŠEHRAD, Emanuel: Stručné dějiny svobodného zednářství v našich zemích, Praha 1937.

LEŠEHRAD, Emanuel: Svobodné zednářství v Československu po převratu, Praha 1935.

LEŠEHRAD, Emanuel: Tajné společnosti v Čechách od nejstarších časů do dnešní doby, Praha 1922.

LEWIS, L.: Geschichte der Freimaurerei in Österreich im allgemeinen und der Wiener Loge zu St. Joseph, Wien 1861.

LÖFFLER, Klemens: Die Freimaurerei, Hamm 1918.

LUDZ, Peter Christian (Hrsg.): Geheime Gesellschaften, Heidelberg 1979.

LUDZ, Peter Christian: Ideologieforschung eine Rückbesinnung und ein Neubeginn, in: Kölner Zeitschrift für Soziologie und Sozialpsychologie, 29, 1977, s. 1-31.

LÜTHI, Urs: Antisemitismus und Freimaurerfeindlichkeit - Bedrohungsfaktoren in der Schweiz der 30er Jahre. Fallstudie Anhand des Berner Prozesses um die „Protokolle der Weisen von Zion" und der Freimaurerverbotsinitiative, Lizentiatsarbeit, UNI Bern 1985.

MAŠLAŇ, František: Dějiny svobodného zednářství v Čechách, Praha 1923.

MAŠLAŇ, František: Komenský a svobodní zednáři (s přehledem svobodného zednářství v Čechách a s literaturou zednářskou), Praha 1921.

MAUCH, Kurt: 220 Jahre Freimaurerei in Deutschland, Hamburg 1957.

MAURER, Thomas: Moderne Freimaurerei? Ursprunge der Freimaurerei und ihres Geheimnisses und deren Bedeutung für die Genese politischer Modernität, Dissertationarbeit, UNI Frankfurt am Main 1992.

MELZER, Ralf: Konflikt und Anpassung. Freimaurerei in der Weimarer Republik und im Dritten Reich, Wien 1999.

MUCHA, Alfons: Svobodné zednářství, Praha 1924.

MURPHY, Robert F.: Úvod do kulturní a sociální antrolopologie, Praha 2001.

NAKONEČNÝ, Milan: Vlajka. K historii a ideologii českého nacionalismu, Praha 2001.

NAUDON, Paul: Geschichte der Freimaurerei, Frankfurt a. M.- Berlin-Wien 1982.

NEUBERGER, Helmut: Freimaurerei und Nationalsozialismus, Die Verfolgung der deutschen Freimaurerei durch völkische Bewegung und Nationalsozialismus 1918-1945, Hamburg 1980.

NEUGEBAUER-WÖLK, Monika: Absolutismus und Aufklärung II, in: Geschichte in Wissenschaft und Unterricht 10/98, s. 625-647.

NEUGEBAUER-WÖLK, Monika: Esoterische Bünde und Bürgerliche Gesellschaft. Entwicklungslinien zur modernen Welt im Geheimbundwesen des 18. Jahrhunderts, Wolfenbüttel-Göttingen 1995.

Niedersächsische Landesbibliothek Verzeichnis der Freimaurerischen Buchbestände, Hannover 1992.

NIMMERRICHTER, Alfred: Das Rätselhafte Bild einer Wiener Loge, Forschungsbeiträge aus der Werkstätte 1996/97, Wien 1998.

NUNES, Maria Manuela: Die Freimaurerei Untersuchungen zu einem literarischen Motiv bei Heinrich und Thomas Mann, Berlin 1992.

OLBRICH, Karl: Die Freimaurer im deutschen Volksglauben. Die im Volke umlaufenden Vorstellungen und Erzählungen von den Freimaurern, Breslau 1930.

PASÁK, Tomáš: Český fašismus 1922-1945 a kolaborace 1939-1945, Praha 1999.

PELC, Hynek: České zednářství a péče o hluchoněmé, Praha 1936.

PETRÁŇ, Josef: Kalendář, Praha 1988.

PIATIGORSKY, Alexander: Who°s afraid of Freemasonry? The Phenomenon of Freemasonry, London 1997.

PLANTAGENET, Edouard: Die französische Freimaurerei, Basel 1928.

Politické elity v Československu 1918-1948, (ed. Ivana Koutská a František Svátek), Praha 1994.

PREISS, Pavel: Boje s dvouhlavou saní. František Antonín Špork a barokní kultura v Čechách, Praha 1981.

RATAJ, Jan: O autoritativní národní stát. Ideologické proměny české politiky v druhé republice 1938-1939, Praha 1997.

REINALTER, Helmut [Hrsg.]: Aufklärung und Geheimgesellschaften. Zur politischen Funktion und Sozialstruktur der Freimaurerlogen im 18. Jahrhundert, München 1989.

REINALTER, Helmut [Hrsg.]: Freimaurer und Geheimbünde im 18. Jahrhundert in Mitteleuropa, Frankfurt am Main 1983.

REINALTER, Helmut: Geheimbünde in Tirol. Von Aufklärung bis zur Französischen Revolution, Bozen 1982.

REINALTER, Helmut [Hrsg.]: Joseph II. und die Freimaurerei im Lichte zeitgenössische Broschuren, Wien-Köln-Graz 1987.

REISS, Josef: Österreichischen Freimaurer, Wien-Leipzig 1932.

REUKAUF, A.: Die Stellung der Freimaurerei zu Religion und Kirche, Leipzig 1918.

ROSENSTRAUCH-KÖNIGSBERG, Edith: Freimauer, Illuminat, Weltbürger Friedrich Münsters Reisen und Briefe in ihren europäischen Bezügen, Berlin 1984.

ROSENSTRAUCH-KÖNIGSBERG, Edith: Freimaurerei im josephinischen Wien. Aloys Blumauers Weg vom Jesuiten zum Jakobiner, Wien 1975.

SEBOTTENDORF, R.V.: Prakse starého tureckého zednářství, Praha 1925.

SCHAEPER-WIMMER, Sylva: Augustin Barruel, S.J. (1741-1820). Studien zu Biographie und Werk, Frankfurt am Main-Bern-New York 1985.

SCHEUFLER, J.: Mysteria tajných společností a rosenkruciánské alchymie, Praha 1991.

SCHNADEL, Inge: Die Freimaurerei in Österreich und ihre Auseinandersetzung mit der katolischen Kirche, Diplomarbeit, UNI Wien 1995.

SCHNEIDER, Ferd. Josef: Die Freimaurerei und ihr Einfluss auf die Geistige Kultur in Deutschland am Ende des XVIII. Jahrhunderts, Praha 1909.

SCHNEIDER, Herbert: Deutsche Freimaurer Bibliothek. Katalog. 1-2 Bd., Frankfurt am Main 1993.

SCHOTT, Otto: Die Geschichte der Freimaurer in Wien von den Anfängen zum Jahre 1792, Dissertationarbeit, UNI Wien 1939.

SCHREIBER, Hermann-SCHREIBER, Georg: Geheimbünde von der Antik bis heute, Augsburg 1993.

SCHUMANN, Hans-Gerd (Hrsg.): Konservativismus, Köln 1974.

SÍS, František: Vznik svobodného zednářství obřadu skotského starého a přijatého v Československu, Praha 1936.

Soupis archivních pramenů k dějinám Němců v Československu. I. Politické strany a spolky, Praha 1993.

Společnost v přerodu. Češi ve 20. století, Praha 2000.

STEVENSON, David: The Origins of Freemasonry. Scotland°s century 1590-1710, Cambridge 1988.

STREJČEK, Vladimír: The Masonic Movement in Bohemia and Czechoslovakia 1700-1948, in: Grand Lodge of Massachusetts 1990, s. 5-8.

STREJČEK, Vladimír: Zednáři. Jejich historie, tajemství a duchovní cesta, Praha 1996.

SURA, Josef: Die Einflussnahme der Freimaurerei auf karitative und sozialpolitische Eintrichtungen in Österreich in der Zwischenkriegszeit, Dissertationarbeit, UNI Wien 1991.

SYLLABA, Jiří: Alfons Mucha - člověk, umělec, svobodný zednář, in: Svobodný zednář, 1995.

ŠETŘILOVÁ, Jana: Alfons Mucha - FM, in: Blaue Blätter, 11/1994-2/1995, s. 9sq.

ŠETŘILOVÁ, Jana: Alfons Mucha - Freimaurer, in: Alfons Mucha - Das Slawische Epos. Krems 1994, s. 156-163.

ŠETŘILOVÁ, Jana: Alois Rašín. Dramatický život českého politika, Praha 1997.

ŠETŘILOVÁ, Jana: Miluj bližního svého jako sebe sama, in: Prostor (revue), 7, č. 25, 1993, s. 20-22.

ŠETŘILOVÁ, Jana: Naši svobodní zednáři, in: Historický obzor, 4, č. 9, 1993, s. 210-213.

ŠETŘILOVÁ, Jana: Svobodný zednář Alfons Mucha, in: Historický obzor, 7, č. 7/8, 1996, s. 178-182.

ŠINDELÁŘ, Bedřich: Zednářství koncem 18. století na Moravě a osvícenství, in: Moravský historický sborník I., Brno 1986.

ŠINDELÁŘ, Bedřich: Zednářství v Čechách a na Moravě v 18. století a jeho vztah k osvícenství, in: Sborník historický 32, Praha 1985.

TABRIS: Svobodné zednářství. Stručný dějinný přehled a výklad, Praha s.d.

THIES, Wilhelm (Hrsg.): 240 Jahre Freimaurerloge Friedrich zum Weißen Pferde Nr. 19 im Orient Hannover, Hannover 1986.

Tschechische Brüder kämpften gegen die Nazis. Beiträge zu einem Symposion 1993 in Prag - Čeští bratři bojovali proti nacistům, Wien 1995.

UHLÍŘ, Dušan: Historie lóže Most 1925-1951, in: Most-Brücke- Bridge, Praha 2000, s. 4-12.

UHLÍŘ, Jan B.: Zemský národní výbor. Jeho místo v rámci první rezistenční garnitury, in: Dějiny a současnost 1, 2000, s. 26-30.

UREŇA, Enrique M.: K.C.F. Krause. Philosoph, Freimaurer, Weltbürger. Eine Biographie, Stuttgart 1991.

VOLF, Josef: Amici crucis - přátelé kříže, in: Český časopis historický, 1932.

VOLF, Josef: Bratři Růžového kříže (Rosae crucis) v zemích českých a proroctví jejich na rok 1622, Praha 1910.

VOLF, Josef: Domnělý pokus svobodných zednářů o vzpouru v Praze 16.V.1766, in: Časopis Národního muzea, 1935.

VOLF, Josef: Kdy byla založena v Čechách první zednářská lože?, in: Český časopis historický, 1933, s. 120sq.

VOLF, Josef: Pokusy o obnovení svobodného zednářství v Čechách v letech 1848-1914, zvl. otisk Věstníku KČSN, Praha 1934.

VOLF, Josef: Zednáři na Klatovsku, Klatovy 1938.

VONKA, R.J.: Co je zednářství?, Praha 1935.

WENDLING, Peter: Die Unfehlbaren. Die Geheimnisse exklusiver Clubs, Logen und Zirkel, Zürich 1991.

WEGER, Petr: Vznik a vývoj svobodného zednářství v ČSR do r. 1951, in: Svobodný zednář 1, I. (XIII.), 1992, s. 1-21.

WILPERT, Friedrich v.: Rotary in Deutschland. Ein Ausschnitt aus Deutschen Schicksal, Bonn 1991.

WILSON, W. Daniel: Geheimräte gegen Geheimbünde. Ein unbekanntes Kapitel der klassisch-romantischen Geschichte Weimars, Stuttgart 1991.

WINKELMÜLLER, Otto: Les Compagnonnages. Eine Wurzel der Freimaurerei, Frankfurt a.M.-Hamburg 1967.

WINTER, Eduard: Bernard Bolzano und sein Kreis, Leipzig 1933.

WISWE, Mechthild-KELSCH, Wolfgang: Freimaurer in ihrer Zeit, Braunschweig 1994.

WOLFSTIEG, August: Bibliographie der freimaurerischen Literatur I.-III., Leipzig 1911-1913.

WOLFSTIEG, August: Ursprung und Entwicklung der Freimaurerei. Ihre geschichtlichen, sozialen und geistigen Wurzeln, 2. vyd., Berlin 1923.

ZACHYSTAL, František: Vznik svobodného zednářstva v Čechách, Praha 1937.

Namensregister

Inhaltsverzeichnis